西藏自治区社会科学院重大项目
《历辈班禅额尔德尼传》系列丛书之四

六世班禅额尔德尼·罗桑班丹益西传

尊胜上师有寂世界顶饰班禅遍知一切罗桑班丹
益西贝桑布传——太阳之光

晋美旺布　著
陈庆英　王晓晶　译注

西藏藏文古籍出版社

《历辈班禅额尔德尼传》系列丛书编委会

图书在版编目(CIP)数据

六世班禅额尔德尼·班丹益西传/晋美旺布著；
陈庆英等译. --拉萨:西藏藏文古籍出版社,2022.4
ISBN 978-7-5700-0356-3

Ⅰ.①六… Ⅱ.①晋… ②陈… Ⅲ.①班禅六世
(1738-1780)-传记 Ⅳ.①B949.92

中国版本图书馆 CIP 数据核字(2022)第 283935 号

《历辈班禅额尔德尼传》系列丛书之四

六世班禅额尔德尼·罗桑班丹益西传

作　　者	晋美旺布
译　　注	陈庆英　王晓晶
责任编辑	项智多杰　普布多吉
译　　校	尹 欣 桐
封面设计	嘎东普琼
排　　版	阿旺曲吉
出　　版	西藏藏文古籍出版社
印　　刷	安徽省桐城市神州书刊印务有限公司
发　　行	西藏新华书店
开　　本	787×960　1/16
印　　张	47.6
字　　数	555千字
版　　次	2022 年 4 月第 1 版
印　　次	2022 年 4 月第 1 次印刷
印　　数	1-3,500
书　　号	ISBN 978-7-5700-0356-3
本套定价	83.00 元

目 录

总序

2013年3月，西藏自治区社会科学院启动《历辈班禅大师传记》编辑出版项目。其中，由西藏自治区社会科学院与扎什伦布寺合作编撰的藏文版《历辈班禅大师传记》，于2014年7月正式出版发行。该丛书汇集了扎什伦布寺收藏的第四世至第九世班禅额尔德尼传记的木刻本和从全国各地搜集到的第一世、二世、三世班禅额尔德尼的传记，共12册380余万字。此次出版的汉文版《历辈班禅额尔德尼传》是该丛书的藏译汉版本，包括《一世、二世、三世班禅额尔德尼传》《四世班禅额尔德尼·罗桑确吉坚赞传》《五世班禅额尔德尼·罗桑益西传》《六世班禅额尔德尼·罗桑班丹益西传》《七世班禅额尔德尼·罗桑班丹旦白尼玛传》《八世班禅额尔德尼·罗桑班丹旦白旺秋传》《九世班禅额尔德尼·确吉尼玛传》等七册。

“班禅额尔德尼”是藏传佛教格鲁派最负盛名和影响力的活佛转世系统之一。“班”是梵语（སཾ་སྐྲི་ཏའི་སྐད།）“班智达”的简称，意为“学者”；“禅”是藏语“钦波”的简称，意为“大”；“额尔德尼”是满语，意为“珍宝”。1645年，蒙古固始汗封罗桑确吉坚赞为“班禅博克多”，“博克多”是蒙语，意为“睿智英武”。格鲁派确认罗桑确吉坚赞为四世班禅，追认宗喀巴门徒克珠杰（མཁས་གྲུབ་རྗེ།）为一世班禅，索南确朗为二世班禅，罗桑顿珠为三世班禅。1713年，清朝康熙皇帝封赐五世班禅为“班禅额尔德尼”，并将此封号加封以前历辈班禅，“班禅额尔德尼”遂成这一活佛系统的封号。自1792年清朝乾隆皇帝设立金瓶掣签制度后，于八世班禅额尔德尼开始，历辈班禅转世灵童均须经中央政府批准金瓶掣签认定，或须报请中央政府批准免于金瓶掣签认定①。

通过该丛书可以看到，历辈班禅额尔德尼一脉相承，继承和发扬藏传佛教历史悠久的爱国主义传统，高举祖国统一、民族团结、爱国利民的旗帜，在维护中央政府权威、协助治理西藏地方、抗击外敌侵略、维护国家主权和领

---

① 十世班禅由国民政府代总统李宗仁于1949年6月3日颁发免于金瓶掣签的命令继任为第九世班禅额尔德尼。

土完整统一等方面,发挥了重要的历史作用。如四世班禅额尔德尼·罗桑确吉坚赞积极与入关前的清朝皇太极政权联系,主动要求归于新的中央政权管辖之下,极力劝说五世达赖进京朝觐。五世班禅额尔德尼·罗桑益西全力配合中央政府平定准噶尔部叛乱和噶伦争权造成的内乱。六世班禅额尔德尼·班丹益西坚决站在中央政府一边,听闻珠尔默特那木扎勒杀害驻藏大臣,阴谋叛乱,立即派人前往拉萨慰问幸存的驻藏大臣家属及其随从,送去物资。后来,他又在英国侵略不丹时,拒绝英国人控制的东印度公司对他的拉拢和利诱,还不远万里专赴北京,朝觐皇帝,庆贺乾隆皇帝70大寿。七世班禅额尔德尼·旦白尼玛协助中央政府治理西藏地方,帮助医治因廓尔喀人入侵带来的战争创伤,同时动员群众支援前线,驱逐森巴侵略军,维护国家领土和主权的完整。清朝进入衰落时期后,历辈班禅仍一如既往,坚定地站在维护祖国统一的立场上,坚决维护中央政府对西藏地方的主权,恭顺历代皇帝,尊重历任驻藏大臣,赞翊中央。八世班禅额尔德尼·旦白旺秋时期,正值晚清政局不稳、国家动荡之际,但他始终坚持拥戴中央政权、维护国家主权的立场,全力抵制英国入侵我国西藏,还在当时西藏大众向驻藏大臣呈递立誓不准外国人入藏的公禀上列名并出具图章。九世班禅额尔德尼·确吉尼玛早年积极开展抗英斗争,在辛亥革命后坚持反对英帝国主义侵略及西藏上层反动势力分裂祖国的活动。1923年,他流寓祖国内地后,始终坚持祖国统一、维护民族团结,积极从事抗日斗争,被民国政府任命为"护国宣化广慧禅师""西陲宣化使"。他在南京新亚细亚学会所作的《西藏是中国的领土》的讲演,充分体现了他坚持西藏是中国不可分割的一部分的爱国主义立场。他临终遗言说:"我如此全力做事,是为了拥护中央,发展佛教,各民族团结和睦,国家稳定。"他指示"所属的火枪除了留给卫兵和勒参巴护身需要外,其余全部献给中央,有利于帮助消除国家的危难",并叮嘱"最后一定要为我们藏族僧俗官民和其他诸民族共同一道心思国家建设、汉藏和睦而努力。"由此可见,历辈班禅额尔德尼始终坚持维护祖国统一、增进民族团结的爱国利民立场。

此次出版的《历辈班禅额尔德尼传》系列丛书,大部分内容是首次汉译面世,具有极高史料价值,不仅是研究历辈班禅额尔德尼的第一手重要中文史料,也是研究扎什伦布寺历史及日喀则社会、经济、宗教、文化等方面历史状况的重要史料；对于了解藏传佛教的教规教义及其历史发展，以及近600年来中国西藏的社会状况和历史发展、西藏地方与中央政府的关系、各民族间的交往交流交融史等，也具有重要参考价值；同时，还有利于研究和总结藏传佛教爱国爱教的优良传统，充分挖掘和发扬藏传佛教教规教义中有利于社会进步、人民幸福的积极因素，进一步推动藏传佛教中国化，引导藏传佛教与社会主义社会相适应。特别是对历辈班禅额尔德尼维护祖国统一、促进民族团结、反对民族分裂光辉事迹的挖掘、宣传，有利于引导广大僧俗群众爱国爱教、遵规守法，大力弘扬藏传佛教和谐向善的理念，做增进民族团结的典范；高举爱国主义伟大旗帜，做维护祖国统一的典范，坚定不移地与十四世达赖集团的分裂破坏活动作斗争。

本丛书的翻译工作得到社会有关各界的大力支持，一些译者还亲赴扎什伦布寺学习考察，并得到了寺管会的热情接待和指教，特别是得到了十一世班禅额尔德尼·确吉杰布的接见和鼓励。丛书编委会要求翻译人员严格按照西藏藏文古籍出版社2014年出版的藏文版《历辈班禅大师传记》(12册)丛书内容进行翻译，并增加注释和引言、后记、汉藏人名地名对照；要求责任编辑通篇核对原文，译校人员做好编较、统一专用词语等工作。但应指出的是，由于传记作者所处的社会历史背景使然，他们在写作时难免会受到当时西藏社会思想的影响，如一些关于佛教高僧的神奇故事和传说的描述等；在写作体例和内容侧重上，有的流于枯燥烦琐和冗长，多有对求法、讲经、谒见、馈赠等宗教活动方面的记述。另外，译文中涉及到的不少专有术语，特别是一些历史地名、人名、职官、寺院名称、宗教仪轨、佛学典故和确切时间等，还需进一步研究，以使翻译更加准确。为此，尚祈读者鉴察。

编 者

2021年4月25日

前 言

在历辈班禅额尔德尼的传记中，第六世班禅额尔德尼·罗桑班丹益西的传记是篇幅最大、最具重要性的一部，这是由其所处的时代、一生的事迹以及传记的作者和传记写作的时机所决定的。

六世班禅额尔德尼于藏历十二饶迥土马年（1738 年）十一月十一日生于日喀则南木林县的扎西孜，藏历十三饶迥铁鼠年（1780 年）十一月二日在北京西黄寺圆寂，享年 43 岁。他短暂的一生，却历经了清代西藏地方的重大转折。从全国的形势来说，这是清代的康雍乾盛世的鼎盛时期，从康熙到乾隆，经过 100 来年的持续努力，解决了西蒙古准噶尔部对王朝统治的威胁，平定了西南地区地方势力的动乱，清王朝彻底巩固了对多民族统一大国的统治。从西藏地方的形势来说，这一时期经过五世达赖喇嘛去世以后的西藏地方蒙藏统治阶层的斗争、准噶尔军侵扰、西藏地方贵族内争以后，又经历确立由郡王颇罗鼐掌政和珠尔默特那木扎勒之乱，最终确立驻藏大臣和达赖喇嘛领导噶厦掌管西藏地方事务的体制。作为藏传佛教格鲁派与达赖喇嘛并列的宗教领袖人物，六世班禅额尔德尼和西藏历史的这一进程密切相关。

班禅额尔德尼活佛转世系统，在格鲁派中取得领袖的地位，开始于四世班禅以扎什伦布（须弥福寿）寺法台身份为四世达赖喇嘛授比丘戒，之后他又在认定五世达赖喇嘛、联合蒙古和硕特部固始汗推翻第悉藏巴（སྡེ་སྲིད་གཙང་པ།）、建立格鲁派与清朝皇室的关系等几件大事中发挥了重要作用，因此固始汗赠给其班禅博克多的称号。在五世班禅时期，康熙帝在西藏地方政局长期动荡、拉藏汗（རྒྱལ་པོ་ལྷ་བཟང་།）和第悉桑结嘉措的斗争结束不久，六世达赖喇嘛仓央嘉措被废黜、拉藏汗所立的达赖喇嘛益西嘉措没有得到蒙藏首领的公认，而当时准噶尔部的策妄阿拉布坦又力图插手干预西藏地方的情况下，于康熙五十二年（1713 年）册封五世班禅罗桑益西为“班禅额尔德尼”。据《清实录》载，“谕理藩院：‘班禅呼图克图，为人安静，熟谙经典，勤修贡职，初终不倦，甚属可嘉。著照封达赖喇嘛之例，给以印册，封为班禅额尔德尼。'"从此，班禅额尔德尼的名号，被中央政府正式以法律形式确立下来，也正式明确了班禅额尔德尼活佛转世系统的政治宗教地位，从此历代班禅额尔德尼转世须经中央政府册封成为历史定制。康熙帝册封五世班禅额尔德尼，是考虑在达赖喇嘛活佛转世系统之外，在格鲁派中再确立一个宗教领袖，这样在拉萨的政局发生重大变故、或者达赖喇嘛不能起到稳定西藏的作用时，可以由班禅额尔德尼系统来填补空缺，维系西藏地方和清朝中央朝廷的联系。

六世班禅额尔德尼·罗桑班丹益西出生时，正是颇罗鼐掌政的中后期，因此他被认定为五世班禅额尔德尼的转世灵童并得到朝廷的批准顺利坐床，在很大程度上得力于颇罗鼐家族的支持。颇罗鼐一家所起的作用甚至超过了当时刚刚从四川泰宁惠远庙返回拉萨三年的七世达赖喇嘛。所以幼年的六世班禅额尔德尼和颇罗鼐以及他的两个儿子关系很密切，不过当珠尔默特那木扎勒事件发生时，六世班禅额尔德尼还是12岁的少年，因此他并没有受到事件牵连，而是积极站到了反对珠尔默特那木扎勒的朝廷和七世达赖喇嘛、公班智达的一边。七世达赖喇嘛从掌权到圆寂，只有7年的时间，在这期间，他1751年到拉萨从七世达赖喇嘛学法接受灌顶，历时6个月，和七世达赖喇嘛建立了亲密的师徒关系。七世达赖喇嘛1757年藏历二月在拉萨圆寂时，六世班禅额尔德尼正当20岁成年之时，他发挥自己的宗教影响，在奉乾隆皇帝之命入藏的章嘉国师若必多吉和首任摄政第穆活佛的支持下，认定在日喀则南木林托布加(ཐོབ་རྒྱལ)地方出生的降白嘉措为八世达赖喇嘛，消除了护法降神指示不一而可能造成的因达赖喇嘛转世而引起争端，巩固了1750年珠尔默特那木扎勒之乱后乾隆皇帝确定的驻藏大臣与达赖喇嘛共同处理西藏地方政务、达赖喇嘛领导噶厦的行政体制。由于六世班禅额尔德尼与八世达赖喇嘛的父母家庭有亲戚关系，六世班禅额尔德尼又是八世达赖喇嘛的授戒老师，因此在七世达赖喇嘛去世后差不多20年里，六世班禅额尔德尼在西藏地方政局中都处于十分重要的地位，他运用自己的宗教地位和政治影响，为增进西藏地方和中央朝廷的关系、密切和朝廷派驻西藏地方官员的关系、增进卫藏的交往、稳定西藏地方政局做了大量事情，发挥了重要作用。1779年，六世班禅额尔德尼应乾隆皇帝的邀请进京朝觐，祝厘乾隆皇帝七十大寿，次年藏历七月抵达热河，九月二日到北京，十一月二日在京圆寂。六世班禅额尔德尼的这次进京朝觐，是五世达赖喇嘛1652年进京朝觐以后，时隔100多年的西藏地方主要宗教领袖的再次进京朝觐，因而受到当时正处在权势顶峰的乾隆皇帝的特别重视，朝廷对他的全部行程和在承德、北京的活动，做了全面细致的安排，并亲自关注接待六世班禅额尔德尼的各个细节。六世班禅额尔德尼在朝觐过程中，广泛接触蒙藏地区的藏传佛教信众和地方上层、清朝在各地的地方官员。在承德和北京期间，他与乾隆皇帝及御前的王公大臣、驻京的呼图克图等交往颇多，写下了很多生动的篇章。

要认识和研究六世班禅额尔德尼这位重要的历史人物，除了留存下来的官方档案资料，藏文古籍方面首推第二世嘉木央活佛晋美旺布所著的《六世班禅额尔德尼·罗桑班丹益西传》。嘉木央晋美旺布1728年生于青海省尖扎县囊拉千户家，7岁时随伯父东科尔活佛索南嘉措居住，13岁时从东科尔活佛受沙弥戒出家。1743年拉卜楞寺德瓦仓活佛罗桑顿珠在青海黄河南蒙古亲王察罕丹津的王妃南杰卓玛支持下，认定其为一世嘉木央活佛的转世，迎拉卜楞寺举行坐床典礼。嘉木央晋美旺布22岁时从章嘉国师若必多吉受比丘戒。25岁进藏学法8年，1759年返回拉卜楞寺，曾任拉卜楞寺和青海塔尔寺、佑宁寺法台，1768年应邀去内蒙古、北京、五台山等地传法讲经，1772年返回拉卜楞寺，同年乾隆皇帝敕封其为“扶法禅师班智达额尔德尼诺门罕呼图克图”。他主持拉卜楞寺政十几年，对拉卜楞寺的发展，建树颇多。1785年，他再次进藏，收集藏文经卷典籍万余部，全部带回拉卜楞寺。1789年他应邀担任青海省化隆县夏琼寺的法台，卸任后于1791年藏历十月在返回拉卜楞寺的途中圆寂于化隆县甘都地方。嘉木央晋美旺布一生留意学术，著述很多，所著《一世嘉木央传》《六世班禅额尔德尼·罗桑班丹益西传》，是藏族高僧传记中的名作，他编著的《卓尼版大藏经目录》受到国内外学界的关注。1753年到1759年嘉木央晋美旺布在西藏时，曾多次拜见七世达赖喇嘛和六世班禅额尔德尼。1779年六世班禅额尔德尼进京朝觐途中在青海塔尔寺过冬时，他又亲自迎送，并在六世班禅额尔德尼的300多名随从到阿拉善种痘以保证在北京不感染天花的过程中发挥了重要作用。

二世嘉木央活佛晋美旺布写作六世班禅额尔德尼传记，有一个特殊的机缘。按嘉木央晋美旺布在书后的题记中所说，他于1785年再次进藏，在朝礼扎什伦布寺时，六世班禅额尔德尼的兄长仲巴呼图克图洛桑金巴和索本堪布札萨克喇嘛洛桑克却以内库哈达、银曼扎、黄金一面、大缎两匹相赠，请他编写六世班禅额尔德尼的传记。他和几名助手从当年的藏历十月一日开始，到1786年藏历三月二日，用了整整5个月的时间在扎什伦布寺编写完成了这部传记。因此这部传记是在传主圆寂后不到6年时编写的，传主的事迹还留有鲜明的印象。更为重要的是传记完成于第二次廓尔喀战争之前，扎什伦布寺还没有遭到廓尔喀军的洗劫，六世班禅额尔德尼生前活动的文字记录还完整地保留在扎什伦布寺，传记的作者能够充分的利用。此外，二世嘉木央活佛不仅本人和六世班禅额尔德尼有过重要的交往，他作为安多地区格鲁派大寺院拉卜楞寺的寺主活佛，又到西藏、北京和蒙古生活过，因此他对这一时期西藏、甘青、内外蒙古乃至朝廷的许多事务都有比较清楚的了解，广阔的视野和丰富的经历也为他完成这一篇幅巨大的《六世班禅额尔德尼·罗桑班丹益西传》提供了非常有利的条件。由于这些原因，本书的内容大部分是六世班禅额尔德尼的侍从们在其生前所做的实时记录，一些来自于当事人的叙述和记载，一些是作者亲历亲见，所以许多细节都能一一如实道出，详实生动。另外本书与其他藏文高僧传记相比，宗教的内容渲染较少，着重按时间年月日的顺序记事，颇类似实录、起居注文体。因此，从历史研究的角度来看，本书的史料价值是很高的，它可以补充其他史书记载的不足，为研究六世班禅提供详尽的资料。

由于六世班禅额尔德尼在维护祖国统一、维护西藏地方稳定、增进民族间文化和宗教交流方面的重要贡献，自20世纪80年代以来，学术界和文化界对他的事迹进行了广泛的研究，取得了一些重要成果，文艺界也创作出反映其活动的戏剧电影和电视作品，使六世班禅这个历史人物逐渐为人们所熟知。特别是近年来我国藏学界、清史学界、民族学界的学者和清代档案资料工作者围绕这一事件做了大量的资料整理和学术研究工作，取得了丰硕的成果，出版了一些有关班禅额尔德尼东行的文献资料，有许多还是清朝的原始档案史料，对于学术研究无疑具有重要的意义。有关的资料汇编有：《六世班禅朝觐档案选编》（中国第一历史档案馆、中国藏学研究中心合编，中国藏学出版社1996年），其中收录的档案是最直接、最具针对性的。时间跨度自乾隆四十三年十二月六日至乾隆四十六年九月十二日，收录档案主要限于中国第一历史档案馆馆藏清代汉文、满文和藏文档案文书。《清宫热河档案》（国家清史编纂委员会编，中国档案出版社2003年），其中所记载的班禅在热河行事的情况，极为详细，虽然不若《六世班禅朝觐档案选编》那样有针对性，但是在对同时期不同人物及事件作横向比较时，运用《热河档案》也有重要的作用。就六世班禅额尔德尼朝觐而言，该档案汇编收录了当时乾隆在热河所发上谕以及对热河大事件所发旨意的档案，包括了部分满文档案。因为是以地理范围为收档标准，《热河档案》中还有许多文档再现了当时的历史环境等情况，比如南府学艺人随往热河的情形以及内务府承做送往热河的活计档等。在有关班禅额尔德尼东行的文档中，不但收录了班禅额尔德尼沿途呈献的贡物内容，而且详细记录了朝觐祝贺乾隆万寿时贡送的物品以及所放置归属的地方，更有其他呼图克图、王公等进送的礼品清单，方便研究者全面了解当时各族、各藩属国向乾隆祝寿时的盛况。同样对六世班禅额尔德尼朝觐的史料进行专题整理汇编的还有中国藏学出版社出版的《元以来西藏地方与中央政府关系档案史料汇编》（第二册）。虽然《六世班禅朝觐档案选编》中所收录的档案已十分详细，但缺陷在于仅囊括了以清廷为主导的中央政府档案，而很少涉及西藏地方的资料。在《档案史料汇编》中则部分弥补了一些缺憾，将西藏馆藏的原文部分收录其中。再结合《清实录》，方能以汉文（汉译）档案史料的角度将班禅额尔德尼东行的过程，从中央以及西藏地方政府两者结合的官方角度进行一个较完整的呈现。随着承德、北京的文物保护和整理研究事业的发展，与六世班禅进京有关的建筑和文物得到了很好的维护和整理，并且有一些学者对相关文物进行深入研究，出版了《故宫藏传佛教艺术》《梵华楼》《龙袍与袈裟》《雍和宫金铜佛像》《雍和宫唐卡》等书籍，故宫博物院、雍和宫等单位还陈列展出了一些重要文物。对雍和宫、西黄寺、故宫博物院藏传佛教文物的研究又往往和六世班禅进京密切相关。可以说，文物古迹的维修、保护和研究，又为学术界、史学界的研究提供了重要的生动形象的资料，极大地推动了对六世班禅进京相关问题的研究。北京有关单位如中国藏语系高级佛学院、中国藏学研究中心、雍和宫、香山昭庙还联合主办了两次六世班禅额尔德尼进京朝觐的专题学术讨论会，中央民族大学有两位博士生的博士学位论文专门对六世班禅额尔德尼的东行作了详细探讨。

在相关研究迅猛发展的今天，西藏自治区社会科学院西藏藏文古籍出版社出版了藏文的《历辈班禅大师传》并组织力量将其全文翻译为汉语，是为研究班禅额尔德尼活佛转世系统的历史以及清代西藏地方和中央政府关系史提供重要资料的一项重大工程，这些藏文史料的出版和翻译将对有关学术研究起到推进作用。

陈庆英

2019年8月

以三世诸佛之大德尊胜遍照见班禅额尔德尼·罗桑班丹益西贝桑布秘传形式所做的祈请文

祈愿吉祥！
在雪山境域是名罗桑的尊师，
在密严刹土是具吉祥金刚持，
与兜率天长寿佛智慧主无别，
我向你这位恩德的上师祈请！

从大乐双运的百态戏乐之中，
对四部密续的无数本尊坛城，
你是享用和汇集的大德怙主，
我向你这尊胜的金刚持祈请！

居住十方刹土的十力统治者佛陀，
连同他们的权势显赫的子孙，
对怙主你发出褒扬承事之声，
我向你救护众生的上师祈请！

自往昔古时至发宏大菩提心，
你具足广大清净的完满功德，
像兜率天宫期待着尊贵宾客，
祈请你使我等圆满成熟前往！

你有诸佛教言的金刚精华，
相好庄严使你如彩虹绚丽，
被称颂为无上导师无量光，

向你这兜率天宫之主祈请！

从你无尽的三密坛城之中，
向十方放射无数幻化光束，
成为随处利益众生的化身，
祈请你的化现会充满三界！

尤其对多数受染五毒人家，
饱受灾难吞食的悲苦众生，
在其他贤哲回避的斗诤期，
祈请你用特别慈悲来救护！

被誉为白莲的导师释迦牟尼，
在圣地印度转动大法轮之时，
你就是大阿罗汉日光须菩提，
向你这具有奇异神幻者祈请！

犹如月亮在各个湖海中显现，
你在香巴拉印度和西藏等地，
依照誓愿显现出各种智慧身，
向你这各种化身的导师祈请！

兜率天弥勒佛的三密功德，
你以六十神幻等等的妙欲，
在世界辽阔大地各个地方
一一显现，我向你祈请！

将危害讲说佛法的邪见者，
及野蛮恶毒魔军一并摧毁，
将佛陀教法举为世间至尊，
向你东方刹土的主宰祈请！
（此为赞颂文殊菩萨）

因福报盛大而体态殊胜威严，
以无畏而有力的粗壮的手臂，
将大洋中的支阳古等岛屿地方，
纳入传佛施行十善，向你祈请！

众生赞颂的印度各个圣地，
在佛陀伏魔成道的殊胜地，
你礼供金刚座并顶礼颂扬，
我向你威严的转轮王祈请！

在永恒不变的圣地金刚座，
守护佛和班智达的圣殿时，
信佛的国王对你供养礼敬，
祈请那时的场景再次出现！

虽已久远但良善习气故在，
你殊胜的事迹仍一如往昔，
连海岛上那些桀骜不驯者，
也拜在你莲脚下向你祈请！

你从幼年起就精通了梵文，
在贝拿勒斯城的金刚座前，
做了无数的大菩提的供赞，
向你这奇异妙行之主祈请！

从南方极边到纳沙米夏日（ནམྱི་ཤ་རི），
你统治印度各圣地之王国（或佛陀），
在各地都传播着你的盛名，
向你具殊胜恩德上师祈请！

当须弥山顶的世自在菩萨圣地，
受到阿修罗和凶恶象群践踏时，

你把各个吉祥成就地打扫干净，
由此见到佛陀密意，向你祈请！

自性远离八边戏论之偏见，
查知世俗自性如虚幻梦境，
明见文殊勇识以及阎摩敌，
我向你这正知识之主祈请！

让阳光照遍铁围山环绕的世界，
响起传遍各个地方的说法鼓声，
在被认为是天女度母的睡莲园，
祈请你发出真实佛陀的教诫声！

在这特别的修行成就的花园中，
三界勇士空行母如云堆般聚集，
是弃绝喧嚣修习禅定的绝佳地，
祈请你降临这佛法的宏大宫殿！

有朝一日当此方的善业园，
与你的三密事业机缘相应，
祈请你以无数清净的神幻，
示现戏乐人间的尊胜上师！

装饰前面的高高天空，
有具大法力十六罗汉，
如雨云遮天护佑大地，
向你殊胜的佛子祈请！

你的智慧如天空般广大，
遍视遍知闪耀智悲光辉，
你即观音珂罗珂喇明王，
向你智慧源泉上师祈请！

你的手掌如水晶明镜，
映照出八万四千法门，
显现出印度龙文文字，
祈请赐百种禅定修法！

雪山装饰的持明宫殿，
十地菩萨由空行相伴，
以慧眼明查众生所为，
因此我向上师你祈请！

讲说身语意金刚密意时，
手持赭红色经卷和锡杖，
将秘密语义传授给我等，
在你遍主上师足下祈请！

在梦境中也会梦到上师，
一再出现赐给美妙授记，
各部护法神以人身显现，
因这无数奇异向上师祈请！

大昭寺觉卧嘱你到后藏①，
帝释梵天对你恭敬行礼，
祈请你到密法大寺院时，
听到你月灯师的说法声！

你的三密的功德无有穷尽，
奇异事迹的百种色彩绚丽，
只需有少许照到我的心镜，
就让我对你生起虔敬信念。

① “前藏”“后藏”是历史上的用法，西藏自治区成立后不再使用。历史上“前藏”大致指的是拉萨、山南一带，“后藏”大致指的是日喀则周围。在不同历史时期、不同语境中，“前藏”“后藏”所指地域有所不同。——编者

你的秘密和极秘密的事迹，
像白莲花优昙钵花般珍奇，
在我心中的清净的池塘里，
却因前缘而一行行的排列。

你的秘密事迹像天空广大，
又像辽阔的大海一般深沉，
装满我心智的全部的容器，
愿建立不退还信仰的根基。

三重信仰的根基中生出的，
以完全遵从教诲的赤诚心，
一切作为均不违上师教导，
请你加持使我圆满此誓愿！

从今以后的世世代代，
都请上师你给以护持，
在身语意事业各方面，
都和上师你结下善缘！
当香巴拉的迦拉波城，
举行新的圆劫庆典时，
愿我等成为你的随从，
证得智慧安乐的善道！

基于三世诸佛之主，因需要而提及其名谓是：尊胜遍见一切罗桑班丹益西贝桑布的秘密传记，为撰写此篇祈请文，善知识、札仓堪钦、噶究洛桑丹巴（དཀའ་བཅུ་བློ་བཟང་བསྟན་པ།）命我来写作，并赐白银等顺缘，坚持劝请，盛情难却，加以本人亦是受过吉祥遍主上师无比恩德的微末弟子，故本人释迦比丘象雄瓦洛桑丹增坚赞（ཤཱཀྱའི་དགེ་སློང་ཞང་ཞུང་བ་བློ་བཟང་བསྟན་འཛིན་རྒྱལ་མཚན།）在佛陀降伏外道的节日即神变月的上弦月十五日黎明时速写成。

尊胜上师有寂顶饰班禅遍知一切
罗桑班丹益西贝桑布传太阳之光

第一章　前世情形和降生

（《声律论·注释》重音，14个有功能的字母按轻重音拼合有16384种形态，在此将其中精华的2933种抽出，加以排列成章。）

祈愿吉祥！
罗桑教法的清净宝座上，
常时安坐的相好庄严身①，
无遮智慧千眼的善知识②，
向三时之主班禅额尔德尼顶礼！

（《声律论·注释》第十一章说，三体咒文按轻重音的不同有3448种，今以第213种作为美饰而成章。）

头顶以蓝色五螺髻严饰，
手中宝剑缠藤放射寒光，
内除愚暗外照智慧宝藏，
祈请文殊金刚③赐给吉祥！

（《声律论·注释》说，表示数量的文字有吉祥、水、虚空等不同的文字，

---

① 相好庄严身是对佛身的赞美，即“三十二相”“八十种好”。

② 善知识，按佛教的解释：其与恶知识相对，指正直而有德行，能教导正道之好人，即为善缘，又作知识、善友、亲友、胜友、善亲友。据说善知识有四种：（一）属于普通众生一类的善知识；（二）属于地上菩萨一类的善知识；（三）属于化身佛的善知识；（四）属于报身佛的善知识。

③ 文殊菩萨最常见的形象是五髻文殊。五髻文殊因头顶有5个发髻而得名，这5个发髻代表的是5种智慧。一般右手握智慧剑，宝剑上缠有藤条，象征以智慧剑斩烦恼藤的缠绕。左手持的莲花上放置《般若经》（ཤེར་ཕྱིན་གྱི་མདོ།），代表智慧的思维。或说智慧之利剑表示能斩断种种蠢痴，智慧犀利如剑；青莲花则代表纯洁无染，花上放有般若经，作为智慧与慈悲的象征。

今以第583个文字作为美饰而成章。）

彩虹光网环绕的宫室中，
端直站立并现爱恋的形状，
手拨琵琶发出美妙的声音，
请你梵天之女①赐给我妙音！

以殊胜发心所生转动千幅金轮的意愿，
将全部佛法传遍各个大洲和各个小洲，
将教法和众生利乐喜宴安排直到圆劫，
向你这位在三界转动法轮的圣者顶礼！

用广大六般若行渡过有寂世界大海，
无漏法身虽然已经获得出世间安乐，
难舍无量众生而再留净不净人世间，
请你各种化现身来作是我等的上师！

从三密雪山走来具有尊善贤的品德，
从利他的嘎乌②中透出洗涤浊世污秽，
事业的河流流向各方滋养利乐庄稼，
你的传记成为执掌佛法者中的美饰！

怙主你的三密福德如天池无边无际，
即使梵天和帝释等天神③来聚集讲说，
在贤劫中无论怎样努力也难以说尽，
像我这样孤陋寡闻的人又怎能承担?!

---

① 妙音天女是印度教与佛教共通的一位本尊。印度教所尊的妙音天女形相，与佛教所修的妙音天女几乎完全相同，唯一的细微分别在于外道把她的琵琶顶饰画为向外勾，而佛教则绘为向内勾。由于她是赐予各种智慧及文艺天分的本尊，凡学习或从事艺术、文学、书法、音乐、工巧、写作及辩论的人，以及从事著述的学者，往往在开始学习时要向妙音天女祈祷，祈求学习和工作顺利。

② 嘎乌是藏传佛教信徒随身佩戴的小佛盒，内装佛像、经咒或者圣物，以求保佑平安。

③ 大梵天与帝释天是佛教著名的护法天神，本来是古印度神话中的20位天神中的两位，后来纳入佛教神祇系统中，成为护持佛法的神。

但在沙漠中受尽干渴之苦的旅客，
找到一眼清泉虽然不能全喝下，
喝下一点也能解除干渴的苦难，
你的事迹讲一点也是心灵盛宴！

那些汇集八风拼凑成的文字，
分成段落还用诗句来做装饰，
这样虚伪的传记竟然也流传，
只能是一种自我吹嘘的谎言。

具足尊善贤的整个坛城，
来讲说大德的普贤善行，
毫无虚构地认真的讲说，
才能使读者们欢乐微笑。

怙主虽然已经前往他世界，
仍是我常时恭敬的救护主，
用我敬仰之心来编写传记，
这些话语使得我非常高兴。

恭敬依止善知识听受显密全部经典，
在讲辩著方面获得无可比拟的成就，
殊胜事业利益教法众生常发出供云，
众生为此向你礼敬并传颂你的事迹。

当高山顶上雨云翻滚聚集之时，
如夏季惊雷响起杜鹃欢乐起舞，
寻求解脱的智者们高兴地合掌，
侧耳倾听我讲述你的圣贤事迹！

具足各种智慧的如来正等觉佛陀、明察世界的善逝如来、教化众生的掌舵者、至高无上、神、人等的导师、薄伽梵圣者佛陀罗桑班丹益西是三界众生的顶饰,他在无数劫之前已经到达修持、成熟、圆满的顶点,成为证得四身的佛陀,但是他对于铁围山环绕的难以渡过的轮回大海中因为业力的风浪和烦恼的缠绕而漂流沉浮的悲苦众生,用建起智慧和悲悯的风帆的事业大船来承载他们到解脱的宝洲,他是三界教法的伟大舵手,以化身的形象出现于世间。这正如诗中所说:

无数劫前发心的甘露泉,
与慈悲的山王相依伴,
如来十力①的月亮升起,
无数众生的睡莲盛开。
抛却了世间所有尘障,
证得了永固不坏的法身,
不拘于此仍留在人世间,
以优美的舞姿使人惊异!

这位三界利乐的本性、无比的化身、如意(指的是班禅)源于何处?他是妙观察智的色身显现的无量光佛②(རྒྱལ་བ་འོད་མཐའ་ཡས་པ།)即西方乐土的导师。因此,导师的身、心、语后段奇异功绩与本尊的业绩无差别。若要讲说这些宏伟业绩,对于天王、帝释、声闻、独觉、阿罗汉等来说也要感到困难,更何况像我这样才学浅薄的人。因此,为北方的凡夫所了解。以我浅薄的见识将班禅额尔德尼的身世及其教化众生的伟业做传记予以表述。

正如《菩萨本生经》(བྱང་ཆུབ་སེམས་དཔའི་སྐྱེས་པའི་རབས།)说:"如此德高望重的大贤们,指引通往善逝的美妙途径,使一切异教之徒诚心皈依,以佛法之真言使之欢欣"。这位怙主(指班禅)实为无量光佛的化身,这并非我蠢想偏私,虚言夸张使值得确信的正量。莲花生大师(སློབ་དཔོན་པདྨ།)在《洛扎遗教授

① 如来证得实相之智,了达一切,无能坏、无能胜,故名力也。如来十力是:一、知是处非处智力;二、知过现未来业报智力;三、知诸禅解脱三昧智力;四、知诸根胜劣智力;五、知种种解智力;六、知种种界智力;七、知一切至处道智力;八、知天眼无碍智力;九、知宿命无漏智力;十、知永断习气智力。

② 无量光佛,也称无量寿佛、阿弥陀佛、无边光佛等;藏传佛教称为月巴墨佛,是佛教中西方极乐世界的创造者。常见的形象是他手持莲台,与观音菩萨等接引十方念佛众生到西方极乐世界。

记》(ཟློ་བྲག་གཏམ་ཤུལ)中说:“莲花我生于藏绒(གཙང་རོང་)地①,遍利藏地洛门(བོད་ཁམས་ཀློ་མོན།)利众生,使其聆听佛法离恶道。其后众生中邪魔,血海翻腾神庙被毁弃,外寇魔兵逞凶险,藏地福尽战祸起。此时因慈悲阻止蒙军。身居中心拉萨大昭寺,灌顶加持化顽徒,引其向善后时未久,酷爱雪域此比丘,却归西方极乐国(ནུབ་ཕྱོགས་བདེ་བ་ཅན།)”。他的《乌坚法日授记》也说:“须菩提化身(རབ་འབྱོར་སྤྲུལ་པ།)现藏绒,造福藏地事业与吾同,厄运降临五浊增溢②时,他奋力阻止了蒙古兵,使幸福在藏地短暂出现。浊世众生福德殆尽故,他突然前往无量光佛处,魔军再次如海浪翻滚,不过有全藏的虔诚祈祷,他为阻止边军再降生,数年之中在隐秘森林中巡游”。《宁玛大续深意总汇》(རྙིང་མ་རྒྱུད་ཆེན་ཟབ་མོ་ཀུན་འདུས།)中也说,“后藏地方须菩提化身出生,建寺院栋梁教法胜幢,用各种办法护持教法”。《莲花生遗教》(སློབ་དཔོན་པད་མའི་བཀའི་ཐང་ཡིག)中说:“铁山上(指药王山)众人生命危急时,无量光佛因慈悲来救护”。这里最后两句的意思是,当西藏地方发生战乱时,第悉藏巴的一万多军队在布达拉(པོ་ཏ་ལ།)和药王山(ལྕགས་པོ་རི།)上驻守时,第悉吉雪巴(སྡེ་པ་སྐྱིད་ཤོད་པ།)率领的藏军队与拉尊王(རྒྱལ་པོ་ལྷ་བཙན།)的蒙古军联合起来,七天断绝饮水,致使藏巴汗的军队处于困境。遍知者班禅罗桑确吉坚赞(པཎ་ཆེན་ཐམས་ཅད་མཁྱེན་པ་བློ་བཟང་ཆོས་ཀྱི་རྒྱལ་མཚན།)挺身而出,对拉尊王良言规劝,并赠给厚礼,终使藏巴汗的后藏军兵从危难中得救。

复次,若问上述的须菩提尊者(འཕགས་པ་གནས་བརྟན་རབ་འབྱོར།)等班禅额尔德尼的前世诸人的经历事迹如何? 总之,以同一心续(ཐུགས་རྒྱུད་གཅིག་པ།)来说,先后的化身有莲花生大师、阿底峡尊者(ཇོ་བོ་ཆེན་པོ་ཨ་ཏི་ཤ།)、达波拉杰(དྭགས་པོ་ལྷ་རྗེ།)等贤哲大德、成就者很多。这里根据遍知班禅法王罗桑确吉坚赞所著《本生祈愿文》(འཁྲུངས་རབས་གསོལ་འདེབས།),对遍知班禅额尔德尼的前生作如下介绍。

第一世须菩提尊者,出生在舍卫城③(མཉན་ཡོད།)一个富裕的婆罗门④(བྲམ་

---

① 指后藏的绒地区,即后藏北部雅鲁藏布江两岸今拉孜县到南木林县的地区。

② 指五浊泛滥之时,劫、有情、寿、烦恼及见等五者目趋鄙恶,浊秽泛滥之时。

③ 古印度一王国名。原为萨罗国都城,为区别于南部另一萨罗,以都城名代替国名。该城位于今印度西北部拉普地河南岸。以崇佛而闻名的波斯匿王曾居此城内,城内有孤独长者施舍给释迦牟尼的柢园精舍。据说释迦牟尼成佛后,常住此城度过 25 个雨季安居。

④ 婆罗门是古代印度婆罗门教的宗教职业者,古印度四种种姓中的第一种性,为当时社会的知识垄断者,自认为是印度社会的“最胜种姓”。婆罗门有六法:学习吠陀、教授吠陀、为自己祭祀、为他人祭祀、布施、受施。

ཟེ།)家庭,父名觉巴(འབྱོར་པ།)。有书中说:“虽然早年家境富裕,但膝下无子。自从生下此子后,家境更富上加富,于是取名叫饶觉①”。据说尊者前世为龙界投生而来。尊者年轻时通晓婆罗门六事②(བྲམ་ཟེའི་ལས་དྲུག)等一切技艺,但是因尚有前世龙种的习气,移居到满布蛇蟒的旃檀林中。后来被一位已获见道的天神将其送到释迦佛祖身边受近圆戒,依教修道,尽除一切烦恼,获得阿罗汉果(དགྲ་བཅོམ་པའི་གོ་འཕང་།)。尊者依赖神秘的智力,知晓自己为龙的后裔而生意,降服了五百蛇和五百大鹏。释迦牟尼称赞道:“在我的声闻弟子的群星中,你貌似金星(པ་སངས།)”(赞他智慧超群)。后来释迦牟尼于灵鹫山③(བྱ་རྒོད་ཕུང་པོའི་རི།)讲授《般若经》时,他向佛祖发问,并获得解答,消除了求解脱方面的疑惑。因此他不仅是住于大乘的士夫,而且也有声闻大弟子④的形象(ཉན་ཐོས་ཀྱི་ཚུལ་འཛིན་པ།)。其详细事迹请由经典中阅知。

第二世法胤⑤(རིགས་ལྡན།)妙吉祥称法王(འཇམ་དཔལ་གྲགས་པ།),排行第二,出生在由九亿六千万座城市环绕装扮的香巴拉国⑥。父亲拉易旺旦(ལྷའི་དབང་ལྡན།),是虚空藏菩萨(བྱང་ཆུབ་སེམས་དཔའ་ནམ་སྙིང་།)的化身。母亲名叫那措玉吉达宁。他年轻时刻苦精进,精通各种技艺,父亲拉易旺旦死后,他嗣位执政。其间,日车(ཉི་མའི་ཤིང་རྟ།)等 3500 万仙人因持邪见而被他下令驱逐到远方,后来,他又显神通招回了被驱逐者,使他们成为有根器者。在他们的再三请求下,他置时轮坛城传授灌顶⑦,讲授《时轮本续》(དུས་ཀྱི་འཁོར་ལོའི་རྩ་བའི་རྒྱུད་རྒྱས་པ།),

---

① 藏语“饶觉”意为极富有,为梵语“须菩提”的意译。

② 婆罗门六事为诵读、念诵、祭祀、会祭、布施、受取。

③ 灵鹫山即耆阇崛山。《大智度论》卷 3:“耆阇名鹫,崛名头”。位于古印度摩羯陀(མ་ག་དྷ།)国王舍城东北部。据说释迦牟尼曾在此居住多年。

④ 被佛出世度化的弟子,称为佛的“声闻弟子”,意思就是听了佛的宣讲才求道的。声闻弟子多数是听了佛说法后就出家修道,觉悟解脱,今生寿尽后就直接涅槃了。这样的涅槃常称“小乘涅槃”,因为没有广度众生,所以不是“究竟涅槃”“无余涅槃”。声闻弟子又被称为声闻乘、小乘。与之相对应的,菩萨就是指大乘修行者,菩萨道一般都是累劫修行,功德圆满后才坐得佛位。菩萨生来就有其特征,因为过去早已发了菩提心,携有自己的弘誓,所以这辈子的历程只是前世修行的延续。

⑤ 法胤王亦称具种王,是对香巴拉国(ཤམ་བྷ་ལ།)国王的称呼。

⑥ 按照佛教典籍的说法,香巴拉国是位于地球上南瞻部洲北面的一个奇妙地方,一片佛教的净土。实际上香巴拉是一个有君主、有臣民的国土,香巴拉国与时轮密法的传播有密切关联,据说当年佛陀便曾传授时轮金刚无上瑜伽密法予香巴拉国王,时轮密法在香巴拉国传播 20 代后,才传播到其他地方。近代香巴拉国的传说传到西方,音变为香格里拉。

⑦ 灌顶原为古印度国王即位的一种仪式,国师以“四大海之水”,灌于国王头项,表示祝福。佛教密宗仿效此法,于僧人嗣阿阇黎位时,设坛举行灌顶仪式。灌顶有三部五部之说,事业灌顶有三种:(1)结缘灌顶;(2)学法灌顶;(3)传法灌顶。

以甚深妙道金刚六支瑜伽(ཟབ་ལམ་རྡོ་རྗེའི་རྣལ་འབྱོར་ཡན་ལག་དྲུག)使仙人们的心境成熟。以后,尊者将四法种合为一金刚法种(རྡོ་རྗེའི་རིགས་གཅིག),成为香巴拉法胤中首要的法胤王。他命自己的儿子白莲花王(པད་མ་དཀར་པོ།)撰写《时轮摄略经无垢光大疏》①(དུས་འཁོར་བསྡུས་རྒྱུད་ཀྱི་འགྲེལ་ཆེན་དྲི་མེད་འོད།)。不久他逝往报身佛的胸间。

第三世清辨论师②(སློབ་དཔོན་ལེགས་ལྡན་འབྱེད།),生于东印度的帝王家族中,幼年时起就天生聪明,曾依止圣者龙树大师(སློབ་དཔོན་འཕགས་པ་ཀླུ་སྒྲུབ།)等善知识,学习经论,一举成名。后来以龙树大师为亲教师受近圆戒,著《根本般若论注疏——般若明灯》(རྩ་བ་ཤེས་རབ་ཀྱི་འགྲེལ་པ་ཤེས་རབ་སྒྲོན་མེ།),依据自己的心续对圣者龙树的义理做了阐述,因此被认为是他开创了中观自续派。他对佛护论师③(སློབ་དཔོན་སངས་རྒྱས་བསྐྱངས།)以应成方法解释《中观论》斥为过失,以后追随清辩论师的自续派高僧名徒遍行各地,使中观自续派教理空前兴旺。清辩论师获身持明④(རིག་འཛིན།)后辞世。

第四世晋美迴乃贝巴(འཇིགས་མེད་འབྱུང་གནས་སྦས་པ།)大师,生于东印度。成年后前往中印度的摩揭陀⑤地方求学,学通五明⑥,后受近圆戒。当时,被摩揭陀国王襄丹金(མ་ག་དྷའི་རྒྱལ་པོ་ཤིང་རྟན་ཅན།)奉为上师,致诚侍奉。他分白昼为三时,第一、二时著书立说;第三时宣讲佛法。夜晚时,他前半夜于尸林静修,后半夜于佛殿歇息睡眠。

有一天上午,一位妇人手持酒肉来到他身前,他因恪守戒律未予理睬,

---

① 按照藏传佛教关于时轮教法的说法,释迦牟尼讲时轮教法时,香巴拉国的月贤法王深为释迦牟尼在聚米塔中精湛无比的演说所折服,回到香巴拉国后,他根据自己的回忆,将释迦牟尼讲述的内容整理成《时轮根本续》,并根据自己的理解写了《时轮根本续六万品释》。在他之后,又有香巴拉白莲法胤为之作注释,撰成《时轮根本续无垢光大疏》《时轮根本续无垢光大疏摄要》等。这些著述流传到后世,被统称为《时轮经》。月贤法王的《时轮本续》和《时轮根本续六万品释》已失传,现在流行的是《时轮根本续无垢光大疏》《时轮根本续无垢光大疏摄要》等典籍。

② 清辨(约 490 – 570 年),古印度佛教中观自续派(དབུ་མ་རང་རྒྱུད་པ།)大师,为南印度人,与护法同时。龙树约 3 世纪时的人,古印度大乘佛教中观学派创始人。文中说清辨曾从龙树大师受比丘戒,这种说法不正确,两人间隔几百年,只是由于清辨发展了龙树创立的中观学派,故传出清辨为龙树弟子的说法。

③ 佛护(约 470 – 540 年),古印度大乘佛教中观应成派论师,为南印度坦婆罗国人。曾从僧伽罗苦什达修习龙树的空宗教义,为龙树、提婆的著作作注,著有《据本中论注》。藏传佛教格鲁派创始人宗喀巴大师承袭了佛护、月称中观应成派的思想。

④ 身持明为三明之一,指不舍此人身,即得与欲界天相等之幻身。

⑤ 为释迦牟尼住世时印度的十六大国之一,位于今南比哈尔邦,以巴特那城为中心。

⑥ 此处的明指明处,即知识与学科。五明又分大五明、小五明。大五明为声明、工巧明、医方明、因明、内明;小五明为历算、诗、词、韵、戏曲。

妇人便消失而不知去向，于是，他心生疑惑，四处寻觅不得。当他心生悔恨虔诚忏悔之际，便见那位妇人出现在面前，他上前施礼，请求宽恕保佑。妇人说："如果你以前不起疑惑，今生能获得殊胜悉地。不过你已作忏悔，在中有之时①会获得殊胜"。鼓励以后要多著书，尤其著各种道场坛城仪轨。于是他根据空行母②（མཁའ་འགྲོ་མ།）指示著作了《三念珠》（ཕྲེང་བ་གསུམ།）及《合疏秘诀穗》（ཁ་སྦྱོར་གྱི་འགྲེལ་པ་མན་ངག་སྙེ་མ།）、《佛顶经无畏疏及注释》（སངས་རྒྱས་ཐོད་པའི་རྣམ་བཤད་མི་འཇིགས་གཞུང་འགྲེལ།）等。

在杂尔森哈城（ཙར་སེང་ཧའི་གྲོང་ཁྱེར།）有一位旃陀罗种姓③（མདོལ་པ།）国王，固执邪见，以 100 多人为祭祀供品。大师见如此惨景，心生怜悯，祈求三宝。当时一条可怕的大蛇跳起缠绕在大师身上，盘成蛇冠，国王见状惊骇不已，将众人奉献于大师。他在德丹城（གྲོང་ཁྱེར་བདེ་ལྡན།）化缘求食，手捧钵盂，将钵口朝天，天受感动降赐食物，使众人饱食而归。大师在止噶玛拉（ཟི་ཀ་མ་ལ།）居住的时候，被都鲁迦④（ཏུ་རུ་ཀ།）军队所困，大师陈设施食，激励护法，用面团作成无数飞鸟，使其变为大鹏，驱逐愚顽之辈。另外调养被毒蛇所伤者，以密咒约束盗贼，使寒林中的死孩起死回生等神奇故事颇多。以上所述根据恰译师⑤（ཆག་ལོ་ཙཱ་བ།）的口述而写成，另有尚译师（ཞང་ལོ་ཙཱ་བ།）归纳为三大部分的一种，见于他处。

第五世桂译师枯巴拉哉⑥（འགོས་ལོ་ཙཱ་བ་ཁུག་པ་ལྷས་བཙས།），生于后藏达纳普（རྟ་ནག་ཕུ།）地方。成年后由于前生习气醒悟，随从卓弥译师⑦（འབྲོག་མི་ལོ་ཙཱ་བ།）学习多种经论。后赴印度拜上师真吉雪剑（སྤྱིན་གྱི་ཤུགས་ཅན།）、学者宛谢剑、宗莫剑等 70 位学者为师，修习显密经典，尤其以精研《集密》（གསང་བ་འདུས་པ།）而名声大

---

① 佛家指前身已弃，后身未得，即死后尚未投生之时为中有，或中阴。

② 空行母，从梵文音译为"荼吉尼ཌཱཀིནི"，意为在空中行走之人。空行母是一种女性神祇，她有大力，可于空中飞行，故名。在藏传佛教的密宗中，空行母是代表智慧与慈悲的女神。

③ 印度种姓之一，是位居首陀罗之下的贱民阶级，又作旃荼罗、扇提罗、旃提罗，意译严炽、暴厉、执恶、暴恶、屠者、杀者，或险恶人、执暴恶人。

④ 都鲁迦，据说是对古代克什米尔地区一个突厥系民族的称呼。

⑤ 恰译师名曲吉贝，是 13 世纪西藏一位著名高僧，他曾到尼泊尔、印度巡礼和学法，回西藏后翻译经典，讲经说法，成为著名的译师，元世祖忽必烈曾经召请他去大都传法，走到藏北因腿疾返回。中国藏学出版社近年出版了曲吉贝口述、居士曲达记录、刘洪记等汉译的《13 世纪一个藏族僧人的印度朝圣之旅——恰译师曲吉贝传》。

⑥ 桂译师枯巴拉哉是西藏十分著名的译师，其生卒年未见史籍明载，但他系阿底峡的弟子，故应为 11 世纪时人。

⑦ 卓弥释迦益西（1034－1102 年），是藏传佛教后弘期翻译新密续的大翻译家之一。

振。返回西藏后，因长期闭关静修，在坛城中亲见32位本尊圣容，后人称其静修地为亲见本尊修行地。他著有《集密千座法》（གསང་འདུས་ཀྱི་སྟོང་ཐུན་ཆེན་མོ།），门徒众多，其中有被称为母续四柱、秘诀八梁的四柱八梁弟子，以及精于羯摩集①（ལས་ཚོགས།）及杂事（ལས་ཐུན།）部分的被称为椽木和短木的人，不胜枚举。弟子中的母续四柱是：协吾顿的玛尔顿桑坚、恰拉康的松顿耶巴尔（ཚབས་ལྷ་ཁང་གི་སུམ་སྟོན་ཡེ་འབར།）、香地的松顿绛曲坚赞（ཤངས་ཀྱི་སུམ་སྟོན་བྱང་ཆུབ་རྒྱལ་མཚན།）、涅地的雄顿多杰坚赞（གཉལ་གྱི་མོང་སྟོན་རྡོ་རྗེ་རྒྱལ་མཚན།）。秘诀八梁：协地的欧顿钦布、绒地的章德加赖（རོང་གི་བྲང་ཏི་རྒྱལ་ལེ།）、达纳的贤者索嘉（རྟ་ནག་གི་མཁས་པ་བསོད་རྒྱལ།）等。译师为佛教及众生的事业精进终生，最后身往法界。

第六世萨迦班智达贡噶坚赞②（ས་སྐྱ་པཎྜི་ཏ་ཀུན་དགའ་རྒྱལ་མཚན།），水虎年（1182年）生于金刚座③（རྡོ་རྗེ་གདན།）以北108由旬④（དཔག་ཚད།）的仲多⑤（གྲོམ་སྟོད།）吉祥萨迦地方（དཔལ་ལྡན་ས་སྐྱ།）的款氏家族（འཁོན་གྱི་རིགས།）中，父名贝钦俄波（དཔལ་ཆེན་འོད་པོ།），母名涅赤嘉（ཉི་ཁྲི་ལྕམ།），原名贝丹顿珠（དཔལ་ལྡན་དོན་གྲུབ།）。他在幼年爬行时便会说梵语，未投师而懂多种文字。年轻时从杰尊扎巴坚赞（རྗེ་བཙུན་གྲགས་པ་རྒྱལ་མཚན།）受灌顶，学习显密经论著，成为学者。9岁时已熟悉《莲华经》，11岁学习《大慈悲空智金刚大教王经》二品，14岁讲习《智陀罗尼经》，15岁学通祖传佛法。当他18岁时梦见从世亲论师⑥（སློབ་དཔོན་དབྱིག་གཉེན།）聆听《阿毗达摩俱舍论》，27岁从克什米尔班智达释迦室利（པཎ་ཆེན་ཤཱཀྱ་ཤྲཱི།）受比丘戒，并从其遍修因明、般若、对法、《律经》、密咒等。后来，前往吉隆（སྐྱིད་གྲོང་།）时与搓切噶吾（འཕྲོག་བྱེད་དགའ་བོ།）辩论而获胜，摧毁了外道。

---

① 羯摩集指汇集各本尊的所有息灾、增福、怀柔、制伏等羯摩仪轨于一处的修行法。

② 萨迦班智达贡噶坚赞（1182－1251年）是藏传佛教萨迦派第四位祖师，著名宗教活动家、政治家和学者。

③ 金刚座指菩提道场，坚固永恒的地方。中印度菩提伽耶地方的佛教圣地。据说是释迦牟尼在此地的菩提树下证道成佛，有的佛教经典认为这里是释迎牟尼等三世诸佛成道之地。

④ 由旬为古印度计算道路里程的单位，以帝王一日行军之路程为一“由旬”。旧传一由旬约为中国的40里。

⑤ 仲多意为仲曲河上游，萨迦寺（ས་སྐྱ་དགོན།）北寺和南寺位于仲曲河上游的南北两岸。

⑥ 世亲论师为无著子弟，是古印度大乘佛教瑜伽行派创始人之一。据说为北印度富娄沙富罗国人。早年于说一切有部出家，后至阿逾阇国师事佛陀蜜多罗法师，受到阿逾阇国王室的皈依与优遇。他曾为《华严经》《大涅槃经》《法华经》《般若经》《维摩经》《胜鬘经》作注。著作有《阿毗达摩俱舍论》（ཆོས་མངོན་པ་མཛོད།）、《大乘经庄严论释》《辨中边论》《金刚经论释》《十地经论》《净土论》《二十唯识论》《唯识三十论颂》《摄大乘论释》《大乘成业论》《大乘百法论》《大乘五蕴论》《佛性论》。

一次，杰尊巴①告诉他说："有一位口操不同民族语言，头戴飞鹰帽，足登猪鼻靴的人从北方前来请你，此时，务必消除疑虑而往赴，这会给佛法带来莫大利益。"后来，萨班按此授记，答应了蒙古阔端王（ཧོར་རྒྱལ་པོ་གོ་དན།）的邀请。63 岁时从萨迦寺启程，途行 3 年，65 岁会见于凉州。从此，他致力弘扬佛教，使那些口操不同语言的异教徒信奉大乘佛教②。总之，他教化无数众生，使他们脱离轮回之苦，佛教兴盛昌隆。铁猪年（1251 年）九月二十九日病逝于凉州，享年 70 岁。

第七世雍顿多杰贝（གཡུང་སྟོན་པ་རྡོ་རྗེ་དཔལ།），木猴年（1284 年）生于夏鲁寺附近春堆古尔莫（ཚོང་འདུས་མགུར་མོ།）以南一个咒师家中，族姓为兰氏，取名多本。成年后跟随达敦释迦培（མདའ་སྟོན་ཤཱཀྱ་འཕེལ།）学习旧密法（གསང་སྔགས་རྙིང་མ།），17 岁即登法座讲经说法。后拜年顿释迦僧格（གཉན་སྟོན་ཤཱཀྱ་སེང་གེ།）、达尔顿斯吉（དར་སྟོན་གཟི་བརྗིད།）、喜饶本（ཤེས་རབ་འབུམ།）、曲迥本（ཆོས་སྐྱོང་འབུམ།）等为师专修旧密乘，其咒术超群，能使役万物。后来应元成宗的邀请，到内地传授佛法，教化众生步入解脱道③，返藏后广行善事。28 岁时遵从母命娶妻生子，29 岁摆脱家庭束缚，削发为僧，以噶西巴扎西宣努（དཀའ་བཞི་པ་བཀྲ་ཤིས་གཞོན་ནུ།）任堪布、索朗扎巴（བསོད་ནམས་གྲགས་པ།）作亲教师、扎西巴作屏教师受比丘戒，取名多杰贝。其后，随从曲杰饶窘多杰（ཆོས་རྗེ་རང་བྱུང་རྡོ་རྗེ།）、布顿尊者（译者注：布顿尊者（1290－1364 年），元朝后期藏传佛教高僧、著名学者。藏历第五饶迥铁虎年（1290 年）出生于后藏萨迦北面的官乃地方，父名扎敦坚赞贝桑，是一个修习旧密咒的瑜伽师，母名索南本。从 6 岁起跟母亲学习读写，又从温·嘉瓦僧格学习算学及文字学等，从母亲的叔父喇嘛楚臣贝桑学习密咒及灌顶等。18 岁时在绰浦寺（ཁྲོ་ཕུ་དགོན།）以羊孜瓦仁钦僧格等人为师受沙弥戒出家。21 岁时到前后藏各大寺院巡回辩经，名声大著。"布"（བུ）是藏语儿子、弟子之意，"顿"是"顿巴"（སྟོན་པ）的简称，是藏语导师之意，因他年轻时学识渊博、辩论无敌，学者们称颂他说："父亲是顿巴，儿子也是顿巴"，因而得到"布顿"的称号。23 岁时在绰浦寺以扎巴宣努等人为师受比丘戒，随后仍在绰浦寺以塔尔巴译师尼玛坚赞为师，学习梵文声明学的经典《旃陀罗波字经》和《声明集分论》，此外还学习诗词、声韵、藻词等，

---

①　杰尊巴即萨迦三祖扎巴坚赞，杰尊巴是萨迦派的人对他的尊称。

②　大乘佛教为佛教的一支，形成于一世纪左右，因为主要传播于中亚和东北亚，又称北传佛教。自称能运载无量众生生死大河之此岸达到菩提涅槃之彼岸，成就佛果，故称大乘。提倡三世十方有无数佛，将佛神化。同时，宣传大慈大悲，普渡众生。大乘佛教的主要经典有《般若经》《维摩经》《大涅槃经》《法华经》《华严经》《无量寿经》。

③　据王森《西藏佛教发展史略》记载，雍顿巴多吉贝（རྡོ་རྗེ་དཔལ། 1284－1365 年），善新旧密咒、宁玛教法及《时轮金刚》，以咒术著称，是元代宁玛派的著名高僧，他曾经受元成宗诏请进京，曾在帝前献金刚舞，赐予丰厚，但是他放弃这些赏赐物品，净身返回西藏。

成为名重当时的精通语言文字学和梵藏翻译的大学者。他还跟从塔尔巴译师和温波多吉坚赞系统地学习了佛教密宗的时轮教法,对时轮教义和时轮历在西藏的进一步发展起了重要作用。1322 年写成《佛教史大宝藏论》(亦译为《布顿佛教史》《善逝教法史》)。他还涂泥封门,专心致志体验和证悟六支加行、时轮金刚等密法,学习各种仪轨,成为能传授各种密法的大师。1320 年应后藏夏鲁地方领主古尚扎巴坚赞之请,前往夏鲁寺担任住持。到夏鲁寺后,坚持每天白天讲六座法,系统讲授《量抉择论》《般若》《大乘阿毗达磨杂集论》《入菩萨行论》等经典,晚上为学经僧人传授修行法,还在夏鲁寺创建了显宗讲经院和密宗院,又在夏鲁日浦地方兴建一座大佛殿,建立僧伽,常为弟子讲经。当时藏族地区各地以及中原、蒙古、维吾尔和不丹、尼泊尔、印度等地区和国家都有人来跟他学佛,最多时听法弟子达数千人。至正四年(1344 年)和十七年(1357 年)元顺帝的使者两次给他颁发诏书和赏赐,并邀请他到朝廷传法,他以需要静修为由,没有奉诏,让使者带回给元顺帝的复信及礼品。布顿大师在连续担任夏鲁寺住持 36 年之后,于至正十六年(1356 年)辞去了夏鲁寺住持职务,到夏鲁日浦常住。至正二十四年(1364 年)在夏鲁日浦圆寂。此后长时间内,夏鲁寺住持都由其弟子担任,因此在一些藏传佛教史籍中把他和他的弟子们称为布顿学派或夏鲁派,视之为一个与萨迦派有密切联系的小教派。他一生除收集和校订梵文经论的藏译本,将梵典译成藏文外,还撰写了大量关于佛教史、历算、显密修法的著作,由后人编成文集,刻版印行。德格版《布敦大师文集》共 26 函。)多旦贡波益西(རྟོགས་ལྡན་མགོན་པོ་ཡེ་ཤེས།)、嘉木央坚赞(འཇམ་དབྱངས་རྒྱལ་མཚན།)等人修习显密乘经论著。先后在彭布热沃切、迦莫曲宗(འགར་མོ་ཆོས་རྫོང་།)、扎西宗卡(བཀྲ་ཤིས་རྫོང་ཁ།)、曲顶(ཆོས་སྡིངས།)、扎嘉多杰颇章(བྲག་རྒྱ་རྡོ་རྗེའི་ཕོ་བྲང་།)等树立修行幢,宣讲新旧佛法,弟子中如雅德班钦(གཡག་སྡེ་པན་ཆེན།)等学者众多。82 岁卒于扎嘉多杰宫。

第八世克珠格列贝桑布(དགེ་ལེགས་དཔལ་བཟང་།),木牛年(1385 年)生于朵雄(ལྟག་གཞུང་།)。父名贡噶扎西(ཀུན་དགའ་བཀྲ་ཤིས།),母名布泽嘉姆(བུ་འདྲེན་རྒྱལ་མོ།)。据说他是克珠拉旺罗(མཁས་གྲུབ་ལྷ་དབང་བློ།)的化身,所以名克珠曲杰。小时候从克珠僧格坚赞(མཁས་གྲུབ་སེང་གེ་རྒྱལ་མཚན།)受沙弥戒,取名格列贝桑。曾于昂仁寺(ངམ་རིང་དགོན།)及萨迦寺修习因明,成为一代雄辩家。16 岁时在昂仁舌辩大知者博东班钦(བོ་དོང་པཎ་ཆེན།),名声大振。后来,随从仁达瓦尊者①(རྗེ་བཙུན་རེད་

① 仁达瓦(1349 - 1412 年),本名熏奴洛追(གཞོན་ནུ་བློ་གྲོས།)。生于后藏萨迦寺附近仁达地方,故称"仁达瓦"。曾从萨迦派著名学问僧衮噶贝等人学习显教教理,又从南喀桑波、扎巴坚赞等人学习《密集》等密法,是一位显密兼通的佛教大学者。其主要贡献在中观学说的研讨和弘传方面,对应成中观学说的发展作了重要贡献。他还培养了宗喀巴,及后来成为宗喀巴弟子的贾曹杰和克珠杰。他最重要的著作分别是对龙树的《致友人书》、月称的《入中论》和圣天(提婆)的《四百论》所作的注疏。

མདའ་པ།)等学习诸多显密经论。18 岁时拜杰宗喀巴大师，畅谈经论，大师赞道：“小小沙弥，智慧高深，道括四方，必成大器”。22 岁时拜宗喀巴为师，依次修习显密教理广释，摒弃其他学派言论，一心崇信宗喀巴的教理。后来在施主饶旦巴的鼓励下与绒钦巴（རོང་ཆེན་པ།）辩论，绒钦巴师徒未来应战。46 岁时继任甘丹寺赤巴（དགའ་ལྡན་ཁྲི་པ།），大转法轮，破其他流派的谬说，唯独宏扬宗喀巴大师的教理。在任期间，为宗喀巴银质灵塔的殿堂设置金顶，以政教两方面的业绩使宗喀巴的教理犹如天空中的太阳，光芒四射。53 岁时于甘丹寺逝世①。

第九世索南确吉朗布②（བསོད་ནམས་ཕྱོགས་ཀྱི་གླང་པོ།），生于后藏绒地，自小身体瘦弱。甘丹赤巴帕索曲杰③（རྗེ་དྲུང་སྤྲུལ་སྐུ།）曾问他叫什么名字，他回答说：“小牛。”上师说：“小牛会长大成大象④”。因此，给他取名索南确吉朗布，认定为具缘弟子。于是修习灌顶真言，显密经论注疏，秘诀教诫，成为大学者。后来从甘丹寺返回后藏，教诲 16 名弟子，点燃佛法明灯。在本尊神预言并神幻飞游过的僻静的温萨地方创建了群科卫当寺（ཆོས་འཁོར་དབུས་སྡིངས་ཀྱི་དགོན་པ།）。从一开始，他就认为众生之利乐不但依靠佛法，而且依赖于具纯净见

---

① 克珠格列贝桑即一世班禅克珠杰（1385－1438 年），幼年即在萨迦寺出家，受沙弥戒。16 岁时在与名师博东班钦辩论中获胜，因此名噪一时。后从杰尊仁达瓦大师修习显密诸要。1407 年，拜宗喀巴为师，改宗格鲁派。随侍宗喀巴 12 年，颇受赏识，遂成为宗喀巴八大弟子之一，位居贾曹杰达玛仁钦之后，为第二大助手。1418 年受江孜法王热丹衮桑帕之邀，共建江孜白居寺（དཔལ་འཁོར་ཆོས་སྡེ།）。次年，宗喀巴圆寂。克珠杰为了弘扬宗喀巴创立的格鲁派教法，不遗余力，做了许多工作，经常徒步到前藏、后藏各地，向僧众宣讲宗喀巴的《菩提道次第广论》和《密宗道次第广论》，说服大批其他教派教徒，改宗格鲁派，扩大了黄教的社会基础。1431 年，接替贾曹杰出任甘丹寺第三任甘丹赤巴。在继承法位的 8 年间，募集大量铜铁、黄金，在甘丹寺贮藏宗喀巴肉身银塔的藏式大殿上建造汉式金顶（俗称金瓦寺）。撰著《宗喀巴传简传》，系统阐述黄教清净慈悲之旨，祖述宗喀巴的巨大成就和黄教的教规及管理制度等。此外，还著有历法著作《时轮大疏无垢光明》《因明七论除暗庄严法》等。藏历第七饶迥土马年（1438 年），在甘丹寺圆寂。后来黄教寺院集团形成，建立达赖喇嘛、班禅活佛转世系统时，克珠杰被黄教上层僧侣追认为第一世班禅额尔德尼。

② 索南确吉朗布（1439－1504 年），生于西藏日喀则附近温萨（一译恩萨）地方。幼年被送到甘丹寺出家，以第四任甘丹赤巴帕索确吉坚赞（克珠杰之弟）为师学法多年，精通显密，擅长教理辩论，声望很高。又因他是在克珠杰圆寂的次年出生，因此许多人认为他是克珠杰的转世。他中年返回故乡，住在从前萨迦派僧人修建的一座小庙温萨寺中，招收门徒，传播格鲁派的教法。他注重教理修持及密法传授，后来温萨寺的密法传承闻名全藏。他在担任温萨寺住持期间与扎什伦布寺和扎什岗波寺关系密切，规定温萨寺僧人必须去这两寺学法辩经，这是班禅活佛转世系统与扎什伦布寺建立关系的开端。明弘治十七年（1504 年）在温萨寺圆寂，后来被追认为第二世班禅额尔德尼。

③ 即第六任甘丹赤巴帕索确吉坚赞，为克珠杰的弟弟，藏历第七饶迥之水马年（1402 年）生于拉堆。随从宗喀巴师徒详尽学习了诸显密经论，62 岁时任甘丹赤巴，72 岁圆寂。其转世为八宿县的济咙活佛（功德林寺活佛）。

④ 藏语中牛和象是一个同义词，所以有这个说法，表示帕索确吉坚赞对他的期许。

行的僧人，因此必须建造寺院，但是，因种种原因未能实现。于是将长期跟随自己的16位三藏法师派往扎什伦布寺和格培寺（དགེ་འཕེལ།），自己住在温萨寺下面的僻静地方专修禅定，获共同悉地和殊胜悉地。他一生著书较多，内容丰富，文字流畅，后人可阅其道歌而知之。据说他逝世的时候，乐声响彻天空，天上降下花雨。

第十世嘉瓦罗桑顿珠①（རྒྱལ་བ་བློ་བཟང་དོན་གྲུབ།），木牛年（1505年）一月十日生于后藏叶茹的德杰协玛林寺（བདེ་རྒྱས་ཐེ་མ་གླིང་གི་གཙུག་ལག་ཁང་།）附近即雅鲁藏布江岸边的温萨地方，他与索南确吉朗布同宗。父名索朗多杰（བསོད་ནམས་རྡོ་རྗེ།），母名贝宗吉（དཔལ་འཛོམ་སྐྱིད།）。他初生即说"可怜的众生，唵嘛呢叭咪哞"等言语。母亲贝宗吉听后颇感惊奇以为不祥，便用一块脏毡盖其头部。他后来曾说："因此之故，当开始与同龄儿童讲话时，言钝舌笨，谈吐困难。"格培寺大堪布勒洛巴赐予他贡波嘉（མགོན་པོ་སྐྱབས།）之名。他自小喜欢幽静，曾亲自目睹佛祖及宗喀巴大师尊容并获得加持。8岁时他曾梦见一轮明月从金山上升起，自己身着白衣，佩带珍宝饰品，手持铃杵居于月中，铃声响遍世间。11岁时，由堪布拉日孜巴扎巴顿珠授出家戒，赐法名为罗桑顿珠，并传授《菩提道次第论》《时轮金刚》《大威德金刚灌顶》。他在格培寺从洛哲坚赞（བློ་གྲོས་རྒྱལ་མཚན།）闻习集密灌顶等教诫。以后，到扎什伦布寺从师洛桑西尼（བློ་བཟང་བཤེས་གཉེན།）学习历算，认为其无实际意义而辍学，改向洛智坚赞、图丹南杰、嘉却贝桑布（སྐྱབས་མཆོག་དཔལ་བཟང་།）等修习显密经论。他17岁染上痘病。有一天，他在门外看见诵经《缘起论》的陌生人，貌似乞丐的僧人衣着褴褛，皓首银须，和蔼可亲地走到他跟前。于是将僧人请进屋，热情供养，他想该老僧定是大成就者却吉多吉，于是恭求摄受。老僧认为他是一位具有根器的弟子，于是答应了他的请求，给他传授甘丹耳传的一切教诫。后来，他随师周

① 罗桑顿珠（1505－1566年），生于藏历第八饶迥木羊年（1505年），日喀则附近温萨地方人，据说与二世班禅索南确吉朗布出自同一家族。11岁时在拉孜寺以拉日孜巴扎巴顿珠（ལྷ་རི་རྩེ་པ་གྲགས་པ་དོན་གྲུབ།）为师受沙弥戒出家，后来在扎什岗波寺和扎什伦布寺学习显密教法多年。16岁时后藏天花流行，他也患病，遇大成就者却吉多吉传授秘方而病愈，即以该方为众人治病，救活了不少人，因而名声大著。后来拜却吉多吉为师学法修行，成为却吉多吉最主要的弟子。33岁时在哲蚌寺法台根敦嘉措处受比丘戒。后又到后藏各地云游，传播格鲁派教法。晚年回到温萨寺闭关静修，撰写宗教著作，后人将其著作汇集为《温萨文集》，共2函。温萨寺僧众公认其是二世班禅的转世，尊称他为温萨巴。火虎年（1566年）二月在温萨寺圆寂。后被追认为第三世班禅额尔德尼。

游迦莫曲宗等卫藏各个地区，返回后藏时，上师在白朗（今日喀则市白朗县）的佐毛拉日山（母犏牛神山）的莲花修行地（མཛོ་མོ་ལྷ་རིའི་སྒྲུབ་གནས་པད་མ་ཅན།）授予他一卷神幻的经卷，并授命他为教法继承人。他到扎嘉多杰寺居住之时，以前所习的及未曾听闻的梵藏经论的字句意义都在他的心中涌现，因此他获得了很高的成就果位。他曾说："茫茫雪域众生之中，殊胜弟子罗桑顿珠，一心修行殊胜正道，此生证得无上佛果"。又说："曾有大德米拉日巴，今日又生我罗桑顿珠，我俩生活资具虽有差异，断证功德却无任何不同"。其后他在温萨寺上方的罗桑敦萨却吉颇章（བློ་བཟང་མདུན་ས་ཆོས་ཀྱི་ཕོ་བྲང་།）修行，不久逝往法界。

第十一世罗桑确吉坚赞，火兔年（1567 年）四月十五日生于后藏兰周甲地方（ལྷན་དྲུག་བརྒྱ།），与巴益西旺布（ཟ་ཡེ་ཤེས་དབང་པོ།）、雅德班钦①等许多大德同族。父名本仓次仁班觉（དཔོན་ཚང་ཚེ་རིང་དཔལ་འབྱོར།），母名措嘉。一岁时，父亲因疯病发作，让一个刚刚做了屠宰的人用血手触摸孩子，孩子中邪气而死亡。铁马年（1570 年）孩子再次由此父母处转生，取名曲嘉班丹桑布。13 岁从克珠桑杰益西（མཁས་གྲུབ་སངས་རྒྱས་ཡེ་ཤེས།）受沙弥戒，取名罗桑确吉坚赞（བློ་བཟང་ཆོས་ཀྱི་རྒྱལ་མཚན།），闻习集密灌顶等教诫。14 岁时继任温萨寺的法台，当时天降花雨，他因连续七日修妙音天女法，目睹天女尊容，依据此见相新著有 17 个伽陀（4 句诗歌为一个伽陀）的《妙音天女赞颂》，诗歌中描述，他看见从妙音天女心窝走出一位蓝衣天女，双手高举盛满如意妙果的器皿献给主母。从主母右手所持如意妙果处走出一位红衣天女，接过主母手中如意妙果交给他享用，这样，妙音天女第一次为他打开了智慧之门。他接着专修《菩提道次第中论》，10 日后学习《菩提道次第广论》。当天晚上梦见释迦佛祖高大美妙的身躯散发万道金光，与此同时彻底领悟了《菩提道次第广论》。17 岁时前往扎什伦布寺学习法相学，成绩卓著，成为讲说正理的一代大师。22 岁时由班钦达曲雅培（པཎ་ཆེན་དམ་ཆོས་ཡར་འཕེལ།）为堪布，受了比丘戒。这年秋末前往拉萨朝拜两尊觉卧释迦牟尼佛像，又前往甘丹寺，在名僧聚会的法会立宗辩论，声誉大振。同时，拜贡德南喀坚赞（སློབ་བདེ་ནམ་མཁའ་རྒྱལ་མཚན།）为师，修习灌顶

① 雅德班钦，雅德是在后藏尼木和乌郁之间的一个地名，班钦即大班智达，雅德班钦为 14 世纪时人，是噶举派的一位大佛学家。

秘诀法等。在赛菊巴寺①(སྨད་རྒྱུད་པ།)向桑杰嘉措(སངས་རྒྱས་རྒྱ་མཚོ།)求教四续部部分附录及《百余修行法海》等多种教诫。

罗桑确吉坚赞31岁时(1600年)住持扎什伦布寺,用世俗、佛法两种法规治理寺院,使全寺讲经兴盛,修道昌隆,创立了祈愿法会。在哲蚌寺先后为四世达赖喇嘛·云丹嘉措②(ཐམས་ཅད་མཁྱེན་པ་ཡོན་ཏན་རྒྱ་མཚོ།)传授时轮、金刚鬘灌顶,授予比丘戒。为平息僧乱,在扎什伦布寺建立了息诤塔(དགེ་འདུན་དབྱེ་བསྡུམས་ཀྱི་མཆོད་རྟེན།)。44岁时他想辞去寺院住持职务,因众僧祈求,无奈答应继续担任住持。(1616年)四世达赖喇嘛·云丹嘉措逝世,为了不影响格鲁派教法的弘扬,他多次前往前藏,并主持拉萨大祈愿法会十余年。其间曾先后任色拉、哲蚌两寺堪布,并弘扬格鲁教法。铁狗年(应为水狗年)为四世达赖喇嘛的转世灵童剃度授戒,赐名洛桑嘉措③(བློ་བཟང་རྒྱ་མཚོ།)。他在任甘丹赤巴时大转法

---

① 赛菊巴寺亦称"藏堆赛菊巴甘丹颇章",在日喀则地区萨迦县东部赛乡境内。始建于15世纪上半叶,由宗喀巴大师八大亲教弟子之一的喜饶僧格创建。喜饶僧格(1382－1445年)是赛乡地方人,自幼剃度出家,除依宗喀巴学习佛法外,曾拜贾曹杰(1364－1432年)为师研修密宗经典。1419年,绛钦却杰向宗喀巴提出修建专门学习密宗经典寺院的建议,宗喀巴表示赞同,并询问诸弟子谁愿意承担此项任务,大师连问3次后,喜饶僧格承诺愿意承担。宗喀巴大师去世后,他和根敦珠巴(一世达赖喇嘛,也是赛乡地方人)一同返回后藏传法,喜饶僧格先在萨迦赛地方创建赛菊巴寺,为格鲁派修建传授密宗寺院的开端。该寺建好后,他将寺庙交给弟子德朗巴班丹桑布管理,又在甘丹寺修建一座密院(即拉萨下密院),后来根敦珠巴建扎什伦布寺,使格鲁派在日喀则地区传播开来。

② 四世达赖喇嘛·云丹嘉措(1589－1616年)生于蒙古土默特部,父名苏密尔台吉(亦名彻辰曲库尔),是俺答汗之曾孙。其母名拜罕珠拉,是成吉思汗之弟哈撒尔十世孙诺诺卫征诺颜之女。出生后先由土默特部王公贵族及三世达赖喇嘛的管家楚臣嘉措等认为是三世达赖喇嘛·索南嘉措的转世灵童,由班觉嘉措写信给西藏地方,叙述他的灵异情状,请求派代表前来查访。西藏地方接信后即停止了在西藏地区的灵童寻访工作。明万历二十年(1592年)西藏地方派出索南嘉措的强佐贝丹嘉措及帕木竹巴政权首领的代表等人率甘丹、哲蚌、色拉三大寺僧众代表前去蒙古核查及迎请,临行时卸任甘丹赤巴班觉嘉措以格鲁派年龄最大僧人的名义,给灵童起名为云丹嘉措,表明已经确认了灵童的地位。他被迎请到呼和浩特时,由于父母不愿儿子远离,所以他在呼和浩特滞留达10年之久。明万历三十年(1602年)他在西藏地方代表团及蒙古骑兵护送下,经宁夏、甘肃、青海入藏,次年到达拉萨,在热振寺举行坐床典礼,然后到哲蚌寺居住学经。明万历三十三年(1605年)以甘丹赤巴桑结仁钦、格敦坚赞为师受沙弥戒。桑结仁钦因年老体弱,为他延请扎什伦布寺住持罗桑确吉坚赞(四世班禅)来拉萨讲经传法,并和他一起步行去曲科杰寺朝礼。他多次到前后藏各地云游,对当时处境困难的格鲁派起了重要的稳定作用。四十二年(1614年)以四世班禅罗桑确吉坚赞为师受比丘戒,这是达赖喇嘛和班禅活佛系统之间互相传戒的开始。他出任哲蚌寺第十三任法台,兼任色拉寺第十五任法台。四十四年(1616年)明朝派人入藏,封他为"普持金刚佛",并赐给官服、印章等,还邀请他进京朝见。他未及成行即于当年十二月在哲蚌寺圆寂。

③ 此即五世达赖喇嘛·阿旺洛桑嘉措,四世达赖喇嘛去世后,第悉藏巴下令禁止达赖喇嘛转世。几年以后,四世班禅利用他与第悉藏巴的良好关系,争取到新继位的第悉藏巴丹迥旺波同意寻访四世达赖喇嘛的转世。四世班禅等人在热振寺以摇糌粑丸子抽选的方式,认定了五世达赖喇嘛,他又先后担任给五世达赖喇嘛授沙弥戒和比丘戒的堪布,所以四世班禅对格鲁派在危难时期的存续和发展贡献甚大。

轮，修缮大经堂，为五世达赖喇嘛传授各种教理，授比丘戒。在这期间曾派色钦法主(སེ་ཆེན་ཆོས་རྗེ།)进京觐谒太宗皇帝。下迄顺治(ཤུན་ཏི།)皇帝与格鲁派建立了牢固关系。固始丹增法王(གུ་ཤྲི་བསྟན་འཛིན་ཆོས་ཀྱི་རྒྱལ་པོ།)也将其奉为佛法的冠冕，供养大量物品①。文殊乾隆皇帝(འཇམ་དབྱངས་གོང་མ་ཆེན་པོ།)也颁给敕书、礼品，予以嘉奖。

罗桑确吉坚赞曾先后为50000多名僧人授比丘戒；为近10万名僧人授沙弥戒、居士戒、斋戒。他一生为了佛教众生在卫藏地区广行善事。于93岁(若算上闰月可以说是过了百岁)的虎年(1662年)二月十三日圆寂。

罗桑确吉坚赞教证功德无量，自小喜欢幽静，用“讲修双运”积极弘扬佛教。尤其以先世的道行为已任，广建寺庙，刊印经卷，广行布施，爱抚僧众，为佛法之昌盛作出了很大贡献。他一生著作丰富，完全符合显密教理，义深言简，誉满高原。弟子如四世、五世达赖喇嘛，善知识上师等名僧及一般僧人到处都有。在此为了避免冗长，不再赘述。

第十二世遍知罗桑益西，水兔年(1663年)生于后藏托卜加被称为竹仓②(བྲུལ་ཚང་།)的高贵家族，被认定为前世班禅的转世化身。6岁时由近万名僧人组成的仪仗队迎至扎什伦布寺坐床，由洛桑丹增教授藏文写读和法事仪轨，成绩显著。8岁到拉萨从五世达赖喇嘛·罗桑嘉措处受沙弥戒，取名罗桑益西，并师从五世达赖喇嘛闻习十三尊大威德灌顶及多种教诫。返回扎什伦布寺后足登法座，与全体僧人建立佛缘。从11岁开始便由四大札仓的经师陪伴参加辩经。木兔年(1675年)在扎什伦布寺祈愿法会上，升上首座做功德回向，使众僧折服。在经师洛桑丹增去世后，由定结洛桑曲扎(གཉིང་སྨིན་ཆོགས་གསོག་པ་བློ་བཟང་ཆོས་གྲགས།)督促学习法相学(译者注：法相，泛指事物

---

① 有记载说固始汗曾经赠给他班禅博克多的尊号，班禅转世系统的称号开始于此。

② 托卜加的竹仓家族是苯教四大喇嘛世系之一的竹氏家族。相传该家族起源于竹夏(汉文古籍称勃律，在今巴基斯坦北部巴尔蒂斯坦一带)，大约在11至12世纪迁移到后藏地区。该家族的竹夏杰尊就按照施主的意愿在托卜加建立了一座小寺庙，取名为叶汝温萨卡寺。在后来两三个世纪中该寺逐渐成为后藏地区最著名的苯教寺院，形成自己家族的律藏传乘，叫“竹氏律藏传乘”。约在15世纪中后期，从嘉绒地区来温萨卡寺学法的喜饶坚赞，在温萨卡寺被洪水冲毁后，在附近建了一座曼日寺，成为新的苯教中心。竹氏家族的势力逐渐衰落。五世达赖喇嘛认定竹氏家族出生的罗桑益西为五世班禅后，在托卜加建了格鲁派的坚色寺，后来八世达赖喇嘛出生在托卜加、八世班禅也出于竹氏家族，使得竹氏家族以及托卜加地区和格鲁派联系在一起。详细情形请阅读才让太、顿珠拉杰所著《苯教史纲要》，北京：中国藏学出版社2014年版。

的相状、性质、名词、概念及其含义,依此而形成的学派名法相学,有时指因明学。)。17 岁时到拉萨,请求五世达赖喇嘛讲授本尊教诫。在修完摄类学①之后,继而专习《释量论》。从达隆巴噶究索朗扎巴(སྟག་ལུང་པ་དཀའ་བཅུ་བསོད་ནམས་གྲགས་པ།)学习中观理论;从持金刚者贡却坚赞(དཀོན་མཆོག་རྒྱལ་མཚན།)受集密不动金刚灌顶,闻习诸种教诫及护法随许法。修完中观后以先帝巴教材为主,学习《现观庄严论》《律经》等。贡却坚赞后来又为他传授了《十三尊大威德灌顶》《十三尊怙主随许法》。

十一月十三日,罗桑益西以贡却坚赞为堪布及亲教师受了比丘戒。先后于大格西索朗扎巴尊前闻习《集密五次第授文》《青史疏》《小百法》;于规范师洛桑贡却尊前闻习《四注结合讲授》;于仲巴尊追坚赞(དྲུང་པ་བརྩོན་འགྲུས་རྒྱལ་མཚན།)尊前闻习《大手印金刚授记》和《断行教诫》;于扎西窘巴蒙古学者洛桑顿珠(བློ་བཟངདོན་གྲུབ།)尊前闻习了《米札百种灌顶法》《普明大日昭来灌顶》《百种修行法》《那塘百本随许法》以及本人所著的经典《智慧明启法》等诸多随许法和《甘珠尔》《丹珠尔》中的许多经论。从杰仲洛桑诺布(རྗེ་དྲུང་བློ་བཟང་ནོར་བུ།)学习诗学。后来,为 5000 名僧人授珠嘉派传规的《长寿灌顶》,为前来求学者传授经论,满足了他们各自的心愿。32 岁时,皇帝的使者在返回北京前对他传旨说天命乾隆皇帝邀请他去中原内地,他将未出痘(而不能应召)的情形送去带押函礼的奏书请求免行(译者注:关于康熙皇帝召请五世班禅进京及五世班禅终未成行,汉文档案《亲征平定朔漠方略》卷 15 载,“甲辰。遣使赍敕往谕班禅库图克图。时上以班禅库图克图为高行僧,欲识其面,特遣内齐陀音库图克图、监察御史钟申保等赍敕往召之。敕曰:库图克图尔克阐扬佛教,普济群生,朕与尔心同一体。曩者皇考召见达赖喇嘛来中国以后,佛教大兴,道法归一。朕与库图克图虽每岁遣使不绝,在朕之意必欲与库图克图一见,是以遣使前往。”《亲征平定朔漠方略》卷 20 载“戊申。内齐陀音库图克图等,赍达赖喇嘛等奏章还,复命。先是,差喇嘛内齐陀音库图克图、御史钟申保往召班禅库图克图。至是,内齐陀音库图克图等还赍达赖喇嘛奏章至,其词曰:谨奏圣主睿览。我自壬辰年入京,得觐圣明,中国与西域道法归一以来,尝以应得事宜上奏圣明。近缘召见喇什龙布班禅,备遣使币。谨以皇上宠眷之意宣告班禅,而不能趋赴,伏祈鉴宥,尤冀宇内元后,至仁至明,立化昏悖之徒,永开非常无量善门。班禅库图克图疏曰:奉到敕书赐物,不胜欢忭。臣有生以来,与徒众焚诵,上祝圣明,未尝少懈,又蒙皇上宠眷,降旨赴金阙,以觐天颜,理应趋赴,仰答无量隆恩。但我土伯特国俗,大忌痘疹,是以

① 摄类学指因明学的初阶。藏传佛教格鲁派大师普布觉强巴和索期旺杰的专著《摄类论》,为学习因明学必读的初步入门书。

甚畏之,且禁冲占得大凶,不利有攸往之兆,不能上副皇上之意,谨铭刻于中,在西方与僧众诵经不绝,伏乞仍前鉴恤,频加教诲。

第巴疏曰:博硕克图汗在本地闻皇上召班禅,遣其喇木扎木巴纳木喀林辰,沮班禅库图克图勿行。职以此故,班禅库图克图不行之意遂定,想或因未出痘疹,惧而不往耳。臣遣使往谕班禅库图克图,彼竟不允,伏乞鉴宥。达赖汗疏曰:为召喇什龙布班禅事,臣致书两次,以为当行,而彼竟不从,伏乞睿鉴。")。34岁,应兑桑林嘉木央群培(འཇམ་དབྱངས་ཆོས་འཕེལ་བསམ་གླིང་དཔོན་སློབ་འཇམ་དབྱངས་ཆོས་འཕེལ།)的请求,著成《三道概论》,并受诸学者赞叹。为六世达赖喇嘛授沙弥戒,起法名为洛桑仁钦仓央嘉措(བློ་བཟང་རིན་ཆེན་ཚངས་དབྱངས་རྒྱ་མཚོ།)。先后于扎什伦布寺法会讲授《誓言三尊灌顶》《那塘百本随许法》《五部经论根本颂》《普明大日如来》《九尊无量寿佛灌顶》《菩提道次第广论》。

罗桑益西奉拉藏汗命为新选定的达赖喇嘛授比丘戒,起法名为阿旺益西嘉措①(ངག་དབང་ཡེ་ཤེས་རྒྱ་མཚོ།),并传授《大威德勇猛灌顶》及《白伞幢度母灌顶》。后与施主同往色拉、哲蚌寺讲经。后来,康熙皇帝特派钦差和青海头人将仓央嘉措化身七世达赖喇嘛从青海塔尔寺迎至布达拉宫坐床时,他为灵童剃度授沙弥戒,赐名罗桑格桑嘉措(བློ་བཟང་བསྐལ་བཟང་རྒྱ་མཚོ།),传授《菩提道次第广论》和《大威德金刚灌顶》。51岁,清康熙皇帝赐刻有满、汉、藏3种文字的金印和诏册封文说:"嗟尔班禅,自汝前世精习宗喀巴之教法,一心谨守喇嘛之道,弘扬黄教教法,利益众生。今朕特与褒奖,册封为班禅额尔德尼,并赐黄金大印"(译者注:一史馆藏军机处满文录副奏折中的康熙皇帝敕谕五世班禅的敕书:"皇帝敕谕班禅呼图克图:尔利裨众生,阐扬释教,身安无恙。荷天眷佑,朕躬康安。朕临治天下,务期率土之民,各安生业,弘扬道统。据呼图克图奏称,扎什伦布所属寺庙地方虽仍前宁谧,然若荷蒙颁降敕书,扎什伦布所属寺庙地方将永无争端,且可利法,小僧及众喇嘛皆倾心向化,世代安逸。伏乞钤宝颁敕。等语。昔因第巴匿报五世达赖圆寂,统揽西土大权,欺众行恶,破坏黄教,扰累土伯特之众,拉藏诛杀第巴奏陈情由。朕以拉藏奋勉于黄教,封为翊法恭顺汗。嗣后拉藏奏称达赖喇嘛呼毕勒罕已转世,朕为振兴黄教,封此达赖喇嘛为第六辈达赖喇嘛,给予金印金册。又因拉藏奏请派遣大臣赴

---

① 《圣祖实录》卷236载:"先是,拉藏立波克塔胡必尔汗为达赖喇嘛,青海众台吉等未辨虚实,彼此争论讦奏。上命内阁学士拉都浑率青海众台吉之使人赴西藏看验。至是,拉都浑回奏:臣遵旨会同青海众台吉之使前往西藏,至噶木地方见拉藏,问以所立达赖喇嘛情由。据云:前将假达赖喇嘛解京时,曾奉谕旨令寻真达赖喇嘛,今访闻得波克塔胡必尔汗系真达赖喇嘛,亦不能信,又问班禅呼图克图,据云:波克塔胡必尔汗实系达赖喇嘛。我始为之安置禅榻,非敢专擅。奏入,命议政大臣等议。寻议:拉藏所立达赖喇嘛,既问之班禅呼图克图,确知真实,应无庸议。但达赖喇嘛例有封号,今波克塔胡必尔汗年幼,请再阅数年,始议给封。又青海众台吉等与拉藏不睦,西藏事务不便令拉藏独理,应遣官一员前往西藏协同拉藏办理事务。得旨:依议。其管理西藏事务著侍郎赫寿去。"

藏办事于民大有裨益，朕派大臣会同拉藏办事以来，西藏土伯特人众宁谧无事，均安居乐业。班禅呼图克图世代勤勉宗喀巴教，静心恪守喇嘛法规，仰副朕兴广黄教、逸乐众生之至意，不趋附横逆之事，每年恭派使者请安进贡，自始至终，虔诚如一，甚属可嘉。兹又为扎什伦布所属寺庙地方永久争端，笃诚奏请，相应为保障扎什伦布所属寺庙原征赋税永不为他人侵占，兹封班禅呼图克图为班禅额尔德尼，颁给金印金册。特此颁册，派一等侍卫策楞、大喇嘛佐特巴林沁格隆、郎中鄂赖等赍往。并以颁敕礼，赍往30两重银茶筒一个、银瓶一个、银杯一只、大哈达10方、小哈达10方、各色缎20匹。”另外西藏档案馆藏有一件康熙康熙皇帝册封五世班禅敕谕的藏文件，写在长条锦缎上，下方盖五世班禅的金印，应该是五世班禅受封后，为启封金印，故将敕谕的藏文部分抄写下来，盖上金印，作为荐新。藏文还译汉文为：“奉天承运乾隆皇帝敕曰：朕抚临环宇，慈爱众生。凡恪守戒律循规，为人安静、勤奋修道者，将颁赐封号，以示朕嘉奖之旨意。尔班禅历辈遵奉法教，为人安静，熟谙经典，勤修贡职，初终不倦，致使佛教得以弘扬，甚属可嘉。尔出于心悦至诚，遣使前来请安进贡。故朕特赐尔敕谕，颁金册、金印，封赐班禅额尔德尼名号。扎什伦布寺所属各寺、庄园为尔静养之地，他人不可借口滋事。尔应勤奋净修佛法，悉心教诲僧侣，修行正果。特谕。”），着札萨克喇嘛格勒群培（ཛ་སག་བླ་མ་དགེ་ལེགས་ཆོས་འཕེལ།）赍送前来。

其后，遵奉索朗扎巴遗言，罗桑益西在法会上讲授《黑敌阎曼德迦》和《十三尊红阎罗灌顶》。为七世达赖喇嘛、章嘉若必多杰化身授比丘戒，赐名章嘉益西丹贝仲美①（ཡེ་ཤེས་བསྟན་པའི་སྒྲོལ་མེ།），并讲授各种法会。这一时期卫藏的时局发生多次变动，但是他的道行事业如添上木柴的火一样，未受任何损害，赢得了拉藏汗、准噶尔次仁顿珠（ཇུན་གར་ཚེ་རིང་དོན་གྲུབ།）、贝子康济鼐、颇罗鼐索朗多杰（ཕོ་ལྷ་ནས་བསོད་ནམས་སྟོབས་རྒྱལ།）等人的尊敬。

在罗桑益西66岁的阳土猴年（1728年）为了平定卫藏的战乱，朝廷派钦差阿勒哈大臣及梅林章京等大臣20余人抵藏，封颇罗鼐索朗多杰为摄政，总摄西藏地方政务。同时降旨划分从岗巴拉山至冈底斯山（གངས་ཏི་སེ།）之间为班禅额尔德尼的寺属庄园。班禅额尔德尼因年迈体弱，远虑难以治理，除原有庄园外未予接受。后来与摄政议定准许他统管平措林（ཕུན་ཚོགས་གླིང་།）、拉孜、昂仁、宗卡、吉隆、阿里三围②。

---

① 1720年清军护送七世达赖喇嘛入藏时，康熙皇帝给五世班禅敕谕，尊其为七世达赖喇嘛的经师，敕谕中说：“乃蒙古、青海、土伯特、藏、卫、喀木等地所有人等一致认定塔尔寺之灵童为达赖喇嘛之呼毕勒罕，朕鉴所有人心愿，俯允所请，认定新呼毕勒罕为达赖喇嘛，派遣大军护送前来坐床。达赖喇嘛即便坐床，但年龄尚幼，经典未谙，知识甚浅，尔班禅额尔德尼永嗣释教，安辑众生，年份已久，年高德劭，今尊尔为达赖喇嘛之经师，引导经书，照先世达赖喇嘛之例，广兴黄教，朕有赖焉。”

② 关于这个方面，在《大传》中说班禅额尔德尼只接受拉孜、昂仁和彭措林3个宗，见《大传》编辑者诺章吴坚先生的考证。

班禅额尔德尼事迹详见于其《大传》记，他一生授比丘戒者达16893人，授沙弥戒者13380人，授居士戒者414人。班禅额尔德尼在完成其利他教化的事业后于75岁的火蛇年（1737年）八月五日圆寂。如此将班禅额尔德尼前生诸世的事迹述毕。

有诗赞道：

离弃了一切的疑惑，
以幻化云布满世间，
对怙主你不生傲慢，
即识佛陀之本性。
你为被诸佛远离的，
浊世众生受教化故，
用历次化身的形式，
德超诸佛我赞颂！
智慧本性的幻化轮，
不停转动的奇异事，
我只取点滴来讲说，
让各方都得到喜乐！

《噶当书》授记说："教化本性粗犷者，唯独比丘贝丹尊"等，明确讲述了第十三世化身本尊上师遍知罗桑班丹益西贝桑布（ཐམས་ཅད་མཁྱེན་པ་བློ་བཟང་དཔལ་ལྡན་ཡེ་ཤེས།）的事迹。遍知罗桑班丹益西生于后藏襄地区的扎西孜①（བཀྲ་ཤིས་རྩེ།）。父亲塘拉，聪明勇敢，心地善良。母亲是众敬王后裔（མང་པོས་བཀུར་བའི་གདུང་བརྒྱུད།），正直善良，信奉三宝，聪颖贤惠。初投胎时，桑耶寺孜乌玛波护法对摄政颇罗鼐（译者注：颇罗鼐索朗多杰（1689－1747年），后藏江孜人。清康熙四十四年（1705年）任拉藏汗地方政权管家（传事官）。1720年在反击准噶尔入侵西藏地方的战斗中，以功授封一等台吉，被任命为孜本，管理地方财政事务。1723年，升任噶伦，短短的数年内，该地方生产滞后、人民生活凋敝、财政拮据的状况便有所改观。1727年，阿尔布巴挑起内讧，戕首席噶伦康济鼐。颇罗鼐奏报清廷，并率后藏及阿里藏兵进讨，次年在哲蚌、甘丹、色拉三大寺僧人的帮助下攻克拉萨，擒获并囚禁阿尔布巴等人。清廷封之为

① 该地今为西藏自治区日喀则市南木林县多角乡扎西孜村，在南木林县县城西南方。

"贝子"。此后近20年间，颇罗鼐遵奉谕旨，忠于朝廷，在练兵设卡、整饬驿站、薄徭轻赋、养民生息、安定社会、促进经济发展等方面克尽厥职，多次受到清政府嘉奖，前后因功晋封为贝勒、郡王。1747年病逝于拉萨，享年58岁。）说："此孩之父将做有益于你的善事"。父亲塘拉梦见自己主仆13人同往北方巡视，见前方有座五峰大山，便感觉这里会有自己的孩子。又有一次梦见一尊由金、银、水晶制成的佛塔，光彩奕奕。母亲梦见前世班禅罗桑益西赐给长寿瓶，当她接到手时变成三粒长寿丸。孩子正式入胎时，扎西孜地方四周彩云环绕，尤其每逢四大节日，天空布满彩虹，每一株文殊花分长五枝，结五瓣花蕾。禾苗生长三穗。当地民众都自发地兴高采烈，载歌载舞。藏历第十二饶迥土马年（1738年）十一月十一日日出东方时，孩子降生人世，孩子皮肤洁白，体形优美。有诗赞道：

相好圆满的明月，
从具种云间涌现，
庄严雪域的天空，
唤醒利乐睡莲花。
未劳累无边龙王，
未惊动大地群山，
未搅乱甘露大海，
此明月何人所造作？
罗睺星①不能遮蔽，
下旬月未见亏盈，
远离阴影及污垢，
此明月世间未曾见过。

以上为《尊胜上师有寂世界顶饰班禅遍知一切罗桑班丹益西贝桑布传——太阳之光》之第一章"前世情形和降生"。

---

① 古印度神话中罗睺是达耶提耶王毗婆罗吉提与辛悉迦所生之子，为一阿修罗，性残暴，好为非作歹。罗睺被称为行星、流星之王，西南方的守护神，长有四只手，下半身是多尾龙。他的上半身变成了黑暗之星，为了报复日神与月神，经常吞噬太阳和月亮，从而引起日蚀和月蚀。

第二章　在宝幢寝宫登上狮子宝座坐床

此后,按照地方风俗举办了非常隆重的诞生喜宴,父母以合适的物品宠爱抚养,孩子犹如池塘中的莲花般茁壮成长。此日,日光伴着五色彩虹射进房内,父亲塘拉说:“日出儿子生,家中粮满仓;今天的太阳最温暖,听到的言语最悦耳”。几日后灵童身体不适,用其他办法都不见效,其后由比丘才旦南杰(དགེ་སློང་ཚེ་བརྟན་རྣམ་རྒྱལ།)诵经洗礼,很快就病愈康复。那个时候,众人听到清脆的骡蹄声,但顺声远望却不见来者,众人惊叹。扎西孜地方平时无鸟作巢,但是灵童降生前的蛇年年底,突然看见一对黝黑的乌鸦作巢于母亲居住的屋檐上。灵童幼年时就与其他孩童大不相同,尤其遇见扎什伦布寺僧人时颇为高兴。这些被他的父亲知道,但因父亲心思深远,却假装不知。两月后小灵童合掌沉思,七月后能诵六字真言,八月能诵《长寿经》,将扎什伦布寺的七生丸及其他地方的颜色、大小相同灵物丸给他时,他能认出扎什伦布寺的,还能辨认格鲁派僧衣与其他宗派的僧衣。他看到世系唐卡中的阎罗王像时,说:“阎王”。有一次他看见前世班禅像,说这是他自己;当他看见度母像时,便口诵“度母、度母”;看见印度游方僧的画时,便说“巴拉、巴拉”。他不像普通小孩,从不哭闹,不侧身睡卧,并且常合掌于胸前结跏趺坐。若给他喂酒他就表现出不高兴的样子,强迫给他喂时,他就表现出身体不舒服的样子。听到音乐声就非常高兴,做出手持铃鼓的样子,好像以前学习过一样。看见书、纸张,便口诵藏文字母。有时手持书本做出宣讲的姿势。当有人用敬神哈达覆盖女神像问他女神在哪里时,他手指着神像回答说在那里。他还经常到扎西孜佛殿同众仪酬轨①人的身边,一起作仪酬轨,修习禅定,击鼓奏乐,颂扬护法,远离一般孩童习气。当时,作为其兄长的拉达克王子(ལ་དྭགས་ས་སྐྱོང་།)亥米活佛的亲属前去拉萨,父母也要随同前往。在做动身作各种准备起程的前一天,他叫喊“马、马”,母亲听后说:“此子具有神通,昨日叫马,是为去拉萨的先兆”。为了去拉萨朝拜佛殿真会出现奇有之兆,临行时给他新制绿袍豹皮帽,穿戴时极不愿意,强行穿戴他却流泪不悦。家人商议,如此远行,不穿这样的衣服,幼儿身体疲劳如何是好?尼姑益西说:“此

① 指一种酬谢恩泽以娱神佛,弥补祭祀亏缺以消罪过的宗教仪式。

子不爱其他衣帽，唯独喜欢比丘的短顶帽”。有人说如此过于显赫。父母见其不爱，便改作黄氆氇帽、黄缎衣让他穿，他非常高兴。起程时薄云蔽空，五色花雨飘落不停，祥瑞不可思议。在拉萨短暂停留后，他随父母返回后藏。

一次，他从扎西孜鲁当九欲殿墙顶得到一尊无量寿佛像，并以此为常佩佛像。吃饭时将像供放高台以食物供养，同时供祭怙主殿圣母像。又有一天，在佛殿附近大树下的水池边，发现池中有他从未见过的红、白、黄、花色蛤蟆各 3 只。其中白蛤蟆两腿直立，双手作出讲经的姿势，其他几只也作出同样的姿势，卓玛姐说：“今日的蛤蟆不属于我们，属于孩子”。关于此事后来请问管家和益西曲宗（ཡེ་ཤེས་ཆོས་འཛོམས།），回答说：“白蛤蟆是护贝龙王，其余是随从。”他如此年少竟有超出一般孩童的举止，信奉三宝，正直善良，供养祈祷，诵读密咒，完全是一副高尚圣贤的风度。有诗赞道：

护佑三界殊胜身，
为利众生降人间。
有情恭敬何足奇，
无知生灵亦谦恭。
利乐饶益真佛子，
高树善品胜利蟠。
众神喜极唱赞歌，
神奇祥瑞布满天。
幼小身躯乳未干，
圣贤风度传佳言。
认定菩萨妙音鸟，
众生为您赞颂忙。

前世班禅额尔德尼圆寂后，应索本堪布饶旦巴（གསོལ་དཔོན་རབ་བརྟན་པ།）、医师格敦顿珠（འཚོ་བྱེད་དགེ་འདུན་དོན་གྲུབ།）的请求，达赖喇嘛授予再世化身早来之授记。前世班禅逝世后不久，摄政颇罗鼐迎请拉木护法（ལ་མོ་ཆོས་སྐྱོང་།）到释迦佛祖像前，请问化身再世情况时，护法预言：“不久于鸡年之前……登上狮子宝座”。如此明示了班禅额尔德尼化身将于鸡年（1741 年）登上无畏狮子宝座。

青海将军王(མཚོ་སྔོན་ཇང་ཅི་ཝང་།)启禀达赖喇嘛说:“班禅化身是否尽快降生,请明言告知。”达赖喇嘛答复说:“我在虔诚祷告,您也诚心祈祷,不久会有谒见化身之福运”。同时,梅勒章京格敦群培(ཀླུ་རིན་ཙང་ཀི་དགེ་འདུན་ཆོས་འཕེལ།)①也向达赖喇嘛请求指示,达赖喇嘛予以同样答复,并派管家萨克巴洛桑尊追(མགྲོན་གཉེར་ས་ཁྱུང་པ་བློ་བཟང་བརྩོན་འགྲུས།)前往扎什伦布寺等卫藏各大寺院,发放布施,向各佛殿广行供养,往各地查访探寻。当洛桑尊追听说扎西孜降生了一名神奇的灵童时,心想情况不明时应当前去考察,于是将情况禀告摄政颇罗鼐。摄政指示其带一个管用的人员并携带前辈的随身用品前去考察。因此管家萨克巴洛桑尊追以到温泉沐浴为借口于铁猴年(1740 年)七月一日从扎什伦布寺启程前往扎西孜。当洛桑尊追走到寝宫的后门时,遇见一位萨隆米村(ས་ལུང་མི་ཚན།)手持百节草座垫的僧人,他深知百节草为吉祥物,座垫代表出家时铺座,认为是吉祥的缘起。管家萨克巴在温泉献浴之后启程,八月十二日抵达扎西孜,并在次日星宿交汇的吉日太阳升起之时到灵童家求见。会见时,孩童一再地呼唤洛桑扎巴的名字②。管家拿出班禅额尔德尼前世的白度母像、铃杵、念珠、餐具等类似的物品请其辨认,孩童都毫不迟疑地拿起真实的那一个,并清楚地呼唤管家法名。于是管家深信不疑,返回后把事情经过详细告知众显贵官员。为了将此地情况禀告达赖喇嘛和颇罗鼐,并请拉木大护法清楚授记,特派伦珠饶旦庄园的管家班觉坚赞(དཔལ་འབྱོར་རྒྱལ་མཚན།)于八月十九日到达拉萨禀告。摄政颇罗鼐问护法道:“要请求护法授记是在拉木地方还是在贝拉莫角楼(似指大昭寺的角楼)好?”护法回答说:“在天神和空行汇聚的吉祥之地噶丹康萨③(དགའ་ལྡན་ཁང་གསར།)为好”。闰八月二日吉日,风和日丽,噶丹康萨的屋顶排列 50 多名手持武器的青壮武士,威风凛凛,煨桑祭神,德丹卓玛小姐④(བདེ་ལྡན་སྒྲོལ་མ།)主仆身着盛装。在达赖喇嘛代表管

---

① 清朝官爵名。清初官爵名多袭用明朝旧称,清太宗天聪八年(1634 年),改易满语,改副将为梅勒章京。清世祖顺治四年(1647 年),将作为爵名的梅勒章京改称阿思哈尼哈番。

② 洛桑扎巴是格鲁派创建者宗喀巴大师的名字。

③ 噶丹康萨是拉萨小昭寺附近一处著名的府邸,曾有许多著名历史人物在此居住过,当时是总摄西藏地方政务的郡王颇罗鼐一家在此居住。现今拉萨市小昭寺附近还有噶丹康萨巷的地名和噶丹康萨藏式宾馆。

④ 德丹卓玛是颇罗鼐最喜爱的小女儿,后来嫁给康济鼐的后裔噶细家族(亦称多仁家族)的公保欧珠兄弟,公保欧珠后来被清朝封给公爵,称公班智达,是清代西藏地方史上的著名人物。德丹卓玛的事迹在藏文史籍《多仁班智达传》中有详细记载。

家阿旺洛桑、摄政颇罗鼐、扎什伦布寺僧人代表参加的法会上迎来大护法，献上达赖喇嘛所赠哈达，请予以明示。扎什伦布寺代表敬献了拉章的礼物多件。摄政献上由五种绸装饰的明镜后说："若不授示遍知班禅额尔德尼居于三界何处，我等犹如无人引导的盲人，请作明示"。这时大护法说道：

余！
无欺狂的怙主是三宝，
引导众生的是观世音。
上师世间顶饰无量佛，
我以三门来虔诚顶礼！
救主一见满愿的替身，
以及得到授记的士夫，
他多次拯救吐蕃地方，
是转轮统治一方领主，
或是黄帽教法的高僧，
执掌宗喀巴大师法座，
说法事业如大师本人。
在卫藏显贵的大会上，
在这座殊胜的宫殿中，
把我这年老之神招来，
询问上师罗桑益西的，
转世如何降生之情形。
对未来事人们很迷惑，
加以魔鬼邪神造混乱，
因此需要多次做考察，
现在也难以清楚确定，
我这次只能简要说明。
以前在坚赞吞波寝宫，
在怙主师徒们的面前，
我曾经这样作了禀报：

吉祥退敌天女及随从，
带光旋转在市镇居留，
在四季仙女队伍之中，
哪一位是转世的伙伴，
我作了考察应是秋天。
对吉祥天女及其随从，
考察时听到骡子叫声，
因为四季仙女一起到，
因此出现嘈杂的声音。
出现在火蛇年的授记，
事情如石头一样清楚，
如果权贵和大德等人，
大概懂得并作出决断，
那我就不必再次陈述。
此外在土羊年新年时，
扎西地方九层经幢上，
幢顶上成为宝石蓝色，
使地方和居民等安乐，
这位灵童生在苯教家，
吉祥是他生在扎西孜，
在山谷中有河水长流，
父为苯教家还请细查。
这样认定别人难作出，
先前本寺的护法主神，
降下了这样的指示语，
我先前已多次禀报过，
结合你们所得的梦兆，
以及此次大执事等人，
对寻访灵童所作说明，
可知扎什伦布寺之主，

出生在扎西孜的地方，
应该尽快迎请到寺中，
一切诸方都得到吉祥！

如此将遍知班禅额尔德尼的化身出生地明确预示。

众人将上述情况禀告达赖喇嘛后，达赖喇嘛答复：“详情须与摄政商议，我已派管家前往，与摄政、噶伦、代本集会迎请护法巴丹仓巴钦波，起誓激励，敦请护法明示。后摄政等禀告，已降生于扎西孜确认无误，这样我心中踏实，非常高兴。”此事禀告二位驻藏大臣后，驻藏大臣说：“班禅化身若不选定，我们心中亦感不安，今已认定，速上奏乾隆皇帝，乾隆皇帝也会为此事而高兴”。于是，以上等哈达连同奏折上奏乾隆皇帝。

七日，班觉坚赞抵达日喀则。第二天，4 位降神师、法会格贵、诸仲科尔商议，十日向众僧宣布护法预言：“在扎西孜所生孩童实为前世班禅的再世化身，与授记相符”。与会者听后非常高兴，要求出力作长寿祈祷。这天，以大胜利幢为主的各种旗幡蔽空，天空彩云飘荡，显现善业诸神大喜的祥兆。有诗赞道：

从梵天护法莲花口中，
授记蜜蜂发出妙音，
众魔(ཀུ་ཙུ་ད་)皱眉头，
有缘众生皆欢喜。
侵害他人的偏见乌云，
被护法威猛狂风驱散，
救护众生的太阳光辉，
照亮三界却无人阻拦。

藏历九月六日，是吉祥星宿汇集的吉日，日出东方之际，达赖喇嘛为班禅灵童赐名罗桑班丹益西。同时，拉章派仲科尔等人前往扎西孜布盛宴厚献礼物。扎什伦布寺及其属寺、其他牧区僧俗、噶厦沉浸在卫藏僧俗群众高举的旗帜和喜宴的热烈气氛之中。摄政秘密地派艾勒琪(ཨེལ་ཆེ།)前去敬献祝贺信、无量寿佛像、僧衣、金轮、海螺、金刚杵等。灵童突然三次呼唤“颇罗鼐台吉”,在场的人无不惊奇。

七日,灵童被迎至香鲁东地方的顿珠墨卡(ཤངས་ལུག་གི་གདོང་གཞིས་ཁ་དོན་གྲུབ་སྨོན་མཁར།)庄园。喀尔喀特派大喇嘛艾勒琪洛桑扎西(བློ་བཟང་བཀྲ་ཤིས།)等为了拜谒班禅灵童,这时已到西藏,并且晋谒了灵童。达赖喇嘛和仓巴当托坚护法也作文祈祷灵童长寿,并向以扎什伦布寺为首的其他各寺院广行布施。前大总管家洛桑格敦已去世,故于藏历铁鸡年(1741 年)五月九日在敏珠林寺任命拉日岗巴杰仲洛桑次旺央金智贝多杰为管家,后拟将班禅灵童迎往扎什伦布寺。以大管家为首的索本堪布、侍卫管、两名管家、小司钥、香灯师筹侍从,以及摄政代表、札雅班智达(ཛ་ཡ་པཎྜི་ཏ།)转世活佛等 100 余人身着礼服,乘马抵达顿珠墨卡。六月一日,敬献吉祥哈达,请求摩顶赐福。灵童头留小黑发,身着僧衣,更显得英俊无比。大管家等人将灵童扶登上先世班禅额尔德尼曾坐过的宝座,设宴庆祝。灵童按班给信众摩顶。午膳时其父母设宴款待众侍从。之后,灵童为摄政的代表、札雅班智达等迎驾者摩顶。

二日,日出东方之际,从顿珠墨卡启程时,有日吾格培寺(རི་བོ་དགེ་འཕེལ།)、达结修行院等近 20 所寺院的仪仗队及附近僧俗乘马送行。大地上人声沸腾,或歌或舞,以表敬奉,天空白云飘动,或像雄狮或似猛虎,形状各异,更有许多人形显现。顺其方向,徐徐前进,如此奇景,有目者共睹之。途宿通门雄时,清政府使者喀钦差管家陶章京、大喇嘛、加尔果琪(ངར་གོ་ཆི།)、笔帖式(བི་ཐ་ཆི།)等和摄政颇罗鼐、达赖喇嘛代表德周神医堪布洛桑诺布等进帐献礼。灵童热情地接待了来使,登座后汉藏高僧、各位官员献哈达,请求摩顶,然后列班就座,进茶用饭。灵童为摄政摩顶时,摄政问:“认识我否?”回答:“认识”,并拿起摄政项上念珠。摄政说:“若喜欢,愿意奉献”。回答:“不是,这原是我的念珠”。原来这串念珠是前世班禅赠送给摄政的,再次显示宿住随念智力①。此时,摄政崇拜之心油然而生,并将此情况告知钦差、父母、诸僧,闻者张口结舌,感叹不已。

灵童虽年幼体小,但在僧俗大众之中犹如猛虎跃入众兽之中毫无惧色。钦差及诸僧见后说:“真有福德”,第二天,在通门雄,灵童站在砖铺地上为扎

① 佛经中所说的能如实知晓自他前生生地、姓名、父母、业、命、资财等一切情形的智慧。

什伦布寺四札仓的规范师、格贵等迎接者摩顶。

四日，释迦佛祖广转法轮之日，蒙、藏、汉族骑士共千余名前来迎接。以扎什伦布寺僧人为首的近万人手执白伞、胜幢、飞幡、彩旗及各种鲜花，敲锣击鼓，鸣奏海螺短笛，组成仪仗迎请班禅额尔德尼到《噶当书》中明显授记的佛教圣地、贤者汇聚、三藏显跃的扎什伦布寺。有诗赞道：

从吉祥圣地东方山顶，
迎来了转世灵童明月，
无数群星的大贤僧众，
闻听佛法而围绕其旁。
犹如觉悟的僧伽集团，
聚集弥勒座前听教诫，
手捧供品的仪仗队伍，
使大地穿上黄色僧装。

灵童莅临扎什伦布寺后，足登宝座，环视四周画像后问道："其余画像供于何处"？随从回禀："班禅所喜爱的佛陀十二业绩等几幅画卷已收藏"。灵童听后命随从取来无量寿佛像，随从问道："是否是卧室中所供无量寿佛像"？回答说："不是，是小的那幅"。随从听后取佛像呈献，灵童端详后大喜说："即是"，并吩咐侍从以奶茶供养。

当灵童莲足登上卧室日光显耀的不变金刚宝座时，护法神殿仪酬轨师献上八瑞相①和金轮，从此正式享用三界法主的称号。当时天降吉祥细雨，按班就坐者请求赐茶饭。乾隆皇帝为祝贺班禅灵童坐床赐上等哈达、银制器皿、上等绸缎 24 匹等厚礼，为法会赐熬茶费白银 3000 两。

达赖喇嘛赠送银制曼陀罗、佛像、佛经、佛塔、僧衣、银制器皿、白银 1050 两。拉木护法师献无垢上等哈达和长寿诗。

摄政颇罗鼐献银制曼札、佛像、佛经、佛塔、僧衣、金轮、白海螺、银器皿、白银 1550 两，共计 51 件。摄政长子土谢图公益西次旦、次子达赖巴图尔（དཔལ་བ་དུར།）、达赖喇嘛父亲等敬献厚礼。

① 八吉祥的表象，亦称八吉祥物，指宝伞、金鱼、宝瓶、妙莲、右旋白螺、吉祥结、胜利幢、金轮。

朝廷的使者大喇嘛、喀大臣陶章京、加尔果琪①、笔帖式献哈达、绸缎、银器皿等礼物。两位驻藏大臣、甘丹寺赤巴、色拉寺、哲蚌寺、甘丹寺、上下密院及前后藏各大寺院所献礼物堆积如山。扎什伦布寺拉章设宴招待来宾，众生欣喜。各地区不同民族的有缘者聚集一起，拜谒班禅尊容，口诵祝祷词，合掌恭敬，心生欢喜。有者见到器世间的财富而颇感惊奇。总之，在一切众生的心续中播下了无上菩提之良种。有诗赞道：

断证功德②圆满功业光焰灼灼，
贤惠善良甘露湿润众生心田，
代理释迦佛的法王班禅额尔德尼，
足登扎什伦布无畏狮子宝座。
西方圣地的金刚宝座，
净饭王之子觉悟成佛，
扎什伦布寺狮子宝座，
您莲足同样引人注目。
尔时人间的茫茫大地，
被您的双臂紧紧揽托，
从虔诚信奉之游戏海③，
生长无数供养之花朵。
世间一切尊贵及卑贱，
美丽鲜花使心满意足，
无价供品如虚空白云，
祈愿之声美妙而不息。
相好千只慧眼光炯炯，
十力宝冠威震阿修罗，

① 源自蒙古语，本是一种军队官职，后泛指侍从武官。

② 指如来所具有的两种殊胜功德，永断一切烦恼障和所知障为断德，通达一切所有性和尽有性为证德。

③ 佛书中说，须弥山与外围的七重金山之间有六重大海，充满八功德水，为诸龙王嬉游之处。

有寂①顶饰帝释登法座，

威震诸魔具缘神欢喜。

以上为《尊胜上师有寂世界顶饰班禅遍知一切罗桑班丹益西贝桑布传——太阳之光》之第二章“在宝幢寝宫登上狮子宝座坐床”。

第三章　受沙弥戒

这时，各佛殿灯光闪烁，五种千供连续不断。班禅额尔德尼赐予每名僧人白银 3 钱 7 分半及松耳石、珍珠、珊瑚、水晶石等物品。

五日，摄政举行赛马、射箭会，将甘丹康萨的浅灰色白马献给班禅额尔德尼。

六日，各札仓的 4 位喇嘛、各米村、各地方代表、诸位随从、游牧群众等各自敬献厚礼，欢聚庆祝。乾隆皇帝赐白银 3000 两，作为熬茶费。

七日，为法会施放斋僧茶 15 次，赐予每名僧人白银 5 钱。为后藏绒地区不同教派的 379 所寺院施放斋僧茶各 5 次，布施给每名僧人白银 5 分。同时，拉章也厚施僧众。

于是萨迦等卫藏各地的不同教派寺院、摄政属下高级官员、后藏代本班蔡巴（གཙང་མདའ་དཔོན་པད་ཚལ་པ།）、散·仁钦孜母子、重孜巴、扎西孜、江建、止仓、日东等僧俗都向班禅额尔德尼敬献礼物。

当时，乾隆皇帝敕封摄政为郡王，赐给印章、哈达、衣服、黄金 300、白银 15 朵彩②、绸缎等 9 种 35 件，以及 5 马匹，还给赐给摄政的随从礼品。

寺庙庄园共同向摄政献了哈达、白银 1050 两，感谢摄政关心灵童的认定和亲临坐床法会祝贺，还厚礼答谢乾隆皇帝大恩。同时，按职位高低分别给诸位使者赠给礼品。向达赖喇嘛献上等哈达、银曼札、黄金 5 两、白银 7 朵彩。

摄政临别时，向他赠送了佛像、护身结、黄金 50 钱、白银 1950 两、马鞍一

---

① 佛教术语，指生死涅槃，即指人间和佛界。

② 一种金银重量的计量单位，可能是指与 8 钱重的石子相等的重量，一朵彩合藏银 50 两。

副等；赐予摄政随从人员白银计 850 两及各类绸缎 9 种 45 件。还设宴为达赖喇嘛父亲、摄政的长子土谢图公、次子达赖巴图尔饯行，并特派总管家贡桑热绛巴（དགོན་གཉེར་ཆེན་མོ་རབ་འབྱམས་པ་ཀུན་བཟང་།）进京向乾隆皇帝献礼并诵经祈寿。为班禅额尔德尼父母送别的礼物包括衣服全套、白银 200 两、缎子一匹，共 9 种 15 件，以及马两匹和各种茶叶 36 条。为父母随员赐茶两包、马两匹及上等绸缎。

从十五日开始，密宗札仓作了 5 天仪酬轨，赐酬补供物，施予每名僧人白银 3 钱 5 分，还向温寺供献布面酬补供物，向诸护法神像敬哈达。

从十八日起，先后为协巴阿旺群培（བཞད་པ་ངག་དབང་ཆོས་འཕེལ།）修完献考了《释量论》第四章；为温寺巴杰仲益西嘉措（དབེན་དགོན་པ་རྗེ་དྲུང་ཡེ་ཤེས་རྒྱ་མཚོ།）、格勒平措（དགེ་ལེགས་ཕུན་ཚོགས།）、桑杰坚赞（སངས་རྒྱས་རྒྱལ་མཚན།）、洛桑群培（བློ་བཟང་ཆོས་འཕེལ།）等，修完献考了《胜乐根本续》；为塔却寺赤列南杰（ཐེག་མཆོག་གླིང་པ་འཕྲིན་ལས་རྣམ་རྒྱལ།）修完献考了《医药四续》，并供奉厚礼。

七月一日，班禅额尔德尼特派本仓格敦顿珠（དཔོན་ཚང་དགེ་འདུན་དོན་གྲུབ།）赍持厚礼前往拉萨慰问，向拉木护法献有关用具等厚礼。

五日，班禅额尔德尼为参加法会的僧人布施白银各 3 钱，向前世班禅额尔德尼·罗桑益西的灵塔献千供；为后藏各寺院布施斋僧茶各 5 次，赐予每名僧人白银一钱；为 32 所禅院施放斋僧茶一个月，布施沙弥、比丘僧白银各 5 钱。

札雅班智达、管家萨克巴、扎康巴、哈尔东、帕索米村的代表等各向班禅献了礼物。

十二日，班禅额尔德尼接受吉萨钦摩（སྐྱི་ས་ཆེན་མོ།）所献银曼札、白银 50 两、绸缎等礼物后，为扎什伦布寺四大札仓的喇嘛、两名格贵、翁则、积善者、行茶官、中老年受戒者、经堂香灯师、教理师、大小寺院僧人、兑桑林札仓（ཐོས་བསམ་གླིང་།）的僧人、吉康札仓（དཀྱིལ་ཁང་།）的僧人、江孜寺的僧人等摩顶。

八月二日，不丹的第悉阿旺坚赞派岗日喇嘛（གངས་རི་བླ་མ།）前来扎什伦布寺献礼，班禅额尔德尼予以回赠。托林寺堪布也献上厚礼。

以前达赖喇嘛曾鼓励写作班禅额尔德尼·罗桑班丹益西贝桑布的灵塔目录，这时班禅命画师将灵塔目录的图案绘于墙壁上。

二十七日，昌都帕巴拉活佛（ཆབ་མདོ་འཕགས་པ་ལྷ།）来晋谒献礼。

十一月八日，班禅额尔德尼为阿里公益西才旦（མངའ་རིས་གུང་ཡེ་ཤེས་ཚེ་བརྟན།）主仆300余人摩顶并赐茶。

十日，益西才旦公献黄金10两、白银1500两、缎子20匹等厚礼，班禅额尔德尼举行宴会为其饯行，并予以回赠。

天降节时，班禅额尔德尼用五种千供供养诸佛菩萨像，并为每名僧人赐白银2钱2分半。

在此将这一时期班禅额尔德尼所出现的殊胜情景作一简说。有一日，班禅额尔德尼居于扎西孜纳拉岗（བཀྲ་ཤིས་རྩེའི་ན་ར་སྒང་།）时，亲见宗喀巴大师稳坐于山岗之上。又有一天，班禅居于受用园林（ལོངས་སྤྱོད་སྐྱིད་ཚལ།），吉祥天母从扎西孜城头俯视他。在礼赞战神时，班禅仰视天空微笑说："请看吧，益西曲宗！乃色护法（ནེ་སེར་བ།）手捧鲜花向我礼拜"。又说："从此我将要返回扎什伦布寺"。后来，在住歇鲁东庄园顿珠墨卡时，班禅额尔德尼对益西曲宗说："请看，那边有洛桑扎巴（宗喀巴大师）"，说完拱手礼拜。一日，班禅额尔德尼未用早点，益西曲宗再三劝说请求。班禅回答说："今晨我已饮过乃色瓦所奉供的酸奶，现在不想吃，我的念珠已给了乃色瓦护法"。当时益西曲宗发现，念珠确实不见了，几日寻之不得，后来在灵童手摸不到的高大嘛呢轮上寻得，众人惊叹不已。在住歇扎什伦布寺时，一日，大管家将要前来侍奉。这时，班禅对尼姑益西曲宗（རབ་བྱུང་མ་ཡེ་ཤེས་ཆོས་འཛོམས།）说："管家到来时乃色瓦亦来献帽，你可能在卧室门口"。

一次，班禅额尔德尼环视卧室甘丹寝宫门说："此处有时天女莅临，有时姊妹护法光临，有时拉木护法驾临，不要居住此殿"。益西曲宗等人闻知颇惊。

又一次，班禅额尔德尼说："在内库居住救度佛母，我已作顶礼"。一日，班禅莅临卧室时向大宝座顶礼叩首多次，合掌祈祷。管家洛桑次旺问道："何有此举？"班禅回答说："因宝座正中有宗喀巴大师，左右有文殊菩萨与金刚手菩萨，我正在对他们祈祷"。如此，年幼的班禅额尔德尼所见颇多。后来有人问起这些事，他却予以隐瞒，推说未见。有诗赞道：

远离庸俗污垢的沾染，
如明镜晴朗的心空中，

布满诸佛菩萨群星斗，
在心海中如皓月明显。
欲见释迦佛祖的尊容，
永有谨谒瞻仰的神能，
慧眼睹视诸天神形体，
对此众人皆生惊奇感。

班禅额尔德尼到3岁时，就开始依止贤德上师学习诵读书写等。

他从当年十二月开始认字，毫无困难地读诵《皈依颂》(《གང་བློ་མ》)、《智慧虚空母颂》《七支》《虚空佛母颂》《旭日升起母颂》《妙音天母颂》《东方雪山母颂》《回向韵文》《祈愿先后母颂》《天女供施法》《土地神施食法》《诸佛菩萨及护法颂》，其过目成诵，无与伦比。班禅额尔德尼从此能作天女施食和土地神施食仪轨，熟练而无障碍。

二十一日，班禅额尔德尼赐予密宗札仓僧人白银各3钱及供物。

二十二日，在密宗札仓伏魔铁堡施食法会上，班禅额尔德尼如前作仪酬轨。为在卫藏各寺院诵《甘珠尔》《丹珠尔》《救度母心经》《白伞盖陀罗尼经》举行护法仪酬轨的僧人资助粮食175000驮①。

这年，温寺僧人益西扎西、益西塔耶、扎西迥乃、益西塔耶、顿珠坚赞、益西索朗、平措扎西等人修完献考了《胜乐根本续》；重孜巴洛桑楚臣（འབྲོང་རྩེ་པ་བློ་བཟང་ཚུལ་ཁྲིམས།）、宗卡巴益西索朗（རྫོང་ཁ་པ་ཡེ་ཤེས་བསོད་ནམས།）修完献考了《释量论》《解脱道论明疏》；达摩巴洛桑索巴（སྟག་མོ་བ་བློ་བཟང་བཟོད་པ།）、协巴格敦贝桑修完献考了《释量论》第四章，密乘师哈尔东巴噶钦益西丹增（ཧར་གདོང་པ་དཀའ་ཆེན་ཡེ་ཤེས་བསྟན་འཛིན།）修完献考了《吉祥集密生圆二次第论》；达瓦次仁修完献考了《四部医典》。班禅额尔德尼赏赐他们绸缎、僧衣、茶叶等。

水狗年(1742年)正月一日上午，班禅额尔德尼在卧室里为吉祥天女举行新年食子供养法会，为前来贺寿的地方政府及萨迦寺代表、父母、竹仓日东巴（གྲུབ་ཚང་རི་གདོང་པ།）、当庆巴、扎西通门寺（བཀྲ་ཤིས་མཐོང་སྨོན་པ།）等来客，以及那塘寺（སྣར་ཐང་དགོན།）僧人、噶丹饶杰寺（དགའ་ལྡན་རབ་རྒྱས།）僧人、平措林僧人、协噶

① 每驮14秤。

寺(ཤེལ་དཀར་ཆོས་སྡེ།)僧人、赛卡尔寺(ཟེ་མཁར་ཆོས་སྡེ།)僧人、各地信徒、各位随从、各大活佛、杰仲、群则及汉、康、蒙僧人等第二排就座的客人摩顶祝福,设宴庆贺新年。

二日,分别于大经堂格贵和扎西孜庄园设宴庆贺新年。

从即日起,班禅额尔德尼为3个显宗学院18位噶钦学者摩顶,每6人为一组,每天上午只能为一组摩顶,次日照例进行。之后,各位噶钦学者在铺石板殿打坐,辩论《中论》《律经》《释量论》《般若经》等教义。扎什伦布寺设宴为前来祝贺新年的各位宾客饯行。

五日,扎什伦布寺举行神变月大祈愿法会和纪念前世班禅的期供法会,班禅额尔德尼供献了嵌有珍珠的佛像幔、丝制“供养天女”画像、镶嵌宝物的曼札等。

七日,是星宿会合的吉日,给班禅额尔德尼辫发,开始诵读《经部心要》。在这之前,天气恶劣,但这一天天空却晴朗无云,还降下了雪花。兑桑林札仓吉萨、贵人等前来献礼,布施僧众。

其后,班禅额尔德尼派人往拉萨慰问甘丹颇章官员,向拉萨大祈愿法会、两尊释迦佛像献千供,敬献哈达。为参加祈愿大法会的17715名僧人施放斋僧茶,给每人施予尼泊尔银币各一枚。扎什伦布寺按照常规为在班禅坐床时前来晋谒祝贺的僧人施放斋僧茶,赐每人哈达一条和回向礼物;还派人向甘丹寺的宗喀巴灵塔和热振寺的文殊菩萨像奉献供品,在拉萨三大寺及前藏北部42座寺院散发布施;向吉祥天女及拉木护法神像敬献哈达、供品。

十三日,在散仁钦孜,按照惯例施放素食茶饭。上午发放布施,下午为转嘛呢轮者赐赠酥油、供灯。

十五日,班禅额尔德尼向扎什伦布寺诸佛殿献五种千供。祈愿法会时向诸佛殿奉献五种千供、七支供养,献浴、回愿。按照四大法会的惯例按身份分别向参加法会僧人施予尼泊尔银币,第一、二次一枚、第三次两枚半、第四次一枚半。

杜尔伯特部的饶旦多杰王(དུར་བེད་རབ་བརྟན་རྡོ་རྗེ་ཡང།)的喇嘛主仆、巴宗宗本扎西平措(འབའ་རྫོང་དཔོན་བཀྲ་ཤིས་ཕུན་ཚོགས།)的管家仓巴及其随从人员前来晋谒并奉献礼物,班禅额尔德尼予以回赠。

二月十三日是四世班禅额尔德尼·罗桑确吉坚赞的期供日。班禅为几次法会施放斋僧茶，为参加法会的僧人布施酥油各5块、粮食各一驮及食品，为藏绒地区各教派166所寺院施放斋僧茶各5次，赐予每名僧人白银3分半；还为32所日追施放一日僧茶，每日3次，赐予每名僧人白银3钱半。

三月八日，班禅额尔德尼为用金粉绘写的新版《甘珠尔》举行开光仪典，赐予法会白银及礼物。为达赖巴图尔主仆一行600人、常驻西藏的纪大人(རྒྱུན་བཞུགས་ཇི་དྷ་ཞིན།)(指驻藏大臣纪山)的管家、执事摩顶赐茶。

十三日，达赖巴图尔向班禅额尔德尼敬献礼物，祈祷祝寿。

巴日活佛、扎西迥活佛等前来晋谒班禅额尔德尼，并献礼物。在拉章，班禅为达赖巴图尔设宴赠送礼物饯行，并分赐随从人员。

噶钦格敦仁钦向额尔德尼敬献礼物。

在第二个春季法会上，班禅额尔德尼布施每名僧人白银3钱，为51755名僧人发放僧俗衣等各种礼物。青海官员南杰卓玛派人来献礼物，班禅予以回赠。

四月七日，班禅额尔德尼拜谒佛塔，献五种百供及哈达；为加持塔敬献宝石念珠、僧装；为绰浦寺祈愿法会施放斋僧茶3次，为该寺大弥勒佛像献哈达，为密宗札仓赐粮3000驮、敬神哈达及礼物；为阿里地区不同教派144所寺院施放斋僧茶各5次，赠哈达礼物；为近处32所修行院每日施放斋僧茶3次，赐予每名僧人白银3钱。

十五日，班禅额尔德尼为那塘寺施放斋僧茶5次，为每名僧人发放白银各8分半；向那塘寺佛殿献5次五种百供和敬神哈达。

那塘寺僧人、宗本、察甘诺门罕的代表等前来献礼物，班禅额尔德尼向他们赐告别礼，并回赠即将离去的托林寺堪布噶钦顿珠坚赞(མཐོ་གླིང་མཁན་པོ་དཀའ་ཆེན་དོན་གྲུབ་རྒྱལ་མཚན།)，还赐物为将返故土的喀尔喀诺颜曲杰(ཀལ་ཀ་ནོ་ཡོན་ཆོས་རྗེ།)转世饯行。

从五月十四日开始，举行为期3天的弥勒大祈愿法会。在3天当中，密宗札仓僧人分别诵经为展示的无量寿佛像、释迦佛像、弥勒佛衣洗礼，僧众聚集杰杰纳卡每日供祭佛像、佛衣。

十五日，僧众作长净。班禅额尔德尼登上高大宝幢寝殿和护法殿僧人一起进行盛大供祭，发愿饶益佛法众生，日喀则宗也向僧会施放茶饭，进行大供养。

在白居寺僧会上，班禅额尔德尼为1100名僧人布施粮食各一驮及礼物。

尼姑益西曲宗自班禅诞生至今5年间，清净服侍。当她返回本地时，班禅额尔德尼赐一生所用物品及由庄园顿珠墨卡供应的公文，并赠送金佛像、僧衣、粮食100驮、茶6条以及绸缎等。

六月四日，在佛陀大转法轮纪念法会上，班禅额尔德尼根据1000余名贫穷乞讨者的愿望分别予以赏赐。

十五日，班禅额尔德尼向各佛殿献五种百供，准备住夏。

次日，开始正行住夏。同时，为32所禅院施放斋僧茶一个半月，每日3次，为每位沙弥、比丘僧施银3钱；为温寺等10多所寺院，施放一个半月的食物服务费和礼物；为持密法会仪酬轨者赐服务费和食物。

以前，从罗桑益西去世时开始，天气一直干旱，雨水稀少。而今托依班禅额尔德尼恩惠，各地普降大雨，昼夜雨水流淌，大江小河水位高涨。

七月五日，在为前世班禅举行的期供法会上，班禅额尔德尼施放斋僧茶、糜饭，施予每名僧人糌粑一驮、三类油炸面食20袋、供神酥油5块、白银各3钱以及回向礼物。这天，向罗桑益西灵塔献丰厚的五种千供，并进行洗礼，敬献供品；为藏绒地区167所寺院施放斋僧茶各5次，施予每名僧人白银一钱；为32所禅院施放一个月的僧茶，每日3次，施予每名僧人白银5钱。

十五日，为参加法会的2311名僧人布施粮食各一驮。在温萨寺，班禅额尔德尼赐给四字陀罗尼咒护遮法会、密宗札仓大佛顶陀罗尼祈攘法会、救拔焰口饿鬼陀罗尼法会、观自在陀罗敌法会、诵金光明及大宝云陀罗尼法会、祭龙食子法会等开支费用及物品，布施密宗札仓每位僧人粮食两驮及礼物。

二十五日，参加大殿与密宗札仓原戒律师献各种礼物。两名新任戒律师献香鬘，请求班禅摩顶。

二十八日，班禅额尔德尼为大殿格贵噶究益西格桑（དགེ་སྐོས་དཀའ་བཅུ་ཡེ་ཤེས་སྐལ་བཟང་།）摩顶加持。

八月二日，班禅额尔德尼为青海公巴图尔岱钦（མཚོ་སྔོན་གུང་བཱ་ཏུར་དའི་ཆེན།）的慰问使者们摩顶，并赐物饯行。

康区木里堪布的使者管家和群科杰寺堪布等晋谒献黄金，班禅额尔德尼予以摩顶加持，赐茶饯行。

在这期间,陆续有散居巴、岗建群培巴、江热色当巴等献歌化缘者晋谒,班禅额尔德尼按例予以回赠。

十三日,为了感谢乾隆皇帝对佛法众生所赐予的不可思议恩惠及生辰祝福,密宗札仓僧人聚集在日光寝宫诵《白伞盖大佛顶陀罗尼经》《圣多罗菩萨经》《圣无量寿决定光明王如来陀罗尼经》,祝福乾隆皇帝莲足长驻,政治昌盛。班禅额尔德尼予以僧众赏赐。

十五日,在法会上,班禅为4名辅导老师、格贵、执事、新旧两名教规师摩顶,为两名卸任戒律师赠送礼物。

当时,为显宗学院铸造了熬煮斋僧茶饭的大锅两口,为诵《甘珠尔》的僧人铸熬煮斋僧茶饭的大锅一口。

九月一日,班禅额尔德尼为前来拜谒的赞普诺门罕(བཙན་པོ་ནོ་མོན་ཧན།)和尼姑洛桑曲措的代表,以及其他客人摩顶赐茶。洛桑曲措的代表献上马蹄银17锭等厚礼。代表们告辞时,班禅予以回赠。

十五日,佛法众生利益之真亲友至尊增阿旺强巴大师从前藏抵达扎什伦布寺拜见班禅额尔德尼。

十八日,阿旺强巴莅临班禅额尔德尼卧室敬献上等哈达、供物等厚礼。当诵经祈寿之时,将释迦佛祖、宗喀巴师徒、前两世班禅传讲述给在世班禅听,并嘱咐班禅额尔德尼:请您把上世传作为榜样,不听不正之言,从小勤于闻思修学习。请求将第二佛祖宗喀巴师徒之教理于扎什伦布寺广弘,使班禅心灵之花蕊开放,默默记在心里。后来班禅常说这番教导使他很受启发。

是月,班禅额尔德尼因螺髻梵天护法的劝说,跟从阿旺强巴闻习《菩提道炬论》《摧破金刚陀罗尼洗礼》《长寿灌顶》《马头明王秘密念诵仪轨》《大佛顶尊胜陀罗尼经》《白度母陀罗尼经》《白伞盖大佛顶陀罗尼》《阎曼德迦忿怒真言仪轨》《室利内修念诵仪轨》《大威怒鸟枢瑟摩明王经》《六臂护法仪轨》等。聆听教法时,阿旺强巴高居宝座,班禅额尔德尼坐在阿旺强巴座前矮小的坐垫上。如此闻听的品行,犹如《毗奈耶经》和《阿笈摩经》中所教诲的一样,实为佛教之一大庄严。当时许多人身居高位,聆听教法时高高在上的行为也突出,此乃污蔑佛法的不良现象。班禅对阿旺强巴产生崇高的敬意。班禅听闻《菩提道炬论》时,态度谦恭,念诵流利,使导师折服。

班禅额尔德尼为青海额尔德尼亲王的代表摩顶,行见面礼。

十月三日，大管家贡桑热绛巴（དགོན་གཉེར་ཆེན་མོ་རབ་འབྱམས་པ་ཀུན་བཟང་།）从京城返回，班禅额尔德尼让僧人组成仪仗队，高擎旗幡，极其恭敬地迎接圣旨。圣旨要求班禅额尔德尼须博闻佛理。班禅高兴地接受了圣旨和乾隆皇帝赐给的大缎 112 匹等，并为贡桑热绛巴主仆和其他来宾摩顶赐福。

青海达颜都拉的法师及僧俗多人联合来献礼物。

七日，班禅额尔德尼会见了次仁饶旦王的使者，赐物为巴丹札萨的代表饯行。钦差大管家贡桑和即将去柴达木作上师的噶究洛桑西尼各自来献礼物。

十一日，贡却王的代表和丹增呼图克图的代表向班禅额尔德尼面呈信函和各自主人的献礼，贡却王的献礼有马蹄银 6 锭等。

次仁饶旦王兄弟敬献白银 1000 两。前去内地担任喇嘛的萨隆巴噶究格登次仁特派管家前来献礼物，班禅额尔德尼为他们和其他地方的来客摩顶加持。

十四日，札萨克喇嘛密乘翁则洛桑格勒管家从内地前来献礼物，班禅额尔德尼受礼后为上述代表赐物饯行。

前往内地担任喇嘛的觉宗巴（ཇོ་རྫོང་པ།）之伴友献见面礼白银、绸缎等内地特产。与此同时，班禅额尔德尼为安多、上下康区及达颜都拉的人员、噶伦重孜巴（བཀའ་བློན་འབྲོང་རྩེ་བ།）父子主仆摩顶加持，按照其职位高低分别回赐了礼物，给噶伦父子主仆摩顶加持，按照职位高低分别回赐了噶伦父子主仆，以酬报增上缘予以满足。

在甘丹燃灯节（藏历十月二十五日），按照常规五供殿管家施给五供节法会僧茶两次，以及糌粑、晚间供灯，以表供养。

十一月一日，鄂尔多斯贝勒扎西次仁（ཨོར་ཏུ་སུ་པའི་ལི་བཀྲ་ཤིས་ཚེ་རིང་།）的代表和乃宁寺法王分别敬献礼物。

六日，良辰吉日，温萨寺、群科日卫当寺、曲玛宇孜寺的僧人在卧室为班禅额尔德尼举行有缘上师仪轨的长寿法会。

十日，班禅额尔德尼从阿旺强巴受居士戒。下午，准备闻听大威德金刚灌顶。

次日，正式闻听灌顶法。为酬谢阿旺强巴上师，奉献曼札、哈达、白银 50 两。

十五日,阿旺强巴准备去前藏,班禅馈赠丰厚礼物。有诗赞道:

在作怖金刚摄持的上师座前,
承受大威德金刚的能熟灌顶,
依靠水牛面本尊无上的瑜伽,
获得阎魔敌正果的殊胜级品。
因厚供名为美智的成就者,
喜悦万分而显示圣者德行,
时喜爱邪恶的一切鬼魔,
堕入痛苦难忍的深渊之中。

这日,即将前往鄂尔多斯的洛桑曲培和达曲金巴向班禅额尔德尼敬献礼物告别,向寺院布施供养。

之后,班禅额尔德尼为数名达颜都拉来客和柴达木喇嘛饯行。为塔尔寺商人等几名多康地区人摩顶加持,为密宗札仓赐熬茶锅一口,作为公积基金。

二十五日,班禅额尔德尼为呼和浩特等蒙古地区的活佛官贵共 80 余人摩顶赐茶。

达赖巴图尔在达孜请拉木护法降神,按拉木大护法“班禅灵童在次年身有灾殃”的预言,来扎什伦布寺为班禅额尔德尼祈祷长寿。同时,拉木大护法也莅临此地,班禅为之赐茶接风,摩顶加持。

杜尔伯特王的代表主仆及土尔扈特贝勒(ཐོར་གོད་པའི་ལེ།)的代表拜谒班禅额尔德尼,敬献杜尔伯特王的礼物。班禅为诸代表赠物饯行。

温萨寺和群科卫当寺僧人诵经祈寿,班禅额尔德尼予以供养。

十一月二日上午,班禅额尔德尼于日光寝宫请求拉木大护法降神。大护法跳着舞步,向班禅顶礼 3 次,敬献哈达,诵长寿祝词。

呼和浩特掌印喇嘛托因呼图克图(མཁར་སྟོན་ཐམ་ཀ་བླ་མ་ཐོ་ཡོན་ཏུ་ཐོག་ཐུ།)代表大喇嘛献祈福长寿供品。

六日,班禅额尔德尼莅临日光寝宫,请来大护法呈献酬谢礼物和供品无数。大护法告辞时,班禅又以厚礼馈赠。

即将前往呼和浩特的香巴僧献礼告别，并诵经为班禅额尔德尼祝寿。班禅为将要离别的托因呼图克图一行饯行。

十一日，重孜寺上下札仓和德格喇嘛代表前来献礼，班禅额尔德尼为他们和日喀则宗本巴图尔囊巴（གཞིས་ཀ་རྩེ་རྫོང་དཔོན་བ་དུར་ནང་པ།）主仆、东科活佛代表，以及那曲地区的僧人摩顶加持。

十六日，郡王颇罗鼐特派黄西琪（ཞལ་ངོ་ཧོ་ཤུས་ཆི།）等执事、首领、总管等40多人前来敬献夏噶莫居多吉宗新印的《甘珠尔》226部，班禅额尔德尼为他们赐茶接风，摩顶加持。

后来，班禅额尔德尼按拉木大护法旨意闭门修行。这时，达赖喇嘛的却本（供祀师）夏鲁堪布阿旺云丹迥乃（ཞ་ལུ་མཁན་པོ་ངག་དབང་ཡོན་ཏན་འབྱུང་གནས།）、德格王主仆（སྡེ་དགེ་རྒྱལ་པོ་དཔོན་གཡོག），以及前来求知晋谒者汇聚扎什伦布寺，班禅因闭门修行未能摩顶加持。按照先例为昂仁寺冬季法会赐茶6包、哈达、白银50两。

十二月十二日，班禅额尔德尼为参加为期一个月祈福禳灾仪轨的108名僧人赏赐。

当时，密宗札仓僧人举行为期两个半月的护法仪酬轨，班禅额尔德尼为每名僧人布施尼泊尔银币2枚。

二十二日，按照惯例举行"定期伏魔铁堡大朵玛"法会。

二十七日，班禅额尔德尼结束静修，为前来慰问的官员赐茶摩顶。

次日，扎西通门寺僧人前来祝贺新年。下午，班禅额尔德尼为他们赐物饯行，为密宗札仓喇嘛、教舞师等作事者摩顶加持。

那时，温萨寺等附近30余所寺院每月举行3至6次法会，32所禅院每月举行一次法会，24所修行院举行隔月法会，后藏其他寺院也定期举行法会。班禅额尔德尼赐给每所寺院法会所需费用，为长寿而积福积德，布施了拉萨三大寺、上下密院、南杰札仓（རྣམ་རྒྱལ་གྲྭ་ཚང་།）、若尔盖札仓等；为二十九朵玛法会准备鼓乐舞蹈，善现缘起。

三十日，按照先例举行成规法会。

水狗年（1742年）新年开始，班禅额尔德尼在一年之内为扎什伦布寺发放僧茶及薪金。为各佛殿进行成规供养，按例向噶厦供施、向驻藏大臣祝贺新年；为拉萨大祈愿法会施放斋僧茶，发给每名僧人尼泊尔银币一枚及其他礼物；为两尊释迦佛像献五种千供；为5位天成及前世达赖灵塔敬献5次五种百供。按每年法规，为吉祥天女及小昭寺护法进行供养，这些都有详细记载，每年除夕均如此，为省笔墨不再赘述。另外，关于三所依之供养和为温寺、那塘寺、噶丹饶杰寺、平措林寺、塔日巴经院、嘉钦孜寺及32所禅院按常规发放僧茶和薪资等，在布施册中有明细记载。

是年，温萨寺贡却坚赞、丹巴坚赞、益西扎西、扎西雅培等完成《胜乐根本续》修业献考，班禅额尔德尼赏赐哈达、袈裟、绸缎等。章摩且巴洛桑坚赞（གྲངས་སོ་ཚེ་པ་བློ་བཟང་རྒྱལ་མཚན།）完成《释量论》《释量论疏解脱道明示》修业献考，班禅赏赐哈达、袈裟、僧裙、绸缎、绫罗、布匹等。古格巴洛桑旺秀（གུ་གེ་པ་བློ་བཟང་དབང་ཕྱུག）、益西次仁、洛布巴洛桑南杰（བློ་སྤྱུག་པ་བློ་བཟང་རྣམ་རྒྱལ།）等完成《释量论》第四章修业考试，班禅赏赐哈达、袈裟、茶叶、绸缎、绫匹、铃杵、布匹等。那塘巴益西三旦（སྣར་ཐང་པ་ཡེ་ཤེས་བསམ་གཏན།）完成《菩提道次第广论》修业考试，班禅赏赐哈达、僧裙、绸缎、薄绫、茶叶、铃杵、布匹。温寺巴洛桑嘉木央（དབེན་དགོན་པ་བློ་བཟང་འཇམ་དབྱངས།）完成《菩提道次第中论》考试，班禅赐上等哈达、袈裟、绸缎、薄绫、铃杵、布匹等。达孜巴贝桑（སྟག་རྩེ་པ་དཔལ་བཟང་།）完成《四部医典》修业献考，班禅赏赐哈达、蓝色绸缎、3种珍贵药品、4匹北方薄绫、铃杵、布匹等。萨康巴洛桑饶杰完成《中观疏教理明示》考试，班禅额尔德尼予以丰厚奖赏；为了便于普通人们经常修佛，亦进行赏赐。

水猪年（1743年）一月十一日，班禅额尔德尼拜精通一切显密经论的大密乘师洛桑索巴为师，开始闻习有关《银坛城等之教言》，后又学习四世班禅罗桑确吉坚赞所著《宗喀巴大师之上师瑜伽》《妙音天女赞》《白文殊修行法智慧施愿印》《文殊阿拉巴杂那修行法宝镜》《明慧者遍喜》《文殊语狮子修行法》《妙音天女修行法》《文殊赞智慧明示》《白文殊赞慧眼启迪》、宗喀巴著《妙音天女修行法》等论著。有诗赞道：

清净智慧之明月，
增上意乐而圆满，
散发清澈之凉光，

消除酷热之怨恨。
智慧花装饰的胜灵童，
虔诚的崇信置于头顶，
畅饮教诲的甘露蜜汁，
心若白莲花异常芬芳。
当初万千大劫之中间，
从千佛之口闻听佛法，
对一切法蕴无不精通，
今闻此法而无可非论。
当今于此僻地山林间，
有人弃听闻偏在修行，
并持为圣道自以为是，
为教诲此等广听博闻。

一月十五日，在日光寝宫，那塘寺总管向班禅额尔德尼献礼祈寿。班禅为前来祝贺新年和祝扎什伦布寺讲经昌隆的顿杰喇嘛和扎什伦布寺大护法拉木神师赠送3对神灵酬谢供养的供品和绣有白昼吉祥等字句的五色酬神哈达、八瑞相银曼札、供神醴酒5两、茶叶、赤金5两、白银15两、银碗、鞋、帽、旗幡、胜幢、明镜、红铁矛、铁钩等五色供物及5种敬神哈达，如是，每年向拉木护法献供。为色拉、哲蚌、甘丹、上下密院、南杰札仓、木茹、扎西迥等寺广行布施供养。

二月三日，班禅额尔德尼为前来晋谒的呼和浩特乃济托因（མཁར་སྔོན་ནས་ཆེ་ཐོ་ཡོན།）的代表、鄂尔多斯喇嘛官员数名、盘德班觉活佛（སྐུ་སྐྱེ་པན་བདེའི་དཔལ་འབྱོར།）的代表等摩顶，并以茶款待。

这天，天气晴朗，风和日丽。班禅额尔德尼擦拭前世的怙主无量寿佛像和白度母如意轮塑像。乃济托因的代表献了礼物，班禅赠送礼物为他们饯行。次仁饶旦王的喇嘛、艾勒齐主仆、鄂尔多斯的洛桑群培主仆亦于当时辞行。

二月十六日，哲布尊丹巴活佛所辖喀尔喀七部的代表索本堪布额尔喀托因、到蒙古担任上师的扎什伦布寺僧人数名，以及喀尔喀地区的喇嘛官员代表共200余人拜谒，班禅为他们摩顶加持，并以茶款待。这时，伦珠孜巴群培敬献了礼物。班禅为诺颜法王、额尔喀托因主仆、将军王的翁则主仆、札雅班智达主仆等赐物饯行。

喀尔喀的巴珠王前来献礼。

当时,扎什伦布寺附近地区流行痘病,密宗札仓僧人行顶髻尊胜母回遮仪轨,祈福禳灾。

二十七日,送别拉尊主仆和恰多尔托因主仆后,班禅额尔德尼会见阿里公派来慰问的使者和札雅班智达的大强佐主仆。

三十日,将赴任扎西孜第悉的贡波要去康区担任嘉顿宗本前来拜见,班禅额尔德尼为其摩顶赐茶,并为新任宗本饯行,还会见了前来献礼者,萨隆巴喇嘛的慰问使者辞行。

三月四日,旺钦诺门罕(དབང་ཆེན་ནོ་མོན་ཧན།)的代表克热翁则噶钦洛桑扎西、图萨拉克齐(ཐུ་ས་ལག་ཆི།)的代表益西默兰等各自献礼物,另外几名也献了礼物。

次日,喀尔喀七部合献银制曼札一具、佛像、佛经、佛塔、僧衣、日用器具、黄金 150 两、白银 7428 两、绸缎 36 匹等,共折银 10000 多两,并诵经祈寿。班禅额尔德尼为诺颜法王、哲布尊丹巴的索本堪布摩顶赐茶。

八日,德庆嘉布亲王的上师贡查巴噶究茨达(དགོན་ཁ་པ་དཀའ་བཅུ་ཚེ་བདག)、嘉钦孜巴诺门罕的侄子雅培、仲然巴阿宗等人分别向班禅额尔德尼献了礼物。

十一日,那塘寺密宗札仓 31 名僧人为新版《丹珠尔》开光,班禅额尔德尼赐给费用。

这时,由于痘病流行较广,班禅额尔德尼没有会见其他来客,而只会见了索本堪布额尔喀托因主仆、札雅班智达主仆等,并为他们摩顶。为少数献礼者赐护身结、加持塔、佛像、香包,回赠了喀尔喀七部,使他们欢喜离去。

二十一日,班禅额尔德尼为达赖呼图克图之弟额尔德尼台吉(ད་ལས་ཧུ་ཐོག་ཐུའི་གཅུང་ཨེར་ཏེ་ནི་ཐའི་ཇི།)及福晋等 40 人摩顶赐茶。会见了上下密院的 60 名僧人和额尔德尼台吉主仆。其后几日,闭关静修,供养本尊神。

四月,班禅额尔德尼与僧众为新建的银质度母如意轮和退敌天母像装脏,举行了开光仪式。

十二日,班禅额尔德尼为密宗札仓所举行的为期 3 个月的护法仪酬轨和护法贡布、阎罗王、吉祥天女酬补法会提供资金。

十五日，从上师闻听金溶度母和白色怙主祭祀等教理。

五月二日，班禅额尔德尼为即将赴任喀尔喀亲王德庆嘉布（ཆིང་ཝང་བདེ་ཆེན་སྐྱབས།）的上师达那巴噶钦洛桑塔却饯行，并赠送佛像、加持塔。

六月一日，拉达克王遣使前来敬献礼物。

三日，不丹第悉额尔德尼（ལྷོ་འབྲུག་སྡེ་སྲིད་ཨེར་ཏེ་ནི།）派使团前来慰问献礼，班禅额尔德尼分别为二位献礼者摩顶赐茶。为喀尔喀所献30两银制竭地洛迦林度母像举行开光仪式。

五日，古格王遣使前来为病故的王子洛桑白玛扎西报丧，向僧会施放斋僧茶。班禅额尔德尼诵经回向，并为报丧者摩顶。

七月八日，却藏活佛（ཆུ་བཟང་སྤྲུལ་པའི་སྐུ།）前来晋谒班禅额尔德尼，并献礼物祝寿，为其摩顶赐茶。

十一日，班禅额尔德尼为却藏活佛赠赆礼佛像、佛塔、香包等。

八月八日，班禅额尔德尼会见色拉、哲蚌两寺多名僧人。

二十二日，班禅额尔德尼为嘉雅活佛（རྒྱ་ཡགས་ཞབས་དྲུང་།）主仆25人摩顶。下午，会见了各地僧人。

二十五日，嘉雅活佛向班禅额尔德尼献礼。九月二日，班禅为嘉雅活佛赐物饯行。同时，噶细公班智达、其夫人夏仲德丹卓玛、儿子等主仆一行60多人晋谒献礼物。班禅为他们摩顶赐茶。

十五日，噶细公班智达献上曼札、佛像、佛经、佛塔、僧衣、日用器具、马蹄银10锭、绸缎21匹，诵词祝寿，班禅回赠厚礼。

萨迦寺达钦拜谒献礼物，班禅额尔德尼予以尊敬供养，并为其强佐及随从摩顶赐茶，临行时赐厚礼。

十九日，班禅为前来献礼的阿里公主仆摩顶祝福。

次日，阿里公献曼札、佛像、佛经、佛塔、日用器具、黄金100钱、白银1550两以及水果等。班禅额尔德尼设宴供养，临别时赠送厚礼。

十月六日，班禅额尔德尼会见青海王次仁饶旦的医师洛桑群培、西宁商贾主仆、锡金的旦正旺布主仆，以及来自理塘、色拉、哲蚌、洛巴等寺院僧人。次仁饶旦王的医师进献礼物。

十三日，班禅任命欧智曲宗巴噶钦洛桑克增为兑桑林札仓的喇嘛。

十一月二日，班禅为理塘丹窘活佛（ལི་ཐང་བསྟན་སྐྱོང་སྤྲུལ་སྐུ།）主仆8人摩顶赐茶,会见了全体客人。

这时,乾隆皇帝使者赍持金书礼物和准噶尔客人前来扎什伦布寺,班禅额尔德尼派管家前往浪卡子迎接,仲科尔、各札仓僧人、各米村僧人等前去迎接。进入寺院后,班禅向阿萨肯大臣、将军鄂卡达、加尔果琪、笔帖式等问候乾隆皇帝安康,然后高兴地接受了金书和礼物。

后来,厄鲁特准噶尔王噶丹次仁旺布(ཨོ་རོད་ཇུན་གར་གྱི་དཔོན་དགའ་ལྡན་ཚེ་རིང་དབང་པོ།)的代表喇嘛强佐巴、管家宰桑曲纳木卡、瓦耶萨格朗、多吉宰桑、克雅泽饶杰、普布、迈格恰、丹巴、郭莽札仓堪布喇嘛洛桑平措(མཁན་པོ་ཁྲི་པ་སྒོ་མང་བླ་མ་བློ་བཟང་ཕུན་ཚོགས།)的代表、菩提道喇嘛洛色林巴廓吾格敦扎巴(ལམ་རིམ་བླ་མ་བློ་གསལ་གླིང་པ་གོ་བོ་དགེ་འདུན་གྲགས་པ།)的代表格勒群培比丘、兑桑林札仓喇嘛玛钦格隆(ཐོས་བསམ་གླིང་བླ་མའི་དགེ་སློབ་པ་མ་ཆེན་དགེ་སློང་།)、密乘喇嘛莫巴杰仲(སྔགས་པ་བླ་མ་དམིགས་པ་རྗེ་དྲུང་།)的代表噶钦本布、持戒喇嘛索本堪布、阿钦喇嘛、呼托洛喇嘛、措迈汗岱钦、扎西达瓦、耶凯次仁顿珠之子巴托、侄子达瓦琪、扎巴、班觉、雅玛克拉、苏察之子、欧藏和硕齐、阿摩固朗分别呈献慰问信、佛塔、黄金、白银、绸缎、皮张、日用器具。班禅向他们询问各地格鲁派的发展情况。

其后,班禅额尔德尼设盛宴招待以使者和准噶尔喇嘛宰桑为首的100多名蒙古人,以及图协耶图公益西次旦、噶伦多喀瓦等。

宰桑等人为已去世的额尔德尼觉热图浑台吉(ཡེར་ཏེ་ནི་ཇོ་རིགས་ཐུ་ཧོང་ཐའི་ཇི།)及其妃子贡桑饶旦诵经回向,向班禅献厚礼,请求诵经超度亡灵。同时,敬献了准噶尔王噶丹次仁旺布书信、佛塔、哈达、《宗喀巴上师传记》《因明五部论》《集密传承》《佛说救拔焰口饿鬼陀罗尼经》、金嵌书夹、僧衣一套、锡杖、钵盂、靠背褥垫、坐垫、白银、绸缎,为前世班禅银制灵塔捐助的红宝石两粒、黄金200两、白银2000两;向法会施放3300次僧茶费黄金110两、白银19165两、白首缎、氆氇、旱獭皮、猞猁皮、各色布匹等,施放斋僧茶25次,施予每名僧人白银5两,向前两世班禅灵塔献供品及供养费,表示为自己父母修福积德。噶丹次仁旺布之子次旺多吉朗杰亦献厚礼。兑桑林札仓卸任喇嘛班丹益西叔父献慰问品,为上师去世而向法会施放斋僧茶,表示还愿。

准噶尔代表还为去世的密乘喇嘛班觉嘉措进献了作为诵经回向费用的礼物多件,以及香洛桑群培的慰问品;代献了毗奈耶密咒师、郭莽喇嘛、卸任喇嘛、各大官员、宰桑、米桑等僧俗的礼物,供祭佛堂,布施僧会,予以供养。

准噶尔代表献书说："尊师知识渊博，不希求显赫，与普通僧人共修一切显密教理，位居诸哲人之首，以讲辩著使格鲁教理犹如白昼一样明亮，一定为佛教之主。我所缘释迦佛法和宗喀巴之教的发展，于北方大地闻习佛典，辩论经著，正作仪轨，广建佛寺，弘扬第二佛祖宗喀巴之教而作服务，思虑此事而请求班禅，弘教而不必懈怠"。与此同时，向大强佐呈献了要班禅灵童正修佛法、了悟修理、努力居于智者之首的书信。

十三日，班禅额尔德尼为乾隆皇帝使者和准噶尔代表摩顶，茶宴招待。

益西次旦公和噶伦多喀瓦各献礼物。营本饶旦嘉布和托本姜洛建巴请求单独会见。

十六日，班禅设宴为乾隆皇帝使者赠物饯行，回献厚礼谢皇帝赐金书礼物之恩。然后，分别为益西次旦公、噶伦多喀瓦、营官、代本饯行。厚赐准噶尔代表，回赠噶丹次仁旺布和其他官员。有诗赞道：

以佛法护理的北方圣地，
宗喀巴教理的明月再现，
具崇信敬仰的班禅额尔德尼，
为供养圣教的宏业发展。
聪明智慧的众臣大使，
将无数财宝以礼奉献。
由远方遣派的使者们，
当踏进雪域百感欢欣。
敬献无数珍品及异宝，
如泥土顽石堆积如山。
尊敬的依怙布施寺院，
仿佛给孤独再生此地。

十二月十三日，玉树的丹巴达结敬献礼物。

是年，曲科伦布寺桑杰扎西、索朗仁钦、温寺巴益西却丹、益西次仁、洛桑次仁、班觉坚赞、扎西坚赞、益西雅培、洛桑楚臣、杰卡瓦嘉木央洛桑丹巴、阿木旗达摩、索朗多吉等于法苑扎什伦布寺分别完成《慈氏五论》《胜乐根本续》《菩提道中论》《释量论》《释量论疏解脱道明示》《四续部》等考试修业，班禅额尔德尼依惯例赏赐哈达、茶叶、袈裟等。

木鼠年(1744 年)二月三日，大强佐奉拉木护法授记向班禅敬献哈达、曼札，为来宾占卜。

班禅为乌珠穆沁的车臣饶旦南杰王(ཨུ་ཇུ་མུ་ཆིན་ཚེ་རེན་རབ་བརྟན་རྣམ་རྒྱལ།)、福晋卓玛吉(དཔོན་མོ་སྒྲོལ་མ་སྐྱིད།)、王子平措饶旦祈寿禳灾，诵《救度佛母经》《般若波罗蜜多心经》；为准噶尔噶丹次仁王及其子次旺多吉南杰祝愿福寿长存，万事如意。为消除一切灾难，诵《救度佛母经》《佛顶大白伞盖陀罗尼经》《般若波罗蜜多心经》，将额尔德尼巴图扎巴坚赞本尊神定为无量寿佛、护法吉祥神母；经常口诵《大慈悲经》等，为被无明所障蔽的众生明示世间取舍。有诗赞道：

为消除隐事所造的黑暗，
从清净无瑕智慧的天空，
升起授记之日光芒万丈，
从此利乐花朵争相吐艳。

八日，班禅额尔德尼从洛桑索巴闻听《吉祥金刚大威德上师瑜伽》《白护法如意宝颂》《贝孜姊妹护法》《大梵天》及乃赛尊者施食仪轨等教诫。

当时，达赖喇嘛父亲索朗达杰病逝，报丧者前来请求班禅额尔德尼诵经超度，班禅作了清净回愿。

三月十二日，班禅额尔德尼为雕塑菩提道上师传承和 35 尊佛像的工匠赏赐礼物。

四月一日，班禅额尔德尼同僧众为准噶尔人所献的度母像开光。

八日，从经师洛桑索巴闻习《忿怒金刚手菩萨经》《毗沙门仪酬轨》等教诫，委任诺布群科瓦噶究洛桑赤列(ནོར་བུ་ཚོས་འཁོར་བ་དཀའ་བཅུ་བློ་བཟང་འཕྲིན་ལས།)为托林寺堪布，并为他与青海王次仁饶旦医师洛桑索巴比丘主仆一行饯行。

即日起，在几天之内班禅额尔德尼雕塑上师、本尊、佛陀、文殊菩萨、护法等像，先后为兑桑林札仓经师、西宁商贾主仆、达赖喇嘛母亲尼达旺姆及其子摩顶加持，会见了色拉、哲蚌两寺的几名祈求者。

十九日，班禅额尔德尼为前去祈祷、觐见乾隆皇帝的管家贡桑贱行。五月四日，班禅额尔德尼从密乘师闻习《六臂护法祭祀仪轨》。

六月十五日，班禅从经师闻听吉祥天母与四面护法祭供仪轨，在僧会听讲传授教诫。

二十九日，班禅额尔德尼会见达赖喇嘛的副索本堪布杰仲香巴主仆，并摩顶赐茶。

七月五日，班禅从经师闻习《大威德金刚修证法》。

七日，班禅额尔德尼与僧众为大厅新绘壁画、大回廊壁画举行开光典礼，并与依怙殿僧人一起献供，发愿广弘佛法，饶益众生。之后，朝拜大经堂，供献祭品，广发弘法益民之弘愿。

即日起，于大经堂进行五种百供。从次日开始连续七天昼夜燃灯，每日行五种大供 7 次。珠钦活佛献寿礼。

十三日，班禅额尔德尼为前来拜谒的扎西孜僧人和热振寺僧人摩顶加持；为新建上下卧室和强佐内外室的工匠布施青稞，赐护身结。

大强佐敬献哈达、曼札，祈祷莲足坚固。

返回途中，班禅额尔德尼为下层卧室开光。

十五日，从经师闻听《吉祥金刚大威德师承启白》《阎摩护法供养仪轨》等教诫。之后，为从祈愿法会来此的尼达旺姆赠礼饯行；为晋谒的萨迦寺强佐主仆和青海岱钦巴图公的信使摩顶赐茶。

从八月八日开始，从师闻听法行、开光及《药师佛念诵仪轨集要》《文殊菩萨颂》《上师供仪轨》《八十宗喀》，以及噶勒班教诫等，为期 4 天；为前来拜谒的青海将军王、丹巴贝勒、赛多活佛（གསེར་ཏོག་སྤྲུལ་སྐུ།）代表摩顶加持。

额尔德尼王子敬献礼物，班禅设宴为诸代表饯行；派人进京上书乾隆皇帝，感谢创建雍和宫僧寺之恩德。

十三日，设宴庆祝乾隆皇帝寿辰，并为蒙古法王代表摩顶，会见安多信徒。

九月三日这一良辰吉日，在欢喜持法卧室，由证教光执戒上座洛桑索巴经师作堪布、吉康巴洛桑顿珠作规范师、兑桑林札仓洛桑克增作屏教师、香孜洛桑克却作业力补足者，于众比丘中出家，授袈裟幢，授沙弥戒，成为诸僧之顶髻。有诗赞道：

从具净合法堪布的雪山，
流出四静虑律仪的甘露，
积聚于您心田的宝箧中，
夺走了一切犯戒的酷热。
犹如彩霞般通红的法衣，
紧紧缠裹您金体的枝叶，
柔嫩手指的莲花花蕊上，
钵盂的蜜蜂自由地嬉戏。
身披黄色袈裟不是彩叶装饰，
口诵善言经文却非耳坠摇动，
头戴黄色僧帽并非珍宝天冠，
唯您能弘佛法安有其他能人。

以上为《尊胜上师有寂世界顶饰班禅遍知一切罗桑班丹益西贝桑布传——太阳之光》之第三章“受沙弥戒”。

第四章　前往拉萨拜谒七世达赖喇嘛并受掌政诸人礼敬

班禅额尔德尼受清净戒后，成为众僧之依怙。

八日，郡王颇罗鼐率领500余人从拉萨前往扎什伦布寺向班禅额尔德尼敬献礼物。

十日，郡王颇罗鼐、噶细公班智达等人焚香施茶，将班禅迎请到扎什伦布寺佛殿，扶坐在众僧排列的无畏狮子宝座上，开始了他弘佛利民的大事。乾隆皇帝派使者前来献无价之宝的日用器皿等厚礼，祝贺升上法座。

达赖喇嘛与郡王颇罗鼐双方赠送曼札、佛像、佛经、佛塔、僧衣、日用器具、马蹄银30锭、上等缎子多匹、长条茶65包、各种绸子，为僧会施放丰厚布施。

噶细公与赛仁钦孜巴母子亦先后来献礼物祝贺。

这时，班禅额尔德尼不及7岁，却于僧众之中高声讲经，使听闻者为之折服。有诗赞道：

身披黄色缎衣，
步越僧众头顶，
足登高台宝座，
说法饶益众生。

当时，班禅额尔德尼命人新换了僧众坐垫，施予每名僧人吉祥哈达一条、白银一两、绫绸一方，进行大供养。

十二日，班禅额尔德尼于日光寝室设宴款待郡王颇罗鼐主仆一行，郡王叙说了前几世班禅的伟大业绩。临行之时，班禅额尔德尼给郡王赠送无量寿佛像、衣服、金银、哈达、绸缎、棉布共计 9 种 51 件，以及马鞍一套。同时，厚赐了噶伦公、夏仲德丹卓玛母子、仁青孜胞弟、母子。按照随侍职位的高低大小分别予以赏赐，供养了来去时的护送人员。

郡王对政教精通，服侍释迦之教，功德高尚，对于选认和迎请班禅灵童付出了崇高的努力。有诗赞道：

宏伟福泽根基坚，
威力枝茂荫影凉，
人间主宰如意树，
广赐恩惠遍四方。
聪明贤慧宏事业，
业迹胜幢空中飘，
如此恩惠深如海，
人间生灵难估量。

十四日，各位随身侍从将班禅额尔德尼迎请到法会，敬献礼物。班禅在向法会施放斋僧茶的同时，施予每名僧人尼泊尔银币一枚。

当时，扎西孜庄园、香巴桑珠甘丹总管、昂仁寺堪布、旦达尔杰寺及其属寺、赛多坚堪布、俄尔寺堪布、聂木杰却寺、香布多寺、巴协寺、达尔杰寺、郭仓寺（སྐོར་ཚང་དགོན།）、定结扎西群培寺、日喀则地区的贵族、芒卡桑珠巴、道拉日孜巴、达纳伦珠林巴寺、米康萨地区僧俗等多人来敬献札物，班禅额尔德尼接受礼品后会见了安多客人。

十五日,经师洛桑索巴和管家洛桑达尔杰献礼。是日,班禅额尔德尼莅临法会进晚餐,在无畏狮子宝座上接受献礼并诵经祈寿,为僧众摩顶加持。

其后几日,班禅额尔德尼会见了前来献礼的锡金卸任国王、班觉伦布巴、彭措林寺管家默措瓦、哲通巴、昂仁寺嘉卡尔喇嘛、格迈夏日巴、呼和浩特蒙古人、安多僧人、尼泊尔客人,并予以摩顶加持。

十六日,班禅额尔德尼为父母双亲饯行。

二十日,班禅额尔德尼会见措果岗钦巴、日喀则驻尼泊尔人员等,共60人,另有卓尼数人、印度瑜伽僧人(ཨ་ཙ་ར།)、安多人等200余名,并摩顶加持。

二十一日,哈尔东米村迎请班禅额尔德尼到法会上进晚餐,敬献礼物。

从二十三日开始,先后为昂仁宗本、安多、赞普诺门罕使者、丹玛活佛主仆、噶丹饶杰寺数名僧人、洛巴喇嘛、日喀则雪巴数名僧人等摩顶加持,赐茶丹玛活佛和赞普诺门罕代表,并赐物饯行。

十月一日,班禅额尔德尼为日喀则地区的50名斋戒女、香雄当钦主仆15人、安多300余人摩顶。

三日,岗坚群培寺僧人献有缘上师供仪轨的寿礼。此时,乃隆寺僧人前来献礼,班禅额尔德尼为两所寺院施放斋僧茶。

八日,在日光寝宫,班禅额尔德尼接受谢扎西格培寺、噶丹当嘎巴、德布、赤卡、噶丹曲当寺的献礼。

九日,班禅额尔德尼为托嘉拉日岗巴活佛剃度授戒,赠名洛桑平措。

当天,夏鲁日特寺僧人献有关长寿与无量智慧念诵仪轨的寿礼,班禅予以厚赐。

十日,香多日吾格培寺派人前来献礼物。

十三日,在素食宴会上,索本堪布、森本堪布、管家、司钥师合献年礼物。

译师噶钦格敦仁青、重孜寺上下札仓、纽曲廓寺(ཉུག་ཆོས་འཁོར་དགོན།)、伦布孜寺、东噶当钦寺各自献礼物,班禅额尔德尼分别予以赏赐,为青海贡却王使者、青海亲王使者、卡觉喇嘛、夏琼寺堪布(བྱ་ཁྱུང་མཁན་པོ།)侄子、扎西孜娘巴杰仲(བཀྲ་ཤིས་རྩེ་སྙིང་པའི་རྗེ་དྲུང་།)等人摩顶赐茶。

亲王使者和仲然巴洛桑丹松请班禅到法会敬献礼物。

之后,班禅额尔德尼为即将告辞的青海各代表饯行,并予以回赠。

是年,班禅额尔德尼从密乘师闻听《集密修证仪轨补编祈求次第》《坛城羯摩线》《曼札仪轨念诵法》《坛城口诵仪轨次第论》《对空生起仪轨》《灌顶仪轨》《开光仪轨实践》《集密不动金刚火坛祭祀法》《续部释供施法》《师承启白》《吉祥金刚大威德仪轨实施心要》《自入坛场念诵法》《息增业火祭念诵经》《遍知仪轨续明义如意宝》《寿命自在仪轨长寿如意宝》《胜金刚摧破陀罗尼仪轨利乐源泉》《大佛顶陀罗尼禳解法实施心要》《佛说救拔焰口饿鬼陀罗尼念诵仪轨》《毗奈耶经》《比丘长善净恶仪轨》《坐夏及解制仪轨》等。

十一月一日，塔尔巴寺僧人前来献礼。

从五日开始，班禅额尔德尼先后为喀尔喀达赖贝子（ཧལ་ཧ་ད་ལས་པའི་སེ།）使者等摩顶。达纳伦珠孜寺（ཧ་ནག་ལྷུན་གྲུབ་རྩེ་དགོན།）管家噶钦诺诺献礼物，班禅为他们赠送礼物饯行。

二十五日开始进行为期一个月的闭关静修，班禅额尔德尼钻研佛学，思维犹如流水一样。

这一年，彭措林寺僧人扎巴桑布、温萨寺益西喜饶、益西扎西、益西雅培、达曲坚赞、洛桑格丹、群科勒波巴强巴饶杰、噶丹曲德巴阿旺多吉、桑珠噶丹巴贡布巴丹、夏鲁巴洛桑旺嘉（ཞ་ལུ་བ་བློ་བཟང་དབང་རྒྱལ།）等分别完成《菩提道次第胜道论》《菩提道次第文殊教诫》《菩提道中论》《胜乐根本续》《慈氏五论》《时轮本续》《时轮修行法》《祭供舞》等考试修业，班禅额尔德尼依惯例赏赐哈达、绸缎、衣服、茶叶等。

从木牛年（1745 年）一月五日开始，先后有本仓格敦顿珠、噶细公母亲索朗拉珍、吉康巴洛桑顿珠、那塘寺管家各自迎请班禅额尔德尼到法会，诵经祈愿。

十五日上午，班禅额尔德尼从经师洛桑索巴闻习《佛陀赞》。下午，会见前来拜谒者，为噶细公母亲赐物饯行。

十九日，按照拉木护法授记，密宗札仓 8 名僧人作火祭供及度母退敌，密宗札仓举行白伞盖大遮法会，班禅额尔德尼赐所用费用。

二月三日，班禅额尔德尼为青海巴图岱钦公使者主仆、曲隆茹托巴等摩顶加持。

十一日，经师请求辞去密乘喇嘛职位，班禅额尔德尼同意请求，委任重孜巴桑钦格勒饶杰化身噶钦洛桑班觉（འབྲོང་རྩེ་བ་སེང་ཆེན་དགེ་ལེགས་རབ་རྒྱས་ཀྱི་སྐུ་སྐྱེ་དཀའ་ཆེན་བློ་བཟང་དཔལ་འབྱོར།）任密乘喇嘛职位。

二十日,为喀尔喀木特旗克公代表、将军上师、亲王德钦嘉、南杰贝勒、芒克公、岱钦公等16位官员代表摩顶。

三月一日,开始从经师学习四世班禅罗桑确吉坚赞全集,每日学习一节。

十四日开始,班禅额尔德尼先后为青海沙弥尼姑洛桑曲措代表、孜嘉协泽巴主仆、郭仓禅院坐住喇嘛(乃喇嘛)、喀尔喀曼殊室利(ཧལ་ཧ་མཉྫུ་ཤྲཱི)主仆200多人、营官代表、扎尚宗本、噶钦诺诺、迈迪巴森本拉旺堪布等摩顶。

十九日,班禅额尔德尼被曼殊室利诺门罕迎到僧众法会献礼并诵经祈寿。

二十七日,班禅额尔德尼设宴为曼殊室利等代表饯行,回赠礼物。为新落成的银制本尊吉祥金刚大威德像、玻璃室诵经举行开光仪典,将像供养于卧室。

四月七日,班禅额尔德尼为新任噶丹饶杰寺喇嘛饯行,为公爵熬茶师扎西格佩及重孜寺新任教规师摩顶。

十一日,香噶丹群科寺僧人前来为班禅诵经祈寿。

二十三日,班禅额尔德尼听完《四世班禅全集》。

二十四日,开始学习《五世班禅罗桑益西全集》。

五月五日,始学量理百门钥匙《摄类学》。

在这期间,天气干旱,雨水稀少。十七日,班禅额尔德尼于卧室诵经迎请度母,并亲自洗礼。密宗札仓僧人作顶髻大遮投食,当时小雨绵绵,众生感到欢喜无比,安乐居住。

班禅额尔德尼听完《五世班禅罗桑益西全集》后,继续闻习《宗喀巴全集》。

六月六日和十三日,莅临法会讲经。

十四日,班禅额尔德尼为新任夏鲁寺堪布郭莽札仓洛桑克却主仆、青海亲王代表主仆、拉木大护法信使摩顶,赐茶首席代表。

十八日,亲王代表前来向班禅额尔德尼告辞,班禅予以回赠。

七月十三日,格贵噶钦格敦却丹迎请班禅额尔德尼到僧会献礼并诵经祈寿。前几年,班禅在僧会上未向僧众摩顶,二十五日首次为全体僧人摩顶。

当时，班禅额尔德尼身体不适，经医师请求，从八月三日开始于日光寝宫饮日室仙人净水调养，五日，身体有所好转，结束了调养。

八日，希乃札仓僧人前来为班禅额尔德尼祝寿。密宗札仓作大佛顶禳灾仪轨，然后举行了几日度母朵敌仪轨法会。按例为乾隆皇帝举行生日大庆，诵经为乾隆皇帝祝寿。

十四日，为青海额尔喀岱钦和热科喜饶曲觉信使摩顶，为艾勒旗代表饯行。

九月六日，青海察甘诺门罕、赛多活佛、巴丹札萨等官员代表从青海前来拜谒，班禅额尔德尼为他们和安多其他僧人共100多人摩顶。下午，为拉达克王子主仆70多人摩顶赐茶，拉达克王子敬献礼物。

九日，班禅额尔德尼的兄长于温寺出家，给他起法名洛桑金巴。然后，设宴为拉达克王子饯行。

聂木嘉协蔡寺和噶丹禅院僧人献礼并诵经祈寿。

二十六日，为女官沙弥尼代表主仆辞行。班禅额尔德尼会见了萨多寺喇嘛、洛巴僧人、协卓僧人及阿里僧人。

十月四日，彭措林寺僧人来扎什伦布寺向班禅额尔德尼祝寿。

当时，北京钦差的管家益西赤列比丘抵达扎什伦布寺，班禅询问乾隆皇帝健康，谕曰："班禅额尔德尼为众生上师，须勤奋上进，不可懈怠"等语，另有珍贵物品赏赠。班禅额尔德尼举行宴会招待使者主仆，并摩顶。

后由次仁饶旦王代表迎请到僧会献礼并诵经祈寿。献礼者还有益西赤列比丘、达巴图丹雅培、雅德寺代表、宗卡佩杰林寺僧人、察科首领主仆。

十日，班禅额尔德尼任命噶究洛桑雅培为兑桑林札仓喇嘛。

二十八日，噶伦重孜巴、热当玛巴敬献礼物。班禅额尔德尼为贝子扎西次仁使者等各地来僧摩顶，回赠礼物。

十一月一日，班禅额尔德尼被迎请到密宗札仓设宴款待，会后礼佛拜塔，奉供哈达。在密宗札仓法会上，诸僧献上礼物，诵经祈寿，班禅额尔德尼分别予以赏赠，并为桑噶王子、索洛玛堪布（སོ་སོ་མའི་མཁན་པོ།）、雪多宗本觉贝巴、不丹、尼泊尔人等各地客人摩顶；为贝子扎西次仁代表回赠书信及礼物。

十日，夏孜札仓（ཤར་རྩེ།）设宴招待班禅额尔德尼，会上僧人们献礼并诵经祈寿，班禅予以回赐。

是年,居住在江孜的珞巴人与乃宁管家不和,珞巴人联合起来杀害了乃宁管家。为此摄政认为,珞巴人曾无视法律,这次又违法杀人,便派人逮捕了首犯准备治罪处决,并监禁别的参与者,动用刑罚惩处。班禅额尔德尼闻知此事,甚感怜悯,遂发慈悲,派洛桑扎西带信前去,要求摄政停止一切判决,释放所禁犯人,使逃至扎什伦布寺者返回家园,安居乐业。如此,为解脱众生苦难,心中安稳。有诗赞道:

三毒所束的凡夫啊,
粗野无知进入监狱。
无畏崇高的上师啊,
布施良药拯救愚民。

托林寺堪布管家顿珠佩杰敬献礼物及堪布的回向礼。前来献青海额尔德尼觉囊回向礼的使者请求班禅额尔德尼诵经加持。

赛多坚巴喜饶贝桑热绛巴(གསེར་མདོག་ཅན་པ་འབུམ་རབ་འབྱམས་པ་ཤེས་རབ་དཔལ་བཟང་།)去年完成《般若经》10 函,今有 6 函试备修业。班禅赐青稞 375 驮、吉祥哈达、茶叶、尖顶僧帽、僧衣、坎肩、下衣、裤子、腰带、鞋、马鞍一套,以及缎子 5 匹、绫绸、手杖、铃、棉布、茶叶等。温寺僧人洛桑三木旦、喜饶群培、格敦雅培、洛桑旦增、洛桑雅培等习《胜乐根本续》,合格修业。顿珠坚赞习完《菩提道中论》,益西强巴习完《菩提道直授》,益西西尼修完《菩提道速授》。益西西尼习完《集密》《大威德生起次第论》《胜乐生起次第及圆满次第》、阿旺曲扎习完《菩提道传授教论》,考试合格。班禅额尔德尼赏赐了以上诸位。

火虎年(1746 年)一月,赛居寺及其僧人来献礼物。

二月五日,萨隆甘丹寺(ས་ལུང་དགའ་ལྡན་ཆོས་སྡེ།)前来献礼。

九日,阿巴噶究图王降贝杰的代表晋谒,邀请班禅额尔德尼到法会上诵经祈寿,班禅设宴为代表饯行。

其间,下康区金川人(ཁམས་ཀྱི་སྨད་ལྕགས་མདུད་པ་རྣམས།)多次违法,乾隆皇帝派兵征讨。七世达赖喇嘛派人上奏乾隆皇帝,班禅额尔德尼也上书乾隆皇帝,同时派却本强巴比丘前往金川向领兵军官和金川首领送去书信。

三月十日，札萨克台吉旺堆献礼并诵经祈寿。而后，达摩巴医师将班禅额尔德尼迎到法会祝寿。

十四日，班禅额尔德尼为札萨克台吉饯行。

四月五日，班禅额尔德尼为代本然巴瓦（མདའ་དཔོན་རམ་པ་བ།）主仆、仁钦孜寺施茶者、达纳图丹南杰寺堪布主仆、诺诺索朗王子、噶厦布施管理人员、羊卓夏仲献回向礼者等各地方来客多人摩顶，任命诵经师噶究格敦却丹为噶丹彭措林寺堪布（དགའ་ལྡན་ཕུན་ཚོགས་གླིང་མཁན་པོ།），并为其和达摩医师赐物饯行，回赠了托林堪布之弟顿珠佩杰。

五月一日，班禅额尔德尼为拉孜噶丹欧门林喇嘛、赛多坚寺亲教师、岗坚夏孜寺卸任喇嘛师徒、赴拉堆绛昂仁寺辩经者、哈尔东巴噶钦洛桑达结、德格僧人、斋僧茶等多人摩顶。

五日，从经师洛桑索巴闻听《最胜妙吉祥根本智最上秘密一切名义》《现观庄严论》、格敦嘉措著《长寿五仙女供养法》《十二永宁地母供施法》；递交宗喀巴《妙音天女修行法》《妙音天女颂》《白金刚亥母烦》《劝诫亲友书》，《四世班禅罗桑确吉坚赞全集》中的《上师供养仪轨》《依宗喀巴瑜伽上师》《妙音天女颂》《依大威德上师瑜伽》《药师佛修行仪轨》《白文殊修行仪轨善慧施》《文殊修行仪轨宝镜》《金刚手大眷属修行仪轨》《忿怒金刚手修行法》《文殊菩萨颂智慧明示》《白文殊颂慧眼启著》《伽陀母发愿》《妙音天女修行法》《护法供施仪轨总论》等论著，经考试圆满修业。经师闻之大喜，大加赞扬，并献哈达鼓励其多诵经典，有诗赞道：

年少聪慧如意树，
大智香气充满鼻。
绝世宝树智慧主，
运用良法创奇迹。

十三日，班禅额尔德尼为800两银制释迦佛祖像和宝座围幔举行装脏开光仪典，供献供品。

当时，身居温萨寺的兄长洛桑金巴前来献礼及呈交《胜乐根本续》试卷，弟兄俩热情叙旧，畅谈经论。

二十日，班禅额尔德尼为前往北京的噶钦洛桑西尼堪布饯行。

六月十二日，班禅额尔德尼莅临德瓦坚，途中为其准备了饮茶，平坐饮茶两次。

七月十七日，青海额尔德尼侄子贡却嘉主仆抵达扎什伦布寺，迎请班禅额尔德尼到法会献厚礼。之后，班禅为其他客人摩顶，为贡却嘉主仆饯行。

八月六日，班禅额尔德尼为晋谒的喀尔喀约如额尔德尼布希热图札萨克图汗次仁巴达及其家眷上师诺布噶丹巴噶钦洛桑格桑、大喇嘛主仆、将军贝勒使者摩顶赐茶。

次日，喀尔喀代表迎请班禅到僧会献礼，为已故札萨克格勒雅培诵经超度。

八日，班禅额尔德尼会见鄂尔多斯大贝子次旺班觉（ཨོར་དུ་སུ་དྷ་པའི་སེ་ཚེ་དབང་དཔལ་འབྱོར།）代表、贝子上师嘉钦孜巴噶钦洛桑赤列（དཀའ་ཆེན་བློ་བཟང་འཕྲིན་ལས།）主仆等多人，摩顶加持。之后，由贝子代表迎到僧会祝寿。将军贝勒代表辞行。

十四日，札萨克图汗部的上师噶钦洛桑格桑、佐格喇嘛哈尔东巴噶钦洛桑班觉献礼并诵经祈寿。

十七日，鄂尔多斯贝子的喇嘛嘉钦孜巴噶钦洛桑赤列等前来献礼。班禅额尔德尼单独会见了觉摩宗巴阿旺次仁。

二十六日，札萨克图汗的喇嘛和上述代表辞行。

三十日，班禅额尔德尼送别佐格喇嘛后，为札萨克喇嘛丹增曲达的使者，色拉、哲蚌二寺僧人，以及安多僧人摩顶。

九月四日，郭仓、强钦、达结禅院的修行僧前来班禅额尔德尼卧室敬献有缘上师供养仪轨的会供曼札。

班禅额尔德尼为上述僧人和拉那扎（ཉྭ་ལྷ་བྲག་དགོན།）尼姑寺、扎西曲宗（བཀྲ་ཤིས་ཆོས་རྫོང་།）、达普寺（རྟ་ཕུག་དགོན།）、曲隆寺（ཆུ་ལུང་དགོན།）、布苏桑珠曲宗寺（དབུ་ཟུར་བསམ་གྲུབ་ཆོས་རྫོང་།）、噶丹曲林寺、嘉拉桑珠德庆寺（སྐྱུར་བསམ་གྲུབ་བདེ་ཆེན་དགོན།）、布拉扎西曲林寺（བོ་ར་བཀྲ་ཤིས་ཆོས་ལུང་དགོན།）僧尼共 280 余人及斋戒女摩顶施物。

七日，拉孜寺僧人献礼物。札萨克喇嘛丹增曲达和鄂尔多斯代表辞行。临行时，班禅额尔德尼为他们及其他几名僧人摩顶，赏赐礼物。

十四日，噶厦特派管家云丹伦珠送来了乾隆皇帝赐物水晶石、碗和达赖喇嘛书信礼物，以及驻藏大臣的慰问品。管家云丹伦珠自己献上礼物。班禅上书乾隆皇帝谢恩。管家临行时，班禅予以回赠。

十月四日，赴内地去做喇嘛的萨隆巴噶究格敦次仁（ས་ལུང་པ་དཀའ་བཅུ་དགེ་འདུན་ཚེ་རིང།）及其伴友、重孜巴益西多吉及其施主哈尔钦切丘卡札萨等分别献礼告别。

七日，从师闻习《入菩提行论》。

八日，班禅额尔德尼向经师诵《入菩提行论》，经师闻后很高兴地说：“吐字清楚”，并献赠哈达一条。

十五日，开始从经师闻习《克珠桑吉益西全集》。期间，会见了青海贡却王喇嘛主仆和其他来僧，并赐物饯行。

十一月三日，班禅额尔德尼会见托因曲扎主仆。临别时，班禅予以回赠。其后，为科尔沁土谢图王和杜尔伯特饶旦多吉王的代表摩顶。

十二日，杜尔伯特王代表迎请班禅额尔德尼到僧会诵经祈寿，其他几位客人也于此时敬献礼物。

十四日，班禅额尔德尼摩顶赐茶青海科西亲王噶丹居囊（མཚོ་སྔོན་ཁོ་ཤོག་ཆིང་ཝང་དགའ་ལྡན་ཇོ་ནང།）夫人额尔喀夏拉主仆。之后，为上述二位代表饯行，并为安多和纳木措地区来的数名客人摩顶。

十九日，额尔喀夏拉献厚礼祝寿，请求班禅额尔德尼为其子女姊妹 4 人取名。班禅答应了她的请求，为其子赐名噶丹南杰，长女为桑珠卓玛，次女为索朗央金，三女为次仁索朗，并赐物饯行，使她们心满意足而归。

班禅额尔德尼从是年一月二十五日开始至十二月从师闻习了噶当派典籍《祖师问道语录》《弟子问道语录》及《克珠杰著作拾零》《续部总论》《三律仪论》《集密生圆二次第论成就海》，克珠杰《大威德生圆二次第论》上部和洛桑曲迥所著下部，扎巴坚赞《普明大疏》《三事仪轨》《毗奈耶教理广集》《胜乐鲁希巴曼札仪轨游戏海》《洛桑顿珠文集》二函、《六座瑜伽心要》，益西孜摩（ཡེ་ཤེས་རྩེ་མོ།）所著和勒钦贡坚巴（ལས་ཆེན་ཀུན་རྒྱལ་པ།）所著《根敦珠巴传记》二部、《根敦珠巴著作拾零》《别解脱经广释》，法胤南杰扎巴《俱舍论问答录》《中论略释》《入行论广释》《释量论略释》等。

是年，赛多坚巴坚赞、温萨寺喜饶扎西、洛桑云丹、洛桑丹达、益西贡却、洛桑扎西、温寺阿旺丹巴、噶丹饶杰巴洛桑尊追、白图巴洛桑南卡、洛桑诺布、协巴洛桑扎西、古格巴曲赞益西格勒(གུ་གེ་པ་ཆོས་མཛད་ཡེ་ཤེས་དགེ་ལེགས།)、当钦巴洛桑格丹、洛巴夏仲云丹坚赞(ལྷོ་པ་ཞབས་དྲུང་ཡོན་ཏན་རྒྱལ་མཚན།)等分别修完《慈氏五论》《胜乐根本续》《菩提道次第论面授》《释量论》第四章。南考通过，班禅按例为诸师赠送哈达、缎匹、僧衣、茶叶、布匹等。

火兔年(1747 年)一月十四日，班禅额尔德尼对前来献礼并诵经祈寿的那塘寺僧人予以回赠礼品。

二月六日，郡王颇罗鼐病故，报丧者向班禅额尔德尼及超度者送回向礼，赠白银 1000 两等，并向法会施放斋僧茶。赛仁钦孜寺也前来献回向礼。班禅诵经超度亡灵。

拉章向法会施放斋僧茶、粮食，要求诸位僧人为去世的郡王诵经回向。同时，派人向达赖喇嘛报丧，请求他诵经回向，还派人向噶丹康萨(颇罗鼐住所)献善事礼物。

三月六日，任命伦珠孜寺喇嘛萨德钦巴噶钦洛桑群培(ས་བདེ་ཆེན་པ་བློ་བཟང་ཆོས་འཕེལ།)为吉康札仓的堪布，任命岱达结寺喇嘛哈尔东巴噶钦洛桑扎西(ཧར་གདོང་པ་དཀའ་ཆེན་བློ་བཟང་བཀྲ་ཤིས།)为兑桑林札仓的喇嘛。之后，班禅额尔德尼为托因达结的使者、伦珠孜寺新任喇嘛拉卡巴噶钦洛桑班觉、兑桑林札仓卸任喇嘛仲钦达结等人摩顶。

四月三日，班禅额尔德尼为前来敬献《宗喀巴传记八十画像》印本和觉沃洛格夏拉塑像的僧人摩顶。其后，会见了托云格勒、桑洛热绛巴、珠旺活佛、却藏活佛、岱达结林新任喇嘛定结巴噶钦洛桑班觉、拉木护法使者、萨迦达钦仁布切主仆百人，以及其他寺庙管家和协地区僧俗民众，并为他们摩顶。

其他几位上师、管家、求知者晋谒。

二十五日，班禅额尔德尼为阿拉夏托云伦珠达结主仆 30 多人摩顶赐茶。托因主仆献礼并诵经祈寿。

西宁商贾主仆、达颜都拉法王嘉钦孜巴噶钦洛桑次仁、昂仁寺辩经者辞行。

五月三日，班禅额尔德尼为遍聚殿新建佛像、佛塔举行开光仪式，并向佛像、塔供献祭品，广发誓愿。

四日，俄尤扎噶寺（འོད་ཡུག་བྲག་དཀར་ནགས་སྒྲུབ།）僧人敬献礼物，班禅予以回赠。然后，举行宴会为托因达结、孜巴引茶官、佐都巴主仆饯行，为其他僧俗多人摩顶。

六月二日，格贵噶钦益西次旦迎请班禅额尔德尼到僧会诵经祈寿。

三日，班禅额尔德尼赴石板地经院为全体僧人、各位侍从、色拉、哲蚌寺僧人、白居寺僧人、康布达隆喇嘛（ཁམས་བུ་སྟག་ལུང་བླ་མ།）、锡金人、康巴、安多及其他地方信徒摩顶。返寺途中朝拜了雅让巴地区有 8 座佛殿的佛塔，并献供品。

四日，班禅额尔德尼先后朝拜了东西供养殿、大经堂、遍聚殿等 32 所佛殿，以及三所密乘佛殿、寺院聚会殿、护法神殿、大小经堂、内殿佛像、黄卧室，等等，向各佛塔献 11 次五种供；向护法神殿献供品，祝愿当今皇帝安乐长寿，事业宏伟。有诗赞道：

利乐平安之源是佛像，
佛像具有三宝的殊胜。
奉献供养即是积资粮，
供品堆积如山如祥云。

这时，乾隆皇帝降旨，任命达赖岱钦巴图尔为摄政。班禅额尔德尼派人去拉萨向达赖岱钦巴图尔祝贺，赠送了黑狐皮帽、皮袄、金银等。同时，向达赖喇嘛、土谢图公等人献了礼。

七月八日，班禅额尔德尼为来自扎西孜的红帽活佛（ཞྭ་དམར་སྤྲུལ་བའི་སྐུ།）、父亲塘拉、叔父主仆、格贵等人摩顶。

十四日，向红帽活佛赠送贶礼多件，送给父亲衣服等礼物，按地位贵贱为父亲随从分别予以赏赐，并为他们饯行。

十八日，达擦活佛（ཏ་ཚག་སྤྲུལ་པའི་སྐུ།）前来拜见，班禅额尔德尼为其及各地方僧俗多人摩顶，赐茶给达擦活佛。

二十一日，达擦活佛等献礼物。与此同时，司徒活佛（སི་ཏུ་སྤྲུལ་སྐུ།）、巴波活佛前来献礼。班禅赐茶司徒活佛、巴波活佛、黑帽活佛的索本堪布、哉务活佛的代表，摩顶回赠礼物。

从八月二日开始，班禅额尔德尼驾往萨玛德勒园林（ས་དམར་བདེ་ལེགས་དགའ་

ཚལ།)浴身,途中观赏了扎西噶蔡和尼泊尔人表演的舞蹈,会见了许多晋谒者,为四大札仓喇嘛等僧俗多人摩顶。日喀则舞蹈队表演了精彩节目,班禅额尔德尼予以奖赏。

此前,这里天气干旱,雨水稀少,自从班禅额尔德尼驾临后大雨连绵,众人沉浸于欢乐之中。

十三日,按例举行盛会为乾隆皇帝生日①祝寿。

从十六日开始,班禅额尔德尼先后为若尔盖人、安多等信徒、康布寺修行者摩顶,为达曲班觉活佛之再世化身剃度受戒。尔后,会见了前来奉献《佛陀本生如意宝树》和《宗喀巴传记八十画像》、十六尊者画卷印版的达赖巴图尔王的使者,回赠礼物书信,表示感谢。

十九日,班禅额尔德尼会见前往阿里的土谢图公益西次旦;为仲日吾当建寺僧人、哉务活佛、平措宗本、安多僧人摩顶。

九月一日,班禅额尔德尼由土谢图公迎到僧会献礼并诵经祈寿。

二日,班禅额尔德尼观赏土谢图公举行的赛马、射箭比赛。为土谢图公传授《菩提道炬论》,这是班禅首次讲经。

五日,赐给土谢图公厚礼。

十一日,班禅额尔德尼应强佐请求,讲授《往生极乐世界方便发愿》和《长寿修行》等教诫。

十三日,班禅额尔德尼为若尔盖喇嘛(མཛོད་དགེ་བླ་མ།)和赴任康区的数名俄尔喇嘛、收金者、寺院管家之友、数名僧茶摩顶。

十五日,由若尔盖喇嘛顿珠嘉措请至僧会敬献礼物,施放斋僧茶。

其后,班禅额尔德尼为顿珠嘉措主仆、数名康巴人摩顶。

二十一日,班禅额尔德尼高兴地接受北京使者噶究益西西尼所呈金书和靠背褥垫、坐垫、玻璃碗具等多件礼物,为噶究主仆和若尔盖官员摩顶。后来,会见了昌都帕巴拉叔父贡却多吉,接受贡觉多吉所献喇嘛强巴仁布切的礼物;为却藏活佛、木茹寺堪布的代表、邬建宗的喇嘛、安多游僧者摩顶。

十月三日,班禅额尔德尼为从扎西孜而来的母亲及其随从等人摩顶赐茶,进行了详细的交谈。

---

① 乾隆皇帝生于康熙五十年农历八月十三日。

六日，北京来的使者向班禅额尔德尼献礼物。

九日，昌都贡觉多吉（又名洛桑旺秀）、却藏活佛、木茹寺堪布的代表辞行，班禅额尔德尼为他们授教赠物，还会见哉务沙弥尼主仆。

二十一日，哉务玛素（ཌེ་བོ་མ་ཛུར།）沙弥尼辞行。

这一年是拉木护法神师额尔德尼达尔罕法王创建静猛吉祥梵天定期供养法会的第一年，班禅额尔德尼向拉木护法赠送五色上等敬神哈达、服饰一套、黄金5两、上等茶叶，宴席代金白银50两等，以及多件祝贺礼物，为法会施放斋僧茶。从此年开始，定时祈禀拉木护法一事从未中断。

十一月五日，班禅额尔德尼为前来晋谒的俄尔堪布、阿里公僧茶官、新任密乘师、巴图尔昂巴、安多人、南木措人等各地方信徒摩顶；为仲则修法女剃度授戒，赐名益西曲珍。

十四日，班禅额尔德尼由诸喇嘛迎请到兑桑林札仓，设素食宴招待，密宗札仓僧人作长寿仪轨，兑桑林札仓喇嘛敬献礼物。班禅予以回赐。

十七日，为日喀则新任宗本香敏吉巴、那日首领、地方政府僧茶官主仆、鲁当工匠（ཀླུ་སྡིངས་བཟོ་རིགས་པ།）尼泊尔人摩顶。

二十八日，班禅额尔德尼摩顶赐茶父亲及其随员，与父亲进行了热情的交谈。

十二月二十二日，班禅额尔德尼筹资修缮密乘札仓大经堂殿檐图案，布施每名僧人吉祥哈达一条。

此年一月至十二月，班禅额尔德尼从师学习了《毗奈耶经广因缘集》《毗奈耶大疏宝鬘》《量论正理饰》《入中论》《律经根本论》《俱舍论》《释量论》《集密根本后续》《胜乐根本续》《时轮摄略经第一章》《大威德金刚续》第三章和第七章、《格敦嘉措全集》4函、《洛扎南卡坚赞全集》2函，克珠杰所传《上师瑜伽论》《胜乐师承启白》《胜乐鲁吾巴修证》《胜乐外供法》，杰雪夏仲著《那塘百种随许法》《大威德金刚随许法》《药师善逝随许法》《修心法》《修心孔雀解毒法》，霍尔东纳卡巴著《修心日光》《法句经》《蓝色手册释》，贡却坚赞全集中的《大手印法四加行指导录》《静猛不共修法》《药师佛经仪轨如意宝》《菩提道指导文殊口授》《菩提道指导金晶》《释量论疏解脱道明示》，布顿著《毗奈耶羯摩仪轨》《神通论明解胜三界》《神通论亲训释与再释》《鄂传瑜伽》《贡洛传记》等。

是年，赛多建巴洛桑嘉措、群科伦波巴巴桑扎西、索朗坚赞、勒贤嘉措完成《慈氏五论》修业献考。乃宁赛拉巴益西饶旦、达摩洛桑阿旺、乃巴楚臣嘉措、德觉巴楚臣嘉措、章摩且巴洛桑三木旦、重孜巴益西索巴、白图巴洛桑三木旦、哲蚌巴洛桑尊追等完成《释量论》第四章修业献考。参卓洛桑旺波修完献考《菩提道指导乐道论》、洛桑赤列完成献考《菩提道指导文殊口授》修业。平措扎西修完献考《集密胜乐大威德三金刚生起次第》。噶丹饶杰巴洛桑顿珠修完献考《胜道兰要明解》。勒贤林巴益西赤列、冲卡布巴克却丹增修完献考《般若经第八品》。班禅额尔德尼按其经函大小分别予以赏赐。

土龙年(1748 年)一月七日，班禅额尔德尼为厄鲁特准噶尔代表及护送他们的钦差宇阿萨肯(གོང་ནས་བཀས་མངགས་པའི་ཡུ་ཨ་ས་གན་ཨམ་བན།)大臣等一行的先遣人员巴忠、吉桑主仆摩顶赐茶，不久巴忠等人返回。

十二日，东噶尔管家洛桑默兰前来为班禅额尔德尼诵经祈寿，为 400 余名僧俗摩顶加持。

十四日上午，为噶玛司徒活佛主仆摩顶，并赐茶。下午，应请会见所有转玛呢轮的僧俗民众。

十六日，塔尔巴寺管家噶钦洛桑雅培前来敬献礼物。

班禅额尔德尼母亲尼达旺姆于上年(1747 年)年底染病于身，由拉章供养佛事，病渐痊愈。现在准备返回扎西孜，班禅设宴赠送厚礼为父母及随从饯行。

二月四日，竹仓夏仲次仁班觉晋谒。

次日，次仁班觉献礼物辞行。

其后，班禅额尔德尼派噶钦益西前去雅卓慰问朝廷的使者与准噶尔代表。

十一日，朝廷的使者抵达扎什伦布寺。此时，据说扎什伦布寺附近有痘瘟流行，他们禀问班禅额尔德尼能否接见全体人员，班禅说可以。

十三日，班禅额尔德尼在日光寝宫会见钦差宇阿萨肯、总兵①、克雅、加

① 乾隆七年(1742 年)十一月二十四日，命将军乌赫图、侍郎玉保护送准噶尔人入藏熬茶。十二月三日，敕谕准噶尔噶尔丹策零派 300 人入藏熬茶并路由噶斯口。则此处的钦差宇阿萨肯大臣即侍郎玉保。总兵即乌赫图。

尔果琪、笔帖式等人。班禅额尔德尼向乾隆皇帝问安，恭受乾隆皇帝金书与赐物。

其后，班禅额尔德尼为厄鲁特准噶尔官员次旺多吉南嘉的代表索本堪布、翁则、各位随员、副索本堪布、宰桑部门、巴耶萨格朗、迈格其、玛摩（士兵）、克雅饶杰、普布、布仁、克雅其，以及密宗札仓僧人、菩提道札仓僧人、堪布格敦扎巴、达瓦齐、萨布勒、雅玛科、扎西达瓦、乃迈克杰噶等人摩顶。准噶尔官员敬献了慰问信、曼札、佛像、佛经、佛塔、黄金185两、白银500两、汉绸188匹、蒙古绸120匹、水獭皮、白布、猞猁皮、茶叶、氆氇等；为准噶尔王父母祈愿回向献黄金10两、白银100两和氆氇；向法会施放斋僧茶，赠送每名僧人汉银5两，以及堪布格敦扎巴的慰问品寿礼。另外献上各位喇嘛、官吏的礼物，祈求保佑，慰问礼有金银、宝器、绸缎、皮张多件。

班禅额尔德尼设宴为准噶尔代表饯行，赐护身结、佛像、衣服、氆氇等，对其他献礼者也予以回赠。为乾隆皇帝使者赠送贶礼多件。

如是，虽然每日晋谒者络绎不绝，班禅额尔德尼仍未中断学业；先后从师闻习了《十三尊大威德灌顶法》《六臂护法》《白护法》《内外密三阎罗王》《吉祥佛母》《贝孜兄妹》等随许法。

五月一日，达赖巴图尔王派拉木降神师前来扎什伦布寺，向班禅献上白海螺等礼物。拉木护法自己献上绸缎胜幢一面后说："此为竖立佛法胜幢之缘起，须于三日内竖立于宝座右侧"等。众侍从依护法授记而行。有诗赞道：

守护回向之海螺，
迷于人腹之歌舞。
善献长寿缎胜幢，
成就四业之事业。
群星密布的僧众，
高擎您事业胜幢，
犹如太阳中乘车，
殊胜美名遍四方。

达赖巴图尔嗣位后，欲来拜会班禅额尔德尼，但因忙于准噶尔人会面事而未能如愿。为准噶尔使者饯行后前往江孜。班禅派管家洛桑雅培去江孜向他献能所依塔及供品。

十五日,按照先例,由一名管家、8名仲科、各札仓喇嘛、总管家、各米村、各大活佛迎请班禅额尔德尼到善乐园休息。在卧室,班禅会见巴图尔父子。阿里公之子、公班智达之妻子德丹卓玛、巴图尔王的3位夫人、3名噶伦、卫藏代本、拉木护法神师索朗旺堆、热振寺堪布达尔罕医师、索森、卓仲、蒙古族台吉、宰桑共100余人,并给他们摩顶向各位主人问安。

二十七日,达赖巴图尔用乾隆皇帝赏赐给自己的万两银制宝鬘一尊,摄政以来的第一次礼物白银7朵彩、哈达等呈献班禅额尔德尼,班禅设宴招待了达赖巴图尔父子。

三十日,诸官员代表前来拜会班禅额尔德尼。达赖巴图尔王献玉石茶碗,德丹卓玛献于鼓,诸位夫人献上水晶石碟子共7盘。噶伦多喀巴、噶伦重孜巴、后藏代本两名、前藏代本、热振寺堪布达曲医师、贡布欧绒、萨噶首领、结布巴、管家3名、森本次旺、文书两名按照各自财力献礼物。

六月二日,达赖巴图尔迎请班禅额尔德尼到法会敬献曼札、佛像、佛经、佛塔、僧衣、日常用品、马蹄银101锭、缎子120匹、长条茶69包(每包6条)、绫缎、绫绸、水獭皮衣、尖顶僧帽等,诵祝寿词。

约于此前,班禅额尔德尼在3天内分别布施每名僧人白银1钱5分、1钱、5分。五月三十日,又布施每名僧人茶一条、尖顶僧帽一顶、白银一两。

摄政诵祝寿词后,噶伦噶细公、妻德丹卓玛一起献了曼札、佛像、佛塔、佛经、白银550两、大缎、氆氇等礼物,此时,摄政代献了达赖喇嘛书信及慰问品。班禅额尔德尼高兴地接受,并为摄政及诸随员设宴款待。

六月三日,班禅与摄政观赏140匹良马赛跑,奖赏获胜者。在卧室里,摄政父子在班禅额尔德尼身前献"会供曼札",祈请拉木大护法显灵附身,拉木护法降神献哈达、金制金刚、银制曼札,祈求班禅额尔德尼长寿。班禅向拉木护法供献了丰厚供物。然后,由大强佐禀请拉木护法解释水狗年出现的奇迹时说:"水狗年大救主与无色天①相遇,从东面天际出现一位身着虎皮

① 无色天又名无色界,三界之一,是佛教对世俗世界的划分,认为是有情众生存在的三种境界。无色天共分四处:空无边处、识无边处、无所有处、非想非非想处。此天无任何物质性东西;居于此者没有形体,唯以命根、众同分赖以存在。

裙、手持铃鼓的大成就者说，‘东升之月，是幻化之形，一切有情围此而转’。当时，此方天空有无数天子、天女，手捧甘露宝瓶，飘浮于白云之中，替大救主洗浴，花雨绵绵。目前东升之日，彩云环绕。南面天际，黑云笼罩。西面沃土，耕者勤耘。清洁玻璃，覆盖灰尘。尤其，昨日大救主亲睹无量光佛足登宝座，手持甘露钵，琼浆荡漾，并不溢出。另有根本传承上师、静猛本尊、佛陀菩萨、空行护法等各起法舞、神舞、龙舞等8种舞。其上看见每日享受法及世间之舞。吉祥天女、依怙姊妹等向救主恭手礼拜，为救度罪恶者而威武精进。如此简述，详尽者不可思议”，等等。说完拉木护法向班禅献礼。

次日，班禅额尔德尼设宴为摄政主仆饯行，按照地位高低给予摄政、噶伦、代本、降神师、随从、驮夫等适当赏赐。同时，封拉木降神师索朗旺堆（ལ་མོ་སྐུ་རྟེན་པ་བསོད་ནམས་དབང་འདུས།）为“达尔罕额尔德尼法王”（དར་ཧན་ཨེར་ཏེ་ནི་ཆོས་རྗེ།），并赐厚礼。四大札仓、各个米村都献礼祝贺，按照先例护送。

六月二十九日，班禅额尔德尼为札雅强佐和管家摩顶，还会见了其他客人。

七月八日，班禅额尔德尼为法会格贵摩顶。

二十五日，班禅额尔德尼为前来献礼的大经堂新旧两任教规师和密宗札仓新旧两任教规师摩顶。

八月十二日，班禅额尔德尼会见青海察甘诺门罕的代表。

十三日，班禅额尔德尼与僧众设宴庆祝乾隆皇帝寿辰。然后，在日光寝室调养3日。

八月底，为新制21尊度母像洗礼，举行先引开光典礼。

当时，乾隆皇帝敕封班禅额尔德尼的强佐为“达尔罕”。

其间，班禅额尔德尼给那些为已故的次仁饶丹王和丹增公祈请超度的人员摩顶赐茶，为前来敕封强佐的朝廷使者赠送了礼物，上书谢乾隆皇帝赐封之恩。

二十四日，哈尔东米村向班禅献礼。

从九月四日开始，班禅额尔德尼先后为前来献礼的彭措林寺堪布、彭措林寺、香钦寺乃喇嘛、竹仓夏仲、郭仓修行（རྒོད་ཚང་སྒྲུབ་སྡེའི་གནས།）僧、达尔杰寺僧人、当钦喇嘛、谢扎西格培寺喇嘛、夏鲁寺堪布、赛诺布群科寺僧人、达纳伦珠寺僧人、萨克巴、拉孜噶丹欧门寺（ལྷ་རྩེ་དགའ་ལྡན་འོག་མིན་གླིང་།）喇嘛、甘巴伦珠达孜地区和托嘉地区贵族、赛多建寺师徒、堪布、达尔桑珠寺僧人摩顶，回赐礼物。

十六日，班禅的父亲塘拉受乾隆皇帝嘉奖，赐名“殊胜事业者”。

十月一日，班禅额尔德尼开始为窘仁布切寺的僧人、娘·群科寺的僧人、日东活佛、拉日岗巴、图丹央金寺的堪布等献礼者摩顶，赏赐礼品。

当时，一位皇妃[1]病逝，乾隆皇帝特派噶究益西赤列、二级大喇嘛一名、一品卡一名、二品卡一名、嘉尔布 4 名、常驻拉萨大臣等赍敕书和颁赐给班禅额尔德尼的银瓶、银灯、缎子 12 匹、大小哈达 20 条、坐垫、玻璃器具、绸子 9 匹抵达扎什伦布寺，请求班禅额尔德尼为皇妃诵经回向。班禅额尔德尼接旨，祝乾隆皇帝安康，并赐茶款待使者。

另外，乾隆皇帝所赐诵经费有黄金 29 两 2 钱，白银 1000 两、大小哈达 200 条、茶叶 100 包。

十日，班禅额尔德尼设宴为使者饯行，并赠送厚礼。

次日，札萨克喇嘛益西赤列敬献礼物。班禅额尔德尼为乾隆皇帝的使者、噶伦吞巴等人饯行，并上书献礼感谢乾隆皇帝恩赐。

十九日，吉康札仓宴请班禅额尔德尼，会上班禅与札仓喇嘛进行了单独交谈。而后向贝孜护法神敬献哈达及供品火枪、剑筒一副，托付事业。在接受诸喇嘛献礼后，分别予以回赠。

从二十一日开始，嘉措德庆修行者和贝宇巴先后来献礼物。

其后，班禅为安多客人摩顶。

二十八日，绒·噶丹强巴寺僧人、玛尼岗巴、红帽活佛、司徒活佛、萨德庆喇嘛等僧俗多人前来献礼。受礼后，班禅会见了纳木措地区的人、僧茶、安多僧人。

十一月一日，班禅额尔德尼为红帽活佛的代表饯行。

四日，噶丹饶杰寺及其属寺献礼并诵经祈寿。

之后，班禅额尔德尼单独会见仲然巴洛桑秀朗（དྲུང་རམ་པ་བློ་བཟང་ཕྱོགས་གླང།）等人，并予以回赠。同时，赏赐了代本姜洛建巴、雄·饶杰朗巴、昂仁地区的僧俗。

十二月五日，香·噶丹群科寺喇嘛、协地区牧民、丹·扎西格茹巴、协·

[1] 此皇妃当是乾隆皇帝的慧贤皇贵妃高氏（？ –1745 年），大学士高斌之女，原为包衣，后入满洲镶黄旗。初为乾隆藩邸侧福晋，乾隆二年册为贵妃，十年正月二十六日薨，年龄在 35 岁以下。

格巴等敬献礼物，班禅额尔德尼为他们摩顶并回赠礼物。同时，为摄政僧茶官主仆、康区僧人50名、僧茶等摩顶加持。

八日，班禅额尔德尼为僧会格贵摩顶。

当天晚上，班禅额尔德尼礼佛拜塔，诵经祈福。当时尼泊尔俺部与廓尔喀间发生战乱，为了调和纠纷，安乐众生，班禅遣译师噶钦益西群培前往调解。

是年，班禅额尔德尼从经师闻习了《喻法聚宝论》《无著①菩萨教诫》《三十四本生论》《米拉日巴②传及其道歌》《阿底峡③百法》《嘛呢教诫集》（上、下集）、贡却伦珠《瓦日百种随许法》、四世班禅的亲弟子格勒嘉措著《大手印瑜伽疏》、印度高僧著《修行仪轨海论》、第穆阿旺格勒坚赞著《神通论念诵仪轨》《神通论亲传文及再文》、京俄洛哲坚赞的《初次修行论》和《事他利疏》《道授利他心要》、宣努嘉却巴之《善说修心集》、热振释迦索朗之《修心耳传广论》《中部法事中释》、拉尊洛桑多吉之《修行七事授文》、曲杰扎巴的《禁食斋上师传承论》、班丹益西《修心耳传释》《大慈悲经广释》《萨擦④印塑仪轨》、多麦巴三木旦嘉措的《上师供养义释明灯》《布顿佛教史》、郭密德纳卡坚赞的《大威德祈愿释轮修火祭仪轨》《戒律花鬘续》、塔则巴纳卡巴桑的《修行海随许法》、钦·纳卡扎的《那塘百法本论》《知识总汇》《菩萨地》《中观六论》⑤、《慈氏五论》的后四论、《集量论》《量论七部》⑥、《四部医典》《救主护

---

① 无著为古印度大乘佛教瑜伽行派创始人之一。约生活于四五世纪的北印度富娄沙富罗国。早年出家于小乘佛教说一切有部，但因“思惟空义，不能得入”而改学大乘空观。其著作有：《摄大乘论》《顺中论》《六门教授习定论》《金刚般若经论》《显扬圣教》《大乘阿毗达摩集论》。

② 米拉日巴是藏传佛教噶举派大师，善诗歌。1040年生于后藏贡塘琼波家族。小时候因生活所迫，曾习恶咒，毙怨仇人。后自忏悔罪孽，改宗佛教。1078年投师玛尔巴，于此勤服劳役6年，终得玛尔巴传密道修法。45岁重返家乡，隐居修行达9年之久。1123年逝世。著有《道情集》。弟子有热琼巴与塔波拉杰等。

③ 阿底峡（982－1054年），古印度中观学派大师。生于萨护罗（今孟加拉国达卡地区）。他对五明学有较深造诣，曾任那烂陀寺与超岩寺主持。1038年因受西藏阿里古格王绛曲微之请进藏传法，在古格传法几年后又因仲敦巴等人的迎请到前藏。曾到过西藏桑耶、拉萨叶尔巴、盆域、聂塘等地。著有《菩提道炬论》等51种论著。弟子有噶当派创始人仲敦巴、俄·雷必喜饶等著名学者。

④ 萨擦是指用模型印造的小泥塔或小泥佛像，通常称为擦擦。

⑤ 中观六论是古印度中观派创始人龙树大师所著的6部中观论著：《中观论》《七十空性论》《回诤论》《六十颂正理论》《宝鬘论》《细磨研论》。

⑥ 量论七部是指印度因明学论师法称为解释陈那《集量论》而作的7部释著：《释量论》《定量论》《理滴论》《因滴论》《关系论》《悟他论》《诤理论》。前3部释因明之本体，后4部释因明之组成部分。

法小册》《六臂护法念修法》第三部、《达浦巴丹曲坚赞传》《祈祷词》《菩提道前行论》等。班禅献30两银制曼札一具、马蹄银2锭、缎子数匹,感谢经师教授之恩。

此年,达摩巴洛桑图多、洛桑格勒、白图巴洛桑顿珠、香巴帮宇瓦格登却丹、勒贤林巴益西次旦、德觉巴益西嘉央、班觉雅培、嘉钦孜巴贡却曲扎、协巴洛桑喜饶等修完《释量论》献考;帕索杰仲、洛桑扎西完成《中论释思路明论》修业献考;温寺巴尊追坚赞、洛桑扎西、益西贡却、洛桑格勒等修完《胜乐根本续》献考;喜饶群培修完《菩提道中论》献考;益西喜饶完成《菩提道次第广论》修业献考;协噶曲德巴巴丹嘉措修完《俱舍论广释日轮》《中论释》献考;协巴洛桑丹增完成《释量论疏解脱道明示》修业献考。班禅额尔德尼按其经函大小赏赐衣服、绸缎等。

土蛇年(1749年)一月七日,噶细公班智达母亲索朗拉珍将班禅额尔德尼迎请到僧会献礼并诵经祈寿。索本益西格敦、雪索本洛桑扎西、缮写员达结坚赞、译师噶钦益西群培等各献礼物。

十四日,索朗拉珍向班禅告辞。

二月五日,医师班觉雅培迎请班禅额尔德尼到僧会献礼物,聆听班禅传授《智慧六臂护法》《阎摩罗内外密三法》《白护法如意宝论》《吉祥天母颂》《四臂护法》《青衣金刚手》《天王毗沙天》《姊妹护法》等诸护法随许法,再次献曼札和白银50两以谢授教之恩。

九日,班禅额尔德尼为日喀则宗本恰鲁瓦、夏鲁寺堪布、白居寺巡回辩经者、阿里公的施茶官及安多、康区僧人摩顶加持。

密乘师洛桑班觉、翁曲、格贵、供祭师、强佐于此前再三请求会见,这次献银制曼札、法轮、海螺,以及5首《祈求大师长寿》诗和一首《祷告师徒传承》,并请求班禅著诗,班禅应请新作《如意智慧母》和《宗喀巴大师教理》,词藻华丽,语句流畅,扣人心弦。有诗赞道:

幼小的花瓣还未长成,
智慧的白莲芬芳吐艳,
诗篇的芳香四处弥漫,

贤者群蜂围绕于身旁。

之后，班禅额尔德尼应诸僧请求，于十二日莅临密院拉章如意金色卧室与密乘经师、执事畅谈佛教教理，经师设素宴招待，尔后，莅临密宗札仓僧会立长寿祈祷会诵，诸位喇嘛献厚礼，诵经祈寿。经师献礼，传授《菩提道炬论》《金刚菩萨修行咒》。

晚饭时，班禅额尔德尼莅临法会传授新作及《菩提道略论》《菩提道三士要道》，新作《长寿祈祷》，使法会僧人读诵。密宗札仓各位喇嘛向僧会施放斋僧茶，广作供养。

十三日，协管家仲然巴杰仲洛桑达结兄弟于上午的僧会上向班禅额尔德尼敬献礼物，班禅予以回赐摩顶。

晚宴上，3 所显宗学院僧人进献礼物，各位职员、各米村僧人各献礼一次。班禅额尔德尼传授《佛莲母颂》《阿罗汉供养仪轨》等。

十五日，班禅额尔德尼由诸随从、各位拉基、各位俗客迎请到僧会献厚礼祝寿，管家洛桑雅培献上等礼物。班禅为僧众传授《吉祥三界佛母颂》《三世仪轨》；为前来献礼的巴纳章摩且巴等 700 名僧俗传授《如意智慧母颂》，并为密宗札仓施放斋僧茶，予以赏赐。

二十五日至三月一日之间，班禅额尔德尼从经师洛桑索巴学习《六十二种胜乐灌顶仪轨》《五种铃胜乐》《三十二种集密不动佛灌顶》《佛陀三愿》等灌顶法。

二日至四日，闻听珠嘉传规《无量寿灌顶法》《马头金刚随许法》《忿怒金刚手》《大黑鹏法》《白文殊菩萨》《妙音天女随许法》《财续佛母》、阿底峡传承《二十一度母随许法》《竭地洛迦林母随许法》《白度母如意轮》等修念随许法。

以前，摄政达赖巴图尔曾邀请班禅额尔德尼去拉萨，班禅也想去拜会七世达赖喇嘛，为了极早实现这一愿望，要求摄政早定时间。摄政致书班禅额尔德尼说："若于三月底来拉萨甚善"。为此，班禅额尔德尼派使者前往拉萨向达赖喇嘛呈书献礼，述说自己的心愿。他说："我盼望会晤之心，犹如干渴之时思水解除痛苦。为了此处众生享受如意福劫，极早启程为善，会为佛教众生积大恩。为了消除路途障碍希望宝童与大护法思虑授记"。按拉木大护法的授记，决定于二十九日从扎什伦布寺启程。当时，班禅额尔德尼为四大札仓喇嘛、大格贵、各职员，以及其他各大寺院喇嘛、贵族、晋谒者摩顶。

二十七日，班禅额尔德尼为前来迎接的噶厦特使管家云丹勒智、前藏代本艾智南杰、拉木护法神师额尔德尼达尔罕法王、哲蚌寺嘉巴喇嘛、色拉寺协喇嘛、日吾格丹寺香孜喇嘛等人摩顶问安。禀请拉木护法时，护法预言："在赴拉萨途中绝无不妥之处"。

二十九日，班禅额尔德尼及其随员从扎什伦布寺启程前往拉萨，岗建群培寺、夏鲁寺、俄尔寺、密乘林僧人手捧供物组成仪仗队和班禅父亲塘拉主仆、日喀则宗本、司料员、措本、盖尔当人、茶商、地方仪仗队等护送者和歌舞队先导，送到桥东。班禅赏赐仪仗队，布施贫困者。

行至温寺时，由温寺僧人、赛多建寺喇嘛、执事、管家，以及央寺（གཡང་ཆོས་སྡེ།）、洛顿寺、仲堆寺僧人迎请到扎西雄设宴款待，央寺、洛顿寺管家献礼。于此，班禅额尔德尼会见赛多建寺仪仗队，布施了赛多建寺和香·多日吾格培寺僧人。同时，赏赐了板地歌舞者。

行至嘉扎尔，温寺设宴迎接，欢迎宴会上班禅为仲钦主仆摩顶。之后，由温寺、群科卫当寺、宇孜寺僧人仪仗队迎到温萨寺佛殿夜宿。于此，班禅额尔德尼向拉章孜雪佛殿和大经堂献五种百供6次；向三世班禅罗桑顿珠像敬献班智达帽、法衣、银曼札、敬神哈达；向桑杰益西像、释迦仲齐玛像、铜殿献供哈达、曼札，礼拜释迦佛像、文殊菩萨像、殊胜度母像及大经堂净室中的主要佛塔、佛像。供祭护法殿，向五部吉祥怙主、三时度母像献敬神哈达及供品。礼拜佛塔，广发增盛佛法众生利乐如夏季大海般誓愿，祈求护法保佑。在温寺设宴款待会上，班禅额尔德尼为温寺、群科卫当寺、宇孜寺施放斋僧茶，发放布施，向群科卫当寺护法殿献哈达及供品。

四月一日，从温萨寺启程，途中有日吾切寺和扎拉寺仪仗队，以及嘉玛卡巴的歌舞队迎接，班禅予以赏赐。从此至拉萨途中受到各大寺院仪仗、各地区群众、歌舞队的不断迎接和盛情招待。班禅额尔德尼分别赏赐仪仗队、歌舞者、迎驾群众、谒拜者、献礼者。

行至阿吾拉进午膳，噶丹饶杰寺设宴招待。扎西宗卡管家、察尔、托嘉庄园管家等献礼并诵经祈寿，班禅额尔德尼予以摩顶赏赐。

行至止雄时，兰庄园伦珠饶旦等候迎接，班禅额尔德尼为其及噶丹饶杰寺僧人、上下竹仓夏仲主仆、兰寺管家摩顶。而后，由噶丹饶杰寺和扎欧禅院僧人仪仗队前导，迎到伦饶庄园休息两日，兰管家设宴招待。竹仓日顿寺夏仲、兰寺管家、噶丹饶杰寺管家、僧众、曼日喇嘛等献礼并诵经祈寿。

三日，祈祷拉木大护法，达竹卡庄园设宴招待。仁布宗本主仆、格尔当等前来送行，班禅摩顶赐福。行至克隆南宇进午膳。之后，由奴曲伦巴、曲绕林巴、噶波觉巴、贡拉艾桑多吉林巴、木夏巴瓦、强钦巴、哲宇苑林等寺僧人迎请至仁布鲁当宗夜宿并设宴招待。班禅为仪仗队摩顶。

四日，迎接到强钦寺，百供弥勒佛像，奉供曼札、敬神哈达。后由俄默巴和觉波寺僧队迎接，莅临俄默进午膳，为迎送者摩顶。是夜由雅德索贡寺仪仗队迎驾，夜宿曲孜卡（温泉），达赖巴图尔所派迎接者抵达此地，达本然巴瓦请求摩顶。

五日，在孜森用午膳，为仁布宗迎送者摩顶。而后，由浪卡子宗本、驿使、桑顶巴僧队迎到羊色夜宿。

六日，由卡热庄园管家、驿使等迎驾。在吉热用午膳，夜宿冈巴露天，祈祷拉木护法。

七日，贡嘎宗本（གོང་དཀར་རྫོང་དཔོན།）、嘉萨寺、贡嘎金刚座寺（གོང་དཀར་རྡོ་རྗེ་གདན།）、协珠林僧队迎驾，于曲沃日用午膳，贡嘎宗本宴请。是日平安渡过雅鲁藏布江，赏赐了船夫。之后，由群科央孜寺（ཆོས་འཁོར་ཡང་རྩེ་དགོན།）和曲水塔巴寺（ཆུ་ཤུལ་ཐར་པ་དགོན།）僧人手捧各种供物迎到嘉拉萨夜宿。曲水宗本（ཆུ་ཤུལ་རྫོང་དཔོན།）设宴款待，并献礼、诵经祈寿。

八日，由绛曲林、格热密宗寺、萨协林僧队迎驾，行到扎西孜用午膳。而后由附近僧人迎到那木达下帐。此时，摄政达赖巴图尔遣派100名骑队前来迎接，班禅额尔德尼摩顶，赐茶寒暄。当时，室外狂风大作，灰沙弥漫，众人担心大帐被风吹起，忙禀班禅抉择。班禅回答“无碍”。

九日，由聂塘德瓦坚寺、曲宗、莫觉、扎西德庆、帕德、扎西岗、热堆等寺僧队迎到聂塘寺用膳，班禅额尔德尼为诸僧摩顶。然后，由觉摩隆（སྐྱོར་མོ་ལུང།）和噶巴东二寺僧人迎到堆龙岗夜宿。管家格桑顿珠比丘、常驻西藏地方大臣、嘉尔布等汉族官员及拉萨三大寺高僧、各大活佛、总管家、执事、觉摩隆寺堪布、热堆寺全体喇嘛、僧人、噶东护法神师等奉达赖喇嘛之命先后抵达此地迎驾，班禅分别摩顶，派人呈书达赖喇嘛。热堆寺敬礼祝寿。摄政闻知天箭①出现，即派人送来豹皮帐篷（གཟིག་ལྤགས་ཀྱི་བཞུགས་གུར།），班禅予以回赠。

十日，摄政与哲蚌寺僧人于辛东噶尔（ཤུན་གདོང་དགར།）迎驾，乃琼护法降神向班禅额尔德尼进献清净哈达，传言赞扬班禅为弘法宣教，普渡众生，不弃疲劳，长途跋涉，会安然无恙，班禅回赠哈达。在欢迎会上，扎西郭莽、洛色林、德央、密乘札仓等献礼，班禅为诸位喇嘛、执事等摩顶。

在噶厦所设午宴上，班禅额尔德尼为迎驾者诸噶伦、布达拉宫管家4名、仲科、朗杰札仓执事、雪仲②等130人，以及克什米尔、尼泊尔骑士200名、印度瑜伽师50名、拉萨四茹骑士150名及其他地方骑士百余名摩顶赐茶。

班禅额尔德尼拜谒者如若大地尘埃之数难以计量，人人合掌恭礼，口中祷告，正如《佛赞一百五十颂》所说："您的圣洁贵体，百看不厌；所观之众生，喜乐无穷"。

班禅额尔德尼驾临拉萨时，木茹寺的僧人仪仗及各种歌舞者载歌载舞迎接。各佛殿之上经幡飘扬，旗幡招展，唢呐吹奏。当班禅莅临宫殿大门时，索森、却本、显宗侍从、赤钦诺门罕（ཁྲི་ཆེན་ནོ་མོན་ཧན།）阿旺却丹等人献见面哈达。之后，莅临布达拉宫极乐卧室，以素食接风。班禅额尔德尼与七世达赖喇嘛会晤于大经堂，班禅额尔德尼向七世达赖喇嘛献见面礼哈达、马蹄银10锭、各种绸缎，大强佐献礼物。两位教主同登宝座，赠摄政马蹄银7锭。同时，赏赐摄政之子。大强佐亦向摄政献见面礼。

是日，盛布筵宴，招待各位。会毕之际七世达赖喇嘛谕班禅额尔德尼："今抵此地，万幸，应多住几日。吾将从高僧大德及圣者经师所获一切教理奉献于汝，吾深知教诲，如此圣胜灵童，远胜教诲千万一般人众，实乃吾之福德。请多住几日"。大强佐禀告："如此旨意，恩泽深重，但拉木大护法预言：'尔今年少，只可受少许灌顶、随许及诵传经论，不可久留，须返本寺。日后年发稍大，将所有灌顶、随许及诵传授之为善'"，等等。

十三日，拉章于旧大经堂布施设宴，招待七世达赖喇嘛、班禅额尔德尼及摄政主仆等人。

---

① 天箭指天中出现的一种奇异声响，民间习俗认为是一种不吉利的征兆。

② 雪仲为原噶厦时期的摄政、司伦、噶伦的随从俗官。

在布达拉宫，班禅额尔德尼向七世达赖喇嘛祝寿，奉献69两银制曼札一具、五色上等哈达、佛像、佛经、佛塔、僧衣、用具、岁制器皿、黄金10两、马蹄银35锭、各种绸缎等；回赠摄政及其福晋、儿子，礼供五世达赖喇嘛灵塔与15所佛殿佛塔。之后，将洛格夏拉尊者像迎请到卧室以银曼札、五色上等哈达进行供祭，坚定弘法宣教，饶益众生之信念。

其后，班禅额尔德尼于七世达赖喇嘛膝前闻听《文殊阿热巴杂随许法》《菩提道次第略论》《兜率上师瑜伽论》等诵传，献礼谢恩。达赖喇嘛再授《白度母如意法轮随许法》，预祝班禅健康长寿，事业昌盛。

是日，班禅额尔德尼赏赐七世达赖喇嘛的经师及侍从等。当时，噶丹康萨的守卫前来邀请，七世达赖喇嘛对守卫官说："班禅仁布切驻在布达拉宫甚善，于噶丹康萨住数日后，速来布达拉宫，否则不好。"摄政热情宴请师徒二人。

十四日，七世达赖喇嘛邀请班禅额尔德尼到卧室并设宴款待，诸侍从诵《长寿仪轨》祝寿。七世达赖喇嘛赠送51两银制曼札，以五色上等哈达系边，以及佛像、佛经、佛塔、日用器具、银器、马蹄银25锭、长条茶37包，诸侍从亦献礼并诵经祈寿。班禅额尔德尼受尊者阿旺强巴仁布切、经师赤钦诺门罕献礼后，单独会见七世达赖喇嘛侍从，予以赏赐。

其后，由仪仗队、各地群众，敲锣击鼓，吹奏海螺，载歌载舞迎请班禅额尔德尼到噶丹康萨大经堂并设宴款待。班禅额尔德尼赏赐驻藏大臣及大小官员，以及歌舞仪仗队。

四月十五日，师徒二人于大昭寺会面，互赠礼品，一同礼拜佛像，给释迦佛祖像献千供，献供曼札、哈达、祖衣。五种百供五尊观音像，奉供哈达。同时，供祭了其他佛殿。班禅额尔德尼赐给大昭寺的8名僧人一日酬补法会费用、5种哈达、弓箭等供品。向小昭寺释迦不动金刚佛像献五种千供、曼札、敬神哈达、祖衣①；为4个札仓10名僧人举行的为期20日的祈求黄白怙主保佑法会赐予费用及5种上等敬神哈达。

七世达赖喇嘛驾离大昭寺时，班禅额尔德尼向其献厚礼。而后，噶厦宴

① 祖衣为十三资具中三袈裟之一。唯比丘于礼拜、乞食、羯摩仪轨聚会时，可以穿戴黄色上衣。

请班禅,献曼札、佛像、佛经、佛塔、金银、绸缎、茶叶等作为贶礼,祝愿长寿无疆,广闻佛典。师徒会面时,达赖喇嘛对班禅额尔德尼特别关照,并赠厚礼。对此,班禅额尔德尼报恩达赖喇嘛。十六日师徒再一次会晤于大拉章,泽当五供者向班禅赠送曼札、佛像、佛经、佛塔及贵重礼物。

十七日,班禅额尔德尼为以拉萨三大寺为首的前藏南北各寺院施放斋僧茶各 10 次;为三大寺、朗杰札仓、上下密院 12170 名僧人赐白银各一两;为热振寺、扎西迥、木茹寺、色拉俄尔盖札仓(སེ་ར་ཨུར་གེ་གྲྭ་ཚང་།)僧人赐白银各二钱,为其他僧人赐银一钱;向甘丹寺宗喀巴大师灵塔(དགའ་ལྡན་གསེར་གདུང་རིན་པོ་ཆེ།)献五种千供及 115 两金制曼札、哈达。为于阎摩法王像前 8 名僧人举行的为期一个月的酬补法事赐所需费用;向护沙像献五色哈达及带鞘大刀一把、火枪等供品。为三大寺经堂各赐幡幢两面、粉包一包;为热振寺及扎西迥寺赐幡各一面;为哲蚌寺密乘院大威德金刚与色拉寺密宗札仓马头明王像分别敬献敬神哈达及供品;为热振寺妙金刚像、群科杰寺与沃喀协寺弥勒佛像分别奉献一次五种百供、哈达,为拉毛绛曲觉寺为期一个月的静猛吉祥大梵天酬补法会提供所需费用,施放斋僧茶。

十八日,在噶丹康萨由噶伦、代本、孜本及孜雪官员设宴献礼,班禅额尔德尼为 10000 多名僧俗摩顶。

十九日,几名管家护送班禅额尔德尼到七世达赖喇嘛宫殿。是日,当雄百名(驻牧当雄的部落)与北部四部宴请班禅额尔德尼,献白银 1400 两,班禅为彼等及木茹寺、协德巴等 2000 多名僧俗摩顶。

哲蚌寺、色拉寺及其下属三札仓等先后献礼,俄尔盖札仓僧人拜谒。

甘丹赤巴、甘丹寺夏孜札仓和绛孜札仓、拉萨三大寺的哈尔东康村、上下密院等分别敬献礼物。献礼者还有:嘉日热协林、尼当寺、扎巴、拉木、蔡赛、木茹寺、雪格敏、扎强巴林、塘萨噶丹群科寺(ཐང་སག་དགའ་ལྡན་ཆོས་འཁོར།)、念布寺、琼结日吾德庆寺(འཕྱོང་རྒྱས་རི་བོ་བདེ་ཆེན་དགོན།)、那兰扎寺(ན་ལེན་དྲ་ཆོས་སྡེ།)等,班禅分别施放斋僧茶,予以赏赐。之后,莅临下密院开讲《大慈悲经》。为宇妥活佛(གཡུ་ཐོག་སྤྲུལ་སྐུ།)与甘丹夏孜札仓喇嘛授《佛陀赞》诵传。

贡噶丹增公、噶细公、噶伦多喀瓦、吞巴、重孜巴等四噶伦、森本强巴林堪布分别献厚礼祝寿。卫藏各大部落献曼札、白银千两、佛像、佛经、佛塔。第穆呼图克图(དེ་མོ་སྤྲུལ་པའི་སྐུ།)、嘉赛活佛(རྒྱལ་སྲས་སྤྲུལ་སྐུ།)、三木巴活佛(སེམས་དཔའ་

སྤྲུལ་སྐུ།)、杰仲活佛、昌都大小二活佛、哉务活佛、热振寺堪布、热堆喇嘛及管家、达旺喇嘛(ཏ་དབང་བླ་མ།)、桑普寺几名喇嘛、达波活佛(དྭགས་པོ་སྤྲུལ་སྐུ།)、乃琼护法神师、哲蚌寺郭莽札仓两名管家、巴日喇嘛、周德康萨巴、巴热摩振等献礼,班禅额尔德尼分别赏赐。

二十三日,噶玛红帽活佛、司徒活佛、噶玛黑帽活佛、巴沃活佛、热布活佛、嘉曹活佛等分别献马匹等礼物。摄政于噶丹康萨设宴款待,献银曼札一具、佛像、佛经、佛塔、日用器具、白银2550两、长条茶100包、白氆氇500匹。台吉与福晋、拉木护法亦于同时献礼,班禅额尔德尼分别予以回赠,并赏赐了歌舞者。

二十四日,班禅额尔德尼回赠摄政与其他官员,感谢盛情款待。

二十七日,摄政于噶丹康萨鲁当殿献银曼札、红松耳石无量寿佛像、白银2755两、缎子55匹、长条茶200包、骑乘一匹。班禅额尔德尼布施了前来迎接的三大寺喇嘛。

如此,班禅额尔德尼亲临前藏拉萨,以慈悲之日光遍除违理之黑暗,使一切具缘崇信之莲花开放,无数凡人蜜蜂吸吮着利乐的甘蜜,满意而去,陶醉于欢乐之中。有诗赞道:

大地主宰众生之救星,
犹如明月被群星环绕,
殊胜之教主及其随员,
走进卫地方造福后人。
有上千殿堂竞放华彩,
在第二普陀布达拉宫,
你与世自在菩萨相会,
吉祥利乐光照各地方。
执掌雪域地方的权贵,
出自对你的真诚信仰,
向你奉献大量资财时,
使帝释天也黯然失色。

以上为《尊胜上师有寂世界顶饰班禅遍知一切罗桑班丹益西贝桑布

传——太阳之光》之第四章“前往拉萨拜谒七世达赖喇嘛并受掌政诸人礼敬”。

第五章　从七世达赖喇嘛·格桑嘉措听受经典并受灌顶

此后于二十九日，班禅额尔德尼自噶丹康萨起驾，踏上回后藏之路程。七世达赖喇嘛之使者、拉萨诸位官贵、喇嘛、僧徒护送到索措拉瓦，班禅向送行者回赠。摄政于普波钦（ཕུག་པོ་ཆེ།）设宴招待，班禅额尔德尼赠物致谢。后由觉摩隆、噶瓦东二寺僧人迎接到昌东夜宿。

即日起，途中受到各寺仪仗队、歌舞者、僧俗民众的热情迎送。每日千人拜谒，班禅额尔德尼摩顶的右手如象鼻，为信徒摩顶加持，布施乞讨者，回赐献礼者。

三十日，由帕尔布寺（པར་བུ་དགོན།）、扎摩孜（ཉ་མིག་རྩེ།）、塘格瓦（ཐང་སྒུ་བ།）、乃囊巴（གནས་ནང་པ།）等寺僧迎接；行至囊孜进午膳。后由兰巴寺、措麦拉康（མཚོ་སྨད་ལྷ་ཁང་།）、扎西曲当寺（བཀྲ་ཤིས་ཆོས་སྡིངས།）僧人迎到麻地夜宿。

五月一日，由曲桑寺（ཆུ་བཟང་ཆོས་སྡེ།）、当卡寺（སྡིངས་ཁ་ཆོས་སྡེ།）、卡尔龙静修院（མཁར་ལུང་རི་ཁྲོད།）、曲桑尼姑寺（ཆུ་བཟང་ཨ་དགོན།）僧人迎到德庆进午膳。是日居于漏巴。

二日，驾临新桥进午膳，供祭念青唐古拉山神（གཉན་ཆེན་ཐང་ལྷ།）。后由羊八井寺（ཡངས་པ་ཅན་དགོན།）的僧人迎到巴玛尔（པ་དམར།）居住 3 日并泡温泉，羊八井喇嘛宴请献礼。

五日，莅临雪古拉山下夜宿，会见羊八井首领哈夏卡（ཡངས་པ་ཅན་མགོ་པ་ཧ་ཤ་ཁ།）主仆。

六日，行至兰木那寺（ལམ་ནག་དགོན།）进午膳，麻江首领（མར་རྒྱང་མགོ་པ།）前来拜谒。午后，由尼木嘉协察寺（སྙེ་མོ་རྒྱལ་བྱེད་ཚལ།）、其卡寺、茹贡寺（རུ་དགོན་པ།）、协饶杰林（གཤེ་རབ་རྒྱས་གླིང་།）僧人迎到嘉塔顿（རྒྱལ་ཐབ་མདུན།），为僧俗 600 人摩顶，玛拉巴与附近各寺院献礼。

七日，莅临玛热拉夏进午膳，温寺金刚上师与代理管家前来拜谒，请求往驾温寺。林噶宗本（གླིང་དཀར་རྫོང་དཔོན།）亦前来拜谒献礼。是日，夜宿洛东。

之后，于拉甘底下进午膳。后由热木当麻瓦、青衣寺僧人迎到俄尤宗塘（འོད་ཡུག་འཛོམ་ཐང་།）夜宿。于此班禅额尔德尼为达林噶巴僧俗民众摩顶。

八日，莅临三木林用午膳。俄尤扎噶寺、白洛寺、三木林禅院、拉普宗本（ལྷ་ཕུ་རྫོང་དཔོན།）等僧俗晋谒献礼，是日居拉布木觉，会见父塘拉及其随从，为僧俗千人摩顶。是时，香曲河水暴涨，阻断前往扎西孜之路径，于是班禅额尔德尼禀问拉木护法。拉木护法传言："危险虽在，班禅欲去亦可。但于河水浅滩横渡须严加护理。"

九日，由布尔多巴与其他迎驾者迎请班禅额尔德尼到拉布宗进午膳，于此会见进拜者千人。后由达纳寺（རྟ་ནག་དགོན།）僧众迎请到达纳寺，为1600多名僧俗民众摩顶。

是时，班禅额尔德尼遣拉木护法与仲科前去察看水情，正说不能横渡之时，突见2只乌鸦边飞边鸣落于水中，随迹查看，便得徒涉浅滩。

十日，噶丹群科寺于嘉卡夏（ལྕགས་ཁ་ཤར།）设宴献礼。午前，噶丹群科寺僧过铁桥之时，不幸铁绳断裂，百人坠落河中，除10人外，大部分安然无恙，此乃班禅之洪福所拯救。后由扎西孜与附近寺僧将班禅迎请至钦木达（ཆུམས་མདའ།）并设宴款待，居扎西孜3日。

十一日，为僧俗2300人摩顶。

次日上午，南木林宗两名宗本（རྣམ་གླིང་རྫོང་དཔོན་གཉིས།）设宴款待并献礼，扎西孜亦献礼并诵经祈寿。于此，班禅额尔德尼给父亲塘拉及其随从赠物，会见了先后晋谒者千余人。行至多觉用午膳，为众护送者赐物饯行。午后，由达结禅院、都尤嘎尔（དུལ་ཡོལ་དཀར།）、央寺、格培寺、廊仓寺、卡觉寺（མཁའ་སྤྱོད་དགོན།）、拉阿扎寺（ལྷ་ལྔ་བྲག་དགོན།）、白玛曲顶寺、巴钦寺（དཔལ་ཆེན་དགོན།）、桑丹寺、纽曲廓寺、孜东寺（རྩེ་གདོང་ཆོས་སྡེ།）、曲巴宇孜寺（ཆུ་དབར་གཡུ་རྩེ་དགོན།）、噶丹母寺、蔡尔伦珠寺僧人执仪仗迎接到央寺，央寺管家举行宴会招待。仲堆康萨巴（གྲོང་སྟོད་ཁང་གསར་པ།）、日顿夏仲（རི་གདོང་ཞབས་དྲུང་།）、拉日岗巴、蔡尔、漏东寺管家、日喀则宗本等前来迎接献礼。

之后，由温寺、群科卫当寺、扎拉寺、俄洽林寺、赛多建寺僧众迎到通麦雄，班禅额尔德尼为全体迎接者摩顶。扎什伦布寺四札仓的上师、格贵都到此迎驾。

十五日，班禅额尔德尼从通麦雄启程，由四札仓上师、格贵、仲科、四札仓老僧、各米村、日喀则寺、协寺、嘉钦孜寺、帕仲寺、达纳寺、拉昂平松寺、集市等1060人乘马，与各大寺院僧人、嘉钦孜寺、重孜寺、平措林寺、拉孜欧门、岗建、赛菊、夏鲁寺、伦孜寺、当钦寺、洛布寺、觉宗寺、扎西格佩、图丹朗杰寺、日吾止增、札仓钦姆、乃寺、图丹央金寺、那塘寺、希乃札仓、朗巴色林寺、日库寺、贡察、贡强、曲布寺、达隆那噶寺、俄尔寺、洽雄、布顿艾寺、密乘寺等寺僧4200多人之仪仗队伍，以及地方政府及拉章僧人1930多人之歌舞队迎到遍胜扎什伦布寺。班禅额尔德尼先施放斋僧茶，布施每名僧人白银一两；为密宗札仓僧人赐白银各一两，布施上述诸寺、歌舞队及桥东乞讨者，赏赐日喀则宗本、路途服侍者、驿吏，所赐物品如大雨瓢泼。

十六日，拉章设宴招待班禅额尔德尼及其随从、噶厦使者管家云丹勒智、拉木护法师、代本、拉萨三大寺代表，班禅额尔德尼赏赐代本主仆。

十七日，常住侍从与庄园主宴请献礼。

十八日，各位侍从、各地代表、各米村、萨迦寺献礼并诵经祈寿。班禅额尔德尼为各仪仗队员、歌舞者、迎驾者共4000多人摩顶。

十九日，赏赐云丹勒智、三大寺3名喇嘛及其随员僧衣、白银、绸缎等。会见萨迦寺新任强佐主仆、岗坚寺堪布、岗坚寺东北二札仓上师及拉孜寺、达尔达结林、平措林寺、白朗仲摩钦、重孜寺、札仓钦姆、达纳库等寺院僧人，以及河北各寺僧、阿里公代表、运茶官主仆。

是日，禀告拉木护法，献金银等礼33件致谢。众侍从及其他客人亦向拉木护法献礼。之后，班禅额尔德尼又向拉木护法神师赠缎面皮衣、狐狸皮帽、白银、绸缎等，上书噶厦与七世达赖喇嘛，感谢盛情招待。

六月五日，班禅额尔德尼受宗卡佩结寺堪布（རྫོང་ཁ་འཕེལ་རྒྱས་གླིང་མཁན་པོ།）献礼，午后，赴石板地殿为僧众、仲科、驮运官主仆及各地代表、鲁当工匹、管家摩顶。

七日起，先后会见代本白蔡巴与然巴瓦主仆、噶丹饶杰寺卸任住持、章摩且巴噶钦洛桑朗杰、俄尔堪布主仆、重孜巴代表、新任日土宗本那木日、日喀则驿站官员贝贡（གཞིས་རྩེ་རྟ་ཟམ་པ་སྤེལ་གོང།）、拉日孜巴、贝曲寺僧人数名、常驻拉达克僧人。是时，红帽活佛与司徒活佛将赴德格，书告班禅额尔德尼，班禅赠给僧衣及上等礼品。

约于此时，尼泊尔与西藏地方边境发生战乱，班禅额尔德尼一边写书信予摄政，要求和解，一边遣译师噶钦益西群培往尼泊尔。摄政没有明确的答复，但尼泊尔官员表示愿意尊命和解。

其后，为祝贺噶丹大经堂修缮落成，施放斋僧茶，给每名僧人白银一钱。遣使送去大经堂的盖幔及装饰门扉之各种彩绸、1670 种木制檩条，遣使祝贺拉木绛曲觉大经堂落成。

八月三日，丹增旺秀王病故，报丧者 40 人抵达扎什伦布寺，请求班禅额尔德尼诵经超度，班禅发愿回向。其后会见了青海札萨克多吉次仁、其母哈吞的使者、额尔德尼王、江济王、贡却嘉布公、切庆居囊、岱钦公的代表，以及安多人、康区人、色拉、哲蚌寺僧、巴塘的修行僧；为前往安多的 50 名经商者等僧俗摩顶；为赴任强钦禅院住持之冲卡布巴噶钦益布旺秀及上述客人赐物饯行。

从九月五日开始，班禅额尔德尼先后为达纳图丹堪布、翁则、总管家、央寺喇嘛、伦珠孜寺喇嘛、青海额尔德尼王所派献回向礼者与巴丹札萨及其母之代表、阿里王之僧茶官、安多人、康区人、色拉寺僧、哲蚌寺僧、阿里僧人、僧茶等人摩顶，接受赴卫地者所献礼物。之后，为蒙古安木齐授教饯行。

察哈尔公索朗坚赞（ཆ་ཧར་ཀུང་བསོད་ནམས་རྒྱལ་མཚན།）的托云、呼和浩特托云主仆、青海贡却王代表、额尔德尼岱钦喇嘛、鄂尔多斯甘珠尔贝勒（ཨོར་ཏུ་སུ་བཀའ་འགྱུར་པའི་ལེ།）之上师代表、巴珠寺喇嘛、兄长日吾却巴、图丹南杰寺卸任堪布、杰仲普布切修行僧、代本娘协巴（མདའ་དཔོན་ཞ་བཤུར་བ།）、康区僧人、纳木摸僧人、僧茶等拜谒献礼，班禅分别予以摩顶回赐。

十五日，柴达木额尔德尼岱钦（ཚལ་འདམ་ཨེར་ཏེ་ནི་དའི་ཆེང་།）上师之友、亲王之子到僧会上献礼，班禅额尔德尼给他授教饯行。

十一月三日，温寺僧人祈祷祝寿，班禅额尔德尼授教赐物。是时，摄政与益西次旦公（阿里公）不和导致战斗，班禅闻知，修书信给两人，劝说不可以武力相争，要以和平为重。但因其双方的业力所促使，此事处理不太如意（译者注：清廷在当时也得到珠尔默特那木扎勒兄弟不和发生交战的消息，因为报告的战事在阿里地方，情况不明，清廷一开始也是希望劝他们兄弟和好，平息战端。乾隆十四年（1749 年）十二月十一日，乾隆皇帝在同一天发出两道敕谕，分别给他们兄弟。“敕谕珠尔默特车布登曰：尔父子受朕恩深重，尔所素知，尔今无故发兵征取果弼奈，是出何意？若果如此，是尔既负朕恩，又玷辱尔父。朕闻尔兄弟稍有不睦，但尔于兄弟之间素敦和好，尔父王爵尚肯让尔弟承袭，今乃转欲构兵取罪乎？如果兄弟间有不和之处，宜亲身赴藏，以实情告知办事大臣与达赖喇嘛。今计不出此，擅自发兵，殊属糊涂。朕此旨一到，尔即钦遵，亲赴藏地，在办事大臣、达赖喇嘛前声明其故。俟伊等奏到，朕自另简大臣，将尔兄弟之事分剖明白，务令永远和睦。如尔有欲奏之言，亦即具奏，朕自有安排。所有谕尔弟敕旨，一并抄寄知之。”又谕珠尔默特那木扎勒曰：“尔父颇罗鼐在时诚心为国，故朕叠次加恩，由台吉封至郡王，深加信用，又准其所请将王爵令尔袭封，办理藏地事务。今尔兄弟间自生猜嫌，尔兄发兵征取果弼奈等，朕已降旨诘问其起兵之由，尔可即派土伯特贤员，随同纪山处派出传旨之章京前往。尔兄如即遵朕谕来藏，朕遣大臣将尔兄弟不睦情由分剖明白，务令永远和睦。如尔兄有难以来藏之处，亦即令其将实情具呈入奏。朕览其呈词，另为裁断。若抗旨不来藏地，又不具呈词，是显有异心，尔即发兵，酌量办理。尔惟当感激朕恩，用心保守地方，断不可滋事。若因兄弟稍有不和即借端生事，是将尔父一生忠诚奋勉之处俱淹没矣。尔可度量事理轻重而行。所有谕尔兄敕旨，一并抄寄知之。”）。

鄂尔多斯贝子次旺班觉、察哈尔喇嘛、朗杰多吉贝子、嘉木央王、贝勒顿珠嘉措（པའི་ལི་དོན་གྲུབ་རྒྱ་མཚོ།）代表共100余人先后抵达扎什伦布寺请求班禅额尔德尼摩顶。贝勒呈献曼札、白银450两、绸子6匹，察哈尔上师洛桑丹达尔（ཆ་ཀར་བླ་མ་བློ་བཟང་བསྟན་དར།）、大贝子、朗杰多杰贝子亦于同时献厚礼，班禅为诸代表主仆摩顶赐物。

十五日，北京钦差噶钦洛桑西尼向班禅额尔德尼呈献乾隆皇帝所赐书信礼物，班禅额尔德尼向洛桑西尼问候乾隆皇帝安康。

二十六日，洛桑西尼、青海准噶尔王索朗多吉之代表、达颜都拉曲杰（རྟ་ཡན་ཏུ་རའི་ཆོས་རྗེ།）噶钦洛桑次仁之代表、杜尔伯特王饶旦多吉的代表各自向班禅额尔德尼献礼并诵经祈寿，班禅予以回赐。

是年，朗饶达波札仓帕索朗嘉措（རྣམ་རབ་དྭགས་པོ་གྲྭ་ཚང་པ་བསོད་ནམས་རྒྱ་མཚོ།）完成《律经》《般若经义明》《俱舍知识详解》《中观大乘心要明示》《量论七部心要》修业献考，班禅额尔德尼赏赐大哈达、茶叶、五庹彩缎、袈裟、禅裙、薄绫、布匹、印度绸等。绒强钦巴阿旺顿珠（རོང་བྱམས་ཆེན་པ་ངག་དབང་དོན་གྲུབ།）修完《般若八千颂》，塔却雅培（ཐེག་མཆོག་ཡར་འཕེལ།）完成《菩提道次第广论》《现观庄严论》《律经》《俱舍论》等修业，赛巴仲然巴洛桑班觉修完《集密生起圆满次第论》，温寺巴益西迴乃、尊追塔耶、益西曲巴、益西尊追等修完《胜乐根本续》，坚隆巴杰仲益西旺嘉、洛桑西尼、洛桑旺嘉、赛康巴洛桑朗杰、乃宁却康巴洛桑旺秀、协巴洛桑次旦活佛、日卡巴群则洛桑丹巴、瓦协巴洛桑坚赞等修完《释量论》第四章，群科伦波巴强巴达杰、芒堆贝桑、桑杰贝桑、羌巴桑珠、噶丹巴洛桑尊追修完《慈氏五论》，觉摩宗巴洛桑喜饶修完《中论释义明示》，夏鲁巴格桑次旺完成《时轮摄略经》及其《念诵圆满仪轨》修业，对以上修业献考者，班禅额尔德尼按例赏赐礼物。

铁马年(1750 年)新年，按照惯例举行了新年喜宴。因为此年是班禅额尔德尼的本命年，为祈福禳灾，在大经堂僧会上给每名僧人布施白银一两，为班禅诵经祈寿。仆人们共同迎请班禅额尔德尼到僧会上为他祈寿。涅仓巴洛桑班觉、仁钦孜寺管家仲然巴洛桑多吉两人也请班禅到僧会上，献礼并诵经祈寿。帕索噶丹饶杰寺僧众到寝殿诵《无量寿佛念诵仪轨》，为班禅祝寿。

摄政派来的通报益西次旦公去世消息的报丧者到达，班禅额尔德尼诵经为益西次旦公超度。

青海多吉王之上师迎请班禅额尔德尼到僧会上，拜谒献礼。

四月十六日，班禅额尔德尼会见青海亲王、土尔扈特萨拉札萨克(ཐོར་གོད་ས་ར་ཛོ་སག)之代表、格孜寺管家等 30 多人，并为彼等摩顶。

五月，班禅额尔德尼派管家洛桑雅培前往江孜迎接摄政达赖巴图尔及其子。摄政经帕拉、仁钦孜两地，于二十三日抵达扎什伦布寺，班禅额尔德尼设宴招待①。

二十五日，摄政莅临班禅额尔德尼卧室献缘起礼物，按拉木护法的授记，班禅为他诵经禳解避灾，酬谢拉木护法。因摄政请求，班禅新作《祈请文》。

二十八日，班禅额尔德尼应摄政之请莅临法会与僧众诵经祈祷，摄政献银曼札、白银 1050 两、缎子 122 匹、上等哈达 1997 条、薄绫多匹、蒙古绸多匹、尖顶僧帽 150 顶、茶叶 146 包、绫子 54 匹、噶协棉布多匹，祈祷祝寿；为僧

---

① 当时清廷得到的消息十分混乱，乾隆十四年十二月十一日，乾隆皇帝接到纪山奏云：郡王讼伊兄珠尔默特车布登残害其所补放之阿里寺庙喇嘛，发兵堵塞道路，举兵七百直取协噶尔城，欲来攻前藏，郡王已调兵防护。纪山又提出拟送达赖至江达避祸。帝命军机大臣传谕纪山务须镇静，传谕四川总督策楞、四川提督岳钟琪秘密备兵。又下谕珠尔默特策布登，命其亲身赴前藏将实情禀告驻藏大臣和达赖喇嘛，即命纪山派官员携此旨往后藏宣谕。十三日，帝谕军机大臣：既疑郡王不可存留，速宜废免，又疑纪山为郡王所愚。十六日，川督策楞上奏：接纪山来札，知郡王弟兄构衅。其后在乾隆十五年正月又得到珠尔默特策布登上月十八日身故的消息。珠尔默特那木扎勒宣称珠尔默特策布登是因病亡故，请达赖喇嘛、班禅额尔德尼为珠尔默特策布登举行超度法事，珠尔默特那木扎勒还亲自参加了在拉萨的超度法事。曾亲身到驻藏大臣纪山处申报请罪，又请办理丧事、养育兄子。乾隆皇帝对珠尔默特那木扎勒的行动一直不放心，怀疑其兄暴死有因，只好佯为不知；认为驻藏大臣纪山与郡王“水乳相合”，可能受珠尔默特那木扎勒的愚弄，未可倚任，此前已派傅清进藏任驻藏大臣，替回纪山，要纪山一等到傅清到藏，即遵旨回京；又派拉布敦进藏任帮办大臣，协助傅清。

会施放斋僧茶 100 次，布施每名僧人白银一两二钱、僧帽一顶、醋粟木碗一个、茶一块、圆满善根，发愿回向。有诗赞道：

依赖福德之业分，
强兵摄执雪域地，
奉献丰厚之礼物，
足登金色莲花座。

噶伦多喀巴、札萨克台吉、代本然巴、卫地代本达杰扎西、协堆活佛、甘丹寺绛孜札仓堪布、萨迦寺达钦贡噶洛哲（ས་སྐྱ་བདག་ཆེན་ཀུན་དགའ་བློ་གྲོས།）等晋谒献礼，班禅额尔德尼按照职位高低予以赏赐，与萨迦寺达钦贡噶洛哲进行佛事论谈。之后，会见察哈尔格夏主仆。

是年，天气恶劣，暴风强作，附近常有雷电霹雳，凶兆屡现，众人请求班禅额尔德尼占卜。按卦象，速行吉祥天女酬补法事。为此于护法殿供养所有灵验护法神像，班禅额尔德尼派人供祭天神、佛殿。

七月一日，乃巴米村诵经为班禅祝寿，阿里公等 8 位领主及其随员共 50 人拜谒。

八月三日，班禅莅临德勒园林沐浴。

十三日，设宴祝贺皇帝乾隆寿辰。噶玛黑帽活佛之使者管家献祈寿文、书信及礼物。赛诺布群科寺及塔尔巴寺僧人诵经祈寿，班禅分别予以赏赐。

九月八日，班禅额尔德尼遣人往迎竹巴活佛主仆 60 多人，抵寺后，竹巴活佛献礼并诵经祈寿，班禅为其摩顶，设宴款待，与其热情谈论佛事。

十一日，香·噶丹群科寺献礼并诵经祈寿。

二十五日，班禅额尔德尼接受噶丹平措林寺献礼并诵经祈寿后，为晋谒者摩顶。

十月九日，拉孜欧门林寺献礼物，诵经祈寿。

是时，摄政达赖巴图尔像鬼迷心窍一样，行为极为横蛮粗鲁，因此按照乾隆皇帝的旨意，在此月十三日两位大人在冲赛康（ཁྲོམ་གཟིགས་ཁང་།）将其治罪，摄政的几个同伙出于邪恶的心理，杀害了两位驻藏大臣，造成了大动乱。事件发生后，班禅额尔德尼立即按照官职大小地位高低赠给幸存的两位笔帖式、粮台官、两位钦差之伴友、士兵、商贾共247人香料、白银、粮食、面粉等作为慰问,并且上书乾隆皇帝,请求乾隆皇帝继续管照护理我西方圣地①。乾隆皇帝颁给敕书,赐物嘉奖。

二十日,班禅额尔德尼莅临僧会施予每名僧人白银一两,以消除本命年的违碍。

十月二日,会见札雅班智达、旺钦诺门罕等20名高僧之100余名代表,诸位代表呈书献礼。

十四日,会见红帽活佛与司徒活佛代表。上述代表告辞时,班禅额尔德尼予以厚赏。

十五日,哈尔东米村僧人于卧室诵经为班禅额尔德尼祝寿,班禅为彼等授教赐物。

---

①　珠尔默特那木扎勒事变的经过大致如下:傅清、拉布敦到拉萨任职后,郡王珠尔默特那木扎勒行为粗暴如故,与驻藏大臣、七世达赖喇嘛和颇罗鼐一些旧部的矛盾日益尖锐,傅清、拉布敦密奏,要清除郡王,乾隆皇帝已准,但是因为当时已因郡王的奏请撤退了驻藏的大部分清军,乾隆帝要傅清、拉布敦谨慎从事。傅清、拉布敦因事态严重,决心采取特别措施对付郡王。他们通知在达孜领兵的郡王云,有圣旨到来,须他回拉萨听宣读。郡王于十月十二日至拉萨,十三日黎明,即赴驻藏大臣衙门。入门,见官兵还未起床,没有异状,遂率数名侍从登楼,见二位大臣等候,就捧递哈达施礼,傅清令他跪下听旨,刹那间拔出内衣里的刀,扼住郡王的手臂要刺,郡王挣脱,而拉布敦在旁迅速拔刀砍伤其左臂,随之大臣的侍者急举木凳击其头部,郡王遂死。大臣就宣称珠尔默特那木扎勒谋反伏诛,差巴忠一人持令箭去噶伦班第达处,命令他暂时主持藏事,还许诺他为藏王。随郡王来的侍从惊逸,其中有原任郡王的管家名罗布藏扎什,倡导聚合藏兵几千人,为郡王复仇,围攻大臣所住的通司岗,纵火放枪,官兵人少,抵抗不住,大臣傅清、拉布敦、主事策塔尔(策坦)、参将黄元龙遇难,笔帖式齐成自刎,粮务主管常明受伤。事后清查,还有千总两名、兵49名、家人商民77人被杀,共计死了140多人,市上大乱,粮务衙门官库的帑银85000余两被抢走。七世达赖喇嘛闻讯派近侍僧人和色拉寺、哲蚌寺上师到现场劝阻,乱众不听。在这时,罗布藏扎什还诈传郡王命令,通知拉萨以东到类乌齐的沿途五所驿站不得传送汉文文书,并要当地头人尽杀塘兵,断绝交通邮传,命令远达南墩,以致塘兵散逸,驿路中断。噶伦公班智达本是郡王的妹夫,但是也遭郡王迫害,家产被抄,其妻被逼迫分居后藏,其子被羁留随侍郡王左右,且软禁于达孜,其母逃入深山,此时班第达开初逃避于七世达赖喇嘛所,傅清诛郡王后即召他主持藏事,因郡王平素失掉民心,其管家罗布藏扎什也只能一时鼓动藏兵乱党,威信未能孚众。据说有民众千余人投布达拉,乞求班第达为主,班第达领之攻逆党,罗布藏扎什等溃散,达赖喇嘛遂令班第达主藏事,在灰烬里捡出傅清、拉布敦等人遗骨,盛敛如礼。事变后约10天内即擒获逆首罗布藏扎什及逆党过半,追回大半部分饷银。劫后余存驻军80余名,百姓120余人住入布达拉宫,七世达赖喇嘛给银养赡。班第达即撤掉原珠尔默特那木扎勒的亲信的官职,重组地方政府,传令恢复驿递,于是,兵民始告安堵。《六世班禅额尔德尼传》所说班禅额尔德尼闻讯后即给200多名幸存者送粮食物品慰问,应即是指给避难于布达拉宫的官员和民众。十一月十六日,乾隆皇帝向中外宣告西藏地方事件的经过,追赠傅清、拉布敦一等伯,入祠致祭。命侍郎兆惠赴藏,偕策楞等办理善后事宜。十七日,帝谕军机大臣:西藏经此番举动,正安排转关一大机会。班第达居心可疑,不得封王。本日连下四道谕旨。十八日,帝下谕于七世达赖喇嘛、班第达,令班第达仍以公爵办理噶伦事务。另一名噶伦则令川督策楞进藏后与达赖商议择任。给珠尔默特策布登昭雪,其子仍封公爵,管理阿里地方。十九日,帝嘱策楞在藏咨询选择噶伦,决不可听从班第达的意见。二十九日,因七世达赖喇嘛、班第达大力维护秩序,藏地平静,帝下诏于七世达赖喇嘛、班第达,肯定班第达之功。

二十七日，察甘诺门罕一行抵达扎什伦布寺，次日，向班禅额尔德尼敬献礼物，闻听班禅传授《上师瑜伽论》，接受赏赐。

是时，乾隆皇帝所遣使者抵拉萨，封噶伦噶细公班智达为摄政。班禅额尔德尼派管家洛桑坚赞往拉萨慰问使者，祝贺噶伦噶细公班智达代理摄政。

之后，班禅额尔德尼会见鄂尔多斯与青海官员代表、青海公巴图尔岱钦主仆、噶丹阿吾札萨克扎西顿珠代表等，为巴图尔岱钦主仆传授了《上师供论》，赐物饯行；资助图萨拉克齐曲桑嘉措诵《大慈悲经》。

二十四日，青海亲王之女桑珠卓玛（མཚོ་སྔོན་ཆིང་ཝང་གི་སྲས་མོ་བསམ་གྲུབ་སྒྲོལ་མ།）拜谒献礼。尔时，乾隆皇帝回书班禅额尔德尼，称赞他在拉萨反乱时所做的有益的行动。

是年，为班禅额尔德尼之本命年，为禳灾求安，酬供诸护法神，并于那塘寺、日吾格培寺、嘉钦孜寺、德庆寺、温萨寺、噶丹饶杰寺、谢扎西格培寺行祈救度母和白伞盖佛母禳灾仪轨法事。于扎什伦布寺举行仪酬轨与诵《甘珠尔》法会，所赐费用折银 110995 两。

是年，班禅额尔德尼利用闲余时间从经师闻习《甘珠尔》诵传。

岗坚群培巴噶钦格勒坚赞（གངས་ཅན་ཆོས་འཕེལ་པ་དཀའ་ཆེན་དགེ་ལེགས་རྒྱལ་མཚན།）修完《量论总义正理庄严》献考，班禅额尔德尼赏赐大哈达、茶叶、缎子 3 匹、北方绸 3 匹半、薄绫 5 匹、铃杵、布匹等。群科伦布瓦曲坚赞（ཆོས་འཁོར་ལྷུན་པོ་བ་ཆོས་རྒྱལ་མཚན།）、阿旺班觉完成《慈氏五论》修业献考，班禅奖赏哈达、缎子、薄绫、茶叶、铃杵、棉布、僧衣等。桑杰巴桑修完《三律议分别论》《慈氏五论》《因明正理论》《别解脱经》，平措林寺强巴曲扎修完《菩提道方便道论》，班禅赏赐献考者哈达、绸缎、铃杵、棉布。夏鲁巴阿旺伦珠完成《布顿佛教史》修业，米林桑丹修完《时轮摄略经》及全部《时轮成就仪轨》，绒强钦巴洛桑群培修完《现观庄严论》《般若经慧饰义》第一品，洛桑班丹修完《贤愚经》，嘉钦孜帕索朗桑波修完《般若经》第八品，温寺巴益西欧嘎、洛桑巴杰、金巴嘉措、益西嘉措、益西达结等修完《胜乐根本续》献考，乃宁却康巴洛桑扎西（གནས་རྙིང་མཆོད་ཁང་པ་བློ་བཟང་བཀྲ་ཤིས།）、章摩且巴洛桑班觉（གྲངས་མོ་ཆེ་པ་བློ་བཟང་དཔལ་འབྱོར།）、格敦巴丹、嘉钦孜巴、达曲米林、克却诺布、达摩瓦洛桑勒巴、吉隆巴洛桑南杰（སྐྱིད་གྲོང་པ་བློ་བཟང་རྣམ་རྒྱལ།）、洛桑尊追、巴协瓦洛桑平措、巴朗岗巴洛桑达结等修完

《释量论》第四章献考，班禅为饶益教理传承对他们赏赐丰厚礼物。

铁羊年（1751 年）按惯例举行新年庆贺会。班禅额尔德尼派管家洛桑坚赞与译师噶钦益西群培前往拉萨慰问乾隆皇帝使者兆惠、朗杰、加尔果琪、笔帖式、总兵及 500 名士兵。

一月，班禅额尔德尼为公主桑珠卓玛主仆授教饯行。会见日东巴夏仲多吉班觉、瓦协索朗诺布上师、乾隆皇帝金书使者、笔帖式等，写书信请使者代呈乾隆皇帝，尔后分别予以赏赐。

二月二日起，班禅额尔德尼先后会见青海平措王子噶丹饶丹主仆、喀尔喀达赖贝子之上师的代表、青海达结札萨克主仆、噶勒丹希热图之弟大喇嘛主仆、察罕德颜齐之修善行者等，给他们摩顶赐茶款待，授教厚赏。诸代表向班禅献礼并诵经祈寿。

二十二日，班禅额尔德尼闭关专修本尊神。

四月四日，即将到喀尔喀担任上师喇嘛的当钦巴噶钦洛桑勒智迎请班禅额尔德尼到僧会，献礼并诵经祈寿。

二十一日，班禅额尔德尼派扎西宗卡寺的管家前往扎西孜迎请桑顶活佛再世化身与其母亲。当灵童抵扎什伦布寺后，班禅为他们摩顶赐茶，厚赠礼物。

七月七日，昂噶活佛（ཨང་ཀར་ཞབས་དྲུང་།）到来，向班禅额尔德尼献礼祈寿，班禅为他传授《时轮修行仪轨文殊意饰》。昂噶活佛为建立班禅高寿百岁的缘起，敬献了用 300 两白银制作的佛像一尊，以及其他一些自现的佛像。在他辞别时班禅给予他厚赐。

八月一日，应报丧者之请，班禅额尔德尼为赤钦诺门罕阿旺却丹诵经超度。

自上年至此年九月五日，班禅额尔德尼先后跟从经师闻习《甘珠尔》，因此敬献银制曼札一具、黄金 3 两、白银 100 两等 7 件礼物，谢授教之恩。有诗赞道：

佛陀莲花口吐之真言，
在雪域高原译出传播，
逐字闻听之甘露流水，
将您心田之宝瓶充满。

如此殊胜业迹之妙音，
使众佛满意喜露笑脸，
一切喜爱善业之天神，
高歌颂扬声响彻云天。

十一日，给乾隆皇帝请安的使者噶究益西自北京返回，向班禅额尔德尼呈献乾隆皇帝的敕书及所赐礼品水晶日用器具、坐垫、靠垫等。

十四日，会见青海多吉王代表洛桑班觉与达颜都拉法主噶钦洛桑次仁，受彼等献礼。

二十三日，班禅额尔德尼会见噶当派普布觉师徒，与其进行佛事论谈。

其后，班禅额尔德尼派管家洛桑坚赞去拉萨为七世达赖喇嘛献曼札、黄金3两、马蹄银16锭等厚礼，以及宴会费白银300两；为朗杰札仓僧人与孜仲共298人赐尼泊尔银币各3枚。同时，给驻藏大臣请安送礼。

三十日，班禅额尔德尼于卧室设宴款待强巴仁布切，并一同谈论教理。

十月三日，班禅额尔德尼从强巴仁布切闻习《金刚摧破修念随许法》《金刚摧破修念洗礼法》。五、六日，从经师闻听《文殊菩萨修念随许法》《四臂观音念修法》《文殊金刚随许法》《胜乐随许法》《大威德金刚随许法》等，向经师献礼感谢授教之恩。六日，强巴仁布切告辞。萨迦寺达钦主仆前来拜见献礼，班禅给他们赐茶款待，像以前一样给以尊崇。班禅给昌都喜瓦桑波活佛（ཆབ་མདོ་ཞི་བ་བཟང་པོའི་སྤྲུལ་སྐུ།）主仆和康定的几名商人摩顶赐物，在用茶时班禅向活佛请教。

十一月八日，白江杰仲洛桑朗杰向班禅额尔德尼敬献《甘珠尔》一套、唐卡19幅。其后，班禅会见托林寺堪布、青海贡却王的代表，赐物授教。

三十日，父亲塘拉（ཐང་ལྷ།）主仆自扎西孜抵扎什伦布寺，班禅额尔德尼给他们摩顶赐茶款待。

是年，班禅额尔德尼遣人供祭了定结寺、鄂莫寺、宇洛寺之度母像，酬供各管家室、卧室、杰康，各寺庙护法神。不分流派为前后藏各大寺院及禅院施放物品，积福积德。

阿旺班觉完成《中观论》《现观庄严论》《律经》《俱舍论》修业献考，班禅赏赐绸缎、铃杵、绫绸、棉布等。章摩且巴洛桑金巴、洛桑达结、益西尊追、洛桑旦正、羌巴帮宇巴洛桑群培等人修完《释量论》第四章，重孜巴洛桑喜饶完成《时轮》《集密根本续》修业，温寺巴班丹曲扎、达巴坚赞修完《胜乐根本续》，喜饶群培修完《集密生起次第论》《胜乐生起次第论》《大威德生起次第论》，喜饶丹增完成《胜乐生圆二次第论》修业，洛桑钦则修成《菩提道红授》，隆噶丹巴洛桑俄色、群科伦波巴禄珠班桑、楚臣班丹等修完《慈氏五论》。班禅额尔德尼依例对以上献考者予以赏赐。

水猴年（1752 年）一月八日，托林寺堪布赛巴噶钦洛桑楚臣（མཐོ་གླིང་མཁན་པོ་དཀའ་ཆེན་བློ་བཟང་ཚུལ་ཁྲིམས།）迎请班禅额尔德尼到僧会，献上丰厚礼物并诵经祈寿。

十二日，经师洛桑索巴于班禅额尔德尼的卧室献礼并诵经祈寿。

去年班禅额尔德尼派人往拉萨呈书七世达赖喇嘛，请求传授教灌顶，七世达赖喇嘛同意请求，并定于今年五月会晤。

经师气血不和、腰部疼痛，他以前病发时赴达纳布鲁温泉（རྟ་ནག་འབྲུ་རྡུའི་ཚ་ཆུ།）沐浴治疗颇有助益，这次想看看是否有效，就前去达纳，在路上病情加重。在那里沐浴几次未见效果，按照班禅额尔德尼的指示返回，在三月十一日到达扎什伦布寺，拉章为其在僧会上供斋僧茶和法事，但是病情没有好转，于二十三日病故。班禅额尔德尼遣使前往拉萨向七世达赖喇嘛呈书信告知并献白银 100 两、绸缎 8 匹等 6 件回向礼。向法会施放斋僧茶 6 次，布施给每名僧人尼泊尔银币一枚，在前后藏各大佛殿献供品；为扎什伦布寺密宗札仓举行的《集密念修仪轨》法会提供费用，施予每名僧人尼泊尔银币一枚；为各大禅院施放斋僧茶 10 次，施予每名僧人白银 5 分。班禅向乾隆皇帝禀告经师病故情况。同时，派人向两位驻藏大臣报告详情。

是时，经七世达赖喇嘛与两位驻藏大臣同意，任命杰康洛桑群培为新任大经师（译者注：关于班禅额尔德尼经师去世、请七世达赖喇嘛新选定经师一事，驻藏大臣班第（བོད་བཞུགས་པན་དེ་ཡམ་པན།）和那木扎尔给乾隆皇帝的奏折说："奴才班第、那木扎尔谨奏，为奏闻事。奴才以班禅额尔德尼之师傅喇嘛罗布藏索特巴病故，请达赖喇嘛另行择师教习等情，俟达赖喇嘛由众贤能喇嘛内选出可为班禅额尔德尼之师者，再行具奏。等因。具奏在案。兹经达赖喇嘛挑选，以扎什伦布吉刚喇桑之堪布罗卜藏绰依木皮勒学问高深，心行正派，可教班禅额尔德尼擦尼特等情，将此经与班禅额尔德尼相商，亦为满意。等因。缮具奏书，恳请奴才等转奏。是故，将达赖喇嘛奏书一并谨具奏闻。乾隆十七年五月二十八日奉朱批：好。钦此。”），班禅额尔德尼写书信请钦差呈献乾隆皇帝。

四月四日，班禅额尔德尼会见后藏代本白蔡巴，并予以厚赏。

五月，班禅额尔德尼为进京朝贡之曲杰噶究洛桑勒智主仆饯行，按惯例向乾隆皇帝呈信及礼物。

乾隆皇帝降旨给班禅额尔德尼：“此次前往拉萨，为不给沿途百姓带来负担，减少联络人员，具体事宜与达赖喇嘛及地方政府联系”等。

二十一日，七世达赖喇嘛、摄政遣使邀请班禅额尔德尼，并下令为照顾班禅途中安全，不许惊扰百姓，途中附近各寺院、地方政府庄园供给一切费用。班禅厚赐迎请者与献礼者。

二十五日，班禅额尔德尼从扎什伦布寺起驾赴拉萨，日喀则宗、夏鲁寺、俄尔巴等附近寺院的僧队于大桥东欢送，班禅赏赐僧俗民众、歌舞者。如此经北路赴拉萨，道途迎送者络绎不绝，班禅每天要会见千百个迎送者，满足他们的愿望。其中有各宗宗本、诸大贵族、高僧大德及庄园管家等。大概的情形与上次去拉萨时相仿。

六月五日，色拉、哲蚌寺的上师活佛、执事、觉摩隆寺堪布、噶瓦东护法降神师等骑马相迎，巴布寺、扎莫孜巴、塘格巴等寺排列僧对迎驾。在朗孜用午饭时，班禅额尔德尼会见了驻藏大臣班第、南杰大臣、多杰大臣等官贵。每日拜谒者上千人，班禅分别予以赏赐。

午后，由觉摩隆、噶瓦东两寺僧人执仪仗迎请班禅额尔德尼到嘉尔波。加尔果琪等亦于其时迎接，班禅为他们摩顶。

六日，班禅额尔德尼由色拉、哲蚌两寺上师活佛、执事等100多人乘马迎到哲蚌寺辩经园，乃琼护法降神前来献哈达。诸上师活佛、执事设宴献礼。班禅分别为乃琼护法赠送五色敬神哈达及多种供品；为诸喇嘛、执事授讲修戒律教诫，并赐护身结。

午膳时，班禅额尔德尼会见3名大臣、大喇嘛、侍卫、加尔果琪、笔帖式、噶伦等汉藏官员及僧俗1000余人。

当班禅额尔德尼行至布达拉宫附近时，朗杰札仓、木茹寺、喜德巴、药王山热切林寺的仪仗队与身着礼服之群众列队于路旁，载歌载舞。布达拉宫屋顶彩旗飘扬，海螺鸣奏。班禅莅临日光寝宫时，向七世达赖喇嘛恭敬行礼，献上等内库哈达一对，然后师徒升座，热情叙旧，共进素宴。

当师徒二人莅临布达拉宫大经堂时，汉藏官员、色拉、哲蚌寺上师、执事、仲科尔等僧俗多人在此拜谒。尔后按班就座。噶厦设宴招待，由两名格西离席诵词祝贺，另有辩经、舞蹈等为宴会添彩。

宴会结束后，班禅额尔德尼莅临德瓦坚寝殿，赏赐仪仗队与歌舞队。

七日，噶厦宴请班禅额尔德尼、大强佐、新任经师及众随从等，并赠给礼物。大臣班第向班禅献马蹄银4锭、缎子8匹。其他两名大臣及官员亦献礼并诵经祈寿，班禅额尔德尼赐予哈达、油炸面点、护绳、香料等，依例为大喇嘛和两名卡饯行。先后为昂嘎夏仲、色拉寺7名上师、卡尔多活佛、嘉拉活佛、达波活佛、赖日活佛、曼康喇嘛、色拉寺领经师、执事、那兰扎寺堪布、色拉寺僧、哲蚌寺僧、德丹卓玛、文书、全集刻写者、学徒数名、汉族人数名，以及巴那雪地方僧俗民众摩顶，赐茶款待相谈；会见了噶伦、甘丹赤巴。

十一日，由拉章出资在大经堂宴请七世达赖喇嘛、班禅额尔德尼。朗杰札仓僧人作长寿仪轨，诵经祈寿，献银曼札、佛像、佛经、佛塔、僧衣、日用器具、黄金53两、马蹄银101锭、银制器皿、绸缎等149件。班禅额尔德尼手捧曼札，高诵祝寿词，发愿弘法利民，祈祷莲足坚固。

十二日，在禀告拉木护法后，班禅额尔德尼由随从陪伴朝拜各佛殿圣塔，供献祭品、敬神哈达等；为拉萨三大寺、上下密院、朗杰札仓施放斋僧茶，发给每名僧人白银一两；为色拉俄尔盖札仓、木茹寺每名僧人施予白银各两钱；为热振、央寺、群科杰、达波、泽当扎西噶丹群科、阿里札仓、沃喀宗其等寺每名僧人施予白银各一钱，其余者白银5分；向甘丹寺宗喀巴大师灵塔、热振寺文殊金刚像（ར་སྒྲེང་ཇོ་བོ་འཇམ་དཔལ་རྡོ་རྗེ།）、达隆寺仲敦巴像（སྟག་ལུང་ཆོས་རྗེའི་རྒྱལ་བ་འབྲོམ་གྱི་སྐུང་བསྙན།）、群科杰寺弥勒佛像（ཆོས་འཁོར་རྒྱལ་གྱི་བྱམས་མགོན།）、强巴林寺弥勒佛像（བྱམས་གླིང་གི་བྱམས་དགོན།）、宗其寺3尊天成弥勒佛像献五种百供与敬神哈达；为白拉觉与日吾甘丹两寺的阎摩罗护法像、群科杰寺的吉祥天女像（ཆོས་འཁོར་རྒྱལ་གྱི་དཔལ་ལྡན་ལྷ་མོ།）、小昭寺的护法像（ར་མོ་ཆེའི་མགོན་པོ།）8名僧人作仪轨法事一个月，敬献供品、哈达，祝愿乾隆皇帝万寿，国政兴隆，利益佛法众生。有诗赞道：

拉萨神奇的无量宫中，
佛陀再世的神像座前，

所献供品堆积如云山，
无漏大乐①使众佛欢欣。
宏伟事业的浓云密布，
广行施舍的雨露普降，
讲修佛法的波浪翻滚，
众僧汇聚欢乐满海洋。
说法宣教导引众生，
利乐他人毫无私情，
饶益众生有利佛法，
世间少有如此能人。

其后，班禅额尔德尼会见上师阿旺强巴，噶丹娘绒卸任师、珠康活佛（སྒྲུབ་ཁང་སྤྲུལ་སྐུ），一起研讨佛法教理。按照等级高低分别赏赠第穆呼图克图、四噶伦、两位公爵、内侍囊玛、各级仲科尔等人；给3位大臣等官员们赠送熏香、氆氇，为札细塘驻防的500名士兵各赐白银一两。

次日，诸官员向班禅额尔德尼献礼致谢。哲蚌寺宴请七世达赖喇嘛、班禅额尔德尼师徒，二位教主为僧众摩顶祝福。

六月闰十二日，是良辰吉日，在尊胜三界寝殿七世达赖喇嘛为班禅额尔德尼、赤巴智美、第穆活佛、大强佐洛桑次旺等七世达赖喇嘛和班禅额尔德尼的贴身侍从30余人传授《金刚鬘灌顶预备仪轨》。十四日，进行准备。

十五日，授完《文殊金刚坛城十七神灌顶》后，作为接受灌顶的供养，班禅额尔德尼向七世达赖喇嘛呈献10两金制曼札一具、15两金制法轮一轮、白海螺、黄金5两、马蹄银7锭、哈达、缎子等27件礼物，以及铙钹一对，供品折银150两、香21捆。七世达赖喇嘛为班禅额尔德尼赠送五佛冠②一顶、飘带、僧衣、僧裙、金刚铃杵等。是日，传授了《十七尊文殊金刚圆满灌顶》。

自此日起至七月十八日，班禅额尔德尼从七世达赖喇嘛闻听了《金刚鬘四十二坛城及外事善行三坛城》等共四十五坛城灌顶法。

① 无漏大乐指无漏空乐智慧，能以空性为对境的智慧。

② 一种头冠，上面有5个凸起的部分，代表五佛，即不动佛、宝生佛、无量光佛、不空成就佛、毗卢遮那佛（大日如来）。

次日，在胜乐卢伊巴①的会供轮法会上，班禅额尔德尼向七世达赖喇嘛献厚礼，在授胜乐轮六转变时轮灌顶时，七世达赖喇嘛身着骨饰法衣，坐于狮子宝座上，两侧树立宝伞胜幢等供物，空中飘下吉祥花雨，呈现主宰着大密金刚乘殊胜威严。有诗赞道：

雪域教主七世达赖，
弘法胜作一切部主，
上空五明②如云飘荡，
地上明妃手捧供物。
妙欲声母高声歌唱，
多么神奇救世之主，
身为无上密乘教主，
萨乐和③师远赴故土。

是时，色拉寺与朗杰札仓宴请班禅额尔德尼，班禅接受礼物，为僧众摩顶。

乾隆皇帝降书赐上等哈达100条、小哈达100条、茶100包，表示对已故的班禅额尔德尼经师的悼念，书礼经驿站由驻藏大臣转呈班禅。班禅受礼后，设宴款待驻藏大臣，并赠礼酬谢。当时七世达赖喇嘛的侍从也向班禅献礼。

十六日，班禅额尔德尼会见并为以昌都活佛、热雅活佛、喜德巴喇嘛为

① 卢伊巴是印度八十四大成就者之一。“卢伊巴”意为食鱼内脏者，班禅额尔德尼因此而得名。他本是国王的一位王子，不愿继承王位，来到菩提伽耶修行，有一位空行母摄受他，并给予他教授。一天王子去市集，来到一卖酒妇的酒店中，酒店女主人是世间空行母，她看见王子，就说：“你身上四个轮脉的染污皆已清净，只有心间豆子大小处对种姓的执着尚未清净。”酒店女主人将装在陶罐内的腐败食物给王子，王子心生厌恶，空行母就生气着说：“你若不能舍离对食物善恶的分别，怎能生出佛法呢？”王子细思偏执妄想和对世俗的分别是解脱的障碍，就决定舍离妄想偏执和对世俗的区别。他就专门捡食渔人将鱼杀死后抛弃的鱼内脏，并就此专心修持12年。他吃食鱼内脏，所有卖渔妇皆看见，所以大家称他为卢伊巴。他以此名声振四方，并证得了成就。

② 这里指大五明：(1)声明，声韵学与语言学；(2)工巧明，即工艺、技术、历算之学；(3)医方明，医药学；(4)因明；(5)内明，即佛学。

③ 萨乐和亦译沙拉哈巴，是印度八十四大成就者之一。他是婆罗门种姓，生于东印度（རྒྱ་གར་ཤར་ཕྱོགས）拉吉大城的若里巴地方。他是空行母的儿子，虽然是婆罗门，却对佛法极有信心，曾听闻无数上师说法，对密法特别有信心，因此班禅额尔德尼同时遵守了婆罗门和佛教的戒律。他白天遵守婆罗门规范，晚上则遵循佛教的行持。他显示神通，使众婆罗门和国王都向沙拉哈巴大师顶礼，请求教授。大师就向国王、王后和人民等唱诵歌曲口诀，唱诵了3种口诀。众婆罗门舍弃了外道，皈依佛教。而国王和大臣们也都得到了证悟。他经过修行得到了大手印的最上成就。在利益了无量众生后，他和妻子二人共同前往空行净土。

首之僧俗150人,以及康区察瓦岗人(ཁམས་ཚ་བ་སྒང་པ།)等僧俗摩顶。他与两位活佛及喜德喇嘛一起谈论佛事,并单独会见孜雪官员。

之后,班禅向释迦牟尼与米觉多吉佛像献千供、敬神哈达,向天成五位一体十一面观音像(རང་བྱུང་ལྔ་ལྡན།)献百供;为热卡扎、色拉孜、普布觉等寺的修行僧传授《上师瑜伽论》等。

七月一日,班禅额尔德尼为热堆与叶尔巴寺的僧人摩顶。

二日,班禅额尔德尼会见上下密院僧人。之后为青海亲王之女桑珠卓玛诵经超度。

五日,七世达赖喇嘛和班禅额尔德尼在大殿会见甘丹寺喇嘛、执事、僧众及色拉寺俄尔盖札仓僧人并为他们摩顶赐福。

以前,班禅额尔德尼曾为关于任命洛桑群培为经师一事上奏乾隆皇帝。六日,圣旨经驿站送达,由驻藏大臣呈献给班禅。圣旨中:"允许新任经师教授班禅额尔德尼,并鼓励让班禅好好学习教理,若奉旨而行,又有增上缘。"班禅额尔德尼立即上书谢恩。

十二日,噶厦在大经堂设盛宴招待班禅额尔德尼,会上朗杰札仓僧人行无量寿佛坛城供修仪轨,七世达赖喇嘛向班禅额尔德尼赠送曼札一具、佛像、佛经、佛塔、衣服、日用器具、黄金25两、马蹄银70锭、尼泊尔银币10001枚、银器数件、绸缎、绫布等163件。七世达赖喇嘛手捧曼札赞颂前几世班禅额尔德尼的业绩,鼓励此世班禅要依先辈之遗言,广闻博学,弘扬释教,利益众生,事业圆满。班禅额尔德尼亦予以回答,按照职位大小分别赏赐七世达赖喇嘛的大强佐、经师及随从。

十三日,七世达赖喇嘛新建的胜乐、集密、大威德三本尊立体坛城落成,以七世达赖喇嘛、班禅额尔德尼为首,在仪轨师的协助下举行开光仪典,为3座坛城供献了丰厚供品。诸位官员与各部代表向班禅额尔德尼献礼。班禅先后为吉仲活佛、三巴活佛、觉贝巴、贡噶札萨克的上师、信使、桑日杰增玛(ཟངས་རིའི་རྗེ་བཙུན་མ།)、贡却王喇嘛的使者、亲王的代表、夏仲之妻子、赛多夏仲(གསེར་ཐོག་ཞབས་དྲུང་།)的使者、尼玛塘夏仲(ཉི་མ་ཐང་གི་ཞབས་དྲུང་།)、当雄蒙古、那曲地区的代表等僧俗民众摩顶并赐茶款待;为色拉寺俄尔盖札仓、色拉孜禅院、帕蚌喀禅院、格佩禅院、卡尔多禅院、木茹禅院、普布觉寺、热卡扎禅院、扎日甘丹寺、扎西曲林禅院、曲桑禅院等施放斋僧茶各20次;为《白伞盖佛母禳解仪轨》及《般若波罗蜜多心经禳解仪轨》法会、甘丹寺救度母《般若波罗蜜多心经》禳解法会施放斋僧茶20次，给宗喀巴大灵塔献千供、敬神哈达。

是时，七世达赖喇嘛准备为班禅额尔德尼传授密多罗卓格传规的《大成就灌顶》。二十二日，达赖喇嘛传授《事部》前灌顶。二十三日，进行正式灌顶。上午传授《妙音天女灌顶》，下午传授《财神之灌顶》。

二十四日，授完《事部灌顶》，为传授瑜伽部与无上瑜伽部灌顶作准备。在授《无上瑜伽部九尊大慈悲观音菩萨灌顶》时，七世达赖喇嘛授予班禅额尔德尼法轮、珍宝、金刚、妙莲、各种金刚、木杵、眼药、明镜、弓箭、颇鼓、褥垫等。

八月一日，在噶当切巴殿，七世达赖喇嘛与班禅额尔德尼为色拉、哲蚌两寺上师和执事、哲蚌哈尔东康村与桑洛康村的僧人、札萨克台吉，以及住在拉萨的尼泊尔人摩顶加持。

其间，师徒二人洗浴休养7日，每日上午授一种灌顶。噶厦向班禅额尔德尼献礼并诵经祈寿，供给食品。

七日，班禅额尔德尼为色拉、哲蚌、俄尔盖札仓、木茹寺、扎西迴寺、各修行院法会提供所需费用，请僧众诵经祈寿。

十三日，班禅额尔德尼为塘萨噶丹群科寺全体僧人，都松饶林寺（རྡོལ་གསུང་རབ་གླིང་།）僧人、格培寺僧人摩顶。

九月三日，七世达赖喇嘛授完密多罗卓格传规的所有灌顶法，始授大威德金刚十三尊坛城灌顶法，并授命班禅额尔德尼以此神为修行本尊，便可获一切成就。在灌顶之后为了使空行的男女空行生起欢喜，酬补法誓，举行了广大的胜乐会供。

是日，巴那雪巴次旦扎西（སྣ་ནག་ཞོལ་པ་ཚེ་བརྟན་བཀྲ་ཤིས།）拜谒班禅额尔德尼并献礼祈寿。

六日，钦差抵达拉萨，转告乾隆皇帝对班禅额尔德尼的问候。

八日，闻习时轮灌顶法，作随执学生。

九日，作授灌顶准备。之后作净地仪轨与建立彩色坛城仪轨。

十五日起，七世达赖喇嘛传授随顺克珠杰修行坛城趋入七灌顶之初次灌顶、大灌顶、金刚大主灌顶，在两天内传授完一切实践方法。

其后，班禅额尔德尼会见亲王代表，拉木护法降神师、达尔罕贝勒使者、喇嘛丹曲的转世化身、晋美旺嘉公、却藏活佛、几名嘉绒人、哉务马索的使者、嘉东活佛、善巴活佛之父等很多僧俗民众，给他们摩顶、赐茶。我（本传记作者二世嘉木央活佛晋美旺布）①与侍从于九月抵达拉萨，并请求班禅额尔德尼摩顶，甘珠尔活佛向班禅额尔德尼献礼。是时，驻藏大臣班第辞行，班禅额尔德尼赠给他佛像、香包等。

我请求参加听受灌顶教法的行列，七世达赖喇嘛高兴地同意了。二十二日，七世达赖喇嘛讲授由钦南卡扎搜集整理的《那塘百种随许法》，每日授5种，二十六日授毕。

二十七日，始授瓦日百神法，每日授9种，十月四日授毕。

十月五日，传授修行仪轨法海，十八日授毕。

七世达赖喇嘛在传授3种随许法的同时，讲解了各自的内含。每授一种的始末，班禅额尔德尼献银曼札谢恩。

是时，德觉喇嘛向班禅额尔德尼转呈了章嘉活佛②给七世达赖喇嘛的礼物。

噶伦多喀巴、噶伦噶细公班智达、札萨尼玛坚赞等晋谒班禅额尔德尼并献礼。之后，班禅单独会见旺钦夏仲。当时我亦生起崇信之心，从僧众中起立，向班禅敬献礼物。

十九日至二十日，班禅额尔德尼从七世达赖喇嘛处听完《护法十三令随许法》后，与阿旺强巴进行长时间教理论谈。贡噶丹增公献厚礼祝寿。

二十一日，始闻《三念珠梵译本》与《止雅萨莫杂》。

二十五日，达赖喇嘛与班禅额尔德尼师徒二人同去拜谒观世音洛嘎夏拉像与宗喀巴大师灵塔。

二十六日，班禅额尔德尼始闻《达赖喇嘛全集》。

---

① 二世嘉木央晋美旺布1728年生于青海省尖扎县囊拉千户家，7岁时随伯父东科尔活佛索南嘉措居住，13岁时从东科尔活佛受沙弥戒。1743年拉卜楞寺德瓦仓活佛罗桑顿珠在青海黄河南蒙古亲王察罕丹津的王妃南杰卓玛支持下，认定他为一世嘉木央活佛的转世，迎入拉卜楞寺举行坐床典礼。1749年从章嘉国师若必多吉受比丘戒。1754年进藏学法8年。1759年返回拉卜楞寺，曾任拉卜楞寺和青海塔尔寺、佑宁寺法台，1768年应邀去内蒙古、北京、五台山等地传法讲经，1772年返回拉卜楞寺，同年乾隆皇帝敕封他为"扶法禅师班智达额尔德尼诺门罕呼图克图"。他主持拉卜楞寺寺政十几年，对拉卜楞寺的发展，建树颇多。1785年他再次进藏，以在内蒙古等地募化的20万两白银收集购置藏文经卷典籍万余部，全部带回拉卜楞寺，并应仲巴呼图克图和七世班禅额尔德尼的请求，撰写《六世班禅额尔德尼传》。1789年应邀担任青海化隆县夏琼寺法台，卸任后于1791年十月在返回拉卜楞寺的途中圆寂于化隆县甘都地方。他在西藏时，曾多次拜见六世班禅，在六世班禅进京朝觐时，又在甘青一带亲自迎送，在写作六世班禅传记时有条件查阅扎什伦布寺的大量记录，因此六世班禅传中许多细节都能一一如实道出。

② 章嘉若必多吉，密宗名益喜丹贝准美（1717－1786年）第三世章嘉活佛。

十一月二日，四川理塘曲宗（ཁམས་ལི་ཐང་ཆོས་རྫོང་།）派使者来拜谒献礼，班禅额尔德尼予以回赠。

三日，班禅额尔德尼听受完《达赖喇嘛文集》。

四日，七世达赖喇嘛为班禅额尔德尼、弥纳堪布、德觉喇嘛、下密院堪布、俄尔盖札仓喇嘛传授《菩提道三士要道》《金刚萨埵念修法》《七药师佛重叠跏趺观想法》《萨迦十三金法》中的《黑文殊修行法》等。

五日，授《狮面母》《妙翅鸟》《布禄金刚》等随许法。

是日，南杰札仓向班禅额尔德尼献礼并诵经祈寿。

如是，七世达赖喇嘛广授《灌顶随许法》，犹如赐授如意宝瓶，内装甚深妙法。为感谢七世达赖喇嘛传授教法的大恩，六日，班禅额尔德尼提取白银 650 两，设盛宴招待，敬献银曼札一具、黄金 1000 钱、马蹄银 121 锭、缎子一匹等 155 件。班禅献礼时赞颂道：

吉祥！
殊胜智慧的太阳，
射出三乘妙言万光，
培育具缘众生莲花。
密乘坛城之主啊！
今天向您顶礼颂扬。

如是慈悲之怙主观世音菩萨于无限劫之前，于佛智根等十万佛前首次发利益有情众生之愿，中积大资粮①，后弃二障习气②，清净圆满无上佛教，遍执释迦佛祖之胜光，以慈悲誓愿教化众生。经中说："若尔明月升起，一切无量影像，反射于清水中，却未成两种月。"一切有情，尤其雪域民众之怙主，执持独神白莲，于此浊世坚守黄衣先哲之教规，勤于闻思修、讲辩著，弘扬释迦佛祖之教。尤慈悲于我③传授四续部等清净能熟，广赐诸种正法甘露，于

---

① 资粮在佛教指善业，包括福德资粮与智慧资粮两种。

② 二障指"烦恼障"与"所知障"。瑜伽行派与法相宗对贪瞋痴等诸惑就其能障碍成就佛果的作用所作的分类。(1)烦恼障：以我执为首的诸烦恼，谓此烦恼能障涅槃；(2)所知障：以法执为首的诸烦恼，谓此烦恼能障觉悟。

③ 指五世班禅额尔德尼。

续器之中加持，恩德无边。我受用身①于三界积业粮，以微薄缘起礼物奉献于您，感谢无可伦比之持金刚怙主，“祝您于佛法众生之吉祥金刚宝座，百劫坚住，掌持法轮，广弘第二佛祖宗喀巴之教理，居于神等一切圆满众生之佛位”。七世达赖喇嘛予以答复。

下午，七世达赖喇嘛为班禅额尔德尼传授《金刚护法入心随许法》，班禅献金鬘装饰的曼札一具。之后，为所有求法者传授《吉祥独尊神母随许法》《四臂护法随许法》。之后，班禅为嘉雅夏仲（རྒྱ་ཡག་ཞབས་དྲུང་）授教。噶厦设宴为班禅赠贶礼银曼札、衣服、马蹄银85锭、缎子105匹、茶叶1001条。大强佐、经师、众侍从亦受到赏赐。

是日，七世达赖喇嘛授《一面两臂大威德金刚念修法》《兜率上师瑜伽论》等。

次日，班禅额尔德尼为色拉、哲蚌两寺喇嘛传授《菩提道三士要道》。下午，从七世达赖喇嘛闻习《无量寿经》。

十四日，班禅额尔德尼为我（作者）与其他几名僧人诵传了《上师瑜伽论》，为夏仲夫人德丹卓玛及其随从摩顶、传授教法。

午后，班禅额尔德尼会见喀尔喀信使等僧俗多人。从七世达赖喇嘛始闻《菩提道次第广论》《四家合注》。是时，班禅将所献曼札与银盘置于彼处，在其闻法期间出现了奇相。次日，班禅派本仓格敦顿珠禀问七世达赖喇嘛：“请解释昨日前奇异之相。又一日，在授法之际，泪水盈眶，有言难语，定见非凡之异状，请勿回避，直言赐教”。七世达赖喇嘛回答：“吾虽无教悟之广识，但一切圣者，都能以上师及本尊混为一体出现眼前。班禅实乃无量光佛之化身，在一般凡夫之眼前皆可显现。”

在拉萨期间，七世达赖喇嘛与班禅额尔德尼经常会晤研讨佛法，七世达赖喇嘛教诲说：“班禅仁布切肩负佛法重任，应如先世，通观显密教法”，同时授教大强佐。如此，七世达赖喇嘛不辞劳苦，为报恩师前世班禅之恩，远虑佛法，将无数灌顶、诵传、随许法、秘诀授予班禅，成为佛法长兴人间之良药。

十一月十七日上午，七世达赖喇嘛与班禅额尔德尼在寝宫研讨教理。

① 受用身有两种：“一自受用”，指佛累劫积德所得之永恒不变，能使自己受用“广大法乐”之色身。“二他受用”，指佛“为住十地诸菩萨现大神通”，令其“受用大乘法乐”之“功德身”。

达赖喇嘛赠送释迦佛祖铜像时说:“如今没有出现灾难,因吾长时教授,弘扬教法,因您为佛法之根本,法主已成,吾心安矣”。班禅听后脸色凝重,泪水盈眶。他们师徒二人,握手相对,有言难说,难分难舍。在此具乐之土,无量光佛与观世音菩萨作为师徒,在此不净之土如喇嘛赤木迈尔巴与王子贡却、阿底峡尊者与仲敦巴嘉瓦迥乃亦为师徒,一切的一切皆为缘起。依此所缘此土的众生,不分派别,以自力消除一切灾难。一切置身局外的贤者亦看见师徒二人的所作所为,信仰之月光使手中莲花合闭开放,宣扬赞颂。如此,班禅额尔德尼莅临拉萨遍依圣者莲花手种之冠①,大密金刚乘之灌顶加持之宝充满心田,降洒甚深法雨,成为富裕之法王。

以上为《尊胜上师有寂世界顶饰班禅遍知一切罗桑班丹益西贝桑布传——太阳之光》之第五章“从七世达赖喇嘛·格桑嘉措听受经典并受灌顶”。

第六章　从洛桑群培受比丘戒

如是,班禅额尔德尼在拉萨期间,富有者所献礼物不可计数,每日恭敬、拜谒班禅者都达到千百人之多,他们享受一切善趣与解脱之喜宴,远离佛法众生之障害。十一月十七日吉日,班禅从布达拉宫启程,100多人骑马将其送到索措热瓦,班禅予以赏赐。从荣地上路,途中受到各大寺院仪仗队、各村群众、歌舞队、各宗宗本的迎接供养。班禅都分别予以回赐,每日为晋谒者摩顶,满足求见者的愿望。

十二月四日,由扎什伦布寺、拉章的上千人的马队、歌舞队排列路旁迎驾,以及手持各种供物的千名僧人簇拥着到达扎什伦布寺,登上胜幢高座。有诗赞道:

犹如出洋觅宝之商主,
满载珍宝而重返故土。
手持甚深佛法如意宝,
高坐于诸贤德之额头。

---

① 指七世达赖喇嘛。

之后，父亲塘拉、代本然巴瓦、联络官管家云丹勒智、雪德巴、色拉寺总管等向班禅额尔德尼献礼祝贺。

六日，班禅额尔德尼莅临大经堂为诸献礼者、迎驾者、仪仗队、歌舞者摩顶加持，并分别予以赏赐；同时派人呈书七世达赖喇嘛，感谢在拉萨的接待，说明托怙主大恩，平安抵达扎什伦布寺。管家云丹勒智等辞行，班禅给他赠礼。

是时，为替换宗喀巴大灵塔中的装赃物而新造的宗喀巴全集刻印完毕，班禅额尔德尼于十五日为此赞颂吉祥，供养于依噶群增寝殿中。

七日，翁牛特部的大喇嘛、瑜伽师杂日的代表拜谒班禅额尔德尼，献礼并诵经祈寿。班禅为不丹政府代表、旺钦夏仲、僧茶等各地来人摩顶。

九日，班禅额尔德尼莅临石板殿为全体僧人摩顶，会见新任吉康札仓的翁则拉卡巴噶钦洛桑尊追。尔后，诵经为旺钦夏仲与喀尔喀代表饯行。

是年，重孜巴噶钦洛桑楚臣修完《集密生圆二次第论》献考，班禅额尔德尼赏赐八瑞相哈达、袈裟、花缎、茶叶 11 块、棉布等。协乃巴洛桑格勒、洛桑噶丹、嘉钦孜巴洛桑群培、章摩且巴益西班觉、托巴益西旺秀、乃巴洛桑才旦、日卡巴洛桑喜饶、洛巴益西克珠等献《释量论》第四章考试；群科伦布巴喜饶坚赞献《释量论注释总义》考试；温寺巴益西曲札、嘉木央曲札、巴旦楚臣、楚臣巴丹、洛桑拉旺、喜饶巴丹等修完《胜乐根本续》献考，班禅分别予以奖赏。

水鸡年（1753 年）一月六日，赴任喀尔喀喇嘛的噶钦桑丹的同伴洛桑扎西、嘉钦孜巴、达纳巴、日卡巴、以及帕索噶丹饶杰巴（བ་སོ་དགའ་ལྡན་རབ་རྒྱས་པ།）、涅仓巴洛桑班觉、噶喜之母索朗拉珍、谢扎西格培寺喇嘛等各自献礼物，班禅额尔德尼予以回赐。之后，向噶丹饶杰寺施放斋僧茶，赐予大经堂大缎格子与理洛宝形一幅。

十二日，班禅额尔德尼下令在扎什伦布寺与其他小寺建立为七世达赖喇嘛祈寿的念诵法会。法会期间，班禅布施给每名僧人吉祥哈达一条；向密宗札仓施放斋僧茶，向大经堂屋檐增置半满呢绒遮盖宝幔，敬献佛经、佛塔、供品等。

那塘寺管家仲然巴格敦顿珠、达纳仁钦孜寺管家仲然巴洛桑达结、卓科商贾头领等人各献礼并诵经祈寿。

十六日，班禅额尔德尼为近万名僧俗民众摩顶。

二月，班禅额尔德尼先后为德格的信使与理塘寺堪布使者摩顶。前藏代本俄珠朗杰前来拜谒献礼。

二十一日，班禅额尔德尼派遣管家洛桑坚赞去拉萨为七世达赖喇嘛献礼并诵经祈寿。

三月三日，拉木护法降神师抵达扎什伦布寺，班禅额尔德尼祈请护法降神，并作迎遮空行母禳灾祈福仪式，酬谢护法。

十二日，拉木护法神师、喀尔喀贝子班觉多吉、东科寺①代表拜谒献礼，班禅受礼为东科尔活佛阿旺索朗嘉措诵经超度，并赏赐二位使者。

四月十四日，噶厦特使管家格桑顿珠、昂仁寺堪布拜谒献礼，班禅额尔德尼予以热情招待。

十九日，奉七世达赖喇嘛之命，噶厦特使迎请班禅额尔德尼到僧会上献银曼札、佛像、佛经、佛塔、衣服、日用器皿、黄金5两、马蹄银51锭、茶叶500包、绸缎，诵词祝寿。诸噶伦献礼品。

是时，班禅额尔德尼为大僧会施放斋僧茶50次，布施每名僧人哈达一条、白银一两；为8名僧人赐皮衣各一件。尔后，为诸代表与日喀则宗本等献礼者七八百人摩顶。尔时，自铁羊年始建的银制宗喀巴像、宝座、围幔落成，班禅与诸僧举行开光仪典，供养于扎西平措殿主塔之中，扎什伦布寺为祈寿者赠厚礼；后遣使给七世达赖喇嘛呈献信函，献曼札、黄金300两、马蹄银45锭、绸缎51匹，蒙古绸以及珍贵药材，以酬谢恩典。

五月十二日，七世达赖喇嘛奉“达赖喇嘛派数名翁则与舞蹈师来京”之圣旨，写书信给班禅额尔德尼要求扎什伦布寺派出两名舞师。班禅接书后即派嘉钦孜巴仲然巴洛桑格敦与绒措色噶钦洛桑赤列赴京。临行时，班禅予以厚赐。

六月四日，是良辰吉日。下午班禅额尔德尼莅临法会传授《辨理论》，司库献礼祝贺。之后，班禅于法会与兑桑林巴上师辩经，从某身态、语调、智慧诸方面，使

① 东科寺位于青海省湟源县境内，为清朝驻京呼图克图东科活佛的寺院，由东科尔四世多居嘉措(1621－1683年)创建，1721年罗卜藏丹津叛乱时被毁。东科尔五世索南嘉措(1684－1753年)重建。

上师折服。辩经结束后,大管家敬献哈达祝贺。

十六日,侍从、四大学院上师、僧徒各献礼祝贺。勒参巴(五品僧官)亦献礼祝贺。

从此,每遇夏季两次法会与秋季两次法会,班禅额尔德尼与经师等人辩经,智慧的窗扉犹如池塘的莲花般开放;尊体仿佛雌鹅欣跃,吟唱应成之歌。

七月,班禅额尔德尼仍莅临法会,善作法事,为僧徒摩顶。

八月二日,经师洛桑群培献辛迪巴所著的《释量论辨解》第四章一书与黄红熏香数捆,班禅额尔德尼回赠护身结、衣服等。

二十日,班禅额尔德尼会见郡王索朗旦增与巴图尔公、木雅夏仲之代表,并予以摩顶回赠。

九月三日,附近禅院僧人举行上师供仪轨,诵经为班禅额尔德尼祝寿,班禅予以布施。尔后,会见青海贡却王之代表、饶旦公及为女领主额尔喀夏热献回向礼物的人员等,诵经赐物,满足各自要求。

十五日,北京钦差噶究洛桑勒智主仆抵达扎什伦布寺,向班禅额尔德尼呈献诏书和礼物,班禅为他们摩顶,并问乾隆皇帝安泰。

二十三日,洛桑勒智向班禅额尔德尼献礼并诵经祈寿。是日,班禅单独会见比丘热卓并为其授教。

二十五日起,班禅额尔德尼先后为察哈尔喇嘛达结、苏尼特达玛公、柴达木额尔德尼岱钦的代表主仆、勒孜巴及修行僧数人摩顶。

闰九月七日①,柴达木喇嘛噶钦益西西尼与其同伴丹巴雅培、洛桑丹巴兄弟等人抵达扎什伦布寺,迎请班禅额尔德尼到僧会上献礼并诵经祈寿。之后,班禅应丹巴雅培请求,单独会见并授教。

八日,强巴仁布切向班禅额尔德尼献礼并诵经祈寿,为僧会发放布施。

九日,班禅额尔德尼为上述诸客饯行。

十三日,拉孜欧曼林僧人于班禅额尔德尼寝宫献礼祝寿,班禅予以回赐。

尔时,重孜巴的母亲献珍珠头饰、琥珀耳环等珍品。班禅额尔德尼为其及侍从、卓玛布喇嘛、70名阿里僧人摩顶,任命嘉钦孜巴仲然巴达木曲云丹

① 按藏历计算,本年有两个九月。

接任柴达木额尔德尼岱钦之上师。

二十一日，班禅额尔德尼为多康地区的佛法明灯小札雅活佛及其父母随从摩顶赐茶。小札雅活佛代献大札雅活佛的回向礼，向僧会施放斋僧茶，班禅受礼诵经为大札雅活佛超度。

从二十六日开始，班禅额尔德尼先后为喀尔喀巴智王之上师当钦巴噶钦洛桑扎西、亲王德庆嘉布之喇嘛达纳巴噶钦洛桑塔却主仆、亲王代表、贝子茨贡嘉布使者贝子洛桑次仁之代表、札萨克次仁培之代表、旺钦诺门罕两名代表、喇嘛主仆、毕力克图诺门罕管家、格贵主仆等多人摩顶，赐茶款待交谈。

十月三日开始，札雅活佛洛桑丹巴贝旦、贝子洛桑次仁、贝子喇嘛洛桑丹增、巴智王上师洛桑扎西、亲王德庆嘉布等先后献厚礼祝寿。亲王德庆嘉布与夫人仁钦杰姆祈求保佑来世平安。

其后，班禅额尔德尼单独会见香·哲蚌医师父子，应札雅活佛请求，莅临法会讲授《菩提道炬论》，应两名喇嘛请求，授《上师供仪轨》《药师佛念诵仪轨》等。

从十一日开始，先后应札雅活佛及其父亲、3名管家请求，班禅额尔德尼诵传《胜乐鲁欧巴修证法》《菩提道次第引导方便道论》《克珠桑杰益西全集》《天神鼓音》等论著，为亲王德庆嘉代表授《长寿甘露流》。

贡嘎额尔喀阿噶信使、札雅活佛原任管家等拜谒献礼。之后，班禅额尔德尼为拉达克王之信使及其随从30余人摩顶赐茶款待。

十七日，喀尔喀上师的使者告辞，班禅额尔德尼赐给加持塔、佛像、香料、氆氇等。

班禅额尔德尼自从六月始修摄类学，成绩显著。但为了全面掌握，七世达赖喇嘛一边赠送礼物祝贺，一边致书班禅额尔德尼说："要邀请数名格西于卧室昼夜陪伴修习"。

二十日，班禅额尔德尼为札雅活佛主仆赠送佛像、熏香等。

十一月五日，兑桑林札仓邀请勒雪林巴噶钦益西迥乃、噶丹饶杰巴噶钦洛桑坚赞，夏孜札仓邀请洛巴噶钦夏仲云丹坚赞，吉康札仓邀请吴坚宗巴噶钦洛桑索巴等因明大师每日于班禅额尔德尼的日光寝宫辩论经典。

从十二月七日开始，班禅额尔德尼先后为红帽活佛、司徒活佛的使者、白朗贝宇贝、仲噶的家女主仆、琼孜热巴瓦、康布寺布喇嘛，以及康巴、安多、南木措等地区的信众摩顶。

是年，强巴帮宇瓦洛桑尊追、嘉康巴洛桑图丹、章摩且巴朗杰赤列、哈尔东朗杰群培、白图巴益西桑旦、益西丹增、坚隆巴朗杰桑珠、冲卡布巴洛桑群培、达摩巴益西尼玛等献《释量论》第四章考试；群科伦波巴洛桑托麦、曲达结伦珠巴桑、达瓦班觉、洛哲坚赞等献《慈氏五论》考试；桑杰贝桑和桑杰班觉修完《量现宝藏论》注释等，丹巴嘉措修完《中观论》《现观庄严论》《律经》《俱舍论》第四部经论，夏鲁巴楚臣嘉措修完《时轮摄略经》《自生圆满仪轨》，钦热恰珠修完《业遗补遗》，贡噶洛色修完《时轮摄略经》《神舞》，温寺巴益西格勒修完《菩提道次第引导方便道论》，德勒贝桑、嘉央曲扎修完《胜乐根本续》，南热杰达波寺饶降巴格桑云丹伦珠修完《俱舍论》《律经》《释量论》《三律仪分别论》，日卡瓦洛桑丹巴修完《般若经第八品辨析》，古格仲然巴洛哲嘉措修完《菩提道次第引导方便道论》、宗喀巴传承《上师瑜伽论》。班禅额尔德尼对以上献考者按其经函大小赏赐护身结、哈达、绸缎、衣服、茶叶等。

木狗年（1754 年）一月八日，班禅额尔德尼开始诵读殊胜大师辛迪巴洛哲坚赞传承丹巴达桑巴记录的《释量论辨析》，宗谿头人、拉孜宗本洛桑喜饶、托林寺卸任堪布洛桑赤列、鲁定头人洛桑群培、东噶寺管家洛桑赤列、哈尔东米村等前来敬献礼物。拉达克王之管家和迥仁布切亦于当时献礼。

二月七日，萨隆噶丹群科寺向班禅额尔德尼献礼并诵经祈寿，班禅予以布施。

噶钦洛桑朗杰、甘珠尔诺门罕活佛、巴寺堪布、翁则等献礼，班禅额尔德尼为他们传授《大慈悲经》《文殊赞》等。同时，为色拉、哲蚌二寺僧人摩顶，满足了求见者之心愿；为白蔡群则及其随员授宗喀巴大师的《律心海摄颂》《菩提道次第略论》《祈寿如意慧母》《长寿仪轨甘露流》等。

三月八日，经师洛桑群培献礼并诵经祈寿。

其后，班禅额尔德尼会见拉达克王扎西朗杰的代表 30 人，白居寺辩经僧 20 人、噶丹饶杰寺与扎西格培寺的教规师、哲吾雄巴、新任勒智喇嘛等，给他们摩顶。

光阴似箭，岁月流逝，班禅额尔德尼虽然很忙，仍习经文不休，还抽空会见求见的信徒。尔时他已精通摄类学的全部内容，陈那师徒①之辩理学说高深莫测，班禅额尔德尼也在继续深造。

从十三日起，班禅额尔德尼与上述辩经格西同习《释量论》，进行辩论。各位常住侍从向班禅献礼祝贺。

是时，七世达赖喇嘛贵体欠安，为了从一切生老病死之中解脱出来而执持佛位，为了教化一切众生，使贵体康复，清净相好坛城，利益佛法众生，班禅额尔德尼派管家洛桑雅培前往拉萨向七世达赖喇嘛献礼物祝安。

四月四日，班禅额尔德尼为达颜都拉代表饯行，为各地来客摩顶。

五月五日，为北京钦差噶钦洛桑勒智主仆饯行。

之后，单独会见七世达赖喇嘛所派管家格桑顿珠。

十五日，班禅额尔德尼始修因明论著。七世达赖喇嘛派管家前来献曼札、佛像、佛经、佛塔、衣服、黄金 5 两、白银 1000 两、绸缎、长条茶，称赞班禅习经刻苦，精进努力。班禅额尔德尼之各位经师与 4 位因明大师亦得到奖赏。有诗赞道：

不依听闻的明灯，
难除愚昧的黑暗。
善说经理的上师，
与汝共布正理宴。
此情琵琶的妙音，
传到观音之耳中。
心海被喜风吹动，
赠品的波浪翻滚。

① 陈那师徒，后世佛教学者根据学派传承将陈那与法称称为陈那师徒。陈那（约 440 – 520 年），古印度大乘佛教瑜伽行派论师，佛教因明学的创始人。根据史书记载，他是南印度香至国人。早年从师学习犊子部教理，后改修大乘，为世亲弟子。在认识论方面，立见分、相分、自证分，称“三分家”。主要著作有《因明正理门论》《集量论》《佛母般若波罗蜜多圆集要义论》《观所缘缘论》《掌中论》《取因假设论》等。法称，约 7 世纪人，印度佛教因明派主要论师，生于南印度睹梨摩罗耶国。早年学习婆罗门诸外道教理，后改修佛教，从师护法与自在军学习唯识学与因明。主要著作有《大乘集菩萨学论》《金刚针论》《释量论》《量决择论》《正理一滴论》《成他相续论》。

其后，班禅额尔德尼给七世达赖喇嘛回信，献银曼札、黄金30两、马蹄银15锭、绸缎等，祝贺七世达赖喇嘛贵体康复。

十七日，班禅额尔德尼为七世达赖喇嘛管家饯行。

六月十九日，班禅额尔德尼开始坐夏①，沐浴5日。

二十五日，应格贵之请求，班禅额尔德尼莅临石板经院为僧众及所有求见者摩顶加持。

三十日，开始后季坐夏。其间，班禅额尔德尼每日莅临法会与4位辩经助理师论辩《释量论》文义，智理成熟，善于雄辩。后几日班禅因繁忙未能参加法会，而与几位因明大师于卧室辩论，智证之趋入犹如夏季大海高涨。

八月七日，青海察甘诺门罕、额尔德尼达赖、贝勒扎西次仁、台吉曲迥嘉布、哉务活佛、贡噶札萨克等官贵高僧之代表，以及西宁商贾、洛桑喜饶抵扎什伦布寺向班禅额尔德尼呈献各自主人的书信礼物，班禅分别回书，予以赏赐。

此前，七世达赖喇嘛经色拉、甘丹二寺莅临群科杰寺，九月十二日，七世达赖喇嘛返回布达拉宫，班禅额尔德尼派管家洛桑雅培前去献礼祝贺。

二十九日，管家洛桑雅培返回，向班禅额尔德尼呈献七世达赖喇嘛的书信礼物。

十月八日，帕江杰仲洛桑朗杰、拉孜寺堪布等一起向班禅额尔德尼献银曼札、金像40尊、《丹珠尔》一套，以及白银、缎子等礼物，班禅予以回赐。

二十五日，纳木莫巴次仁达结拜谒献礼。班禅额尔德尼会见杜尔伯特王与喀尔喀贝勒喇嘛的代表、固始汗益西顿珠、亲王、沙弥尼琼措代表。

二十七日，固始汗益西顿珠、达尔罕贝勒比丘、沙弥尼代表、杜尔伯特王的喇嘛、喀尔喀贝勒的喇嘛等各自献礼，班禅分别予以赏赐。

十一月，康区哉务康萨赤巴洛桑朗杰、其母沙弥尼及随员160多人、善知识益西坚赞晋谒献礼，班禅额尔德尼授教，予以回赐。尔后，为嘉钦孜巴札萨克喇嘛噶究益西赤列诵经超度，赏赐报丧者。

十六日，红帽活佛与司徒活佛代表、央坚强佐、图丹朗杰寺堪布、日喀则

---

① 坐夏亦称坐夏安居。律经中规定比丘、沙弥僧众，立誓承认于前后夏季3个月中，不出界外至黎明犹不还寺，不兴僧伽内讧，勤求闻修，维修寺庙倾圮等。

收粮官，以及多康地区客人拜谒献礼。

二十四日，德格寺堪布班典曲迥献寿礼。班禅额尔德尼为其主仆 150 多人赐茶，予以回赐。

十二月二日，由噶丹饶杰林出资，庄园与寺院联合在寝宫宴请班禅额尔德尼，作《无量寿九尊仪轨》法事，祈愿班禅长寿。班禅额尔德尼广行布施，赐予寺院布施，并为全体僧人传授《十三尊大威德修证仪轨》。尔后，为嘉拉阿卡诵经超度，回赐报丧使者。

二十五日，密宗札仓得到 161 件法衣、箱箧、10 个新制宝瓶为公积基金。

是年，达摩巴洛桑图多献修完《般若经第八品》考试，班禅额尔德尼奖赏哈达、缎子、北方绸、薄绫、茶叶、铃杵、南方棉布等。坚隆巴洛桑班觉、洛桑次旦、洛桑饶旦、杰仲洛桑班觉、白图巴洛桑金巴、德央巴夏仲洛桑强巴、协巴益西群培、益西次仁、益西群培、古格巴洛桑白玛、章摩且巴洛桑顿丹、拉卡巴洛桑扎西、散巴洛桑云丹等修完《释量论》第四章，温寺巴丹增嘉措、益西群培、洛桑格勒等修完《胜乐根本续》，益西迥乃修完《菩提道中论》，群科伦波巴洛桑贝丹修完《释量论根本颂》；夏鲁巴洛桑群觉修完《布顿佛教史》①《时轨仪轨》，桑珠噶丹巴益西桑波修完《慈氏五论》，班禅额尔德尼对修完献考者分别予以赏赐。

木猪年（1755 年）一月七日起，班禅额尔德尼每日于日光殿同辩经随从一起辩论，致力于因明辩理之研讨。

十八日，黑帽活佛的大管家主仆前来拜谒，班禅额尔德尼为彼等以及贡噶宗本噶吾襄巴主仆、乃宁寺新任上师与供僧茶等多人摩顶。

二月二日起，班禅额尔德尼先后会见拉达克桑地公、卡拉多吉喇嘛、却藏强佐主仆、南林宗本勒巴林巴主仆、几名供僧茶，并分别予以回赐。

三月三日，噶伦多喀瓦次仁旺嘉（བཀའ་བློན་མདོ་མཁར་བ་ཚེ་རིང་དབང་རྒྱལ།）前来献礼并为班禅额尔德尼祈寿。

是时，七世达赖喇嘛旧病复发，气促咳嗽。扎什伦布寺拉章派管家洛桑

---

① 《布顿佛教史》亦称《善逝佛教史》，是夏鲁派大师布顿仁钦珠（བུ་སྟོན་རིན་ཆེན་གྲུབ། 1290－1364 年）所作，成书于 1322 年。书中主要论述了印度佛教与藏传佛教的历史，并有作者编写的那塘寺的《甘珠尔》目录，成为研究藏传佛教史的重要资料。

雅培前往拉萨慰问七世达赖喇嘛，献曼札、佛像、佛经、佛塔、衣服、日用器具、黄金15两、马蹄银37锭；扎什伦布寺的寺属庄园献白银1000两。有诗赞道：

达赖喇嘛观世音，
远离人间苦与痛。
凡人眼中此太阳，
却被黑云所笼罩。
难忍此状虔诚心，
祝祷声如雷轰鸣。
更有供物绵绵雨，
喜降彼地利众生。

是时，为使七世达赖喇嘛康复，布达拉宫大拉章为朗杰札仓、拉萨三大寺、上下密院及各禅院广行布施。

四月二十日，七世达赖喇嘛恢复健康，派管家等人来扎什伦布寺送信告诉班禅额尔德尼，班禅非常高兴①。

从五月三日开始，班禅额尔德尼先后为德格寺堪布、托林寺堪布、僧茶官、税收官、昂仁寺辩经者摩顶加持，并赐茶款待两名堪布，谈论佛事。

六月三日，班禅额尔德尼习完辛迪巴洛哲坚赞所著《释量论辨解》第四章，众侍从祝贺。噶厦特使云丹勒智、襄钦群则、管家等拜谒献礼，班禅为他们摩顶、赐茶款待。

四日，地方政府两位使者迎请班禅额尔德尼到僧会献曼札、佛像、佛经、佛塔、衣服、日用器具、黄金5两、马蹄银35锭、茶叶600条、绸缎等。同时，为大会施放斋僧茶50次，布施给每名僧人哈达一条、白银3钱，每8名僧人给茶叶一小包。

八日，班禅额尔德尼单独与两位使者交谈。

---

① 关于七世达赖喇嘛这次患病和康复，《七世达赖喇嘛传》记载，当年9月，以两位驻藏大臣为首的在藏大小清朝官员为庆祝七世达赖喇嘛康复，于大昭寺回廊布施供养色拉寺和哲蚌寺的300名僧人，并进行7天的祈祷法事。11月，乾隆皇帝特派两名御医赴藏给七世达赖喇嘛治病。但年事高的一名医师死于进藏途中，另一名年轻医师和专使克雅于翌年（1756年）正月才抵达拉萨。

十二日，云丹勒智等告辞，班禅额尔德尼回书七世达赖喇嘛，献曼札、黄金15两、马蹄银25锭。

是时，由驻藏大臣转来圣旨，说明收复准噶尔之情况。班禅额尔德尼派人向乾隆皇帝呈献上等哈达、金铜佛像3尊、红白念珠等，表示祝贺。

七月九日，班禅额尔德尼为白蔡比丘摩顶，应请传授《菩提道次第引导方便道论》的内容。

从八月二日开始，班禅额尔德尼于寝殿沐浴调养5日。

十二日，班禅额尔德尼命人更换大经堂坐垫，收80个铜壶为公积基金，施放早茶。傍晚，莅临大经堂诵经开光。

尔时，遍知七世达赖喇嘛病势加重，医治服药无效，周围官员亦染病。于是，噶厦派人请问班禅额尔德尼医治良法，服用何药奏效。班禅获悉后心神不安，不知所措，急回信说，愿教理与坛城海之主持金刚上师、佛法与众生之怙主莲足久驻于劫海之中。同时，献上银曼札、五色上等哈达、施寿如意轮佛像、经卷、佛塔、纯金50钱、马蹄银4锭等11件礼物，并慰问驻藏大臣。

九月六日，噶丹彭措林寺的僧人拜谒，班禅额尔德尼给他们传授《菩提道炬论》《菩提道次第要道》《经忏颂文》等，赐物布施。

次日，彭措林寺堪布迎请班禅额尔德尼到僧会上献礼并诵经祈寿。

十二日，钦差噶究洛桑勒智主仆抵达扎什伦布寺，向班禅额尔德尼呈献乾隆皇帝诏书赐物，班禅赠礼与使者交谈。

从十三日开始，班禅额尔德尼先后为萨噶地区的头领、工布地区的100多人、羌巴、桑珠甘丹寺僧人、达尔章摩且寺总管家、察甘诺门罕、额尔德尼岱钦、日喀则收粮官、打箭炉商人、安多人共200多名摩顶。

二十一日，钦差洛桑勒智于僧会中向班禅额尔德尼献礼。之后，班禅单独会见赴任鄂尔多斯喇嘛的两位同伴与达颜都拉法王之友。

十月一日，达擦活佛（即济咙活佛）洛桑贝丹坚赞的代表抵扎什伦布寺，晚饭时，迎请班禅额尔德尼到僧会献礼并诵经祈寿，班禅为其摩顶。

次日，萨迦寺达钦之弟率领130多人拜谒，献佛像、经卷、黄金3两、白银500两等礼物，依先例供养，班禅额尔德尼予以厚赐。

五日，班禅额尔德尼为达擦活佛的代表回赠上等礼物。

十二日，班禅额尔德尼为祝愿七世达赖喇嘛健康长寿，向法会施放斋僧茶，发给每名僧人尼泊尔银币一枚。

十三日起，班禅额尔德尼先后会见鄂尔多斯杭盖贝子、达结诺门罕、时轮班智达的代表主仆、贝子上师之同伴、温寺执法师、安多僧人。杭盖贝子代表、贝子上师之友、达结诺门罕代表、达波活佛代表于僧会上献礼。协图丹吉普巴前来向班禅献礼，班禅为其摩顶并回礼。安钦洛桑班觉为班禅等侍从设宴。在晚餐时向班禅献银曼札、身语意“三所依”、袈裟、用品、白银15锭、绸缎等，班禅赐给他们欲求的教法。

十一月五日，班禅额尔德尼始修木兰贝的《释量论广疏》，经师献上等内库哈达与木兰贝的《释量论疏》一书。

六日，应昌都帕巴拉活佛报丧的使者请求，班禅为帕巴拉活佛诵经回向，超度亡灵往升乐土。尔后，班禅会见昌都的信使、红帽活佛的信使、孜仲桑波、征茶官、廓尔喀的信使等，给他们摩顶加持。班禅回赐昌都的报丧使者。

十八日，医师格敦顿珠返回，向班禅献上七世达赖喇嘛之书信，礼物有佛像、哈达、马蹄银7锭等13件，转告七世达赖喇嘛病情好转，班禅非常高兴。

二十一日，康区嘉绒赞拉的头人及其随从60多人拜谒献礼，班禅额尔德尼为他们及鄂尔多斯甘珠尔贝勒的代表摩顶，传授《兜率上师瑜伽论》。

十二月三日，巴宗本娘艾巴主仆献礼并诵经祈寿。在赐茶款待会上，班禅额尔德尼诵传《大慈悲经》《妙吉祥根本智最上秘密一切名义经》《佛说圣六字大明王陀罗尼经》《吉祥天女供养仪轨》等经论，予以厚赐。

是年，白图巴洛桑图多献《释量论疏解脱道明示》考试，班禅额尔德尼奖赏哈达、缎子、珍贵药材、北方绸、僧裙、南方棉布、薄绫等。达摩巴洛桑勒巴修完《释量论大疏正理海》献考，班禅赏赐大哈达、茶叶、僧裙、缎子、棉布、绫绸、珍贵药物、南方、棉布等。乃宁佛堂师洛桑旺久修完《中论疏义明》献考，班禅赏赐大哈达、绸缎、僧裙、茶叶、薄绫、铃杵、南方棉布等。赛巴洛桑多吉、拉卡巴洛桑克却、嘉钦孜巴洛桑丹增、萨多绽巴洛桑达结、日卡巴益西格敦、当钦巴洛桑群培、洛桑达瓦、益西索巴、章摩且巴洛桑班觉群则、乃宁佛堂师洛桑达结、萨康巴洛桑坚赞、洛布巴益西格涅、达摩巴益西群培、洛桑云丹、拉康巴洛桑雅培、协巴益西曲达、洛桑达结、觉摩宗巴洛桑赤列、德觉巴，夏仲洛桑旦等修完《释量论辨解》第四章，德觉巴洛桑朗杰修完《释量论根本颂》及其注释；章摩且巴格敦旺嘉、嘉钦孜巴噶钦洛桑顿珠、克却诺布修完《般若经第八品》，嘉钦孜巴噶钦洛桑旺觉、觉摩宗巴噶钦洛桑喜饶等人修完《集密生圆二次第论》，噶钦洛桑喜饶修完《菩提道次第面授》，温萨寺丹曲雅培与益西平措、益西格桑完成《胜乐根本续》修业，群科伦布巴、桑杰群培、强巴坚赞、桑杰雅培等修完《慈氏五论》，对献考者班禅分别予以奖赏。

火鼠年(1756 年)一月十三日，因是年为七世达赖喇嘛的本命年，班禅额尔德尼为消灾诵经祈寿，供养大寺院，并派管家益西群培向七世达赖喇嘛献曼札、佛像、佛经、佛塔、黄金 5 两、马蹄银 45 锭；为拉萨三大寺、上下密院、朗杰札仓等寺发放布施。

二月十五日，康区杰塘松赞林寺的僧人拜谒献礼，班禅额尔德尼予以回赐。

三月三日，噶钦管家益西群培一行从拉萨返回，送来七世达赖喇嘛所赐书信及善现各种缘起礼物黄金 5 两、马蹄银 24 锭等，共 25 件礼物。

班禅额尔德尼从木狗年(1754 年)一月八日始修《释量论》至此时全部修完。

三月十一日，始讲木兰贝的《释量论广疏》，大强佐献礼祝贺。

从此，班禅额尔德尼每日莅临法会研讨《木兰贝量论》，并与 4 位上师一起讨论经典教理，掌握了一切佛法密义。

十六日，班禅额尔德尼为即将赴任鄂尔多斯贝勒次旺班觉喇嘛的噶钦洛桑扎西授教饯行，嘱咐其到任后为了佛法众生之大事勤奋精进。

五月十七日，班禅额尔德尼为协噶尔寺献浴法会及礼供尊者法会诵经献供，布施祈寿，会见塔尔巴寺卸任管家噶钦洛桑雅培。

十八日，任命勒雪林巴噶钦益西班典、吉隆巴噶钦洛桑班觉、嘉赛巴噶钦益西塔耶分别为厄鲁特平措贝子、丹贝尼玛公、达颜都拉之喇嘛。3 位喇嘛临行时，班禅赠送厚礼。之后，班禅为钦差洛桑格勒饯行。

从六月二日起，班禅额尔德尼利用 7 天时间讲解木兰贝的《释量论广疏》第二章。

在七月里，班禅额尔德尼会见噶厦的两名特使管家格桑顿珠比丘与孜仲土尔扈特强白朗杰比丘以及拉达克平措朗杰的使者。

从六日起班禅额尔德尼用8个晚上讲习木兰贝的《释量论广疏》第三章。八日,两名特使奉达赖喇嘛之命迎请班禅去僧会,献曼札、佛像、佛经、佛塔、衣服、日用器具、黄金5两、马蹄银25锭、长条茶150包;向僧会施放斋僧茶50次,施予每名僧人尼泊尔银币两枚,每5人茶叶一包。诸噶伦与两名使者还自己向班禅献礼。班禅回信七世达赖喇嘛表示感谢,并献曼札、上等哈达、黄金301钱、马蹄银35锭。同时,班禅回赠了两位使者。

十三日,两位使者格桑顿珠与强白朗杰向班禅额尔德尼告辞。

八月三日,班禅额尔德尼为金铜制作的与人等高的吉祥金刚大威德像献珊瑚珍珠衣,迎请到扎西平措殿开光供养。有诗赞道:

为了遮退外道魔之侵害,
雕制金铜金刚大威德像,
广诵吉祥颂词举行开光,
迎请到世间彭措林寺供养。

九日,班禅额尔德尼于密宗札仓开始讲解《吉祥时轮续释》,为每名僧人赐吉祥哈达一条。

十八日,噶伦札萨尼玛坚赞特派的使者抵达扎什伦布寺,迎请班禅额尔德尼到僧会献礼并诵经祈寿,班禅予以回赠。

十九日始,班禅额尔德尼于7日内讲解《释量论广疏》第四章。任命贡查巴噶钦洛桑格桑、绒措巴噶钦达结群培、章摩且巴噶钦益西格桑、瓦索巴噶钦益西扎巴分别为拉孜噶丹欧门林、萨德庆寺、色康寺、拉康寺的喇嘛。

二十六日,班禅额尔德尼为4位喇嘛饯行。

九月上旬,班禅额尔德尼为琼结然巴瓦台吉主仆诵传《发愿经》《誓愿极乐世界母》。

十四日,班禅额尔德尼会见其兄杰仲洛桑金巴。

十七日,传授《菩提道次第略论》《胜乐上师传承》《佛陀赞》《祈愿》《吉利法》等教理。是时,七世达赖喇嘛任命洛桑金巴为香拉普布多寺堪布。上任时，班禅额尔德尼赠送堪布用器等，后又派管家送去所需物品。

九月五日，班禅额尔德尼会见青海札萨达杰次仁的上师噶钦益西达结主仆、昂仁寺巡回辩经者、德觉寺新任喇嘛、噶厦征收黄金的官员。

八日，达纳图丹朗杰寺堪布拜谒献礼并诵经祈寿，班禅额尔德尼赐茶款待，予以回赠。尔后，派人将大威德像从密宗札仓迎请到卧室供养，闭关专修大威德金刚瑜伽。

十月一日，班禅额尔德尼命人更换密宗札仓的坐垫，举行为期一日之大威德金刚修供法会，百供坛城，布施僧众，为密宗札仓赐羯摩铃杵4幅、新制铃杵210个，以及铃垫、铃套，施予每名僧人上等大哈达一条，白银6钱、八瑞相哈达等。之后，班禅额尔德尼由曲杰噶钦益西达结迎请到僧会献礼物，请求新作《长寿启白》，使法会诵传。

贝子巴图尔岱钦（པའི་སེ་བྷ་ཏུར་དའི་ཆེན།）的代表等众多青海蒙古信徒、红帽活佛与司徒活佛的代表、昌都人、札雅人、哉务人以及供茶者等各方人士拜谒献礼。

其后，兑桑林札仓邀请班禅额尔德尼，设宴献金银等礼物。哈尔东巴噶钦洛桑达结亦于尔时拜谒献礼，班禅授《长寿启白》《虚空母颂》《量理论海》中之《文殊颂》一首、《阿热巴杂纳论》①。继而由札仓出资，于密宗札仓设宴为班禅祝寿，兑桑林札仓再次献礼，班禅分别予以赏赐，为兑桑林札仓赐幡两面。

十二月十六日始，以班禅额尔德尼为首的27位喇嘛、僧徒举行为期4天的大威德金刚静息火祭法会，酬供阎摩罗护法，为大威德金刚像供献项饰、衣服、佛龛，赐予密宗札仓两口盛水器。

是年，重孜巴洛桑赤列、洛布巴达曲克却献《般若经疏》考试，勒贤林巴朗杰金巴、章摩且巴洛桑坚赞、益西群培、白图巴洛桑坚赞、洛桑旺秀、达纳赛林巴丹增坚赞、德觉巴洛桑勒巴、噶丹饶杰巴益西塔耶、西乃巴洛桑顿珠、洛布巴阿旺群培等人修完《释量论辨解》第四章，重孜巴益西米林、嘉钦孜巴仲然巴洛桑桑波、白图巴噶钦洛桑迥乃、瓦索巴噶钦洛桑顿珠等人修完《集密生圆二次第论》，温寺巴扎西朗杰、洛桑格勒、洛桑坚赞等人修完《胜乐根本续》，群科伦布巴桑杰巴桑、桑杰班觉修完《三律仪分别论》，那塘

① 阿热巴杂纳为古印度一国王名，《丹珠尔》中有其著作。

巴洛桑赤列修完《菩提道次第中论》，绒强钦巴洛桑群培修完《菩提道次第广论》，夏鲁巴仁钦曲桑修完《时轮摄略经》《时轮仪轨补遗》，班禅额尔德尼对以上献考者分别予以奖赏。森本本仓格敦顿珠比丘之侄噶钦阿旺南卡修完《四部医典》，班禅依照惯例加倍赏赐。

火牛年(1757 年)一月中，那塘寺管家仲然巴格敦顿珠献礼并诵经祈寿。班禅额尔德尼于法会讲授《阿罗汉礼供》与《祝寿如意慧修念法》，予以丰厚赏赐。

二月二日，毕力克图诺门罕前来拜谒献礼，班禅额尔德尼为其主仆与喀尔喀达尔罕贝勒官员摩顶。

五日黎明时，驿站送来七世达赖喇嘛书信，信中说："我在参加大祈愿法会时，因伤风感冒而返回布达拉宫，稍有好转。但因过量服药，病情再次加重，为尽快消除病根得以康复，需虔诚供养本尊护法，祈求保佑"。班禅额尔德尼接信后立即向各护法神供献敬神哈达、枪、刀、刀套，向托管天女、弥勒殿天女、兑桑林札仓、吉殿、夏孜、密宗殿、寝殿中的各护法神献敬神哈达、长刀、枪等武器，祈愿七世达赖喇嘛早日康复，并向大法会施放斋僧茶数次，布施每名僧人尼泊尔银币一枚，向噶丹达结林、夏鲁寺、赛菊寺、赛诺布群科寺、重孜寺施放斋僧茶各 100 次，岗坚群培寺施放斋僧茶 50 次。在大经堂举行尊者礼供法会，并举行"白伞盖佛母""般若波罗蜜多心经""救度母"三三禳解法仪式等，严令各管理人员必须虔诚祈祷，延续到六日清晨，还派人经驿站向七世达赖喇嘛呈书献礼。有诗赞道：

普陀山主色身入明镜，
清净污垢灾难之阴影，
打开那无尽清净大门，
完成祈祷擦拭之重任。
生活在浑浊世间众生，
失尽善业福德之威力，
即使佛菩萨汇聚一处，
难改世间事物之本性。

六日午后，众噶伦、侍从所写之信经驿站送达扎什伦布寺，信中说："达赖喇嘛病势日重，久医无效，众护法神加持亦无济于事，喇嘛如日落西山，于二月三日晚圆寂。三界之法主心脏停跳，今为去除道途一切障害，速找灵童，成为佛法众生之主，特禀请班禅额尔德尼速书'祈祷速转生祈祷文'"。班禅阅信后极度悲伤，即书"祈祷速转生祈祷文"，刻版印刷，并回信说："水鸡年达赖喇嘛欠安，吾日夜祈祷，布施僧众。一月份收悉书信后，吾加倍勤奋，广做佛事，为其祈祷。而今他身往他界，安乐之太阳已落，吾心难忍。他业已圆满。今为其灵童再世，虔诚祈祷。于此处法会，札仓僧众尽力供养佛像、佛经、佛塔，布施僧众。为使灵童速转生，吾等酬供白伞盖佛母等护法"①。

七日，班禅额尔德尼传谕从早茶开始法会上僧人不许戴帽，不许高声喧叫，42 天之内给密宗札仓每日供茶饭 7 次、供祭 5 次，向各佛殿、佛像供献祭品、哈达，祈愿达赖喇嘛灵童尽早降世。班禅在法会上向每名僧人布施白银一两，为温寺的胜乐念修法会提供费用。

十日，班禅额尔德尼派管家噶钦益西群培向七世达赖喇嘛遗体献千供、哈达、马蹄银 60 锭、马 40 匹、绸缎等百种礼品，班禅属下僧俗部众为 24 名守灵者赐哈达各一条、白银一两，为第穆呼图克图赐哈达、缎匹，为其他 23 人赐白银各一两；向释迦佛像和宗喀巴灵塔献千供，向热振寺觉卧文殊金刚像及群科杰寺、沃喀增其寺的弥勒佛像献百供；向朗杰札仓、拉萨三大寺、上下密院、热振寺各施放斋僧茶 9 次，向 12755 名僧人发放白银各一两，向卫地及藏

---

① 七世达赖喇嘛圆寂后，清廷采取了一些措施，乾隆二十二年二月二十八"四川总督臣开泰、四川提督臣岳钟璜谨奏，为奏闻事。窃照达赖喇嘛于本年二月三日涅槃，除经驻藏大臣具奏外，伏查川省口内口外各处土司番蛮，素皆崇奉达赖喇嘛，今闻其涅槃，将来赴藏熬茶者必多，诚恐往来人众，其间良顽不一。臣等现在谕令沿途台汛文武各官，随时加意查察，妥为约束，毋令在途稍或滋事。理合缮折奏闻，伏祈皇上睿鉴。为此谨奏。朱批：固属先事预防，然不可因此而致番子等疑惧生事，莫若视之如无事为美。"乾隆二十二年(1757 年)四月八日"户部为请旨事。四川清吏司案呈，乾隆二十二年四月四日准理藩院咨开，钦遵上谕，臣院遵旨派出郎中楚尔汉、笔帖式都尔松阿外，据章嘉呼图克图移称，达赖喇嘛系执掌黄教大喇嘛，理应遵旨派一大衔喇嘛，今指出札萨克喇嘛阿旺班珠儿呼图克图、措尔七马达尔扎各隆，请派一名。等因。此二人内请钦点一名。俟命下之日，臣院将派出喇嘛、侍卫、章京等办理起程。照从前进藏之例，札萨克喇嘛跟役 13 名，侍卫跟役 8 名，章京跟役 6 名，笔帖式跟役 4 名，领催跟役两名，驰驿前往，由四川带绿营兵 20 名。其应赏整装银两，札萨克喇嘛 100 两、侍卫 80 两、章京 60 两、笔帖式 30 两，领催两名各 10 两，交与户、兵二部办给外，仍行川督，俟伊等到成都之日，将跟随兵役、骑驮、牲畜照例办给。又，查藏内即有现贮银两，所赏达赖喇嘛荐福银 10000 两，即于西藏现存钱粮内动给。应赏缎匹等物，交内务府妥办，给发侍卫、章京。等因。乾隆二十二年三月二十八日具奏，奉旨：着派阿旺班珠儿呼图克图。钦此。"

南藏北118所寺院各施放斋僧茶5次，向14037名僧人施发尼泊尔银币各一枚，并献回向礼品。班禅属下僧俗部众献白银共2500两。同时，给噶伦送信告知为七世达赖喇嘛荐福与祈祷灵童转世的情况。噶厦提供白银100两，作为七日至十一日法会之斋僧茶费用。

十二日，追荐法会结束，诸僧依旧戴帽，恢复正常。班禅额尔德尼为在法会祈祷灵童尽早来世的僧人每人发放哈达各一条。

十三日，丧事结束后，噶厦派管家曼然巴向班禅额尔德尼献曼札、僧衣、银器、鞍马各3匹（幅）、马蹄银、缎子等40件，在僧会施放斋僧茶5次，发给每名僧人银币一枚，每5名僧人茶一包，请求诵经祈祷。班禅与诸僧人一起为报答达赖喇嘛之大恩，而诵经为达赖无漏灵魂祝安，祈求转世灵童在本地①尽早降世。

十四日，管家曼然巴向班禅额尔德尼辞行，班禅回赐礼品。

十五日，众噶伦询问怎样为灵童转世作修福法事，灵童降生于何地，如何寻找，班禅额尔德尼一一作了回复。

十六日起，班禅额尔德尼先后为青海强多尔贝子代表、赛多诺门罕、厄鲁特图萨拉克齐、鄂尔多斯官员、托云洛桑饶丹主仆等摩顶。

二十日，噶伦派人请求班禅额尔德尼派几名尼泊尔工匠修建七世达赖喇嘛灵塔，班禅赐碎金7000两作为建七世达赖喇嘛灵塔的费用，派益西扎巴率8名尼泊尔工匠前往拉萨。有诗赞道：

神人众生的顶饰，
显明佛法的明灯，
观音菩萨的化现，
突然逝往法界中。
思念怙主白莲尊，
感恩同时悲痛深，
心海之中波涛涌，
信仰泪花满眼眶。

---

① 指后藏。

种种供品摆案上，
世间珍宝竞放光，
数千金银难记数，
毫不吝啬堆供云。
大地中心布达拉，
兴建怙主的灵塔，
承担此任诸信众，
满足心愿可舒心。

二十八日，理塘阿什本派来的使者到达，并献黄金3两。

三月十三日，班禅额尔德尼派人往萨马尔设灶迎接乾隆皇帝使者普侍卫、嘉比主仆及土尔扈特汗顿珠扎西的代表曲嘉布台吉等人。使者抵寺后呈献乾隆皇帝赐物锦缎6匹、水晶器具、景泰兰器皿、缎袋等，班禅受礼后赐茶款待使者。

十四日，普侍卫、嘉比等中央官员和土尔扈特的献礼使者请求班禅额尔德尼单独会见，为一切在世和去世的众生积福而奉献大量物品，班禅满足了他们的愿望。

十六日，晋美旺嘉公的夫人主仆、拉达克王的王妃普赤贝宗的代表、布达拉宫运茶官、白居寺与昂仁寺的辩经者、协寺教规师、一些安多人拜谒献礼，班禅额尔德尼为他们摩顶，赐茶款待晋美旺嘉公的夫人。

十七日，是七世达赖喇嘛逝世49天的追荐佛事结束之日，为完成自己的心愿，班禅额尔德尼陈列心爱的黄响铜白文殊菩萨像、红铜妙音天女像、黄铜度母像、佛经《集密本文》、银制尊胜塔、手铃、五股金刚杵、手鼓、鼓刺树果念珠、灌顶用器、喜剧服饰、内供器、金器、过滤器、金座瓷碗、痰盂、头冠、法衣、大氅、衣服、白银30升、四色上等缎、妆缎、金线缎40匹、长条茶50包等，表示供敬七世达赖喇嘛；向法会施放斋僧茶50次。布施给每名僧人北方绸一匹、白银一钱半、哈达、每两人果子茶一包；给两尊银塔献千供，置放伞盖；为银塔及弥勒佛像置华盖，给其他佛殿献千供，给主要的佛像献敬神哈达。

管家曲扎主仆到达，班禅额尔德尼为他们摩顶，赐茶问候，接受他们带来的做追荐法事的礼品,并发愿祈祷,管家曲扎随即辞行。

二十一日,土尔扈特汗顿珠扎西的代表献中奇技淫巧内地黄缎与尼泊尔银币为班禅额尔德尼祈寿。次日,班禅为他们传授《上师供仪轨》《现观庄严论》《无量寿陀罗尼经》。班禅额尔德尼给朝廷的使者、土尔扈特的使者和各地前来的人员回赐礼品,接受他们的辞行。

四月五日,班禅额尔德尼为彭措林寺新任堪布噶丹饶杰巴噶钦夏仲洛桑克却、青海札萨克的达杰次仁经师噶钦益西达结、郡王索朗多吉的上师托巴主仆饯行。

是时,大强佐身体不适,经班禅额尔德尼为其作符合岁数的长寿灌顶后,恢复健康。

五月八日,为青海王索朗旦增的王妃扎西饶旦主仆30余人摩顶。临别时,传授长寿灌顶,赐佛像、香包等。

二十五日,班禅额尔德尼派遣杰仲洛桑格敦与杰仲益西群培前去慰问建造七世达赖喇嘛灵塔的工匠、总管及支乌拉差的百姓,赐给很多物品。

萨迦巴、兄长波多堪布、达尔罕堪布、俄尔寺卸任堪布、班典曲迥、重孜夫人拉钦卓玛、经师洛桑群培等20名大德官贵及兑桑林札仓经师、索本堪布益西格敦、本仓格敦顿珠、索本杰仲洛桑平措、管家洛桑雅培、益西丹增、管家格勒迥乃、两名森嘎等人为供祭七世达赖喇嘛而敬献礼物,班禅额尔德尼诵经发愿。

原定于今年六月班禅额尔德尼20岁之时,邀请七世达赖喇嘛担任堪布授比丘戒,但七世达赖喇嘛现今已身往他界,未能如愿。七世达赖喇嘛在世时曾说:“你至20岁须圆满心愿(指受比丘戒),若过时会破喇嘛之例,且不会成就佛法众生之大事。”因此,班禅额尔德尼于六月四日,即佛陀初转法轮之日,在扎什伦布寺的坚赞团布殿由具有无限教证功德与智者两种才能的持律大师洛桑群培为堪布、兑桑林札仓的喇嘛洛桑扎西为业轨规范师、夏孜巴洛桑克却为屏教师、吉康巴洛桑尊追为报时师、持密教诫海法的密乘大师洛桑班觉为给钵师,在持三学宝库的却本噶究益西群增、益西朗杰比丘、翁则噶究洛桑西尼、诵密师噶究益西丹增、恰恰巴噶钦益西默兰等10位持戒长老面前,并在严守戒律的众比丘之中于清晨朝阳初升时接受别解脱近圆比丘戒①，成为雪域的一切持律者之冠冕。当时，天空薄云密布，奇异多显。班禅额尔德尼从此严守抛弃五恶趣②之对治二百五十三戒，在住寺期间不断作长净，以三事③弘扬佛法，犹如远离污垢的明月，常洒凉光。有诗赞道：

畅饮密咒文殊戒律之流水，
却未注满您那清净之心田，
再游入别解脱戒的大海中，
喷洒出千道万光照亮众生。
依赖守戒的长老贤哲，
足踏进白四业④轨大船，
急驶向法海僧众之中，
头戴断七⑤珍宝之大冠。
广阔慈心檀香树木柄，
多闻教理柔和绸缎盛(饰)，
谨持戒律散射出祥光，
在世间树立起大教幢！

以上为《尊胜上师有寂世界顶饰班禅遍知一切罗桑班丹益西贝桑布传——太阳之光》之第六章“从洛桑群培受比丘戒”。

第七章　在拉萨为章嘉若必多吉等传授时轮灌顶

班禅额尔德尼受比丘戒后，登上日光寝宫的狮子宝座，受诸四大札仓的

① 别解脱戒是指沙门相续中，以厌离心为等起，断除损他心所相应之戒律，欲界所摄，但生起于今生的戒律。别解脱近圆比丘戒即通常所说的比丘戒。

② 五恶趣即佛教所说众生根据生前善恶行为有五种轮回转生的趋向，即地狱、饿鬼、畜生、人、天。

③ 三事指长净、安居、解制。每月十五日与三十日是长净日，每年夏令六月十三日至七月二十九日为安居日，七月三十日为解制日。

④ 白四业又名“白四羯磨”。僧人于授受近圆戒等，先一表白，后举三次羯磨，合而为四，谓之四羯磨。

⑤ 断七为佛教所说断除身之三不善，语之四不善。

上师和执事、各个米村、各位侍从、属下的拉德米德百姓的献礼祝贺，并在拉章设宴宴请各师徒。在僧会上恰巴噶钦益西默兰高诵为《律经》而作的格言，辩论老师噶究洛桑迥乃及噶究云丹坚赞就《释量论》进行辩论。之后，班禅礼佛拜塔，奉供祭品，敬献哈达，布施僧众，给每名僧人白银一两、哈达一条；还为后藏357所寺院和34座修行地发放布施。

五日，索本益西格敦供敬礼品，本仓格敦顿珠比丘、噶钦管家益西群培、管家洛桑雅培、雪地索本杰仲洛桑平措、德琼巴洛桑默兰、德琼巴洛桑扎西、管家格勒迥乃、益西丹增、嘎巴阿旺扎西及兑桑林札仓、哈尔东米村、帕索米村、拉孜宗本洛桑喜饶、其他米村、寺院、拉章下属各寺、各修行地等也派人来拜谒献礼并诵经祈寿。

十五日，班禅额尔德尼莅临僧会，为修正佛业、弘法益民，颂词四句，发愿立誓，以恭礼续、诵经续、回向续等三续念诵清净律经，正作布萨。尔后，为增益续、闻、思与禅定，于住处食饭用箸，为佛法众生大事广发誓愿。

十六日上午，班禅额尔德尼邀请兑桑林洛桑扎西于卧室举行夏令安居仪轨。

十七日，拉孜寺、噶钦洛桑格桑堪布、饶降巴阿旺丹增、阿旺仁钦、噶究洛桑迥乃等分别向班禅额尔德尼奉献礼物。我①巡礼后藏各个圣地，于六月二十日抵达扎什伦布寺为的是谒拜班禅尊容。例于二十七日拜谒班禅，班禅为我摩顶授教。

二十九日，班禅额尔德尼举行大威德金刚忿怒火坛祭祀，驱除消灭危害宗喀巴大师所创教法的邪魔障碍。之后，授阎摩罗法王仪酬轨。

三十日，班禅额尔德尼莅临法会授《别解脱经》。之后，瞻礼佛像、佛塔，向佛殿、护法殿献供品，献敬神哈达，祈愿保佑。

七月一日，我向班禅额尔德尼献礼求教，班禅诵传《菩提道炬论》《祈请灵童速降世法》《文殊菩萨赞》等教理，使我获得享受释迦教旨甘露的福份。是时，噶厦委派管家云丹勒智来扎什伦布寺献礼祝贺，两位驻藏大臣、贡噶丹增公、4位噶伦、卫藏个部首领、噶细公、达尔罕堪布及其侍从也各献礼品，班禅给管家等回赠了物品，以示祝福。

---

① 本传记作者二世嘉木央活佛晋美旺布。

八日，扎西孜设宴款待并献礼物。兄长波多堪布洛桑金巴也献厚礼，班禅额尔德尼为他传授了《长寿灌顶》。

其后，班禅额尔德尼应格贵请求于石板经院向住寺的和各方汇聚的5000名僧人传授珠嘉传规的《长寿灌顶》。因噶厦的请求，班禅额尔德尼为七世达赖喇嘛的灵塔奉献了具有加持力的装脏物。

三十日，班禅额尔德尼为了获得开启得法之门与清净戒律、清净得法而莅临法会举行解制仪轨。之后，为出游驾临东措那噶，同时与诸上师一起讨论佛典。回寺途中班禅到吉康札仓供献祭品，为姊妹护法作仪酬轨，嘱托事业。作酬补时，天空下起了瓢泼大雨，作嘱托时狂风突起，浓云密布，护法殿上空有4只鹰随风起舞，此乃大护法毗沙门及眷属欢喜之祥兆。

八月一日，班禅额尔德尼应诸上师和执事的请求，新作《乃赛觉沃仪轨》在法会上念诵。在法会上，阿里白图上师洛桑饶杰献礼受赐，后应德琼巴洛桑默兰的求请，班禅讲授了《大黑鹏念修仪轨》。

十五日，班禅额尔德尼在僧会上读诵《别解脱经》。我亲闻班禅之讲解，喜受长净之教诫。

从十六日起，每晚班禅额尔德尼与四大札仓的上师等在长阳台上讨论《释量论》第三章。我能亲闻班禅辩经13天，实是福份不浅。我虽知识浮浅，但班禅特例关照。再者，我向来虔诚于历辈班禅，尤其是今被班禅身语意之功德所吸引，正如俗语所说："世间若有信仰之铁环，必会被慈悲铁钩勾住。"我依止过数名大德，因此我并不是听到某人有名声就心向往之，但是班禅从小天资聪颖，不费劲就能习完功课。班禅功德圆满，使我倾倒，生起特别的信仰之心。从此，我把他看作是真实的佛陀，向他祈祷身语意的功德，按照依止善知识的规矩去效仿他的事迹。

二十九日，班禅额尔德尼派人前往拉萨向新建七世达赖喇嘛灵塔献五种千供、银曼札、哈达，并赐物予开光的上师与诵经者。

九月一日，班禅额尔德尼接受34所修行地、8所尼姑寺等所献上师供仪轨及祝寿礼物，传授《长寿灌顶》。是时，我亦于听经行列之中。

其后，我前去班禅额尔德尼卧室，探讨佛教理论，请教疑难，班禅热情授解。诺布群科寺向班禅献礼物祝寿，班禅布施各寺僧众及诺布群科寺。

五日，班禅额尔德尼为察甘诺门罕①、额尔德尼达赖灯巴之医师、札萨克次仁多吉之叔父格珠巴等摩顶。

乾隆皇帝派来的供祭七世达赖喇嘛使者中的一名御前侍卫与班觉呼图克图七日到达扎什伦布寺，呈递乾隆皇帝的诏书和赏赐物。班禅额尔德尼问乾隆皇帝安好，上书谢恩，为诸来宾摩顶赐茶。

八日，班禅额尔德尼接受两位使者之献礼，并赠送礼品送行。尔后，会见北京钦差洛桑格勒主仆，接受诏书赐物。

二十一日，热降巴洛桑格勒向班禅额尔德尼奉献礼物。

十月二日，班禅额尔德尼率随从往东桥迎接成就法明灯阿旺强巴大师，抵达扎什伦布寺后于卧室畅谈佛理。

次日，班禅额尔德尼献礼物并跟从阿旺强巴闻法，每日给予薪饷供养。

自六日开始，班禅额尔德尼于如意寝殿聆听阿旺强巴讲授《菩提道次第引导方便道论》。原达颜都拉法王杰钦孜巴噶钦洛桑次仁于僧会上向班禅额尔德尼献礼物，班禅为之诵传经论。

十日，阿旺强巴迎请班禅额尔德尼到法会献礼物。另有青海多吉次旦王的上师洛桑次旦、协札仓喇嘛噶钦丹增仁钦、协巴仲然巴益西桑波等分别献厚礼祝寿。班禅额尔德尼为他们诵传《上师供仪轨》，发放布施。

十六日，班禅额尔德尼修完《菩提道次第引导方便道论》，按前世班禅规范仪则举行发菩提心仪式，并献礼谢恩。

十七日，班禅额尔德尼始修宗喀巴之《菩提道次第广论》。

二十八日，班禅额尔德尼会见为献《阿旺强巴全集》而来的噶伦噶细公班智达所遣的使者、止仓噶钦夏仲与噶玛噶举派黑帽活佛的代表、卡孜寺管家兰波巴、阿却寺管家、哉务康巴人等。

十一月二日，班禅额尔德尼从阿旺强巴修完《菩提道次第广论》。在讲授毗婆舍那品②时，针对前人，尤其对觉囊派之“他空见”③予以批驳，对此班禅额

① 青海拉毛德庆寺一大活佛。

② 又译为“胜观”，意为一切禅定的总括或因，以智慧眼观察事物醋性真实差别。

③ 他空见是藏传佛教觉囊派的观点。承认通达外境内心无二无别的智慧为圆成实，此慧不染其他世俗事物。如依他起及遍计所执等，名为他空。据该派大师笃布巴所著《山法了义海论》的见解，一切法空性胜义谛是常、恒、不变的，在阿赖耶识中有识、智二分，胜义谛的空是他空，至于世俗谛诸分则是自空、断空、灭空、独空，即本来无有，求解脱者皆应弃舍，即认为空性有自空和他空。

尔德尼能逐句背诵，且对《菩提道次第广论》细研深讨，见解很深。三、四两日，班禅额尔德尼依布画曼札跟从阿旺强巴闻听《三十二尊集密不动金刚灌顶》；五日，班禅额尔德尼聆听《集密根本续》及注释明灯、略义、脚注、遍证等四家合注，每日修念《金刚菩萨陀罗尼咒》。

尔时，为了认定达赖喇嘛的转世灵童，乾隆皇帝特派大国师章嘉若必多吉益西丹贝准美和钦差从北京到拉萨①。班禅额尔德尼闻知国师将于十二月抵达拉萨，遂派遣管家噶钦益西群培前往迎接。

昔日，四世班禅罗桑确吉坚赞在世时，每于传授灌顶之际要举行会供。为恢复此法规，班禅额尔德尼将阿巴札仓的执事召唤到身边，指点如何实行此法。

十二月四日，班禅额尔德尼应大咒师洛桑班觉与密宗札仓僧人请求，分别于密乘卧室金刚无量殿与大经堂，依画布修习《吉祥金刚大威德十三神灌顶仪轨》的准备和前行次第，接着为阿巴札仓的僧人和别处来求法的400多名僧人传授《吉祥金刚大威德十三神灌顶仪轨》的前行次第。

翌日上午，班禅额尔德尼完成传授由自生②到自入，至用餐前继续传授完灌顶的正行部分。此乃班禅额尔德尼首次传授灌顶，从前行到正行阶段的布置、灌顶法器等细节都是班禅亲手完成，讲解奇特，至深授毕。尔时，阿旺强巴认为班禅能如此传授《大威德灌顶》是宗喀巴大师教理的根基，可喜可贺。传授灌顶的这一天，天气很好，出现彩虹，奇相万状。

六日，扎什伦布寺阿巴札仓举行会供，向班禅额尔德尼献厚礼酬谢传授灌顶。

---

① 关于章嘉若必多吉此次进藏，当时的摄政第穆活佛的奏书说，“天下释教众生之主文殊乾隆皇帝金莲足座前，卑诺门罕第穆呼图克图、噶伦公班智达恭设香案望阙合十叩奏：文殊乾隆皇帝广衍黄教，爱怜西域众生，为尽速认定金刚持达赖喇嘛转世灵童和政教事务，特遣大国师章嘉呼图克图到藏，使西方僧俗欣悦无比。小僧第穆呼图克图遵循钦命，掌办西藏地方事务，定将勤奋办理。但小僧年幼无能，知识庸愚，深恐不能承担如此重任。现凡遇重大事务，均及时呈请大国师章嘉呼图克图，卑等始得安闲，恩德无量。为尽快无误地认定达赖喇嘛灵童，班禅额尔德尼与大国师章嘉呼图克图精心商议，愿尽速寻访金刚持达赖喇嘛之灵童。西域僧俗对皇上之大恩大德感激莫名。在金刚持达赖喇嘛转世灵童未认定以前，大国师章嘉呼图克图留藏之谕旨，实乃恩重无量。再，卑等维思，因大国师章嘉呼图克图对京都事务至关重要，若降谕回返，则卑等将如入暗处，一无可见。故卑等诚恳祈请降赐谕旨，在金刚持达赖喇嘛转世灵童未认定并于布达拉坐床之前，大国师章嘉呼图克图仍留藏主持，则对广衍黄教，安定西方一切众生，及卑等办理事务，俾益匪浅。祈请教诲，伏乞睿鉴。顺献吉祥哈达、响铜佛像。谨奏。”

② 自生：密乘行者自身为本尊以进行本尊瑜伽念诵和收摄等程序。

有诗赞道：

怙主你在大解脱的宫殿中，
挺立所有教理之主的身躯，
现蕴界五方佛兄弟的佛性，
赐给修行殊胜乘的大灌顶。
从南方吹来的清风，
带着成就新鲜芳香，
沁入有缘众的心扉，
顿时离弃世间尘埃。

尔后，班禅额尔德尼按前辈之规范仪则在阿巴札仓礼佛拜塔，供献曼札，传授居钦金巴贝瓦所著的《怛特罗广释》、罗桑确吉坚赞所著《大威德二次第论》。在法会上觉宗复诵师噶钦次仁群培与重孜香厨师桑旦群培离席对辩《生圆二次第论》，班禅额尔德尼予以奖励。

十日，阿巴札仓举行宴会招待班禅额尔德尼及随员。晚饭时，班禅莅临阿巴札仓法会传授《无量寿佛九神念修仪轨》，僧众献吉祥八瑞相物，诵经祈寿。

十二日，噶丹饶杰寺举行长寿仪式祝寿，班禅额尔德尼回赠布施。

从十七日起，班禅额尔德尼始从阿旺强巴聆闻《胜乐外坛城与身坛城灌顶》，十九日结束。

二十一日，班禅额尔德尼始习《吉祥金刚大威德生圆二次第论》。习完《生起次第论》后，于二十四日始闻幻身供养法等《圆满次第论》，受到经师阿旺强巴的鼓励。

二十五日，班禅额尔德尼与阿旺强巴同临阿巴札仓礼拜佛塔，敬献哈达，诵经求佑。是时，回答了智旺关于“铁堡”①中之疑难，赞颂温萨耳传秘诀的殊胜。

是年，达波札仓贡噶伦珠献《释量论疏》《般若疏》《中观论疏》《俱舍论疏》《律经疏》等考试，班禅额尔德尼赐吉祥哈达、绸缎、袈裟、薄绫、南方布、

① 伏魔铁堡，佛教修诵威猛法事时，供奉形如阎罗铁堡的九或十六锥形施食的法事。

茶叶等。楚臣康巴洛桑格桑、当钦巴洛桑图堆、巴协巴洛桑楚臣、绒巴洛桑坚赞、白图巴洛桑尊追、德瓦建洛桑金巴、邬建宗巴洛桑桑珠、拉卡巴洛桑群培、洛桑格勒、约噶尔巴洛桑仁钦、洛布巴旦曲勒智、洛桑顿珠、章摩且巴洛桑格敦等献《释量论》第四章考试，章摩且巴格敦次仁、嘉康巴洛桑图丹二人献《般若波罗密多心经疏》考试，密乘院古格噶钦洛桑克却、噶钦益西次仁、邬建宗巴噶钦洛桑金巴献《集密生圆二次第论》考试，觉宗巴噶钦次仁群培献《时轮广释无垢光空性如意宝》考试，温寺巴群培嘉措、强白朗杰、洛桑朗杰、洛桑诺布、益西平措、洛桑丹增等献《胜乐根本续》考试，丹增喜饶献《菩提道中论》考试，班觉顿珠献《菩提道次第引导方便道论》考试，格勒益西扎西献《大威德金刚生起次第论》考试，群科伦布巴曲达尔献《慈氏五论》《中论》《现观庄严论》《俱舍论》《律经根本论》等考试，桑杰贝桑献《慈氏五论》《摄类学》等考试，班禅额尔德尼分别予以奖赏。

土虎年（1758 年）一月五日，班禅额尔德尼从阿旺强巴聆听习鲁俄巴传承的《胜乐生起圆满二次第论》，共 5 天。香・博多堪布兄长洛桑金巴及僧众奉献厚礼，班禅授予《集密根本续》第一章诵传。

十日，从经师闻习铃尊者传承《身入坛城二次第论》。

十二日，扎克寺管家洛桑扎西献礼物祝寿。

十三日，班禅额尔德尼闻习《虚空启门灌顶》与《觉丹托鸠玛》详解。

十五日，继闻《噶当十六精要灌顶》及面授法。

十八日，聆听《集密生圆二次第论》，按程序进行上师供仪轨与幻身供仪轨。管家平措诺布、嘛呢师益西坚赞、东噶寺管家益西朗杰进献礼物。

二十三日，闻习《上师供仪轨》详解及《大悲观音菩萨经》导训、《十三要义》《修心七事》详解等，二十六日结束。

是时，经师阿旺强巴迎请班禅额尔德尼到僧会上献礼祝寿，传授《菩提道次第引导方便道论》首篇一法座，其余拟在夏季法会讲授，班禅额尔德尼高兴点头答应。大强佐负责更换狮子宝座坐垫、伞盖、胜幢等。

二十六日，厄鲁特次旦王的经师噶钦洛桑群培迎请班禅额尔德尼到僧会献礼并诵经祈寿，请求班禅著文，班禅新作《长寿启白》，于法会诵传。

二月二日，班禅额尔德尼为七世达赖喇嘛作期供，敬献祭品。

五日，阿旺强巴迎请班禅额尔德尼到僧会上布施僧众，阿旺强巴诵殊胜祝词并献礼为班禅额尔德尼祈寿。由班禅额尔德尼为阿旺强巴及僧众讲授《菩提道次第引导方便道论》一法座。回到寝殿，经师说："今日众贤如大海聚集，您无惧无畏，高声演讲，通达流畅，恩德无量"，遂献哈达祝贺。班禅额尔德尼答道："此乃达赖喇嘛及您等恩师的教诲记于心中之因果，也是为使上师高兴所献的供养。"

六日，应班禅额尔德尼请求，阿旺强巴在大经堂为扎什伦布寺僧人及其他寺院的千名僧众讲授《菩提道次第引导方便道论》，行发菩提心仪轨等，共讲了10天。

九日，长期修行的吉仲喇嘛益西坚赞、格隆桑旦等献厚礼。

十五日，班禅额尔德尼为德琼巴洛桑默兰、索本堪布益西丹增等数人讲授《大慈悲经》《发愿圣土入门》《威猛金刚手菩萨念修仪轨》等。

十七日，阿旺强巴传授《大威德金刚念修仪轨》中之自生、《念诵》《朵玛供》《阎摩罗朵玛供》《会供曼札》等，在此基础上授克珠杰所著《三分别心论三界殊胜》与《坛城设画法》。同时，教授热译师传承的《大威德金刚毒灌顶仪轨》《大乘布萨仪轨戒疏》《大手印根本颂及注释详解》《菩提道三士要道》之详解及诵传。班禅额尔德尼为感谢其自去年九月始授《菩提道次第引导方便道论》至今传授教义之恩敬献曼札、哈达、白银等。大成就者阿旺强巴说："遍知者克珠杰与班禅罗桑确吉坚赞等前辈圣人唯有变换身躯之差别，在智慧德行上毫无差别，为吾等现示大智大贤之本分，实乃恩德深重"。至此时，阿旺强巴大师抵寺已达5个月，其间讲经说法，解疑排难，饶益众僧，班禅额尔德尼确实受益匪浅。

十九日，班禅额尔德尼于拉章设宴款待阿旺强巴大师，献50两银制曼札、全套衣服、黄金150钱、马蹄银21锭、绸缎多匹，进行深入交谈。

二十一日，经师阿旺强巴启程前往前藏，扎什伦布寺僧众按例欢送。有诗赞道：

饱汲三学甘露富于佛法教理，
精通甚深空性驱逐邪见黑暗，
善说显密经论尊者慈氏强巴，

末劫能人后裔故而躬身投靠。

从二十四日起，班禅额尔德尼闭门静修14日，奋发精进，每日上午修《大威德金刚》，下午修《本尊阎摩罗姊妹护法》与《大黑鹏》等。

三月七日解除闭关，为大强佐传授《大黑鹏随许仪轨》与《修习念诵法》。

八日，举行大威德息静补全护摩，后行阎摩罗法王、贝孜护法、乃赛瓦等仪酬轨。

四月一日，精通显密教法的大国师章嘉若必多吉、札萨克喇嘛、韩大臣、加尔果琪、笔帖式、达普，以及噶伦公班智达、孜仲堪布格桑云丹、却本堪布洛桑朗杰、管家云丹勒智等汉藏官员到达，由管家等50余骑、四大札仓的僧人、僧官长老、杰仲温群则等160人乘马高擎旗幡，吹奏白螺，与密宗札仓仪仗队前往萨马尔（地名）设灶迎接。从扎什伦布寺西面开始由阿巴札仓的僧队迎接，迎至班禅额尔德尼的日光寝宫。班禅额尔德尼向章嘉国师询问乾隆皇帝身体安康。章嘉国师乃一代教主，其坐垫和食品都尽量安排得华丽，在茶会上进行了交谈。班禅额尔德尼奉告："在中原内地的广阔疆域，弘扬宗喀巴大师之显密教法，乃尔师徒之恩德。今日雪山怙主达赖喇嘛在执常见信徒的见相中往生净土，藏地民众心中十分悲痛和无奈。您等奉乾隆皇帝之命前来卫藏地区，供祭以达赖喇嘛灵塔为首的观音洛格夏拉像及两尊释迦佛像，广施众僧，虔诚祈祷，为达赖喇嘛真实灵童早日显明，恩重佛法众生"。听了班禅额尔德尼奉告后章嘉国师高兴地回复了他。

六日，章嘉国师迎请班禅额尔德尼到午前的僧会上献系有五色哈达之银制曼札、金刚无量寿佛像、金字《贤劫经》2迭、佛塔、黄长寿神像、衣服用具、珊瑚水晶石念珠6串、马蹄银20锭、上等绸缎48匹、上等哈达、蒙古丝绸等中原内地物品。章嘉大国师手捧曼札，先赞三宝，后颂班禅，说："圣神贤师有意降生人间，一心弘扬释迦之教，为饶益众生，若如花中之蜜蜂，池塘之鹅鸭，住于恶趣又如善趣园林，晓知一切。先后转生为轮转王、大臣、飞禽走兽，木舟、便桥，衣食住行等广显神通，但吾等凡夫难以知晓，不可思议。若简单叙说班禅为佛法众生之事创有业迹之本生，则有释迦尊前的声闻大弟子须菩提、香巴拉具种王强白扎巴、龙树菩萨大弟子勒旦杰大师、班智达晋美迥乃，更有转生于雪域大转法轮者桂译师、萨迦班智达贡嘎坚赞、密乘大成就者嘉瓦雍顿、文殊上师宗喀巴大师的上首弟子克珠杰、索南确朗、大成就者洛桑顿珠、班禅罗桑确吉坚赞、大教主杰增洛桑益西贝桑布，逐辈转生，弘教不息。今有再生化身（六世班禅），俱前世随念神通，广阔显密经纶，但还需勤奋精进，学识圆满，为佛法众生大转法轮。遍知达赖喇嘛转生后，即为您之弟子，望能如同阿底峡与仲敦巴一样，相继大转法轮，饶益藏土民众。今乾隆皇帝信奉三宝，弘扬释教，国泰民安，康乐高寿。而今吾发愿能得二位的加持，分享教诲之甘露。此语发自肺腑，望能应允”。班禅额尔德尼回答：“今吾一凡夫孩童，无大法力，难以应允，但以章嘉大国师及众僧所望，便祈求三宝，以自身愿望予以报答”。章嘉国师的随从及札萨克喇嘛等献礼物，班禅额尔德尼为章嘉国师讲授《大威德金刚十三神灌顶》《大威德金刚二次第论》《铁堡》，诵传《神通论明解胜三届》《佛陀赞一百五十颂》，以及宗喀巴所著《上师瑜伽》《独雄大威德静猛合修》《依大威德比寿仪轨》、荣顿洛桑扎巴所著《大曼札生圆次第论》《窘度麦旺玛随许法》、珠嘉传规《长寿灌顶》《阎罗法王内修法》《四臂观音念诵随许法》以及自著的《章嘉仁布切本生启白》《达赖喇嘛全集》中之《观音洛格夏拉赞》《观音大悲祈祷》《大黑鹏洗礼法》《大威德金刚解毒法》。有诗赞道：

智慧的双眼无限宽广，
多闻的双翅异常健壮，
正理的喙爪无比锋利，
此大鹏栖于佛教山巅。
智慧之坛城如此盛大，
佛法之明灯由您掌持，
众生的依怙章嘉活佛，
修道佛法一心为世人。
从您智慧的白莲之中，
洋溢佛典蜜浆群蜂欢，
喜悦的歌声嗡嗡作响，
于圣道虚空翩翩舞扬。
神奇悦耳的业迹大鼓，

被四方天女竭力播响，
雪域圣地之无数大贤，
闻听妙音围绕您身旁。

七日上午，达尔罕堪布、却本堪布到班禅额尔德尼的卧室向班禅额尔德尼讲说七世达赖喇嘛圆寂时的情形。达尔罕堪布、却本堪布、管家云丹勒智各自向班禅额尔德尼献礼。

九日，班禅额尔德尼会见夏仲德丹卓玛、台吉巴桑次仁、噶伦噶细公之母、尼德活佛，并单独与尼德活佛研讨佛理。

十一日，班禅额尔德尼莅临僧会，噶伦噶细公班智达奉献礼物祝寿，布施僧众。与会的汉藏官员以及数名信众献礼品。是时，噶厦及摄政第穆呼图克图①、噶伦、侍从等献礼物并请班禅额尔德尼写作七世达赖喇嘛灵塔目录，班禅额尔德尼答应随后写作。

十六日，章嘉国师献哈达、黄金50两，请求说："原来密宗札仓除大威德、集密之外无胜乐念修法会，若班禅额尔德尼负责倡立，此密院与众不同。为弘扬宗喀巴大师教理有很大裨益，今后能否献供。"班禅额尔德尼回答说："大教主为佛法众生忠心耿耿，按汝所言，如此建立。"

章嘉国师在扎什伦布寺的20天中，每日与班禅额尔德尼研讨政教大事。尤其研讨佛法道理，提议问难，班禅额尔德尼对答如流，章嘉国师甚为喜欢。

十八日，班禅向章嘉国师回赠厚礼并依等级高低，分别给大臣、强佐、札萨克等献礼。

---

①　此即乾隆二十二年(1757年)四月八日，乾隆皇帝任命"掌办商上事务"，成为西藏地方史上第一个握有政教大权的摄政呼图克图的第六世第穆活佛阿旺降白德勒嘉措。乾隆皇帝的敕谕说，"奉天承运乾隆皇帝敕谕第穆呼图克图：达赖喇嘛圆寂，朕念西藏地方紧要，曾降旨派遣章嘉呼图克图前往西藏，在未寻获达赖喇嘛灵童以前，掌办一切事务。今据驻藏大臣奏称，众堪布及噶伦以尔喇嘛学识渊博、宽宏大度，故奏请委托尔掌办达赖喇嘛之一切事务，管理僧俗民众等事。等语。朕念尔为大呼图克图，且受前世达赖喇嘛格外宠爱，故俯准众堪布及噶伦之请，赏尔名号，代达赖喇嘛掌办事务，并降旨延迟派章嘉呼图克图。尔叩谢皇恩及陈述缘由奏书，朕览后甚悦。据尔奏书内称，尔年岁尚少，未曾经办大事。等语。尔又向伍弥泰等称：贫僧年少，未曾经办大事，若遇要事，恳与章嘉呼图克图来此共同酌商办理则颇有裨益。等语。伍弥泰等业已奏闻。朕念尔为西藏大喇嘛，谙练西藏诸事，遵照朕意，即可掌办政教事务。达赖喇嘛乃黄教殊胜大师，为迅速寻得达赖喇嘛之灵童，时怀于心。为此，现特遣章嘉呼图克图前往，与班禅额尔德尼、拉姆曲纲及尔等一道向各寺庙询问、察访。至时，尔等若有商议之事，可与章嘉呼图克图磋商决定，章嘉呼图克图现已起程，拟于新年前抵达西藏。抵藏后，即速办理寻访达赖喇嘛灵童事宜，事竣返京。特谕。"

二十日，班禅额尔德尼与章嘉国师同临那塘寺，返回后，班禅额尔德尼于卧室设宴。向章嘉国师献无量寿佛像等厚礼，并请求说："达赖喇嘛灵童之事需请您费心，广做有益佛法众生之大事"。章嘉国师回复："奉旨选认灵童，乃吾之责任，您也要早日精通显密宗教理论，并愿早日与吾相会"。尔后，为噶伦噶细公班智达、达尔罕堪布格桑云丹、却本德周堪布洛桑朗杰、管家云丹勒智、噶细公仆等依次诵经禳灾，与往常一样，设灶欢送章嘉国师一行。

二十四日，班禅额尔德尼会见赴任德格寺喇嘛的俄尔堪布巴丹曲迥，并授《大慈悲经》等。

五月一日，班禅额尔德尼应杰仲喇嘛请求，于卧室依噶群增殿为 16 名修行僧讲授《吉祥金刚大威德生圆次第论》《幻身供仪轨》等，按前世班禅额尔德尼规范进行除疑解难，诸善知识皆尽欢喜，行上师供仪式祈寿。是时，班禅额尔德尼为嘛呢拉修行地赐名"吉祥禅院"，并赋诗赞颂。其后，为数名格西赠送礼物，鼓励广弘佛法，多讲经典，为噶钦活佛洛桑热周与部分侍从传授班禅所著《洛桑索巴传》。

五月十三日，班禅额尔德尼触景生情，诗兴大发，著成《妙音女颂》，出现吉兆。十七日，由塔尔巴洛桑赤列请求作《依无量寿佛上师瑜伽》，并为之诵传上述经论及宗喀巴瑜伽上师等；为章嘉国师的管家饶杰授《金刚手菩萨伏魔仪轨随许法》，诵传《章嘉活佛本生祈愿》、珠嘉传规《长寿灌顶》等。

二十五日，班禅额尔德尼为强佐诵传宗喀巴所著《胜乐身坛城修证法》、班禅罗桑确吉坚赞所著《鲁帜圆满次第论》《独雄大威德现证法》《大威德念修法》等甚深论著，新作《香巴拉具种王祈愿成就妙音》等。

从二十七日起，在第一期夏季法会的一个月内，班禅额尔德尼每日莅临法会与诸师进行释量论辩论，理论之月光使智慧莲花盛开。为实现经师阿旺强巴的愿望，应四大学院高僧请求，从六月十七日起至七月四日，班禅额尔德尼于大经堂向 6000 名僧众讲授《八万四千法门心要》、宗喀巴大师之《菩提道次第广论》精髓、班禅罗桑确吉坚赞所著《菩提道次第引导方便道论》，共 18 天。此次讲授明照三界之独灯，会聚诸圣贤大德之长处，详解分明，无重复与前后矛盾之弊端；声音洪亮，吐字清晰，使与会格西除惑了悟。有些富者，如毒蛇跳跃，观视班禅之容，隐洞静修，信念顿增；有者仿佛寻得三宝的无量功德，具信随顺班禅额尔德尼勤奋精进；有者犹如驱逐黑白之果而了悟，辨析善恶取舍；有者钦佩班禅年少而博学，遂作诗赞颂。诸僧感叹此生抉择之光已落，庆幸修得以后之善趣与解脱道。会毕，拉章布施僧众，施发每名僧人白银一两、哈达一条，使众人心满意足。

其后，班禅额尔德尼应桑钦活佛之灵童安钦上师请求，著《上师传承供养仪轨》；于密宗札仓为四大学院喇嘛、密宗札仓僧人、3 所显宗学院的几名格西授《吉祥金刚十三尊大威德生起次第论》，5 日内授完。是时，供祭上、下忿怒四王塔，以良绸金幔供为吉祥天女像顶帘，并献各种供物，诵词祷祝，一片虔心。

十一日，班禅额尔德尼应请略讲《幻身供仪轨》及《圆满次第论》。有诗赞道：

从甚深广大智慧发辨，
降下教诲恒河之水流，
净洗欲得解脱众生心，
喜获天界无穷的快乐。
别管无数大劫中躯体，
或宏大难做到的举止，
唯密乘道是成佛良法，
众人皆赞示此道之主。

之后，班禅额尔德尼应安钦上师邀请，在午餐时莅临法会受礼，向密院赐赠吉祥哈达，施予每名僧人白银一两。在六十朵玛施食法会的期间，班禅额尔德尼每日于法会授教献供，举行大白伞盖佛母禳解仪轨。在投抛食子时，密宗札仓大殿上五彩缤纷，奇状万现。

十三日，班禅额尔德尼莅临灌顶殿向四大札仓的喇嘛、60 位密宗格西传授《十三尊金刚大威德生圆二次第论》，聆听者献礼致谢。尔后，班禅再授《四家合注》与《四续部灌顶》，回赠献礼者僧帽、氆氇、绸缎等，教诲要以弘教为重。密乘经师承担先后法会的一切供养费，使法会圆满成功。

十五日，班禅额尔德尼升座为僧众讲经，会见从喀尔喀来报哲布尊丹巴之丧者,诵经祈求亡者灵魂安息,灵童尽早降世。新作《哲布尊巴速降祈愿》。

十六日,班禅额尔德尼于卧室向四大学院喇嘛与密宗札仓60名僧人授《金刚大威德生圆二次第论》及《忿怒大威德与金刚护法念修法》,3日内诵经祈求保佑。十七日,为喀尔喀客人饯行。二十日,讲授甚深《大威德金刚往生经指导》,晚上诵经祈求。

翌日,班禅额尔德尼继续讲授宗喀巴师徒传承《幻身论》《显果法》,举行大威德金刚供养仪轨。尔后,应经师之请求于僧会上授《律经根本论》《入中论》《俱舍论》《现观庄严论饰》《释量论》诵传,以及《白伞盖佛母三面六臂随许法》、珠嘉传规《长寿灌顶》。

三十日,坐夏解制,班禅额尔德尼开始游方,赴顿措纳噶。闰思院林札仓上师赞道:此年班禅讲经,恩德无量,众多听者,更虔诚佛法。

八月九日,地方政府因班禅额尔德尼为众僧讲授显密经论而献礼致谢。应强佐噶钦益西默兰请求,为增补《长寿仪轨》而新作《师承启白》《甘露淋治法》《忆大师恩德颂》等。

十二日,将上述新作诵传给大强佐与经师等15人。

代本班蔡瓦奉献佛像、黄金、白银、绸缎、茶,聆听班禅额尔德尼讲授珠嘉传规《长寿灌顶》。应经师请求,班禅讲授《神通论明解胜三界》及实施法。后应安钦邀请莅临重孜寺供祭克珠杰所建日吾当建殿,为消除一切有损于宗喀巴大师所创教理的障碍,吩咐举行大威德威猛金刚火祭。

二十五日,应大强佐洛桑次旺请求,班禅额尔德尼诵传洛桑全集中之《总摄瑜伽修习法》《上师金刚大威德瑜伽成就集》,班禅罗桑确吉坚赞所著《依金刚大威德瑜伽修习法》《胜乐根本续》《胜乐五次第隐义启眼》《密乘五次第论》,贡噶桑波的《五次第铃论》《黑胜乐圆满次第论》《胜乐鲁易巴圆次第成就集》等经论。

二十八日,班禅额尔德尼会见噶究喇嘛洛桑群培。洛桑群培代表协日吾止增寺献礼并诵经祈寿。

九月三日,班禅额尔德尼应邀开始为附近1000多名僧人讲授《菩提道次第引导方便道论》。

十一日,班禅额尔德尼授完《菩提道次第引导方便道论》后,举行大供发菩提心仪轨。

十二日，班禅额尔德尼讲授新作《上师供仪轨》《手印法》之诵传共200余页、《三面六臂白伞盖母修行随许法》《大黑鹏念诵仪轨》等。达颜都拉法王噶钦洛桑塔耶、达尔罕头领宰桑钦、西宁商主玛钦洛桑喜饶等各自献礼拜谒。

二十五日，因为本年班禅额尔德尼要传授生起和圆满次第的很多教法，为了净除各色听法人众中可能违背法誓之人，班禅与密宗札仓僧人二十五日举行大威德息静金刚火祭仪轨，给协助作仪轨的众僧赏赐。

有诗赞道：

在这讲经说法的法座上，
你的言语如敲响大法鼓，
把那些自以为讲主的人，
骄傲的胜利幢放倒尘埃。
清净三密事业不生分别，
犹如山顶之上太阳升起，
在具缘者心中的水池中，
注满新的教诫清净水流。
从彩云密布的天空中，
降下众生所愿甘露雨，
你智慧慈悲的雨云中，
常出意义深广的雨露。
把清净佛法显密江河，
引入到深意的经论中，
再到你心中的大海里，
泛起格言波涛众人欢笑。

尼木堪布与僧众献礼物祝寿，班禅额尔德尼回赠了礼物。

二十八日，亲王巴丹达结的代表、额尔德尼诺云法王、确智、止贡塘加活佛的代表、巴饶活佛、卸任赤巴坚赞森格侄子等各自向班禅额尔德尼奉献礼品。萨噶地方的首领与康巴木里活佛的两位侄子及其随从拜谒班禅额尔德尼。

十月一日，应嘉协寺请求，班禅额尔德尼于法会为嘉协寺僧人与安多僧人等共500余人授《长寿灌顶》。

二日，康区木里活佛之侄子献礼物，班禅额尔德尼赐物饯行。

六日，班禅额尔德尼为达颜都拉法王饯行。当钦噶钦顿珠、佐格喇嘛哈尔东巴噶钦益西班觉于僧会献礼并诵经祈寿，为他请求，新作长寿祈愿词。

班禅额尔德尼为木里主仆饯行。其后，班禅任命嘉康巴噶钦洛桑嘉木央为郭仓修行地住持，桑旦群培为诺布甘丹寺住持。

十一日，班禅额尔德尼闭关一月静修《妙音天女》《时轮心曼札》。禅修期间，有一天晚上，班禅座位与供品摇动，犹如大地震动。又十五日晚，班禅在诵《吉祥时轮精要》时，内供中出现五彩烟雾，形如拇指粗细，飘向上方，渗入顶帘华盖，奇状屡现，时指示僧官掌堂于法会宣读本寺规章。期间，任命密乘师却本巴噶钦益西琼增为兑桑林札仓喇嘛。

十二月十日，闭关解制，结束静修。

十一、十二日，班禅额尔德尼与密宗札仓仪轨僧一起举行酬补仪式。

十三日，举行护法酬补仪式。仪式之前，班禅额尔德尼会见青海丹巴贝勒和巴丹札萨克等5位官员及其仆从、噶玛巴的上师巴沃活佛及侍从共60多人，并进行交谈。先前派去教法舞的两名僧人返回，班禅额尔德尼为他们以及从安多、黑河（那曲）来的僧俗民众摩顶。

十四日开始，班禅额尔德尼为诸来宾传法饯行。施习法舞者仲然巴洛桑格敦布献礼。同日，代本然巴及其随从拜谒。

十五日，管家云丹勒智、哲蚌寺夏果喇嘛、孜本平措等30人到达，带来章嘉国师、诺门罕第穆呼图克图、众噶伦的信件和礼物，商讨前去选认出生于托卜嘉拉日岗地方的疑是七世达赖喇嘛灵童考察之事，班禅额尔德尼为他们摩顶。。

十六日，彼等献礼物，有白银、绸缎、茶叶等。

是年，那塘巴格隆益西桑旦献《毗奈耶大海心要》《菩提道次第引导方便道论》《菩提道次第炬论》《比丘戒律》等考试，班禅奖赏哈达、宽绸、薄绫、茶叶、铃杵、南方布匹等。密乘师嘉钦孜巴洛桑扎西修完《集密生圆二次第论》《大威德生圆二次第论》，协乃巴噶钦洛桑迥乃与香巴仲然巴益西饶丹修完《集密生圆二次第论》，章摩且巴洛桑楚臣、白图巴益西金巴、吉隆巴洛桑旺嘉、当钦洛桑顿珠、达尔洛桑赛巴、白图洛桑顿月、日卡巴洛桑喜饶、德觉巴洛桑丹增、勒贤林巴洛桑隆多等修完《般若波罗密多心经释》,洛布巴洛桑喜饶、洛桑阿旺、白图巴洛桑楚臣、嘉钦孜巴洛桑格勒、萨德钦巴益西群培、诺布格丹巴洛桑云舟、赛康巴格勒坚赞、德觉巴洛桑赤列、协巴洛桑达结、洛桑丹增、达摩巴洛桑金巴、洛桑索巴、洛桑雅培、德央巴强巴楚臣、章摩且巴群培顿珠、洛桑丹达、勒贤林巴洛桑群培、嘉巴洛桑丹增、拉卡巴洛桑才旦、绒巴洛桑班觉、乃巴洛桑南周、达纳巴洛桑塔耶、吉隆巴洛桑饶杰、洛桑图丹等完成《释量论辩解》第四章修业,温寺巴益西巴丹、益西坚赞、勒巴顿珠、益西巴丹、洛桑平措、扎西巴丹献《胜乐根本续》考试,益西索朗献《菩提道次第中论》,群科伦布巴洛桑贝丹献《般若疏教理海》《慈氏五论》考试,桑杰雅培修完《因缘贤愚经》,夏鲁巴仁钦伦珠修完《时轮摄略经》《胜乐五神身曼札仪轨》《长寿仪轨》,益西班觉比丘献《菩提道次第中论》《菩提道次第引导方便道论》等考试,班禅额尔德尼对以上修业献考者分别予以奖赏。

土兔年(1759 年)一月一日下午,班禅额尔德尼为索本堪布扎巴塔耶、管家、孜本等人饯行。

十二日,第悉仲孜巴迎请班禅额尔德尼前往法会,为法缘之物开光。

十四日,班禅额尔德尼为灵童父母及侍从 40 多人授《长寿灌顶》,赠物饯行。

十九日,为第悉仲巴授教赐物。

二十四日,班禅额尔德尼从经师洛桑群培聆听《金刚手大轮回灌顶》。

是月底最后三日,班禅额尔德尼莅临玄色度母噶丹殿进行供祭祈祷,奉献自戴珍宝珊瑚、琥珀、琥珀念珠、戒指,并供养于佛殿。自此春季第一个法会开始,班禅莅临法会与 4 位经师及助理辩经师一起研论、辩论《释量论》。

尔时,章嘉呼图克图与第穆呼图克图写信邀请班禅额尔德尼次月前去拉萨为七世达赖喇嘛灵塔开光,认定灵童。班禅遣使回书,同意此行。

二月六日,班禅额尔德尼为珠巴活佛等 70 多人摩顶。珠巴活佛献礼,班禅额尔德尼给予回赠。

二十二日,班禅额尔德尼为赞普诺门罕与北方各族的使者等 150 余人摩顶加持。

二十三日，班禅额尔德尼与密宗札仓僧人举行依大威德四业护摩仪轨。应翁则噶究益西丹增与香厨师益西坚赞请求传授《依集密不动金刚上师瑜伽仪轨论》《依观世音上师瑜伽仪轨》等诵传。

二十八日，赞普敏珠尔诺门罕与香贝洛寺吉索于僧会上向班禅额尔德尼献礼物。

三十日，班禅额尔德尼为彼等授《长寿启白》，赠物饯行。

二月五日，班禅额尔德尼为侍从授珠嘉传规《长寿灌顶》。会见地方政府所派迎驾者管家格桑顿珠、其本①林布琼、哲蚌寺总管家拉章第巴、驮队头领等，班禅为他们摩顶赐茶。

九日，班禅额尔德尼一行起程前往拉萨，途中在温寺居留两日，供祭佛像塔，献敬神哈达，祈祷和托付事业。尔后，驾临群科卫顶寺，拜谒金刚长寿佛母像，布施温寺各个属寺。

十一日，从温寺起驾，中途受到诸寺庙、村庄以及诸官员、高僧的迎送。班禅额尔德尼布施了诸迎送者及驿站差使，每日为百余人摩顶。

二十二日，由高僧、执事迎接，在僧队的陪同下到达哲蚌寺参尼林卡，哲蚌寺在此设灶郊迎，大护法于驾前献吉祥哈达，班禅回赠敬神哈达和礼品。哲蚌寺吉索设宴招待请求摩顶，班禅赠予回礼。尔后，地方政府设灶郊迎，受到章嘉国师、摄政第穆呼图克图、驻藏大臣等以及班禅额尔德尼水猴年到拉萨时同样的僧队的欢迎。此后班禅被迎请到布达拉宫大厅，章嘉国师、摄政第穆活佛、两位驻藏大臣等中央使者、噶伦、代本、孜本、诸孜雪、仲科尔向班禅额尔德尼献哈达，举行盛宴款待。班禅额尔德尼在此居住期间，依水猴年之例，对孜雪的供餐者及侍从予以酬谢。

二十三日，两位驻藏大臣、加尔果琪、笔帖式等各献礼物，班禅额尔德尼布施香料等。之后，班禅额尔德尼会见尊者阿旺强巴，畅谈佛事。

二十四日，班禅额尔德尼向七世达赖喇嘛灵塔吉祥光照塔敬献五种千供、银制曼札、五色哈达、上等五色8尺长的哈达等，又到各个护法殿献浴供祭，虔诚祈愿认定灵童一事顺遂；然后到布达拉宫的各个佛殿向主要的佛像献供品和敬献哈达；之后会见章嘉国师，在用餐时长谈政教大事；还为章嘉

① 其本为达赖喇嘛的侍从官员之一，掌管达赖喇嘛出行时的马匹、用具等。

国师之强佐、札萨克喇嘛洛桑群培的咽喉炎、依琼那洗礼，使强佐即日起病情好转。

二十五日，在会供发愿时，班禅额尔德尼向两尊释迦佛像献千供，向十一面观音菩萨像献百供，并分别敬献哈达、布施僧众，施放斋僧茶，为14517名僧人各施尼伯尔银币2枚。然后，会见三大寺6位喇嘛、管家、格贵，分别予以结子。

二十六日，班禅额尔德尼先后会见两位卸任甘丹赤巴、札雅活佛、土观呼图克图，上、下密院堪布和朗杰札仓上师、翁则、噶尔塔堪布、夏仲德丹卓玛，并为他们摩顶加持。他们向班禅献礼并诵经祈寿。

二十七日，班禅额尔德尼为朗杰札仓众僧、三大寺部分僧人等1000多人摩顶。班禅在住布达拉宫时，经常与章嘉国师一同进餐，谈论佛事。在朗杰札仓举行护法仪酬轨时，班禅为200名僧人各施发一两；为巴拉觉、木如寺8位僧人为期一个月的酬补供祭以及宇德10位僧人在小昭寺护法前为期20天的酬补供祭，分别提供费用，并各施放白银一两，予以赞颂。后于三界殊胜殿与第穆呼图克图一起礼拜，会供大缎面佛像，献五种百供及哈达。噶厦设宴招待班禅额尔德尼。章嘉国师、诸大臣、加尔果琪、笔帖式、诸噶伦礼拜了缎面佛像。尔时，乾隆皇帝正兵伐叶尔羌，收复失地，诏书传来。为此班禅额尔德尼献了哈达、佛像、香料等，予以祝贺。

月底，章嘉国师、第穆呼图克图、诸噶伦派近侍堪布、拉萨涅仓吉康巴、色拉协札仓喇嘛阿旺扎西分别去康区、后藏、沃喀等地寻访考察七世达赖喇嘛灵童。临行前班禅额尔德尼嘱咐各人：“此乃佛法众生之大事，应奉旨行事”。之后，为诸噶伦、贡噶丹增之子等人摩顶加持，授教鼓励。

二月一日，班禅额尔德尼为上、下密院及普布觉寺施放斋僧茶各5次，每名僧人白银一两；为俄尔盖札仓、木如寺、热卡扎寺、帕蚌喀寺、格培寺施放斋僧茶各5次，给每名僧人发放尼泊尔银币一枚；为拉萨中、南、北各地共115所寺院施放斋僧茶各5次，给每名僧人白银一钱；为群科杰寺、琼结日吾德庆寺、阿里札仓、沃喀精其寺、达波寺、泽当甘丹扎西寺、温甘丹群丁寺等15所修行地施放哈达各一条及礼物；为拉木绛曲觉寺施放斋僧茶饭两个月，每日6次；为23名僧人举行的梵天护法仪酬轨提供费用，给每名僧人哈达一条、白银1两5钱；为群科杰寺的吉祥天女像供祭一个月，为8名僧人举行的仪酬轨施放哈达各一条、白银各一两;为色拉寺俄尔盖札仓施放斋僧茶饭15天,每日6次,资助其赠送哈达;为群科杰寺、沃喀精其寺、强巴林寺之弥勒佛像献百供,敬献哈达各一条。

上、下密宗札仓等向班禅额尔德尼各献礼物,受到大量赏赐。

其后,班禅额尔德尼分别于上、下密院传授《胜乐根本续》与《吉祥金刚大威德修证法》诵传,为赤钦顿珠嘉措活佛、布鲁图诺门罕等共1000余名僧俗摩顶加持。

噶厦资助举行大威德静猛护摩仪轨与阎摩罗护法仪酬轨,祈求准确认定七世达赖喇嘛,各护法殿僧人参加。

四日,班禅额尔德尼拜访阿旺强巴,并进行佛事谈论。午后,班禅与章嘉国师、第穆呼图克图谈论政教事务。

七日,在章嘉国师与朗杰札仓举行的宴会上,班禅额尔德尼接受僧众献礼。章嘉国师奉献银曼札、佛像、佛经、佛塔、僧衣、白银1650两、绸缎、茶叶,祝班禅额尔德尼长寿如愿,利益佛法众生。

九日,依照章嘉国师先前的请求,为其传授《时轮大灌顶》,班禅额尔德尼于三界殊胜殿与章嘉国师举行建立灌顶师徒关系的仪式。

十一日,班禅额尔德尼为章嘉国师主仆、摄政第穆呼图克图、阿旺强巴、噶伦噶细公、噶伦多喀瓦、尼玛坚赞、札雅活佛、嘉赛活佛、善巴活佛、济咙活佛、敏珠尔诺门罕、土观呼图克图、毕力克图诺门罕、拉萨三大寺在任和卸任的经师、南杰札仓僧人和上、下密院的格西等2000余人传授时轮灌顶的预备阶段,我亦获得闻听的良缘。在3日内,班禅额尔德尼传授坛城的绘线法等。

十五日,班禅额尔德尼按克珠杰所著《坛城仪轨》,依彩粉坛城传授七种身入坛城灌顶。

十六日,班禅额尔德尼传授"上灌顶"与"大上灌顶"。

十七日,班禅额尔德尼传授金刚阿阇黎大主宰灌顶及宗喀巴师徒所著时轮教法的著作,在众僧心田里播下了空色大手印的种子。在如此众多智者集聚的法会上,班禅精神焕发,声音洪亮,吐字清晰,毫无羞怯倦怠,众僧恭听,使骄傲者折服,智慧之门顿开,一切邪见的雾云消散,建树密宗金刚乘固实根基。当天浓云覆蔽,雷声隆隆不断,小雨连绵不息,此乃威猛本尊与瑜伽神母之喜容。灌顶结束后,章嘉国师献上等哈达、银曼札、黄金10两、白银200两、大缎10匹作为酬谢，噶伦与其他高僧亦献厚礼。会后高诵功德本母、乐愿、时轮等吉祥词，祈愿宗喀巴之教理广弘，重礼酬谢班禅额尔德尼之恩德。

有诗赞道：

文殊仅存名号的末世，
你这出家僧众的倚靠，
使无数骄傲的头低下，
登上无畏狮子的宝座，
精通五明若必多吉等，
雪域高僧大德聚会中，
你智慧慈悲的彩云里，
降下大乘灌顶的喜雨，
此时成熟众人的甘露，
将具有金刚缘分众生，
心中的尘垢清洗干净，
登上殊胜果位的顶端！

之后，为选认七世达赖喇嘛的灵童，请乃琼、拉木、昌珠、噶尔东等护法降神师指示取舍，为了在护法神像前念诵，班禅额尔德尼应请写作了《激励护法金刚颂》。

二十六日，举行金瓶签定，以班禅额尔德尼为首，章嘉呼图克图、第穆呼图克图、两位驻藏大臣等汉藏官员在布达拉宫上的天窗前排列就坐。噶厦提供所需资具，于新大厅中禀请护法降神前，念诵《激励护法金刚颂》，然后请护法降神授记。

而后，章嘉国师之索本堪布格勒南卡请求班禅额尔德尼著《妙音天女念修法》《大威德金刚自生要义》等。

四月二日，班禅额尔德尼为第穆呼图克图主仆50余人传授大成就密多罗传承的《白无量寿佛随许法》。次日，班禅额尔德尼讲授克珠杰所著《作品拾零》。

五日，索本强朗堪布、敏珠林活佛、噶伦夏仲夫人及其子各自献礼物。同日，应我①的请求，班禅额尔德尼始讲《大威德金刚生圆二次第论》，入坐听法者有札雅活佛、嘉赛活佛、嘉木央活佛、哲蚌寺郭芒及洛宽林格西等50余人。

七日，班禅额尔德尼给刻印金字《甘珠尔》的管理员、缮写员、校对者等人赏赐物品。

八日，噶厦、哲蚌寺哈尔东康村、耶尔巴、木茹寺密院等向班禅额尔德尼献礼物，祝莲足坚固。之后，班禅为哈尔东康村僧人传授《兜率上师瑜伽论》，会见百名尼泊尔客人。

十一日，授完《大威德金刚生圆二次第论》，我向班禅额尔德尼献曼札、上等哈达、佛像、佛经、佛塔、衣服用具、白银350两，感谢传授教法之恩。

十二日，章嘉国师请求班禅额尔德尼诵传《六十食子境相》。

十三日，应地方政府之请，班禅额尔德尼、章嘉国师、第穆呼图克图、经师、内侍5人、仪轨助理师等为七世达赖喇嘛灵塔举行金刚大威德开光仪式，祈请七世达赖喇嘛的转世灵显。同时为大威德静猛火祭坛献曼札、黄金20两、马蹄银30锭、长条茶600条；分赠了章嘉国师、第穆呼图克图、仪轨助理师。地方政府向班禅额尔德尼献厚礼致谢。

十六日，第穆呼图克图与南杰札仓向班禅额尔德尼献礼并诵经祈寿。班禅额尔德尼作《达赖喇嘛身语意三功德启白》，章嘉国师阅读后非常高兴。

十九日，班禅额尔德尼莅临哲蚌寺，受到盛情迎接。

二十日，哲蚌寺僧人于大经堂献礼物，4名格西离席对辩助兴。班禅额尔德尼除接受佛像、佛经、佛塔外，其余皆予以回赐，并为该寺赠送旗幡、绸缎、马蹄银2锭、银币50两、茶7条；为5744名僧人施放白银各一两，传授《菩提道炬论》，百供上、下大殿佛像，敬献哈达，发愿广弘佛法。

尔后，由扎西郭莽札仓、洛萨林札仓、德央札仓、阿巴札仓等分别向班禅额尔德尼献礼。在此班禅会见了各寺院及札仓的上师、执事、僧人，并对他们摩顶加持；还分别于郭莽、洛萨林、德央、阿巴等札仓讲授《菩提道次第广论》一法座、《缘起颂》《菩提道三士要论》《侍师五十颂》，并为三大学经院参加法会者赐护身结、哈达，表扬辩经者。会后，在各札仓经堂献百供，向密乘

① 作者晋美旺布。

殿大威德金刚像献曼札、珊瑚念珠、祭品、哈达。同时，为各佛像献哈达，为上述诸寺、札仓施发马蹄银、银币各 50 两、茶 70 条，布施每名僧人哈达一条。

二十四日，班禅额尔德尼莅临甘丹颇章的护法殿，献敬神哈达，向更噶热瓦的主供神像泉眼度母、孜钦度母献敬神哈达和念珠；向乃琼大护法献银制曼札一具、白银 50 两、黄金一两、长条茶、绸缎、法器，献供长腰刀、长枪等供品；向扎央林施放斋僧茶，给每名僧人银币 2 枚。藏巴康村和格培日追的僧人拜见班禅，班禅赐给斋僧茶。

二十五日，班禅额尔德尼从哲蚌寺出发，在色拉寺僧队的迎接下到达色拉寺。在大经堂接受献礼，为献礼者摩顶，传授《菩提道三士要道论》，布施僧众，发放白银，由 4 名格西离席对辩。之后，班禅额尔德尼朝拜佛像，供献祭品、哈达，单独会见了却藏堪布班觉扎巴，传授《上师瑜伽论》。却藏堪布献礼致谢。

其后，班禅额尔德尼来到各个札仓的经堂，接受献礼并给众僧摩顶，分别于协巴札仓、麦巴札仓、俄尔盖札仓传授《上师瑜伽论》《护持导训集启白》《集密根本续》《上师供仪轨》等；为参加两个显宗学院辩经的格西们赏赐护身结、哈达，布施僧众，供祭佛像并向佛塔献百供，向马头金刚像供献银曼札、珊瑚念珠、祭品等。尔后，莅临哈尔东康村，供祭新建经堂，布施俄尔盖札仓僧人每人白银一两。

二十八日上午，阿旺强巴、普布觉寺僧人、热卡扎、卡多尔、色拉孜僧人、噶伦公班智达、噶伦夏仲等举行上师供及会供法会，为班禅额尔德尼祝寿，各自献礼物。班禅额尔德尼分别予以回赠。

三十日，班禅额尔德尼从色拉寺来到小昭寺，向不动金刚佛像献千供、五色上等哈达、僧伽服、银曼札等，和随从一起举行七支献浴并发愿使众生幸福；向上、下殿佛像、圣塔献哈达，然后到回廊殿向释迦佛像献百供，并献 60 两银制曼札、绸缎僧伽服、五色上等内库哈达，向十一面观音菩萨像献百供，献 20 两银制曼札、珊瑚念珠、五色上等哈达；向宗喀巴大师像献僧伽服、五色上等哈达；向吉祥天女像献上等五色内库哈达、祭品；其他殿堂也献哈达、供品并嘱托事业。地方政府在艾旺设宴招待，之后班禅额尔德尼返回布达拉宫。

五月一日，四噶伦向班禅额尔德尼献礼并诵经祈寿。

二日，班禅额尔德尼奖赏四噶伦与第穆呼图克图。

是日，应我的请求，班禅额尔德尼新作《上师瑜伽颂》《祝寿词》，为青海亲王的代表诺云曲杰作《嘉木央协必多吉本生启白》。之后，噶伦公班智达夫人及儿子、贡噶丹增公、晋美旺嘉公、噶伦多喀瓦夏仲、噶伦吞巴、札萨克喇嘛、代本宇妥巴、普克朗巴等分别献礼。班禅额尔德尼受礼后，为噶伦夏仲、毕力克图诺门罕、代本宇妥巴、座前堪布、管家云丹勒智、文书格桑德庆等150多人传授珠嘉传规《长寿灌顶》。

五日，班禅额尔德尼和章嘉国师在德瓦坚寝殿讲论教法，我被召唤到他们的身边，为了让班禅额尔德尼听闻章嘉国师的法相学学识，章嘉国师坐在地上，从应成辩论法到遍智十法等内容进行提问，我尽我所知回答了章嘉国师的提问①，班禅额尔德尼非常欢喜。章嘉国师没怎么在大寺院里遍习佛典，但由于他与生俱来的智慧和努力学法，在法相学方面的学识论辩无与伦比，因此班禅额尔德尼十分惊奇，一再加以赞扬。

当时，两位驻藏大臣向班禅额尔德尼献礼，班禅向他们问候并回赠香料、佛像。班禅额尔德尼在南杰札仓传授《上师供仪轨随许法》；因拉萨官员的请求，向持斋的600名俗人诵传《大乘布萨戒》；为阿旺强巴作《大师本生启白》，传给各禅院念诵。之后，特派本仓钦摩慰问阿旺强巴。

其后三日，班禅额尔德尼为我传授《神通论》《铁堡仪轨》，并亲赐班禅额尔德尼罗桑确吉坚赞所著《神通论明解》一书。

十日，地方政府在大经堂宴请班禅额尔德尼，献银曼札、全套衣服、汉银1050两、章喀银数秤、茶叶400条。大强佐与众侍从亦得到赏赐。

班禅额尔德尼于布达拉宫期间，布施寺庙僧众，讲经说法，广作祈寿仪式，会见僧众，每日为上千人摩顶加持。

是日下午，章嘉国师于三界殊胜殿宴请班禅额尔德尼，献胜乐会供曼札及礼物。当时，章嘉国师手捧曼札，高诵《祈寿祷词》，一片虔心。他以甚深密道金刚瑜伽，广开喉咙之轮，奔放出悦耳的颂歌。班禅额尔德尼为其传授《入密道入门》。

---

① 这里是说在六世班禅的面前由章嘉国师和二世嘉木央活佛举行辩经，以显示章嘉国师在显宗经论方面的学识和辩经方面的才干。

如是，前藏僧俗献礼犹如夏日云朵，堆积如山，大转法轮好似鹿野苑①释迦尊者再显。贤者大德布满大地，仿佛如意宝瓶中流出一切需求的甘露，万物丰富茁壮，恰似圆满劫再显世间。有诗赞道：

十方诸佛汇聚在一起，
怙主功德如白银流水，
一切孽运的劣铁触之，
即成昂贵利乐的宝物。
您的声名之珍宝项链，
装饰着四方天女脖颈；
再三赞美声响遍大地，
岂有谈论他事的时辰？
在您所到之处的足迹，
一切尘土也被人恭奉，
您的三密②所建之业迹，
世间众生永不可思议。

以上为《尊胜上师有寂世界顶饰班禅遍知一切罗桑班丹益西贝桑布传——太阳之光》之第七章“在拉萨为章嘉若必多吉等传授时轮灌顶”。

第八章　认定八世达赖喇嘛·降白嘉措并授沙弥戒

此后于此月的十一日（五月十一日），班禅额尔德尼起身离开布达拉宫，来到扎西迥寺下面，受到活佛及僧人于庄园之接待，班禅为（彼等）讲授了《上师瑜伽论》，以结法缘。在甘丹寺设灶迎接处，与前来迎接的赤仁布切（甘丹赤巴）会见并简短交谈，而后在僧队的引导下被迎请到甘丹寺，在寺院前面他下马礼拜，最后到法座殿用餐，之后在俄萨普寝殿住宿，感受宗喀巴

① 鹿野苑为印度的佛教圣地，原意指仙人住处，位于中印度波罗奈国，在今瓦腊纳西城西北约10公里处。传说是释迦牟尼成道后最初说法的地方。

② 三密指身密、语密、意密。

大师的慈悲，在向宗喀巴大师礼拜、献供和祈祷中度过当天的时光。是日，天空非常晴朗，出现了彩虹，显现佛教诸神的欢喜。

十三日，甘丹寺吉索迎请班禅额尔德尼到甘丹寺大经堂，登上宝座，向全体僧人传授《菩提道次第广论》篇首章节。

十四日，大供佛像佛塔，尤其为宗喀巴灵塔献千供，敬献五色上等哈达、银曼札、白海螺；向宗喀巴师徒三人像、清净七妙音①灵塔像各献哈达。后为僧众讲授《七支赞》《胜乐供饔》《八足赞》《发愿祝词》，诵经供祭噶丹法王（护法神），并敬献哈达，立誓弘扬第二佛祖宗喀巴之清净教理。是日，班禅额尔德尼由甘丹赤巴迎请到羊八井寺献礼，欢迎会上两位格西离席辩经助兴。

十五日，于大经堂授“布萨仪轨”。尔后莅临哈尔东康村受众僧献礼，在强孜、夏孜札仓分别迎请班禅额尔德尼，并向班禅赠厚礼。于强孜札仓讲授《菩提道次第略论》《救怙度母经》。

午后，莅临羊八井下密院传授《集密根本续》诵传，后于夏孜札仓讲授《文殊阿拉巴杂纳随许法》《上师供仪轨》，法会上高僧离席对辩，班禅给予赞扬。

是日，班禅额尔德尼首次为扎西迥寺活佛格桑达曲坚赞授居士戒。格桑达曲坚赞虽年龄小，但能诵《菩提道炬论》《现观庄严论》《入中论》《妙吉祥根本智最上秘密一切名义经》《入菩萨行论》，班禅听后大喜，予以赏赐。之后向强孜札仓克珠杰所建护法像与羊八井寺法殿护法像敬献哈达，作诗赞扬，祈求保佑；给2100名僧人赐哈达各一条、白银各二两，从佛法及生活两方面满足了众僧愿望。

十九日，班禅额尔德尼从日吾甘丹寺踏上前往后藏之途程，当时诸僧泪流满面，万分不舍，尾随相送；途中班禅被拉木护法迎到绛曲觉寺，驻锡3日，讲经布施僧众，禀请拉木大护法授记。依护法神之愿，礼佛拜塔，观赏跳神，为以护法神师为首之300名僧俗授《长寿灌顶》。其间，为绛曲觉寺、尊莫蔡、彩尔赛寺、当日寺、嘉玛札仓、智赛娘寺、拉隆吉仲巴等寺僧诵传《兜率上师瑜伽仪轨》《佛陀赞》《菩提道次第略论》《缘起颂》《丹巴尔玛念诵仪轨》等

---

① 清净七妙音是指宗喀巴大师以后的7位甘丹寺赤巴，即贾曹杰、克珠杰、夏鲁巴勒贝坚赞、雅德洛哲曲迥、瓦索曲杰坚赞、洛哲丹巴、莫兰巴勒贝洛哲，因为格鲁派认为宗喀巴大师是文殊菩萨化现，文殊意为妙音，故称清净七妙音或者清净七文殊，又因为这七人都是后藏人，所以又称文殊后藏七传。

论典，接受诸僧献礼。

二十二日，班禅额尔德尼从拉木寺赴澎域①杰仲寺，诵传《兜率上师瑜伽仪轨》；次日朝拜了达隆寺佛像塔，在佛殿与诸位活佛讨论教理。

二十五日，班禅额尔德尼莅临噶当派发祥地、仲敦巴嘉瓦迥乃创建的热振寺。是夜，班禅额尔德尼出现很多梦境，观见乃赛尔觉卧大喜之祥兆，遂起身作《焚香祭词》，以作供养。在热振寺大经堂接受众僧献礼，为千余名僧人授《菩提道次第引导方便道论》《菩提道炬论》诵传。噶伦噶细瓦公班智达资助举行大乘发菩提心仪轨，向班禅额尔德尼奉献曼札等礼物。班禅额尔德尼除讲经，为僧众摩顶加持，礼拜佛像塔，发愿饶益众生，并为热振寺发放布施，施予400名僧人每人白银各二两、哈达各一条。是时，拉萨扎西康萨的僧俗亦前来献礼，会供以文殊金刚为主的诸佛塔，发愿广弘噶当七宝②之教理，利益佛法众生。班禅从热振寺返程时，乘骑战所献之马，此马对班禅有利。

我于五月二十日从拉萨前往热振寺拜谒班禅额尔德尼，数日间亲闻班禅讲授《菩提道次第论》《救度怙主随许法》。当时我献本人骑乘之良马一匹，以求保佑。班禅额尔德尼祝愿我为安多地区弘扬宗喀巴大师教理与利益众生功德显赫。

五月三十日，班禅额尔德尼为僧众讲《长净经部》。

六月一日，阿然巴洛桑顿珠于央贡寺宴请班禅额尔德尼，诸修行僧献礼并诵经祈寿。于此，班禅额尔德尼供养弥勒佛像，讲授《密宗道次第广论》首篇，布施修行僧；后去热振寺为孜娘活佛传授《白文殊菩萨随许法》。

次日，班禅额尔德尼与经师、诸大德40多人共行依大威德息静护摩仪式。应热振寺大强佐之请求，为5100名僧人授《长寿灌顶》；应阿然巴洛桑顿珠请求，为少数僧人授《乃赛尔尊者随许法》。

三日，驾离热振寺北行，途中接受了1000多人的献礼，以马、牛羊及酥油等物祭祀唐古拉山神与觉摩雪山的山神，祈求保佑。如此，班禅额尔德尼从热振至扎

---

① 今林周县。

② 噶当七宝指噶当派所传释迦牟尼、观世音菩萨、度母、不动佛四本尊及经律论三等，总称七出世法。

什伦布寺,中途受到各寺的僧队仪仗、歌舞者、各大官员等数万名群众迎送。

十四日,抵达扎西孜,受到班禅额尔德尼的父亲主仆的欢迎。

十五日,莅临噶丹饶杰寺为父亲主仆摩顶。在此良辰吉日,班禅额尔德尼遣人前往拉日岗迎请土虎年降世的达赖喇嘛灵童及其父母①。小灵童因年幼,口齿不清,虽不能断定,但此日空中彩云飘浮,大地分外松软,征兆甚佳。

十六日,为班禅额尔德尼举行六十朵玛禳解法会及跳神会。

十七日,行长寿仪轨法会,噶丹饶杰寺管家、僧徒及他寺来的僧人献祈寿礼物。彼时,雅鲁藏布江水暴涨,班禅额尔德尼在此居住 15 日,为僧徒诵传《供佛法事明示》《佛陀赞粉碎魔军》《上师供仪轨》《长寿成就甘露流》《妙吉祥根本智最上秘密一切名义》《兜率上师瑜伽仪轨》《护法仪酬轨》《遍明长寿仪轨》《菩提道炬论》《菩提道次第引导方便道论》;为 3000 名僧人传授

---

① 关于八世达赖喇嘛的寻访认定,土观洛桑却吉尼玛的《章嘉国师若必多吉传》中有几段重要的记载:"章嘉国师此次进藏,主要是为了辨认遍知一切达赖喇嘛的转世灵童,在上一年前,有 3 个待认定的转世灵童分别出现在东、南、西三个方向,西藏的有形无形的生灵都像期望好像把水搅浑就能得到酥油一样,各种流言鹦鹉学舌般传布。但是,章嘉国师的心非常深沉雄毅,好像无事一样泰然处之。有一次,章嘉国师将达赖喇嘛的袈裟请来放在枕边,竭诚祝祷,并向吉祥天女念诵真言,祈求神灵佑助,然后期待着预兆的出现。只听一个无形的声音说道,'达赖喇嘛转世名叫香喀巴拉佐。'""土兔年(1759 年),章嘉国师为了认定遍知一切达赖喇嘛的转世灵童,给七世达赖喇嘛的灵塔完成开光,并听受《时轮大灌顶》,故将遍知一切班禅额尔德尼迎请到前藏。前藏的所有僧俗欢迎者都头戴'噶布'等冬帽准备迎接,后来听说班禅师徒都已改着夏装,就把帽子更换成单帽,改着夏装。只有章嘉国师及其随从和驻藏大臣等仍着冬装前去欢迎。一些有识之土私下议论说,'从更换衣帽这种缘起来看,达赖喇嘛的转世灵童定会从后藏认定,因为除了中原内地以外,整个西藏人似乎都倾向后藏。'""达赖喇嘛的转世被拉木护法断定在西面的某个地方,而其他护法的预言则众说纷纭,一时难以断定。噶伦们主张将众护法集中在遍知一切班禅额尔德尼的身前,一起降神明示,以确定方向。一天,在布达拉宫大厅的窗前,班禅活佛、章嘉国师、摄政、钦差大臣、噶伦等依次坐定,然后将拉木、乃穷、桑耶、噶东、昌珠等护法请到大厅中央降神,桑耶护法首先附体,随后其他护法也纷纷附身。桑耶护法抢先登上拉木护法的宝座,气势汹汹,耀武扬威,致使请示预言的人们不能作讨论预言的提问,昌珠护法以前也说过达赖喇嘛转生在西面,这次害怕若与桑耶护法所说不一,会立刻有刀剑加身的危险,便改变前言,附会说达赖喇嘛转生在东面。这样,诸护法降神,预言仍不相同。章嘉国师说,'现在我们大家只好一起请求班禅额尔德尼,无论他作何指示,我们都应相信才是。'西藏所有管理事务的人都说,'这样最好。'于是,以章嘉国师为首,由摄政、噶伦等所有办事人员都一致恳切请求班禅额尔德尼预言达赖喇嘛的真正转世。班禅额尔德尼以他超绝的智慧,降示了后藏所出的那个孩童是三界怙主达赖喇嘛真正转世的预言。过去,在章嘉国师本尊的预示中有'达赖喇嘛转生在香喀巴拉佐地方'的话。香喀巴拉即守螺龙王,传说拉木大护法是以螺为顶髻的梵天神,班禅的印章和拉木护法的印章上都镌有海螺的图案,这与前面所说正相吻合。特别是过去达赖喇嘛给班禅额尔德尼传授时轮灌顶时,后藏的襄佐梦见达赖喇嘛来到现在这位灵童降生的人家,次日向达赖喇嘛问起梦中之事,达赖喇嘛说此事不可泄露,我们将梦境记录下来,写成两份,盖上印章。将一份交给襄佐,另一份存放在噶厦的译仓里。仲译噶桑德钦当时遵照达赖喇嘛的指示办事。这各方面的征兆互相符合,使不带偏见的人完全相信,欢乐如夏日的泉水般增盛!"

珠嘉传规的《长寿灌顶》，施放斋僧茶 80 次，给每名僧人布施白银一两，资助法会白银 375 两。

二十四日，为达赖喇嘛灵童的母亲传授《白文殊慧施随许法》《长寿金刚灌顶》，拉日岗寺举行宴会招待他们一行。

二十八日，班禅额尔德尼莅临仪酬轨法会，众僧诵经声朗朗，妙音不断。

八月一日，班禅额尔德尼离开噶丹饶杰寺，途中欢迎者络绎不绝，班禅一一摩顶加持。尔时，天降大雨，香河与雅鲁藏布江汇流，使河水猛涨，众人能安然渡河，此乃托班禅之洪福。

三日上午，班禅额尔德尼由 1000 名骑士迎到乃苍时，南山与雅鲁藏布江之间的上空出现了五色彩云，形成光环，美丽无比，经久不散，随驾飘游。此时，细雨绵绵，清爽凉快，迎驾者兴奋地议论：今日之瑞相定是诸佛菩萨与我们同来迎驾。班禅额尔德尼驾临扎什伦布寺后，授教摩顶，满足众僧愿望，给全寺 3600 名僧人每人施放哈达一条、白银一两；为阿巴札仓僧人额外布施白银各一两。扎什伦布寺赐赏了迎送班禅的地方政府代本格桑顿珠。

十四日，班禅额尔德尼应卸任格贵噶丹饶杰巴噶究益西迥乃之请求，于僧会上传授《长寿灌顶》。

十五日，于法会上行布萨。自此，班禅额尔德尼于每日早晨及黄昏静修圣胜瑜伽，白天修习《敏释量论广释》《释量论疏解脱道论》《释量论大疏正理海》、根敦珠巴所著《释量论》等量论著作。从经师聆听《广释无垢光》《天母莎玛尼》及格敦嘉措传承的《天母秘诀册》等之诵传。尔时，因信仰者之请求，班禅著文多篇。众僧聚集，诵经发愿，行长净仪轨。为准备静修，班禅于十五、三十日莅临法会诵经作布萨。杰尊阿旺强巴仁布切于九月五日布施僧众，指示僧众诵《上师传承启白》，向班禅献座垫、曼札，表示祝寿。绒·甘丹强巴林寺和参卓甘丹达杰林寺各献礼物，班禅为两寺僧人诵传《兜率上师瑜伽仪轨》。

是时，廓尔喀首领和拉达克王各派人前来献礼。班禅额尔德尼任命拉堆巴却本噶究洛桑绛贝为夏日孜札仓喇嘛，祝他于彼地广弘佛法，多做善事，饶益众生。

班弹额尔德尼自木狗年初开始修习显宗及七部量论，掌握了推理八事①，如同印度正理班禅精通因明量学。在这雪域之中仿佛雄狮怒吼，降伏一切邪见之象群，依理雄辩，成为雪域论辩班禅之魁首。班禅于此年秋季法会开始修习《现观庄严论》，先习贤迪班智达所传有关著作。

十六日，班禅额尔德尼莅临法会同四大札仓喇嘛及其他4名格西辩论，研讨教理。会见前往夏鲁寺担任堪布的一代大德土观呼图克图，赐厚礼送行。其间，从经师闻习《红黑阎摩罗灌顶》与佛陀巴勒达的《中论释》。

十月十日，班禅额尔德尼接受旧管家阿巴章摩且巴洛桑噶巴于法会所献礼物，传授《菩提道三士要论》。同时，达摩医师阿然巴献礼并诵经祈寿，班禅分别于法会和寝室教授《兜率上师瑜伽仪轨》《怙主除障随许法》。

十一月一日，鄂尔多斯贝勒的上师额尔德尼墨尔根曲杰、青海王妃次仁索朗等各自向班禅额尔德尼献礼。班禅额尔德尼为哉务拉贡活佛诵传《兜率上师瑜伽仪轨》《檀木林度母》，并加持。

十二日，班禅额尔德尼从经师聆听《马面金刚夏纳四法》。

翌日，班禅额尔德尼闭关静修"集密"。

二十五日，班禅额尔德尼给克扎宗寺吉祥救主仪轨法会赐给费用、供品、哈达等，会期一个月。

十二月十四日，班禅额尔德尼解除修行闭关，举行集密静猛护摩仪式。

十六日，班禅额尔德尼会见协噶尔寺堪布及乃让喇嘛、拉达克王的代表，并摩顶加持。

铁龙年（1760年）一月五日，宰桑哈夏噶迎请班禅额尔德尼到法会上，向班禅献礼并诵经祈寿。受礼后，班禅为赴任鄂尔多斯大贝子的喇嘛曲杰赛康巴一行人饯行，应大贝子洛桑雅培管家之请，讲授《独雄大威德金刚修行仪轨》《吉祥天女供祭法》。

七日，达木喇嘛之友次仁达结迎请班禅额尔德尼到法会上，向班禅奉献

① 推理八事即推理八句义，量论所说的八事：现量、比量各分真似二者，为自悟的四种方法；能立、能破各分真似二者，为悟他或使他领悟的四种方法。八事之中，属于能悟之心者四，属于能诠之声者四。

礼品。班禅额尔德尼为祝愿父母来世幸福，广修善业，设宴款待，并传授《长寿灌顶》。

二月三日，班禅额尔德尼为父母传授《马面金刚秘密修行随许法》，赠礼饯行。

十二日，为次仁索朗王妃传授《观世音与威猛金刚菩萨修行随许法》。噶厦派管家格桑顿珠来晋谒。

十八日，为次仁索朗王妃赠礼饯行。

二十日，管家格桑顿珠辞行。札萨克喇嘛管家昂索达曲平措、格勒迥乃分别向班禅额尔德尼敬献礼物。

二十二日，班禅额尔德尼从经师闻习《集密》中之“三面六臂瞻巴拉修念随许法”。

二十五日至三月七日，班禅额尔德尼闭关静修。

三月十一日，班禅额尔德尼派管家噶钦益西群培进京朝贡，祝贺乾隆皇帝五十大寿；为昂索达曲平措饯行。

二十三日，班禅额尔德尼会晤札雅活佛格桑土丹旺久。

二十五日，班禅额尔德尼被札雅活佛迎请到大经堂，讲授《密乘三部总修上师瑜伽仪轨》。

从三月十八日至四月四日，应札雅活佛的请求，为彼师徒近40人、噶丹群科寺堪布师徒、转经僧人等共50余人讲授《菩提道次第引导方便道论》。

四月五日，班禅额尔德尼举行供祭法会，行大乘发心仪轨及会供曼札。

六日，班禅额尔德尼为四大札仓的喇嘛、阿巴札仓格西及上述听众共100多人传授《无量寿佛九尊灌顶》《文殊室利随许法》《金刚瑜伽母灌顶法》等，还专为札雅活佛及其随从讲授《阎摩罗内外密三种修行随许法》；并为大强佐等1000多名僧人授《十一面观音灌顶法》及《禁食斋仪轨》。札雅活佛献礼谢恩。

十四日，班禅额尔德尼教授《大乘布萨戒》。此时，班禅不仅为众人说法讲经，而且每天在日光寝宫与经师一起研讨《般若波罗蜜多心经》，智慧之威力大发，犹如春日莲花。

二十一日，班禅额尔德尼为札雅活佛赠物饯行。

五月八日，班禅额尔德尼从经师闻习《噶当四尊修念随许法》①《仪轨教诫》，诵传曲丹饶觉所著《克珠杰传》《度母续炎焰》等。

是时，北方喀尔喀法王哲布尊丹巴洛桑丹贝卓美入寂，其侍从 300 人前来报丧。班禅额尔德尼诵经祷祝亡灵安息，灵童尽早降世，报丧使者向班禅献厚礼谢恩。

札萨克喇嘛坚隆巴噶钦洛桑饶旦、次仁顿月公各献礼物祝寿。班禅额尔德尼依彼等之愿望，为他们诵传《清净雪山》等颂词。

五月三十日，班禅额尔德尼为乾隆皇帝传送诏书使者洛桑格勒堪布饯行。

六月一日，喀尔喀七旗的代表拜谒班禅额尔德尼并献厚礼。

二日，班禅额尔德尼先后为桑达诺云法王主仆和喀尔喀讲修殿活佛讲授《无量光佛往生法》《大黑鹏修念随许法》《文殊室利祝寿词》《班智达旺钦夏仲本生》《赞颂词》（班禅本人著）、《三时耶仪轨》、鲁易巴传承《胜乐灌顶》《施寿如意轮修行仪轨》《噶当四尊修念随许法》《噶当四尊往生法》、珠嘉传规《长寿灌顶》《无量寿佛与马面金刚双运灌顶》《黑白文殊菩萨修念随许法》《文殊菩萨赞颂海》《依黑鹏洗拭法》和《喀尔喀协珠曲林喇嘛之灵童贡切扎西》《长寿启白》、为次仁顿月所作的《噶当四尊祈祷文》等。另按每个人要求分别传授上师、本尊瑜伽修念法及祈祷发愿词（班禅自作）等。

尔后，应法会翁则噶究章摩且巴益西尊追的请求，从十九日开始讲《菩提道次第引导方便道论》，讲授完毕举行发菩提心仪式，此乃班禅额尔德尼于法会首次所传的发菩提心仪式。

其后班禅额尔德尼为赴任喀尔喀喇嘛之洛桑饶丹、达纳巴噶钦益西多吉等 25 人传授《无量寿佛九尊灌顶》、珠嘉传规的《长寿灌顶》。

七月三日，应阿钦活佛洛桑班觉的请求，班禅额尔德尼莅临石板经院向僧众传授《十七尊白伞盖佛母灌顶》预备及前行灌顶。

四日，班禅额尔德尼于彩坛场传授正行灌顶，后授结行灌顶②。此时，班

---

① 噶当四尊是指噶当派修习的 4 位主要本尊：释迦牟尼、观世音、不动佛及圣救度佛母。

② 结行灌顶指灌顶的结束阶段，传授灌顶的金刚上师以画法等授予弟子，行七政宝、八瑞相、八瑞物等灌顶，用致安慰、喜庆之意。

禅额尔德尼从经师闻习《大威力乌枢瑟摩明王及明妃随许法》。

八日，应阿钦洛桑班觉请求，班禅额尔德尼于密宗札仓向500名僧人传授《无量寿佛九尊灌顶》《黑白怙主修念法》《摧破金刚修念法》，并为洛桑班觉一人单独传授《厦日玛尼神母随许法》；然后莅临大威德息静灌顶护摩与白伞幢禳解仪轨法会，传授《伏魔母主体眷属念诵仪轨》《檀木林二十一尊度母》中之《奋迅度母》《顶髻尊胜度母》等修念仪轨。洛桑班觉、密乘法师益西朗杰献大威德金刚会供及祈寿礼品。

二十日，应法会的格贵波尔多巴噶钦益西朗杰的请求，班禅额尔德尼于石板经院向僧众讲授《十一面观音灌顶》、珠嘉传规《长寿灌项》。

八月八日，班禅额尔德尼从经师听讲《黑胜乐灌顶》《黑胜乐六论》等。

十日开始，班禅额尔德尼参加秋季第一次法会，参与正理辩论，赏赐密乘师洛桑班觉。为协助谢通门地区百姓，倡建以供养《甘珠尔》为主的佛像、佛塔、佛殿；为拉日岗寺的索南达结讲授《威猛王大鹏随许法》、珠嘉传规的《长寿灌顶》及其他教诫。

九月一日，班禅额尔德尼从经师闻习《吉祥纳噶拉夏随许法》。之后，分别为青海贡噶札萨克代表讲授《兜率天百佛》，为朗南杰贝子的代表讲授《无量光佛往生经》，给各佛殿佛塔献千供，供祭诸神。应经师堪仁布切的劝请新作《九尊胜王仪轨》，并予诵传。

十二日，班禅额尔德尼闭关静修本尊神，为期14天，二十四日解除闭关。

二十五日，班禅额尔德尼会见从前藏应邀而来的阿旺强巴尊者，准备从其闻习从未学过的教法。

十月一日，应阿旺强巴请求，班禅额尔德尼先为其传授《无量寿佛九尊灌顶》。

五日，班禅额尔德尼从阿旺强巴闻习《集密圆满五次第明灯》，十九日授毕，班禅献礼谢恩。如此授教清除了班禅心中之疑难。

是时，前往康区弘法的红帽活佛抵达扎什伦布寺，班禅额尔德尼派准仲等9人前去以仪仗迎接。

次日，班禅额尔德尼会见红帽活佛及其随从100余人，与之进行了佛事谈论。

红帽活佛是班禅额尔德尼之兄弟，因此，班禅额尔德尼以对待萨迦达钦的礼仪接待，另外还请红帽活佛到卧室谈论在康区的安康与弘传教法的话题。

十一月三日，阿旺强巴于法会上向班禅额尔德尼献礼，诵词祈寿。

十一日，阿旺强巴为班禅额尔德尼与少数僧人传授《大日如来经》《欢喜金刚九尊灌顶》。是时，班禅额尔德尼出现奇异梦境，还听讲了《忿怒金刚手随许法》。

十五日晚餐时，红帽活佛向班禅额尔德尼献礼并诵经祈寿，10 日后辞别，班禅额尔德尼予以厚赏①。

二十日至十二月八日，班禅额尔德尼等 30 多位大德从阿旺强巴听讲《菩提道次第引导文殊口授》，授毕举行发菩提心仪式。有诗赞道：

夺魂美女神奇的面容，
使贪色者百看而不厌；
如此殊胜的良言妙语，
使具法眼者百闻不烦。
从密乘大师口腔之中，
降下甚深佛法的甘露；
您那无际的心识大海，
如此之细雨岂能充满。

彼时，生于托卜加拉日岗的七世达赖喇嘛·格桑嘉措转世灵童，年仅 2 岁半。班禅额尔德尼闻知，于十七日迎请到扎什伦布寺会面，灵童虽然年幼，但对班禅额尔德尼毕恭毕敬。班禅也对他如前世那样敬重（译者注：在六世班禅和章嘉国师的共同努力下，认定了在托卜加出生的灵童是八世达赖喇嘛，但是关于灵童认定的争议还有一些余波。《章嘉国师若必多吉传》记载说："以前，在西藏曾出过其他两个被怀疑是七世达赖喇嘛转世的灵童。其中出生在山南地区的那个灵童被居住在前藏格仓静修寺的扎德格西接到本寺，下面有许多人传说，'这才是达赖喇嘛的真正

① 此红帽活佛是噶玛噶举派红帽系第十世活佛却朱嘉措（？ －1791 年），王森的《西藏佛教发展史略》称其为六世班禅之兄。红帽活佛在六世班禅去世后的廓尔喀两次侵扰西藏地方的战争中被认为是为与六世班禅的另一个哥哥仲巴呼图克图争夺六世班禅的遗产而挑唆廓尔喀人抢劫扎什伦布寺的重要罪魁祸首，虽然他 1791 年在尼泊尔病死，但是战后乾隆皇帝还是给予其禁止转世、没收其寺院（羊八井寺）及其财产的严厉处罚。

转世。'许多没有头脑的人将此事越传越广，以致驻藏大臣向乾隆皇帝奏报了这一情况。皇上闻奏，十分生气，心想，'如果不加根除，必将成为危害达赖喇嘛事业的恶缘。'于是，下令将灵童和格西二人押送北京治罪。章嘉国师进谏道，'这样做对佛教不利，不如将那个灵童送往后藏扎什伦布寺，让他做班禅额尔德尼的侍从，不仅对眼下有利，事情会如泉水自干，而且对达赖喇嘛的事业也不会带来妨碍。'此话正合皇上之意，遂传谕驻藏大臣依此办理，赦免了他们两人的死罪。"）。

是年，密院杰钦孜巴噶钦洛桑顿珠献《集密生圆二次第论》考试，吉隆巴洛桑旺布、乃宁巴益西班觉献《般若经》考试；当钦巴格敦达结、洛桑多杰、贝图巴洛桑赛巴、协乃巴洛桑隆多、洛桑顿珠、列协林巴、洛桑群培、古格巴云丹达瓦、达摩巴洛桑次仁、协巴洛桑班觉、色巴洛桑扎西、重孜巴洛桑朗杰、格敦坚赞、伦布孜巴赤列平措等修完《释量论辨解》第四章；协巴益西群培修完《释量论疏解脱道明示》，温寺巴巴丹达结、洛桑班觉、洛桑丹增献《胜乐根本续》考试；益西索朗献《集密、胜乐、大威德生起次第论》与《胜乐圆满次第论》考试；群科伦布巴达瓦班班、曲达结、强巴阿卡巴、群培嘉措3人修完《慈氏五论》。班禅额尔德尼分别予以赏赐。

铁蛇年（1761年）一月五日，密院宴请班禅额尔德尼、七世达赖喇嘛转世灵童、阿旺强巴等，并敬献礼品，同时兑桑林、吉康、夏尔孜等札仓敬献有佛缘之物，其他还有哈尔东、喀尔喀三木洛等米村也献有礼物。

八日，噶厦请求班禅额尔德尼为八世达赖喇嘛剃度授戒、赐名，第珠代表地方政府向班禅额尔德尼献礼物。摄政第穆呼图克图与诸噶伦拜谒慰劳班禅额尔德尼。

九日，班禅额尔德尼为八世达赖喇嘛授《大威力乌枢瑟摩明王修念随许法》。

十一日，风和日丽、吉星高照，噶厦代表于如意持法殿为请一世达赖喇嘛·根敦珠巴的主供佛吐旺佛像前献百供，向班禅额尔德尼、七世达赖喇嘛转世灵童献厚礼。班禅额尔德尼为七世达赖喇嘛灵童剃度授戒，取名杰尊洛桑丹贝旺秀强白嘉措，班禅亲作《祈寿词》念诵。之后，噶厦设盛宴招待班禅额尔德尼和八世达赖喇嘛并献厚礼。

十二日，班禅额尔德尼于大经堂宴请八世达赖喇嘛，赠送银曼札、佛像、佛经、佛塔、金银、绸缎，八世达赖喇嘛亦向班禅额尔德尼送礼谢恩。

翌日，拉章侍从、执事、德琼巴洛桑扎西、涅仓巴格勒迥乃、萨迦、拉孜、白朗宗等地的僧俗代表向班禅额尔德尼献礼。尔后，班禅额尔德尼布施诸寺僧众，诵经祈求大成就者阿旺强巴早日康复。不久，阿旺强巴病愈。

二十日，班禅额尔德尼接受杰仲喇嘛益西坚赞献礼后，分别为益西坚赞、毕力克图诺门罕、卡多喇嘛等讲授《文殊菩萨身曼札灌顶》《白胜乐长寿灌顶》《白度母随许法》；为僧会施放斋僧茶，布施给每名僧人白银一两。

二月，班禅额尔德尼从阿旺强巴听讲《不动金刚灌项》《往生经》等经教，班禅又给他传授《大威德二次第引导文三身阶》《达赖喇嘛长寿祝愿词》。班禅额尔德尼与24位高僧共行无量寿佛九尊坛城仪轨，请求阿旺强巴为弘扬宗喀巴大师教理、为众生利益，寿度百岁，说法授教。阿旺强巴回答说："我这凡夫老僧，实无此威力，但托诸前辈上师及汝之洪福，诸等拜我为师，虔诚祝寿，依此威力，已建长寿根基，汝之业绩，使我欢欣"。

十日，班禅额尔德尼于卧室接受阿旺强巴之献礼。

次日，班禅额尔德尼为阿旺强巴赠送礼品，为前来献礼的喀尔喀钦素吉图诺门罕的代表传授《兜事上师瑜伽仪轨》及新作《祈寿词》。

十二日，班禅额尔德尼设午宴招待阿旺强巴，双方叙谈许久，研讨教理，排难解惑。

十三日，为阿旺强巴饯行，并派噶钦顶卡恰桑布护送其回拉萨；然后为阿旺强巴祈祷的普布觉寺赐百次僧茶费用，分别为钦素吉图诺门罕的代表、鄂尔多斯达赖贝子代表150余人传授《怙主除碍法》《长寿灌顶》、摧破金刚修法、祈寿词。

是月，班禅额尔德尼接受拉木护法神师之授记及白缎胜幢后，传授《百种长寿灌顶》《马头明王经》，与33位高僧共行依大威德金刚四业仪轨及六十朵玛回遮法会，诵经为八世达赖喇嘛祈寿，并进行多种供养。

从三月三日开始，班禅额尔德尼于卧室为八世达赖喇嘛身体安康（消除达赖喇嘛灾难）讲授《竭地洛迦林度母》《拘鲁拘拉》①《一面两臂大威德金刚随许法》《吉祥退敌神母》《四面怙主随许法》等，并将这2幅有加持力的唐卡画像献给八世达赖喇嘛作为本尊。

---

① 萨迦金法所传的怀柔佛母。

四日,班禅设午宴招待八世达赖喇嘛的父母及姑母曲仲玛,并赠送礼物。

五日,由管家、仲科尔等人在萨玛尔地方设灶郊迎,迎接第穆呼图克图、驻藏大臣积福、噶细公班智达、噶伦札萨克喇嘛、官员及随从等800余人到达扎什伦布寺。第穆呼图克图等人抵达扎什伦布寺后,首先会见了八世达赖喇嘛,然后会见班禅额尔德尼,班禅额尔德尼为他们摩顶加持,设宴款待,并相互问询和交谈①。

六日,噶厦出资于大经堂宴请八世达赖喇嘛、班禅额尔德尼,并献礼物。由哲蚌寺郭莽札仓的旦巴雅培、甘丹寺的益西迥乃、洛巴噶钦夏仲云丹坚赞、郧建宗巴噶钦洛桑赛巴四人于会离席对辩,为宴会添彩。

七日,噶厦迎请班禅额尔德尼到僧会上献厚礼并祈寿、诸噶伦也献礼后,班禅额尔德尼专门会见了布达拉宫孜雪的许多仲科尔。

九日,第穆呼图克图献礼物祝寿。噶伦噶细公献白银1000两,噶伦尼玛坚赞献白银11锭,代本奔木塘献白银9锭,班禅额尔德尼回赐了不少礼品。驻藏大臣积福也向班禅献礼祈寿,按照他的请求,班禅额尔德尼为其传授了《愤怒金刚手五大鹏随许法》。

---

① 关于此次摄政第穆呼图克图和驻藏大臣到扎什伦布寺迎请七世达赖喇嘛转世灵童一事,驻藏大臣积福有2道奏折,“奴才积福谨奏,为奏闻事。乾隆二十六年正月十七日,准军机处寄信内开:乾隆二十五年十二月十五日奉上谕,著寄信积福,来年第穆呼图克图等将赴后藏会见达赖喇嘛呼毕勒罕,此行命积福偕同呼图克图前往。俟彼抵后藏,留心稽察呼图克图等如何试验呼毕勒罕,呼毕勒罕见人时如何举动,言辞如何之处,即行奏闻。钦此。钦遵。为此寄信前来。奴才积福恭遵圣旨,俟至后藏,妥为留心查核,即行奏闻外,将偕同第穆呼图克图于正月二十九日由藏起行之处,谨具奏闻。乾隆二十六年三月一日奉朱批:知道了。钦此。”“奴才积福谨奏,为奏闻事。奴才积福遵旨偕同第穆呼图克图率噶伦公班智达、札萨克喇嘛尼玛嘉木散、堪布等,正月二十九日由藏起行,二月三日行抵纳嘎尔则。据班禅额尔德尼寄信第穆呼图克图、奴才内称:兹闻文殊菩萨乾隆皇帝施以隆恩,钦差大臣延请达赖喇嘛呼毕勒罕,极为欣喜。先前第穆呼图克图曾派达赖喇嘛近侍堪布请为达赖喇嘛呼毕勒罕定名剃度,故照所请,于去年十二月十四日将达赖喇嘛呼毕勒罕延至扎什伦布,择吉于本年正月十一日为达赖喇嘛呼毕勒罕剃度,定名为哲布尊罗卜藏丹贝旺楚克嘉木巴勒嘉木促巴勒桑布。为岁运长久,气度弘大,留此施以阿比希克。兹因第穆呼图克图、大臣遵旨亲诣托布甲相请,拟于二月二十四、五日请回托布甲,惟托布甲地方现瘟疫颇频,请第穆呼图克图、大臣定夺。等语。咨文前来。奴才与第穆呼图克图商酌,据第穆呼图克图言称:小僧理合遵旨前去托布甲,只缘托布甲瘟疫流行,若将达赖喇嘛呼毕勒罕送回托布甲再请,呼毕勒罕之事极属重要,兹为达赖喇嘛呼毕勒罕前去扎什伦布向班禅额尔德尼递丹书克做好事,相应即由扎什伦布请达赖喇嘛呼毕勒罕,似属更妥。并照拉穆吹忠所卜,择吉于三月一日抵达扎什伦布,我等一齐入见呼毕勒罕。三月十二日为大吉之日,即由扎什伦布请达赖喇嘛呼毕勒罕,俟至聂塘再另折具奏。等因。谨此,一面知照班禅额尔德尼外,奴才积福将偕同第穆呼图克图会见达赖喇嘛呼毕勒罕,留心稽察如何延请之处,即行具奏。为此恭折奏闻。乾隆二十六年三月七日奉朱批:好。知道了。钦此。”

十三日，班禅额尔德尼设宴欢送八世达赖喇嘛，赠送银曼札、佛像、衣服、缎匹、马蹄银等。同时，赐给从前藏来的第穆呼图克图、噶伦、驻藏大臣等所有官员合适的礼品。

十四日，班禅额尔德尼在寝殿噶丹颇章宴请八世达赖喇嘛等，在赠送吉祥礼物时作为缘起，传授了《成就度母随许法》，预祝路途平安，并叮嘱八世达赖喇嘛承继前辈之尊善贤业迹，使佛法的精髓——宗喀巴大师的教法广为弘扬，利益众生，事业圆满。因为灵童尚年幼，班禅额尔德尼派管家洛桑雅培、益西贡却、管家洛桑格敦、翁则 4 人护送，照顾八世达赖喇嘛的饮食起居，班禅额尔德尼给他们四人作了详细指示。

十五日，风和日丽，吉星高照，四大札仓的高僧、吉萨、格贵、各米村以及众多僧官欢送八世达赖喇嘛到大桥东，设灶送行。班禅额尔德尼派大强佐等 20 多人护送八世达赖喇嘛在通敏雄休息一日，从此地由班禅额尔德尼的叔父杰仲洛桑平措、管家洛桑饶旦护送到聂塘。从一月到六月，为了消除八世达赖喇嘛和班禅额尔德尼特别是八世达赖喇嘛在路途中的违碍，班禅赐给诸护法殿念经费用，广作祈寿法事。

十六日，班禅额尔德尼在没有紧急事务的情况下开始在大经堂讲解《般若波罗蜜多心经》。为了酬谢护法神护佑上述利益众生的大事业顺利完成，从二十四日起历时三天，为各个护法神作酬补法事和火供，向寝殿的吉祥天女像和吉康札仓的白孜护法神像献敬神哈达。

四月一日，班禅额尔德尼为赴任鄂尔多斯达赖大贝子上师的达摩曲贝饯行。

按照以前在（七世）达赖喇嘛那里听受时轮金刚灌顶时，达赖喇嘛所说的在扎什伦布寺也应建立时轮金刚灌顶的仪轨修供的指示，班禅额尔德尼为完成这一心愿，让阿巴札仓的翁则和却本堪布等几名格西练习坛城的画线等，最后由他们几人画线、画师工匠新绘一幅巨大的时轮金刚坛城唐卡，完成后举行开光，班禅额尔德尼撒花祝赞。在春季法会期间，班禅额尔德尼与学经僧共修教理；从经师听讲止贡贝增所著的《阎摩罗金刚法》。

五月七日，七世达赖喇嘛灵童的父亲索朗达结（རྒྱལ་དབང་མཆོག་གི་ཡབ་རྗེ་བསོད་ནམས་དར་རྒྱས）去世，送来请求护佑的礼品，班禅额尔德尼为此作了超度祈祷和护持的仪轨，并赐慰问金。

十一日，从经师聆听《遍明大日如来灌顶法》。

十三日，谢扎西格培寺迎请班禅额尔德尼到法会讲经，噶钦益西坚赞及吉索献礼。

十七日，班禅额尔德尼布施扎西格培寺僧众，讲授《上师供》与《长寿灌顶》。

班禅额尔德尼从去年始修《般若波罗蜜多经》，精进不怠，至今已悟解甚深般若义理。

有诗赞道：

从佛母隐义库中走来，
用弥勒佛遍持之珍宝，
串连成格言之珍珠串，
装饰在您美丽之脖颈。
精进登上太阳之宝座，
散发出智慧抉择之光，
游戏于广阔般若乐园，
使三智白莲尽相开放。

二十七日，班禅额尔德尼始习甚深中观空性之论著《中观论》之应成释著、月称之《入中论》及宗喀巴之《入中论释》。在夏季法会期间，每日与会，同学经僧徒勤修中观教义，熟诵研习宗喀巴所著《中论广释》《善说要义》、贤通巴《中观总义》及其他中观论著。

六月一日，接到八世达赖喇嘛从聂塘派人送来的书信、礼物。之后，应经师之请，在僧会上传授《药师佛高叠随许法》《药师佛念诵仪轨集》。

二日，经师迎请班禅额尔德尼到法会上，向班禅额尔德尼献礼并诵经祈寿。

当时，班禅额尔德尼发现一些奇特的见相，却没有清楚说明，故他人也不好详细询问，只能根据他见或露出的数语，议论说是“乃色觉卧”显现。后依此建造觉卧像，班禅为其开光供养，嘱托事业。

十日，班禅额尔德尼应格贵益西次旦请求，开始为僧众讲授《菩提道次第广论》。是时,天气干旱,草禾枯死。班禅于卧室内供祭度母神像,多行献浴仪轨及布萨仪轨。不久,雨水飘落,干旱消除,草木繁茂,大地呈绿。

十七日,继续讲授《菩提道次第广论》,后举行发菩提心仪式。

翌日,班禅额尔德尼继续传授《菩提道次第广论》。至七月七日授毕。班禅额尔德尼如是为诸僧广赐三士道次第之格言喜宴,听者了悟佛法圣道,更有人远离红尘,昼夜闻思经典,有人隐居静修,手持胜幢。

是时,班禅额尔德尼的父亲塘拉病重,无药可救。班禅额尔德尼派格敦顿珠去扎西孜慰问。关于病情严重情况,如实告诫了班禅父亲。父亲说:"如今死神降临,无可救药。往昔亲见班禅,至今心身爽快。如今(班禅)长成,贵体安康,大转法轮,吾死而无憾。吾誓愿消除障碍,以助广转法轮,利益众生,请你转告班禅。"此时班禅父亲所住的宫室上空出现五色彩帐,经久不散,但父亲并无痛处,一直躺着口诵《大悲经》《金刚手陀罗尼》《药师佛名义经》,十六日晚病故。班禅额尔德尼闻悉即派大强佐办理丧事。同时,派经师与阿巴札仓的8名僧人前往扎西孜办理丧事,负责火葬。又派仲科洛桑克却等人送去许多火葬遗体的物品。班禅自己应密咒师洛桑班觉与格贵的请求分别于全寺僧人法会及阿巴札仓讲授《无量寿佛九尊灌顶》《阎摩罗外修法》《吉祥天女随许法》《毗沙门随许法》,举行法王、神母、四面怙主、兄妹护法等诸神朵玛供仪轨。

二十一日,班禅额尔德尼莅临阿巴札仓,依四世班禅罗桑确吉坚赞之著文,讲授《集密生圆二次第论》《时轮摄略经第一品》。诸位格西就《生圆二次第论》进行辩论。觉摩宗巴噶究次仁群培立论,另5名格西答辩,受到班禅称赞。大密咒师献礼致谢。

班禅额尔德尼这样在阿巴札仓住了十多天后,又到坚赞团布寝殿。这时被派去护送达赖喇嘛灵童的叔叔杰仲洛桑平措等返回。二十四日,洛桑平措迎请班禅额尔德尼到僧会上,向班禅献礼并诵经祈寿,还为僧众施放斋僧茶。

次日,应益西次旦热绛巴的请求,班禅额尔德尼莅临僧会传授《长寿灌顶》。

八月三日,达擦活佛报丧作法事的人到达,班禅额尔德尼为其诵经超度。

从四日起，班禅额尔德尼从经师闻习《热译师经函手相羯摩集》《毗沙门红矛秘密四手印随许法》。

是时，班禅额尔德尼稍有伤风咳嗽，众侍从劝班禅暂时不要看书习经。班禅答道："区区伤风感冒，岂能拖延学习。"说罢继续勤习《中观论》，不久康复。

十三日，班禅额尔德尼举行宴会庆祝乾隆皇帝诞辰日。

九月十八日①，去朝廷送奏书的使者洛桑格勒及其随从返回，向班禅额尔德尼呈献诏书、礼物。班禅额尔德尼接受诏书，问候乾隆皇帝安康，并为使者摩顶②。

二十日，班禅额尔德尼开始闭关静修。

闰九月十八日，修行解闭，达让洛桑格敦热绛巴献礼并诵经祈寿。

其后，班禅额尔德尼从经师闻听念译师所传《密教怙主不同面随许法》之《斋时》《修行时》《事业》《白身持明》《黄发财》《红降伏》《青度弱》《具面相》等法。

二十二日，会见杜尔伯特王之妃及其随从、鄂尔多斯官员、青海贡却王主仆共100余人，给予赐茶款待，并赏赐。达颜都拉法王噶钦洛桑塔耶献礼，班禅为其传授新著祈寿。

二十六日，杜尔伯特王妃卓嘎杰布于法会向班禅额尔德尼献礼并诵经祈寿。

十月一日，班禅额尔德尼为卓噶嘉布及安多僧人传授《长寿灌顶》《文殊菩萨往生法》《兜率上师瑜伽略论》等。

三日，班禅额尔德尼诵经为去年亡故的贡却王的弟弟噶丹阿吾回向。尔后，会见廓尔喀王代表团。

十五日，鄂尔多斯贝子次旺班觉的代表于法会上向班禅额尔德尼献礼祝寿。

---

① 第二个九月。

② 关于此事，藏历铁蛇年（1761年）闰八月二十三日第穆等为赐赏达赖喇嘛转世灵童请代奏谢恩事致驻藏大臣呈文中说，"驻藏大臣鉴：近日扎什伦布寺堪布罗桑格勒自京返回，赍来乾隆皇帝赐达赖喇嘛转世灵童玻璃器皿、荷包、绸缎等厚礼。为致谢圣恩，卑等献上哈达及响铜无量寿佛。因达赖喇嘛年幼，不能呈文，请驻藏大臣代奏皇上。诺门罕第穆呼图克图及噶伦公班智达谨呈。"

十一月七日，苏尼特托云饶丹为途中去世的父亲献回向礼。班禅额尔德尼为托云饶丹主仆、杜尔伯特王妃、日喀则两名宗本等400余人授《十一面观音菩萨灌顶》预备法，次日授毕。

九日，杜尔伯特王妃告辞。

十日，班禅额尔德尼为厄鲁特、鄂尔多斯客人传授《竭地洛迦林度母随许法》。次日，于法会讲授《二十一尊度母经》中之《五种随许法》《修行女洛玛法》《赎死白度母随许法》《人天三神随许法》等，圆了大密咒师之心愿。

十五日，为赴任鄂尔多斯喇嘛的白图益西次仁传授《修心七事引导》并饯行。

十六日，应大密咒师之请，班禅额尔德尼莅临献浴法会诵传《度母经》，讲授《释量论广释正理海》首篇一法座，大密咒师献礼致谢。

而后，郡王贡却扎西迎请班禅额尔德尼到僧会上献汉银100秤，札萨达杰次仁的上师噶钦益西达杰亦献礼物祈寿，班禅额尔德尼受礼为贡却王传授《药师佛念诵仪轨》。

二十一日，因为快到班禅额尔德尼的本命年，为消除增岁逆缘，以大密咒师为首的密院4名僧人举行白度母与无量寿佛长寿修行仪轨，8名密宗僧人举行为期21天的吉祥金刚大威德闭关修行之六十食子投施仪式，班禅额尔德尼莅临法会传授教法。尔时，恰多尔托云主仆向班禅额尔德尼献礼，禀告喀尔喀哲布尊丹巴活佛转世之事。

二十二日，班禅额尔德尼应贡却王的请求，为蒙藏200多人讲授《无量寿佛九尊》《十一面观音灌顶》；为贡却王等少数人传授《二十一尊度母》中之《六种度母修行随许法》《依无量寿佛往生法》，为鄂尔多斯僧人传授《大威德金刚修证法》《吉祥天女供养法》等。

二十七日，为贡却扎西王父子授《威猛金刚手菩萨修行随许法》及《吉祥天女修行随许法》。

次日，为恰多尔托云堪布授记哲布尊丹巴转世一事，并设宴饯行。

十一月①闰二日，班禅额尔德尼应兑桑林札仓喇吉的请求，到喇嘛的卧室宴请供养，回答众僧关于中观、般若、因明方面的疑难。傍晚，班禅额尔德

① 第二个十一月。

尼莅临长寿仪轨法会，接受礼物，讲授《兜率上师瑜伽论》新祈寿词。

七日，班禅额尔德尼诵经为德格土司索朗贡布灵魂超度。

十四日，班禅额尔德尼为康区哉务都然诺颜之母、群则、头人平措饶丹主仆等共130余人摩顶。哉务头人于法会上献礼并诵经祈寿。

十五日，班禅额尔德尼为彼①等授《无量寿佛九尊灌顶》，厚赐饯行。

二十一日开始，班禅额尔德尼闭关努力静修欲界天本尊法，期间梦境瑞兆屡现。

十二月十七日，本仓格敦顿珠向班禅额尔德尼献礼祝寿。

十八日，土尔扈特达杰贝勒的使者主仆30多人到达，班禅额尔德尼会见他们并摩顶赐茶。

十九日，班禅额尔德尼为贡却王传授《十三尊大威德金刚灌顶》。

二十日，班禅额尔德尼为贡却王主仆与土尔扈特达杰贝勒的代表等僧俗300余人授《长寿灌顶》《无量光佛往生法》。

是时，因为次年班禅额尔德尼的本命年即将到来，为了班禅额尔德尼在本命年里身体健康，大强佐等仪轨师以500两黄金建造无量寿佛像，以447两白银制作白胜乐与白度母佛像。由班禅额尔德尼主持，为新制佛像开光。

是年，吉隆巴洛桑饶杰修完《释量论疏解脱道明示》，德觉巴楚臣坚赞修完《中观论疏义明》，白图巴洛桑多吉、拉卡巴洛桑扎西、章摩且巴益西多吉三人献《般若总义辩解》考试，章摩且巴洛桑尤涅、瓦索巴巴丹曲桑、乃巴洛桑顿珠、萨德钦巴洛桑坚赞、拉卡巴洛桑次仁、嘉钦孜巴洛桑索朗、萨多丹巴、洛桑丹增、扎西坚赞、白图巴洛桑赛巴、洛巴达曲勒贤、达尔巴洛桑尊追、当钦巴洛桑坚赞、吉隆巴洛桑顿珠等修完《释量论辩解》，温寺巴益西嘉措献《菩提道次第速道》试卷，洛桑扎西与洛桑克却献《胜乐根本续》试卷，岗建巴洛桑丹巴献《集密及胜乐生圆二次第导引》试卷，群科伦布巴桑杰雅培修完《慈氏五论》《释量论总义》，夏鲁巴仁钦嘉木央丹增献《时轮摄略经》《仪轨总览》试卷，赛多建巴仁钦嘉措修完《慈氏五论》，班禅额尔德尼分别予以赏赐。

水马年（1762年）新年，班禅额尔德尼举行新年喜宴，同时宴请贡却王等

① 指作者。

客人。谢管家宗卡巴仲然巴格敦顿珠向班禅献礼并诵经祈寿。之后，协噶尔寺的行茶官也献礼，祝贺新年。班禅额尔德尼从经师听受《一面四臂黑色法王随许法》，吉康洛桑尊追与豁雪仁邦巴亦各自献礼并诵经祈寿。

不久，贡却扎西王辞行，班禅额尔德尼按其意愿传授《时轮身语意修念法成就甘露》《焚香祭祀吉祥雨露》《阎摩罗灌顶甘露长流》等，并赠送厚礼饯行。

六日，札萨克图汗的上师诺门罕迎请班禅额尔德尼到法会代表主人献厚礼。八世达赖喇嘛所遣使者到达，亦献书信、礼物，布施僧人。

十一日，班禅额尔德尼命令密宗札仓15位已获胜乐灌顶的僧人要全面修持总摄论修念仪轨。

十二日起，班禅额尔德尼闭关静修六十二尊胜乐金刚，历时三个月。

四月十二日，班禅额尔德尼解除闭关修行。

十三日，班禅额尔德尼与经师、兄长洛桑金巴等18名仪轨师共同举行補足护摩仪式及会供。

十四日，班禅额尔德尼举行大威德金刚静息护摩仪式。

十五日，班禅额尔德尼广行护法酬补仪式，资助各寺院诵经为八世达赖喇嘛祈寿。是日，因为班禅额尔德尼已到25岁的年灾①，阿旺强巴派专人前来献礼祈寿。

十六日，阿巴札仓僧人手持各种供物，组成仪仗队迎请班禅额尔德尼到密法殿。十七日，班禅额尔德尼为密院300名僧人灌顶，完成布制坛城的鲁俄派六十二佛灌顶筹备等工作。

十九日，传授胜乐仪式及祝愿吉祥等，阿钦向班禅额尔德尼赠厚礼。班禅为振兴宗喀巴教义授大威德金刚的火供仪轨。

二十一日，班禅额尔德尼莅临密院再次传授《集密二次第论》，巡视辩经。晚餐后传授《吉祥时轮续释》《胜乐生起次第论》《胜乐根本续》首品等。

二十二日，班禅额尔德尼返回大拉章。

次日，达木喇嘛益西丹增晋谒班禅额尔德尼，并献礼物。

---

① 按西藏习俗，本命年被认为是不利之年，称为年灾，要作法事避灾。在计算年龄时是用虚岁，故25岁时为本命年。

二十六日，班禅额尔德尼莅临哈尔东米村之宴会，接受献礼，传授《佛陀赞》与《祈寿新词》。

二十八日，札萨克图汗的喇嘛诺门罕迎请班禅额尔德尼到僧会献礼。

二十九日，班禅额尔德尼为曲杰诺门罕与吉康巴等少数人诵传《吉祥天女颂》《护法大红司命主颂》及《大红司命主供法》等。午后，为诺门罕主仆授珠嘉传规《长寿灌顶》《唐拉供祭词》等新作。

五月一日，接受拉孜寺僧众祝福，诵传《白伞盖佛母经》《救怙度母颂》《般若波罗蜜多心经》等。日吾当建巴与塔尔巴寺派人来献礼。

五日，班禅额尔德尼为诺门罕赠物饯行，叮嘱广利佛法众生。

六日，噶钦杰仲益西迥乃代表那塘寺来作长寿仪轨，献祈寿礼。是日，班禅额尔德尼应医师格敦顿珠比丘请求，新作《密乘三部总修上师瑜伽论》。

七日，为前来献礼的赛菊巴寺僧人（སྨད་རྒྱུད་པ་ན་ཀྱི།）诵传《集密根本续第一品》。阿巴札仓奉班禅额尔德尼之命念诵《集密根本续第一品》与《吉祥祝愿词》。

八日，班禅额尔德尼接受白居寺代理堪布与各札仓 17 名喇嘛的献礼后，讲授《上师供祭法》，单独会见了噶究巴洛哲。

十日，为达结禅院僧人传授《长寿修行甘露长流》及《所缘次第》《祈祷法》等。

十一日，为白居寺执事等 150 名僧人传授珠嘉传规《长寿灌顶》。之后，由施主协扎西格培寺喇嘛章摩且巴噶究益西坚赞之请，主持为新制布面佛像诵经开光。

十八日，班禅额尔德尼为新建的超度父亲的佛塔开光，应请分别为居住在吉隆麦多当建地方的噶钦乃垅巴益西班觉、那塘寺僧茶官、格贵等人传授《六座瑜伽修行法》《显密经论问难》《供养仪轨》和《长寿灌顶》。

当时，因为本年七世达赖喇嘛灵童要在布达拉宫坐床，并受居士戒，驻藏大臣、第穆摄政、诸噶伦派遣管家格桑顿珠、其本夏香、色拉寺吉索的管家等前来扎什伦布寺迎请班禅额尔德尼去拉萨，班禅为诸位代表摩顶。

六月七日，班禅额尔德尼一行从扎什伦布寺启程，快到日喀则之雪村时所乘之马突然受惊，诸随从都十分惊恐，但班禅安然无恙。途中迎送的寺院仪仗队、俗人等不计其数，班禅分别予以赏赐。行至扎西孜，班禅为母亲剃度授戒。后莅临南木林的嘉卡时，以噶丹曲科寺的堪布兄长洛桑金巴为首的寺院喇吉来迎接，献礼祈寿，按照他们的意愿，班禅传授了《兜率上师瑜伽论》，为扎噶寺僧众讲授《长寿仪轨甘露常流》。

行至羊八井时，班禅额尔德尼会见其弟噶玛红帽活佛，二人进行交谈，供祭佛像、佛塔，发愿广弘佛法，饶益众生。红帽活佛于拉章设宴招待班禅。

二十三日，由喇嘛、宗本头人、僧人仪仗队等迎请班禅额尔德尼到聂塘热堆寺与八世达赖喇嘛会晤，师徒热情畅谈。

当年天气干旱，农夫们都很苦恼。这时因为八世达赖喇嘛、班禅额尔德尼会面，下了一场大雨，众生又欢喜又崇信。正是：

师徒相见如日月相聚，
护法诸神和龙界龙王，
在天空布云降下甘露，
使地上庶民欢呼雀跃。

这时，普布觉寺的活佛阿旺强巴年老体弱，班禅额尔德尼闻知遂派格敦顿珠比丘前去看视问候。班禅额尔德尼每天在七世达赖喇嘛灵童身边作洗礼仪式。班禅额尔德尼接受管家比丘的辞行。热堆寺530名僧人为了达赖喇嘛灵童健康长寿举行白伞盖佛母禳解仪轨等重要法事，班禅额尔德尼提供了11次斋僧茶饭费用，并发给每名僧人白银一两。热堆寺的喇吉于大经堂宴请师徒二人，向他们献礼。

二十九日，班禅额尔德尼供祭聂塘沃的阿底峡尊者像和度母像，向诸佛像敬献哈达。帕德寺的吉索代表献礼，班禅给予回赐。

三十日，班禅额尔德尼为八世达赖喇嘛、下密院堪布、将军巴特尔亲王次旦嘉布传授《十三尊吉祥金刚大威德法》《独雄大威德灌顶》。

午后，为热堆寺的600名僧人讲授《兜率上师瑜伽论》，诵传《菩提道次第要义》及《度母经》。

七月一日，达赖喇嘛向班禅额尔德尼献灌顶酬谢礼品，驻藏大臣积福前往北京之前向班禅献佛像、白香、绸等辞行（译者注：关于驻藏大臣到聂塘照看八世达赖喇嘛之事，驻藏大臣积福的奏折说，“奴才积福谨奏，为请旨事。奴才积福遵旨偕同第穆呼图克图延请达赖喇嘛呼毕勒罕至聂塘地方德瓦坚寺居住后，仅令达赖喇嘛近侍四堪布、小呼毕勒罕之父母侍奉照料。现圣主为广衍黄教，逸乐众生，将达赖喇嘛呼毕勒罕请至聂塘居住，若仅留四堪布、呼毕勒罕之父母等数人照管，似悖圣主悯爱达赖喇嘛之意。臣之愚见，拟请圣恩，由奴才二人轮番照管呼毕勒罕，诸噶伦亦轮派一人照料，如此则唐古特人等及众番来谒人众视之，极为荣耀，且于诸务亦甚有利。倘蒙皇上恩准，奴才等衙署距聂塘尚不遥远，应用各项物件，丝毫不须烦扰卫藏人等。可否之处，伏乞圣主明鉴。俟有旨下，恭遵施行。为此谨奏请旨。乾隆二十六年三月七日奉朱批：著依奏施行。钦此。”）。

二日，班禅应八世达赖喇嘛的母亲主仆请求，传授《度母》《大黑鹏修念仪轨》。从经师堪仁布切闻习《忿怒金刚手修念随许法》。

三日，班禅额尔德尼为八世达赖喇嘛、下密院堪布、巴特尔亲王次旦嘉布、噶伦吞巴、却本、索本、森本等随从传授珠嘉传规《长寿灌顶》。晚上，迎请大护法犀甲护法有加持力的面具于卧室供养，嘱托事业。

班禅额尔德尼在热堆寺期间，每日为八世达赖喇嘛作摧破金刚的洗礼，传授《遍除怙主障碍灌顶》与《不动金刚菩萨随许法》，并给巴特尔亲王传授教法。下密院堪布于大经堂向八世达赖喇嘛和班禅额尔德尼师徒二人献礼并诵经祈寿。班禅为巴特尔亲王授《三尊忿怒金刚手合一修念随许法》。

六日，第穆呼图克图与仲科、普延喇嘛阿嘉呼图克图①等汉族官贵、噶伦、代本、文书、各宗谿的执事、三大寺喇嘛、执事，以及其他寺院上师、执事等1000多人迎请班禅额尔德尼、八世达赖喇嘛前往布达拉宫。迎接会上班禅与第穆呼图克图就政教之事进行谈论。

七日，班禅额尔德尼在哲蚌寺排列僧队和大护法一起在途中迎接，莅临该寺的辩经林卡并住宿两日，哲蚌寺吉索举行宴会款待，班禅额尔德尼为诸僧摩顶。

九日，从哲蚌寺启程去布达拉宫，沿途汉、藏、蒙及克什米尔、尼泊尔等人按各自风俗着装迎接。班禅额尔德尼予以摩顶。是时，布达拉宫殿顶幡

---

① 关于二世阿嘉呼图克图入藏参加八世达赖喇嘛坐床之事，乾隆二十七年（1762年）正月的敕谕说：“奉天承运皇帝敕谕达赖喇嘛之呼毕勒罕：朕临治天下，务期处处共享太平，振兴佛道。前世达赖喇嘛，弘兴佛法，利乐群生，安居乐业。令班禅额尔德尼、第穆呼图克图等奏请允准尔入布达拉坐床。朕特遣喀尔喀亲王车布登扎布、副都统傅景及章嘉呼图克图、头等侍卫多罗额驸福灵阿等前往，令尔入布达拉坐床。惟尔呼毕勒罕年幼，尚未习经书，此后须勤学经书，仍照前世达赖喇嘛勤于佛教，振兴黄教，毋负朕崇尚黄教之旨意。”看来乾隆皇帝本来是要派章嘉国师入藏的，后来因故改为阿嘉呼图克图。阿嘉活佛为青海塔尔寺大活佛，相传是宗喀巴大师父亲的化身，后来成为塔尔寺的寺主活佛，也是清代八大驻京呼图克图之一。

幢迎风飘扬，海螺齐鸣，香烟缭绕，充满天际；路上歌舞蹁跹，列队前行。达赖喇嘛、班禅额尔德尼徐徐登上布达拉宫，升莲花宝座。噶厦向七世达赖喇嘛献贺礼。

十日，在庄丽的布达拉宫大经堂内，幡幢齐垂，珠宝琳琅。噶厦向达赖喇嘛、班禅额尔德尼献礼，师徒二人为来僧摩顶加持。宴庆上，秀殿者、辩论者、舞者等排列整齐，引人注目。十二日，班禅额尔德尼的大拉章出白银650两，于大经堂设宴向八世达赖喇嘛献曼札、哈达、佛经、佛像、佛塔、衣服用品、白银105大升，班禅额尔德尼作曼札、祝词。巴特尔亲王与两名噶伦也分别献礼。

十四日上午，班禅额尔德尼在日光寝官为八世达赖喇嘛剃度授居士戒，并献礼品；还赐给按地位高低第穆呼图克图、经师、噶伦、公爵及内外侍从等按地位高低赠给见面礼。第穆呼图克图迎请八世达赖喇嘛、班禅额尔德尼到大经堂宴请，献礼祝愿八世达赖喇嘛健康长寿，给班禅额尔德尼也献了厚礼①。在接下来的几天中，噶伦等贵族轮流宴请八世达赖喇嘛并献礼物，给班禅额尔德尼也奉献礼品，班禅额尔德尼一一回赠礼品。在这期间，班禅额尔德尼还为三大寺、上下密院、热振寺、朗杰札仓施放斋僧茶各5次，给予每名僧人白银一两，为前藏南北117所寺院施放斋僧茶各5次，给每名僧人尼币一枚，共计白银15179两。为甘丹寺的宗喀巴大灵塔、热振寺的阿底峡尊者像、沃喀精其寺的弥勒佛像、强巴林寺和曲科杰寺的弥勒佛像献百种百供，敬神哈达；为群曲杰寺的8名僧人作吉祥天女仪酬轨并赐给一个月的费用。这些都是为了祝愿八世达赖喇嘛健康长寿。

有诗赞道：

智慧与慈悲之云雨啊，

---

① 六世班禅给八世达赖喇嘛剃度并授居士戒后，致函驻藏大臣，请转奏谢恩，呈文说："驻藏大臣鉴：文殊乾隆皇帝对普天下释教众生，尤其对生息在西土之僧俗，无比恩慈。先恩准认定达赖灵童，并迎请至拉萨。今又恩准坐床，钦派大臣颁赐敕谕金册，赏赉厚礼，备加褒奖。阖藏僧俗对皇上感恩不尽，无比崇敬。坐床之日，天气始终晴朗，到处显示吉祥之兆。卑班禅额尔德尼于藏历十四日，授达赖灵童近士戒，诸事圆满。此皆仰赖皇帝恩泽，得以完美。此等皇恩，万难图报，惟有恭祝皇上万寿无疆。祈请驻藏大臣转奏谢恩，并转呈献礼品有：卑班禅额尔德尼敬献哈达一方、文殊菩萨及救度佛母响铜佛像各一尊。卑诺门罕第穆呼图克图敬献哈达一方、古响铜救度佛母佛像一尊。卑噶伦公班智达敬献哈达一方、珊瑚念珠一串。又，达赖灵童为感谢皇恩，敬献内库哈达一方、东印度响铜着衣莲座密宗事部三怙主佛像一尊、珊瑚念珠一串。"

笼罩着卫地拉萨天空，
施舍永无穷尽的细雨，
满足了渴望善业僧俗。

从十五日起，班禅额尔德尼为达赖喇嘛举行摧破金刚洗礼，教授《苟日固列怀柔佛母》《秘密主金刚手》《吉祥四面怙主》《白度母》《吉祥天女》《白孜护法》等之《修念随许法》，诵传《吉祥金刚大威德师承》《自生》《祈愿》《吉祥祝愿》《卫地法事明示》等；为扎曲寺堪布主仆30多人讲授《兜率上师瑜伽论》，回赠诸献礼者。阿嘉呼图克图、内大臣傅公之子①、色拉寺、哲蚌寺、阿旺强巴、经师、托林寺堪布、萨迦寺强佐、珠巴活佛，以及各不同教派寺院高僧向班禅额尔德尼献礼。

是时，班禅额尔德尼闻知大成就者阿旺强巴病重，与部分随员莅临普布觉寺慰问，阿旺强巴非常高兴，班禅额尔德尼向其献礼，祈求阿旺强巴为了宗喀巴之教理而永驻人世。阿旺强巴说，“遍知仁布切，依汝之发愿与誓言之威力，我今日能知如此清醒，此乃吉兆，不久会康复。布施僧众，为弘扬释迦与宗喀巴之教固足于贤海之中，讲授佛典，著书立说，剃度授戒乃是你的重任。《律经》中说：‘作堪布为他人传授比丘戒者，必须本人受戒10年后才能进行。但特殊情况下可在受戒5年后进行’，《律经》如此规定。吾已年迈，而达赖喇嘛年少，您受比丘戒已五六年了，为弘扬佛法，你多为僧徒授戒。今天请求您为昌都帕巴拉传授出家戒”。两人促膝相谈，班禅予以答应。应阿旺强巴的请求，为其传授《长寿灌顶》。

翌日，举行法会，班禅额尔德尼与普布觉寺②的8名比丘一起举行上师供仪轨，并向阿旺强巴献礼。班禅的以前数辈皆为护理宗喀巴大师教理而衷心发愿，故此辈能长命百岁，广作饶益众生及佛法之事业。在此寺班禅额尔德尼供祭佛殿，广行布施，在大经堂为山间修行者和色拉、哲蚌寺的1500多名僧众讲授《菩提道次第要义》。

---

① 此人应该是乾隆皇帝派到西藏地方参加八世达赖喇嘛坐床典礼的副都统傅景。

② 普布觉寺在色拉寺北面的夺底沟内，是色拉寺的分支寺院，僧人以修行著称，清代中期以来，普布觉寺的几代活佛在西藏地方的政教事务中发挥过重要作用，曾经担任过十三世达赖喇嘛的经师。

不久，班禅额尔德尼再临阿旺强巴慰问，一起研讨佛理。班禅额尔德尼返回布达拉宫后，应钦差阿嘉呼图克图的请求，为其讲授《喜金刚二品续》（བརྟག་གཉིས།）、克珠杰所著《除邪见暗论》《吉祥金刚大威德圆满次第论》《依大力明王降雨法》《文殊长寿灌顶》《金刚萨埵修念随许法》等，为驻藏大臣积福与四噶伦传授《白伞盖大佛顶陀罗尼经》《度母经》《长寿陀罗尼经》《百字经》《兜率上师瑜伽论》；还单独为驻藏大臣授《白伞盖佛母修念随许法》。

三十日，班禅额尔德尼供祭前世达赖喇嘛的灵塔和布达拉宫的各个佛像。

八月一日，班禅额尔德尼为桑林活佛和拉木曲杰等摩顶。

上师阿旺强巴此前已经得了水肿病，为他作了各种祈寿法事，但是他的教化事业已经完成，于八月三日凌晨逝往他界。班禅额尔德尼获悉阿旺强巴圆寂后，百般伤感，著文发愿，祈求灵童尽早降世，还命洛桑达结热绛巴诵经祈求灵童极早转世。之后，班禅额尔德尼为第穆呼图克图等150人传授《独雄大威德灌顶》。

十三日，是乾隆皇帝寿辰，噶厦与拉章在布宫新殿宴请班禅额尔德尼、达赖喇嘛、三大寺的高僧共320名，诵经祝乾隆皇帝万寿无疆，社稷兴旺。

十四日，噶厦宴请班禅额尔德尼主仆，敬献曼札、上等哈达、佛像、佛塔、佛经、衣服用品、黄金5包、马蹄银75锭。诸随从亦得到不同的礼品。

十五日，木茹寺僧人和赞普诺门罕拜见八世达赖喇嘛和班禅额尔德尼，并献礼。

十六日，哲蚌寺的4个札仓向班禅额尔德尼献礼并诵经祈寿。八世达赖喇嘛的两名经师、达赖喇嘛的哥哥（噶丹曲科寺堪布）、朗杰札仓的金刚上师、翁则，以及大拉章护法神殿的仪酬轨师会聚到大经堂，举行为期3天的依止金刚大威德的息、增、怀三业护摩仪式，为达赖喇嘛祈寿。法会之后，班禅额尔德尼接受札雅活佛的献礼，并为哲蚌寺郭莽札仓僧人授《兜率上师瑜伽论》。

当时，奉圣旨从西藏地方遣派上密院堪布（绛孜曲杰）阿旺楚臣①、扎什伦布寺夏孜札仓上师洛桑坚白去中原内地传法。临行时，班禅给他们授《六臂护法随许法》《马面金刚修念随许法》，并教诲夏孜喇嘛洛桑坚白要善于取

① 此人即一世策墨林活佛阿旺楚臣，甘肃卓尼人，早年入藏学法，于此时以拉萨上密院勘布身份进京，后任雍和宫堪布，1771年摄政第穆呼图克图去世后，乾隆皇帝本来是要派章嘉国师入藏的，后来因故停止，改派阿旺楚臣入藏继任摄政，由此传出策墨林活佛转世系统。

舍，如何弘法修道、利益众生等。

二十四日，噶厦宴请班禅额尔德尼并赠礼。同时，拉章也向八世达赖喇嘛灵童献厚礼。

二十五日，昌都的活佛帕巴拉为班禅额尔德尼祈寿。喜瓦桑波、甲热活佛向班禅额尔德尼献礼。其后班禅额尔德尼应朗杰札仓僧人的请求，为该札仓僧人、昌都帕巴拉活佛、札雅活佛、喜瓦桑波、嘉赛活佛、阿里活佛、赞普诺门罕、噶伦夏仲、代本宇妥巴等僧俗300多人建彩粉坛城，传授《吉祥金刚大威德十三神灌顶》，为噶伦吞巴讲授《白度母修念随许法》，应昌都帕巴拉请求，班禅为僧俗300人授《无量寿佛与马面金刚双修加持法》。

八月三十日，出现日蚀，班禅额尔德尼向大小昭寺两尊释迦佛像献大供养，并与朗杰札仓的40名僧人共同举行时轮坛城仪轨。

九月一日上午，在七世达赖喇嘛的灵塔前，由班禅额尔德尼作堪布、阿旺曲扎作羯摩师、洛桑群培为报时师，喜瓦桑波等十僧为见证比丘，为昌都帕巴拉活佛的转世灵童授居士、出家、沙弥三戒，使其入于戒律之善地。同时，班禅额尔德尼还为扎西迥活佛巴日喇嘛等30人授沙弥戒。

二日，班禅额尔德尼到大昭寺，供养两尊释迦佛像；为青海索朗王及噶伦等人摩顶加持。晚上移居布达拉宫。

三日，班禅额尔德尼为八世达赖喇嘛的侍从授《无量寿佛》与《马面金刚双运修念随许法》，嘱咐八世达赖喇嘛勤修佛法，广作法事，利益众生。

五日，班禅额尔德尼一行从布达拉宫起程，在设灶送行之地为前来送行的驻藏大臣、第穆呼图克图等人摩顶。第穆呼图克图等人返回拉萨时，班禅额尔德尼赠给厚礼。班禅驾临堆龙岗之际，受到代本宇妥巴设宴款待。自此直到回到扎什伦布寺，途中各寺院的僧队和载歌载舞的迎送者络绎不绝，班禅给他们、上师、官员、各个寺院、设灶迎送者赐给礼品，每日为百余名男女信徒摩顶，讲经说法。在曲卧日渡口，班禅会见了甲桑活佛（铁桥活佛），还会见了贡嘎宗的宗本宰桑哈夏当、代本然巴瓦等人。

九日，行至羊卓雍措湖，为以无畏施许多鱼类赎命，并给众渔夫布施。莅临白地时，代本然巴瓦迎驾献礼，班禅额尔德尼为其新造的《甘珠尔》祝赞。其后在森拉住宿时，桑顶活佛献礼迎驾。

次日，从班禅额尔德尼抵达卡罗拉山山梁起，天空布满祥云，山顶雪花飞舞，呈欢迎状。行至山顶时，天空晴朗，阳光普照，班禅有机会饱览了雪山奇境，这是普贤药叉喜迎班禅的奇兆①。

十二日，班禅额尔德尼驾临嘉拉塘，噶细公父子、代本白蔡巴、姜洛建巴、江孜宗本、重孜瓦、白居寺的代理堪布，以及当地喇嘛等僧众迎驾。

十三日，班禅额尔德尼莅临扎科鲁顶寺，受到该寺管家的宴请。从此班禅由江孜地区的欢迎人群、舞蹈队、僧队迎请到白居寺大经堂，由代理堪布噶究洛哲及诸札仓献礼，班禅额尔德尼为众僧摩顶，后夜宿于该寺的拉章噶波。

十四日，班禅额尔德尼于白居寺大经堂为1000多名僧人诵传《药师修供仪轨》，施放斋僧茶14次；为1294名僧人每人布施银币各2枚、粮食2驮，作为回向礼品；还单独会见了喜乃札仓的僧人。洛巴首领吉德度巴献《甘珠尔》一套，代本姜洛建巴、江孜宗本宴请班禅并献礼。昌让窖献礼拜见，班禅额尔德尼为数千名僧俗民众摩顶。班禅额尔德尼还到附近巡视，向大菩提塔献各种供品和敬神哈达，为其他佛像也献敬神哈达，并向宝帐怙主献礼。班禅额尔德尼还仔细观看白居寺佛殿和十万佛塔的佛像，向佛像撒青稞和祈愿。在此聚集的当地民众说，前世班禅罗桑益西并没有来过娘堆（年楚河上游），此次班禅额尔德尼驾临，吾等得以见到班禅，福份不浅，这是噶伦噶细公之恩典。

十五日上午，班禅额尔德尼于白居寺大经堂僧会作布萨仪轨，在德央为缎绣大佛像祝赞，然后由噶伦噶细公班智达及僧队、歌舞队高擎幡幢，吹奏白螺，迎请到寝宫，盛宴招待。赛菊寺喇嘛、僧徒、格西诵经献浴，献曼札、佛像、佛塔、佛经、衣服用具、白银1500两等。

十六日，噶伦噶细公再次宴请班禅额尔德尼并献礼。为使该地佛法广弘，吉祥圆满，班禅额尔德尼与赛菊寺喇嘛、江饶赛当巴、赛康沃玛巴、护法殿师等举行布萨仪轨，尼德活佛与孜钦寺（紫金寺）的僧人献礼。之后，班禅绕行礼拜新旧身、语、意“三所依”圣物和寝殿，撒花祝赞，并回赐诸僧②。

---

① 这里是指从浪卡子到江孜之间的卡罗拉山，该山有著名的诺金岗桑雪峰，其冰川距离公路很近，现在是西藏观赏冰川最好的景点之一。此山的山神即普贤药叉，藏语读音为诺金岗桑。

② 孜钦寺在江孜县城西北约10公里处的一座小山上，与江孜白居寺相望，宗喀巴大师曾多次在该寺驻锡并著书立说，因此该寺在格鲁派中地位很高，故有六世班禅绕行礼拜之举，所绕行的寝殿当是宗喀巴大师当年住过的卧室。该寺在1904年英军攻打江孜时被英军炮火摧毁，其后重建，规模比以前小许多。

十七日，班禅额尔德尼莅临第巴重孜巴家中住宿，重孜巴宴请并献礼。重孜寺及吉浦巴、塔钦林巴向班禅献礼。班禅额尔德尼给重孜巴主仆和重孜寺的僧人诵传了《上师供养法》及《白伞盖大佛顶陀罗尼经》，会见了很多民众。

翌日出行，到努林用餐，然后抵达克珠杰大师特别的古寺日吾当建寺，为朝礼胜迹在此住宿两日。

十九日，日吾当建寺僧人设宴献礼并诵经祈寿，班禅额尔德尼予以回赐，提供百次斋僧茶的费用，给每名僧人哈达一条、白银一两。同时，供祭克珠杰大师像、护法殿本尊护法神像。班禅为常住僧人及他寺来的僧人共3000余人传授《长寿灌顶》；为日吾当建寺僧人、章摩且巴、联络官等诵传《集密师承启白》《祈愿》《祝福》《护法祥度巴朵玛供》等。

二十日，班禅额尔德尼莅临诺布琼孜用餐，为僧众摩顶，管家洛桑格勒宴请献礼。是日，由参卓噶丹达杰林寺僧人、代本白蔡瓦、全宗人等白朗地方的僧俗众人迎请到江果，讲授《祝寿词》，为3000余名僧俗摩顶加持。参卓吉索和白朗宗本设宴招待，献礼并诵经祈寿。

二十一日，白蔡代本于其庄园设午宴款待班禅额尔德尼，参卓寺、布隆日追僧人等各献礼物，班禅为他们讲授《上师瑜伽论》，供祭佛像塔。

是时，以扎什伦布寺四大札仓的喇嘛为首的迎驾者、宗本、执事、格当、庄园主等日喀则骑兵数名、塔巴的管事等于白朗岗迎接。夏鲁日特等拉德民众的仪仗队及僧俗大众先迎班禅额尔德尼至集市鲁顶，为僧俗1000余人摩顶。管家洛桑喜饶、夏鲁寺、塔巴林寺设宴招待，献礼并诵经祈寿。扎什伦布寺的德琼巴等仲科、格贵、诸札仓执事、活佛、群则、哈尔东经师，以及后藏各寺上师、执事、宗本、庄园主、贵族等700人乘马将班禅迎请至萨玛德勒园用午餐。卡热扎西托墨巴设宴款待献礼，缘起很好，班禅为诸迎驾者摩顶。

是日午后，扎什伦布寺僧人仪仗队与村庄群众，手执旗幡，吹奏螺号，香烟缭绕，一片欢腾，在大经堂设盛大宴会迎接班禅额尔德尼一行。于此，班禅额尔德尼赏赐布施仪仗队、歌舞者、乞讨者。

班禅额尔德尼给从拉萨一路陪送的管家格隆、骑本夏强巴传授《金刚亥母修念随许法》，赠送大量礼品饯行，并给八世达赖喇嘛带去信函。

十月八日，为由大强佐负责新造的殊胜金铜幡幢装脏，立于班禅额尔德尼寝殿屋顶。

从九日早上至十一月五日，闭关静修《吉祥金刚手法》。修行解闭后，任命噶钦夏仲云丹坚赞为夏孜寺主持，并嘱咐：抛弃今生浮躁，致力于弘扬佛法，讲经说法。

班禅额尔德尼本有心意，也为圆满章嘉大国师之心愿，于密宗札仓建胜乐仪轨，聚集上师、执事、格西诵《胜乐修念仪轨》，赐胜乐鲁易巴铜像与胜乐本尊坛城图等。

十一月十三日，风和日暖，班禅额尔德尼与密院僧人遵循宗喀巴大师师徒之规范仪轨，于扎什伦布寺举行为期 7 天的鲁易巴传承胜乐修供仪轨。从此，密宗母续法弘扬光大，永不败息。如此，大拉章办理周全，空行母笑逐颜开。

当时正值新立胜乐修供，下密院洛桑饶杰专程从蒙古前来祝贺，向班禅额尔德尼敬献礼品，布施僧众。班禅高兴地说："于此密院，为吾佛法，举行母续胜乐圆满仪轨，实乃欢喜。今后于每月十日、二十日举行两次修供仪轨；每年依彩坛举行修供护摩、会供仪轨，不可中断。"同时，教大强佐发愿大转讲修之轮；施予密宗札仓僧人哈达各一条、白银各一两，授予杜尔伯特图撒拉克齐等 5 人居士戒，为托云饶杰传授《长寿灌顶》等；为达尔罕贝勒喇嘛洛桑顿珠和朗杰贝子哈托萨噶等北方僧人传授《长寿灌顶》《兜率上师瑜伽论》，为噶丹希热图（དགའ་ལྡན་ཤི་རེ་ཐུ།）僧人额尔德尼班智达授《噶丹热图长寿启白》《马头金刚供养法》。班禅已习完《中观论》，并熟诵之，以上师本尊为一体进行祷祝。遇难与他师共研讨，彻底精通中观应成、自续两派之别，了悟应成派特有八难通晓①"显而除有边，空而除无边"等宗喀巴大师之有无学说，抵达中观理海之彼岸。有诗赞道：

具祥释迦的一切真言，
明示三乘之神圣独道，
消除轮回百病之良药，

① 八难通晓，中观应成学派的八种难度很高的观点：不许有阿赖耶识，但是安立业果不失坏；不许一切法有自相，但安立一切世俗因果作用；许有离心的外境，但不是实有的自相；破立时，不许有自续的宗因，但用他许比量；不许自证分，而能建立我和我见等世俗知识；许二乘圣者也须通达法无自性方能得解脱，否则不能解脱生死；如何安立烦恼障与所知障之二障差别；佛果位的尽所有智，如何观照世俗谛的道理等八难。

皆万物本性“空”的甘露。
龙树、月称的中观教义，
宗喀巴大师开创之业，
无所遗漏全被您掌握，
使雪域智者俯首聆听。
具有殊胜智慧的顶鬘，
还有远离戏论的宝库，
嬉于空性缘起之大海，
远离戏论之持库龙王。
尽除具缘者心中忧愁，
在雪域讲说中观胜义；
大都满足于能诠声语，
远离戏论的甚深甘露，
从未满足您持戒之心。

第二次冬季法会期间，班禅额尔德尼与众格西于日光卧室始修初轮释义抉择王法经论《俱舍论》，研讨疑难。其间，会见了青海郡王索朗旦增。

十一日，郡王于法会向班禅额尔德尼奉献白银1000两，诵经祈寿，听闻班禅所授《长寿马头金刚双运灌顶》《尊胜佛母颂》《怙主除碍随许法》。之后，班禅额尔德尼从经师听讲《众中主随许法》。

是年，拉卡瓦洛桑格勒、冲卡布巴洛桑坚赞、达纳巴洛桑楚臣献《般若经第八品》试卷，瓦索洛桑群觉、哈尔东洛桑坚赞献《中论疏义明》试卷，章摩且洛桑图堆、吉隆巴洛桑尊追、央巴洛桑饶杰、协乃巴洛桑米居、协巴益西班觉、赛康洛桑图堆、达毛巴洛桑群觉等修完《释量论辩解》第四章，温寺巴洛桑班觉、洛桑扎西献《胜乐根本续》考试，那塘巴益西班觉修完《菩提道次第引导方便道论》《集密续》《仪酬轨》《药师佛修念仪轨广论》《摧破金刚经》《佛陀赞》《上师供仪轨》，赛多建巴巴桑坚赞修完《慈氏五论》，夏鲁巴平措嘉措修完《时轮仪轨》《供舞》等，班禅额尔德尼对以上献考者分别给予赏赐。

水羊年（1763年）一月由西藏地方政府资助，在密宗札仓举行鲁易巴传承胜乐修供仪轨。28所密院共同举行胜乐修供仪轨，迎请班禅额尔德尼赴会，行大会供。八世达赖喇嘛送礼祝贺。

五日，大强佐奉班禅额尔德尼之命，为大经堂边门装饰玉珠、珊瑚、琥珀、青金石、红白璁玉、金制瓔珞、紫黄包绸缎、金丝黄缎等。八世达赖喇嘛派贴身侍从洛桑格敦前来献礼祝贺。

同日，班禅额尔德尼莅临上午法会接受献礼并诵经祈寿，会见诸噶伦及噶伦夏仲。

八日，莅临法会，与众僧为大经堂瓔珞装饰举行开光仪典，施放斋僧茶；为3842名僧人施发银币各两枚。

九日，洛桑格敦献礼。

十二日，班禅额尔德尼作堪布，洛桑群培作业轨规范师、洛桑班觉作屏教师，兑桑林益西群培作知时师、格敦顿珠比丘为施钵者于僧会分别为翁则益西格桑、噶钦格桑群培群则、噶钦杰仲洛桑扎西等91人授比丘戒，上午61人，下午30人，实现了班禅在拉萨期间为阿旺强巴、央贡阿然巴、色拉、哲蚌寺众僧所许之愿。

翌日，班禅额尔德尼作堪布为各地来僧71人授居士、出家、沙弥三戒。大强佐与四大札仓喇嘛献哈达祝贺。有诗赞道：

在深广的心思宝瓶中，
充满别解脱律仪甘露，
具缘之莲花一旦触及，
顷刻消除世间诸苦难。
律仪在美丽雪域戏海，
同您殊胜业迹云相连；
在清净戒律的波涛中，
无数持戒水鸭喜游戏。

从十六日起，闭关静修大红司命主护法，历时五十天，护法喜相大显。解闭后，举行护摩仪轨。

是时，索本堪布益西丹增不慎被荆棘刺伤手，疼痛卧床，危及生命。班禅额尔德尼吩咐需认真服药供养。索本堪布说:“虔诚供养,死而无愧。服侍时,因本人不慎产生误解而忏悔,只求每生每世加持保佑”。

三月六日,修行解闭,诵经为于扎西孜病故的哥哥噶丹朗杰超度。

八日,班禅额尔德尼会见察喀尔与科尔沁40名蒙古族僧人,受其献礼。

九日,协噶尔寺派代表前来献礼。

十日,拉孜宗堆益西群培、庄园管家噶钦达曲、绒措管家噶钦勒觉等各献礼物。

四月三日,班禅额尔德尼应邀去温寺,途中由赛多建巴、纽群科寺僧人迎请到扎西雄,宿一夜为此二寺僧人摩顶加持。

四日,由仪仗队迎至温寺,为僧众摩顶,瞻仰佛像、佛塔,为护法殿本尊神像敬献哈达。

六日,供祭三世班禅罗桑顿珠身像,奉献哈达、祖衣、金银曼札、头盖骨摇鼗鼓、金刚杵、琉璃念珠、各种器皿、绸缎伞盖;为克珠杰像献五色哈达、祖衣、金刚杵等,为释迦佛像献哈达。同时,供祭了护法殿秘笈本尊护法及护法神像,敬献哈达等。洗礼发愿,供祭七支①,施食回向本尊护法,颂扬文殊菩萨,发誓立愿,广做善事,饶益众生。

七日开始,班禅额尔德尼莅临彩粉坛城胜乐修供法会,供祭佛像,为大经堂捐助柱幡4面、胜幢2面、香囊一个、汉钹一对,布施僧众,传授《菩提道次第论引导秘诀》等教诫,历时半个月。

十日至十三日,温寺管家噶钦洛桑班觉与托庄园管家洛桑勒巴各宴请献礼并诵经祈寿。

十三日,莅临法会,施发每名僧人粮食5升;为群科卫当寺和曲巴宇孜寺尼姑施发粮食各3升。午膳时返回拉章休息,供祭大成就者罗桑顿珠像。于秘笈护法殿行护法仪酬轨,于大成就者像前行上师护法无别瑜伽仪轨,异相显现。

十四日,班禅额尔德尼为群科卫当与曲巴宇孜寺尼姑140人授大乘布萨戒,赐禁食斋所需费用。

十五日,莅临法会,行布萨仪轨。

---

① 供祭七支:敬礼支、供养支、忏悔支、随喜支、请转法轮支、请住世支、回向支。

十六日，应科尔沁洛桑喜饶热绛巴及托云丹培等蒙古族僧人授克珠杰单传《上师瑜伽教言》与《往生经》，为温寺和托庄园管家等50人传授珠嘉传规《长寿灌顶》；为213人布施哈达各一条、白银各一两、衣料160方，折银180两，施予禁食斋僧哈达各一条、白银3钱。

二十二日，莅临胜乐修供末期仪轨护摩法会。

次日，行六十朵玛回避法会，观看僧人跳神。于此前后，温寺法王噶钦洛桑次仁和玛岗噶钦杰仲、文书洛桑扎西、噶细公之子萨嘎头人台吉巴桑次仁、班蔡代本、重孜夫人、兰寺、扎西宗卡、蔡噶饶寺管家、参卓堪布、总管家、孜东培杰寺管家等奉献礼物。噶丹饶杰寺和温寺管家分别宴请。

二十七日，移住拉章孜，休息7日。

二十八日，举行大威德灌顶护摩仪轨。

三十日，班禅额尔德尼为僧人讲授《布萨经》。

五月一日，班禅额尔德尼足蹬拉章孜大经堂三世班禅罗桑顿珠之法座，接受管家格隆嘉木央与僧众的献礼，传授《罗桑顿珠传启白》《本尊会供成就集》《茶供颂祝词》等。密宗札仓僧人高诵《胜乐陀罗尼经》，音调婉转，悦耳动听。

其后，为克珠桑杰益西灵塔设置金铜宝伞，诵经祈祷，瞻仰三世班禅罗桑顿珠修行静室，决定创制罗桑顿珠像。

十九日，班禅额尔德尼会见喀尔喀旺钦夏仲代表哈噶旗两位朋友，为旺钦夏仲门卫之事吩咐、饯行。供祭温寺诸尊佛像，发愿弘法益民。八世达赖喇嘛派侄儿杰仲巴丹扎西前来呈送慰问书信及礼物。

当时，青海贡却王代表拉毛藏格与索本堪布欧居图卡于僧会向班禅额尔德尼献寿礼，布施僧众。班禅为安旗主仆传授《马头明王修念随许法》，予以回赠并向贡却王回信。

班禅额尔德尼居温寺期间，为200余名僧人讲授《菩提道前行》《发菩提心供》《胜乐鲁易巴灌顶法》《十三尊大威德灌顶》。分别为温寺、群科卫当寺、宇孜寺僧人讲授《十一面观音灌顶》《胜乐根本续》《胜乐修念仪轨》《曼札仪轨大乐戏海》《护法酬补法》《五部吉祥怙主随许法》《胜乐生起次第论》《大威德生起次第》《无量宫引导》，举行胜乐灌顶末期会供曼札法会。

十七日，班禅额尔德尼莅临度母禳解法会。

翌日，班禅额尔德尼再临拉章孜居住3日。其间礼佛拜塔，供祭秘笈神像，敬献念珠、金铜八瑞相、七政宝、哈达、黄金，托付事业，并瞻仰佛塔，先后修甚深瑜伽。

二十日，驾临拉章雪。

二十二日，班禅额尔德尼新作《吉祥金刚大威德颂胜魔鼓音》，于法会诵传。在温寺居住一个月或20天期间，为僧俗大众说法讲经，布施实物，众僧心满意足。有诗赞道：

千束吉祥瑞相拥抱的圣山，
远离野兽、贼盗、毒虫的净地；
护法空行聚集使禅师静修，
温萨伽兰的声誉充满天地。
释迦佛陀的殊胜后裔，
当今佛法的一代教主；
若蜜蜂飞舞莲花园中。
双足享受着温萨静地。
甚深禅定如皓洁明月，
清净法音如悦耳鼓声，
宏伟业绩似如意宝树，
此地众生如春莲花朵。

二十三日，班禅额尔德尼从温寺启程，途居通麦雄。次日，由赛多建巴、央寺、达结禅院、噶丹曲林寺、班玛曲当寺、拉顶寺、郭仓禅院、空行禅院、五神岩寺、扎西曲宗巴等僧俗仪仗、歌舞队及扎什伦布寺僧人迎到高幢卧室。

二十五日，会见以喀尔喀旺钦夏仲为首的蒙古来客70余人。

二十六日，班禅额尔德尼应蒙古客人之请，为蒙古和安多僧，以及色拉、哲蚌寺僧人共200余人传授《九尊无量寿佛灌顶》《遍明大日如来灌顶》《九尊不动金刚灌顶》《白怙主如意宝随许法》。

六月三日，旺钦夏仲与托云三丹分别于僧会向班禅额尔德尼献礼。

其后，班禅额尔德尼为喀尔喀、安多28名僧人授比丘戒，为23人授沙弥戒，为两名俗人授居士戒。

十日，为旺钦夏仲主仆赐物饯行；为托云夏珠等人授《绿度母修念随许法》。

是时，班禅额尔德尼应格贵托巴然降巴洛桑顿珠与仲然巴洛桑班觉请求，于法会授《菩提道次第引导文殊口授》。科尔沁活佛察汗塔颜旗洛桑丹贝坚赞等人晋谒。

十五日，察汗塔颜旗洛桑丹贝坚赞迎请班禅额尔德尼到法会献礼。

二十一日，班禅额尔德尼讲完《菩提道次第引导文殊口授》，行发菩提心仪轨；为19人授沙弥戒。

二十二日，为19人授比丘戒。应科尔沁洛桑丹贝坚赞与夏仲阿旺嘉措请求，传授《吉祥金刚大威德灌顶》《大威德生圆次第论》，举行盛大会供曼札法会。当时闻听者还有普布觉寺僧人、哲蚌格培寺僧人、康拉布喇嘛、显宗僧4人，另有内侍50多人。另以上听闻者钻戒，还为素宇喇嘛、格贵传授《人心随许法》《吉祥智慧救主十三教理随许法》；为夏仲阿旺嘉措授《人心随许法》，命将画布胜乐修供改为彩坛修供。

七月五日，莅临密宗札仓胜乐修供法会，布施僧众。

十日，班禅额尔德尼分别为9人授沙弥戒，为3人授居士戒；为八世达赖喇嘛母亲尼达旺姆与察汗塔颜旗代表等授珠嘉传规《长寿灌顶》《黑鹏与花鹏修念随许法》，为密宗札仓僧人授《乃赛觉卧修念随许法》《胜乐根本续第一品》《胜乐主仆陀罗尼经》。

修供法会结束后，行结束仪式，布施僧众，发给每名僧人哈达一条、白银一两，密院献礼致谢。

班禅额尔德尼于授教期间，因劳累过度，身体欠佳，经多日为每名僧人施白银一两，为养祈祷，逐渐康复。

二十五日，为母及其侍从授出家戒。

八月一日，班禅额尔德尼再次为察汗塔颜旗与夏仲阿旺嘉措传授《兜率上师瑜伽论》《上师瑜伽论》，赠送佛像、香料。尔后，淋浴养身3日。

十三日，举行宴会庆祝乾隆皇帝寿辰。之后14天，闭关静修吉祥金刚大威德法。由经师持金刚、密院翁则、护法殿却本协助举行息增二业护摩仪轨,共4日。后两日行僵化、杀灭护摩仪轨。

二十四日与二十五日,举行息增护摩仪轨及仪酬轨。修行解闭后,班禅额尔德尼莅临密宗札仓建彩粉坛城、行胜乐修供仪轨,八世达赖喇嘛派人前来祝贺。尔后,班禅为哲蚌、色拉两寺来僧57人授比丘戒;派管家洛桑格勒去拉萨向八世达赖喇嘛献礼,祝贺其首次瞻睹大昭寺。

九月一日开始,班禅额尔德尼先后会见普布觉寺强佐洛桑达结,作格卸任上师当钦顿珠嘉措、作格益西班觉等人,利用8天时间,供祭洁拭本尊、菩萨像。

八日,强佐洛桑达杰、作格两位上师、拉布宗宗本朗索贡波等于僧会向班禅额尔德尼献礼并诵经祈寿,听讲《上师供》《佛陀赞》《如意宝智慧母修念随许法》等。

十二日起,班禅额尔德尼于日光寝宫仿印度塑像法雕塑吉祥金刚大威德像、六臂护法像、阎摩罗护法神像、退敌天女像、四面护法像、大红司命主像,以斧相器装饰大威德像左右,斧上有三轮铁锐器;对其他神像分别以手相、供物装饰供养。酬供上述诸像及毗沙门、拉毛、乃赛瓦等神像,历时七日,请求息、增、怀、诛四业无碍,得以保佑。

十九日,班禅额尔德尼赠物予强佐洛桑达结,为他寺来僧72人授比丘戒,为36人授沙弥戒。

二十三日,接受使者拉孜堪布所献乾隆皇帝赐书、礼物,设宴招待。

二十五日,为密宗札仓执事、仪轨僧16名、经论助理师4人传授《时轮仪轨陀罗尼》及时轮手印法规、念诵音调等。

十月一日开始,前后会见青海巴丹札萨代表、北京拉孜堪布、重孜阿然巴益西多吉等,为他寺僧61人授比丘戒,为40人授沙弥戒,为阿里51人授居士、出家、沙弥三戒。

八日,应普布觉格隆朗囊请求,为大强佐、经师、南囊亲属、索森、管家等10人授《噶当精要十六灌顶》,为亲王代表达尔罕台吉授《六臂护法修念随许法》,为蒙古族60名僧人授《依无量光佛往生法》。

十四日,为西宁商人主仆、鄂尔多斯人、卓尼人摩顶加持。

十六日,班禅额尔德尼用16古尔肖金粉涂饰主尊佛像、天成佛像及能语佛像等,为诸佛像洗礼,供献祭品、哈达;向各护法神殿献供品、哈达,发愿保佑;向拉章护法殿献供品、刀、矛、哈达。为护法殿僧人诵传《拉木大护法仪酬轨》《马头明王修行法》《姊妹护法饮料供法》《乃赛尊者香供法》。《大供大梵天护法》,敬献哈达,祈求保佑。

二十五日,班禅额尔德尼任命乃巴洛桑克却为译师。

十一月二日,班禅额尔德尼被鄂尔多斯大贝勒次旺班觉代表喜饶囊索迎请到法会,受其献礼,传授《兜率上师瑜伽论》。尔后,为以各种土石珍宝药物混制的马头明王像装脏开光,供养于寝宫。

三日,青海多吉王之母与图丹吉布巴于经堂向班禅额尔德尼觐礼,听闻经论诵传。

四日,班禅额尔德尼为协乃札仓喇嘛饯行,会见央曲活佛;为 36 人授比丘戒,为 3 人授沙弥戒,为一人授出家戒,为 3 人授居士戒。

其后,应青海多吉王母亲请求,为 60 名蒙古族客人授《十一面观音大灌顶》和珠嘉传规的《长寿灌顶》;单独为多吉王母亲授《怙主除碍随许法》,赠物饯行。当时,银制愤怒不动金刚及白度母如意轮像落成,于吉祥圆满殿供养,顶立宝瓶、胜幢,班禅额尔德尼诵吉祥词赞祝。

二十日,班禅额尔德尼分别为大强佐和密宗札仓 16 名格西传授《白胜乐长寿灌顶》和《白胜乐长寿灌顶、随许法及修行法》,灾障尽除。

二十一日起,闭关静修欲天修习法,共 17 天。

十二月八日,解除闭关静修,会见康巴雪寺赤巴代表与伦布孜寺卸任堪布。

是年,邬建宗巴洛桑南杰、班觉多吉、瓦协巴洛桑格勒、当钦洛桑塔耶、白图活佛洛桑饶杰、洛布洛桑曲达、达尔巴洛桑嘉木央、章摩且巴群培达结、巴朗康巴洛桑次旺、拉卡洛桑多吉、协巴洛桑默兰木、雪科洛桑尊追、萨德钦巴。洛桑赤列、嘉钦孜巴洛桑坚赞、吉隆洛桑班觉、觉摩宗巴益西尊追、伦布孜巴益西格桑等修完《释量论辨解》第四章。白图巴洛桑尊追、赛康洛桑勒旦、邬建洛桑三木智、洛布巴洛桑喜饶修完《般若总论及辩解》,温寺巴益西旺秀修完《胜乐根本续》,洛桑诺布献《菩提道次第中论》,协噶尔阿旺扎西修完《俱舍论广释对法引导车》《菩提道次第引导文殊口授》,重孜益西顿珠、赤列多吉、洛桑云丹 3 人修完《时轮仪轨》,班禅额尔德尼对以上献考者分别予以奖赏。

木猴年(1764 年)一月五日，班禅额尔德尼为协寺管家格敦顿珠、司草官洛桑南杰等 45 人授比丘戒。

八日上午，班禅额尔德尼莅临僧会讲授《圣者十六尊者随许法》《佛陀赞》，要求与会僧人熟诵《佛陀赞》；为噶伦夏仲次仁旺嘉诵经超度，为噶丹群科寺 7 名僧人授比丘戒，为扎什伦布寺 80 名僧人授居士、出家、沙弥等三戒，为强佐讲授《独雄大威德灌顶》，为赴任扎西格寺堪布的噶钦洛桑热周赐书嘉奖，并从经师听讲《阿旺强巴全集》。

班禅额尔德尼为以噶钦洛桑迥乃为首的密宗札仓百名僧人行吉祥布萨、禳灾布萨及和好布萨。

二月十一日、十二日，班禅额尔德尼应鄂尔多斯贝子南杰多吉、青海恰多杰布之请，莅临法会受其二人献礼，为 33 名蒙古族僧人授沙弥戒，为 66 人授比丘戒，为 9 人授居士戒，为已故贝子南杰多吉之上师洛桑群培诵经超度。后应施主请求，莅临僧会传授《兜率上师瑜伽论》《长寿启自智慧如意树》。

十六日，为 200 名蒙古族僧人授《九尊无量寿佛》灌顶。次日，继续授《上师瑜伽论》《山神供祭法》《吉祥时轮仪轨》《十力忏悔法》等。

十八日，诵经为去世的吉康巴洛桑尊追超度，帮绒王献礼并诵经祈寿蒙古族僧人辞别。

二十日，班禅额尔德尼为本寺 45 名僧人授比丘戒。之后，会见来自哲蚌寺的敏珠尔诺门罕，并与其进行佛事谈论。

三月四日，班禅额尔德尼由敏珠尔呼图克图迎请到法会，传授宗喀巴传承《上师瑜伽论》。

十三日，为哲蚌寺总管家洛桑格勒主仆 3 人授比丘戒。受乃巴米村之请，新作吉祥天女与乃赛尊者供祭法。

十四日，香噶丹群科寺卸任管家曲建献礼，班禅额尔德尼为其等人授《兜率上师瑜伽论》《度母经》。之后，应敏珠尔呼图克图请求，为他及其以夏仲阿旺嘉措为首的 15 名格西授《吉祥金刚十三尊大威德生起次第论》、珠嘉传规的《长寿灌顶》；单独为敏珠尔传授《神通论规范仪轨》。如此，敏珠尔诺门罕在住扎什伦布寺期间与班禅额尔德尼研讨佛理，谈论政事。临行时班禅赠送僧具、宝伞，嘱咐要于汉蒙两地弘扬佛法。

十五日近午，班禅额尔德尼莅临法会，要求僧众熟诵《佛陀赞粉碎魔军》。

诸僧广作布萨,发愿弘扬佛法。然后,班禅于卧室建立护法像。

二十三日,会见来自布达拉宫的八世达赖喇嘛叔父。会后为香噶丹群科等寺15名僧人授沙弥戒,为拉萨三大寺、上下密院30名僧人授比丘戒。

三十日上午,举行布萨仪式。午后,为下密院42名僧人授比丘戒。

四月三日,托云洛桑金巴从色拉寺前来拜谒。

八日,班禅额尔德尼为密宗札仓僧人及托云洛桑金巴授比丘戒。

九日,为托云洛桑金巴等30人授珠嘉传规的《长寿灌顶》。洛桑平措代表噶厦于僧众大会诵《长寿甘露流》祝寿,并献礼品。诸噶伦也派人来献寿礼。

十日,班禅额尔德尼接受洛桑平措献礼后,传授《吉祥马头明王修念随许法》、珠嘉传规《百种长寿灌顶》《忿怒金刚手灌顶》《绿度母灌顶》,大强佐、班典扎西等3名官员入座听讲。而后,为前藏48名僧人授比丘戒,为经师诵传《洛桑顿珠全集》。同时,主持为由大密咒师捐资250两白银所制大师像与银制五世班禅像开光。

二十八日,为哲蚌寺24名僧人授比丘戒。

五月一日,始为诵《时轮根本经》的格西讲解所诵经论,为拉日孜地方僧众摩顶加持,满足众人之愿。

十七日,为洛桑平措一行授珠嘉传规《长寿灌顶》,为色拉、哲蚌等寺18名僧人授比丘戒;派拉孜堪布噶究洛桑格桑进京为乾隆皇帝请安,传授《格日格勒神母修念随许法》并为之饯行。之后,派人回谢噶厦。

二十五日,从经师听讲《那若红空行母随许法》《马头明王随许法》。应兑桑林寺《释量论》注释者21人请求,新作《吉祥法称赞》,并予诵传。

六月一日,为兑桑林哈尔东活佛、朗杰次仁、老少比丘尼20人传授《十一面观音修念随许法》《长寿灌顶》;为本寺、色拉与哲蚌寺30人授比丘戒为3人授沙弥戒;为达纳图丹朗杰堪布与锡金客人摩顶加持。

当时,大强佐身体欠安,班禅额尔德尼主持举行长寿仪轨法会,诵《长寿经》祈祷。同时,为大强佐授珠嘉传规《长寿灌顶》《依白胜乐长寿灌顶》《忿怒金刚手法》《怙主寿主随许法》等;为色拉寺、哲蚌寺18名僧人授比丘戒。之后,根据宗喀巴大师规范仪则与经师、却本噶究益西朗杰、密宗札仓翁则等4人,举行护法大红司命主息怀护摩仪轨;于吉康札仓举行不共自在师传仪酬轨。应大会格贵白图巴益西坚赞请求，于夏季法会讲授《菩提道三士要论》《佛护中释论》。

七月六日，班禅额尔德尼为色拉、哲蚌二寺8名僧人授比丘戒。尔后命人将所献礼物分别供祭于大经堂、释迦佛像、弥勒佛像、白度母像、弥勒与度母殿中之诸菩萨像，均镀以金面，更换新装。

十五日上午，行毕布萨仪轨，班禅额尔德尼等莅临大经堂礼拜佛塔，然后于护法殿行洗礼仪轨，供祭佛塔，敬献哈达，发愿弘法饶益众生。诵经向本尊护法塔洗礼、供祭，献金液、曼札、会供曼札，立金刚誓言，护持佛法。

七月十六日，授完密乘与大乘教诫，诸僧行上师供仪式祝寿。

当时，阿旺嘉措请求班禅额尔德尼诵传新作。十九日，班禅始为阿旺嘉措主仆3人、四札仓喇嘛、格贵、经论助理师等23人诵传新作；会见赏赐拉达克王子海莫寺赤巴主仆。

八月一日，继续为上述23人授教。之后，为阿里札仓4位格西授比丘戒，会见岗建群培寺僧。

九日，拉达克王子及其代表管家、森本堪布等献礼并诵经祈寿，班禅额尔德尼设宴招待他们，后于卧室调养5日。

十三日，设宴庆贺乾隆皇帝寿辰。

十五日，班禅额尔德尼与四札仓喇嘛研讨佛教教理，为甘丹、哲蚌、上下密院等寺65人授比丘戒，为13人授沙弥戒。札萨贡嘎次旦母子于僧会向班禅献礼并诵经祈寿。

翌日，阿鲁科尔沁夏仲益西赤列饶杰代表、夏仲格勒顿珠献寿礼。受礼之后，班禅额尔德尼为札萨母子等授《十一面观音大灌顶预备》《文殊语狮子随许法》《依无量光佛往生法》《长寿灌顶》以及近住戒；为阿旺嘉措传授《金刚大威德圆满次第秘诀引导》《陀罗尼咒》《六臂护法圆满次第论》等，劝告阿旺嘉措于蒙古地方广弘佛法。阿旺嘉措发愿祈求每生每世予以保佑加持。

九月五日，班禅额尔德尼分别为以500两黄金所铸镶嵌宝石的尊胜佛母像以及经师为供祭洛桑索巴和尊者阿旺强巴而置的500两银制舍利四尊尊胜塔和神降塔举行开光仪式。

圆满殿举行开光仪式，将由三种铁混制而成的新大威德金刚金体面臂像恭请至噶当颇章为其诸和供品开光。

九月七日，将其迎请至密宗札仓大金堂柱前台上与诸供品一起献供。密宗拉基和却本等供献供品，经却本请求授予班禅额尔德尼撰写《吉祥金刚大威德颂》之传承。

同日晌午休息进食起，全天和僧众于大经堂共行六十朵玛禳解仪轨。收到理塘堪布洛桑次仁圆寂之回向礼而为其作所愿境。

是时，班禅额尔德尼因劳累过度，身体欠安，服药医治并大事业者广行诵经祈寿，不久病愈。

闰九月一日，拉达克长子和海莫寺赤巴等去往办事地途中施予银两、茶和丝绸等供品。王之幼子在扎什伦布寺修佛，班禅额尔德尼为其剃度授戒，赐名洛桑扎西；为卫藏 57 名僧人授比丘戒。始从经师听讲《时轮广释无垢光》。

十月上旬，为赛菊堪布、日喀则司粮官、马大夫、努朗巴、拉达克商贾、安多人、锡金人等各方信众摩顶加持。为嘉拉活佛主仆 30 余人赐座接见，为 9 人授沙弥戒，为 32 人授比丘戒。

二十三日，嘉拉活佛阿旺赤列贝桑恭请班禅额尔德尼至僧会诵经祝寿，噶究塔克等众随从也据个人财力供奉献礼。

翌日始，班禅额尔德尼单独为嘉拉活佛传授彼等授成就者阿旺强巴所传承之《胜乐曼札修证广乐甘露》、热振活佛所著《修心论》、由其所请意愿经创造之敕言、《集密经》中之《三面六臂阎婆罗修念随许法》、珠嘉传规《长寿灌顶》、克珠杰单传《上师瑜伽论》等广论详释，后行辞礼。

十一月三日，为新落成的金铜胜幢及蒙古式屋顶装脏开光，置于遍聚佛殿之上；为吉祥圆满殿尊者宗喀巴像首顶增制金铜屋檐之工程。积善者嘛呢转经僧益西坚赞恭请班禅额尔德尼到僧会座首诵经祝寿，由其催请下为众僧授《度母四曼扎仪轨》。

十五日，从经师听完克珠杰所著《时轮广释》《喜金刚仪轨》。然后把 40 尊银铸无量寿佛像和 188 尊赤金铸无量寿佛像、两尊银制白绿度母像供养于长寿殿与王思叶庄严殿，举行开光仪式。有诗赞道：

以稀世殊胜珍宝，
缮造无量寿佛像，

护佑众生胜阎王，

故行宴会广庆贺。

当时，班禅额尔德尼主持为吉祥圆满殿宗喀巴像增制丝缎华盖献供，开光庆贺。是日，德琼巴洛桑扎西、协商主诺布等各自献礼。

十二月，班禅额尔德尼会见各方札萨克、喀尔喀哲布尊代表丹巴格贵等40多人。格贵等于十六日代表主人哲布尊丹巴献礼。

其间，班禅额尔德尼为9人与图撒拉克齐贡噶扎西授沙弥戒，为21人授比丘戒；为40多名蒙古人传授《长寿灌顶》《归依颂》《度母经》《大慈悲经》《玛尼颂》及新作《黑鹏修行仪轨》。应曲杰洛桑格桑之请，授《焚香祭祀法》；应诺云曲杰之强佐所请，传授尼玛巴贝传承《无上度母修行仪轨》《护摩仪轨》等救言。回书哲布尊丹巴，为其使者馈赠礼物饯行。

是年，嘉钦孜巴洛桑丹巴与吉隆巴南杰桑珠献《般若波罗蜜多心经》试卷，当钦洛桑多杰献《释量论疏正理海》试卷，勒贤林巴洛桑克却、强巴旺秀、洛桑顿珠、吉隆巴洛桑克却、洛桑顿丹、益西楚臣、协巴洛桑欧赛、古格洛桑丹增、嘉钦孜巴益西索朗、白图巴洛桑顿珠、雪科巴益西强巴、诺布噶丹巴洛桑坚赞、重孜巴洛桑勒巴、达摩洛桑索巴、嘉巴洛桑群培、当钦洛桑强巴、章摩且巴洛桑扎西、洛桑旺秀等人献《释量论辨解》试卷。温寺巴巴丹扎西、巴丹洛桑、洛桑丹增、巴丹顿珠、洛桑平措、洛桑多杰修完《胜乐根本续》。桑珠噶丹巴益西德勒、德布巴贡噶嘉木央、群科伦布索朗雅培、拉增雅培、艾智雅培等人献《慈氏五论》试卷，夏鲁益西丹增献《时轮摄略经》《自生、对生、瓶生三次第论》试卷，班禅额尔德尼对上述献考者分别予以赏赐。

木鸡年（1765年）一月十二日，八世达赖喇嘛遣使前来祝贺新建时轮仪轨。

十六日，班禅额尔德尼为娘堆杰布活佛等16人授沙弥戒；为扎什伦布、色拉、哲蚌等45人授比丘戒。

二十五日，班禅额尔德尼莅临时轮学院视察时轮仪轨僧是否精通时轮仪轨，观而大喜，为仪轨僧传授时轮坛场绘画法、神舞跳法、调音及护摩仪轨。

二月二日,噶丹协热图洛桑丹贝尼玛圆寂,强佐札萨克喇嘛贡却伦珠等人前来报丧。班禅额尔德尼会见摩顶赐座问话。

三日,班禅额尔德尼为领诵师噶钦洛桑坚赞等3人授比丘戒;为已故苏尼特王诵经超度。

九日,班禅额尔德尼莅临僧会受札萨克贡却伦珠所献白银100升;诵经为去世的噶丹协热图洛桑丹贝尼玛发愿回向。

十一日,时轮班智达圆寂,洛桑迥乃前来献礼求班禅额尔德尼诵经超度。

当时,班禅额尔德尼为札萨克喇嘛贡却伦珠等102人授比丘戒,为44人授沙弥戒,为3人授居士戒。设宴款待札萨克喇嘛贡却伦珠,广泛谈论洛桑旦白尼玛之殊胜业绩。又应其请求,传授《白伞盖佛母经》《二臂大威德金刚随许法》《阎摩罗法王修念随许法》等修诵授权;应格西洛桑迥乃之请求,为200名蒙古族人授珠嘉传规《长寿灌顶》《依无量寿佛往生法》;辞时,赠予札萨克喇嘛贡却伦珠佛像、灵物、香料等。

二十日,鄂尔多斯勒顿珠嘉措之妹托云阿旺琼宗沙弥尼献祝寿礼,传授《一面二臂白伞盖佛母修念随许法》《无量寿佛修行仪轨》《妙吉祥根本智最上秘密一切名义经》。卸任格贵白图巴益西坚赞拜谒献礼。

二十二日,始从经师闻听《吉祥怙主护法面圆满教秘诀》。

三月三日,会见新任托林寺堪布,并为僧俗及各方信众摩顶加持。

尔时,密宗札仓16名僧人准备举行时轮修供仪式。十日,班禅额尔德尼于卧室同仪轨僧依本续、广疏之教义以及前人之规范仪则建时轮身语意三业圆满彩坛,举行仪式,进行供养。

三月十五日,举行修供正行,7日后行护摩仪式。

其后,行会供曼札与集聚仪式,接下来两日举行谢恩酬补仪式,班禅额尔德尼每日莅临法会、为众生及佛法亲自指导仪轨次第,施予每名僧人哈达一条,赞扬仪轨准备及仪则丰盛圆满。四大札仓经师、内外侍从、班蔡比丘赤列南杰等献礼祝贺。

在法会期间,彩云蔽空,花雨连绵,瑞相万现。为熟练掌握仪轨次第,班禅额尔德尼规定于每年每月五日、八日、二十五日各行一次时轮修供仪式。为纪念佛祖大转时轮法轮,每年三月建时轮彩粉坛城,举行时轮仪式。如此使时轮讲修四季昌盛,永不衰败。有诗道:

从法胤之雪山走来，
常流时轮之加持水，
拥有执持白莲心海，
任凭一切信徒游戏。
吉祥时轮讲修常胜，
永远不败流转增益，
教诫教源法轮胜地，
胜乘金幢飘扬于世。

此时，八世达赖喇嘛遣使呈书祝贺。其兄杰仲洛粟平措、内侍昂仁堪布洛桑稚佩亦献礼祝贺。

是月，班禅额尔德尼为色拉、哲蚌等寺 78 人授比丘戒；为 4 人授沙弥戒。

其前，噶厦决定于六月四日为八世达赖喇嘛授沙弥戒，邀请班禅额尔德尼去拉萨担任堪布授戒师。

四月，为了饶益众生，消除与八世达赖喇嘛会面授戒及大转法轮之逆障，班禅额尔德尼布施后藏诸寺，施放斋僧茶。

四月法会期间，千供扎什伦布寺佛殿，施放斋僧茶，施予 3000 名僧人白银各一两。为消除司库赤列巴钦波病灾，传授《长寿灌顶》《白伞盖佛母经》《尊胜佛母经》《白度母经》《忿怒金刚手五鹏修念随许法》《马头明王修念随许法》《九尊无量寿佛大灌顶》等；为二人授沙弥戒，为 48 人授比丘戒。

之后，接受康区哉务寺群则之献礼，为彼主仆 40 人讲授《菩提道次第引导方便道论》、阿底峡传承《二十一度母随许法》《一面两臂大威德修念随许法》《上师瑜伽论》，并赠送厚礼饯行。

五月一日，萨迦住持的使者前来呈献书信及礼物，班禅额尔德尼给予摩顶慰劳。

四日，班禅额尔德尼莅临密宗札仓举行大佛顶陀罗尼禳解法会，然后于遍聚殿为大强佐新建的班禅额尔德尼全像开光。

九日，开始瞻仰东西佛殿、大经堂上下佛堂、大护法殿，并向佛像、佛塔献哈达、祭品，发愿此次赴卫地说法讲道，弘扬释教，平安顺利，历时三天。

十二日，会见噶厦所派管家格桑顿珠、骑士佩萨乃、哲蚌寺僧，并为八世达赖喇嘛母亲授珠嘉传规《长寿灌顶》。

十六日，班禅额尔德尼一行在仪仗队的欢呼声中驾离扎什伦布寺，途住温寺3日，供祭佛像圣塔，广发誓愿，饶益众生。尔后，单独观看极秘护法殿，殿内所供食品，皆为水羊年所供，至今毫无残损，此乃护法欢喜之征兆。班禅敬献哈达、祭品，举行酬补仪式，委托事业。

是年，天气连续干旱，为除此灾荒，班禅额尔德尼于温寺为诸佛像行洗礼仪轨，供献祭品，布施僧众，号令天神、水龙、山神降雨消灾。果然天降大雨，干旱尽除，黎民百姓，无不欢欣。

二十二日，班禅额尔德尼莅居强钦鲁当寺。在前往仁蚌途中，为病重的大强佐诵经禳灾，不久病愈，彼地民众无比崇信。当时班禅谓管家此病无碍，我已断定。居住在鲁当寺3日期间，受礼为僧众授《菩提道三士要道论》《大黑鹏修念随许法》《白伞盖佛母陀罗尼》等，拜供佛塔祭品，立誓广弘佛法。

二十六日，居于雅尔色，参加桑顶活佛所布大宴，双方谈论佛事。后派管家饶贤巴先去拉萨慰问达赖喇嘛。

翌日，莅临噶巴夏曼，请拉木护法师降神，并会见达赖喇嘛兄长，询问达赖喇嘛成长、学习情况。

六月一日，驾离堆龙，行至仓年朗噶地方时遇见前来迎接的哲蚌寺僧人与大护法。尔后继续前行来到索措拉瓦时，受到第穆呼图克图及驻藏大臣的盛情迎接。之后随欢迎队伍右绕布达拉宫一周，莅临大昭寺噶丹央孜殿与八世达赖喇嘛会面。

当时噶厦于大庭院举行宴会献礼，诸位僧人辩经、跳舞，为宴会助兴。会后班禅额尔德尼观看大昭寺释迦佛像及圣塔，敬献哈达，立誓发愿，弘教益民。夜宿大拉章觉琼殿。

二日，应邀与第穆呼图克图、经师赤巴阿旺曲札、经师洛桑群培、甘丹赤巴、南杰札仓堪布、护法殿师等为新建大昭寺佛像塔举行开光仪式，噶厦提供费用。大拉章为八世达赖喇嘛献礼并诵经祈寿。

同日，在大昭寺释迦佛像前，班禅额尔德尼作业轨范师，经师阿旺曲札为知时师，诸门罕第穆呼图克图、经师洛桑群培、甘丹赤巴洛桑金巴，森本堪布洛桑次仁、却本德周堪布洛桑南杰、哲蚌果芒札仓上师阿旺格勒、洛萨寺上师洛桑格勒、色拉下密院喇嘛等10人为八世达赖喇嘛授沙弥戒。

授戒后噶厦献礼祝贺，班禅额尔德尼诵传《佛陀赞·噶松巴》。当时，彩云浮空，花雨连绵，瑞相显现，众生无不称奇，深信佛法之威力无边。班禅、达赖师徒朝拜各佛像塔，供献祭品，广立誓愿，弘法益民。

午膳后班禅额尔德尼与仪轨僧举行开光四补遗酬补护摩仪轨。尔后莅临巴拉觉行会供曼札酬补仪式，向吉祥天女像献哈达、珊瑚项饰、供物战刀。

五日，噶厦于大庭院宴请班禅额尔德尼，献白银140升。经师赤巴、两位驻藏大臣等使者、西藏地方官贵及随从各献礼物。八世达赖喇嘛亦献礼谢恩。

六日，班禅额尔德尼为拉萨三大寺79人授比丘戒。

翌日，为诸来宾摩顶，上书奏明达赖受戒之事，由驻藏大臣转呈乾隆皇帝，为大祈愿法会提供黄金5两、白银50两。

八日上午，师徒驾临小昭寺，向不动释迦金刚像献绫制袈裟，25两银制曼札及哈达，与南杰札仓僧人一起举行洗礼仪式，并向怙主赛东巴等护法神塔献哈达。之后返回布达拉宫，在大经堂，强佐献马蹄银120锭，感谢为达赖喇嘛授戒之恩。诸侍从、拉章所辖僧人亦献礼物。

是日，班禅额尔德尼赏赐了第穆呼图克图、两名驻藏大臣、加尔果琪、笔帖式、代本、司库、四噶伦。

十日，班禅额尔德尼开始为八世达赖喇嘛、阿旺曲札、洛桑平措及侍从共15人传授《菩提道次第广论》，行发菩提心仪式。

十二日，拉萨附近僧俗部落于大经堂向班禅、达赖喇嘛献礼物祝贺。

十三日，班禅额尔德尼为赤钦诺门罕阿旺却丹灵童授居士、沙弥二戒。

十五日，班禅、达赖喇嘛师徒二人同临佛殿礼佛，与南杰札仓僧人为前世达赖喇嘛灵塔洗礼、供祭，供献20两银制曼札。为洛格夏拉观音像献供30两银制曼札，为立体坛场殿、三界殊胜殿、时轮殿献曼札各一具，为其他11座佛殿中之诸佛像献哈达，发愿弘法益民。

十六日，四噶伦于大经堂宴请班禅额尔德尼，并献礼和诵经祈寿。同时献礼的有协巴桑波、却本德周堪布、达赖喇嘛母亲平措旺摩、多让夏仲夫人、札萨克喇嘛达尔堪布、德庆活佛、普布觉洛桑达结、晋美旺嘉公、嘉拉活佛、嘉赛活佛、驻藏尼泊尔人及日吾德庆寺、哲蚌哈尔东康村、小昭寺、宇德巴、色拉俄尔盖札仓、达波札仓等。

二十三日，噶厦向三大寺、上下密院、热振寺、南杰札仓等施放斋僧茶各7次，施予12862名僧人白银各一两；为前藏南北70所寺院施放斋僧茶各5次，为13985名僧人施银币各一枚；为宗喀巴大师灵塔、热振寺文殊金刚像、沃喀宗希弥勒像、群科杰寺弥勒像等，各献五种百供、哈达；为日吾甘丹寺阎摩护法神与群科杰寺吉祥天女像供献哈达、战刀，并由8名僧人进行为期两个月的酬补供养，分别向巴拉觉寺、小昭寺、拉毛绛曲觉寺、蔡赛寺等提供为期两个月之酬补吉祥天女、赛东护法、吉祥梵天费用，供献哈达、战器等供品。

二十六日，在日光殿哲蚌寺、格佩禅院、嘉日帕扎拉、香殿堪布、赤康群则、琪司帕桑巴、扎日吾南杰巴、达果囊巴等各献礼物。

二十七日，班禅讲授完《菩提道次第广论》，继续讲授《菩提道次第引导方便道论》及《三十四本生传》等。

二十八日，班禅额尔德尼应嘉赛活佛请求，讲授《中观导论》，座听者有甘丹赤巴、昌都协瓦桑波、卡尔多活佛、色拉俄尔盖札仓及哲蚌果芒札仓卸任师、上下密院格西、三大寺格西，共计150余人。

是月末日，上下密院于噶丹宫向班禅、达赖师徒献礼物。同日，班禅额尔德尼为供奉堪布、阿旺洛桑等人传授《上师瑜伽规范仪则》《时轮发愿》。

彼时，三大寺、上下密院及前藏南北各大寺僧人请求班禅额尔德尼授比丘戒。班禅说："近来每日上午为达赖喇嘛讲经之良时，前来献礼者众多，都得会见，实无空暇。但解脱戒乃佛法之根本，有远道而来的格西，不能久等啊"。《经》中说：够两三名堪布可授近圆戒。子卧室静修，可使三人为一组，堪布上师僧徒共居修近圆戒。于是，班禅答应授戒。在吉日良辰，班禅等为以阿里活佛为首的1011名僧人授比丘戒。有时人多，班禅不顾劳累，一心以佛法为重。

七月一日，前藏代本台吉巴桑次仁、宇妥巴艾智南杰、后藏代本然巴瓦、班蔡巴、姜洛建、哲蚌寺藏巴康村、三木洛康村、强巴林、普布觉寺、拉卡扎、珠康活佛、嘉林寺香厨师、热振寺、拉日上师等寺僧各向班禅额尔德尼献礼物。

二日，班禅额尔德尼为八世达赖喇嘛与闻听者传授《九尊无量寿佛灌顶》;为前来哲蚌寺观看酪宴节(雪顿节)①的30余人赐哈达等。

四日,第穆呼图克图于日光殿向班禅额尔德尼、八世达赖喇嘛二人献《尊胜佛母供养仪轨》及礼物。班藏寺亦献礼并诵经祈寿。

五、六日,班禅额尔德尼应上密院请求,为色拉、哲蚌两寺共1000余人传授《六臂三面布禄金刚随许法》《密师贡噶顿珠祈愿》。应下密院请求,授《六臂护法随许法》《集密》一、三章,以及祈祷发愿词。

七日,大拉章举行宴会,南杰札仓僧人为八世达赖喇嘛献白银107升,举行尊胜佛母仪轨祝寿。第穆呼图克图、两位驻藏大臣、加尔果琪、笔帖式、代本、司库、噶伦分别向班禅额尔德尼、八世达赖喇嘛献礼诵经祈寿。

八日,拉章出资于三界殊胜殿举行时轮法会,南杰札仓时轮学院53人行时轮圆满仪式。班禅额尔德尼莅临法会向与会僧人赠送哈达,施予每名僧人白银各一两。时轮学院领经师格桑班觉为班禅、达赖喇嘛献会供曼札祝寿。

十二日,噶伦夏仲多喀瓦、噶丹群科寺堪布洛桑金巴、噶伦公贡噶丹增、噶伦札萨克尼玛坚赞分别向班禅额尔德尼、八世达赖喇嘛师徒献礼并诵经祈寿。噶厦文书扎西托墨巴、糌粑供应师包拉巴、拉孜结布巴、鲁隆群则、那兰札第十八代法王、当结萨色巴、巴饶摩占、拉萨吉祥殿僧人拜谒班禅,并献礼并诵经祈寿。

十三日,班禅额尔德尼应噶伦公班智达请求,开始为300多名僧俗传授珠嘉传规《长寿灌顶》,为孜仲等700人授《无量寿及马头明王双运灌顶》,为色拉俄尔盖札仓僧人传授《六臂护法随许法》《佛陀赞》。在南杰札仓法会上讲授《三大黑天护法》《吉祥天女酬补法》《出生值日天神行供法》等。为达赖喇嘛母亲平措旺摩授珠嘉传规《长寿灌顶》《金刚萨埵修念法》,为代本宇妥巴及所有雪仲等500余人传授《无量寿及马头明王双运灌顶》,为4位富贵授《兜率上师瑜伽论》《金刚萨埵修念法》,为昌都协巴桑波、热振属寺喇嘛传授铃尊者所传《胜乐身曼札二次第论》,为哲蚌寺果芒札仓、洛萨林僧700

① 酪宴节亦一日至四日称藏戏节。从五世达赖喇嘛时期开始,每年藏历七月一日,由各地藏戏团在哲蚌寺演出藏戏。初一至初四,在罗布林卡演出传统藏戏节目,五日至六七日在拉萨各大贵族家中演出。夏末秋初的七月,正是藏地盛产乳酪(酸奶)的季节,人们常以乳酪待客供僧,故名酪宴节,又因在此期间集中演出藏戏,亦称藏戏节。

余人传授《二臂大威德金刚随许法》，为哲蚌寺果芒札仓100余名僧人授《白度母随许法》，如此满足众僧之愿。

十四日，前藏各大部落宴请班禅额尔德尼、八世达赖喇嘛，献礼并诵经祈寿。

十五日，月蚀日，班禅额尔德尼供祭拉萨布达拉宫诸佛像佛塔。午后，为八世达赖喇嘛主仆传授《无量寿与马头明王双运灌顶》。色拉协巴札仓、三木洛康村向班禅、达赖喇嘛师徒二人献礼并诵经祈寿。

十六日，噶厦于噶丹寝宫宴请。从次日始班禅额尔德尼、八世达赖喇嘛经师、八世达赖喇嘛之兄噶丹群科寺堪布、护法殿师等50人举行为期6天之吉祥金刚大威德息、增、怀三业护摩仪轨，酬补诸护法神，专门酬供欲界自在母。

二十二日，哲蚌洛萨林、德央札仓、密宗札仓、果芒札仓、乃琼扎央林寺、聂塘拉瓦堆寺、拉孜欧曼林寺及乃琼神师为班禅额尔德尼、达赖喇嘛献礼。班禅受礼后为前去后藏的噶伦噶细公赐护身结饯行。

二十四日，班禅额尔德尼向八世达赖喇嘛讲授《宗喀巴大师传》。

翌日，授《洗礼经》《白文殊修念随许法》。

二十八、二十九日，传授《阎摩罗法王内修随许法》《宗喀巴大师全集》。之后，礼拜历辈达赖喇嘛灵塔，献哈达；为色拉寺及其他寺僧人共112人授比丘戒。

八月一日，噶厦与班禅额尔德尼互设宴致谢。

二日，八世达赖喇嘛于大经堂宴请班禅额尔德尼，赠送白银105升。在南杰札仓举行长寿仪轨，祝班禅如金刚永世不毁，长寿万年。布达拉宫诸级官员亦献礼并诵经祈寿。大强佐亦得到赏赐。

三日，班禅额尔德尼为八世达赖喇嘛传授《圣母随许法》，会见布达拉宫各级侍从。上玛仲林寺的旺秀饶丹来拜谒献礼。

五日，班禅额尔德尼应第穆呼图克图邀请，由班藏巴、木茹寺僧人、宇德寺等之仪仗队迎驾到大经堂，参加宴会，第穆呼图克图献白银750两。班藏寺、格敦德钦上师、众侍从献礼并诵经祈寿。班禅额尔德尼主持为佛殿、灵塔开光，传授《十三尊大威德金刚修法》，布施僧众，赠送白银、哈达。供祭大经堂、内殿、护法殿佛像塔，并与诸门罕第穆活佛、协瓦桑波一起研讨佛理，后返回布达拉宫。甘丹寺、夏孜、香孜、哈尔东札仓、色拉寺、医宗学院、塘萨噶丹群科寺、雪格默寺、阿里札仓、协噶寺、叶尔巴札仓、木茹寺等向班禅额尔德尼、八世达赖喇嘛敬献礼品。另外献礼者还有南杰札仓、拉木护法神师、降曲党寺、增摩蔡寺、蔡尔赛寺、扎西迴寺等。三大寺、上下密院献曼札、佛像、佛塔、佛经、氆氇等礼物。班禅受礼后会晤达旺活佛,作诗为阿旺强巴祝寿,为其父母赠送礼品。

七日,拉木护法师向班禅额尔德尼、八世达赖喇嘛祝寿。

其后,班禅额尔德尼为八世达赖喇嘛、经师阿旺曲札、八世达赖喇嘛之叔父等15人传授《吉祥金刚大威德灌顶》《白伞幢三十七神灌顶》《三自在护法随许法》。班禅额尔德尼单独为八世达赖喇嘛讲授《怙主饰者》、百种修念仪轨中之《具光佛母修念随许法》《黑文殊修念随许法》《文殊语狮子》《现观庄严论》《入中论》等。应索本堪布益西饶旦与近侍益西贡却请求,传授《大威德圆满次第略论》,为下密院、色拉孜、拉卡札等寺僧人讲授《十三尊大威德修证》《白伞盖佛母经》《菩提道次第三士要道论》《启白祝寿经》等,为拉木护法师授《俱卢洲长寿修行法》《长寿灌顶》,为噶伦吞巴等300人授珠嘉传规《长寿灌顶》,为上密院翁则等100余人授《上师空乐无异论》,为哲蚌寺30人授拉译师所传《两臂一面大威德金刚修念随许法》,为供奉堪布等修行者授《菩提道炬论》《香巴拉发愿词》,为德庆活佛传授《白文殊修念法》,为鄂尔多斯阿旺伦珠传授尼玛白巴传承《绿度母修行仪轨》《护摩仪轨》《寺院新规》,为南杰札仓僧人传授《无量寿佛及马头明王双运灌顶》、京俄巴传承《胜乐自、对、瓶三生修念仪轨》,为时轮仪轨翁则传授《时轮息静护摩仪轨》,如此满足了众僧愿望。同时还为甘丹寺161人授比丘戒。

九日,南杰札仓阿旺洛桑提供资金,10名僧人于宗喀巴灵塔前举行胜乐念诵仪式,班禅额尔德尼、达赖喇嘛应邀莅临法会。

十三日,正值乾隆皇帝诞生日,噶厦举行宴会庆贺,并资助三大寺300名僧人诵经祈寿。拉章向达赖喇嘛祝寿,布施僧众。

十五日,千供百供布达拉宫及拉萨各主要塔像。

十七日,噶厦再次于大经堂举行宴会,向班禅额尔德尼献白银50升、茶叶600条等。班禅的强佐、经师、众侍从亦受赐。

二十一日,班禅额尔德尼莅临八世达赖喇嘛寝宫赠送曼札祝寿,愿其如前世一样，精心闻修显密经论，成为一代教主，弘法利益众生，之后传授《百种长寿灌顶》。

二十二日，八世达赖喇嘛送曼札，愿班禅额尔德尼为将众生引入解脱之道，长命百岁，愿来日再相会，聆听佛法。

噶厦以丰宴招待班禅额尔德尼一行。如是，班禅额尔德尼于前藏为八世达赖喇嘛授沙弥戒，建佛法根基；为无数僧人讲经传授灌顶，引入佛道，犹如莲池的教民受到阳光照射般而丰茂。有诗赞道：

犹如蜜蜂飞到饱含花蜜的花丛中，
嗡嗡欢叫吸允花苞中香甜的蜜汁，
新蜂蜜的精华沾在智慧蜜蜂脚上，
阵阵悦耳歌声随风飘向四面八方。
诸佛平静在此浊世教法难以掌控，
你挺身而出承担起讲修佛法重任，
如同蜜蜂在花丛中采集花苞蜜汁，
此种恩德形成牢固不可分的排列。
广大的善言教诲和热忱托付事业，
从俗世泥潭中生长出清洁的莲花，
受别解脱戒律担负出家僧的重任，
何惧辛苦劳顿以及时时抛洒汗水！

以上为《尊胜上师有寂世界顶饰班禅遍知一切罗桑班丹益西贝桑布传——太阳之光》之第八章“认定八世达赖喇嘛·降白嘉措并授沙弥戒”。

第九章　到后藏北部的襄德庆饶杰寺讲经

二十三日，班禅额尔德尼驾离布达拉宫，在设灶欢送处为骑马送行者摩顶赐物。之后，前往崇拉古卡，举行仪酬轨，供献敬神哈达。按照先前提出的请求，他在马队和僧人列队欢迎下到达哲蚌寺，在贡噶拉瓦寝宫时，寝宫的第巴和寺院吉索设宴款待并献礼；班禅向噶丹颇章护法殿献敬神哈达，举行酬补仪式。

二十四日上午，单独接见吉索、第巴，接受献礼。午饭时，洛萨林、果芒、德央等札仓向班禅额尔德尼献礼并诵经祈寿。应执事请求，班禅莅临大经堂，踏上宝座向全寺僧人讲授《菩提道次第三士道论》，朝拜上下佛殿，供祭密乘殿吉祥金刚大威德像，献哈达，发愿利益众生。

密宗札仓、密宗札仓基索（公家）宴请班禅额尔德尼并献礼后去转寺。果芒札仓、哈尔东康村等各自宴请班禅，献曼札、三所依等物。班禅传授《兜率上师瑜伽论》、温萨口传《上师瑜伽论》给诸僧，为大僧会施放斋僧茶 5 次，为 6575 名僧人各赐哈达一条、银币一枚及回向供品；为哲蚌寺四大学院施放斋僧茶各一次，施予每名僧人哈达一条以及回向礼品；为乃琼大护法师赠送哈达，班禅为诸僧逐次讲解《兜率上师瑜伽论》和温萨口传《上师瑜伽论》，日喀则康村、更陪山僧、乃琼札央玲巴等拜见献礼。为以上诸信众摩顶加持，给予公家和各札仓丰厚赏赐。

二十五日，班禅额尔德尼驾离哲蚌寺，在设灶送行处给送行者摩顶赐物。代本宇妥巴、觉摩隆寺堪布、执事等乘马送行，各寺僧人、歌舞者、部落民众热烈欢迎，班禅分别予以赏赐。在堆龙河谷，因代本及其随从等整日服侍，宴会上班禅赐给建立缘起的物品和大量赏赐。从此日起每天都有僧队、歌舞队迎送。

翌日，达仓拉瓦堆寺僧众宴请献礼，班禅额尔德尼给他们传授《菩提道炬论》，夜宿拉垅曲堆。当时，乾隆皇帝赞扬班禅额尔德尼为八世达赖喇嘛授戒有功的诏书和礼物送到，班禅上书谢恩。

九月四日，白居寺喇嘛、执事在隆玛尔候迎班禅额尔德尼。之后，班禅应噶伦噶细公、代本班蔡巴、姜洛建巴等人之请，莅临嘉拉住宿，为迎接者摩顶并在宴会上问候。

次日，班禅额尔德尼于扎科用午膳后，驾临白居寺，休息两日。其间按例礼佛拜塔，供献祭品，为 1000 多名僧俗信众讲授《长寿灌顶》，施放斋僧茶 15 次，施予每名僧人白银 3 分，赏赐代理堪布及色觉寺管家。

七日，班禅额尔德尼驾离白居寺，由仪仗队迎请到噶细拉康长寿具乐殿休息两日，所收礼物有白银 1800 两、茶叶 600 条。为诸头人授《怙主除碍法》，为 1000 余名僧俗信众授《长寿灌顶》，供祭佛殿，诵经祈祷。

九日，班禅额尔德尼被迎请到重孜寺，僧众献礼并为班禅祈寿，后于康玛尔用午膳。夜宿江琼纳噶，日吾当建巴、香殿师等人来献礼。

十日，驾离江琼纳噶，莅临诺布琼孜，管家洛桑格勒宴请班禅额尔德尼。

当时，彩云蔽空，花雨连绵，突见南方天空彩云显经函叠层相，形态神异。班禅额尔德尼手指上方山顶，言有授记的经文。森本堪布医师格敦顿珠请求班禅讲所显经文。班禅说："经文多而不可言说"。一切大德隐密功德，以前世熏习而不明语，但可断言，其神奇之状不可思议。其后莅临日吾当建寺，供祭克珠杰像，向护法殿塔敬献哈达、供品。

十日，班禅额尔德尼接受班蔡代本献礼并诵经祈寿，夜宿夏鲁寺，堪布洛桑次旺等宴请。次日，班禅瞻仰护法殿，向阎摩罗法王像献哈达、供品，会见扎什伦布寺前来迎驾的僧人。

十二日，莅临日浦修行地，畅饮大成就者噶雅达拉宝瓶之甘露，班禅额尔德尼向布顿大师像献哈达、曼札，誓愿饶益众生。行至夏鲁寺石板院为僧俗信众摩顶加持，僧众发放布施。途中班禅向建贡神母像献供品、哈达，祈祷保佑。夜宿于商市江拉园林，管家设宴宴请班禅。

十四日，由仪仗队迎接班禅额尔德尼到扎什伦布寺。

次日，班禅额尔德尼会见北京钦差使者拉孜堪布，问乾隆皇帝贵体安康，并接受赐书礼物。

十六日，拉章为班禅额尔德尼举行宴会洗尘。

十七日，四大学院上师，各米村仲科、庄园主、各宗管家、日喀则管家出资设盛宴献礼。

十八日，卸任格贵楚臣康巴、新任格贵嘉钦孜巴恭请班禅额尔德尼至大经堂僧会座首献礼，班禅于石板院受礼并为众僧摩顶加持。

十九日上午，班禅额尔德尼为地方政府管家格桑顿珠、侍乘官帕萨瓦、甘丹寺主仆传授珠嘉传规《长寿灌顶》，赠送衣物饯行；为大强佐授《长寿灌顶》，为本寺与他寺 73 名僧人授比丘戒。

二十七日，纳仓阿觉巴桑饶旦特派使者与拉孜堪布、新任科尔沁喇嘛重孜曲杰益西多杰之管家分别于大经堂与卧室向班禅献礼并诵经祈寿。

十月一日，娘囊佩杰寺众僧提前行召请洗礼仪式祈寿。

五日，班禅额尔德尼应密乘经师之请，莅临法会讲授前几世班禅全集。

七日，接受却藏活佛的使者温琼主仆的献礼，为他们传授《大威德金刚修念随许法》《长寿灌顶》《白文殊修行仪轨》。之后，为蒙古、西藏、安多等地65名僧人授比丘戒。

九日，萨迦寺达钦派强佐前来，向班禅额尔德尼献曼札、佛像、佛塔、佛经、黄金8两、白银250两等礼物并于寝室祝寿。班禅为强佐设宴问话赐座，并赠礼饯行。

十三日，八世达赖喇嘛特派内侍堪布洛桑雅培及娘囊群培林寺僧人、涅摩嘉协蔡寺僧人向班禅额尔德尼献书信礼物，班禅为他们摩顶，传授经论，为大强佐授《无量寿佛及马头明王双运灌顶》《金刚手菩萨修念随许法》《黑文殊菩萨修念随许法》《白伞幢母随许法》。

十七日，拉贡活佛迎请班禅额尔德尼到大经堂僧会座首献礼祝寿。收到察科王班玛诺布去世的回向礼，班禅诵经超度。

十一月三日，班禅额尔德尼完成全集两卷之传承，会见阿里古格王译师仁钦桑波之转世洛桑丹增坚赞并赐座问话，传授《三事仪轨》《常用教诫》《弥勒誓陀罗尼经》《二文殊语狮子经》《喜饶洛佩修念随许法》并由达赖喇嘛将其准入札仓，世代闲授《释量论》《般若经》等，密乘经师出资行发菩提心仪式。

七日至十日，班禅额尔德尼于日光寝宫为洛桑丹增坚赞经师、大格贵、拉贡活佛、密宗札仓众僧人、三所禅院上师传授新作《极密文》，嘱咐密宗札仓僧人诵经行护法酬供仪式，莫使衰败。达木卸任师诺布噶丹巴之侄洛桑丹达恭请班禅至僧会座首，献礼并诵经祈寿。

九日，班禅额尔德尼应拉贡活佛请求，传授《吉祥金刚十三尊大威德生圆次第论》、洛桑丹增坚赞《金刚萨埵修念随许法》，并依其请求为之授沙弥戒。

十五日，为拉贡活佛主仆饯行。

十六日，开始闭关静修本尊神，历时一个月。

十二月十八日，修行解闭，为诸侍从摩顶加持。

是年，德央强巴丹达尔、散巴洛桑南杰、达摩巴洛桑多杰、洛桑桑珠、洛桑伦珠、拉卡巴洛桑达结献《释量论辨解》考试；巴协洛桑扎西完成《般若经辨解》修业；萨隆巴噶钦洛桑群培修完《集密生圆二次第论》；温寺洛桑赤列、洛桑丹增、洛桑格敦、洛桑丹增(重名,非同一人)完成《胜乐根本续》修业,班禅分别予以赏赐。同时诵经广赎有难众生生命,布施乞讨者,广行善事,弘法益民。

火狗年(1766年)一月八日,内侍堪布洛桑雅塔恭请班禅额尔德尼至大经堂僧会座首诵经祝寿,为本寺及他寺僧人32人授比丘戒。

普颜喇嘛阿嘉呼图克图献百供器皿、供神水杯216盏、供神灯108盏。班禅额尔德尼将此供放于温寺智贝旺秀像前。之后,为拉达克王次子与日东夏仲、热周活佛等57人授沙弥戒;拉达克王子实则班禅侄子,予其丰厚赏赐。

二月,会见内地与青海客人。哉务活佛阿旺坚白献曼札、绸缎、皮张、茶叶。

当时,措敦寺①上师协热图金巴俄色病逝,十一日大强佐格敦仁钦于大经堂献礼报丧,请求班禅额尔德尼诵经超度。

十二日,班禅额尔德尼为蒙古僧人传授《二臂一面大威德金刚修念随许法》《六臂三面白伞盖佛母修念随许法》,苏尼特图萨拉琪使者囊索洛桑伦珠恭请班禅至僧会座首,献礼并诵经祈寿。

十四日,班禅额尔德尼为12人授居士、沙弥戒,为色拉、哲蚌两寺24名僧人授比丘戒;会见哲蚌寺果芒札仓募化者格桑噶丹、堆达杰林寺上师、蒙古僧人等,单独为蒙古僧人传授珠嘉传规《长寿灌顶》《最胜妙吉祥根本智最上秘密一切名义经》《圣多罗菩萨经》《玛尼粒修行法》《兜率上师瑜伽论》《依无量光佛往生经》;为赴任喀尔喀上师之噶钦益西坚白赐物饯行。图萨拉琪代表格隆洛桑伦珠拜谒献礼。

二十三日,班禅额尔德尼为扎西孜5名僧尼授居士、出家戒,从经师聆听《修行宝源》之中《六臂三面大威德金刚修念随许法》。

三月七日,为协噶寺翁则洛桑诺尔授比丘戒。

八日,班禅额尔德尼认大密师、密宗札仓全体僧人、大强佐、经师堪仁布

---

① 措敦寺:又名七海寺,位于内蒙古东部,蒙古语称多伦诺尔,因此该地地名为多伦。康熙皇帝曾经在此召集内外蒙古各部会盟,建汇宗寺,后为历辈章嘉国师驻锡的寺院。

切、四大学院上师、格贵等为徒弟，正式确立了师徒关系，满足了密乘经师之愿。

十一日，准备授《薄伽梵时轮灌顶》。

十二日，设计建造坛城。

十五日，传授《时轮童入七灌顶》。

十六日，授初灌顶与大灌顶。十七日，与金刚上师大主人之灌顶解说并传授具体仪轨。

十七日，密乘经师出资举行时轮会供曼札法会，向班禅额尔德尼献礼致谢，班禅额尔德尼传授《时轮摄略经第一品》。

十九日，班禅额尔德尼亲临由大密师资助举行的依彩坛时轮修供法会讲经。会后，行息静护摩仪轨与会供曼札仪式，格贵请求班禅授《大曼札会面仪轨及摩顶加持》。时轮仪轨师噶钦益西南杰与洛桑旺秀就生圆二次第论进行辩论。当时，彩云蔽空，奇相万显。

四月一日，班禅额尔德尼出资举行阎摩罗酬补法会，多供祭品，布施僧众，命僧众为二大供养殿与各札仓神殿、度母佛殿，以及附近山神行洗礼仪轨，要求密院四僧为各寺井水、东措、杰杰纳噶泉等建彩粉坛城行洗礼仪轨。洗礼之时，从杰杰纳噶宝座至前方宝座五彩缤纷，日光四射，彩虹连接东方山巅与东措湖，从吉祥乐园视见南面天际一片通红，花雨连绵。借此良辰吉时，班禅为昂仁寺堪布洛桑雅培传授珠嘉传规《长寿灌顶》，赠物饯行。

七日，班禅额尔德尼先后从经师听讲《观世音灌顶》，会见协噶寺堪布、嘉热活佛、地方政府募金官及众多僧俗。然后，为下密院、色拉寺 61 人授比丘戒，供祭护法殿，敬献哈达，命人整治供物。

十二日，莅临护法殿与僧众共诵《百字经》，进行忏悔。

尔后，行护法酬补仪式，施食护法神，命管家清理供品。在视察之时，洁拭各护法塔，供献净铃及念珠、哈达。后自任诵经师与助理仪轨师酬补诸护法，献供哈达、祭品，立誓弘法益民，祈求护法保佑。

十五日，为本寺及各方 55 名僧人授比丘戒，为 12 人授沙弥戒。

二十五日，从经师听讲萨迦金法《红智慧母格日格赖与吉祥佛母修念随许法》；为亡故的驻藏大臣阿敏尔图与札萨克台吉诵经超度，并派益西塔耶赴拉萨为阿大臣吊唁。

五月，班禅额尔德尼又派管家洛桑格勒去拉萨慰问八世达赖喇嘛，祝贺其初次为拉贡活佛授教，赐予密宗札仓初食法会绸制旗幡、护法像装饰品数件、供祭布画像之良缎制胜幢、幡、粉包。于僧茶会上，发给 267 名僧人吉祥哈达各一条，并赐回向供物、彩箭等。

八日，为绒强钦巴等 24 人授比丘戒，会见格西益西坚赞、赴任托林寺堪布的色拉曼格西，与他们共谈佛事。然后，为来自杰杰纳噶的达赖喇嘛母亲尼达旺摩（རྒྱལ་ཡུམ་ཉི་ཟླ་དབང་མོ།）授《长寿灌顶》，赠送白银、茶、绸缎、食品等，并诵经为当地新建的佛堂开光。尼达旺摩宴请班禅等。

是年，雨水稀少，天气干旱，班禅额尔德尼将“授记度母”迎请到寝宫，供献金制项珠，行洗礼仪式，祈求降雨；并且让密宗札仓僧人供养吉祥金刚大威德像，行洗礼仪式，献鱼鹞等水生动物，诚心发愿求雨。刹那间，黑云蔽空，大雨飘落，众生欢悦。

其后，班禅额尔德尼为大强佐传授《白度母如意轮》等本尊神修念随许法及《依桑建玛菩萨洗礼》《地神禳解法》《白胜乐灌顶》、珠嘉传规《长寿灌顶》等，祈求病早愈，并谓僧众：“强佐说弘法益教，功德圆满，应由寺院出资布施僧众，广行供养，修福积德”。强佐说：“吾常受班禅关照，恩重如山。今为吾疾病，百般关心，为了佛法众生吾忠心祝愿班禅长命百岁，永世安康，吾亦心满意足。昔日能服侍班禅，此乃吾之福分，今唯求班禅为吾每生每世加持保佑，别无他愿。”遂作《摄益诗文》一篇，当众示之。

二十六日，班禅额尔德尼应格西益西坚赞请求，为其和四大学院上师、格贵、密咒师、扎西三木旦寺修行僧共 100 余人传授宗喀巴所著《密宗道次第广论》，授完续部下三部之后，始讲无上续部时，格西益西坚赞提供资金举行会供曼札仪式。次月十八日授毕。

六月十九日，举行吉祥胜乐会供曼札法会，格西益西坚赞为酬谢授教之恩，出资行上师会供法会及会供曼札，并献礼诵经祈寿。

其后，班禅额尔德尼为色拉、哲蚌两寺 6 名僧人授比丘戒，为 18 人授沙弥戒。

二十四日，接受雪庄园旺堆康萨巴于法会所献礼物后，传授《白伞盖佛母赞》《圣多罗菩萨经》。格贵嘉钦孜巴噶究索朗桑波请求于夏季法会讲授班禅额尔德尼文集诵传所余部分及《释量论》等。

晚饭时，班禅额尔德尼莅临僧会连续3日讲授文集，后讲授《释量论》《释量论疏解脱道明示》《释量论大疏正理海》《释量论疏正理论饰》《誓愿广释》、达纳格敏洛桑所著《释量论总释》《中观论》《般若经》《戒律论》《俱舍论》等，班禅声音洪亮，吐字清晰，闻者一听便悟，如此讲经共21天。一切具法眼格西大德的内心海洋顿时涌起崇敬之波涛，一切闻法弟子的蜜蜂在甚深教义的莲花池中游戏，饱吮了正理甘露，使之智慧的体质强壮，时而发出论理辨解经论的悦耳妙音。

七月，班禅额尔德尼为本寺与他寺26人授比丘戒。

十五日，授完上述经论后，举行会供发心仪式，谓僧众须博闻广思，据典引证，勤奋精进，熟记背诵，此四点万万不可懈怠。格贵献礼谢恩。

同日，不丹第悉派人前来呈书献礼，班禅额尔德尼予以赏赐。之后，应竹巴上师噶玛班巴尔之请，讲授《菩提道三士道次第》，解释清楚，坚定听者之信念。午后派管家前往驿站迎接噶玛红帽活佛及其随从，抵寺后班禅设宴款待，共论佛事。

十六日，密宗札仓僧人于班禅额尔德尼座前诵护法仪酬轨中诵经音调，班禅听后大加称赞，摩顶加持，赐物供养。

当时，乾隆皇帝派使者前来册封班禅额尔德尼，噶厦获悉使者正抵达打箭炉，遂派人奏明班禅。班禅派印经师益西塔耶、管家格桑格勒、译师洛桑克却前往迎接。

其后，班禅额尔德尼视察各寺诵经情况。七月二十日应吉康勒贤林之请，莅临宴会升座讲经，授毕亲赴上下二札仓视察，并且与经师仁布切、四大学院上师、格贵、诸格西、善知识等莅临僧会，达摩巴噶钦洛桑扎西立《释量论》《中论》《俱舍论》《戒律》《现观庄严论》等五论之宗，其他善知识离席对辩。如是对一切智者享受理论甘露之大海妙音盛宴。班禅额尔德尼赐给诸对辩高僧护身结及上等哈达，以资鼓励；为众僧徒赐供养物品，摩顶加持。

当时，班禅额尔德尼所受礼物有曼札、佛像、佛塔、佛经、衣服、日用器皿等，回赐果品、茶26条，每名僧人施放哈达一条、白银一两，赐茶款待诸上师、执事，赐护身结，鼓励勤奋讲习经论。之后，供祭大经堂护法殿佛像塔，敬献哈达，祈愿求神护佑。

二十一日，班禅额尔德尼莅临夏孜三木旦法会，为各级僧人讲授经论。

会上嘉钦孜巴益西次仁以五部经论①立宗，其他格西起座答辩，班禅额尔德尼予以奖赏，并巡视法会辩经，谓僧众勤习经论，广传释迦教理，还向佛塔敬献哈达，发愿弘法益民。

二十二日，班禅额尔德尼驾临兑桑诺布林札仓法会，为各级习经者诵传经论。吉隆巴噶钦洛桑旺波以五部论立宗，他师对辩，班禅闻之大喜，极力称赞。教导僧众："量论乃一切知识之本源，必须精进思闻"等，赏赐诸献礼者。

二十三日，莅临密宗札仓主持集密、胜乐、大威德金刚仪式，诵传《集密生圆二次第论》。会上觉摩宗巴噶钦次仁群培以《生圆二次第论》立宗，他师对辩。班禅额尔德尼赞之，要求"僧人发扬密法仪轨规范仪则。"之后，酬供阎摩罗法王，接受僧众献礼，并予以回赐。

二十七日，班禅额尔德尼亲临强佐卧榻旁，慰问病重的大强佐洛桑次旺，授洗礼及《长寿灌顶》。当时洛桑次旺顿感爽快，便坐立合掌说："大怙主（班禅）为了佛法众生，莲足坚固，祈愿吾之每生每世皆得班禅摄益。"班禅应允为之摄益。大强佐即将离世之时，还在祈求本尊，极力念诵《陀罗尼经》，时过子午圆寂。班禅悲恸诵经，摄益回向发愿。昔日无有专门存放强佐灵骨的旧俗，僧众启禀班禅。班禅说："无妨，吾言已出，一切晦气污秽已不存在"。七日间班禅额尔德尼与大密师、兑桑林札仓经师、密宗札仓 8 名格西共行仪式，火化遗体。同时，遣派管家洛桑饶丹前往布达拉宫向八世达赖喇嘛、第穆呼图克图、甘丹赤巴献回向礼物、金银等，祈请加持摄益；供祭所有佛殿中之佛像塔，布施僧众，施予每名僧人白银一两及回向礼物，请求诵经超度。班禅派仲科去拉萨为两尊释迦佛像、大昭寺十一面观音像、洛格夏拉观音像、五世达赖喇嘛灵塔、七世达赖喇嘛灵塔、甘丹寺宗喀巴灵塔、热振寺阿底峡像、藏协三位一体弥勒像、强巴林寺与群科杰寺之弥勒佛像等献五种百供、千供，敬献哈达；还向拉萨三大寺、上下密院、热振寺、南杰札仓、普布觉寺等施放斋僧茶各 4 次，施予每名僧人尼泊尔银币一枚；向拉萨南北各寺院施放斋僧茶各 4 次，施予每名僧人白银一钱；向密宗札仓、温萨寺、后藏各

① 五部经论：格鲁派僧人必修的五部大论，即《释量论》《现观庄严论》《入中论》《律经》《俱舍论》。

寺院广行布施以善业超度。

八月一日，班禅额尔德尼为12名僧人授比丘戒，为色拉、哲蚌、木茹等寺院30名僧人授比丘戒；为木茹寺50人授《长寿灌顶》《兜率上师瑜伽论》，赠礼饯行。之后，莅临杰杰纳噶为洛桑曲杰卓玛传授《九尊无量寿佛灌顶》。洛桑曲杰卓玛献修缮费白银、绸缎、茶叶等，与班禅热情谈论。其间献礼者有康区木里喇嘛等。

二日，叔父杰仲洛桑平措、昂仁寺堪布洛桑雅培、膳食官益西饶丹、杰仲益西贡却、洛桑格敦为大强佐之圆满献金银绸缎，班禅额尔德尼为大强佐诵经超度。

其后不久，八世达赖喇嘛派孜仲格桑曲旺为扎什伦布寺施放斋僧茶，布施僧众，为班禅额尔德尼献摄益回向礼物。当时，第穆呼图克图也受礼发愿回向。

次日，噶厦出资，由以班禅额尔德尼为首的10名仪轨师举行金刚大威德自入会供曼札祈愿法会。会后，班禅为孜仲格桑曲旺饯行。

十三日，设宴庆贺乾隆皇帝寿辰。

九月一日，班禅额尔德尼先后为各地僧俗信众摩顶加持。

十七日，乾隆皇帝特使阿萨肯甘大臣、札萨克喇嘛阿旺班觉呼图克图、三级克雅台吉、嘉尔布等抵达扎什伦布寺，四大学院上师、格贵、管家洛桑格勒、译师洛桑克却、日喀则宗庄园执事、各札仓僧人、各米村长者、哈尔东札仓上师、管家、杰仲、拉尊、日喀则执事、各地商主等僧俗百骑前往日喀则萨木乾嘉桥东迎接。尔对，扎什伦布寺佛殿金顶光彩熠熠，幡幢迎风飘扬。密宗札仓与3所显宗学院百名僧人及仪仗队列立路旁，班禅额尔德尼迎接，首先问乾隆皇帝安康。之后，莅临座前听噶伦噶细公班智达宣读金书："奉天承运之赞普大地主宰乾隆皇帝敕令，朕以法度统治世间众生，使万民安乐，殊胜法度遍及四海。以慈悲之心，护佑众生。对精进正行，恪守律仪之圣胜大德，无疑以慈悲心颂之为黄帽教主。汝了悟佛法，为达赖喇嘛之师，前世功成名就，今生正心守戒。从灵童降世逐日成长，朕赐此金书如同前辈，颂尔为班禅额尔德尼，主持扎什伦布政教两事。尔倡戒律予众僧，盛圣行于卫藏，前弘扬圣教，诚心吾土。善从恭敬，精进不懈。乾隆三十年一月四日。"如此，以藏、蒙、满3种文字印成230两黄金粉所制金书13页，并赐以208两黄金雕成的金印，用满、蒙、藏3种文字刻有“敕封班禅额尔德尼印”字样。同时，赐上等哈达、绸缎多匹、白银、水晶石器皿多件。

阿萨肯甘大臣呈献敕书，班禅额尔德尼恭礼接受，并上书致谢乾隆皇帝关心佛事，册封赐物之恩。有诗道：

渊博之知识若如大海，
殊胜功德仿佛莲花座，
散发出戒律之芳香，
吸引来轮飞之蜜蜂。
降赐称颂之圣旨花鬘，
褒奖闻习甚深金经函，
世间的一切佛法众生，
由仁慈法王天子主宰。
巨大腰带捆束着大海，
圣神之人主天子之旨，
赞颂你的博学与功德，
统治着世间一切民众。

之后，班禅额尔德尼设宴款待乾隆皇帝金书使者、四川总督的慰问使者、噶伦噶细公、内侍岗建寺堪布、后藏三大代本、密宗札仓德琼巴多杰等，接受诸人献礼祝贺。后来班禅额尔德尼派人进京，上书乾隆皇帝谢恩。

次日，噶厦出资于大经堂设宴，班禅额尔德尼、阿萨肯大臣及其随从、红帽活佛、四大学院上师、格贵、班禅侍从、噶伦噶细公班智达、内侍岗建堪布出席，噶伦公致词祝贺，班禅赏赐金书使者。

德琼巴多杰代表诸门罕第穆活佛向班禅额尔德尼献金、银等礼物。噶伦噶细公班智达献白银1000两。另外，诸噶伦、经师、八世达赖喇嘛母亲、公爵、札萨克、地方政府诸侍从、萨迦的代表德琼巴、内侍岗建堪布、前后藏部落首领、后藏三大代本等各献礼物。

二十二日，拉章出资宴请班禅额尔德尼及使者，善知识辩经助兴，娱乐者歌舞，热闹非凡。僧俗部落献礼祝贺，密乘经师致词。同时，向乾隆皇帝使者送哈达、香包、氆氇等。

噶玛红帽活佛向班禅额尔德尼献金银、绸缎、茶600条，表示祝贺。阿萨肯大臣等诸位官员各献水晶器皿祝贺。

其后，班禅额尔德尼应札萨克阿旺班觉呼图克图之请，讲授佛护论师①之《中论注释》《断行一层垫》《兜率上师瑜伽论》；为札萨克的3位朋友授比丘戒。

当时，阿萨肯大臣准备先去拉萨办事，尔后返京。二十五日，班禅额尔德尼设宴饯行，赠送佛像、香包。

二十八日，班禅额尔德尼派译师洛桑克却送使者去驿站，派管家洛桑饶丹、印刷师益西塔耶远途护送。

二十九日，班禅额尔德尼向二大佛堂、大经堂各献5次或5遍五种千供，向诸神佛献1遍五种千供，向诸佛像塔供献哈达，向般若殿主佛像供蓝宝石项饰和班禅本人长时间带的珊瑚、琥珀念珠、圣上所赐珍宝念珠，向两尊观音立像各献水晶念珠一串，向《般若经》献哈达，向其他佛殿献银制曼札、圣上所赐之白玉、水晶石、搪瓷、碗盏及五色上等哈达等，供祭各护法神，祝乾隆皇帝万寿无疆，国事昌盛，消除饥疫战乱。依此功德，于广大国度，消病除灾，烟尘顿息，国泰民安。同时发愿祈求八世达赖喇嘛莲足坚固，愿一切众生享受现世之安乐，获究竟无上菩提之果。

十月，德琼巴洛桑米林代表扎什伦布寺所属部落于大经堂向班禅献银制曼札、佛像、佛塔、佛经、衣物和日用品、马蹄银101锭等丰厚供物并诵词祝寿，施予每名僧人白银一两。

同日，拉章宴请班禅额尔德尼师徒，杰仲洛桑平措、扎西孜第巴次旺达结、日喀则宗本、日喀则下属部落、商贾、格桑、迦湿弥罗人、尼泊尔人、当钦寺、扎西通门寺、都香宗本、朗巴赛林上师、帕东管家扎西科巴、时轮仪轨师、辩经侍从、古格代巴卡尔本、堆噶卸任王达波珍巴瓦、噶玛黑帽活佛、哲蚌寺果芒札仓上师、色拉寺鄂尔盖札仓喇嘛、日东夏仲等献礼祝贺。班禅额尔德尼受礼后，为本寺副翁则、色拉、哲蚌寺僧人共31人授比丘戒，为岗建堪布、第巴次旺等40人授珠嘉传规《长寿灌顶》，为朗巴赛林寺上师噶钦格涅授新

---

① 佛护论师：印度佛教中观应成派的代表人物。

作《勇保护法长寿灌顶法》,为阿里 14 人授沙弥戒,为色拉、哲蚌、噶瓦东巴等寺 14 名僧人授比丘戒,为管家然绛巴授《长寿灌顶》。应果芒格西索朗旺嘉之请,为数名格西授《菩提道次第论》,并与诸上师研讨教理。

从十四日开始,班禅额尔德尼与 30 位仪轨师共行仪酬轨,嘉拉活佛派人前来献礼。

十一月一日,班禅额尔德尼派管家洛桑格勒进京谢圣上册封之恩。尔后,为拉达克 30 名僧人授沙弥戒,为本寺与甘丹寺 5 名僧人授比丘戒;并为拉木护法献礼物祝贺。

十七日,扎西孜母子于僧会向班禅额尔德尼献礼并诵经祈寿。

其后,班禅额尔德尼应夏日孜云丹坚赞请求,传授新作《六臂护法施食法》等;并为绒噶丹强巴林提供两个月的诵《大乘圣无量寿决定光明如来陀罗尼经》费用,千供弥勒佛像,敬献祭品、上等哈达,发愿广弘释教。

二十一日,日回之日(冬至之日),班禅额尔德尼开始闭关静修《生圆二次第瑜伽论》。

十二月,僧官禀告班禅额尔德尼八供之灯还未做成。班禅命僧众向根敦珠巴灵塔献五种百供 15 日,每日一次,8 名僧人行度母四曼札仪轨。

十八日,班禅额尔德尼解除闭关静修。

翌日,班禅额尔德尼莅临杰杰纳噶向洛桑曲杰卓玛授《尊胜金刚瑜伽母修念随许法》。

二十七日,赐茶款待桑顶活佛。

是年,萨多寺洛桑坚赞完成《发愿广释》修业,班禅额尔德尼赏赐哈达、丝绸 3 匹、绫 3 匹、缎 4 匹、禅裙、披肩、门隅布匹等礼物。托巴噶钦益西旺秀、包尔多巴噶钦仁青完成《集密生圆二次第论》修业,当钦洛桑多杰、古格云丹达瓦修完《般若经》,帮宇德瓦坚巴洛桑西尼、勒贤林巴洛桑扎西、洛桑秀朗、洛桑丹建、德央巴洛桑雅培、达摩巴洛桑西尼、洛桑顿珠、洛桑群培、洛桑次仁、协巴益西伦珠、章摩且巴洛桑扎西、重孜欧玛巴洛桑多杰、冲卡不巴洛桑雅培、当钦巴洛桑赤列、白图巴洛桑赛巴、赛卡巴洛桑曲札、日卡巴洛桑西尼等修完《释量论辩解》,温寺巴益西格敦、洛桑扎西、洛桑坚赞、洛桑坚赞(重名,非同一人)等修完《胜乐根本续》;群科伦布巴艾珠雅培、索朗雅培、达曲雅培、赤列雅培完成《慈氏五论》修业,重孜巴洛桑赛巴、益西次仁修完《时轮仪轨》,塔巴洛桑格敦修完《喜金刚二品续》《妙吉祥根本智最上秘密一切名义经》，夏罗巴丹巴仁钦修完《布顿佛教史》，德觉巴夏仲洛桑三木旦修完《释量论总义正理论释》，协噶洛桑旦巴达杰修完五世达赖喇嘛之《菩提道次第指导文殊口授》《中观注疏》等，班禅额尔德尼根据他们所修经函多少给予适当奖赏。

火猪年(1767 年)一月六日，夏仲多吉帕姆向班禅额尔德尼献厚礼祈寿。

十日，班禅额尔德尼接受伍由札噶寺僧人之献礼后，传授珠嘉传规《长寿灌顶》《长寿仪轨修行甘露流》，赏赐伍由札噶寺僧人及三蔡寺尼姑。之后，为代本班蔡巴新建的弥勒佛像开光。

从这一年开始，密宗札仓建画面坛城，举行为期 7 日之长寿仪轨修供法会，十五日开始为班禅额尔德尼祝寿。前四天由密乘师提供费用，后三天由财务管家提供费用。将此建议报请班禅得到准许。遂拉章施放白银 50 两、茶、酥油、大米等物。之后，班禅由各大施主恭请至密院法会祝寿。班禅为僧会传授《长寿仪轨长生如意》《大乘圣无量寿决定光明如来陀罗尼经》《长寿仪轨长生鼓声》、四世班禅全集中之《长寿灌顶实施法》等，每名僧人施发哈达一条、尼泊尔银币一枚及回向礼物。为本寺与蒙古族 45 名僧人授比丘戒，为 74 人授沙弥戒。

二月一日，良辰吉日，班禅额尔德尼与其他上师诵经，发愿弘法益民，并为祝贺兄长洛桑金巴任大强佐而赐藏跋拉(阎婆罗)像一尊，诵经授灌顶。

下午，新任强佐洛桑金巴献银曼札、佛像、佛塔、佛经、衣服用具、金银、绸缎，祝愿班禅额尔德尼莲足若如金刚坚固。

八世达赖喇嘛派内侍向班禅额尔德尼、洛桑金巴献礼祝贺。诺门罕第穆呼图克图、四噶伦、红帽活佛、夏仲多吉帕姆、扎西孜庄园、扎什伦布寺属寺、各米村、萨迦寺、宗本、藏绒地区僧俗部落、哲蚌寺、色拉寺等也派代表前来献礼祝贺。

五日，班禅额尔德尼会见鄂尔多斯贝勒扎西次仁与贝子南杰多杰代表、鄂尔娘等北方蒙古客人并摩顶加持，讲授《十一面观音修念随许法》《竭地洛迦林度母随许法》《大威德金刚修念随许法》、珠嘉传规《长寿灌顶》《菩提道炬论》《菩提道三士要道》《金刚萨埵修念法》《无量光佛修行仪轨》《大明六字真言》。应米拉夏仲请求传授《龙王修念随许法》。然后，接受贝子南杰多杰与贝勒扎西次仁代表的献礼祝寿，班禅分别予以回信赏赐。

二十一日，班禅额尔德尼莅临杰杰纳噶为八世达赖喇嘛的母亲授《白度母修念随许法》。

次日，为扎西孜第巴次旺主仆赐物践行。同时，为各方来僧摩顶加持。

三月一日，派译师洛桑克却向绰浦寺弥勒佛像供献22匹黄缎哈达、金铜制5尺大净瓶、丝绸胜幢、白缎、8庹哈达、涂佛面金粉30古尔肖及3次五种千供；为3尊大成就者雕像献哈达各一条，请岗建群培寺8名僧人行洗礼仪式3日，提供费用，为绰浦寺僧会发放布施。

当时，天空彩云飘浮，雷声隆隆，花雨连绵，奇相万显。有诗赞道：

善导弥勒金身像，
黄色袒衣金光闪；
举世稀有妙供会，
众生往升兜率天。
尔时昊天批彩霞，
时有云雨充期间；
雷声隆隆响不停，
阴雨霏霏大地欢。

其后，班禅额尔德尼为138人授比丘戒，为15人授沙弥戒，为止仓之子授居士戒，赐名洛桑顿珠。

三月九日，班禅额尔德尼会见八世达赖喇嘛叔父所派侄子杰仲巴丹顿珠赐座广谈佛来摩顶加持并予以孜雪两方面丰厚礼物。接见从前藏返回的杰仲喇嘛益西坚赞，一起谈论佛事，并授《长寿灌顶》。

十日，开始举行时轮修供法会，其间红帽活佛、多吉帕莫、扎西孜母子、侄子杰仲巴丹顿珠、膳寝室等无微不至地祭奉。

四月五日，班禅额尔德尼为前往拉萨慰问八世达赖喇嘛的大强佐及其随从践行谈话；为时轮学院僧人讲授七世达赖喇嘛所著《时轮心曼札仪轨》及自己新作《时轮修念文》。应格西益西坚赞请求，为15位修行僧讲授《温萨所传上师瑜伽论》，为经师诵传《长寿启白》，为第巴次旺主仆传授《白度母修念随许法》。

十五日，止日吾当建寺僧人前来向班禅额尔德尼献礼，班禅讲授《阎摩罗法王酬补法》，诵经为已故噶伦札萨尼玛坚赞超度，为三大寺102人授比丘戒。后用自己、达赖喇嘛和前世班禅之头发、衣服等灵物，以及由药物、宝物所配制的泥胶，混有诸佛菩萨身像之灰尘制成小泥佛像。

二十五日，按照各札仓薪饷条文，赐给每名僧人小泥佛像15尊。

五月三日，为色拉、哲蚌、拉协曲巴等寺27人授比丘戒。

十三日，大强佐从拉萨返回，班禅额尔德尼摩顶加持，一起热情谈论。

十九日，香噶丹群科寺卸任管家曲坚赞献礼。

二十一日，班禅额尔德尼应吉康益西才旦请求，撰写《上师、护法、大红司命主一体启请瑜伽次第无畏狮子音》，并一同传授给大文书、执事等人。

班禅额尔德尼从水马年（1762年）依空闲始习《俱舍论》，便精通此法内容，已达阿毗达磨海之彼岸。有诗赞道：

您依精进闻思的船只，
已达对法大海之彼岸；
获得俱舍的如意宝珠，
成为雪域善知识之主。
掌持所知五事①诸宝物，
博通阿毗达磨之少女，
抱紧您心金色之大地，
无奈无著避之上界天。

六月三日，班禅额尔德尼亲临僧会座首与4位经师及显宗大德研讨律部经论，塔巴寺管家绒措瓦噶钦曲杰献金铜制宗喀巴大师像。

九日，班禅额尔德尼为周格西哈巴新作《依金刚上师瑜伽论》，并予以诵传。

十七日，为重孜之妻等各地来客摩顶。应格贵日卡瓦请求，莅临夏季法

① 五事：一切有部承认能包括一切所知界的五部事物，即色法、心法、心所法、不相应行法、无为法。

会每日为广大僧众传授《三十四本生传》和《修心七事》[①]20 天。尤其是讲《三十四本生传》中之第十七章“文巴建本生”时，详细解释饮酒之罪业，说先前尊者罗桑益西贝桑布讲授此传时也强调饮酒不许放荡不羁，如传记所载，要严守佛教戒律，饮酒乃为一大戒律。又说：“所谓大乘之修心，无善业者岂能修习。即使授教亦不易，闻习如是正法。要执持一切善资粮之本戒律而坚持修习五部量论及修心、菩提道次第、密乘知识的修炼。总之，博闻甚深法，修习常持，严守戒律。”之后，为本寺及涅摩寺 27 人授比丘戒。

七月三日，举行发菩提心仪式，广供祭品。

四日，协寺管家仲然巴格敦顿珠于僧会向班禅额尔德尼献礼并诵经祈寿。

五日，班禅额尔德尼莅临杰杰纳噶，为达赖喇嘛之母传授珠嘉传规《长寿灌顶》，赠送金鬘银曼札，诵经祈寿，布施 3 位沙弥尼；为第巴仲孜瓦授斋戒，会见来自哲蚌寺的佛了活佛，为其摩顶加持并赐座广谈佛事。

十四日，嘉赛活佛恭请班禅额尔德尼至僧会座首，献礼并诵经祈寿。

十五日，八世达赖喇嘛的母亲贵体欠安，班禅额尔德尼前往杰杰纳噶慰问，祈愿吩咐诸佛并广行布施僧众等善事，祈求病早愈。

十七日夜，八世达赖喇嘛母亲病逝，班禅额尔德尼闻悉后作回向祈愿，7 日内近似闭关之状态，专修吉祥胜乐坛场修供，超度亡灵，为密院经师等 8 名格西所行诵经法会提供经费；也派人祈请八世达赖喇嘛发愿回向并施礼。第一个七期，额外施放斋僧茶并发给每名僧人白银一两；第二个七期，施放斋僧茶，施予每名僧人尼泊尔银币一枚；其余七期也布施僧众。之后，于密宗札仓举行为期 7 日的吉祥胜乐修供仪式，派人为后藏各寺院发放布施；向达赖喇嘛献回向礼物、佛像、佛塔、佛经、马蹄银 6 锭，为第穆呼图克图、甘丹赤巴、强巴活佛送礼，分别向两尊释迦佛像、甘丹寺宗喀巴灵塔、布达拉宫两灵塔、热振寺阿底峡像等献百供千供；为拉萨三大寺、上下密院施放斋僧茶各 6 次，施予每名僧人尼泊尔银币一枚；派近侍向前藏南北各寺施放斋僧茶各 4 次，施予每名僧人哈达一条。由上师尊者为法体举行火葬仪式之时，彩

---

① 修心七事：噶当派所说修心七要点，即预备位中思维人身要义，正行位中修菩提心，转逆缘为菩提道用，总论一生实修，修养标准，修养誓戒，修养学识。

云蔽空，细雨连绵，奇相显现。班禅命人以部分灵骨作为内藏建塔造佛像、菩萨像，新制宗喀巴大师生平唐卡15幅，新制《甘珠尔》印板；以500两白银建尊胜塔等，以纯净善业，办理丧事以满其愿。

相好俱全的花朵组成，
慧胜母今日却入寂静；
为报母恩积无量善业，
建解脱天桥宽敞畅通。

二十三日，班禅额尔德尼为佛子活佛及侍从40人传授珠嘉传规《长寿灌顶》。

二十七日，为康区18人授比丘戒，为二人授沙弥戒。

八月二日，开始单独为嘉赛活佛传授《菩提道次第引导方便道论》。八世达赖喇嘛所派孜仲列隆群则前来献白银、茶、绸缎等治丧费用，班禅额尔德尼会见并于短期内写了回信为其饯行。

十三日，设盛大宴会庆祝乾隆皇帝寿辰。

当时，扎西孜出资，密宗札仓僧人于日光寝宫举行集密、胜乐仪式，班禅额尔德尼亲临法会行大会供，为回向母灵，献衣物、金银、茶叶绸缎等丰厚供品。红帽活佛也献丰厚回向礼物，如是办理丧事以满其愿，大行通往乐土之道的回向文。

二十七日，班禅额尔德尼为色拉、哲蚌两寺30人授比丘戒，为各方来僧摩顶。

九月十二日，会见北京使者主仆，向乾隆皇帝问安。使者呈金书献礼物，班禅额尔德尼为其摩顶问话。

其后，班禅额尔德尼应夏仲多吉帕姆请求，为僧俗40人授阿底峡大师传承《二十一尊度母修念随许法》及《白度母修念随许法》；应杰仲南赛与扎西格培寺僧人请求，讲授《佛、金刚、莲花三部总修上师瑜伽论》及新作《忿怒法王施食法》。

二十日，为25人授比丘戒。

二十一日，为红帽活佛传授《白伞盖佛母修念随许法》及《长寿灌顶》，赠送衣服、白银、绸缎等。

二十四日，赐予夏仲多吉帕姆主仆衣服、白银、绸缎，举行宴会践行。

是时，北京使者拉孜堪布、嘉康巴拉瓦商贾恭请班禅额尔德尼至僧会座首，向班禅献礼并诵经祈寿，班禅受礼并应前者请求与广大僧众一并传授《龙王修行法》。

闰九月五日，班禅额尔德尼接受蒙古次仁索朗女王、达颜都拉王噶钦益西塔耶、迭布活佛益西格桑曲札、群培贝勒代表益西多杰等客人的献礼祈寿后，传授《兜率上师瑜伽简论》《佛陀赞》《忿怒金刚手菩萨修行仪轨》《俄杂拉雅修行仪轨》《金刚手菩萨密修法》等，为德格王所派慰问团摩顶并赐茶款待。

十日，为科尔沁洛桑仁青、迭布活佛、达颜都拉等蒙古100余人授《长寿灌顶》《白度母修念随许法》，以及《妙吉祥根本智最上秘密一切名义经》。

十一日，从经师多杰增巴听讲《集密文殊金刚经》《集密附法大灌顶》，献礼谢授教之恩，经师大喜。

其后几日，班禅额尔德尼分别为康区、蒙古等地65人授比丘戒；为28人授沙弥戒，诵经赎命解救牦牛10头、母黄牛一头、羊200只，提供大量铁和木材建造那波穆船。之后，为迭布活佛和蒙古人施礼并设宴饯行；为迭布活佛授《佛陀赞》《色查巴护法酬补法》。然后，会见来自康地的司徒活佛代表并摩顶各方僧俗僧众。

次月五日，拉达克亥莫寺赤巴莫帕主仆前来献礼并诵经祈寿，班禅额尔德尼摩顶赐茶问话。

八日，班禅额尔德尼为札雅活佛主仆100余人摩顶并设宴款待。

十日，班禅额尔德尼自任堪布及业轨范师，为札雅巴丹旦巴达结一并授居士、出家、沙弥前三戒，赠送金制释迦佛像、陶瓷晶碗等用具，教诲要勤修教理，弘扬佛法。

次日，札雅活佛恭请班禅额尔德尼到僧会座首献礼致谢祈寿，传授《兜率大师瑜伽论》《圣多罗菩萨经》。

鄂尔多斯等地的人前来拜谒，呈书献礼，祈求保佑，班禅额尔德尼摩顶授教。

从十五日开始，鄂尔多斯大贝勒次旺班觉的代表、科尔沁大喇嘛、乃济托因的报丧使者、厄鲁特洛桑尼玛、赛康曲杰益西克却等先后于僧会向班禅额尔德尼献礼，班禅为他们传授《上师供》《兜率上师瑜伽论》《圣多罗菩萨经》《祈愿母》《长寿启白》等，前后共5日。

十八日，密宗札仓宴请班禅额尔德尼师徒。晚饭时，恭请班禅到僧会座首，诸僧献八瑞相、七政宝①、曼札等礼物，祈愿卫藏众拉基法体安康，班禅回赠每人尼泊尔银币2枚、哈达一条。

之后五日，为蒙古、康区等各地77人授沙弥戒，为124人授比丘戒，为5人授居士戒。

在这之前班禅额尔德尼派管家洛桑格勒进京朝贡，返回途中身染重病，与其同行者及联络员巴忠赍送圣旨与赐物，于二十五日抵达扎什伦布寺，向班禅呈书献礼，班禅高兴受之，赐茶款待使者。

斯时，夏鲁寺活佛于寝宫向班禅额尔德尼献礼并诵经祈寿。

十一月三日，管家洛桑格勒之友洛桑坚赞迎请班禅额尔德尼到僧会座首，献礼并诵经祈寿。

四日，柴达木班觉札萨克之上师嘉钦孜巴曲杰达曲云丹恭请班禅额尔德尼至僧会座首并向班禅献礼。班禅根据施主之愿，与僧众并授《忿怒金刚手修行法》。

五日，岗建香孜寺卸任师协巴噶钦洛桑索朗恭请班禅额尔德尼至僧会座首，献礼并诵经祈寿。

八日，班禅额尔德尼会见阿里宗卡寺堪布、古格代本绰嘉措巴等人摩顶。

当时，大强佐洛桑金巴为使宗喀巴之教理永盛不衰，在香噶尔布新建噶丹德钦饶杰寺。班禅额尔德尼从奠基开始，于3日内，随侍供养，施予每名僧人大哈达一条、白银一两，常供斋僧茶两个月，资助供物金铜佛像14尊、画像19幅、佛塔18尊、金刚杵25件、戏服15件、幡、华盖、胜幢、粉包等。应札雅活佛请求，传授《文殊语狮子修念随许法》《兜率上师瑜伽论》及其他经论。为科尔沁大喇嘛、夏鲁活佛、鄂尔多斯大贝勒代表等人授《青衣金刚手随许法》《多闻子修念随许法》《白文殊修念随许法》《十一面观音大灌顶》《禁食

① 又名轮王七宝，即金轮宝、神珠宝、玉女宝、主藏臣宝、白象宝、绀马宝和将军宝。

斋仪轨宝鬘》《常用比丘戒教戒》《长寿灌顶》等，并回信赠礼饯行。

十八日，班禅额尔德尼从经师闻听《甚深厦占叟修念随许法》，为15人授比丘戒，为佛子活佛授毕《大威德金刚生圆二次第论》，授圆满次第，对幻身供奉与会供曼陀罗按规范仪则举行。

二十一日，闭关静修甚深本尊法。

十二月六日，达擦活佛洛桑丹贝贡波之大强佐巴丹嘉措晋谒，因班禅额尔德尼闭关静修期间不便会见，但考虑洛桑贝贡波乃佛法之根本上师不可久等，遂于十六日会见巴丹嘉措，并谈话回信等以满其愿。

二十日上午，修行解闭，为佛母建造的尊胜灵塔开光，供祭献哈达发愿，其后按以前一样定期施供朵玛。

是年，萨多寺洛桑南杰、嘉康巴益西洛桑、洛布巴阿旺嘉木央、洛桑顿珠、洛桑楚臣、白图巴洛桑达结、洛桑喜饶、包尔多巴洛桑坚赞、日卡巴洛桑扎西、达摩巴洛桑群培、冲卡布巴洛桑坚赞、邬建宗巴洛桑金巴、觉摩宗巴杰仲洛桑格桑、章摩且巴洛桑格勒、吉隆巴益西顿珠、嘉钦孜吧洛桑格桑、洛桑丹增、伦珠孜巴益西丹增、拉卡巴洛桑西尼、哲蚌巴洛桑班觉等完成《释量论辩解》修业，协巴洛桑达结修完《释量论疏解脱道明示》，古格洛桑丹增、白图巴洛桑赛巴完成《祈愿广释》修业，嘉钦孜巴洛桑坚赞、益西索朗、协乃巴洛桑莫居、瓦协巴洛桑格勒修完《释量根本颂对照》，嘉钦孜巴噶钦格敦坚赞、洛桑丹达尔、白图巴洛桑楚臣、洛桑赛巴、央巴杰仲洛桑饶杰、当钦巴洛桑次旺、重孜巴比丘洛桑尊追、洛布巴达曲洛哲、萨巴扎西坚赞、群科伦布巴强巴群培修完《般若论辩解》，白图巴洛桑图多完成《集密生圆二次第论》修业，温寺巴洛桑坚赞、洛桑旺秀、洛桑格勒、格勒迥乃、桑波扎西、洛桑扎西、赤列伦珠、强巴嘉措等人修完《胜乐根本续》，夏鲁巴仁钦饶杰修完《时轮摄略经》以及《时轮仪轨》，桑杰群培修完《心识明论》，并分别献试卷，班禅额尔德尼予以赏赐。

土鼠年（1768年）一月二日，班禅额尔德尼莅临大经堂向一世达赖喇嘛根敦珠巴所建主佛释迦牟尼像献上等哈达和大洋洲巴拉提尕拉地所产金丝上等绸衣，行洗礼供养仪式。

殊胜上等衣服，
能与神衣媲美，
奉于奇丽佛像，
虔诚广发誓愿。

三日，班禅额尔德尼莅临僧会座首。

八日，协图丹吉布巴恭请班禅额尔德尼至僧会座首，献礼并诵经祈寿，班禅向众僧传授《上师瑜伽论》。十日，赖普寺管家仲然巴洛桑坚赞献礼并诵经祈寿。

十五日，开始举行为期7天的长寿仪轨修供法会，班禅额尔德尼以昂贵服饰供养密宗札仓大经堂无量寿佛像、白度母如意轮、白护法如意宝、退敌胜母像。正是：

持密静院莲花海，
长寿仪轨如日辉，
常生漪涟永不断，
阎王无奈心中悲。

十三日，班禅额尔德尼派遣管家洛桑饶旦去拉萨向八世达赖喇嘛呈送诗体书信、礼物，恭贺初临拉萨祈愿大法会，并且向法会施放斋僧茶，施予每名僧人吉祥哈达一条。

二月，从经师听讲《胜乐驴面灌顶》，资助制船工匠。

十二日，班禅额尔德尼为15人授比丘戒，为拉达克亥莫寺35人授沙弥戒。

十五日，为色拉、哲蚌、绒强钦寺共45人授比丘戒。

十七日，噶丹彭措林寺的堪布、轨范师及僧众来拜谒，行阿罗汉供养仪式为班禅额尔德尼祝寿。之后班禅单独会见金刚阿阇黎，于僧会传授珠嘉传规《长寿灌顶》，布施诸僧，为各方55名僧人授比丘戒。

二十五日，班禅额尔德尼莅临圣地铜像殿向开言定结度母像供献由31两黄金精制的头冠华盖、绸衣、水晶灯幢，由四比丘举行度母四曼札仪轨；并向黄色度母像供锦缎衣物、水晶石镜等，向诸佛塔供献上等敬神哈达、祭品、五种供物，诵经发愿，弘法益民。

此时，乾隆皇帝所派处理藏事的大臣抵达拉萨，派管家前来扎什伦布寺向班禅额尔德尼呈献乾隆皇帝封赐的哈达、多种缎匹、水晶石、碗、器皿等厚礼。班禅上书谢恩，与管家进行了详细交谈。之后，班禅会见拉木降神师达尔罕额尔德尼主仆50多人，为其赐座供茶详谈并饯行。

三月一日上午，班禅额尔德尼迎请护法神师献祭品，祈请降神。

二日，大护法降神，与十僧诵《长寿修行仪轨》，班禅额尔德尼为护法师之子剃度授戒。

八日，应拉木护法之请，班禅额尔德尼莅临僧会讲经。护法降神，以供舞叩首3次，向班禅敬献哈达、曼札、佛像、佛塔、佛经、衣服用具、黄金白银，祝永世长存，班禅回赠5种上等哈达等。

数日后，班禅额尔德尼莅临大经堂向护法献礼物，观看舞蹈，祈请护法降神。

翌日，为拉木降神师父子3人讲授《无量寿佛及马头明王双运灌顶》，为侍从授珠嘉传规《长寿灌顶》；为拉毛之子及侍从二人授居士戒，赐物饯行。同时，为嘉赛活佛主仆授珠嘉传规《长寿灌顶》，会见赛菊巴寺堪布、香噶丹群科寺堪布、散仁青孜宗本，为下密院36名僧人授比丘戒。

四月二日，班禅额尔德尼为21名僧人授比丘戒，84人授沙弥戒。

七日，通过吉祥金刚大威德修念仪轨以已故者之名举行净荐仪轨。

八日，香噶丹群科寺上师、执事与众僧献礼祈寿。班禅额尔德尼传授《妙吉祥根本智最上秘密一切名义经》、珠嘉传规《长寿灌顶》，赠送礼物饯行。此时应达擦活佛侍从洛桑旺秀请求，讲授《长师供》；为噶巴管家洛桑次丹等42人授比丘戒，为噶丹群科瓦等130人授近事男和沙弥戒。

当时，普布觉的转世灵童阿旺强巴来扎什伦布寺，班禅额尔德尼派人将其迎接到殿堂内，设宴款待细谈。阿旺强巴于扎什伦布寺居住近一个月，班禅先给他传授《依金刚摧破洗礼法》。

十二日，为阿旺强巴剃度并授居士戒，取名洛桑强巴。

十五日，洛桑强巴迎请班禅额尔德尼到僧会献白银10升祝寿，请求传授《金刚摧破陀罗尼经》、文殊传承《无量寿佛五种修念随许法》《红、黄、黑文殊菩萨修念随许法》《大威力乌枢瑟摩明王洗礼仪轨》《菩提道炬论》

《宗喀巴传》《菩提道次第三士要道》《菩提道次第引导方便道论》等。应大强佐请求，为洛桑强巴授《独雄大威德金刚灌顶》《三十七尊白伞盖佛母灌顶》以祝寿，回赠佛像、白银、绸缎。临别时又授《吉祥天女修念随许法》《菩提道次第广论》，派益西平措护送灵童至普布觉寺。之后，为本寺25人授比丘戒。

诺门罕第穆呼图克图派人送来信礼物。新任不丹第悉的代表为已故第悉献回向礼白银1000两，班禅额尔德尼受礼诵经为第悉丹增南杰超度；为各方僧16名僧人传授比丘戒。

五月十二日，为将赴京朝贡的拉孜堪布洛桑格桑饯行。应经师的请求，传授宗喀巴文集中《菩提道次第略论》《瑜伽五次第明灯》《五次第位座圆满》、铃尊者传承《身曼札》《胜乐隐义遍明》等。

十八日，为哲蚌寺5名僧人授比丘戒。新任萨迦寺强佐晋谒献礼，班禅额尔德尼会见赐座详谈后饯行。

六月三日，夏孜札仓宴请班禅额尔德尼。会上班禅为众僧授默经文，为辩经会施予零用款项。嘉钦孜巴格西贡却喜饶以五部大论立论，其他格局站席对辩，班禅赞扬。尔后，莅临大经堂僧会座首，为诸信徒摩顶，观看两名格西辩论。应经师之请，传授新作《遍知勒巴顿珠本生启白》；向护法殿诸护法神像供祭，献哈达发愿嘱托；为11人授沙弥戒，为20人授比丘戒。

其后，班禅额尔德尼与50名高僧为新落成的由4226两打造的无量寿佛像与1076两7钱打造的观音菩萨、秘密主金刚手佛像开光，供养于班禅罗桑益西灵塔右侧。会后，放生诵经为22只绵羊赎命解脱。以560匹彩缎与近600匹绫绸为1000尊佛陀、菩萨像裁制衣服，新作发愿词，使诸僧诵经回向，广弘宗喀巴之教理。

夏季法会期间，应格贵乃巴噶钦南杰扎西请求，班禅额尔德尼莅临法会讲授《宗喀巴传入信岸阶》《菩提道次第道授》《菩提道次第上师传承白莲花鬘》及《宗喀巴全集》中之新作，以及《三士要文授记》《依宗喀巴上师瑜伽论》等，供祭吉祥天女像，举行发菩提心仪式。

七月六日，举行胜乐修供法会。即日起班禅额尔德尼于卧室为密宗札仓僧人授《胜乐根本续》，共5日。

十一日，班禅额尔德尼莅临密宗札仓视察生圆二次第辩经法会，讲授

《胜乐根本续释论》,为众僧摩顶加持,众僧献礼致谢。密宗札仓教规师于尔时单独晋谒。

此后,会见拉达克王的使者诺布旺嘉兄妹,他们向班禅额尔德尼献礼祈寿,离时行辞礼。接见班蔡代本平措南杰,代本请求经常为其念诵班禅所作祝寿祈祷文。

先前已为诸佛像更换上等丝绸之新衣,此时班禅额尔德尼去视察,同时瞻望诸佛像并广行实物和想象之供奉,发愿弘法利民祝吉祥!

二十二日,在日光殿,以班禅额尔德尼为首与吉康上师、却配、密宗念诵师、吉康札仓、密咒师等15人行大红司命主护法护摩仪式,次日行酬补仪式。

八月,班禅额尔德尼为各方990人授比丘戒。澄水呈现后入水净身5日,为已故理塘第巴阿奔扎西诵经超度,报丧使者献丰厚请托礼,为其授《白文殊修念随许法》《菩提道次第三士要道》等;为前来拜谒的僧俗大众摩顶加持。

二十五日,为尊者宗喀巴像与大强佐负责建造的以120两银所制自身像装脏开光,诵吉祥词,供养于班禅罗桑益西像左右两侧,祝以吉祥。

二十八日,附近禅院恭请班禅额尔德尼至大堂行上师供与会供曼札仪式,为班禅献礼并诵经祈寿。班禅传授《菩提道次第引导》《大手印根本颂》《伏魔修念随许法》,发放布施与回向礼。其间,为五神岩寺200余人传授《四手观音修行法》,为香卡觉寺、格培寺50人传授《胜乐身曼札仪轨》,并分别予以布施。

九月七日,曲瓦修行僧丹巴桑杰祝寿,并将乞士自己筹办雕刻的《米拉日巴传及道歌》全部印板奉送给扎什伦布寺印经院,班禅额尔德尼高兴受之,并予以厚赏。

其后,为哲蚌、色拉二寺36人授比丘戒。

十六日,闻思院拉基恭请班禅额尔德尼到札仓,以油炸面点等盛情款待。会上班禅应经师请求新作《退敌神母祈祷护佑词》。后观望护法殿吉祥并言神母像,敬献哈达祭品;自任鼓励者行酬补、施食供、劝进等仪式,发愿嘱托发展讲修事业,弘扬佛法。

而后,寺院出资,由密宗札仓举行无量寿佛供养仪式,为行与其有关的大祝寿向僧众布施并款待,同时晚餐时班禅额尔德尼恭请至僧会座首献礼,会供第一期由密乘众僧按往常仪程向班禅献八瑞相等,班禅给予回送礼和斋僧茶款并用上等锦缎制幡幢一面献公。此时为大石板地千佛像重新上色漆并新建部分依处。班禅二十二日亲临大石板经院与密宗院僧会一起以密集本尊法为寺、地、依处作誓智无别之开光仪式，尔后大僧众同祝吉祥，并为各依处供奉五种千供。开光庆典为全僧众供上好的斋僧茶，给予食盐、银币布施等盛厚款待。

次日，举行酬补仪式，依此开光威力，使大地肥沃，瑞相显现。

二十五日，午茶后僧众聚集石板地举行辩经。班禅额尔德尼与兑桑林札仓上师克旺益西群增就《释量论》难点进行对辩，言词敏锐，如银水泄地；声音洪亮，如狮子吼声，众僧敬之。

格西达摩噶钦洛桑扎西以五部大论立宗，3 所显宗学院分别派 6 名格西分别与其对辩，班禅额尔德尼观后称赞。

其后，班禅额尔德尼从经师堪布仁布切听讲尼玛白巴传承《二十一度母修念随许法》。

三十日，班禅额尔德尼为各方来僧 39 人授比丘戒。

十月一日开始，班禅额尔德尼先后为各方 100 人授沙弥戒，为二人授沙弥尼戒，为 144 人授比丘戒。

五日，班禅额尔德尼为安多地区 300 人传授《无量寿佛修行法》。

八日，班禅额尔德尼为法会施放斋僧茶，发给每名僧人尼泊尔银币 3 枚，为佛像灵塔献供衣服。

十一日开始，班禅额尔德尼在 3 日内为安多地区 93 人授比丘戒，会见青海丹巴贝勒扎西次丹及夫人、子等主仆 300 余人，班禅为其赐座摩顶谈话。

数日后，贝勒扎西次丹迎请班禅额尔德尼到僧会座首献礼并诵经祈寿。应贝勒请求，班禅为其主仆及安多地区共 400 人传授《那饶空行母灌顶》《十七尊白伞盖佛母灌顶》、以及珠嘉传规《长寿灌顶》《往生法》等，贝勒再次供献厚礼谢恩，班禅予以回赠饯行。

从十六日开始，班禅额尔德尼 9 日内先后为蒙古族 50 人授沙弥戒，为 117 人授比丘戒。

当时，普颜图喇嘛阿嘉呼图克图圆寂，报丧的使者前来向班禅额尔德尼敬献礼物，布施僧会，请求诵经超度。班禅为其传授宗喀巴大师传承《上师瑜伽论》，并诵经超度，赐物饯行。

喀尔喀的德却宇当王代表施物祝寿、拉卜楞寺的德瓦仓喇嘛、都贝台吉共同迎请班禅额尔德尼至僧会座首，向班禅献礼并诵经祈寿，班禅赏赐饯行。

十一月二日，班禅额尔德尼为广大僧俗信众摩顶加持。

五日，举行食子供养法会，班禅额尔德尼与40位高僧于寝宫行煞土神杂德穆卡与大红司命主护法仪酬轨，为其提供法会所需用品，丰厚款待。

不久，班禅额尔德尼闭关静修甚深本尊法。为了发扬《守三誓言》①仪轨，在托嘉德庆新建禅院，规定四比丘于每月藏历八日、十五、三十，这三日举行守三誓言修供法会，班禅供奉一切费用、供品献公，为禅院赐名为“达木察智巴”（意为成就誓词）。

十二月十七日，闭关解除，为前来谒见的僧俗摩顶加持。

是年，邬建巴洛桑南杰、班觉坚赞、瓦索洛桑丹增、洛桑丹增（重名，非同一人）、萨隆杰仲益西次丹、觉宗巴格勒坚赞、伦珠孜巴洛桑班玛等修完《般若现观庄严论释》，重孜洛桑丹增、洛布巴洛桑达扎、拉康巴洛桑次仁、白图巴洛桑次仁、洛桑丹巴、日卡巴洛桑格勒群则、拉卡巴洛桑坚赞、觉宗巴洛桑贡波、萨巴洛桑丹增修完《释量论辩解》第四章，协巴益西噶丹、当钦格敦达结完成《发愿广释》修业，洛布巴噶钦益西南杰、雪科巴洛桑坚赞、协乃巴噶钦噶丹群培修完《集密生圆二次第论》，温寺益西扎巴、班觉平措、益西扎巴（重名，非同一人）、益西多杰、洛桑丹巴、益西曲札、洛桑尊追修完《胜乐根本续》，群科伦布巴赤列雅培、索朗雅培修完《慈氏五论》，艾智修完《慈氏五论》《量理宝藏》②，桑杰曲达修完《论理海》；平林巴噶究格敦平措献《中观论》及五世达赖喇嘛所著《中论释》考试，夏鲁巴洛桑克却修完《时轮仪轨摄略》，塔巴洛桑格勒完成《菩提道次第引导遍知迅道》《喜金刚本续》《妙吉祥根本之智最上秘密一切名义经》，古格洛桑云丹比丘修完《俱舍论辩解》，他们分别向班禅额尔德尼献考，班禅像往常一样赏赐。

土牛年（1769年）一月十七日，班禅额尔德尼为益西楚臣授沙弥戒，诵经

---

① 《守三誓言》：密宗行者奉行的三种戒律，不卧床、不饮酒、不食不如法印食。

② 《量理宝藏》：由一部萨迦班智达贡噶坚赞所著的因明论著，全书汇总七部量论要义，按照全篇论断所知事物及训释能知量的本性两面立论。

为已故德格王妃超度。

二月一日，根据古格象雄益西塔耶比丘遗嘱，班禅额尔德尼诵经超度亡灵。益西塔耶实为一大成就者，一生修道守戒，从师闻习甚深教法，供养两位上师，恩德无量，是班禅额尔德尼一位心爱的瑜伽行者。

七日，前来请求晋谒的班蔡代本平措南杰为班禅额尔德尼奉献厚礼，班禅为其传授《妙音天母修行法》，并施回礼。

当时，喀尔喀札雅班智之报丧者，阿拉善达波夏仲、平措贝子之上师等前来献礼，班禅额尔德尼为其摩顶并赐座谈话。

十八日，达波活佛向班禅额尔德尼献礼祈愿祝寿。

其后，班禅额尔德尼会见拉孜达果襄巴商人、厄鲁特公贡噶饶丹代表吐萨拉琪拉松、喜拉夫人、拉贡活佛报丧者、札雅班智达报丧者等，诸位各自献礼。应喀尔喀吐萨琪拉松请求，班禅讲授《九尊无量寿佛灌顶》《十三不动佛大灌顶》《喜足天有佛经》《大手印讲解》，听讲者有蒙古族僧人100余人。同时，班禅诵经祈祷拉贡活佛之化身尽早降世并为其管家洛桑扎饯行，为吉康札仓新建金铜胜幢，捐助金砖10条；为喀尔喀3名僧人授比丘戒。

三月一日，应香噶丹德庆饶杰寺邀请，预备授《金刚手大曼札灌顶》，次日正式传授。

三日，班禅额尔德尼与大强佐同临噶丹饶杰寺大曼札自生、对生、瓶生与灌顶仪轨法会，称赞仪轨熟练，圆满成功；并布施密宗札仓僧人勤习仪酬轨念诵音调及奏乐法。吉隆巴曲杰洛桑班觉、勒贤林巴益西巴丹管家在会上向班禅献礼并诵经祈寿，班禅传授《尊胜佛母陀罗尼经》。班禅为上下密院17名僧人授比丘戒，为蒙古族24名僧人授沙弥戒，为达波夏仲等人讲授《大威德金刚陀罗尼修念随许法》《噶丹十六心要修行法》《白度母修念随许法》《妙吉祥根本智最上秘密一切名义三摩地分》，为托噶勒曲杰主仆授《大威德生圆二次第论》，为喀尔喀厄鲁特僧人授《长寿灌顶》以及所需经论，并赠送礼物饯行。

四月七日，噶丹德庆饶杰寺与孜雪寺僧人试诵护法仪酬轨念诵音调，班禅额尔德尼听后大悦，赐白银、哈达称赞，尔后为其众授《大曼札护摩仪轨》；赐给为期3个月的每日施放茶饭7次及护法仪酬轨所需费用，鼓励僧徒坚持新建仪轨程序，不可颓废。其间先后为洛桑热周活佛、格贵当建巴、贝康杰仲及哲蚌、色拉、密宗札仓共170人授比丘戒；与其子等为扎西孜尼欧夫人授《皈依经》；为司金师、采果实者、赛多建寺僧人等各方信众摩顶。管家洛桑巴贝于尔时献青铜制弥勒佛像，班禅大悦。

五月，祈愿大法会和观望缎面大佛等按常例举行。

十六日，班禅额尔德尼与8名僧人为新建的高50指的金铜集密不动金刚像、高44指的大成就者鲁欧派胜乐像，以及遍明大日如来像、摧破金刚像（一尺半）装满宝物四种舍利体，举行开光仪典，祈愿佛法，尤其是密宗金刚乘法常驻人世，利益众生。每尊像制工精细，装饰优美。密乘师与诸位上师、僧徒诵咒行大乘布萨。

二十七日，将上述诸尊像供养于密乘殿，午饭时供献祭品，密宗札仓僧人诵吉祥祝词。之前天旱少雨，即日起阴雨霏霏，旱灾皆除，奇相万显。

六月，班禅额尔德尼为密院佛殿诸佛像供祭冷金粉200钱。

七日，楚臣康巴米村献礼物祝寿，班禅额尔德尼回赐后，为新建船只提供费用。

十八日，格贵托巴仲然巴洛桑班觉迎请班禅额尔德尼到僧会座首，献礼并诵经祈寿，请求于夏季法会讲授《菩提道次第引导方便道论》《百种杂玛供养法口授》，以及班禅自己文集中的170页之传承。以盛大供养，举行大乘法发心仪式。

二十一日，班禅额尔德尼莅临密宗札仓视察僧人诵护法仪酬轨之咒，指导如何发音，并发放布施。

当时，天旱地干，禾木枯损，目不忍睹。为了消除旱灾，班禅额尔德尼亲绘龙王像500幅，涂上金面，使着宝衣。七月三日，将500幅像迎至井旁，班禅搭座诵经为龙王施食，消除一切地神龙王之侵害，霎时大雨连绵，万民安乐。

之后，班禅额尔德尼出资新制阿底峡、根敦珠巴、四世班禅罗桑确吉坚赞布面像，更换3幅旧像。像制成后，班禅莅临法会与僧众诵吉祥祝词，举行开光仪式。

是月，班禅额尔德尼为75人授比丘戒。

八月八日，应邀莅临吉康札仓举行宴会，接受诸僧所献佛像、佛经、佛塔、衣服用具，施放斋僧茶，回赐诸僧，施予该札仓幡幢一对。太白星现后5

日沐浴养身。

十六日,会见新任红帽活佛之强佐摩顶谈话并饯行。不丹第悉特派医师丹正才让献曼札、印度和不丹诸多特产以祝寿,班禅额尔德尼摩顶谈话并回信赐丰厚礼物。还为到来的达擦活佛之强佐巴丹嘉木所派慰问者摩顶。

此时,班禅额尔德尼说尊者罗桑益西大银灵塔附近新修诸庙需要一个特别的守护神托管,遂在扎西彭措殿西角处新建布置结构与东北方玛茹孜寒林相同的护法殿,内供由各圣地土石方和灵物以及多种宝石混合而成的泥浆所制忿怒大红司命主护法神主仆 3 尊像,并丰富装脏以班禅为主的由 13 位高僧开光的行酬补求神仪轨。三依处与供品一并求神托管而显现奇象。有诗赞道:

万宝建成如意宫,
威严护法受用殿;
彷佛玛茹尸林处,
妖魔鬼怪亦胆寒。
于此斩尽十恶敌,
红色药叉屠手聚;
犹如甘露海中鸭,
释教护法喜游戏。

二十日,班禅额尔德尼为各方来的 27 名僧人授比丘戒,命瑜伽咒师玛尼热木诵咒使 16 位盲人乞丐复明,并赐予每人衣服一件、白银一两;赏赐玛尼热木哈达一条、白银 17 两。

九月八日,北京钦差拉孜堪布向班禅额尔德尼呈献乾隆皇帝金书赐物,班禅接受诏书并问乾隆皇帝安好,与拉孜堪布详谈。

尔时,班禅额尔德尼身体欠佳,便闭关静修,以进行调养,大强佐负责向大经堂僧会、密宗札仓和其他各派寺院施放斋僧茶,广作佛事,以求长寿。不久,班禅贵体康复,但为了继续调养,按拉木护法“养身以温泉洗浴为善”之言,于九月十二日前往香·嘉措温泉。途宿南朗止卡,时地方政府向班禅额尔德尼慰问贵体安康并派曲则卓尼主仆随侍,以备途中起居。温寺管家、金刚上师等执事、扎西宗卡和其管家以及赛多建寺拉基等以乘骑仪仗队、歌舞迎驾,班禅按前例进行布施赏赐。。

十三日,在北朗止卡由扎西孜第巴次旺和其子、央寺、洛东寺、科兰木、托庄园等诸寺管家以及仲堆康萨瓦、仲堆夏日巴、协普洛巴等骑马迎驾到央鲁当夜宿。管家设宴招待并献礼。

十四日,噶丹德庆饶杰寺索本堪布巴丹达结、金刚上师、翁则、仪仗队迎驾,班禅额尔德尼分别给予回赐布施。此后,逐次在仲娘、嘉措鲁当等地过宿。十七日上午抵达嘉措温泉,调养11日。其间,班禅会见噶厦特使管家主仆,其前来问安并送食物来。另扎西孜、雅巴头人、嘉措德庆禅院等举行宴会招待日娘扎西岗等嘉措地区各部落,受班禅接见并摩顶赏赐,为嘉措德庆禅院予以丰厚布施。

二十八日,班禅额尔德尼驾离嘉措温泉,莅临雄地,塘本设宴招待班禅,班禅予以接见谈话并赏赐。尔后,莅居南木林鲁当寺,噶丹群科寺众喇嘛奉献曼陀罗礼物祝寿,班禅为拉基摩顶并布施赏赐。

十月一日,班禅额尔德尼驾临噶丹德庆饶杰寺,休息5日,受到热情招待。

二日,礼拜佛塔,为释迦佛像、护法神像供献哈达、祭品。

三日,德庆饶杰寺管家施舍,举行鲁易巴传承《胜乐修念仪轨》法会,为班禅额尔德尼祝寿。班禅为僧众摩顶,应大强佐请求新作《祝寿词不动金刚妙音》,寺属各庄园献礼。

次日,班禅额尔德尼莅临四期法会回座首,回赠管家、索本堪布巴丹达结。德琼巴格勒窘、噶曲堪布、洛东、科兰木寺管家、南木林宗两名宗本、玛尼岗巴、协秀巴、郭仓禅院、多日林管家、琼巴米村等依财力各献礼物,班禅分别予以赏赐,厚施诸化缘者。

派人向文殊像献五种百供、哈达。

六日,班禅额尔德尼一行离开噶丹德庆饶杰寺,莅临扎西孜休息3日,设宴款待师徒众人并施厚礼。为众僧赏赐衣服、金银、茶、粮食等,给朗生们赏物,向护法殿吉祥神母敬献哈达、祭品,祈求降福护佑;并为周曲宗妃新建的诸依处开光。

九日,离开扎西孜寺驾临央寺,央寺管家宴请班禅额尔德尼。行至萨曼，仲堆康萨瓦敬请侍奉并献全部《甘珠尔》。温寺众管家于通门雄（མཐོང་སྨོན་གཞུང།）设宴献礼，扎什伦布寺经师等4人前来候迎，班禅摩顶谈话。

十一日，班禅额尔德尼莅临萨巴夏尔用午膳时，会见了日喀则宗本等迎驾者，之后由仪仗队迎到扎什布伦寺。

次日，拉章举行宴会为班禅额尔德尼洗尘，班禅赏赐中途诸位欢迎者。

十四日，为噶厦管家与仲科饯行。

十九日，拉达克亥寺赤巴莫帕献厚礼祝寿。

其后，班禅额尔德尼为康区木茹寺喇嘛等91人授比丘戒，为65人授少弥戒。

二十三日，会见八世达赖喇嘛叔父洛桑平措与侄子第巴巴丹顿珠主仆，并摩顶赐座谈话。

二十五日，任命乃巴译师洛桑克却为索本堪布。当月，八世达赖喇嘛叔父洛桑平措献厚礼并诵经祈寿。

二十六日，为加持由大密师和公家新建立于密宗札仓大经堂之双金铜制胜幢，而恭请班禅额尔德尼至法会，大设宴会，额外斋茶，各拉基分别献礼施物。班禅为僧众摩顶，并布施每名僧人哈达一条、尼泊尔银币一枚以及丰厚回礼。礼拜护法殿内殿之各依处和黄色寝室之吉祥神母像，并献哈达祈愿嘱托。

十一月六日，应叔父洛桑平措请求，授珠嘉传规《长寿灌顶》。

七日，班禅额尔德尼厚赐洛桑平措。如此，洛桑平措在扎什伦布寺期间受到宴请，额外赏赐并乘骑接送，盛情宽待。

十二日，由管家章摩且巴益西南杰负责恭请班禅额尔德尼至噶丹饶杰寺僧众在阳光聚寝室所行之长寿仪轨法会座首，由公家献礼祝寿。帕索米村也祝寿，班禅传授《守三誓言师承启白》；并分别予以布施回礼，布施协朗巴等人。鄂尔多斯贝子南杰多杰之台吉和北京钦差拉孜堪布也分别祝寿，德庆活佛等蒙古族多人献礼。应堪布请求，班禅授《恩德祈祷文》之传承。雅巴头人南杰次仁等农牧民集体献礼，班禅予以回礼。

十六日，班禅额尔德尼为哉务康萨活佛与蒙古客人传授《兜率上师瑜伽论》《菩提道次第引导要义》《长寿灌顶》等，并赐物饯行。之后，为蒙古17人授比丘戒。

十九日，为高宝幢寝室内外室诸佛像涂金，行献浴仪轨，举行开光典礼。

二十日，开始闭关静修甚深本尊瑜伽法。

十二月二十九日，修行解闭，举行酬补护摩仪式。

是年，哈尔东洛桑坚赞、益西曲达、拉卡巴扎西坚赞、伦布孜巴洛桑丹增、勒贤林巴益西扎西、洛桑年扎、达尔巴洛桑丹增、协乃洛桑尊追、当钦益西赤列、协巴洛桑强巴、益西丹达尔、帮宇巴洛桑索巴、当金巴洛桑顿月、瓦索洛索次仁、重孜巴洛桑格桑、洛桑鲁旺、章摩且巴益西格丹、洛布巴巴丹琼觉、诺布噶丹益西达结、瓦协巴洛桑迥乃等修完《释量论辨解》第四章，当钦洛桑塔耶、洛桑坚赞、白图巴洛桑金巴、协巴洛桑班觉、班朗康巴洛桑欧赛、托巴洛桑顿珠修完《般若经辨解》，乃巴噶钦洛桑班觉完成《集密生圆二次第论》修业，温寺楚臣嘉措、丹巴嘉措、洛桑格勒、益西楚臣、益西西尼、洛桑嘉措、益西次仁、洛桑尊追、丹巴达结、益西扎巴、洛桑多杰、益西赤列等人修完《胜乐根本续》，巴曲仁帮札仓巴益西曲丹修完《般若八千颂》，哲宇杰察寺贡噶却珠修完《毗奈耶总义》《阿毗达磨论》《三律仪论说》，夏鲁格丹仓央修完《时轮摄略经》，群科伦布巴桑杰曲达修完《三律仪论说》《量理宝藏》《现观庄严论》《别解脱经》，索朗丹增修完《慈氏五论》，他们分别献考，班禅额尔德尼按前例给予奖赏。

铁虎年（1770 年）一月八日、九日，班禅额尔德尼为 63 人授比丘戒，为香钦禅院 24 位比丘与郭仓禅院 28 名比丘修诵为期 3 个月之六字明咒，并提供上好供品和俸给。

十四日，班禅额尔德尼为拉达克王子莫帕等 30 人授比丘戒。

十六日，纽曲廓寺众僧集体为班禅额尔德尼行显宗式祝寿并献礼。班禅回礼布施，授《兜率上师瑜伽论》，并回书致谢噶厦对创建噶丹德庆饶杰寺的大强佐赏赐之恩。

此时，廓尔喀王的使者要告别，班禅额尔德尼回厚礼并致书廓尔喀王说："世间众生之彼时丰富乃源于各大王者是否依佛法而处。尤其为今日之尼泊尔地方，从如来拘留孙佛始一直为薄伽梵胜乐之圣地，于如此圣地佛法衰败，就会危害大王之福寿，对众生亦大不利。希大王谨慎从事，供祭彼地两尊佛塔、夏达布佛殿等，支持僧众，扩大供养；和睦邻国，平息争纷"等，为诸使者也以同理受命并饯行。

其间，前来请求班禅额尔德尼护佑之书信使、僧俗络绎不绝。班禅分别按其所需赐授教诲及礼品，要求和睦一致，同心同德，共行利教益民之善事；为新入本寺法纪的近100人分不同程度授居士、沙弥二戒。

彼时，森本堪布格敦顿珠年迈体弱，不善理事，班禅额尔德尼任命喇曼巴格敦顿珠之侄噶钦阿旺南卡为森本堪布及神医之职。不久，格敦顿珠入寂，班禅以慈悲心诵经超度，并呼格敦顿珠与已故索本堪布益西丹增之名，高声说“实为可怜”。每逢七期，班禅依大威德而除罪业净身，祈祷亡故者往生乐土。

其后，班禅额尔德尼又让侍从以优等食物喂养从印度、内地、其他地区等地所送来的鸟类，为死去的鸟举行依不动佛诵经仪式，祷祝：观其白雪皑皑，细雨绵绵，彩云缭绕，吾之已死生灵转生于天界，为不动佛行供，等等言行如此奇特。

二十五日，杭大臣特派孜仲向班禅额尔德尼呈献乾隆皇帝赐物，班禅恭受之。

其前，班禅额尔德尼寄书命第穆呼图克图：“印度班智达达瓦之本尊神、胜乐六十二神之布画坛城与释迦大菩提卷轴画供于大仙罗刹日宫殿，速寄。”受画后观而大喜。

班禅额尔德尼应拉达克王子洛桑赤列坚赞之早前祈求，传授《三十七白伞盖佛母灌顶》，为第穆呼图克图赠送新作《金刚界护摩仪轨师承启白发愿词》，满足了其上年之宿愿，为谢恩圣上，上书与献礼一并交给孜仲并为其饯行。

二月二日，由善知识汇聚之兑桑林札仓出资，在札仓大经堂顶建立双金铜胜幢，于度母殿顶立宝瓶，班禅额尔德尼莅临主持开光仪典。班禅亲临辩经会为各班举行记诵考试，会上吉隆巴格西噶钦洛桑班觉以五部大论立宗，其他几名上师离席对辨，班禅观后大加称赞，摩顶僧众，在小寝室亲自设盛大宴请敬供。

晚餐之时，班禅额尔德尼莅临大斋僧茶法会登座观看章摩且巴噶究群培顿珠与赛康噶究格勒坚赞二人起座对辩《释量论》，赏赐哈达。拉基为祝贺立成胜幢，以宝瓶向班禅献物。经师益西群则礼赞班禅的功德并讲述贵体需继续安康长寿之原因，班禅向僧会授新作祝寿祈愿文之传承。此后，登殿诵经为新建立的胜幢、宝瓶开光，并在殿顶为农民米村之经堂抛撒青稞。闻思院各米村也献物。尔时，班禅亲持铜钹行酬补仪式，供祭能言度母像；为1400名僧人布施钱物，为札仓赐锦缎旗幡一对。

午后，回到高胜幢寝室，班禅额尔德尼很是高兴地说："今日辩经者皆为进取者，如今扎什伦布寺有了众多优秀格西。"如此，班禅额尔德尼不喜赏歌舞，却喜欢观赏辩经。看见佛像经常说："难得会佛"，并祈求加持，引乃后人须将如此行事之暗示。

在前世达赖喇嘛的纪念法会上，班禅额尔德尼为从仙人罗刹山迎请的大菩提卷轴画等各三宝，依处广行供祭和洗礼仪式并发愿。午后，焚灯供养，行大威德自入坛场仪式。

当时，侄子莫帕准备返回，班禅额尔德尼教诲说："回故土后要弘法利民，若内部不和，或君王逝故，有人将你推上王位，听信此言实为不妙，要三思而行"等。

八日，供祭护法梵天及忿怒大药叉大红司命主，与24位仪轨僧共行护法酬补仪式，并发愿嘱托。尔后，会见要赴任内地喇嘛的下密院格西桑杰俄色，他将在曲赛菊寺参加就职仪式，班禅为其赐座并摩顶问话，传授《勇保护法修念随许法》《长寿灌顶》。

十二日，会见喀尔喀右旗札萨克图汗的上师诺布噶丹巴噶钦洛桑格桑之授戒师格隆洛丹、德钦台吉曼格等，为拉萨三大寺45名僧人传授比丘戒。之后，派堪布益西格敦携厚礼及祝寿词进京祝贺圣上六十大寿。本仓阿旺南卡献百供，请求班禅额尔德尼为前世本仓诵经回向，加持保佑。北方代表拜谒并敬献白银、绸缎。

十七日，喀尔喀右旗札萨克图汗次仁巴达、呼日察布拉特、管家益西南卓于僧会向班禅额尔德尼献礼并诵经祈寿。班禅诵经为已故固始诺云曲杰洛桑阿旺恰多尔诵经超度。

十九日，喀尔喀僧人于僧会向班禅额尔德尼献礼。

次日，格西桑杰俄色完成赛菊寺就职典礼回来，班禅额尔德尼予以丰厚赏赐，传授《集密根本续第十三品》，并教诲其遵照乾隆皇帝所愿，为弘扬佛法而勤勤恳恳。

二十一日，为拉萨三大寺及蒙古30人授比丘戒，为17人授沙弥戒，为二人授居士戒。是时，班禅额尔德尼在阳光寝室供祭从仙人罗刹山迎请的准备送往拉萨的两幅卷轴画，行七支仪式，礼拜发愿，并为两幅画新换缎制边幅。

三月三日，拉孜寺上师僧徒集体到日光殿向班禅额尔德尼祝寿。班禅问候众僧，并就有关讲听修行方面的情况进行询问。

四日，班禅额尔德尼为拉孜寺僧人、3名后藏代本等人传授珠嘉传规《长寿灌顶》；为拉孜寺12名僧人授比丘戒，会见了北方代表，为他们摩顶并讲授《救度母随许法》。

四月一日，开始为下密院90名僧人授比丘戒，共3日。

六日，为时轮仪轨僧授《依忿怒金刚秘诀降雨法》及新作仪轨诵传。娘日夏仲益西扎希修完《积分论》①献考，班禅赐名“六面童天喜悦之韶华”并赏赐。

九日，班禅额尔德尼依忿怒金刚秘诀，诵咒求雨。片刻黑云密布，大雨瓢泼。

十三日，班禅额尔德尼为27名僧人授比丘戒。当时瘟疫流传，十八日，班禅与50名仪轨僧人于日光小寝室广行护法仪酬轨与白伞盖佛母禳解仪式，瘟疫如云消散。

二十五日，班禅额尔德尼为各方27名僧人授比丘戒。尔时，前藏代本艾智南杰病逝，管家达结献回向礼物，祈求诵经超度。班禅诵经祈求灵魂从轮回及恶趣中得到解脱，并为管家赞果与色拉、哲蚌两寺多名僧人摩顶。当时准备以内、外、密三供品供祭阎摩护法，护法言：本地人仅供祭数只犬以观之，乃差亦，遂经不丹第悉命今孟加拉五王，其等积极供养，班禅大悦。

二十九日，由班禅额尔德尼主持为阎摩护法举行盛大供养法会，献丰厚供物，号角鸣奏，行酬补仪式，并令此后每月二十九日行朵玛供养法会。

五月十四日开始，按常例举行大祈愿法会。

二十日，班禅额尔德尼为39名求学者授比丘戒。

---

① 《积分论》：古梵文四大家的声明学论著之一。声明学四大论著即《积分论》《月八戒论》《妙音论》《波尼巴》。

是年,青海王巴图尔贝子南杰次仁携夫人来卫藏途中,不幸病故于当雄。巴图尔夫人诺增旺摩所献回向礼及其牙齿碎片,经驿站于尔时转献班禅额尔德尼,班禅追念与贝子之旧情,诵经行净罪仪式,将用其牙齿碎片粉末印出来的千百个不动佛像,迎至山巅河流发愿,使贝子灵魂从轮回与恶趣中得到解脱,转生于西方乐土。

从二十六日开始,班禅额尔德尼于阳光聚小寝室举行为期3天的吉祥金刚大威德灌顶护摩仪式,酬补护法神。为当钦巴、措果岗钦巴等各方来僧摩顶加持,赐物授教。

从次月三日开始,杰先前所命,把法王的供品之所有动物模型聚集一起,为消除本寺一切灾难而弘扬释教,并于大殿向法王献300驮面粉做成的大朵玛食子,及其他食品、标帜、狗、羊等兽群。与40名仪轨师为阎摩护法行为期7日的敬食仪式,九日行六十朵玛施食抛祭仪式。

其后,班禅额尔德尼会见青海巴图尔贝子夫人诺增旺摩与喀尔喀等北方民族代表,安慰贝子夫人说:“郡王病故,实乃不幸。但郡王是宗喀巴之教的施主,莅临西藏护教供奉,善业不衰,后生必得殊胜身躯”。诺增旺摩再献丰厚回向礼物。班禅为其幼子赐名穆居饶旦多杰,满足其愿。

十一日,诺增旺摩于僧会再次向班禅额尔德尼献礼并诵经祈寿,班禅受礼为各大施主传授《兜率上师瑜伽论》《大乘圣无量寿决定光明如来陀罗尼经》。

从火猪年开始,班禅额尔德尼始习《毗奈耶经》,智慧之光使戒律万瓣莲花纷纷怒放。

为了在扎什伦布寺弘扬《五部大论》讲习学风,班禅额尔德尼为文殊阇那萨埵像覆上膳雕金铜制黑文殊像、妙音菩萨巨轮、妙音菩萨慧轮、妙吉祥戏王、具祥红黄语王、文殊独雄成就、文殊阿拉巴杂纳、语自在王等像,以诸种宝物镶嵌白文殊菩萨、文殊语狮子等像,并亲自举行开光仪典,准备供养于3所性相学院。首先,兑桑林札仓迎请班禅与雕像,众僧身着新装,对辩经论,高竖胜幢站立于德央殿及兑桑林之间路两侧,上师执事、僧人焚香迎接,将文殊阇那萨埵供放于高台,文献祭品。班禅概要讲解五部大论教义,札仓献礼庆嘉。会上章摩且巴噶钦洛桑班觉以五部论立宗,7名格西离席对辩,教理的日光普照,驱散了障蔽取舍之黑暗。会毕,由50名僧人组成仪仗队将文殊菩萨像供养于大经堂柱前，再次举行法会，班禅亲临观看两名格西起座对辩，发愿回向。

翌日，班禅额尔德尼莅临吉康札仓供祭白文殊菩萨像。

十八日，班禅额尔德尼莅临夏孜札仓供祭文殊语狮子像。该札仓在迎请仪式、讲演、供祭、辩经等诸方面同兑桑林，献礼发愿，辩经争雄。

六月二十一日，班禅额尔德尼莅临密宗札仓讲授《金刚密法》。托巴噶钦洛桑旺秀以生圆二次第立论，数名格西离席对辩，为法会助兴。

如是，班禅额尔德尼为贤良聚集的3所性相学院雕制密主文殊菩萨像，使讲习三藏之学风永世常存。

之后，班禅额尔德尼应格贵南杰桑珠之请，于夏季法会诵传自作文，讲授《弥勒誓愿陀罗尼经》《三十七尊白伞盖佛母灌顶》《具善三处随许法》、珠嘉传规《长寿灌顶》《温萨师徒教诫》。在密宗札仓胜乐修供法会期间，僧人每日于寝殿辩论《生圆二次第论》，向班禅敬献曼札，班禅教授为期7日的《胜乐根本续释》。

此时，收到噶厦请班禅额尔德尼去拉萨为八世达赖喇嘛讲经授教之信函，班禅先复信回告答应。尔后，为了确保路途平安与讲经成功，举行时轮、胜乐、集密、大威德仪式与护法酬补仪式，此时，授教之余顺便再三告诫本年对僧众危难有加，要注意防范。索本堪布洛桑克却请求班禅保佑，诵经禳灾。班禅回答说："吾为神圣众僧之部祈福护佑，但主要依赖于宗喀巴教理的讲习事业"。索本堪布将此事告知大强佐。临行时，班禅放心不下，再次告知索本堪布与大强佐本年众僧徒身有灾难，但预料无大灾害。

索本堪布与大强佐问班禅额尔德尼："如有身灾，诚心请求静息本尊护佑。但以何法解释，供养禳灾过程如何，请班禅明示"。班禅回答说："此不需特殊供养禳灾程序，于夏季法会期间，筹码置高即倒"。当时，推形林上师偶感不适，诸僧认此为僧众身灾之先兆。"要请除身灾，吾等迅速绕转寺院，行洗礼仪轨"。

二十七日上午，班禅额尔德尼与大强佐、经师堪仁布切、四大学院上师、格贵等绕转寺院。向西行3次食供仪式，酒祭忿怒大红司命主，向北食供黄衣尊者，向东和南施食三供及迎请洗礼。尔时，班禅说："征兆良好。"

八月，诺增旺摩为已故的巴图尔贝子南杰次仁建造银制菩提塔与新印金字《般若八千颂》,班禅额尔德尼应请主持开光仪典,并且为诺增旺摩主仆与蒙古族僧人传授珠嘉传规《长寿灌顶》《依无量光佛往生法》,授予诺增旺摩一戒居士戒;为蒙古族39人授比丘戒。班禅饯行女王诺增旺摩主仆和北方诸代表。诺增旺摩临别时,班禅教诲说:"你等为宗喀巴圣教之旧施主,不辞千里,莅临西藏拜谒达赖喇嘛,供祭两尊释迦佛像,厚施四大寺僧,广为善事。吾护佑你们平安返回故土,人杰地灵,你等也虔诚祈祷三宝……"诺增旺摩等听后心诚意虔,起程返回。

噶厦再次派遣卓尼格桑顿珠、待乘官南赛朗巴、哲蚌公家等前来迎接班禅额尔德尼,呈献达赖喇嘛书信及礼物。班禅受礼问安,与诸迎驾者共饮畅谈,回赐3位使者。

临行前,酬供吉祥神母像,行禳解仪轨,祈求路途平安。在会见四大学院上师与密宗札仓执事时叮嘱:"在寺僧众要团结守戒,讲习经论、讲修结合,守规正行,莫入邪道。尤其是本年瘟疫流行,要定时食供。在法会之时,各方信仰者多聚,要阻止入寺为善"等与目前和长远都十分有益的教诲。

九月十日,班禅额尔德尼驾离扎什伦布寺前去拉萨。骑迎和仪仗等如上次去拉萨一样,班禅莅临温寺休息3日。从此处至拉萨途中,僧人仪仗队、俗人歌舞络绎不绝,班禅分别给赏赐。行至幡拉朵杂时会见达赖喇嘛所派慰问团与第穆活佛代表,班禅摩顶供食。尔后前行来到参涅林,哲蚌寺僧人候迎,噶厦迎驾队伍于索措拉瓦地方设宴迎接。当时,布达拉宫金顶幡幢飘扬,云锣大鼓齐奏,唢呐喇叭齐鸣。班禅随着迎驾队伍莅临大殿日光宫会见八世达赖喇嘛,师徒互相致礼送哈达。班禅额尔德尼向八世达赖喇嘛赠送缘起礼物,西藏地方政府设宴。八世达赖喇嘛和班禅额尔德尼畅谈了许多悦意之话。

从第二天开始,班禅额尔德尼为八世达赖喇嘛行摧破金刚洗礼仪式,住前藏期间,孜雪的赏品和额外俸给等与前例一样丰厚。班禅还会见了色拉、哲蚌两寺上师、执事、驻藏大臣、汉藏蒙僧俗,并为之摩顶加持。

十月二日,开始为八世达赖喇嘛、经师甘丹赤巴、赤钦诺门罕之灵童和阿旺强巴之灵童及内外侍从讲授《文殊修念随许法》,5日授完。之后,回赠驻藏大臣、噶伦、孜雪诸从员,感谢盛情迎接,并向两尊灵塔、洛格夏拉观音像献五种供。

是日，噶厦宴请班禅额尔德尼主仆及内地、本地官员。南杰札仓僧人行长寿仪式祝寿，献曼札、佛像、佛经、佛塔、衣服用具、马蹄银105锭，献丰厚礼祝贺八世达赖喇嘛足登宝座。

十五日，拉章于大经堂举行宴会招待班禅额尔德尼、八世达赖喇嘛。南杰札仓全体僧人行长寿仪式，向八世达赖喇嘛献哈达、曼札、佛像、佛经、佛塔、衣服用具、马蹄银100余锭等厚礼。由班禅祈求祝寿。同时，回赠诺门罕第穆活佛、驻藏大臣、诸位噶伦。

十九日，班禅额尔德尼莅临旺康卧室准备向八世达赖喇嘛传授《集密不动金刚灌顶》。但因伤风感冒，咳喘不止。大强佐代班禅广行长寿供养，次日康复，授完《集密不动金刚灌顶》。然后，传授《吉祥胜乐灌顶》。

此后开始，班禅额尔德尼传授《大威德灌顶》《红阎摩灌顶》《黑敌灌顶》《十三尊大威德大灌顶》。八世达赖喇嘛也向班禅赐予丰厚俸给。

当时，班禅额尔德尼上书（札记）乾隆皇帝奏明为八世达赖喇嘛授教之事。同时资助泽当五供寺与阿里札仓，向拉萨三大寺、上下密院、南杰札仓、密乘园施放斋僧茶各7次，每名僧人银币一枚；向热振寺施放斋僧茶7次，每名僧人白银一两；向前藏南北地区寺院共14388名僧人各发放尼泊尔银币一枚，向甘丹寺大金灵塔、藏协弥勒佛像、群科杰寺弥勒像、强巴林寺弥勒佛像各献一次五种百供和哈达；向吉祥佛母像、黄面护法、群科杰寺吉祥神母、噶丹阎摩法王像献供，为拉毛降曲、蔡赛、增摩蔡等寺所行护法酬补仪式提供供品、供器、哈达，供养一个月。

二十五日，于时供之际，师徒同临布达拉宫礼拜洗礼佛像灵塔，分别千供、百供两尊释迦佛像及布达拉宫佛像灵塔，敬献哈达。

于此先后，沃喀精其、止贡、热振寺、哲蚌藏巴康村、上下密院、日吾南杰、珠康活佛、周拉堪钦活佛洛桑丹增、普布觉寺活佛、禅院等公私供献礼品，各获赏赐。

是日，在日光宫，班禅额尔德尼、八世达赖喇嘛赐茶款待四噶伦、代本、札萨克及侍从。

十一月一日，班禅额尔德尼于旺康宫为八世达赖喇嘛、两位经师、达赖喇嘛母亲平措旺摩、昌都帕巴拉活佛、热振寺活佛、阿旺强巴活佛、札雅大活佛、嘉赛活佛、善巴活佛、欧赛活佛、师徒二人侍从、各札仓上师等讲授阿底峡传承《二十一尊度母》与印度尼玛白巴传承《二十一尊度母修念随许法》，每日授5次。冬至闭关静修，为八世达赖喇嘛行洗礼仪式。

此时，拉萨收到康区拉里地方流行痘症之告急信后，班禅额尔德尼立即派各级官员前往调查，赐药予布达拉宫山下及拉萨附近居民，并通知各宗做好防止瘟病流传之工作。

去年秋天，天空出现长尾星（慧星），今天春季，太阳呈血红色，灰尘弥漫山川大地；秋季发生地震，此等皆为瘟病流行之前兆，人心惶惶。为此，噶厦奉八世达赖喇嘛、班禅额尔德尼与各护法旨意，供食各教派所有寺院。拉章大力供养拉萨三大寺院、上下密院、山间禅院，尔时病者颇多。大强佐、索本及众侍从请求班禅："今日虽无特大危险，若扎什伦布寺闻知此事，相隔如此遥远，更加心神不安，速返后藏为善。祈求八世达赖喇嘛、第穆呼图克图允我等返回后藏"。班禅回答说："今日无大危险，后若险情增大，吾等速回不迟"，并书告扎什伦布僧众："若闻悉此事，不必心慌，弘法诵经，宽心行事。"书信由驿站转送。

十一月十六日至十二月三日，班禅额尔德尼为八世达赖喇嘛讲授《释量论》《律经》《现观庄严论》《中论》《俱舍论》等5部大论，以及《金刚大威德生起次第论》《黑白勇保护法修念随许法》《阎摩护法外修随许法》《吉祥圣母修念及会供曼札》等。在举行摧破金刚洗礼之后，继续传授《四面吉祥怙主修念随许法》《忿怒大红司命主护修念随许法》《毗沙门随许法》《吉祥神母随许法》《四臂勇保护法修念随许法》。

十二月五日，班禅额尔德尼派索本堪布夏仲洛桑次仁往普觉寺供祭阿旺强巴像，献供哈达，布施普布觉寺僧，赠礼阿旺强巴灵童。

按此前第穆呼图克图邀请班禅额尔德尼去他寺作客之愿，九日，呼图克图主仆50多人乘骑来迎驾，在热底会见并赐座问话，随后在仪仗队和盛大欢迎仪式中来到密乘大经堂，僧众献礼，诵经祈寿。午餐，第穆活佛于寝宫设宴。晚饭时，班禅为诺门罕第穆活佛、协瓦桑波上师、格敦德庆、诸位侍从及院僧传授《退敌圣母修念随许法》。

次日，班禅额尔德尼莅临僧会，瞻仰噶丹密乘园大殿之诸尊佛像、圣塔及经函，举行吉祥金刚大威德开光仪式，供献祭品，厚赠第穆呼图克图，布施完藏寺并送公绸缎幡一对。协瓦桑波上师、强佐、可膳师、完藏寺各献厚礼，班禅分别予以回赠。

十日，班禅额尔德尼返回布达拉宫，赏赐欢送者。

此时，亲王的使者科西藏格贡波多杰、尼塔笔帖式、赤巴丹扎巴之强佐、柴达木札萨克扎西茨佩代表阿然巴、喀尔喀卡觉热图桑波、管家达结、卡·群觉、扎西嘉布、格隆曼然巴、大贝子代表觉热图丹增、伊拉古克三呼图克图的使者夏仲艾智、霍图科札萨桑珠的使者固始阿旺喜饶、柴达木班觉札萨克代表达堪囊索、热绛巴坚赞欧赛、宰桑才旦等向班禅额尔德尼献礼，班禅摩顶赐茶款待，并回赐饯行。

当时，从拉萨密宗殿外与布达拉宫后面发现有染痘症的康区病人，日吾甘丹寺也有20多位痘症患者。班禅额尔德尼闻知请求八世达赖喇嘛闭关静修，自己准备返回后藏。为了八世达赖喇嘛的安康，为消除雪域之病魔，班禅要求三大寺、上下密院、南杰札仓、噶丹密乘院举行《佛顶大白伞盖陀罗尼》与《般若心经》禳解仪式，为上述寺院施放斋僧茶各7次，发给每名僧人白银一两；向扎西迥寺施放斋僧茶120次，布施每名僧人哈达一条、白银3钱；供祭甘丹寺宗喀巴灵塔与阎摩护法像，提供酬供护法费用。

十五日，供祭大昭寺与布达拉宫佛像、圣塔，敬献哈达，求神保佑。之后，于日光宫向八世达赖喇嘛赠送缘起礼物，班禅额尔德尼自任堪布和业轨范师为普布觉阿旺强巴灵童授出家、沙弥二戒，赠送释迦佛像、白银、绸缎等。

十七日，班禅额尔德尼于旺康殿为八世达赖喇嘛、噶伦公班智达、代本等传授《白度母如意轮修念随许法》，八世达赖喇嘛献曼札、佛像、佛经、佛塔、衣服用具、黄金5两、马蹄银57锭，感谢其授教多种佛经深知识之恩。

如此，班禅额尔德尼在驻锡布达拉宫期间，无数僧徒量财奉献，为今生行善积德，来时受报享福。噶厦献贶礼曼札、哈达、衣服用具、白银51大升，茶叶4200条。诸侍从亦受赐。

十九日，班禅额尔德尼驾离布达拉宫，在用膳院诸欢送者返回时予以赏赐。哲蚌寺公家于参涅朗噶设宴献礼。是日在聂塘嘉仲住宿，噶伦公班智达将班禅迎请至已搭好的印有金铜宝瓶和胜幢的精致宝帐中设宴招待并献厚礼，表示宝帐等全部物品要敬献给班禅。班禅只收了宝帐、骆驼、骡马，其余全部回交，赏赐丰厚回礼。途中前后会见摩顶第雪白朗杰顿珠、庄园管家、诸武官、铁桥活佛囊索扎西、贡噶宗本、讲修寺上师、代本然巴瓦、萨木当寺强佐、萨迦寺管家、纳噶孜庄园管家等人，给单独晋谒者分别给赏赐。

二十四日，班禅额尔德尼莅居曲参卡温泉，平措旺摩所属庄园雅德康萨宴请，达赖喇嘛三兄弟前来献礼。后莅临仁邦寺，此时正值二十九日扎什伦布寺时供之际，班禅与护法殿师、助理辩经师吹奏乐鼓，共行阎摩护法酬补仪式，抛祭六十大朵玛食子。

是年，觉宗巴格勒坚赞、白图巴洛桑赛巴、协巴益西伦珠、章摩且巴群培达结、达摩巴洛桑群觉等人修完《般若经释》，当钦巴洛桑强巴修完《发愿广释》，嘉巴益西尊追、古格巴洛桑金巴、白图巴巴丹楚臣、诺布噶丹巴洛桑赤列、哈尔东洛桑格勒、勒贤朗巴益西顿珠、哲蚌巴益西顿珠完成《释量论辨解》第四章修业，当钦巴洛桑桑珠修完《毗奈耶经》上、下二部，温寺巴格桑德勒、益西旺嘉、洛桑赤列、洛桑圣参、洛桑顿珠等修完《胜乐根本续》，重孜巴洛桑达结修完《时轮仪轨》，那塘巴洛桑丹增修完《四部医典》，群科伦布巴班觉坚赞、阿旺桑波修完《慈氏五论》、索朗丹增修完《量理宝藏》《现观庄严论》《三律仪分别论》《别解脱经》《积分论》并献考，班禅按前例赏赐。噶钦俄项南夸依据夏鲁译师所著《声明论注解》就集分派声明论正文和图解一并献上，班禅奖赏僧衣一套，并赐名“六面童天齐名金刚”。

古格瓦噶钦洛桑丹增活佛也修完并献考《声明广疏》《集分论》，班禅额尔德尼奖赏并赐名“六面童子成就金刚”。

铁兔年(1771年)正月一日，班禅额尔德尼等于兰庄园举行新年宴会。

三日，班禅额尔德尼莅临温寺为僧众予经摩顶并回赐讲授《胜乐上师瑜伽论》。参卓寺拉基设宴祝寿，班禅为僧众摩顶回礼，代本班祭瓦平措南嘉单独晋谒班禅。之后观赏温寺僧人表演的祭神舞蹈，举行抛撒六十大朵玛施食法会。

此后，驾离温寺，由仪仗队、歌舞者迎驾，九月到扎什伦布寺。是日，拉章设宴洗尘。

次日，常住侍从举行宴会，班禅额尔德尼在会上为各札仓、米村老僧摩顶加持。

十三日，青海群培贝勒上师托巴噶钦洛桑旺秀在大经堂向班禅额尔德尼献礼并诵经祈寿，班禅传授《禁食斋仪轨》《弥勒发愿陀罗尼经》。

十五日，大强佐奉命于大经堂凉台、窗沿施置以上等绸缎、各色珍宝制成的璎珞。班禅额尔德尼莅临僧会传授《白金刚瑜伽母修念随许法》。

十七日，为噶厦的送行者管家格隆讲授《摧破金刚瑜伽母修念随许法》，为知客、侍乘官南赛朗巴、色拉寺公家等送行者如愿授教并赏赐厚礼。

二十五日，班禅额尔德尼从经师听讲《四大天王修念随许法》。之后，为平措林管家仲然巴洛桑次仁等30人授比丘戒。此时，当钦巴杰仲洛桑顿珠在夏鲁译师所著《声明论注解》基础上，向班禅献考集分派声明论全部图解，班禅给其奖赏，赐以丰厚物品，并赐名“六面童天妙龄智慧”。

二十七日，为扎西孜客人赐物饯行。

二月六日，穆康萨管家噶钦当卡夏桑恭请班禅额尔德尼至法会座首向班禅献礼并诵经祈寿。

十五日，班禅额尔德尼莅临僧会与四大学院上师、格贵、执事详细交谈。

三月十五日，前时进京朝贡的使者堪布返回扎什伦布寺，班禅额尔德尼向其问安乾隆皇帝龙体，使者向班禅呈献了乾隆皇帝金书赐物。

从四月一日开始，举行忿怒大红司命主护法修供食子法会，行酬仪式，历时七日。

二十五日，为了消除疾病，班禅额尔德尼酬补吉祥天女，祈求保佑。

五月十五日，班禅额尔德尼为八世达赖喇嘛之弟杰仲洛哲嘉波、洛桑格敦授沙弥戒。

二十日，班禅额尔德尼主持举行大威德遍业护摩仪式，命人以绸缎薄绫、蒙古丝绸更换破旧的大祈愿弥勒布面像。

六月一日，命人以70驮糌粑所做大朵玛食子供养日光宫阎摩法王，班禅额尔德尼亲自与70位仪轨师一起行酬补授位仪式。

四日，班禅额尔德尼从经师闻听以下灌顶法之准备，次日，听讲《八起尸法》，六日听讲《四十九尊灌顶》。

七月四日，班禅额尔德尼莅临大法会传授《菩提道次第集要》。

五日，班禅额尔德尼举行发菩提心供法会。

六日开始，开始讲《胜乐修供时隐义遍明论》，尤其详细解释第十品之后各品。

七日，班禅额尔德尼供奉预言度母佛祈祷发愿。

十三日，于法会诵传新作，继续行发菩提心供法会。

当时，诺门罕第穆活佛为修缮桑耶寺捐助金银与供祭佛殿神龛经费，折白银 70 两，向大菩提塔敬献哈达。

十六日，班禅额尔德尼莅临密乘学院法会，为消除各地流行的疾病及扎什伦布寺僧人病灾，行吉祥天女酬补仪式及大佛顶禳解仪式。

十七日，为密宗札仓 17 人授比丘戒。然后，拜谒佛像佛塔，敬献哈达，向各护法殿献哈达、祭品，祈求保佑。

二十五日，在大经堂，班禅额尔德尼命人以 70 驮糌粑，60 驮青稞面粉，12 驮青稞面粉所做大朵玛食子及吉祥金刚大威德手相，大威德四十九神密修法中所说之金刚水牛、金刚黄牛、金刚猪、金刚狗、金刚羊、金刚狐狸、金刚大鹏、金刚鸥鸟、金刚乌鸦、金刚鹦鹉、金刚鹞鹰、金刚大鸟、金刚鸡、金刚鹤等动物像分别供祭吉祥金刚大威德、阎摩法王、各护法神，发愿使宗喀巴之教遍及寰宇。

次日，为全部护法神行酬补仪式。

八月二日，八世达赖喇嘛之兄索朗扎西、舅格夏第巴次旺主仆准备去雅德，班禅额尔德尼赐物饯行。

六日，噶伦噶细公班智达主仆前来拜见班禅额尔德尼，献洁白吉祥哈达、良马 4 匹、骡子 100 匹、坐垫、鞍子百套，班禅赐茶款待交谈。

次日，班禅额尔德尼宴请噶伦噶细公一行。

十二日，噶伦噶细公班智达再次于僧会向班禅额尔德尼献曼札、佛像、佛经、佛塔、衣服用具、琥珀念珠、珊瑚念珠、金银、绸缎、青茶、水果等礼物祝寿，应其请求班禅讲解《白伞盖佛母灌顶》《长寿灌顶》《北方俱卢长寿密修法》《白伞盖大佛顶陀罗尼经》。

期间，班禅额尔德尼告诉噶伦："称汝为班智达，能否以梵语回答？"言毕，问噶伦几句，噶伦照答不误。班禅大喜，为噶伦公、台吉巴桑次仁、台吉幼子、夏仲德丹卓玛赠送无量寿佛像、加持塔、黑狐皮帽、皮衣、白银千余两、全副鞍马等。

噶伦公班智达聪明伶慧，广闻博学，虔诚三宝，尤为敬重班禅额尔德尼，先后承侍供养，功德无量。

十七日，班禅额尔德尼为赛菊巴、日喀则宗本、俄尔堪布等僧俗信众摩顶。

十九日，班禅额尔德尼为不丹第悉所派慰问团和去新印《甘珠尔》的使者等诸位僧俗摩顶，赐茶款待两位特使，赐物饯行，回书第悉。

二十二日，班禅额尔德尼命人修缮大红司主护法龛，供献丰厚祭品。法龛内供放金铜制宝瓶，左右以胜幢装饰、灵物装脏。

次日，酬供护法，祈求保佑。

二十六日、二十七日，班禅额尔德尼分别为东康活佛、三大寺僧人、聂塘拉瓦堆巴等各方共60人授比丘戒。协札仓堪布格贵瓦索巴噶钦益西迥乃、邀请班禅到僧会献厚礼，协札仓集体也广敬供奉，班禅回以布施。

九月一日，班禅额尔德尼于噶丹颇章宫与密严殿供放三份食子①，命经师与护法殿师向悦意持法殿、奇设殿供祭三份食子。索本堪布求问班禅如是而为是何意图，班禅回答说："梦境密雾出现"。

五日，班禅额尔德尼与50名仪轨师在大经堂举行吉祥天女酬补仪式及度母禳解仪式。

当时，印度瑜伽师苏噶德吾到来，向班禅额尔德尼呈献金翅右旋白海螺一个、披愣地产眼镜两副，班禅给以厚赐，并用梵语谈论印度之事。

七日，钦差热绛巴益西塔耶呈献诏书赐物，班禅额尔德尼受礼问乾隆皇帝好。圣旨说："汉文《甘珠尔》中之《佛说金刚顶往雄经》无藏译本，此次译成藏文特赐班禅额尔德尼。班禅额尔德尼乃黄帽派之教主，愿将此经宗旨广传于众僧，如此朕愿足矣"。班禅额尔德尼接过经书立刻读诵，并于扎什伦布寺供养传播，众僧听后更加崇信。

八日，班禅额尔德尼向吉祥怙主与大红司命主护法行八供酬补仪式。

九日至十三日，班禅额尔德尼为东康活佛、日喀则宗本、巴曲寺代任堪布等各地僧俗摩顶，为上下密院36名僧人授比丘戒。

十四日，以70驮糌粑所制大朵玛食子酬供大红司命主护法。各地代表前来拜谒班禅额尔德尼，献礼并诵经祈寿。

---

① 三份食子：藏传佛教宗教活动中分供施用的食子为三份，一份上供诸佛菩萨，一份中供十方护法，一份下施六道众生及邪魔历鬼的三类朵玛。

是日下午，闭关静修《吉祥毗那夜迦修法》。此时，为索本堪布洛桑克却传授《毗那夜迦修念随许法》《毗那夜迦修行羯摩仪轨》。

三十日上午，班禅额尔德尼举行大威德护摩仪式。下午，开始修《毗那夜迦承灌顶护摩法》，4日后修完。

十月三日，八世达赖喇嘛母亲平措旺摩及其子、第巴次旺主仆从雅德回来，班禅额尔德尼摩顶赐茶款待。

五日，班禅额尔德尼开始为扎什伦布寺与他寺僧共213人授比丘戒。

九日，平措旺摩迎请班禅额尔德尼至僧会，并献厚礼。

十五日，班禅额尔德尼设宴招待扎西孜主人并摩顶加持。

十六日，夏鲁金殿之水牛语护法抵达扎什伦布寺，在德央札仓与寝宫门前边舞蹈边向前祷告神灵，祈求吩咐。班禅额尔德尼授依大威德之教，要求"善修瑜伽大手印法"，予以赏赐。

十七日，以60驮糌粑制大朵玛食子供祭日光殿中之本尊、护法、天母、四夜叉、阎摩法王像，并供黑马、水牛、熊等制像。班禅额尔德尼与50名仪轨师共行酬补仪式，祈祷消除佛法障碍，一切顺缘如愿。

当时，阎摩法王之印度神马突然病倒，侍从禀告班禅额尔德尼。班禅说："仿佛被法王收走骑乘"。班禅又说：马夫可恭礼3次祈求"今日无碍"。马夫如此行事，是日平安。次日，在阎摩法王授位时死去，都觉奇妙。尔时，一只白松鸡落于屋檐，班禅认为山鸡落定有灾殃，遂下令："为遮退如此灾殃，速行'白伞盖佛母禳解仪式'，赡养60岁以上老僧"。

十九日，香噶丹德庆饶杰寺公家在日光殿向班禅额尔德尼会供曼陀罗、设宴，诵长寿胜乐经祝寿，班禅摩顶回赐。

二十日，班禅额尔德尼为德庆饶杰寺僧人、拉鲁王母主仆，以及各方僧俗传授文殊传承《五神长寿灌顶》。

二十一日，拉康巴居士在小寝室向班禅额尔德尼祝寿。班禅受礼，为献礼者授教，并予以赏赐。

二十三日，60岁以上老僧集会于日光殿，班禅额尔德尼亲临现场向老僧们说："尔等要在长寿仪轨甘露长流上诵《无量寿佛陀罗尼经》，如此狠发祈愿消除此处瘟病，阻止瘟病于寺院流传"，并款待众僧。

五供节之时，班禅额尔德尼施予每名僧人白银一两，赏赐各大上师、翁则及群则；为德庆饶杰寺27名僧人授比丘戒，为拉康巴授居士戒传授珠嘉传规《长寿灌顶》，为孜仲丹增扎巴、央金慰问师噶巴旺嘉、日喀则卸任宗本吉德等僧俗信众摩顶。

二十九日，为八世达赖喇嘛之母平措旺摩主仆赠送白银、绸缎、全副鞍马饯行。

尔时，疾病从赛卡流传到拉仁达纳等地区，大强佐诵经阻止疾病流传。当时达尔罕仲然巴丹增旺波从科夏返回途中遇见一病者，驮至寺中，3日后病故，与丹增旺波混住者移居漏孜布。大强佐与侍从将此情况禀告班禅额尔德尼，班禅说："疹神未喜，今于各护法殿行酬补洗礼仪式，勤供养，行大佛顶禳解与度母投灵。众僧避瘟，寺院空寂，此乃不祥之举，故坚持讲习佛经，定期供养，乃为重要。有人认为我暂避温寺，有利于现时、来时，故行之。"为了不使瘟疫在本寺扩散，四上师与大格贵祈祷请求班禅额尔德尼早些控制瘟疫不让其在本寺蔓延开来，望依怙至尊者不久也回驾到大古寺，班禅说："此病灾有先兆，前年到卫藏时如向你们所言。故此于前后2年大行供养，再难的制像也极力制之供献并祈愿，嘱托求佑。因此，倚仗护法喜悦之威力，瘟病能否愈烈，还难断。为消除冒渎晦气，上师僧徒要向诸护法行酬补仪式，祈求保佑"。

三十日，班禅额尔德尼为扎西孜客人赠礼饯行。

十一月三日，班禅额尔德尼驾离扎什伦布寺。

四日，在乘骑者和仪仗队的迎驾下到达温萨寺，班禅额尔德尼赏赐日喀则宗本、仪仗队、歌舞者等迎驾者。

五日，温萨寺设宴招待。班禅额尔德尼书信由驿站转呈八世达赖喇嘛，诵经祈求解除瘟疫，并告知莅临温寺之事。

午后，班禅额尔德尼莅临拉章孜礼佛拜塔，向三世班禅罗桑顿珠像敬献哈达、银制曼札；向预言释迦佛像、阎摩罗法王面具供献哈达，洁拭供品，发愿消除内外一切侵害。

六日，狂风趋骤，班禅额尔德尼不断向食地神、五部吉祥护法、3位神母、秘密阎摩王供酒。群科卫当寺举行施夜巡法令，3日内向佛、大威德、六臂勇保护法、阎摩护法、金刚圣母、吉祷天母等献五种供品及哈达、祭品、战器等。

尔时，不丹第悉宇达尔缝制缎面大弥勒佛像，派人呈献班禅额尔德尼。

班禅派仲科携赍厚礼、书信回赠第悉,劝导释放噶智格拉杂。第悉奉班禅之命释放囚者,并派人向班禅献金铜制千尊佛像等礼物,书奏班禅,班禅甚喜。

十三日,班禅额尔德尼在拉章孜供祭大成就者罗桑顿珠像,为大佛顶禳解法会与抛散六十食子法会提供费用。

十四日,班禅额尔德尼灯供克珠桑杰益西,令护法殿僧人于良辰诵经。

十五日,班禅额尔德尼与大强佐、仪轨师共行胜乐上师瑜伽酬补仪式。

十六日,为清除温萨寺瘟疫,班禅额尔德尼主持举行度母禳解投灵、六十食子、焰口母、大佛顶禳解仪式,为法会提供费用;并为大成就者罗桑顿珠像洗礼,行大红司命主护法酬补仪式与阎摩法王外修息寂护摩仪式。

当时,温萨寺南郊一村出现瘟病患者,班禅额尔德尼闻知与少数侍从于拉章孜闭关静修,认为能居于此地实为良缘。此与金刚岩宫、白朗珠穆朗玛、日吾格丹、加索普等地都是多名贤哲自在成就之地,若于他地行善诵咒数月,远不如于此诵咒一天。有诗赞道:

在成就者栖居的幽静圣地,
静修甚深空乐双运之瑜伽;
一切难以数计的本尊诸神,
以及神奇的证境屡屡出现。

二十七日,班禅额尔德尼莅居秘密殿供祭、修行。

晚上,在克珠桑杰益西像前祷告说:“我后世降生何地,请于梦中指点。”

二十八日上午,索本堪布洛桑克却问班禅额尔德尼梦境如何,班禅回答说:“非常之好,我后世仿佛降生人间”。

十二月三日,为圆满前愿,绘制夏鲁水牛供图,班禅额尔德尼特派翁则前去夏鲁。翁则临行时,班禅吩咐道:“今日乃绘画之良辰”。之后,来到寝宫顶陈供食品,与经师共行阎摩罗法王及眷属酬补仪式,每日实施四大食子、百种食子、三份食子供祭。

二十三日,寺院管家宴请班禅额尔德尼主仆。晚上,在温萨活佛的时供法会上,班禅献供灯,食供宫顶护法。

二十六日,班禅额尔德尼以五种食品供祭印度金刚座大菩提、内地旃檀佛像、如来岗建措，发誓弘法益民。

二十八日，班禅额尔德尼向护法殿献供品发愿。

翌日，观赏温寺宗教舞蹈，诵朵玛咒，投掷六十大食子。

是年，勒贤朗巴洛桑克却、吉隆巴益西楚臣、散巴洛桑索朗修完《解脱道明论》，嘉钦孜巴洛桑索朗、勒贤朗巴益西扎西、古格洛桑坚赞、诺布噶丹巴益西洛哲、贡查巴洛桑克却修完《释量论辨解》，嘉钦孜巴洛桑格桑、洛桑丹增、冲卡巴洛桑坚赞修完《释量论根本颂及疏对照》，协巴益西班觉、洛桑米林完成《般若经辨解》修业，嘉巴噶钦洛桑丹增、散巴噶钦益西格修完《集密生圆二次第论》，密乘院哲蚌巴噶钦洛桑尊追、嘉钦孜巴噶钦益西巴智修完《胜乐根本续》、释文《隐义遍明》，温寺巴洛桑扎西、益西伦珠、洛桑班觉、益西丹巴、洛桑扎西修完《胜乐根本续》，桑波扎西修完《菩提道次第导引》《胜乐生起次第论》；益西扎巴修完《菩提道次第中论》，格萨格敦雅培修完《菩提道次第导引》，达瓦坚赞修完以上《菩提道次第》及《大威德生起次第成就穗》，夏鲁洛桑顿珠修完《时轮摄略经》，群科伦布巴桑杰丹建修完《慈氏五论》并分别敬献试卷。班禅按前例分别予以赏赐。

水龙年（1772 年）一月一日，班禅额尔德尼为不丹第悉代表摩顶，赐座问话。温寺管家宴请。

神变大祈愿法会期间，班禅额尔德尼到拉章孜供祭大成就者洛桑顿珠身像“如是我”，开祭极秘依怙殿，供献盛满水果的水晶器皿、置满药物及珍宝的颅器、弓箭、哈达，致力于上师本尊无别瑜伽的修炼。

八日和十日，班禅额尔德尼举行四面护法酬谢与食供仪式。

十二日，班禅额尔德尼于极秘依怙殿行阎摩法王酬补仪式。

次日，莅临护法殿新建施食堂中向诸护法供献长期施食，祈求保佑温萨耳传教诫，使之弘扬于四方。

十五日，厚食供养大成就者罗桑顿珠像，行胜乐仪式及上师供仪式。同时，诵《佛陀赞》与《胜乐祈愿吉祥词》。

傍晚，以 40 驮糌粑制成的神馐（供神食品）及上千个五种供品，供祭护法，供品上密排着酥油供灯，灯光闪灼。班禅额尔德尼以诵咒、手印、三摩地加持，用经部续部纯净仪轨供养大成就者洛桑图旺持金刚等十方诸佛菩萨，发愿释迦佛法，尤其是宗喀巴大师之教理遍及寰宇。

在这之前，扎什伦布寺附近地区暴风不断，气候恶劣。自从供祭护法以来，狂风平息，露天供灯灼灼燃烧。正是：

成就自在神像前，
供养祭品积如山；
好似普贤胜业迹，
宏伟善业福德显。

十六日，班禅额尔德尼与仪轨师共行酬补仪式，以 5 驮糌粑所制食子供祭吉祥金刚大威德护法，向其他诸护法供祭一驮糌粑食子；向忿怒大红司命主护法供奉马、犬、五色绸旗等祭品，并行酬补仪式；向嘉布却巴桑像、自在成就者像、贤哲桑杰益西像、翁萨活佛像以及能仁王预言者，特别是如来左牙舍利银塔献哈达供祭。

二十三日，是三世班禅罗桑顿珠的时供日，班禅额尔德尼以厚物供祭诸佛像塔，会见逐次到来的青海、鄂尔多斯等北方代表，喀尔喀达结大贝子拜谒献礼；为德庆翁则等 50 人授沙弥戒，为各位代表授《长寿灌顶》《观世音修行法》及新作《文殊赞》《兜率上师瑜伽论》《无量光佛往生法》等，并回执饯行。

二月一日，班禅额尔德尼应德庆翁则与桑波热绛巴请求，传授《吉祥金刚一面二臂大威德修念随许法》《大威德陀罗尼修念随许法》，以及新作《恩惠启白》。

二日，会见准噶尔将军次仁俄巴协、奥托王经师乃隆夏仲，赐茶款待畅谈。

三日，次仁俄巴协与尊追喜饶比丘、宰桑旺秀等于僧会向班禅额尔德尼献礼并诵经祈寿。

北京雍和宫赤巴额尔德尼诺门罕、乃隆夏仲、额尔德尼岱钦和硕齐次旺班觉等所派代表于尔时晋谒班禅额尔德尼，并献礼物。准噶尔密宗札仓上师楚臣仁钦、格贵格敦等人也分别献礼祝寿。

其后，班禅额尔德尼为北方 30 人授沙弥戒，为 90 人授比丘戒。应诸位代表与温萨寺僧集体请求，传授《胜乐三身转为道用》《时轮上师瑜伽》《长寿仪轨解脱鼓音》（班禅新作）；为鄂尔多斯大贝勒次旺班觉授《上师瑜伽论》《大慈悲经》《无量寿佛与马头明王双运修念随许法》《度母修念随许法》《菩提道次第讲解之威力依求法》《无量光佛往生法》《大威德灌顶》《无量寿佛灌顶》等，回报赏赐各位代表。

是时，班禅额尔德尼新作《具祥忿怒主威严妙音》，在温寺法会诵传；为温寺僧会规定所诵经典论著。

这一年，由于扎什伦布寺瘟病流行，数名僧人染病身亡。为了医治此病，噶厦派下密院扎拉勒布喇嘛等4人来温寺求见班禅，商讨医治疾病的办法。班禅要求他们加紧医治，尽快灭瘟。

是日，班禅额尔德尼回书八世达赖喇嘛，感谢来信赐物祝寿。

十九日，温寺管家和公家于大经堂设宴向班禅额尔德尼献礼并诵经祈寿，班禅予以回赠布施，厚礼献公。同时，几位管家、内侍与群科卫当寺公家和代表献礼并诵经祈寿。班禅于僧会讲授《阎摩法王施食仪轨》《百科施食仪轨》。

二十二日，班禅额尔德尼莅临由拉章出资举行的六十食子投掷法会，两次作所缘境，兰寺、扎西宗卡寺管家也献礼。

二十六日，班禅额尔德尼在拉章孜谒拜佛像塔，供献哈达、祭品。4名僧人于护法殿行酬补仪式。

是日，班禅额尔德尼为新作《四面护法颂》定为每日僧会诵传而布施僧众。

当时，瘟病已遍及整个日喀则地区，温寺附近也大增瘟疫之舆论。为此，班禅额尔德尼准备避居香噶丹德庆饶杰寺。

二十八日，驾离温寺，前往香噶丹德庆饶杰寺，途中摩顶赏赐了欢送者。当行至纽曲廓寺时，受到该寺仪仗队的热情欢迎，群科寺公家和管家敬献物品并设宴款待。

德庆庄园管家单独晋谒献礼，班禅额尔德尼手予回礼。

其后，由香噶丹群科寺喇嘛、执事，德庆饶杰执事、纳朗宗两位宗本等香地区迎驾者将班禅额尔德尼迎接到格佩多塘，洛东管家（ལུག་གདོང་གཉེར་པ།）设宴招待。卡觉禅院、五神岩寺等以仪仗队和村庄舞迎请，夜宿顿珠墨卡城。

翌日,应卡觉禅院僧人仪仗队迎请,班禅额尔德尼莅居郭仓禅院,向拉孜吉祥时轮胜乐与忿怒大红司命主护法供献祭品与会供曼札,行酬礼仪式,向护法像献哈达、祭品。为了清除扎什伦布寺瘟病,经师等奉班禅之命作禳解死亡法事。禅院公家敬供招待,并恭请至僧会座首祝寿。

之后,班禅额尔德尼应请传授《上师、忿怒大红司命主护法无异上师瑜伽论》,回礼布施郭仓禅院、五神岩寺等公私献礼者。单独会网子拉瓦智巴等人并赏赐。向尊者罗桑确吉坚赞像、仲巴嘉曹巴灵塔献哈达祈愿。尔后,返回顿珠墨卡城庄园。

翌日,会见摩顶格培寺喇嘛、执事、卡觉禅院修行僧、洛东寺管家、朗生等。庄园管家、协普洛巴、仲堆康萨巴、仲堆夏尔巴、卡觉巴、格佩巴等敬献礼物,班禅额尔德尼分别给以赏赐。

三月一日,驾离顿珠墨卡,途中受到扎西孜地区僧俗民众、仪仗队、歌舞队的热烈欢迎。是日,莅临藏藏纳噶草地,扎西孜设午宴招待。会上会见各位官贵,并赐座详谈还派人向香哲蚌护法献哈达。

当时,噶丹德庆饶杰寺佛殿上旗幡飘扬,诸僧身着礼服,手持供物与由噶丹群科寺、措娘仁钦岗、噶波札、达纳寺、尼姑寺、顿珠曲宗、噶丹涅月寺等组成的仪仗队,以及各部落歌舞队举行隆重的欢迎仪式。班禅额尔德尼在盛大的欢迎仪式中被迎驾到噶丹德庆饶杰寺日光殿宝座,由德庆饶杰寺拉章所部的班禅主仆所有人设大宴,赏赐诸迎驾者,为德庆饶杰寺、噶丹涅月寺、协秀寺等寺100余名僧人摩顶;向阎摩法王、吉祥天女像献供马、骡等祭品,行酬礼仪式。之后,给德庆饶杰寺僧会供养一整天,施予每名僧人哈达一条、白银一两。兑桑林洛桑扎西之转世灵童益西楚臣、扎西孜第巴次旺达结、僧尼两名、塘巴首领、雄雄管家等拜谒献礼。班禅逐次赐座并供茶护法殿与德庆饶杰寺僧人连续七天修炼甘露丹。

十一日,扎西孜设午宴献礼,班禅额尔德尼会见第巴次旺达结,予以回赠。

四月,侄子南杰次仁与平措南杰共同设宴献礼,班禅额尔德尼回礼赏赐。之后,派去向八世达赖喇嘛问安的人返回,普布觉活佛也为祈祷祝寿给班禅寄来随函礼品,班禅及时一一回信。会见达赖喇嘛母亲平措旺摩为向班禅问安和供奉食品而派的玲尕宗本主仆,并赐座摩顶。

每月二十九日，班禅额尔德尼酬供阎摩护法神。

五月十三日，班禅额尔德尼厚供具祥退敌神母。

十五日，钦差益西塔耶辞行，班禅额尔德尼赐物饯行。尔后，举行酬补阎摩法王、四面护法、大红司命主护法仪式，祈求保佑。

十九日，在日光殿举行的食子会供法会上，班禅额尔德尼与仪轨师共同食供忿怒大红司命主护法，祈求降神驱魔除灾。

当时，天气干旱，班禅额尔德尼莅临日光殿浴拭佛塔，发愿诵经求雨，刹那间大雨连绵，众人欢欣。此时为了消除瘟病，班禅出资下令各寺院举行供祭护法法会，自己亲自修甚深禅定，念诵咒语，禳灾求福。

六月一日，按四面护法放咒。

尔时，八世达赖喇嘛开始学习性相学，准备派人邀请班禅额尔德尼。但是考虑到瘟病流行，改为由驿站向班禅呈献书信礼物、曼札等。四日，班禅额尔德尼收到书信和礼物，打开祥兆之门。

九日，班禅额尔德尼亲自会供度母，禳解除病。

十八日，为大强佐与德庆饶杰寺强佐巴丹达结讲授新作《胜乐鲁易巴修行法》。

当时，正值德庆饶杰寺举行密主大曼札修供法会，班禅额尔德尼回答寺僧所问，断疑解惑，传授《大曼札仪轨》《长寿修行甘露流》《上师供仪轨》《大曼札续》《护摩仪轨》，举行会供曼札仪式。

十八日，在噶丹德庆饶杰寺始讲显密经论，其间莅临吉蔡鲁当寺新设经院，大强佐献礼，传授《菩提道次第引导方便道论》《大威德生圆二次第论》。在法会上丹巴楚臣立论，四僧对辩，活跃于法会，拉基集体举行宴会献礼谢恩。

二十四日，班禅额尔德尼来到会供曼札与大乘法会，行发菩提心仪式。强佐巴丹达结、金刚上师、翁则、群则等人献礼致谢。

二十五日，班禅额尔德尼为僧俗多人传授珠嘉传规《长寿灌顶》。

因先前承诺安居，故三十日出游。德庆饶杰寺设宴招待。

八月三日，班禅额尔德尼于僧会传授《忿怒大红司命主护法业论》，并指导跳神。

当时，空中阴云骤起，雷声隆隆，不远处降下霹雳，凶兆大显。

十日，班禅额尔德尼命人向阎摩法王、四面护法、忿怒大红司命主护法供献祭品，行酬补仪式，祈求保佑。

十八日，为上述三护法神举行护摩仪式，派人以五种百供供祭莎香萨迦班智达之本尊文殊观舞母画像。

从十九日开始，班禅额尔德尼与仪轨师举行为期几日的吉祥金刚大威德息、增、怀三业护摩仪式。以前，班禅酬供护法之时，突见忿怒护法入列修业，为此班禅下令新建胜乐母塔。九月一日，新塔落成，班禅亲自酬供，举行开光大典，把新创的酬补灵器仪轨的文章和多种缘起以及新制酬补灵器同时在绛曲觉寺由全僧会要行为期7天的静猛梵天酬补法会之所需条件与哈达交给拉姆大护法。

尔后，班禅额尔德尼观赏德庆饶杰寺以密宗札仓规范仪则汇报演出的菩提神舞后，大加赞赏。

后一个九月里，按八世达赖喇嘛的主张，班禅额尔德尼于7日内勤修依文殊菩萨丸法，遣内侍强巴格勒往呈八世达赖喇嘛。

七日，拉章奉班禅额尔德尼之命出资举行施食供祭忿怒大红司命主护法法会，祈求清除佛法众生之障害。班禅亲临法会供献祭品，诵经祈求保佑，投放食子时风向颇好。

九日，班禅额尔德尼动身去嘉措温泉，途中由马队接送，仪仗队、歌舞队、各寺院、庄园等献礼迎送。

十一月，由德庆禅院、阿垅巴、布素巴、曲摩让莫巴等用仪仗队迎请到温泉。

十二日，班禅额尔德尼于温泉沐浴，德庆禅院举行宴会献礼。另外，布素寺僧人、阿垅巴、嘉拉三本智德庆巴、曲莫让摩巴、德庆管家、娘拉曼仲巴、裕固巴、裕固嘉布巴、拉娘扎西康萨巴、当普巴、茹者寺、朗噶尔宗本、嘉措央都朗托巴、拉隆孜巴以及各部落等先后献礼。八世达赖喇嘛代表管家格桑曲旺呈献书信、礼物，班禅悦收并分别给予回赠。

十四日，嘉措宗本扎西孜第巴次旺达结宴请班禅额尔德尼，纳仓两位首领、蔡曲隆寺、嘉措寺等献礼并诵经祈寿，班禅依次授教回赠。

二十一日，为消除瘟疫，40名僧人奉班禅额尔德尼之命，举行六十食子及白伞盖佛母禳灾食供法会，德庆禅院僧人齐奏酬补护法所用音乐，班禅大喜予以赏赐。

二十六日，驾离温泉，途中赏赐仪仗队、歌舞队与献礼者。

二十七日，塘巴王子雄地设午宴招待，班禅额尔德尼回礼。暮宿朗钦，达纳活佛前来拜谒。于此会见了噶玛红帽派管家、黑帽派管家、达纳强佐，并赐座问话。

二十九日，由数百骑队、僧人仪仗队、部落歌舞队迎请到噶丹德庆寺日光长寿成就殿。德庆饶杰寺僧人按照扎什伦布寺密宗札仓规则于德央奏乐敬献吉祥九层礼物。强巴格勒自拉萨至此呈献年前皇太后八十大寿时所赐之礼物：坐垫、靠垫、水晶器皿、绸缎，班禅高兴受之。

在驻锡德庆寺期间，为了消除瘟疫，班禅额尔德尼曾多次供祭护法，行酬补仪式。

班禅额尔德尼为了讳忌瘟疫而移居德庆寺，期间扎什伦布寺不便供应食品，八世达赖喇嘛先后从仲尼、管家赞果处供奉粮食、衣服，此时也供应大量食品并写信问候，班禅回信详述并致谢。

二十四日，班禅额尔德尼为噶厦管家格桑群培饯行后，会见措娘仁钦岗巴、嘛呢岗巴、协秀等人并摩顶。

去年五月，班禅额尔德尼派遣重孜仲然巴洛桑次仁比丘前去印度、尼泊尔供祭金刚座菩提塔及尼泊尔的各大圣地。今年十月六日返回，向班禅呈献印度婆罗尼斯王及廓尔喀王之书信、礼物，以及从圣地带回的各种土石、恒河净水，班禅高兴受之，询问印度中心玛噶达等地情况。

七日，举行法王密修息静护摩仪式。

十二日，班禅额尔德尼在日光殿分别以5驮与一驮糌粑所制食子供祭本尊、护法神；以五色旗帜装饰的马、狗、羊动物制像，进行全面护法仪酬轨。

十三日，向德庆饶杰寺大经堂阎摩法王、四面护法神、贝孜神等献20驮糌粑食子，陈供丰盛祭品，祈求护法保佑。第巴次旺达结敬献夏季会见之食品，班禅赐茶款待，为其主仆摩顶，并赐座问话。

当时，班禅额尔德尼派人向温萨殿各佛塔献五种供品、玻璃器皿、景泰蓝器皿，向极秘护法殿供献祭品、哈达，为16名僧人举行的为期16日的酬供法会提供费用。同时，向扎什伦布寺诸护法神供献祭品、哈达。

那个时候，印度瑜伽师德雅格日向班禅献8串琥珀念珠、14串珊瑚念珠、水晶珠一个。对此，众人处于疑罔之中，认为这是喜神的幻化。有诗赞道：

普通印度一凡夫，
奉献稀有珍宝串，
霎时不知往何处？
是真是幻持踌躇。

二十四日，印度瑜伽雅素地格日拜见班禅额尔德尼，献右旋白海螺一只、珍珠念珠一串、珊瑚念珠一串、氆氇、眼镜、金钢钻石、斯里兰卡红白鹦鹉各1只，班禅额尔德尼为之摩顶，并赐座交谈。

二十五日，班禅额尔德尼为来自前藏的请求传授戒者摩顶。

翌日开始，班禅额尔德尼为扎什伦布寺密宗札仓、色拉、哲蚌等寺120人授比丘戒；会见鄂尔多斯鄂托克王顿珠嘉措代表大喇嘛与达尔罕堪布托云洛桑克却、青海亲王之修善者等北方客人共100余人，赐茶款待交谈。

二十九日，以上密宗札仓根据下密院规范仪则举行六十食子法会，班禅额尔德尼亲临法会视察诵经。

次日，班禅额尔德尼应下密院僧人请求，讲授《集密根本续》，鼓励下密院僧人向日吾格丹寺阎摩护法与雅隆寺长寿金刚献哈达，发愿弘法。

是日，顿珠嘉措代表与其他寺院来僧于僧会向班禅额尔德尼献礼并诵经祈寿，班禅传授《兜率上师瑜伽论》。

从十一月一日起，班禅额尔德尼先后为蒙古族70名僧人授沙弥戒，为北方僧人与噶丹群科寺僧人共99人授比丘戒；会见桑顶活佛管家，并摩顶交谈。

七日，为北方僧人、德庆饶杰寺众僧、诸位侍从等多名僧俗传授《马头明王密修法》《白文殊修念随许法》《禁食斋仪轨》、珠嘉传规《长寿灌顶》，以及各自所需之法。

八日，为诸位来客饯行；会见班蔡代本平措南杰主仆，并摩顶赐座供茶问话。

九日，班蔡代本敬献厚礼。

十二日，班禅额尔德尼为代本主仆赠送回礼、衣服等赏赐。

十四日，噶丹德庆饶杰寺拉章全体僧人宴请班禅额尔德尼一行至僧会座首，举行大曼札仪式敬献厚礼，诵经祈寿。同样，噶丹年约巴和尕布扎巴等也供献财物。午宴上当强佐巴丹达结献哈达时，班禅额尔德尼说："吉日良辰，天气温暖，因缘吉祥"，并授教回赠，布施僧众。应强佐请求，按照规约教诲，清净戒律，严守法规。

十五日，噶丹群科寺及属寺宴请班禅额尔德尼。之后，班禅驾临德央寺，在大帐中受众僧献礼祝寿，嘉寺和顿珠曲宗寺也敬献财物，班禅都给予回赠布施。

次日，班禅额尔德尼应米拉夏仲及北方僧人请求，传授《白度母修念随许法》《金刚萨埵修念随许法》；为色拉、哲蚌两寺9名僧人授比丘戒。

十八日，举行吉祥天女酬补仪式，施食供祭焰口母。

当时，诺门罕第穆活佛派人前来向班禅额尔德尼献礼慰问。噶玛黑帽活佛嘉瓦旺波也派代表献茶叶62条、马9匹、骡子7匹、绫绸、哈达等。班禅为两位使者及其随员赏厚礼，准许查喜子第巴次旺达结向特别灵验故地吉祥神母像敬献哈达，祈祷发愿。

二十三日，班禅额尔德尼将先前由拉木护法所献三股金刚杵供养于护法殿，按新春时期一样大行供养仪式，拉木护法酬补广注由班禅亲自所写的著作每日传诵于僧会一会期。

从二十五日开始，闭关静修独母欲界自在母，共21天，布施乞讨者。德饶活佛代表洛桑达结向班禅额尔德尼及侍从供养献礼。

十二月，乾隆皇帝之旨经驿站转呈班禅额尔德尼，谕曰："朕为佛殿，拟从彼地建制长寿神像，酬金大哈达一条、上等各色缎18匹、黄金18两、白银450两，交由使者，班禅额尔德尼设计雕制56尊吉祥铜无量寿佛像，先呈8尊，余者后献，佛像可委托专人破规献上"。全由驻藏大臣莽古赉与索琳转呈班禅，同时接到章嘉呼图克图书信说明。班禅奉旨，立刻筹划雕制佛像。

八日下午，解除闭关静修。静修期间狂风呼啸，雪花飞舞，班禅额尔德尼说："此乃吉祥天女喜悦之征兆"。

其后，班禅额尔德尼为红帽活佛使者与达赖喇嘛母亲平措旺摩代表授教饯行，大行食供阎摩护法和酬补护法仪式。

是年，温寺洛桑曲札修完《胜乐生圆二次第论》，噶丹群科洛桑班觉修完《因类论》①《释量论饰》《般若经第一品释》《辨了义不了义论》《二十僧伽论》《心色论》《因缘赞》等 518 页，夏居米村僧人喜饶热周修完《现观庄严论》《入中论》《般若善慧饰》，并献考试试卷，班禅额尔德尼赠物，祝佛法永驻世间。

是年，班禅额尔德尼供祭三宝，供养佛寺，布施僧众，救济贫困，行善积德，弘扬佛法，民众乐业。有诗赞道：

三学清净根基坚，
讲辩著文枝叶繁；
喜我佛祖如明月，
利乐世间众生欢。

水蛇年（1773 年）一月，德庆饶杰寺于僧会上建彩粉坛城，举行胜乐修供法会。班禅额尔德尼莅临法会作语仪轨，诵《布萨经》，发愿回向，使僧众诵胜乐吉祥词；然后在石板殿中央陈列 3 驮糌粑所制神馐，左右各陈列一驮糌粑所制神馐，经堂与走廊布满五种供物，众僧供奉宝伞、胜幢、旗幡、香粉包、各种乐器，行大戏九重吉祥供养，厚供诸佛、菩萨，发愿弘法益民。正是：

于此所供物品，
凡人不可思议；
供养诸佛菩萨，
喜而立于法际。

二十四日，班禅额尔德尼指示诸护法殿僧人一定要于德庆饶寺法会新建金刚黑鹏羯摩集与红毗那夜迦十二臂修念仪轨，讲授《金刚手律源》《红毗那夜迦十二臂修念仪轨》《大黑鹏羯摩集》。应格蔡喇嘛请求，传授《金刚大威德大灌顶》；为大强佐等人授《能断灌顶母启开天门》《断授欲脱掌舵论》，为 3 人授比丘戒。

---

① 《因类论》：叙述关于论证量学理论中正因与似因等种类的著作。

尔后，食供扎西孜吉祥天女，敬献哈达、供品。

二月一日，班禅额尔德尼应格蔡喇嘛请求，讲授《忿怒母教诫》，予以赏赐。

三日，与仪轨师共行酬补与六十食子供养，以及大佛顶圣母禳灾法施食大遮仪式。同日，驿站向班禅额尔德尼转呈摄政第穆呼图克图书信。信说："大祈愿法会结束后，发现东江赛地区有獾狂跑；天寒地冻之时河水暴涨等，怪相尽显，危及达赖喇嘛健康及西藏地方政教，如何祈福禳灾，请明示"。班禅即刻回书。

十三日，班禅额尔德尼莅临日光宫长寿成就殿向北方香拔拉吉祥时轮、香拔拉具种王、如来具雪海、金刚座大菩提等献五种百供及三摩地幻化供物。

十七日，诵经酬供本尊、法王天女、四面护法、大红司命主护法。

十九日，向本尊、吉祥退敌佛母供献 8 驮糌粑所制食子，并进行酬补、供献、授权仪式。

二十日，班禅额尔德尼为雅巴官主仆摩顶赐座并供茶谈话。当日先后为指望的诸亡者行净荐仪轨，祈祷之灵超度至极乐世界。

二十三日，班禅额尔德尼为噶伦公贡噶丹增诵经超度，行净荐仪式，祝愿往生西方乐土，并赠银量绸缎等善基金，为诸献礼者饯行。

三月八日，以五种千供奉四世班禅罗桑确吉坚赞灵塔，敬献哈达，广发誓愿。同时，应大密师请求新作祝愿词，平息一切上师僧徒之怨敌。

十一日，班禅额尔德尼会见科尔沁呼塔让贝子上师巴丹嘉措等 1000 多名北方僧人，摩顶赐茶款待。

十三日，曲杰巴丹嘉措布施僧众，供养寺院，迎请班禅额尔德尼到僧会献礼物祝寿，应僧众请求，班禅传授全僧会《真言三义注疏》。应曲杰请求，班禅授《依金刚萨埵修念随许法》和《清净罪障护摩仪轨》，并新作《噶丹协热图活佛灵童再世祈祷文》。为曲杰巴丹嘉措等少部分蒙古族僧人授《铃尊者传承胜东五神灌顶》《白胜乐修念随许法》《度母修念随许法》等，为下密院与蒙古族僧人共 105 人授比丘戒，为 34 人授沙弥戒。

二十日，班禅额尔德尼为巴丹嘉措等北方客人饯行。

三十日，班禅额尔德尼与经师、密宗札仓 40 人等陈供食品，根据下密院法规食供护法，行六十食子回向。

四月三日，噶伦公班智达主仆等少部前来拜谒，呈献八世达赖喇嘛所赐慰问品、衣服、粮食，班禅额尔德尼受礼赐茶款待。

五日，噶伦公班智达邀请班禅额尔德尼到僧会献礼并诵经祈寿，布施僧众。班禅为噶伦父子等人传授《白度母修念随许法》、珠嘉传规《长寿灌顶》《无量寿佛修念随许法》。

十一月，由噶伦公作施主，为新修建的噶丹德庆饶杰寺经院举行落成典礼，并邀请班禅额尔德尼到法会向参加落成典礼的僧俗民众讲授《菩提道次第略论》《长寿修行甘露》《恩惠启白》，作发菩提心供养。寺院设宴款待所有师徒并由巴丹嘉措立论，另6名上师驳辩，班禅观后高兴称赞，并会见摩顶广大团体和僧俗信众。

当时，噶伦公班智达奉班禅额尔德尼之命准备前往温乃郭仓禅院闭关静修长寿仪轨七日，临行前与班禅谈论佛事。

十五日，班禅额尔德尼于德庆饶杰寺法会上施放斋僧茶，为历时两天的十一面观音与大威德修供法会施放热食，布施每名僧人尼泊尔银币一枚。

次日，为青海群培贝勒上师托巴噶钦益西旺秀传授《青衣金刚手》《红毗沙门》《金刚手伏魔》《大红毗那夜迦》等修念随许法，教诲要虔诚佛法，利益众生。

二十日，噶伦公从郭仓禅院返回，与班禅额尔德尼谈论佛事。

二十一日，班禅额尔德尼为噶伦及其侍从授大乘布萨戒，厚赐噶伦父子，诵经祈求勇保护法禳解病魔，按照品级赏赐噶伦随员，举行宴会饯行。同时，为八世达赖喇嘛写信赠礼，表示慰问。

二十二日上午，噶伦公前来拜谒献礼祈求保佑，班禅额尔德尼摩顶加持，广谈有关做好政教两事的话题。之后，送噶伦公主仆返回拉萨。

二十三日，班禅额尔德尼应噶丹群科寺拉基请求，为噶丹德庆饶杰寺众僧以及各方来僧共1000余人传授《长寿灌顶》。

二十五日，呈献圣上的由宝石镶嵌的精致吉祥铜无量寿佛像56尊已制成并送达德庆饶杰寺供座于小寝室日光聚殿，广行供祭，举行开光仪典。

五月二日，为进京向乾隆皇帝敬献长寿佛像的噶究洛桑顿珠主仆传授珠嘉传规《长寿灌顶》，诵经禳解病魔并饯行。

十三日，为了佛法众生之大事，班禅额尔德尼莅临德庆饶杰寺僧会座首，举行酬补、六十食子、白伞盖佛母禳解法会。

十五日，摄政索本夏仲洛桑次仁出资举行法会，迎请班禅额尔德尼莅临法会作布萨，传授《菩提道次第引导》《大威德生起次第成就穗》，立辩经法会。热绛巴赤列巴丹立宗，其他6名学者离席对辩，受到班禅称赞。摄政索本献礼，设宴布施师徒及僧会。

二十二日，香囊富户拜谒班禅额尔德尼。其后，班禅为僧俗多人摩顶加持。

二十八日，为大强佐与德庆饶杰寺强巴巴丹达结诵大威德禳解诅咒。

六月三日，为红帽活佛与司徒活佛之信使及白朗宗新任宗本仲赛巴、赛仁钦孜宗本等各方信众摩顶加持。

在转法轮节当日，向释迦佛像献五种百供，发愿弘法利民。

十五日，讲解《布萨经》，次日坐夏，焚香供祭乃赛尔护法祝愿嘱托。

二十四日，应噶丹德庆饶杰寺僧众请求，班禅额尔德尼为他们及嘉措德庆禅院僧人预传授鲁易巴传承之《胜乐灌顶》而作准备，次日正式传授，并授新作《威猛三部酬补法》。

二十七日，为扎西孜第巴次旺主仆及代本姜洛建主仆，以及各方僧俗信众摩顶，代本献礼并诵经祈寿。他们临行时，班禅举行宴会饯行。尔后，为澎域色康寺9名僧人授比丘戒。

七月一日，廓尔喀王的使者巴玛杂日巴格拉太和札雅萨日玛太巴等30人来藏交涉贸易，是日经拉萨抵达德庆饶杰寺，向班禅额尔德尼奉献旃檀洛格夏拉观音像、金铜混制金刚萨埵像、尼泊尔金币15两、药物等好几包物品以及书信。巴玛杂日用梵语诵吉祥祝词，班禅收礼摩顶赐茶款待，询问印度及尼泊尔国情。然后，以五种百供供祭大经堂释迦佛像，为几名亡故者行净荐仪式，发愿回向。

彼时，廓尔喀王请求班禅额尔德尼调解不丹与披楞[1]之间的冲突。班禅额尔德尼复信廓尔喀王说，“大王所书，内情皆悉，要作有利于贸易与不丹方

---

① 披楞是当时对来到印度南亚大陆的欧洲殖民主义者的称呼，这里是指在孟加拉的英国东印度公司。

面之事，并且命曰：尼泊尔是欧赛果恰王（即铠甲光王）后裔之国土，内外道皆存，故供养宗教，维修寺庙，佐助前来朝拜的信众等事宜要由王来承担，如此所云……”，并分别予以回赠。

九日，班禅额尔德尼在科兰寺管家所设宴会上，为管家和各方僧人摩顶。

二十日，班禅额尔德尼与80位仪轨僧举行护法酬补、白伞盖佛母禳解、六十食子法会。

二十一日，为到来的土尔扈特居热图罕渥巴锡的代表格隆金巴、洛哲喜饶，其他王、贝勒、贝子等官员代表共30多人以及乾隆皇帝使者嘉尔布两名、包雪卡两名、恰巴两名、士兵10人摩顶赐座供茶问话。

从二十三日开始，班禅额尔德尼先后为土尔扈特56名僧人授比丘戒，为25人授沙弥戒。

二十四日，土尔扈特使者于僧会向班禅额尔德尼献银制曼札、衣服全套、日用器皿、中原内地及乃麦希地方绸缎、金银、珍珠、皮张等丰厚礼物，祈祷长寿，同时布施僧众，班禅诵传《兜率上师瑜伽论》，行一切善法聚回向无上菩提之愿。

二十五日，应土尔扈特代表与德庆饶杰寺僧人请求，班禅额尔德尼传授《十三尊大威德金刚灌顶》；应加尔果王其请求为其授珠嘉传规《长寿灌顶》，为土尔扈特代表、嘉尔布、包雪卡、色拉和哲蚌寺僧人等逐次传授《阎摩护法修念随许法》《叶衣观自在修念随许法》。

二十六日，班禅额尔德尼为土尔扈特代表、加尔果琪、笔帖式赠送佛像、佛塔等厚礼。诸位官员和村民，请求班禅保佑，班禅予以回信赏赐饯行。茶会上教诲诸官员僧人“效忠黄教，虔诚弘法”。土尔扈特代表说：“吾等自古以来居住在土尔扈特地区，先前虽弘扬宗喀巴大师之圣教，但四周被异教徒包围，恐后世子孙入外道之门而昼夜思虑，居热图汗渥巴锡率领五万民众越沙漠、战强盗而来，途中遇哈萨克与布红绒兵追赶，经奋战失去两万人马。病魔又夺取多人生命，灾祸深重，但幸存者归附圣上，如今依皇恩安居。尤其依无上佛法及西藏贤良、寺院三宝，吾等才有拜谒之际，此乃佛之慈悲。而今官贵、百姓在清乾隆皇帝管辖之下，安居乐业，效忠宗喀巴大师圣教。要班禅额尔德尼为吾等之福禄长寿予以护佑加持等如此祈祷，班禅悦而回应。班禅先后多次设宴款待赐物，使其等实在心满意足”！① 有诗赞道：

大师事业之芳香，
招来信徒采蜜蜂；
所酿福德鲜花蜜，
敬您永世无满足。
贪图后世富贵者，
只要具有虔诚心，
此乃天界如意树，
保您心愿定成功。

班禅额尔德尼坐夏时未作布萨。三十日，班禅额尔德尼莅临法会作布萨与解夏，到西北方向一俱卢舍远地，举行宴会酬补护法，为格协秀巴、莎协巴等僧俗信众摩顶加持。

八月四日，班禅额尔德尼莅临僧会举行六十食子与救度母禳解仪式。

五日，在寝宫，班禅额尔德尼与经师、上密院30名请求传授比丘戒者施食供养护法、天母、毗沙门，为诸神像行酬补投放六十食子法会。

其后，应东科尔寺活佛格敦嘉木央嘉措请求，班禅额尔德尼传授《菩提道次第要论》《吉祥天女修念随许法》。

当时，大强佐于德庆饶杰寺附近新建噶丹金刚座禅院。十五日，各禅院以及仪仗队迎请班禅额尔德尼到新建禅院侍奉。

十六日，大强佐巴丹达结请求班禅额尔德尼向德庆饶杰寺、金刚座禅院、曲木拉当巴等的隐居者和色拉、哲蚌寺等各方僧人讲授《大手印明灯再

① 土尔扈特是蒙古族四卫拉特四部之一。在明朝末年（1628年），土尔扈特人为了寻找新的生存环境，部族中的大部分人离开新疆塔尔巴哈台故土，越过哈萨克草原，渡过乌拉尔河，来到了当时尚未被沙皇俄国占领的伏尔加河下游、里海之滨。在这片人烟稀少的草原上放牧，建立起游牧民族的封建政权土尔扈特汗国。土尔扈特人崇信藏传佛教格鲁派和西藏的格鲁派首领保持密切关系，沙俄力图强迫土尔扈特人改信东正教，为此制造宗教矛盾和纠纷，对土尔扈特部众进行大规模的宗教迫害，到了18世纪60年代，因沙俄频繁征兵征税的巨大压力，他们又决心返回故土。1771年1月，在渥巴锡汗的领导下，伏尔加河右岸33000多户的土尔扈特人出发东归（左岸10000户因河水未结冰未能过河），历时近半年，行程上万里。他们战胜了沙俄、哥萨克和哈萨克等军队不断的围追堵截，战胜了难以想象的艰难困苦，承受了极大的民族牺牲，终于实现了东归壮举。为了妥善安置归来的土尔扈特部众，清政府指派官员在新疆勘查水草丰美之地，将巴音布鲁克、乌苏、科布多等地划给土尔扈特人作牧场，让他们能够安居乐业。

论》广注，为广大信众摩顶。

翌日，班禅额尔德尼来到禅院林园湖畔诵吉祥词，供奉油炸供品。

十八日，班禅额尔德尼亲临大经堂与德庆饶杰寺、包巴寺僧人共行吉祥布萨仪式，向佛殿、佛像圣塔诵经祝赞。大强佐、经师、德庆饶杰寺僧人共12人共同陈献食品，举行胜乐仪式与酬补，祈佑四面护法与大红司命主，班禅赏赐大强佐，为僧俗多人摩顶加持。

次日，在仪仗队的迎请中，班禅额尔德尼驾临德庆饶杰寺。

二十七日，班禅额尔德尼会见若尔盖喇嘛香厨师瓦协巴洛桑贝丹主仆及若尔盖大批同行者香客施主，并摩顶赐座供茶问话，洛桑贝丹与施主献良马200匹。重孜母亲拉辛卓玛、桑顶活佛信使、白朗宗本亦前来拜谒，敬献礼物，班禅分别予以赏赐。

当时，班禅额尔德尼应土尔扈特代表请求，为八世达赖喇嘛作《长寿祈祷文》，派内侍洛桑诺布前往呈献。

其后，为上密院126名僧人授比丘戒，为20人授沙弥戒。

九月三日，木曜日，班禅额尔德尼会见并问话前去各地朝拜以及去洛桑多巴山、德垅敦巴等地竖立经幡后返回的喇嘛转世。

五日，钦差堪布益西塔耶主仆呈献乾隆皇帝金书赐物，班禅额尔德尼问乾隆皇帝安康，并摩顶赐茶款待益西塔耶。

九日，益西塔耶向班禅额尔德尼献礼并诵经祈寿。

十一日，若尔盖喇嘛向僧会发放布施，恭请班禅额尔德尼到僧会座首，献礼祝寿。

次日，喀尔喀额尔德尼公莫居多杰、清素居图诺门罕代表额尔德尼曲杰洛桑格敦、索本堪布车臣云等在经堂向班禅恭献厚礼，班禅为他们传授《兜率上师瑜伽论引导成就之源》。

多巴四翁代表寺院部落合献良马40匹，班禅额尔德尼为其摩顶，讲授《长寿灌顶》。

其后几日，班禅额尔德尼为喀尔喀、若尔盖等地207名僧人授居士、出家、沙弥三戒，为色拉、哲蚌、康区共250名僧人授比丘戒；为若尔盖喇嘛传授《阎摩法王内外秘三种修念随许法》。

从二十一日开始，班禅额尔德尼先后为喀尔喀、若尔盖、德庆饶杰寺600

多名僧人传授《时轮心曼札修行法》《欲解脱菩萨母随许法》《兜率上师瑜伽论》《大慈悲经》《妙吉祥根本智最上秘密一切名义经》《集学论》《度母修念随许法》《白伞盖佛母修念随许法》《三祈愿经》、阿底峡之传《贤哲六字真言开许》《无量寿佛与马头明王双运灌顶》等，为蒙古代表及德庆饶杰寺僧众讲授《吉祥金刚大威德灌顶》。然后，应喀尔喀毕力克图法王格勒伦珠请求，为铃尊者传授《胜乐大灌顶》，为公穆居多杰讲授《黑文殊菩萨随许法》《红妙音天母修念法》《白度母修念随许法》《狮面空行母法》《拘噜拘赖修念随许法》《大红司命主护法修念法》《金刚手大曼札根本陀罗尼印》，为清素居图代表曲杰洛桑格敦、索本托云传授《大威德生圆二次第论》；会见代本班蔡巴并为其讲授《施食法》《水施食法》。依六臂勇保护法举行祈福禳灾仪式。

二十五日，赐给喀尔喀莫居多杰等蒙古族代表佛像、佛塔、香料，册封莫居多杰公为“墨尔根毕力克图达尔罕”爵位并发呈文。

十月一日，班禅额尔德尼莅临大经堂，分别以 7 驮青稞面粉制品、100 驮青稞面粉制品、一驮糌粑制品、12 驮糌粑制品及兵器、马、狗、熊等身像供祭金刚大威德、吉祥四面护法、四大佛母、大红司命主护法等，举行各护法酬补仪式。

尔时，乾隆皇帝降旨命回“朕远虑普天下佛法众生之安乐，讨伐叛教恶魔……”之金书敕谕经驻藏大臣转呈班禅额尔德尼。班禅为恭敬国政，依阎魔本尊陀罗尼咒解束所缚之众城，行种种诛业。约于此时，扎什伦布寺及其属寺，以及各宗派僧人按其念诵仪规，举行阎魔护法六十食子及白伞盖佛母禳解、度母退战禳灾、天母大施食、降伏敌军护摩。为以上之善后法事举行白伞盖佛母、经般若心经及空行狮面母禳解法会，念诵《甘珠尔》《丹珠尔》《金光明经》《宝积经》《具光经》《佛说无能性幡王如来庄严陀罗尼经》和《十万般若颂》等经典。如此之事班禅额尔德尼派驿使书奏乾隆皇帝。

七日，香地区诸禅院举行上师供仪轨及会供曼札，为班禅额尔德尼祝寿。班禅受礼并为各禅院僧俗 2000 多人传授《无量寿经》《马头明王双运灌顶》《上师供》《尊者礼供》等，向各禅院施放斋僧茶，布施财物。

十五日，与德庆饶杰寺僧众一起为消除扎什伦布寺堪布、上师、众僧之灾殃，举行盛大的大威德护摩与酬补仪式。

十八日起，班禅额尔德尼应各禅院喇嘛、翁则之请，讲授《大威德生圆二次第论》，诵传自己新作，为金刚座禅院、色拉、哲蚌等寺僧人讲授《兜率上师瑜伽论》《普贤行愿品》《佛陀赞》等。应噶丹群科寺卸任管家美日加巴请求，传授《青衣金刚手修念随许法》，会见噶伦达尔罕寺堪布群则洛桑丹增特使囊索卓结主仆，赐茶款待问话，尔后回信赏赐。

当时，多仁班智达夫人德丹卓玛病故，报丧者向班禅额尔德尼献礼，请求诵经回向。班禅作净荐仪轨，诵经发愿回向，使亡灵超度恶趣。

二十三日，拉普包尔多寺僧众集体献曼札等礼物祝寿，班禅额尔德尼予以回赠布施，传授《白伞盖佛母禳解法》。

二十五日，以 3 驮糌粑制品供祭胜乐、大威德，一驮糌粑食子供祭阎摩王、四面护法。经师与德庆饶杰寺 20 名僧人共行胜乐、大威德护摩仪式及护法酬补仪式。

在雄雄神殿献五种百供，并向克珠琼布瑜伽行者像敬献珍宝饰黄色法衣及哈达；另外还向在此供养的观世音菩萨及乃格玛空行母、苏噶桑地、摩觉喇嘛像、六臂如意怙主像等敬献哈达、供品、为金刚座禅院发放布施。

尔后，为多麦察科 63 人授比丘戒，为 20 人授沙弥戒。

十一月二日，班禅额尔德尼与日东夏仲会晤谈论佛事，为拜谒的安多瓦等 100 多名僧俗信众摩顶并应请授《六字真言》，教诲各位每日念诵六字大明咒 300 遍。

三日，班禅额尔德尼举行大威德金刚前往自生及诸护法酬补仪式。

六日，达托庄园管家格隆丹增继人邀请班禅额尔德尼至僧会座首，献礼并诵经祈寿。

十八日，班禅额尔德尼分别以 7 驮糌粑、30 驮酥油糌粑所制大朵玛食子及兵器、骡子、牝牡牦牛等身像供品供养本尊神与吉祥欲界自在母、退敌神母。

十九日，班禅额尔德尼向神母供奉神朵玛，补求保佑。尔后，会见嘉拉代表、止玛活佛、达尔当代表、杰雄夏仲，并赐茶问话，另外为色拉、哲蚌寺、安多地区僧俗多人摩顶。为止玛活佛等 59 人授比丘戒，为 10 人授沙弥戒。

二十六日，班禅额尔德尼以 6 驮糌粑所制大朵玛食子、会供曼札酬供四面护法。

三十日，青海札萨克扎西饶丹上师格孜活佛、东科尔呼图克图代表、强多贝子代表达尔罕比丘等北方客人200多人拜谒，班禅额尔德尼为其摩顶赐座，供茶问话。

十二月二日，青海各位代表在寝室向班禅额尔德尼诵经祈寿，班禅讲授《长寿灌顶》《度母颂》《白伞盖佛母随许法》《普贤行愿品》《般若心要》《佛陀赞》以及所求部分著作之传承，给各官部回信，并为各代表饯行。

四日，红帽活佛前来拜谒，班禅额尔德尼派人在南木朗加卡尔设茶宴，并在5名内侍的迎接下抵寺见面，班禅和红帽活佛开心谈论多时。宴会和额外赏品等异常丰盛。

七日，会见八世达赖喇嘛特使摩仲主仆，班禅额尔德尼摩顶赐座供茶，尔后摩仲卓玛杰献礼并诵经祈寿。班禅传授《长寿灌顶》并饯行。

二十二日，在东寝宫施食供祭护法，届时班禅额尔德尼亲临法会座首。

从二十三日开始，噶丹德庆饶杰寺举行年终朵玛施食供养忿怒大红司命主护法及救度母供养仪轨法会，班禅额尔德尼施放斋僧茶饭，发放布施。

二月二十八日、二十九日，班禅额尔德尼莅临救度母仪轨法会，发愿弘法益民。然后于定期朵玛供养法会上，观赏德庆饶杰寺僧人跳神。

是年，益西楚臣活佛修完《量论总摄》《释量论辩解》第二章；白图巴桑洛达结修完《释量论辩解》，达摩巴噶钦洛桑丹增修完《般若经》第四品、《中论辩解》，温寺洛桑格敦、达曲班觉、巴丹坚赞、洛桑扎西、巴丹顿珠、丹增贡钦等献《胜乐根本续》试卷，桑杰雅培修完《菩提道炬论》《菩提道次第引导速道论》，益西曲札活佛修完《菩提道次第引导方便道论》《集密生圆二次第论》《大威德生圆次第论》，噶丹群科巴洛哲坚赞修完《般若善慧义饰》，丹巴达结修完《中论注释》《现观庄严论》《入中论》《俱舍论》《律心海摄颂》，洛桑饶觉修完《中论广释入大乘海舵手》《中论再疏明灯》并献考试试卷，班禅额尔德尼分别予以不同奖赏。

木马年（1774年）一月三日，在长寿成就殿陈献丰盛供品，同仪轨僧共行本尊仪式，酬供阎摩法王、四面护法、大红司命主护法；为献礼祝寿的拉普巴洛寺众僧讲授《佛陀赞》，回赐礼物，布施僧众。

其后，噶丹群科寺钦巴米村与噶丹群科寺分别宴请班禅额尔德尼。红帽活佛出资，在寝殿同护法殿僧人献曼札祝寿，班禅于僧会座首作总回向并诵《胜乐吉祥祝愿词》。

十五日，德庆饶杰寺供养布施僧众，班禅额尔德尼莅临，于僧会座首传授《胜乐仪轨自入法》，班禅亲自摆供，在释迦佛祖像前献五种百供、八瑞相、七宝政等，并向石板地供30驮糌粑所制神馐一具、一驮糌粑所制神馐4具，各以酥油相饰，殿周围布满花供。诸僧身着新衣、手持各种供器，列队绕3次，以妙音九重吉祥供养诸佛菩萨，发愿佛法圆满，众生安乐。

鄂尔多斯大贝子扎西次仁、其子台吉贡波多杰、杜尔伯特王代表医师阿旺楚臣等100多人前来晋谒。

十日，贡波多杰献礼祝寿，都贝阿旺楚臣也祝寿。班禅额尔德尼为蒙古僧人、三大寺僧人、噶丹群科寺僧人共44人授沙弥戒，为180人授比丘戒，为二人授沙弥尼戒，为5人授居士戒。为北方蒙古族代表依其愿授教，回信各施主，赠物饯行各代表。

其后，诸位侍从、僧俗部落民众集体为僧众供养丰厚斋僧茶的同时，宴请班禅额尔德尼到僧会座首，献银曼札、佛像、佛经、佛塔、衣服用具、金银、绸缎、茶包等，庆贺班禅37年身未遇灾，祝愿班禅莲足如金刚永世长存，班禅为与会者摩顶加持。尔后向德庆饶杰寺4名比丘授《金刚手伏魔》《红毗那夜迦修行法》，接见桑顶活佛为祝寿班禅而派的仲尼管家主仆，赐座供茶问话。

十六日，班禅额尔德尼派人迎接昌都活佛帕巴拉晋美益西巴丹贡波。

十九日，班禅额尔德尼自任堪布业轨范师、屏教师与记时师等于僧众中为帕巴拉活佛授比丘戒，赠送哈达、佛像、僧伽胝，教诲要广做善事，弘法利民。帕巴拉活佛献厚礼谢恩。

斯时，班禅额尔德尼会见八世达赖喇嘛所派管家赞廓主仆，为其赐座供茶，回信与依处一并饯行。

帕巴拉活佛请求单独拜见，班禅额尔德尼赐座供茶谈话。应其请求为其主仆30人及色拉、哲蚌、噶丹金刚座、德庆饶杰寺执事等100余人讲授《菩提道次第引导方便道论》，会后行发菩提心仪式。

二十四日，帕巴拉布施僧众的同时，迎请班禅额尔德尼到僧会献厚礼祝寿。

班禅额尔德尼为其主仆授《大威德金刚二次第论引导》，单独为帕巴拉传授《生圆二次第秘诀》。在大经堂，班禅先后为帕巴拉主仆、德庆饶杰寺僧众、侍从共300人讲授《白伞盖佛母三十七神灌顶》《无量寿灌顶长寿鼓声》《十一面观音灌顶》；为帕巴拉主仆传授《菩提道炬论》《菩提道次第引导方便道论》《毗奈耶羯摩仪轨》《四力忏悔法》《龙王修行法》《大慈悲羯摩集》等多种常用教诲，以及珠嘉传规《百种长寿灌顶》，并为喀尔喀人授《长寿灌顶》。

之后，班禅额尔德尼为帕巴拉讲授《四面怙主修念随许法》等无数甚深经论，满足一切具缘者之心愿。有诗赞道：

口渴得水饥获肴，
好色得女暑得凉，
欲得解脱众具缘，
今步佛法盛宴堂。

授完以上甚深经论，帕巴拉活佛献礼酬谢班禅额尔德尼，班禅赠贶佛像、僧衣、白银、绫绸等礼物，并赏赐帕巴拉经师及侍从。喀尔曼殊富利活佛前来拜谒，班禅赐座问话，活佛为僧众供斋僧茶，同时将班禅迎请至僧会座首并献厚礼。班禅还为部分活佛主仆授沙弥戒。尔时，彭措林寺夏尔孜云丹坚赞前来晋谒，班禅为其赐座供茶问话。

次日，班禅额尔德尼为曼殊室利活佛主仆与色拉、哲蚌寺共39名僧人授比丘戒。应曼殊室利活佛请求，为其主仆、色拉、哲蚌寺僧、金刚座禅院共30名僧人讲授《金刚手大曼札修念随许法》《金刚亥母修念随许法》《青衣金刚手修念随许法》《具金等四种毗沙天修念随许法》《文殊语狮子修念法》《依无量光佛往生夺舍法》。之后，又为曼殊室利活佛与色拉、哲蚌寺100多名僧人传授《菩提道次第略论》；单独为活佛授《铁堡施食仪轨》。普布觉活佛前来拜谒，为其赐座供茶问话。应普布觉活佛请求为其主仆及曼殊室利活佛主仆、色拉、哲蚌寺共70名僧人讲授《马头明王秘修法》《黑鹏火刃道》《白文殊菩萨修念法》《白妙音天母修念法》。尔后，单独会见普布觉活佛与夏尔孜云丹坚赞，传授《六臂护法修念随许法》《阎摩护法秘修法》等。

普布觉活佛于僧会发放布施，迎请班禅额尔德尼并献曼札、佛像、佛经、佛塔、衣服用具、马蹄银、银币、水晶石器皿、彩绸等礼物，活佛亲自手捧曼札高诵歌颂班禅功德之词祝寿。班禅喜而受之,单独为活佛讲授《狮面佛母修念法》《忿怒护法修念随许法》、珠嘉传规《长寿灌顶》,回赠丰厚礼物。同时,回赐了绕绛巴强佐洛桑达结、曼殊室利活佛等人。

其间,班禅额尔德尼先后为迭部活佛等拉萨三大寺、康区及蒙古来僧、近效寺僧共336人授比丘戒,为39人授沙弥戒,为一人授居士戒;为上下密院38人授《集密根本续》,为噶丹彭措林寺僧讲授《依殊菩萨上师瑜伽论》,为色拉、哲蚌两寺部分僧人逐次讲授《七支颂》《兜率上师瑜伽论》,为祝寿班禅避开37岁之年灾,八世达赖喇嘛所派兄长索朗扎西和内侍洛桑更敦前来拜谒,班禅为其等赐座供茶谈话并问安八世达赖喇嘛。

三月十三日,噶厦出资设宴,达赖喇嘛特使索朗扎西与洛桑更敦迎请班禅额尔德尼到会诵经酬补天母,敬献曼札一具、佛像、佛经、佛塔、衣服用具、黄金5两、白银25升、长条茶多包,由兄长索朗扎西诵祝寿词。

诺门罕第穆活佛、诸噶伦内侍及洛桑更敦分别献厚礼。

十七日,达赖喇嘛母亲平措旺摩、兄长索朗扎西母子一起在大经堂宴请班禅额尔德尼,献礼并诵经祈寿。是时,内侍洛桑格敦告辞,班禅上书八世达赖喇嘛,献礼致谢,并祝达赖喇嘛贵体安康,勤修经典。班禅也赠送内侍丰厚赏赐和回礼,还为索朗扎西授《长寿灌顶》,赠送厚礼。同时,然木当玛瓦寺集体向班禅献厚礼祝寿,班禅赐回礼并放斋僧茶。

当时,喀尔喀哲布尊丹巴圆寂,索本堪布主仆8人与执事一人前来报丧,向班禅额尔德尼献回向礼,并委托班禅卜卦灵童转世之事宜。为其等禀问灵童转世事宜,班禅受礼。

班禅额尔德尼为喀尔喀代表摩顶赐茶款待。喀尔喀代表向班禅呈上化身,速回祷文和有关转世事宜之书信并各自献礼。喀尔喀管家贡波多杰、索本堪布各自献礼祝寿,班禅授《摧破金刚修念随许法》。班禅为代表们赐卜卦结果和回礼并饯行。

纽曲廓寺与噶丹群科寺集体于尔时各自献礼并诵经祈寿,班禅额尔德尼为前者传授《菩提道次第略论》,为后者传授《长寿仪轨天神甘露流》,两者发放布施,回礼献公。

当时,从小服侍大强佐的管家巴丹达结患病医治无效病故,大强佐极度悲伤,班禅额尔德尼劝慰。

翌日,德庆饶杰寺拉章宴请班禅额尔德尼,献回向礼物。班禅发愿诵经超度亡灵。

其后数日,班禅额尔德尼按照先例施食供养各护法,与仪轨僧共行护法酬补仪式。

四月十六日,班禅额尔德尼献祭供食,为诸护法神新制银手相并行诸护法酬补仪式嘱托。

是月底,班禅额尔德尼应红帽派第十世活佛洛桑格勒塔耶晋美曲杰旺秀之请,为其主仆100人授珠嘉传规《长寿灌顶》,其后照常行酬补仪式。应钦差堪布洛桑贡噶热绛巴、喀尔喀德却叶当王上师嘉钦孜巴噶钦洛桑群培、主巴法王慰问使者噶巴等僧俗200人之请授珠嘉传规《长寿灌顶》,并为代表们饯行。应亲见达那郭译师修行处的几名山人的请求,班禅授《俱卢洲长寿仪规》。

五月十五日,班禅额尔德尼莅临法会传授《别解脱戒经》,其后传授《菩提道次第广论》《生圆二次第论》。会上噶究丹增群培立宗,其他格西驳辩,班禅观后称赞。

二十二日,德庆饶杰寺拉章设盛大宴会恭请班禅额尔德尼到僧会座首,为大强佐负责修建的所有佛像、佛堂,以金刚大威德方式举行开光仪典,众僧献厚礼谢恩,祝愿班禅长寿。班禅也赠赐大经堂与后殿屋内华盖、天窗檐与大经堂幕帘、锦缎胜幢、香包、柱幡、彩色水晶璎珞、依怙殿旗鬘、顶屋四柱神殿中休养的铜像、金铜像、旃檀像、各种布面像、供物以及旧经堂释迦佛像前陈设的各种乐器,赐予僧众绸制上衣、僧裙40件,施放斋僧茶,发给每名僧人哈达一条、白银一两。

其后,雪索本堪布夏仲洛桑次仁于大经堂宴请班禅额尔德尼,献厚礼祝寿,班禅额尔德尼讲授《菩提道次第论》一节。

昂仁寺堪布洛桑雅培、德琼巴格勒迥乃、班禅额尔德尼自己的各位侍从、密乘翁则噶钦贡却雅培、扎西孜巴、德庆饶杰寺僧众、大密咒师、班蔡代本平措南杰等各献厚礼并诵经祈寿,班禅分别予以回赠,满足诸人心愿。

昔日,不丹第悉宇达尔曾将噶积噶拉杂捉拿入狱,拉杂属下求助印度邦噶拉王,故邦噶拉王与不丹第悉因不和而发生战乱,致使不丹好几处地方失陷,当地民众遭受灾殃。班禅耳闻惨情,于心不忍,便遣使者说和,并寄书解劝说:“要考虑当前和长久的利害关系,应和平相处”等。邦噶拉王奉班禅之命归还所夺不丹之地,双方和解,众生安乐。如此,班禅之慈悲宛若阳光,普照着不同地域、不同种族的一切有情,因此,往不同信仰、不同国度的地方教诲和授命,也像尊重自己国王的命令一样,放弃战乱,享受如圆满时一样的幸福时代。

浑浊恶魔惑人心,
无明胸中愤恨起,
瞋恚怒气冲天斗,
兵燹烈火焚大地。
博大法身似天际,
慈悲密云蔽苍穹,
良方时降甘露雨,
方除恶行苦痛息。
大师开恩为众生,
不分远近遍加持,
慈悲芳名留世间,
仿佛人间母爱子。

当时,增木朗王使者晋谒班禅额尔德尼,呈献书信,并献名为“德波嘉”的宝驹一匹。班禅以7驮面粉所制大朵玛食子,并将增木朗所供的马也作为供物,与仪轨僧一起酬补忿怒大红司命主护法神。扎西孜夫人周琼宗献礼物,班禅赐茶款待问安。

十五日,班禅额尔德尼行布萨仪式。

十六日,班禅额尔德尼开始坐夏。

七月六日,班禅额尔德尼会见管家夏鲁堪布与孜促噶究,遣使慰问达赖喇嘛;为管家与孜仲饯行。应德庆饶杰寺请求,为该寺僧人与噶丹群科寺僧人共500人讲授《菩提道次第引导方便道论》。

此前,班禅额尔德尼为供祭印度圣地金刚座大菩提和释迦牟尼收伏优楼频螺迦叶之地噶雅国日以及祭毗萨尔城(毗舍厘城)、波罗痆斯、帕格河

（尼连禅河）等圣地，专派仲孜仲然巴群则洛桑次仁和其他3人经洛巴前往印度，之后3人因酷热死于门地。印度路远，气候炎热，道途常有毒蛇、野兽出没，强盗贼人，使人心惊胆战，而且各小国国界有军士把守，困难重重。但此次前往，依赖班禅额尔德尼之加持威力，每到一处，只要说明是吉祥贤班禅所派供祭者，处处受到迎接欢送，并作为挚友。行到波罗痆斯城，拜见孜德桑巴都尔王，呈献书信礼物，王于木座之上欣然接受，并大举赏赐。尔后，孜德桑巴都尔王遣使送行。半月后，到达金刚座，于贤劫千佛获菩提正果圣地金刚座大菩提像前献五种千供，按班禅箴言，发愿无上佛法倡弘千古，传遍大地，愿今朝圣万寿无疆，国政昌盛；愿贤良大德长生于世，事业宏伟；愿寺院僧众同心同德，虔诚守戒，今世安乐，后世成佛，并厚供当地执事协吾热地等。尔时，吉祥上师玛哈格茹（大喇嘛）之供祭者到达印度之事人人皆知，言传大地，信仰观看者聚集，众人鼓掌以表恭敬。有献鲜花者，有献水牛酥油灯者，有献饭团者，皆按当地习俗奉献厚礼供物。以鲜花、酥油相赠比丘群则，一片热心，一片诚意，如到了亲朋好友家中一样。之后其他各圣地也同样进行供祭祈愿如此，逐渐返回波罗痆斯城，国王高兴地说："尔等奉玛哈格茹之命作如此供祭，现今返回甚善"。在波罗痆斯城供祭了多处名胜古迹之后，为了问安班禅，波罗痆斯王与军队首领拉拉噶希迷日玛拉派格桑欣布日与索巴热木随比丘群则进藏，其等逐渐到达班禅身边。使者向班禅呈献慰问信及礼物，班禅欣然接受。书信译成汉文如下："尊者仁布切，大遍知，如天地间众生之父母，拜读赐书仿佛面见，所赐绵缎、黄金如护髻威德之承受，以上师旨意，为使者比丘群则朝拜供养金刚座圣地，吾派人带路，比丘乘轿，发文书护照，通官联系，依其意趣，结朋交友，大行方便。今日返回，吾与噶希迷日玛拉同心同德，祈求班禅慈悲护佑，奖赏吾之使者洛桑格欣布日与索巴热木，等于奖赏吾二人，再求上师赐予惠书，吾自敬献书信。此地情况比丘与二使者奏悉……如此之信件。另有黄金制印度锦缎、噶希噶棉布，以及军队统制噶希迷日玛拉椤札字（龙文）之书信、礼物有金刚座大菩提神殿中的珍珠所饰时钟1盘、水晶石、象牙、白玉等器皿"。班禅为印度使者赐茶问安详谈。

其后，向根敦珠巴所建扎什伦布寺大佛像敬献噶希噶布僧衣、哈达、千种供品，酬供诸护法神。以金粉镶镀仲然巴群则从印度金刚座带回的墨石所制释迦佛像与弥勒佛像,并为其开眼;还分别为两座佛像和波罗痕斯佛土庄严广发弘愿,献五百供。

三十日,坐夏解制①,开始游方,途中为3000名僧众摩顶加持,布施乞讨者。是日,天气炎热,班禅额尔德尼身体有所不适,广行祝寿佛事。

八月十日,为扎西孜夏仲夫人与色拉、哲蚌寺僧共60人授珠嘉传规《长寿灌顶》;为42人授比丘戒,陈设食子供养护法。尔后,会见拉木护法神师达尔罕父子等60人,并为其等赐座供茶问话。

十八日,在寝室,班禅额尔德尼献礼奉供请求拉木护法降神,按照拉木护法授记于宫顶献馈劳食品,诵《战神颂词》。

十九日,拉木护法神师献礼并诵经祈寿,会上4位格西离席辩经。

次日,依班禅额尔德尼旨意,陈列食品。拉木降神师与觉寺僧人共行满足殊胜天神三界之主大梵天酬补赞颂,祈求护佑。

之后,班禅额尔德尼为色拉、哲蚌、拉毛等寺30人授比丘戒。

二十六日,莅临法会讲授《菩提道次第法》,并详细讲解"止观"②教义;为色拉、哲蚌寺僧及南木林寺收粮官、收金官摩顶加持。

其间,拉木降神师与觉寺僧人举行为期7日的施食供养静猛大梵天禳灾法会,二十九日结束。

九月一日,班禅额尔德尼来到德央寺,接见广大僧俗信众。以实摆意幻之供奉供祭大梵天,祈求降神。德庆饶杰寺僧人献跳神供欣赏,与大梵天护法神师一起为孜玛护法、噶嘉木护法面具撒赞美之花,祷嘱各护法禳解病魔,护佑寺院。

三日,班禅额尔德尼莅临僧会,主持举行大会供,依寂天传承教规行发菩提心仪式,引入大乘胜教。

四日,祈请大护法降神,赐予扎什伦布寺熏烟香料、白芥子、神麦等。大护法、上师共诵吉祥金刚大威德与忿怒马头金刚陀罗尼咒,予以圣口净

---

① 解制,又名解夏。毗奈耶十七事中净藏三事之一。比丘在夏令安居时节,应当制止自念堕犯、惩治、分财及界外过夜等事,及至此日,即可解禁自恣,故名解制。此分为及时解制、非时解制、会众解制三种。

② 止观:寂止与胜观之简称,寂止指一切禅定的总括或因,心不散往外境,专一定住新修静虑之中,梵语称奢摩他或三摩地;胜观指以智慧眼观察事物本性真实差别,梵语称毗婆舍那。

水加持。

五日，班禅额尔德尼为色拉、哲蚌、安多地区共39名僧人授近圆戒；为卸任不丹第悉宇达尔尽快前往桑耶寺诺门罕第穆活佛身边而尽力教诲并送衣物等赏品。噶伦噶细公班智达代表、宗木朗王信使、达颜都拉等北方蒙古客人谒见班禅。班禅逐次摩顶加持。

尔时，班禅额尔德尼乘骑我（作者）所献灰白色良马从香地至扎什伦布寺，从此这匹马成为班禅的主要座骑。直至后来班禅驾临塔尔寺，甚是中用。

其后，在德庆饶杰寺，班禅额尔德尼派遣重孜巴群则洛桑次仁比丘去扎什伦布寺，向释迦佛像供献水晶石钵盂、珊瑚树、上等敬神哈达；向密宗札仓大威德金刚像供献锋剑、哈达，诵传班禅新作吉祥词三遍曰“敬上”；并派遣洛桑顿珠前往吉康札仓向忿怒大红司命主护法像敬献哈达。

十日，茨拉堪布噶钦洛桑顿珠从北京返回，向班禅额尔德尼呈献乾隆皇帝金书赐物、御衣。谕曰：“朕曾降旨班禅额尔德尼，今精制无量寿佛像呈献。如是，班禅额尔德尼忠心于朕，吉祥如意，朕甚喜。”班禅赐茶款待摩顶使者主仆，为30名蒙古僧授沙弥戒；为36人授比丘戒。以百驮糌粑所制朵玛食子酬供阎摩法王。

十三日，拉木降神师从扎什伦布寺返回，禀奏班禅额尔德尼灵器、灵物等一切供养治疗都很奏效，班禅闻言后大喜。

十四日，应蒙古使者请求，班禅额尔德尼为诸使者和拉木降神师主仆、德庆饶杰寺众僧传授《十一面观音菩萨灌顶》。

十五日，会见拉木之强佐与印度数名瑜伽师，瑜伽师敬献一些披愣地区的物品及神奇宝剑一对。班禅额尔德尼设宴款待拉木护法神师和其子。

十九日，班禅额尔德尼莅临旧经堂向拉木护法神师主仆等僧俗多人授《无量寿佛马头金刚双运灌顶》，回赠拉木护法神师。对众仆人也给予适当的赏赐。

二十日，班禅额尔德尼向拉木降神师献礼请求降神授记，大护法答应如是照办。尔后，以百驮糌粑所制朵玛食子酬供夺力四面护法与忿怒大红司命主护法，为新建大经堂举行开光仪典的同时，协管家杰仲洛桑格敦献曼札、供物。

班禅额尔德尼为红帽活佛之强佐、管家赞果、茨拉堪布主仆、将去扎什伦布寺的数名侍从以及广大僧俗信众逐次摩顶加持；为安多地区 9 名僧人授沙弥戒，为 48 人授比丘戒；为贡布群则等人传授《兜率上师瑜伽论》。

二十六日，派大强佐、索本堪布、侍从数人赴扎什伦布寺献供，并擦拭寝宫。

十月一日，向四方陈供五供（花、香、灯、涂香、食物）洗礼，献供曼札及其他供品。

当时，不丹第悉的联络员从桑耶寺来禀问班禅额尔德尼不丹第悉准备去江孜之事，班禅会见授教。之后，为德庆饶杰寺僧众讲授《吉祥金刚大威德上师瑜伽论》《开光仪轨》；为安多地区僧人授《四臂观音修念随许法》《密宗事部三怙主陀罗尼经》《依无量光佛转授法》。之后，先后献供食子，与经师堪仁布切等酬供护法王、天母、四面怙主、大红司命主护法，与从扎什伦布寺返回的大强佐、索本堪布、四经师等谈论佛事。

翌日，四大学院喇嘛献曼札等礼物，祝班禅额尔德尼弘法利民，久住人世，祈请驾往扎伦布寺，广转法轮，使一切具缘者都能享受佛法喜宴，班禅喜应。日吾格培寺僧人献礼物，班禅受礼为四大学院喇嘛、侄子南杰次仁、哉务格隆洛桑扎西，以及蒙古、安多地区僧人授珠嘉传规《长寿灌顶》。

印度瑜伽师布果一行拜谒，敬献水晶宝瓶等，班禅额尔德尼赐座供茶并以印度楞札语对话，慰问使管家赞果、噶丹群科寺堪布、总管家、塘巴王、香昂地区贵族，以及安多、色拉、哲蚌等寺僧人前来拜谒，班禅赐座问话。为安多瓦和色拉、哲蚌寺等多人摩顶加持。

此时与四大学院喇嘛、噶丹群科寺卸任堪布告别，班禅额尔德尼赐物饯行。尔后，班禅独自一人举行阎摩法王秘修护摩仪轨法会。

因先前在长寿佛前由章嘉如意宝替行会供曼陀罗，二十五日，班禅额尔德尼与 21 名僧人共行胜乐、自生会供曼札贤劫法事结行灌顶。班禅为其他寺院 214 名僧人授比丘戒，为 58 人授沙弥戒；会见噶玛司徒活佛圆寂之报丧使者和南木林宗本主仆、官贵等人。为拉娘活佛使者、部分康区客人、德庆饶杰寺执事等多人授《大乘发菩提心仪轨》。

十一月七日，德庆饶杰寺拉章宴请班禅额尔德尼及侍从供奉一天。午茶时迎请班禅至僧会座首，各拉基分别供献厚礼，班禅传授《大威德师承启白》《毗那夜迦护摩仪轨》《长寿仪轨教程》，收曼札其余回赠，并将银量、绸缎、长条茶、六伏等赠送给寺院，向僧会施放斋僧茶、僧饭 12 次，发给每名僧人白银 3 钱、哈达一条；厚赐文书平措扎西代表、杰仲洛桑坚赞。另依级别赏赐洛桑桑格、格隆玛钦、噶桑格勒、仁增诺布、诸侍从、侍身管家阿旺格敦、金刚上师等人，教诲金刚上师、翁则音调官等注意念诵新作《四面怙主颂》之调和鼓谱，其等也认真学习，练成后献考。千供释迦佛像、百供噶丹金刚座，为德庆饶杰僧会行仪酬轨法会提供费用；向噶丹金刚座与噶丹涅月施放斋僧茶 9 次、分别赏赐驾临德庆饶杰寺后真诚服侍的南木林宗二宗本和住在盖日谢喜巴期间为夏季荤食 8 头肉牛提供饲草的饲料官，以及禁戒之际护道者。

如是，班禅额尔德尼在德庆饶杰寺期间，为佛法众生之昌盛幸福特别是大古寺家乡免遭金刚刺之灾，以甚深瑜伽三摩地之心，不止一次地供祭佛像，酬补护法，行护摩仪轨，祈福禳灾。如此以慈悲之光，尽除病魔及衰败之黑暗，使利乐之莲花冉冉开放，众生蜜蜂无限欢乐，悦耳的歌声响彻云霄。有诗赞道：

人间争斗黑暗何以能够消除，
唯独释迦佛的光明照拂众生，
当扎什伦布大寺被疾病袭扰，
大师慈悲显恩使我等断苦痛。
如意宝树百花开，
涟漪招引群蜂来，
四方天际映彩霞，
大师业绩胜甘露。

以上为《尊胜上师有寂世界顶饰班禅遍知一切罗桑班丹益西贝桑布传——太阳之光》之第九章“到后藏北部的襄德庆饶杰寺讲经”。

第十章　护持扎什伦布寺和为八世达赖喇嘛·降白嘉措传授教法

十二日，班禅额尔德尼从德庆饶杰寺起驾前往扎什伦布寺，德庆饶杰寺拉章于隆桑多地方举行宴会送行，班禅为部分欢送者摩顶赏赐。此后开始，一直到达大古寺，为送行者、仪仗队、舞迎者摩顶赏赐，对单独拜见者等予以回礼。行至扎西曲宗用午膳，暮宿扎西孜，在此休息3日，期间热情招待，噶丹曲朗巴、拉当巴、曲垅巴等单独拜见。

十三日，莅临护法殿以50驮糌粑所制朵玛食子供养天母，为该寺举行为期一个月的酬补法会提供费用，食供本地山神。

十五日，驾离扎西孜，在央庄园鲁当用午膳，暮宿萨曼，仲堆康萨巴宴请献礼。郭仓禅院、日吾格培寺、噶丹饶杰寺、孜东寺、达木察珠巴寺、班玛曲当寺、五神岩寺、巴钦寺、卡觉寺、尼姑寺康木札等的众僧仪仗队欢迎，诸寺执事代表各自的寺院献礼并诵经祈寿。

十六日，莅临北朗格止噶用午膳时，纽曲廓林巴和曲巴宇孜巴前来单独拜见。在四大学院喇嘛等的迎驾下，夜宿通门雄，温寺与扎西宗卡寺管家等分别献礼。班禅额尔德尼会见噶厦及为问安并迎请班禅到大古寺而特派的森本官强巴林堪布，向其问话，教诲四大学院喇嘛。

十七日，驾离通门雄，在1000多名乘马者的骑迎下来到大桥东岸设灶地，为骑迎者等好几百名僧俗信众摩顶加持。尔后，受到由迎驾者、歌舞者作向导，扎什伦布寺、那唐、岗建群培、夏鲁、嘉钦孜寺等几千名僧人身着袈裟、手持供品组成的仪仗队和部落男女几百人载歌载舞迎接。当时，拉章、各学院、各佛殿顶幢幡飘扬，香烟缭绕，海螺齐鸣，妙音袅袅。如此将班禅迎驾到扎什伦布寺噶丹寝宫狮子金刚宝座。

此时，前往他寺避瘟者也徐徐聚会，师徒相逢，分外亲切，欢乐无比，沉浸于空前的喜悦之中。

十八日，班禅额尔德尼升大经堂金刚宝座，大事业者和经师堪仁布切、四大学院喇嘛、兑桑林札仓活佛、拉达克王子、森本官强巴林堪布、诺门罕第穆活佛信使、萨迦寺管家、印度邦噶拉地的布果萨海巴主仆、以及波罗痆斯王孜德桑巴都与噶希协日玛代表格桑主仆、喀尔喀代表、青海王室代表、日喀则宗本等列座由拉章设宴款待。宴会由强夏巴洛桑克却主持，觉宗巴噶钦洛桑扎西与吉隆巴噶钦洛桑班觉高诵《释量论》颂词，离席对辩。神舞者临会跳神，与会者心情舒畅，喝彩声不断。

其后，班禅额尔德尼莅临供养新建的9种无量寿佛像的长寿仪轨神殿,向诸佛像、佛塔献供品哈达,向殿中的主像献银曼札,发愿弘法利民,祝吉祥。

次日,四大学院喇嘛、各札仓、各米村、诸侍从宴请班禅额尔德尼,上述诸位客人、协巴桑波活佛、班蔡代本、各札仓、米村执事等列座。白图巴噶钦洛桑赛巴与赛康巴噶钦格勒坚赞离席辩经,为宴会助兴。

班禅额尔德尼在驻锡温寺与德庆饶杰寺期间,以神威灭除扎什伦布等各寺瘟病,弘法利民的慈悲之光普照大地。今回到扎什伦布寺,足登金刚宝座,接受众僧祝贺。为了祝班禅长寿,永转法轮,僧众献上等哈达、曼札、佛像、佛经、佛塔、日用器具等。

四上师等以上所列人敬献上等哈达并请求班禅额尔德尼摩顶。班禅为重孜曲德巴等广大僧俗信众摩顶。班蔡代本平措南杰、噶厦两名孜仲、鄂尔多斯王顿珠嘉措的修行者昂索曲札、俄居莫钦噶钦阿旺嘉措、札萨克图萨拉琪等蒙古族代表共290人先后拜谒,班禅逐次会见赐座并供茶问话。协巴桑波喇嘛、平措林两位金刚上师分别献礼。班禅向协巴桑波询问各方面的情况。经师堪仁布切恭请班禅至僧会座首献礼祝寿。

二十二日,森本堪布强巴林堪布与两位孜仲代表噶厦布施僧众,于僧会向班禅额尔德尼献马蹄银50锭等礼物。

二十四日,夏鲁寺举行长寿仪轨法会,祝班禅额尔德尼长寿。

二十五日,鄂尔多斯贝勒喇嘛阿旺赤列请班禅额尔德尼到法会献礼,并诵经祈寿。

二十六日,将班禅额尔德尼迎请至密宗札仓,为感谢新建佛殿顶精美金铜拉贝以及祝班禅安康长寿,密宗札仓拉基于近午茶和晚茶时在僧会座首向班禅敬献厚礼,七政宝和八瑞相等献手中由大密乘师诵词祝寿。

二十八日,三木洛喇嘛的代表、青海、鄂尔多斯客人于僧会向班禅额尔德尼献礼并诵经祈寿,班禅讲授《兜率上师瑜伽论》。

二十九日,为协巴桑波活佛传授《阎摩法王黑毒山修行羯摩仪轨》与自己新作,设宴款待印度布果萨海一行。

十二月一日,嘉康巴拉瓦献礼祝寿。

同日,班禅额尔德尼为蒙古僧人与入寺新僧共10人授居士、出家、沙弥三戒。

二日，为协巴桑波主仆、嘉拉王信使等康区及蒙古僧俗多人传授《救度母修念随许法》，并为协巴桑波赠物饯行；为色拉、哲蚌、蒙古、康区、木茹寺僧共 195 人授比丘戒。诺门罕第穆呼图克图献来厚礼，班禅为其所派送者哲布饯行并寄回信。

六日，班禅额尔德尼为噶厦的两名孜仲赠送礼物。

七日，索本堪布洛桑克却于僧会向班禅额尔德尼献厚礼，祝愿长寿。

九日，拉孜堪布噶钦洛桑格桑于僧会向班禅额尔德尼献礼并诵经祈寿。

十一日，参周寺僧人前来拜谒献寿礼。之后，班禅额尔德尼为康区客人及曲迥嘉布贝勒的代表等多人讲授《金刚萨埵修念随许法》《观世音修法》《尊胜佛母修念法》《白怙主修念法》《依无量光佛转授法》《禁食斋仪轨》等，会见管家赞果，敬收八世达赖喇嘛的慰问书信、接见达赖喇嘛的母亲平措旺摩及其儿子的慰问使者，收悉书信。为其饯行并寄回信。另外，为木茹寺群则、嘉拉寺管家、鄂尔多斯与青海代表赠物饯行。

十三日，吉康札仓宴请班禅额尔德尼，会上班禅为忿怒大红司命主护法献供战刀及祭品，行酬补仪式。

晚茶时，班禅额尔德尼莅临僧会接受献礼，为 4 名蒙古僧人授居士戒。以 5 驮糌粑所制朵玛食子酬供法王、四面怙主、吉祥天女等，历时三日。尔后，会见前往锡金、廓尔喀调解纠纷的噶厦管家夏鲁堪布，并教授利于远近皆事的教诲。哈尔东米村尔时于僧会座首献礼并诵经祈寿。

次日，雅德索贡寺前来祝寿。

其间，先后有萨迦达钦、多康教主帕巴拉活佛、噶伦噶细公班智达、桑珠寺等派人前来献书信礼物。声明学上师、锡金王、郭仓拉基、参木旦岗巴、班察尔代本然木巴、日喀则宗本东那巴、南木林宗本扎西通门巴、玛索康寺以及庄院执事等各自献礼物。

二十日，班禅额尔德尼厚赐经师堪仁布切与索本堪布洛桑克却及其他祝寿和献礼者，会见扎西孜官员、南杰次仁以及其他来客，为其等赐座供茶问话。

这期间每日有很多本寺及各方信众接连来拜谒，班禅额尔德尼为其等摩顶加持。

二十一日，以食子供养诸护法神像，行洗礼仪式，祈求保佑。

次日,设午宴招待桑顶活佛,一起谈论佛事。其后,班禅额尔德尼先后6次莅临法会作佛事,会见廓尔喀王使,用楞札语与使者交谈。

是年,德觉巴洛桑扎西、章摩且巴洛桑赤列、伦布孜巴格桑却珠、协巴洛桑楚臣、嘉巴洛桑顿珠、吉隆巴益西赛巴修完《释量论辩解》第四章,温寺巴洛桑雅培、巴丹晋美、益西顿珠、洛桑坚赞、巴丹赤列、洛桑丹增等修完《胜乐根本续》,诺布噶丹益西达结修完《释量论根本颂》《释量论疏解脱道明示》,色巴洛桑索朗修完《释量论总义正理饰》,噶丹群科巴洛桑丹达尔修完《般若经》第三、四品,洛桑丹达尔修完《毗奈耶释乐善日光事》及扎巴喜饶仁青所著《辩论文狮子吼声》,萨德庆巴洛桑彭措修完《般若经释》,古格巴洛桑丹增修完《毗奈耶上下事》,重孜巴益希扎西、洛桑顿珠修完《时轮仪轨》,那塘巴希扎西修完《菩提道次第中论》,温寺巴桑格勒修完《菩提道次第引导遍知速道》等,并向班禅献考试试卷。班禅依例予以奖赏,勉励各位要继续奋发精进。

木羊年(1775年)一月,商贾宇拉巴恭请班禅额尔德尼至僧会座首献礼祝寿。僧官旺堆、伍由札噶寺拉基在法会上分别向班禅献礼并诵经祈寿,班禅分别予以回赐,为札噶寺布施。之后,先后会见结布活佛、噶伦札萨克喇嘛使者昂索卓结主仆、文书平措扎西等多名僧俗并摩顶。

十一日,扎西孜庄园派人前来献礼贺寿,在7日内陈设朵玛食子,诵经酬补吉祥四面护法,祈求保佑。

其后,由代本姜洛建巴献礼,会见锡金王。

十九日,班禅额尔德尼莅临日光殿向印度金刚座佛殿模型及圣上所赐佛陀七世绘像献五种百供,同护法殿僧人共行洗礼、供祭仪式,向忿怒大红司命主护法神献供神饮(酒)。

二十日,应桑顶活佛请求,班禅额尔德尼传授温寺耳传《百种长寿灌顶》,为侍从一次授完《长寿灌顶》,为扎西孜与帜日康玛客人赐物饯行。重孜夫人、日喀则仁邦巴晋谒献礼。

二十七日,协噶寺献礼并诵经祈寿,班禅额尔德尼给予回赐。回信八世达赖喇嘛,由森本强巴林堪布转交。

之后,班禅额尔德尼为扎什伦布寺、色拉寺、哲蚌寺僧人共105人授比丘戒。

二月二日，班禅额尔德尼会见桑顶活佛，就佛事进行详细谈论。

九日，会见红帽活佛的强佐、赛仁钦孜宗本主仆。

十四日，班禅额尔德尼厚赐桑顶活佛、鄂尔多斯大贝子上师白图巴曲杰阿旺赤列主仆并为其饯行。

十七日，班禅额尔德尼先后为土尔扈特旺嘉贝勒代表饶降巴主仆30人、札雅小活佛报丧使者佐巴主仆、噶厦熬茶官摩顶赐茶款待。当时，除香地外的一切禅院、平措林寺、堪布协巴噶钦杰仲洛桑扎西、章摩且巴众僧、赛诺布群科寺内外僧人、拉孜噶丹欧曼林寺众僧等各向班禅献礼并诵经祈寿，班禅为禅院修行僧传授珠嘉传规《长寿灌顶》，施放斋僧茶150次；为拉孜欧曼林寺僧人授《长寿灌顶》，为噶丹彭措林寺僧人传授《度母陀罗尼经》《白伞盖大佛顶陀罗尼经》《般若波罗蜜多心经》等；为赛诺布群科寺僧人授《药师经仪轨》，并分别给予赏赐。

土尔扈特贝勒代表、札雅活佛之管家、热洛活佛管家等献礼并诵经祈寿。在土尔扈特代表的请求下，班禅为4位经师、康区客人、土尔扈特代表等僧俗200多人传授《不动白金刚修念随许法》《无量寿佛修念随许法》《大般若修念随许法》《兜率上师瑜伽论》、班禅全集中之《大慈悲十一羯摩集》，并为蒙古代表、札雅活佛管家赠物饯行，为康区、蒙古、色拉、哲蚌等地寺院的249人授比丘戒。

三月三日，乾隆皇帝降旨："班禅额尔德尼所献无量寿佛像精制庄观，现供养于室，今需建造五种佛像、八菩萨像及观世音、集密、胜乐、大威德、阎摩法王、吉祥天女、欢喜金刚等像进献，身量图样寄尔，费用已付予使者堪布，速行建造，工巧务必完美，于猴年（1776年）进京呈献"。另有章嘉仁布切的说明书等，由地方政府孜仲察德群则主仆转呈班禅额尔德尼，班禅为其摩顶赐茶款待，并回信乾隆皇帝。

七日，会见大札雅活佛巴丹丹贝坚赞。午后宴请布果列海与巴达主仆，介绍卫地情况，回赠衣服等礼物，并回书饯行。

八日，赛菊拉基共同向班禅额尔德尼献礼并诵经祈寿。班禅予以回赠，布施僧众。

十二日，班禅额尔德尼为札雅活佛、代本班蔡巴、噶丹群科寺堪布摩顶加持,会见收金者及他地客人。

二十二日,与红帽活佛主仆会晤畅谈。

当时,金铜制千头千臂白伞盖佛母像落成,高 1 尺半,以各种珍宝镶饰,内置四舍利,班禅额尔德尼主持举行开光仪典,布施僧众。为修缮绒强钦寺屋檐,捐助黄金 100 古尔肖、长条茶 3 包;为维修拉毛绛曲觉寺佛殿壁画,捐助金箔 4 万、朱砂 55 两、黄金 3 两。

二十七日,嘉绒绰杰土司拜谒献礼。其后,班禅额尔德尼为定结宗本结德巴等他方来客摩顶加持,为 45 人授比丘戒。

四月二日,为札雅活佛师徒、色拉、哲蚌寺共 100 多名僧人始讲《菩提道次第引导方便道论》。

五日,札雅活佛迎请班禅额尔德尼到法会献礼并诵经祈寿。

九日,班禅额尔德尼献供食子,酬供阎摩法王。

十五日,班禅额尔德尼为札雅活佛、洛钦①洛桑丹增坚赞等 45 人授比丘戒,从而置入圆满戒律之地。

十九日,授完《菩提道次第引导方便道论》,将具缘者引入方便大乘之道。寂天大师与阿底峡尊者之教诫所装点,佛子菩萨之言行所启示,使一切有情消除苦难。这一诸佛菩萨赞美之善道,显示大乘论理的无上菩提心已生长于众生心续之中,故为此传授菩萨律仪而置于远胜声闻、独觉的大乘之地。有诗赞道:

慈悲圆满的明月,
着菩提心之甘露,
具缘众生之心扉,
大乘殊胜之莲花。
轮回所倦怠之众生,
一旦胸藏珍贵菩提心,
举足践踏的世间尘埃,
会被帝释天作为顶饰。

---

① 拉萨三大活佛之一。

五月二日，班禅额尔德尼为札雅活佛与他方来客摩顶加持。十二日，诵经为亡故者赎罪。

十八日，不丹第悉向班禅额尔德尼奉献慰问礼物。翌日，班禅厚赐印度噶希王使格桑布日主仆。同时为噶希迷日麦、噶希拉杂回书送礼。

二十二日，甘珠尔喇嘛墨尔根法王于寝宫拜谒班禅额尔德尼，并献礼诵经祈寿。尔时，噶厦捐助诺门罕第穆活佛修缮桑耶寺，班禅捐赠白银500两、黄金45古尔肖，并供祭各神殿与大菩提塔。同时，班禅替俄顿捐助白银350两，为47人授比丘戒。

六月二日，班禅额尔德尼应札雅活佛与诸位侍从请求，作《时轮祈愿释》与《长寿祈祷》，使诸侍从诵读，并传授《菩提道次第引导方便道论》《集密根本续》《香巴拉行文》《阎摩法王黑毒山法》《文殊菩萨修念法》《六臂怙主修念随许法》《吉祥天女修念法》《三十七尊白伞盖佛母大灌顶》《九尊无量寿佛灌顶》《十一面观音大灌顶》《独雄大威德金刚灌顶》、铃尊者传承《胜乐身坛场大灌顶》，为札雅活佛、经师饶降巴及其他3名经师授《阎摩法王黑山修念随许法》；为洛钦洛桑丹增等传授《阎摩法王黑山修念随许法》。

五日，札雅活佛出资于日光殿与密院20名僧人进行胜乐仪式，班禅额尔德尼亲临法会，接受曼陀罗、佛像、佛塔、佛经、白银、茶叶、绸缎等礼品。

六日，班禅额尔德尼为札雅活佛主仆授珠嘉传规《长寿灌顶》，赐予佛像、金银、绸缎，同时分别赏赐诸随从。尔后，为他寺15名僧人授比丘戒，为18人授沙弥戒。

十二日，札雅活佛请求班禅额尔德尼为其授教言，班禅依照践行。十八日，班禅命侍从以105驮糌粑所制食子供养大威德本尊像；以100驮糌粑食子及其他供品供养大威德、本尊、阎摩法王、吉祥天女、四面怙主、帕孜护法等，与仪轨僧举行为期5天的诸护法神酬补法会。

二十七日，为卓雪噶丹群科寺喇嘛及其他地方僧俗民众摩顶加持。

七月一日，应格贵萨隆巴噶钦洛桑曲增请求，班禅额尔德尼在莅临僧会始讲《菩提道次第引导方便道论》。在胜乐修供节期间，向戒神殿献五种百供，朝拜神像、佛塔，敬献哈达；为诸护法献供祭品、战器，发愿护佑。

七日，格西吉隆喇嘛益西坚赞于僧会向班禅额尔德尼献礼并诵经祈寿。

十九日，举行百次会供，会上，班禅额尔德尼为扎什伦布寺僧人与他寺来僧共5000人举行依寂天大师传承大乘发菩提心仪式，奖励密宗札仓参加诵经音调考试的僧人。

二十二日，班禅额尔德尼讲授完《菩提道次第引导方便道论》，为吉祥欲界大自在母献供食子，祈愿事业成功。

二十三日，班禅额尔德尼来到密宗札仓法会，回向大佛顶神母与投掷六十四仗棍食子。

二十六日，在密宗札仓佛殿，班禅额尔德尼向诸佛塔献供哈达；向依怙后殿、黄眼神母供献哈达、祭品，祈求保佑。

八月一日，班禅额尔德尼酬补四面怙主与大红司命主护法神。

二日傍晚，曲科尔寺上空雷火霹雳，大雨滂沱，危险极大。班禅额尔德尼站在大威德金刚像前以训斥姿势，诵咒发愿，稍后雷雨平息。正是：

黑云罗刹现怒相，
电波火舌闪千光，
雷声狂发响天际，
霹雳悬空铁霄降。
尔时空性天界中，
威猛真言起狂风，
刹那一切都息静，
神奇威力万人扬。

三十日，日蚀，班禅额尔德尼派人向日光殿及印度青铜佛像神殿等献五种百供，为21名僧人于璁叶庄严殿、长寿仪轨殿所行的诵《多罗陀罗尼经》《无量寿陀罗尼经》及食子供养四面大梵天护法法会提供费用。

七日，乾隆皇帝降旨驻藏大臣协助噶厦解决协地方居住的嘉绒饶丹属下民众一事，班禅额尔德尼派管家饶丹前去协助办理。

从十一日开始，班禅额尔德尼陈列食子、祭品，与仪轨僧一起于5日内供养忿怒大红司命主护法。吉康札仓上师投掷食子，进行火供，火烟善显。

次日，于德央札仓献五色供品、动物，行护摩仪酬轨。

十七日，管家群则与噶厦所派调节锡金与廓尔喀纠纷的班蔡代本、夏鲁堪布等返回，班禅额尔德尼会见，并赠物。

二十五日，会见即将往赴拉萨的吉隆喇嘛益西坚赞，畅谈佛事，赠送礼物。同时书信八世达赖喇嘛、第穆呼图克图、普布觉活佛，表示慰问，向两尊释迦佛像献供哈达。

尔时，应洛桑曲珍、那塘金刚上师噶钦益西坚赞、格隆邦巴瓦请求，班禅额尔德尼分别新作《归依指导》《那塘师承启白》《吉隆喇嘛益西坚赞长寿启白》等，为16人授比丘戒。

九月七日，拉达科诺诺为本年举办学位仪式向班禅额尔德尼献礼，班禅摩顶加持，为索本堪布洛桑克却讲授《依红大威德弓箭灌顶》。

九日，班禅额尔德尼食供乃赛护法，托付事业。

十日，钦差噶钦丹增桑布主仆向班禅额尔德尼呈献乾隆皇帝金书及玉兔神母像、珍珠念珠等礼物，班禅受礼后，问乾隆皇帝安康，设宴款待钦差。同时，收到六皇子①、宫内上师、诸位大臣、外蒙喇嘛等之礼物；为夏孜诺门罕使者、鄂尔多斯贝子扎西次仁经师及使者、青海群培贝勒等摩顶问安，为亡故者诵经超度。

十八日，为扎西孜夏仲夫人主仆摩顶，为其女朗杰卓玛赐物饯行。尔后，为日喀则收粮官、色拉、哲蚌两寺僧人，以及安多、若尔盖来客摩顶。

二十一日，班禅额尔德尼莅临大经堂与仪轨僧举行阎摩法王、吉祥天女酬补仪式，抛施救度母禳灾灵器及六十大朵玛食子。

当时，北京迷纳堪布、强巴桑珠甘丹拉基、格西年扎、曲巴尔卓盘林格隆桑杰等献礼并诵经祈寿。

青海贝勒群培的使者夏孜诺门罕洛桑降白所派使者、贝勒经师噶钦洛桑旺秀的管家、白图巴噶钦洛桑三旦、达颜都拉法王嘉钦孜巴噶钦三旦等人献曼札、佛像、佛经、佛塔、白银、绸缎等。贝子扎西次仁使者白图曼然巴洛桑格敦等人迎请班禅到僧会献礼并诵经祈寿。班禅布施强巴桑珠甘丹拉基，向僧人及北方代表等300余名僧俗传授珠嘉传规《长寿灌顶》；为30人授比丘戒，为洛桑格敦授沙弥戒。

---

① 此皇六子为乾隆皇帝第六子永瑢（1743－1790年），乾隆五十四年，再晋为亲王。善诗文、绘画，兼通天算。乾隆五十五年五月一日，薨逝。

十月二日，为若尔盖王索朗扎巴与贡布饶旦、卓尼地区等许多僧俗客人摩顶，赐茶款待索朗扎巴。尔时，第穆活佛负责修缮的桑耶寺完工，在举行开光典礼时，班禅额尔德尼派人前去祝贺，发放布施。

三日，班禅额尔德尼接受热振寺阿然巴之侄子所献四世班禅赐予乃居饶降巴的翁则曲央嘉措“十二本生”手本及乃赛护法画像，是夜梦见牧民多人前来借宿。翌日，酬补乃赛护法，将画像供养于护法殿。尔后，应若尔盖扎巴桑珠请求，为其主仆500人传授《十一面观音大灌顶》及所需经典。应阿却喇嘛请求，为僧俗400人授《观世音菩萨修念随许法》《禁食斋仪轨》《新作》等，赐物饯行。

九日，驻藏大臣与噶伦晋谒，班禅额尔德尼设宴招待。

十日，驻藏大臣献曼札、绸缎数匹、器具、玻璃器皿，虔诚请求加持护佑。

当时，吉康喇嘛为东噶尔当钦寺捐献十地菩萨布画像，班禅额尔德尼为此诵经赐神麦，任命吉康喇嘛为邬建宗寺赤巴，并赐物饯行；为大红司命主护法献供哈达。

约于此时，班禅额尔德尼应拉达克王子诺诺洛桑扎西、阿却喇嘛请求新作《尸陀林主酬补补遗》《会供曼札》《依集密胜乐大威德上师瑜伽论》《修心摄义》等；为若尔盖等地324名僧人授比丘戒。

十六日，为驻藏大臣、噶伦主仆摩顶赐茶款待。次日，噶伦献礼并诵经祈寿。

十八日，班禅额尔德尼分别为驻藏大臣、噶伦赠送佛像、香料、衣服、白银等，设宴饯行。

二十日，派遣强夏巴洛桑克却去拉萨慰问八世达赖喇嘛，祝贺其始习《般若经》；为噶伦札萨克喇嘛信使昂索卓吉、桑顶活佛管家、新任珠第悉代表主仆摩顶赐茶款待。

从二十四日起，开始造菩提心佛像，为期3天。二十九日起，班禅额尔德尼闭关修行。从二十四日起，举行为期5日的大威德金刚及四面怙主息、增、怀三业护摩仪式，向索本堪布讲述闭关期间梦境，谓此为诸护法完成事业的征兆。

八日，解除闭关静修。次日，为青海札萨克嘎丹岱钦等100多人及仲科摩顶，赐茶款待札萨克一行。

二十日，阿热坚赞沃赛热绛巴、多让公班智达特使森本堪布前来祝寿，班禅额尔德尼赐茶款待问安。

是年，温寺益西曲扎修完《密宗道次第广论》，群科伦布巴桑结班觉修完《般若理海》，阿旺云丹修完《慈氏五论》《四经论》《因滴论》，达瓦桑结修完《释量论疏日光》，群培达结、桑结丹坚修完《因类论》等，班禅额尔德尼分别对以上献考者予以奖赏。

火猴年（1776年）一月四日，班禅额尔德尼为顿纳夏仲与喀尔喀坚白多吉诺门罕等北方来的200多人饯行。噶玛噶举派黑帽活佛、嘉察活佛主仆150人从楚布寺前来拜谒，班禅设宴交谈。

从六日起，札萨克噶丹额尔德尼岱钦、拉卡喇嘛、达赖呼图克图代表、图丹吉波巴等先后献礼并诵经祈寿，吉波巴请求班禅额尔德尼授教。

之后，按照规定于每月八日、二十九日食供酬补四面怙主与阎摩法王。

九日，班禅额尔德尼为札萨克噶丹喀尔德尼岱钦、察甘诺门罕的使者、青海恰多的使者贝子、蒙古夏仲、达赖呼图克图使者赠送灵物、香料等礼物饯行，为蒙古客人、扎西孜庄园主、达当结雄夏仲等人传授《无量寿佛与马头金刚双运灌顶》《依无量光佛转生法》《普现行愿品》《度木经》等，赐给札萨克噶丹喀尔德尼岱钦供祭玛沁大护法之供品，有披愣箭、印度刀、迦尸迦金线布题字哈达等。

十日，为500名蒙古僧人及祈愿者共1000人授《长寿灌顶》。尔后，为八世达赖喇嘛挚友卓玛吉回向发愿加持。

十五日，班禅额尔德尼分别于日光殿与佛殿会见噶玛黑帽派、红帽活佛及嘉察活佛、赛仁钦孜宗本等僧俗多人。

二十日，班禅额尔德尼为噶玛黑帽派、红帽派活佛、嘉察活佛主仆赠送佛像、衣服、金银、缎匹，赏赐诸位侍从，授珠嘉传规《长寿灌顶》；为前后藏、康区、蒙古等地408名僧人授比丘戒。

二月一日，班禅额尔德尼为兑桑林札仓新作《长寿启白》，供僧会诵传。

五、六日，班禅额尔德尼与噶玛黑、红二派活佛，商讨佛法、众生之大事。

八日，班禅额尔德尼又与黑红二派活佛一起进宴商讨佛法。

十日，班禅额尔德尼为前来献礼的伦布孜寺僧人讲授《兜率上师瑜伽论》,回赐礼物,布施僧众。尔后,向阎摩法王面具献哈达。

十二日,莅临兑桑林札仓接受诸僧宴请,在密宗札仓大经堂,密院和各米村献礼并诵经祈寿,密院献八瑞相,为吉祥天女行酬补仪式,托付事业。班禅额尔德尼为密宗札仓喇嘛赐全套衣服,回赠各札仓、米村;为兑桑林札仓赠送青妆缎旗幡一对。

十三日,时轮学院仪轨僧修完《毗奈法》,班禅额尔德尼于日光殿观看他们的结业汇考,赐给每名僧人吉祥哈达一条。

十八日,班禅额尔德尼为达颜都拉、拉达尔宰桑等饯行。在曲迥杰布贝勒使者达尔罕宰桑的请求下,讲授新作《班禅额尔德尼本生集要》。

当时,代本班蔡巴调解锡金与廓尔喀纠纷后返回,班禅额尔德尼摩顶赐茶款待问安。央曲活佛、协噶尔宗本当钦巴、不丹人共50人拜谒。

三十日,班禅额尔德尼酬供红矛毗奈天护法。

三月二日,班禅额尔德尼会见负责刻写金字《甘珠尔》与《丹珠尔》的文书艾聂二人及其随从共100人。

九日,举行时轮修供法会,僧人表演以神肤色、舞装、腋络等色彩一致的神舞。

当时,八世达赖喇嘛准备去哲蚌寺相学院学习,派人前来求卜,班禅额尔德尼即刻回书祝贺。

十五日,班禅额尔德尼为色拉、哲蚌及其他寺来僧共300人摩顶加持。

十六日,班禅额尔德尼会见廓尔喀的使者。

十八日,乾隆皇帝赐给班禅额尔德尼的诏书、哈达由驿站转呈班禅,说明驻藏大臣留保柱替换伍弥泰之事。

四月一日,班禅额尔德尼派管家杰仲巴旦桑布向八世达赖喇嘛敬献曼札、佛像、佛经、佛塔、衣服用具、白银50两,祝贺其于哲蚌寺修习《般若经》;向哲蚌寺施放斋僧茶21次,施予每名僧人哈达一条、尼泊尔银币一枚。

三日,班禅额尔德尼为喀尔喀赛诺因的信使40人、驻藏大臣留保柱的特派使者管家、法官等人摩顶,回信驻藏大臣,分别予以回赠。

六日,班禅额尔德尼回赐北方蒙古客人。是日,开始刊印诸佛菩萨像。

十四日,驻藏大臣书告班禅额尔德尼,说明乾隆皇帝大军收服嘉绒饶丹地区,逮捕罪犯,送往京城,使多康地区安乐太平之事。班禅额尔德尼获悉此情，速书上奏乾隆皇帝，并献青铜佛像4尊，由驿站呈送。

十七日，德庆绕杰寺及其寺属庄园向班禅额尔德尼献礼。

以前艾普平措扎西及顿纳夏仲以书信请求班禅额尔德尼授教，这次班禅作《吉祥金刚大威德盛圆次第》《红矛毗沙门天甚密修行羯摩集》及《禁食斋仪轨》等，授予北京钦差者噶钦丹增桑布。

十八日，会见锡金的大圆满活佛，授《长寿灌顶》。之后，为蒙古客人饯行。

于此前后，班禅额尔德尼为喀尔喀、色拉、哲蚌、平措林、聂拉木等地共2097名僧人授比丘戒；为21人授沙弥戒。

二十九日，举行阎摩法王仪酬轨与投放六十食子法会。

三十日，班禅额尔德尼为喀尔喀200多人摩顶。

五月一日，喀尔喀额尔德尼王使者托云桑吉坚赞与喀尔喀札雅班智达经师拉然巴格西先后于寝室、僧会向班禅额尔德尼献礼并诵经祈寿。

三日，喀尔喀额尔德尼王使者迎请班禅额尔德尼到僧会献礼。

四日，旺钦诺门罕之侄诺云图克图献礼。

六日，班禅额尔德尼为喀尔喀哲布尊丹巴报丧使者坚白多吉诺门罕及诸官员之慰问使团摩顶并赐茶款待。

七日，为以上使者与下密院僧共300人授《长寿灌顶》《无量寿佛转授法》《兜率上师瑜伽论》及新作诵传。

八日，班禅额尔德尼会见拉木护法神师。

十一日，班禅额尔德尼会见北方教主哲布尊丹巴丧事料理者坚白多吉诺门罕、贝子顿珠多吉、穆潘多吉公、札萨克却松杰布、巴图尔王子札萨克桑培多吉、克热寺格贵、喀尔喀旗联络员、加尔果琪、笔帖式、包雪卡等300余人。

是日，拉木护法降神作空行迎接禳解法会赎身，班禅额尔德尼献礼谢恩。

十二日，为哲布尊丹巴祈愿，喀尔喀使者迎请班禅额尔德尼到法会献回向礼白银45大升，请求诵经。

十三日，降边多吉诺门罕于僧会献厚礼，价值白银10000两，并诵经祈寿。

十五日，班禅额尔德尼莅临吉吉纳噶斋禁法会，礼拜缎面弥勒大佛像，设宴款待降边多杰诺门罕等汉、蒙古族喇嘛权贵、拉木护法神师、印度瑜伽师、克什米尔、尼泊尔客人共1000多人。扎西孜第巴次旺于度母殿宴请班禅。

十六、十七日，穆潘多吉公、喀尔喀胜乐叶当王及达结大贝子所派使者献礼并诵经祈寿。

十八日，札萨克桑培多吉、文殊室利活佛、贝子顿珠多吉、札萨克却松堪布、浑台吉等于僧会向班禅额尔德尼献礼并诵经祈寿，班禅分别摩顶问安。

二十日，拉木护法神师额尔德尼法王迎请班禅额尔德尼到僧会献礼并诵经祈寿。

二十二日，班禅额尔德尼开始为拉木护法神师传授阿底峡传承的《二十一度母修念随许法》，共3日。

二十三日，拉木护法师莅临日光殿降神，喀尔喀的使者禀问哲布尊丹巴灵童转世一事。护法授记："达赖喇嘛之兄索朗扎西之子生于羊年，定是哲布尊丹巴之灵童"。此事经驿站奏知两位驻藏大臣。

之后，班禅额尔德尼为北方411名僧人授比丘戒，为80人授沙弥戒，为14人授居士戒。

六月三日，为前往萨迦寺、平措林寺的诺门罕摩顶加持。

四日，为札萨克却松杰、札萨克桑培多吉、克热寺格贵、胜乐叶当王托云、文殊室利活佛管家250人传授《金刚手伏魔修念随许法》《兜率上师瑜伽论》《极乐世界往生法》《妙吉祥根本智最上秘密一切名义经》《一百零八度母像》以及新作，赠送佛像、灵物、香料等，为北京使者噶钦丹增桑波主仆饯行。

九日，莅临吉康札仓以食子供养大护法，进行为期7日的酬补活动。应下密院僧人请求，讲授《集密续十三品》，为札萨克却松杰教授其所求经论。

十一日，拉木神师与降曲觉10名僧人于7日内为祝班禅额尔德尼长寿，饶益佛法众生，于大经堂施食供养诸护法神，班禅莅临法会回愿。

十二日，会见诺门罕一行。

十六日，班禅额尔德尼在大经堂设宴款待喀尔喀坚白多吉诺门罕、贝子、都热公、宰桑、嘉尔布、包雪卡等，赠给诺门罕佛像、香料等礼物，以及书信、坐垫、马匹；赏赐诸官员佛像、香料等。在诺门罕的请求下，传授《度母修行法》《一百零八度母相释》《吉祥大威德自入法》《忿怒大红司命主护法灵器供养仪轨》等。

次日，为文殊室利活佛讲授《骑狮护法修念随许法》《骑狮护法教诫手册》，为穆潘多吉公授《黑文殊修念随许法》为坚白诺门罕讲授《吉祥金刚大威德生圆二次第论》《菩提道次第论》《毗奈耶疑难》《开光仪轨》《护摩生火神法》《帕孜教诫手册》等。

以前班禅额尔德尼曾两次禀请拉木护法神师降神，二十一日再次请求降神，班禅献礼酬谢，护法显欢喜相。

次日，为拉木护法神师、扎西孜第巴次旺主仆赠物饯行，第巴次旺送五色哈达一条，作为供敬天母之礼品。

是时，喀尔喀克贝公之子浑台吉请求传授比丘戒，但因乾隆皇帝降旨要子承父业，未能使彼如愿。尔后，浑台吉又请求传授沙弥戒。台吉看清未出家的罪业，极想削发为僧，但乾隆皇帝与父母不许，未落发须、未着僧衣者，受沙弥戒乃佛法不容。但视其虔诚佛法，班禅额尔德尼遂授居士戒，谕其："笃信佛法，除不邪淫外严守五戒"。台吉父克贝公罪业甚深，台吉请求班禅额尔德尼作诗除恶赎罪。

二十六日，应格贵请求，班禅额尔德尼莅临法会始讲自己全集诵传；先后为下密院 30 名僧人授比丘戒，为 5 人授沙弥戒。

七日，《首楞严经》与《米拉日巴传及道歌》刊印完毕，班禅额尔德尼作净神麦仪式。后应密宗札仓僧人之请，为密院僧人及杰仲喇嘛益西坚赞等讲授《胜乐续释隐义遍明》，密院献礼酬谢，会后为阎摩护法行酬补仪式。

十八日，应格贵噶钦洛桑丹增请求，班禅额尔德尼将《毗奈耶经》与《菩提道次第论》结合，讲授 4 日，会后举行发菩提心仪式。

八月二日至十日，应时轮学院请求，班禅额尔德尼于寝宫讲授《外时轮日月星辰世间转轮法》《内时轮人体脉、气、精转轮道理》《别时轮依曼札修行远离五蕴障而获无始第一佛果位之道》，杰仲喇嘛益西坚赞、帮瓦巴比丘亦入座听讲。之后，行会供曼札仪式。

十六日，应杰仲益西坚赞再三请求，班禅额尔德尼开始讲授《大密王吉祥集密四释》，每日献供食子，按规定进行讲授，大强佐、4 位侍从、密宗札仓僧人等听讲。尔后，为 15 人授比丘戒。

九月一日，开始为上下密院与其他寺院 105 名僧人授比丘戒。

十五日，班禅额尔德尼身体欠安，医师调解护理，食子供养密室四面怙主，向吉康札仓大红司命主护法敬献哈达，祈佑禳灾，不久康复。

十六日，授毕《集密四家合注》。之后，班禅额尔德尼为生尊、众金刚徒行内外密三供，按仪轨讲授《续释灌顶》，使诸听闻者沉情于甚深金刚密乘法喜宴之中。有诗赞道：

一生一世成佛径，
续部吉祥集密义，
宗喀巴师新传承，
唯您善说扬其理。
不灭极微心风中，
成就幻身各难点，
被您清楚的说破，
满足具缘者心愿。

格西益西坚赞主仆赐物饯行，叮嘱要护持佛法、应宗卡米村益西群培请求，新作班禅额尔德尼本生启白，为105人授比丘戒。

九月（闰）九日，班禅额尔德尼以香供祭乃赛护法，委托事业，并且派密院4名僧人前往杰杰纳噶、东措、冲卡钦摩以龙食子供养龙王，为那塘寺24名僧人授比丘戒。

十六日，应达摩米村洛桑三木旦比丘请求，班禅额尔德尼向四守护法以修证授位，讲授自己著作。

十九日，噶厦派人来献乾隆皇帝所赐三时佛像、四大天王像、靠背垫、坐垫、锦缎数匹、玻璃器皿等，班禅额尔德尼高兴受之，遂行供祭，发愿乾隆皇帝幸福长寿，国泰民安。

十月二日，为拉达克亥莫寺强佐邬建、达木等地客人摩顶加持。

当时，印度瑜伽师巴热布日等10名外道行者晋谒，献鹦鹉6只、印度带鞘宝剑2柄、猴子、小狗7只、印度羊等，班禅额尔德尼和他们亲切交谈。

六日，为贝勒曲嘉布主仆40余人及其他官贵共80多人摩顶。

十九日，青海贝勒曲迥嘉布迎请班禅额尔德尼到僧会献礼并诵经祈寿，班禅讲授新作《长寿启白》。

二十日，班禅额尔德尼宴请贝勒，教诲其要虔信佛法。尔后，为西宁商贾主仆、鄂尔多斯达赖贝子经师绒措曲杰、青海莫居贝子上师洛布曲杰主仆摩顶加持，与绒措曲杰、洛布曲杰谈论佛事；为他寺来僧93人授比丘戒，为9人授沙弥戒，为北方蒙古客人饯行。在达摩米村的请求下，传授新作《四臂怙主施食仪轨中之奏乐法》。

三十日，班禅额尔德尼闭关静修《共与非共修法次第》。

十一月三日，班禅额尔德尼收悉八世达赖喇嘛、摄政第穆诺门罕、噶厦联合呈献的于佛祖降生日向八世达赖喇嘛传授灌顶、随许法的邀请信，回信决定于二月赴拉萨。

十三日，派人前往印度慰问帮噶拉王巴拉萨亥，供祭各大圣地。

三十日，察甘诺门罕主仆200人晋谒，班禅额尔德尼于修行禁区会见了诺门罕一人。

十二月一日，行护摩仪式，结束静修。闭修期间，梦见自己念诵陀罗尼，证悟显现，飞禽走兽来到宝座前叙说自身的苦乐，班禅额尔德尼一一回答，满足尔等愿望，神奇梦幻屡现。

是日，为察甘诺门罕、青海贡却王代表、晋美贝勒、柴达木班觉札萨克、穆居贝子等3名官贵代表及北方客人、康区500人摩顶。

四日，为曲迥嘉布贝勒赠送佛像、圣物、氆氇等。

五日，应曲迥嘉布贝勒、晋美贝勒图萨拉琪察甘诺门罕请求，班禅额尔德尼莅临大经堂备授《十一面观音灌顶》，次日正式授灌顶，为修成佛之二身播下良种。灌顶结束后，诵传《白伞盖大佛顶陀罗尼经》《最胜妙吉祥根本智最上秘密一切名义经》《极乐世界往生法》等。

六日，为科尔沁夏仲洛桑丹增、察甘诺门罕、夏仲主仆传授《大黑鹏修念随许法》《归依颂》等，赐物为科尔沁夏仲饯行。

九日，察甘诺门罕于僧会向班禅额尔德尼献礼并诵经祈寿。

从十日开始，班禅额尔德尼先后为安多201名僧人授比丘戒；为108人授沙弥戒。

十一日，穆居贝子的经师洛布洛桑克却、鄂尔多斯达赖大贝子丹巴达结的经师绒措巴曲杰分别于僧会献礼并诵经祈寿。

十三日，班禅额尔德尼为察甘诺门罕传授《百次长寿灌顶》；为全体蒙古僧传授《长寿灌顶》《密宗事部三怙主陀罗尼经》《大慈悲十一羯磨集》等，赐佛像、圣物、香料、书信。

德格上师欧鲁当堪布仁钦穆居坚赞献礼，班禅额尔德尼赐茶款待，谈论佛事，并授《菩提道次第略论》、宗喀巴传承《瑜伽上师论》、四世班禅所著《除痞催吐药》等，回赠物品。

是年，萨德钦巴益西三木旦、拉推巴洛桑才旦、协巴扎西嘉措、勒贤朗巴洛桑三木旦、嘉钦孜巴洛桑尊追、洛桑旺波、宗卡益布次仁、邬建宗巴巴丹达结等修完《释量论辩解》，章摩且巴洛桑达结、贡查巴洛桑金巴修完《般若辩解》，温寺巴嘉木央巴结、达瓦坚赞、益西强巴、洛桑扎西、益西尊追、巴丹顿月、喜饶达结、贡嘎巴丹坚赞、巴旦丹桑修完《胜乐根本续》，杰仲格桑巴丹修完《菩提道次第引导》，吉隆巴噶钦洛桑旺波、哈尔东阿然巴洛桑次旺修完《集密生圆二次第论》，噶丹群科洛桑饶觉修完《般若经第三品》《宗派源流总述》《中观总义》，洛桑琼觉修完《般若经第六品》《菩提道次第甘露宝瓶》，噶丹德庆饶杰寺洛桑顿珠修完《菩提道次第炬论》《菩提道次第引导方便道论》《大威德金刚生起次第论》《大手印根本颂》，格敦班觉、噶桑丹增修完除《大手印根本颂》外的上述经论，群科伦布巴扎西群培修完《慈氏五论》，达瓦群培修完《心明论》，顿珠雅培修完《般若经第一品》，丹增群培修完《三律仪论》《别解脱经》《现观庄严论》《释量论疏正理饰》，重孜曲德瓦洛桑坚赞修完《时轮仪轨》，德庆修行僧洛桑扎西修完《菩提道次第引导方便道论》《菩提道引导论》《集密根本续》《灌顶仪轨》等，班禅分别对以上献考者予以赏赐。

火鸡年(1777年)一月七日，班禅额尔德尼与经师、密乘经师、密院佛殿师及60名僧人共同于日光殿举行护法酬补仪式，投掷白伞盖大遮六十食子。

二十八日，章嘉国师派人向班禅额尔德尼敬献上等缎面九尊无量光佛画像1幅。之后，班禅额尔德尼莅临密宗札仓长寿仪轨修念法会，赐给誓愿王塔等作为公积基金，施放斋僧茶，传授灌顶。在噶丹饶杰寺建立了以经轨如意王及甘露再熔藏方式八供善逝药师佛之常规，从是年开始，每年举行15天，有益于佛法众生。

期间,班禅额尔德尼等人拜谒佛像塔,向诸佛殿奉献百供及敬神哈达,于护法殿陈列手相战器等供品,与佛殿师共行七支引导献浴及法王酬补仪式,食供本尊护法,托付事业,祈求护佑。

是月,班禅额尔德尼先后为45名修行僧授近圆戒,为101人授沙弥戒。

二月一日,应大译师仁钦桑波的转世灵童洛桑丹增坚赞与中殿堂师益西才旦二人的请求,班禅额尔德尼详细讲授《噶丹精要十六灌顶》。此日,班禅接到差驿送来的八世达赖喇嘛、两位驻藏大臣、诸位噶伦关于摄政第穆呼图克图于一月二十二日病逝的信函及回向礼品后,心情极度悲伤,立即诵经超度,委派管家洛桑格敦携带金银绸缎等物,前往拉萨吊唁。

五日起,在5天内向诸佛殿献供五种百供、敬神哈达,拜谒佛像塔;委托兄妹向护法殿献哈达、供品,行酬补仪式,发誓利益佛法众生,不生内外之害,托付事业。

六日,夏鲁寺堪布、孜本(会计官)等百人及哲蚌寺僧人等迎驾者乘马先后抵达噶丹饶杰寺,向班禅额尔德尼呈献了八世达赖喇嘛、驻藏大臣、诸位噶伦的慰问信,班禅赐茶问安,并为萨噶头领等僧俗多人摩顶。

九日,班禅额尔德尼莅临吉康札仓,主持设素食盛宴招待;随后以15驮糌粑所制供品、敬神哈达、珍贵供品等供养护法殿大护法,护法殿师与密宗札仓21名僧人举行酬补、会供、神饮、授权仪式;向大经堂空姊妹护法轮、喇嘛措献供哈达,发愿托付事业。

十日,班禅额尔德尼为扎什伦布寺4位经师、格贵、勒参巴(执事)等人摩顶。经师请求说:“为了向达赖喇嘛献心满意足之教法,消除一切灾害,必须速回扎什伦布寺”。班禅欣然应允。

六日,良辰吉日,班禅额尔德尼一行离开扎什伦布寺,起程前往拉萨,附近僧俗众人、仪仗队、歌舞队于桥东设灶送行,班禅额尔德尼摩顶赐物。沿途僧俗部落及仪仗队、歌舞队夹道迎送,班禅分别予以赏赐。是日莅居扎西雄。

次日,驾临温寺休息3日,僧俗部落、庶民百姓各献礼物,班禅额尔德尼予以回赐,布施僧众,提供资金,在僧众大会上讲授《白伞盖佛母修念法》。期间,拜谒了拉章孜雪诸塔,向成就自在像、护法殿密笈、雪护法殿献供受用百供、哈达、供品等,发愿托付事业。所缘佛法众生之事业,向法会施放斋僧茶饭各6次,发给每名僧人尼泊尔银币一枚。在大经堂参加了由8名僧人举行的为期两个月的六十食子投掷及白伞盖大遮法会,并提供费用。

十日,离开温寺,温寺设灶送行。是日抵达兰庄园伦珠饶丹,休息3日,公私献礼者络绎不绝。

十三日,班禅额尔德尼被仪仗队迎请到绒·贤钦寺休息一日,受到热情招待。在法会上,班禅传授《长寿修甘露长流》及《祈请恩德论》等,施放斋僧茶,提供资金;向弥勒佛像敬献银曼札、哈达、五种百供等,发愿弘法益民。其后两日分别住在曲参卡及雅尔索,派管家洛桑饶丹前去慰问八世达赖喇嘛。

十六日,班禅额尔德尼一行莅居盘拉贤地方。八世达赖喇嘛特使洛桑达结主仆前来慰问,班禅设宴招待。当时,拉木护法师乘马抵达班禅住地,与班禅摩顶交谈。

十七日,班禅额尔德尼一行抵达夏木曼,向拉木护法师敬献礼品,祈求长寿。拉木降神师宴请献礼。

十八日,驾临扎西孜,会见了普布觉活佛。之后,会见前来迎接的八世达赖喇嘛叔父主仆、经师赤仁布切等人,摩顶赐茶款待,进行详细谈论。在驻锡南木地方时,为前来迎接的四噶伦、公爵、札萨克、代本、仲科等主仆百余人摩顶赐茶。噶伦噶细公代表八世达赖喇嘛献上等哈达,班禅予以回敬。

十九日,班禅额尔德尼等人于聂塘卓玛佛殿用午膳时,供献百供、上等哈达等,发愿弘法。为察甘诺门罕信使额艾强佐与杭大臣之信使等摩顶。在堆龙会见保柱大臣信使乃辛孜仲与加尔果琪、笔帖式之管家。

二十日,哲蚌寺于参涅林卡设灶郊迎,敬献礼物,班禅额尔德尼为喇嘛、执事摩顶,问安回赐。驾临索措拉瓦噶厦设灶迎接地方时,杭弈禄、留保柱、加尔果琪、笔帖式、四噶伦、两位杰仲、公爵、札萨克、代本、孜雪管家、仲科、察甘诺门罕、拉萨四茹头领、游牧牧人、克什米尔人、尼泊尔人共700多人乘马迎接,班禅额尔德尼为他们摩顶,赐茶款待各位官贵,向土地神献哈达。自此前往布达拉宫途中,南杰札仓、木茹寺、宇德等寺的僧人仪仗队与金城内外、哲布林、扎宇、洛艾、朗茹的歌舞队作领队,布达拉宫上旗幡飘扬,各种乐器齐奏,供物如云。在如此热烈的气氛下,班禅额尔德尼莅临雪山宫殿布达拉宫日光殿与八世达赖喇嘛会晤,热情叙旧。随后,噶厦于大经堂布置盛大宴会,邀请八世达赖喇嘛与班禅额尔德尼。

是日,班禅额尔德尼为前来拜见的杭大臣、留大臣、加尔果琪、笔帖式、宇贝、总爷、四噶伦等摩顶,设素宴进行交谈。之后,会见下密院堪布、喇嘛翁则、哲蚌寺数名喇嘛、嘉赛活佛、阿里活佛、察甘诺门罕、卡尔多活佛、达普活佛、散木华活佛、达赖喇嘛母亲平措旺摩、吉玛、霍尔康萨札萨、孜本嘉廓瓦、周康强佐、却本德周堪布、迭部活佛等人,摩顶赐茶款待。每日为色拉、哲蚌、噶丹等寺1000多名僧人摩顶。

二十九日,班禅额尔德尼接受杭大臣所献玻璃器具与缎子等礼物后,设宴招待。

次日,在布达拉宫日光宫,拉钦仓巴钦波护法向班禅额尔德尼、八世达赖喇嘛师徒献八瑞相、七政宝等,祝愿长命百岁。护法师答应完成四业之事业。

三月一日,拉章出资,于大经堂宴请八世达赖喇嘛,献曼札、佛像、佛经、佛塔、衣服用具、黄金3包、马蹄银111锭等厚礼;诵经祝莲足坚固,永驻人世。班禅额尔德尼为两位驻藏大臣、加尔果琪、笔帖式、总爷、粮官、四噶伦赠送上等哈达、佛像、熏香、白银、绸缎等礼品,赐给僧徒、孜仲哈达、白银各一两;按例赠赐两位大人等汉族官员、四噶伦、达赖喇嘛母亲、达赖之兄、身前侍从等送行礼物。

二日,班禅额尔德尼向拉钦仓巴钦巴护法献礼,托付事业,为八世达赖喇嘛传授《马头明王密修法》《忿怒梵天舍命法》《白度母如意轮随许法》。

三日,赐给杭大臣佛像、熏香、氆氇等,作为告别礼物。

四日,在三界尊胜殿始为八世达赖喇嘛、经师噶丹赤仁布切、经师法王洛桑群培、普布觉活佛、热振活佛、嘉赛活佛、察甘诺门罕、阿里活佛、显教侍从、身前内侍、色拉、哲蚌、噶丹三大寺喇嘛、卸任赤巴、格西、修行僧数名等共百余人授《菩提道次第引导方便道论》,八世达赖喇嘛赠送银曼札等礼品,表示感谢。讲经结束后,班禅额尔德尼等人前往拜谒吉祥舍利灵塔与帕巴拉康佛殿,供献哈达,广发弘愿。

五日,八世达赖喇嘛、班禅额尔德尼于日光宫会晤驻藏大臣等汉藏官员,并礼拜乾隆皇帝画像。之后,在誓愿会供法会期间,班禅于布达拉宫前面观看了能仁佛及弥勒佛布画像。拉萨三大寺的僧人高擎伞盖、胜幢、幡、粉包、海螺等供物，组成仪仗队与歌舞队簇拥八世达赖喇嘛与班禅额尔德尼至三界尊胜宫，噶厦设素宴招待。于此，班禅向2幅画像献百供、哈达等。之后，在乃康萨，驻藏大臣、嘉尔布、噶伦等汉藏官员来拜谒班禅，此时，白光战神降神，抵达此地，班禅派人为其献上等哈达。

当时，班禅额尔德尼于会供祈愿法会用午茶，给19172名僧众每人布施尼泊尔银币一枚以及其他礼物。第三轮晚茶时，再为19172名僧人施予银币各一枚及礼物，诸僧献礼谢恩。之后，班禅会见普布觉活佛父母、雄饶杰林寺堪布、执事等赐茶交谈，为僧俗700人摩顶。

六日，日吾甘丹寺邀请班禅额尔德尼、八世达赖喇嘛到大经堂祝寿，班禅为诸僧摩顶。噶丹赤仁布切为班禅祈寿，班禅回赠甘丹寺和赤仁布切；并向甘丹寺宗喀巴灵塔、戎罗佛、阎罗王送去供献哈达。

尔时，热振活佛、扎西迥活佛、巴日活佛、章嘉公之子、宇妥之子、卸任札仓翁则格桑琼觉、阿杂拉巴热布日等拜见班禅额尔德尼，接受摩顶。班禅与他们进行了亲切交谈，并为南杰札仓全体僧人摩顶，为拉木降神师主仆饯行。为了利益佛法众生，圆满事业，所缘为达赖喇嘛受戒，授教无有任何障害，班禅派人为色拉寺、哲蚌寺、甘丹寺、格夏札仓、上下密院、热振寺、密乘林寺施放斋僧茶各5次，发给14924名僧尼尼泊尔银币各一枚；为前藏南北170所寺院施放斋僧茶各5次，布施14388名僧人哈达各一条、尼泊尔银币半枚及其他礼品；向群科杰寺、沃喀精其寺、强巴林供献五种百供、哈达；向日吾甘丹寺阎摩法王献供品；为群科杰寺、巴拉觉、小昭寺8名僧人法会和拉毛绛曲觉、增摩察、蔡尔桑举行的为期两个月酬补护法法会提供全部费用，合银16136两。

十日，获悉皇太后（译者注：乾隆皇帝的母亲孝圣宪皇后（1692－1777年），钮祜禄氏，生于1692年11月5日，满洲镶黄旗人，四品典仪官凌柱之女。13岁时入侍雍亲王府邸，号格格，为雍王胤禛藩邸格格。康熙五十年生弘历，即乾隆皇帝。雍正元年封为熹妃，雍正八年封为熹贵妃。雍正十三年其子弘历（乾隆皇帝）即位，尊为皇太后，上徽号曰崇庆皇太后。卒于1777年3月2日（乾隆四十二年正月二十三），葬泰东陵。乾隆四十二年（1777年）二月乾隆帝给六世班禅发敕谕，因皇太后逝世请班禅额尔德尼在藏熬茶诵经，敕谕说，"奉天承运皇帝敕谕班禅额尔德尼：前世达赖喇嘛、班禅额尔德尼，自太宗皇帝始即遣使请安，虔诚纳贡，忠心耿耿。太宗皇帝崇尚黄教，福佑全藏之民，百载有余矣。自圣祖皇帝以来，每遇大事，概行熬茶、馈赠、诵经。今大行皇太后圣母玉体染疾，倏然升遐。大行皇太后圣母自朕临御以来，四十二载，教养之恩天高海深，内外臣工同沐深恩厚泽。正值安享颐年之时,猝然升遐。朕顿失倚靠,欲忍不能,五内忧焚。西藏乃弘扬黄教、振兴释教之地,朕特为大行皇太后修善祈福,遣使熬茶、馈赠、诵经。班禅额尔德尼尔等众寺庙大小喇嘛,衷心祝祷三宝,求佛超度,敬诚诵经。特敕尔班禅额尔德尼,并赐尔30两重银茶筒一个、银瓶一个、银盅一个、大小哈达各10方、绸缎12匹。为大行皇太后诵经之扎什伦布、甘丹、色拉、哲蚌四寺,各赐银1000两、大哈达各100方、小哈达各1000方、茶各100块。赐各寺布施银4000两、小哈达4000方、茶1000块。一并交付使者乾清门二等侍卫佛尔清额、乾清门头等侍卫值班章京多隆呆、札萨克喇嘛罗桑多吉、副大喇嘛乌布德、查干喇嘛寺庙大喇嘛拉克巴朋楚克、员外郎舒伦岱、主事都依齐等赍往,到时祇领。特谕。")去世,班禅供祭布达拉宫各所依,诵经超度亡灵,献给八世达赖喇嘛的回向礼有:黄金一两、马蹄银4锭等。八世达赖喇嘛向班禅额尔德尼回敬白银5大升等。随后,师徒二人同百名僧人诵经超度皇太后亡灵,祈祷于净土安乐。当时,班禅额尔德尼在扎什伦布寺及其各个子寺施放斋僧茶,要求僧众诵经为皇太后超度亡灵。经驻藏大臣同意,派堪布饶贤巴摄带书札礼品进京慰问乾隆皇帝。

十八日,班禅额尔德尼、八世达赖喇嘛莅临格夏札仓时轮僧修供法会观看跳神,赏赐跳神的僧人每人哈达一条。

十九日,授完《菩提道次第引导方便道论》,于三界尊胜殿举行盛大会供及发菩提法会,八世达赖喇嘛提供资费。

是日,班禅额尔德尼开始为八世达赖喇嘛传授《长寿马头明王双运灌顶法》《白布绿金刚随许法》《多闻子色青随许法》《一面两臂马头金刚随许法》《贝则兄妹护法随许法》,并为扎西迥寺举行的为期两个月的《金光明经》与《陀罗陀尼集》念诵会提供费用。

二十五日,班禅额尔德尼派人前去德庆地方迎接替换杭大臣的新大臣,赐给时轮学院僧人一日的服侍费,向八世达赖喇嘛赠送礼品,并奖赏了各位执事。在会见新任驻藏大臣时,问乾隆皇帝安康,并恭受乾隆皇帝赐物,回赠驻藏大臣。

索噶丹佩杰林、巴德庆康萨女王格桑曲珍、芒康台吉、噶厦管家、运粮官等各献礼物,班禅额尔德尼摩顶,予以回赐,赐茶款待达赖喇嘛姑母杰增玛与色拉协札仓卸任喇嘛。

期间,班禅额尔德尼每日为上百名信徒摩顶。孜仲札阿茹霍尔钦巴贡却巴桑修完《妙音声明论释》《诗律宝源之舌》《奇画》《诗学论》等,通过考试,班禅予以奖赏。

四月一日，班禅额尔德尼与杭大臣亲切交谈。

二日，为察甘诺门罕主仆百余人传授《皈依颂》《兜率上师瑜伽论》《依无量光佛转授法》《三时怙主陀罗尼经》及察甘诺门罕所求《上师瑜伽论》。

三日起，班禅额尔德尼于三界尊胜殿为闻法者、格西等200多人讲授《菩提道次第释论》。

五日，为达赖喇嘛姑母杰增玛主仆20多人授斋戒。摄政第穆呼图克图去世，委任额尔德尼诺门罕阿旺为摄政。随后，为留大臣摩顶，举行宴会交谈，赠送礼品；为卡尔多活佛、色拉密乘喇嘛转世灵童、小王大喇嘛转世灵童等51人授沙弥戒。

当时，噶厦设盛宴招待班禅额尔德尼，南杰札仓僧人献象征长寿的八瑞相、五种法器、七政宝先导之银曼札、佛像、佛经、佛塔、衣服、日用器皿、黄金3包、章喀银105秤等厚礼。八世达赖喇嘛诵词祝寿。大强佐得到衣服、白银9秤、水果及粮食11包等。在吉祥闪光灵塔之前，班禅额尔德尼亲自作堪布，经师洛桑群培作羯摩师，格西洛桑班觉作教授师，为赤钦诺门罕罗桑益西丹巴饶杰授前后节之戒，赤钦诺门罕献礼谢恩。班禅回赠释迦佛像、上等哈达。为了给八世达赖喇嘛授近圆戒，十一日，班禅额尔德尼陪同八世达赖喇嘛从布达拉宫起身，色拉、哲蚌二寺喇嘛、活佛、执事、两位驻藏大臣、嘉尔布、四噶伦、仲科等随着由色拉、哲蚌、木茹、宇德等寺僧人组成的仪仗队和拉萨歌舞队次第来到拉萨宫噶丹央孜寝宫，班禅为两位大臣、四噶伦摩顶后，同达赖喇嘛一起莅临大庭院，参加噶厦举行的宴会，观看舞蹈，互相交谈。宴会结束后，班禅拜谒了释迦佛像、五位天成像、吉祥天尊塔等，发愿利益众生，并敬献哈达、供品等。即日起，在拉萨居住期间，师徒每日会晤，其中二日班禅为八世达赖喇嘛作洗礼仪。

十五日，吉日良辰，日光明媚，班禅额尔德尼作堪布，主经师阿旺曲扎做羯摩师，多闻菩提心所有者经师洛桑群培作教授师，佛法众生之依怙赤钦洛桑丹巴作知时师，教法明灯察甘诺门罕洛桑图丹格勒坚赞作大仙胜器布施师，以及下密院绛孜洛桑米林、夏尔巴法王洛桑丹佩、上密院堪布洛桑金巴、哲蚌寺嘉瓦喇嘛丹增琼桑、密乘喇嘛洛桑喜饶、持律师洛桑曲达、郭莽罗曼格桑艾智、洛萨林喇嘛洛桑金巴、德央喇嘛迥乃扎巴、夏廓喇嘛伦珠嘉措、色拉协喇嘛强巴云丹、色拉堆喇嘛仁钦勒巴、曼喇嘛格桑南杰、密乘师洛桑衮钦、噶丹绛孜喇嘛洛桑赤列、夏尔孜喇嘛曲旺嘉措、喇嘛年扎、却本德周堪布、喇曼恰噶瓦、诵咒者噶钦洛桑西尼、显教侍从噶钦洛桑索巴、噶钦洛桑顿珠等25人于大昭寺释迦牟尼像前,为雪域怙主遍知尊者洛桑丹贝旺秀强白嘉措授白四业仪轨之近圆戒,成为世间执教之顶饰。尔时,天空布满云网,犹如奇形的供物,小雨绵绵;帝释弓帐等诸东方神欢悦,显现出许多吉兆。正是:

您的恩惠若如天空的白云,
在普陀山之主心中的天空,
布置起十二近圆主之舞台,
散发出二百五十戒条之光。
此时被善业美酒熏洗沉醉,
百鸟都在雨云中穿梭飞翔,
催动花雨缓缓降落到大地,
完成众生导师的盛大典礼!

八世达赖喇嘛向班禅额尔德尼敬献曼札等厚礼,厚赐就坐的其他人。班禅额尔德尼回赠上等哈达、曼札、释迦如来佛像等缘起礼物。两位驻藏大臣、察甘诺门罕、色拉寺、哲蚌寺、各扎寺、四噶伦、孜雪仲杰、各大部落等向师徒二人请求供养。地方政府拉章仲科、执事以上级别的人各献上等哈达一条。之后,在色拉、哲蚌、甘丹三大寺1000多名僧人、班禅额尔德尼、八世达赖喇嘛师徒二人作布萨。在拜谒佛像塔时,班禅额尔德尼向释迦佛像供献五色上等哈达、银曼札、黄绸袒衣、乞化钵、锡杖、珊瑚念珠、玉柄;向五位天成像供献五色哈达、银曼札、珊瑚念珠,向宗喀巴像献黄绸袒衣,向弥勒法轮供献银曼札、敬神哈达,广发弘法益民之愿。

下午,班禅额尔德尼、八世达赖喇嘛、南杰札仓30名僧人共同酬供吉祥天女。在噶厦向天母像献供哈达、供品的同时,班禅额尔德尼献敬神哈达、珊瑚念珠、火枪等,赏赐诸诵经僧。另外,向以释迦牟尼佛像为首的拉萨各佛像塔、大昭寺释迦不动像献五种千供各一次;向布达拉宫两尊灵塔献四种百供。

次日，噶厦于庭院举行盛大宴会，邀请班禅额尔德尼、八世达赖喇嘛赴宴，敬献曼札、佛像、佛经、佛塔、衣服、用具、黄金3包、白银150升。八世达赖喇嘛从宝座上站起来，手捧曼札，歌颂班禅额尔德尼的三密功德，诵词感谢班禅授戒之恩，祷祝莲足久驻。赏赐班禅之大强佐衣服、白银3大升、绸缎、砖茶等。

班禅额尔德尼莅临日光宫后，为上千人摩顶，赐茶款待两位驻藏大臣，受其二人献礼。尔后，上书乾隆皇帝，说明为八世达赖喇嘛授戒情况，并赏赐拉萨歌舞者。

二十三日，拉章出资设宴，向八世达赖喇嘛敬献曼札、佛像、佛经、佛塔、衣服、日用器皿、黄金3包、马蹄银121锭等厚礼表示祝贺。扎什伦寺布四大学院上师、各方寺院上师，各庄园、部落民众等供献礼合银3050两。班禅的大、中、小随从献曼札、白银700两等。班禅手捧曼札，颂扬八世达赖喇嘛三密之功德，祝福莲足永驻，祈求达赖喇嘛广做饶益众生的无上善事；并赠送给四噶伦上等哈达、白银大升、绸缎等11件，赏赐了诸位经师；向驻藏大臣赠送哈达、佛像、熏香、氆氇等，按照职位高低大小分赠各位官员。

是日，班禅额尔德尼会见了桑顶寺活佛主仆，进行了详细的交谈，为色拉、哲蚌等寺僧人及俗人共千余人摩顶。

二十三日，察甘诺门罕于大庭院宴请班禅额尔德尼和八世达赖喇嘛，向班禅额尔德尼敬献曼札、佛塔、佛经、佛像、衣服、用具、白银、绸缎、茶叶、布料等厚礼。甘丹寺赤巴、甘丹吉索、北京堪布哲蚌嘉瓦喇嘛、不丹第悉、巴德庆康萨瓦等各自献礼。这天，班禅为扎西迥活佛等501人授近圆戒。

二十四日，班禅额尔德尼、八世达赖喇嘛师徒二人从大昭寺前往小昭寺，向释迦不动金刚佛像供献哈达、银曼札、珊瑚念珠、黄缎袒衣；向黄面怙主像献供哈达、供品等，发愿弘扬佛法，饶益众生，之后返回布达拉宫。密乘噶蔡的强佐次旺嘉措与森本堪布丹巴为了祝贺八世达赖喇嘛受戒，圆满心愿，于大经堂宴请师徒二人。班藏寺僧人诵《尊胜佛母长寿仪轨》为八世达赖喇嘛祝寿，并向班禅额尔德尼献厚礼。

二十五日，师徒二人拜谒帕巴仁布切佛殿、两尊灵塔等塔像，敬献哈达，发弘扬佛法之愿。

二十六日开始，应留保柱大臣之请，班禅额尔德尼连续两日讲授《独雄大威德大灌顶》，坐听者还有普布觉活佛、嘉绒群则等，留大臣以虔诚之心提供费用。

是日，吉康札仓经师圆寂，报丧使者向班禅额尔德尼献回向礼，请求诵经超度亡灵。色拉密乘喇嘛、下密院喇嘛等各向班禅献礼。其间，班禅为下密院等336名修行僧授近圆戒，为色拉、哲蚌、甘丹、上下密院、南杰札仓、密乘噶蔡、热振等寺施放斋僧茶各两次，施予12617名僧人哈达各一条及其他礼物；向甘丹寺宗喀巴灵塔、文殊金刚像、布达拉宫两尊灵塔、帕巴仁布切等20所佛殿佛像塔献百供各一次。

五月一日，班禅额尔德尼于三界尊胜殿讲授之前未讲完的《菩提道次第释论》。

二日，为桑顶寺活佛主仆饯行，先后会见嘉赛活佛、孜仲洛桑贡却、达波札仓僧人、嘉日热协林僧人，色拉俄尔盖扎卸任喇嘛、密乘城僧人、哲蚌藏巴康村僧人、哉务康村、洛萨林卸任喇嘛、木茹札仓僧人、夏尔巴法王、雪古默巴、盖热拉巴、噶伦吞巴，阿里活佛、墨尔根法仁强巴琼觉、管家夏鲁堪布、廓吾卸任堪布、藏巴格西等人，接受他们的献礼，并摩顶，予以回赐。应雪古默巴的请求，讲授《兜率上师瑜伽论》。

三日，班禅额尔德尼为拉木降神师与堪布赠送礼物饯行。

五日，为了圆满达赖喇嘛的心愿，成就佛法众生之伟业，清除一切障害，请乃琼、拉姆、桑耶寺护法神等降神。八世达赖喇嘛向各护法献战器、供品。与此同时，班禅额尔德尼亦供献哈达、金碗等供品。接着诸护法神师广发成就四白业之誓愿。

次日，察甘诺门罕告辞，班禅额尔德尼赠物饯行。同时，为八世达赖喇嘛作洗礼仪轨，讲授《大黑鹏随许法》。

从八日开始，诸位噶伦、拉嘉日巴、各僧俗部落、前藏大部落、后藏大部落、前后藏5名代本等先后于大经堂举行宴会，招待班禅额尔德尼、八世达赖喇嘛师徒二人。南杰札仓僧人诵《尊胜佛母长寿经》为两位救主祝寿。上述诸位官贵、部落民众、寺院高僧向班禅额尔德尼敬献厚礼。随后，师徒二人莅临三界尊胜殿参加素食宴会，接受各位内侍、大小堪布、执事、仲科等人的献礼。王妃平措旺姆及其子亦于当时献礼并诵经祈寿。献礼的还有南杰札仓、上下密院、木茹寺、时轮学院僧人、沃喀济咙活佛、绒·强钦寺、琼结日吾德庆、札强巴林、帕摩曲德寺僧人、南饶达波札仓、娘·群科林寺、拉孜噶丹欧门林、襄·噶丹群科林、泽当噶丹扎西群科林、色拉藏巴康村、贡嘎尔格涅札仓、宗卡佩杰林、聂塘拉瓦堆、聂木嘉协蔡喇嘛等,班禅额尔德尼摩顶,分别予以回赐,同时赏赐了普布觉等3所寺院。

九日,拉木护法神师主仆告辞。

十一日,噶厦派人参加桑耶寺经藏供奉法会,班禅额尔德尼捎去哈达等供品。

班禅额尔德尼自从四月开始讲《菩提道次第释论》,每17天讲授一节,以无边的真言浇灌闻法者之心田,至是月(五月)二十七日全部授完,于献供云的同时使大众趋入执持发菩提心之仪轨。正是:

释迦教法之银箧,
充满教诫之甘露;
植造热诚之灯心。
文起格言之明灯。
消除取舍之黑暗,
踏上善趣之大道,
讲经说法施见眼,
导引众生去解脱。

达赖喇嘛与诸位听讲者为了感谢班禅额尔德尼,献曼陀罗、马蹄银6锭、黄金178古尔肖。但是,除曼陀罗外班禅额尔德尼把这些礼物全部回送给地方政府,请求制作七世达赖喇嘛·格桑嘉措塑像。

六月四日,班禅额尔德尼为两尊释迦佛像献千供,向吉祥闪光灵塔献五种百供,向诸所依供献哈达;向甘丹寺宗喀巴灵塔献百供、哈达,向阎摩法王像献经卷。为了消除一切障害,8名僧人举行为期一个月的酬供阎摩法王的法会,班禅额尔德尼提供一切所需费用,并分别向宗喀巴灵塔、尸罗佛母、法王献供哈达,诵经发愿。之后,莅临旺康寝宫为预备八世达赖喇嘛、两位经师、热振诺门罕、普布觉活佛、嘉赛活佛、达赖喇嘛叔父及两位兄弟、内侍、嘉绒群则以及8名显宗教师等人讲授印度班智达阿巴雅噶拉的《金刚鬘灌顶》,是日讲授了《随持弟子仪轨》,次日讲授《弟子预备法》。

六日,班禅额尔德尼传授《吉祥集密文殊金刚大灌顶》,八世达赖喇嘛赠送缘起礼物。

七日,班禅额尔德尼开始传授《胜乐轮转六灌顶》,师徒二人身着黑茹迦(胜乐本尊)服装,围绕置有伞盖、胜幢、各种乐器之坛城,口诵咒语。下迄七月七日,授完《金刚鬘》所说《四十二灌顶》及《止雅萨穆杂》所说能作善业之三轮即《四十五坛城灌顶》。

次日,班禅额尔德尼于日光眺宫陈设供物,高诵胜乐仪轨之会轮以及祈愿、吉祥颂等咒语,愿大密金刚乘之教遍布四方。八世达赖喇嘛为其提供酬补费用。

六月九日,班禅额尔德尼会见两位驻藏大臣,为前藏两名代本摩顶。

十一日,应邀莅临密乘噶蔡,准备为新落成的第穆呼图克图灵塔举行开光仪典。在全体随员参加的宴会上,哲蚌寺两位格西离席对辩。班禅额尔德尼整受曼札、身语意所依等献礼后,为聚集此处的僧俗摩顶。之后,与30名仪轨僧以大威德方式为灵塔开光,诵经散花。密乘噶蔡寺与噶厦向班禅额尔德尼施奉礼物。班禅额尔德尼供祭诸佛殿,亲切地与大强佐与森本堪布等人交流,并回赠礼物。之后,莅临布达拉宫,设宴款待两位驻藏大臣、加尔果琪、笔帖式、诸噶伦等人。

十三日,噶厦遣使进京朝贡,班禅额尔德尼特使格西洛桑顿珠随同进京叩拜乾隆皇帝,吊唁孝圣宪皇太后。其后,会见洛札尼德地方的两位活佛。

二十二日,应上密院200人请求,班禅额尔德尼于寝宫讲授《集密上师瑜伽论》,为扎雪娘乃地方的30名僧人传授《佛说圣神大明六字真言》,为前来献礼的萨迦寺住持特使管家赠物饯行。

七月三日起,班禅额尔德尼先后为兰札法王及康区格孜地方的多名僧俗摩顶。尔时,乾隆皇帝为维护西藏地方政局安稳,派遣雍和宫希热图额尔德尼诺门罕与为皇太后诵经超度者、第二乾清门侍卫卡巴清艾、第一乾清门侍卫卡多绒欧、右班堪布大喇嘛扎巴平措、加尔果琪苏兰达、图萨旗加尔果琪等前来西藏,班禅派管家洛桑饶丹前往工布江达迎接。

十五日,班禅额尔德尼派管家巴丹桑波、译师洛桑扎西等前往拉洞渡口迎接使者。抵拉萨后，使者于布达拉宫旧经堂向八世达赖喇嘛、班禅额尔德尼宣读圣旨，呈献厚礼。师徒问乾隆皇帝安康，分别为使者摩顶祝福。噶厦设宴招待使者。诺门罕与金耶寺堪布前来拜谒，班禅设宴款待，并与二人详谈。

其前的十一、十二日，由朝廷出资，集中上下密院僧人在旧经堂为皇太后诵经超度，八世达赖喇嘛、班禅额尔德尼亲临法会。诺门罕、大喇嘛、驻藏大臣、嘉尔布等答谢众僧。噶厦亦慰劳僧众。

法会结束后，班禅、达赖喇嘛偕同清政府使者参观大经堂、两座灵塔、洛格夏饶等佛像供献了银制曼札、哈达，同南杰札仓70位僧人虔诚地诵经为皇太后祈祷。

十三日，班禅额尔德尼设宴招待准备前去为扎什伦布寺发放布施的使者，并与随同前往的强佐进行交谈。为帕巴拉活佛特使、上下密院堪布，以及其他百名僧人讲授《上师瑜伽论》《香巴拉誓愿》。

十五日，雍和宫赤巴额尔德尼诺门罕与大喇嘛扎巴平措为八世达赖喇嘛、班禅额尔德尼献礼并诵经祈寿。

十八日，额尔德尼诺门罕等朝廷官员准备赴扎什伦布寺时，班禅额尔德尼设茶会见，并赠送书信礼物。

八月初，八世达赖喇嘛派人给班禅额尔德尼送来太百水，请班禅调养。当时，太师正于叶尔巴密乘寺夏居。其前，上密院僧人屡请班禅传授《集密大灌顶》。这次班禅借供祭普布觉寺阿旺强巴灵塔之便，莅临色拉寺祝贺下色拉寺大经堂落成，并派人禀告八世达赖喇嘛。在下色拉寺大经堂授教时，诸大喇嘛献礼祝贺，会上两位格西离席对辩。班禅回赠给寺院佛像、佛经、佛塔及各种礼物，为1175名僧人发放半月僧茶、供品，赏赐卸任格西曲桑与藏巴康村。讲经后班禅登上大经堂殿顶环视周围，口诵祝愿词，手撒吉祥花。之后，莅临协巴札仓大经堂，接受诸僧献礼，讲授《三士道论》，噶究强巴云丹、热振诺门罕、协巴札仓两位卸任师、三木洛康村、丹玛康村、哉务康村分别献礼。班禅分别予以回赐，并供祭佛殿马头金刚殿。返回下色拉寺大经堂后，再授《兜率上师瑜伽论》，供祭佛塔及塔欧护法。

二日，应色拉法会、俄尔盖札仓、哈尔东康村之请，前往色拉寺。俄尔盖札仓和哈东康村分别传授《长寿灌顶》《度母经》，回赐各札仓。色拉散康德巴、俄尔盖札仓喇嘛、卸任堪布贡噶曲丹等献礼。

尔后，班禅额尔德尼莅临普布觉寺，会见普布觉活佛、噶伦噶细公、贡帮阿旺洛桑、瓦日活佛等。

次日，由普布觉寺活佛出资，在各禅院举行法会，邀请班禅额尔德尼出席。会上诸位高僧举行上师供仪轨会供曼札仪式，诵经为班禅祝寿。班禅分别为修行僧摩顶，贯赐活佛，教诲继承前世业绩。同时，按职位高低赏赐诸侍从。

是日，为大成就者之祭祀日，班禅额尔德尼百供宗喀巴大师像，敬献供品，向诸所依献供哈达，祈求护佑众生。尔时，噶伦公班智达为施主，举行由色拉、哲蚌等寺2000多名僧人参加的大法会，班禅于法会略授《六法论》《发心供摄略》。

翌日，三所禅院联合举行上师供会供曼札法会，向班禅额尔德尼祝寿，班禅为诸修行僧摩顶，予以赏赐。下午与四日，普布觉活佛与噶伦噶细公出资聚会，班禅到会为诸僧传授《菩提道次第引导方便道论》《发心供论》。施主措杰与措嘉旺摩献礼致谢。

之后，班禅额尔德尼为普布觉活佛讲授《西南护法修念随许法》，回赠礼物，并会见达赖喇嘛内侍洛桑格敦。留保柱大臣晋见，献汉式饭食，班禅予以回赠。

五日，班禅额尔德尼莅临叶尔巴寺。

六日，班禅额尔德尼开始向叶尔巴密院僧人、色拉、哲蚌寺共千余名僧人讲授《集密圆满四灌顶》；为具贤劫之密乘僧人播散四身①真实种子，诸僧酬谢不已。

九日，拜谒各佛殿，向十地佛殿主尊释迦佛，八十成就大殿索巴普弥勒佛，法王松赞干布修行宫夏拉萨中之观音菩萨、法王、拉隆巴多杰，经师修行月亮洞，仲敦巴修行洞多杰普中之观音菩萨，阿底峡讲授仲敦巴历代身世就座殿中之阿底峡像，玛尼佛殿中之喀萨巴尼及自生嘛呢等分别献千供、百供、各种祭品；供祭吉祥天女像、观音格夏扎巴拉像、红兔遮蔽怙主像、纳木央后面之护法殿、善金刚像等，虔诚发愿弘扬四尊三藏。

在大经堂，叶尔巴寺向班禅额尔德尼献礼并诵经祈寿，班禅为他们摩顶

① 四身：佛所具备的自性身、智慧法身、受用报身及化身。

祝福,回赠礼物,施放斋僧茶,赐给寺院公积基金。

是日,班禅额尔德尼驾临拉日娘布山转经,同1000多名僧俗民众向四面献七支供,发菩提心。在卓卡寺僧众负鼓跳舞,以示拉隆巴多杰刹杀朗达玛,班禅观后予以赏赐。之后,来到供放较多如来舍利的大白塔前,礼拜发愿,向供放八十成就者牙齿、手指、足指的塔附近及噶伦噶细公所建的佛塔恭手礼拜。在噶伦噶细公与诸位高僧的再三请求下,班禅登上密宗札仓辩经台的宝座讲授阿底峡《祖师问道语录》,向全体僧人、各地信徒共1000余人讲授《宝鬘论》及阿底峡于印藏等地传教史及其著作。噶伦噶细公献曼札、白银、绸缎等礼品致谢,向密宗札仓施放斋僧茶15次,施予437名僧人哈达各一条、白银一两,使众佛法财物两方得到满足。这天,天空彩云密布,众生甚感惊奇。

十日,班禅额尔德尼莅临上密院为大白伞驱鬼咒敌法会施放斋僧茶,为叶尔巴寺提供酬供护法所需费用。

十一日,驾离叶尔巴寺,临行前班禅额尔德尼登上密殿顶远眺,合掌躬身,几度致礼玛哈噶拉,此时众人确信班禅看见奇状。这天临近布达拉宫时,噶厦设宴郊迎。尔后,在摄政额尔德尼诺门罕等汉藏官员陪同下来到布达拉宫。

十三日,噶厦与寺院献礼,庆祝乾隆皇帝寿辰,诵经3日祝寿。

翌日,班禅额尔德尼为金耶寺堪布与几位喇嘛、官贵赠送佛像、香料等礼物;为金耶寺堪布主仆30多人讲授《白度母修念随许法》《无量光佛往生法》。

十五日,额尔德尼诺门罕奉旨管理西藏地方政务,在旧经堂向达赖喇嘛、班禅献佛像、佛经、佛塔等礼物。八世达赖喇嘛、班禅额尔德尼回赠护身结、佛像、衣服、金银、绸缎等厚礼,热诚希望诺门罕为政教事业作出贡献。班禅向驻藏大臣等赠送缘起礼物。

十八日,哲蚌寺僧人于大经堂诵经为师徒二人祝寿,班禅额尔德尼为他们摩顶加持,向乃穹护法降神师父子二人敬献哈达。乃穹护法神(གནས་ཆུང་ཆོས་སྐྱོང་ཆེན་པོ།)要求僧众诵经为八世达赖喇嘛、班禅祝寿。僧众按其要求诵经祈寿。

十九日,八世达赖喇嘛、班禅额尔德尼莅临色拉寺法会接受诸僧所献礼物。为了清除碍障,班禅传授迷札传承《百法》;向南杰札仓、俄尔盖札仓、木茹寺施放斋僧茶及日用品。各寺酬供拉帕护法,修念《白伞盖佛母咒》。

二十五日,班禅额尔德尼开始传授成就法轮,迷扎佐格传承《百法神会灌顶》,上午作修供仪轨①,下午作事续②灌顶准备。

二十六日上午,班禅额尔德尼举行修供仪式。午后,班禅开始讲授《十三尊白妙音佛母大灌顶》《九尊玛哈噶拉大灌顶》《密宗道次第广论》《居丹喇嘛达巴秘诀》,十月一日结束。

是日,八世达赖喇嘛出资,举行由求知者与南杰札仓30名僧人参加的胜乐轮鲁易巴念诵仪轨之会供曼札法会,诵吉祥词。

在传授《观世音胜海灌顶》时,八世达赖喇嘛、班禅额尔德尼身着胜乐衣冠③,手持胜幢、旗幡供物,围绕坛城,进行供祭。

九月二日,大强佐从扎什伦布寺来到拉萨,班禅额尔德尼于三界寝宫与其交谈。

五日起,班禅额尔德尼为拉木护法神师与达旺活佛传授《长寿马头金刚双运灌顶》《白度母如意轮修念随许法》,赏赐拉木护法与拉达克代表;为上下密院堪布及其他僧俗多人摩顶。

七日,进京朝贡的堪布及其随员返回拉萨,班禅额尔德尼询问乾隆皇帝健康状况,恭受乾隆皇帝敕书,附函礼物如下:蓝宝石释迦佛雕像、五种彩带、佛冠、六种饰器具、黑色水獭皮大衣、珊瑚、玉鬘、水晶器皿、大缎数匹。额尔德诺门罕、朝廷大小官员、噶伦及其随员献哈达祝贺,班禅赐茶款待诸官、堪布。

十九日,班禅额尔德尼会见止贡活佛,设茶款待,并回赠礼物;还为东噶活佛等僧俗多人摩顶。约于此时,为60人授沙弥戒;为色拉、哲蚌等寺101名僧人授近圆戒。

十月六日,会见参卓堪布管家及其随行20人、多杰公特使益西扎巴、札萨克贡桑代表金巴、鄂尔多斯欧多贝勒代表迈仁桑盖札西、强多贝子代表托云大喇嘛、贡噶地区代表、达尔堪贝子代表额尔德尼墨尔根曲杰、杂朗莫居、

---

① 修供仪轨:密教为本尊而进行修习、供奉赞颂的一种宗教仪式。

② 事续:藏传佛教所说密教四部之一,主要讲述沐浴、清洁等身体举止。

③ 胜乐衣冠:佛教密教的本尊胜乐金刚等神所着服饰,包括骨质五佛冠、骨质耳坠、骨质络腰、手钗、足镯等6种骨质饰件。

察哈尔格鲁俄兰代表托云强多尔主仆等客人。

十日开始，班禅额尔德尼先后为欧纳寺喇嘛与数名求知者传授《长寿仪轨甘露长流》《上师供》，为哉务群则、卓尼尔数名商人等摩顶。

十八日，噶厦决定刻印《章嘉阿旺洛桑曲丹全集》①，班禅应额尔德尼诺门罕之请，为之作序。

十九日，在施食供与度母酬补法会上，班禅额尔德尼向两尊释迦佛像、五位天成像②、吉祥光舍利灵塔献五种百供、哈达；为南杰札仓施放斋僧茶12次，行大威德会供，为上下密院施放斋僧茶各10次，行集密、胜乐会供，施予903名僧人哈达各一条、白银一两，为色拉、哲蚌两寺施放斋僧茶各3次，为普布觉寺施放斋僧茶21次，为木茹寺施放斋僧茶11次，行白伞盖佛母仪式。

当时，噶厦集中上下密院僧人100名、前后院僧人100名于旧经堂作佛事长达一个月之久；之后行护法仪酬轨，祈求保佑。为酬辛劳，班禅特施予每名僧人哈达一条、尼泊尔银币3枚。在拉木寺时供法会期间，班禅派管家洛桑饶丹前去向大小护法神献供哈达、酒等，向绛曲觉、蔡赛、增摩蔡等寺施放两个月的吃食，每日6次，为忿怒护法酬补法会提供费用。

以前班禅额尔德尼请求噶厦塑造前世达赖喇嘛塑像，如今七世达赖喇嘛·格桑嘉措15岁等身像落成，像内装脏佛舍利10粒、七世达赖喇嘛发辫一束、袈裟一套、念珠等，供养于吉祥金光灵塔前，身披半月形黄色大氅，头戴黄色格夏玛佛冠，以古瓷饰银为底座，身前长柄茶碗置于银座之上，另有承接器、茶壶、彩带鼗鼓、摇铃等。二十五日，燃灯节之时，由经师与札仓金刚师等24人举行开光仪式，成就了一切众生敬仰的福田。班禅施薪饷满足了诸开光者、诵咒者、工艺匠之心愿。

尔时，班禅额尔德尼、八世达赖喇嘛向观世音菩萨像、两尊灵塔、密宗坛场献供银曼札；向诸佛塔献哈达，与各札仓僧人行迎请、洗礼佛像仪式，念诵东雪山、三世佛、圣者颂等词，祈愿弘法益民。班禅再次以银曼札等献供新雕像，向

---

① 阿旺洛桑曲丹：(1642－1714年)，第二世章嘉活佛。曾入藏师事五世达赖喇嘛，后任佑宁寺堪布和北京总管喇嘛，被封为“呼图克图”。1705年，受封为“灌顶普善广慈大国师”，总管内蒙古佛教事务。

② 五位天成：即天成五位一体。传说拉萨大昭寺十一面观音像，泥像本身乃未经塑造，天然聚积而成，故名。像内装有一躯蛇心，檀树中天生观音像，以及松赞干布、文成公主、尼泊尔公主死时灵魂均没入其内。如是五种天然成就的事物，共聚一体。

八世达赖喇嘛祝福。在此前后,为木茹、群则等寺153名僧人授比丘戒。

十一月五日,前去参加拉木寺时供法会的洛桑绕丹返回,向班禅额尔德尼呈献法轮、黄百旗、白海螺、水果等。

次日,班禅额尔德尼会见两位驻藏大臣,为哉务王主仆摩顶。

七日起,班禅额尔德尼为179名蒙古僧授近圆戒。

十四日,在旺康寝宫为八世达赖喇嘛侍从、大强佐等授《密乘修习本尊成就法》。次日,传授《金刚持佛三主轮①修念随许法》。

冬至,班禅额尔德尼向色拉、哲蚌、甘丹三大寺、上下密院施放斋僧茶各5次,向南杰札仓、俄尔盖札仓、木茹寺施放斋僧茶各15次,向普布觉、扎西迥寺施放斋僧茶各150次,向哲蚌寺藏巴康村施放斋僧茶各90次;行白伞盖佛母仪式,向释迦佛像献五种千供,向两尊金佛塔、观世音菩萨像献五种百供3次,向各佛殿献两次五种百供,向甘丹寺宗喀巴灵塔和普布觉寺佛殿献一次百供;向各佛塔献供哈达,为甘丹寺8名僧人举行了为期一个月的法王酬补法会提供哈达、剑等供品。

十五日,在日光寝宫,八世达赖喇嘛、班禅额尔德尼分别向桑耶寺大护法赠送哈达、服装、五色哈达等。

二十四日起,噶厦和拉章出资,共同于甘丹宫举行法会,额尔德尼诺门罕、热振诺门罕、普布觉活佛、南杰札仓40名僧人行吉祥金刚大威德止息、增、怀三业烧施火祭仪式,祈愿佛法昌盛,众生安乐,八世达赖喇嘛健康长寿,法会历时三天。

二十六日,班禅额尔德尼会见蒙古从各方前来拜谒的众多蒙古僧俗信众,并予以摩顶。

二十九日,噶厦出资,在三界宫由班禅额尔德尼作金刚师,与额尔德尼诺门罕、大强佐、经师、12名护法殿僧举行依吉祥金刚大威德忿怒护摩法会,清除第二佛祖宗喀巴大师教法之一切有形无形之敌,祈祝师徒二人长寿。会后,由地方政府与拉章出资,行法王酬补仪式。

三十日(汉族农历新年伊始),两位驻藏大臣及其他官贵来献礼,祝贺新年,班禅额尔德尼赠送新年礼物。

---

① 三主轮:即身、语、意三业。

十二月一日，师徒会见色拉、哲蚌二寺喇嘛、执事，以及其他前来献礼的僧俗客人。

五日，班禅额尔德尼为下密院堪布等几百人摩顶。

十一日，应八世达赖喇嘛请求，为红居夜叉作《金液次第夜叉大喜》一文。

十二日起，施食酬供法王，行护法秘修增长护摩①法会。

次日，献供送神朵玛与修行下座朵玛。

当时，班禅额尔德尼感冒咳嗽，身体欠安，服药静养，谢绝会客，勤诵本尊补咒。其间，应德庆饶杰寺却本洛桑赤列请求，撰写《姊妹护法祝告》。为了满足上层僧人及下层信徒的愿望，作《上师瑜伽》《祈祷文》《长寿永生》《护法本尊颂》《土地神祭祀法》。应阿旺扎西和江建公请求，为几位亡故者作净荐仪轨②。

十二月（闰）五日晚，八世达赖喇嘛身患感冒，身体欠安，班禅额尔德尼衷心祈祷，并以替身物③送祟。

次日，班禅额尔德尼为八世达赖喇嘛作摧秽洗礼④，施三份朵玛，佛事作完后，与八世达赖喇嘛畅谈。为了消除班禅的违缘，向哲蚌、色拉二寺施放斋僧茶各5次，向俄尔盖札仓、嘉日热协寺、帕绒卡寺等拉萨附近寺院施放斋僧茶各21次，向哲蚌寺藏巴康村施放斋僧茶30次，向宇德施放斋僧茶10次，该寺僧人诵《白伞盖陀罗尼》和《般若波罗蜜多心经》，进行禳解。向上下密院施放斋僧茶各31次，举行怙主酬补仪式及积集殊胜资粮仪式；向普觉寺施放斋僧茶21次，该寺行四大食子仪式；向南杰札仓施放斋僧茶一次，诸僧行怙主酬补仪式；向哲蚌属寺格培寺施放斋僧茶90次，该寺僧人诵《般若经》大、中、小品及《陀罗尼经集》《金光明经》《度母经》等；向木茹寺酬补静猛梵天法会，并提供7日费用。

七日，班禅额尔德尼沐浴、服药，病症由上降至体下，因呼吸喘急，坐立困难，决定尽快去大昭寺祈祷。大强佐诵经祈求班禅早日康复。班禅说：

---

①　增长护摩：通过火祭以求增长福、寿、财的一种宗教仪式。

②　净荐仪轨：为生者净罪、为死者荐福的一种宗教活动。

③　替身物：为病人康复而送鬼时施舍的赎身物。

④　摧秽洗礼：为病人除去晦气和污秽的宗教活动。

“你不必担忧,实无大病,似因是年授上、下部密乘灌顶时,心情急躁,引起诸护法神暴怒之故。”在祝寿仪式上,因班禅行胜乐会供曼札仪式,病情宛如明月出云,即显好转,众人都很高兴。

十七日,班禅额尔德尼于旺康宫殿为遍知八世达赖喇嘛、巴丹额尔德尼诺门罕、普布觉寺活佛、却本德周堪布、索本堪布洛桑克却等人讲授《怙主十三教戒》,为期3天。

二十二日,下密院32名僧人于三界宫举行为期7日的长寿仪式,为班禅额尔德尼祝寿,并且行伏魔铁堡仪式,为众生求福。班禅每日莅临法会诵经。

二十三日,班禅额尔德尼于法会传授天母秘诀。

二十六日,八世达赖喇嘛、班禅额尔德尼于寝宫行为期5天的天母会供,共21次;然后授权。

二十九日,班禅额尔德尼莅临铁堡修行仪轨法会,善相显现。

是年,重孜巴洛桑伦珠修完《现观庄严论》,乃巴益西桑珠修完《释量论辩解》第四章,温寺巴杰仲丹增修完《集密、胜乐、大威德生圆次第论》,噶丹群科巴强巴顿珠修完《菩提道次第广论》,班禅额尔德尼对献考者按例予以奖赏。

土狗年(1778年)正月一日清晨,班禅额尔德尼于布达拉宫极乐宫殿向吉祥天女献供元旦食子,设宴招待众师徒,布素宴招待八世达赖喇嘛;向诸门罕第穆活佛、诸噶伦赐新年礼物。八世达赖喇嘛回赠缘起礼品。

是日上午,班禅额尔德尼、八世达赖喇嘛施食供祭吉祥天女。之后,莅临大经堂升座,护送礼物祝贺,摄政额尔德尼诺门罕、两位驻藏大臣前来献礼。师徒受礼后,分别回赠诺门罕、驻藏大臣、嘉尔布、诸噶伦。

五日,班禅、达赖喇嘛离开布达拉宫,起驾前往大昭寺,汉藏官贵及手持供物之僧人、百姓歌舞队载歌载舞欢迎。是时,拉萨四茹旗幡飘扬,香烟弥漫,喜乐无穷。莅临冲赛康集市与翁堆豁卡时,班禅额尔德尼向乃穷大护法行酬补仪轨,为前来迎驾的甲赤护法献哈达。尔后,莅临甘丹寝宫进茶用点心,在艾瓦木用膳。

七日,噶伦噶细公班智达迎请师徒到僧会献供物、曼札、金银、绸缎等厚礼,祝愿莲足永驻。设宴款待诸随从时,师徒授教回赐。

八日，班禅额尔德尼在讲经院向20000余名僧人讲授《三十四本生传》全文，演讲之光芒使聆听者之心莲开放。有诗赞道：

雪域一切贤德之顶冠，
虔诚恭敬大师就法座。
生生世世本缘如苦海，
依止世间巨舟似漏穿。
得恩善业高坐宝座徒，
妄自尊大费神学说法，
种种流言蜚语似泡影，
如今张口结舌不敢言。

八世达赖喇嘛向班禅额尔德尼送银曼札、佛像、佛经、佛塔、白海螺、法轮、金银等祝贺。

摄政诺门罕、诸位噶伦、色拉、哲蚌、甘丹等三大寺喇嘛、执事亦献礼祝贺。

是日，七世达赖喇嘛侄子噶伦札萨克喇嘛格桑丹增南杰邀请班禅额尔德尼、八世达赖喇嘛到法会献礼并诵经祈寿。师徒二人于寝宫举行宴会招待格桑丹增南杰，并予以回赠。

午后，班禅额尔德尼莅临大祈愿法会与众僧共作佛事，亲诵回向文。之后，班禅由查德强佐钱噶堪布洛桑旺秋、森本堪布觉结、噶丹旦杰、后藏代本班蔡巴、强多贝子代表托云大喇嘛等迎请到法会先后礼祝寿。八世达赖喇嘛、班禅额尔德尼于寝宫赐茶款待诸位客人，分别给以赏赐，重孜巴与哉务顷孜献礼。

十一日，班禅额尔德尼在讲经院传授《佛本生经》，班蔡代本平措南杰献哈达、白海螺、白银。

下午，班禅额尔德尼莅临祈愿法会诵回向文，向释迦佛像、五位天成像、宗喀巴像、弥勒法轮、兄妹四护法神像、吉祥天女像及塔献供哈达，祈愿众生安乐。

十三日，拉章邀请八世达赖喇嘛到大祈愿法会，敬献上等哈达、银曼札、佛像、佛经、佛塔、衣服用具、黄金15两、马蹄银121锭等厚礼。班禅额尔德尼讲述自从观世音菩萨至今历辈达赖喇嘛的伟大功德，虔诚祝愿此辈达赖喇嘛承继先辈之业绩，获得贤正善良等一切功德。为了佛法众生之利乐，莲足若金刚般坚固，常转法轮。同时，分别回赠了摄政诺门罕、诸噶伦、驻藏大臣、嘉尔布，向释迦佛像供献五种千供；向佛塔献祭品、哈达。

次日，鄂尔多斯贝勒顿珠次仁特使晋谒献礼。之后，班禅额尔德尼为达赖喇嘛母亲平措旺姆授居士至沙弥尼戒，赐名洛桑卓玛。八世达赖喇嘛高兴地赠送释迦牟尼佛像，以表感谢。

班禅额尔德尼平时血压偏高，加之事务繁忙，操劳过度，身体违和。曾有几日身体略显不舒服，但经诵经修法事佛，病情出现好转。于是，再次莅临讲经院讲授《三十四本生传》。

北京喇嘛洛桑达结管家洛桑于僧会向班禅额尔德尼、八世达赖喇嘛献礼并诵经祈寿，师徒于寝宫赐茶款待，并回赠礼物以表感谢。南杰札仓于尔时向班禅献礼。

十五日，诸僧于释迦佛像前聚会，聆听八世达赖喇嘛讲解《别解脱戒经》，班禅额尔德尼赠礼祝贺，向各主供佛涂金汁粉。

晚饭时，噶厦于法会向班禅额尔德尼献曼札、佛像、佛经、佛塔、日用器具、黄金5两、白银103秤(朵彩)。摄政额尔德尼诺门罕献曼札，诵经祈寿。之后，摄政者再献厚礼。

是日，八世达赖喇嘛于法会诵回向文，向释迦佛像献五色上等哈达、银曼札、珊瑚项饰；向宗喀巴像、姊妹护法像献供品及上等哈达、银曼札，向弥勒佛像献供8庹敬神哈达。另外，向弥勒法轮塔等佛塔献上等哈达，祈祷保佑众生；向吉祥护神母像献哈达、供品。师徒二人发愿众生安乐如同满月般圆满。

十五元宵供①之夜，拉章用数百驮糌粑制成神馐，与主仆21人、多闻子主仆8人等一起供祭。各种敬神馐海与敬神供品应有皆有，还有以五供为主的各种供品。众僧诵咒祭祀，作禅定加持。噶伦吞巴宴请班禅额尔德尼，献

① 元宵供：宗喀巴曾于明成祖永乐七年(1409年)在拉萨创办大祈愿法会，藏历正月十五日夜，陈列酥油花灯、供品以纪念释迦牟尼示现神变降伏邪魔，后形成一种宗教节日。

礼并诵经祈寿。当时献礼的还有拉萨市民头人、拉萨各部落、克什米尔及尼泊尔等地客人。

十七日起，八世达赖喇嘛连续四天来到班禅额尔德尼身前，共同谈论佛法众生之大事；向大昭寺不动金刚佛献千供、哈达。甘丹赤巴、拉木降神师、洛贡寺住持等向班禅额尔德尼献厚礼，施食供祭阎摩护法，行酬补仪式。

午后，八世达赖喇嘛莅临酬补法会，行六十食子仪轨并作回向。祈愿法会结束后，南杰札仓与哲蚌寺密宗札仓僧人施食供祭护法，班禅额尔德尼与八世达赖喇嘛于遍明殿观赏法会行仪式，向乃穹护法神献哈达，祈求佛法众生之昌盛安乐。

次日，师徒二人观赏被称为“迎请弥勒佛”的法事活动，即将弥勒佛像迎请到车上围大昭寺环绕，以及赛跑和马术比赛。师徒二人向弥勒佛奉献哈达，奖赏优胜者、管家、清道夫。尔时，甘丹寺等向师徒二人敬献礼物。

二十四日，师徒二人向小昭寺佛像献百供、曼札、哈达、珊瑚念珠；向赛东巴护法神献哈达、供品。

是日，师徒从小昭寺返回布达拉宫。

二月五日，施食供祭护法，行酬补仪式。

翌日，师徒二人在内寝宫研讨很长时间的佛法教理。

七日，再次会晤，向拉木护法神行酬补，献哈达、酒新、茶新等，奉旨助力成就圆满四事业。拉木护法师作送祟和洗礼仪轨，为师徒二人扫除灾殃。当时，在八世达赖喇嘛的请求下，班禅额尔德尼作《杰岗式马头金刚修行仪轨》和《御任经师转世速降世启》，赐物为拉毛法师与参卓堪布管家饯行。

其后，为八世达赖喇嘛及数名求知者讲授《十一面观音菩萨大灌顶》《噶丹精要灌顶》；为札日活佛、达旺活佛等人授出家戒，为参卓堪布管家等72人授比丘戒，回赐泽当五却本、噶丹密乘寺、哲蚌寺以及密宗札仓、德央札仓、三木洛康村等寺僧。

十六日，班禅额尔德尼莅临鲁噶园林接受达赖喇嘛母亲洛桑卓玛设宴款待和献礼。之后，莅临其附近的鲁顶，于新别墅为以洛桑卓玛为首的多名僧俗传授《兜率上师瑜伽论》，嘱咐要施食供祭护贝龙王与多手佛。

次日，班禅额尔德尼赏赐洛桑卓玛及其子，为两位侍从授沙弥戒后，返回布达拉宫。于此再次为洛桑卓玛等人授《大乘布萨戒》《无量寿佛大灌顶》,为霍尔康札萨及索朗嘉姆授金刚手教诫,进行禳灾。尔后,噶厦于旧大堂设宴招待班禅额尔德尼和八世达赖喇嘛。八世达赖喇嘛赠送给班禅额尔德尼银曼札、佛经、佛像、佛塔、供品、黄金无量、马蹄银70锭、尼泊尔银30朵彩,贶礼有哈达、曼札、衣服、坐垫、马蹄银15锭、尼泊尔银币36朵彩、长条茶713包、氆氇200匹,感谢授教之恩,并诵经祈寿。有诗道:

赐教贵似优昙花,
报答授予妙法恩,
财物宛如毗沙库,
堆积如山满大地。
大师疾步朝前走,
并非追求如意瓶,
只为白莲事业盛,
亲启佛门千余扇。

强佐等班禅的随从亦得到不同程度的赏赐。向班禅额尔德尼献礼的还有:摄政额尔德尼诺门罕、西藏本地一些官贵、色拉寺及其各札仓、南杰札仓、木茹寺、细德巴、上下密院喇嘛、执事、塞木华活佛、噶伦吞巴、扎西迥寺活佛、襄索札仓、热振活佛、嘉赛活佛、东噶活佛、10位显宗格西等。哲蚌寺郭莽札仓与洛萨林宴请献礼并诵经祈寿。

二十一日,师徒二人于日光宫行护法酬补仪式,食祭土地神,祈祷禳灾。

次日,班禅额尔德尼为诸噶伦及其随从等僧俗民众授珠嘉传规《长寿灌顶》。应八世达赖喇嘛之请,新作《天母神饮施食供祭法》与《塔欧护法食供法》。诸位噶伦献贶礼。

大祈愿法会结束之后,为师徒二人健康长寿及卫部地区群众之安乐,向拉萨三大寺、普布觉寺、俄尔盖札仓、木茹寺、南杰札仓、扎西迥寺施放斋僧茶,使众僧念诵《陀罗尼摄略经》《金光明经》《八千般若颂》《度母经》《白伞盖佛母禳解法》《般若波罗蜜多心经》《空行母狮面禳解法》等,酬补护法,广行四大食子仪轨;为拉木寺之3所分寺举行的每月酬补法王法会提供所需费用,向甘丹寺由8名僧人举行的为期一个月的法王仪酬轨提供所需费用,并向法王献手杖、羂索等。

二十三日，班禅额尔德尼为额尔德尼诺门罕、普布觉寺活佛传授《护法修念随许法》。尔后，师徒二人即将面临道别，心情极度忧伤，周围人众心生崇敬之情，泪水盈眶。师徒相互祝福。

如是，班禅额尔德尼在拉萨布达拉宫期间，为八世达赖喇嘛讲授甚深佛法，犹如如意宝库，浸注八世达赖喇嘛之心船筏从；事业之密云降洒绵绵之雨，满足诸僧比丘之心愿。正法之水长流，灌满求知者希望之池塘；摄集四事之白业，使一切所教化者获得解脱，使趋入一切知识城之道。

二十四日，班禅额尔德尼从布达拉宫起程返回后藏。摄政额尔德尼诺门罕、留保柱大臣、杭奔禄大臣、四噶伦等汉藏官员及僧俗群众100余人送行。行至叫做索措康的打尖处，班禅供祭土地神，分别赏赐诸送行者。

从此，在前往扎什伦布寺之沿途受到各寺喇嘛、执事、各宗宗本、庄园管家、各部落民众的盛情迎送。由僧人组成的仪仗队、俗人组成的歌舞队络绎不绝。其中有人高擎旗幡胜幢，有人手捧香炉，班禅额尔德尼分别予以摩顶赏赐。莅临参涅林卡时，哲蚌寺举行宴会献礼，各位喇嘛执事拜谒。

是日，居于堆龙岗，达赖喇嘛叔父杰仲洛桑平措设宴款待献礼。于此，班禅额尔德尼回赐留大臣、诸噶伦、霍尔康萨札萨克、代本普垅巴、噶厦官员，并为洛萨林喇嘛嘉木央平措之转世灵童赐名洛桑扎西。班禅依例赏赐护送官夏鲁堪布、厩吏扎西托巴、甘丹寺总管家、噶厦运粮官等人。

次日上午，班禅额尔德尼向摄政额尔德尼诺门罕教导政教之事，赏赐各位官吏随员。行至聂塘俄尔寺时，向度母像及塔供献哈达、供品，为达仓热瓦堆巴寺僧人讲授《菩提道炬论》，供祭斯哲护法，献供礼冠。暮宿纳木。

二十六日，班禅额尔德尼驾临江曼时，宗卡群则于打禾场设宴迎接，班禅赏赐迎送筹备者第巴襄噶尔瓦与3名雪仲等人。暮宿扎西孜，嘉萨活佛与噶拉拉巴各设宴招待，敬献礼物。噶伦札萨克喇嘛由此返回，班禅予以赏赐，让其向八世达赖喇嘛转呈哈达问安。

次日，班禅额尔德尼教诲送驾侄子及拉鲁园林之子，并赠送礼物。群科央孜寺与塔尔巴林寺分别设宴招待，并献礼。曲水宗、嘉萨襄索亦献礼。

在渡船上，班禅额尔德尼厚赐船主、船工、差役。暮宿夏曼，拉木降神师宴请献礼。贡嘎宗、贤珠林、多吉扎寺、下杰雄拉瓦、德庆群科寺等献厚礼，贡嘎宗11所寺院僧人表演了羌姆舞。

二十八日，班禅额尔德尼行至班拉下居住。八世达赖喇嘛特使管家格桑达结与代本然巴瓦拜谒慰问。

二十九日，代本然巴瓦于巴德设午宴招待班禅额尔德尼，并敬献礼物，桑顶寺强佐、驿站头人嘉绒巴晋谒献礼。

是日，班禅额尔德尼居于雅尔萨，酬供法王，抛投六十食子。巴塘寺、达瓦努玛寺、扎西雄寺僧人前来献礼。

次日，班禅额尔德尼莅居浪卡子，桑顶活佛宴请班禅，其他庄园管家、寺院各献礼物。八世达赖喇嘛特使从此返回，班禅赠物饯行。

三月一日，班禅额尔德尼莅临多拉噶摩居住，会见以代本江建为首的僧俗民众。

二日，班禅额尔德尼在欧木塘为僧俗多人摩顶。夜宿拉隆曲都，夏拉寺僧、雪康巴、佩嘉禅院宴请献礼。于此，班禅会见僧俗多人。

三日，班禅额尔德尼莅临隆玛尔用午膳，僧俗多人晋谒。班禅观看这里的佛塔，进行供祭。夜宿宇嘉驿站，赐茶款待噶伦噶细公班智达及其子代本台吉、代本班蔡巴等，为扎科管家等僧俗多人摩顶。勒珠寺喇嘛、拉日萨布寺喇嘛、窘阿瓦等均按自己经济状况献礼。

四日，驾临扎科鲁寺当打尖休息时，寺管家设宴招待，敬献礼物。代本江建、噶丹强巴林寺、宁绒噶丹曲当寺、诺布甘丹寺、拉康寺母寺仁钦岗巴、努曲隆巴、襄噶尔寺僧人等献礼。班禅为仪仗队、歌舞者等众多僧俗信众摩顶加持。

五日，巴科曲德寺于大经堂宴请，会上诺布甘丹寺喇嘛与赛建欧玛寺喇嘛就《中论》进行辩论。巴科曲德寺堪布、巴科曲德寺之各札仓、孜庆寺、平措德杰寺、上赛康寺等献礼物。班禅额尔德尼为各寺施放斋僧茶，为僧俗民众摩顶。同时，向大菩提佛献五种百供，向各主尊献哈达；向护法殿供祭弓箭、箭袋、剑，祈愿佛法广弘、众生安乐；为卸任堪布噶究洛哲所铸合金弥勒佛像以大威德形式举行开光仪典，并提供费用。之后观看了现见解脱释迦佛像与佛殿，登上协乃札仓宝座受众人献礼，为献礼者摩顶，讲授《长寿甘露长流》。在寝宫用午膳之后，观看了佛殿之上新建屋脊宝瓶与胜幢，并赐予丰厚资费。

是日午后,班禅额尔德尼由仪仗队、歌舞队等高擎幡幢、手捧香炉迎请至噶宇寺,休息 3 日。

六日,噶宇寺在大经堂向班禅额尔德尼献曼札、佛像、佛经、佛塔、白银 30 朵彩、氆氇 300 匹等厚礼祝寿。日吾当建寺喇嘛、江孜地区官贵、洛贡寺僧官、下格尔塘、桑珠林、江绒赛当巴、协·班蔡瓦、赛觉热绛巴、纳木茹首领等献礼。尔时,班禅于茶会上向噶宇寺主人赠送日用器皿、白银、绸缎等礼物;按照职位大小分赐强佐次旺南杰等随从。为以噶宇瓦官员为首的僧俗授珠嘉传规《长寿灌顶》,并于护法殿僧共同酬供吉祥朵敌天母,向诸佛塔供奉哈达、曼札,广发誓愿。

翌日,噶宇瓦再于大经堂布盛宴招待班禅额尔德尼一行,班禅为噶宇主人、日吾当建寺、孜庆、巴科等寺僧人授《菩提道次第略论》,向日吾当建寺施放斋僧茶供养,赐予哈达供品。

行至仲孜,受到该寺主人的盛情招待。重孜寺、该寺喇嘛、执事、塔却寺、吉浦寺等献礼并诵经祈寿。班禅额尔德尼讲授《时相光辉仪轨》,赏赐护送的噶伦噶细公班智达、代本台吉等。夜居乃萨地方,向马头金刚与大佛母像献哈达,行酬补仪式。代本江建、协瓦重孜瓦、江孜征粮官等护送者受到班禅赏赐。

次日,班禅额尔德尼行至那木萨河岸休息,参周噶丹达结寺喇嘛设帐宴请,敬献礼物,班禅传授《阿罗汉供礼法》《无量寿佛修念随许法》《马头金刚随许法》。白朗宗本、仲萨瓦、帕宇瓦、觉结巴、宇拉瓦、马夫等献礼。

十日,代本班蔡迎请班禅额尔德尼到其庄园,在大殿设盛宴献曼札、佛像、佛经、佛塔、衣服、用具、金银等厚礼。班禅为班蔡官贵们和布隆寺僧人等传授《兜率上师瑜伽论》。在寝宫与代本班蔡等人热情交谈,予以赏赐,为布隆寺施放斋僧茶。

当时,扎什伦布寺四大学院上师、协宗当钦巴、日喀则宗本、寺属庄园及贵族庄园等 10000 骑,以及日喀则歌舞队前来迎接。是日,居于穷结(穷德),该寺管家宴请献礼。塔尔巴寺喇嘛、夏鲁寺、夏鲁寺堪布、4 所禅院、强巴林、穷结寺管家等献礼祝贺。代本班蔡巴由此返回,班禅额尔德尼予以赏赐。之后,会见从扎什伦布寺前来迎接的司钥格勒迥乃、司库等数名内侍,热情交谈。

十一日，班禅额尔德尼由仪仗队、歌舞队簇拥至萨玛尔德勒林园休息用午膳，管家布盛宴招待，献礼并诵经祈寿。日喀则宗本、扎西托巴、巴当寺、纽曲廓林寺等献礼迎驾。班禅为迎驾者、仪仗队、歌舞队等多人摩顶。黄昏时分，观赏了克什米尔人表演的火供舞。

十二日，扎什伦布寺四大学院喇嘛、执事、常信大小侍从、各札仓佛驾。尔时，寺院佛殿上吉祥旗幡迎风飘扬，海螺鸣奏，各札仓佛殿上绸幡飘动。在如此热烈的气氛下，班禅额尔德尼回到扎什伦布寺，登上胜幢宝座。

十三日，四大学院喇嘛、大香厨师、密宗札仓执事、常信大小侍从、各札仓、各米村献礼祝贺。

班禅额尔德尼于卫地礼佛诵经，教民祝告。尤其是为八世达赖喇嘛授比丘戒，广授甚深佛法，成就有法之善业，莲足永登名刹宝座，寿如大海，广转法轮，为诸僧摩顶赐福。

协宗当钦巴献良马一匹、合金制马鞍一副。

十四日，班禅额尔德尼会见迎驾者、仪仗队、歌舞队等僧俗群众，书信慰问八世达赖喇嘛，为护送者管家夏堪布饯行。为了卫地佛法众生之传大事业，班禅莅临密宗札仓法会，新制缎酬补供物，供奉供品及其他供物多件。为了释迦佛法之昌盛，酬供各护法，祈求保佑；向扎什伦布寺佛塔献哈达、供品等。

是日，向法会施放斋僧茶，施予3717名僧人每人白银一两。约于此时，塔巴喇嘛、嘉康巴拉瓦、噶宇商人多巴嘉措及其亲属、绒措巴曲杰饶贤巴，哉务属寺，以及各寺院喇嘛、宗属庄园管家、贵族、珠钦活佛、始达结林喇嘛、朱仓巴、日东巴、代本班蔡巴、寺院收金管、洛波受曼塘巴、巴周经师、帕仲管家及其亲属、三木赛巴、达廓囊巴、噶宇之子携夫人等前来献礼并诵经祈寿，班禅额尔德尼传授珠嘉传规《长寿灌顶》，并分别予以回赐。珠·日吾当建寺喇嘛包尔多巴噶钦洛桑贡噶于僧会献礼。

之后，班禅额尔德尼应岗坚群培寺僧人、摄政额尔德尼仁布切、呼和浩特额尔德尼察罕德廷旗比丘尊追坚赞请求，分别撰写《长寿祝愿词》《祈求吉祥天女护佑词》《新铸大釜顺口流》《遍知达赖喇嘛本生画背文》《护法供祭文》《持戒斋上师传承记》；应数名求知者之请，作《依妙音母上师瑜伽颂》《温萨颇章顷》《群科卫当寺颂》《弥勒菩萨回向文》《噶丹德庆饶杰寺新制旗幡回向文》等；为扎什伦布寺、密宗札仓、达结林共108名僧人授近圆戒。在接受噶丹饶杰寺所献礼物后,酬供总扩法、红夜叉、姊妹护法等,为数名密院僧人与德庆侥杰寺僧人讲授《吉祥金刚大威德师承祈祷法》《灌顶仪轨》《护法遍闻施食仪轨》《火祭施食法》《度母经》《白伞盖仪轨》《三事仪轨》等;为噶丹平措林寺僧人传授《阿罗汉供礼》,为数名密院僧人讲授《集密师承祈祷法》《金刚菩萨修念随许法》,任命索本堪布洛桑克却为岗坚群培寺主持。当时,班禅心情喜悦,讲授从班禅罗桑扎西至历辈班禅之光辉事迹。会见摄政特使,设宴款待饯行,为诸僧摩顶,以五种百供奉供乾隆皇帝所赐画像。

二十一日起,班禅额尔德尼连续三日从经师听讲修法源流中的《七佛勇士修念随许法》《无量光佛修念法》《弥勒佛修念随许法》《昔贤行愿品》《地藏菩萨修念法》《除障菩萨修念法》《救护八难观音修念法》,以及十一面观音菩萨、莲花手观音、不空钩、不空供宝修法、俱生金刚手菩萨、玛嘛咭天母、白衣圣母,双手顶髻圣母、如意天母、忿怒明王、马头金刚、红色不动护法、日光母、胜幢顶手钊、诈尸天女、劫咒夜叉、黄毗那夜遵等之修念随许法。

五月一日,为北京堪布及牧牛官主仆授《长寿灌顶》,赐物饯行,酬谢噶细公之夫人南杰卓玛。

当时,索本堪布洛桑克却就任岗坚群培寺主持后,第一次来扎什伦布寺向班禅额尔德尼献良马一匹,班禅很高兴地与其交谈。尔后,为霍尔康萨之友、地方政府官商、松巴首领、埋藏养地宝瓶者等人摩顶。为了弘扬佛法,班禅命人从火猴年开始用纯金粉在优质纸张上书写佛经,以及宗喀巴大师、摄政达玛仁钦、贤哲格勒巴桑、班禅罗桑确吉坚赞、罗桑益西、格桑嘉措等人的全集,共 2673 页,新制包伙、函头标签、经书夹板等,共印经卷 392 包。

十三日,良辰吉日,班禅额尔德尼从扎西园林莅临扎什伦布寺之时,密院僧人身着缎制全刚桑玛僧衣,手执各种供物迎接。班禅亦手执上等香,来到时轮殿进行盛大会供曼札,与 50 位仪轨僧以吉祥金刚大威德仪轨开光,酬供两尊拉贝神。为书写经函的缮写员、校对者、主管者等发放薪饷,折黄金 225 钱、白银 5322 钱,以及衣服、钱、布匹、粮食等,折合白银 45778 两,各位心满意足,皆大欢喜。尔时,卸仁甘丹赤巴圆寂,班禅应报丧使者请求,诵经为亡故者超度。诵经为几名即将去拉萨的印度婆罗门族人加持,向释迦佛像与吉祥护螺旺姆像献哈达;为格贵达摩巴、日东夏仲及扎什伦布寺、岗坚群培寺、巴曲寺、协噶寺等寺 52 名僧人授近圆戒。应总管家噶究益西多杰请求,新作颂词,食供佛塔及五位一体塔。

其后,堪布洛桑雅培父子与众僧向班禅额尔德尼献礼并诵经祈寿。宗卡瓦仲然巴格敦献曼札、佛像等礼物。班禅应格贵请求,传授《律心海摄颂》,行发菩提仪式。

二十八日,班禅额尔德尼举行法王酬补仪式。

二十九日,在班禅罗桑确吉坚赞灵塔前举行会供曼札法会,班禅亲临献浴。行七支仪式,以种饮供祭姊妹护法。尔时,格贵赛康巴与协宗当钦巴拜谒献礼。

印度瑜伽僧与门巴人谒见班禅额尔德尼,歌颂班禅对于圣地印度东西部一切地方有情,不分亲疏所给予的父母般的爱。班禅赏赐给两位僧人金银、绸缎、护照,满足各自愿望。

六月三日,班禅额尔德尼于噶丹颇章食供十三尊大威德神与护方护法神,并且将群则格桑丹增南杰所献七世达赖喇嘛等身像供养于护法像前。班禅教诲诸僧说:"若不祈祷金刚持上师,不会成就如意妙果",要求各位僧人于八世达赖喇嘛亲自主持的祁愿大法会及两所密宗札仓闭关修行期间不可中断祈祷,张挂十三尊大威德画像,摇动金刚铃杵,击响鼗鼓,陈设内供,念诵十三尊大威德金刚咒语,如是,犹如流水般长流不息。同时,教诲索本堪布洛桑克却"于每日须念修一遍本尊瑜伽咒,初夜后念修七世达赖喇嘛·格桑嘉措所著《大威德生起圆满二次第授文》。首先净治自我庸身后,立于神像前,施食供祭先导,迎请资粮田,行集聚二资粮仪式"。之后,班禅在向佛胎生六体①方面关于死时光明等生死中三身之道方面予以甚深教诲。另外,在闭关修行之时,于塔前行布萨加持仪式,于寺庙作夏季誓愿及隐覆夏日誓言时,念诵咒语及经律之情况也于传记中详载。

当季天气干旱,雨水稀少,班禅额尔德尼命侍从将其洗发之水送往尼洋河,侍从照办不违。从即日傍晚开始,大雨连绵,数日不息。正如克珠杰所说:'唯有怙主一句话,一切有情获良药"。尔时,班禅又命诸僧施食供养温寺三世班禅罗桑顿珠像,21 名僧人于修供坛城会上广行贤劫入胎母与供奉。

七月七日,嘱咐格贵达摩巴依照第一世遍知达赖喇嘛·根敦珠巴所定

① 胎生六体:佛教所说胎生人类,从父体得骨、髓、精液;从母体得肉、食、血液。

规则,制定闭关静修方面永兴不败之章程。

七月三十日,大强佐往墨卡温泉调养,班禅额尔德尼单独为其摩顶,谈论政教之大事。

八月十三日,曾于去年进京为皇太后拜祭的噶钦洛桑顿珠因水土不适,提前返回扎什伦布寺,向班禅额尔德尼呈献乾隆皇帝之敕书礼物,班禅躬身受之,并问乾隆皇帝好,表示感谢。

先前,八世达赖喇嘛曾莅居群科杰寺,返回途中朝拜了各大圣地。二十日,班禅额尔德尼派管家洛桑饶旦前去慰问八世达赖喇嘛。洛桑饶旦于驿站慰问八世达赖喇嘛与摄政额尔德尼诺门罕、留大臣。后来,班禅与额尔德尼诺门罕商定,任命卸任甘丹赤巴阿旺曲扎为八世达赖喇嘛经师。班禅书信经驻藏大臣转奏乾隆皇帝,赞扬额尔德尼诺门罕于藏期间为经师教授经典。尔时,乾隆皇帝应班禅额尔德尼与额尔德尼诺门罕之奏请降旨,批准任命卸任甘丹赤巴阿旺曲札为八世达赖喇嘛经师,允许额尔德尼诺门罕在任甘丹赤巴期间亦可为八世达赖喇嘛经师。班禅酬谢额尔德尼诺门罕。

当时,扎西孜第巴次旺达结病故,报丧使者急请班禅额尔德尼诵经超度,班禅诵经回向,超度亡灵往升乐土。大强佐在经过温泉调养后返回,与班禅亲切交谈政教事宜。

九月十五日,若尔盖寺赤巴及其他数名僧人、喀尔喀德却王经师护送者、各地代表晋谒班禅额尔德尼,班禅怕担误他们的行程时间,只作了7天的闭关,自二十一日起会见了上述客人及达纳巴曲杰噶钦益西坚白等人。

十六日,若尔盖寺赤巴巴希瓦、措索巴洛桑贝丹迎请班禅额尔德尼到僧会献礼并诵经祈寿,班禅为若尔盖僧俗多人摩顶。

翌日,曲杰噶钦益西降边于僧会献礼,听班禅额尔德尼讲授新作《长寿祷告》《上师墙伽论》。

其后两日,班禅额尔德尼莅临法会为常住僧人与各地来僧233人授近圆戒,分别回赐若尔盖赤巴、多康地区僧人。应多人请求,为死者与活者诵经回向求福,发愿佑护,分别赏赐护身结、催像、供物等。

二十七日,班禅额尔德尼以茶款待会见若尔盖赤巴、却本德周堪布代表嘉木央坚、即将赴任芒康头领的日喀则宗本顿纳夏巴等人,为顿纳夏巴赠送衣服、白银、缎子等。尔后,又进行闭关静修。

十月十七日，班禅额尔德尼以43驮糌粑所制食子与21驮糌粑所制食子分别供祭日光殿中之大威德金刚与阎摩护法。

十八日起，班禅额尔德尼连续三日闭关念经，为酬补帝释天供奉一切所作业之护孽红花10000束。后三日，行自在神、妙音女、邬摩天女护摩仪式，每日两次，一次为普通仪式，一次为超世之神仪式，各供献护摩物108种，专修密乘教义。

二十四日，解除闭关静修。于此期间，索本堪布请问班禅额尔德尼："尊师于作禅定与静修之时，有无如心所思之善成"？班禅回答说："吾遵奉第二佛祖宗喀巴大师之《密宗道次第论》《入中论释》《宝性论》《入菩萨行论》《四百颂》《修行心要》《摄行论》《教诫穗》之教诫进行修炼，无疑能引出一切禅定"。

二十五日，八世达赖喇嘛的索本堪布益西饶旦赴任扎强巴林寺的堪布时，专程前往扎什伦布寺，拜谒班禅额尔德尼，转赠八世达赖喇嘛赠送的礼物：佛像、护法画像、库财、刺树果念珠、净手器、邬都纳器皿，班禅赐茶款待，询问八世达赖喇嘛情况。

二十六日，会见喀尔喀札萨克图汗次旺巴结叔父墨尔根曲杰主仆，措科贝勒喇嘛等北方客人及哉务札头领兄弟主仆200多人，赐茶款待授教。

十一月四日，喀尔喀札萨克图雪图萨拉琪贡却之上师嘉钦孜巴于僧会向班禅额尔德尼献礼并诵经祈寿，听讲《上师供论》。

五日，夏孜札仓宴请班禅额尔德尼，会上班禅与堪布云丹嘉措热情交谈，并于护法殿行酬供仪式。晚膳后诸僧于法会向班禅献礼，诵经祈寿。密宗札仓僧人行长寿仪式，敬献八瑞物，祈祷长寿，班禅诵传新作《长寿颂》。

六日，会见土观呼图克图之强佐、科尔沁王拉达桑达之子托云主仆、班蔡代本平措南杰等。

七日，八世达赖喇嘛索本堪布强巴林堪布杰仲益西饶旦拜谒，于法会献礼祝寿。班禅额尔德尼回赐夏孜札仓，为班蔡代本饯行。之后，应强巴林堪布请求，为其主仆、土观呼图克图的强佐、科尔沁王的使者传授珠嘉传规《长寿灌顶》。

晚茶时，哉务地区头领兄弟二人于僧会向班禅额尔德尼献厚礼并诵经祈寿，听讲《菩提道次第精要》《启开祁愿胜乐之门》及新作《长寿启白》。

次日，班禅额尔德尼于法会接受土观呼图克图代表之献礼。

十三日，喀尔喀札萨克图汗次旺巴达叔父墨尔根曲杰、诺云堪布、车臣托云比丘巴丹旦增于僧会向班禅额尔德尼献礼并诵经祈寿，听受《长寿灌顶》。

十四日，喀尔喀措科贝勒经师嘉钦孜巴曲杰噶钦益西才旦迎请班禅额尔德尼到僧会献礼并诵经祈寿。

十五日，青海札萨克噶丹旦窘之数名蒙古代表献礼并诵经祈寿。班禅额尔德尼为札萨克图汗叔父墨尔根、北方客人、康区客人等50名蒙藏僧人授沙弥戒。同时，为墨尔根曲杰授比丘戒。

十六日，应哉务札头领二兄弟请求，班禅额尔德尼为康区及蒙古等地300人授珠嘉传规《长寿灌顶》，为45人授近圆戒。

十七日，不丹第悉派遣秘书前来为班禅额尔德尼祝寿。十八日，班禅为蒙古贝勒索朗班觉经师察汗达颜齐之报丧使者摩顶授教；为51人授近圆戒。

十九日，会见青海札萨克卓玛嘉布200多人、赤贡塘活佛、赤巴丹扎巴活佛、阿巴亥达丹平措贝子代表医学热绛巴达结、达尔罕囊索格桑丹达、喀尔喀哲布尊丹巴代表显宗大师诺木琪曲杰、东科尔活佛管家，以及北方5人等，赐茶款待授教。

次日，赤贡塘活佛献礼并诵经祈寿。

二十一日，札萨克卓玛嘉布请求单独会见。赤班丹扎巴活佛、北方数名代表以及比丘桑杰建拜谒献礼。喀尔喀诺木琪曲杰单独拜谒并作长寿祈福。东科尔活佛管家诵经祈寿。

二十二日，喀尔喀哲布尊丹巴的使者显宗大师诺木琪曲杰于法会向班禅额尔德尼献礼并诵经祈寿。

二十三日，察罕达颜齐的报丧使者翁则阿旺嘉措、青海札萨克卓玛嘉布等人于法会献礼并诵经祈寿，班禅额尔德尼诵经超度亡灵。

二十四日，阿巴亥达旦平措贝子、图茹哈托央全玛、哈托俄都巴拉、其子贡波旺嘉代表医师丹巴达尔结、达尔罕囊索格桑、洛桑丹达尔等代表晚餐时于僧会向班禅额尔德尼献礼。

三十日，班禅额尔德尼为38人授居士戒与沙弥戒，为64人授沙弥戒，为一人授沙弥尼戒，为9人授居士戒，为康区蒙古等地60人授近圆戒。

十二月一日，班禅额尔德尼在青海札萨克卓玛嘉布与喀尔喀诺木琪曲杰请求下，先后为其主仆、北方僧人、哉务头领主仆等500多名僧俗传授《九尊无量寿佛灌顶》《二面十一尊怙主灌顶》《宗喀巴全集》中之《俱卢长寿仪轨》、班钦根敦珠巴所著《提取水银精要论》，为巴丹扎巴活佛、德却王代表传授《黑妙音菩萨修念随许法》《黑大鹏修念随许法》《花大鹏修念随许法》《白度母修念随许法》《尊胜佛母修念法》《马头金刚密修法》；为札萨克撰写《白怙主如意瓶心愿宝藏》《法王供施修行法》，为卓玛嘉布、诺木琪、巴丹扎巴、赤贡塘活佛、蒙古夏仲、柴达木贡噶札萨等人传授《白怙主修念随许法》《阎摩护法内修法》。

七日，班禅额尔德尼为7名僧人授近圆戒；为科尔沁王作《土观呼克图克图洛桑曲杰尼玛本生传》。

九日，班禅额尔德尼为北方66人授近圆戒。

是日午后，赏赐达丹平措贝子代表墨尔根毕力克图丹巴达结、达尔罕囊索格桑、丹达尔主仆、贝子喇嘛密乘学者格敦旺代表、土观呼图克图的强佐、科尔沁王代表图多尼玛、夏仲洛桑丹贝尼玛主仆、察罕达颜齐报丧使者翁则阿旺嘉措主仆等。

翌日，厚赐赤贡塘活佛、巴丹扎巴活佛、喀尔喀诺木琪曲杰、喀尔喀散诺云代表；册封赤钦巴丹扎巴活佛，赐书信、马鞭、壮马、大小印章。

十一日，班禅额尔德尼封赠札萨克卓玛嘉布为“札萨克墨尔根觉囊”，并予以厚赐。

十二日，为札萨克卓玛嘉布授《胜大威德魔修行法》，应其请求，著文赠送。

次日，应俄然公贡噶饶旦夫人请求，班禅额尔德尼传授《绿度母修念随许法》，以及其所求经文。

赤钦巴丹扎巴活佛请求传授《菩提道次第引导方便道论》之《心生皈依至敬从上师》章节的内容，班禅额尔德尼予以细心教诲。

是日，班禅额尔德尼于寝宫向哉务（译者注：哉务为四川甘孜藏族自治州北部从甘孜县绒坝岔到道孚县一带的地区名称，当地的地方首领为霍尔家族，据称是蒙古人的后裔，有元世祖忽必烈儿子的后裔、元代蒙古大臣后裔、固始汗后裔等不同说法。霍尔家族成员逐渐分化，至清康熙雍正时，已成为当地7个部落的首领。清雍正六年（1728

年）清政府划分西藏、四川、云南辖区界线后，对7个部落首领均授予土司官职，其中授安抚司职5个、长官司职两个，即霍尔孔萨安抚司、霍尔麻书安抚司、霍尔朱倭安抚司、霍尔章谷安抚司、霍尔咱安抚司、霍尔白利长官司、霍尔东科长官司，总称为霍尔七土司，受四川总督管辖。乾隆皇帝平定金川时，霍尔诸土司随清军作战有功，1792年，福康安率兵反击廓尔喀对西藏地方的入侵时，霍尔七部落诸土司亦出兵随征有功，再次受到诏封。）头领二兄弟讲授《十三尊大威德灌顶》，次日授完四灌顶。

十四日，其二人再次请求，班禅额尔德尼为其主仆300多人授《绿度母修念随许法》与珠嘉传规《长寿灌顶》，厚赐饯行。

十八日开始，班禅额尔德尼为喀尔喀札萨克图汗叔父托云额尔德尼诺云堪布曲杰讲授鲁易巴传承《总摄论四灌顶法》，次日授完。

二十日，班禅额尔德尼再为上述诸客讲授《独雄大威德灌顶》。

次日，班禅额尔德尼为拜谒献礼的喀尔喀德却耶当王信使贝勒托云与经师主仆、达赖措科贝勒代表与经师、拉钦尚公代表、大喇嘛洛桑多杰比丘主仆、帕日宗拉摩旺堆、小札雅活佛的赤巴予以回赐。应札雅活佛代表请求，传授《兜率上师瑜伽论》《度母经》《译师洛丹喜饶颂》，以及根据札雅活佛请求而作的《长寿启白》。

是日，达赖喇嘛叔父洛桑平措之侄班丹顿珠携夫人抵达后藏（日喀则），前来拜谒班禅额尔德尼，班禅为其主仆摩顶加持，赐茶款待授教。其后，应喀尔喀札萨克图汗①叔父托云堪布与当钦巴噶钦洛桑多杰请求，分别传授《长寿启白》与新作《祈祷词》。

二十四日，为托云堪布等僧俗12人传授《竭地洛迦林度母修念随许法》《大黑鹏修念随许法》《黑文殊菩萨修念法》等。

傍晚，班禅额尔德尼莅临法会授教，为山坞瑜伽师格隆桑杰与拉康校勘喇嘛噶钦群则分别传授《上师文呼名》《奎宿天母颂》，授位洗礼，为哈尔东格桑曲嘉作《欲界自在母供施法》《本尊祈祷法》。

二十六日起，班禅额尔德尼为札萨克图汗伯父托云传授觉囊派传承《二

---

① 札萨克图汗部在清代亦称喀尔喀西路，在外蒙古西部，东北界唐努乌梁海部，东界赛音诺颜部，南界额济纳、旧土尔扈特部及甘肃、新疆二省，西与西北界新疆阿山道及科布多部。明朝后期，成吉思汗十九世孙赉瑚尔，为喀尔喀右翼长，所部尊之为汗，其子素巴策嗣，始号札萨克图汗。清康熙间，素巴策曾孙策旺札布，为噶尔丹战败，率族归清，诏袭汗号，领部众，所部初分10旗，后增8旗，附辉特1旗，共19旗。其封爵有多罗郡王、多罗贝勒、镇国公、辅国公等。

十一尊度母修念随许法》，二十八日授完。是日，赏赐喀尔喀右旗额尔德尼次旺巴杰的叔父诺云堪布洛桑贝丹丹增主仆，封其为“班智达墨尔根呼图克图”，并赐给印章及堪布用器。为即将赴任喀尔喀德却王与达赖措科贝勒经师的喇嘛饯行。

是年，勒贤郎巴杰仲洛桑曲达、章摩且巴洛桑尊追、白图巴益西坚赞、才旦丹增、拉康云丹坚赞、益西索朗、协巴益西次旦、益西丹达、洛桑达结、达摩巴洛桑多杰、嘉康巴洛桑班觉、冲卡布巴洛桑格勒、达尔巴杰仲益西坚赞、赛康巴洛桑尊追、吉隆巴益西喜饶、萨多尔巴洛桑三木旦、洛布巴巴丹格勒、哈尔东巴阿旺金巴等人修完《释量论辩解》第四章，洛布巴噶钦洛桑阿旺、洛巴噶钦益西克珠、协及巴噶钦洛桑格勒、达摩巴洛桑坚赞修完《集密生圆二次第论》，温寺巴益西平措、益西坚赞、三木旦坚赞、格桑群培、德庆饶杰巴洛哲饶杰、丹增多杰、巴旦丹增修完《胜乐根本续》，丹增喜饶修完《菩提道次第论》与《趋入遍知之方便道》《大威德生次第论》《大印再明灯》，勒贤朗巴益西扎西、吉隆巴洛桑克却、瓦索巴洛桑次仁等修完《般若经疏》，重孜巴洛桑坚赞修完《时轮仪轨大全》，觉宗巴噶钦益西格桑修完《疏要义明》，温寺巴益西曲扎修完《菩提道次第广论》，洛桑班觉完成《般若根本释》，乃宁色拉巴洛桑三木旦修完《释量论根本释合璧》，德巴建巴益西默兰木、达尔巴洛桑扎西修完嘉木央默兰木所著《释量论广释》，赛多建巴诺布嘉措修完《慈氏五论》，班禅额尔德尼按例分别予以奖赏。

土猪年（1779 年）一月五日，第巴巴丹顿珠携夫人曲迈嘉姆晋谒献礼并诵经祈寿，班禅额尔德尼赐茶款待交谈。尔时，由兑桑林寺出资，差头协巴措索与仲孜巴噶钦负责新制大经堂天窗周围各种璎珞网，于屋檐百花绣制班禅十三世系像，落成后散花开光。

其后，班禅额尔德尼为扎什伦布寺及岗坚群培寺 117 人授沙弥戒，接受喀尔喀哲布尊丹帕索本堪布都热囊索主仆与数名上师官贵、寺院代表 30 余人所献礼物。绛边多杰诺门罕报丧使者囊索才旦献礼，班禅作回向。为喀尔喀 5 名僧人授沙弥戒，为 12 人授近圆戒，分别回赐诸来客。

此时，有圣旨送到拉萨，后经驿站呈送给班禅额尔德尼。天子不仅有恩于佛法及一切众生，尤其与班禅前世结下深缘，为此班禅额尔德尼欲进京朝觐。

二月九日，摄政赤钦额尔德尼诺门罕阿旺楚臣、驻藏大臣留保柱、噶伦公班智达艾智南杰来见班禅额尔德尼，班禅向几位官贵提出，自己原有进京朝觐之想法，后来乾隆皇帝闻奏甚喜，于正月降旨，赏赐上等珍珠念珠。圣旨要求堪布诺门罕与驻藏大臣留保柱负责筹措班禅额尔德尼进京路途所需费用。尔时，诸官员皆感惊奇，而班禅即设宴招待上层人士，申明自己奉旨入觐之心愿。

十一日，堪布诺门罕、噶伦公班智达等向班禅额尔德尼献礼祝贺。

十二日，留保柱大臣向班禅额尔德尼献厚礼，表示祝贺。

翌日，大强佐、经师堪仁布切、4 位上师、格贵拜谒班禅额尔德尼，劝请班禅："不必进京朝觐，若尊师与奉天承运乾隆皇帝为佛法众生之利益而会晤，就应广发菩提心。为不影响永久关系，则应入京朝觐，沿途绝无障碍，天子亦心悦，所到之处民众解脱。不久返回扎什伦布寺，与众僧常转法轮。"班禅为满足众人之希求，喜授教诲，众人皆悦，并依职位高低分别赏赐摄政额尔德尼诺门罕、诸大官员、管家、执事等。

次日，班禅额尔德尼与两位僧官亲切交谈，传授《遍除护法障碍随许法》，并愉悦地呈上献给乾隆皇帝的信。有诗赞道：

有力巨手持大地，
所赐诰书及厚礼，
完整无缺到我手，
尔心犹如睡莲开。
尊从圣意往谒觐，
遣使呈书人主您。

为了消除进京途中之灾害，班禅额尔德尼于十七日开始连续 7 日施食供祭各护法神，并行酬补仪式。

于此先后，班禅额尔德尼为 792 人授近圆戒，为拉娘活佛等 8 人授沙弥戒。回礼杭弈禄大臣及其派来慰问的管家。

二十九日，施食供祭本尊神。法会上，班禅额尔德尼与经师、密乘经师、护佛殿师、密宗札仓 50 名僧人共同酬补护法，祈求保佑。之后，投抛白伞盖佛母大遮六十食子。

三月三日起，投食供养酬补四面怙主与姊妹护法，历时七日。尔后，为拉萨三大寺、上下密院等僧众摩顶祝福。

管家杰仲巴丹桑波、托细庄园管家益西塔耶、司钥格勒迥乃、桑顶活佛、康朗活佛、热娘活佛、细雪庄园主旺堆等各自献礼并诵经祈寿，班禅额尔德尼分别予以赏赐。我（作者）于尔时特派贡噶前去献礼。

其后，班禅额尔德尼应格贵冲卡布巴请求，授珠嘉传规《长寿灌顶》，教诲四大学院喇嘛、大法会执事、密宗札仓执事、时轮学院仪轨僧，并设茶款待。

四月十日，班禅额尔德尼准备前往达纳布鲁温泉献浴调养，临行前向东佛堂献供哈达，发愿弘法益民。大强佐留寺理事，一切安排好后，驾离扎什伦布寺，途中受到仪仗队、歌舞队的热烈迎送。行至本摩切附近下帐，为日喀则宗本摩顶授教。之后，乘船渡过扎西岗河，厚赏船夫、人力差徭。在赛当纳噶进午膳时，东噶尔寺管家献礼迎接。当时，献礼者还有：当钦喇嘛、当钦寺、央曲喇嘛、卡觉禅院、洛布寺、扎西曲当寺、达隆欧噶曲当寺、那嘎寺、央曲寺、扎隆寺、强巴林寺、德钦寺母寺秀顿寺、周科寺管家等，班禅受礼为3000多名僧众摩顶赐福。夜宿扎西雄时，杰康喇嘛、代本觉摩宗巴、帕仲管家、嘉钦孜寺管家、塘贝囊巴等宴请，敬献礼物。萨科囊巴与德杰巴各自献礼，班禅为5000余名僧俗信众摩顶。

翌日，仁钦孜寺管家于曼札滩设午宴招待，班禅额尔德尼会见僧俗几千余人。夜宿伦珠孜鲁当寺，该寺管家宴请，僧俗多人拜谒。

十二日，夏孜寺各位喇嘛、拉卡寺执事与喇嘛、萨德钦巴、日卡寺僧、贡查巴、萨多尔寺主持、察隆日追，以及由修行僧手持各种供物组成的仪仗队与各部落歌舞队迎驾。夜宿温泉口。

从第二天开始，班禅额尔德尼于温泉洗浴调养7日，夏孜寺及上述寺庙宴请献礼。当时，八世达赖喇嘛派管家夏鲁堪布及额尔德尼诺门罕、诸位噶伦代表前来慰问。其间，先后有勒智孜管家、通门寺两位管家、扎西绕丹管家、扎西格培寺喇嘛、各大寺院喇嘛、达尔定结雪巴、伦朱琳巴、隆巴夏尔巴、卓玛布巴、娘布百户长、娘巴多杰、雅巴寺等献礼，班禅分别予以回赐。

尔时，医师对班禅额尔德尼右手针刺放血，疗效甚好。班禅为达纳地区20余所寺院施放斋僧茶各15次。为诵经、护法酬补供施仪轨、度母与白伞盖佛母会供提供所需费用及物品。之后，派人为伦珠孜寺、萨多尔寺、日卡尔寺及各大寺院的护法神献供哈达。应拉卡寺活佛的请求，为达纳、普达等地区的僧俗共3000余人授珠嘉传规《长寿灌顶》，为4000名僧俗民众摩顶赐福。

班禅额尔德尼在驻锡温泉期间，每日以百种食子及四大食子、土地食子回向，布施乞讨者。

二十三日，班禅额尔德尼离开温泉，途中以49驮糌粑所制食子供祭空行天母，并献哈达、供品枪一对、服饰，行酬补仪式。

其后，班禅额尔德尼驾临由桂译师与32尊集密神幻化加持所建的池塘附近，傍晚于池边举行集密仪轨与法王酬补法会，为众多僧俗摩顶。

二十四日，班禅额尔德尼莅临大解脱殿，禅院宴请。班禅与断行者共行集密仪轨，酬供阎摩罗护法。为修行僧讲授《集密根本续第一章》，予以赏赐。

之后，诵经师与禅院僧人向班禅额尔德尼供献曼札等，诵经祈祷长寿。断行者班禅来到吾曲河边，坐在座垫上浴身，口诵集密颂词祝赞。仁钦孜寺管家扎西托杰仲洛桑金巴设午宴招待。尔时，班禅前往供祭桂译师曾获双运圆满的修行洞、佛殿，敬献哈达、曼札；向禅院施放斋僧茶，给以捐助。从此继续前行莅临雪朗寺，拜谒佛殿内翁则曲央嘉措所塑十六罗汉像、吉祥朵敌天像、忿怒姊妹护法像等，奉供五种供品。向释迦佛祖像献供祖衣、曼札、哈达，食供诸护法殿，祈求保佑。尤其是顶礼天母与姊妹护法像、壁画，诵经祈祷。尔时，夏朗寺设宴迎接，敬献曼札、佛像、佛经、佛塔，班禅分别予以回赐，并为该寺施放斋僧茶，发给每名僧人白银一两。

是日，驾临仁钦孜庄园，休息两日，管家设宴招待。图丹南杰寺喇嘛、佩杰寺僧人、东方新寺、日照禅院、当卡夏桑巴、协仓、帕嘎巴、雪科巴等各自献礼并诵经祈寿，班禅额尔德尼依所献礼物多少予以回赐。班禅的两名侄子从扎西孜前来迎接。

二十六日，应邀莅临日科寺，登上根敦珠巴之宝座受礼，向法会施放斋僧茶，发给每名僧人白银一两。向佛殿释迦佛像献供祖衣，向根敦珠巴亲手塑造的观世音不空羂索佛像献供哈达；向根敦珠巴亲手制作的护法殿阎摩罗护法王面具、慧天王像献上等哈达、供品、神箭，举行盛大仪酬轨，会上授新作《慧天王酬补撰录》，为赛朗寺僧人授《俱卢长寿仪轨》；为达纳地区斋戒尼授《佛说圣六字大明王陀罗尼经》，为4000余名僧俗民众摩顶。

兑桑林札仓喇嘛、却本益西扎西、各米村、日科寺翁则、赛朗寺、央域德巴建、夏札德丹、曼杰巴、隆巴夏尔巴宴请献礼。

是日，班禅额尔德尼居于夏日布。密宗札仓拉章所属庄园觉结设宴招待。

次日，班禅额尔德尼驾临周科地方用午膳，喀尔喀上师献米饭、礼物。嘉钦孜寺管家、塘贝囊巴、洛布寺喇嘛、觉宗扎西曲当寺、嘉钦孜群科寺母寺卡尔布日寺、班觉强巴林寺献礼，班禅为僧俗信众摩顶。尔后，继续前行莅居赛当纳噶，为5000多名僧俗摩顶。东噶尔寺管家设宴献礼。

班禅额尔德尼曾于二月派使者进京书奏乾隆皇帝，乾隆皇帝心中大喜，即降旨于尔时，由驻藏大臣派法官呈献班禅，礼物有珍珠饰缎袋、搪瓷用具。班禅受书礼后非常高兴，招待法官主仆，并赠送礼物饯行。

二十八日，班禅额尔德尼一行于扎西孜乘船横渡藏布江，船上赏赐船工。尔时，大强佐、四大学院喇嘛、格贵、达赖喇嘛侄子第巴巴丹顿珠等人于河南岸候迎，班禅摩顶问安。帕仲管家于扎西岗青草地架帐设午宴招待，帕仲管家敬献礼物。之后，帕仲属民敬献礼物。是日，驾临本摩切附近之阿噶滩下帐，日喀则宗本举行宴会迎接。于此，班禅为扎什伦布寺僧人、雪庄园附近之部落民众、两位宗本摩顶。尔后，由几千多人组成的仪仗队、部落歌舞队高擎旗幡，鸣奏海螺，手持香炉迎接到宝幢大殿。密宗札仓僧人于德央殿举行法会祈福，拉章设宴洗尘。

二十九日，在日光殿陈设由8驮生面粉制成的食子，经师与佛殿僧共行阎摩罗仪酬轨与六十食子抛投法会。

五月一日，班禅额尔德尼为仪仗队、歌舞队等几千名僧俗群众摩顶。

次日，班禅额尔德尼为前后藏104人授近圆戒。在接受谢扎西格培寺献礼后，传授《长寿仪轨长寿甘露长流秘诀》，施放斋僧茶，予以回赐。为赴任堆隆觉摩隆寺堪布者及代本姜洛建主仆摩顶。

八日，施食供养护法，行四面护法仪酬轨与消障护摩仪式。在堆龙噶尔头领哲科大台吉呈书请求下，班禅额尔德尼煨桑祭祀各方土地神，新作祝词。

当时，替换驻藏大臣留保柱的索琳大臣抵藏，班禅额尔德尼派以5位管家为首的欢迎仪仗队高举旗幡往迎。联络员霍尔康札萨克索朗扎西、索琳大臣一行抵达扎什伦布寺后，转达了乾隆皇帝问候，呈献赐礼上等哈达、大缎袋、精制水晶与景泰蓝器皿数件、绸缎、金制鼻烟壶等上等礼品。班禅设宴招待索琳大臣一行，传授《无量光佛往生法》。

十五日，举行展佛会时，班禅额尔德尼莅临杰杰纳噶，像往常一样，行布萨，迎请献浴佛像，酬补护法。返回扎什伦布寺途中，围绕寺院右转，然后莅居宝幢殿。

二十七日，酬补护法，设抛六十食子。

翌日，莅临密宗札仓，施食供祭护法，与诸僧徒投六十食子，酬供阎摩罗护法。

当时，经师堪仁布切、嘉措德庆山刹、白居寺、噶丹彭措林寺、温萨寺佛殿师、哲蚌寺藏巴康村卸任堪布等各自献礼并诵经祈寿，诵经祈祷班禅额尔德尼进京平安，早日返回扎什伦布寺。白居寺僧人、朗巴赛林寺领诵师、噶丹彭措林寺僧人念诵《尊者礼供》《长寿祈福》等诵经祈寿。班禅为彭措林寺僧人授《兜率上师瑜伽论》《长寿启白》《金刚手多毗奈耶随许法》；为 13 名修行僧授近圆戒。

温萨殿诸僧奉班禅额尔德尼之命，念诵《胜乐西藏王臣记·杜鹃妙音》《施食仪轨》《忿怒护法王颂》《洛桑顿珠启白贤劫入胎母》等，听班禅额尔德尼讲授《上师瑜伽修行法》《无别无量光佛瑜伽上师修念法》。俄尔寺喇嘛、执事晋谒，接受班禅摩顶。

三十日，岗坚群培寺僧人于日光殿向班禅额尔德尼献礼并诵经祈寿。请求班禅进京后广作弘法利民之事，早日返回扎什伦布寺。班禅为诸僧摩顶，讲授《尊者礼供》等各种法行。

六月二日，应格贵请求，班禅额尔德尼于 3 日内莅临法会讲授经部师①之《贤劫经》，发大乘菩提心，作调伏与大乘教诫之词。

五日，全体僧众集资举行吉祥欲界自在母大朵食子仪轨，为世间永得福乐，广发誓愿。在法会上，班禅为以格贵为首的僧俗 1000 多人传授珠嘉传规《长寿灌顶》，格贵酬谢。噶钦洛桑索朗亦献礼并诵经祈寿。

大密咒师洛桑班觉诵经祈祷班禅额尔德尼在前往金色大国腹地途中平安无灾，尽快返回扎什伦布寺，与僧众共转法轮，建立僧众诵经制度，班禅予

① 经部师："经部"，佛教部派之一，出自说一切有部，专以《阿含经》为准则建立自己的学说。

以热情教诲。尔后，莅临内殿弥勒殿拜谒，献供祭品、哈达；向护法殿与佛堂神龛、姊妹护法殿厚献供品，诵经祈祷。在时轮佛殿同仪轨僧施食供祭第一吉祥佛之诸神，指导仪轨僧跳独尊金刚、孜阿巴及各种金刚、吉祥九变、七八母之舞，高兴地对僧徒说："吾对此有大缘"。诸仪轨僧、嘉觉巴噶钦南杰扎西献礼并诵经祈寿，祈求保佑。四大札仓喇嘛、各札仓、扎西孜庄园、密宗札仓拉章等联合于四日举行法会，迎请班禅献厚礼祝寿，密宗经师亦献礼并诵经祈寿。班禅诵传新作《长寿启白》《善根圆满论》。

尔时，班禅额尔德尼谓僧众："吾于牛年经白朗返回"。同时，告诉夏鲁噶钦洛桑贝丹说："届时吾将以一青年从东方回来"。噶钦洛桑贝丹问："经何地返回"？班禅答道："经白朗地方返回"，要求噶钦来忽堆地方，意思是牛年于白朗入母胎。

八日，以8驮生面所制食子酬供大力四面怙主，广行酬补仪式，发愿弘法益民。

当时，普布觉寺活佛拜谒，班禅额尔德尼赐茶款待交谈。

十五日，依例举行法会，普布觉寺活佛于会向班禅额尔德尼献礼，诵祝寿词，礼物有：曼札、佛像、佛经、佛塔、珊瑚念珠、白银2升、氆氇120匹，向法会施放斋僧茶。之后，班禅与普布觉活佛共进午餐。

在此前后，白图巴洛桑才旦、洛桑平措、贡却丹增、绒措瓦益西坚赞、益西次仁、拉卡瓦尊追坚赞、楚臣坚赞、吉隆巴洛桑尊追、达纳巴益西坚赞、拉康巴丹增坚赞修完《释量论》，温寺巴洛桑班觉、益西才旦、洛桑贡噶、益西贡噶、洛桑达结、洛桑云丹、杰仲洛桑丹结、洛桑尊追、益西强巴、洛桑金巴、洛桑饶杰、洛桑班玛、洛桑坚赞、洛桑饶杰、仁钦群培、洛桑次旺、洛桑阿旺、益西平措、洛桑德勒、益西次仁、洛桑次仁修完《胜乐根本续》，当钦绕贤巴洛桑多杰修完《集密、胜乐、大威德生圆二次第论》，重孜瓦洛桑格桑修完《释量论根本释》《解脱道明释合璧》，赛多建巴贡噶嘉措修完《慈氏五论》，乃巴益西班觉修完《般若经第八品》，章摩且巴洛桑索朗修完《释量论辩解》第四章《解脱道明释合璧》，群科伦布巴洛桑扎西修完《量理庄严论》（根敦珠巴著），协噶尔曲德巴洛桑扎西修完五世达赖喇嘛所著《中论释》，班禅额尔德尼按各自所修献考经函大小，分别予以赏赐。

尔时，临近进京之时。十日，良辰吉日，班禅额尔德尼于扎什伦布寺前方珍宝潭之旁的吉祥九重滩与大强佐、索本堪布岗坚堪布商谈职别次第。此等职务于法王八思巴时编定，即索本、森本、司供、管家、司书、管家、司库、厨师、司运、司垫、禾稼官、马匹、牛与犬等 13 种官职。此制度开始于法王八思巴，五世达赖喇嘛时期沿用，但与吾胜幢宝刹先前之章法稍有异同。若以不同补遗，即索本堪布、森本堪布、管家、司钥师、管家、密乘金刚阇黎、供养师、侍从、医师、马夫、门卫、厨师、司库长等 13 种官职。排列住帐时，班禅左侧为大强佐帐，右侧为索本堪布帐，周围安置诸格西帐，其次为诸侍从帐。

是日，施食供祭四面护法，行酬补仪式，祈求保佑。

从次日开始，班禅额尔德尼莅临密宗札仓法会，为消除诸僧之灾难，与几位喇嘛共行吉祥金刚大威德四业护摩仪式。在供养大威德像的赖琼玛护法殿进行迎请献浴供祭活动，食供集密、胜乐、大威德三本尊神，投抛白伞盖大遮六十食子，供祭各护法神。在索本堪布、岗坚堪布的请求下，撰写《祝愿词》，祈愿朝觐无灾，平安归来，向护法神托付佛业。

当时，噶厦派遣前世达赖喇嘛之侄达尔罕堪布洛桑丹增南杰前来慰问，呈现八世达赖喇嘛所赐诵经费用及其他官员之书信礼物，班禅赐茶款待使者，表示感谢；并且特派代表向拉木护法献僧装，请求传授记。拉木护法授记说："此次朝京，实为重要，应广行消灾祝寿仪轨"。在与额尔德尼达尔罕曲杰会晤时，大护法献哈达、茶、金碗等，请求班禅授司四事业①之教诲，满足其愿望。

次日，拉木护法师行无量寿佛修供仪轨向班禅额尔德尼祝寿，并抛送赎命物，敬献上等哈达等供物，托付事业。

尔时，班禅额尔德尼按大护法师之授记，使僧众于班禅宫殿顶煨桑祭神，护法殿僧供祭乃赛护法。

当时，萨迦寺达钦之两兄弟准备拜谒班禅额尔德尼，但因长期静修，未能成行，特派强佐贡噶平措前来慰问，班禅予以厚赐。在任萨迦寺达钦持金刚贡噶洛哲颂扬班禅功德，诵经祈寿。班禅非常高兴，回书感谢，为强佐贡噶平措主仆饯行。

二十日，班禅额尔德尼莅临阿巴札仓供祭诸塔，虔诚祝赞。阿巴札仓拉

---

① 四事业：即息业、增业、怀业、诛业。

章设宴招待,听受班禅教诲。

自从决定二月起驾之日起,卫藏、阿里三围、尼泊尔等地代表拜谒者络绎不绝,班禅额尔德尼分别会见,满足各人之愿。尔后,为广大五浊①众生利益而发菩提心;为了佛教在雪域藏地弘扬不息,建造佛塔,雕塑佛像,刻印经卷,导引众生步入十善之道,使一切有情喜受圆满大宴。正是:

汇集二资粮之日光,
在雪域上空升起时,
尽除野蛮黑暗愚昧,
迎来春天莲花芬芳。
您事业宝树枝干上,
全都挂满硕大果实,
满足无数信众愿望,
欢笑声在各方响起。

以上为《尊胜上师有寂世界顶饰班禅遍知一切罗桑班丹益西贝桑布传——太阳之光》之第十章“护持扎什伦布寺和为八世达赖喇嘛·降白嘉措传授教法”。

第十一章　莅临宗喀巴大师出生地塔尔寺利益教法和众生

藏历六月十七日,曜日女宿,良辰吉日。班禅额尔德尼会见八世达赖喇嘛侄子第巴巴丹顿珠和夫人其米嘉姆及其少数仆人,传授《遍除怙主障害甚深格言》。在寝宫之午茶会上,班禅额尔德尼谓经师:“首先要奋进不怠,高瞻远瞩,助我顺利进京,完成与天子会晤之良愿。同时,亦望圣者长命百岁,贵体康宁,长发善心,永不动摇”。经师衷心祝愿班禅路途顺利,无灾无祸,平安抵京,将以圣上为首的无论尊卑的信众都引上成熟解脱之

① 五浊:即佛教所说的命浊、烦恼浊、众生浊、劫浊、见浊等五浊。

道，愿平安回归，祝愿班禅长寿久驻，如意成就一切事业。谈话结束后，班禅升座，为司钥格勒迥乃、鲁顶头领隆夏尔杰仲洛桑格敦、司库益西塔耶及常住侍从摩顶加持，教诲司钥善理一切事物。尔后，立足班禅罗桑确吉坚赞灵塔前供祭发愿，将事业托付给姊妹护法，继而准备路途所需法器：钟铃、锣鼓、洞箫、唢呐、良马11匹、卧具10套、备用马两匹、诰命箱、金印箱等；先后召见噶钦格西洛桑次旦、密宗札仓51名噶究格西、两名门卫、清洁人员、却本、译师、医师、副索本堪布洛桑顿珠、4名管家、森本堪布噶究洛桑饶旦、大索本堪布洛桑克却等先行人员。

尔时，遍知三界众生之怙主班禅额尔德尼身着仙者胜幢三法衣，乘骑行如白云之骏马，身相魁伟无比，缓缓而行。伞队、呼图克图洛桑金巴、索本堪布杰仲洛桑坚赞、司钥洛桑坚赞、司钥杰仲洛桑格勒、马夫杰仲益西尊追、杰仲益西群培等40名出身名门贵族、知识渊博者按年岁大小列队尾随于后。左右两边是由1000多人组成的送行马队，仿佛菩提萨埵围绕着能仁佛，兽群围绕着兽王；又如群星围绕着月亮，浩浩荡荡驾离扎什伦布寺。有诗赞道：

吾等大师菩提心，
常为利他发慈悲，
聪颖智慧常为我，
雪域卫藏传佛经。
今日起驾往多麦，
周游蒙汉大乐土，
入京谒见设盛宴，
如愿以偿帝王心。
为救众生无明中，
深奥妙法化愚顽，
为在大地除愚痴，
教诲众生学佛经。
为使众生除烦恼，
普降佛法甘露雨，

无论高贵与低贱，
均应皈依大菩提。
犹如飞鸟随大鹏，
无数智者拥大师，
缓缓前往东方去。

司钥格勒迥乃等驻守扎什伦布寺的侍从到夏察岗送行，摇动吉祥哈达告别。尔后，班禅额尔德尼由百骑及岗坚群培寺、夏鲁俄尔寺共600名僧人组成的仪仗队、歌舞队迎接到日喀则大桥东休息。噶厦联络员达尔罕堪布、札萨克台吉、达赖喇嘛侄子班典顿珠、拉木护法神师达尔罕额尔德尼、王公子嗣班觉南杰、后藏代本班蔡巴与江建、然巴瓦、协宗当钦巴、扎西通门巴、日喀则宗本康札、囊噶尔巴等先后拜谒。于此班禅会见日喀则地区各寺院喇嘛、执事、庄园管家、商贾、克什米尔人、尼泊尔人等。尔后，莅临通门雄进午膳，温寺、扎西宗、赛多尖寺僧人高擎缎制佛像、吉祥彩幔及各种供物欢迎。

即日起，班禅额尔德尼所过之地皆有欢迎队伍列立道路两旁欢迎，班禅分别予以赏赐，施放斋僧茶。是日，居于扎西雄，温寺与寺管家、赛多尖巴、扎西宗卡、帕塔管家等人献礼。班禅为温寺执事与聚于此地之僧俗摩顶，向温寺三世班禅罗桑顿珠像与护法殿贡献祭品。从此直到抵达羊巴金扎西通门寺为止，由噶厦提供周全招待。

次日，班禅额尔德尼一行在止康玛乘船渡过雅鲁藏布江，班禅赏赐船工。是日居于多杰博，群科寺、群科寺喇嘛与管家、孜顿寺、萨迦寺管家、止仓寺、日东寺、蔡尔寺、托庄寺、德庆寺管家、噶饶寺管家、托嘉地区贵族等献礼迎接，受班禅摩顶。在此班禅派人向噶丹饶杰寺护法殿护法像献哈达、供品，给代本等人赐茶饯行。

六月十八日，班禅额尔德尼由扎西雄启程，夜宿多杰博。

十九日，班禅额尔德尼驾离多杰博，莅临漏格顿庄园顿珠墨卡属地鲁顶，管家设午宴招待，并献礼物。日吾格培寺、郭仓禅院喇嘛、卡觉禅院、协普洛巴等献礼，班禅摩顶授教，满足各人愿望。同时，派人向郭仓禅院忿怒姊妹护法献哈达、供品。夜宿臧臧纳噶地，扎西孜设宴献折银7朵彩之礼物。班禅予以回赐，派人向扎西孜与达结禅院的吉祥天女像献哈达、供品。协噶宗本当钦巴与日喀则宗本等护送者回府并行道别礼。

另外，献礼者有塘巴头领、仲堆康萨巴、央寺管家、南木林地区贵族、达结禅院、班玛寺（པད་མོ་ཆོས་སྡེ།）、拉当禅寺、央寺母寺扎西曲宗、曲隆寺、格杰禅院、都尤噶尔寺、巴拉寺等。

二十日，居于雄雄东噶岗，德庆饶杰寺管家以丰盛素食宴等提供周全服侍。尔时，班禅额尔德尼被迎请至僧众汇集的大帐内，众人纷纷献上丰厚礼品。僧众为其念诵长寿祈福经，德庆绕杰寺也敬献丰厚礼品。寺院主持洛桑僧格、管家、寺端庄园、格丹多吉登寺、噶丹涅月寺等附近几座寺庙，以及协秀巴、玛尼岗巴、仲萨巴、雄雄拉康巴、科兰管家、哉务寺活佛献上礼品；并且与这里的僧众共行金刚手菩萨会供，供祭怙主、姊妹护法、马尔、格江鲜巴等护法神。香噶丹群科寺设素宴宴请，僧众为班禅念诵长寿祈福经祈福长寿。班禅为僧众讲经并为他们发放布施。是日，班禅向雄雄寺克珠琼波塑像供奉法衣，向护法殿敬献哈达、供品。次日，抵达拉布噶尔达草地。当地富户迎接宴请、献礼，包尔多寺等也敬献了礼品。此时，举行拉姆护法神降神仪式，祈愿功德和顺。班禅按各自角色给予降神师父子二人及参加仪轨的僧人相应的布施。莅临宗当，热木当寺僧众献礼。班禅为该寺僧众布施，传授《阎摩罗护法酬补法》，并赐酬补仪轨之费用。该寺首座洛桑格敦比丘、当玛僧俗群众，以及“央、彤林、陀喜”三地牧民献礼。班禅意在羊八井会见八世达赖喇嘛与摄政赤钦喀尔德尼诺门罕、驻藏大臣二人、噶伦等，专遣知客巴丹桑波特使前往问安。在勒唐贡用午膳时，噶丹饶杰寺管家敬献新鲜糌粑和酥油，附近牧民前来拜谒。

班禅额尔德尼驾临麻江松多时，由驻军军官、夏鲁寺卸任堪布、尼木嘉协、协卡尔寺、巴塘、乌日山刹、加果巴、玛尔兰巴等地寺群众迎接。尔时，八世达赖喇嘛所派诸位管家迎驾，呈献书函、食品等，班禅赠送佛龛，表示感谢。是日，跟往常一样，于密宗札仓隆重举行二十九朵玛食子抛掷仪轨。跨过雍仲桥，杰部各地僧俗群众前来献礼。噶伦噶细公班智达、代本台吉巴桑次仁、噶伦之子索朗丹增多杰拜谒。噶伦噶细公曾受班禅加持而显灵验，虔诚地禀告班禅：“尊师此次往驾东方大地，表现了无亲疏区别之宽大胸怀。但是，为了教化雪域众生，请尊师速返扎什伦布寺”。言毕献马辔 20 副、氆氇 300 匹、骡子 50 匹等贶礼。班禅与噶伦父子亲切交谈，赠礼告别。

当时,突降狂风大雨。班禅额尔德尼谓诸随员说:“此乃珠穆朗玛峰眷念我等之相”,指示各法殿师酬补天母,诵经祈祷。

二十六日,班禅额尔德尼驾临雪布巴勒用午膳,噶玛红帽活佛、驻藏大臣留保柱、笔帖式浦老爷、联络员孜仲等谒见。秀饶杰林寺僧众献礼,班禅为汇集在这里的僧俗信众摩顶赐福。暮宿羊八井之纳噶尔玛,噶玛黑帽活佛嘉贝旺波前来献礼。茶间,二者谈得很投机。红帽派活佛①以素宴招持,二者亲切交谈,临别时献上大量贶礼。

是日,摄政额尔德尼诺门罕准备于纳噶尔玛与班禅额尔德尼会晤,但因路径南北相反之故,逐改于途中拜谒,转呈八世达赖喇嘛之慰问品。驻藏大臣杭弈禄与索琳所派遣专门前来请安的人亦相继抵达。

二十七日,班禅额尔德尼与八世达赖喇嘛相会于羊八井之扎西通门。八世达赖喇嘛原定于班禅抵达此地时候迎,因路途遥远而未能如愿,在班禅到达此地之后他才到达。

有顷,达赖喇嘛的马队抵达羊八井后即与班禅额尔德尼会晤,师徒相见格外亲切,互赠缘起礼品后就坐于大帐宝座,双方随行官员、大小僧俗随从向他俩敬献哈达。以摄政额尔德尼诺门罕与两位驻藏大臣为首之噶伦、代本汉藏官贵列班就坐,噶厦布设盛宴招待。有诗赞道:

雪域教民俗家之顶饰,
观自在菩萨达赖喇嘛,

① 此即红帽系第十世名却朱嘉错(1738-1791年),王森先生《西藏佛教发展史略》说他是六世班禅的同母异父兄,班禅的另一个哥哥,是仲巴呼图克图罗桑金巴。1780年,乾隆帝七十寿辰,班禅入觐庆寿,因痘病死于北京。当时乾隆帝、王公大臣,以及蒙古王公馈赠奉献以及赙仪等约值数十万金,仲巴呼图克图时为扎什伦布寺商卓特巴,以其非格鲁派为借口据巨赀为已有,不以分惠红帽系十世。红帽系十世以此衔恨,欲倾扎什伦布寺以为报复,遂西走廓尔喀,唆使廓尔喀王构衅。红帽系十世唆使廓尔喀王用兵,并盛称扎什伦布寺之富有,以利诱之。廓尔喀族统治者因与红帽系第十世深相结纳。乾隆五十三年(1788年)廓尔喀军第一次侵入后藏,清兵进藏而藏官贿和。红帽系十世当时即是代表廓尔喀方面的议和人之一。以后,藏官不肯履行和约,红帽系十世又致书藏官,颇有威胁之语。1790年,廓尔喀军第二次入侵,直掠扎什伦布寺。清廷派福康安于乾隆五十六年(1791年)率领劲旅入藏击破之,廓尔喀王乞降,红帽系十世畏罪自杀。福康安奉旨受降,命廓尔喀王归还红帽系十世骨殖及其妻孥、徒众、从人等为受降条件之一。红帽系十世骨殖等到藏后,乾隆帝命将其骨殖分挂前后藏及西康各大寺院,以为叛国者戒。红帽系以羊八井寺为首的全部寺院及所属土地牧场、农牧奴等,全部查抄充公(羊八井寺,不久诏归济咙呼图克图暂管,嘉庆十五年,谕令将寺庙庄田赏给济咙呼图克图永远管理)。羊八井寺红帽僧徒103人,勒令改宗黄教,分别安置于黄教各寺,严加管束。特诏禁止红帽活佛系统转世。

千万随从护驾来此地，
师徒如同日月喜相会。
分设政教宴会欢庆声，
冲破祥云直上九重霄，
众人尽情享乐欢与乐，
犹如长生集会将到此。
师徒二人的光辉形象，
深深铭刻在信徒心上，
众生信仰之树结硕果，
精神财富丰裕皈佛门。

即日起，班禅额尔德尼与八世达赖喇嘛从羊八井到上部当雄扎西滩的8天时间里，为万余名僧俗民众摩顶赐福，使众生如受甘露。

次日，班禅额尔德尼于拉章会客帐迎请八世达赖喇嘛。众随从奉班禅之命，向八世达赖喇嘛请求传授《无量寿文殊传承五天随许法》。尔后，宴请八世达赖喇嘛，表演歌舞，行长寿仪轨，敬献哈达及黄金50两、马蹄银30锭等厚礼。班禅额尔德尼诵经祈寿，按照官职贵贱分别赏赐摄政额尔德尼诺门罕、诸噶伦、孜雪诸位官员、内侍、马夫、账管、马骡夫、助手等。

此时，班禅额尔德尼于大帐设午宴招待八世达赖喇嘛一行，相互谈论政教大事，互相谢意，班禅额尔德尼传授《弟子问道语录》。哲布尊丹巴活佛、达赖喇嘛母亲洛桑卓玛及公子、兄弟姊妹专程前来拜谒，并献上丰厚贶礼。前藏代本普隆巴、哲蚌寺老管家噶究平措、常住拉萨的尼泊尔人、泽当寺阿曲寺师徒、侍卫杰布群则与噶究洛桑江白平措、羊八井头人孜仲阿旺达尔杰叔侄二人、江孜瓦珠朗杰以及朗杰次仁和诺布次仁等晋见献上礼品。班禅为前来辞行的喀尔喀哲布尊丹巴活佛及其父母、扎西孜公子朗杰顿珠与次旺班觉、噶细公之妻朗杰卓玛等人饯行。茶间，班禅向他们问好问安，并赐予礼品。诸位一致请求班禅尽快返回西藏。

二十九日，八世达赖喇嘛与班禅额尔德尼从羊八井扎西通门启程，并辔同行，合并双方之卫队骑士、歌舞队，队伍长约300弓步。左右还有以驻藏大臣为首的汉藏大小官员及兵士不计其数，使大地也变得狭窄起来，行至纳查莫打尖小憩。夜宿乐神菩萨幽居的大雪山念青唐古拉神山下方的夏布地方。于此,师徒二人莅临两方80名僧人之首座,隆重举行怙主和阎魔护法,以及唐古拉神的仪轨。双方都为僧众施予丰厚的诵经酬劳。班禅额尔德尼特派4名僧人前往唐古拉神之地祇庙堂祭拜,施予4名僧人黄金各一两、白银50两等大量资财,并诏令专人送去哈达等贡品。当四僧献祭之时,雷声大作,天降冰雹,颇显凶兆。稍倾,又一切归于祥和平顺。

是时,接到乾隆皇帝降旨,说明青海贝子及其随从、马队将于通天河渡口迎接的情况。

七月一日,在白仓拉曲河畔,觉杰法王、白仓部落头领献礼迎接。羊八井头领从此返回,班禅额尔德尼予以赏赐。尔后,乘牛皮伐横渡宁日河,暮宿噶尔玛之下方处,彼时,师徒二人莅临80名随从僧人集聚之首座,隆重举行吉祥天女仪酬轨。赤钦诺门罕向两位尊者献礼,并为僧众发放丰厚布施。

二日,莲花生大师在为镇防疆界而修造的“玛贝塔”之东侧草坝上用午膳,顶噶曲德寺派人前来献礼。班禅额尔德尼为嘉雪头领及200人摩顶赐福。在阿欧达巴,热振寺活佛阿齐图诺门罕洛桑丹巴益西饶杰献上丰厚礼品。班禅为其和嘉赛活佛、扎西迥活佛、赐茶款待问安。另,班禅为盖仓山刹卸任经师、下密院翁泽等600余名僧俗民众摩顶赐福。

三日,班禅额尔德尼莅临当雄上部之扎西塘地方。噶厦于大帐内设宴迎请班禅及其随行人员,会上僧人进行起坐对辩(以示法轮常转之意——译者注)、噶尔舞等表演,气氛隆重。尔时,向班禅所献礼物有:哈达、曼札、佛像、佛经、佛塔、日用器皿一套、银轮、银翅白海螺、各包3两黄金包3个、马蹄银15锭、尼泊尔银19朵彩、白青稞一包、绸缎等共46件。另有赆礼响铜释迦大佛像一尊、日用器皿一套、合金铜佛像50尊、银翅白海螺一对、饰金银质唢呐套装、银饰铜质号筒套装、旗幡5面、大伞及柄、长腰袜一双、象牙一对、藏红花150两、红黄香808束、绸坐垫25对、宽哔叽50匹、南方红黄色氆氇披肩5件、红黄色棉布各300匹、各种颜色棉布200匹、黄僧帽100顶、黄色细褐百匹、黑色香10包、白香10包、藏枣、巴塘葡萄、汉绫、哈达、糖果、白水晶石凳等共73包、马鞍3副、马镫3副、骏马100匹、白缎9匹等。

摄政额尔德尼诺门罕询问“曼扎”之功德,班禅额尔德尼欣然作答,并与大强佐与其他随行赐予不同赏赐。摄政额尔德尼诺门罕为祈愿班禅长寿敬献了曼扎一具、佛像、佛经、佛塔、日用器皿、马蹄银5锭、尼泊尔银10朵彩，共18件礼物。贶礼有：尖顶僧帽70顶、氆氇136匹、毯帽、香料、小骡子两头。

诸噶伦、八世达赖喇嘛近侍、孜雪诸官员、哲蚌寺总务及其郭莽札仓、洛色林札仓、德央札仓、密宗札仓、哈东康村及洛桑康村，色拉寺总务及其杰札仓、曼巴札仓、俄尔盖札仓、南杰札仓、木茹寺、甘丹寺总务、夏孜和降孜2座札仓、以及上下密院等敬献礼品。驻藏大臣亦敬献礼物。

噶伦吞巴与札萨克喇嘛格桑南杰、桑珠殿公丹杰朗八、卸任甘丹赤巴等敬献丰厚贶礼。

班禅额尔德尼在八世达赖喇嘛先前传授《噶当教典——弟子问道语录》之节段基础上，接续传授“王子贡却邦迎请桑瓦益西空行母”之节段内容。

当时，班禅额尔德尼为东科尔活佛等10人授近圆戒，为聚众僧俗信众摩顶赐福。八世达赖喇嘛向研修密院的僧人传授《集密根本续》之第一、三章及第四章一半的内容。尔后，师徒二人于寝帐交谈，八世达赖喇嘛送给班禅额尔德尼银制胜乐、集密、大威德护法像各一尊、七世达赖喇嘛所用衣服、坎肩及水果3绸袋、一小箱，班禅回赠曼札一具、银子1大升、缎子两匹，诵经祈寿。

由札萨克霍尔康萨与噶伦吞巴二人迎送至那曲。先前接洽官达尔罕堪布返回，班禅额尔德尼为其饯行。托人向热振寺和四世班禅罗桑确吉坚赞修室达木江热之天女像供献哈达。

六日，师徒二尊于大帐就坐谈心，赠送哈达，相互碰头致礼，离别依依不舍。班禅额尔德尼一行启程东去，八世达赖喇嘛之随员挥动哈达致意。正是：

一切众生之顶饰，
说法宣教予慈悲，
现见佛智情世间，
丰裕供养多如云。
乐源顶饰怙主地，
往谒尊容乃吾意，

此刻恰似莲蕊枯，
百感交加思万千。
圣贤性情皆如此，
凡夫俗子那堪比，
几世相承情诚挚，
恩施众生深如海。

是日，夜宿觉泽拉山西麓的八法塔近旁。经师与司钥格勒迥乃派仲然巴格西旺堆从扎什伦布寺前来慰问，向班禅额尔德尼呈献书信及糌粑等礼物。驻藏大臣杭弈禄与噶伦格桑南杰，以及噶厦几名官员向班禅辞别返回。

八日，额尔德尼诺门罕继续陪送一程后返回，班禅额尔德尼以厚礼相赠致谢。普布觉活佛洛桑强巴、色拉寺协札仓喇嘛、哲蚌寺厦郭喇嘛、达赖喇嘛御医格桑丹达尔医师、随行官格桑丹达等护送班禅到那曲地区。在西藏地方管辖境内，班禅受到极其周到的供养。在山顶，向八法塔敬献哈达。

夜宿拔绒纳巴尼宗，普布觉活佛向班禅献礼道别。

九日，先后渡过拔绒诸河流及玉隆河、皈隆河，夜宿那章莫。沃卡增琪寺代表前来拜谒，班禅额尔德尼给他们捎去哈达等贡品供祭增琪寺弥勒佛。为法会宣说《梵天顶饰经》，向僧众施放斋僧茶。嘉赛活佛（指西藏三大活佛之温杰赛——译者注）从此返回。班禅向前来拜见的500名左右信众摩顶加持。

是日，穿越朗朗山口，平安抵达尤克曲河畔，嘉拉活佛额尔德尼班智达呼图克图主仆50人于尔时拜谒献礼，班禅额尔德尼赐茶款待问安，并传授《无量寿佛修行法》。应哲蚌寺噶究勒智丹巴请求，新作《隆多喇嘛阿旺洛桑长寿启白》。尔时，盖巴活佛因不能前来面拜，特派使者呈书，并献贶礼。

十日，渡过尤克曲河，经美多前后山谷，后经朵隆达巴，再渡江木曲河，夜宿夏尔巴图，达尔扎西迥活佛拜谒献礼。

在夏巴尔图克休息的两天时间里，由蒙古族等组成的1300多名信众拜谒，并按各自财物敬献礼品，班禅额尔德尼向他们摩顶加持。

十一日，翻越噶尔琼、噶尔钦之拉琼山岭，莅临曲噶尔莫河畔设帐休息，为500名信徒摩顶，并为达隆寺15名僧人传授《兜率上师瑜伽论》与《大慈悲经》。

十二日，班禅额尔德尼一行先抵达那曲的格瓦，一部分随行人员沿古官道抵达那曲喇嘛地方。东噶活佛拜谒献礼，班禅向其和那曲堪囊设茶问安，为1000多名僧俗信众摩顶加持。

十三日，夜宿那曲巴尔布，在此停留5日。当时，负责护送班禅额尔德尼一行到金沙江的噶伦札萨多喀巴按时抵达，带来丰厚贶礼。达木喇嘛噶钦洛桑热周、那曲堪布、驻藏大臣联络员丹增嘉措等僧俗均按自己财力献礼。

尔后两天，班禅额尔德尼为5000名信徒摩顶。

十四日，举行会供法会，禀请拉木护法授记。拉木护法说："将成就圆满功德之事业，但两三年内需返回"。班禅额尔德尼为每位随从赐予预防灾祸的青稞锦囊包。

尔时，青海隆务寺献上丰厚礼物，鄂尔多塔林寺亦献随礼。班禅额尔德尼为隆务寺僧人传授《兜率上师瑜伽论》，普布觉寺活佛和嘉绒群则二人传授《马明夏娜喜郭》仪轨经。当时普布觉活佛对班禅说："尊师于中原内地不要居住太久，早日返藏"。事毕，普布觉活佛及其主仆、霍尔康札萨、文书格桑旦达、御医寻奴及一名上层随从官返回，班禅赠送礼物送别。之后，寺僧举行投掷六十食子与白伞盖佛母法会，诵经祝路途平安。

十八日，班禅额尔德尼驾临措毛若之扎西松多地方休息两日。其间，接见了指挥琼波"噶、纳、察"三地头人迎送班禅一行至哲桂山接洽安排常驻拉萨的加尔果琪，班禅为其设茶问安。加尔果琪向班禅敬献礼品。下部那曲头领赞嘉敬献丰厚礼品，班禅为600多名僧俗信众摩顶，赐物给拉木达尔罕额尔德尼及其一僧一俗儿子，骑马驾送班禅一行。至此将返回，班禅赠送礼品父子3人与饯行，并传授《度母四曼札仪轨》。在座僧人举行梵天仪酬轨，驻藏大臣联络员孜仲丹增嘉措告辞。

为消除人畜疾病，僧人们举行焰口王施食仪轨。

从此地开始，班禅额尔德尼乘坐骡载八抬轿，左右有几名赤足汉族人护驾。噶伦吞巴洛桑次旺、冲堆曲达结仲洛桑顿珠、贝西杰仲洛桑扎西、壤俊杰仲洛桑扎西、拉堆阿旺坚赞、降擦杰仲边丹格勒、康钦杰仲洛桑达结、日卡瓦洛桑根顿等8人护送。

二十日，莅临查苍山脚下膳宿。联络员噶伦吞巴父子、护送者色拉寺协札仓喇嘛、哲蚌寺郭莽札仓喇嘛、那曲寺代理堪布、驻当雄之50名士兵等从此处返回拉萨。班禅额尔德尼托付噶伦吞巴向八世达赖喇嘛、驻藏大臣二人、诸噶伦等问安，并赠送礼物。

二十一日，班禅额尔德尼一行翻越查苍山之时，噶伦吞巴与色拉、哲蚌两寺喇嘛等立足山顶挥动哈达告别。

百户长拉卡丹嘉、热协百户、贝布百户、军官楚臣巴丹、琼结香雄嘉、巴佐、瓦呼布钦、诺赤等14人迎驾。夜宿曲那甘，百户丹增旺嘉拜谒献礼。

二十二日，班禅额尔德尼驾临夏波俄，止贡噶举喇嘛拜谒献厚礼。琼波阿札、杂玛尔阿扎等百余人晋谒。

二十三日，班禅额尔德尼夜宿肖奇里。纳雪达顿寺活佛代表、东巴百户、盖赛百户等前来迎驾。噶玛红帽派活佛从此处返回，噶厦官员格桑默兰亦返回，班禅分别予以赏赐。尔时，纳雪甘丹达结林寺和仲纳寺敬献礼品。

二十四日，夜宿扎噶尔莫。当时，进京朝贡的格西洛桑丹巴返回，按钦差抵藏之例，宣旨并颁赐乾隆皇帝御像。圣旨中说："班禅额尔德尼与朕会晤之地，以御像呈献，等同于朕在此迎接"。尔时，大队人马已临近唐古拉山顶，诸随员皆感高兴。有诗赞道：

造福人类金色轮，
光芒普照遍寰宇；
奉天承运乾隆皇帝，
为迎大师赠御像。
钦差大臣到此地，
所有随从皆欢喜。

蒙古却图台吉、纳雪百户次旺扎巴与丹嘉扎巴等迎接。

二十五日，班禅额尔德尼一行夜宿崩曲河畔，会见钦差及青海贡却扎西王之子达赖呼图克图主仆65人，以及其他地区30人。达赖呼图克图转呈贡却扎西王之慰问品。

准噶尔台吉次仁等前来呈信，班禅额尔德尼设茶问安，并对信中所涉内容予以回答。纳雪达普活佛派代表拜谒并献礼。

二十七日，驾临牛拉山。杂玛尔阿扎活佛等辞别返回。达颜都拉迎接人员到达，班禅额尔德尼为他们加持赐福。

二十八日，抵达当拉山西麓的伦珠布地方，休息3日。

北京堪布随后抵达此地，班禅额尔德尼派仪仗队迎接。会面后钦差向班禅呈献乾隆皇帝御像及圣旨。谕曰："班禅额尔德尼贵体安康否？达赖喇嘛身体可好？达赖喇嘛习经进程如何？明岁班禅额尔德尼即来京入觐，朕以五世达赖喇嘛入觐之例接待。现已谕令在热河度地建庙，明岁即建成，其庙无异于扎什伦布寺。班禅额尔德尼因明岁始抵京，故朕心实为焦灼。朕在加紧学练藏语，届时朕将派遣王公大臣往迎。既至与朕会晤，畅谈政教大事。朕因一睹班禅额尔德尼之慈容而获万千之福也"。宣旨完毕，班禅额尔德尼于乾隆皇帝肖像前供奉多种供品，虔诚祝愿乾隆皇帝吉祥万岁。

驻藏大臣等官员向乾隆皇帝像敬献吉祥哈达。尔后，班禅额尔德尼设宴款待汉藏官员、北京堪布、结伴同行的噶丹呼图克图洛桑尊追等。

鄂尔多斯官员扎西达结派杂兰护送老喇嘛归藏而抵达此地，向班禅额尔德尼献礼祝安。贝斯喇嘛乃宁巴噶钦洛桑次仁献上礼品。大王与公滚觉多吉、噶丹呼图克图、丹玛活佛、哉务贝日群则、蒙古百户拉卡丹嘉、索朗巴增等人前来献礼。

尔时，班禅额尔德尼在北京堪布未启程进京之前通过驿站向乾隆皇帝呈信献礼，并为北京堪布和从北方来的几位拜访者（指从蒙古来的拜访者）赐礼送别。

八月一日，起驾翻越唐古拉山时，于山顶供放五色八瑞顶饰、菩提兵器。班禅额尔德尼与诸僧施食供祭胜乐、大威德二护法神，行阎摩罗护法与药叉王、长寿王、姊妹护法、永宁地母十二尊酬补法会，祈求保佑。

唐古拉山神性情凶恶，经常对途经远客显现诸多凶兆进行阻挠，但因班禅额尔德尼对护法行仪酬轨、施食地祇而风雪消散，天气转好，使人畜平安无事。有诗赞道：

高峻雪山着雪衣，
遍地夜叉更凶恶，
狂风暴雪虽可怕，

大师神力使平息。

当时,蒙古百户丹窘扎西、南赛扎巴主仆于唐古拉山下候迎。班禅额尔德尼夜宿唐古拉山东麓温泉边。西宁大臣派人运送来了所需物品及慰问信。

收到贡却扎西①王及其儿子索朗多杰分别向班禅额尔德尼所献的礼物,班禅向二人派遣的使者以书回复。二人派遣的使者和达颜都拉人要返回,班禅向他们摩顶赐福。蒙古却图台吉前来向班禅献礼。

二日,班禅额尔德尼莅居巴巴龙宇地方,玉树头领嘉措及德格商人晋谒。

三日,班禅额尔德尼渡过敖丹木河,夜宿敖丹木山南麓。

四日,班禅额尔德尼夜宿大扎噶。是日,大降五瓣形状和六瓣形状的雪花,示现祥兆。

五日,班禅额尔德尼夜宿大扎噶。

翌日,班禅额尔德尼莅居多伦巴图尔,休息一日,并接见察甘诺门罕派遣问候的代表安琪台吉活佛等人。

八日,驾离多伦巴图尔,行宿10日,途经琼曲河、美多滩、森库奔东面草场、东周札、顿库、那茂切、霍尔钦珠果、查苍松多等地,十七日抵直果拉山南麓休息。

彼时,班禅额尔德尼一行抵达东周札时,适逢乾隆皇帝寿辰,为此,特地停留1宿。在乾隆皇帝画前奉献丰厚贡品,班禅就坐于僧众之首,广行无量寿佛会供法会。事毕,班禅回向祈愿乾隆皇帝万寿无疆。当时,会见了前来拜谒的信众。格杰扎西塔钦林寺喇嘛嘉措西尼和噶究格勒坚赞一起向班禅敬献礼品。

盖鲁百户索朗扎巴、仲巴头人噶尔蔡、噶玛南杰长官、古如丹增长官、兑桑达结寺3位喇嘛、格杰百户噶玛顿珠与平措达吉等各自献礼。道别时班禅额尔德尼为他们摩顶赐福。班禅接见前来迎驾的贝日喇嘛一行,并设茶问安。

帕巴拉活佛派强佐前来慰问,班禅额尔德尼表示感谢。

在查苍松多,玉树觉当寺几名喇嘛及僧徒晋谒献礼。

---

① 此郡王贡却扎西为青海和硕特西前旗(在今青海省海西蒙古族藏族自治州乌兰县)的第四任王公,清代史料记为棍楚克达什。

在长江岸边，接见了青海各部一些头人即将要抵达的先遣传话人。前往西宁办事大臣于直果拉山南麓备设的迎候处所的那天，为消除路途祸患，随行专司诵经禳灾，天气随即好转。

青海郡王阿旺达结①的代表台吉旺嘉前来呈献书信。信中说："吾未能派多人远迎，今特呈此书札"。

另外，班禅额尔德尼会见了岗噶王代表迥乃、晋美贝勒代表奔木嘉玛让、土尔扈特札萨克贡却代表阿旺扎巴等人。代表们献了各自主人的礼物。

格孜平措达结寺喇嘛达尔罕曲杰饶江巴曲达尔及僧众，娘措赛噶尔寺、百户长曲嘉饶丹、噶丹贡萨强巴林寺活佛及执事、僧徒以及信众，下部玉树头人贡却旺嘉、琼噶尔百户长索朗伦珠、贡波都德、下卓沃之两位百户长及仆人、玉树贝格阿塘主仆等僧俗 241 人前来迎驾。

百户曲嘉饶旦、曲德强巴林寺各献礼物。班禅额尔德尼为他们传授《兜率上师瑜伽论》。

十八日，班禅额尔德尼莅居直果拉山北麓。多康教主丹贝准美帕巴拉益西晋美巴丹丹贝贡波及强佐旺秀等主仆 30 多人、却藏呼图克图侄子波琼堪布、青海强多尔贝子主仆 30 人、札雅活佛之索本堪布与官家、百长主仆、土观呼图克图的代表管家丹珠尔、赛托岱钦额尔德尼诺门罕的代表伦珠达结喇嘛、热洛译师活佛主仆 30 人、热娘强佐噶松曲噶主仆 20 人、马尔康堪布的代表洛桑平措、多尔格大臣博清额的代表、贝勒曲迥嘉布代表桑才旦、莫居贝子代表洛桑、克尔洛贝子代表迈仁呼图克图、贝子洛桑才旦代表诺木旗活佛、曲迥嘉布公的代表琼觉、索朗多杰公的代表丹正、公敦顿珠公的代表托托勒、噶厦的代表洛桑南杰、色拉札萨克洛桑次仁的代表呼希藏格次仁、札萨克班觉王与丹增贡波二人的代表达尔罕囊索、札萨克诺布仁钦的代表噶究群培、札萨克卓玛嘉布的代表雅索宰桑、札萨克强多尔嘉与岱钦贡噶的代表达尔罕曼然巴、札萨克完德代表夏拉达、札萨克扎西茨佩的代表楚臣、札萨克瓦尔莫代表洛桑贡波、札萨克曲迥嘉布的代表达尔罕医师洛哲额尔喀曲杰、札萨克扎西饶丹的代表库奔、札萨克邬建的代表贡却、札萨克鲁

---

① 此青海郡王阿旺达结即青海和硕特前首旗（在今青海省黄南藏族自治州河南蒙古族自治县）第四代王公，清代文献记为纳罕达尔济（1741－1807 年），1768 年袭札萨克一等台吉，管理南左翼中旗，并于当年入京朝觐，改袭前首旗札萨克多罗郡王。

本木的代表藏格贡波、贡嘎尔王的代表图萨拉琪等200多人拜谒，班禅额尔德尼分别会见，表示感谢。正是：

奉天承运之皇臣，
身居青海持宝地，
固始丹增之后裔，
笃信佛法三十王。
派遣名僧与管贵，
特来迎驾献厚礼，
转动法轮普救度，
教诲甘露滋众生。

其后，班禅额尔德尼设茶问安帕巴拉活佛。贝日寺上师和僧人以及贝日扎西丹增前来拜谒献礼，班禅为他们摩顶赐福。

十九日，班禅额尔德尼莅居长江南岸大草原，休息4日。西安府办事大臣博清额及仆人、驻西宁的两位笔帖式，奉旨前来迎驾，呈献乾隆皇帝所赐饰玉金盒一尊、连体玛瑙鼻烟盒一只、上等绸袋一对，班禅问乾隆皇帝好。谕曰："遣大臣博清额、西宁法大臣①、青海王索朗多杰、强多尔贝子、札萨克格敦嘉布往迎，安排路途事宜。从长江到索罗玛备有良马百匹和驮牛300头，从索罗玛开始备有驮马千头、骆驼400头、蒙古帐40顶、布帐100顶。

班禅额尔德尼向乾隆皇帝使者和青海各部官员问好并设茶点招待。索朗多杰王、贝子强多尔嘉、札萨克格敦嘉布、德格代表、札雅活佛代表等拜谒呈书，献礼祝安，班禅分别予以回赠。

帕巴拉活佛献丰厚贶礼，祈愿班禅额尔德尼健康长寿。拉娘活佛的代表克增巴丹活佛、管家格桑却噶、拉娘寺属部落及地方部落、嘉措诺布及其随从、奔木岗寺、司徒王、楚布代理王各自敬献丰厚礼品。临别时班禅向他们表示谢意，并为他们摩顶赐福。另，俄尔寺卸任堪布曲迥桑波、札雅寺司膳堪布洛桑顿珠、管家洛桑次仁与扎西嘉措、庄园主次仁坚赞、噶尔桑寺、玉树王嘉措诺布等按各自财力献礼。班禅为几千名僧俗信众摩顶赐福。彼

① 此指西宁办事大臣法福礼，1777年至1780年任西宁办事大臣。

时，应帕巴拉活佛请求，为其主仆100多人、康蒙各部上师、僧人以及官员、代表共3000人传授《无量寿佛和马头金刚双运灌顶》《菩提道次第三士要道论》《福因生次第加持亲族祈祷法》《发大乘菩提心仪轨》《长寿启白》等；为拉娘活佛等28人授近圆戒，为6人授沙弥戒。

札雅活佛巴丹丹巴坚赞誓愿追随班禅额尔德尼，祈请班禅额尔德尼于东方大国成就弘法伟业后，早日返回扎什伦布寺，并请求班禅撰写长寿祈福赞，班禅如其所愿并撰之。杂曲喀托绒王格桑亦信誓追随，并请求班禅为之撰写赞词，班禅按其所愿撰之。

班禅额尔德尼曾于丹木多扎西塘上书乾隆皇帝，乾隆皇帝受书非常高兴，传谕慰劳，赐御用饰以珊瑚的珍珠念珠、金容器等。二十二日，由博清额与留保柱、笔帖式浦老爷、噶伦札萨克多喀巴、青海王索朗多杰、强多尔贝子、札萨克格敦嘉布等转呈班禅，各自亦献礼祝贺。班禅设宴招待各位，予以回赠。

当时，西宁办事大臣、笔帖式、士兵共20人前来慰问，班禅额尔德尼赐茶款待致谢。

二十二日，班禅额尔德尼等诸大官乘坐皮筏横渡长江七支流，其余人员皆泅水而过，平安无事，途经拉则噶尔琼，莅居楚玛尔河（又名曲麻莱河）畔，休息两日。噶伦多喀巴从此处返藏，班禅额尔德尼以厚礼相赠。

当时，八世达赖喇嘛派人送去慰问信、礼品、大氅、各种水果数包、优质青稞等。赤钦额尔德尼诺门罕亦捎来信函及礼物。班禅额尔德尼受礼回赠，并写信给扎什伦布寺说明路途情况。尔后，受玉树建塘寺所献礼物，为帕巴拉活佛及僧众传授《兜率上师瑜伽论》。

帕巴拉活佛曾师从班禅额尔德尼受戒，是获得广深显密甚深教诲的得意门徒，于此寺院举行的阎摩罗护法神酬补法会上，他与班禅一起就坐于僧众之首，同行仪酬轨。居此期间，班禅把他当成自己人接见，关怀备至，临别之际还以厚礼相赠。

百户拉卡丹嘉是班禅额尔德尼一行从那曲至直果拉山之间安排路途事宜的接洽员。尔时，道别返回，班禅摩顶加持，并赐赠礼物表示谢意。

二十七日，班禅额尔德尼一行横渡曲玛尔河，札萨克多卡尔主仆在隔岸挥动哈达致意，与大队人马回头遥相呼应，是为好缘起。

是日，班禅额尔德尼一行莅居牛头山（雅果拉）顶。青海索朗多吉王与莫居贝子等从此处先行。

玉树百户次旺德勒叔侄俩、百长阿旺赛巴、3位达绕噶、拉旺贡波长官、百长次旺饶旦等献礼，前后两天内，班禅额尔德尼为前来拜谒的100多名信众摩顶赐福。

二十八日，班禅额尔德尼途径赛吾松多时，达颜都拉法王属民迎接。

当时，西宁办事大臣因身体不适，僧人诵经祈福。班禅额尔德尼接受丹玛拉吾寺所献礼物后，传授《兜率上师瑜伽论》《密宗事部怙主咒》，并且派岗坚夏尔孜喇嘛洛桑顿珠、联络员西宁笔帖式等人进京慰问乾隆皇帝。

二十九日，驾临浪麻时，考虑到牲畜疲乏而下帐休息。当地群众献马匹、犏牛，补充了马匹及驮牛的短缺。玉树夏拉寺和娘措寺等派人前来迎请。

行抵巴颜喀拉山脚下，夏拉寺僧众诵经祈请班禅额尔德尼长寿，班禅为他们讲授《菩提道炬论》，并为600多名信徒摩顶。当时，围绕班禅营帐顶礼膜拜的60名左右僧俗信徒献礼。

九月一日，班禅额尔德尼一行翻越巴颜喀拉山来到山脚下时，赛喀尔曲林寺300名左右僧人仪仗队及娘措地方上千名僧俗信众候迎。班禅决定在这里下帐休息。赛喀尔曲林寺与觉塘寺为迎接班禅，特意为其搭起相传是达赖喇嘛格敦嘉措下榻过的一顶蒙古大帐。赤巴洛桑赤列南杰、喇嘛阿旺扎参、喜饶南杰寺僧人、百户长曲嘉饶丹及其所属各部落等献丰厚礼物，班禅讲授《引道利他甘露宝瓶》，赠送一尊择座佛像及赞颂班禅额尔德尼业绩的十三世系传承画，以及《大般若经》12函；为赛喀尔曲林寺与觉塘寺12名僧人授近圆戒，为40人授沙弥戒。

为了消除沿途障碍，僧众举行法会行白伞盖佛母禳解仪式。当班禅额尔德尼一行途经喇嘛托罗格地方时，札萨克贡却迎接献礼。尔后，继续前行，平措德杰寺喇嘛、协林寺喇嘛、噶究佩林寺喇嘛、百户长多杰次旺等主仆30人于噶达森齐罗河东岸的色麻滩迎接。班禅为400多名僧俗摩顶，诵经为亡故者与健在者回向护佑。

当时，察甘诺门罕主仆、德庆活佛派遣的藏岗坚寺的饶江巴丹巴达结、郡王阿旺达结代表墨尔根饶江巴等100多人前来迎接。为此，班禅额尔德尼在鄂敦塔膳宿，设茶接见上述迎驾者。

班禅额尔德尼一行夜宿库库阿玛。于此,为平措达结寺喇嘛等200多名信众摩顶加持。

八日,抵达扎陵湖附近的那摩切草原下帐,休息两日。其间,青海郡王阿旺达结主仆40人、贝勒晋美、公曲迥嘉、札萨克鲁崩等主仆87人前来迎接,班禅以素宴招待他们。当时,青海各部头领各自向班禅献骏马一匹。

九日,于途中举行祭湖仪式,向扎陵湖投放金、银、绸缎、珍宝、药粉等各种祭湖品。

是日,渡过黄河,夜宿两座大山之间。班禅额尔德尼曾于当拉山时上书乾隆皇帝,今日接到圣旨:“朕闻班禅额尔德尼到达诺莫滚邬巴星达,朕心甚悦。于途免遭雪灾,虽降微雪而顿融,幸甚！目下朕正在‘木然’游猎中,朕免章嘉呼图克图跪拜之礼,尔班禅额尔德尼乃为西方大喇嘛,凡诏书及朕之画像,望勿跪接。今赐此稀世之闹钟,供观赏”。另赐上等哈达、精制钟表等,由两位大臣亲自转呈班禅额尔德尼。有诗赞道:

至尊怙主仁慈心,
感恩戴德大人主,
君王心怀似莲开,
喜降圣旨似甘露。
屡屡慨赐珍贵物,
每每思忖牵动心,
饬谕犹如春雷响,
每闻恰似孔雀乐。

郡王阿旺达结、贝勒晋美、公曲迥嘉布等告辞。札萨克卓玛嘉、喇嘛绕江巴、札萨克邬坚、札萨克噶丹旦窘额尔喀勒清、噶钦洛桑崔成喇嘛、洛桑格勒医师等主仆80多名新到迎驾人员抵达。班禅接见他们,并设茶问安。

彼时,郡王阿旺达结向班禅额尔德尼敬献上等牧黄马一匹。班禅把它归到御马之列。

十日,莅居嘉塔昌措湖畔。科尔洛贝子才旦、嘛呢活佛、札萨克扎西群培、札萨克白杰、札萨克丹窘代表图萨拉琪帕摩主仆、顿珠公、札萨克桑杰扎西、札萨克斯塔尔、札萨克曲迥等问侯人员、舆官西宁加尔果琪主仆、一名维贝等84人迎接,班禅额尔德尼设茶招待,表示感谢,并向湖中投放供品、食子。

十一日,夜宿索洛玛湖畔,休息两日。根据圣旨,从索洛玛湖至磨沙甘地方由青海诸札萨克准备住帐、费用等。是日,察甘诺门罕请迎班禅至“邬格尔”,以素宴招待并献礼。3位大臣与各位官员献哈达。

班禅额尔德尼为前来招轿的轿夫们摩顶赐福。饭后,设茶接见青海各部头人及代表。上千名信众前来拜谒献礼,班禅为他们摩顶赐福。

在夜宿之地,青海各部为班禅额尔德尼各随行队准备了住宿毡帐及烧茶煮饭所用的布帐各一顶。另,准备了茶叶、酥油、肉等大量辎重以及马仆、灶仆、杂事差役等350人、马800匹、骆驼255头、犏牛900头。这些事宜,悉数由郡王阿旺达结、贝勒晋美、公曲迥杰布3人操办。

按照圣旨,从此至西宁间的路途所需费用由西宁加尔果琪准备,护送班禅额尔德尼。当时,兰州总督派巴忠送来分别设有6个玻璃窗与4个玻璃窗的轿子各一顶、轿夫28人及膘肥骡子10头,班禅厚赠诸大臣,酬谢皇恩,为察甘诺门罕、玉树百户索朗平措50名士兵饯行。

当时,前来拜谒者络绎不绝,班禅额尔德尼寝帐周围尘土飞扬,踩出了条条新路。因托乾隆皇帝之大恩,不断送来帐篷、薪俸、马匹、驮牛等。诸位随员勤恳精进,无一懈怠者。

十三日,穿越相传格萨尔时期霍尔军驻扎之地——杜塘粗仁地方,夜宿白哈赛白苏,札萨克群培兄长、札萨克曲迥嘉布的3位公子、喇嘛格桑坚赞、益西伦珠、俺答台吉等主仆80人迎驾,班禅为前来拜谒的400余名信众摩顶加持。

在曲东囊寺,郡王阿旺达结以素宴迎请班禅额尔德尼,并献礼品。土尔扈特札萨克扎西饶旦、札萨克贡噶次仁、图萨拉琪多吉、多尔嘉台吉、贝勒曲迥嘉布之弟益西桑杰、贝勒喇嘛曲杰噶钦益西旺久、寺院翁则与管家、安琪、阿热格西、管家更桑、卫将台吉、群则饶绛巴坚赞、卡尔巴安琪之弟南赛主仆、达颜都拉法王、部落官员等240人迎侯,班禅设茶款待。

次日,达颜都拉法王及其属民献礼。按照达颜都拉人及青海几位官员的请求,班禅额尔德尼向他们传授《白度母修持法》,并为3000多人摩顶;为柴达木札萨克噶丹旦寤、札萨克扎西茨佩、俄勒居图岱钦与其母央嘉、女主次珠、益西丹增等讲授《白度母修持法》，为20人授近圆戒。

柴达木曲迥嘉布、库尔雷克贝子、洛桑丹贝尼玛活佛、阿旺嘉措活佛、札萨克噶丹旦窘上师为3000多名僧俗信众摩顶加持。班禅噶钦洛桑崔成、医师洛桑格勒、札萨克扎西饶旦、札萨克恰多尔等各自献礼。

之后，班禅额尔德尼莅临由索朗多吉王和札萨克根顿嘉在“艾屯霍波”准备的大帐休息。札萨克根顿嘉献礼，为其传授《妙吉祥根本智最上秘密一切名义经——为郡王贡却扎西授沙弥戒，赐名阿旺嘉央。索朗多吉王、时轮上师阿旗图墨尔根曲杰索朗达瓦、藏巴活佛、达拉呼图克图的代表迈仁曲迥嘉布、多杰公主仆等167人迎驾，班禅设茶款待问安。

十八日，班禅额尔德尼莅居由索朗多吉太门库居王准备的大帐中，休息4日。其间，会见索朗多吉王、其兄仓巴嘉布、妹娜松、女主格日吉、大喇嘛达拉曲杰等400人。之后又会见了贝勒洛桑才旦、贝子莫居、阿旺南杰喇嘛、旺嘉顿珠公、札萨克茨佩、却藏呼图克图、赛多尔诺门罕、东科活佛、地方政府及寺院代表、康萨尔代表等634人，赐茶款待诸官贵。

按照圣旨，青海各部门设宴4次。当时，索朗多吉王、札萨克丹窘等10位呼协联合，第一次举行宴会招待班禅一行。正是：

顶顶布帐篷，洁白又宽敞；
佳肴香茗会，供养怙主您。
怙主无贪著，因何侍奉您；
滋因众信徒，专为积福德。

之后，拉尊降央嘉措和索朗多吉王以私人名义于大帐宴请班禅额尔德尼，献厚礼。班禅应其父子请求，为2000多人传授珠嘉传规《长寿灌顶》《绿度母修持法》《兜率上师瑜伽论》《依无量光佛往生法》《密宗事部三怙主陀罗尼经》《依多闻子招财引福》《普贤行愿品》《火祭法》，授毕索朗多吉父子再次于住帐向班禅献礼谢恩。班禅为拉尊降央嘉措主仆3人授近圆戒，赠送哈达、释迦佛像。拉尊降央嘉措献厚礼酬谢并诵经祈寿。

王索朗多吉起初想请求班禅额尔德尼赐予手上缠绕的那串念珠作为灵验之物，但始终未敢启口。在临别之际，班禅把那串念珠赐予了他，于是对班禅具有通他心神通而心生无二别信仰。

拉尊阿旺嘉措和拉尊阿旺嘉木央嘉措候驾班禅额尔德尼多日，因水土不服、滋生疾病、四肢肿胀、疼痛难忍，但渴求从班禅授得近圆戒，听闻教法而忍痛精进，心愿终得圆满。

贡觉扎西王年近五十，因心生厌离之心，曾启奏乾隆皇帝允其辞退，让儿子索朗多吉继任，而今日自己从班禅额尔德尼授比丘戒，实乃好缘起。

当时，达拉呼图克图与僧众向班禅额尔德尼献厚礼。

二十二日，抵达章噶尔，贝勒晋美于备帐设宴招待，敬献礼物。夏琼寺堪布、蒙古呼图克图等20人，以及松巴堪布代表、佑宁寺代表共400多名僧俗拜谒。

二十三日，徒涉章噶尔水，穿越大平原时，在能望及玛沁神山并与平川交汇处，有一名叫觉波的神垒，班禅额尔德尼向神垒献上绸缎经幡，祷祀玛沁神，以求护佑。

尔时，我（作者）率领150人、卓尼头人代表、东科尔寺上师及僧人近200人骑马列队以吉祥右旋方式迎驾。康区东科尔寺活佛、哉务50骑亦前来迎驾。贝勒晋美与札萨克卓玛嘉布于两山之间设帐迎请献礼。在茶宴上，我及仆人、东科尔上师及僧徒、卓尼头人代表列席，班禅额尔德尼愉快地与我们交谈。另外，班禅设茶接见前来迎接的几位官员。之后，我单独去班禅住帐进拜，班禅与我广泛交谈。不拘礼节，谈话很轻松。

献祭玛沁神山，青海各部头人派专人向其献祭，供资有：五色八瑞相哈达、枪械、贡品、五色绸冠5个。有诗赞道：

广袤地域是多麦，
众生携手同保卫；
雄伟玛沁雪山下，
心爱圣物祭山神。
滋为佛教众生利，
坚定犹如雪山稳，
祈祝山神勤保佑，
神人僧皆成四业。

当班禅额尔德尼驾临督底诺尔南侧的哈尔色时，札萨克恰多尔嘉与札萨克邬坚于大帐候迎，格敦顿珠公及其随从17人拜谒。格敦顿珠与札萨克邬坚两人献礼。班禅向他们传授《佛说圣六字大明王陀罗尼经》《依无量光佛往生法》《马头金刚修念随许法》。

二十四日，因远离驿站，西宁大臣于半道设宴招待。夜宿被称为天然浴池的阿日温泉，札萨克诺布仁钦、贝勒曲迥嘉布于备帐设宴招待。

是日，班禅额尔德尼为200多人摩顶。

二十五日，班禅额尔德尼会见前来迎接的隆务诺门罕与札萨克茨塔尔。

其前，诸位大臣书奏乾隆皇帝班禅额尔德尼派人进京之事。当时，驿差赍旨前来，谕曰："班禅额尔德尼亲遣使者至京，朕心甚悦，祝尔旅途平安，妥行而来，待抵热河，朕与尔至诚会晤"，并饬谕留大臣："（班禅）抵达塔尔寺，你即速进京，驻西宁大臣替代留（保柱）大臣"。另赐厚礼。

尔后，班禅额尔德尼一行继续前行，莅临雪若拉山膳宿，阿旺达结设帐候迎。

二十七日，班禅额尔德尼驾离雪若拉山，蒙古族夏仲额尔德尼墨尔根堪布、堪布、马尔康夏仲额尔德尼墨尔根法王、札萨克卓玛嘉布之子及其随员前来迎接。

临近宿营地时，曲桑呼图克图、塔尔寺总管家、阿嘉地方官长等，赞普寺方面赤巴马夏仲、夏鲁活佛、居巴夏仲、敏珠尔诺门罕侄子群培丹增、3个札仓经师，曲桑寺方面因明经师嘉措，赛多寺赛多诺门罕主仆，另外完格寺、嘉多寺、俄尔蔡禅院、曲噶寺、香隆寺、达日禅院、曲隆寺、夏琼寺等寺共350余名僧人迎接。曲桑呼图克图、赛多诺门罕、马夏仲、夏鲁活佛于途中请求摩顶。

其后，达仓拉摩寺赤钦坚赞僧格活佛、拉姆喇嘛、若尔盖各部头人等20多人、阿热百长多吉次旦主仆先后迎驾。是日，由僧人仪仗队迎请到夏巴尔图札萨克卓玛嘉布所架设之大帐中举行宴会洗尘，献礼并诵经祈寿，班禅传授《依无量光佛往生法》《密宗事部三怙主陀罗尼经》，向各所依撒花祈福。

蒙古夏仲、马尔康夏仲、拉察曲杰3位官贵献礼，逾千信众前来拜谒，班禅额尔德尼设茶接见各位官贵。

次日，曲桑呼图克图迎请班禅额尔德尼到大帐休息，这是塔尔寺所设的第一站——迎驾站。曲桑呼图克图一个人亦献礼供养。班禅额尔德尼传授《兜率上师瑜伽论》《密宗事部三怙主陀罗尼经》《度母经》等。塔尔寺献首次缘起礼物,赞普寺及上述各寺亦献礼。

午膳时,班禅额尔德尼与曲桑呼图克图进行广泛交谈。驾离此地后,由郡王阿旺达结所属俄尔盖札仓、密宗札仓僧人仪仗队迎请到协热图(又名强佐太太尔)阿旺达结准备之大帐内,休息两日。曲桑活佛献礼,班禅传授《依无量光佛往生法》《大手金刚修念随许法》《功德亲近母》。俄尔盖札仓、密宗札仓献厚礼。隆务诺门罕献首次缘起礼物。

二十八日上午,我于宴会上首次献缘起礼物。郡王阿旺达结、贝勒曲迥嘉布、多杰公、札萨克苯穆、札萨克诺布仁钦、札萨克恰多尔、札萨克贡觉等8位官员第二次宴请班禅额尔德尼一行。郡王阿旺达结亦前来献礼。

二十九日,莅居曲米美隆,住于札萨克洛桑丹增准备的大帐,札萨克献厚礼。献礼者还有:赤巴坚赞僧格活佛、若尔盖六部头人、拉姆寺卸任喇嘛阿旺仁钦、阿旺平措上师、拉姆寺卸任喇嘛阿旺仁钦之侄洛桑坚赞、迈仁洛桑曲迥、阿热格西额尔德尼墨尔根堪布及其叔赛尔建,以及阿热德庆寺座主、阿热德庆寺、康区东科夏仲固始额尔德尼诺门罕坚白格敦坚赞、阿热德庆曲宗喇嘛及该寺僧人、阿噶绛曲寺、图丹南杰寺、拉日三木旦寺、扎西培杰林寺喇嘛及其随员共121人,班禅额尔德尼为1500余僧俗信众摩顶赐福。

三十日,班禅额尔德尼为赤钦巴坚赞僧格活佛授近圆戒,为若尔盖官贵与其他人传授《十一面观音修念随许法》《圣道三要论》《依无量光佛往生法》《尊胜佛母陀罗尼经》,为阿热格西赐茶8包、马蹄银一锭、释迦佛像一尊、班禅额尔德尼十三世卷轴画一幅、佛塔3尊、曼札3具、铃杵一个、钹4对。另,为先后前来迎贺的仪仗队僧人予以大量布施,并对拜谒。

十月一日,从曲米美隆启程,前行约至午膳时间时,遇见前来迎接的察甘诺门罕主仆百人、噶丹协热图札萨克喇嘛主仆15人、松巴堪布主仆11人、索洛玛堪布与执事共35人等。在仪仗队的簇拥下来到夏拉图地方察甘诺门罕与札萨克饶旦所准备的大帐中,休息3日。

是日,班禅额尔德尼因晚到宿营地夏拉图,除会见协热图,未能会见更多客人。

次日,察甘诺门罕与其他9名札萨克第三次于精制崭新大帐设宴招待班禅额尔德尼一行,察甘诺门罕个人亦献厚礼。两名格西离席辩经,为宴会助兴。

德庆唐协活佛、德庆寺、格尔寺、拉日寺、涅巴活佛、索本堪布毕力克图、强佐岱钦第巴、格孜活佛、札萨克强多尔、晋美贝勒箭队、呼协藏格、扎巴坚赞等各自献礼,班禅额尔德尼传授《兜率上师瑜伽论》《依大威德修法除障仪轨》《白度母修持法》《依无量光佛往生法》《上师瑜伽论》《长寿启白》《密宗事部三怙主陀罗尼经》。坐听者有察甘诺门罕、贝勒晋美益西、霍尔呼图克图等上千人。

当时,班禅额尔德尼一行来到青海湖各部落中,前来拜谒的信众无以计数,为顺利完成拜见,安排两三行人排队依次拜见。班禅从早到晚会见,至日落西山却只见一半,未受摩顶者恐不能如愿,拥挤至前,以致班禅的帐篷及法座倾斜。尔时,班禅手拿青稞撒向他们,皆得满足,拥挤的场面立刻平静下来。

四日,由佑宁寺及其属寺僧人组成的仪仗队迎请班禅额尔德尼到鄂伦布拉,于札萨克洛桑丹增与札萨克鲁本木准备的大帐中休息。松巴堪布额尔德尼班智达设宴款待献礼,请求为众僧讲授《圣道三要论》,班禅满足了其请求,并为1000多名信众摩顶。

五日,贝勒曲迥嘉布、扎西噶丹班觉寺100多名僧人于途中迎接。是日,莅居莫德尔图由贝勒所设之大帐中。茶间,问询了贝勒与曲杰噶钦益西旺久。

贝勒曲迥嘉布、噶钦益西旺秀叔父丹增、图萨拉琪尼玛、噶丹班觉寺、该寺管家巴丹克却、格桑南杰、贝勒属部、医师益西多杰等各自献礼。在贝勒的请求下,班禅额尔德尼为100多人传授《无量寿佛赍马头金刚双运修念随许法》《依无量光佛往生法》《兜率上师瑜伽论》《密宗事部三怙主陀罗尼经》《长寿启白》,并为1000余人摩顶。

六日,班禅额尔德尼一行来到札萨克班觉在哈托拉山西麓山口之迎接处,札萨克献礼祝安。班禅为500多人摩顶赐福。

七日,班禅额尔德尼一行翻越哈托拉山,来到青海湖畔贡库拉地方,由贝子莫居、曲迥嘉、札萨克桑杰、札萨克赛达尔、格顿公等人准备接待。

广阔的多麦宝地，
仿佛虚空及大海，
水光碧绿的宝库，
僧铃响彻大湖边。
求救解脱恭敬来，
官吏百姓众信徒；
纷至沓来振大地，
摩顶赐福去昏聩。

塔尔寺密宗札仓喇嘛主仆 7 人前来拜见，班禅额尔德尼设茶问安。尔时，曲迥嘉、阿旺丹培喇嘛之属民、公的属民、札萨克赛尔达、图萨拉齐洛桑崔臣、莫居贝子等晋谒献礼。班禅为他们讲授《依无量光佛往生法》《七十藏论》《兜率上师瑜伽论》《密宗事部三怙主陀罗尼经》，并为 1000 多人摩顶。

八日，塔尔寺堪布曲桑活佛、章嘉国师的代表阿旺楚臣、塔尔寺密宗札仓卸任堪布、卸任喇嘛、卸任堪布的 3 名侍从、13 名执事，夏琼寺密宗札仓喇嘛、卸任翁则、德央夏仲、堪布曲杰、两名执事，贡却丹扎寺喇嘛等共 470 多人于沿途迎接。

是日，班禅额尔德尼随赛多寺仪仗队，莅居海晏托洛格贝子强多尔准备之大帐中。曲桑活佛、管家阿旺崔臣转呈章嘉国师的书函礼物，班禅受书与二位畅谈。

九日，特使赍旨前来。谕曰："朕闻奏班禅额尔德尼从措索洛玛来，意甚心悦。何日抵达塔尔寺，朕甚盼念"。另赐厚礼。有诗道：

皇恩浩荡妙善主，
暖风吹送喜讯来，
恭接圣旨与厚礼，
源源不绝恩似海。

于此地贡嘎尔王、贝勒曲迥嘉布、贝子却迥嘉、贝子莫居、曲迥嘉公、格敦顿珠公、旺嘉顿珠公、札萨克贡噶、札萨克桑杰、札萨克色太尔、札萨克曼杰、札萨克班觉等第四次设宴招待班禅额尔德尼一行，并献厚礼。

塔尔寺第二次宴请班禅额尔德尼一行，献缘起礼物。

索洛玛新旧堪布、寺院、信徒群众、格敦公等各献礼物。在贝子强多尔与格敦公的请求下，班禅额尔德尼传授珠嘉传规《长寿灌顶》《依无量光佛往生法》《兜率上师瑜伽论》《密宗事部三怙主陀罗尼经》，参加听讲者近10000多名。

次日上午，贝子恰多加、赛多诺门罕联合宴请班禅额尔德尼，敬献厚礼。

当时，特派管家杰仲巴丹桑波、重孜丹巴嘉措、秘书丹增扎西、联络员笔帖式等前往塔尔寺等地广贴告示。

午膳后启程，莅居库库托罗海地方由贡嘎王与札萨克完德二人准备的大帐中。松山达隆寺夏仲额尔德尼呼图克图图丹嘉措主仆、阿拉善达波活佛贡周诺门罕、夏鲁大喇嘛仁钦伦珠、阿旺饶旦法王、图尔钦寺喇嘛格西丹佩、阿拉善亲王洛桑多杰代表图萨拉琪次旺、西宁总督、兰州道爷、笔帖式、阿然巴格西洛桑旺杰、包琼瓦等140人迎接。茶间，班禅额尔德尼向他们问安。总督请求为其子赐名，班禅额尔德尼赐名次旦多吉。

在青海湖边，举行了祭湖仪式，供祭上等哈达5匹、珍珠一串、白银一大升、药粉、珍宝粉、谷类、绸缎等。

十一日，班禅额尔德尼驾离库库托罗海，于察罕托罗海打尖歇息，后继续前行。土观呼图克图、寺院喇嘛察汗噶让夏仲、那央当海寺赤巴额尔德尼呼图克图、都巴寺喇嘛绒隆务夏仲、巴周喇嘛、红帽寺赤巴道尔协夏仲、嘉雅寺赤巴丹玛夏仲、三木涅寺夏仲、扎西琼觉寺喇嘛洛桑伦珠、土观曲杰鄂江达尔罕囊索、扎西曲林寺管家曲桑扎西、桑旦孜寺嘉木央、密宗札仓喇嘛阿旺达杰、莲花台寺管家洛桑索朗、洛噶尔管家洛噶、东科尔寺管家等僧俗250人乘马迎接，由佑宁寺、东科尔寺400名僧人组成的仪仗队迎请到由阿夏根札萨克贡桑、札萨克格敦嘉布准备的大帐中。班禅设素宴招待，土观呼图克图，并与之广泛交谈。班禅接见了总督与两名小官员，以及其他迎驾者，并设茶招待土观呼图克图设素宴迎请班禅，并敬献缘起礼品。

另东科尔协珠林寺、郭莽寺密宗德庆院、札萨克贡桑、多杰公、格敦公等各自献礼。班禅额尔德尼为札萨克贡桑主仆传授《兜率上师瑜伽论》《无量光佛往生法》，并为1000多人摩顶。

从此，西宁办事大臣准备帐篷、柴火、厨师、马匹、驮牛等。

十二日,班禅额尔德尼临近日月山附近时,由10名哨兵持火枪恭候并行跪拜礼。从此,沿途受到驻兵的热情欢迎,各村寨的汉族百姓拜谒献香料、鲜花,恭礼迎接。

之后,班禅额尔德尼一行缓缓越过纳饶萨饶(此为蒙古语地名,汉语称日月山),一省之长官兰州总督大臣及其随员、西宁镇台、道爷、士兵及大小司库百余人等共1000多人欢迎。另有手持伞、幡、扇子、鸣奏乐器的40名汉族人排成两列在班禅一行队伍前面迎接,格外壮观。有诗赞道:

遵奉普照轮王旨,
踏遍千山与万水,
总督奉旨来迎接,
赐赠衣冠礼多种。
高超画师一百多,
亲随侍从又一千,
手持供物显富足,
络绎不绝使者来。

其后,班禅额尔德尼在东科尔图丹协珠林寺僧人仪仗队的迎请下莅临大经堂之上方房间。总督等大小官员献哈达、曼札。茶间,班禅与他们交谈问询。之后,东科及其施主迎请班禅至寺院大经堂,以素宴招待并敬献礼物。郭莽贡玛扎西曲林寺亦献礼物。

当时,因有染天花之危险,班禅额尔德尼为众随从传授《山居叶衣佛母修念随许法》。

即日起,各位官员奉旨供应茶、酥油、糌粑、米、面、大豆、饲料以及蜡烛等大量物资。

十三日,当班禅额尔德尼一行翻越哈金达巴山时,在西藏的西宁商人身着盛装、手持燃香与排列于丹噶尔城道路两旁的汉族人手持供物、鸣奏乐器热烈欢迎。班禅等通过彩门,在城中心新建的公馆下榻。兰州总督与道爷献供上等美味可口的果品。

十四日,班禅额尔德尼出长城门,夜宿郭家城。中原内地大小官员设宴招待。

十五日，在途中塔尔寺大堪布曲桑活佛阿旺土丹贝桑布、密乘师阿旺丹巴、医师贡却朗杰、西纳夏仲崔臣丹巴尼玛、卸任医师曲茹卡巴阿旺丹巴达杰、参周夏仲、弥药夏仲、措钦格贵弥药洛桑崔臣、总管家等于德马设灶郊迎，以素宴招待班禅额尔德尼一行。班禅为诸位摩顶。临近塔尔寺时，3500名僧人高擎伞盖、胜幢、旗幡，鸣奏号角，迎请班禅到宗喀巴大师的降生地塔尔寺。

为了迎接班禅额尔德尼，乾隆皇帝赠赐给塔尔寺白银万两，修缮历辈达赖喇嘛宝座及塔尔寺旧拉章，新建寝宫，赐名“传教善相”。班禅额尔德尼下榻此寝宫。

塔尔寺向班禅额尔德尼献缘起礼物，迎请班禅到大经堂。前来迎接之乾隆皇帝特使普大臣、蒙古族法官阿萨肯大臣、布太等呈献敕书和礼品。敕谕曰：“朕以法治理一切众生，居住边陲之百姓乐享幸福，无论小邦，均望繁荣发达。尔喇嘛为佛教及众生之幸福，专心弘扬黄教，勤奋修习，甚善。今班禅额尔德尼为参列朕万寿庆典来京，甚合朕意，愿尔速来。尔班禅额尔德尼沿途弘扬佛教，为蒙藏众生之利益操劳，望一路平安。朕在加紧练习藏语，待会晤之日至诚相待。奏闻尔已抵塔尔寺，特派素拉大臣王普、蒙古法律阿萨肯大臣、布太、恰荣安、蒙古法律图萨拉琪大臣协兰德、铁木斗拉琪大臣阿勒等来迎接。随后寄去珍珠念珠一串、精制骑鞍一套、良马一匹、白银30两、鹅颈壶一个、糖一包、各种绸子20匹、大小哈达各10匹，特赐。乾隆四十四年夏月一月二十八日。”

班禅额尔德尼为能见到乾隆皇帝而十分高兴，热情会见乾隆皇帝使者及于道旁迎接的大小官员100余人。

塔尔寺举行宴会，献缘起礼物。素拉大臣王普等钦差、提督于班禅额尔德尼寝宫献哈达、各种玻璃器皿、绸缎等。

十七日，各位使者奉旨于大经堂宴请班禅额尔德尼，表演了各种舞蹈，使宴会圆满。有诗赞道：

多麦宗喀持宝地，
我佛降生塔尔寺，

修习佛法誉满天，
为弘佛业大师来。
待到藏红花遍开，
仙人擎幢聚人法；
无数众僧心虔诚，
高擎供物迎大师。
尊贵人主降圣旨，
新建宫殿真宏伟，
富丽堂皇设备齐，
大师驻锡养心身。
总督率领诸大臣，
设宴再筵请大师，
珍馐美味盛满桌，
稀奇演出慰辛劳。

尔后，班禅额尔德尼莅临大金瓦寺，广行五供仪式，敬献大银曼札、各种供品、上等哈达，广发利乐众生之弘愿。

十九日，班禅额尔德尼遣使进京上书乾隆皇帝。书说："我等从扎什伦布寺启程，抵达塔尔寺期间，圣上多次派使者赍敕谕礼物前来，我等感激万分。途中昼行夜宿，渐次而来。所需食物、饮料、水果充足，骆驼、车辆、马匹、骡子、驮牛等成百上千，平安抵达塔尔寺。现住于胜似佛堂的宫殿里，每受敕书、稀世珍宝，无限感激圣上。"

留保柱大臣告别班禅额尔德尼，先进京陛见。

尔后，班禅额尔德尼为各位使者赠送佛像、念珠、香料、氆氇等，感谢其远涉迎接，并设宴款待两位钦差大臣、修建寝宫的负责人和大通县清普老爷。

当时，驿差送来圣旨、赐礼，由博清额、西宁办事大臣呈送班禅额尔德尼。

塔尔寺僧众再次于大经堂宴请班禅额尔德尼一行，献厚礼祝寿，班禅为3000多名僧人摩顶。

塔尔寺密宗札仓各位喇嘛、同仁噶丹协珠寺、道卫噶丹群科林寺、桑林寺、柴达木札萨曲迥嘉布、汪布两位札萨等献礼。

各活佛院出资，分别举行为期二日的火祭施食、白伞盖佛母大遮、陀罗尼大法会，供祭度母，班禅额尔德尼分别为3个法会施放茶饭各6次、午斋两次。在五供节（燃灯节）期间，施放茶饭8次、午斋3次；施予2528名僧人白银各5钱及其他供品。在金顶屋檐的大金瓦寺中，向第二佛祖宗喀巴大师诞生地——树叶上显有佛祖10万个身像的白檀香树下的大灵塔前，供奉355次五种百供；向弥勒殿、狮子吼殿、菩萨殿、宗喀巴大师佛殿、三法轮殿、达赖喇嘛的两所佛殿、释迦佛殿、大护法殿、大经堂、大经堂顶层之大小两佛殿、两铜殿、立体坛城、诵经殿、大小两后殿、玛沁神殿、密宗札仓大经堂与其顶层之四佛殿、医药学院经堂及其顶层之三佛殿等各献供33次五种供，祝愿黄教兴隆，乾隆皇帝长寿，政治昌盛，佛法广弘，众生安居。正是：

尔佛精神幻化舞，
降生宗喀塔尔寺；
檀香树叶狮子吼，
菩提树前造佛塔。
三界供树高无比，
大师塔前谨加持；
圣清丰裕供祭品，
可与普贤供云比。

五供法会共行7日，期间班禅额尔德尼为31名仪轨僧施放两次午斋，承侍所需费用并向他们布施，还向四面护法献供哈达与供品。

鄂尔多斯将军贝勒顿珠次仁、阿噶丹窘旺久嘉措出资，由密宗札仓僧人在班禅额尔德尼身前念诵长寿阿弥陀经，行长寿仪式祝寿。上述二人敬奉丰厚礼品。班禅传授新作《往生香拔拉乐土众生祝愿词》与《长寿陀罗尼经》。

阿拉善贡周诺门罕、青海札萨贡却、嘉瓦夏仲、扎西贝（བཀྲ་ཤིས་དཔལ）达林寺堪布大喇嘛洛桑阿旺格西、白图曲杰噶钦洛桑顿月、迈仁迥乃、加尔果琪僧格扎西、囊索桑培与强巴曲礼、囊索管家喜饶与崔成、医师贡噶索朗、管家强巴尊追、托云班觉、迈仁扎西顿珠、迈仁嘉布、管家扎西群培、鄂西寺等敬献礼品。

管家阿旺崔成道别进京，班禅额尔德尼托其带去呈给章嘉活佛的回信。按管家请求，为其新撰《德觉喇嘛再世启白》。尔后，夏鲁寺卸任堪布格桑次旺派遣管家进京向乾隆皇帝献新年礼物及书信，并向联络员“白棋齐”辞行致敬。

赛贡寺古丹曲杰向班禅额尔德尼献礼，班禅向其传授《兜率上师瑜伽论》。

当时，乾隆皇帝派使者送来哈密瓜，班禅额尔德尼高兴受之，并派人上书谢恩。

嘉绒恰科索芒与觉孜则噶3位官员作为代表前来献礼。

十一月一日，噶丹协热图活佛阿旺土丹旺久赤列嘉措宴请献礼。

西安府居副太爷、塘让寺卸任喇嘛阿旺丹增、曲杰坚赞桑波、兰州府长师、贡噶王、鄂尔多斯迈仁三兄弟、曲杰喇嘛、两位卡、格仁长官、弥纳堪布噶钦洛桑顿珠、多雪寺喇嘛及古丹囊索、察科瓦阿普喇嘛、达热喜饶、达热曲嘉布、阿拉善亲王的代表拉姆吉、喜饶尼玛比丘、曲珍等根据自己财力先后献礼。

其间，在塔尔寺会供大法会上，自三日起，班禅额尔德尼每日向僧众施放斋僧茶两次，施予每名僧人哈达与布施，为为期7天的天母会供法会提供费用。

十日，班禅额尔德尼为阿嘉活佛授沙弥戒；为曲桑活佛、察甘诺门罕、噶丹协热图活佛、阿嘉夏仲、贡嘎王、女大活佛等20人授《六臂护法修念随许法》《白度母修念随许法》《无量寿佛修念法》《文殊菩萨修念随许法》。

十日下午，班禅额尔德尼开始闭关静修《吉祥金刚大威德法》，历时一个月。之后，举行息、增、怀、伏四业护摩仪式。

此前，我向班禅额尔德尼进言刘家屯有尼泊尔旁延班禅肉身灵塔的情况。是故，十二月十日，班禅赐予白银85两作为供奉灵塔之基金，并赐五色哈达与供祭费白银30两。在察甘诺门罕之拉毛德庆寺举行为期7天的铁堡九角锥形朵玛施食仪式，以及勇保护法和天女修供仪轨。

咒师们举行度母破阵、白伞盖佛母大遮以及大威德息、增、怀三业护摩禳灾法会。塔尔寺门巴札仓举行药师佛酬补法会，密宗札仓行酬补法会，班禅赐予丰厚资费。

冬至之时，班禅额尔德尼为夏琼寺、曲桑寺、郭莽曲登格驱噶札仓及山刹、曲沟寺、扎隆寺、上巴燕寺、下巴燕寺、宇杂寺、嘉宇寺、噶尔波寺、藏巴寺、帕宇寺、德杂寺、香钦拉钦新旧二寺、科杂二寺、斗嘉寺、公叶寺、卡尔囊寺、贡木察寺、拉康寺、宇新寺、多巴小寺、阿木达恰叶寺、蔡尔塘寺、僧格山刹、拉康贡寺、木雅山刹、夏宗山刹、拉孜山刹、曲噶山刹、央佩山刹、三木旦林寺、白色山刹、萨噶尔山刹、贡萨尔山刹、格佩林寺、扎西曲林寺、扎玛尔山刹、霍顶山刹、崩巴山刹、央岗禅山刹、赛科寺、佑宁寺、伦噶山刹、赛托寺、阿尔恰图寺、东科尔图丹协珠林寺、扎西曲林寺、热拉山刹、秀曲山刹、拉康山刹等施放斋僧茶各30次，为卓尼卡尔阿寺、叶巴察多寺、玛诺达贡寺、郭索寺施放斋僧茶各7次；为甘丹扎西齐寺、佐格扎西林寺、作嘉卡尔寺、噶丹群科寺、热察嘉摩寺、霍尔仓山刹、欧波塘协珠林寺、毛尔盖寺、拉日果切科寺、森察毛丹寺、噶尔孜山刹、隆务玛囊山刹、郭莽东塔寺、廓莫密咒德庆寺、甘家白崖札仓，阿钦新寺、鄂尔盖密乘寺、加朗寺、杂宇山刹、噶木多扎西两所属寺、曲宗密乘札仓、拉恰寺、松木钦山刹、阿琼山刹，维多密乘寺、杂木德寺、热察扎隆寺、拉旺隆寺、阿果山刹、吾尔琼当山刹、噶波雄禅山刹、尼玛伦山刹、扎西饶丹山刹、雄布山刹等噶丹扎西齐及其属寺施放斋僧茶各15次；为德庆曲林寺、拉日桑丹林寺、古尔朗杰林寺、阿噶尔降久林寺、噶尔玛塘新寺、昂荣扎西佩寺、达顿寺、杰当寺、穆堪寺、札嘉金刚寺、噶普寺、三木旦阿塔山刹、涅日寺、巴燕修行院、桑周山刹、德杰修行院、昂摩宗山刹等施放斋僧茶各10次，并赐予回向礼及9259条哈达。

为上述各寺院共28312人发放白银2306两，所赐各种礼品折合白银4492两。

如是等一切利乐善根，回向圣教广弘，尤其是宗喀巴之教理永盛不衰，四方持教大德健康长寿，祝愿社稷兴旺发达，乾隆皇帝长寿。

当时，班禅额尔德尼写信给扎什伦布寺，要求念诵《甘珠尔》《丹珠尔》《金光明经》《佛说无能胜幡王如来庄严陀罗尼经》，并对举行阎罗王、四面怙主、持梃3位护法仪酬轨与白伞盖母禳解法仪式等事项作了指示。

对行何种长寿仪轨能够使班禅额尔德尼长寿，塔尔寺根据拉姆护法神的降谕,举行了为期 8 天的怙主及阎罗王仪酬轨各 10000 次,念诵摧破金刚和白伞盖母禳解法仪轨 8 次。其时,乾隆皇帝专遣使者送来各种肉食,班禅欣然接受。

班禅额尔德尼曾于赛吾松多地方派遣岗建夏尔孜喇嘛进京上书乾隆皇帝,现已返回向班禅呈献圣旨。谕班禅额尔德尼:“尔班禅额尔德尼所派弥纳堪布抵京,朕询知尔沿途平安,未遇大雪。青海蒙古王、公、台吉妥善办理迎送事宜,朕意甚悦。此祥兆乃属尔喇嘛祈祷祝愿之应验也。朕曾赐尔喇嘛蓝宝石念珠,现朕极盼望能与尔尽快会晤。天渐寒冷,虞尔受凉,特赐水貂皮大衣、水獭尾皮帽,由弥纳堪布转交。见物如晤面,望冬季穿用,速来会晤。”另赐礼物多件。

据堪布讲,乾隆皇帝亲自用藏语询问他:“班禅额尔德尼在沿途是否遇着雨、雪、水等之害,身体可好? 朕极盼念与班禅额尔德尼会晤。”同时发给堪布及随行人员比往日更多的薪费与赐赏。班禅额尔德尼为答谢皇恩,特派驿差进京献礼致谢。

自十二月十三日开始,在塔尔寺密宗札仓,由 15 名比丘行金刚仪酬轨,咒师们行白伞盖佛母酬补仪式,塔尔寺僧众行六十食子仪式,历时七天。在塔尔寺大经堂,僧众连续七天念诵《甘珠尔》及般若大、中、小品以及《陀罗尼经》。班禅额尔德尼分别向上述人员提供法会所需费用。

年底,在二十九食子抛掷仪轨上,为供祭阎罗王护法摆设大量祭品,与参加仪轨的僧人一同开展祭祀活动。

当时,乾隆皇帝派秦爷送来水果等,班禅额尔德尼回敬礼品,致书谢恩。

十二月十三日,我迎请班禅额尔德尼至寝宫大厅,素宴宴请班禅,并献礼,祈愿班禅健康长寿。班禅不仅有恩于广大众生,而且对我恩重如山,心想待班禅返回后,我一定献厚礼报答,但未能如愿。我献礼之后,卓尼寺堪布囊索克尊嘉措敬献了丰厚礼物。班禅为我与卓尼堪布、拉卜楞寺赤巴索朗扎巴、执事等百余人传授《兜率上师瑜伽论》《功德论》。

当时,向班禅额尔德尼献礼的寺院与个人有:拉卜楞寺属寺上下森格雄寺、彭措林寺、甘州马蹄寺、以噶丹达曲林寺卸任喇嘛阿旺喜饶格西为主的各部寺院代表、各村落、鄂尔多斯台吉喜饶宁布、卓尼赛桑活佛、夏仲洛桑丹窘、天祝塔尔滩寺、喀尔喀法王洛桑丹增嘉措、格敦丹贝尼玛活佛、青海札萨克班觉、鄂尔多斯贝子扎西达杰代表格贵洛桑南杰、丹穆琪洛桑群培、迈仁索朗、加尔果琪扎西饶旦及其3位台吉儿子以及两位“哈吞”、卓尼森金寺、拉毛嘉、噶究阿旺扎西、鄂尔多斯嘉兰俄巴协、卡莫结、鲁旺、贡波、阿旺格敦、达尔布海、香尼尔、阿旺卓玛、格古科、摩克让、扎西德庆林寺喇嘛墨尔根、法王格勒群觉、格勒曲迥、夏仲丹贝坚赞、热察活佛、卓尼德塘活佛洛桑嘉措、达盖活佛格敦平措、鄂尔多斯巴达尔巴卡、夏仲格桑崔成比丘、贡波、都尔贝囊索、绕降巴贡觉贝桑等。塔尔寺游学辩经僧人与寺院格贵等联合宴请班禅一行。

其间，班禅额尔德尼为曲桑寺活佛、隆务诺门罕、卸任堪布洛桑尼玛、隆务母寺山刹修行僧等500人传授《兜率上师瑜伽论》与《功德论》，为隆务寺500名僧人传授《上师供仪轨》《达赖喇嘛长寿祈福遍知爱怜》以及班禅自己的《长寿祈福智慧如意》，为管家仁青、恰多贝子达与夏仲格桑崔成等人传授《兜率上师瑜伽论》。

班禅额尔德尼为厄鲁特、喀尔喀、安多等地区82名僧人授近圆戒，为喀尔喀德却贝子主仆代表、土默特嘉兰等多人传授《兜率上师瑜伽论》《律经摄颂》，为原青海札萨达杰次仁、札萨班觉等人授《无量寿佛修念随许法》《上师供仪轨》。

当时，两位大臣根据乾隆皇帝意见禀告，班禅额尔德尼如每日会见信众，恐体力不支，可每七日为信众摩顶一次，若住所周围喧闹使班禅额尔德尼心烦，可选择僻静处静心调养。

留保柱大臣从京返回后，向班禅额尔德尼呈送敕书。谕班禅额尔德尼：“班禅额尔德尼之联络员迈仁藏格留保柱前来谒见，朕询及班禅额尔德尼途中情况，留保柱奏称‘行抵当拉山时遇险，虽时处六月，亦降大雪。班禅额尔德尼于七月翻越当拉山时，遇小雪即刻停息，地潮无尘。八月横渡长江，虽江水猛涨，然班禅额尔德尼到达江岸时，洪水减退，顺利渡过。尔时班禅额尔德尼认为渡江不易，最终并不艰难，平安渡过。途中风和日丽，实乃乾隆皇帝之恩惠所致’。朕得悉，甚喜。此等均系班禅之福德与加持之功，亦为虔诚护法之效验。年岁入冬，气候严寒，因弥纳堪布洛桑顿珠所奏寒风之威力甚大，故特赐御用黑水獭皮袍与水獭皮帽，料已收迄。留保柱返回时，朕复赐黑豹皮袍及珍珠饰火镰。皮袍极为暖和，赐尔挡风御寒，护身保体。火镰乃朕之随身携带物,尔喇嘛每日拂拭,如同见朕,乃朕与尔能迅即会晤之祥兆也。新年临近,朕盼早与尔会晤,慰朕向往西方之热望。特此降旨,并赐赆仪。”

乾隆皇帝按照职位高低大小,通过留保柱赐予勤服班禅额尔德尼之随员短上衣、水獭皮帽等,并厚赐留保柱大臣。

班禅额尔德尼根据扎什伦布寺每年新年庆祝之先例,于二十日举行盛大新年欢庆会,宴请在宗喀地区的各位大臣。在大经堂设宴款待曲桑呼图克图、我(作者)、土观呼图克图、康区东科尔活佛、赛多诺门罕、恰多等青海官贵及卓尼土司丹增贡波次仁、女官媞替仁青贝宗、两位小女官等。应土观呼图克图请求,传授《大手印法》,历时五日。

新年临近,乾隆皇帝又派使者送来赐书礼物。“谕班禅额尔德尼:新年来临,特派乾门侍卫博清阿为班禅设盛宴,赐吉祥之谕旨、谕包、珍宝饰火镰、玉带、如意金吊钩、金制珍宝 8 个、金、银、糖果等,若班禅笑纳,则吉祥如意,诸事圆满成功。尔喇嘛弘扬黄教,以合朕为众生幸福,勤理国政之理想矣!”

强巴本林寺赤巴夏仲坚赞诺布、杜尔伯特王侄子台吉茨华雅培、杂格茹旗阿旺、刘家屯德却让雄寺喇嘛、克第拉章格等人献新年礼物。

班禅额尔德尼自从十月驾临塔尔寺以来,先后有内地汉族人、青海、喀尔喀、蒙古四十九部、黄河两岸的安多藏族人以及诸地方的寺院住持堪布、经师、大小官员、千户长与百户长等众多信徒和未能亲临者呈书信及赆礼。班禅分别回信,并赐礼物。前来拜谒的如云汇集的信徒,班禅或摩顶加持,或按其请求传授佛法,使大家满意。班禅为信众心田种下菩提之种,并对准备住宿者、侍从、乞讨者予以厚赐,皆得满意。

铁鼠年(1780 年)一月一日,班禅额尔德尼莅临密宗札仓法会诵经祈祷乾隆皇帝长寿,国政昌盛,并派人进京谢恩。各位钦差设宴招待班禅,塔尔寺亦举行宴会招待班禅一行。

土观呼图克图献新年礼物,诵经祈寿。

在前去菩提道次第法会途中,塔尔寺大小护法多吉与扎丹迎接,敬献哈达,班禅额尔德尼亦回赠哈达。在塔尔寺的请求下,班禅从三日开始为该寺常驻僧人及来自各地的几千名游学僧讲授《菩提道次第引导道论》,使三士道次第之甘露滋润了听受者的心田，并使《菩提道次第》不灭之胜幡飘扬于广阔的多麦大地上。通过六座法（相当于 6 次课）完成了此次传法。授毕，举行发菩提心仪式。寺院向班禅敬献酬金。

之后，班禅额尔德尼应塔尔寺总管请求，传授供献地祇“刘其”神饮仪轨。班禅为赛科寺堪布等人传授《上师供仪轨》《圣道三要论》，为恰多贝子、莫居贝子、色达尔札萨等人传授《俱卢洲长寿祝愿词》，为满族札萨传授《三时怙主陀罗尼经》，为哉务群则代表等人传授《圣道三要论》，为喀尔喀哲布尊丹巴所派知客、土尔扈特贝勒旺嘉次仁主仆、松巴堪布①等 200 多人传授珠嘉传规《长寿灌顶》《白、绿度母修念随许法》《依无量光佛转授法》、弥勒所传《上师瑜伽论》等，为赛菊寺卸任堪布洛桑喜饶讲授《兜率上师瑜伽论》，为裕固地方官员台吉 20 多人传授《上师瑜伽三时怙主总修法》。

乾隆皇帝特派大臣送来一整条长两庹一尺、味道鲜美且极具营养的鱼干肉，班禅额尔德尼恭敬领受，并上表献礼谢恩②。

当时，班禅额尔德尼为卓尼却巴地方三寺、那多寺、恰盖寺、德塘寺、隆务诺门罕主寺、道帷寺、赛卡嘉寺、噶尔孜札仓、兰木仓山刹、赛卡寺、康噶寺、德尔隆密宗札仓、三木旦孜寺、周垅寺、噶拉夏山刹、维曼寺等施放 7 至 15 次僧茶，为曲噶寺各山刹施放斋僧茶 90 次，为于大小佛堂举行的法会与密宗札仓依怙殿 8 名比丘举行的为期一个月的法会施放斋僧茶，赐给供祭五佛像和金刚护法时所需费用。并且派人向噶丹扎西寺三所依、强巴本林寺、度母洞庙发放白银各 20 两，提供上等供品及敬神哈达。尔后，由卓尼土司丹

---

① 即著名的《如意宝树史》的作者松巴堪布益西班觉（1704 – 1788 年），青海蒙古族人，是青海佑宁寺第三世松巴活佛。1723 年 20 岁时赴拉萨求学，入哲蚌寺郭莽札仓，从第五世班禅额尔德尼受比丘戒，获“林塞噶究”学位，以博学善辩著称。1727 年卫藏战争时，松巴等人支持颇罗鼐一方，反对阿尔布巴等征调僧人当兵。战争结束后，颇罗鼐报请达赖喇嘛任命松巴为仁布宗吉采寺的堪布，从此称他为“松巴堪布”。1731 年，回到佑宁寺，积极致力于佑宁寺的复兴，并赴各地讲经传法，一生 3 次出任佑宁寺法台，并数次去内蒙古等地弘法，与许多蒙古王公广结法缘，多建殿堂佛塔，授法传戒弟子很多。1737 年、1742 年受清廷之召，两次赴京，晋见乾隆皇帝，获“额尔德尼班智达”封号。他与六世班禅关系密切，曾有多次书信往复，讨论时轮教法和香巴拉的有关问题。1788 年松巴堪布去世，享年 85 岁。

② 此句藏文原文为：གོང་མ་ཆེན་པོ་ནས་ཉ་ཤ་བྱབས་རྙིང་པ་དཀྲུམ་འདོམ་དོ་ཁྲུ་གང་ཡོད་པ་རོ་བཅུད་ལྡན་སྐྱུམ་ཚོགས་པ་ཞིག་བློན་པོ་ཆེད་མངགས་ཀྱི་གནང་བསྩལ་བ་གུས་པས་བཞེས་ཏེ་བཀའ་དྲིན་ཆེ་ཚུལ་གྱི་ཞུ་ཡིག་རྟེན་ལྷན་འབུལ་བ་མཛད།，按字面意思也可理解为：“乾隆皇帝特派大臣送来一长两庹一尺的味道鲜美的旧鱼肉，班禅额尔德尼恭敬领受，并上表献礼谢恩。”藏族大多数地区不食鱼肉，乾隆皇帝应该清楚。如果是鱼肉，这样长的整条鱼应该是海鱼，乾隆皇帝特派大臣送来这样的腌制大鱼有可能是藏医配药的需要。

增贡波、女官仁青贝宗、女官卓玛措、次旺措等人迎请班禅到法会献厚礼，诵词祝寿，卓尼土司随行人员各献礼物。献礼者还有：郭密巴、达赖呼图克图代表、夏拉裕固七部长官益西桑布主仆、汗达隆色拉班智达夏仲、佛像师恰巴仁青巴丹、卓尼学者青顿珠等以及隆务诺门罕、牦牛城寺、裕固长官达尔罕台吉、江图勒王、鄂尔多斯完德迈仁与蒙兰卡、塘让寺、密宗札仓喇嘛、多巴寺、西宁乐都衙门、曼然巴、额尔德尼法王洛桑格桑、囊索阿旺等寺院、个人向班禅献礼。班禅为各寺院施放斋僧茶及礼品。

八日，为塔尔寺法会施放斋僧茶3次，发给每名僧人哈达一条。在大经堂，向宗喀巴塑像、释迦牟尼佛像、乾隆皇帝肖像供奉大量供品并举行盛大的会供法会。当时乾隆皇帝降旨："负责西藏事务诸臣，务必善护扎什伦布寺僧俗。"各位驻藏僧官联名上书乾隆皇帝，副本转呈班禅额尔德尼。奏文说："奉天承运乾隆皇帝为我扎什伦布寺僧俗民众之生活幸福而降旨，据章嘉仁布切奏称：'额尔德尼诺门罕阿旺楚臣、西藏事务全权大臣杭弈禄、索大臣（索琳）因奉旨仔细商讨，妥善办理，使扎什伦布寺一如先前诵经弘法。班禅额尔德尼祝愿祈祷，今年五谷丰登，僧俗人民幸福'。"

班禅额尔德尼所派进京的弥纳堪布返回后向班禅呈送圣旨和额尔德尼诺门罕阿旺楚臣与拉萨大臣给乾隆皇帝的奏折副本，班禅非常高兴，为了报达圣上之恩，具书上奏，敬献礼物。

十三日，班禅额尔德尼等在塔尔寺辩经院观赏跳神。之后，于寺院设宴招待。

十五日上午，莅临诵经法会讲授《佛本生经》，为10000多人摩顶。

是年，在塔尔寺祈愿法会上，由于没有独立资助法会的施主，班禅额尔德尼在为期9天的法会上，出资供养僧众并施放布施金。班禅为祈愿乾隆皇帝万岁、政治昌盛、国家兴旺，遍知一切佛降贝嘉措健康长寿、佛业广被四海，圣教广弘，尤其是文殊主宗喀巴上师之无垢显密教理昌兴、永驻世间，世间一切灾祸衰损皆远离，政教事业吉祥圆满，为此班禅额尔德尼为乾隆皇帝资助兴建的寝宫大厅供置响铜佛像多尊、响铜十六罗汉像，以及金质佛像94尊等；《甘珠尔》105部、金银铜塔51尊及佛龛、经架、桌子、宝瓶、铃杵、簸鼓、钹、白海螺、大喇叭、香囊两双两面以及供花、供水的银质器具10个。同时，在寺院大殿供置由白银170两制成的具有底座且赢利有经文的供灯一尊和银质供佛灯 5 盏，并向佛像、佛塔、佛经各献供五色供品一次，供品有香、藏红花、食品等。

当时，班禅额尔德尼赐给寺院资金，发给管家、显宗学院、密宗札仓、医药学院僧人薪饷，并提供春季法会、夏季法会、秋季法会的费用，总计白银 1944 两 7 钱 5 分。同时向法会施放斋僧茶，给每名僧人发放白银 3 钱。

下午，莅临法会诵经祝愿佛教兴旺发达。

十五供节时，精制圆满食品，以大小食数盘、酥油灯、花等供祭佛菩萨，使佛子高兴。

晚上，兰州总督按照中原内地风俗，安排观赏花灯等火焰游艺。塔尔寺出资，由密宗札仓 34 名僧人举行六十食子仪式，酬补护法神，托付事业，祈福班禅额尔德尼长寿。

十八日，祈愿法会结束时，班禅额尔德尼再次施放斋僧茶，发给每名僧人铜子一枚。

噶厦特派孜仲丹增嘉措前来给达赖喇嘛、摄政额尔德尼诺门罕、两位驻藏大臣、诸位噶伦、各大官贵呈献书信、礼物。

扎什伦布寺派恰白杰仲洛桑扎西前来慰问，献新年贺礼，班禅额尔德尼设茶问安诸位客人。祈愿法会结束后，塔尔寺向班禅献礼。

旺钦夏仲格贵洛桑西尼、玛娘佐协管家达尔结土谢图汗图萨拉琪、札萨克图汗代表、康区扎贡、哉务让雄巴、管家等呈献问信及礼物，受班禅额尔德尼之赏赐。

尔时，班禅额尔德尼对大强佐与索本堪布岗建堪布说："尔等种痘，即将到圣上殿前，如何是好？"班禅对我说："中原内地痘病流行，若对各位不予以加持，则罪甚大。尔等陪送先行，若修佛法，有利于大强佐、索本堪布等人之健康"。

是月，班禅额尔德尼为达隆巴洛桑图丹嘉措等 1111 人授近圆戒，为 18 人授沙弥戒，为 5 人授居士戒，为青海莫居贝子继母授沙弥戒。

二月一日，班禅额尔德尼被土尔扈特贝勒旺嘉次仁迎请到密宗札仓献礼，并诵经祈寿。班禅为 500 多名僧俗摩顶加持。

三日，松巴堪布益西班觉献礼并诵经祈寿。

卓尼玛尔娘寺、瞿昙寺及其堪布夏仲洛桑丹贝尼玛、叶雄墨尔根堪布格敦达札等各自献上丰厚礼品。

兰州总督特派代表呈送玉制八尊长寿天像、上等青稞若干袋以及酥油等。另外，饶降巴托迈等人以及佐姆卡尔寺、赞普诺门罕亲属等或公或以名义献礼。

在曲桑呼图克图的请求下，班禅额尔德尼讲授《黑文殊》《一面二臂游戏马头金刚修念法》《金刚大威德护轮详解》；为松巴堪布讲授《四念住》与《修心四厌离》。授毕，班禅赞颂静处修习的功德。双方还就医学方面的话题作了广泛交流。另外，松巴堪布前去班禅尊前时，双方不仅对与天文星象、医方明、内外道以及印度吠陀寓言故事中昏君、大臣、武士的行为举止等有关的方面作了探讨，还对虎等野兽飞禽的生活习性作寓思想方面也作了探讨。

当时，西安府大臣母亲去世，派人请求班禅额尔德尼诵经回向，应嘉木央嘉措请求，诵经加持。尔后，班禅为夏琼寺施放斋僧茶 50 次，赐给哈达 1546 条、白银 504 两 6 钱、缎子 35 匹、绸子 310 匹，以及供品、皮张；向顿珠仁钦①灵塔、宗喀巴大师阿拉巴杂纳禅房、空行母像献供五色供各 500 次及上等供品、敬神哈达，为夏琼寺依怙殿 4 名比丘举行的为期一个月的护法酬补、托付事业和法会提供费用及供品、哈达等；为曲桑寺施放斋僧茶 5 次，提供法会所需费用及哈达 442 条、白银 44 两 2 钱、供品、衣服等；为曲沟寺禅院施放斋僧茶 15 次，为曲沟寺、香隆饶旦三智寺、兰州玉禅寺、欧吾索寺、协莫图山刹、香摩钦寺、觉木山刹、嘉木央寺、多杰扎山刹、拉敦山刹施放斋僧茶各 90 次，以及哈达、大缎、供品、衣服等；为塔尔寺密宗札仓 10 次大威德息灭护摩法会提供费用。委托贝子强多尔嘉供祭西宁城北山洞供放阿杂拉手指的山寺。在塔尔寺法会讲授《集密根本续》第十三品《金刚诵咒》，施放斋僧茶，赐钹 4 对、金刚铃杵 15 副。

当时，塔尔寺大拉章与各殿上幡幢飘扬，号角奏鸣，妙音回荡天空，香烟缭绕。手持各种供品的僧人仪仗队依次前行，曲桑活佛陪伴班禅额尔德尼莅临曲桑院，接受献礼，为僧人摩顶。

医药学院敬献礼物，接受班禅额尔德尼赏赐的幡一面、钹一对、金刚铃

① 此顿珠仁钦为宗喀巴大师幼年在夏琼寺出家时的上师，在宗喀巴大师 16 岁时资助宗喀巴入藏学法。

杵7副，听讲《医学仪轨》。

班禅额尔德尼为显宗学院施放斋僧茶，赐钹3对、金刚铃杵15个、大喇叭一个、缎子4匹，为5000名僧俗摩顶。在宴会上，讲授《现观庄严论》《长寿启白》。阿旺曲桑与噶究克增离席辩经，为宴会助兴。辩经者还有：阿旺尼玛、赛多活佛、喜饶平措、坚赞诺布、格敦达结等人，班禅赏赐护身结与上等哈达。正是：

若无辩经光辉照，
释教百莲花不开；
为使智慧遍寺院，
唯宣教理诵佛经。
大师欢心施财物，
开启众生愚痴门；
一切愚者心恐惧，
诸贤良者喜笑颜。

之后，班禅额尔德尼为上千僧俗信众摩顶加持。

当时，班禅额尔德尼得到一尊骑龙赡巴财像，说“平日若为此像供施净水，会获大福”，进行加持后赠赐留保柱大臣。留保柱大臣非常恭敬地接受了。

阿拉善亲王代表前去班禅额尔德尼寝宫拜谒。在班禅尊前，呈献诵两论（《现观庄严论》和《八中论》），班禅赠赐丰厚礼品。

次日，班禅额尔德尼应土尔扈特贝勒请求，为土尔扈特母子、曲桑活佛及僧俗多人传授《尊胜佛母陀罗尼经》《忿怒五大鹏修念随许法》《金刚经》《佛顶大白伞盖陀罗尼经》《马头金刚修念法》《兜率上师瑜伽论》；单独为土尔扈特贝勒讲授《上师瑜伽论》，赐物饯行。

其间，班禅额尔德尼为270名修行僧授近圆戒，为70人授沙弥戒，满足诸信徒之愿望。

西纳囊索举行宴会招待班禅额尔德尼，敬献厚礼。茶间，班禅与他们进行了详细交谈。会后班禅为夏鲁活佛、柴达木札萨曲嘉布等千余人摩顶加持。

多尔格将军博清额大臣派管家呈送钟表1只。尔后，班禅额尔德尼会见了两位中原内地僧人，让他们念诵《经藏》，并予以赏赐。留保柱大臣、西宁军师、将军爷、加尔果琪、笔帖式等于尔时来拜见班禅茶间，班禅与他们作了交谈。

这时，4 位噶伦的书信经驿站差送到塔尔寺。信中说："如今卫藏一切皆好，但是来往运茶马帮在康定达孜多处地方遇到土匪袭击，吾等将情况禀奏乾隆皇帝，索大臣、噶伦公班智达、代本姜洛建等人领兵前往查处、平息，班禅额尔德尼为事态自然平息作了祈祷。"

在与曲桑活佛、两所札仓上师、格贵、执事讨论后，要求班禅主持塔尔寺。班禅额尔德尼回答说："若我常居此寺，理应如此，然不能常住。故口虽允诺，却不能办到"。曲桑活佛又请求班禅任命塔尔寺堪布，呈上预选名单，班禅作了卜卦卦降，选定密宗札仓喇嘛阿旺丹巴并予以任命。

十五日，班禅额尔德尼莅临寺院大殿，长净仪轨，在遍见妙音菩萨殿虔诚诵经祝赞右旋大白海螺，然后将海螺交给索本洛桑克却，让他置于大殿佛塔内供奉的宗喀巴塑像手中。索本堪布奉命照办。

之后，莅临大金瓦寺，供放 150 两银制曼札一具、菩萨像 8 尊、区域图画、玻璃灯笼 4 盏、玻璃与搪瓷供具数件、供品数件、释迦佛像 3 尊、观世音像 3 尊、阿底峡像 3 尊；并供祭狮子吼佛像。同时，向两个护法殿献供供品，向甘肃卓玛让雄寺、兰州嘉木央让雄寺、大成就者阿瓦达德巴塔、嘉措寺萨迦班智达灵塔、供塔、噶玛巴协塔、金刚亥母大梵天、旺寺八思巴所建的三时佛像献五色供各 7 次，向各佛塔献供品、哈达；为尖扎地区 13 所寺院 1300 多人施放斋僧茶 21 次、哈达一条。

当时，钱大老爷的夫人生病，请求班禅额尔德尼保佑。班禅命僧诵经祈祷，不久病人康复，且生一子，钱老爷喜不自禁，献厚礼致谢，并请求班禅为其子取名，班禅赐名"才旦白杰"。之后，为献礼的塔尔寺卸任医师讲授《白度母颂》，十分高兴地答应了返回时路经青海北方的请求。应恰多尔贝子请求，为 200 多名僧俗讲授《持戒仪轨》《上师传承启白》、弥勒传承《上师瑜伽论》等。

二十四日，知客夏鲁堪布从北京回来，向班禅额尔德尼转呈乾隆皇帝所赐哈达及书信。谕班禅额尔德尼："弥纳堪布管家格桑次旺来京禀奏，尔喇嘛留住塔尔寺，朕心甚悦。奏称：尔喇嘛为朕今年七十大寿闭户修行，已显祥兆。尔喇嘛大慈大悲，勤修佛事，塞内塞外应验预兆，甚是稀奇。因班禅额尔德尼来京，故于北京新建宫殿，且让弥纳堪布观赏。今朕起驾南巡，为证明朕沿途平安，特与弥纳管家夏鲁卸任堪布格桑次旺同往。尔喇嘛使者返回，为贺新年特赐释迦佛画像一副，龙绞缎一匹，中东缎一匹，玉石制如意钩一个，景泰蓝盘、搪瓷、水晶、碗等器皿6对，宝瓶一个，玻璃柜一个，大口袋一对，小口袋5对，红氆氇4匹。赐予强佐洛桑金巴蟒缎一匹，红氆氇两匹，大缎一匹，景泰蓝、水晶石、碗等器皿各两个，大口袋一条，小口袋一条。朕盼望早与尔会晤。"班禅派人进京上书谢恩。

夏鲁堪布自己亦向班禅额尔德尼献礼物。

三月一日，由于师徒随众在塔尔寺期间，气候适应、身体无恙，特为大小护法献上酬补金，并予以两位巫觋和供酬者赏赐。

蒙古金贝勒属部夏仲阿旺嘉措前来献礼并诵经祈寿。

三日，青海郡王阿旺达结宴请班禅额尔德尼一行，献厚礼并诵经祈寿。

塔尔寺阿旺达结于大经堂向班禅额尔德尼献丰厚贶仪，班禅向僧众摩顶加持，然后迎请到密宗札仓设宴款待，献礼物祝安，班禅传授《集密根本续》第一品、《上师瑜伽三种总修法》等。尔后朝拜了宗喀巴母亲之头额自生"翁"字的圣物。

甘州提督献良马一匹、缎子7匹等礼物。献礼者还有：热察医师阿旺诺布、维贝、噶玛洛桑林寺、贝勒曲迥嘉布上师吞巴噶钦益西旺久、索洛玛堪布、兰州安察司官员等。

乾隆皇帝从江南返驾北京后，派遣江孜巴噶钦益西巴珠给班禅额尔德尼呈送三世达赖喇嘛索南嘉措之舍利右旋海螺上自生的无量寿佛像，以及其他诸佛像、红白水晶石、印度氆氇等。

当时，班禅额尔德尼为兑桑达杰寺、扎西群培寺、贤智群培寺、噶丹丹杰寺施放斋僧茶各30次，献哈达720条；为塔尔寺大小金瓦殿、密宗札仓8名比丘举行的为期两个月的酬补法会提供了供品及所需费用，为2243名僧人每人施放哈达一条、白银各一钱；为塔尔寺提供维修资金，献上等哈达、马蹄银8锭、长条茶62包、马61匹、犏牛6头、牦牛9头；为密宗札仓施放斋僧茶，并施予120名僧人哈达各一条、白银3钱，以及铜长角号和唢呐等。密宗札仓举行六十食子投掷与白伞盖佛母仪式，诵经祈寿。

乾隆皇帝从江南返回途经徐州时，颁赐敕书给班禅额尔德尼："兹因尔班禅额尔德尼为朕诵经虔祝，朕在乘舟横渡黄河与江浪河(淮河?)时，微风未起，平安渡过。今赐上等哈达、珍珠饰黄缎帽、缎袋6条、精制鼻烟壶两个。"班禅接到礼物后，马上高兴地戴上帽子，大小正合适，样式好看，为此，大家都感到稀奇。诸使者也献了哈达。

其后，班禅额尔德尼为曲桑活佛传授新作《慈悲业汇积》两节、《依多闻子修财法》《度母四曼涂罗仪轨》《长寿启白》《烦恼修法》《除魔咒》，为察甘诺门罕、阿嘉甘诺门罕、阿嘉活佛、贝子恰多嘉布等人讲授《不动金刚佛修念随许法》《殊胜大威德修行法》；为丹玛活佛授沙弥戒，赐名贝丹图丹坚赞，并且讲授《白度母修念随许法》，听讲者还有夏仲阿嘉措；为96名求知者授近圆戒，为一人授居士戒。

察甘诺门罕献白骆驼3头。尔时，班禅额尔德尼详细观看了四世班禅罗桑确吉坚赞赠送给前世察甘诺门罕洛哲嘉措的天女画像等，班禅对此大加赞赏。

五日，班禅额尔德尼为105人授近圆戒。

西宁办事大臣法福礼病愈，前来拜见班禅额尔德尼。尔后，班禅为2200名马差的领头及官员等赐茶慰劳。

当时，兰州总督特别安排表演汉式舞蹈杂耍，邀请班禅额尔德尼观赏。

在噶丹协热图活佛的请求下，班禅额尔德尼传授《青衣金刚手随许法》《马头金刚修念法》《金刚手菩萨修持法》，在座闻听者还有察甘诺门罕、夏仲阿旺嘉措等人。

临近离开塔尔寺时，兰州总督刘大臣、甘肃提督等大小官员百余人前来塔尔寺迎接，班禅额尔德尼赐茶款待问安。总督献了哈萨克马一匹、其他马两匹、具有内室和外室的精制帐篷两顶、白银500两等丰厚礼品。

班禅额尔德尼在驻锡塔尔寺的4个月零20日期间，为青海30名札萨克和安多人、塔尔寺所辖五部群众及巴萨、赞察、欧科、多仓、三涅等华热地区的部落以及嘉霍尔、上下郭密、迪察、隆务、上下巴燕、尖扎、囊堆、叶什札、岗察、乐都、贵德、东切、贡瓦、上下拉加、日安、塔秀、扎纳、卡松、本嘉、岗堆、噶普、多嘉、隆务雅囊、玛囊五部落、文都、甘都、群科、多卫、卡加、甘加、霍尔仓、卓尼等地男女信徒摩顶，以深奥教理甘露浇灌诸位信徒之心田。同时为其中部分人授居士戒、沙弥戒、近圆戒，予以戒律方面的教诲；赐茶款待部分人，予以赏赐，播下了解脱之种子，使人人满意而归；为以塔尔寺为主的所有寺院，提供费用及供品，尤其是教诲未成熟的人使他们成熟、已成熟者使其步入解脱之道、已解脱者使其达到彼岸，在广大藏族的土地上布满事业之光。有诗赞道：

观音化土大雪域，
人畜发祥持宝地；
八方信徒来朝拜，
护挤大地似变小。
虔诚信徒看见您，
称颂歌声振大地；
娇美手似莲花蕊，
供养富足吐果湏。
多麦地区击法鼓，
佛法宝幢飘大地；
法号声声响三界，
班禅额尔德尼是法王。
此乃大师功业而非阳光恩，
实为莲花格言而非莲花束；
声誉恰似响雷而非碰击声；
业是如意宝树而非天界树。

以上为《尊胜上师有寂世界顶饰遍知一切班禅罗桑班丹益西贝桑布传——太阳之光》之第十一章“莅临宗喀巴大师出生地塔尔寺利益教法和众生”。

第十二章　在蒙古地区讲经说法

去年，班禅额尔德尼驾临东科尔寺时，曾向诸位随从人员传授《山居叶衣佛母随许法》，所以未染流行疾病，无灾无难，皆大欢喜。

三月十日，良辰吉日，班禅额尔德尼及其随行人员从塔尔寺启程踏上了前往京城的路程。诸位喇嘛、高级官员送行，至班隆山西侧，看见他们挥动哈达致礼，此为好缘起。尔后继续前行至老幼堡河畔，塔尔寺在此设灶送行，班禅为数百名送行者摩顶赐福。

接着继续慢慢前行，沿途汉族人村庄均摆桌布茶，至诚迎送。西宁附近的汉族人、回族人等居民亦恭礼迎接。走进西宁城西门口，由总督等各大官员护轿，莅临道爷衙门休息。在这里，班禅额尔德尼为以前赐名为才旦白杰的小孩赐护身结并加持；为送行的塔尔寺喇嘛、执事、西藏地方政府与扎什伦布寺代表、索洛玛堪布、达颜都拉法王、青海各大官员话别，并为前来迎驾的佑宁寺、曲桑寺僧人摩顶。

松巴堪布向班禅额尔德尼敬献了他33岁时画的《十三尊大威德》画像。

次日，驾离西宁。有诗道：

辽阔无限大中国，
碧绿树木排成行，
块块良田满山川，
精兵良将满城池，
罗刹看见亦胆怯。
无数民房立两旁，
各种货物摆满地，
商人个个生意忙，
沿途大城与小城，
人口兴旺享欢乐。
处处兴旺胜圆劫，
徐徐前往广大国土。

午休时分莅临西营浦子，总督于岩洞举行宴会招待。尔后，由佑宁寺僧人仪仗队迎到平安驿膳宿，西宁镇台在此辞别，班禅额尔德尼赠送厚礼。班禅派人供祭河对岸岩洞中的大师贡巴饶赛肉身灵塔（今平安县白马寺）。于此，班禅为佑宁寺座主、执事、僧众等几千人摩顶加持。

十二日，行抵高店子用午膳，然后过湟水大桥，被由东峡寺、扎西曲林寺和瞿昙寺共700多名僧人组成的仪仗队迎请到碾伯镇准备好的寝室里休息。

当时，总督献了马19匹，西宁办事大臣法福礼献了银质曼札，为即将告辞的曲桑活佛赐礼并给予教诲。还与一路热情服侍的法福礼大臣愉快话别并予以厚赐。

当天前后天气突变，狂风大作，班禅额尔德尼诵经虔祷。

扎西曲林寺座主及僧徒、桑丹孜山刹、周隆寺、曲桑寺、华热东峡寺所属各部前来献礼。瞿昙寺堪布罗桑丹贝尼玛率僧徒前来献礼，班禅额尔德尼为几千名僧俗摩顶。

次日，由塘让寺与马营寺僧人仪仗队迎接到老鸦城。佛教高僧察甘诺门罕护送至此，临别时班禅额尔德尼与其亲切交谈，并赐厚礼。

巴周寺主寺及其属寺、塘让寺、马营寺、莲花台寺各献礼物，班禅额尔德尼传授《上师瑜伽论》，为汉、土族几千名僧俗信众摩顶。

以前，我从达赖喇嘛那里只听过《集密灌顶》前面的80余页，请求班禅额尔德尼从今日开始续讲。

十四日，经过被蒙古人称为唐格日达坂的冰沟山，下山后夜宿山下的冰沟地方。

自从驾离西宁以来，总督等各大官员每日供给水果等食品，受到热情招待。洛噶尔寺于尔时派人献礼。

十五日，渡过大通河。当时各地方官员按照总督吩嘱，准备木船，上铺木板，行走平稳，顺利抵达对岸。河桥驿官员主仆和色拉隆寺执事等候迎。尔后，由大通寺与色拉隆寺僧人仪仗队迎接到河桥驿夜宿，王大老爷、知县前来献礼。

大通兑桑达结林寺、色拉隆噶丹达曲林寺、噶丹曲宗寺、贤智班噶尔寺等献礼，班禅额尔德尼分别予以回赐，传授《兜率上师瑜伽论》；为新来开道护送的甘州几百多名士兵摩顶。西宁道爷及护驾兵士在此告别。

十六日，行抵雪梁子用午膳，夜宿同觉驿。

色尔佐噶丹饶杰林寺、八部僧俗部众前来献礼，班禅额尔德尼传授《密宗事部三怙主陀罗尼经》《大慈悲经》并散发布施。

十七日，穿越一狭长山谷，由松山达隆寺僧人、大通官员鲁土司在此迎接。其后在班禅额尔德尼所经过的中原内地村镇里,有的手持鲜花、熏香,有的屈膝跪地、双手合掌致敬,大多数人列立路旁迎接。到达庄浪城鲁土司衙门,总督在此设宴为班禅洗尘。兰州官员张巡抚、镇台、兵备道、杜大人等人献礼。

兰州总督大臣在此告别,班禅额尔德尼与其热情交谈,赠送佛像、珊瑚念珠、香料、氆氇、水果、马等礼物。

当时,我考虑班禅额尔德尼需要种牛痘,特此护驾来到庄浪城。以前对于此事时有议论,但一直未作决定。根据先前情况,现在不需要有任何疑虑。我提出自己意见并和朗玛的随从商定后,选择地势较低、气候温和的阿拉善丹杰林寺作为种痘的地方。当我把决定禀告班禅后,得到了同意。班禅又将此事告诉了我的朋友噶究洛桑贡却与医师赤列嘉措。

尔时,班禅额尔德尼对大强佐和索本堪布说:“尔等及未出过痘者,明后日先行去阿拉善丹杰林寺作好种痘准备。对此虽有担心,但有三宝护佑,不会有偏差”。大强佐与索本堪布请求道:“这是班禅您对以我二人为首的未出过痘者,能从生命危险中拯救出来的不可思议之教诲。如若卜得吉卦,尊师您也应前往种痘,若不然,我等随从岂能弃服侍班禅之职责,留下班禅于远离家乡、语言不同的地方呢?恳请班禅收回成命。”

班禅额尔德尼说:“我根本不会出什么问题,若你二人不去,其他人更不会先行。故你二人定要先去”。班禅如此慎重的命令,除了服从,别无他法。

十八日,班禅额尔德尼一行越过一峡谷之地后继续前行用午膳。由达波夏仲贡周诺门罕、嘉绒图尔钦寺夏仲囊索等百余人组成的仪仗队迎接到平城堡附近的宿营地。班禅和诸随行人员的帐篷都是新缝制的布帐及蒙古包,用具也是新购置的。

贡周诺门罕、嘉绒兑桑达杰林寺、该寺所属庄园华热嘉绒瓦、扎德饶杰寺夏仲、囊索、寺院僧众等敬献祈福长寿并献厚礼。班禅额尔德尼赐茶款待贡周诺门罕等官贵,为两所寺院施放斋僧茶,为3000多人摩顶。

当时接到乾隆皇帝从江南所降谕旨。谕曰:“班禅额尔德尼从塔尔寺启程前来北京,身体健康。春末月十日离开塔尔寺,沿途平安,朕甚喜悦。尔班禅额尔德尼对朕之关心,使朕今从浙江省抵江南省,虽与尔班禅额尔德尼会晤之日更为接近,然朕更念早与班禅额尔德尼于热河会晤。现随旨赐慰问品大哈达一条、上等缎4匹，特遣鄂莫塔江送来，望班禅额尔德尼笑纳”。敕谕与赐礼由多尔格将军博清额大臣转呈班禅额尔德尼。

十九日，从平城堡附近的宿营地起程，由达隆当曲林、止贡噶丹勒贤寺、嘉雅群科达杰寺等僧人组成的仪仗队迎接到松山休息。

两日来，风大天寒，雪花飞舞。知情者说：“每当有诸多客人来此地时，此地地祇定会作弄显现此种天气”。

松山达隆寺活佛罗桑丹贝尼玛、札萨克喇嘛夏仲洛桑土旦嘉措、执事、僧众联合宴请班禅额尔德尼一行，听讲《兜率上师瑜伽论》。献礼者还有：红帽寺、嘉雅寺、群科达结寺、止贡噶丹乐贤寺、嘉雅寺堪布、道西卸任喇嘛、东日寺喇嘛、执事等。班禅额尔德尼赐茶款待各寺喇嘛、执事。为上述各寺施放斋僧茶，为几千名僧俗信众摩顶；为松山达隆寺活佛罗桑丹贝尼玛授居士戒，松山达隆寺的执事等向班禅额尔德尼讲述了扎什伦布寺格西贡噶南赛受班禅额尔德尼罗桑确吉坚赞之命创建松山达隆寺①的原因及情况。

松巴堪布、塔尔寺管家告辞。

当时，华热地区的几万余人纷纷前来献礼，请求摩顶，因为人数太多，不能满足每个人的愿望，所以班禅额尔德尼以向信众手撒青稞替代摩顶。

为了平息地祇作弄而显现的凶恶劣气，班禅额尔德尼行地祇酬补仪轨，暴风逐渐平息。有诗赞道：

无可比拟大师心，
无尚铁钩牵众生；
手擎供品如云集，
无数众生日日来。
酷热迫使大象群，

---

① 松山达隆寺位于天祝县城东北的松山滩。明末四世班禅罗桑确吉坚赞派其亲传弟子达纳更噶南赛到安多地区弘扬佛法，他圆寂后在化隆县夏琼寺附近找到其转世灵童罗桑丹巴曲吉尼玛，后罗桑丹巴曲吉尼玛入藏学佛，在哲蚌寺、扎什伦布寺学习，曾任扎什伦布寺阿巴札仓法座，又受四世班禅之命返回安多地区，新建和复建多座寺院。他在松山一座达隆噶举派的废寺上建了格鲁派的松山达隆寺。据称他在康熙皇帝母后往生后，曾被召请进北京诵经超度。康熙皇帝为答谢活佛，御笔亲赐“报恩寺”横匾、御赐黑金印（重48两）、白檀木印、羊脂玉印各一枚，龙纹镀金马鞍一套，并颁发圣旨、金册、文书等，授权管理华锐等地的18个部落和10余座寺院。因此松山达隆寺和扎什伦布寺与班禅额尔德尼有历史渊源关系。

犹如来到莲池边；
追求光明三世众，
如意树前喜开颜。

二十日，班禅额尔德尼一行翻越一小山丘，沿着水草干枯的散落的村庄行径，之后抵达宽沟，数名官员拜谒献礼。班禅单独向诸大臣赐予丰厚赏赐。

二十一日，班禅额尔德尼一行越过大平原，前行70里，莅临日比村附近小憩用午膳。尔后，越一小丘、穿深谷，到达名叫三眼井的地方并夜宿此地。

第二日，班禅额尔德尼一行穿过一片无水草的干滩，莅临敦子休息。班禅召见多尔格博清额及留保柱大臣说："我想让强佐和索本等300多人先期前往阿拉善丹杰林寺种痘。他们不会迟误，也不会出现与此有关的任何差池。请二位大臣尽管放心，此事不必禀奏圣上。请你们为他们准备好所需驮马、食物、灶、帐篷等所需辎重"，二位大臣急忙请求道："无论尊师您吩咐与否，尔等奉圣上之命前来侍奉您，大小事情理应您意悉心办妥，但此次情况事关重大，尔等于心不安。……"内地亦常种牛痘，但除10岁以下孩童外，10岁以上者从不种痘，种痘苗一般在树吐绿叶时节接种。今为种痘先行，其中仲巴呼图克图年近50岁，其他随从皆在20岁以上，多数已达30岁，按内地习惯，至此年岁则根本不种牛痘。班禅认为不必奏知圣上，我等却不安。若以仲巴呼图克图为首的众随员出差错，圣上会降罪于我等，责问因何不把内地习俗告知班禅额尔德尼，故不能如此处置。"班禅又说："内地风俗中，种痘时间及年岁问题，如二位大臣所说，我亦晓知。诚如二位大臣所说，此系事关重大，但我祈祷三宝，详察吉凶后，未显凶兆之相，况且因圣上关怀，料想不会出大差错。根据二位大臣所说，对以兄长大强佐为首的随员不给种痘，将此搁置起来。他们沿途经过人口众多且天花隐情的重镇村落，若这些人身带病根，返回西藏定会传染，使我家乡群众得此天花病而不得安宁。到那时，我等悔之不及矣！故此，我可担保，圣上不会降罪于二位大臣。"班禅的此番话消除了两位大臣的疑惑。

阿拉善亲王洛桑多杰、其子台吉、两位公等人拜谒献礼，与班禅额尔德尼会晤。尔时，班禅对亲王说："兄长、索本堪布等随员天花未愈者甚多，今为种痘提前出发，请一定准备房屋及其他事宜。”亲王等人听后说：“班禅所言，众随从定会高兴。但种痘比较危险，况圣上不知真情，应与诸位大臣认真商议，作出决定。班禅意见，于他们有何错可言？关于住房等事宜，我等乃为班禅旧施主，会尽力作好准备，请班禅放心。”于是，达波活佛等先行准备一切事宜。

二十三日，穿过被蒙古人称为敖博的德热苏大沙漠之后，班禅额尔德尼莅居长城外之营平苏（营盘水）地方。这里是总督与阿拉善的分界地。为了给亲王洛桑多杰准备驮马等路途所需，强佐与索本堪布等人先行作准备，班禅一行在此地留宿一夜。

是日，密院僧人举行阎罗护法酬补与六十食子投施仪轨，班禅额尔德尼亲临法会厚赐军官、两名巴忠、司帐、4 名西宁官员等共 22 人，以及 548 名士兵、总督的两名代表（此二人奉总督之命从塔尔寺服侍班禅至此）。当时，为供祭至于泌神山时所需坐骑，班禅赠赐大强佐以黄丹坐骑为首的 3 匹马，并托向导大臣转交。

二十四日，大强佐洛桑金巴、索本堪布岗建堪布洛桑克却、管家杰仲巴丹桑波、索本杰仲洛桑坚赞、索本洛桑顿珠、司钥洛桑坚赞、管家贤巴格勒、森本洛桑格勒、以及其他侍从 300 人先行前去阿拉善丹杰林寺种痘，班禅额尔德尼赐护身结送行。

当时，班禅额尔德尼向大强佐和索本堪布作了详细交代，并为我的好友医师赤列嘉措、噶究洛桑贡却、神师摩顶，两位各献哈达，虔祝班禅一路平安，能早日复谒尊容。我继续护送班禅前行。

这天，曾派去慰问乾隆皇帝的使者返回，呈交圣旨与赐物。班禅额尔德尼亦具书上奏，谢恩。

二十五日，班禅额尔德尼一行走出一片大沙滩，行抵艾克多伦膳宿。由于该地缺乏饮用水，亲王负责掘井取水，饮水问题顺利得到解决。这天，暴风狂作，几顶帐房被吹倒，班禅诵经压风。尔后，为 1000 多人摩顶。

从营平苏开始，亲王准备了 10 日的驮马、护驾人员等。

二十六日，抵达艾勒苏豁多。鄂尔多斯欧托贝勒顿珠次仁主仆 90 人前来迎驾并呈献礼物。班禅额尔德尼为他们摩顶赐福。素宴茶会上班禅与他们做了交谈。为前来拜谒的比丘崔成等 500 人摩顶。

二十七日，越过几座很难行走的艾勒苏达巴沙丘之后，班禅额尔德尼莅临叶克唐格休息。呼和浩特希热图班智达洛桑年札报办人员毕力克图法王、管家札萨克喇嘛等主仆35人前来献礼，班禅为他们讲授《皈依颂》《兜率上师瑜伽论》《弥勒誓愿》，并予以回赐。

亲王妃子格敦，以及鄂尔多斯王特使献慰问品。献礼者还有：图萨拉琪次旺多杰、台吉索朗多杰等人。当时，班禅额尔德尼分别为欧托贝勒与达伦活佛授教饯行，为800人摩顶；为平措托央寺尊胜陀罗尼法会提供百次僧茶费用，施放五色供品。

二十八日，抵达贺兰山。尔时，暴风四起，亲王请求班禅额尔德尼诵经压风，稍时天气变晴，大风平息。

尔后，班禅额尔德尼为阿拉善、鄂尔多斯等地僧俗300多人摩顶；为喀尔喀札萨才旦传授《皈依颂》《度母经》等。

我从此先行去阿拉善丹杰林寺，临行时，我跟班禅额尔德尼说："对大强佐、索本堪布等人种痘的事情，我会竭尽全力效劳，祈请班禅您也护佑我们平安无事。"班禅答应了我的请求并赐给我及随从护身结，并为噶丹扎西齐寺《甘珠尔》诵经法会提供300次僧茶费用，即哈达1800条、白银494两。

二十九日，行抵怀图多伦。当时正值这里发生旱灾，班禅额尔德尼应亲王请求，诵经求雨，不久大雨连绵，满足了各位之心愿。正是：

不忍地方遭旱灾，
大师慈悲发善心；
禅定作法祈降雨，
甘露普降胜暑夏。
那时众生手摇扇，
结伴谈笑喜乘凉；
湖畔池塘水涨满，
群鸭飞禽嬉戏忙。

尔后，班禅额尔德尼会见喀尔喀散诺云部台吉索朗嘉布主仆，为1000多人摩顶赐福。

三十日，班禅额尔德尼莅居豁约豁多，为喀尔喀德却叶当王代表与马夫喀尔喀札萨渥巴锡、厄鲁特地区共800多人摩顶。

四月一日，班禅额尔德尼被由丹杰林寺、格杰寺、平措拉央寺600名僧人组成的仪仗队迎接到鄂伦豁托休息3日。喀尔喀散诺云部台吉三智嘉布、托颜桑珠、阿力克哈托等主仆900人拜谒。

散诺云部台吉主仆、贝勒德却嘉布夫人次仁与曲贝姆、贝勒之弟三智多杰及夫人卓嘎、托颜洛桑扎西、格敦杰、土谢图公扎西、噶丹密乘寺僧人、噶丹蕾谢寺僧人等各献礼物，班禅额尔德尼讲授《皈依颂》《兜率上师瑜伽论》，为10000多人摩顶。尔后，亲王与达波活佛①举行宴会招待，为众多信徒施放斋僧茶，予以赏赐，为500名僧人传授《无量寿佛修念随许法》《菩提道炬论》《香巴拉誓愿》；为两位喇嘛赠送加持塔、香料、氆氇等礼物；施予丹杰林寺僧茶费白银50两、哈达400条、佛塔3尊、供品多件、马10匹；为该寺举行的为期一个月的尊胜陀罗尼仪轨法会每日施放斋僧茶5次；施予格结林寺与平措拉央寺僧茶费用；回赠达波活佛母亲诺云阿巴噶及其弟土谢图公才旦等人；为305人授居士戒，为180人授居士尼戒，为阿拉善亲王之子等150人授沙弥戒，为196人授近圆戒；为20人传授《尊胜陀罗尼经》。

约于此时，接到乾隆皇帝敕谕及礼物，有上等哈达、玉石、盛有白葡萄的小金盒、海南岛产消热药等。

其间，会见了新来的马官总爷与数名小官员，为喀尔穆居公台吉等500人讲授《菩提道炬论》《修习仪轨》，并摩顶加持。

五日，班禅额尔德尼一行沿长城外图穆尔哈嘎路前行，经过一片大草原，班禅莅居平羌堡新建的房屋中，会见了从内地返回的宁夏将军莫大臣、督爷、4位文书、甘州提督、安察司等人。

鄂尔多斯次仁多杰王、夏仲喇嘛、杂格茹琪、喀尔喀希热图班智达、穆居多杰公及其子哈托等人拜谒献礼，班禅额尔德尼传授《白度母修念法》《十三尊大威德母现观修行法》《上师传承启白》《祈祷》等，为穆居公3名随从授近圆戒。

---

① 此达波活佛亦称达克布呼图克图，阿拉善南寺活佛，当地流传其第一世为从青海出走到阿拉善埋名隐姓的六世达赖喇嘛·仓央嘉措，此为一个历史疑案。

六日，抵达宁夏城，总督设宴招待。于此，班禅额尔德尼会见鄂尔多斯贝勒顿珠次仁之子丹窘嘉措主仆等人。

七日，满族将军莫大臣、藏格、杨大臣奉命，安排表演内地风俗的戏剧，表示祝贺，并献礼物。有诗赞道：

资粮圆满怙主您，
行走教化佛法路，
圣洁事业放光芒，
希望之花永不谢。
众生无数满城池，
遵旨汇聚众大臣，
为接大师布盛宴，
为积福德勤修习。

兰州司帐祥大老爷、喀尔喀茨贡札萨母子、丹窘公代表、法王等先后献礼，听讲《无量寿佛修念随许法》《皈依颂》《度母经》等。另外，献礼者有：兰州督爷、宁夏督爷、镇台、兰州安察司、赞普敏珠尔诺门罕管家丹增却智主仆等人。

之后，班禅额尔德尼派人向大白塔佛殿三时佛像献供五色百供、敬神哈达5条，提供费用白银100两，决定从四月十五日开始向被汉、蒙古族群众称为朗茹伦旦的大佛塔献供五色百供，提供白银50两及敬神哈达。

其间，举行为期两日的六十食子投掷及白伞盖佛母仪轨法会。

当时，接到了由西阳保官员送来的内设缎靠垫、坐垫的绿氆氇四玻璃轿子，轿夫24人、木匠一人、巴忠一人、骡子12头。

十一日，班禅额尔德尼被迎请到停靠在黄河岸的两层大船中，准备渡河。船上有精心设制的小卧室，内部有缎垫、靠垫、帘子、宝盖装饰。停靠在大船旁边的两艘小船内乐器齐奏，另有千百只小船护航。渡过黄河后，班禅赏赐了船主千总、两位巴忠等16人以及900名船夫。正是：

大河源自多麦地，
八条支流水涨满；

各种生物栖息处，
黄河可与恒河比。
美丽大船真舒服，
班禅大德坐其中，
种种供养摆前面，
顺利横渡黄河去。

这天，班禅额尔德尼一行来到清沟镇休息，接到乾隆皇帝敕谕及哈达、海南香味念珠、盛满白葡萄的金器等，宁夏城与阿拉善地区的官员献厚礼祝贺。

当时，班禅额尔德尼上书奏明渡河情况。信的大意：托圣上之福，横渡黄河时未遇风浪，平安渡过。会见了鄂尔多斯王、贝勒顿珠次仁及其子、大贝子丹巴达结、大喇嘛、图萨拉斯、杂兰、藏格等800多人。

宁夏将军马大臣、杨大臣、总爷、彭清督、甘肃提督、安察司等官兵百人，以及阿拉善亲王、西宁赖镇台、总爷、千总、巴忠、士兵30人及穆噶地方52人等告别，班禅额尔德尼分别予以回赠。

兰州总督提供茶、食品、面粉等。

西安府特使、布政司、安察司等献礼。

第二日，由扎西巴结林寺堪布洛桑阿旺、法相堪布坚赞塔克、那烂陀法王喜饶达结等人迎请至塔温敖包地方。

怀图噶钦洛桑顿月献礼，传授《兜率上师瑜伽论》《嘛呢》《百字经》。

扎西达杰林寺堪布大喇嘛洛桑阿旺、堪布坚赞塔克、那烂陀法王、法官喜饶、武官扎西顿珠等先后献礼。

其间，班禅额尔德尼为鄂尔多斯1000多人摩顶；为彭措林寺佛殿法会施放斋僧茶，提供供品。

十三日，行抵鄂尔古旗地方，为前来拜谒的贝勒顿珠次仁之武官额尔克，准噶尔信使武官诺尔桑与卡耶达、喀尔喀额尔德尼班智诺门罕管家索朗巴瓦、完德札萨文书、央达大喇嘛、群培达尔罕、达尔罕法王洛桑米林等主仆110人，以及其他地方共600多人摩顶。应额尔克请求，传授《兜率上师瑜伽论》《三时怙主陀罗尼经》。

十四日，抵达托图勒。额尔克兄弟、巴巴等再献礼物；在这里，班禅额尔德尼为僧俗500人摩顶。应喀尔喀土谢图公扎西、切贡札萨克等人请求，讲授《绿度母随许法》《金刚菩萨修念随许法》《上师供仪轨》等。

十五日，抵达托索图阿玛地方休息两日。喀尔喀达赖贝子才旦嘉布、托云法王洛桑楚臣、扎西公等人献礼。

其间，班禅额尔德尼为欧托贝勒顿珠次仁代表、札萨克旺嘉代表、喀尔喀固始洛桑南杰经师额尔德尼法王益西扎西、洛桑多杰、琼增嘉措、格贵洛桑班觉等15300多人摩顶，赐茶款待各位官员。

原定于十五法会上为求知者授圆戒，但这天因狂风四起而推迟授戒时间，厚赐鄂尔多斯江格尔，勉励他勤谨从事。

其后四日分别于苏旗鄂伦托罗格、俄饶托罗格、木兰、哈热戈壁等地各住一日。这期间，班禅额尔德尼分别会见了喀尔喀达赖车臣额尔德尼和硕亲王、巴札桑达王代表达尔罕图萨拉琪、鄂尔多斯多杰艾噶、准噶尔贝子托云堪布饶杰、大清三智、夏仲云丹、贤巴尊追、札萨克旺嘉的私人文书益西坚赞、迈仁宗琼、白莲寺赤巴洛桑迥乃、时轮班智达益西丹巴达结活佛代表、杭盖贝子扎西饶结、法官贡却、都兰法官等百余人，为1000多人摩顶。为文书顿月授居士戒；为贝勒顿珠次仁代表群培等40多人传授《兜率上师瑜伽论》《三时怙主陀罗尼经》；为图萨拉琪坚赞授《兜率上师瑜伽论》；为图萨拉琪才旦嘉布等人传授《马头金刚修念随许法》；为札萨克旺嘉著《生于香巴拉净土誓愿词》。之后，诵经作法事求雨，不久大显效验，人人敬佩不已。

丹巴饶杰活佛、白莲寺喇嘛、杭盖贝子、贝子次旺扎西等人献礼并诵经祈寿。

二十二日，由僧人组成的仪仗队迎请班禅额尔德尼等人到俄托贝勒地区的俄居图苏穆寺休息四日，会见了喀尔喀达尔罕贝勒拉旺多杰代表。

厄鲁特索朗杰贝林寺献礼，班禅额尔德尼为该寺僧人传授《圣道三要论》《兜率上师瑜伽论》，为寺院施放斋僧茶，提供公积基金。

次日，鄂托克贝勒为班禅额尔德尼一行准备好所需日用品，于大经堂设宴款待班禅一行，为时一日。云丹法王与云丹囊索就法轮进行辩论，为宴会助兴。贝蕾向班禅敬献厚礼，同时亦为随从施放白银。

堪布大喇嘛、札仓堪布喇嘛、医师喇嘛、法王喇嘛、察汗喇嘛、晋美多杰公代表巴扎扎巴哈等献礼。班禅额尔德尼为贝勒顿珠次仁赠送佛帽、舍利，赏赐随行人员、诸位喇嘛、执事、施予俄勒居图斯莫寺法会僧茶费白银50两、哈达2500条、画像两幅、《宗喀巴全集》一套；为15000人摩顶；为贝勒主仆与参加法会的1000多人传授《菩提道炬论》《上师供仪轨》；为贝勒主仆讲授《金刚经》《白伞盖佛母修念随许法》《绿度母修念随许法》《无量寿佛修念法》《智慧金翅鸟法》《怙主修念随许法》《依无量光佛转授法》《兜率上师瑜伽论》《香巴拉净土誓愿》等；为清道夫20人讲授《大师本生启白》；为42人授沙弥戒，为78人授沙弥，为485人授近圆戒。有诗赞道：

如戴三宝金冠地，
鄂尔多斯臣与民，
日日汇集如群星，
奉献厚礼为供养。
按诸信徒心底愿，
作法祈求雨连绵，
识慧心田甚肥沃，
播散殊胜解脱种。
殊胜心愿乘祥风，
事业香味马来亚，
吹遍北方广袤地，
诸种苦痛皆消除。

其间，班禅额尔德尼还向扎西贝达林寺施放一日僧茶，提供铜子1300多斤；为念诵《甘珠尔》《丹珠尔》《宗喀巴全集》《度母经》《白伞盖佛母陀罗尼经》《般若经》，施予购置法器和300次斋僧茶之费用；为10名僧人举行的为期两个月的天母、姊妹护法、五佛、金刚菩萨酬补法会提供费用；为厄鲁特索朗达杰林寺举行的念诵《度母经》《白伞盖佛母陀罗尼经》《般若经》法会提供101次僧茶费用。会见藏格廓玛与托云格桑丹达尔及其朋友等人。当时，托云为表达自己的虔诚，向班禅献手指。班禅赐给一尺高绿度母像一尊，《般若八千颂》一函，以及加持塔、香料、白银50两。

二十六日，班禅额尔德尼莅居达察汗艾涅格地方，会见夏仲洛桑金巴、扎西寺格隆阿旺伦珠，为札萨克旺嘉多杰母亲诵经超度；为夏仲等人讲授《兜率上师瑜伽论》；为1400多人摩顶。

是日，班禅额尔德尼与密乘师共同酬供吉祥天女、四面护法等。

二十七日，抵达察汗旗涅图地方休息两日，杭盖贝子扎西达杰设宴款待。贝子之兄益西达杰、香佩寺大喇嘛喜饶丹增、德木齐洛桑云丹、札萨克旺嘉次丹、江格尔王各自献礼。班禅额尔德尼为18000多人摩顶，赠给杭盖贝子念珠、舍利子、加持塔。为协热图寺举行的念诵《甘珠尔》《白伞盖佛母陀罗尼经》《般若经》法会施予僧茶费白银200两，酬供费白银4两5钱；为贝子扎西达杰、札萨克旺嘉、寺院僧人共400多人讲授《无量寿佛修念随许法》《三时怙主陀罗尼经》《兜率上师瑜伽论》《圣道三要论》《香巴拉净土誓愿》等；为噶丹曲林寺护法酬补法会提供200次僧茶费用及供品；为扎西格佩林寺举行的颂《白伞盖佛母陀罗尼经》《般若经》法会施予100次僧茶费用；为噶丹多格迥乃寺施予百次僧茶费；为扎西桑旦寺施予150次僧茶费。

班禅额尔德尼一行驾离察汗旗涅图后，莅居莫敦布勒，俄香贝子布延图与母亲宇措设帐宴请，敬献厚礼。班禅讲授《绿度母修念随许法》《上师供仪仪轨》《兜率上师瑜伽论》《三时怙主陀罗尼经》等。为贝子传授新作《五天护法人施仪轨经》。贝勒献酬金。班禅赐给他加持物；为1500人摩顶。

其后，班禅额尔德尼一行到巴尔苏海地方休息，为才旦与白莲寺50名僧人讲授《兜率上师瑜伽论》《度母经》。应杭盖贝子扎西达结与托云洛桑克却等人请求，新作《长寿仪轨》，为僧俗4800人摩顶。

五月一日，班禅额尔德尼驾离巴尔苏海，继续前行，莅居鄂尔多斯人聚集地汗索博噶的大白塔附近，贡嘉公、哈托、托云益西次仁于大帐设素宴、荤宴迎接并献礼祝寿。

止贡夏仲格结堪布、扎西格佩林寺堪布、僧俗信徒、厄鲁特扎西格培寺、喀尔喀其本桑杰公等献礼。班禅额尔德尼传授《兜率上师瑜伽论》《三时怙主陀罗尼经》、为清苏加图诺罕知客平措、台吉贝达尔等10000多人摩顶。

二日，大将军郡王次仁多杰、贝勒顿珠次仁、大贝子丹巴达杰、贝子扎西达结、贝子次旺扎西、札萨克旺嘉、丹增公、贡嘉多杰公等鄂尔多斯官员联合于大帐以盛宴招待班禅额尔德尼一行，并献厚礼祝寿。向众随员施发大量银钱、班禅额尔德尼传授《兜率上师瑜伽论》《金刚菩萨修念随许法》《三时怙主陀罗尼经》《依无量光佛转授法》,赠送加持物、香料、氆氇等礼物,表示感谢;为1000多人摩顶。向大白塔献供3次五色百供及敬神哈达,供养费白银50两。僧人们为白塔做了净身仪轨。为扎西格佩林寺举行的念诵《甘珠尔》《白伞盖母禳解法》《般若波罗密多心经禳解法》《空行母狮面禳解法》法会提供300次僧茶费用及供品;为察汗苏博噶寺施放斋僧茶100次,为俄香贝子布颜图传授《白胜乐修念随许法》《白大梵天托命法》。

三日,班禅额尔德尼一行抵达穆尔格察地方休息。在次仁多杰所设宴会上,班禅讲授《白伞盖佛母陀罗尼经》《无量寿佛修念法》《马头金刚修念随许法》《兜率上师瑜伽论》等。之后,为15000多人摩顶;为洛佩寺、莫赛巴德寺、扎西彭措林寺、扎西莫居寺等13所寺院举行的诵《甘珠尔》《白伞盖佛母陀罗尼经》《般若经》《狮面母咒》《长寿咒》等法会施予供品及百次僧茶费用。

夏仲阿旺巴丹嘉措、藏格嘉措、图丹嘉措等人献礼。

四日,班禅额尔德尼莅临居结尔格果,受到芒哈札萨克云旦嘉措及其家眷的热情迎接。于此,班禅察看了亡人所献供品及诵经。尔后,应芒哈札萨克请求,传授《圣道三要论》《兜率上师瑜伽论》《香巴拉净土誓愿》;为芒哈兄长哈托授出家戒;为扎西达林寺大喇嘛洛哲嘉措、才旦顿珠公代表杂兰才旦嘉布、准噶尔贝子止贡夏仲、厄鲁特贡噶饶丹代表结噶拉尔、堪布巴桑贡噶等6500人摩顶。

德庆曲林寺派人献礼。正是:

身形俊美似金铸,
双目细长赛青莲,
慈容丰满似圆月,
众生瞻仰享眼福。
今日有幸谒慈容,
无数信徒争相邀,
合掌顶礼心虔诚,
情不自禁泪水淌。

信徒个个心田喜，
如逢春季孟夏月，
今日禾苗皆肥壮，
待到成熟更美丽。

五日，班禅额尔德尼一行抵达巴噶纳仁艾尔格时，受到达赖贝子丹巴达杰及其母德勒、夫人索朗贝、子雍仲多杰，以及呼图克图阿旺顿珠、绛曲多杰、次巴多杰等人的设大宴迎接并献礼物。呼图克图阿旺顿珠母亲德勒、克温诺云、扎西曲林寺班智达诺云法王、堪布额尔德尼班智达阿旺扎西、厄鲁特公晋美多杰母亲等4人及喇嘛、图萨拉琪、固始法王洛桑丹达尔、喀尔喀卫将达尔罕札萨、贝子之上经师达摩法王等各自献礼。

接着班禅额尔德尼会见德庆曲林寺喇嘛、厄鲁特扎西饶乃代表曲杰喇嘛、绿城珠德林寺喇嘛曲嘉呼图克图、达督格日寺喇嘛噶究益西崔成、执事、厄鲁特土谢图公顿珠等160多人，并为16500多人摩顶。在大贝子的请求下，为贝子主仆、厄鲁特等地共500余人讲授《绿度母修念随许法》《白伞盖佛母陀罗尼经》《无量寿佛修念随许法》《兜率上师瑜伽论》《长寿智慧如意母经》《香巴拉净土誓愿》等。

之后，班禅额尔德尼为扎西曲林寺举行的诵《甘珠尔》《白伞盖佛母禳解》《空行母狮面禳解》《般若波罗密多心经禳解》《度母经》《长寿智慧如意母经》法会施予百次僧茶费白银61两5钱、铜子570斤（折合银130两）、布施费白银133两、哈达1000条、佛塔27尊、佛经7函等。

为呼热寺开展《代行母狮面禳解》与《般若波罗密多心经禳解》等仪轨施放斋僧茶、供品等，赠送画像一幅、经函等。

六日，班禅额尔德尼等人行抵豁塘果勒地方，厄鲁特贡噶饶旦、才旦顿珠公、扎西塔林寺僧人、第清图萨拉琪迎接，各自献礼。在两位公的请求下，班禅为塔林寺500僧人讲授《无量寿佛修念随许法》《十一面怙主修念法》《上师瑜伽论》《律海心要摄颂》《香巴拉净土誓愿》，为6000名僧俗摩顶，并分别为丹曲噶顿林寺《丹珠尔》诵经法会和扎西塔林寺《甘珠尔》诵经法会施放斋僧茶。

七日，班禅额尔德尼驾临哈岩豁雪地方。厄鲁特墨尔根达颜齐活佛、喀尔喀额尔德尼王子群则、科尔沁王拉当斯达、贝勒索朗班觉代表藏格与杂兰、夏尔孜诺门罕代表管家洛桑诺布、丹达尔墨尔根喇嘛转世洛桑顿珠贝桑、准噶尔贝子托云堪布转世格结云丹、白莲寺时轮班智达转世益西丹巴达杰、喇嘛、执事等代表公私方献礼。班禅为他们摩顶并予以回赐。为厄鲁特墨尔根活佛授沙弥戒;为准噶尔公贡噶饶旦夫人及侄女等4人授居士戒;为8400多名信众摩顶。

八日,班禅额尔德尼一行驾离哈岩豁雪,行抵结格苏图苏美地方休息。呼和浩特喇嘛郭莽呼图克图、普颜喇嘛、大喇嘛、噶丹达杰林寺法王阿旺迥乃、呼和浩特呼图克图丹增旺秀、丹达尔寺大喇嘛洛桑嘉措等主仆220多人拜谒献礼,请求加持,班禅设茶会会见他们及阿拉善亲王之子、多尔格大臣(博清额),为5700人摩顶。

在接受厄鲁特丹杰林寺献祝寿礼后,按他们的请求,班禅额尔德尼传授《兜率上师瑜伽论》;为贡噶饶杰公叔父授近圆戒;贡噶饶杰与第清图萨拉琪请求新撰《乾隆皇帝长寿祈福颂》。

九日,丹杰林寺与图丹格培寺僧人设宴郊迎,敬献礼物,应僧人的邀请,班禅额尔德尼巡视了这两座寺院。尔后,由夏尔孜堪布诺门罕、班智达洛桑坚白公主仆、僧人仪仗队迎请到准噶尔贝子所属扎西莫居林寺休息,贝勒次旺扎西、托云诺颜堪布阿旺扎西、夏仲云丹主仆举行宴会洗尘,献礼并诵经祈寿。献礼的寺院和个人有:厄鲁特白莲寺、夏尔孜诺门罕额尔德尼班智达、益西卓玛、第清三智、毕力克图墨尔根曲杰、呼和浩特额尔克、诺门次仁多杰、布协热勒图法王仁钦多杰、芒甘布勒母亲南噶尔萨、图萨拉琪、格桑措、图结贡噶达瓦、洛桑多杰等。班禅讲授《无量寿佛修念法》《要道释论》《兜率上师瑜伽论》《时轮班智达本生启白》,坐听者达2000余人,班禅为20000人摩顶,为白莲寺、贤智达杰林寺、扎西莫居林寺《甘珠儿》诵经法会施放斋僧茶、供器。

当时,正值扎什伦布寺举行大祈愿法会,班禅额尔德尼按例举行宴会,并献祭阎罗护法。

索本岗建布洛桑克却与几名密乘师等种痘返回,班禅额尔德尼设宴迎接,热情叙旧。

乾隆皇帝特使托热云丹赍书禀告班禅额尔德尼:“六皇子与众生怙主章

嘉若必多吉将来代噶迎接。”班禅派译师洛桑扎西前去准备。

十一日，班禅额尔德尼一行乘坐与原先样式一样的大船准备渡过黄河。班禅赏赐船主、船员及奏乐者，会见前来迎接的呼和浩特乃旗托云呼图克图、嵇将军、道爷等。

班禅额尔德尼行抵土默特穆德多关俄曲地方时，将军、道爷献新鲜水果，设宴招待，乃旗托云呼图克图献礼。拜谒献礼者还有：呼和浩特札萨克喇嘛、大喇嘛赛巴嘉措、大喇嘛洛桑扎西、札雅班智达、拉旺多杰公、札萨克次仁、满族将军维坛（音译）、达日岗噶喇嘛洛桑丹玛觉尔盖图、托云益西坚白嘉措等2000多人。在乃旗呼图克图、额尔德尼王代表的请求下，班禅传授《无量寿佛修念随许法》《十一面怙主修念法》《兜率上师瑜伽论》《依无量光佛转授法》《三时怙主陀罗尼经》，为13300人摩顶。为图丹达杰林寺举行的诵《甘珠尔》《白伞盖禳解》《般若波罗密多心经禳解》法会赐予资费，施予300次僧茶费白银191两8钱、铜子97斤、哈达1800条、曼札86具。有诗道：

北方无垠广阔地，
享受所积福德果，
喀尔喀厄鲁芒甘，
杜尔伯特绿城与土默特，
信徒成千亦上万，
争相瞻仰大师容。
如饥似渴诸信徒，
纷至沓来满大地，
恭敬奉献心爱物，
智慧背心予加持，
颓衰心识从此除，
福德喜宴从未见。
居住世间诸凡夫，
谒见金色供树时，
痛苦感觉顿时消，

享受清净与幸福。

十二日，班禅额尔德尼驾临巴日旗。芒甘札萨克代表台吉次巴、贝坛达、哲蚌寺法王洛桑顿珠、喀尔喀额尔德尼王代表托云德勒、克贝贝勒代表图萨拉琪洛桑多杰等15人、达赖贝勒托云益西德勒、厄鲁特公特使台吉达瓦次仁、台吉阿坛、芒甘图萨拉琪德勒雅培、达尔罕贝勒图萨拉琪乌巴西和硕亲王次巴多杰代表桑达卡等500多人前来献礼物。

是日，班禅额尔德尼为喀尔喀额尔德尼代表托云、土默特巴等300多人传授《兜率上师瑜伽论》等，为呼和浩特台吉次旦顿珠授沙弥戒，为两人授居士，为1500人摩顶。

十三日，班禅额尔德尼莅临达饶用午膳，为约150人摩顶赐福，夜宿多杰地方。喀尔喀达尔罕贝子、喀尔喀札萨克玛赛嘉等人迎接献礼，班禅为他们讲授《皈依颂》《兜率上师瑜伽论》《金刚菩萨修念随许法》，为4000多人摩顶。

密宗札仓僧人举行法会，投掷六十食子，供祭护法神。

达杰德珠林寺、噶丹平措林寺、千佛寺举行念诵《甘珠尔》《白伞盖禳解法》《般若心经禳解法》法会，班禅额尔德尼施放斋僧茶，提供资费。

十四日，班禅额尔德尼驾离多杰，进入蒙古地界，前来拜谒的信众难以计数，按照常规会见会耽误时间，所以班禅坐在轿子里，伸出手边走边为列立两旁的人摩顶。班禅一行行抵江贝县用午膳，班禅沿途为前来拜谒的5500人摩顶，夜宿巴嘎白旗。

呼和浩特达杰德林寺、噶丹平措林寺、千佛寺以及那索达阿布尔拉图寺呼图克图洛桑丹增、杜尔伯特夏仲格桑楚臣、准噶尔次仁、札萨克才旦嘉布等寺院、个人献礼，班禅额尔德尼讲授《无量寿佛修念随许法》《度母经》《普贤行愿品》《弥勒誓愿》等；为五人授沙弥戒，为四人授居士戒，为6000人摩顶。

十五日，班禅额尔德尼于白罗亥用早膳后继续前行，莅临塔嘎莫地方，当地地方官员设午宴迎接。之后，班禅为2000多人摩顶，夜宿格甘尼巴乡。

这天，乾隆皇帝特派乾清门守卫俄尔托索、达普、阿科呼图克图、大喇嘛央嘉呼图克图、大喇嘛喜饶多杰送来大轿、黄氆氇外衣、缎坐垫、靠垫、圆坐垫、黄色马车、黄伞、红伞一把、雕龙红伞与黄色扇各一把、五色缎制胜幢、莲花图胜幢、各种图饰胜幢、金色龙纹胜幢、青色骏马图饰胜幢、狮子图饰黄胜幢、绘有金色龙纹的青红黄白黑胜幢、西洋盘子、蒙古包、黄色长城图、上等哈达等用品及珍贵礼物,班禅额尔德尼接旨受礼。

另外,一同前来的还有身着黄色缎衣、头戴夏季凉帽的40名轿夫,以及拉车的骡子。正是:

巨手持地世间主,
供养三界大喇嘛,
降赐马车及宝物,
使者往来骄者羞。
恰似珍禽天鹅群,
展翅翱翔高空中,
身着五色莽缎衣,
策励行走蒙古地。

诸位钦差等献礼祝贺,班禅额尔德尼摩顶祝福。

六皇子特使乾清门守卫、章嘉国师代表仲盖、太后阿勒哈达代表亦抵达此地。班禅额尔德尼设素宴招待诸大人,茶间与他们亲切交谈。

十七日,班禅额尔德尼行进途中在轿子里为许多僧俗信徒摩顶。尔后,由耶克觉窝等寺僧人组成仪仗队,呼和浩特地区9所寺院僧人、掌印喇嘛、将军等各大官贵迎接班禅到大经堂前的大法场,举行宴会招待,并表演了舞蹈、戏剧节目。在耶克觉窝寺休息5日。呼和浩特土默特哈帮等人献礼。

掌印喇嘛郭莽呼图克图、托云呼图克图、札雅班智达呼图克图、普颜喇嘛、札萨克大喇嘛、格贵、呼和浩特9所寺院各献礼物,听讲《依无量光佛转授法》《香巴拉净土誓愿》。

喀尔喀亲王次巴多杰、准噶尔大臣益西代表法王喇嘛与格贵来到班禅额尔德尼卧室献礼交谈。

当天,班禅额尔德尼为喀尔喀等地区的几万名信众摩顶。众人都要求至前亲睹班禅尊容,但人多拥挤,除站在前面的人能见到班禅,其他人未能如愿。

十八日，准噶尔杜尔伯特将军和硕亲王次仁、哈托顿珠、哈托俄勒穆居、其女旺久及喀尔喀大贝勒拉旺多杰、喀尔喀额尔德尼浑台吉、巴太尔亲王代表额尔克达尼玛曲迈、达尔罕浑台吉贡波嘉及其伯父达赖贝勒等人献礼，班禅额尔德尼分别讲授《度母经》《兜率上师瑜伽论》和《无量寿佛修念随许法》；为达大臣、呼和浩特7位克热、喀尔喀札萨克图汗叔父托云、扎西贤智林寺达尔罕医师阿旺扎西等献礼者传授《依无量光佛转授法》《圣道三要论》《普贤行愿品》《兜率上师瑜伽论》等。

即日起，班禅额尔德尼派几人负责将拜谒者排成长队，按照先后顺序接受摩顶。但是，当班禅莅临队伍前面时，众人前挤后拥，秩序大乱，未能完成摩顶。

第二天，在呼和浩特至格甘尼巴乡道路两旁屈膝跪地等候班禅额尔德尼摩顶的喀尔喀、杜尔伯特、苏尼特等地信徒很多，班禅满足了每个人的心愿。尔后，于格甘尼巴乡用午膳。在返回耶克觉窝寺的路上，班禅坐在轿子上为近60000名信徒摩顶。信众们按照自己的财力献白银、珊瑚、香料、绸缎、铜子及各种用品等，礼物多如牛毛。

十九日，俄罗平措贝子、杜尔伯特王、喀尔喀人等献礼祝贺。按照他们的请求，班禅额尔德尼讲授《莲花佛语》等，满足各人愿望；为杜尔伯特王次仁顿珠夫人授教《索章（音义）随许法》，为乃旗托云呼图克图传授《独雄大威德金刚修念随许法》；为喀尔喀达尔罕贝勒等190人授居士戒。

次日，班禅额尔德尼为785人授近圆戒，为前来献礼的洛桑卓玛、玛谢、杜尔伯特扎西迴乃寺僧人、苏尼特布协热图嘉木央扎巴等诸多信众献礼。为600余名僧俗信徒传授《兜率上师瑜伽论》《依无量光佛转授法》《功德论》。尔后，班禅为喀尔喀达杰曲林寺与呼和浩特协热图寺《丹珠尔》法会施放斋僧茶各150次；为呼和浩特耶克觉窝寺《甘珠尔》法会施放斋僧茶300次；为巴噶尊者与医师喇嘛主持举行的《甘珠尔》诵经法会施放斋僧茶150次；向呼和浩特9所寺院赠送佛像、佛经10包、佛塔5尊、钹2副、白银3秤、缎子10匹、哈达500条；为4名僧人于纳宝郭松佛殿举行的为期两个月酬补护法仪式，每日施放斋僧茶5次；为白伞盖佛母仪轨法会提供费用。

当时，班禅额尔德尼派人书奏乾隆皇帝，说明敕谕礼已收到及大强佐等

300多人种痘之事。奏书中说:“我于呼和浩特(绿城)接到恩重无比之敕谕及御轿,并悉知圣上将派六皇子与章嘉呼图克图迎接。为报皇恩,呈献厚礼如前。我于塔尔寺时,派堪布噶钦益西巴智进京,返回时带来敕谕及夏季凉帽、具香器皿、红黄缎子各4匹、上等哈达等,由卡哈清艾面交于我。后钦差堪布又带来敕谕、夏帽、玉石香炉、红黄缎各4匹、珍珠念珠等。当圣上向弥纳堪布问及我的情况时,弥纳堪布如实禀告路途情况,圣上大悦,且复降旨。”

卡哈清艾献礼,班禅额尔德尼摩顶。之后,再次赠送给耶克觉沃寺绿度母像、佛塔3尊、坐垫、靠垫、供品。有诗赞道:

绿色城内政教业,
光旺昌盛诚无比;
云集此处众僧侣,
虔诚拜倒您足下。
明月一轮悬高空,
光照此间诸有情;
白衣众生获吉祥,
壮景胜过大雪山。

二十二日,班禅额尔德尼驾临呼和浩特,行抵察汗索包尔嘎用午膳。于此,有好几位中原内地僧人前来拜谒,奏各种乐器以示祝贺。班禅予以赏赐。

班禅额尔德尼一行莅临梅哲地方之时,绿城县、喀尔喀次丹多杰代表第清洛桑丹达尔、洛桑尼玛等人前来拜谒献礼。班禅按他们所求讲经授法,满足了他们的愿望,并为札萨克图汗母亲等4人授居士戒,为额尔德尼托云等15人授沙弥戒,为3人授沙弥尼戒。

二十三日上午,班禅额尔德尼为准噶尔阿玉协等53人授近圆戒;在轿子上为路旁恭候迎驾的3000多人摩顶。

午后,行抵察哈尔尼满乌苏地区的察汗库伦地方,会见前来迎接的格杂大臣、喀尔喀王茨巴嘉、德却札萨克兄弟、扎西措佩林寺大喇嘛洛桑图丹、阿巴噶王代表阿旺雅培等人。

杜尔伯特夏仲格桑崔成献礼,传授《弥勒誓愿》。献礼者还有:准噶尔桑旦、次仁将军、杜尔伯特格隆曲迈仁增等人。

二十四日,班禅额尔德尼行进途中为10000多人摩顶。行至杂哈博拉用午膳时,会见了杜尔伯特王母亲、察哈尔哈洛桑仁钦。而后,被由僧人组成的仪仗队迎接到木母巴图地方休息。察哈尔颜盘特巴林寺喇嘛阿旺饶丹、执事等500人,鄂盖尔达俄、杂兰、法官、江格托图汗等75名军官、士兵千余人,以及豁苏大小施主等3000余人设素宴款待并献厚礼。

杜尔伯特王扎西雅培献厚礼祝贺,班禅额尔德尼为其主仆300多人传授《观世音菩萨修念随许法》《上师瑜伽论》《白伞盖佛母陀罗尼经》《香巴拉净土誓愿》;为察哈尔颜盘特巴林寺举行为期两个月的念诵《甘珠尔》法会等提供施放斋僧茶300次所需费用。

二十五日,班禅额尔德尼行进途中在轿子上为万余人摩顶。班禅夜宿鄂苏图地方,会见六皇子所派3名守卫、章嘉呼图克图代表强佐札萨克喇嘛格勒南喀、杨阿勒哈大臣的侍从、诺门罕洛桑丹达尔、固始法王、札雅班智达洛桑晋美多杰、额尔德尼法王、索本洛桑多杰、管家格桑晋美、察哈尔喇嘛第清法王、参周堪布报丧使者索朗、蒙古勒居尔汗法官等190余人,派管家前去慰问六皇子。

苏尼特大喇嘛平措丹增、哈吞、台吉、哈雅止王代表斯莫大喇嘛等人向班禅额尔德尼献礼,班禅为他们传授《上师瑜伽论》。

之后,班禅额尔德尼派索本堪布岗建洛桑克却前去慰问六皇子与章嘉国师。

二十六日,班禅额尔德尼行径途中在轿子上为10000多人摩顶。之后,由扎西措佩林寺僧人仪仗队接到代噶休息。六皇子及内务大臣百余人、章嘉呼图克图及随行人员迎接。当班禅来到下榻处时,六皇子与章嘉呼图克图至前欢迎,班禅跪地问乾隆皇帝好。六皇子赶紧握住班禅额尔德尼的手说:"圣上已有旨,班禅不必跪拜。"于是,宣旨,并译成藏语,"谕班禅额尔德尼:奉长寿天赞普敕令,驾奴广袤大地乾隆皇帝谕曰'朕以法治国,统管世间众生,渴望四方臣民安享幸福,政教兴隆,犹如尔喇嘛欲使佛业昌盛,众生幸福之心。尔喇嘛弘扬黄教,勤勉修习,甚佳!尔班禅额尔德尼称祝朕七十万寿,自扎什伦布寺起程,平安抵达塔尔寺,朕意甚悦。曾悉冬季抵塔尔寺,今春即来与朕会晤，朕甚欣悦。朕为尔喇嘛速来，特派六皇子同章嘉呼图克图往张家口迎接。不久与避暑山庄会晤’。特发去珍珠帽子一顶、珍珠饰内衣一件、宝石念珠一串、白马一匹、稀世玉石雕鞍一幅、银制供灯一盏、银制鹅颈壶一个、缎子50匹、大小哈达各20条等”。

尔后，在大经堂聚会，班禅额尔德尼与六皇子、章嘉呼图克图等人畅谈。会后，班禅额尔德尼向五世达赖喇嘛画像敬献哈达。当来到住帐时，六皇子为班禅额尔德尼再次献礼，请求摩顶，并设素宴，献最初缘起礼物。正是：

奉天承运帝王裔，
臣民星中似金星，
身材魁梧武艺高，
百名官员陪同来。
精通典籍不赖他，
讲辩著述无阻拦，
弘扬释教负盛名，
章嘉若必多吉等。
遵奉圣旨不辞劳，
前来迎接会大师，
犹如月光莲花笑，
彼此畅谈笑开颜。

二十七日，大强佐等返回。奉旨举行宴会，会上表演了戏剧与赛马比赛。班禅额尔德尼回帐途中，亲临六皇子与章嘉呼图克图住的帐房回拜。

札雅班智达洛桑晋美多杰、喀尔喀克贝贝勒曲迈多杰、土谢图公扎西、扎西平措公、三智公、桑杰公、札萨克茨贡嘉、札萨克阿旺、台吉顿珠、散诺云之属民、科尔沁噶丹群科寺、三木旦林寺喇嘛扎西达结，以及俄伦贝子夏拉克温、章嘉呼图克强图强佐札萨克喇嘛格勒南卡、固始法王丹巴、喀尔喀班智达诺云堪布玛哈托颜、札萨克图汗属民、苏尼特右旗勒嘉台吉、大公旺钦嘉布、克贝三智多杰、图谢公玛哈巴拉、图谢公索朗多杰、莫帕多杰公、拉旺多杰公、茨智多杰公、巴托结噶勒公、拉钦尚公、南嘉多杰公、索朗次仁公、札萨克顿珠多杰、札萨克玛赛嘉、札萨克贡波嘉、札萨克娘波多杰、札萨克札西次仁、札萨克巴图尔、札萨克勒钦、俄盖达格桑、数名僧官等先后献礼祝贺，班禅额尔德尼分别讲授《兜率上师瑜伽论》《圣道三要论》《无量寿佛修念随许法》《马头金刚修念随许法》《兜率上师瑜伽论》及《长寿经》等，为千余人摩顶。

之后，杂格大臣、达大臣、藏格等人于察哈尔尼满豁苏寺举行宴会招待，负责收拾所献礼物，班禅额尔德尼为该寺赐白银16000两。为札雅班智达、清斯久图诺门罕活佛、札萨克图汗托云等320人授沙弥戒，为30人授出家戒，为140人授居士戒，为45人授居士戒。

当时，班禅额尔德尼书奏乾隆皇帝，感谢乾隆皇帝在其居住塔尔寺期间及沿途给予的关怀，以及派六皇子、章嘉呼图克图等大臣迎接，赏赐无价珍珠饰凉帽，安排演出，布设盛宴之恩德，随书献佛像多尊、珊瑚念珠等。

章嘉呼图克图告辞先往多伦诺尔。

其间，班禅额尔德尼分别为科尔沁噶丹饶杰寺的《甘珠尔》《白伞盖禳解法》《般若心经禳解法》诵经法会及三佩林寺举行的为期一个月的《甘珠尔》诵经法会提供每日5次僧茶费用与供品，以及一个月的僧茶费；为喀尔喀丹德林寺举行的为期一个月护法酬补法会施予每日5次僧茶费用。另外，资助代噶扎西措佩林寺举行的为期6个月的酬补与《甘珠尔》诵经法会以及护法殿十僧举行的为期3个月的五佛、善金刚菩萨酬补法会。

杨阿勒哈达大臣献各种用具、缎匹等礼物。索拉大臣、藏格大臣、山西行署官员亦献礼。献礼者还有：清斯恰巴图诺门罕、察哈尔克勒图俄、兰雪、俄盖达浑图杂朗藏格巴图、诺木图、班觉等32名施主，以及代噶扎西群培寺大喇嘛、尤噶杂日呼图克图洛桑图丹坚赞、格贵巴丹、贡却、各寺院、诸位喇嘛、达日贡嘎阿多达俄盖达、噶勒达、俄盖达诺推、巴拉莫达莫结、次仁多杰、赛德克、桑德、官员、乌兰太等。

六月一日，班禅额尔德尼向六皇子讲授《金刚大威德修念法》，并将自己的衣服、袈裟、腰带、僧帽赠送给六皇子。

即日起，连续两日天降连绵雨水，显现好缘起。我受班禅额尔德尼派遣进京将大强佐、索本堪布等300名随从先后接种牛痘之事奏知乾隆皇帝。乾隆皇帝降旨说："据奏获悉尔喇嘛之大强佐与索本等300人于俄穆太种痘病愈,如此大事,朕意甚悦。尔喇嘛途受酷热,多数随员,尤其强佐等痘病尚未愈,朕甚感不安。今尔喇嘛已达华拉县,300名随员皆病愈。大强佐虽年逾五十,但能平安无事,实乃尔喇嘛护佑之功。此前尔喇嘛未奏此事,不忍朕心绪缭乱,理应赞扬。朕南巡归来,诸事安好。五月九日往驾月穆颜,身体很好,每日司事。十九日供祭土地神。天气晴朗。二十一日朕莅居无量殿,饬命加紧修建寺庙。尔喇嘛之2000驮牛已于五月二十四日抵此,均受到妥善管理。特赐大哈达一条、大小袋若干条、珍宝器皿一副、鼻烟壶一个、火镰一把、腰带一条、时钟一盘。赐大强佐哈达一条、大荷包一个、小荷包一个、时钟一盘。望尔喇嘛笑纳,愿大强佐早日病愈,与朕会晤。"

关于班禅额尔德尼随从种痘顺利之事奏知乾隆皇帝后,乾隆皇帝非常高兴,立即降旨赐礼,表示祝贺。

后乾隆皇帝又敕谕:"两位大臣不同意种痘之事,尔喇嘛不必多虑。如尔喇嘛所说'不会出现差池'那样,顺利完成了种痘之事。二位使者对您见知未来心生不二信仰。"有诗赞道:

大师智慧如明镜,
似隐却如海中月,
虽极明亮却怀意,
只因愚昧缚众生。
慈祥面容似莲蕊,
预言蜜蜂嗡嗡鸣,
待到预言成现实,
自信之辈始信服。

当时,班禅额尔德尼告诉诸随从:"以前为保尔等平安无事,再三祈求三宝与各护法保佑。尤其三宝与圣上之仁慈,依赖降央协贝法王的菩提之心,尔等未出任何差错,都未染痘病。"由于众人在阿拉善寺种痘成功,摆脱染病威胁,班禅为答谢之,向阿拉善寺僧众赐自五月三日开始为期两个月的斋僧茶费白银300两;发给332名僧人哈达各一条、白银5钱,赐给寺院无量寿佛与药师佛铜像各两尊、金制弥勒佛像、佛塔7尊、钹一对、薪费白银100两及上等面粉。

班禅额尔德尼对我说："你不辞路途辛苦，受命去阿拉善使强佐、索本等300名随员脱离痘病，完成大事，甚慰吾心。"同时，赏给我上等哈达、黄金一两、马蹄银10锭及书札，并提升了我的职位，赏赐了我的友人医师赤列嘉措、噶究洛桑贡却、护法神师等。

六皇子于自己卧室设素宴招待班禅额尔德尼，赠送玉器、枪、袋子5条、小箱一个、玉石盒一个、鞍子一套。尔后，班禅单独会见喀尔喀札萨克图汗代表、苏尼特王、清斯恰图。

三日，班禅额尔德尼驾离代噶，途中在轿子上为2000多名僧众摩顶，夜宿德勒德尔布拉地方。

这天，天空晴朗，但五台山方向上空出现彩虹，班禅额尔德尼合掌遥望说："此乃妙音菩萨显现怜悯之祥兆。"料想班禅慧眼定看出与世俗不一样的殊胜情状。

即日起，六皇子每日与班禅额尔德尼热情交谈。

当时，班禅额尔德尼派人进京献礼，感谢乾隆皇帝降旨赐礼庆贺大强佐病愈。为察哈尔克贝图俄兰大乘饶杰林寺举行的为期两个月的护法酬补法会提供300次僧茶费用白银48两5钱，薪费白银24两，赏赐该寺喇嘛。之后，为杜尔伯特王夫人等3人、侍从6人等共11人授沙弥戒，为一人授居士尼戒。

四日，班禅额尔德尼于行途中为3000多人摩顶。午后由德丹寺僧人仪仗队迎请到巴颜布拉地方休息。德清法王夏仲嘉木央伦珠托云洛桑丹巴坚赞等7位喇嘛、僧人600名、执事20名、俄盖达次旺多杰、杂朗藏格尊追、藏格喜饶等12人，以及越尔杂日呼图克图洛桑图丹坚赞一行30人、丹增主仆4人、阿巴海、雅培格西等人献礼，班禅讲授《金刚菩萨修念随许法》《无量寿佛修念随许法》《兜率上师瑜伽论》《香巴拉净土誓愿》；为德丹寺、阿塘布耶寺、结尔卡朗图寺、俄森图寺、维雪寺等五寺举行的为期两个月的护法酬补法会提供供品、每日5次僧茶费用及释迦佛像等。会见准噶尔阿旺才旦、准噶尔桑都嘉布、郡王科希艾普曲迈多杰、旺嘉多杰王、图谢叶图亲王扎西南杰、杂朗贝勒、图谢叶公格尔嘉布、图谢叶公三佩嘉措、廓尔洛斯札萨克、图萨拉琪次仁等科尔沁十大官贵代表。

五日,班禅额尔德尼行进途中为2000多名信徒摩顶。夜宿塔勒布亚地方。教友达察杰仲主仆拜谒献最初缘起礼物,与班禅就佛教教义进行详细讨论。

扎西德庆寺喇嘛、大喇嘛丹增、德木齐洛桑群培、喜饶仁青、格贵仁钦扎巴、洛桑班觉、曲觉比丘等献礼,班禅额尔德尼为他们讲授《兜率上师瑜伽论》,为德丹林寺德清法王等102人授近圆戒,为扎西德庆林寺为期一个月的护法酬补法会提供每日5次僧茶费用。

弥纳堪布从京城返回,向班禅额尔德尼呈送皇帝赐礼。有诗道:

为了众生之大事,
从来不为自己想,
故尔众生对于您,
争相供养真稀奇。
勤勉广作三密事,
仿佛世间如意树,
如今长寿树恒乐,
不能施舍何故比?

七日,班禅额尔德尼行进途中在轿子上为3000多人摩顶,是日莅居准纳日纳鄂森地方。达察杰仲主仆告辞。

数日来,天气干旱,庄稼枯萎发黄,六皇子请求班禅额尔德尼祈雨。班禅行长净仪轨,不日天空浓云密布,大雨连降一昼夜。六皇子献礼谢恩。

当时,坛杰排巴林寺与玛麻呼图克图寺举行为期一个月的护法酬补及诵经法会,班禅额尔德尼分别施放斋僧茶,提供经费。

八日,班禅额尔德尼行进途中为800多人摩顶。察哈尔格勒夏尔寺等15所寺院、越嘎杂日呼图克图洛桑图丹坚赞、18位施主、俄盖达王、杂朗藏格喇嘛嘉布、杂朗藏格却图等献礼,听班禅讲授《尊胜母陀罗尼经》《四臂观音菩萨修念随许法》《香巴拉净土誓愿》《时轮上师瑜伽论》《大乘长净》等。

山西行署派人来献慰问品。献礼者还有:苏尼特右旗托颜洛桑贡布、台吉德勒佩、台吉图格斯、几所寺院、大同城台吉等。轿夫向班禅额尔德尼告别。

当时，噶丹德贡扎西群培林寺、温乃绛曲林寺等10所寺院举行为期一个月的《甘珠尔》《度母经》《白伞盖禳解法》《般若心经禳解法》诵经法会，酬补护法，班禅额尔德尼提供每日5次的僧茶费用及供器。

第二天（九日），班禅额尔德尼行进途中为2000多人摩顶。尔后，莅临达察汗艾尔格地方休息，直隶总督迎接献礼。

苏尼特右旗新寺洛桑次佩献礼祝贺、班禅额尔德尼为该寺举行的《度母经》《白伞盖佛禳解法》《般若心经禳解法》诵经法会提供150次僧茶费用。

十日，班禅额尔德尼一行抵达达兰图茹地方，班禅为万余人摩顶。喀尔喀图萨拉琪拉尚、子德却嘉布、夫人格佩及苏尼特图萨拉琪代表大喇嘛丹增米林主仆10人、台吉6名共20人献礼，听讲《白度母修念随许法》《普贤行愿品》《兜率上师瑜伽论》《三时怙主陀罗尼经》《依无量光佛转授法》。

十一日，班禅额尔德尼行进途中为20000多人摩顶。行抵更觉作玛，六皇子设午宴迎接，于莲花寺献礼。尔后，班禅由僧人仪仗队迎接到哈雅珠巴的索迈寺，班禅向马头金刚献哈达，夜宿杰巴哈朗图地方。运输队头领俄盖尔达贡波嘉、噶赖达达尔结等9人、江达5名、笔帖式11名、阿多达156名、武官191名、饲养员895人及其他385人，共计1522人先后献礼。

大佛学家赞普敏珠尔诺门罕、强佐洛桑崔成与曲札、大喇嘛诺布、多伦诺尔诺云曲杰等主仆200多人献曼札迎接，班禅额尔德尼以素宴招待各位，相互交谈。

喀尔喀札萨克图汗代表300多人献礼，请求班禅额尔德尼授教，班禅讲授《二臂十一面马头金刚修念随许法》《兜率上师瑜伽论》《长寿经》《三时怙主陀罗尼经》《般若波罗蜜多心经》《香巴拉净土誓愿》；为哈雅知巴寺举行的历时两个月的《甘珠尔》诵经法会提供供品，施予僧茶费白银260两、马10匹、骆驼两头、白银212两、曼札140具、哈达560条，为莲花寺《甘珠尔》法会施放斋僧茶。

十二日，班禅额尔德尼行进途中为15000多人摩顶。夜宿额尔德尼多辛欧布地方，为献礼的察哈尔克瓦夏拉俄盖尔大臣巴拉莫达、喀尔喀旗阿普等人传授《依无量光佛转授法》《普贤行愿品》《度母修念随许法》为托云坚赞等160人授近圆戒，为二人授沙弥戒。敏珠儿诺门罕告别先行。

十三日,班禅额尔德尼离开额尔德尼多辛欧布地方,途中为10000多人摩顶,行抵巴嘎哈结尔用午膳。多伦诺尔掌印喇嘛瓦勒图诺门罕、甘珠尔大喇嘛等派代表献慰问品。夜宿柯柯德热苏地方,六皇子设宴款待。

克贝夏拉公莫居多杰、苏尼特大喇嘛、固始喇嘛等拜谒献礼,班禅额尔德尼为他们讲授《无量寿佛修念随许法》《普贤行愿品》《依无量光佛转授法》《三时怙主陀罗尼经》,为喀尔喀德却喇嘛代表47人授沙弥戒,为一人授沙弥尼戒,为175人授近圆戒,为5人授居士戒。

十四日,班禅额尔德尼驾离柯柯德热苏,途中为苏尼特墨尔根诺云授教,为15000多人摩顶。

之后,班禅额尔德尼由诺门图喇嘛所属寺院僧人仪仗队迎接到达格地方休息,克贝夏拉雪寺院、部落献厚礼。有诗赞道:

虽是众生顶饰却不骄,
虽无珍宝顶饰也很美,
虽住人间不染世俗气,
能睹大师尊容好机缘,
月亮看到您尊容,
欢笑撒满人世间,
故尔即使是盲人,
岂用肉眼来寻觅。
怙主在此人世间,
长寿永驻执怜悯,
即使有人具贪欲,
闪念即灭守教诫。

苏尼特右旗王安塔桑哈、托云曲杰、札萨克台吉次仁扎西等人献厚礼。

尔后,班禅额尔德尼应札萨克台吉次仁扎西请求,讲授《兜率上师瑜伽论》《度母经》《绿度母修念随许法》《依无量光佛转授法》;为苏尼特王传授《无量寿佛修念随许法》《三时怙主陀罗尼经》《大慈悲经》等。为索朗托杰寺举行的为期三月的祝寿仪轨法会提供费用。

多伦诺尔掌印喇嘛等300余人拜谒，班禅额尔德尼赐茶款待，进行佛事谈论。

十五日，班禅额尔德尼行进途中在轿子上为6000多人摩顶。班禅夜宿通久地方，为恰哈尔贡泽佛殿及其他7所佛殿提供念诵祈寿经所需费用。应图萨拉琪等人请求，讲授《兜率上师瑜伽论》《依无量光佛转授法》《香巴拉净土誓愿》，为固始洛桑诺尔等7人传授《大慈悲经》，为台布斯俄盖德娘玛多杰等人授《无量寿佛修念随许法》。

阿巴海觉热图王代表额尔德尼图萨拉琪赛巴、格勒察汗7所佛殿、贡泽寺墨尔根法王夏仲等人向班禅额尔德尼献礼。

十六日，班禅额尔德尼被僧人仪仗队迎接到纳绕图苏美东部的盆地休息。喀尔喀公德勒多杰主仆、喀尔喀车臣汗代表札萨克坚白多杰及夫人、苏尼特左茹王代表增玛巴摩等各自献厚礼。

当天，向纳绕图苏美与吠琉璃寺提供诵经祝寿费用。

十七日，班禅额尔德尼于行进途中在轿子上为60000多人摩顶，夜宿更诺尔地方。阿巴海尼丹王、达巴寺大喇嘛阿旺洛桑、大喇嘛堪布雅培、格勒察汗俄盖达木曲、次仁多杰、杂朗藏格嘉布、杂朗藏格参多、杂朗藏格次旺、卓尼玛尔娘寺赤巴等各自献礼。

是日，班禅额尔德尼应尼丹王与噶尔格勒察汗代表俄盖达木曲、杂朗藏格等人请求，分别讲授《皈依菩萨心》《般若波罗蜜多心经》《三时怙主陀罗尼经》《依无量光佛转授法》《香巴拉净土誓愿》《马头金刚修念随许法》《无量寿佛修念随许法》《回向仪轨》《度母经》，为扎西群科林寺与扎西雍仲寺施放斋僧茶。

十八日，班禅额尔德尼途中从轿子上为20000多人摩顶，夜宿斯勒格库地方。班禅会见了喀尔喀德却耶当王代表次旺多杰及其幼子多杰饶觉、托云大喇嘛洛桑格敦、托云南杰多杰、桑杰多杰、曲杰噶钦洛桑群培等12人以及呼清额尔德尼王主仆5人、阿巴海贝勒玛噶始主仆7人等。先后在六皇子大帐和自己住帐同六皇子交谈。

阿巴噶觉热图王、察哈尔克贝夏拉各部头领献厚礼。在鄂盖达次仁顿珠等人请求下，班禅额尔德尼传授《无量寿佛修念法》《三时怙主陀罗尼经》；为居热图王代表讲授《般若波罗蜜多心经》；为章嘉呼图克图弟子曲杰赤列丹巴等人传授《白度母经》《依无量光佛转授法》;为绛曲林寺施放斋僧茶。

十九日,班禅额尔德尼途中从轿子上为30000多名僧俗摩顶,夜宿咸德果勒地方。接见喀尔喀德却耶当王、贝勒次仁多杰、侍从10人、乌珠穆沁王公主仆50多人。应贝勒请求、讲授《尊胜母修念随许法》;为贝子达丹平措与喇嘛班智达呼图克图、额尔克夫人央金卓玛、托云洛桑尼玛等人传授《无量寿佛修念随许法》《妙音菩萨修念法》;为盖钦寺与阿巴海格培林寺长寿法会提供费用。

乌珠穆沁达贝勒扎西贡波、阿巴海贝子、达丹平措贝子喇嘛阿齐图法王等人各自献礼。

二十日,班禅额尔德尼一行启程继续前行,途中在轿子上为3000多人摩顶,夜宿察汗布勒地方,会见前来迎驾的章嘉呼图克图,以素宴款待之,并非常高兴地与其进行了深入交谈。

耶当王胞兄、其长子额尔德尼台吉次旺多杰、喇嘛法王噶钦洛桑群培、呼旗右旗郡王莫居多杰、洛桑金巴活佛、豁尼贝勒的喇嘛阿旺索朗、图萨拉琪贡波嘉布、坚赞等46人献礼并诵经祈寿,班禅传授《无量寿佛修念随许法》《马头金刚修念法》《依无量光佛转授法》《圣道三要论》《兜率上师瑜伽论》《长寿修习》《三时怙主陀罗尼经》等。

二十一日,班禅额尔德尼在呼多乌苏地方会见喀尔喀数名官员。尔后,由佛学大师章嘉活佛、几位高僧、几名官贵、上千马队以及上下寺寺院僧人仪仗队迎接到被蒙古人称为多伦诺尔七海寺附近的平滩下帐。正是:

浩如蓝天广阔地,
富足众生如云集,
身着袈裟手摇旗,
大师驻锡七海寺。
有缘众生齐排列,
多似印度恒河沙,
纷纷敬献供养物,
圆却享受多如云。
仿佛释迦舍卫城。

是否罗汉护着来？
或是遍知吾等佛，
为利众生忙操劳。

乾隆皇帝派协达尔卡公与札萨克喇嘛阿旺班觉赍旨前来，谕曰："尔喇嘛为祝朕七十寿辰入觐。自塔尔寺起，驾临蒙藏百姓，弘扬黄教。朕巡视江南期间，尔唪经虔祝，朕甚欣悦。尔自塔尔寺起程，因一路炎热，特派二位大臣偕同拉科呼图克图赍朕快舆、马车、蒙古包前往绿城迎接，今尔康宁乎？春日炎热，沿途多歇几日为宜，故特派皇子同章嘉呼图克图去代噶迎接。前朕去避暑山庄时，于常山峪由鄂噶太奏称，'尔喇嘛之强佐、索本及300名随员天花痊愈'，实乃尔喇嘛法力所致矣，朕甚欣悦。特向尔喇嘛同强佐发去荷包等。现天气炎热，祝尔安抵，特送珍珠僧帽一顶、金丝缎僧衣一套、水晶石念珠一串、糌粑盒，特遣朕侄协达尔卡公与札萨克喇嘛阿旺班觉送去，望尔笑纳。朕于五月七日抵避暑山庄，扎什伦布寺竣工，朕常去视察，命妥为准备，至诚与尔会晤。"①敕谕与贶仪由六皇子、章嘉呼图克图、协达尔卡公呈送班禅额尔德尼。

协达尔卡公献珍珠念珠3串、时钟2盘、白玉石器皿14件、缎子18匹。札萨克喇嘛阿旺班觉献白银50两。班禅额尔德尼设素食宴招待各位贵官、喇嘛。

次日，班禅额尔德尼朝拜多伦诺尔地区诸佛寺，供奉祭品，诵经虔诚祝赞，为众位僧人讲授《上师供仪轨》《兜率上师瑜伽论》。

章嘉呼图克图在自己的寺院设素宴招待班禅额尔德尼。尔后，班禅为

---

①　关于此事，乾隆四十五年五月二十五日的敕谕说："奉天承运乾隆皇帝敕谕班禅额尔德尼：据伍弥泰等奏报，悉喇嘛强佐仲巴呼图克图、堪布岁本等300余僧众痘症痊愈。等语。此诚系大善，朕甚欣慰。尤其尔兄强佐仲巴呼图克图已年过半百，朕更为牵挂。尔等随同入觐之300余僧众已平安越过阿拉善等地，行抵归化，此乃天意，亦系尔等福分，接伍弥泰等奏，尽释朕念。朕巡视江南等省，事事顺利。五月九日返抵圆明园，身体安好，每日召见臣工百余，朝务繁忙。十九日，往地坛祭祀，祈求风调雨顺，国泰民安。二十一日，天气晴朗，起程赴避暑山庄，阅视为尔安居而修建之须弥福寿之庙。尔遣送先行之二千峰驼驮及内务府准备之骆驼、车马均已顺利到达热河，避暑山庄副都统、都统、大臣等已分派兵丁妥为看守。先期到达僧众均好。朕亦于五月二十四日抵热河，僧众病愈之事，朕行至常山峪途中方闻，因各项物品已运往山庄，未能厚赏，待尔抵山庄后再赐宴重赏。现将朕随身使用之物，赏班禅额尔德尼哈达一条、大小荷包各一个、鼻烟壶一个、宝石一对、带刀玉带一根、金表一只等；赏强佐仲巴呼图克图大小荷包各一对，金表一只，以舒朕志。见物如见人，祝吉祥如意。尔等不日即来相见，朕甚为高兴，盼早日前来。特谕。"

协达尔卡公授《独雄大威德灌顶》。为了答谢乾隆皇帝赐书礼物之恩，献书奏称："吾抵多伦诺尔时接到慈悲无边之殊胜旨谕。吾为称祝乾隆皇帝七十寿辰入觐，自从抵达塔尔寺，即以佛法教化蒙藏众生，弘扬黄教。圣上巡视江南之时，吾诵经虔祝，迎得圣上欣悦。从塔尔寺起程，途中炎热，圣上关怀备至，特派两位大臣、拉科呼图克图来绿城迎接。赐快舆、马车、蒙古包等，吾起居住行，无不享用，使吾身心爽乐者，皆圣上之恩典也。春季天气炎热，圣上敕谕，'沿途多歇几日为宜'。更派六皇子同大国师章嘉仁布切来代噶迎接。当兄长强佐与索本等300名僧俗随从病愈时，圣上又降旨，'实乃尔喇嘛法力所致矣——并赏赐礼品。今又派侄协达尔卡公与札萨克喇嘛阿旺班觉，降下慈悲圣旨，赏赐入觐时戴用之僧帽等珍贵礼物，恩重无量"。随书礼物几尊佛像。同时，赏赐协达尔卡公与札萨克喇嘛主仆；为多伦诺尔右旗寺施予30次僧茶费白银102两，发给500名僧人白银各一两，送给该寺汉式宗喀巴座像一尊，其他佛像7尊、画像两幅、佛经4包、金铜佛像11尊、幡一面；为历时六个月的护法酬补法会提供每日5次僧茶费白银515两，供祭费白银300两、哈达10000条；为左佛寺施予30次僧茶费白银126两，发给700名僧人白银各一两，赠给该寺宗喀巴座像一尊、其他佛像6尊、画3幅、佛经7包、佛塔7尊、幡一幅；为历时六个月的护法酬补与《丹珠尔》诵经法会提供每日5次僧茶费白银715两，合银420两之礼物供品等。

二十三日，佛学大师章嘉呼图克图献上等哈达、佛像、佛经、佛塔、白银500两、缎子6匹、马9匹等厚礼，祝愿班禅额尔德尼长寿。

拉科呼图克图、强佐札萨克喇嘛格勒南喀、大喇嘛喀尔喀医师法王洛桑南杰、大喇嘛洛桑赤列、章嘉国师随从、呼江寺、夏琼寺大喇嘛阿旺勒贤、时轮寺大喇嘛额尔克法王、217名僧俗信徒、浩尼特札萨克达尔罕德清大贝勒诺布嘉措、阿瓦拉寺班智达曲杰、喀尔喀托云洛桑多杰、俄兰大喇嘛赛巴等各自献礼。正是：

经典造诣胜瀚海，
辩讲著述弘佛法，
知者顶饰章嘉佛，
丰厚礼品供大师。

世代传承大喇嘛，
理论深奥是学者，
口操双语固始等，
有缘众生成教民。
尊贵种姓雪山来，
红黄长发垂颈间，
无数小国似狮聚，
尽皆恭拜宝座前。
信仰三宝诸信徒，
来报您的大恩德，
边隆腹地财宝库，
虔诚马车拉无瑕。

二十四日，按照扎什伦布寺历算，当日为二十九日，班禅额尔德尼莅临密宗札仓僧众首座，广行酬供阎罗护法仪轨。六皇子与章嘉国师列席。

科尔沁土默特贝子的母亲贡却曲桑等26人献礼，听讲《无量寿佛修念随许法》《皈依颂》《香巴拉净土誓愿》。

二十五日，喀尔喀哲布尊丹巴克热代表旺钦夏仲、墨尔根曲杰活佛、协热图法王、大喇嘛旺钦嘉布等527人及喀尔喀土谢图公云丹等各自献礼祝贺，班禅额尔德尼回赐《甘珠尔》一套，礼品多件。献礼者还有：堪布托云洛桑达瓦、贡却卓玛、大喇嘛金巴、格勒察汗藏格宇钦、喀尔喀大喇嘛平措、格勒柯柯赤巴喜饶欧赛、大喇嘛喜饶、顿珠寺、喇嘛额尔德尼法王、图谢叶图公侄母、才旦格佩公、达顿月扎西、台吉桑波、阿旺嘉、台吉达尔结、喀尔喀额尔克托云、扎西群科寺、科尔沁图萨拉琪、巴托穆柯、科尔沁公诺颜达热、额尔德尼图萨拉琪、乌珠穆沁公台吉饶旦多杰、赤浑班智达堪布巴丹嘉措、额尔德尼墨尔根图克图、次仁嘉布公、台吉俄宇尔布珠、阿摩藏噶朗、女赛格、丹巴比丘等。

当时，从察哈尔、阿巴海、克什克腾、乌珠穆沁、浩尼特、呼切、阿鲁科尔沁、嫩江科尔沁、乃曼、苏尼特、喀尔喀等蒙古地区来拜谒班禅额尔德尼尊容，聆听教诫，请求摩顶的学者、沙弥僧、比丘僧、台吉塔布等不可计数，若如夏季密云。班禅额尔德尼本想满足他们的愿望,但因语言不通,人数太多,很难逐一摩顶。尔时,在诸随员的热诚服务下,班禅乘轿为排成几里长队的信徒摩顶,历时三天,使大家满意而归,据说当时至少有10000余人。

贝勒贡桑与喀尔喀雅培达尔罕诺云二人献礼祝贺。

二十六日,阿鲁科尔沁达丹贝勒、寺院喇嘛、图谢迈勒、各部落、克什克腾札萨克茨华嘉、乌珠穆沁亲王玛哈斯卡、苏尼特右旗大王次仁贡波、绿城掌印喇嘛、俄蔡觉尔旗寺院喇嘛毕力克图切呼图克图、科尔沁台吉喜饶、大乘活佛、察哈尔格勒柯柯部落各献礼物。

乌珠穆沁二人、阿巴海二人、呼切二人、苏尼特二人及斯音格勒却勒汗寺设宴招待班禅额尔德尼,并敬献礼物。

当时,班禅额尔德尼书奏乾隆皇帝:“圣上关于六皇子与章嘉呼图克图之敕谕及赏赐均收到。”同时,厚赐章嘉国师。

喀尔喀札萨克索朗顿珠、喀尔喀车臣达赖贝子、多伦诺尔掌印师毕力克图诺云汗、喀尔喀车臣汗部落、喀尔喀贝勒旺嘉多杰部落、诺云法王、喀尔喀车臣汗代表次旺多杰公、阿拉格贝勒、札萨克公10人,共300人,以及达丹贝勒教友帕索济咙活佛洛桑益西丹贝贡波、卓尼德堪布嘉木央贡却尼玛、丹巴贝勒、措欠额尔德尼王洛桑才旦班觉、喀尔喀哈尔德贝子代表、台吉、噶丹达结寺、格结寺等15所寺院、扎西群培寺等各自献礼。各寺院举行为期两个月的长寿修习仪轨法会,班禅额尔德尼提供每日5次僧茶费用,并与密宗札仓僧人共行白伞盖佛母仪轨及四方火供、度母退敌仪轨法会,祈求佑护。同时,派重孜喇嘛洛桑格勒热绛巴进京向乾隆皇帝问安。

喀尔喀桑杰巴桑再世化身诺云呼图克图嘉木央艾智嘉措主仆、喀尔喀公贡却多杰、哈托茨巴杰、图萨拉琪次仁扎西及夫人央金、洛桑多杰比丘、准噶尔嘉饶勒达贝勒玛哈托金刚手、哈托吉迈孜、散托云旺嘉等各自量财献礼,听班禅额尔德尼讲授《无量寿佛修念随许法》《观世音菩萨修念法》《度母经》《金刚手菩萨修念随许法》《马头金刚修行法》《集密仪轨》《白伞盖佛母陀罗尼经》《皈依颂》《兜率上师瑜伽论》《香巴拉净土誓愿》《普贤行愿品》《般若波罗蜜多心经》《依无量光佛转授法》等。

其间,班禅额尔德尼为108人授居士戒,为70人授居士尼戒,为45人授出家戒,为15人授出家尼戒,为910人授沙弥戒,为30人授沙弥戒,为哲布尊丹巴克热寺施予僧茶费白银300两及佛塔等。

二十九日，班禅额尔德尼驾离多伦诺尔，途中为僧俗多人摩顶。行抵阿勒坛多斯地方，巴仁旺之子索朗多杰、大喇嘛额尔德尼墨尔根法王阿旺格勒坚赞一行300多人、喀尔喀诺云呼图克图、次仁扎西等献礼迎驾。班禅为他们讲授《四面观音菩萨修念法》《绿度母修念法》《皈依颂》《兜率上师瑜伽论》《嘛呢咒》《香巴拉净土誓愿》；为俄居目切贝勒托云等66人授沙弥戒；为贡钦林寺、曲扎林寺、索德寺、布颜欧郭旗4所寺院举行的为期两个月的护法酬补法会提供费用。

喀尔喀车臣汗主仆、多伦诺尔掌印喇嘛毕力克图诺门罕、医师喇嘛、执事等告辞。有诗道：

祥云缭绕金山顶，
胜似金山体魁伟，
眼见如同红太阳，
信徒个个天界玩。
天下无双美相貌，
映入信徒双目内，
众生个个心欢喜，
泛起波涛乐无穷。

三十日，班禅额尔德尼一行莅临绕温德尔用午膳。尔后，经过一片绿草丛生、百花争艳、蜜蜂飞舞、树木稀少的平原，最后莅居觉多地方。嘉热勒贝勒平措、巴林贝子、俄盖达次仁多杰等25人以及喀尔喀玛杂始的母亲诺布达拉等人各献礼物。班禅为哲布尊丹巴克热乃呼图克图等154人授近圆戒。

从此开始，凡路途所需马匹、驮牛等皆由克什克腾部落负责安排。先前护送人员全部返回，班禅额尔德尼予以赏赐。

七月一日，班禅额尔德尼莅居羊秀地方。

喀尔喀车臣汗所属几所寺院及克什克腾札萨克、东纳夏仲活佛、额尔德尼诺门罕寺院、达赖浑台吉、车臣汗喇嘛旺钦夏仲等各献礼物。班禅额尔德尼分别讲授《长寿马头金刚双运灌顶》《白伞盖佛母陀罗尼经》《依无量光佛转授法》及《青衣金刚手修念法》;为其他人讲授《无量寿佛修念随许法》《马头金刚修念法》《白度母修念法》等;为280人授近圆戒;为噶勒达林寺与丹结达结林寺举行的为期两个月的护法酬补与诵经法会提供每日5次僧茶费及供品费用。

二日,班禅额尔德尼行抵诺勒钦地方。六皇子同杨阿勒哈达奉命送来味美可口的西瓜与香瓜两大筐,班禅上书谢恩。

自代噶起程至此,所过之路若似鸟道,常有虎豹出没。夜间,多人于班禅额尔德尼住帐周围燃篝火守卫,高声呼叫,以驱虎豹。

三日,穿过一片森林,翻越几座被称为邯达巴的山梁,山顶上有1座皇家大祭祀台,班禅额尔德尼献供哈达,以托相助。当时,赛罕美多山南面天空升起一片如红绸般的彩云,飘临班禅头顶,众随从亲眼所见,真是稀奇。是日,夜宿色邯鄂博。喀尔喀额尔德尼法王与协热图献礼,班禅讲授《依无量光佛转授法》《兜率上师瑜伽论》。

四日,班禅额尔德尼一行行抵察汗豁若地方休息。

奈曼、阿鲁科尔沁、却呼尔喀尔喀、二位嘉热、二位苏尼特、敖汉、克什克腾等11位呼协联合宴请班禅额尔德尼一行,敬献礼物,宴会上表演了笛子吹奏与小孩赛力等节目。

阿鲁科尔沁图萨拉琪巴颜杰献礼,听讲《无量寿佛修念随许法》《度母经》《兜率上师瑜伽论》《三时怙主陀罗尼经》《百字经》《白伞盖佛母修念随许法》等。

另外,班禅额尔德尼为嘉热图萨拉琪讲授《兜率上师瑜伽论》《长寿经》《三时怙主陀罗尼经》《度母经》,赐给散达巴僧冠。同时,派司钥洛桑坚赞多杰去热河向乾隆皇帝献礼。

图萨拉琪巴尼杂、俄豁达台吉贡波才旦献礼。

五日,班禅额尔德尼为六皇子、杨阿勒哈达等大小官员、拉科呼图克图等大喇嘛、留保柱大臣、多尔格大将军、博清额大臣赠送礼物,表示感谢。尔后,为俄尼贝子曲嘉等人讲授《大慈悲经》《三时怙主陀罗尼经》;为麦哲呼图克图等153人授近圆戒。

六日,班禅额尔德尼越过一条窄谷,莅居台吉地方。

艾普公路敦、台吉恰多加、台吉斗噶尔、哈托堪吉、哈托艾木图、希巴汗察卓玛嘉、台吉巴饶、法王扎巴、金巴比丘、德延比丘、顿珠热绛巴、三木旦、布勒、艾德、欧窝汗王琼觉代表哈托班玛拉噶、托云曲杰、班觉饶旦、麦哲呼图克图、次仁等献礼，班禅额尔德尼传授《度母经》《妙音菩萨修念随许法》《大慈悲经》《三时怙主陀罗尼经》等；为麦哲寺《甘珠尔》与协杂饶结林寺酬供护法法会提供300次僧茶费用。

七日，班禅额尔德尼翻越巴绒大山，莅临浑都豁地方休息。掌印师嘉木央丹增、夏仲洛桑雅培、达曲伦珠热绛巴献礼，听讲《无量寿佛修念随许法》《上师供仪轨》。班禅为四人授沙弥戒，二人授居士戒。

次日，班禅额尔德尼等人受到科尔沁大王曲迈多杰、札萨克图旺代达、土谢图王扎西南杰、艾普贡波嘉布、那索巴托公、柯希艾普玛觉多杰、喇嘛诺云呼图克图等官员僧人300多名的热情欢迎，会见50名科尔沁代表。

其间，班禅额尔德尼每日为上千人摩顶，朝拜者各自献礼祝贺。

九日，班禅额尔德尼一行经过一片片草滩、田地，来到盖尔旗伦阿玛地方休息。在行途中班禅为10000多人摩顶。科尔沁呼协十部联合设宴迎接，献礼并诵经祈寿。

科尔沁大王曲迈多杰、大诺云次仁丹巴、札西南杰王、旺嘉多杰王、贡噶饶丹王、阿旺才旦王、诺云呼图克图、桑都嘉布王、扎西噶丹王、贝勒散恰更、贝勒阿摩果朗、艾普贡波嘉布、贝子班觉、贝子喇达、三佩嘉措公、格茹嘉布公、哈达公、札萨克台吉饶旦、台吉班觉、台吉顿珠、艾普雅培、艾普莫居、艾普贡波、图萨拉琪旺秀、杂格茹国旗、台吉迈仁等22人贡献礼物，听班禅额尔德尼讲授《无量寿佛修念随许法》《圣道三要论》《兜率上师瑜伽论》《三时怙主陀罗尼经》《香巴拉净土誓愿》。

敖汉王代表索朗达结及其夫人平措扎西、艾普次丹多杰主仆47人、欧尼王管辖的8所寺院、欧尼贝子、欧尼公、贝拉斯莫、迈仁斯莫、盖甘叶托尔斯莫、阿噶茹图斯莫、郭莽法王、噶究云丹、噶究喜饶、阿然巴格勒嘉措、欧尼旺秀主仆等各自献礼并诵经祈寿。

当时，达萨寺举行《甘珠尔》诵经与护法酬补法会，欧尼王代表斯莫、贝子斯莫、斯莫公、贝拉斯莫、贝克斯莫、克甘叶托尔斯莫、阿噶茹斯莫等亦于同日举行诵经法会，班禅额尔德尼分别提供僧茶费用。

负责护送的两位巴宗头领、数名小官及士兵等告辞。

十日，班禅额尔德尼行进途中为40000多人摩顶。夜宿格尔贡哈勒地方，六皇子近侍艾普、斯巴堪察洛桑卓玛、台吉次旺、台吉茨华嘉布、台吉曼达科、杂巴噶、阿旺金巴比丘、台吉昂格布伦、云丹、图萨拉琪饶丹南杰主仆、达颜齐喇嘛扎西尼玛、卡茨毕嘉布、格茹嘉布公、图萨拉琪洛桑南杰等人晋谒献礼。

班禅额尔德尼为曲科林寺提供僧茶费白银75两、报酬白银45两。

十一日，班禅额尔德尼一行在原地休息。

科尔沁大王艾普曲迈多杰及其夫人艾智嘉措、俄然杰、斯巴堪察阿赖克、阿旺楚臣、科尔沁土默特贝子母与子、尊追嘉措主仆80人、卓玛嘉布夫人、台吉斗噶尔等献礼物，班禅额尔德尼讲授《弥勒菩萨修念法》《无量寿佛修念随许法》《度母经》《香巴拉净土誓愿》《功德论》《兜率上师瑜伽论》等；为27名僧人授居士戒，为17人授居士尼戒，为3人授沙弥尼戒。

当时，乾隆皇帝派宠清艾卡送来美味水果，六皇子与杨阿勒哈达呈送班禅额尔德尼，班禅恭受。尔时，书奏乾隆皇帝："圣上前赐稀有水果，吾上书谢恩。今又特派大臣送来营养丰富、味道香甜之李子，哈达等，并关切地询问，日下天气酷热，身体是否适宜'，同时介绍那边准备情况。兹因皇恩浩荡，沿途驿站准备齐全，未遇任何困难。"另外，颇赏送水果的大臣，表示感谢。

十二日，班禅额尔德尼于行途中为60000多人摩顶，夜宿博汗图玛地方。

科尔沁五部大王拉达桑哈、王妃嘛呢达拉、子顿珠才旦、蒙古勒靳贝勒索朗班觉、土默特贝子次丹顿珠、科尔沁公晋协嘉布、札萨克公玛哈巴拉等于觉素却勒汗寺设宴迎接，敬献厚礼，向各住帐施银。宴会上乐器奏鸣，表演了青年舞蹈。演出结束后，班禅额尔德尼讲授《无量寿佛修念随许法》《度母经》《般若经》等。

当时，科尔沁格模寺举行念诵《甘珠尔》与护法酬补法会，班禅额尔德尼提供300次僧茶费用。

十三日，班禅额尔德尼在路途中为众多信徒摩顶。这天经过遍是淤泥的穆然达巴，位居俄兰西塔尔贡的地方。六皇子告辞先行，班禅请他向圣上转呈哈达、佛像等礼物。科尔沁公玛哈巴拉、阿巴海旺嘉、艾普曲班巴、艾普嘉布、科西艾普贡却嘉措等各献厚礼。

在哈托班玛欧赛、哈托次仁、哈托益西等人的请求下，班禅额尔德尼讲授《白胜乐修行法》《无量寿佛修念随许法》《观世音菩萨修念法》《度母经》《马头金刚修念随许法》《兜率上师瑜伽论》《长寿智慧如意母经》《香巴拉净土誓愿》《佛说圣六字大明陀罗尼经》《白胜乐密修法》等;为 4 人传授出家戒,为 3 人传授沙弥尼戒,为两人授居士尼戒。

十四日,班禅额尔德尼在途中为 1000 多人摩顶,并夜宿太美哈达地方。

当天,乾隆皇帝派宫中管理水果的大臣送来李子、西瓜、桃子等,班禅额尔德尼很高兴,当即书信上奏乾隆皇帝以谢恩。

十五日,行抵森达巴山顶,班禅额尔德尼与诸诵经供祭护法神、誓愿法王、忿怒姊妹护法,向土地神献供哈达、红缎等,祈求保护。

午后,班禅额尔德尼莅临勒巴苏美地方,休息二日。会见从西蒙古来的堪布桑杰欧赛、俄盖达巴图尔却图等人。多尔格博大臣、留保柱大臣、达大臣、拉科呼图克科、大喇嘛央嘉呼图克图、王大喇嘛等告辞先行。

其间,喀尔喀土谢图汗献礼并诵经祈寿,听班禅额尔德尼讲授《无量寿佛修念随许法》《绿度母修念随许法》《白伞盖佛母陀罗尼经》《金刚手菩萨修念法》《兜率上师瑜伽论》等。

十八日,六皇子同杨阿勒哈达等再来向班禅额尔德尼呈送乾隆皇帝所赐折扇,扇子上题诗道:

本来身离尘,隐修更圣洁;
菩萨离红尘,至诚积善业;
清风送慧气,露珠呈光彩;
此言赠何人,天著与天亲。

乾隆皇帝亲书此诗,歌颂班禅额尔德尼的大业绩。

这天,班禅额尔德尼为 3 人授居士戒,为 3 人授居士尼戒。

当来到果果格太尔地方时,天突降大雨,洪水冲散原来所架桥梁,无奈只好原地下帐。帐篷刚架好,使者又决定起驾,通过河岸山腰一羊肠小道。这时,乾隆皇帝所派的索本公主仆、多尔格博大臣、留保柱大臣,以及汉、藏、满、蒙古百余名骑士前来迎接,向班禅额尔德尼转交圣旨。尔时,虽然人多道路狭窄,雾气弥漫,但因托乾隆皇帝之恩与班禅之加持法力,人畜安然无恙。之后来到乾隆皇帝曾游玩时住过的行宫休息。

班禅额尔德尼一行经过长途跋涉,终于来到广阔无边、盛藏宝物的蒙古大地,高辙者顶礼拜见;富裕者如向皇帝缴纳赋税,纷纷献礼。班禅额尔德尼讲说佛法,尽除众生之苦衷;仿佛释迦圣教之雨水相连之水库,波涛滚滚,昌盛兴旺。有诗赞道:

释迦教理光芒照大地,
绝世功德胜似睡莲开;
形形色色世间呈吉祥,
四时虽灭所划事业在;
何处黑暗何处苦,
佛法慧眼能洞察;
大师降生雪域地,
弘法宣教利众生。
口诵佛经无怖畏,
众生恭礼广赞颂;
勤勤恳恳依苦行,
尸罗甘露真稀奇!

以上为《尊胜上师有寂世界顶饰班禅遍知一切罗桑班丹益西贝桑布传——太阳之光》之第十二章"在蒙古地区讲经说法"。

第十三章　到热河和北京满足乾隆皇帝心愿,利益教法众生

二十二日,班禅额尔德尼从行宫起程,途中乾隆皇帝所派大小官员身着缎衣,头戴官帽,乘马排列道路两侧迎接。当班禅来到欢迎队伍中时,为首官员下马叩拜,敬献哈达说明奉旨前来欢迎,然后乘马入队。接着是第二批马队至前献哈达。如是,前队刚去,后队又来,络绎不绝。班禅莅临达江尼日山顶,8 位轿夫肩扛八抬大轿,为首者头戴飞翎帽,请班禅上轿。当班禅乘

轿来到一小山顶时,热河大地呈现在眼前,山川峡谷若如涂上一层鞣鞨宝石液,绿草茵茵,硕果垂枝,田绿禾壮,8 条小河哗哗流淌。舍宅遍地,格鲁派寺院与汉式庙宇隐约可见,群山雄伟壮观,真是一块无所不有的宝地。有诗赞道:

广袤无边持宝地,
鹦鹉展翅呈祥瑞;
碧绿草坪美如画,
树木森林鲜花饰。
城市乡宅遍环绕,
珍宝楼阁帝释宫;
遥望彼等诸奇观,
欢喜浪涛泛心田。

乾隆皇帝使者额尔艾普公、何大臣、皇侄彭协杰伦公等大小官员,众生之导师章嘉呼图克图、赞普敏珠尔诺门罕、达罕济咙活佛、布达拉堪布、须弥福寿庙堪布、大佛寺堪布、录吉祥具相殿堪布、永乐寺堪布、札萨克喇嘛、大喇嘛、斯拉喇嘛、翁则等僧俗千余人于山迎接,敬献乾隆皇帝所赐洁白长哈达。当额尔艾普公与何大臣来到班禅额尔德尼身前时,班禅下轿对二位说:"不必如此隆重"。二位大臣呈上乾隆皇帝敕书。书说:"朕即可与班禅额尔德尼会晤,朕甚欣悦。尔班禅额尔德尼一路不曾烦闷,身体可好?朕赐御用仪仗、毯子、伞、宝幢、旗帜,舆轿,班禅额尔德尼舆轿前来"。班禅恭受赐物,问圣上可好。内务大臣额尔艾普照等人请求班禅摩顶,班禅摩顶祝福,相互热情交谈。

之后,由皇太子、内务大臣引路,班禅额尔德尼莅临大佛寺附近时,大路两侧有手执御用仪仗、各种大伞、军旗、幡、胜幢、扇子的勇士及僧人仪仗队迎接。班禅额尔德尼为金川、昌都、札雅、巴塘等康区十八土司的代表、梅北将军以及厄鲁特、准噶尔地区 800 多人摩顶加持,并与几位官员互致问候。

大佛寺广场架起了御帐,备有舆轿与食品。班禅额尔德尼由皇太子、内务大臣陪伴进帐用膳。然后,乘轿继续前行。当时乾隆皇帝降旨说:"从此至热河大殿须乘朕之大轿,若尔,朕亦有福德”。班禅书奏:“我乃一小喇嘛,托圣上之福而来,万万不可乘御轿”。各位大臣请求说:“班禅额尔德尼不必心怯,圣上赐御舆,乃皇家规定,完全是为服侍好班禅,尊敬您班禅。之前,班禅于绿城时所乘舆轿,亦是御轿,与此轿毫无区别”。经此解释,班禅乘轿莅临章嘉呼图克图住处小憩后,准备觐见乾隆皇帝。这时,皇太子与各位大臣前来禀告班禅,乾隆皇帝等候与班禅额尔德尼会晤,速去觐见。班禅听后非常高兴,众随从派往扎什伦布寺(须弥福寿庙),班禅自己带领50人陪同前去大殿。沿途汉、满、蒙古信徒上万人屈膝跪地欢迎,人虽多,却无吵嘈声,显示了法律的严明。从此地到皇宫的路上各种伞盖、胜幢、旗幡、业树迎风招展,无比威严;琵琶、笛子、长角号、海螺、鼗鼓等各种乐器不断奏鸣,悦耳动听,威严而如意。七政宝转轮王之威严帝释毫无对手。皇宫周围是一片广场,名“嘉果噶藏赤”(音译)。临近广场各位随从离蹬下马。山门内路的两侧站立着头戴高帽、身着彩衣的武士,个个手持各种颜色的上等缎制伞盖、大扇等无量供物,美丽而威武。当班禅额尔德尼经过每个大门莅临一小宫殿门前下轿时,听见有人劝说道:“尊师不必下轿,此乃圣上旨意。”但班禅额尔德尼看到已经来到乾隆皇帝寝宫门边了,便下轿步行。皇子与二位内务大臣、索本堪布陪同服侍班禅前行,从成就无比福泽大吉祥获得清静,在大海边散发着资粮之都古拉草织成的洁白绸缎施予大地欢乐,赐予胜利的傲慢,自由驰骋于大地中间。无数的军士使敌人的光辉衰损,脚登宝镜执持一切小国的容颜;四部的千瓣盛开,犹如吉祥之日光神;七政宝的大转轮由神护持。宫殿内诸位大臣列立两旁,乾隆皇帝与六世班禅额尔德尼双方首次会晤,分外高兴。班禅额尔德尼向乾隆皇帝献上上等哈达、铜像、珍珠装饰品等。当班禅额尔德尼准备屈膝跪拜时,乾隆皇帝急忙握住班禅的手,用藏语说:“喇嘛不必跪拜”。乾隆皇帝很高兴地将一条无垢长哈达送给班禅并问道:“喇嘛贵体可好?长途跋涉是否心烦?”班禅额尔德尼答道:“圣上不必担心,路长道远,天气虽热,然清风凉爽,未感任何疲劳”。乾隆皇帝听后颇感高兴,说:“甚善”。随后,陪同班禅额尔德尼来到内宫,足登一宽大宝座,面对面交谈。如是双方犹如前世缘份,欢心仿佛睡莲开放,非一次连绳,所现之善缘不可破。随顺之因缘善合,若如东方的明月圆满。虽离得遥远,然共同放射之吉祥光芒射向百方,万人欢呼。随即章嘉呼图克图向乾隆皇帝、班禅额尔德尼献上哈达，大强佐洛桑金巴、索本堪布洛桑克却等随从先后敬献哈达。乾隆皇帝高兴地接受，并一一回赐哈达。侍从上茶时，乾隆皇帝对班禅额尔德尼说："喇嘛请用茶。"尔后询问达赖喇嘛的情况。圣上问班禅："班禅额尔德尼贵庚？属相是什么？朕之七十寿辰，喇嘛高兴而来，朕心甚悦，有利于多麦之教法及众生，朕闻彼地一切士夫非常喜悦而感欢欣"。班禅额尔德尼歌颂了乾隆皇帝如观音菩萨的伟大功德。乾隆皇帝对章嘉国师说："呼图克图，今天好吉祥"。章嘉国师说："今足下双方会晤，天气好，缘起甚善，有与其他不同之因缘在"。

之后乾隆皇帝与班禅额尔德尼、少数随员莅临寝宫及几所佛殿向佛像、佛经、佛塔、无量宫等散吉祥偈之花雨。寝宫之间有如意树及各种颜色的花园，犹如不死主（帝释主）之欢喜园。当他们莅临花园中间时，乾隆皇帝对班禅额尔德尼说："喇嘛从此往上看，此等一切佛殿皆朕之寝室。于此等需要缘境礼拜"。班禅答道："觐慎礼拜任何缘境"。从此次第而来，步入帝释王宫，然后双方升宝座用茶。乾隆皇帝非常高兴地说："于胜义欢心祈祷，与喇嘛会晤前后皆一样。今日与喇嘛会晤朕心甚悦，实有前缘"，双方畅谈。

当时，清乾隆皇帝将御用无价之上等项饰、精美无比镶嵌大珍珠之黄缎僧帽、如意羊脂玉钩送给班禅额尔德尼，同时很高兴地说："今日天气很好，缘起甚善"。之后，乾隆皇帝莅临北门内，恭礼相送，祝班禅额尔德尼"今日好好休息，明日会晤"。门外，章嘉呼图克图、赞普诺门罕、强佐仲巴呼图克图、旺钦王拉那桑哈、艾普照法王、格敦嘉布、桑杰嘉等大臣等候班禅，准备陪送。寝宫内有班禅额尔德尼随从六皇子、内务大臣额尔阿普及黄大臣等。他们同章嘉国师奉乾隆皇帝"尔等迎请班禅额尔德尼经园林扎什伦布寺"之旨意，陪同班禅额尔德尼来到花园，尔时，天降吉祥花雨，吉祥圆满。有诗赞道：

犹如走进长寿宫殿，
高歌颂扬无量宝宫，
稀有设置具足成千，
钩魂盛布眼之喜宴。
汉藏双方若如日月，

仿佛朋友久别相逢，
欢心笑语促膝相谈，
友谊之宴增益盛隆。

花园各自芬芳迷人，小湖之上莲花飘浮，清风吹来波光粼粼，人工所造的大海宽广无比。班禅额尔德尼被迎请到小湖的船上，行驶到湖中心小殿以茶与素食宴招待众随从。之后，班禅额尔德尼乘坐乾隆皇帝的小御轿，由太监抬着前行。六皇子、内务诸大臣、章嘉国师、赞普诺门罕、拉科呼图克图、班智达堪布桑杰俄色、札萨克喇嘛格勒南卡等尾随于后。随从班禅额尔德尼进宫陛见的随员骑乘乾隆皇帝所赐良马前往扎什伦布寺。从宫殿前行一里有一城墙，门口诸随从、马匹、乘马迎接者在此等候，与班禅一同前往扎什伦布寺。距离大宫殿以北二里处有一条缓缓流向东方的小河，从此向东远望，谷内城墙环绕，满谷绿草遍布，各种结果之如意大树排成行，群鸟栖息，人工湖美丽无比，一切使人欢悦。在其中间有一行宫名叫“永国宫”，路岔口处有一座名叫“遍明罗汉殿”的地方，据说是圣地印度佛薄伽梵聚会授戒之遍喜殿。在岔道口又有一座按照密教仪轨修建的“文殊具相殿”及“布达拉”等，一箭之地更有一番天地，大地披绖，小草嫩芽，果实持满枝头，大地被装扮得美丽如画。大摆事实耗银万两，加行顺缘，为班禅修建的扎什伦布宫、佛殿、两所大殿及其它小室如同后藏的扎什伦布寺，野兽形象逼真威严，佛法故事壁画栩栩如神，圣天园林美丽如画，整个扎什伦布寺被坚固的城墙围绕。建寺面积虽然很大，但左右方圆范围不大。向南开的大门楼顶悬着一幅刻有“吉弥须弥”的牌匾，将此称颂。阁楼之飞檐富丽堂皇，造型优美。其上有两幅匾额，第一块刻有“佛教香积”，第二块刻着“法界丹玛珠”。东西门楼阁屋檐如前，北方后山之领域处有《般若经》所说之佛塔高大稳固，其顶壮丽无比，由蒙式檐装饰。另有用屋檐镶嵌的佛堂宽阔，其内用砖铺地。佛堂的东西面还有其他精制的宫殿，它们依次是“清净遍聚”“日光眺”“耶噶饶佩”等，以及“吉祥法喜”“万法宗源”之匾称颂此等。这些建造优秀、舒适安乐的宫殿犹如神之无量宫。诸佛菩萨像、身语意塔、供物设置于清净佛国之中。有时，挂钟摆发出悦耳的声音，仿佛幻变者一样。当班禅额尔德尼等人临近富有一切器具、建造设计超群的宝库扎什伦布寺时，路帝伞盖、胜幢、旗幡、香包、翼旗、法规用具等蔽空，犹如乾隆皇帝起驾。诸僧手持供物组成仪仗队前迎，将班禅额尔德尼接到扎什伦布寺金色寝帐。以皇家汉式素食大宴隆重款待班禅一行，宴会上，献上伴有歌颂班禅伟大功德之词的歌舞表演。宴会结束后，班禅额尔德尼莅临寝室与章嘉呼图克图、六皇子、内务大臣、赞普诺门罕、达擦活佛、拉科呼图克图、班智达堪布桑杰俄色、札萨克喇嘛格勒南卡、抬轿太监等人一起用茶交谈。有诗道：

万光加持着东方大地，
恒常如是却未有衰损；
仁慈的人间主宰，
赏赐内库的珠宝。
新建的扎什伦布，
耸立着水晶宫殿；
小屋环绕无量宫，
上千楼阁高而坚。
白灰涂饰拘物头，
柱梁栋椽整排齐；
各种颜料具嬉戏，
美如春季虚空天。
帝释弓满能作短，
金色屋檐饰殿顶；
胜幢旗幡迎风飘，
迎接大师甚欢乐。

班禅额尔德尼向乾隆皇帝献初缘起礼物上等哈达、银曼札、金铸宗喀巴大师坐像、铜制能仁佛像 8 尊、黄金 1000 两、珊瑚琥珀念珠、香、氆氇、水晶、水果多种、马鞍全套、战马千匹、吉祥礼品等。大强佐洛桑金巴献上等哈达、曼札、释迦佛像、无量寿像、度母像、毗卢舍那佛像、观世音菩萨像等，以及黄金一块、氆氇、镶嵌段。索本堪布洛桑克却献上等哈达、曼札、5 尊佛像、珊瑚念珠、藏红花、香料、氆氇、马数匹、吉祥哈达等。乾隆皇帝所赠礼物有：上等大长条哈达、30 两黄金曼札、银曼札、集密本尊小像、胜乐本尊小像、大威德本尊神小像、茶碗、长柄、金座、金乞化钵、痰盂、水壶、金达巴、金香炉、玉石相饰的四方金巴尔布(一种容器——编者)5 个、羊脂玉碗一个、玉石碗 10 个、水晶石花瓶、水晶石达普、玻璃瓶 4 个、短柄碗 10 个、白瓶 10 个、碗器 10 个、碗具两个、红木制器皿两副、黑芸香木器皿两副、上等哈达 500 匹、黄金 500 两、上等红黄缎 9 匹、上等远东缎 20 匹、水獭皮 9 张、黑狐狸皮 9 张、白猞猁皮 1000 张、黑鼠皮 1000 张、上等恰尔皮 1000 张。赐给大强佐洛桑金巴玻璃器具数件、缎子 5 匹、黑狐皮 9 张、小袋 5 对,赐给索本布堪洛桑克却玻璃器具数件、碗具数件、小袋 5 对,以及缎子、皮张等;赐给其他随员上等缎子各 3 匹、袋子各 4 条。

二十二日,乾隆皇帝乘坐八抬大轿,周围由无数大臣簇拥,仿佛众臣围绕转轮王,犹如遍入围绕帝释,驾临热河扎什伦布寺。班禅额尔德尼的随员仲科、侍从、管家、拉斗等屈膝跪在路的两旁迎接。密宗札仓诸持金刚僧手持乐器等各种供物组成仪仗队,吹奏唢呐,悦耳动听,齐排路旁。班禅额尔德尼同六皇子、章嘉呼图克图、黄大人、博大臣、留大臣、诸侍从等排列于大门外面的石梯上迎驾。乾隆皇帝一见到班禅额尔德尼便下轿,献上一条上等哈达,并用藏语说:“身体好”。班禅额尔德尼回敬上等哈达问安。之后,乾隆皇帝让班禅上轿,班禅先乘轿来到大经堂,乾隆皇帝随后驾临。在“净土遍聚”佛殿中间,经堂双方向珍宝如来佛恭礼,广发弘法利民之宏愿。然后,乾隆皇帝莅临东宫,班禅额尔德尼莅临吉祥法喜殿,供养食品。所布食品有中原的茶、果品、糌粑、印式欢喜团(加有许多香料的食品)、藏地食品、各种水果。双方高兴地驾临宴会。会后莅临吉祥法喜寝室,尔后,双方登上宝座相互交谈,班禅向乾隆皇帝敬献大银曼札、有 5 种上等哈达、上等香料、铜等的佛像 9 尊、各种颜色的氆氇 50 匹、几束香等,乾隆皇帝向班禅额尔德尼祝寿。内务大臣额尔艾普公、黄大人、蒋贝勒等向敬献佛像及珊瑚、玉石、青金石制成的无量寿佛像、发绿度母像、珊瑚嵌饰、珍珠嵌饰。章嘉呼图克图、赞普敏珠尔诺门罕、达察杰仲仁布切、拉科呼图克图、班智达堪布桑杰俄色、札萨克喇嘛格勒南卡、札萨克喇嘛阿旺班觉等宫中十大喇嘛跪在乾隆皇帝、班禅额尔德尼面前,章嘉呼图克图领诵道:“降赐无数寿及慧、皈依三宝空行者,无学加持谛实咒,班禅额尔德尼长寿佛法盛”。乾隆皇帝向班禅额尔德尼赠送佛像，发愿祝寿。又诵上偈，奉献语所依金字格桑经卷、意所依一人高金制尊胜塔，用珍珠镶嵌。接着章嘉呼图克图献200金制坛轮海，周围由珊瑚、珍珠等之轮围山环绕，中间设有玉莲及5种供品、哈达、彩绸等。有诗赞道：

自他善聚完美供，
巧变佛国之大海，
所献供品满虚空，
引导众生修胜法。
章嘉手捧镶玉金轮道：
圣道八支辐条锋，
决断烦恼三有常，
敬献此轮胜四魔，
安置众生于菩提。

手捧七宝说道：

增益无漏法财物，
敬献圆满七政宝，
八万四千法蕴界，
恒常无断得吉祥。
手捧八瑞相说道：
有寂之界善业闪，
敬献无上八瑞相，
一切地方十善盛，
十方增益好善相。
手捧八吉物说道：
如来慈悲三摩地，
殊胜加持献是物，
于此甚深法宝库，
欢喜受用得福劫。

手捧宝瓶说道：

珍宝菩提心满续，
敬献吉祥此宝瓶，
拔除众生痛苦因，
正法甘露时常流。

手捧金刚颂道：

无畏狮子之宝座，
大师莲足久长驻，
寿如金刚住劫海，
增益善趣解脱道。

手捧靠背坐垫颂道：

仿佛大海中间之须弥山，
显示有寂福慧资粮善趣，
一切持教之众生有情们，
政教之财物满足了心愿。
我等于一切本生，
善修佛子之举止，
往趋显密道彼岸，
速由持金刚获得。
于分位一切时方，
遍除病饥饿之苦，
顺心快乐修佛法，
嬉游于幸福吉祥。

诵完吉祥物之偈后，乾隆皇帝将此等送给班禅额尔德尼，另有上等各种缎子60匹、红氆氇10匹、黄氆氇10匹、上等黄香100束、各种绫袋、白瓷盘等，高诵祝词，愿莲足永驻。

知识大库坚固轮，
恒常执持人主规，
心莲开放怙主您，
吸吮知识之白光。
金性所成之大地，
善置金色诸饰品，
七政宝与吉祥物，
殊胜供物齐排列。
怙主足登狮子座，
主诵永驻世间词，
人主喉中所发声，
有寂善业极焚燃。

索本堪布艾普公之弟将茶碗献给乾隆皇帝，乾隆皇帝很高兴地将其赐给班禅额尔德尼。接着班禅额尔德尼从身前大臣普六爷手中接过茶碗，很高兴地献给乾隆皇帝，双方争着先供茶，结果双方同时饮茶。尔时，乾隆皇帝对班禅额尔德尼说："朕曾派六阿哥前去迎接喇嘛您，他于途中是否笃信侍奉您"？班禅额尔德尼首先感谢圣上无微不至的关怀，尔后答道："您派六皇子不远万里来迎接小僧，六皇子对小僧恩惠无量，并给以有益的帮助。白天我竭力请他乘轿前行，但他从不乘轿，和我一样乘骑而行。夜晚于小僧身旁多问佛法。在行程中，他关心庶民百姓"。乾隆皇帝听完班禅的述说后感到非常高兴。又问："在整个行程当中，您为那么多人祈愿、说法、摩顶，身体疲劳心烦吧？朕有心迎接您，然因路途遥远，朕曾怀疑您会推诿，今年在朕七十大寿之时，您乘兴而来，有利于此方的佛法众生。朕多年前从章嘉呼图克图学习佛法，佛法如大海深而广阔，朕又要处理国政事务，因时间甚少，对从章嘉呼图克图所学教理，虽未生分别，但努力精进之中。如今班禅额尔德尼您与朕相会，此乃先愿及发心善愿成熟降临，朕将从喇嘛尊前学习佛法，也请传授诸多随许法。昔日，先帝迎请五世达赖时修建黄寺，沿袭此规，朕亦为您修造扎什伦布寺。又于避暑之地多建庙宇佛寺，只要您高兴来到此地悠闲居住，详细观察，发愿祝福，对朕也有很大加持。朕以前不会藏语，但闻知班禅额尔德尼要来，即从章嘉呼图克图努力学习藏语日常用语，但学得不全，经文妙语由章嘉呼图克图翻译”。如是，乾隆皇帝降下于天地间难以觅得的不可思议的圣旨，班禅额尔德尼顺应乾隆皇帝之意趣，就政教之事作了详细回答，双方热情谈论。乾隆皇帝回宫之时，对班禅额尔德尼说：送到小寝室门帝就行了，不要再送。班禅额尔德尼遵旨没有远送，各位侍从、官员、管家等按照迎送之例，送驾到寺前。之后，班禅额尔德尼与章嘉呼图克图、敏珠尔诺门罕、达察仁布切等用茶，热情细谈。章嘉呼图克图对班禅额尔德尼说：“今日星曜圆满，藏汉双方会晤，文殊菩萨之化身人间主宰乾隆皇帝为班禅额尔德尼祝寿甚善。不仅气相与缘起很好，乾隆皇帝对班禅额尔德尼满腔热诚，乐不可言。如今圣上年岁已高之时，双方成为朋友，此等一切皆因双方发菩提心之威力，且有利于佛祖宗喀巴之教的向前发展”，章嘉极为高兴地献哈达祝贺。与此同时，敏珠尔诺门罕等宫中大喇嘛、乾隆皇帝特派御者将军博大臣、留大臣、轿头达大人、两名卡、嘉尔布、王、贝勒、贝子、公等蒙汉多名官员亦献哈达祝贺。班禅额尔德尼一行来京途中的一切费用皆由乾隆皇帝派人准备，从即日起，乾隆皇帝又将内库器具赐给班禅的诸随从使用，个个心满意足。

二十三日，六皇子、八皇子、十一子等五子及7岁的公主来到班禅额尔德尼身前各献哈达，合献10两金曼札一具，五色供物，以及上等哈达20匹、诵法哈达40匹、上等红缎10匹、银朱缎10匹、黄缎20匹、红棉布10匹、缎子70匹、红黄氆氇各10匹等厚礼，班禅高兴受之，摩顶加持，并同他们用茶交谈，送给每人上等哈达一条、吉祥铜佛像一尊、珊瑚念珠一串、氆氇5匹，见面礼哈达5匹、佛像5尊、香70束、氆氇上衣5套、氆氇25匹等。当公主至班禅额尔德尼身前拜见时，乾隆皇帝向班禅说：“公主一向虔信佛法，朕对其及其兄弟在奖赏与疼爱方面毫无区别，同样对待，可能是她前世习气好，对班禅额尔德尼虔信，很想拜会，今朕派她与阿哥等同去拜会班禅额尔德尼，班禅额尔德尼您要对公主今生与来世利益予以加持”。班禅额尔德尼设茶点予公主。当时，公主屈膝跪在坐垫上，班禅额尔德尼对公主说：“盘足坐”。公主说：“我等常于父王前跪拜，除了坐，不可盘足而坐。所以亦不可于喇嘛身前趺跏，如是坐即可，已经习惯了，没关系”。班禅额尔德尼说：“圣上之美丽女儿，非一般人，而是文殊菩萨之种空行母之化身，实为稀奇”。公主请求班禅额尔德尼为自己取法名。班禅额尔德尼尊奉乾隆皇帝前旨，根据无量寿与白绿度母心咒之授教，取名“索朗贝吉卓玛”。公主自己用满文仿写。在公主的请求下，班禅额尔德尼送给她金刚手本尊像、护身结、吉祥铜佛像、珊瑚念珠、氆氇 10 匹、薰香 10 束、棉布等物。临别时，公主将自己随身佩带的镶有珍珠的项链献给班禅，请求护佑世代相承。有诗赞道：

窈窕身材妙龄女，
询问三时一切事；
人主之子及诸女，
尔足安立蓝发饰。
尔时清净池塘中，
飘来利养之供云；
多束鲜花表恭敬，
建立一切福泽蕴。
妙龄花瓣未圆满，
飘散功德香气女；
虔诚恭敬常祈祷，
随执至言甘露足。
尔时胜乐空行王，
人之欺诈遍碱地
思惟水晶如意树，
殊胜执持此善行。

其后，内务大臣艾普公之弟普老爷大臣拜谒班禅额尔德尼，献上等哈达、百两银制曼札（用五色供物系角）、15 两金制曼札、无量寿佛像 3 尊、缎子 36 匹、香炉一尊、黄缎班智达衣、黄缎僧帽、袋子 4 条、腰带一条、手柄一把等厚礼。班禅额尔德尼受礼赐茶交谈，赠送护身结、佛像、香料等上等礼品。

当时，班禅额尔德尼感谢与乾隆皇帝的两次会晤并为自己祝寿赐礼品时说：“我刚到热河时天子为我赐嘉言并赐予味美可口之食品、饮料、如意钩、御用无价珍珠、稀有念珠、优等缎等礼物，并驾临我的驻地热河扎什伦布寺设盛宴，赐钟表、珍宝器皿多种。于宫殿设宴招待，赐衣服全套、金银、绸缎、水晶器皿、碗器等稀世之宝"，献礼答谢。尔时，大强左仲巴呼图克图洛桑金巴因水土不适，身体患病不能参加乾隆皇帝大宴，班禅额尔德尼向乾隆皇帝奏明。乾隆皇帝闻奏非常关心大强佐的病情，赐稀世珊瑚念珠、羊脂玉器具等，特派"普"中医师两名来诊断。乾隆皇帝谕曰："仲巴呼图克图身患疾病，朕心不安，班禅额尔德尼与三宝之慈悲决无过。据朕所遣医师之言，应服药善食，不久会愈"。之后，吩咐二位医师大强佐直至病痊愈为止每天前往察诊。

二十四日，乾隆皇帝与班禅额尔德尼双方准备于宴会会晤。其前，六皇子与内务大臣奉命去迎接班禅额尔德尼。当时，在热河宫外城墙大门口诸随从与马匹列立两旁，宫内班禅额尔德尼的诸随员、索本堪布洛桑克却等各执事 15 名将班禅额尔德尼迎请进大轿，用御用伞盖等宫中仪仗队迎接。外大门六皇子、两名内务大臣、章嘉仁布切、敏珠尔诺门罕、济仲活佛、札萨克喇嘛格勒欧赛等内宫喇嘛同班禅随俗索本堪布洛桑克却、执事大臣、留大臣以及热河的侍从、内宫喇嘛之侍从、轿头大人、卡等步行来到一俱卢舍处花园宽阔的青草地。这里有很多大宫殿，周围花草树木繁多，四周大门中间支起如楼一样高的宝座，唯一人之身前排三阶梯，左右各一。宝座之间有龙纹图案，颜色装饰极为美丽。其前用珍宝制成的圣上宝座大而宽阔，其上有靠垫、坐垫、宝座面朝南，右侧有一宝座装饰如前，是为班禅额尔德尼所设。乾隆皇帝未从宫殿来寝宫之前，班禅先拜谒了其余五殿中的佛像、佛塔等。为了使班禅居住舒适轻松，乾隆皇帝特派太监服侍，由太监陪同拜谒身语意三塔，诵经发愿。其间，班禅额尔德尼还为宫中大小臣、外蒙王、贝勒、由赛等上千人摩顶。

之后，各种乐器奏鸣，乾隆皇帝驾临大帐，乾隆皇帝与班禅额尔德尼互相致礼问好，赠送见面哈达。乾隆皇帝握住班禅额尔德尼的手慢慢登上三台阶，班禅立于宝座旁等候乾隆皇帝上座，乾隆皇帝说："请坐"，尔后双方同时落座。左面有章嘉国师、敏珠尔诺门罕、济仲活佛的座，其后是其他喇嘛之座，其前是耶尔凯王、墨尔根等王爷之座。右面设有索本堪布洛桑克却之座，木座上有垫子，其前是 15 名执事之座和地方政府寺院的大堪布座。各大王爷、哈尔钦、霍尔钦之王等大小官员，以及图协迈等鄂尔痨黄旗王座也在前面。

在为乾隆皇帝与班禅额尔德尼双方所布的盛大宴会上，所用金制百盘碟子及50盘银碟金光闪闪。宴会开始时，乾隆皇帝献给班禅额尔德尼碟子3盘，随即赐食品予章嘉仁布切等宫中喇嘛，以及索本堪布、森本堪布、4名管家、两名司钥、两名却本、7名执事、大堪布等人。各位边用茶，边欣赏悦耳动听的笛子、箫、雅托噶拉及满族、准噶尔小孩的力气比赛节目，嘉摩绒小孩表演的舞蹈，在木梯上小孩们表演杂技；魔术师表演魔术，另有小孩的赛马技巧比赛。太监们表演了反映帝王本纪的戏剧等，为宴会添彩助兴。乾隆皇帝问班禅额尔德尼："近日热河天气热，身体有何不适"？班禅答道："托圣上宏福不仅无任何不适，且天气异常凉爽，身体轻松，心情舒畅"。乾隆皇帝说："甚善。朕发现喇嘛身体健康，气色好，朕很欣悦，缘起很好。尔今因班禅额尔德尼同天子之慈悲国家安定，黄帽派之教理广弘。满族、内八大旗、外四十九部、喀尔喀七部、厄鲁特、土尔扈特、准噶尔等人来此欢聚，欣悦虔信。您要于布达拉与扎什伦布寺善讲经论，广作祈愿，朕亦往听。今岁于朕七十大寿之喜宴上与喇嘛会晤，缘起甚善。"班禅额尔德尼说："托天子之慈悲，天下兴旺太平，佛薄伽梵之圣教及第二佛祖宗喀巴之黄帽派教理广弘。天下地上的一切众生享受富法之幸福而涅槃，小喇嘛我于此圣上七十吉祥万寿之喜宴拜会金容，王臣贵族、庶民百姓欢聚此地，唯是圣上之无量而不可思议之恩德，此不可思议恩德无法度量。谨慎随顺金旨，同布达拉与扎什伦布寺众僧诵经祝圣上莲足坚固，万寿无疆，国政昌盛"。如此，双方畅论政教大事。当时，大强佐因病未能参加宴会，有些随从也未能享受喜宴，乾隆皇帝准备赏赐他们。会上乾隆皇帝为班禅额尔德尼赠送黄缎珍珠饰班智达僧帽、上等缎制珍珠饰法衣、大氅、袈裟以及坎肩、腰带、格杂、坐垫、缎绸僧衣、各色上等缎子50匹、白银10000两、鞍子一套。赐给大强佐黄绸衣、白银200两、各色上等缎子5匹、水晶器皿4种，并且分赐了其他人。另外，用白银10000两款待班禅额尔德尼及其他随从。

宴会结束后，乾隆皇帝回宫，班禅额尔德尼由六皇子、内务大臣等陪送回到扎什伦布寺。当时，乾隆皇帝派人送来各种野味与蒙古羊肉。喀尔喀散诺云使者那饶班禅呼图克图、大喇嘛班玛多杰、夏仲金巴嘉措、卡布拉、群培管家、喜饶管家、丹达尔等献祝寿礼，班禅额尔德尼予以回赠。内务大臣姜贝勒父子献厚礼祝寿，班禅赐茶款待，热情交谈，并赠送礼品。之后赏赐了内务大臣额尔艾普、居门坛图、艾普公之弟、外蒙两名居尔甘加尔果琪、昌加尔果琪、乾隆皇帝身前侍臣乾清门巴群等人。同日，班禅额尔德尼还为汉蒙僧俗300多人摩顶加持，赐茶款待赏赐官贵。

二十五日开始，表演者奉旨为班禅额尔德尼等人表演戏剧、唱戏达10天，其它时间为他人演出。当时，乾隆皇帝派六皇子前来迎请班禅额尔德尼，班禅从扎什伦布起程莅临宫殿处城之大门旁，诸侍从、乘马、轿夫等候。然后，班禅坐轿，由太监抬着穿过花园，参观了五六座宫殿的佛像塔及乾隆皇帝的其它宫殿。而后，班禅额尔德尼同六皇子、章嘉呼图克图、敏珠尔诺门罕、杰仲呼图克图等人从寝宫出来乘坐小船慢慢莅临寝宫外场门旁。当班禅额尔德尼与章嘉呼图克图等人来到寝宫内门旁时，轿夫抬轿迎请二人前去皇太后住宫赏戏。皇太后住宫的窗帘用上等绸缎制成，住宫共两层，绸缎坐垫很厚，另有靠垫。左右摆放着各种器皿及金、羊脂玉制成的如意钩各一把，右边桌子上供放着盛满各种水果的珍宝器。卧室明亮宽畅，寝榻朝南，其左方卧室里面专门为班禅额尔德尼与章嘉国师设有木座，上面有缎垫。敏珠尔诺门罕、仲杰活佛、索本堪布洛桑克却的座位较低，上有黄垫，其右有六皇子座，上有坐垫。班禅额尔德尼刚到此处，乾隆皇帝所派内务大臣艾普公前来慰问。圣旨说："班禅额尔德尼，此殿乃朕母皇太后之殿。若班禅额尔德尼住此殿，料想有利于母太后，且决定其他阿妈之殿让喇嘛居住，随顺法规。今朕极想与班禅额尔德尼会晤，因班禅额尔德尼住殿是母亲之殿，若朕驾临此殿定会想起母亲，心神不安，故朕不能到殿，（班禅额尔德尼）请为母亲之利益诵经祈愿。唱戏之词是汉语，虽听不懂，然缘起甚善，闲适观看"。班禅额尔德尼向乾隆皇帝敬献礼物，表示慰问。

其后，公主索朗贝吉卓玛来到班禅额尔德尼身前恭礼，敬献一串比桃仁还小的珍珠制成的念珠，请求摩顶。她说："昨日我到喇嘛身前无任何礼品可奉献，然为我教授无量佛法。今日我将父皇所赐念珠奉献与您"。班禅额尔德尼接受了礼物，很高兴地与她交谈并摩顶赐福。与班禅额尔德尼住殿相邻之右方寝宫明亮宽畅，卧榻很大，乾隆皇帝就在此殿。左边殿中有诸侍从、内宫喇嘛之侍从、博大臣等，身前东西两方门扇颇大，里面有诸王爷及汉、满、蒙古、耶尔凯、浑托等民族大臣，他们头戴汉夏式官帽，上面用各种红宝石、珊瑚、青金石、蓝宝石、白水晶石等镶嵌，以及孔雀翎眼，身着缎衣，犹如帝释们下降大地，向双方显示他们的富有。在众臣围绕的中间有一座向北的四角小殿，其前有一重楼，上下有5层屋檐，其中有百名穿着华丽的年轻太监。他们之中有人表演佛薄伽梵故事、唐僧喇嘛于中原内地初转佛法、帕当巴尊者故事、十六罗汉被迎请到中原内地的故事、海中幻化渡水及上座长者入云的故事；有人表演乘龙，有人骑百节草，有人来到小岛，有人身居所缘境被阿罗汉围绕，有人乘骑狮虎，正法妙音不断。宫殿檐下的大回廊有的右转，有的左转，相互交错，一切犹如鸟兽形象等，除了行走，不需要人去推动。不一会儿那些上座长者面向北歌颂双方，悦耳动听；那些兽群形象的扮演者摇头向前张望。尔时，所缘境上的长者从缘境边上诵咒，足踏水中向高处行驶，稍时行至乾隆皇帝与班禅额尔德尼双方身前遍降大雨，大概持续了一碗茶的时间。不一会儿，长者上面的楼上出现身着华丽衣服的五百孩童，仿佛从云中飘出，女孩演唱着悦耳的歌曲，犹如各种花雨飘洒，都是稀奇的表演。表演期间，乾隆皇帝面前摆有茶水及海生食品等。

演出结束后，班禅额尔德尼回到扎什伦布寺接受顿纳夏仲阿旺曲札与丹增伦珠的共同献礼，赐茶款待交谈，回赠礼物。另外，会见了准噶尔、蒙古各大官贵、管家等500多人，班禅赐茶款待他们，并赠送礼品。

二十六日，班禅额尔德尼参观布达拉，六皇子与章嘉呼图克图同往。在仪仗队的欢迎下，班禅额尔德尼、六皇子、章嘉呼图克图、敏珠尔诺门罕、济咙活佛、拉科呼图克图等内宫喇嘛及博大臣、阿萨肯大臣、轿头达大人、宫中卡、居尔甘、嘉尔布、布达拉侍从等莅临宫殿，各就各位，班禅与他们饮茶交谈，并接受献礼。班禅为布达拉堪布摩顶，参观了大经堂、佛殿、乾隆皇帝寝宫等，向各佛像塔敬献哈达、供品，用吉祥语进行赞颂，祝乾隆皇帝莲足坚固，万寿无疆。同时，祝国政昌盛、佛法广弘，众生安乐。在布达拉堪布等人的请求下，立足石铺殿为六皇子、章嘉国师及诸僧传授《兜率上师瑜伽释论》，堪布赠送授教费。参观结束后，在返回扎什伦布寺途中为蒙汉上千人摩顶。艾普公之子斯达尔卡公庞斯吉伦献上等哈达、银曼札、各种器皿、玻璃器皿、大缎等厚礼，班禅摩顶赐茶，进行交谈，并予以回赠。

二十七日，乾隆皇帝特派巴忠大臣前来扎什伦布寺慰问班禅额尔德尼，呈献乾隆皇帝所赐的3盘食品。同时，将乾隆皇帝经常回向大威德所用的念珠放在班禅额尔德尼手上，请求诵经加持。尔后，班禅被迎请到文殊具相佛殿，六皇子、博大臣、留大臣、达大人等人同临此殿，夏尔孜诺门罕洛桑坚白举行宴会招待。会上班禅额尔德尼传授《皈依颂》，为诺门罕授教加持，祈求其病早愈，恢复健康。并且向文殊具佛殿、授近圆戒的“吉特”佛殿及供奉五百罗汉的罗汉堂献供哈达，散吉祥之花；向每个佛殿的乾隆皇帝宝座献哈达各一条，散吉祥花。之后，前行一里路程莅临普乐寺，传授佛法，献供哈达，散吉祥花。当时，六皇子布设水果等素食，班禅额尔德尼高兴地品尝，离开普乐寺后，中途为汉蒙信徒摩顶，回到扎什伦布寺，接受喀尔喀热班禅呼图克图的献礼，传授《兜率上师瑜伽释论》。

二十八日，将军黄大人献曼札、白银、绸缎，喀尔喀厄鲁罕信使代表主人献礼，班禅额尔德尼赐茶，回赠礼物。

傍晚，班禅额尔德尼莅临正法源，向兄长洛桑金巴传授《长寿灌顶百本论》，谈论政教大事，号脉后说：“要善食服药”。大强佐请求护佑。于此，班禅又为喀尔喀、厄鲁特百名拜谒者摩顶赏赐，众人产生信仰之心。

二十九日，达普寺开始一年一度的法会。班禅额尔德尼应邀来到达普寺，被由僧人组成的仪仗队迎请到大经堂。达普寺举行宴会招待，奉献礼物，会上班禅为该寺喇嘛、僧徒摩顶。之后，乾隆皇帝与班禅额尔德尼于院中大帐会晤，左排坐着章嘉呼图克图等宫中喇嘛，右排坐着各大官员，观看表演、诵经，章嘉呼图克图亲自作阿阇黎投掷六十大朵玛食子。尔时，双方饮茶用餐，详细交谈，乾隆皇帝送给班禅额尔德尼护法、度母、多闻子、怙主四轮等佛像以及全套戏服，班禅额尔德尼献礼谢恩。

是日，天气晴朗，歌舞弹唱等表演极好，东方一片显现，乾隆皇帝、班禅额尔德尼、章嘉国师谈笑风声，一片欢乐景象。

之后乾隆皇帝送给班禅额尔德尼上等哈达、上等缎 84 匹、黄色缎衣、缎袋数条、各种彩缎多匹。同时，为章嘉呼图克图等喇嘛及参会的其他人赐给哈达各一条、绸缎、棉布等。然后，双方各率领侍从回宫。

八月一日，早朝时，班禅额尔德尼对乾隆皇帝说：“昨日小僧亲睹金容受教，恩当定报”，献上等哈达、释迦佛像一尊、无量寿佛像一尊、四臂观世音菩萨像一尊、衣服、香炉、珊瑚念珠等礼物。巴忠大臣奉圣旨以新鲜食品供养班禅。乾隆皇帝降旨，请求班禅诵经加持，班禅奉旨而行。

二日，宫中康孜亲王向班禅额尔德尼敬献嵌边衬的曼札一具、各种玻璃用具、各种彩缎多匹、黄色四饰缎衣等。康区嘉摩绒将军献曼札、缎子数匹、水晶小器具等礼品。亲王、将军嘉摩绒官员、哉务头领、德格代表面呈书信，班禅受之摩顶赐茶款待亲王，热情交谈，授教予将军、康区数名官员代表。准噶尔王玛索嘉布、准噶尔巴桑将军贝勒、准噶尔杜尔伯特大王、准噶尔图谢公之子台吉、土尔扈特协热王、托云、喀尔喀公拉尚多杰、科尔沁王代表玛呢巴拉主仆等人各自献礼，班禅分别摩顶，赐茶交谈，传授《兜率上师瑜伽释论》，并赐加持物及礼物，使诸人心满意足。

三日，星曜圆满，班禅额尔德尼对于有寂大厅饰具有千辐金轮之威力，天子乾隆皇帝统治着执宝大地及一切天下地上的大小国家，了知政教之大事。当时，乾隆皇帝特派大臣额尔艾普公、居门特图黄大臣赍持羊脂玉大印及金书、金铜木箧、抬轿来到扎什伦布寺迎请班禅额尔德尼，其他人执仪仗迎接圣旨。班禅额尔德尼立足于吉祥法喜殿座前，左右有六皇子、章嘉呼图克图等喇嘛，以及博大臣、留大臣等大小臣，中间供放着乾隆皇帝所赐玉印、宝书，阿萨肯大臣高声宣旨。艾普公与黄大臣详细对班禅额尔德尼转达了乾隆皇帝的意思。旨曰："朕七十吉祥万寿大庆之时，与班禅额尔德会晤，实为前世祈愿之缘分，善相显现，有恩于一切有情众生。于今此大庆日子，朕给予班禅额尔德尼极大关照崇敬，帮赐此宝印敕书。于朕今后之重大事件及各种庆祝活动皆赐玉印宝书，用此处理经堂一切事情"。当两位大臣呈献玉印宝书时，班禅额尔德尼非常高兴地接受了。随后，班禅高兴地为诸位官贵摩顶赐茶，热情交谈，设素食宴会招待章嘉呼图克图、六皇子、两位使者，赠送哈达、佛像、香料、氆氇等礼品，并且按照职位高低大小设宴招待，分赐哈达礼品。六皇子、章嘉呼图克图、敏珠尔诺门罕、两位大臣等喇嘛官贵献哈达等礼品祝贺。为了感谢乾隆皇帝赐金书玉印之大恩，班禅额尔德尼书信上奏乾隆皇帝。

四日，六皇子、章嘉呼图克图、执事大臣、森本堪布等班禅额尔德尼的随员奉旨去皇宫观看宫中戏班唱戏，受到隆重招待。

五日，热河达普寺、布达拉宫、薄善寺、夏拉斯庙、科科斯庙、耶鲁斯庙、西山寺、金台、鲁旺坛等大官员皇家寺院联合出资于扎什伦布寺大经堂宴请班禅额尔德尼，敬献曼札，五色上等哈达系边，献上佛像、佛经、佛塔、日用器皿、白银、绸缎等厚礼，祝愿班禅莲足永固。班禅和他们亲切交谈，为各位喇嘛僧徒摩顶加持，应请讲授《菩提道次第略论》，赐护身结、法器，并回赠诸献礼者。各大寺院喇嘛、执事、各侍从向班禅献哈达，祝贺乾隆皇帝赐玉印宝书。

这天午后，班禅额尔德尼拜谒了扎什伦布寺上下各佛殿，向三宝供献哈达，诵经发愿；向大经堂一切能所依塔散加行花，祝愿圣上莲足坚固，万寿无疆，国运昌盛；发愿弘法益民。乾隆皇帝特派巴忠大臣前来献慰问品、上等礼物、钟表（内有小鸟形象，每当时间一到小鸟就鸣叫，声音悦耳动听），以及金柄、玉制胜幢、鱼形器具等，另赐新念珠一串，请班禅额尔德尼昼夜诵经加持。班禅额尔德尼愉快地接受各种礼物，亲切授予巴忠大臣，请他向乾隆皇帝问安，回敬前赐念珠，用新赐念珠诵经加持，完成圣上所托事业。

傍晚，应土尔扈特协热王请求，班禅额尔德尼传授《皈依颂》《大慈悲经》《三时怙主陀罗尼经》；为科尔沁王拉达桑达尔代表主仆传授《白胜乐修念随许法》《度母四曼札师承》《依上师瑜伽论》等。

六日，乾隆皇帝出资于扎什伦布寺设宴招待热河各大寺喇嘛，乾隆皇帝与班禅额尔德尼出席宴会，章嘉呼图克图、敏珠尔诺门罕等大喇嘛，以及各大寺喇嘛按照大祈愿法会之仪式诵经。接着，班禅额尔德尼用洪亮、悦耳动听的声音高诵总回向文、宏教颂、上乐誓愿词等与全体僧人的诵经声相合，祝乾隆皇帝莲足坚固，万寿无疆，国政昌盛，如夏季大海般无垠；国土不衰，政教圆满，兴旺发达。有诗赞道：

祥土堆积的大山，
仿佛您二应称颂，
千僧会聚的中间，
足登上狮子宝座。
所献礼品如白云，
心胸宽阔若虚空，
供奉回向长寿鼓，
敲响利益众有情。

尔时，乾隆皇帝赐系边银曼札、上等哈达等，由六皇子呈献给班禅额尔德尼。赐给章嘉呼图克图等内宫大喇嘛、班禅之随从上等哈达各一条，赐给参加法会的僧人诵经哈达各一条。随后，乾隆皇帝与班禅额尔德尼互赠见面哈达，立于高宝座之前与章嘉仁布切等内宫喇嘛、班禅之森本堪布等共诵从胜幢之顶了悟十方行道等偈。诵毕章嘉呼图克图等大喇嘛向乾隆皇帝与班禅额尔德尼敬献哈达，乾隆皇帝回赐哈达后返回皇宫，班禅额尔德尼送驾。

是日，圣旨由章嘉呼图克图转呈班禅额尔德尼。谕曰："热河扎什伦布寺特为班禅额尔德尼居住而建，朕考虑以扎什伦布寺显密乘仪轨作法，从班禅额尔德尼寺院选派精通显密法胜任堪布的喇嘛担任热河扎什伦布寺堪布、领头、格贵，招僧入寺"。当时，班禅额尔德尼请求章嘉国师向乾隆皇帝转奏他任命岗建夏尔孜喇嘛协乃噶钦洛桑顿为堪布、杰康札仓当钦巴噶钦洛桑多杰为翁则、兑桑林札仓艾智群宗热绛巴洛桑扎西为格贵、20 名僧人为法相师的原因。

其后，宫中耶尔、康王、清艾普、呼贝勒等献礼，请求单独会面，班禅额尔德尼满足了他们的愿望，并摩顶加持，赐茶款待交谈，予以回赠。于此前后，班禅额尔德尼早晚修习本尊神瑜伽。尤其向护法阎摩海托付事业，以甚深禅定之缘境方式修禅，诵长寿词，祈求大强佐洛桑金巴病早愈，并且嘱咐每日要善食，以药调养。尔时，兄长洛桑金巴献哈达、衣服，感谢班禅诵经护佑，为他消病解灾。

大强佐祈祷班禅额尔德尼身体健康，相好清净，莲足永驻，请求班禅不要为他的病担心，认为此病只是水土不适，无多大危险。为了以乾隆皇帝为主的汉蒙人民的幸福，广转法轮，多休息为善，使身体的相喻圆满清净。大强佐祈求道："大依怙不要思心过重，若出现命运之过，会损伤大依怙之身体，一切愿望亦不能实现，请想开为善"。班禅额尔德尼说："决不要说如此之话，若如是言，我心难受。身体决不会有危险，然于此正人君子自己愿望为重，先亦为善士，抱如是希望不好。为了一切愿望我的病已愈，若今日不好会逐渐痊愈，要如是而为，自他皆有利"。言毕赠送护身结与护身加持塔。

八月七日，黄道吉日，是天子乾隆皇帝的万寿大庆日。为了祝乾隆皇帝莲足永驻人世，班禅额尔德尼、六皇子、章嘉呼图克图行大喇嘛及博大臣、留大臣、索本堪布洛桑克却、森本堪布洛桑饶丹、管家等班禅的15名执事、诵经喇嘛、扎什伦布寺札仓阿阇黎、噶究洛桑才旦、翁则噶究索朗桑波、却本噶钦洛桑散木智、格贵冲卡布巴、噶究洛桑坚赞等9名善辩格西以及其他随从,从扎什伦布寺启程准备去热河宫。班禅额尔德尼与章嘉国师在大门口上轿,六皇子、随从乘马来到园林湖边,然后乘船渡到湖岸。行抵寝宫门外,班禅与章嘉国师下轿,乾隆皇帝与班禅额尔德尼在宫内相会,互送哈达问好。乾隆皇帝拉着班禅额尔德尼的手坐在宝座上,章嘉国师等大喇嘛坐在右排座上,六皇子、身前大臣、各札仓诵经格西等依次坐在左排座上,班禅额尔德尼旁边坐着索本堪布,宫殿庭院列坐着各位大臣。大庆开始后,先上茶,然后札萨克喇嘛格勒南卡与索本堪布向班禅额尔德尼献佛像、佛经、佛塔、曼札、法轮、七政宝、吉祥物、八瑞相、宝瓶、靠垫、坐垫、金刚铃杵等。班禅额尔德尼手拿佛像,札仓翁则献密乘学院作长寿仪轨时所用的吉祥物,高声诵道:

胜赐寿慧坛城天,
尊胜佛母如意轮,
施予长寿天众仙,
一切随拥增百劫。
诵毕献上佛像、佛经、佛塔。
文殊金刚锋利人生主,
足登游戏胜天莲花座,
敬献善相具足此宝器,
四洲须弥日月曼札。
诵毕献上曼札。
千辐闪光具幻力,
有寂圆满能作命,
献此金轮人主您,
盛京一切所求事。
诵毕献上法轮。
遍胜一切四魔军,
圆满一切心这愿。

敬献此等七政宝，
政治白伞飘四方。
诵毕献上七政宝。
常降遍知之大雨，
聚集出世之善业，
敬献此等八瑞相，
不断常赐吉祥相。
诵毕南上八瑞相。
见闻念触等之中，
降赐无漏寿九欲，
敬献此等八祥物，
怙主慈悲护众生。
诵毕献上八吉祥物。
敬献九欲库宝瓶，
成就天子之求事，
如是欢喜之甘露，
降赐众生喜乐福。
诵毕献上宝瓶。
统治着一切大地，
如众生顶髻威严，
足登上狮子宝座，
百劫莲足永坚固。
诵毕献上靠坐垫。
五智自性若大金刚，
圆满十力四无畏力，
敬献系边金刚伞聚，
映得事业千光闪耀。
诵毕献上金刚。

班禅额尔德尼边诵边将礼品献给乾隆皇帝。诗道：

怙主咒治四军陪军队，
上切傲慢遍治服，
足歇此等顶之宝，
常降一切事业雨。
圆满四部富臣民，
国土宽阔若虚空，
遍喜大宴弘教理，
清净黄帽派教理。

班禅额尔德尼诵完各偈，格贵亦高声从头诵："仿佛胜幢顶上的帝释王""释教吉祥喇嘛莲足固"等九偈。乾隆皇帝向班禅额尔德尼抛散白粮祈福。班禅额尔德尼也向乾隆皇帝散花，表示祝福，启开各种吉祥善相之百门。班禅手拿哈达说道：

远离一切匹敌的释迦佛，
享受文殊菩萨袈裟之王，
第二佛祖等之诸位喇嘛，
请向此方降洒吉祥大雨。
授赐无量寿这天，
乐土怙主尊胜母，
具光如意虚空母，
授予长寿之甘露。
十力四无畏之主，
十方诸佛成就仙，
菩萨声闻独觉等，
胜赐谛实之加持。

安居于十方广阔无边世界之中拥有无量军队、崇信佛法、具有十力的尊胜王天子乾隆皇帝，从无限劫之前具有十力、四无畏、四念住、神变四足、不混十八法等之断证三功能之一切功德之上师（指班禅额尔德尼），圆满具五决定之圆满报身而成佛。为了各地的佛法众生精进不息的依他国王，将释迦净饭王之子的圣教传遍大地，使之圆满昌盛，万道佛光普照，清除成为人天的一切有情之无明，双方的一切侍从幸福安乐；在佛法圣地印度、文殊菩萨所化地摩诃支那（内地）、雪域、蒙古大地成就王使一切有情众生发展政教事业，安居常乐，如此之殊胜业迹难以述说。一切胜者之种的冠冕，至尊坚固轮力轮围绕之尊胜王乾隆皇帝实乃天下地上一切众生之顶鬘。第二佛祖宗喀巴之清教理净于四海大地弘扬广大，弘扬者的伟大事迹无法叙述。尔时，整个汉蒙藏人民，因慈悲所护，将伟大事业推向高峰。从雪域持金刚达赖喇嘛至僧俗部落民众的信仰，希求一致祈求以慈悲护教佑民。在乾隆皇帝七十万寿大庆之日，班禅额尔德尼我祈寿献表礼："金制五色哈达系边坛轮海一尊，金铜珍宝饰嵌300两金制释迦佛像一尊、珠宝饰银制尊胜九天像一尊、佛菩萨画像81幅、黑纸金粉所写大中小品《般若经》各一套、《甘珠尔》全套、珠宝饰金制菩提塔一尊、内供达赖根敦珠巴本尊塔至尊白度母银像的38两黄金制盒一个、琥珀念珠3串、珊瑚念珠4串、藏红花、香料、各种氆氇、芸香、黑香（又名安息香）、水晶、果实、马等各种礼品。又祈求，一切胜者之父至尊乾隆皇帝，足登由四海众生莲足金刚、金龙、狮子支起的金座，仿佛恒河之沙尘一样坚固，万寿无疆；手握释迦牟尼之圣教及第二佛祖宗喀巴清净教理之正气，弘扬光大，威力摧毁黑暗中可怕的种姓之军，使之有秩序；政业之白伞盖横渡有寂之范围，于大地的一切佛法众生享受幸福之喜宴。尤其要以大恩德随护以雪域扎什伦布寺为首的僧俗部落、佛法众生，使之往趋慈悲之界，请知。"如是班禅额尔德尼以偈颂扬文殊菩萨乾隆皇帝摄政之伟业，章嘉呼图克图翻译成蒙语。乾隆皇帝抑制不住内心的喜悦，开口说："班禅额尔德尼实为佛，今日所说皆为实情。朕如法摄政，于各宫殿释教住境处所建立如来身、语、意'三所依'而供奉，新建僧寺，陈设生活之供养，弘扬佛教。以慈悲护佑庶民，以具有威力之军消灭不信佛教的粗暴士夫，趋入佛教之门而信奉。又祈祷天子与宝，如班禅额尔德尼请教降赐若如意宝项饰般之圣旨"。之后，大强佐洛桑金巴与索本堪布两人献大哈达。正是：

庄严的南瞻部洲，
众生使用十善律，
执持金冠的主义，

回想根本大人主。
庄严坛轮七政宝，
吉祥之物如意瓶，
拔队衰颓之黑暗，
善业光业缘起物。
各种供品齐排列，
吉祥祝词金刚歌；
人主年寿同日月，
政权坚固备缘起。

宴会结束后，班禅额尔德尼回到扎什伦布寺为献礼的科尔沁呼贝勒、哈托盖盖、喀尔喀桑杰王、浑郡王、墨尔根王、康孜亲王、内务黄大臣、旗公、科尔沁艾普格勒散智、哈托托摩、五台山札萨克喇嘛、额尔喀亲王等人摩顶，赐茶款待交谈，回赠礼物。

是日，天空晴朗，云图美丽，缘起圆满。

八日，乾隆皇帝与班禅额尔德尼驾临热河布达拉宫持三学的千名僧人中间，按照大祈愿法会的规则诵经回向，增益佛法众生之利乐。乾隆皇帝按例酬谢供养。

尔时，乾隆皇帝送给班禅额尔德尼由十六罗汉围绕的上等缎制如来画一幅，精制至极，班禅欢喜接受。之后，双方返回各自住宫。

准噶尔大喇嘛扎西嘉措、准噶尔阿尔班索摩巴特尔大臣、医师耶盖达、散乃迈克耶盖达、索门藏格等来扎什伦布寺向班禅额尔德尼献厚礼，班禅额尔德尼赐茶款待各位，予以厚赠。当时，喀尔喀德木却王去世，报丧使者向班禅献礼请求诵经超度亡灵。班禅满足了报丧使者的心愿后，派人前去向乾隆皇帝献礼物，感谢赠送佛像之恩；为俄尔娘王桑杰、曲尚、科尔沁客人等30余人传授《独雄大威德随许法》《长寿仪轨甘露常流水》《香巴拉祈愿略论》《度母颂》等。

尔时，乾隆皇帝特派巴郡大臣送来上等哈达、念珠，表示慰问。班禅额尔德尼为巴郡大臣摩顶加持，热情交谈，并回敬乾隆皇帝上等哈达。

九日，伊梨厄鲁特、准噶尔、苏木俄盖尔大臣托托玛却等向班禅额尔德尼献礼物。土尔扈特热绛巴格贵金巴桑波、格贵曲旺久、阿达尔噶究、格贵巴坚赞、医师饶降巴、格贵盖隆格敦等各自奉献礼物，班禅额尔德尼向他们赐茶，与他们热情交谈，并回赐礼物，表示感谢。

午膳后，班禅额尔德尼莅临文殊具相殿为科尔沁土默特贝子、托云次旦扎西、喀尔喀、土尔扈特、准噶尔等地240余名僧人授比丘戒，为4人授居士戒。

十日，土默特贝子次旦顿珠、土尔扈特罕次仁南杰、台吉尔饶旦多杰、哈托德丹卓玛、公主诺金旺姆、多所寺院献礼物。土尔扈特杰噶贝勒、哈托茨华、额尔德尼台吉、台吉克科、台吉德赖、台吉科贤、索毛纳、和硕贝勒德勒俄巴斯、次仁德勒王、班玛俄巴斯、巴彦达赖王庶民、比丘洛桑曲札等各自献礼物后，诵词为班禅额尔德尼祝寿，并认真祈请班禅永世加持佑护。班禅额尔德尼为各位摩顶授教，回赠礼物，使各位在佛法财物两方面得到满足。之后，班禅为135人授沙弥戒，为鄂尔多斯欧托贝勒之母授沙弥尼戒。尔时，乾隆皇帝特派巴忠大臣前来献慰问品、上等哈达，盛有食品、鲜水果的器皿，班禅高兴受之。

十一日，土尔扈特克珠亲王献厚礼，诵词祝寿，请求随持护佑。当时，献礼者还有台吉次仁俄巴斯、班玛台吉、多杰德勒台吉等7名台吉及哈托布乃、准噶尔达赖罕、上师阿旺嘉木央、班智达堪布、大喇嘛阿旺平措，翁则大喇嘛阿旺仁增、德木齐阿旺嘉措、德木齐洛桑班巴尔、管家扎西托迈、管家阿旺坚赞等人，班禅额尔德尼分别摩顶授教，予以回赠。应诸位施主请求，讲授《兜率上师瑜伽论》《三时怙主陀罗尼经》《长寿仪轨论》。

是日，乾隆皇帝的属国东方高丽国派3名官贵及其他几人前来参加乾隆皇帝万寿大庆。乾隆皇帝招见博大臣与留保柱大臣等人，谕曰："高丽使者要拜谒班禅额尔德尼"，两位大臣恭领圣旨，带领使者拜谒班禅额尔德尼。班禅额尔德尼摩顶加持，与使者用茶交谈，由一名大臣作翻译。尔后，传授经典，厚赐使者①。

午后，乾隆皇帝的内宫大臣，满、蒙、索伦以及外蒙古的喀尔喀、准噶尔、土尔扈特、哈尔沁、科尔沁、巴林、欧娘、土默特、阿巴噶、鄂尔多斯的台吉、塔

① 关于高丽使者拜谒班禅额尔德尼的经过，高丽使者朴趾源著有《热河日记》记述其事。

布囊、达拉等千名臣属头戴孔雀翎眼官帽,身着缎衣请求班禅额尔德尼授教。班禅额尔德尼在扎什伦布寺为众臣传授《十一面观音菩萨修念随许法》《弥勒菩萨许愿法》《度母四曼札祈祷吉祥颂》等,并教诫大家要为圣上的国家及第二佛祖宗喀巴教理精进服侍,教言之光使诸信徒之意莲盛开。

往昔所积清净善行,
依赖大地主宰之令,
持受大地各部吉祥,
执章上千位具信王。
聚诸佛慈悲十一面,
观音加持甘露不断,
深邃法云中降花雨,
众生心田播下种子,
佛陀教法的各经版,
汇集起来造成巨舟,
从世间轮回苦海中,
救度众生俱得解脱!

十二日,班禅额尔德尼由六皇子、章嘉呼图克图、敏珠尔诺门罕、杰佔仁布切、札萨克喇嘛格勒南卡、博大臣、留大臣、索本堪布、扎什伦布寺管家等10多人陪同来到内宫看戏,乾隆皇帝照例举行宴会招待。观赏结束临行时,乾隆皇帝降旨指出应该如何出去,班禅额尔德尼等人奉旨经过宫殿东面小河,拜谒几所寺院后,越过宫殿外城之东大门,首次莅临夏拉苏木向诸尊塔像供奉哈达,诵经祈祷乾隆皇帝莲足永驻,几所寺僧举行宴会向班禅献礼,接受班禅摩顶,听讲《律心海报要颂》。在十处佛殿用膳后,拜谒了柯柯苏木、胜乐苏木①及为准噶尔常住僧所建的伊犁寺②,向各佛像塔供献哈达,广发弘发利民之誓愿。各寺喇嘛布素食宴招待班禅额尔德尼等人,敬献礼物,班禅为他们摩顶,传授《兜率上师瑜伽论》。从此处前往扎什伦布寺途中为

① 此即承德普乐寺。

② 此即承德安远庙。

多人摩顶。

十三日,良辰吉日,星曜圆满,是乾隆皇帝万寿之庆日。与班禅额尔德尼一道前来的侍从、六皇子、章嘉呼图克图、敏珠尔诺门罕等宫中喇嘛,索本堪布洛桑克却、森本堪布等20人及博大臣、留大臣等人身着华丽服饰莅临皇宫,乾隆皇帝与班禅额尔德尼会晤。班禅额尔德尼说:“今日是圣上吉祥万寿庆祝之日,为祝莲足劫万万永驻,作吉祥祝寿词,献吉祥哈达、无量寿佛像、羊脂玉柄、珍珠一大包”。乾隆皇帝愉快地接受班禅献礼后回赠上等哈达、珍珠饰金柄等。大强佐因病未能面见敬献礼物,带来哈达、佛像等;参加宴庆的班禅侍从每人献哈达、佛像一尊,受皇帝赐礼哈达。乾隆皇帝与班禅额尔德尼,章嘉国师等人都说:“今日天高气爽,缘起甚善。”

当时,班禅额尔德尼坐在藏式宝座,章嘉呼图克图等大喇嘛及班禅额尔德尼侍从奉旨排列成三队在班禅座前高诵四世班禅罗桑确吉坚赞所著《熏烟仪轨中论》《怙主无量寿慧念诵仪轨》《白度母颂》《火祭法》等,祝愿圣上万万岁。是日,班禅额尔德尼的诸位侍从有幸参加了具有满族风俗的宴会,皇帝赐礼有内库上等哈达、羊脂玉制高脚花碗(珍珠等饰之金盖两个)、内蒙西部缎14匹、金摩沙边缎两匹、卡特两匹、缎袋21条,同时赏赐了大强佐。当班禅额尔德尼参加完宴会返回扎什伦布寺后,乾隆皇帝特派艾普公之弟送来陶瓷碗5个、精制篋、哈达等。乾隆皇帝旨谕:“母亲皇太后在世时,每适圣寿大庆之日,将此等献给皇太后,今母后不在世,朕赠碗等予班禅额尔德尼。为圆满我母皇太后之心愿,请诵经祈祷,善作禅定(三摩地)之缘境”。班禅额尔德尼受礼后,为使者摩顶,用茶交谈。在向乾隆皇帝回敬哈达后说:“养育圣上之皇太后实为全国之母,是尊母、圣母、度母。喇嘛我随顺圣旨之意,为了皇太后精进祈祷三宝,诵经祝灵魂安息,善作三摩地缘境”。之后,班禅额尔德尼为前来拜谒的多名蒙古族摩顶加持,传授《兜率上师瑜伽论》;向乌珠穆沁亲王传授《众生主母格茹格赖随许法》。

是日,噶厦的代表持律师喇嘛主仆、扎什伦布寺的代表曲杰洛桑平措、洛桑格敦热绛巴主仆经南路抵达热河,向班禅额尔德尼敬献了雪域怙主遍知达赖喇嘛、赤钦诺门罕、两名驻藏大臣、4位噶伦等各位官贵,以及扎什伦布寺经师堪布洛桑群培、四大阿阇黎、德琼巴格勒迥乃、大格贵、各大寺院的慰问品,班禅赐茶款待交谈。尔时,噶厦的贺礼及班禅额尔德尼的用具等亦运到。祝寿礼物有：吉祥哈达、银曼札、佛像、佛经、佛塔、白银纯金制金刚与轮、坐垫、靠垫、宝瓶、七政宝、吉祥物器、薰香 190 束、香炉、珊瑚念珠、氆氇衣、氆氇站 10 匹、香品箱 5 个，大强佐之礼有哈达、响铜度母像衣服等，派洛桑平措热绛巴往献。

十四日，乾隆皇帝厚赏，并有书信说明。应乾隆皇帝邀请，班禅额尔德尼、六皇子、博大臣、留大臣、达大人、居尔甘执事嘉尔布、索本堪布、管家等 15 人来到皇宫外院园林中参加宴会。举行宴会的大帐前以及用黄色屋檐窗帘围绕的大帐内外有身着华丽衣服，头戴顶子的大臣，附近路的左右两旁摆放着各种战器、旗幡、伞盖，仪仗队吹奏悦耳动听又显得威严的曲子，犹如上界帝释天宫迁移到此处。班禅额尔德尼乘轿来到黄围帐中，坐在一木椅子上为列立座前的六皇子等各位大臣、太监摩顶，应请传授《大慈悲经》《三时怙主陀罗尼经》《白度母教诫》《无量寿佛陀罗尼经》等。不一会儿，各种乐器齐鸣，乾隆皇帝驾临，于大黄帐中与班禅会晤，双方相互赠送见面哈达。随后，乾隆皇帝握住班禅额尔德尼的手走进宫殿，圣上面朝南而坐，班禅额尔德尼面东而坐，身前 3 名大臣列立，右边有敏珠尔诺门罕等大喇嘛及班禅额尔德尼随从仲科、蒙古各王，左边有各大王爷、大臣。乾隆皇帝与班禅额尔德尼用茶，受各大喇嘛、王爷、大臣的跪拜。之后，各位入席用茶。宴会开始后，力士们表演了力气比赛，嘉摩绒小孩表演了舞蹈，中原内地小孩表演了技巧魔术，哈托儿人进行了摔跤比赛等。临近日落西山之时，宫中戏剧团于花园南边的香堪孜瓦表演了戏剧。

黄昏，乾隆皇帝传旨“旁廓”（应是放焰火，藏文 ཕང་ཀོགས），稍时诸位管事者拿来几个形如香筒一般的桶放在座位中间焚烧，中间燃烧的火树约有 35 层，各种灯花犹如一棵真正的树，在眼前闪烁，大小各异，彼等之各种颜色叶子仿佛在眼前出现。之后，乾隆皇帝又传旨，一位大臣匆忙至前，在乾隆皇帝宝座的左边布绳上立起香火，缠在棉绳上霎时发出声音，形如伞盖，在眼前逐渐焚烧，纸壳一样的东西落在地上，宛如酥油胜幢之供灯，布满各种旗幡。花园中纸盒慢慢燃烧，幻变成各种大小不同的人，犹如在舞蹈，有的幻变成清洁工，有时纸盒发出巨声，若巨龙鼓起，雷声不断。尔时，身着上等缎子服饰的上百人手持燃灯灯笼，跳起各种舞蹈。不一会儿，其中有些人坐在地上，有些人站立，有些人列立东西南北，其右手拿的灯笼内焚烧的灯光出现汉字字形，藏语意思为遍乐殿。其间，乾隆皇帝与班禅额尔德尼畅所欲言，热情交谈。尤其谈到遍知八世达赖喇嘛·降白嘉措的希求，精进努力，向他人讲经授教，勇于善辩之事时，乾隆皇帝说："朕依照奖封前世达赖喇嘛之规，今与八世达赖喇嘛商议降旨"。班禅额尔德尼说："八世达赖喇嘛实为观世音菩萨之化身，何况其学问智慧上乘，教化一切众生，勤奋精进。小僧我从火鸡年起，认真随顺圣上之旨意，教授《菩提道次第广论》《菩提道次第引导方便道论》《金刚鬘》《迷札百法》等大坛之灌顶，以及《修法海》《瓦日百根本法》《本尊修念随许法》等多种。小僧把从持金刚前世达赖喇嘛那里学来的一切甚深教诫全部传授给今世达赖喇嘛。成为如来正教之主，勤闻一切法相论著，获得成就，为以色哲噶拉萨三大寺僧人为主的一切有福分者广授教法，又能勇于善辩，远胜他人，有前世达赖那样伟大事迹，真是不可思议，身体强壮，今年已23岁，这些情况圣上知晓，依敕封前世达赖喇嘛之规，与小僧我商议敕封这一辈达赖喇嘛，降金旨有恩于黄帽派之教，尤其有恩于雪域佛法众生，此无边之恩德不可思议。为报此恩德，祝圣上万寿无疆，我与众僧诵经，置他事于一边"。乾隆皇帝与班禅额尔德尼围绕此事谈论政教大事，乾隆皇帝非常高兴。不一会儿，降旨给大臣艾普公说："朕问班禅额尔德尼，班禅额尔德尼若前回答，按照先例向达赖喇嘛赐敕封之金书，传旨居尔甘等"。对西方佛法众生有无限恩德。尔时，乾隆皇帝向班禅额尔德尼赠送羊脂玉制观世音菩萨像佛龛、金巴尔布等。

十五日，敖汉王阿萨肯大臣、大贝子洛桑喜饶、土默特贝子才旦顿珠、参周堪布之大强佐大喇嘛洛桑等人各自向班禅额尔德尼献厚礼，班禅额尔德尼赐茶款待，分别给予回赠。

尔时，热河布达拉宫、大佛寺、夏拉苏木、柯柯苏木、伊黎苏木等几所新建寺院分别举行《甘珠尔》诵经法会及金光积数、伞盖、黄面母大遮、圆满护法酬补法会，班禅额尔德尼提供供品及僧茶费合白银508两之各种物品。其后，班禅额尔德尼莅临文殊具相殿为476人授近圆戒，为土尔扈特王克珠、协让王等15人授斋戒，又为克珠王等20人授居士戒。

次日，班禅额尔德尼与六皇子、博大臣、留大臣、森本堪布、管家、德琼巴（司钥）、却本、持香师、门卫等15人奉旨经园林船渡小湖来到宫殿看戏。之后，又奉命拜谒寝宫及其它几所佛殿，供献敬神哈达；向乾隆皇帝的每台宝座献哈达各一条，散吉祥之花。太阳临近西山时，乾隆皇帝与班禅额尔德尼又莅临园林大黄帐中观看火舞及种种舞蹈。

十七日，班禅额尔德尼于文殊具相殿为喀尔喀、准噶尔、哈尔沁、科尔沁等地472人授近圆戒。在前往寝宫途中为僧俗上千人摩顶。这天，乾隆皇帝特派大臣送来慰问品、上等哈达、葫芦两个、盛有各种美味果品的金器等，班禅予以回敬。

十八日，班禅额尔德尼与上述诸随从又莅临热河宫。在一小殿内为班禅额尔德尼、章嘉呼图克图、敏珠尔诺门罕、杰仲仁布切、班智达堪布桑杰俄色、札萨克喇嘛格勒南卡、其他随从提供周到服侍。在园林宫，六皇子、索本堪布、札萨克喇嘛格勒南卡等在白胜乐画像和塑像前摆供丰盛的供品，为班禅白胜乐长寿修供仪轨作好准备。稍时，乾隆皇帝驾临此宫，与班禅额尔德尼互送见面哈达。章嘉呼图克图、敏珠尔诺门罕、班智达堪布桑杰沃色、札萨克喇嘛格勒南卡、索本堪布等列坐两边。接着，乾隆皇帝送给班禅额尔德尼系边金制大曼札，举行白胜乐长寿仪轨，章嘉呼图克图将其译成蒙语。另有酬补费：曼札、上等哈达、羊脂玉供塔龛、搪瓷制八瑞相、上等缎35匹、红黄缎衣7套等。班禅额尔德尼回敬哈达。仪轨结束后，班禅额尔德尼启驾返回扎什伦布寺，途中为僧俗多人摩顶。

傍晚，班禅额尔德尼为土默特贝子的信使哈托卓玛授居士戒与沙弥尼戒，为土尔扈特汗次仁南杰及胞弟台吉饶丹多杰等10余人授居士戒。同时，为土尔扈特汗次仁南杰、其母哈托、贝勒、克珠王等僧俗50人传授《长寿灌顶》。

十九日，班禅额尔德尼与六皇子、博大臣、留大臣、仲科等人奉旨莅临热河园林宫殿参加宴会。在众臣中，乾隆皇帝和班禅额尔德尼足登宝座相互敬茶敬食，观赏各种游戏。根据班禅额尔德尼旨意，拉章舞蹈者身着上等服饰，吹奏唢呐等乐器，表演藏族风俗舞蹈，乾隆皇帝和大臣们观而大悦，赏赐了各位舞蹈者。

由于大强佐仍在患病之中。乾隆皇帝问："今仲巴呼图克图病情如何"？班禅额尔德尼回答说："托圣上之福，病情稍有减轻，因为现在他气力尚未恢复，没有什么危险，会好的"。乾隆皇帝听后非常高兴。尔时，大强佐因病未能参加宴会，乾隆皇帝赏赐大强佐与僧俗随从，布58桌，陈设食品，使他们享受宴会福分。

宴会结束后，乾隆皇帝赏给班禅额尔德尼内设玉制树，树叶之间琥珀球上有中原内地杏形的搪瓷碟子、金边耶巴呼碗16个、各色上等缎子100匹、碗瓶10个、碗器20个、银茶桶一个、长颈瓶一个、茶浆泥珠形95个、旗恰肉40箱等；赐给大强佐四相黄缎哈达、段子3匹、绫15匹；赐给森本堪布、管家等其他随行人员缎子各3匹、绫各15匹等厚礼。

这天，班禅额尔德尼为新任命的热河扎什伦布寺堪布、格贵大喇嘛、素拉喇嘛、德木齐、翁则、4名管家、200名僧人摩顶加持，赐茶款待交谈。班禅奉旨拟定了扎什伦布寺的清净法规戒律之三种要点仪轨，规定了闻思修四大论著，显密双修，发扬释迦圣教。规定密宗札仓所实行的仪轨、乐器、音调、舞蹈、写法、生圆二次第等方面都要以根敦珠巴遍知至四世班禅罗桑确吉坚赞等各位班禅所传，以及现在的作法为准绳，此等一切符合圣上的旨意。同时，班禅额尔德尼还教导各位要勤精第二佛祖宗喀巴大师正教之饰眼、善根、牵引方便，赐给护身结、礼物、公积基金有：金铜佛像三二上个季度尊、黄铜佛像一尊、青铜佛像4尊、金铜灵塔11尊、银舍利塔一尊、黄铜舍利塔一尊、卷轴画10幅、《丹珠尔》307包、金字经4包、嘛呢筒一个、内供佛塔有16块玻璃门的箧一个。供品有：札玛茹3个、铃杵8个、汉灯一盏、劫波罗一个等，另有为《丹珠尔》《宗喀巴全集》、四五六世班禅全集制作经板、包绳、经签的费用白银310两。提供经板18对、供养马121匹、骆驼10峰、马和牛共191匹（头）；茶费和礼品费白银800两、白银六朵彩16两3钱，共计白银1116两3钱。另外，赐给历任堪布宝座画23幅。有诗道：

东方宝地嬉女面，
明镜显现须弥庙，
后甚大寺迁至此，
两寺无别人主造。
勤修三学建寺庙，
像塔供养于佛殿，
广赐供品生活费，
弘扬释迦正教法。

之后，班禅额尔德尼赏赐土尔扈特汗次仁南杰①、台吉饶旦多杰、贝勒、克珠王等人，设宴为他们饯行。各位不远万里、不辞劳苦前来拜谒班禅，临别时泪水盈眶，祈求班禅护佑。班禅嘱咐他们如同以往一样继续信奉和侍奉第二佛祖宗喀巴之教理②。当时，乾隆皇帝特派一名大臣送来慰问品，同时送来赐给达尔罕额尔德尼诺云堪布洛桑金巴与索本堪布每人一顶漆布帽及13顶其它帽子、100顶普通漆布帽等。谕曰："班禅额尔德尼可将此等漆布帽按照职位大小赐诸随员。"班禅额尔德尼受礼后，赏赐了使者，并回敬乾隆皇帝，表示感谢。

二十日，班禅额尔德尼为六皇子、呼贝勒、达大人等人传授《白胜乐修念随许法》。在接受巴忠大臣代献上等哈达、珍珠饰金碗9个、俄罗斯所产机器人一种，玩偶，能自动敲打发出各种悦耳动听的乐声后厚赏大臣，同时回敬乾隆皇帝。

二十一日，土默特贝子的信使译师夏仲益西晋美、贝子哈托贡却曲措合献礼物，班禅额尔德尼分别摩顶、赐茶款待交谈，赏赐佛塔等厚礼。向东佛堂与《般若经》所说佛塔献供品、哈达、新作祝寿词，祝圣上莲足永驻。诗道：

一切漏尽池塘边，
人主寿辰星宿显，
如是此等诸教诫，
勇夺能力举高心。
显见智慧诞辰日，
诸僧善作祝寿词，
此乃幻化之国王，
执持诸方心海波。
大地人主虽是多，
然此国王无匹敌，

---

① 此人即率领土尔扈特部从俄罗斯东归的渥巴锡汗的儿子策凌那木扎勒。

② 清朝安置东归的土尔扈特部众，在新疆设南路旧土尔扈特乌纳恩素珠克图盟，旧土尔扈特汗策凌那木扎勒为盟长，额默根乌巴什之子恭坦贝子为副盟长。盟下设4旗：即汗旗、中旗、左旗、右旗，共54苏木。

虚空太阳胜一切，
然于太阳无所缘。

二十二日，天高气爽，星曜圆满在热河扎什伦布寺建立与扎什伦布寺一样的显密乘仪轨。班禅额尔德尼亲临热河扎什伦布寺，于新任堪布、翁则德木齐主仆、蒙古族常驻僧180人、布达拉堪布桑结俄色等大小喇嘛20人中间，作大威德我生等二本尊之酬补。在诵完圆满坛城与《大慈悲经》后，班禅额尔德尼始讲《菩提道次第广论》广义及略义。尔后行发菩提心仪式，按照职位高低大小赏赐堪布耶勒盖喇嘛、素拉喇嘛、掌堂师、翁则、却本、总管家等人，布施给360名诵经僧人哈达各一条、白银各一两。诵经回愿，祝圣上莲足永驻，政治昌盛，广赐弘法利民之盛宴。

当时，乾隆皇帝赠送给班禅额尔德尼青玉乞化钵盂、2000两金制宝瓶、碗、香炉等，班禅高兴受之。

午膳后，班禅额尔德尼等人莅临大佛寺拜谒佛像塔，向遍乐殿观世音菩萨像献7层楼高大哈达一条，向三时佛、十六罗汉像及两层佛堂中的佛塔献哈达、供品，诵经发愿，为各佛塔开光散花。尔后，登上大经堂宝座向全体喇嘛摩顶，接受各位的献礼，传授《依上师瑜伽论》。随后，应邀莅临参周堪布洛桑达结所建寺院，堪布的大强佐大喇嘛洛桑举行宴会献礼。宴会结束后，班禅为诸位僧人摩顶，为寝宫开光，散吉祥花。返回扎什伦布寺途中，为僧俗多人摩顶。回到寺院后，会见先去北京的敏珠尔诺门罕。

二十三日，是乾隆皇帝父亲的供祭日，皇帝特派六皇子与数名大臣至扎什伦布寺迎请班禅额尔德尼莅临法会诵经，六皇子向法会施放斋僧茶两次。会后六皇子向班禅额尔德尼献上等哈达、缎子多匹，向大强佐赠送上等哈达、缎匹，布施其他喇嘛和参加法会的全体僧人，感谢各位诵经回向。班禅额尔德尼亦赏赐了各大喇嘛、执事、僧徒。之后，班禅诵经广作无上善根之菩提回向，赏赐六皇子等大臣。

是日，天空突然白云密布，细雨连绵，世人都认为是祥光。乾隆皇帝特派大臣送来俄罗斯制造的时钟，班禅额尔德尼受礼厚赐使者，献礼回敬乾隆皇帝。

二十四日，乾隆皇帝准备率领众臣驾临扎什伦布寺，临行前派六皇子前来传谕,要求班禅额尔德尼不要出门迎驾,班禅奉旨居宫候驾,众僧、仲科、仪仗、乐器队于寺门前迎驾。乾隆皇帝驾临后于吉祥法喜殿与班禅额尔德尼会晤,畅谈政教之事。乾隆皇帝说:“班禅额尔德尼此次驾临内地,要观看内宫、佛殿、圆明园、万寿山、香山园林宫殿及诸佛殿,要于旃檀佛及雍和宫诵经祈愿,要为香山佛殿塔开光。你生日之时,要表演戏剧及各种游戏,大庆三日,各位皇子王臣要举行宴会款待,朕要请授佛法,邀请(您)到皇宫内室居住交谈。朕在你走后三日在此居住,尔后往驾东陵祭祀皇父后,于北京皇宫东前方园林新建哈杂(德寿寺?)宫准备会晤”。言毕,送给班禅额尔德尼上等哈达、金柄、珍珠等,以及盛满各种味美果品的银器,有两华盖,作为班禅路途之食物。班禅回赠上等哈达、佛像、红白念珠、黄红香各20担、氆氇衣等,为诸位大臣、准噶尔僧俗多人摩顶。之后,班禅额尔德尼酬供阎摩护法王,托付事业,投掷六十大遮食子,为众生祈祷。为哈尔沁王拉纳桑哈、哈托吗呢阿赛等人传授《胜乐上师瑜伽论》《遍除怙主障祈祷》。由于大强佐身体还未恢复健康,决定在热河住几日,待病愈后再来北京。

当时,各位侍从围立班禅额尔德尼身边祈求班禅护佑路途平安,身体不遇障害,祈求大强佐病早愈,不久于京城会晤,班禅诵经加持。在短暂的轻松之中广论政教大事,为众僧授教,赐护身结,要求大家调养身体,消除障害,准备行动。为居住热河服侍大强佐的管家、仲科、各位僧俗,以及因水土不服而生病的人、管事者等摩顶加持,赐护身结。

二十五日,遍知班禅额尔德尼、诸位随从、六皇子、博大臣、留大臣、其他数名小官司从扎什伦布寺启程,热河各寺院的喇嘛、执事等乘马于王西滩地方送行,临别时班禅予以赏赐。之后,越过观音岭山,莅居群鸟齐鸣的哈拉呼托皇宫,为这里的官员、士兵摩顶。午膳后,观看了皇宫及园林。从此,拜谒了途中的皇宫,观赏了园林,诵经散花。

二十六日,经过黄西岭莅临王家营用午膳,夜宿羌夏榆(藏文)皇宫。

二十七日,翻过华陀岭与西岭莅居门建巷,赏赐这里的大臣、喇嘛、士兵。

二十八日,行抵王西营子用茶。当班禅额尔德尼一行莅临大城墙(长城)古北口时,大小官员、士兵上千人屈膝跪地迎接。尔后,走出城门(大门)经过大桥来到南天门宫殿用午膳。夜宿杨家寨,向南杰大臣之子、章嘉呼图克图信使管家丹巴德木齐主仆摩顶授教，回赠其主人。

二十九日，班禅额尔德尼一行步入树木蔽日的公路，感到非常凉爽，行抵罗家却郭用午膳。夜宿达迈阴山地方的宫殿，为从北京来的黄王、阿克大臣，以及雍和宫、旃檀佛寺、夏拉苏木等寺院喇嘛、执事等千人摩顶，予以赏赐。

三十日，班禅额尔德尼行抵科玉山用茶。在囊西索用香膳后，班禅莅居梁管素宫殿，接受迎驾者萨亲王主仆的献礼后，摩顶赐茶款待，予以赏赐。

九月一日，班禅额尔德尼驾离梁管素地方，行抵清卡瓦铺宫用茶。尔后，在上千名随员簇拥下前行。当临近广阔无边、富饶殷实、人口众多的中原内地中心地带时，班禅一行穿过前来拜谒的人群继续前往。班禅额尔德尼在六皇子、数名大臣、各寺上师、执事等僧俗多人以及手持兵器、伞盖、胜幢、海螺、铃杵、白海螺、铜鼓、腰鼓、笛子、乐器、船帆、鲜花、念珠、香料、粉包等供物的仪仗队的热烈欢迎下，莅临五世达赖喇嘛曾居住过的可与三时帝释宫相媲美的西黄寺，登上无畏狮子宝座，享受乾隆皇帝内库供施的喜宴，观赏戏剧舞蹈。之后，莅临二层寝宫，同章嘉呼图克图谈论政教之大业，由驻锡热河时任联络的北京大臣父子宴请班禅额尔德尼并与班禅热情交谈。

二日，六皇子设宴款待，班禅额尔德尼与其进行长时间交谈。为了感谢六皇子远途迎接和于热河宫的盛情招待，班禅赠送上等哈达、佛像、香料、氆氇等。

坚耶寺堪布札萨克扎巴平措准备去嘉摩绒，临行时向班禅额尔德尼献厚礼，请求加持，消除路途障害。在交谈用茶时，班禅赐物，并给予有利于眼前和长远的教诲。

是日，黄寺各位喇嘛设宴，敬献曼札。班禅额尔德尼受礼后为各寺喇嘛、执事、僧徒、大小官员等汉蒙信徒共千人摩顶。

三日，班禅额尔德尼与六皇子、章嘉呼图克图、诸位大臣等离开黄寺，参观坐落于北京西北面的圆明园，途中拜谒了圆明园附近具有满族风格的佛殿，向诸所依行加行七法，供献哈达，散吉祥花。

尔时，六皇子向班禅额尔德尼呈现了圣上派人从热河送来的给达赖喇嘛的敕书草稿，章嘉呼图克图将其翻译成藏文，班禅非常高兴，即派人去慰问乾隆皇帝，感谢圣上对天下释教，尤其对西方佛法众生所给予的无限恩惠。他说:“圣上以慈悲之心依册封前世之例给予遍知达赖喇嘛他人于天上人间难以觅得的赏赐与封诰。如今册封达赖喇嘛政教为之主及赐名、金旨之无上金书金旨,并将此等赐于我之眼前,让我过目,实属世间难得,赐此不可思议之金旨,我对此不可思议之恩惠无法度量。为祝圣上莲足永驻,万寿无疆,领众僧诵经,搁他事于一边”。六皇子将这些话译成满文上奏圣上。尔后,莅临圣上之花园宫殿圆明园,这里宽阔无边,树木成荫,城墙围绕。蓝宝石与靺鞨(一种宝石)混合的明澈的湖环绕四周,波光粼粼,金黄色的鱼、青头水禽、水鸭等飘游于湖中,发出悦耳动听的鸣叫声。更有无数金鱼翎眼及红黄白绿花等鱼嬉戏。湖边各种莲花、白莲、邬波罗树、红邬波罗树、拘物头竞相开放,香味扑鼻,随风飘荡。湖中心与四周乾隆皇帝的各种珍宝殿仿佛帝释宫殿,有些地方造有碧绿犹如鹦鹉翅膀般的如意小山,其上的凉庭造型别致,若帝释宫般优美。山与河边种种沉香、柏树、松树、芒果树、竹、葡萄树、羯地罗树、核桃树、可树、柳树等绿叶茂盛。其中有些形如伞盖,有些犹如游鱼,有些仿佛宝瓶,有些形似莲花,有些则若白海螺、吉祥结、胜幢、法轮。茂密的树木中各种颜色的图画显现,群鸟飞来飞去,嬉戏啼鸣。宫殿的庭院中有一颗树,其树顶有自然形成的八瑞相图形。在一个名为“池安”的宫殿庭院中有一尊青铜制十二生肖图,从每个动物嘴中喷洒出水,在眼前显现,使人无法了知分辨。班禅额尔德尼、六皇子、章嘉呼图克图、其他侍从等 15 人经过园林东面的大门乘船渡湖,然后上轿来到一座宫殿,向这里的佛殿、宫殿献行加法七支及哈达等供物,散吉祥花,诵经祝圣上万寿无疆。班禅额尔德尼在新建的“清疆止”(藏语丹杂康孜林——楼阁殿)驻锡二日,各位随从居住在门外大帐中。傍晚,酬供四面怙主与贝孜姊妹护法,托付事业。

次日,班禅额尔德尼先后观看了各宫殿、佛堂,如前诵经散吉祥花,祈祷发愿。在乘船绕湖两周中,班禅一周坐在二三层,一周坐在第一层,观赏了周围的景色。

回到丹杂康孜林殿后,班禅额尔德尼应以管事太监喇嘛为首的各位太监的请求,为他们摩顶,传授《白伞盖佛母陀罗尼》。

五日,班禅额尔德尼上书乾隆皇帝,书的大意是:奉天承运圣上时时给予喇嘛我殊胜慈悲,无上护佑之大恩永远不能度量。经皇子赐给我慈悲无边、精制别雅的时钟及哈达,此等他人难以寻得,使我安抵黄寺。尔后,又赐给遍知达赖喇嘛慈悲无边的金书敕文及赐名、赞颂，启开了佛法众生事业大门，恩德无量，并将金旨之因让喇嘛我知晓。此圆明园大宫优胜于须弥山，宫殿、佛堂、佛像塔、水船皆如幻变，景色迷人，我等拜谒，福劫不浅，特顶礼此甚大又重之恩德，献奏此书。之尔，参观了四季常艳（藏语记音）、新涧（藏语记音）、显常春（藏语记音）等宫殿及佛殿敬献哈达、供品，诵经散花，祈祷发愿。当班禅莅临宫殿门口时，多名太监献上等哈达、金柄、珊瑚念珠、羊脂玉念珠等。章嘉呼图克图对班禅额尔德尼说："圣上所发之心与以前相异，执持佛法，尤其虔信班禅额尔德尼，迎请到园林内外请求诵经加持，允许其他大臣去园林。根据这些可知乾隆皇帝和班禅额尔德尼于昔时有甚深发菩提心之关系，而今显现。"

其后，班禅额尔德尼等人经过西南门，拜谒于长寿佛殿，供献哈达，如前广发誓愿。大喇嘛宴请并厚献礼物，在觉香寺（僧人寺）驻锡一日。寺中有一口两层楼高的大钟。据说，当初铸造此钟时，工匠们担心修造不好而受到惩处时，空行母之幻身女跳入坩埚内，助力修造大钟，顺利完成了铸钟任务。铃面上有兰杂体《八千般若颂》一套。班禅向大钟及诸所依献哈达，若前发愿。之后，来到乾隆皇帝以前驾临过的一间宫殿，该寺两位卸任法台大僧人设宴招待班禅额尔德尼、六皇子、章嘉图克图、内务大臣及随从等。卸任大僧人精通经部，尔时班禅额尔德尼提问经律等显教方面的疑难，由章嘉国师翻译。大僧人对答如流，班禅非常高兴，称其为贤哲，不但精通佛法，而且精通经部，并将情况奏知乾隆皇帝。乾隆皇帝谕大僧人："尔自小修持佛法，常为僧人之师，今与班禅额尔德尼会晤，班禅额尔德尼向尔问及佛法，班禅额尔德尼说尔精通佛法，心喜之，因六阿哥同章嘉呼图克图先后奏明，朕心甚悦，特与尔'千虚'（藏文记音）之骰子，予以奖赏，且将此等情况告知班禅额尔德尼"。大僧人献哈达、银制扣子20副谢恩。班禅回赠礼物，赐供祭费白银、香料等。有诗道：

观看三藏宽阔眼，
执持法座大僧人，
精通其深见及律，
加答提问如流水。

时尔心若妙音女，
欢喜称颂竖多承。
人间之主具法眼，
赏赐颂尔胜他等。

之后，班禅额尔德尼率众随从返回黄寺。

六日，班禅额尔德尼在黄寺庭院会见3000多人，授教赏赐，同时赏赐了前来献礼的太监及喇嘛益西格敦。

七日，内务大臣阿勒哈大阿公与杨阿勒哈达各自献曼札、缎匹、各种用器等礼物，班禅额尔德尼为其二人摩顶，赐茶款待交谈，予以回赠。章嘉呼图克图供食供养。是日，班禅额尔德尼诵经超度班觉呼图克图亡灵，广为三摩地结合。为献礼的格尔班索波噶当特与耶尔凯王赐茶交谈，并予以回赠。乾隆皇帝原决定从热河去东陵恭谒，尔后驾往北京南面“夏尔噶”园林，九日与班禅额尔德尼会晤。八日，班禅额尔德尼、六皇子、章嘉呼图克图等，博大臣、留大臣、索本堪布等内侍、执事、仲科等手持御用器具，若如迎驾乾隆皇帝一样列于路两旁，浩浩荡荡前行，经过前门集市附近，出彰义门①莅临夏尔噶园林②的永穆寺（藏语）。诸位喇嘛献礼并诵经祈寿，班禅额尔德尼予以回赠。在经堂拜谒了三时佛像，诵经礼赞。尔后，莅临皇宫附近特地为其修建的宫殿下榻。当时，乾隆皇帝特派巴忠大臣乘快马送来慰问品及两位驻藏大臣上奏的关于扎什伦布寺堪布仁布切、德琼巴、各札仓上师、大格贵、各大活佛、僧俗部众安乐，扎什伦布寺讲修昌盛、牲畜兴旺、庄稼丰收的札子。谕曰：“奏朕西藏情况，为使班禅额尔德尼欢喜献上，使其观看。班禅额尔德尼给扎什伦布寺书信之时，朕为答此奏折，赐札子”。班禅额尔德尼看后非常

---

① 彰义门即前门西南方的广安门，位于外城西垣正中偏北。明代称广宁门，又名彰义门（该门与金中都彰义门在同一轴线上）。乾隆三十一年，以该门为南方各省进京的主要通路，故提高城门规格，仿永定门城楼加以改建。改建后的广安门城楼高两层，重檐歇山顶灰筒瓦绿琉璃剪边，通高26米，面阔3间。道光年间为避清宣宗旻宁之讳改为现名。

② 此即北京城外的南苑，南苑是元、明、清三代的皇家苑囿，因苑内有永定河故道穿过，形成大片湖泊沼泽，草木繁茂，禽兽、麋鹿聚集。南苑又称“南海子”，元代是皇家猎场，史称“下马飞放泊”。明朝时扩建殿堂宫室，四周修砌围墙120里，谓之“南海子”。周辟四门，内建衙署，设总提督一人、提督4人负责管理。清代继续经营，修建4处行宫、若干庙宇，将原明朝的2处提督衙门改建为行宫（旧衙门行宫、新衙门行宫），新建团河行宫，一部分作为操兵练武之所。清初五世达赖喇嘛·阿旺罗桑嘉措进京，顺治皇帝就在南苑首次会见五世达赖喇嘛。

高兴，赐茶款待巴忠大臣，赏赐礼物。当时通过乾隆皇帝札子书信给扎什伦布寺经师堪仁布切等人的札子书信，说明班禅额尔德尼路途未受任何障害，平安抵达热河与乾隆皇帝会晤，今抵北京，圆满了乾隆皇帝的心愿，不久即铁牛年将返回扎什伦布寺。

九日，乾隆皇帝从东陵启驾，准备午后在北京与班禅额尔德尼会晤。乾隆皇帝快到夏尔噶园林宫殿时，班禅额尔德尼同六皇子、索本堪布洛桑克却在宫廷候驾，各位随从、大臣等去宫外跪地迎驾，各献哈达，受乾隆皇帝赏赐。之后，乾隆皇帝和班禅额尔德尼莅临宫殿门口，互送礼物，热情交谈。这时，乾隆皇帝到外面看见悬挂额鞭子，问索本堪布："这作何用?"索本堪布回答："这是西藏喇嘛的器具，请求传授摩顶者太多时，用此平息拥挤"。乾隆皇帝说："朕至班禅额尔德尼身前，不需移挪此物，可放原处。朕要做一个新的赠送班禅额尔德尼。"索本堪布谢恩献上礼物，园林管家设宴款待。

十日，返回途中，班禅额尔德尼拜谒了乾隆皇帝的每所宫殿，献供哈达，诵经祈愿，散吉祥花。之后，乾隆皇帝驾临西山祭拜皇太后陵墓，班禅顺原路返回黄寺。

十一日，班禅额尔德尼为前来献礼的蒙古金贝勒索朗班觉、察汗德颜旗活佛等人摩顶，赐茶款待交谈，分别予以厚赐，传授《无量寿佛修念随许法》《白度母如意轮随许法》《度母颂恭礼二十一论》。

十二日，班禅额尔德尼、六皇子、章嘉呼图克图、敏珠尔诺门罕、内务大臣、随从等离开黄寺，经过具有三层城墙的宫殿，皇城非常宽广、拥有数十万人家、各巷道里集市拥挤、一马拉一车或多马拉一车等马车类别多、乘轿客人众多、左右街道商店排列整齐、商品琳琅满目、佛殿宫殿美丽无比的北面大门安定门，再过皇城北门神武门，看到路两边摆满英雄战器，门口无数士兵跪地迎接。诸位来到宫内城边由武将宫环绕的大桥边，弃蹬下马，然后班禅乘轿，15 名随从与诸位大臣步行经过皇城北边的西华门。那里四周兵房很多，各位士兵手持兵器跪地迎接，当班禅等人莅临宫殿附近时，发现众人皆因皇帝的尊颜及严明的法律之威力非常敬重。有诗赞道：

坚硬岩山短城墙，
里外三层环宫殿，

非常宽阔又高大，
犹如见到地球边。
具足四支之军队，
刹那摧毁敌军部，
一切住空之世界，
树木摇动布大地。
十万人家布满地，
各方又有海池塘，
山林僧众之佛殿，
美丽无比看不够。
大街两边商店多，
又有七宝之仓库，
整齐排列真宏伟，
龙王亦怕隐居海。
慧光释教莲花开，
吉祥游戏金刚等，
一切善士于此歇，
洛桑教库波连天。
青春妙龄体形美，
吉祥佛殿智慧伞，
一把白伞满人间，
执伞大臣亦无数。
有寂善业集一起，
于世寻觅人主福。

尔后，向前约半里处有一宫殿，六皇子与章嘉国师从宫门开始步行，班禅额尔德尼乘坐轿子由太监抬着前行，拜谒了乾隆皇帝寝宫养心殿及其它佛殿，向三宝叩拜、献供哈达和供品、向乾隆皇帝的各宝座献哈达，诵吉祥词，祝圣上莲足永驻，万寿无疆。拜谒结束后返回黄寺。这天大强佐从热河回到北京，班禅与其交谈，询问病情。

十三日，班禅额尔德尼与六皇子等其他随员经安定门莅临雍和宫，向各佛殿所依及乾隆皇帝寝宫内供奉的所依献供。为诸位僧人摩顶，传授《兜率上师瑜伽论》《大慈悲经》《三时怙主陀罗尼经》。这天还朝拜了雍和宫左面的僧人庙宾凌寺，向各所依献供。为各位僧人摩顶，提供供祭费。诸僧人设素宴招待。从此经过皇宫北面的神武门莅临北海寺，登上假山，假山上树木成林，班禅向密林深处的宫殿、佛殿及山顶的白塔寺大佛塔、大威德殿、寝宫中的塔献供，向乾隆皇帝宝座献哈达一条，绕大白塔转了3圈。立足白塔向四周观望，宫中家宅繁多，显现出城市之边。从山下到塔脚造有100多层石台阶，班禅来到山下乘轿前行，在宫殿用膳后居于大慧镜宝殿（益西麦隆钦波仁钦林），为嵩祝寺两名僧人授近圆戒。

当时，乾隆皇帝通过六皇子与章嘉呼图克图赐金书给热河扎什伦布寺及后藏扎什伦布寺，并赐匾额颂扬，谕索本堪布："献呈朕旨"。于此，班禅额尔德尼如前向各佛殿供献哈达。

十四日，乘船渡湖莅临万普寺，向寺内各所依献供，提供供祭费。僧人喇嘛布素宴招待。12名僧人用桑止达语（梵语）诵《白伞盖佛母陀罗尼经》，班禅额尔德尼赏赐每人哈达一条，摩顶加持。尔后，莅临白伞盖佛殿、极乐殿，向各所依献供哈达，诵吉祥词祝赞。从此莅临旃檀佛殿，昔日如来佛来到三十三天时，俄札雅王为表虔诚之心，用旃檀制成佛十二岁等身像，作右归依布施及左遍入手印，两足结跌，眉间白毫间无污水晶相饰，犹如真佛显身，并预言来时于中原内地作事。根据此预言，昔日迎请到中原内地，为众生修善积福之田，与如来实无两样。若虔诚祈祷，会降成就之大雨。拜谒殊胜"旃檀觉卧"，各用五种供千供一次，供品有：琥珀项链、珊瑚念珠项饰、银杖3把、水晶石乞化钵、水晶盘、灯笼两盏、碗器、镜子、银翅白海螺、猫眼石两颗、钹、犀牛角两对、银制八瑞相、银制七政宝、银瓶两个、百两银制系边曼札一具、五色上等哈达，著诗赞祝，陈列哈达，能比文殊菩萨遍善传，供献7支，广行供养，高诵《忏悔经》，无比释迦佛之赞祈祷三时怙主莲足永驻，祝愿圣上万寿无疆，国运昌盛，利益佛法，众生安乐。

尔时，班禅额尔德尼赐予六皇子哈达一条、佛像、红黄香15束；赏给章嘉呼图克图、敏珠尔诺门罕哈达、缎匹；赏给拉科呼图克图、札萨克喇嘛哈达各一条、白银各5两；赐给寺僧各却本哈达、白银等。为旃檀觉卧寺献礼者传授

《缘起颂》《大慈悲经》《三时怙主心要》。

午膳之后,班禅额尔德尼为喇嘛、德木齐、翁则、执事赏赐加持塔。为了回谢乾隆皇帝通过六皇子、章嘉呼图克图所赐慰问品及予以后藏扎什伦布寺、热河扎什伦布寺匾额之恩,上书皇帝说:"圣上任何时位给予喇嘛我慈悲无限关心,今通过六皇子与大国师章嘉仁布切赐给住宫、热河与后藏扎什伦布寺金匾额,降旨要求大小量主之伴友索本堪布敬献,若是于梦中亦难寻得,恭礼不能度量之大恩,他等不能得到。根本书是圣上之手稿书信,仿佛极难觅得的如意宝,精进领受金书,恒常供奉。为恭礼恩德,呈献上等哈达、尊胜佛母像、衣服等。赐给扎什伦布寺之匾额宽4尺,长8尺,适合佛殿前之门上悬挂,仆人索本堪布恭敬金旨,为谢皇恩献洁白哈达,通达慈悲之宽大胸襟。喇嘛我之兄长在尔汗强佐托依圣上之慈悲与恩惠,身体逐渐康复,于九月十三日抵达夏拉苏木,为报皇恩献上等哈达,居于怙主大悲之中央"。热情洋溢的书信通过六皇子与章嘉呼图克图呈献给乾隆皇帝。从此地回到黄寺与大强佐热情交谈。

十五日,班禅额尔德尼同六皇子、章嘉呼图克图、诸位大臣、侍从参观西面园林万寿山与香山,先后拜谒了佛殿宫殿,应邀经西门与西界门,过古林桥,渡船莅临香山,为如同拉萨佛殿的香山佛殿塔像举行大威德开光典礼,历时三天。河水边有印度瑜伽师住地五塔寺,应邀,班禅额尔德尼莅临若如印度金刚座之寺院照例献供,为丹巴札萨克与各位瑜伽师摩顶赐物,接受他们的献礼。尔后,又乘船莅临僧人的檀香寺,若前供养佛像塔,提供给诸佛殿供祭费,接受大小僧人献礼后,分别予以赏赐。离此不远的万寿山园林前面有一个很大的湖,湖中停放着乾隆皇帝用数万两库银专为班禅所造的船,船共3层,室内有身、语、意"三所依"及供品,中间设有乾隆皇帝和班禅额尔德尼的宝座,座前有各种精制器具。登上楼梯,天窗檐周围饰有卧室佛殿,其内陈放着三所依及供品,各室亦设有宝座。卧室中间之屋顶与栏杆造型别致。大经堂前四角庭廊中绘有狮子图的缎幡迎风飘扬,身后楼阁上黄绸旗环绕,大船上下内外皆绘有各色图画,美丽无比。班禅来到船上坐在桅下的小座上,左右坐着六皇子、章嘉呼图克图、敏珠尔诺门罕,周围坐着各位大臣、拉科呼图克图、班禅的随从等人,其他人坐在下面的回廊等处,船工等于船下排列。六皇子一下令,侍从引声高吭来到船上布食献茶,六皇子与章嘉国师谈说园林及区域设计布置。班禅额尔德尼一行逐渐来到万寿山，向各所依供献哈达、祭品，向乾隆皇帝各宝座献哈达，诵吉祥词赞；为佛殿管家、僧人、寝宫管家大臣等人摩顶，分别予以赏赐。当时，六皇子说："距离万寿山不远地方是织裁御衣之处，班禅额尔德尼可以去那里参观"。班禅因事务繁忙未前往。

十六日，在万寿山园林后面有一座如桑耶寺的寺庙，其内有一尊 4 尺高的龙树所传的观世音菩萨像，另有两尊塑像。其前有一佛殿名叫大爬山，其中有三时佛像，周围岩山之中雕有 500 尊罗汉像与 21 尊度母像等，班禅额尔德尼分别供献哈达，同时向乾隆皇帝各宝座献哈达，诵经发愿。离开这所寺返回途中，应六皇子之请求，莅临由一名大臣所建寺院之各所依献供祈愿，提供供祭费。各位僧人敬献礼品。尔后，莅临香山附近一座犹如拉萨佛殿（香山召庙）的寺院，同六皇子、章嘉呼图克图、敏珠尔诺门罕、内务大臣等人用茶、交谈。之后六皇子和内务大臣走出佛殿，章嘉呼图克图与敏珠尔诺门罕一直坐在班禅身前，请求班禅解疑教理见地方面的疑惑，班禅对他们所提问题予以详细回答。章嘉国师称赞道："此乃佛圣者之特征也，尔等常年累月思修但未尝有如此体悟。"

十七日，班禅额尔德尼莅临形如拉萨佛殿的释迦佛像前，登上狮子宝座与章嘉国师、敏珠尔诺门罕等大喇嘛以及仲科尔 23 名、各寺僧人 200 余名一起以吉祥金刚大威德修供方式为佛殿举行开光仪典，是日作开光准备，十八日举行正式仪式，修誓愿与智慧无别，诵吉祥词散花。

当时，乾隆皇帝驾临西廊，在由旃檀雕成的释迦牟尼佛像前赠给班禅额尔德尼金手杖、珍宝饰品、玉石香炉、壶盖、七勇士图案之钵、金丝长腰袜，班禅回敬佛像、衣物等，双方畅所欲言。尔时，天降绵绵细雨，瑞相多显。

傍晚，巴忠大臣奉旨向班禅额尔德尼呈献驻藏大臣赤钦诺门罕、丹结林寺札萨克喇嘛嘉木央丹巴关于摄政诺门罕灵童选认问题之书。班禅额尔德尼对第穆呼图克图的情况非常了解，他看完呈书后，撰写了关于选认灵童之作法一文，并盖上"班禅额尔德尼"印，同意送往西藏。尔后，又进行了认真而慎重的思考。

二十日，甘丹寺希热图堪布诺门罕阿旺楚臣、丹结林寺札萨克喇嘛嘉木央丹巴将班禅额尔德尼关于选认第穆活佛灵童之书信盖印上呈乾隆皇帝，书中说:“关于第穆呼图克图灵童选认之事应奉旨行事,祈祷三宝,深思远虑。灵童生于三多乃察多岗,名旺嘉多杰。若以伞盖、金光、妙吉祥相等供祭阎摩罗法王、度母、托付事业甚善,遂请上奏乾隆皇帝,慎随金书,特寄此书”。

是日,各位喇嘛僧徒举行盛大护法酬补法会。班禅额尔德尼、六皇子、章嘉呼图克图奉旨莅临香山园林佛殿,供祭西营寺、黄宫寺、西山寺、盘山寺、菩萨殿、五香寺之中的佛塔,献哈达,并向乾隆皇帝宝座献哈达,诵经祝福;向英雄殿献供长寿度母像两尊。乾隆皇帝为了歌颂班禅额尔德尼圆满功德赠送上等哈达、四色饰黄衣、各色绸子 9 匹、袋子 12 个。赐给大强佐洛桑金巴上等哈达、四色赛呼黄色僧衣、上等绸 3 匹;赏赐索本堪布洛桑克却黄色僧衣、哈达、绸子两匹、袋子 6 个;为 12 名随从赐给哈达、绸子各两匹、袋子各 4 个,施予西黄寺法会白银 100 两,作为僧茶费。另外,赏赐了加尔果琪与清洁工,满足了各人之心愿。

园林管理官鲁哈老爷向班禅额尔德尼献各种果品、氆氇数匹回愿。

午后,班禅额尔德尼由官员、喇嘛陪同离开香山园林,莅临广普寺,向佛殿献供哈达、祭品,诵经发愿。之后,莅临圆明园皇宫附近下马,被僧人掌印喇嘛迎请到寺院招待。班禅额尔德尼从寺院出来,经过人群熙攘的街道莅临黄寺,在卧室同大强佐就政教之事进行谈论。

二十一日,章嘉呼图克图准备前往汤山温泉沐浴,班禅额尔德尼为其摩顶加持,教授《决断上师传承》《杂瓦玛风论》,并赠贶礼。

土默特贝子莫盖艾凯夏夏班、台吉晋美贡桑、3 名哈托、贡却金巴、赤钦诺门罕阿旺楚臣及其随员等献礼,听讲《无量寿佛修念随许法》《香巴拉通行证》等。

当天,班禅额尔德尼上书皇帝感谢多次赏赐之恩。

二十二日,16 位王代表凯孜王与叶凯王宴请,班禅额尔德尼按职位高低分别予以赏赐;为金贝勒代表盖格与贝勒之子察汗德颜琪转世灵童摩顶,传授《竭地洛迦林母修念随许法》,会见 1000 多人。

二十三日,班禅额尔德尼莅临皇宫向各所依供献哈达,供放祭品,诵经祝福。

是日,班禅额尔德尼住在太西殿,举行六十食子投掷法会,供祭阎摩罗法王。

二十四日，乾隆皇帝从圆明园驾临故宫，班禅额尔德尼亲自带领随从前往中和殿迎驾，敬献佛像、衣服等礼品，并进行了亲切交谈。乾隆皇帝赐上等哈达、雕饰别致的金手杖。应乾隆皇帝邀请，班禅额尔德尼莅临中和殿与寝宫向诸佛塔献供哈达、祭品，向乾隆皇帝宝座献哈达，诵经祝福，愿乾隆皇帝寿幢永远飘扬。

当时乾隆皇帝派遣一名内宫太监向班禅额尔德尼赠赐一块雕刻有能仁与十六罗汉、8 名多闻子的大玉石，以及玉瓶、马纳霍木雕像。班禅愉快地接受了献礼。之后，班禅与随从返回黄寺。

二十五日，乾隆皇帝驾临黄寺(金殿)，班禅额尔德尼出寺迎驾。进入宫殿后，乾隆皇帝和班禅额尔德尼边谈边观赏舞蹈，乾隆皇帝赐给班禅一把以珍宝相饰的金柄。班禅回敬上等哈达、佛像、佛经、佛塔、珊瑚香炉、妙香 60 束、氆氇 30 匹。在先后两次茶会上，乾隆皇帝和班禅额尔德尼分别用满语、藏语交谈。大强佐、索本堪布敬献上等哈达、佛像等。

群臣返宫之时，第十六王①之侄子承泽亲王献礼，设宴欢送。乾隆皇帝予以赏赐。

二十六日，博大臣夫人病逝，派人请求班禅额尔德尼诵经回向。班禅额尔德尼诵经超度亡灵，使灵魂趋入所缘境，并为大臣祝福。

是日，班禅额尔德尼应请为黄王主仆及 20 名比丘传授《无量寿佛修念随许法》。

二十七日，班禅额尔德尼于黄寺大经堂接受雍和宫僧人与班智达堪布桑杰俄色之献礼后，为 1000 多名僧人摩顶。尔后，视察有关洗浴、上座供长寿祈祷诵经法会，鼓励全体僧人多听多讲经论。应全体僧人请求，讲授《上师供仪轨》《兜率上师瑜伽论》《三时怙主陀罗尼经》《无量寿佛修念随许法》，赐赏护身结、佛像、法器、铃杵、红黄香料、有色氆氇等，有诗赞道：

仿佛兜率天宫的会场，

① 指康熙皇帝的十六子允禄，康熙三十四年(1695 年)生；母顺懿密妃王氏，因庄亲王死后无嗣，雍正命他袭封；卒于乾隆三十二年。

聚集了无数盛装僧徒，
手捧着各种厚礼敬献，
口诵长寿颂词来祝寿。
奇异安乐的场面，
盛宴导引脱苦痛，
大师赏赐利众生，
众僧人心满意足归。

科尔沁札萨公代表塔布囊格母亲额尔喀、格勒饶杰、卓玛嘉布、塔布囊托科尔琪等人拜谒献礼，班禅额尔德尼摩顶。尔后，应喀尔喀旗艾普请求，讲授《度母经》，并赐茶款待。

二十八日，为科尔沁王经师夏仲扎西等人讲授《大手金刚菩萨修念随许法》等。

二十九日，章嘉呼图克图主仆从汤山温泉返回，班禅额尔德尼与其亲切交谈。

藏历九月一日（汉历十月一日），乾隆皇帝派六皇子、内务大臣及大小主管等人送来翻译成满文的《大般若经》十四函，配有经板经绳，黄寺僧人手执仪仗与歌舞者手捧香炉并排成几队于寺门前迎接。班禅额尔德尼高兴地接受了赐经，并赐茶款待来者，予以摩顶。同时，派人向乾隆皇帝献上等哈达谢恩。赐厚礼于六皇子、内务大臣、士兵等。

之后，为喀尔喀等地 24 人授近圆戒；会见喀尔喀桑结多杰王代表盖格等人，讲授《大慈悲经》《度母经》。

姜大臣父子献礼，班禅额尔德尼摩顶，予以回赠。

二日，皇帝派巴忠大臣为班禅额尔德尼随从送来冬帽，每人一顶。

三日，黎明，班禅额尔德尼、六皇子、章嘉国师、敏珠尔诺门罕，内务大臣、两位大臣、15 名随从离开黄寺，莅临内宫中和殿用茶，班禅额尔德尼为他们摩顶。在同章嘉国师、敏珠尔诺门罕交谈时，章嘉谓班禅：“今日举行大宴之宫殿乃座太和殿，是历代乾隆皇帝登基之处。此处并排三殿（即太和殿、中和殿、保和殿）是皇帝议事之处，老者说于此宝座为政，无变乱”。

中午时分，班禅额尔德尼与诸臣莅临金宝座前恭候圣上，这时乾隆皇帝红光满面地从后门进来，握住班禅额尔德尼手用藏语说："喇嘛请"，然后登上宝座接受大臣叩拜。宝座前左边两座是章嘉呼图克图与敏珠尔诺门罕，右首两座是大强佐与索本堪布。另外，依次排坐的有大喇嘛、大官、王公大臣、办事人员，宴会开始后，首先布茶和果品，其次是丰盛菜肴，使宴会圆满丰盛。由身着喀尔喀服饰、头戴狐皮帽、足登孔雀翎眼鞋的60名内臣装扮的勇士表演了具有满族风格的舞蹈，另40人身着豹皮衣，以皮为铠甲，手持木棒，跳满族舞；一名演员用满语歌唱，歌声悦耳动听，歌颂班禅之功德。少顷，一队扮作骑兵的勇士配戴弓箭袋，威风凛凛，其中有的扮成步兵，若如身临，舞蹈争斗，以力相拼。金川人与哈托人引吭歌唱，吹奏笛子，悦耳动听，翩翩起舞，欢乐无穷。乾隆皇帝与班禅额尔德尼边观赏边交谈，感觉时间短促。诸位大臣、喇嘛看到乾隆皇帝和班禅额尔德尼谈说热情，各个称颂不绝。

当时，乾隆皇帝邀请班禅额尔德尼观看内宫养心殿。乾隆皇帝先行，班禅额尔德尼与六皇子、两位内务大臣、索本堪布等随后莅临养心殿。乾隆皇帝介绍了诸尊佛像建造情况，谓曰："此乃所缘佛法众生之利乐而建"。班禅接着说："赖此能使佛法广弘，众生安乐"。索本堪布作翻译。尔后乾隆皇帝和班禅额尔德尼互相祝福，愿增益善相。班禅诵经祝愿乾隆皇帝长寿久驻，政权如上弦月般圆满。祝福之后，乾隆皇帝和班禅额尔德尼于殿内用茶进餐，皇帝赠送上等哈达、金制如意钩、玉碗、金钟一只。班禅回敬上等哈达、无量寿佛像等，再次进行长谈。

会后，皇帝再送25两制茶桶一对、15两金制碟子一对、银桶8副（每整盅含银50两）、银碟8盘（每盘含银30两）、1000两银制器具（配有盖子）、各种良绸1000匹、旱獭皮70张、水獭皮10张、猞猁皮10张、狐狸皮60张、白卡拉玛皮140张、砖茶100条；赏赐参加宴会的13名班禅随员每人绸子6匹、砖茶10条。正是：

人间怙主若树顶，
硕果累累利众生，
信徒纷纷若飞行，
涉程万果拜谒您。

班禅额尔德尼返回黄寺后，首先上书乾隆皇帝，感谢厚赐。掌印僧人再次宴请班禅，班禅摩顶，赏赐150两。

当时，乾隆皇帝敕谕："今适逢班禅额尔德尼莅临此地，为使佛法兴旺，政治昌盛，众生安居乐业，如若班禅额尔德尼作一部佛法佳作，令诸僧人与信众念诵，可得吉祥与诸多利益"。班禅奉旨撰写《薄伽梵佛母白伞盖佛母修念法成就甘露宝瓶》，呈献皇帝审阅。

四日，班禅额尔德尼为42名蒙汉僧人授近圆戒，教诲他们严守戒律，增益破自性罪之方便。

是日，乾隆皇帝特派巴忠大臣前来慰问，班禅额尔德尼回敬上等哈达、精制念珠等，上书谢恩，并赏赐使者。

五日上午，乾隆皇帝派工匠总管苏大臣送来上等哈达等礼品及珠宝雕饰之御带，敕曰："朕为供奉班禅额尔德尼，欲造几张班禅额尔德尼画像，特派江南一位优秀画师奉旨前去。"因班禅神采威严，画师起初画像时遇到了一些困难，但后来绘成。见此状景，班禅和大臣笑了起来。班禅赏赐了大臣与画家，并回奏乾隆皇帝。当时画家还绘了强佐与索本堪布画像。

这天，班禅额尔德尼为80人授沙弥戒，为40人授出家戒。按照职位高低分赠章嘉呼图克图、拉科呼图克图、札萨克喇嘛格勒南卡、大喇嘛德木齐丹巴、管家嘉措、索本堪布格桑、全体随员、嵩祝寿执事等人，礼品有佛像、红黄妙香、棉布等。

六日，应科尔沁嘉勒贝勒之台吉、各位喇嘛请求，班禅额尔德尼传授《无量寿佛修念随许法》《兜率上师瑜伽论》《度母经》《香巴拉誓愿》等。午餐后，为雍和宫等寺63名僧人授近圆戒。

当时，乾隆皇帝派内务大臣前来慰问，呈献铃杵等礼物，班禅额尔德尼笑纳，赏赐大臣，回书圣上。

七日，班禅额尔德尼为雍和宫及其他寺共8名僧人授出家戒，为24人授沙弥戒。

八日，班禅额尔德尼应邀参加在皇宫于旃檀释迦佛像前举行的法会，黎明时分便率领随从同六皇子、内务大臣、内宫索本堪布、职员、僧人共上百人经过天安门莅临法会，向佛像献敬神哈达。章嘉呼图克图、六皇子、内务大臣、内宫喇嘛、各寺僧人共千余人行迎请献浴仪式，乾隆皇帝与班禅额尔德尼同临众人之中诵经祈愿。章嘉呼图克图等宫中大喇嘛立于乾隆皇帝、班禅额尔德尼面前祝福。乾隆皇帝赏赐上等哈达、五色哈达相饰之银曼札，布施参加法会的全体僧人，对班禅功德给予高度评价。法会结束之后，乾隆皇帝先行离开，班禅等于宫中小憩后返回黄寺。

当时，乾隆皇帝派巴忠大臣来黄寺向班禅额尔德尼呈献玉石制成的一尺高佛塔、释迦佛像一尊、青玉乞化钵盂，班禅予以回敬。

九日，准噶尔地区僧俗1000余人及普尔格大臣、卡大臣等主仆20余人献厚礼祝寿，班禅额尔德尼摩顶赐茶款待，分别予以回赐，并传授《白度母如意轮修念法》《大慈悲经》《佛说圣六字大明陀罗尼经》《白度母颂》等。

当时正值祭祀战神。距离北京七八天路程的东海之滨有战神关老爷，他勇猛顽强，每年乾隆皇帝派人送祭海品黄金一两、白银50两、绸缎、珍宝、药面、粮食等。

十日，内务大臣艾普公拜谒献礼，班禅额尔德尼摩顶赐茶款待，赠送佛像等厚礼。

午后，班禅额尔德尼为雍和宫及其他寺院共60名僧人授近圆戒；为前去汤山的大强佐饯行。

十一日，乾隆皇帝派巴忠大臣送来上等哈达、象牙佛塔一尊（内雕五百罗汉像）、形状奇特若如白芥子的眼镜盒一副、雕刻精细若如手面的镜框一幅、金饰水牛角碗4个等，班禅额尔德尼很愉快地接受了，并招待使者，上书乾隆皇帝谢恩。

下午，班禅额尔德尼为雍和宫及其他地方69名僧人授近圆戒；会见第十二王代表及果亲王之子等僧俗500多人，为首席代表与果亲王之子赠送礼物，并赐茶款待。

十二日，班禅额尔德尼为喀尔喀地区僧俗500多人讲授《依无量光佛转生法》。

十三日，会见前来献礼的五塔寺札萨克喇嘛及内务大臣艾普德勒公等人，传授《大威德生圆二次第论》等。

十四日，皇帝特派章嘉呼图克图送来先帝所画闪耀着加持之光的旧画像、玉制碗、金碟等。班禅额尔德尼受礼，赐茶款待章嘉国师，双方热情交谈，并且上书乾隆皇帝谢恩。为了祝愿乾隆皇帝莲足长驻，政治兴旺，格鲁派教理久盛不衰,使一切处于黑暗之凡夫得到解脱,安居乐业,雍和宫、旃檀寺、嵩祝寺(又说法源寺)等在京28所寺院联合举行法会供祭上座、白伞盖法王等。班禅额尔德尼为法会提供白银150两、僧茶费白银1000两,以及妙香1000束、藏红花、块药(非草药)10包、细褐600匹、棉布104匹、尖顶僧帽200顶、花布113匹、衣服687件、圆帽9000顶、缎子一匹、大缎13匹、花缎一匹、哈达165匹等。有诗赞道:

您犹如天空的彩云,
成就无数可歌之业;
降洒绵绵甘露细雨,
满足了众生之心愿。
您犹如群星围绕之明月,
高吭歌颂释迦佛祖功德。
您以慈悲而宽阔的心灵,
大象般导引众生往彼岸。

章嘉呼图克图之老友红腰带王及第十三亲王①之子等人拜谒献礼,班禅额尔德尼招待,予以回赠。

以前,班禅额尔德尼于热河(承德)为乾隆皇帝举行盛大生日大庆,今天乾隆皇帝特派人送来四色上等缎子、上等哈达、大缎27匹,表示感谢。赏赐给大强佐云纹图案之黄缎5匹、银朱缎一匹、大缎8匹作为见面礼,赏赐给索本布缎子6匹、见面礼品缎子6匹。

十五日,乾隆皇帝派六皇子对班禅额尔德尼说:"冬天来临,宫中寒冷,若久住黄寺身体会受凉。冬寒之际,新建黄寺园林铁围栏,支起圣上所赐大帐及黄围幔用来居住。若班禅额尔德尼身体安好,心情舒畅,圣上也要放心"。班禅敬献礼物谢恩,并对六皇子说:"圣上为我喇嘛身体不受损害,舒适安住,特备大帐,降下不可思议之旨,恩德无量,我无可挑剔"。

当时,在黄寺走廊砌了砖围墙,其中平铺砖块,若如掌心般平稳。上面

① 指康熙皇帝的十三子允祥,康熙二十五年(1686年)生;母敬敏皇贵妃章佳氏,康熙六十一年,雍正即位,封为怡亲王,命总理户部三库;卒于雍正八年五月四日。

持有黄围幔，里面支起大帐与西洋盘子，供班禅额尔德尼使用。午膳前班禅莅临帐内休息，午后，在黄寺大经堂会见前来拜谒的信众并摩顶加持。

十六日，班禅额尔德尼下榻于黄寺。

十七日，呼寺与乾寺派人来献礼，班禅额尔德尼摩顶赐茶款待代表，传授《兜率上师瑜伽论》。

二十一日，应雍和宫与噶丹威德院的邀请，班禅额尔德尼带领随从莅临雍和宫祈愿法会，详细观看了寺院佛像塔，献供哈达、祭品，诵经为新建卧室开光。六皇子设宴招待，班禅送礼，表示感谢。之后，莅临新建的吉太房为雍和宫 17 名僧人授出家戒，为 19 人授沙弥戒。当时，由于随从人员不懂雍和宫规章，惹得大臣们生气。为此按照班禅“关老爷”祷祀，紧张的气氛立即得以缓解。

晚餐之后，班禅额尔德尼为雍和宫 78 名僧人受近圆戒。日落西山，时至中夜，六皇子知道班禅情况后说：“若您常为他人授戒会感到烦闷，请不要再会见、摩顶、授教，这样会好一点”。班禅回答说：“为了成就佛法众生这一大事，无论怎样艰苦，我仍然感到高兴而无烦闷，若如进入莲花大海之中”。

二十二日，章嘉呼图克图、敏珠尔诺门罕主持，举行由宫内喇嘛及其他寺院僧人共 2000 多人参加的大法会，班禅额尔德尼应邀莅临法会，在大经堂门后谒见乾隆皇帝，受赏金柄一把。尔后，乾隆皇帝和班禅额尔德尼同临大经堂，章嘉呼图克图等宫中喇嘛列立两旁，诸位僧人诵法会祝词，班禅诵经回愿，一切按照程序进行，祝愿佛法昌盛，乾隆皇帝长寿。正是：

从广宽洁白的房内，
传出悦耳的诵经声，
仿佛夏日雷声不息，
使众僧远离暗林。
依赖回向的誓愿，
弘扬释迦这圣教，
驱逐一切自在魔，
东方大地喜笑颜。

若尔,乾隆皇帝和班禅额尔德尼互相赞颂,乾隆皇帝赠送上等哈达、银曼札等表示感谢,然后起驾回宫。班禅额尔德尼观看佛塔,向雍和宫大威德殿、护法殿、三时怙主殿佛塔献供哈达、祭品、诵经发愿,一切结束后返回黄寺。

乾隆皇帝派巴忠大臣送来御用黑狐皮衣,表示慰问。敕谕说:“尊敬的上师莅临雍和宫祈愿法会,诵经发愿,朝拜佛塔,举行开光典礼,授沙弥戒,身体健康”。

在班禅额尔德尼生日大庆之时,乾隆皇帝准备赐封大强佐洛桑金巴呼图克图为“额尔德尼玛图诺门罕”,赐骰子与衣服,我认为,如果为了照顾奖励敕封,不合班禅额尔德尼的思想,有何办法。

班禅额尔德尼接受乾隆皇帝赐礼后,为巴忠大臣摩顶。在茶会上,大臣宣旨:“小喇嘛,朕慈悲无边,愈来愈高之恩德永难度量。今赐稀世之宝上等哈达,朕御用衣服,他人难以见到,无价黑狐皮衣”。班禅说:“尔时我不仅没有身心不安之感觉,且托圣上以慈悲心所降金书,为多名僧人授沙弥戒、比丘戒。朝拜了皇宫中闪耀着加持之光的佛殿与圣上之无量寝宫,举行开光仪典。在千余名僧人中亲睹圣上皇帝金体,诵经祝福,念诵回向文。如是之福劫于梦中亦难寻觅,沉情于无比喜乐之中。今圣上又降旨为我举行生日宴会,为我兄长强佐仲巴呼图克图与近侍索本堪布降赐骰子。如是之旨于世难得,恩德无量。为送金书、稀世礼物特派章嘉呼图克图、敏珠尔诺门罕等宫内喇嘛及执事博大臣等到我身边。如此之黑狐皮衣除皇帝御用,从未让太子与亲王们穿用,价值白银1006两,我献礼您笑纳,摩顶加持,用茶细谈”。

当时,前来请求传授沙弥戒、比丘戒的雍和宫僧人联合献礼祝寿,班禅额尔德尼赐护身结,传授《度母经》《绿度母颂》《般若波罗蜜多心经》。

二十四日,班禅额尔德尼与从汤山返回的大强佐进行交谈。尔后,为各地来僧摩顶,为3名满族僧人授沙弥戒。

傍晚,班禅额尔德尼对我说:“痒病犹如两孔之中虫浮动”。索本堪布问:“病是否加重?是否扩散?昔日,达赖喇嘛未出现水土不适现象,现今出现如此现象需特别注意,不应等闲视之。今日面色突然变白,必须慎重,需要找神医抓脉,看服药能否治疗,无论如何须用良法留心观察”。班禅说:“没关系,病情不会加重,不需找医师诊断。今日有所好转,表皮病不会扩大,一段时间内不会有任何危险。

二十五日黎明，索本堪布问班禅额尔德尼："昨天出现的面部病状是否消除？今天怎么样？病情是否有所减轻？"班禅回答说："今天开始好转，心跳平稳"。索本堪布要求医师抓脉。医师抓脉后说："脉搏跳动正常，不存在病势加重的明显症状，不需要服药。如果服药，应该服用医治面部与身心不安之药物"。班禅说："无病，不需服药治疗"。

是日，班禅额尔德尼与六皇子、博大臣进行了长时间的热情交谈，会见了苏尼特王代表盖格等人，摩顶加持，身体很好。尔时，乾隆皇帝敕谕大强佐允许马车进入围栏内，大强佐奉旨执行。

二十六日，班禅额尔德尼应邀经过南天门莅临皇城嵩祝寺，在嵩祝寺僧人仪仗队与手捧香炉的章嘉呼图克图等大喇嘛的簇拥下参观了嵩祝寺右面与前面的佛殿，向佛塔献供哈达、祭品。同时，向乾隆皇帝宝座献哈达，诵经祝福。然后，来到嵩祝寺卧室参加素食宴会，为100多人讲授《九尊顶髻尊胜母修念法》《白伞盖佛母陀罗尼经》《弥勒佛修念法》《度母经》《尊胜母陀罗尼经》等。章嘉呼图克图献上等哈达、银坛场、佛像、佛经、佛塔、各种天神画像7幅、金铜制长寿瓶（内供由长寿天围绕的尊胜母像一尊）、银子200两、上等缎5匹；为大强佐与索本堪布等随员赠送哈达、银子、绸缎等。班禅为内务大臣艾普公及其子、格察公龙西吉伦等代表摩顶，热情授教。

正当乾隆皇帝降书为班禅额尔德尼举行盛大宴会之时，艾普公亦邀请班禅参加他的宴会，班禅愉快地接受了邀请。这天，嵩祝寺为班禅设午宴庆祝生日，大强佐谢过皇恩后也参加了宴会。为了不延长宴会时间，索本堪布请求班禅早回。班禅说："今日反胃，我不想多吃。章嘉仁布切与兄长等身体很好，应该多吃，身体不会不安。我经常反胃不想多吃，其它一切都好"。索本堪布说："昨日（二十五日）那样的面部病色不会经常出现。但是，今天应该请章嘉呼图克图好好诊断为善"。章嘉呼图克图说："我只能为普通人诊脉，班禅额尔德尼为无量光佛化身，思虑以圣上为主佛法众生之一切大事，不会有任何病。必须莲足坚固，常转法轮"。言毕开始号脉，他说："血色微红，再无任何病重现象，脉搏正常。但他因过于虑事而劳累，应该听大家的劝告"。班禅回答说："我实无病，今天按照章嘉呼图克图之言，祈祷佛宝，发长寿之愿"。

当时,大强佐因身体不舒服提前返回黄寺,班禅额尔德尼等朝拜了嵩祝寺东寺弥勒大佛殿、护法殿及其他佛殿,献供祭品、哈达,诵经祝福。临行前向章嘉呼图克图赠送哈达、文殊菩萨像、释迦佛像、衣服一套、妙香60束、氆氇20匹,按照职位高低分赠了拉科呼图克图、札萨克喇嘛、丹巴德木齐等,为嵩祝寺施予无量光佛像一尊、画像13幅、《宗喀巴全集》一套、僧茶费白银150两、毡帽700顶以及供品等。章嘉呼图克图回敬哈达、白银曼札、十六罗汉玉像等,进行了简单的告别。

临行之时,章嘉呼图克图与索本堪布等询问班禅额尔德尼身体状况。班禅回答说:“未有任何不舒服现象,没有关系”。章嘉呼图克图又诊脉,除脉搏跳动加快、血色微红之外,没有别的症状。他说:“若有病服药,可以服用调治身心不安之药”。之后,医师开了药。索本堪布等班禅随从想,既然班禅病势没有加重,为何不思饮食?他们请求班禅应奏知圣上。班禅回答说:“我无病,不必上奏圣上”。

二十七日凌晨,索本堪布问班禅额尔德尼身体如何,班禅回答:“我除不思饮食外,无任何不安”。尔时,班禅的小便正常。之后,班禅莅临养修宫附近卧室同六皇子、章嘉仁布切等坐在坐垫上共进圣上所赐早餐,班禅只吃了几口就不想吃了。六皇子与章嘉呼图克图等人看到班禅饭量减少,考虑班禅身体不舒服,忙问班禅身体状况。章嘉呼图克图说:“班禅额尔德尼的脉搏根本没有变化,在这里藏族人适应水土非常重要,您应该让六皇子向圣上转奏班禅身体状况。若近日内病自消,就和健康人一样”。班禅回答说:“我根本无病,若奏知圣上,很不好。您等不必担心”。言毕班禅额尔德尼、六皇子、札萨克喇嘛格勒南卡、索本堪布等人莅临议事殿,在大威德与怙主画像前献供祭品、鲜花、香料、供灯、涂香、食品等5种受用供物,班禅闭自修习。

在六皇子举行的宴会上,乾隆皇帝与班禅额尔德尼互赠礼品。班禅额尔德尼恭受乾隆皇帝的金曼札后,讲授《六臂智慧怙主修念随许法》,章嘉国师将其翻译成蒙语。尔后,乾隆皇帝又送曼札、上等缎70匹、氆氇披衣9件,表示酬谢。班禅回敬哈达、六臂怙主像、阎魔法王像、战神母像、印度产火车头两台、有鞘长剑等,供施双方非常高兴。参加宴会的其他人亦向乾隆皇帝、班禅额尔德尼献礼祝贺。宴会结束后,乾隆皇帝起驾回宫、六皇子与章嘉呼图克图走到班禅身前陪同来到养修殿(宫)小卧室,参加乾隆皇帝所赐素食宴会。

当时，章嘉呼图克图与索本堪布说："现在是授教的好时候，前后没有出现身态不安现象，若出现火舌怎么办？"班禅额尔德尼笑着回答："身体绝对没有病，虽然反胃，但这已经成了旧病，没有多大关系。现在所作的一切事情都得到了圆满，我非常高兴。放松地坐几天，不会有危险。"章嘉呼图克图说："班禅额尔德尼不应该这样说，您所做之事乃佛法众生之事，轮未结束之前不能怀疑事业圆满。在这里，国家充满了圣上之喜悦，您到雪域西藏后还有无量佛法众生之事要做，应该晓得现在身体不好，不应该如此言语"。班禅回答说："章嘉仁布切所言极是，我考虑的是圣上所考虑的一切根本大事。现在除了身体欠佳，应该根据所言回愿祈祷"。莲足踏上广阔的中国大地，充满了广转法轮之喜笑；为了一切福劫广转甚深法轮，仿佛显现吉祥的善相遍及东方大地。有诗赞道：

您犹如明月驱散了夜晚的黑暗，
仿佛东升的太阳带来万道光明，
谁能驱走这明月群星？
您讲经说法，布施众僧，
引导一切有情步入利乐之大道。
您依赖乘车，做事如神，
洁白的宝体迎得了圣上的欢心。
您将如意宝、如意树、宝瓶，
分赐给舞者、三时众生与执明者，
御寒解热，消除了一切痛苦。
您犹如如意宝瓶抛洒甘露，
满足了世间一切众生的心愿，
北方大地的一切地方和众生，
享用你的利他功德利乐喜宴。

以上为《尊胜上师有寂世界顶饰班禅遍知一切罗桑班丹益西贝桑布传——太阳之光》之第十三章"到热河和北京满足乾隆皇帝心愿，利益教法众生"。

第十四章　完成教化事业后圆寂

索本堪布奉旨服侍班禅额尔德尼返回黄寺。因为当时天气寒冷、暴风狂吹、地势干燥,不能用船帆,途中吹奏喇叭时出现了不祥之兆。大强佐、索本堪布等随行人员心里非常着急。他们想虽然班禅没有加重病情,但是天气如此恶劣,身体可能受不了。于是,请求班禅一定要消除障碍,保重身体。班禅答道:“此病无多大危险,不需要特殊保护”。大强佐等人再三请求班禅保重身体。班禅说:“不需要特殊保护,关键是施食供祭智慧伞盖天母、酬供度母与诸护法神以及狮面母。举行白伞盖佛母大遮、六十食子投掷、白度母长寿修行仪式,供祭兜率上师瑜伽母、大慈悲护法、土地神、关老爷等,中夜庆贺,供奉三所依,施食恶风,举行九尊无量寿护法赎死仪式,了悟三时,投龙、投水,恭礼上座”。索本堪布奉命立即行事,布施嵩祝寺等诸大寺院、密宗院、僧人院等10所寺院,供祭关帝庙,布施5700多名乞讨者,赏赐5位守夜者。为热河十大寺庙、热河须弥福寿庙施放斋僧茶费、薪俸、供品、敬神哈达,布施赎命费白银3024两又1钱、铜子285两,以及折银236两的各种物品。

乾隆皇帝特派巴忠大臣送来慰问品:上等哈达、旱獭皮帽子、狐皮衣、乾隆皇帝所画之像等。班禅受礼后,为大臣摩顶,赐茶款待交谈,回敬上等哈达、佛像,表示感谢,并且请求大臣转奏乾隆皇帝说:“此病不太要紧,圣上不必为我担心”。

之后,班禅额尔德尼会见了两位首席大臣。两位大臣说:“班禅额尔德尼身体不好,我等放心不下,希望此病早愈。”班禅回答说:“我无重病,您们不必担心”。尔时,大强佐与索本堪布等随员请求班禅暂时不要会见他人。班禅说:“如果我休息,诸位大臣多次前来安慰,害得许多人不得安宁,为使病早愈,需要祈祷三宝”,言毕赐给每人哈达一条。医师号脉后说:“心神不定,血色微红,除此之外无重病,脉搏正常”。医师对侍从说:“食欲不振,从神色上看不出任何病重症状,但有病痛”。大强佐、索本堪布等听后心里感到不安。他们大声地恳求班禅应该保重身体,使病早愈。班禅笑着回答说:“会好的”。

约于此前后,诸位侍从常祭本尊神。索本堪布请求说:“班禅仁布切,为了保重身体,请吃一点细软的热食”。班禅回答说:“从这个月开始,我晚饭一点都没吃,体力也未受损伤。现在根本不想吃饭,我服药吧”。索本堪布问:“哪种药对身体有利?”班禅回答说:“玛瑙宇塘(一种矿药)有利身体”。

黄昏时分,索本堪布服侍班禅额尔德尼服药。近几日,班禅经常身体松散,晚上很少入睡。这天晚上班禅睡得特别好,梦见一位比丘僧对他说:“毁保身体,无法入睡”。于是班禅想起今晚身体舒服是薄伽梵所赐。然后,解带而入睡。

二十八日凌晨,索本堪布问班禅:“身体可好?”班禅回答说:“病没有加重,但连续呕吐,无食欲”。医师号脉后说:“与昨天一样”。索本堪布考虑,以前每个人都种了痘,病发时无食欲,且反胃呕吐,班禅的病是否是痘病?当时,班禅会见了各位随从。索本堪布看到班禅手掌等处出现非肿胀的红块,心里很是不安。于是很怀疑地问班禅:“是否是痘病?”班禅回答:“不要多疑,根本没关系”。索本堪布听后更是着急。少倾,他又大声对班禅说:“自从扎什伦布寺起程平安抵京与乾隆皇帝会晤,您的光辉事迹照亮乾隆皇帝之心,欢喜无比。大家虔诚信仰,相互比度。正当大家高兴之际,您每日会见操不同语言具足福泽之万名信徒,摩顶授教,广授近事、优婆娑、沙弥、比丘等戒,忙于佛法众生之大事,思虑一切处所,如此甚善。其前,您身体无疲劳,多饮茶水,身心舒畅,广转法轮。驾离扎什伦布之前,无比上师您广赐金刚语,获得甚深而有意义之恩慧,使信徒增益信仰。今日您已成就圣上之心事,该作决定返回雪域藏地之时,居住扎什伦布寺僧人及庄园小寺待盼享受您赐予之福泽欢乐。您为以圣上为主的一切满、蒙、汉、藏人民及扎什伦布寺母子寺、庄园,尤其为您的兄长等诸位随员着想,致使三界众生所依之幸福命树,无比殊胜之体染病,祈愿早日痊愈。在无限劫人增益满足各人之心愿,承受誓愿,降赐金刚之语,对此大事不可懈怠,大发慈悲之心”。班禅说:“索本,不要这样着急,我没有任何危险。我从扎什伦布寺开始承担一切,无论如何没有丝毫改变,决无悔心。”但是索本观察了班禅身体的各部分后,也怀疑是痘病,考虑再三后,他把章嘉呼图克图请来诊脉。章嘉活佛号脉后说:“脉搏跳动和以前一样,除此之外,再无别的症状”。班禅自己也很高兴,他想为了佛法之昌盛,众生之幸福必须长寿。

大强佐与索本堪布认为,这个病不可能是痘,若是痘病,一定要找医术高明的医生治疗,无论医生在什么地方必须找来。然后派人请来医师诊脉,医师号脉后说:“从脉搏与水色上看不出什么,根据身色不会是痘病。因此,要奏明乾隆皇帝。我要上奏乾隆皇帝,宫中有优秀医师,应该让他们诊断”。

这时,拉章派人前来献寿礼,随从们把礼物放在大强佐与索本堪布面前,站立卧室周围大声请求道:“班禅仁布切您应该考虑佛法众生之事,尤其应该为卫藏地区的僧俗及扎什伦布寺的佛法讲修着想。为了庶民百姓,莲足应久驻劫海之中,望您病早愈,使一切有情享受欢乐”。随从们泪流满面,再三祈求。班禅说:“你们不要担心,我没关系”。

六皇子、敏珠尔诺门罕等宫中喇嘛、各大寺院执事、两位大臣、首席大臣等前来慰问。

乾隆皇帝特派巴忠大臣送来慰问品黑水獭皮大衣,赏赐大强佐与索本堪布大衣各一件,班禅额尔德尼予以回敬。

其间,班禅额尔德尼诵读《本尊金刚咒》,有时抬头眼望天空,合掌而坐,仿佛见到本尊神。

乾隆皇帝特派皇太子传旨大强佐与索本堪布:“闻奏班禅额尔德尼身体欠安,朕心不安。朕于明日慰问班禅额尔德尼,你二人决不能告知班禅额尔德尼。若告知,班禅额尔德尼必因朕来而更换坐垫,拾起身前用具,慌乱不安,决不能告知”。

二十九日,日出东方山巅之时,乾隆皇帝驾临黄寺,坐在班禅额尔德尼身前的小椅上详细询问班禅因劳累过度导致身体发病的情况。班禅也向乾隆皇帝问安,献礼谢恩。大强佐、索本堪布分别献哈达,乾隆皇帝予以回赐。

过了一会儿,乾隆皇帝走出卧室对六皇子、章嘉呼图克图、两位大臣说:“你们好好照顾,不要让人畜在周围叫喊,使班禅额尔德尼心烦”,叮嘱后起驾返宫。后来,应大强佐与索本堪布请求,乾隆皇帝派来何大臣与两名御医为班禅诊脉。御医说:“从身上的红块看,像是痘病,但是从脉搏跳动来看,病势没有加重。每个人的脉搏不同,班禅额尔德尼的脉搏与他人不一样”。言毕呈献了两片药,要求早晚各服一片。班禅向内务大臣与两位御医赠送礼品。御医临行时说:“回去后奏明圣上,明日再看”。

章嘉呼图克图进献曼札,详细讲述了长寿的原因。班禅额尔德尼对章嘉呼图克图说:“御医的药效果很好”。章嘉呼图克图说:“应遵医咐”。尔后,他俩开始讨论因明。此前班禅专修本尊神四时瑜伽。

当时，乾隆皇帝为大强佐、索本堪布、职员、各寺经师等赏赐了黑旱獭皮大帽各一顶，他们也向乾隆皇帝敬献了心爱的上等哈达一条。大强佐、索本堪布向章嘉呼图克图、敏珠尔诺门罕赠送了礼品，请求他们努力诵经为班禅额尔德尼祝寿。他们俩主持法会，诵经祈祝莲足久驻。班禅额尔德尼说："哥哥、索本你们不要担心，我以前所说的话决不能改变。虽然身体欠安，但圣无著说：'诸凡夫身病心亦病，诸智者身病心不病，故此乃诸凡夫与智者的区别'。现在我身体稍不舒服，心决不能病，没有任何危险"。索本、大强佐等听后想，根据班禅所说，病未加重。但是从近几日情况来看，病有所加重，所以他们又请求。班禅回答说："哥哥您等决不要这样，我病势不重，无任何疼痛。你们把我周围的乞讨者聚集一起，给他们有生命顺缘之东西，将那些稍好的乞讨者排在士兵之中，施予食物，断除我的阻碍，遮退一切所缘，病痛减轻，从此无任何危险"。索本堪布等奉命布施乞讨者，消除了部分阻碍。然后聚集周围乞讨者，共 5720 名，排成一排，布施折银 2300 两的食物，使他们心满意足，同时为自己积福。

那天，密宗札仓举行白伞盖大朵与六十食子投抛法会，祈求班禅额尔德尼的病早日减轻，速作善业。

晚上，班禅额尔德尼专心诵四时无阻瑜伽禅定咒。御医开的药也早晚服用。

一日上午，班禅额尔德尼于无比释迦佛像前修习加持，两名御医、章嘉呼图克图、六皇子等晋谒。御医号脉后说："脉搏正常，还要按时服用前面的药"。

当时，以六皇子为首的诸位大臣、喇嘛至班禅额尔德尼身前祈祷佛教众生之怙主病早痊愈，莲足坚固。班禅与以前一样良言劝说各位不必担心，然后同六皇子等人就政教之事进行详细讨论。在拉章，班禅当着各位随从的面赐给北京各大寺院白银共 2034 两 5 钱，修长寿之福。为章嘉呼图克图、敏珠尔诺门罕赠送诵经费，为 4069 人赠送毡帽 6100 顶，每顶折银 6 钱，供祭中和殿；为其他几所寺院 8515 名僧人施放斋僧茶，赐予供祭各佛殿所需费银 3239 两 9 钱、妙香 2800 束、缎子 60 匹，以及棉布、绸子、哈达、敬神哈达等供品。晚上，布施 5757 名乞讨者，赐给哈达、白银 281 两、铜子 28 万，以 150 两银子为准备宰杀的 100 只公、母羊赎命。午夜，乾隆皇帝特派巴忠大臣询问班禅额尔德尼睡眠情况与病情。班禅回答："因托圣上之关怀，我睡觉、身体很好，请圣上不必担忧”。

十一月一日，大强佐慰问班禅额尔德尼病情。六皇子、章嘉呼图克图、御医号脉。御医说：“脉搏如前无任何变化”。章嘉呼图克图说：“所服之药效果很好”。尔后，六皇子、章嘉仁布切、大强佐、索本堪布等恭礼，手捧曼札祈求班禅之病早愈，莲足坚固。班禅劝他们不必担心。

翌日，班禅额尔德尼对章嘉呼图克图说：“章嘉仁布切您为供养我，酬补法王，投食祈祷迅速增业”。章嘉呼图克图奉命诵经祈求长寿。六皇子与两位御医向乾隆皇帝禀奏班禅的病因。当时，不知班禅看见了什么，面带微笑作出尊敬的样子。他对侍从说：“我看见那边有多尊奇异的本尊神，没敢问他们干什么”。那时，天气特别热，班禅还铺着旱獭皮坐垫，他要求侍从收起皮坐垫，减少衣服。索本堪布奉命铺了薄垫，脱去了班禅身上的衣服。班禅要没添盐的硷、净水和好炒米。他说：“把炒米与水拿来”，然后要求找两名印度僧过来。索本堪布派人找来了一位印度女住客。班禅高兴地用印度语问：“布那噶日来了”，并用梵语授教，广作长寿修福，在此地亲自圆满教化事业。为了导引执常者步入法界，班禅额尔德尼于铁鼠年(1780年)汉历十一月一日病逝，双脚结金刚跏趺，身体挺直，两手等引，犹如融化于甚深思维之中。三千大千世界逐渐融化，一切胜义谛空光显现，身体的形状仿佛进入无量光佛之心中。由于患病，面部稍有光泽。当时还不到十五，但月亮如十五一样圆而明亮。班禅身体的每一部分好像光的自性，具有无限尸罗的芳香，在各处飘荡。法身显现，仿佛明净的天空般光滑，又若吠琉璃镜，蓝色天空中的彩云突然洒下梅花细雨。就这样，大地的伯乐之光安寝于法界之中，大强佐、索本堪布及诸随员犹如漂泊于荒野之中没有目标，好像船长失去了珍宝一样着急，失去依靠的痛苦之火心中沸腾，放声大哭，涕泪交横。“呜呼！佛法之光已落，幸福莲花枯败，我等脱离了世间怙主的人们，如何是好？”说完又失声恸哭，忍痛地诵经祈祷，为班禅蒙上冠冕，使遗体成为受用身形，努力会供，广行七支，诵经祈祷。

章嘉呼图克图劝慰大家不必过于悲伤。六皇子、两位大臣、达大臣等前来吊唁，念诵《涅磐经》。大强佐与索本堪布请求章嘉呼图克图诵经祈求班禅额尔德尼灵童早日降世。

第二天凌晨，乾隆皇帝率领众臣前来黄寺吊唁，乾隆皇帝非常悲伤地说:“我的喇嘛”,言毕昏倒过去,过了一会儿才清醒过来,向遗体敬献哈达、金腕、金棺、玉器等供品。公主索朗班吉卓玛也献祭品。有诗赞颂班禅额尔德尼道:

智慧功德深无底,
智悲波涛常摇动,
色身戏海突干枯,
我等众生托依谁?
遍视各地之千眼,
怙主今已往他方,
法力寻常掌教者,
能否战胜黑外道?
具足教证的大师,
雄狮王今已离去,
狐狸般的“善知识”,
能够护持众生吗?
太阳的智慧光网,
今在水神怀中睡,
自诩的月亮之光,
能让佛法莲花开放?
哀乎,相好庄严身已逝,
哀乎,说法妙音已阻隔,
哀乎,智悲恩德已消沉,
哀乎,尊胜上师在何处!
虽然只是舍弃有漏身,
但也经历舍命的痛苦,
想到我们经受的煎熬,
请您降下护持甘露雨!
胜义谛中弃生老病死,
您已获得不死金刚身,

示现世俗的病痛死亡，
为了显明无常的可怕。
自来对您的三密事业，
我等一直认同和信仰，
祈愿今后生生世世中，
都能追随在您的脚下！

以上为《尊胜上师有寂世界顶饰班禅遍知一切罗桑班丹益西贝桑布传——太阳之光》之第十四章“完成教化事业后圆寂”。

第十五章　追荐法事及护送舍利金龛西归

当时，乾隆皇帝正准备为班禅额尔德尼举行生日宴会，赠送寿礼。但是，没有料到一切都成为泡影。二日下午，乾隆皇帝要求内务大臣额尔艾普从内库提出上等哈达 18 匹、圆垫、靠垫、坐垫、无量寿佛像 9 尊、玻璃无量寿佛龛 13 件、文殊菩萨像龛 18 件、画像一幅、瓷器无量寿佛像 9 尊、玉石雕像 21 尊、经函 9 包、景泰蓝塔 9 尊、白玉塔一尊、玉柄 10 把、金柄 9 把、景泰蓝柄 9 把、芭蕉手柄 9 把、珍宝饰钟表 1 盘、白玉鼻烟盒 9 个、白玉叶希 9 个、酥油锅、玉壶一对、香炉一尊、玉珠 9 串、玉碗 9 个、其它各种玉器 19 个、绘有八瑞相的金盒一个、金香炉座一对、珍珠饰金香炉 9 尊、绘有各种花纹的金巴布 18 个、金盒 10 个、银针 100 个、夏里俄 9 个、念珠 9 串、玻璃盒 8 个、各种玻璃器皿 18 个、布勒花瓶 9 个、布勒碗 7 个、碟子两个、铁香炉 9 个、景泰蓝茶桶两个、桌子两个、散发香气的白鹿巴尔布 9 个、陶器瓶 18 个、装有各种药物的小箱 18 个、装有汗香的小箱 18 个、唐卡画 36 幅、汉幔 9 面、犀牛角碗 100 个、犀牛角碟子 62 盒、犀牛角盒子 18 个、缎子 27 匹、氆氇 9 件、黑狐皮 9 张、黑豹子皮 9 张、水獭皮 8 张、猞猁皮 9 张、旱獭皮 90 张、熊皮 70 张、猞猁皮 90 张、熊皮 90 张、羔皮 90 张、铜子 90 枚等，特派六皇子与宫中大臣供祭。六皇子等人来到班禅额尔德尼遗体前恭礼发愿。大强佐与索本堪布向乾隆皇帝回敬佛像等礼品，表示感谢。

乾隆皇帝作诗歌颂班禅额尔德尼功德。诗中说：

印度的婆罗树,移植中国发光;
蓝色传承宝树,决定无限生活。
护佑一切先世佛,又有七佛三时佛;
菩提树下广觉悟,广证自证境之性。
佐护诸佛作此颂,色空执境一切空;
超胜的达玛大师,降生于菩提树下。
仿佛日光而普照,撰绘印度此宝树;
长寿坚固永不衰,若如幻叶之小树。
千年贤者名,法身极清净,
非是一或异,法承广传颂。

此颂为乾隆皇帝于铁鼠年中冬月良日所作,歌颂班禅额尔德尼之伟大功德①。

翌日,鹅毛大雪纷纷飘扬,索本堪布等人于班禅额尔德尼灵前陈供祭品。金刚师要求43所寺院的密乘师酬供胜乐、集密、大威德等本尊,以七支与我进行会供。同时,派人进藏向八世达赖喇嘛、拉木护法师、摄政赤钦诺门罕、扎什伦布寺两位经师洛桑群培等人报丧,请求达赖诵经祈祷灵童早日来世。写信给德琼巴格勒迥乃,要求他广修灵童早日降世之福,兴建供放灵塔宫。章嘉呼图克图撰写有关灵童转世及选认之信,通过驿站送往西藏。

六日,在班禅额尔德尼逝世的时辰,突发一种响声,大强佐听到后不知什么东西落地。索本堪布仔细查看后说,是班禅身体向西倾斜时,两尊小菩萨从鼻孔落下而发出的声音,表明修福祈愿已经结束,他们将此事上奏乾隆皇帝。当时,乾隆皇帝特派两位首席大臣与姜大臣送来灵棺。灵棺底座用350两白银制成,上半用天然妙香木制成,内有上等缎子坐垫。谕曰:“今结束第二静虑祈愿,为圆满朕之资粮造此宝箧,供放班禅遗体。由仲巴呼图克

① 此即《乾隆御笔写寿娑罗树并赞》,是乾隆皇帝于乾隆四十五年(1780年)十一月为祝贺六世班禅额尔德尼寿辰亲笔所作。此画现存西藏博物馆,画长204厘米、横90厘米。上方分别以汉、藏、满、蒙4种文字书赞,每段书后分别以相应字体的印文“乾隆”御印,共4组8枚。书赞的内容为:梵域娑罗,震旦交让,生同大椿,其寿无量。毗舍浮佛,七佛之三,树下得道,心境示参。毗舍浮佛偈曰:前境若无心亦无。亦曰初祖,修道树下,直指心传,即六波若。圣僧西来,宣扬黄教,恰值寿辰,慧日普照。写此灵根,用延遐算,七叶纷敷,千龄曼衍。泥日法会,荼毗应身,非一非二,化被无垠。乾隆庚子仲冬上浣御笔写寿班禅圣僧并赞。

图与索本堪布按宗教法规入殓，无动摇地迎请到黄寺大殿。此时，朕旁行，告别班禅额尔德尼遗体之时，尤其念起班禅额尔德尼。特派朕之代表六阿哥同章嘉呼图克图等”。

是日，黎明时分，章嘉呼图克图等宫中大喇嘛、各位大臣、外蒙王、贝勒、贝子、公爵、札萨克、近侍、密教僧侣等多人前来吊唁。他们拜过班禅额尔德尼灵躯后，都为失去这位仁慈的班禅感到万分痛心，个个泪流满面，大声祷告，敬献哈达。尔定，用藏红花水擦洗遗体，穿上黄色缎衣与衲衣，戴上念珠，入殓到乾隆皇帝所赐宝箧之中，这时候看班禅额尔德尼身体，显得非常小。

5 天之后，班禅额尔德尼身上的一切湿润逐渐消失，仿佛飘溢着尸罗的芬芳。灵柩旁堆放了各种塔、珍宝、药物。灵柩上面覆盖着黄锻，一切安排得井然有序。尔时，章嘉呼图克图、大强佐、索本堪布等手捧香炉，密宗札仓 15 名持金刚师高擎各种供物，黄寺僧人仪仗队与歌舞者们执持帆船，作出迎请的样子。左右供放着乾隆皇帝所献祭品。黄寺大经堂内宝盖悬空，宝座上排列着各种供品。六皇子、内务大臣额尔艾普于灵柩前供放上等哈达 3 匹、马蹄银 100 锭、龙图缎与四色缎 120 匹等供品。谕曰：“朕为班禅额尔德尼遗体制造宝箧，献供祭品，不久将造灵塔。每日广供班禅额尔德尼遗体，让章嘉呼图克图等宫中喇嘛诵经祈祷，百日供养。班禅额尔德尼思虑他事，朕亦昼夜考虑周围大事劳累。你等亦很痛苦，如是显示佛业，无任何作法，故弃痛苦。班禅额尔德尼常为自己祈祷。诵经祈祷灵童早日来世，朕亦向以仲巴呼图克图、索本堪布等为首的后藏扎什伦布寺诸僧及班禅额尔德尼属下一些僧俗说，要像班禅额尔德尼在世时一样以慈悲增上缘保护，你们不必担心。”大强佐、索本堪布屈膝跪地向乾隆皇帝敬献哈达。然后于诸随行人员向班禅灵柩献供，大声祈祷灵童早日来世。章嘉呼图克图亦随声祈祷，向遗体敬献哈达、银曼札。

当时，天空突然下雨，人们认为是好的预兆。即日起，奉旨开始了每日会供活动。章嘉呼图克图、敏珠尔诺门罕、拉科呼图克图、4 名札萨克喇嘛、雍和宫 8 名僧人、黄寺全体金刚师、显宗随员 73 名、退离雍和宫的 16 名僧人联合供祭祈祷，章嘉呼图克图宣读了《灵童早日来世祈祷文》。供祭结束后，索本堪布向章嘉呼图克图赠送白银 25 两、缎子；向敏珠尔诺门罕赠送白银

15 两、缎子；向拉科呼图克图赠送白银 10 两、缎子两匹；向 4 名札萨克喇嘛赠送白银各 7 两、缎子一匹；向雍和宫、各寺院、显宗师等僧人赠送八瑞相哈达各一匹，表示感谢。另外，为雍和宫、嵩祝寺等在京 28 所藏传佛教寺院与几所汉传佛教寺院以及热河、多伦诺尔、呼和浩特等蒙古地区的佛教寺院施放斋僧茶，圆满供祭各佛塔，共耗银 93178 两 8 钱。这是班禅额尔德尼圆寂后第一次向蒙古地区寺院施放斋僧茶。

从七日开始，密宗札仓僧人在班禅额尔德尼灵柩左边举行小型鲁易巴传承胜乐仪轨法会，其他僧人在灵柩右侧祈祷灵童早日来世。索本堪布向各位翁则赠送白银各 4 两；为 40 人赠送白银各二两，赏赠了其他僧人。为班智达堪布桑杰俄色、两名札萨克喇嘛、恰噶尔夏仲、大喇嘛、央嘉呼图克图、地方政府代表都瓦喇嘛、原雍和宫僧人分别予以优惠赏赐。

88 名呼寺僧人、达坛喇嘛前来吊唁，在大经堂门口按照自己风俗祈祷供祭，接受黄寺赏赐。

是日，索本堪布以金佛像 4 尊、画像 11 幅、班禅额尔德尼全集一套、黄金 20 两、白银 8 大升作为礼品，酬谢章嘉呼图克图。为敏珠尔诺门罕赠送金佛像两尊、画像 13 幅、宗喀巴全集一套、黄金 8 两、银子百两等。以糌粑制品 50 驮、酥油 30 驮、青稞 30 驮、妙香千束、香水藏红花、哈达、尖顶银曼札、白海螺一对、犀牛角供祭旃檀释迦佛像。布施 100 余名献供僧人白银各 4 钱，并派人向五台山观音菩萨像献礼，提供修法诵经费，祈祷班禅圣童早日来世。

十日，额尔艾普向班禅额尔德尼灵柩献千供、50 两银制曼札、银子 20 朵彩等。贺大臣献上等哈达、银子 1000 两、缎子 30 匹。

十一日，乾隆皇帝向遗体献供上等哈达、无价珍珠念珠。

十二日，六皇子向灵柩献供百供、白银 26 两、上等哈达、银曼札、诵经哈达 50 匹，并且以当地风俗进行供祭。

十四日，艾普公之子献供哈达、百两银制曼札、银子 10 朵彩、缎子 16 匹。

这天乾隆皇帝特派身前大臣送来如意宝龛，外部用汉字制成，犹如一所建造精致的房子，上面雕有四角屋檐，以金色龙纹与悬彩装饰，配有黄色围幔，内供各含金 25 两的马蹄形 9 个、各合银 400 两的马蹄形 9 个、上等画 9 幅。要求章嘉呼图克图好好思考，用何种办法才能使灵童早日降世。

十五日，章嘉呼图克图向班禅额尔德尼灵柩献供 100 两银制曼札一具、金铜轮王七政宝一幅、八瑞相一套、白银供灯一盏、银杯8个、银香盒一个、白银30朵彩、上等四色缎子百匹、绸子10匹、上等大哈达50匹、小哈达百匹、马鞍一套、马一匹，供祭费白银30两、香1000束，赠送给密宗札仓僧人与近侍中之数名黄帽朋友、雍和宫翁则等157人白银各一两、哈达各一匹；为大强佐、索本堪布、9名内侍、数名僧俗等赠送了礼物。

章嘉呼图克图侄子拉科呼图克图、强佐札萨克喇嘛格勒南卡、医师大喇嘛、德木齐丹巴及嵩祝寺向灵枢献供多种祭品。

当时，灵枢前聚集了许多汉藏蒙古族信徒，献五种千供、百供、大坛城，举行投食与四曼札先行受用大祭法会，修集福译大资粮。章嘉呼图克图诵经祈祷，向北京几所寺院诵经法会提供费用，并派人向塔尔寺、凉州四部、夏琼寺、喇钦红塔、刘家屯胜乐梵天像施放献供费，供奉祭品。另外，为多麦各位大喇嘛、黄河北面的塔尔寺、佑宁寺、赛科寺、赛琼寺与黄河南岸的噶丹扎西母子寺32所、隆务母子寺9所、卓尼母子寺5所、拉毛德庆母子寺3所、奇巴母子寺3所共计201所寺院施放斋僧茶，为50800名僧人发放白银，共耗银24388两4钱。

十二月一日，乾隆皇帝敕封大强佐为“额尔德尼玛图诺门罕”，封索本堪布为“墨尔根堪布札萨克喇嘛”。何大臣与两名加尔果琪送来金书、金印，接旨后，大强佐和索本堪布恭手献礼感谢乾隆皇帝。

是日，敏珠尔诺门罕向灵枢献供银曼札、上等哈达、佛像、佛经、佛塔、轮政七宝、坐垫、围幔、大缎50匹、金子25两、银子25朵彩，其随从曲杰洛桑楚臣等人亦献了供品。尔后，给予大强佐与索本堪布适当赠礼。

二日，章嘉呼图克图、敏珠尔诺门罕、班智达堪布桑杰俄色、札萨克喇嘛6名、大喇嘛7名、素拉喇嘛30名、德木齐40名、格贵57名等联合向灵枢献50两银制曼札、大缎18匹、银子950两，供祭费白银31两。

自班禅额尔德尼圆寂之日起，每天前来吊唁的在京各佛教寺院大喇嘛、僧徒、赛外大小蒙古官员、各位施主不计其数（详细记载请参阅附录部分）。

六日，乾隆皇帝派巴忠大臣前来献供一庹有眼金鱼。

十四日，大强佐与索本堪布等献上等哈达无量寿铜佛像、香10大束为六皇子祝寿。

二十日，索本堪布向章嘉呼图克图、敏珠尔诺门罕送礼，请求诵经祈祷缘境。在黄寺的班禅额尔德尼卧室内供放新雕制的班禅额尔德尼金像。

当时，乾隆皇帝为了悼念班禅额尔德尼，颂扬其伟大功德，特用7000两黄金雕制灵塔一尊，塔内供放缘起宣努顿珠王子（即释迦牟尼）初生时的雕像一尊。二十一日，将灵塔迎请至黄寺，供养班禅额尔德尼遗体。乾隆皇帝亲自驾临黄寺献供敬神哈达，长时间发愿，仿佛是世界之主，作为法的大因，恭敬班禅额尔德尼遗体。随从人员对乾隆皇帝的行为感到无比欢喜。大强佐与索本堪布为了感谢乾隆皇帝，特将班禅额尔德尼经常供养的殊胜塔、雕像等献上。乾隆皇帝接受献礼后，回赐哈达，并与二位亲切交谈。

二十六日，乾隆皇帝赐精制百两黄金释迦佛像一尊，金像散发加持之光，以金色金刚饰白窗帘、金银混制日座白莲（座的表面以金银铜装饰，雕有十二事业图）、玉石、珊瑚、珍珠、香炉等珠宝装饰，以绝世良缎衣服为坐垫，五幅蓝缎持金刚班禅画像，画的上下绘有各种金花与红黄彩虹。乾隆皇帝说："朕造班禅额尔德尼像6尊，一尊供朕经常供养，一尊供于布达拉宫，4尊供于扎什伦布寺。"赐予大强佐新年礼物大缎袋一对、小缎袋4个、题词扇子一把，赐给索本堪布大缎袋两个、小缎袋4个，两人躬身接礼。

铁牛年（1781年）藏历一月一日，乾隆皇帝朝拜旃檀释迦牟尼佛像时，大强佐额尔德尼玛图诺门罕与索本堪布札萨克喇嘛晋谒慰问。

三日，大强佐与索本堪布前往皇宫（乾清宫）向乾隆皇帝献礼并诵经祈寿。乾隆皇帝非常高兴地与大强佐、索本堪布详细交谈，并赐厚礼。

十日，在章嘉呼图克图的生日庆祝会上，大强佐、索本堪布献礼祝贺，请求章嘉呼图克图诵经祈祷班禅额尔德尼灵童早日降世。章嘉国师答应了请求，撰写《胜童尽早降世祈祷文》，当天刻印送往北京、热河、七海寺、五台山、呼和浩特、安多等地的大小寺院，并要求各寺僧人读诵，并施放斋僧茶①。

① 藏历铁牛年（乾隆四十六年）正月，班禅经师为班禅圆寂，乾隆皇帝驾临祭奠敕令修建金塔等事谢恩奏书中说："……再，为殊胜化身准确无误尽早转世，成为佛教众生之超群怙主，达赖喇嘛、章嘉若必多吉及大自在天等所写启请书即将完成，此皆赖文殊菩萨乾隆皇帝之恩德。此恩此德，僧等永世难以回报，惟有遵循旨意，为乾隆皇帝万寿无疆、班禅额尔德尼准确无误尽快转世，小僧和数千僧侣一起虔诚诵经，别无他法。再，僧等之西部、尤其扎什伦布主分寺等皆仰赖文殊菩萨乾隆皇帝之恩典，祈请一如既往常赐圣训。敬献押书礼洁白哈达。谨呈。"

十八日，乾隆皇帝谕姜大臣："今班禅额尔德尼圆寂，为使怙主宗喀巴之教理昌盛不衰，不久班禅额尔德尼之灵童会降生于此世。为广转法轮于班禅额尔德尼之地建造佛殿、塔、经堂，组成僧团供祭佛教圣地。"是日动工修建佛殿，大强佐与索本堪布献礼谢恩。

当时，是藏历十二月，为了祈求灵童早日降世，在班禅额尔德尼卧室陈列供品，在没有乐鼓吹奏的情况下，举行护法酬补仪式与初食法会，依惯例举行新年宴会。宴会开始时，以大强佐与索本堪布为首的诸随行人员向珍珠宝座献供哈达，请求班禅授灌顶。密宗札仓僧人举行六十食子投施供养仪式，宣读章嘉呼图克图所作的祈祷文。同时，向密宗札仓法会与附近几所寺院施放斋僧茶。为了弘扬佛法，众生安居乐业，圣上万岁，政权稳固；尤其是为了灵童早日降世，藏历十二月二日在黄寺大经堂举行盛大的大供养。乾隆皇帝派首席大臣送来以法王父母为首的护法面具 12 副、四大天王面具手相、花缎衣服 4 件、僧人施主面具、劲饰衣服、刀、小僧人面具 6 副、戏服、标帜铜鼓 3 面、小钹 3 面，骨骼面具 4 副、舞蹈服、鞋，骷髅面具 4 副手相、尼泊尔僧面具 4 副、舞蹈服、内外腰带 4 条、法王父母标帜棍、绳索、尖 3 副、度母标帜一套、良缎哈达戏服、手相、刀等 36 件、成套骨饰 40 件、成套黑帽 24 顶、内衣等，索本堪布与大强佐谢恩，为诸大官员赠送礼品。托依班禅额尔德尼之恩惠，卸任夏鲁寺堪布格桑次旺受封为"达尔罕"，并受乾隆皇帝赐印、称赞。当时，乾隆皇帝赐给黄寺 1127 两银制佛塔 3 尊及供品。

二十日，乾隆皇帝亲临黄寺为舍利金龛拈香送行，敬献哈达、银曼札、金银、缎绸、茶等。当乾隆皇帝念起班禅额尔德尼恩德时极度悲伤，当时题词决定将舍利塔运往后藏。题词说："下座受金书，卫藏达赖喇嘛与班禅额尔德尼及宗喀巴之徒，世系为黄帽派教主，地位颇尊；下座受教谕，昔日特从藏地跨越两万里来会朕，必应赞颂。万里信仰来，会晤先前定。前辈决定来此地，未来之前恐返回，幻化清明而为何？珍宝金莲又显现，望转众生大法轮，若如日光永不失，为弘佛法再降生。达赖喇嘛同班禅额尔德尼为发展佛教、利益所教化而降世，从法界以祈愿之咒术引导众生解脱。来去无贪求，清明降生地，不久莲塔显，中原内地三乘法常显。今日舍利送西归，极乐净土会法王"①。大强佐与索本堪布向乾隆皇帝敬献班禅额尔德尼本尊塔、佛、印度女像一尊、印度观世音菩萨铜像一尊、集密神像一尊、胜乐神像一尊、大威德神像一尊、圆满护法画像 13 幅(以上等缎覆盖),以及班禅额尔德尼常用珍珠骨骼念珠一串、铃杵、化钵等。乾隆皇帝向班禅灵柩献供白银 1000 两,厚赏大强佐与索本堪布。两人奉命在新造塔中装脏衣服一套、日用器皿、念珠等。

藏历十二月二日,向班禅额尔德尼灵柩献五种千供,各位僧人纷纷前来献供祭品。同时,供祭旃檀释迦佛像。乾隆皇帝特派六皇子向班禅额尔德尼遗体供献哈达,为灵柩前诵经祷告的 50 余名僧人施放斋僧茶,设宴款待 3 次,赏大缎 3 匹、绸子 32 匹、面缎两匹、八瑞相哈达百匹,所赐各种礼品折合白银 4944 两,满足了各人心愿。

不久,诸僧又诵经祈求圣童极早来世,广行方便。乾隆皇帝任命嘉钦孜巴噶钦洛桑巴珠为雍和宫显宗学院与夏拉苏木新任喇嘛(经师),任命夏尔孜格西阿旺楚臣为雍和宫法会的翁则。

十一日,大强佐与索本堪布前去圆明园向乾隆皇帝献礼请安,恭受乾隆皇帝赏赐。他们俩人跟随乾隆皇帝走了一段路后,乾隆皇帝要求对灵柩行大供养,广诵祈愿经,并说:"若如供养前辈,班禅额尔德尼灵童降生时行大供养,以增上缘护佑"。

二月十二日,班禅灵柩从黄寺启程。尔时,寺院僧人手执各种供物与新造戒业树、业绸,人车排列于前作出迎请的样子。乾隆皇帝亲扶灵柩迎请至大灵塔之中,由于灵柩很重、难抬,由五百盛装年青人护送。六皇子、章嘉呼图克图、敏珠尔诺门罕等宫中大臣、各寺喇嘛、执事等几千人送行。是日,前行 20 多公里,抵达清河堡休息。即日起将每日 3 次五种百供更改为每日 5 次五种百供。当时,前来献供品的人很多,举行了迎请献浴与上师供仪式,祈祷灵童早日降世。章嘉呼图克图向舍利塔献供哈达、曼札等,授教给大强佐与索本堪布。各大喇嘛与大臣也献了哈达,进行祈祷。从这天起,对于灵塔的供养、诸

① 乾隆四十六年二月六日,顺喜传旨:用仿宣德描金黄色纸一张,高 1 尺 3 寸,宽 3 尺 3 寸,写御制四样字送圣僧班禅额尔德尼舍利归后藏诗,以志惜诗。汉字着董浩写,清字着爱星阿写,西番字棍楚克札普,蒙古字托金写。用四样字宝。于九日交造办处,以锦套做匣子。

随从的路费、马驮等皆由沿途各部首领负责供给①。

翌日，章嘉呼图克图等多数送行者返回。六皇子、杨阿勒哈达、安汗勒大臣继续送行3日，每人向灵塔献供了一条敬神哈达，心中极度悲伤，送至昌平地方时返回。大强佐与索本堪布请大臣向乾隆皇帝问安。当时乾隆皇帝遣理藩院尚书博清额、乾清门侍卫伊鲁勒图、加尔果琪巴老爷、笔帖式布老爷以及抬塔的60人、两名巴忠首领护送至扎什伦布寺。

从此，每日有各部首领、各大小寺院僧人迎接。途经呼和浩特、鄂尔多斯等地方，抵达宁夏城之时，在兰州总督所辖河州地方时，信仰伊斯兰教的撒拉人进行了新旧教辩论，发生了很大争执。为此，乾隆皇帝特派安汗勒大臣带领1000士兵负责从宁夏城护送班禅额尔德尼灵柩至西宁，防止发生意外。大强佐等上书谢恩(译者注：乾隆四十六年四月八日，博清额等奏办理护送班禅灵柩自宁夏起程等情形折说："奴才博清额、伊鲁勒图谨奏，为奏闻接旨办理情形事。四月五日接准领侍卫内大臣尚书忠勇公福隆安寄信内开，乾隆四十六年三月二十八日奉上谕，据勒尔谨奏称，因兰州府撒拉尔地方回众击杀其新旧教回众，拒不降服，围攻村寨，杀害副将辛柱、知府杨世济，彼率兵往剿。等因具奏。撒拉尔地方回从杀我官员，彼等有何能耐，一旦我军加以威慑，必致逃窜。班禅额尔德尼之车驮极为繁杂，且又分散而行，即便彼等抢劫，理合防范。著将此寄信博清额等，俟彼护送班禅额尔德尼灵柩至甘肃境后，若靠近兰州所属撒拉尔回子地方之事仍未完结，即在其东面另觅一僻静之地，将车驮收束一处，稍事等候探信，俟事已毕，再往前行。在此询据留保住称，班禅额尔德尼灵柩返回时，倘路不经兰州，虽相距三百余里，仍不能不加防范。彼等惧而乱窜，博清额须将班禅额尔德尼属众及车驮好生收拢于一处，留心而行，不得丝毫疏忽。并告知仲巴呼图克图等。将此六百里加急驰递。钦此。钦遵前来。窃思此等撒拉尔回众竟敢妄为，杀我副将、知府，情属恶极。贼众不过趁我官员一时之不备妄行，皇上神鉴，彼等有何能耐，一旦为我军所败，必定到处乱窜。班禅额尔德尼之行包极多，前后绵延而行，倘不加防范，万一为此等逃贼抢劫，尤属非事。先前奴才等在鄂尔多斯地方准四月一日诺木欢所奏撒拉尔回众妄行劫掠，署理总兵衮楚克达尔率兵往剿并防范情形之稿底咨送前来。初三行抵

① 乾隆四十六年二月二十二日，博清额等奏报护送班禅灵柩经过直隶进抵晋省情形折说："奴才博清额、伊鲁勒图谨奏，为班禅额尔德尼舍利已过直隶具折奏闻事。二月十三日，奴才等将班禅额尔德尼舍利供于金塔，行至清河；是日，轿供舍利，翌日安抵昌平州；第三日，通过关沟等难行地段，行抵岔道等情，已由六阿哥、大学士永贵等返回奏闻。奴才等继续前行，入古北道台永保辖区。永保率知府李君远、同知等，备饼案、银缎等物供奉，并每日拈香火供案。行抵宣化府，都统常青、副都统关依木保、牛羊牧场总管成德来迎，亦备饼案、缎物供献。总兵托斌泰率副将朴吉保、绿营众官，备饼案、缎物供献。直隶备办蒙古帐房、马驼、食物等项，均属丰足。仲巴呼图克图、岁本堪布等极为喜悦，告称，此皆仰赖大圣皇帝悯恤之恩，诸大臣官员等对舍利如此尽心，照料我等好生行走。等语。从宣化府起行，二十一日出直隶境，抵晋省天镇县。晋省各项，亦已照直隶备办。班禅额尔德尼舍利顺利通行之处，理合谨具奏闻。朱批，知道了。"

横城，约见将军莽古赉、总兵吴灵阿、道员富宁、永灵等询据告称，贼已占据河州城，总督勒尔谨往剿，贼众避开道路来攻兰州省会，副都统永多遣往满州兵五百增援，总兵吴灵阿派绿营兵三百增援，提督仁和、总兵图勤保、德宁、署理总兵衮楚克达尔等各自率兵往援。等语。总督勒尔谨咨将军莽古赉称，三月三十日各地兵至，击退贼众，本督是日进兰州城，现已共同商定夹击贼众。等情。奴才等伏思，兹兰州附近集兵达四千余，又有提督马彪、延水总兵等地官兵，剿贼不难，而今虽未探得剿杀贼众之信，奴才等自宁夏起程，三日即入阿拉善境，蒙古兵不知在交战，而且阿拉善兵亦少，现若住宁夏等信再起程，贼众已为大军所慑，在内地无处藏身，逃至边外，亦难逆料。彼时再通过阿拉善，益为可忧，索性趁贼众目前未至边外，由阿拉善而行，奴才等率蒙古兵留意收束，总兵吴灵阿率兵防守治边要隘。通过阿拉善境至内地营盘水后，有吴灵阿奏准守护兵五百，原奏准派遣道员富宁、永灵，亦随勒尔谨前往，相应奴才等会同商议事之周全，防范而行。彼时万一尚未剿尽贼众，奴才等即行遵旨觅一坚固之处下榻等信，告知仲巴呼图克图等晓谕僧俗从役等好生收束而行。故将奴才等定于初八自宁夏起程之处谨具奏闻。朱批，好。知道了。”）。

五月六日抵达西宁城。为了筹措西宁至西藏之间的所需品，在西宁休息20天，受到西宁城官贵的盛情招待①。当时，塔尔寺等各大小寺院僧人纷纷前来献供祭品。噶厦派仲科强巴饶杰与扎什伦布寺堪布噶究洛桑丹巴、法王洛桑扎西等人前来西宁迎接灵塔。达赖喇嘛、赤钦诺门罕、诸位噶伦、经师班智达达尔罕堪布洛桑群培、身前经师4名、德琼巴格勒迥乃、格贵、寺院、住庄园仲科、僧俗部落等人派代表前来向舍利灵塔献五色哈达、有银制

① 乾隆四十六年五月十日，博清额等奏报于西宁整理行装再行起程情形折说：“奴才博清额、留保住、诸木欢、伊鲁勒图谨奏，为会议妥善办理班禅额尔德尼灵柩起行，具折奏闻事。查得，塔尔寺位于西宁西南，相距仅五十里。先于班禅额尔德尼起行之三千余件包裹，已至塔尔寺，现散放于三寺看守。塔尔寺并非西藏进京之大道，西宁方为进藏大道，亦不需绕行。兹奴才等倘按原定之例将灵柩请至塔尔寺供奉，又将配备包裹数千，益加分散，不便管束。地方官员供给彼等廪饩等项，均需运自西宁，即便僧俗人等需用物品，亦来西宁方可采办，往返行走，颇费周折。窃思去年令班禅额尔德尼住塔尔寺，乃念其生身，属下人等末曾出痘者众，故选净地塔尔寺居住。此次回返，已为灵柩，仲巴呼图克图、岁本堪布及其属下人等亦皆曾出痘，居于何地，并无碍益，仍于西宁城内寻觅大房，供舍利、大喇嘛居住并存放要件。其余僧俗人等、包裹，安置于城内校场，四周砌有现成土墙，便于收束彼等。将此与仲巴呼图克图等商酌，彼等甚喜，告称极为便利。询道员永良、刘广宇等，据刘广宇告称，去年班禅额尔德尼路经西宁，曾在本署下榻，今闻灵柩至此，卑职等已照常备办。等语。是故，经奴才等会商，将班禅额尔德尼舍利、大喇嘛、重要物件安置于官署，其余僧俗人等、杂件均安置于校场。再，奴才等自京城起行时，御赐金佛、金塔、匾额等重大包裹，皆雇脚力赍往，从内地行走，按驿更换，尚无窘迫之项。由此往南之青海厄鲁特、番子等，不会驮运物件，倘若仍用内地脚力，抵藏再返回，有二百余程站，数百名脚力之食物、工钱、耗费颇巨，于地方官员办理委实不便。奴才等兹与仲巴呼图克图等会商，毋如在西宁多住些日，检查前后抵达之包裹，该一分为二者分之，笨者精之，计驼牛之力办理，完全不用内地之脚力。班禅额尔德尼之灵柩现供于轿，必需有轿夫。故奴才等亦计其敷用，量力而行。如此不仅便于灵柩前行，亦不烦扰地方。经奴才等共同商定，现正亲自催促整理，以期速成。俟事毕起程，进入青海，另行奏。闻外，现将奴才等商定办理情形谨具奏闻。朱批，甚善。知道了。”

曼札、银子、黄红妙香300束等。

十四日，以大强佐额尔德尼玛图诺门罕为首的各位随行人员抵达塔尔寺，塔尔寺僧人仪仗队迎请，设素食宴会招待。在大经堂门前陈设会供，诵经献八庹哈达，祈祷班禅额尔德尼灵童早日来世。

以前，班禅额尔德尼进京途经塔尔寺时，提供了供养经费。此次，大强佐又增加供养经费白银900两，记于文本之中，使之永不遗失。为了积德，在塔尔寺新造10万佛像，供于大经堂内。当时，我也随行来到西宁，与安多地区的喇嘛、各寺僧人、青海数名官贵一起供祭灵塔（详见附录）。

二十七日，从西宁起程，途中在郭家与东科尔两地休息。

二十九日，抵达东科尔寺休息3天。

第四日，从东科尔寺起程行抵阿夏甘休息。青海各部首领负责提供17天的用品、马驮。

次日，行抵巴颜诺尔。我原打算护送一程，但由于拉卜楞寺附近撒拉暴乱，我未再护送，准备返回。临别时大强佐与索本堪布送给我许多礼物。

当时，向灵塔献供祭品的有：固始汗丹增法王继承者青海王、贝勒、贝子、公爵等大官员。行至青海与西藏交界附近时，会见从西藏返回的喀尔喀哲布尊丹巴。哲布尊丹巴向班禅额尔德尼灵塔献供品，大强佐予以回赠。而后，继续前行，当行至可看见玛沁雪山地方时，以五色绸缎冠冕与马等祭玛沁雪山，托付事业。

索罗玛是青藏两地的分界线，从此处到铁绳险处（嘉塔昌）所需的物品皆由西宁大臣属下藏族部落百户、百长等负责供给。

六月十六日，行抵曲麻莱河岸，由于当时连降大雨、河水暴涨，给渡河带来了很大不便。于是，在曲麻莱河边下帐，向北岸小山头献供药物、珍宝，并为小山头献新制绸缎冠冕。4名僧人诵经供祭护法与土地神，汉蒙古族官员以当地风俗向山神供祭，托付事业，祈求保佑。噶厦所派迎接灵塔的噶伦吞巴、全体管家、翁则、噶厦经师宇仲、孜仲格桑米林、孜仲洛桑曲嘉、囊索迥乃、廓巴居涅巴等抵达江岸向灵塔献供敬神哈达。

当时，每天派人去探查水的深浅。二十一日由大喇嘛帮助护送驮子渡江，第二天，灵塔乘牛皮伐与其他渡江工具平安渡过长江。

二十三日，在江边下帐，八世达赖喇嘛、赤钦诺门罕、噶伦派管家前来向灵塔献上等敬神哈达、有角五色银曼札、各种果品、白粮食等。由于当时前来拜谒灵塔的人较多,大强佐等允许他们联合献供。管家与翁则先行。

拉章特派平措林寺管家洛桑次旺前往拉萨感谢提供供养经费,并且通知扎什伦布寺作好迎接准备。为了纪念渡江平安,两位驻藏大臣、索本堪布、青海官员等人在长江南岸的一座小山顶上建造名叫“俄里结图”的鄂博。察甘诺门罕、贝勒晋美益西主仆陪送,大强佐予以酬谢。同时,按照职位大小分别酬谢从多伦巴图护送的安汗勒大臣、加尔果琪两名,总老爷一名、学部3名、蒙古族笔帖式一名、士兵等70余人,以及郡王索朗多杰、札萨克卓玛嘉布、莫居贝子、克尔洛贝子、图萨拉琪,书信上奏乾隆皇帝,说明路途平安,请留大臣转奏。从西宁开始护送的有各地首领、差役、驮子等上千人。

六月二十七日,扎什伦布寺派出的夏尔孜云丹坚赞、达玛喇嘛洛桑热周、嘉钦孜寺管家仲然巴益西克却、央寺管家洛桑达结等抵达查仓三叉路,向灵塔献敬神哈达,诵经祈祷灵童早日降世。

行抵三棵树时,遇见从嘉雪来送路途所需物品的拉丹派加尔果琪主仆30余人。以拉卡丹嘉为首的百户、百长等人负责护送灵塔越过红山崖与黑白琼波等拉丹阿木所辖地界后,提供所需费用。

七月十一日,行达西藏辖界。西藏地方政府派噶伦吞巴负责筹措从多伦巴图到扎什伦布寺之间的一切费用,这些全部由藏族部落承担。

十三日,抵达当拉山下的温泉附近下帐,普布觉活佛派嘉绒群则于夏波欧热诵经供祭。八世达赖喇嘛叔父杰仲洛桑平措代表孜仲洛桑南杰、扎什伦布寺代表仲科洛桑饶杰、扎西孜庄园代表南杰顿珠、拉木护法代表强佐索朗平措、香噶丹德庄饶杰寺代表格桑格勒、马夫周杰等各自向灵塔献祭品。大强佐与索本堪布派管家洛桑格敦前去拉萨慰问八世达赖喇嘛。

行抵黑河(那曲)时,噶厦为护送者准备了食品,达赖喇嘛叔父杰仲洛桑平措向灵塔献供。蒙古康萨札萨主仆于沈曲河岸迎接,扎西迥活佛代表亦于这里等候。

八月三日,行达桌子山附近,热振诺门罕、驻藏大臣杭弈禄、加尔果琪、巴忠、噶伦札萨多喀瓦、帝师殿管家平措旺秀、夏觉曲迈、达廓囊巴、宇拉瓦、仁帮巴、嘉康巴拉瓦、巴桑等向灵塔献供,大强佐分别回赠礼物。

到达俄达巴地方,达玛洛桑热周活佛向灵塔献五色千供、哈达,纳木措部派人前来献供。于此，大强佐供祭了达玛江热神与念青唐古拉山神。

八日，摄政赤钦巴丹额尔德尼诺门罕奉八世达赖喇嘛之命前来迎接，临近扎西通门时摄政手捧香炉与堆龙当卡瓦、却藏寺僧人仪仗队迎接。赤钦诺门罕、多让噶伦公班智达父子、杰仲洛桑格敦、南杰札仓僧人、阿里活佛等各种供祭灵塔。

九日，八世达赖喇嘛向灵塔献供五色千供、上等五色哈达、上等哈达包裹的银曼札、伞盖、良缎胜幢，祈祷灵童早日降世。以赤钦诺门罕为首的当卡、却藏两者僧人举行迎请献浴、上师供仪轨，圆满祈愿，祈祷灵童早日降世。

午餐时，噶厦于大帐内设宴，汉藏各大官员列坐两旁。会上西藏地方政府向大强佐额尔德尼玛图诺门罕赠送羔皮衣、黄缎短衣，为索本堪布墨尔根堪布札萨克喇嘛赠送衣服两件，并赏赐了全体随行人员。大强佐与索本堪布向八世达赖喇嘛献上哈达、银曼札、白银、绸缎等礼物。按照职位大小分赠赤钦诺门罕、洛桑格敦、强佐强巴多丹、孜雪仲科、赤钦诺门罕随从、拉多等。到达雪布邦布时，红帽活佛及其总管家厚供灵塔，认真祈祷灵童早日降世。

十三日，是乾隆皇帝寿辰，他们在麻江松多地方架起乾隆皇帝赐的黄围幔与大帐，内供乾隆皇帝画像，像前陈设缘起宝座、大氅、茶碗，向东祝乾隆皇帝万岁，祈祷班禅额尔德尼灵童早日到来。随行僧人举行长寿仪轨修行法会，酬补圣母。博大臣与索本堪布墨尔根札萨克喇嘛、噶伦公班智达奉命去扎什伦布寺准备。

十四日，从麻江松多起程，途中先后有伍由朗噶、热木当、拉布、嘉措、南木林、仁布、兰、扎西宗卡、温寺、白朗、日喀则的僧俗的部众迎接，各自厚供灵塔，准备好所需东西。根据诸大臣安排，从兰达赛香开始，马队、乾隆皇帝所赐黄船帆、车、大扇、伞盖、戒业树、旗幡先行。

二十日，居于兰阿夏鲁寺，该寺僧人仪仗队、扎什伦布寺代表德琼巴格勒迥乃比丘、经师、格贵、常住仲科、庄园执事等迎接，向灵塔献敬神哈达。沿途为各寺仪仗队施放斋僧茶4次，布施弱者、贫穷者，广作善事，积德积福。

八月（藏历）二十一日，扎什伦布寺各学院大喇嘛，各米村执事，其他寺院喇嘛、翁则、庄园执事、私人代表、各地代表、嘉凯瓦、格桑地区人、克什米尔人共1000多人迎接。上千名僧人手执旗幡、伞盖、胜幢、粉包，吹奏乐器排列在从桥至扎什伦布寺路的两侧。当时，为这位佛法众生之怙主而修建的佛殿上彩旗飘扬，香烟袅袅，供品堆集。乾隆皇帝所赐三界福田如意灵塔供养于扎什伦布寺无量宫殿中，塔前是寺院。僧俗部落供献的鲜花、熏香、酥油灯、香水、食品上千种，幡、伞盖、胜幢、粉包不可计数，如意供品堆积如山，祈祷灵童早日降世的声音如雷震耳。扎什伦布寺设宴款待博清额大臣、杨大臣、加尔布等使者，以及青海郡王阿旺达结、噶伦噶细公班智达、噶化札萨托巴、索本墨尔根堪布札萨克喇嘛、僧俗随行人员，赏赐满蒙藏汉护送者。大强佐与索本堪布在书信中请大臣转呈乾隆皇帝。信中说，因托圣上之恩，途中未受内外任何侵害，我等班禅额尔德尼随行人员平安抵达扎什伦布寺，把有关班禅逝世后北京各寺院、多麦等地修缮情况如实上奏。

自从班禅额尔德尼在京城圆寂，大强佐与索本堪布便写信由驿站送往扎什伦布寺，要求为班禅新建供放灵塔的佛殿。十二月九日，信送到扎什伦布寺，由德琼巴格勒迥乃负责立即将四色大缎花腰带献给经师，请求诵经祈祷。向法会施放斋僧茶，每人施予尼泊尔银币一枚及回向礼物。在班禅额尔德尼卧室广设会供，四大札仓喇嘛、41人助理仪轨师、两所密院僧人联合举行集密坛城酬补仪式。在温寺吉祥轮坛城举行为期21天的入我大供，布施参加法会的僧人，为大会施放斋僧茶。同时，千供释迦佛像、佛像东西银塔、帝释、笑面弥勒佛、度母像等，献供哈达；百供诸佛塔，献哈达。向八世达赖喇嘛献衣服全套、日用器皿、黄金100钱、白银16朵彩、马蹄银一锭、尼泊尔银币一朵彩、四色缎两匹等，请求八世达赖喇嘛诵经为班禅超度。向赤钦诺门罕送黄金8分4钱、马蹄银两锭；向普布觉活佛送白银2朵彩等。另外，千供拉萨释迦佛像、不动金刚佛像、观音菩萨像、宗喀巴胜塔，供献哈达；百供其他佛殿。千供布达拉宫五世达赖舍利灵塔、吉祥日光塔，献供哈达，百供其他佛殿。千供宗喀巴灵塔，献供哈达，百供共他佛殿以及色拉、哲蚌两寺佛塔，献敬神哈达。第二次向扎什伦布寺法会施放斋僧茶，发给3453名僧人白银各一两，施予温寺与香德庆寺僧人白银各一两；为后藏地区199所寺院施放斋僧茶各12次，赐予每名僧人银子、礼物合银一两。千供温寺、白居寺、邦塘寺佛塔，献供哈达；百供乃宁、超普、萨迦、拉孜、昂仁、平措林等寺塔，献哈达、供品、向阿里地区的托林寺、冈底斯山神洞、年波献千供、哈达。

是年一月，扎什伦布寺每日举行供祭法会，布施每位僧人尼泊尔银币一枚，为拉萨大祈愿法会施放斋僧茶，施予 23362 名僧人尼泊尔银币各一枚。千供诸塔，敬献哈达。向甘丹寺宗喀巴大灵塔、吉祥日光舍利塔、热振寺、强巴林寺、沃喀精其、群科杰寺献千供、百供；为色拉、哲蚌、噶丹、南杰寺、上下密院、普布觉寺、热振寺、丹杰寺、群科杰寺、沃喀精其寺、阿里札仓、泽当噶丹群科寺、扎西迥、嘉日热协寺、色拉俄尔盖札仓、觉毛隆寺、扎贤巴林寺等前藏南北寺院施放斋僧茶各 5 次。

八月，班禅额尔德尼的灵塔供养于扎什伦布寺，每日供祭。

九月四日，向班禅额尔德尼灵塔献千供，向法会施放斋僧茶。为 3658 名僧人布施糌粑各一升，供灯酥油各 5 块、羊肉一份及回向礼物、白银各 6 钱，厚供扎什伦布等寺院佛像塔。为后藏地区各派寺院施放斋僧茶各 5 次，为 13998 人发给白银各两钱半；为 40 所修行院施放一月僧茶，每日 3 次，为 397 名沙弥、比丘僧发放白银各 7 钱及回向礼物，创立了佛法久驻的每年给施仪轨。

闰九月四日，在扎什伦布寺法会上，施予 3740 名僧人汉银各一两，共 3 次。

索本堪布洛桑克却前去拉萨向八世达赖喇嘛献上等哈达、曼札、佛像、佛经、佛塔、衣服用具、如意铁钩、水晶石、景泰蓝、银器数件、钟表、缎宝盖、缎围幔、黄金 9 两、白银 100 大升、黑狐皮 7 张、旱獭皮 200 张、羊皮 300 张、凯热玛皮 300 张、各色绸子 300 匹、骆驼 300 头、马 100 匹等；为赤钦诺门罕送上等哈达、银子 7 朵彩、缎子 17 匹等；为经师送白银两朵彩、缎匹，请求他们诵经祈祷班禅额尔德尼灵童早日降世。同时，厚赠了诸位噶伦与各位献礼者。为色拉、哲蚌、甘丹等三大寺施放斋僧茶各 15 次、供品，施予 14800 余名僧人汉银各一两；为南杰札仓施放斋僧茶 15 次，施予每名僧人八瑞相哈达各一匹，白银各一两，为甘丹丹杰林、色拉俄乐盖札仓、扎西群科寺、扎西迥、木茹寺、穷结日吾德庆寺、群科杰寺、沃喀精其寺、阿里札仓、达波寺、热振寺、央寺、叶尔巴寺、泽当寺等施放僧花各 15 次，施予每名僧人银及合银一两的缎子。为空行帐、萨木林寺、桑日庄禅院、汉蒙禅院、拉托禅院、藏协禅院弥勒洞施放供品与斋僧茶各 30 次。

次日，为前藏南北 94 所寺院施放斋僧茶各 5 次，施予每名僧人白银一钱。向释迦佛像献 42 两银制曼札一具、上等哈达、珊瑚念珠、氆氇、玻璃乞化钵、锡杖等。向宗喀巴、观世音、十面怙主等 6 尊像献供曼札各一具、敬神哈达各一匹、供品数件。为不动金刚佛、甘丹寺宗喀巴灵塔、吉祥日光舍利塔、热振寺妙金刚菩萨献千供、哈达；为五世达赖喇嘛的灵塔、叶尔巴、帕巴洛格夏热像献百供；向桑耶、沃喀精其、群科杰等寺献千供、哈达、祭品数种；向普布觉寺施放斋僧茶 5 次，白银 73 两；向阿旺强巴灵塔献供银曼札一具、哈达、祭品数种；布施上下密院僧人，施予价值白银 200 两之礼物。为班禅额尔德尼灵童早日降世，在 3 个月之内于拉毛绛曲觉、蔡尔康、尊莫蔡举行大梵天息怒酬补举会，8 名僧人供祭独勇吉祥神母、欢喜法王、黄面怙主、尤日怙主、群科杰天母、桑耶贝哈觉神、仲堆年贡布等。在叶尔巴及查周度母像前，8 名僧人举行为期 3 个月的四曼札仪式，寺院奖赏了 8 名僧人。

当时，向岗建群培寺的宗喀巴大师像、绰浦寺弥勒佛像、昂仁寺弥勒佛像、仲巴江佛殿、曲麻香佛殿、雅鲁江畔佛殿、温寺佛殿孜雪、夏鲁蹄佛殿、绒强钦等献 46 次百供，布施银曼札 6 具、敬神哈达 48 匹；为 39 所禅院施放斋僧茶 90 次，施予沙弥、比丘僧八瑞相哈达各一条、汉银各一两；为后藏地区各派寺院施放斋僧茶各 21 次；为温寺僧人施予白银各一两，布施寺院缎幡一面、草药一包、乐器一对；为岗建群培、甘丹平措林、那塘、香噶丹德庆饶杰林、噶丹饶杰、珠日吾当建、拉孜噶丹欧曼林、谢扎西格佩、大寺院、散居、重孜曲德、嘉钦孜群科德庆、香多日吾格佩、塔巴等寺僧人布施白银各 5 钱，送给岗建群培寺、德庆饶杰寺、噶丹饶杰寺、那塘寺缎幡各一面，作为公共资产。施予萨迦、噶丹群科、绒噶丹贤巴林、夏鲁日塔、觉囊、参周噶丹达结林、纽曲廓林、伍由札噶、协乃等寺僧人白银各 3 钱，为 175 所寺院僧人发放白银各一钱。派人供祭印度、尼泊尔、多康、达贡、耳藏、阿里等地著名佛塔，布施各派僧人、寺院；救济贫穷者，广作善事。再次为扎什伦布寺发放白银共 14613 两一钱以及折银 5362 两之物品。布施给后藏地区各派寺院与阿里地区寺院黄金 13 钱、白银 9 两、尼泊尔银 18537 两，所施物品折合白银 45747 两。在前藏仅献给达赖喇嘛的礼物就有黄金 230 钱、白银 5825 两、尼泊尔银 850 两，所献礼物折银 12969 两。送给赤钦诺门罕经师仁布切、普布觉寺活佛、噶伦黄金 80 钱、白银 1340 两、尼泊尔银 50 两，所送礼品折合白银 6226 两。为两尊释迦佛像、三尊塔、拉萨三大寺等献供白银 192 两、尼泊尔银

9215两8钱，供品折银40236两。持金刚师之恩惠无法比度，班禅额尔德尼虽在法界，但留给人们的永不消失。为了护持大地，班禅月光之清凉教诲遍及藏地，在青蓝色的纸上用纯金笔书写所建佛殿灵塔。布设三解脱之盛宴，薪饷赏钱及各经卷包布、经板、经绳等一切花费都是班禅罗桑班丹益西圆寂后新刻《甘珠尔》时所用。班禅额尔德尼事业之承担者是大强佐额尔德尼玛图诺门罕洛桑金巴与索本墨尔根堪布札萨克喇嘛洛桑克却，他们愉快地承受班禅所留的一切。各位高低贵贱侍从皆在自己岗位上广转事业之轮，为了一切众生圆满解脱，速得菩萨之果，热情追随班禅额尔德尼身后，将班禅一生的随持方便牢记于心。有诗赞道：

您犹如天空的明月，
照亮了众生之心田。
当您身往西方净土，
以一生事业之车轮，
为了圆满无漏身心，
打开无数宝库之门，
成就了涅槃之善业。

这里叙说如何成就班禅额尔德尼之所依能依。当班禅身往他界之际，兄长大强佐与索本墨尔根堪布于北京商议在罗桑益西灵堂之左方创建佛堂，供放班禅额尔德尼之灵塔。尔时书信由驿站送给扎什伦布寺德琼巴格勒迥乃，德琼巴奉命将此事委任于15所佛堂的管家格桑曲旺与那塘寺管家洛桑坚赞。铁鼠年（应为铁牛年，即1781年）一月十五日，择良辰吉日开工修建。当经师洛桑班觉行典土仪式时，大家看到从东方升起一股彩虹直立于佛殿建造处。杰仲洛桑格敦担任总管，副总管有赛嘉丹增等负责管理工匠。石匠总管有区巴次旺索朗、绒措勒智。木匠总管有多杰班觉、巴纳晋美。画匠总管有多杰才旦、嘉木央茨班、尼泊尔的第巴阿纳噶拉。铜匠总管是诺布次仁，铁匠总管是瓦周，缝纫总管是扎西，副总管15名，共有工匠213人。另外有管家、总管随从、持业者、庄园等代表66人，俄莫人1650名，诵经僧人11名。经师洛桑群培与密宗经师洛桑班觉，以及其他8人各自行事。

以拉章强佐为首的僧人及中原内地、蒙古、多康、卫藏等地信徒立于工地处诵经。在银棺中供放着乾隆皇帝所赐舍利灵塔，坛城门内供养着班禅银制像，以及佛像、佛经、佛塔无数，以四色舍利为主的塔非常精致，金刚钻、莲花拉噶、蓝宝石、猫眼、绿宝石、左旋白海螺、珍珠、玉石、水晶、珊瑚、琥珀等镶嵌其上。大自在大厦共有3层，以金屋顶、胜幢、栏杆、柽柳枝所成屋构成，使整座佛堂可与帝释宫相比媲。

十二月十二日（是月有闰月），密乘经师洛桑班觉、班智达达尔罕堪布洛桑群培、大译师仁钦桑波之再世化身洛桑丹增坚赞、普布觉活佛洛桑强巴、夏尔孜经师云丹坚赞、杰康喇可以洛桑南卡、兑桑林札仓喇嘛洛桑旺波、密院僧人等仪轨师共391人举行为期3日的集密开光仪式。尔时，扎什伦布寺设宴款待诸位仪轨师，为各大喇嘛和格贵赠送哈达，施予每人白银5两、缎子5匹，按照职位高低赠送以缎子为主的礼物各3件；为诸位勒参巴赠送礼物各3件，赠予助理仪轨师每人哈达一条、汉银一两、缎子一匹，向法会施放粥为期两个月的僧茶4次。

在正式举行法会之日行开光仪式，为3101人赠送汉银各一两，众人皆感高兴。当诸僧口诵吉祥颂词之时，从宛如威严大象的东方山头升起一轮明月，殿堂四周上空显现犹如吉祥八瑞相形状的彩云，并久久不退散，显现班禅额尔德尼灵童早日降世之祥兆。当时，向灵塔献供五色上等哈达、供品数件，行3日五种千供；向两尊银塔献五种百供各一次，向诸佛殿献一次五种千供。厚礼敬献前藏的达赖喇嘛，请求于开光之时广作缘境。同时，为拉萨的各所依广行供施。达赖喇嘛亲自作金刚师，同僧众对灵塔进行了加持。书信上奏乾隆皇帝灵塔业已修建好的消息，乾隆皇帝闻奏即降圣旨，赐上等十二庹哈达，表示高兴。由驻藏大臣奉旨向灵塔献上。

难以详细记载修建如此庞大的班禅额尔德尼灵塔之事，粗略记录耗资如下：铜65驮4块、234钱银制项饰4副、柽柳画马图两幅、曼札8具、屋檐栏杆用铜3325驮、银18000钱、银水4898两8钱。噶丹饶杰寺管家献白银1000两，洛桑达结代表索本杰仲洛桑坚赞献白银1100两。两面胜幢共用铜76驮6块、白银320钱。西北、东北各有鬼神，牌坊上的法轮与公母兽图用铜66驮4块、白银391钱5豆量。树木塑画用金134钱，金纸、颜料共用白银2762两。整座塔身自底部至顶端共有57拇指4手指长，用白银29050

两、铜100驮、金粉2789钱、银水827两7钱。门内班禅雕像用白银840两、金粉230钱、银水69两一钱。工匠薪饷金银物品共折银55106两。噶丹德庆饶杰寺拉章向班禅额尔德尼灵塔献供700两银制供灯一盏,供灯酥油每年25驮,长期献供。索本墨尔根堪布献供1700两银制持金刚怙主像,造工精细,供于灵塔左柱前,献供之际举行盛大开光仪式,并向法会施放斋僧茶,向每名僧人布施白银一两一钱。森本堪布洛桑饶丹献供祭品折银100两。管家巴丹桑波献供270两银制供灯。诸僧亦各献供品,详见坚白嘉措所作目录。有诗赞道:

相好的金刚雕像,
具有无限的智慧,
雕刻精制的宝筐,
绝世而无与伦比。
涅槃欢心,仿佛天空飘荡的灯心。
灵塔宝树,喷洒三界的如意甘露。
无数信徒,于金像前广行供养。
供品堆积,仿佛天空飘浮的彩云。

如此,班禅额尔德尼不共三秘事业,具有十力显现之行境,如我这样未打开智慧门之凡夫何能叙述?但是一切所教化事迹已于上面述说,若综之,班禅年少之时种姓觉醒,犹如孩童吸吮母乳不用他人教会一样,寻觅释迦圣神之教法。依一切圆满释迦之教的大德,在心的宝瓶之中积聚灌顶、教论、随许与无量教诫等。无比的智慧,无懈地精进,遍习一切教理,到达多闻大海之彼岸。

关于论辩著三方,先说班禅额尔德尼解说功德。《俱舍论》说:"法施非烦恼,正示一切经"。寻觅、恭敬,不顾一词颂,思考有情之利益,以清净之心述说一切教论之时,不调和各宗派,指出每位上师之观点及先后教义之联系,毫无偏袒地圆满释说。在述说三士道次第与修习之时,班禅毫无邪说,非随声附和。取舍因喻,仿佛锋利之钩牵住有心之大象,以方便显示。教授生起圆满等甚深密法之时,择取良时以多种教诫相联系,不调和诸所缘,明

确释说。班禅不求利润,为一切求知者正说金刚乘之精华心要,说法之优秀事迹于雪域西藏众多说法者中犹如太阳,光芒四射。如说:

善慧无忧具慈悲,
美名远扬好仪轨。
文殊菩萨善解说,
若如日光照众生。

如此,智慧普明之中犹如聚集慈悲之云,60 支的雷声隆隆不息,降洒甚深之正法大雨,流遍大地。从其清净甘露润育之信徒,大地之主乾隆皇帝善说佛法,喜爱教诫之盛宴,成为将班禅额尔德尼之事业伞支于世间之顶的作者。

如今,雪域西藏仅剩下无比的遍知一切达赖喇嘛,另有圆满佛法之慧眼章嘉呼图克图益西丹贝仲美、教法明灯第穆活佛。在扎什伦布寺中受教诫高徒有大译师之灵童罗桑丹增坚赞、法座执持者四大札仓喇嘛等很多。西藏的中心前藏有摄政赤钦诺门罕及甘丹寺两任赤巴。在拉萨三大寺、上下密院等地有竖立讲闻胜幢之阿阇黎。另外,遍及阿里三围、卫藏三界、蒙古大地、中原内地等地区引导众生的活佛、喇嘛、轨范师、噶饶巴、噶贤巴、格西、禅师、国师、法王、托云等不计其数。具有势力的国王、大臣、官贵等胜劣之士无数,犹如与大地抗衡的尘土。总之,从迎春花盛开的西方大地到东海之间布满班禅额尔德尼事业之白伞。

在为诸求知者授解脱戒方面,班禅额尔德尼所授沙弥戒者 4801 人,授沙弥尼戒者 78 人,出家戒者 171 人,出家尼戒者 28 人,居士戒者 1028 人,居士尼戒者 299 人。

关于辩经方面,如何说遮成之区别,没有触及与其相顺之论。尤其一生修习因明论著,根据经典的诸多疑难,著有关于询问与应成之书,若掌握此等而立宗,仿佛手指触及银水,会说:哎呀!如此陈那、法称显身,被颂为一切辩论者之怙主与亲眷。

著述之功德,著述一切经论,所诠深奥,能诠有缘,容易掌握。所著诗词,词句丰富,修饰华丽,一切贤哲如何抉择亦难找出责难之处。随顺释迦之教义，著作教授次第、经典之格言、生圆二次第、秘密修法、净业仪轨等共7包，成为一切求知者修习释迦教义之助缘。

抉择之功德，由三律仪所集之清净尸罗宝教，仿佛眼瞳而爱惜受持，成为三士之港口，共同的道次第。掌握相等无相与生圆等非共同之道次第，从此而进行抉择的一切功德达到顶点。

昼夜祈祷为善，黎明分三恭佛塔，三作念时依止之仪轨。然后献供佛洗手足之水，归依发愿，迎请洗浴，广行七支。向持金刚佛、释迦佛、宗喀巴、遍知罗桑格桑嘉措、胜乐、集密、大威德、时轮等像献供曼札，诵经发愿，使一切上师供圆满。诵本尊等金刚大威德我生等咒语，修习菩萨道次第等之法，发兜率上师之慈悲愿。午餐之扣印小塔（火花），向文殊菩萨称诵名号、福劫饰珠、颂云海念诵。傍晚，回向怙主、法王、天母、四面怙主、姊妹护法等，投食回向阎摩罗，托付事业。在诸塔前行七支恭礼，献供曼札，每天早3次，晚3次，不分昼夜地念诵集密、胜乐、时轮、金刚手大轮等我生及其传承，进行生圆次第所缘境与施食百本等之祈祷，多作变幻轮之次第，向死者诵经回向，作归依之缘境。晚上奇梦多现，此等皆为共同之意想，不可言说。

关于身语意事业与利他之因，由于无有自利之病，从汉藏蒙等地前来拜谒的信徒不可计数。为了谒见身体之胜幢而来的信徒，仿佛春天的云雨聚集，满足心愿而归。从各施主信仰之大海而来的各种供物毫无损耗地供放于佛堂之中，佛像、佛经、佛塔无法计量。

在扎什伦布寺遍积稀有，新建设了精致的扎西平措切、扎西平措遍积、长寿祥成及时轮佛堂，耗铜145驮、纯金1025钱制成的蒙古式屋檐造型优美。用铜298驮、纯金2036钱7两、银水600两制成的屋檐上刻有涅杂拉与禽兽相，五面金铜胜幢与涅杂拉非常庄观。其中新建的身、语、意“三所依”有：500两金制无量寿佛像一尊、500两金制尊胜母像一尊，由大强佐负责制成的350两金制班禅像一尊、862两银制竭地洛迦林度母像一尊、883两银制释迦佛一尊、415两银制释迦佛像一尊、147两银制白度母像一尊、147两银制增寿白胜乐像一尊、1670两银制无量寿佛像一尊、883两银制宗喀巴像一尊、880两银制格桑嘉措像一尊、880两银制大师像一尊、883两银制无量光佛像一尊、1032两银制白度母像一尊、1588两银制不动金刚像一尊、银制达赖格桑嘉措与班禅旦白益西像各一尊、其他银像4尊。另有金铜制无量寿佛大像8尊、马头金刚像一尊、毗沙门像一尊、能仁佛像一尊、时轮大像一尊、大威德一层吉祥铜像一尊、吉祥藏哈格制文殊菩萨像22尊、吉祥铜制文殊菩萨像425尊、黄铜制文殊像9尊,为每尊像缝制了上等缎衣,以珍宝装饰受用身像,为每尊塔新制了金铜座,为其中数尊缝制了良缎衣,以珍珠装饰。另有旃檀与泥制佛像27尊、缎与犀牛皮画4幅、如意树与佛画各35幅、善逝药师佛画8幅、其他各种画94幅。

关于语塔,释迦之圣教传遍雪域藏地。在蓝色纸上用金粉刻写《丹珠尔》一套、宗喀巴师徒三人全集一套、班禅四世和五世全集一套、七世达赖喇嘛·格桑嘉措全集一套等共104包。为《丹珠尔》新制缎包布、东达尔(标签)、经板、经绳。新刻印刷了宗喀巴、贾曹杰、班禅旦白益西全集,以及《俱舍论》《八千般若颂》《密教仪轨》《七世达赖传》《米拉日巴道歌》及各种小经论咒共14包。

关于意塔,新建500两银制尊胜塔一尊、535两银制尊胜塔一尊、500两银制文殊塔一尊、300两银制文殊塔两尊、300两银制神变塔一尊、200两银制调寂塔一尊、其他大银塔6尊、金银混制塔一尊、83两16豆量纯金制塔一尊、522两银制塔一尊、8驮15块铜制涅槃塔一尊、金铜塔20尊、铁制灵塔104尊、旃檀制塔10尊,于此圣地建立了长期粉包供养之规。

关于供物,藏族聚居区、印度、中原内地、克什米尔、尼泊尔、蒙古等地信徒所献金银、玉石、珍珠、搪瓷、青金石(青玉)、珊瑚、水晶,以及造工精细的日器皿盘碗勺很多,缎子、各种珍宝璎珞精美好看,缎制胜幢排列有序,以绸缎围幔与上等缎天盖装饰殿堂。

为了保证扎什伦布寺僧人的正常生活,为后藏地区的所有寺院、禅院及前藏拉萨三大寺、上下密院,以及护持甘丹教规的所有大小寺院发放布施,满足了脱离怙主的乞讨者的衣食。为来自佛教圣地印度的七八十名游浪者施予尼泊尔银各5两,为其中的几人每日发放白银10两。他们刚来西藏时,为其提供衣服、住处等,以及茶、糌粑、烧柴等顺缘。如此,三有生死涅槃之顶饰班禅额尔德尼成为三界一切众生之冠冕,未有丝毫傲慢,爱护一切身心苦恼的众生,成就善业;未有任何松缓,爱惜大仙之禁戒,成为一切经典传承灌顶教诫之内库,精进闻习昔日未闻之经典,毫无剩余地掌握一切宗派观修行三次第,不与他派争斗,唯重视宗喀巴大师之教理,昼夜专注甚深乐空之禅定。如是,班禅额尔德尼所作后得相之善行、说辩著及佛教众生之大事,超出言思网之事迹,犹如把一切昔日各派贤哲之三密事迹堆积一起,以稀奇与难度量之智慧了知。

若说将遍知班禅额尔德尼·班丹益西犹如大海一样的光辉事迹,取出一些水滴来讲说这部传记,那么所依据的有:当初从扎西孜迎请到扎什伦布寺部分,有大强佐洛桑次旺与仲尼尔萨库巴洛桑尊追两人的笔记;从坐床至心意满足(受比丘戒)之事迹有大索本益西格敦的笔记;从此至30岁之间的事迹由格敦顿珠记录;关于去中原内地之事迹有管家嘉巴洛桑饶丹几个月的记录;此外从31岁至建造灵塔之事,有索本札萨克喇嘛墨尔根堪布洛桑克却的传记;有管家杰仲巴丹桑波、小索本香厨师洛桑顿珠、比康杰仲益西群培等3人编辑的传记上半部分;管家杰仲巴丹桑波完成的灵塔目录。杰仲益西群培将上述的笔记汇集一处,并进行了修订校对,成为一部总的笔记。我以这些记录为基础,对有疑难之处向了解的人作了询问,关于班禅前往中原内地部分,有些是按我心中所记的补充上去,去除编造和道听途说而后汇集一起。正是:

善业之千块木板由抉择铁钉钉成一体,
宽大热诚之巨船由精进之风吹动前行,
语和义之波涛虽使得劣慧者心中胆怯。
却能够渡过理论大海瞬间接近怙主您!
此传记如神猴哈努曼塔,
将楞伽魔军的脖颈斩断,
您在水晶上显现的形象,
照亮了烦恼疑惑之疑网。
您聪慧婴儿般的脸庞,
如同水晶清亮的明月,
将遮挡的罗睺罗摧毁,
显露出无垢智慧真身。
禅修使甘露充满你心田,
讲说的天鼓唤醒无明众,

辩论的霹雳火粉碎邪说，
著述的金幢庄严大佛宫。
依止您是我们难遇的善缘，
您佛子功业的一根毫毛尖，
也汇聚了怙主您的三救护，
向您祈愿如峰群环绕莲花，
请您直到劫末都护佑我们！

之后不久，依北方所教化的众生请求护持之伟大发心之咒力，不久之后，在后藏北部从诺金岗桑大雪山①脚下流出的大河（年楚河）右岸的白朗吉雄地方，水虎年藏历四月八日，如太阳升起一般伴随诸种奇兆，诞生了班禅额尔德尼的灵童。将此事上奏乾隆皇帝，当时乾隆皇帝降旨，特赐颜色如雪山一样洁白价值无法计量的珍珠念珠、羊脂玉石制成的如意等。灵童若先世班禅额尔德尼一样，作为世间释迦教法之法主，其遍知一切罗桑班丹旦白尼玛的殊胜之名犹如日月发出事业之光，使释迦教法之莲园旺盛，圆满一切有情之利乐，莲足坚固久驻。赞曰：

伟大普贤行于明境再现，
功德不减乘骑精进日光，
使三界利乐之莲花微笑，
重升起伟大事业之太阳。
给吝啬者施财病人赐药，
如在炎热酷暑响起雷声，
佛法乐园中降下甘露雨，
虔信具缘莲花怎不欢笑？
是指明成佛正道的明灯，

①　诺金岗桑雪山传说是藏传佛教的四大山神——西方山神诺金岗瓦桑布居住之地。诺金岗桑周围耸立着10余座6000米以上的山峰，是西藏四大雪山之一。诺金岗桑山体雄伟，危岩嵯峨。顶部尖锥突兀，形如鹰嘴，坡岭沟壑间的终年积雪发育了条条冰川，主峰附近有冰川约116多条，冰川面积达118.82平方公里。卡若拉冰川是其中面积最大的一条冰川，面积达9.4平方公里，在浪卡子县到江孜县的公路干道附近，是最容易观赏到的冰川，现在是西藏一个重要的旅游景点。

是显现诸佛身形的明镜，
是给具缘者安乐的莲海，
也是渡过苦海的解脱舟。
权势富贵者在愚人中显得高大，
虽然也听闻持戒并想远离财富，
但受世间八法熏染贪图受供养，
虽被称为众生导师却仅有虚名。
自诩为掌教法者的假狮子，
并没有讲修和身体的技艺，
靠吼声和抖动鬃毛的威风，
冒充是教法大雪山守护者。
由闻思得到的加行，
因而能读经文的人，
修行时却错乱颠倒，
用放逸行为毁教法。
乘上大精进的舟船，
进到教理大海之中，
却抛弃修行的珍宝，
还是受八法的捆缚。
多闻莲花的花蕊中，
一群嗡嗡叫的蜜蜂，
粗暴地吸吮花汁水，
仍是邪行的市井徒。
对恭敬利养的花朵，
伸出贪欲的长火舌，
装模作样像是保护，
却喊出不祥的预言。
一些剃发出家僧人，
穿上鹅黄色的僧服，
却想着买卖赚钱之事，

被俗家的套索捆住。
一些高僧被世间八法迷倒，
一些善知识贪恋世间钱财，
一些权贵把罪业当作威风，
看穿浊世乱象让人心悲凉。
唉，能用讲修的光芒，
照亮佛法白莲花花园，
给善业注入甜美甘露，
这样的圣者寥若晨星！

浊世群魔带来的衰相，
炙热的火舌使人难忍，
能使各方重新得安乐，
唯有导师他才能承当。
如是无数众生异口同声，
将他的大功德高声赞颂，
毫无自利只愿利乐他人，
与诸佛的事迹毫无区别。
贯通学识大海却不自傲，
享大乐甘露却谨守梵行，
对一切人慈悲宁肯自苦，
他是三界顶饰末世真佛。
他不是太阳却照亮世间，
他不是月亮却解脱酷热，
他不是莲花却摧毁泥沼，
他不是宝树却满足善愿。
太阳休息里替它照世间，
为数十万人指引解脱道，
给他们如意宝不求回报，
他是任劳任怨的众生怙主！

他将三密教法熟记于心，
他如文殊菩萨戏乐莲海，
所说妙音抑扬顿挫悠长，
使讲经师们也自愧不如。

要向众人讲述导师他的事迹，
要想计量金刚持上师的恩德，
让和我一样的众人因此生欢喜，
我受敬信驱使来承担此重担。
犹如农夫不能引整条河灌田，
只要引一条渠水就心满意足，
能将他的部分功德讲述清楚，
就可以满足有缘众生的心愿。
自诩为学者称其智慧如阳光，
却不能使薄拘罗的花朵开放，
我的真实话语如同一位美女，
含水喷到花苞上鲜花就绽放。

与初业的信众心相相适合，
大师事迹如大海深广难测，
我只能从中汲取一瓶海水，
也可成求取者的心中喜宴。
没有妄增私改的虚假词语，
都是细心考察辨析来写作，
只恐仍是瞎子摸大象一般，
难免错漏出现使得我惭愧。
不过即使佛像是用泥塑成，
贤哲们也愿对其虔诚礼拜，
我虽然能力低下难成佳作，
靠上师功德愿大众喜阅读。

如同月初的月光一样细微，
雪山的山峰一样将其接收，
随时随地将清净善缘集聚，
把无毒的善根一一细栽培，
会得到满足善愿的大法力，
使第二佛陀宗喀巴的教法，
讲修的法轮永在世间转动，
贤哲成就的大德执掌佛法，
显密二部僧伽高举佛经幢。

善规经幢高竖日益向上，
吉祥尘聚形成须弥山王，
上千贤哲执掌三学宝库，
讲修伟业滋润大地众生！①

把三宝冠冕作为敬信所依，
如法护持教法的帝王施主，
权势齐天，国政如须弥山，
以十善法引领臣民得安乐！

大海海水深藏着龙王的宝贝，
广阔大地肩负识与不识之人，
小小池塘倒映天空日月星辰，
希望贤惠者静听我书中讲说！

以上为《尊胜上师有寂世界顶饰班禅遍知一切罗桑班丹益西贝桑布传——太阳之光》，是因承担上师的事业、具有无边现证功德的班禅额尔德尼的兄长大强佐仲巴呼图克图额尔德尼诺门罕洛桑金巴和班禅额尔德尼的服侍者以及与阿罗汉阿兰达一样通达教法的自在者、索本堪布札萨克喇嘛

① 这是赞颂扎什伦布寺的。

洛桑克却二人以内库哈达、银曼札、黄金一两、大缎两匹相赠,以良言劝请,由上师脚下受业的微末弟子、讲经僧嘉木央协巴贡却晋美旺布在甘丹教法的源头、殊胜各方的大寺院扎什伦布寺编写。抄录的伊格巴(文书)是由阿鲁科尔沁的热绛巴晋美班觉担任。自蛇年十月一月开始,到火马年三月二日吉日圆满完成。

祈愿吉祥!为利乐之源佛法大树常青、众生获得殊胜的解脱正果,祈愿在扎什伦布大寺院,教法和布施的河流延续不绝!吉祥!

附录：

六世班禅额尔德尼·罗桑班丹益西贝桑布简传

祈愿吉祥得智慧！
由慈悲发心的殊胜门径，
获得成熟吉祥的四身果，
复以智慧明点教导信众，
我向导师释迦牟尼顶礼！
消除浊世昏暗的尊胜师，
其生平事迹如圆满日轮，
若因我讲述不全有遮蔽，
总是对上师善业留愧疚。
因此将信众虔诚所奉献，
各种珍宝信财排成供云，
将此汇集一起记录成册，
可使善缘众生心生欢喜。

有寂世间之顶饰、尊胜上师、遍知一切班禅额尔德尼罗桑班丹益西的三密事迹，在《传记·太阳之光》中已有详叙。但因其尊贵卑贱信徒按其财力所献礼物，若悉数列载，则恐怕会覆障传记之本身；若不予列载，则又有众施主不悦之虞，故对其在卫藏地区所获布施礼品已于大传中略有记载，而对他在赴京途中广大信徒所献的部分礼品，特以附录形式详细记载于此。

从大怙主42岁时的藏历第十三饶迴土猪年(1779年)正月决定到北京觐见乾隆皇帝开始，各阶层信徒于送行迎接时所献礼品如下：

一月二十七日

庄园管家益西塔耶敬献曼札、佛像、佛经、佛塔、衣服、日用器皿、马蹄银一锭、缎子、茯茶、水果、白氆氇等礼品。

管家杰仲巴丹桑波献曼札、佛像、佛经、佛塔、卷轴画6幅、缎子、茯茶、水果等礼品。

仁钦孜庄园管家洛桑金巴献黄金3朵彩、马蹄银1绽、白银2章喀、缎子等礼品。

兑桑林札仓喇嘛献曼札、白银50两、缎子。

喀尔喀上师献曼札、白银一朵彩、缎子。

扎西孜庄园管家嘉勒扎西献哈达、白银50两、缎子、猩猩毡。

扎西格佩林寺僧人献曼札、佛像、佛经、佛塔、日用器具、黄金、白银、绫罗等。

古格噶钦洛桑索朗的管家献曼札、佛像、佛经、佛塔、器皿、绫罗等礼品。

岗建群培寺索本堪布洛桑克却及该寺僧众献曼札、佛像、佛经、佛塔、日用品、白银1升、缎子等多种礼品。

六月四日

扎什伦布寺各札仓、4位经师、僧徒、侍从、扎西孜庄园、密乘院僧人献曼札、佛像、佛经、佛塔、日用器具、黄金、白银、绸缎。

密乘大师洛桑班觉献铜制文殊佛像28尊、佛塔两座、马蹄银两锭、白银13朵彩、缎子15匹、僧帽3顶、氆氇3匹、长条茶7包、水果6包、白青稞一包、良马3匹等。

密宗札仓僧人献马蹄银3锭、缎子8匹等礼品。

萨迦寺的达钦献哈达、曼札、日用器皿、铃杵、鼗鼓、颅器、黄金10两、白银300两、绸缎、绢、布匹、毡帽、藏毯、茯茶、骡马等。

拉当管家洛桑群培献曼札、白银50两、毡帽、茶条6包、茜草、白青稞一包、马匹等礼物。

扎西孜庄园献哈达、曼札、氆氇衣两件、黄金8两2钱、白银7朵彩、氆氇63匹、香料一包、白青稞20包、白缎一匹等多种礼物。

襄噶丹德钦饶杰林寺管家献曼札、哈达、佛像、佛经、佛塔、日用器具、黄金7两、马蹄银两锭、白银5章喀、上等缎子7匹,该寺僧人献曼札、黄金3两、白银3朵彩、上等缎子等礼物。

襄噶丹群科寺献曼札、白银3朵彩、缎子两匹,该寺喇嘛献黄金8两3钱、白银50两、缎子等数件礼物。

班洛寺僧人献曼札、白银、缎子等。

札噶尔群寺献曼札、哈达、乐器、白银及其它礼品113件。

饶木当寺僧人献曼札、佛像、佛经、佛塔、酥油40驮。

夏鲁寺卸任堪布献白银100两、酥油20驮及其它礼品多件。

噶玛噶举派黑帽活佛嘉贝旺波献佛像、佛经、佛塔、白银50两、衣服、各种礼品包、氆氇、马匹、白青稞。

红帽活佛献曼札、黄金、铜佛像38尊、经卷、白银500两、彩缎10匹、氆氇311匹、酥油20包、走骡两头、骏马8匹等。

达赖喇嘛母亲洛桑卓玛及弟弟献哈达、曼札、佛像、佛经、佛塔、黄金二两、马蹄银3锭、氆氇100匹、熏香113包。

噶伦噶细公的夫人南杰卓玛献铜制佛像一尊、白银一罐、绫罗、哔叽、缎子25匹、氆氇50匹、尖顶僧帽50顶。

堆隆曲桑寺与当噶曲德寺献曼札、佛像、佛经、佛塔等礼品。

热振活佛阿齐图诺门罕洛桑丹巴饶杰献曼札、氆氇22匹、鞍垫50副。

杭弈禄大臣献缎子3匹、氆氇20匹等。

噶伦吞巴献曼札、佛像、佛经、佛塔、白海螺、黄金一朵彩、白银5朵彩、尖顶僧帽、氆氇若干匹。

噶伦札萨克格桑南杰献曼札、佛像、佛经、佛塔、白银50匹、氆氇两庹、尖顶僧帽8顶、氆氇45匹。

桑珠颇章公献上等氆氇27匹、普通氆氇103匹。

丹杰林寺献曼札、佛像、佛经、佛塔、尖顶僧帽23顶、毡帽一顶、熏香80包、高脚盘子42套、工布氆氇45匹、水果、玻璃器皿等。

甘丹寺卸任堪布献曼札、佛像、佛经、佛塔、氆氇21匹。

普布觉活佛献曼札、佛像、黄金9两、马蹄银两锭。

嘉拉活佛献曼札、佛像、佛经、佛塔、黄金3两、氆氇两匹、长条茶25包。

散木巴活佛献良马10匹、牦牛15头。

扎西迥活佛献曼札、佛像、佛经、佛塔、氆氇14匹。

东噶活佛献桌子5张、白银15匹、炉灶11个、氆氇50匹、马10匹。

噶伦札萨克多喀瓦献佛像、佛经、佛塔、氆氇90匹、尖顶僧帽50顶、细氆氇200匹。

当雄僧俗部落及辛氏贵族献马、牛、羊共258匹(头、只)。

那曲寺堪布献良马一匹、骆驼两峰、酥油5包、长伯茶3包。

那曲囊索献马两匹、犏牛20头、长条茶两包、酥油7包。

驻藏大臣联络官孜仲丹增嘉措献佛像、郁金粉15两。

隆务寺僧人献马、牦牛、犏牛共126匹(头)。

下那曲长官赞嘉献马蹄银一锭、酥油10包、马和牛98匹(头)。

七月二十八日

班禅额尔德尼驾临唐古拉西部时,鄂尔多斯贝子扎西达结特派嘉朗前来献曼札、缎子13匹、白银500两。

鄂尔多斯贝子的上师噶钦洛桑次仁献曼札、白银100两、绸缎、骡子两头。

蒙古百户拉卡丹嘉、索朗巴增共献曼札、佛像、佛经、佛塔、汉钹、马蹄银1锭以及马、牦牛、犏牛共40匹(头)。

八月一日

蒙古却图台吉主仆献马、犏牛等多匹(头)。

格杰扎西塔钦寺喇嘛嘉措西尼、格勒坚赞合献曼札、佛像、佛经、佛塔、白银450两。

协玛噶日百户索朗扎巴、仲巴县官员噶察噶玛南杰、格日丹强合献马、牛16匹(头)。

在大草场,格结百户噶玛顿珠、平措达杰献马、牦牛32匹(头)等,共127种礼品。

八月十五日

玉树百户献马、皮张等。

百户曲嘉饶丹、扎迈百户、玉树委格、阿特主仆、贡波督德、洛桑曲措献马等。

弥勒寺僧人献曼札、佛像、佛经、佛塔、黄金一两、白银一朵彩以及马、牦牛、犏牛共30匹(头)。

白利喇嘛献黄金21钱、马15匹。

白利扎西丹增献马、牦牛、犏牛共25匹(头)。

青海王索朗多杰献马蹄银2锭、缎子多匹、乘马5匹。

强多贝子、札萨克格敦嘉布、图撒拉克齐、德格寺格贵、札雅活佛的索本堪布等献曼札、佛像、佛经、佛塔等。

帕巴拉活佛献曼札、佛像、佛经、佛塔、铃杵、黄金3朵彩、马蹄银14锭、缎子8匹、马33匹、礼包100驮、皮张等,合银1760两。

拉娘活佛额尔德尼岱钦呼图克图的代表格桑克宗巴丹、佐巴格桑却噶寺等献曼札、佛像、佛经、佛塔、白银100两等。

嘉措诺布亲属献曼札、佛像、佛经、佛塔、软垫、黄金1秤8钱、白银一朵彩以及马、牦牛、犏牛共36匹(头)等。

奔岗寺僧人献佛像、佛经、佛塔、黄金15钱以及马、牛11匹(头)、缎子、酥油、哈达等,司徒献无量寿佛铜像、宗喀巴画像6幅、班禅额尔德尼画像6幅、经卷、灵塔、黄金5两、白银50两、缎子多匹、骡马、皮张。

喇嘛协瓦桑波献价值黄金5两之礼物。

楚布寺活佛洛桑丹增嘉措献佛像、佛经、佛塔、白银50两、皮张、白氆氇。

察雅寺及寺僧献曼札、佛像、佛经、佛塔、白银50两、皮张、白氆氇。

德格官员献上等五色哈达、佛像、佛经、佛塔、黄金10两、白银150两、缎匹、薄绫15匹、虎豹皮20张、绸子10匹、骡马7匹、白棉布一匹。

卸任堪布曲迥桑波、察雅索本堪布洛桑顿丹、管家洛桑次仁、扎西嘉措、次仁坚赞、格桑寺僧人、玉树头领嘉措诺布等量财献礼。

玉树建塘寺僧人献曼札、佛像、佛经、佛塔、马、犏牛。

青海索朗多杰王、贝子图撒拉克齐献礼物。

玉树百户穆旺德勤、卫津阿旺索巴、阿茹卡本塔献黄金5钱、白银23两以及马、犏牛共41匹(头)。

拉旺贡波王与卫将次旺饶旦献礼。

八月二十八日

丹玛拉曲寺献曼札、佛像、佛经、佛塔、黄金10钱、白银141两。

行抵巴颜喀拉山麓时,玉树夏拉寺献曼札、黄金8两、缎子两匹以及马、犏牛、黄牛15匹(头)。

噶果瓦地区的66名僧人献礼物。

九月一日

赛噶曲林寺喇嘛赤巴洛桑赤列南杰、属寺喇嘛阿旺坚赞、喜饶南杰、僧众、百户曲嘉饶丹、俗人共献佛像、佛经、佛塔、白海螺、钹一对、黄金 61 两、白银 6 朵彩、马 61 匹、犏牛 142 头等。

青海贡却札萨克献曼札、缎子两匹、马 3 匹，于此前后收到迎驾者所献马各一匹。

九月十一日

察甘诺门罕献曼札、佛像、佛经、佛塔、马蹄银 1 锭、马一匹，千名百姓献马、牦牛。

郡王阿旺达杰设帐举行宴会，敬献曼札、佛像、佛经、佛塔、缎衣、氆氇帽、缎子 3 匹。

九月十二日

达颜都拉法王、僧俗民众献曼札、佛像、佛经、佛塔、用具、白银 3 朵彩、缎子 8 匹、哈达 800 条、羊毛 11 捆、缎子 34 匹、10 块装及 7 块装茶各一包、9 块装茶 7 包、6 块装茶两包、砖茶 150 块、马、牛、羊、骆驼共 350 匹（头、只、峰）、氆氇。

柴达木札萨克噶丹丹窘献白银一朵彩、缎子 3 匹、骆驼 28 峰、马 86 匹、犏牛 59 头。

札萨克札西茨佩俄居图岱钦及其母央嘉、王妃茨珠、益西丹增等献镶有珊瑚的曼札、铃杵、马蹄银 2 锭、缎子 7 匹、马 11 匹、犾牛 20 头。

柴达木札萨克曲迥嘉布献马 200 匹、骆驼 50 峰、骡子两头、羊 800 只。

库尔雷克贝子献曼札、佛像、佛经、佛塔、马 50 匹、骆驼 20 峰、缎子、绸子等，价值白银 6000 两。

洛桑丹贝尼玛活佛、贡噶嘉措、札萨克噶丹旦窘寺喇嘛噶钦洛桑楚臣、医师洛桑格勒、土尔扈特札萨克扎西饶丹、强多札萨克等合献缎子 30 匹、白银 100 两、马 584 匹、骆驼 126 峰以及牛、羊 1000 头（只）。

阿拉坦霍布尔札萨克格敦嘉布献礼。

郡王阿旺达杰献供油炸面点。

九月十日

托云阿旺嘉央嘉措与索朗多杰设宴招待班禅额尔德尼一行，献曼札、佛像、佛经、佛塔、日用器具、白银 15 两、马 55 匹、缎子 10 匹。

托云阿旺嘉央嘉措单独献曼札、佛像、佛经、佛塔、日用器具、马蹄银 25

锭、缎子10匹。

达赖呼图克图献曼札、佛像、佛经、佛塔、马蹄银5锭、骆驼5峰、马10匹、牛10头。

索门献马157匹、骆驼7峰以及牛、羊1577头(只)。

晋美贝勒献曼札、佛像、佛经、佛塔、缎子5匹、马匹等。

格敦顿珠公献曼札、哈达、缎子3匹。

扎西群科林寺活佛献缎4庹。

邬建札萨克献白银50两、缎子5匹、马60匹以及牛、羊441头(只)。

札萨克卓玛嘉布献曼札、铜佛像、经卷、3两重金盒一个、黄金100钱、哈达、绸子100匹、马85匹以及牛、羊920头(只)。

蒙古夏仲献曼札、各种供品、马23匹、骆驼3峰以及牦牛、羊225头(只)。

马尔康噶尔巴献曼札、佛像、佛经、佛塔、黄金5钱、白银10两、供品多样、马29匹、骆驼一峰以及牛、羊361头(只)。

拉察噶尔巴献曼札、佛像、佛经、佛塔、黄金4钱、白银24两、马11匹以及牛、羊97头(只)。

塔尔寺总法台却藏呼图克图献曼札、佛像、佛经、佛塔、黄绫伞、香囊一对、海螺两个、马100匹。

却藏寺、赛科兑桑丹曲林寺、赛多诺门罕及其僧徒、曲沟寺、赞普寺、安木齐喇嘛献礼。

丹巴嘉措喇嘛献哈达、53钱金制曼札、佛像、佛经、佛塔、日用器具、铃杵、钹5对、马蹄银6锭、缎子4匹、羊毛6捆、氆氇两匹、皮张、马100匹、驮牛鞍子10副、母牦牛10头以及牛、羊544头(只)。

密乘曼杰林札仓僧众献价值白银100两的骏马一匹。

隆务诺门罕献曼札、马蹄银一绽、缎子两匹、软缎8庹、薄绫8庹、军马一匹。

九月十一日

嘉木央协巴班智达诺门罕举行宴会迎接班禅额尔德尼,献上等哈达、曼札、缎子4匹、黄缎两庹、马两匹。

白马寺堪布献马两匹等。

青海6位官员宴请,郡王代表及其他官员献曼札、日用器皿、缎子30匹、马30匹、哈达、薄绫。

白玛札萨克献曼札、佛像、佛经、佛塔、用具、黄金55钱、白银200两、珍珠、缎子27匹、马鞍51副、哈达、绫罗、狐皮以及牦牛、犏牛50头等多种礼物。

阿日嘉赤寺献曼札、黄金7两、白银50两、绸缎等。

若尔盖达仓达莫寺卸任喇嘛阿旺仁钦的接任者格桑献马5匹、驮牛鞍子一副、绫罗。

达仓拉莫寺活佛坚赞僧格之转世灵童献上等哈达、曼札、佛像、佛经、佛塔、日用器具、马蹄银19锭、缎子50匹、马40匹。

僧官洛桑饶旦、洛桑巴贡、扎西顿珠、多杰次仁、洛桑嘉布、饶旦、晋美多杰等合献白银2521两、茶379甑、黄缎379匹、绸子200匹、马332匹、牦牛60头。

拉木寺活佛阿旺平措献曼札、佛像、佛经、佛塔、马蹄银一锭、缎子两匹、马5匹。

拉木寺活佛卸任管家洛桑坚赞献白银一朵彩、缎子两匹、马两匹、犏牛鞍子一副。

强多贝子洛桑曲迥献价值白银385两的礼物。

噶丹扎西迥乃寺喇嘛阿热格西额尔德尼墨尔根堪布坚赞俄色献内盛黄金一两的海螺、马蹄银一锭、鞍子一副、马3匹、珊瑚4颗、绫子8庹等。

托勒献金制曼札一具、佛像、佛经、佛塔、日用器具、珊瑚鬘、大号角、锣、马40匹、犏牛鞍50副等。

赛建头领献黄金100两。

喇嘛赤巴、僧徒等合献黄金一两、白银227两、缎子27匹、马鞍29副、犏牛鞍104副、牛24头、绸子、茶、酥油、奶酪、毛毡、哈达。

丹噶尔夏仲国师额尔德尼诺门罕坚白格敦坚赞献曼札、佛像、佛经、佛塔、白银3朵彩、钹一副、缎子、黄绫、皮张、骡马及价值白银240两的礼物。

阿日德庆曲宗寺僧人献黄金50钱、白银503两、缎子两匹、马12匹、犏牛鞍3副、氆氇帽、棉布、各色毛线、酥油、人参果、毛毡、哈达等。

十月一日

夏拉图众首领设宴招待，察甘诺门罕代表大家献曼札、日用器具、华盖、伞、香囊、小鼗鼓、供品数件、白银350两、红白珊瑚及玛瑙念珠各一串、红绸17匹、绫子300匹、马100匹、骆驼12峰、羊300只、绸子3匹、白海螺一对。

德庆活佛所献礼品价值白银330两。

格日南杰、拉日散木旦林寺僧人、德巴活佛所献礼品价值白银2200两。

索本堪布贝勒图、德庆部落献价值白银100两的礼品。

格孜活佛献曼札、佛像、佛经、佛塔、白银、绸缎等合银2220两。

强多札萨克献曼札、佛像、佛经、佛塔、缎子20匹等合银1200两。

贝勒晋美益西献曼札、佛像、佛经、佛塔、白银一朵彩、缎子30匹等，价值白银400两。

贝勒属民献曼札、佛像、佛经、佛塔、铃杵、钹3对、缎子120匹、白银3秤又36两、绸子266匹、砖茶68包、哈达800条、马220匹、骆驼27峰、牛32头、氆氇帽、皮张、马鞍、氆氇。

贝勒之友扎西科秀藏格献价值白银151两的礼品。

坚赞献价值60两白银的礼品。

十月四日

郭隆寺（佑宁寺）堪布额尔德尼班智达松巴活佛于乌兰乌拉献曼札一具、缎子、地毯、马22匹、骡子一头。

郭隆寺僧人献曼札、马两匹等。

十月五日

耶札图尔贝勒却建嘉布献曼札、佛像、佛经、佛塔、日用器具、马蹄银15锭、彩缎3匹、砖茶70包等。

贝勒之兄丹增与图撒拉克齐尼玛二人所献礼物价值白银137两。

贝勒上师噶钦益西旺秀献曼札、佛像、佛经、佛塔以及其他礼物，价值白银247两。

扎西噶丹班觉林寺僧人献绸子、砖茶，合银183两。

总管巴丹克却、比丘格桑南杰献马匹、缎子等。

贝勒属民献白银、缎子、马140匹、骆驼10峰、牛143头、绸子等。

医师益西多杰献白银、缎子、酥油、茶、钹、马等，价值白银140两。

班觉札萨克所献礼物价值白银20两。

十月七日

曲迴嘉布喇嘛献曼札、白银50两、马3匹、骆驼两峰、缎子若干匹。

喇嘛阿旺丹佩之弟子献马14匹、驮牛50头、缎匹。

公之属民献缎子以及马、牛各25匹(头)。

色塘札萨克献彩缎两匹、马驹一匹。

图撒拉克齐洛桑楚臣献缎子、酥油以及牛、马各一头(匹)等。

穆居贝子献曼札一具、佛像、佛经、佛塔、日用器具、马蹄银10锭、骆驼10峰、绸缎以及马、牛各100匹(头)等折银2400两。

青海11位官员于呼颜托罗海地方举行宴会迎驾,合献曼札、佛像、佛经、佛塔、白银30两、缎子10匹、马55匹、哈达、绸子等。

措索罗玛寺卸任堪布及新任堪布、执事、僧人合献曼札一具、佛像、佛经、佛塔、马蹄银2锭、缎子、酥油410驮、马40匹、牛50头。

格敦公献价值白银74两的礼物。

贝子强多嘉布、赛多诺门罕献礼,价值白银2000两。

十月八日

强多贝子与赛多诺门罕再次合献曼札一具、佛像、佛经、佛塔等礼物,价值白银2000两。

十月十一日

土观呼图克图于阿夏甘地方献曼札、伞盖、白海螺一对。

郭密寺属寺德庆密乘院喇嘛噶究喜饶嘉措、香嘉活佛及多所寺院,献哈达、缎子、布匹、氆氇以及牛、马70头(匹)。

贡桑札萨克、多杰公、格敦公献厚礼。

十月十二日

在丹噶尔图丹协珠林寺,兰州总督、提督等人献哈达、曼札,丹噶尔寺喇吉和施主献曼札、佛像、佛经、佛塔、铃杵、白银61两、铜钱21串、缎子21匹、马15匹、犏牛22头、薄绸绢、酥油、茶、绫罗。

郭密扎西曲林寺献马45匹、犏牛7头、驮牛35头、酥油、茶、绫罗。

索琳大臣、钦差大臣、总督、提督等献哈达、各种玻璃器具、缎子等。

索大臣再次献上等哈达、银制曼札、金制七政宝、玉叶、上等缎两匹、大小荷包4个。

阿萨肯大臣布太献水晶及玉制器具若干、各色金丝缎 8 匹。

十月十六日

在塔尔寺，兰州总督献彩缎 24 匹、红氆氇一匹、青玉镶金香炉及特大香瓶各一尊、宋朝制大号瓷香炉及瓷花瓶各一尊、上等黑狐皮 8 张、水獭皮 20 张、白马匹 200 张、宁夏皮筒子 200 件。

甘州提督大臣梁贤河献哈达、缎子 4 匹、绫子 4 匹、马两匹。

多尔盖将军博大臣献佛像、手杖、白玉铃、象牙碗一对、闹钟、玻璃、碗、景泰蓝用品、缎子 27 匹。

向阳堡包大臣献曼札、陶瓷弥勒佛像、镶玉手杖、缎子 10 匹、镶银小箱、水晶石、景泰蓝、瓷碗、檀香、象牙用具多件。

彭庆道爷献曼札一具、玻璃盘一个、尖塔 4 个、缎子等礼物，价值白银 110 两。

甘肃梁道爷献缎子 6 匹、绫绢 20 匹等礼物，价值白银 100 两。

加尔果琪徐老爷献手杖一根、缎子两匹。

加尔果琪阿爷献价值白银 20 两的礼物。

西宁官员献缎子 3 匹、瓷碗、景泰蓝等。

塔尔寺上师及其弟子举行宴会招待，献曼札、佛像、佛经、佛塔、日用器具、铃杵 33 副、鼗鼓 7 个、大小供水杯 6 个、18 两重合金制曼札 18 具、21 两重银制供神灯一盏、22 两重银瓶两个、五色颇器、高脚盘、银匣、白银 1000 两、铜钱 1000 串、缎子 61 匹、砖茶 100 包、酥油 1000 斤、马 27 匹、牛 61 头、绸子 510 匹、供品、念珠、哈达、绫绢、僧帽、毛囊、细氆氇、绸缎，共计 108 件。

塔尔寺密宗札仓僧人献金字卷帙、佛像两尊、白银 25 两。

塘让噶丹协珠曲德寺献曼札、铜佛像 5 尊、经卷、银制佛塔、红白珊瑚念珠、锣、缎子 31 匹、绫绢、马等。

道纬噶丹群科林寺献铜佛像 3 尊、佛像一尊、供品多件。

散木林寺僧众献银制宗喀巴佛像 4 尊、佛塔、白银 30 两、供器、绸缎、布匹等。

柴达木札萨克曲迥嘉布献缎子两匹、皮子两张。

布贝札萨克献曼札等礼品。

鄂尔多斯吉昂将军顿珠次仁、阿噶丹窘旺秀嘉措等献 50 两重合金曼札一具、佛像、佛经、佛塔、日用器具、白银250两、缎子5匹、地毯5条。

巴拉贤贡卓诺门罕、青海贡却札萨克、嘉瓦夏仲、扎西巴达林寺堪布大喇嘛阿然巴格西洛桑阿旺、昂索散佩、昂索贤巴曲札、昂索管家喜饶、昂索楚臣、医师贡噶索朗、管家强边尊追、托云班觉、迈仁扎西顿珠、迈仁嘉布、管家扎西群培、俄西寺等均按各自财力献礼。

赛贡寺法王献曼札一具、白银50两、佛像3尊、缎子4匹半、氆氇、白海螺、马匹。

十一月一日

噶丹协热图转世灵童阿旺罗桑图丹旺秀赤列嘉措献曼札、佛像、佛经、佛塔、日用器具、马蹄银两锭、缎子9匹、珊瑚念珠。

管家札萨克喇嘛敬献马蹄银一锭、缎子等。

向宁堡献曼札、缎绫12匹。

塘让寺卸任喇嘛阿旺罗桑丹增献释迦佛像一尊、灵塔一尊、无量寿坛城卷轴画、通人冠、祖衣、供品多件、金制鞍辔、白银、缎子等。

塔尔寺喇嘛坚赞桑波献曼札、佛像、马蹄银10锭、缎子两匹、哈达、绸绢。

兰州武尚司献玉叶、缎子14匹。

八世达赖喇嘛母亲献佛像、佛经、佛塔、马蹄银18锭、铠甲两件。

鄂尔多斯迈仁三兄弟所献礼物价值白银500两。

喇嘛曲杰与当卡合献白银50两。

喀尔喀官贵献缎子4匹。

堪布噶钦洛桑顿珠献大缎两匹、上等哈达3条。

多雪寺喇嘛、贡丹囊索、察科阿普喇嘛、达绕喜饶、达绕曲嘉、医师多杰嘉布、央噶尔泽日嘉布、阿拉善王妃拉毛吉、比皇喜饶尼玛、曲仲等人合献厚礼。

十二月十四日

本礼单整理者参加了迎接班禅额尔德尼之宴会,献上等哈达、曼札、佛像、佛经、佛塔、日用器具、马蹄银20锭、绸子作文庹、部分供品、绫绢、蒙古绸、皮张、氆氇、布匹等礼物,价值白银1500多两。

卓尼寺堪布克增嘉措代表寺院献曼札、宗喀巴像一尊、金银粉印制的宗喀巴全集16函、扎巴贤珠全集11函、佛塔、各种供器、白银10朵彩、珊瑚及玉石念珠各一串、绸缎等。

拉卜楞属寺桑格雄寺与平措曲林寺、僧人献金铜制宗喀巴像一尊、金字般若经卷、铃杵、黄金、白银、绸缎、马匹等，价值白银113两。

甘肃马蹄寺卸任法台拉然巴格西阿旺喜饶代表僧众献铜制释迦佛像、金银、缎子等礼物，价值白银340两，格西阿旺喜饶本人献马11匹、羔皮、薄绫、哈达200条。

鄂尔多斯台吉喜饶宁波献曼札一具、佛像、佛经、佛塔等，折银44两。

卓尼赛桑活佛献佛像、佛经、佛塔、白银100两、绸缎、钹、骡子一头。

夏仲丹洛桑窘献曼札一具、佛像、佛经、佛塔、弥勒法王降魔橛、水晶、白银、马匹。

却丹滩全体僧人敬献曼札一具、马25匹、白银28两、铜钱、哈达、绸子。

喀尔喀洛桑丹增嘉措献曼札一具、银瓶、缎子3匹、白银4朵彩、哈达51条。

格丹旦贝尼玛活佛献曼札、佛像、佛经、佛塔、坐垫、背垫、白银100两、缎子9匹、马25匹、犏牛15头、牦牛及羊370头(只)、猩猩毡、8庹长绸一匹、4庹长绸4匹、绢绸、酥油等。

青海班觉札萨克、鄂尔多斯贝子扎西达杰、代表格贵洛桑南杰、德木齐洛桑雅培、索朗迈仁、加尔果琪扎西饶丹及其子3位台吉、两位哈托、卓尼散木建、拉毛嘉布、噶究阿旺扎西、鄂尔多斯杂朗邬巴希、卡迷杰、鲁旺、贡布、阿旺格敦、达布亥萨、香尼巴、阿旺卓玛、郭科、毛克仁、扎西德庆寺活佛墨尔根格勒群觉、夏仲丹贝坚赞、热察活佛、卓尼德塘寺活佛洛桑嘉措、达盖活佛格敦平措、鄂尔多斯巴达巴卡、夏仲格桑楚臣、图撒拉克齐道尔吉、洛哲丹巴、洛桑强巴、洛桑金巴、洛桑次仁、比丘洛桑楚臣、贡布、道纬昂索贡却巴桑等各自献礼物。

铁鼠年(1780年)

新春佳节，博大臣、汉蒙藏僧俗官贵献礼物。

塔尔寺夏仲坚赞诺布、都贝杂格茹旗阿旺、台吉强巴雅培、刘家屯拉居卡多格让格、江当寺、噶究嘉布、班觉札萨克、那央寺僧人、图撒拉克齐达玛巴都、台吉扎贝、江绒噶丹曲林寺、台吉格敦嘉布、兰州寺、阿旺格桑王、广惠寺赤巴、那木旗寺僧人、仁青扎西达结林寺、法台阿力克岱钦及其妻索朗扎西、祁家土司、广惠寺活佛西尼巴桑、夏仲阿旺群培、丹玛珠钦活佛管家曲杰丹增、丹玛夏仲等代表公私两方献曼札、佛像、佛经、佛塔、水晶及景泰蓝器皿多件、白银1400余两、缎子200余匹、马30匹、犏牛30头等。

博大臣献礼品。

措索洛玛寺堪布热振佐娘额尔德尼法王献价值白银62两的礼物。

夏琼寺僧人献曼札一具、佛像、佛经、佛塔。

土观呼图克图献曼札、佛像、佛经、佛塔、阿罗汉雕像500尊、坐垫、靠垫、白银9朵彩、缎绫9匹、哈达18条、绸子。

卓尼土司丹增贡波及其夫人仁钦班宗、女王卓玛措、女王次旺措献上等哈达、70两银制曼札一具、金铜制成的释迦佛像一尊、《甘珠尔》107部、佛塔、日用器具、香包、钹一对、食品10箱、黄金50两、马蹄银、马匹、白银60朵彩、四色缎52匹、虎皮及红狐皮27张、马及骡子11匹(头)、棉布、水果等。

卓尼土司之友比丘扎巴平措、阿旺平措、仁钦丹增、比丘扎西、拉毛措母子、比丘次仁、次仁贡波等按各自财力献礼。

卓尼耶巴散珠林巴寺献曼札一具、金铜制无量寿佛像一尊、《密宗道次第论》一部、银制佛塔、白银100多两、各种供品。

郭密巴献曼札一具、佛像、佛经、佛塔、白银161两、缎子52匹以及马、牛各15匹(头)。

额尔德尼达赖喇嘛呼图克图献曼札一具、佛像、哈达20条、珊瑚念珠一串、白银200两、缎子20匹以及马、牛30匹(头)。

夏拉裕固七部落首领达图毛益西桑波等40多名僧俗合献白银74两、缎子13匹、马15匹等,共计100多种礼物。

色拉寺班智达转世阿旺丹贝坚赞献大弥勒法王金像一尊、宗喀巴曾赐给大慈法王释迦益西之铃杵、玉制供神灯。

塔尔寺大护法师仁钦巴丹、大总管仁钦顿珠格西与僧众献曼札、佛像、佛经、佛塔、坐垫、靠垫、白银22朵彩、缎子5匹。

隆务诺门罕献曼札、佛像、佛经、佛塔、日用器具、各种供品、黄金一两、白银1500两、缎子93匹、红白珊瑚念珠、右旋海螺、马100匹、犏牛100头、羊500只。

拉萨三大寺活佛、僧众献礼,折银3700两。

佐毛喀寺僧人献释迦牟尼佛像一尊、弥勒佛冠、天杖等。

裕固王额尔德尼达尔罕台吉、裕固王江图莫、鄂尔多斯完德迈仁、米林卡、塘日寺噶丹讲修院僧人、多巴噶丹群科林寺、西宁督爷、鲁大老爷、医学热绛巴额尔德尼洛桑格桑、洛桑丹增、昂索阿旺、比丘饶旦、洛桑次仁、裕固王才旦顿珠、鄂尔多斯台吉饶旦多杰、杂朗阿嘉、本塘喇嘛僧徒、比丘扎巴俄色、扎西曲林寺喇嘛、鄂尔多斯俄香贝子邬颜塔、洛桑俄色大师、赤列热绛巴、迈仁诺布、管家益西、比丘勒珠、比丘喜饶、托云喜饶卓玛、裕固王拉嘉等公私两方献黄金20钱、白银300两、缎子61匹、马69匹。

却藏活佛献曼札、佛像、佛经、佛塔、香炉若干尊。

塔尔寺献上等哈达、曼札一具、合金制宗喀巴佛像一尊、经卷、旃檀塔、白银50两、缎子若干匹等。

墨尔根台及其子斗噶尔台吉、格桑南杰等合献曼札一具、黄金一两、白银50两、黄缎若干匹。

夏仲阿旺嘉央扎西、阿旺贡钦王、医学热绛巴、洛桑却丹、天堂寺僧人、欧然巴格西曲杰、达隆寺僧人、兑桑林札仓僧人、郭隆寺僧人、赛派密乘卸任堪布哈钦洛桑喜饶、比丘洛桑嘉措、囊索阿旺、噶究阿旺顿珠、李家活佛、李土司、库勒贝子、巴结札萨克、甘丹寺僧人、札萨克强多嘉布、官贵、名寺等献曼札、佛像、佛经、佛塔、白银370两、缎子10匹。

贝勒晋美益西、曲沟寺僧人献曼札、佛像、佛经、佛塔、白银50两、缎子15匹、马56匹、犏牛56头、牦牛56头等，共500余件礼物。

向阳县鲁大人等人献160两银制曼札一具、缎子29匹、红玻璃盘4个、茶、各种水果等。

二月一日

托贡贝勒旺嘉次仁献曼札、佛像、佛经、佛塔、日用器具、白银10朵彩、缎子3匹、骆驼50峰。

二月三日

松巴堪布、曲杰王等合献曼札一具、无量佛像一尊、金银粉写经卷、银制时轮塔、供物若干件、马蹄银10锭、缎子15匹。

曲绒克夏仲献曼札、佛像、佛经、佛塔、白银100两等。

卓尼玛娘寺献曼札、佛像、佛经、佛塔、痰盂、净瓶、银制八瑞相、七政宝、

100 两银制瓶、绸缎、供器。

瞿昙寺、堪布夏仲洛桑丹贝尼玛给该寺草药台等献曼札一具、弥勒佛像 6 尊、经卷若干包、合金制佛像 4 尊、白银 203 两。

耶尔雄墨尔根堪布曼札一具、佛像、佛经、佛塔、黄金 13 钱、白银 400 两、缎子 25 匹等。

兰州总督李大臣(李侍尧)献玉制八仙像、青稞若干袋、酥油。

扎巴托迈热绛巴等 94 名僧俗人员、大慈法王寺诺门罕之胞弟台吉、察丹曲迥嘉布札萨克、台吉完德及完昌、西宁群培林寺、夏鲁诺门罕、巴丹达结大师、达尔罕楚臣平措格西、卓尼雕像师班觉嘉措、比丘阿旺雅培、比丘阿旺金巴、嘉木央图丹、洛桑坚赞、墨尔根洛桑年札、次仁嘉布母子、噶究阿旺扎巴、阿旺格敦扎西嘉措活佛、却藏寺巴本坚赞、尖扎居士、金巴楚臣、格西阿旺巴丹、察多寺、囊索贡噶、贝子丹巴达结、知名人士杂木朗、格茨散佩、邬巴希杂朗、结茨曲扎、洛桑索巴、比丘洛桑班觉、彭措林寺、曼曲寺喇嘛、哈当夏仲阿旺坚赞、曲杰阿旺顿珠、拉结本、丹玛夏仲、佐巴曲杰、涅巴噶究、邯郸寺僧人、台吉贝钦、叶尔仓活佛噶钦赤列顿珠、居绕旦、阿旺诺布格西、比丘嘉木央、格敦扎西、西宁总爷、卓尼扎巴嘉措热绛巴、索朗诺布、曼贡寺僧人等公私献白银 650 两、缎子 37 匹、马 14 匹、骆驼 6 峰。

向阳堡白大臣之母、比丘阿旺坚白嘉措献缎子 12 匹、白银 50 两、珍珠耳饰、大缎、马和骆驼 30 匹(峰)以及牛、羊 220 头(只)。

密乘寺僧人献曼札、佛像、佛经、佛塔、僧冠、缎衣、白银 150 两、供品、绫罗、酥油、茶叶、绢等百余件礼物。

却藏寺却藏活佛献上等哈达、曼札、佛像、佛经、佛塔、用具、各种供品、白银 49 朵彩、绸子 15 匹、丝绸、氆氇、酥油、茶叶等 250 件礼品。

达杰林寺医药学院献曼札一具、佛像、佛经、佛塔等。

塔尔寺显宗学院献曼札一具、佛像、佛经、佛塔、日用品。

八世达赖喇嘛管家斯纳的侄子以汉族礼俗宴请献礼。

塔尔寺卸任医师献礼。

班禅额尔德尼的亲传弟子蒙古族夏仲阿旺嘉措献金制曼札一具、特大珍珠饰品一件、银制曼札一具、白银 1000 两、绸缎。

三月二日

郡王阿旺达杰献曼札一具、佛像、佛经、佛塔、白银 1000 两、软缎 50 匹、缎子 42 匹、薄绫 50 匹、棉布 100 匹、哈达 100 条。

塔尔寺僧众献哈达、曼札、佛像、佛经、佛塔、白银 300 两、铜钱、香包、僧帽等 100 种，以及藏毯、棉布。密宗札仓献曼札、佛像、佛经、佛塔、白银 150 两、缎子、氆氇、薰香、僧帽，显宗学院亦献礼多件。

提督献良马 4 匹、缎子 7 匹、砖茶 8 条、酥油等。

医师阿旺诺布、维贝、噶玛洛散林寺、曲迴嘉布贝勒经师托巴噶钦益西旺秀、索洛玛堪布、兰州安察司长官等献白银 200 两、缎子 11 匹等。

察甘诺门罕献白骆驼及全套鞍垫、金镶银曼札一具。

总督李大人献哈达、精巧宝物、喀什浅灰色马一匹、其他马 3 匹、四方形西洋篷子一顶、白银 500 两、茶叶、鲜蜂蜜。

三月十一日

杨总爷献哈达、曼札。

松巴堪布献内供十三尊大威德主幅画像的玻璃镜框一面。

在碾伯镇，扎西曲林寺法台、土观呼图克图及其寺属庄园百姓、桑旦孜寺僧人、卓隆噶丹雪珠林寺僧人、却藏图丹饶杰林寺僧人等献厚礼。

巴居达杰林寺及其属寺斯仁噶丹群科林寺僧人献曼札、佛像、佛经、佛塔、坐垫、靠垫、白银 50 两、各种供品、骡马、绸匹、布匹、铜钱。

在老鸦桥，塘让寺僧人、马营噶丹群培寺、达杰林寺、莲花台噶丹乃居雅培林寺等献厚礼。

洛噶扎西曲佩寺献曼札、尊胜佛母像一尊。

王大老爷献 19 两银制曼札一具、缎子 8 匹。

知县献 16 两银制曼札一具、缎子 4 匹、砖茶 4 条。

色拉隆噶丹旦曲寺、噶丹曲宗寺、雪珠贝噶林寺、大通兑桑达杰林寺献曼札、佛像、佛经、佛塔等。

噶丹饶杰林寺、赛宗八部之寺献曼札、佛像两尊、缎子 3 匹、马 10 匹、白银、铜钱等。

赤达协亥首领献哈达、银制曼札、水晶石痰盂。

总平镇台献哈达、银制曼札、红黄缎 4 匹。

平彭庆督爷之子敬献 20 两银制曼札、缎子、水果一箱。

杜大人献佛像一尊、玉叶、素缎 8 匹等。

三月十七日

在平清堡，饶杰林寺僧人献曼札、佛像、佛经、佛塔、白银 200 两、马 5 匹。

塔波夏仲贡周诺门罕、嘉摩绒推桑达杰林寺献曼札一具、佛像、佛经、佛塔、白银 580 两、缎子 3 匹、马 19 匹等。

三月十八日

班禅额尔德尼一行抵达松山，巴热达隆噶丹旦曲林寺活佛洛桑丹贝尼玛、札萨克喇嘛夏仲洛桑图丹嘉措及其寺院执事与僧众献曼札、佛像、佛经、佛塔、白银 1113 两、缎子 3 匹、马 21 匹。

夏玛寺、嘉雅寺、群科达杰林寺、止贡噶丹勒贤林寺、嘉雅寺法台、卸任喇嘛道西、丹日寺、道西丹结寺等寺的喇嘛、执事、僧人献曼札、佛像、佛经、佛塔、白银 500 两、缎子 13 匹、马 31 匹。

华热地区的万余名群众献金、银、绸缎、马、犏牛等。

兰州祁道士于康郭村献 30 两银制曼札、大火壶两个。

宋宪贤献白银 25 两。

阿拉善亲王洛桑多杰献曼札、上等缎子 3 匹、白银 10 两。

多名蒙古族信徒献白银、马匹、骆驼等。

鄂尔多斯贝勒顿珠次仁献 50 两银制曼札一具、白银 200 两。

欧勒图曲杰与强佐札萨克喇嘛等献曼札、佛像 3 尊、衣服、甘噶尔产器皿、马蹄银 20 锭。

图撒拉克齐次旺多杰、台吉索朗多杰及其眷属献曼札、上等哈达、缎子 3 匹、白银 3 朵彩、骆驼 4 峰、马 5 匹。

达隆活佛洛桑丹贝尼玛献礼，折合白银 50 朵彩。

散诺云之子台吉献曼札一具、佛像、佛经、佛塔、白银 1500 两。

贝勒德却嘉布之母哈托次仁及其夫人曲巴摩二人献曼札两具、坐垫、靠垫、缎子 13 匹、白银 350 两。

贝勒之胞弟桑珠多杰、夫人哈托卓噶献曼札、缎子、珊瑚等，价值 112 两。

托云洛桑扎西、格敦杰、土谢图公扎西、噶丹桑阿林寺、噶丹勒贤寺等分别献曼札等。

亲王洛桑多杰献 100 两银制垂穗曼札、40 两银制香炉一个、香篋、大缎

59 匹、素缎及各色绫子各 25 匹、骆驼 45 峰。

耶拉格森贡周诺门罕塔波呼图克图、阿拉善达杰林寺献曼札、佛像、佛经、佛塔、内供文殊菩萨两张画像的玻璃框一个、金制法轮、马蹄银一锭、银器 8 件、钹两对、琥珀念珠一串、玛瑙器具、各种供物、缎子 25 匹、薄绫 3 匹、骆驼 19 峰、马 31 匹。

塔波夏仲之母诺云阿巴噶、胞弟土谢图多多杰才旦公、僧俗多人献马 33 匹、骆驼 35 峰。

四月六日

行抵图穆尔喀尔喀时，鄂尔多斯达旺次仁多杰、夏仲喇嘛、吉格茹旗台吉等 3 人及 11 名卡、迈仁、札木朗、贝子丹巴达结、喇嘛达结法王、5 位台吉、两位札朗、迈仁、佩达丹、12 名卡等 70 名僧俗信徒迎驾，献曼札、白银、缎子等。

喀尔喀布协热图班智达公穆居多杰及其子、夫人等主仆 160 多人献 100 两银制曼札、佛像、佛经、佛塔、蓝宝石念珠、马蹄银 4 锭、缎子 15 匹。

贝拉图阿卡公献曼札、4 庹长哈达、缎子 7 匹，其妻哈托诺贡达勒献曼札、4 庹长哈达、缎子。

四月七日

班禅额尔德尼一行抵达宁夏一大村庄之时，各位大臣献 50 两银制曼札、佛像、佛经、佛塔、铃杵、坐垫、靠垫、缎子 21 匹。

杨大人献大号曼札一具、缎子 7 匹。

享堂总爷献曼札、佛像、佛经、佛塔、缎子 3 匹。

喀尔喀茨贡札萨克之母子献曼札、缎子 3 匹。

丹迴公之法王及其夫人各献缎子一匹。

兰州祁道爷献 30 两银制曼札、大火壶、缎子 8 匹。

宁夏杨大爷献 20 两银制曼札、缎子 7 匹。

梁镇台献 15 两银制曼札、缎子 4 匹。

兰州总督献砖茶 14 条、大米及面粉各 4 袋。

西阳堡巡捕遣代表献哈达、香炉用具数件、缎子 9 匹。

科波扎西、安察司、梁道爷、叶道爷、星坛道爷、王良道爷等官员献玉叶、缎子 32 匹、水果 34 箱。

怀图噶钦洛桑顿月献合金制佛像8尊、佛塔一尊、藏毯两条、白银50两、铜钱1000串、砖茶10条、骆驼5峰、马5匹、羊100只。

扎西达杰林寺堪布大喇嘛洛桑阿旺献金制曼札一具、珊瑚念珠、珍珠、马蹄形金块。

法相师坚赞格西、那林法王喜饶达结、加尔果琪喜饶宁波、喜饶嘉措、迈仁扎西顿珠等献白银11两、供品多件、骆驼3峰、马4匹、黄牛、羊、绸子、布匹等。

四月十四日

班禅额尔德尼一行驾临托图勒地方时,迈仁涅克兄弟二人献50两银制曼札、缎绫11匹以及走骡、骏马、骆驼共8头(匹、峰)。

巴巴与赛迈奔多瓦献骡、马各一头(匹)。

四月十五日

喀尔喀达赖贝子才旦嘉布、托云洛桑楚臣、扎西公等人于托索图俺地方献曼札、白银150两、缎子及薄绫33匹。

益西旦巴饶杰活佛、贝噶曲林寺喇嘛洛桑迥乃、执事、贝子扎西达杰、贝子次旺扎西、台吉顿珠等献礼。

玛索索朗杰贝林寺僧人献曼札、佛像、佛经、佛塔、日用器具、缎子两匹、马蹄银4锭。

四月十六日

贝勒顿珠次仁献100两银制曼札一具、白银500两作为购买日用器皿、白银1000两、缎子一匹、马49匹、骆驼20峰。

堪布大喇嘛、僧院堪布喇嘛、医师喇嘛、曲杰喇嘛、噶钦洛桑顿月、喇嘛洛桑、翁则、忽贝甘喇嘛、察汗喇嘛、晋美多杰公代表札噶巴等人献曼札、白银210两、缎子5匹。

在恰穆旗罗图地方,杭盖贝子扎西达杰献曼札、佛像、佛经、佛塔、日用品、白银1000两、缎子15匹、薄绫、上等哈达49条。

格嘉贝子之弟益西达杰献曼札、佛像、佛经、佛塔、铃杵、坐垫、靠垫、白银100两、缎子3匹、哈达。

协佩林寺大喇嘛喜饶丹增及僧众献曼札、佛像、佛经、佛塔、日用品、白银150两、缎子4匹、药物、哈达。

医师洛桑云丹献曼札、佛像、供品、缎子 15 匹。

札萨克旺嘉才旦献曼札、响铜释迦佛像、佛像、佛经、佛塔、日用品、白银 400 两、缎子 8 匹、骆驼 4 峰、马 50 匹、薄绫。

准噶尔王之信众献曼札一具、佛像、佛经、佛塔等礼品价值白银 180 两。

班禅额尔德尼驾临莫顿布勒地方时，欧雄贝子欧颜图及其母雍措献曼札、佛像、佛经、佛塔、日用品、银香炉、银佛灯、珊瑚念珠、马蹄银 15 锭、白银 350 两、折合白银 7 两的铜钱、缎子 29 匹、骆驼 23 峰、马 120 匹、牛和羊 179 头（只）、水獭皮 5 张、绸子 3 匹、毛线 3 捆，答谢礼金银饰曼札 11 具、珊瑚及绿松石饰金冠、银边金底木碗两个、银器多件。

在瓦尔索海地方，杭盖贝子之迈仁才旦献曼札、佛像、佛经、佛塔、日用品等，价值白银 1000 两。

贡嘉多杰公及其母、托云益西次仁献曼札、佛像、佛经、佛塔、法衣 3 件、代购日用品的白银 300 两、缎子 8 匹、骆驼 2 峰、马 16 匹。

止贡夏仲堪布、扎西格佩林寺堪布及僧俗、迈仁扎西格佩林寺僧人、喀尔喀骑兵、首领桑杰公献曼札、白银 90 两。

四月十七日

达将军王次仁多杰、贝勒顿珠次仁、大贝子丹巴达杰、贝子扎西达杰、贝子次旺扎西、札萨克旺嘉、图撒拉克齐公丹增、贡嘉多杰公、鄂尔多斯部落等献曼札、哈达、佛像、佛经、佛塔、日用器具、白银 10000 两、缎子 35 匹。

五月三日

在莫尔格孜地方，将军大王次仁多杰献曼札、日用品、白银 1000 两、缎子 6 匹。

穆赛巴德林寺喇嘛夏仲阿旺巴丹嘉措献曼札、佛像、佛经、佛塔、日用品、白银 100 两、马 4 匹、骆驼一峰。

藏格嘉措等献曼札、佛像、佛经、佛塔、缎子 4 庹、白银 50 两。

图丹桑杰格西等僧俗献曼札、佛像、佛经、佛塔、日用品、白银 50 两、马两匹。

五月四日

是日，班禅额尔德尼一行抵达结尔格果地方，曼康札萨克三木旦嘉措献曼札、佛像、佛经、佛塔、日用品、白银 800 两，回向礼白银 400 两。

德庆曲林寺僧人献礼。

达赖贝子丹达尔、其母德赖、夫人索朗巴、子雍仲多杰呼图克图阿旺顿珠、绛曲多杰、茨巴多杰等人于巴嘎仁那艾尔格地方献曼札、佛像、佛经、佛塔、日用器具、白银1000两、缎子9匹、马50匹、陈药、水獭皮等。德赖献曼札、白银100两、马8匹、骆驼一峰、缎子7匹。

库布诺云献曼札。

扎西曲林寺喇嘛班智达诺云曲杰及僧众献曼札、佛像3尊、经函2卷、佛塔、玉石鬘、白银500两、缎子及薄绫7匹、马8匹、骆驼2峰。

堪布额尔德尼班智达阿旺扎西献曼札、佛像、佛经、佛塔、白银500两、缎子18匹、绸子76匹、供品、皮袍11件、哈达360条。

迈仁晋美多杰公及其母主仆4人、喇嘛及图撒拉克齐兄弟二人献曼札、佛像、佛经、佛塔、日用器具、白银750两、缎子两匹。

固始曲杰洛桑丹达、喀尔喀达尔罕桑杰囊索献白银230两、缎子3匹。

贝子经师达摩曲杰献曼札等礼物。

五月六日

迈仁墨尔根德颜旗活佛献礼物。

喀尔喀额尔德尼王之子曲赞、科尔沁王拉纳斯巴、贝勒索朗班觉、两位公、一位札萨克等派藏格、札朗等5名代表，以及夏尔孜诺门罕之代表官家洛桑诺布、丹达尔墨尔根喇嘛之转世灵童洛桑顿珠巴桑、准噶尔贝子托云堪布格杰云丹、托云益西及其弟次旺多杰、图撒拉克齐、都仁台吉兰珠、岱钦仁钦、贝噶曲林寺时轮班智达之转世灵童益西丹达尔、堪布喜饶嘉措、拉然巴格西洛桑平措、堪布洛桑迥乃、显宗卸任喇嘛坚赞顿珠、时轮喇嘛三木艾珠、平措涅札、墨尔根札萨克图撒拉克齐顿珠、台吉贡噶达木巴及其子贡噶扎西、托云洛桑尊追等主仆共270多人迎驾献礼。

呼和浩特掌印喇嘛、普延喇嘛、大喇嘛、图丹群培呼图克图、夏仲阿旺益西、强佐云丹、格贵洛桑丹达尔、比丘阿旺嘉木央、噶究喜饶、噶丹达杰林寺法王阿旺迥乃、呼和浩特丹增旺秀呼图克图、喀尔喀托云洛桑嘉措代表阿旺格勒、丹达尔林寺大喇嘛洛桑嘉措、夏仲洛桑多杰、固始曲杰贡噶仁钦等主仆220人于格孜特苏木地方迎驾班禅额尔德尼，敬献曼札一具、佛像、佛经、佛塔、坐垫、靠垫、白银、缎子、玻璃器具、供品等。

乌仁丹杰林寺僧人献礼物。

贝子次旺扎西、托云诺云堪布夏仲阿旺扎西、夏仲云丹等主仆献曼札、佛像、佛经、佛塔、坐垫、靠垫、白银700两、缎子7匹。

雪珠达杰林寺、扎西莫居林寺献曼札、白银50两、缎子6匹、马10匹。

乌仁贝噶曲林寺献曼札、佛像、佛经、佛塔、坐垫、靠垫、铃杵、白海螺一对、马蹄银13锭。

夏尔孜诺门罕额尔德尼班智达堪布、益西卓玛、岱钦桑珠、贝勒图墨尔根法王、呼和浩特额尔克达、诺门次仁多杰、布协热图仁钦多杰、墨尔根贝勒之母南噶巴、墨尔根图撒拉克齐、格桑措、台吉贡噶达瓦、乌仁大汗诺云、哈托札日、才旦次仁、喀尔喀才旦多杰公、大公旺庆嘉布代表嘉措、托云洛桑嘉措、乌仁台吉阿南达、巴丹多杰、拉旺多杰公代表索朗、札萨克扎西次仁代表、土默特阿巴噶扎西、台吉巴雅图朗多、比丘洛桑多杰等献白银820两、缎子11匹、马25匹。

当班禅额尔德尼驾临土默特地区迈尔德地方多贡乌曲时,将军与道爷送来新鲜水果。

涅旗托云呼图克图献曼札等礼物。

呼和浩特呼图克图之札萨克喇嘛、大喇嘛索巴嘉措、大喇嘛洛桑尊追、札雅班智达呼图克图、札萨克喇嘛洛桑多杰、医药学院喇嘛法王洛桑坚赞、俄尔德法王、僧官、札萨克喇嘛洛桑丹巴、喀尔喀札萨克图汗代表拉旺多杰公主仆3人、图撒拉克齐贡却奔、札萨克次仁、迈仁茨巴、台吉莫居、俄格达呼托、藏格欧布托、芒甘札萨克姐姐、贡丹台吉巴杰、结桑德却、拉旺多杰公及其母仁青卓玛、托云丹增嘉措、喀尔喀额尔德尼王代表托云、乌仁图撒拉克齐扎西平措主仆4人、图丹饶杰林寺喇嘛洛桑平措、科尔沁贡噶拉巴、札萨克扎西次仁代表大喇嘛、土默特大喇嘛洛桑贤珠、翁则格勒、桑热达结格西、布勒墨尔根法王、喀尔喀巴都王代表丹增、哲蚌寺格桑楚臣格西、满族长官居佩丹、达日岗噶喇嘛洛桑丹巴、格贵贡却、阿旺楚臣、比丘格勒等僧俗2000多人迎驾、献白银1800两、缎子9匹等。

托云益西坚白嘉措献曼札一具、佛像、佛经、佛塔、日用品、白银1100两、缎子两匹、水獭皮4张。

芒甘札萨克代表台吉茨巴、哲蚌寺法王洛桑顿珠格西、喀尔喀额尔德尼王代表哈托德勒、库贝贝勒图撒拉克齐洛桑多杰主仆5人、达拉贝勒托云益西德勒、乌仁公代表台吉达瓦次仁、台吉阿特、芒甘图撒拉克齐德勒雅培、土默特公代表哈托主仆3人、达尔罕贝勒代表图撒拉克齐欧巴斯、将军科雪亲王茨巴多杰代表斯都卡、土默特噶勒达等500多人迎驾班禅额尔德尼，献曼札、白银、缎匹。

喀尔喀达赖汗贝子代表欧仁香玛等7人及其他地方人士共百余名献礼。

喀尔喀札萨克玛托尔嘉布、台吉贡却、台吉丹科、翁则洛桑晋美、准噶尔平措贝子代表俄然巴格西洛桑扎西、大喇嘛嘉木央洛桑丹增、巴德尔王之侄女、卡达正、洛桑多杰公之子、曲杰丹增、土默特格敦嘉布、藏格邬建、平特达参、昌珠多杰、措科贝子之叔益西格勒、洛桑顿珠格西等500余人献曼札、白银、缎子等。

巴噶布切旗、呼和浩特达结德珠林寺、噶丹平措林寺、千佛寺、达都格贝林寺合献曼札、佛像、佛经、佛塔、坐垫、白银、靠垫、供品。

科尔沁札朗、囊索达旺然图寺呼图克图洛桑丹增旺秀嘉措、道纬夏仲格桑楚臣、托云却嘉、比丘格桑桑布、僧俗群众共89人献白银270两、水獭皮40张。

喀尔喀达颜齐区尔克献曼札一具、佛像、佛经、佛塔、日用品、白银400两。

大喇嘛阿旺嘉布献白银100两、水獭皮、衣服等。

俄都纳森大臣献曼札一具、白银50两、水獭皮30张。

喀尔喀群培王代表协热图喇嘛、益西嘉措公合献曼札、佛像、佛经、佛塔、日用品、白银200两、缎子20匹。

准噶尔次仁渥巴锡、札萨克才旦嘉布、协热呼图克图洛桑南卡多杰、唐孜喇嘛、才旦多杰公、台吉穆居、贡波嘉布、南杰囊索、道纬贡却嘉布、芒甘台吉曲迥嘉布、图撒拉克齐格西、贝勒顿珠多杰、土默特藏格曲嘉、格日纳森大臣、信教群众共1500人献厚礼。

内翰僧官等献曼札一具、佛像、缎子。

呼和浩特土默特将军哈王大臣、士兵、新城满族哈王献曼札、佛像、佛经、佛塔、坐垫、靠垫、银瓶、缎子9匹。

呼和浩特九大寺院、掌印喇嘛郭莽呼图克图、托云呼图克图、札雅班智达呼图克图、普延喇嘛、札萨克大喇嘛、格贵等人献60两银曼札一具、佛像、佛经、佛塔、氆氇、坐垫、靠垫、马蹄银10锭、缎子10匹。

掌印喇嘛郭莽呼图克图献曼札、佛像、佛经、佛塔、长寿瓶、铃杵、下班用具3套、白银50两、缎子两匹。

喀尔喀将军亲王茨巴多杰献曼札、佛像、佛经、佛塔、日用器具、白银50朵彩、黑狐皮、缎子25匹、上等哈达。

准噶尔大臣益西代表雪·曲结、两位格贵、僧俗群众合献曼札、佛像、佛经、佛塔、日用器具、白银1283两、水獭皮44张、狐皮62张、猞猁皮1300张。

次日，准噶尔道纬将军科西亲王次仁渥巴锡、哈托顿珠、夫人俄鲁玛吉及其女旺秀献曼札、佛像、佛经、佛塔、日用器皿、白银1000两、缎子100匹、毛线100捆。

喀尔喀大贝勒拉旺多杰献曼札、佛像、佛经、佛塔、靠垫、白银750两、缎子6匹。

喀尔喀额尔德尼浑台吉献曼札、佛像、佛经、佛塔、日用品、白银531两、缎子40匹。

巴德尔亲王代表俄格拉达尼玛晋美献、白银260两、缎子10匹、水晶石念珠。

达勒大汗浑台吉贡嘉献曼札、佛像、佛经、佛塔、日用器具、白银378两、缎子21匹、绫子5匹。

库贝达勒献曼札、佛像、佛经、佛塔、日用器具、白银700两、缎子19匹、缎6匹、马鞍两副。

司轿头领、呼和浩特7位库热、喀尔喀札萨克图汗之叔托云、贤珠林寺大汗阿旺益西医师代表献礼。

五月十九日

厄鲁特平措贝子献曼札、佛像、佛经、佛塔、日用器具、大珍珠、白银200两、缎子66匹、羊皮一张、黑狼皮一张、普通水獭皮5张、猞猁皮25张、狐狸皮60张、皮袍一件、白马两匹、马鞍一副。

洛桑卓玛、玛协合献曼札、佛像、佛经、佛塔、大银瓶、白银365两。

俄巴协献曼札、白银100两。

道纬寺献白银250两。

贝子保德及夫人卓玛吉等人献白银 50 两、缎子。

西尼布斯热图嘉木央扎西献曼札、佛像、佛经、佛塔、白海螺两个、钵、水晶石念珠、白银 210 两。

喀尔喀右旗喇嘛俄居图墨尔根法王献曼札、日用器具、白银 200 两、4 庹哈达一条、缎子 12 匹、供品、马匹。

喀尔喀库热格贵献曼札、白银 200 两、4 庹缎子、骆驼一峰。

图撒拉克齐拉尚献白银 100 两。

扎巴坚赞格西献曼札、佛像、佛经、佛塔、日用器具、白银 50 两、银香、花束、钵。

喜饶达结格西献曼札、佛像、佛经、佛塔、日用器具、白银 140 两、缎子 3 匹。

喀尔喀茨智公等献礼。

五月二十二日

青城县、喀尔喀才旦多杰代表岱钦洛桑旦达、洛桑尼玛格西、察哈尔库贝夏拉俄格尔达大臣、其子茨巴嘉布、准噶尔俄巴协次仁顿珠王之子等献曼札、绸缎。

道纬夏仲格桑楚臣献曼札、佛像 3 尊、经卷一包、白银 100 两、马两匹。

准噶尔三木旦献曼札、缎子、白银 100 两。

将军次仁俄巴锡献曼札一具、佛像、佛经、佛塔、花盖幪幔、水獭皮 25 张、猩猩毡一条、缎子 4 匹、毛线 4 捆、马一匹、马鞍一副。

道纬比丘晋美仁僧、阿旺年札等献礼。

恰噶颜盘塔巴林寺喇可卡颜阿旺饶丹格西、洛桑赤列、格贵洛桑曲札等 100 余名宗教上层人士及 500 名僧徒、河西首席军官俄格尔达俄朗特、札朗、加尔果琪、藏格托图呼等 75 名军官、1000 余名士兵、3000 余名河西大小施主共献曼札、银制释迦佛像、佛像、佛经、佛塔、日用器具、银制七政宝、八瑞相两泰、缎子 5 匹、白银 1120 两、哈达。

道纬扎西雅培王及其母洛桑坚赞等人献曼札、佛像、佛经、佛塔、白银 1365 两、缎子 5 匹、胜幢 4 顶、塔幔 400、幡 2 面。

迈仁藏格俄尔都纳森献时鸣钟、白银 50 两、碗等。

五月二十五日

苏尼特大喇嘛平措丹增及其母、6 位台吉等人献曼札、佛像、佛经、佛塔、白银 329 两、缎子两匹、骆驼 9 峰、马 27 匹。

哈雅珠委苏木大喇嘛献玉叶、缎子两匹。

札雅班智达之转世灵童洛桑晋美多杰献 100 两银制曼札一具、佛像、佛经、佛塔、日用品、马蹄银 9 锭、缎子 10 匹。

喀尔喀库委贝勒晋美多杰、图协扎西公、扎西平措公、桑珠公、桑杰公、札萨克茨贡嘉布、札萨克阿旺、台吉顿珠等官员之属寺献曼札、佛像、佛经、佛塔、日用器具、白银 3500 两、缎子 110 匹。

科尔沁噶丹群科林寺、三木旦林寺喇嘛扎西达结格西献曼札、佛像、佛经、佛塔、马蹄银 20 锭、缎子 5 匹、钵、供品。

土尔扈特台吉茨巴嘉布、扎西布赤献曼札、佛像、佛经、佛塔、白银 100 两。

厄鲁特夏尔库甘贝子献曼札、佛像、佛经、佛塔、白银 124 两。

强佐札萨克喇嘛献马蹄银 5 锭、缎子 3 匹。

丹巴喀班智达诺云堪布玛哈托云、托云喇嘛、茨巴多杰下属札萨克图汗寺等献白银 2118 两。

将军王玛哈托颜合献白银 683 两。

叶格大王次仁贡波献曼札、佛像、佛经、佛塔、坐垫、靠垫、白银 1500 两、四相缎 20 匹。

艾拉岗呼图克图、旦正坚赞献曼札、佛像、佛经、佛塔、白银 100 两、缎子 18 匹。

苏尼特右旗勒嘉台吉献曼札、佛像、佛经、佛塔、坐垫、靠垫、珊瑚念珠、马蹄银 40 锭、马 4 匹。

将军茨珠多杰献曼札、白银 207 两、绸子 42 匹、水獭皮两张。

札萨克图汗上师喇嘛诺门罕转世灵童洛桑坚赞、达公旺钦嘉布、库委桑珠多杰、图谢叶图公玛哈巴拉、土谢图公索朗多杰、莫盘多杰公、拉旺多杰之哈托、茨智多杰公、巴托江嘎公、拉钦尚公、南杰多杰公、索朗次仁公、格日德瓦喇嘛、土尔扈特贝子、札萨克俄巴协、札萨克顿珠多杰、札萨克玛索嘉布、札萨克贡波嘉布、札萨克娘波多杰、札萨克扎西次仁、札萨克巴特尔、札萨克勒钦、土谢图汗下属科萨拉旗主仆、俄格达格桑、江孜呼图克图格桑、苏尼特王次仁贡波等献白银2300两。

察哈尔奈曼科希部头领布哲大臣、达大臣、藏格等献礼物。

杨阿勒哈达献50两银制曼札。

无量寿佛殿献玉叶、水晶壶一对、各种碗具、氆氇两匹、彩缎4匹。

素拉大臣、总爷献曼札、佛像、玉叶、玻璃瓶两个、各种碗具、桌子9张、缎子9匹、高脚托盘7个。

托贡藏格托津阿萨汗献曼札、玉叶、缎子4匹、日用器具70件。

山西巡署献曼札、七政宝、八瑞相、念珠4串、水晶器具一箱、玉石神龛、缎子20匹、丝绸4匹、黄缎衣料4件、氆氇。

江索却图诺门罕献曼札、佛像、佛经、佛塔、日用品、幪幔、胜幢4面、幡4面、白银500两、缎绫11匹。

察哈尔库贝图俄兰雪、俄格达托图、札朗藏格巴托、诺木图、班觉等12位施主、德噶扎西措贝林寺喇嘛、尤噶扎日呼图克图治桑图丹坚赞、格贵巴丹、格贵贡却等人献佛像4尊、曼札、经函、佛塔4尊、缎子11匹、马蹄银11锭、白银250两。全体喇嘛合献白银300两。

达日岗噶牧场之阿顿达、俄格尔达、噶勒达献曼札、白银50两。

牲畜总管耶格达、洛哲达、噶勒达献曼札、白银500两。

俄格达诺木图、巴尔木达、穆居次仁多杰、布德库、桑德、头人、俄兰特献马8匹、缎子8匹。

六月四日

德钦寺夏仲嘉木央伦珠、托云洛桑丹巴坚赞、7座寺院、600多名僧人、20名执事、俄格尔达次旺多杰、札朗藏格尊追、藏格喜饶等12位索门藏格等僧俗合献曼札、佛像、佛经、佛塔、日用器具、白珊瑚念珠、金法轮、七政宝、八瑞相、银瓶、银碗、《佛说阿弥陀经》一套、画卷、白银1100两、缎子9匹。

尤噶扎日呼图克图洛桑图丹坚赞等30人、信徒4人、阿瓦噶格西雅培合献曼札、佛像、佛经、佛塔、白银310两、马、骆驼、牛、羊。

郡王阿旺才旦、郡王桑德嘉布、郡王科雪阿普晋美多杰、旺嘉多杰王、图谢伊图亲王扎西南杰、嘉赖贝勒、图谢耶公格日嘉、土谢图公三佩嘉措、廊尔洛素札萨克、图撒拉克齐次仁、科尔沁十大首领使者等献曼札等礼物。

扎西德庆林寺僧众、大喇嘛丹增、德木齐洛桑群培、格贵喜饶仁青、格贵仁钦扎巴、洛桑班觉上师、比丘群觉等人合献价值白银86两的礼物。

六月八日

察哈尔克鲁夏拉等15所寺院、喇嘛尤噶扎日呼图克图图丹坚赞、18位素门施主、俄格尔达、札朗藏格喇嘛嘉布、札朗藏格却图等献大小银制曼札42具。

六月四日

日用器具、白银2000两、四相缎子4匹。

山西巡署献缎子42匹。

苏尼特右旗托颜洛桑贡布、台吉德勒佩、台吉图古德、德唐之镇台等献曼札、白银130两、缎子6匹、马及骆驼22匹(峰)。

在察汗阿里克地方,直隶总督献曼札、缎子20匹、马10匹、骆驼10峰。

鄂长司献玉叶、曼札、缎子14匹。

库贝朵献哈达、曼札、缎子14匹。

苏尼特右旗新寺喇嘛托云洛桑茨佩献110两银制曼札一具、佛像、佛经、佛塔、坐垫、靠垫、白银20两。

章嘉若必多吉之舅献哈达、佛像、白银10两。

六月十日

达兰图、喀尔喀萨拉旗拉桑及其子德却嘉布、哈托格佩、苏尼特图撒拉克齐代表托云大喇嘛丹增米林等主仆10人、6位台吉等共20人献曼札32具、佛像、佛塔5尊、白银305两、缎子6匹等。

班摩寺献曼札、佛像、佛经、佛塔、坐垫、靠垫、白银250两。

皇室之司马骆官俄格尔达贡波嘉布、噶勒达道尔吉等9人、耶格达5人、俄切秀、阿顿达156人、迈仁161人、指属民285人、伺马员895人,共计1522人献曼札、佛像、佛经、佛塔、坐垫、靠垫、白银1000两。

六月十二日

在额尔德尼多罗松地方,察哈尔库贝夏拉大臣、俄格尔达巴日莫达献曼札、佛像、佛经、佛塔、坐垫、靠垫、白银1100两。

喀尔喀齐区普献曼札、佛像、佛经、佛塔、坐垫、靠垫、水晶及象牙用具、念珠、缎子9匹、白银1000两。

柯柯丁日素拉克贝夏拉公莫居多杰献曼札、佛像、佛经、佛塔、日用器具、白银150两。

苏尼特大喇嘛、笔帖式贡却嘉布、苏尼特扎格茹旗、喀尔喀公贡却多杰夫人、托云桑珠、台吉扎西顿珠、扎格茹旗次仁吉、札朗之母次仁、国师喇嘛等合献白银619两、缎子7匹。

察哈尔库贝夏拉寺院及部落献大小曼札一具、佛像、佛经、佛塔、日用器具、白银2600两。

苏尼特左旗王俺桑达献曼札一具、佛像、佛经、佛塔、坐垫、靠垫、伞盖、胜幢、幡两面、白银400两、缎匹。

额尔德尼图撒拉克齐索巴建献曼札、佛像、佛经、佛塔、日用品、白银430两、马340匹。

阿巴噶涅丹王部落献曼札、佛像、佛经、佛塔、白银、绸缎、马、骆驼、黄牛、羊等,价值白银3600两。

格鲁恰甘俄格尔莫居、次仁、札朗藏格嘉布、桑达次旺大臣、士兵等献白银1600两。

阿巴噶究热图王(ཨ་བ་ག་ཧུ་རིགས་ཐུ་ཝང།)献曼札、佛像、佛经、佛塔、珍珠银丝饰水獭皮僧帽一顶、白银200两、珊瑚耳环一对、缎子3匹、缎衣一件、宝石念珠一串、马8匹、骆驼10峰、羊1000只。

察哈尔库贝恰甘部落献曼札、佛像、佛经、佛塔、日用器具、白银2000两。

俄曲莫钦大贝勒献大小曼札5具、佛像、佛经、佛塔、日用器具、白银500两、缎子20匹、骆驼3峰、马40匹、马鞍18副、珊瑚、琥珀、缎衣。

阿巴噶达丹平措贝子、其母央金、部落民众献曼札、佛像、佛经、佛塔、日用器具、白银2050两、缎子15匹、珊瑚、蚌壳念珠、祖衣、哈达、良马7匹。

托云曲杰、札萨克台吉次仁扎西、哈托贡噶德吉、格鲁恰母7座寺院总管、贡孜寺墨尔根法王、准噶尔俄格达尼玛多杰、噶勒达、10位官员等共25人,以及喀尔喀公德勒多杰、札萨克坚白多杰夫人等7人,科尔沁沙弥尼巴莫、5位台吉、那瓦图苏木喇嘛巴桑仁钦、比丘阿旺三木旦、洛桑群培、多麦玛娘寺两位赤巴、宇仓活佛、察哈尔库贝恰莫、3所寺院僧人、喇嘛阿齐图法王等共同献曼札、佛像、佛经、佛塔、各种供品、白银3200两、缎子25匹、马352匹。

喀尔喀将军德却耶当王之胞弟献曼札、佛像、佛经、佛塔、日用品、白银

2800两、缎子19匹。耶当王长子额尔德尼车臣岱钦浑台吉茨巴多杰献曼札两具、合金制金刚杵、坐垫、靠垫、白银500两、缎子10匹、上等黑狐皮、白马8匹、骆驼一峰。

曲杰噶钦洛桑群培献曼札、白银750两、缎子5匹。

贝子次仁多杰献曼札、白银70两、碗、念珠、马鞍。

霍尔旗右翼郡王莫居多杰献白银200两、缎子5匹、马21匹。

仲然巴洛桑金巴、苏尼特贝勒的上师阿旺索朗、图撒拉克齐贡波嘉布、坚赞等46人献曼札、佛像、佛经、佛塔、日用品、珊瑚念珠两串、珍珠念珠一串、白银1026两、缎子12匹以及马、骆驼13匹(峰)。

次日,协达尔卡公献珍珠3串、时钟2座、白玉器具14件、缎子18匹。

札萨克喇嘛阿旺班觉献白银50两。

六月二十三日

拉科呼图克图献曼札、佛像、佛经、佛塔、靠垫、软垫、白银100两、缎子、马3匹。

强佐札萨克喇嘛格勒南卡献曼札、哈达、白银100两、缎子3匹、马两匹。

大喇嘛洛桑南杰医师献曼札、佛像、佛经、佛塔、白银200两、缎子3匹、马3匹。

大喇嘛洛桑赤列格西献曼札、佛像、佛经、佛塔、白银150两、缎子3匹、马两匹。

140名僧人献白银470两、缎子8匹、马5匹。

多伦诺尔苏木寺僧人献曼札、佛像、佛经、佛塔、马蹄银10锭、缎子10匹、马4匹。

大喇嘛阿旺勒贤献白银150两、缎子3匹、马一匹、骆驼一峰。

德科寺大喇嘛艾力凯献曼札、坐垫、靠垫、白银50两。

270名僧俗群众献白银640两。

旺娘达尔罕岱钦贝勒诺布嘉措及其亲属献曼札、白银1000两。

阿巴拉寺喇嘛献曼札。

达曲杰献曼札、佛像、佛经、佛塔、坐垫、靠垫、铃杵、念珠、白银300两、大缎5匹。

喀尔喀托云洛桑多杰献白银300两、缎子5匹。

乌兰大喇嘛索巴献白银1065两、马两匹、骆驼两峰、念珠、衣服、皮张等。

土默特贝子母亲、夫人贡却琼桑等26人献曼札、佛像、佛经、佛塔、日用器具、白银950两。

六月二十五日

北方佛教大师喀尔喀哲布尊丹巴代表库热旺钦夏仲、墨尔根活佛、协热图曲杰、大喇嘛旺钦嘉布等献茶、米、白银211两、100两银制曼札一具、50两银制佛像和佛塔各一尊、佛经、日用器具、银瓢、高足托盘、缎幔、银瓶、银制八瑞相及七政宝、五妙欲像、白银970两、白骆驼一峰、白马8匹、上等哈达。

额尔德尼班智达呼图克图钦夏仲献曼札、白银1000两、缎子10匹。

喀尔喀土谢图公云丹献曼札、佛像、佛经、佛塔、日用器具、白银800两、缎子3匹、珍珠与珊瑚念珠各一串。

堪布托云洛桑达瓦格西、贡却卓玛、大喇嘛金巴、格鲁察甘藏格母亲、喀尔喀大喇嘛平措、格鲁柯柯赤巴增饶俄色、大喇嘛喜饶、顿珠林寺僧人、喇嘛额尔德尼、土谢图公之侄、才旦格佩公、达·顿月扎西、台吉桑布、阿旺嘉布、台吉达结、喀尔喀额尔克托云、扎西群科林寺僧人、科尔沁图撒拉克齐、巴托门库、科尔沁公诺门达热、额尔德尼图撒拉克齐、乌珠穆沁公、台吉饶旦多杰、万户长班智达堪布之转世灵童堪布巴丹嘉措、额尔德尼墨尔根呼图克图、次仁嘉布公、台吉阿宇班智达、夫人阿摩杰噶朗及其女桑格、比丘丹巴等合献曼札、佛像、佛经、佛塔、白银1949两、缎子39匹、马15匹。

贝勒贡桑献曼札、佛像10尊、佛经、佛塔、日用器具、白银500两、缎子、马鞍2副、马9匹。

喀尔喀雅培达尔罕诺云献白银200两、缎子20匹、马100匹。

六月二十六日

阿鲁科尔沁旗达丹贝勒、喇嘛、索门大臣合献曼札、佛像、佛经、佛塔、白银2000两。

克秀滩札萨克茨巴嘉布献曼札、佛像、佛经、佛塔、坐垫、靠垫、银器、白银1200两、缎子5匹、马两匹。

乌珠穆沁王玛哈斯卡献白银1200两、缎子30匹、马83匹、骆驼10峰。

阿巴噶涅丹王、次仁贡波王、霍尔旗右翼额尔德尼王次仁多杰、阿巴噶究日图王、苏尼特左旗王、霍尔旗王莫居多杰、乌珠穆沁额尔德尼大贝勒、阿巴噶那拉贝子达丹平措等合献曼札、佛像、佛经、佛塔、白银5000两。

苏尼特右旗阿力克大王次仁贡波献白银350两。

呼和浩特小昭寺、旺察觉切寺喇嘛吾拉图钦呼图克图献曼札、佛像、佛经、佛塔、马蹄银2锭、缎子、马113匹、骆驼10峰、黄牛45头。

科尔沁台吉喜饶献白银1000两。

赤钦活佛献曼札、佛像、佛经、佛塔、白银300两、缎子两匹、马9匹。

察哈尔格鲁柯柯僧俗群众献曼札、佛像、佛经、佛塔、日用器具、白银1500两。

喀尔喀札萨克索朗顿珠献曼札、佛像、佛经、佛塔、日用器具、白银300两、缎子5匹、马两匹。

喀尔喀车臣达勒贝子献曼札、白银500两、缎子10匹。

掌印喇嘛俄拉图诺门罕献白银550两、缎子7匹、玻璃用具。

喀尔喀车臣汗部落献白银1800两。

喀尔喀尔德尼墨尔根觉囊贝勒索朗旺嘉多杰献曼札、佛像、佛经、佛塔、日用品、白银2000两、缎子8匹。

曲杰诺云活佛献曼札、缎子3匹、白银656两。

贝勒部落僧俗群众献白银816两、护佑费白银1000两、缎子10匹、僧衣、绸子。

喀尔喀车臣汗代表次旺多杰公、阿噶贝勒、10位札萨克公等300余人献白银1000两。

达丹贝勒献白银1000两。

丹贝扎拉瓦素杰仲之转世者丹贝贡波洛桑献上等哈达、曼札、佛像、佛经、佛塔、日用品、珊瑚念珠、银制八瑞相及七政宝、玛瑙器具、银碟、银香炉、缎子10匹、钹等供器、皮张、马15匹、诵经哈达10条等。

卓尼德唐堪布嘉木央贡却尼玛献曼札、铃杵、象牙鼗鼓、玛瑙念珠、45两银制盘子、颇器、笛子、雄黄、160两银制脸盆、上等水獭皮、僧帽、缎子两匹、衣料。

丹巴贝勒献白银1000两。

霍尔旗额尔德尼王、洛桑才旦班觉王献曼札、佛像、佛经、佛塔、坐垫、靠垫、白银1000两、缎子20匹。

喀尔喀卡尔多贝子代表台吉献价值白银500两的礼物。

噶丹达杰林寺、格结寺等15所寺院僧人献白银2321两。

扎西佩结林寺献50两银制曼札、马蹄银1锭。

喀尔喀桑杰巴桑之转世灵童诺云呼图克图嘉木央艾智嘉措及其侍从献曼札、坐垫、靠垫、白银780两、缎子12匹。

喀尔喀贡却多杰公、夫人茨巴吉献曼札、佛像、佛经、佛塔、日用品、白银400两、缎子10匹。

图撒拉克齐次仁扎西、夫人央金、比丘洛桑多杰等人献白银30两、缎子两匹。

嘉饶大贝子代表玛哈托云、强多哈托晋美萨、散布颜旺嘉等献曼札、白银350两。

六月二十九日

在阿勒滩督斯地方,巴仁王之子索朗多杰、喇嘛额尔德尼墨尔根阿旺格勒坚赞等330人献曼札、佛像、佛经、佛塔、日用器具、白银1170两。

喜饶平措贝勒、巴林贝子、俄格尔达次仁多杰等25人及喀尔喀妙吉祥母诺贡达拉等献白银590两、缎子12匹。

七月一日

在羊秀地方,喀尔喀车臣汗部落献曼札、佛像、佛经、佛塔、日用品、白银7100两、银碟、缎子460匹。

克秀滩札萨克、东纳夏仲喇嘛、寺院僧人献白银400两。

札萨克达勒浑台吉、车臣汗代表旺钦夏仲喇嘛等人献白银150两、缎子23匹。

七月三日

喀尔喀额尔德尼、希热图喇嘛等10位知名人士共50人于三木康敖包地方献曼札、佛像、佛经、佛塔、白银250两。

七月四日

奈曼王拉旺饶旦、敖汉王札萨克阿旺巴丹、敖汉王晋美卓瓦、苏尼特王旺秀、苏尼特贝勒诺布嘉措、阿鲁科尔沁达旦贝勒、喜饶贝勒贡波嘉布、喀尔喀贝勒阿宇、巴林贝子、散佩多杰、敖汉王大贝子洛桑喜饶、贝子曲杰嘉布、苏尼特贝子图门巴彦、巴林德勒公、敖汉王桑杰嘉布公、苏尼特贡噶饶旦公、嘉饶次仁嘉布公、克秀滩札萨克桑杰嘉布、台吉索朗多杰、图撒拉克齐巴彦觉拉、科西艾普、嘉饶艾普、札朗、藏格、台吉、迈仁、关卡等于察根豁若地方设宴迎接班禅额尔德尼,献白银5500两。

图撒拉克齐巴扎、苏尼特台吉贡波才旦等献白银420两、狐狸皮30张、水獭皮30张。

苏尼特贝子曲嘉献礼品。

在太吉地方,艾普格丹公、台吉雪多嘉布、台吉斗噶尔、夫人堪杰、安图、协巴察卓玛嘉布、台吉巴饶、曲杰扎巴、比丘金巴、比丘德延、格西顿珠、三木旦、布勒噶、艾登、敖汉王群觉夫人俄拉噶、托云曲杰、班觉饶旦、麦智呼图克图、次仁等献白银517两6钱、缎子4匹。

掌印喇嘛嘉央丹增、夏仲洛桑雅培、达曲艾珠格西及僧俗群众200人于浑都豁地方献曼札9具、佛像10尊、经函9卷、佛塔9尊、靠垫、坐垫、哈达63条、白银114两、缎子11匹。

七月九日

科尔沁十部落于内蒙古格尔旗伦阿玛地方向班禅额尔德尼献油炸食品、曼札、佛塔、日用品。

艾普大王晋美多杰献白银450两、骆驼、马11匹。

大诺云次仁丹巴献白银150两、骆驼6峰、马6匹。

扎西南杰王献白银375两、骆驼及马各11峰(匹)。

旺嘉多杰王、贡噶饶旦王各献白银370两。

阿旺才旦王献白银225两、骆驼及马各11峰(匹)。

诺云呼图克图献白银200两、马4匹、骆驼4峰。

桑德嘉布王、扎西噶丹王各献白银180两。

贝勒三木齐贡献白银120两。

贝勒阿摩格朗献白银60两。

贝勒贡波嘉布献白银120两、马两匹。

贝子班贫民区、贝子保德献白银75两。

桑培嘉措公献白银45两。

格日嘉布公献白银45两、马4匹。

霍达公等6人各献白银30两。

札萨克台吉饶旦等5人各献白银15两。

台吉班觉、台吉顿珠、艾普雅培、艾普莫居、艾普贡波、图撒拉克齐旺秀、扎格日噶旗、台吉迈仁等22人合献白银92两、马30匹。当地百姓献白银1805钱。

敖汉王经师索朗达结及其夫人平措扎西、艾普才旦多杰等主仆47人、苏尼特王所属8所寺院、苏尼特贝子、苏尼特公、贝饶苏莫、迈仁苏莫、格贡艾托苏莫、阿噶茹图苏莫、郭芒曲杰、噶究云丹、噶究喜饶、格勒嘉措措格西、苏尼特王旺秀等献白银1158两、缎子4匹、哈达670条。

七月十日

在霍尔更拉地方，协巴甘察洛桑卓玛、台吉次旺、台吉次旺嘉布、台吉曼日荷、雪巴噶、比丘阿旺金巴、台吉昂格玛洛、比丘云丹、图撒拉克齐饶旦南杰及其侍从、德彦旗喇嘛扎西尼玛、卡茨巴嘉布、格日嘉布公、图撒拉克齐洛桑南杰等献白银810两、毛线10捆。

七月十一日

班禅额尔德尼抵达包罕图阿玛时，科尔沁五大部大王仁旦斯俄、蒙古人金贝勒索朗班觉、贝子才旦顿珠、土谢图公晋协嘉布、玛哈巴拉公等献油炸食品、曼札、日用器具、白银1005两。

科尔沁王饶旦喜吾献曼札、佛像、佛经、佛塔、日用品、白银900两、缎子、水獭皮、马9匹、银袋一对。其子顿珠才旦、托云艾普等献白银200两、缎子7匹。

七月十三日

科尔沁玛哈巴拉公、其母阿格、父亲噶旺嘉布、次旺艾普曲巴贝等20人，以及其他信徒共200人献曼札、佛像、佛经、佛塔、日用品、胜乐金刚及文殊菩萨唐卡画各1幅、各种供品、白银1000两。

科希艾普喇嘛嘉艾普贡却嘉措、艾普巴丹云旦等9人及其他信徒共150人献曼札10具、佛像、佛经、佛塔、日用品、白银1000两、供品、口袋。

班玛俄色夫人、次仁夫人、益西夫人献礼。

七月十六日

在勒巴苏木地方，喀尔喀土谢图汗献曼札、佛经、佛像、佛塔、日用器具、银制香炉等，价值白银8510两，以及缎子115匹、毛线65捆。

俄格尔达却图巴特尔桑波献白银、水獭皮、马匹。

七月二十三日

内务大臣艾普公之兄普鲁耶大臣献上等哈达、银制大曼札两具、无量寿佛像3尊、缎子36匹、琥珀念珠、黄缎僧冠及修行帽、口袋4条、腰带一条、手杖。

七月二十四日

喀尔喀散诺云部落、大喇嘛玛觉多杰、夏仲金巴嘉措、卡博拉、管家群培、管家喜饶、旦达尔等献曼札、白银500两、缎子9匹。

内务大臣江贝勒献曼札两具、白银500两、缎子9匹、塔幔。

七月二十五日

准噶尔兰仁木寺卸任堪布顿纳夏仲阿旺曲扎、哲蚌寺哈尔当曲杰丹增艾珠格西等两人献上等哈达、曼札、钵盂、俄罗斯手枪一支、枪套用珍珠镶饰及白银100两、念珠一串。

七月二十六日

布达拉宫献礼物。

艾普公之子巴协吉伦献上等哈达、银制曼札、各种玉器、水晶瓶两个、箱子两口、缎子18匹。

七月二十八日

喀尔喀俄仁汗部落献曼札、缎子若干匹、白银300两。

热河将军韩大人献曼札、佛像、佛经、佛塔、白银100两、缎子9匹。

七月二十九日

大佛寺僧人献礼物。

八月一日

喀尔艾普公献礼品。其弟云献总督俄卡玛献哈达、100两银制曼札、50两银制曼札一具、金念珠、腰带、红黄色氆氇衣料两件、缎子40匹。

班禅额尔德尼身边的随员俄居图图玛尔克巴献哈达、缎子9匹。

八月二日

嘉摩绒梅将军献曼札一具、缎子数匹、精制水晶器具。

准噶尔都汗玛索嘉布献曼札、佛像、佛经、佛塔、衣服、日用器具、白银1000两、上等缎子100匹、水獭皮33张、毛线100捆、狐皮67张、良马一匹。

准噶尔巴桑将军贝勒献哈达、曼札、日用器皿、白银1000两、缎子20匹、毛线500捆。

准噶尔、杜尔伯特博索大王之次子献哈达、曼札、佛像、佛经、佛塔、日用器具、白银700两、缎子20匹、毛线50捆。

准噶尔图谢公之子台吉勒泽献哈达、曼札、白银110两、缎子12匹。

准噶尔图谢公献水獭皮、哈达。

准噶尔土尔扈特协仁王、托颜等献曼札、佛像、佛经、佛塔、日用器具、珍珠饰五佛冠、僧帽3顶、靠垫、坐垫、白银1000两、缎子10匹、水獭皮6张、玉石雕鞍一副。

喀尔喀土谢图公之弟拉尚多杰公献哈达、缎子两匹、白银20两。

科尔沁王夫人玛尼巴拉主仆30人、部分头领各献礼物。

八月五日

热河寺、布达拉宫、普乐寺、夏拉苏木、柯柯苏木、耶勒苏木、溥仁寺、新寺、金台寺、罗汉堂寺等十大寺院献曼札、佛像、佛经、佛塔、日用品、白银、绸缎等。

八月六日

黄贝勒献曼札、靠垫、坐垫、靠枕、缎子20匹、装有缎子等实物的箱子3口。

喀尔喀桑杰王献曼札、缎子9匹。

墨尔根王献曼札一具、水晶念珠多串、上等缎子若干匹。

江贝勒夫人格格献曼札、手杖、缎子。

康泽亲王献曼札、佛像、水晶器皿、缎子10匹、四相缎面皮袍。

内务大臣胡大人献曼札、靠垫、坐垫、枕头、玉石念珠、手杖、绸袋、针盒、腕具、上等缎子30匹。

旗公献白银100两。

艾普贝勒桑珠夫人格格献曼札、白银300两、缎子等。

五台山札萨克喇嘛献念珠多串、鲜花2箱。

八月八日

准噶尔大喇嘛扎西嘉措献曼札、佛像、佛经、佛塔、日用品、白银500两。

准噶尔散索摩代表雪托巴德尔大臣、雪塘医师伊格达、散尼迈克伊格达、索摩藏格等人献曼札、白银3066两、珊瑚、珍珠、狐皮、僧衣。

喀尔喀德却耶当王献白银1000两、僧衣、马鞍一副。

八月九日

耶勒欧罗准噶尔索摩代表鄂岗达大臣托托玛莫等献哈达、白银1000两。

准噶尔墨尔根达仓等人献白银500两。

土尔扈特格贵金巴索巴格西、格贵曲旺旺秀等献哈达、白银1000两。

阿达尔噶究、格贵索巴坚赞等献哈达、白银200两。

拉然巴格西、格贵、比丘等人献白银50两、土尔扈特银20两。

八月十日

土默特贝子、土尔扈特汗次仁南杰、台吉饶旦多杰、德丹卓玛夫人、其女诺吉旺姆、僧俗群众献曼札、上等哈达、珍珠饰品、金器、大小珍珠、镶有11颗珍珠之金钮扣、珍珠饰品11件、珊瑚、俄罗斯缎袍、刺绣缎门帘、白缎、器皿、曼札、马蹄银10锭、白银205两。

土尔扈特杰尔噶贝勒、夫人茨巴、台吉额尔德尼、台吉克科、台吉德勒、台吉科雄、索门等人献黄金6钱5分、披肩、僧裙、缎制糌粑袋、白银220两4钱。

和硕贝勒拉俄巴协献曼札、佛像、佛经、佛塔、白银200两、缎子、哈达。

次仁德拉王、班玛俄巴协、巴彦达拉属民献曼札、华盖、塔幔、银制法轮、珍珠两颗、珊瑚30颗、黄金25两、马蹄银一锭、俄罗斯缎衣两件、哈达。

比丘洛桑曲札等30人献珍珠、白银17两、珊瑚5颗、黄金一钱、针盒、骆驼、哈达30条。

八月十一日

土尔扈特克珠亲王献曼札、佛像、佛经、佛塔、日用器具、白银1000两。

台吉次仁俄巴协、班玛、多杰德拉、7位台吉、苏尼特大人、准噶尔达赖汗、喇嘛阿旺嘉木央、堪布班智达、大喇嘛阿旺平措、翁则大喇嘛阿旺仁增、德木旗洛桑华巴、德木旗阿旺嘉措、管家扎西托迈、管家阿旺坚赞等人献曼札、佛像、佛经、佛塔、日用品、白银、绸缎。

八月二十一日

土默特贝子部落夏仲益西晋美、贝子夫人贡却曲宗等献曼札、佛像、佛经、佛塔、日用器具、白银1000两。

夏尔孜诺门罕洛桑坚白献曼札、佛像、佛经、佛塔、白银 100 两、缎子 22 匹、氆氇、哈达。

八月三十日

朗廓尔苏木亲王献曼札、手杖等。

九月一日

联络员蒋大臣献曼札、玻璃器具、绸缎、水果。

九月二日

班智达堪布札萨克扎巴平措献曼札、佛像、佛经、佛塔、钵盂、马蹄银 5 锭、绸缎等。

黄寺僧人献曼札。

九月六日

耶宁寺大喇嘛献佛像、缎子若干匹，大僧人献哈达、白银。

九月七日

宦官喇嘛益西格丹献哈达、缎子若干匹、猎狗皮。

九月八日

内务大臣阿勒哈达阿公献曼札、手杖、缎子 19 匹、黑狐皮 9 张、黄氆氇一匹。

内务大臣杨阿勒哈达献曼札、玉镶手杖、大缎 8 匹、碗具。

格班索包尔噶献哈达、白银 100 两、骡子两头。

耶拉克那王献靠垫、坐垫、银制曼札、玉石雕像、蓝黄二色大理石香炉各一尊、蓝色火壶 3 个、绸缎多匹。

雍摩寺僧人献曼札、佛像。

九月十二日

在黄寺，蒙古客人索朗班觉贝勒献银制曼札、佛像、佛经、佛塔、日用器具、白银 100 两、大缎 15 匹。

察甘德颜旗活佛献曼札、日用器皿、白银 1000 两、上等大缎 30 匹。

九月十六日

在天祝金刚座神像庙、札萨克喇嘛、阿札雅等献银制曼札、佛像、佛经、佛塔、靠垫、坐垫、枕头、绸缎等。

九月二十一日

土默特贝子艾迈格艾克之母秀夏贝、台吉晋美贡桑、3位夫人献银曼札、佛像、佛经、佛塔、法衣3件、靠垫、坐垫、八瑞相、玉杖、念珠两串、银碟8个、白银900两。

比丘贡却建献白银70两。

雍和宫大堪布诺门罕侍从献哈达、曼札、缎子4匹。

九月二十二日

雍和宫僧人请求班禅额尔德尼授沙弥戒，献曼札、缎子两匹、白银450两等。

九月二十六日

第十六王之侄子康泽亲王献上等哈达、绸缎、黑狐皮、火壶一对、白水晶石念珠、水晶瓶、玉兔、玉石壶一对、香炉、蓝水晶石碟子一对、水晶器具。

九月二十八日

在黄寺大经堂，僧众献曼札、佛像、佛经、佛塔、僧衣、日用品、彩缎10匹、白银800两。

科尔沁札萨克公部落塔布囊格母亲艾力克夫人晋巴噶、次旺南杰、格勒格西等人献曼札、靠垫、坐垫、白银、缎匹。

土尔扈特旗献白银、僧衣。

十月(藏历九月)

内库总管联络员蒋大臣献上等哈达、缎子16匹、景泰蓝器具8件、手杖两根。

十月九日

准噶尔部约1000名僧俗群众、众首领代表普尔布大臣、20位大臣等人献曼札、佛像、佛经、佛塔、衣物、日用器具、彩缎15匹、白银500两等。

十月十三日

五塔寺札萨克喇嘛献哈达、珊瑚、念珠。

金保僧人献哈达、佛像、经函等。

十月十四日

章嘉活佛之红带老友、第十三位王之子献哈达、上等缎7匹、念珠7串、水晶器皿等。

十月十七日

黄寺、青寺献曼札、佛像、佛经、佛塔、白银、绸缎等。

上面已把六世班禅在赴京途中各位信徒、施主所献礼物列出。下面将其静修法身期间及圆寂后在灵塔前所献礼物记录如下：

六世班禅遗体停放黄寺期间，首先由拉科呼图克图献哈达、白银400两、上等缎子5匹、马一匹。

达擦活佛献上等哈达、银制曼札、白银50两、缎子一匹。

章嘉活佛若必多吉、敏珠尔诺门罕、班智达堪布桑杰俄色、6名札萨克喇嘛、7名大喇嘛、30名索拉喇嘛、40名德木旗、57名格贵献上等哈达、50两银制曼札、白银950两、上等大缎18匹。

札萨克喇嘛格勒南喀献上等哈达、白银500两、上等缎子10匹、马一匹。

耶尔亲王献无量寿佛像一尊、玉制法轮、玉碗、合金手杖、银制八瑞相、丝绒、两色缎子、缎幔一幅、缎垫一条、缎子5匹、香炉一尊、水晶用具。

康赛王献上等哈达、上等缎子20匹。

耶亲王献上等哈达、上等缎子20匹。

彭协杰伦公献上等哈达、100两银制曼札、白银500两、上等缎子16匹。

内务大臣阿仲塘献上等哈达、银制曼札、白银500两。

艾普德勒献上等哈达、白银50两。

江贝勒献哈达、白银100两、马一匹。

江南总督献上等哈达、缎子20匹。

夏亲王、阿王、切艾普、曲贝勒、达公、德艾普、那贝勒普尔耶等各献骏马一匹。

司库蒋大臣献50两银制曼札、白银100两。

准噶尔普俄大臣献白银65两。

准噶尔普俄大臣及其部落群众献白银65两、景泰蓝器具、合金制佛像。

龙大老爷献白银400两、上等缎子20匹。

熊宏铺献哈达、缎子8匹。

张家口布孜大臣、贡大臣献哈达、银制曼札。

星大臣献哈达、曼札、缎子4匹、薄绫。

西安府道尔格大臣、付大臣、阿萨肯留大臣献厚礼。

满文《甘珠尔》译者布尔公札萨克喇嘛丹巴、白塔夏仲、雍寺素拉喇嘛丹增、隆普寺素拉喇嘛、桑珠寺格佩喇嘛等30余人献哈达、白银90两。

章嘉活佛侍从、医师大喇嘛献哈达、10两银制曼札、白银50两、缎子两匹。

桑珠寺献50两银制曼札、哈达、白银50两。

管家德木旗丹巴献白银950两、蒙古绸缎。

素拉喇嘛翁则金巴献白银10两、缎子两匹。

素拉喇嘛却珠献缎子两匹。

管家嘉措献白银100两、缎子3匹。

索本堪布格桑献缎子3匹。

章嘉活佛侍从、拉科呼图克图之管家桑珠、管家曲丹、管家巴丹、管家班觉、国师格佩、噶究丹达尔、扎西嘉措格西、比丘阿旺群培、德木齐噶瓦、司马夫格勒等100多人献曼札一具、白银155两5钱、缎子10匹、水晶器具两套、狐皮一张。

章嘉呼图克图在多伦诺尔的管家丹增扎西及僧众献白银50两。

敏珠尔诺门罕侍从曲杰洛桑楚臣、大喇嘛等献上等哈达、缎子3匹、白银50两。

鄂娘贝勒母亲献缎绣白胜乐像一幅、银器用具一套、白银500两、缎子9匹。

协木塔图阿格等人献白银100两。

乌珠穆沁夏仲献白银200两、缎子两匹。

五塔寺札萨克喇嘛献上等哈达、念珠、四相缎。

夏拉苏木大喇嘛、德木齐、格贵、僧众合献银制曼札、坐垫、靠垫、白银100两、缎子4匹、上等哈达。

素木大喇嘛曲嘉措献上等哈达、白银50两、缎子。

东黄寺献佛像、佛经、佛塔、14两银制曼札、坐垫、靠垫、白银90两。

雅曼达嘎寺喇嘛喜饶多杰献上等哈达、白银50两。

雍寺札萨克喇嘛嘉多堪布献白银100两、缎匹。

三普寺札萨克喇嘛献白银10两、诵经哈达一条、白花绢10条、上等缎子。

协帕塘寺僧人献白银 100 两、哈达。

清真寺献曼札、佛像、白银 50 两、缎子、哈达。

察哈尔夏仲喇嘛格桑格勒坚赞献上等哈达、100 两银制曼札一具、黄金 4 两 5 钱、金色纸 10 卷、捆经带 220 条、缎子 10 匹。

大喇嘛洛桑茨贡侍从献曼札、缎子两匹、哈达 30 条。

溥仁寺僧人献上等哈达两条、银曼札、缎子。

夏拉苏木德木齐格敦扎西献佛像、曼札、缎子两匹。

赤钦诺门罕随从、雍寺拉章僧人献上等哈达、白银 27 两 7 钱。

右目堪布之管家金巴楚臣献上等哈达、白银 25 两。

护国寺札萨克喇嘛班觉献白银 220 两、上等哈达 5 条、诵经哈达 30 条、缎子。

甘丹寺仁布切札萨克喇嘛献白银 30 两。

雍寺僧人献哈达各一条。

白塔寺献靠垫、坐垫、枕头。

热河大佛寺、布达拉、扎什伦布等 11 所寺庙僧人分别献哈达、白银 150 两。

热河扎什伦布寺堪布协乃巴噶钦洛桑顿珠、格贵噶钦洛桑多杰、翁则、德木齐管家、寺院僧人献哈达、白银 100 两。堪布本人献白银 11 两、缎子两匹。

察甘德木齐寺院僧人献白银 65 两、折合白银 4 两的铜钱、酥油等。

七海寺掌印喇嘛毕力克图诺门罕献哈达、白银 100 两。七海右寺献白银 125 两,七海左寺献白银 125 两。

五台山菩萨殿、老黄寺等 13 所寺院献 10 两银制曼札、上等哈达两条、白银 38 两。

科尔沁饶旦赛扎王献白银 1000 两、缎子 10 匹。

科尔沁觉日图亲王贡噶饶旦献上等哈达、白银 30 两、缎子。

敖汉吉迈卓瓦献哈达、白银 20 两。

敖汉普巴彦巴图尔及夫人格格献哈达、坐垫、靠垫、枕头一对。

乃曼王拉旺饶旦及其属民献上等哈达、缎衣一件、上等缎子制成的佛被一件、缎幡一面、白银1000两、上等缎5匹、供品。

敖汉图撒拉克齐桑杰嘉布献白银100两、珍珠饰珊瑚项链。

科尔沁王上师益西达结献缎子3匹。

科尔沁大喇嘛阿旺仁钦献白银52两、缎子4匹。

塔布囊森扎甘等11人献白银61两一钱。

蒙古索朗班觉贝勒献50两银制曼札一具、白银130两。

蒙古贝勒夫人献哈达、6两3钱金制曼札一具。

察汗都彦旗献白银100两,管家献白银50两。

班智达夏仲阿旺嘉措献上等哈达两条、银制曼札一具、白银50两、水獭皮一张。

甘珠尔诺门罕献白银55两。

关东克热寺掌印喇嘛嘉木央丹增献曼札一具、白银50两、缎子11匹、哈达一条。

科尔沁大王吉迈多杰献白银100两。

科尔沁札萨克旺嘉及玛哈拉公、塔布囊次旺、格格等献哈达、大威德神刺绣像、白银150两、缎子5匹、羔皮缎袍一件、僧帽、腰带、缎鞋一双、弓箭囊、熊皮、豹皮一张、马鞍。

喀尔喀哲布尊丹巴库伦管家献哈达、银制曼札一具、白银1000两。

喀尔喀札萨克图汗献白银100两,札萨图克汗叔父托云献白银100两。

喀尔喀巴图尔亲王次旦嘉布献上等哈达、佛像、佛经、佛塔、镀金无量寿佛像一尊、白银1000两、缎子4匹。

喀尔喀车臣汗献曼札、缎子5匹。

喇嘛坚钦孜巴献哈达、白银50两、缎子。

喀尔喀旺钦诺门罕献哈达、白银50两。

喀尔喀郡王茨巴嘉布献100两银制曼札、白银200两、缎子、薄绫两匹、哈达31条、珊瑚15颗、铜钱340串。

阿巴噶贝子达丹平措及其母央金献哈达、白银60两。

阿巴噶乃旦王献哈达、披肩、白银50两。

岱海寺喇嘛尤噶杂日呼图克图洛桑图丹坚赞献哈达、银制曼札一具、白银30两。

芒甘贝勒代表卡坛达献白银90两。

才旦公献珊瑚念珠一串。

喀尔喀车臣汗代表艾玛献白银100两。

图撒拉克齐仁钦献白银50两。

喀尔喀贝子耶旦嘉布献50两银制曼札一具、银轮、银瓶、白银3两。

尤本札萨克喇嘛贡噶饶觉献上等哈达、银制曼札、佛经、佛经、佛塔、四相缎3匹。其所属寺院40名僧人献30两银制曼札一具、八吉祥图哈达一条。

察喀尔克维夏拉俄格尔达巴拉莫献哈达、白银400两。

敖汉比丘洛桑旺秀及克宇嘉布献白银400两。

敖汉迈智巴献白银200两。

萨玛德吉献哈达、珍珠、念珠等。

台吉玛德献白银100两。

喀尔喀台吉饶觉多杰献哈达、白银100两。

阿巴噶乃旦王部落、比丘阿旺丹增献羊100只、牛20头。

德丹寺喇嘛岱钦阿旺嘉木央、顿纳夏仲、乃济陀音呼图克图、贝勒洛桑喜饶、科尔沁公玛哈巴拉、喀尔喀达丹贝勒托云洛桑坚赞、桑嘉杂格图旗、清真寺阿门、夏拉之子、阿旺、南杰勒旦、雍寺桑德木齐仁钦强涅、格贝曲杰、比丘格勒、索朗、益西次旺、桑珠、德钦、雅玛纳噶寺之德木齐、格贵、僧众、热河扎什伦布寺格贵噶洛桑多杰、仲然巴洛桑才旦、吉隆巴洛桑坚赞、益西索巴、洛桑南杰、格敦群培、益西迥乃、赤钦札萨克喇嘛随员，七部右翼部落大喇嘛洛桑赤列、格贵仁钦等30人，左翼部落大喇嘛勒贤、五台山喜饶嘉措格西、敖汉俄西鲁、一等台吉包那巴、台吉多杰嘉布、科尔沁图撒拉克齐次仁嘉布、察哈尔托噶图及凯特、丹巴雅培、扎巴洛哲、金巴嘉措、比丘金巴、巴彦卡、强巴、格勒贡布、洛桑旺秀、格佩那钦、阿瓦夏、车臣噶雪萨那多、萨彦都、科尔沁王卡纳索托、杂格茹其桑杰、杂朗桑格、比丘嘉措等17人，比丘益西一行20人、德彦旗比丘阿旺喜饶、卡斗仁、南琼、杂格茹旗、洛桑达结、洛桑多杰、阿旺丹巴格西、亥雅涅、藏格协钦、德索俄巴散察一行3人、却玛建一行20人、比丘特尔德尼、喀尔喀完德班觉、洛桑金巴、杂朗才旦、旺秀、洛桑楚臣、晋美多杰、卡诺云、喀尔喀茨贝多杰、贡噶班觉、喀尔喀洛桑顿珠、杂格茹旗布玛、比丘扎西、扎西平措、丹增南杰、益西顿珠、格日德阿旺巴丹、贡波嘉布、曲丹、呼和浩特土默特杂朗、藏格、益丹嘉布、旦正嘉布、娘波、扎西嘉布等献无量寿佛金像一尊、金字经藏一卷、曼札两具、铃杵、白银 445 两 9 钱 5 分、缎子 3 匹、薄绫一匹、哈达 23 条、铜钱 9 串、骆驼一峰、马两匹。

以上所录为班禅额尔德尼驾临北京期间及圆寂后，灵柩停放在北京时各阶层信徒所献礼物。

大同府督爷、两位知府、张知县等献白银 400 两、缎子 20 匹。

噶丹扎西曲林寺献哈达、曼札、白银 100 两。

塔尔巴林寺献哈达、银制曼札、白银 100 两。

岱海扎西措巴林寺僧人献哈达、银制曼札、白银 92 两。

道纬扎西献杰献白银 100 两。

喀尔喀札萨克邬建及其母献哈达、缎子 3 匹。

科尔沁才旦嘉布、艾尔凯俄素图及其母德吉献白银 270 两、绸缎一匹、薄绫 5 匹、腰带、哈达两条。

呼和浩特将军府献曼札、缎子 20 匹。

乃济陀音呼图克图献哈达、白银 100 两。

呼和浩特各寺献白银 150 两。

苏尼特德丹林寺喇嘛托云献法轮、白银 405 两。

芒日札萨克翁则献白银 50 两。

鄂尔多斯准噶尔贝子、图撒拉克齐、王妃等献上等哈达、曼札、白银 58 两、缎子两匹。

扎西莫居林寺、贤智达杰林寺各献哈达、白银 50 两。

喀尔喀将军散诺云科协、亲王诺布嘉布、额尔德尼班智达呼图克图、堪布诺门罕、耶克班智达呼图克图、王、贝勒、贝子、公等献哈达、银制曼札、白银 600 两、上等缎子 20 匹。

大贝子丹巴达结之子呼图克图献哈达、曼札、白银 50 两。

2 拉托彦献珊瑚念珠、白银 50 两、缎子两匹。

扎西南杰曲林寺喇嘛达摩瓦曲杰献哈达、白银 100 两、缎子两匹，该寺献白银 50 两。

扎西曲林寺喇嘛诺云曲杰献哈达、曼札、白银50两。

贡嘉多杰公、翁则益西次仁、图谢夫人等献白银150两、马8匹、骆驼一峰。

大王之子扎桑哈献白银300两。

苏尼特王次仁贡波、贝坛达瓦彦、察哈尔扎西协珠达杰林寺、恰甘德颜旗喇嘛、德仓林寺、平措贡江林寺、达结德珠林寺、俄然公索朗顿珠、丁科尔班智达、西安府知府、土尔扈特贝勒旺嘉茨及其子欧珠南杰等献哈达两条、白银110两、缎子4匹、马一匹等。

鄂尔多斯俄多贝勒顿珠次仁、大贝子丹巴达结、杭盖贝子扎西达结、准噶尔贝子次旺扎西、俄协贝子布彦托、札萨克旺嘉茨多杰、王之代表阿噶达玛桑欧等献上等哈达、曼札、白银2500两、上等缎100匹。

杭盖贝子献白银100两。

札萨克旺嘉多杰献白银50两、缎子两匹。

俄香贝子献白银100两。

俄多贝勒顿珠次仁献曼札、白银200两、缎子10匹。

俄多贝勒之兄献白银50两。

台吉喜饶宁波代表喇嘛贝图巴噶钦散佩献曼札、白银23两,僧众献白银50两。

宁夏将军献上等哈达、曼札、佛像、佛经、佛塔、铃杵、缎子21匹。

宁夏督爷、知府、知县献曼札、缎子7匹。

塔波夏仲班智达贡周诺门罕献大缎幡两面、供神银碗7个。

达隆寺献哈达、曼札、白银50两。

西安府道尔格将军、蒲大臣、莫大臣、桑大臣、安察司、署长司、五粮道、俄彦帕德等8位官员献哈达、曼札。

阿拉善亲王洛桑多杰献缎子3匹、薄绫两匹。

兰州总督献哈达、曼札、马蹄银20锭、上等缎8匹、茶20包。

郭隆寺僧人献哈达、曼札、白银300两、上等缎14匹、蓝底花绢10块、哈达100条、玉器5个。

西宁办事大臣献白银50两。4位官员献曼札、白银30两、缎子9匹。

塔尔寺僧人先后献祭品上等哈达3条、曼札两具、香包5个、白银550

两、缎子14匹、哈达、绸子、砖茶等若干包，以及布342匹、毡帽40顶、马5匹、牛3头。

塔尔寺密宗札仓僧人献上等哈达、曼札、白银50两、缎子3匹、绸子100匹、棉布40匹、哈达100条、绫子10匹，医宗学院献上等哈达、曼札两具、镀金佛像一尊、经一卷、日用器具、旗幡、缎子两匹、白银50两、哈达10条、绸子3匹、绢10匹、毡帽3顶、茶、母犏牛一头。

塔尔寺护法神师献上等哈达、曼札、缎子4匹、茶两块、犏牛4头、绢一匹。

噶勒丹席力图赤钦活佛献上等哈达、马蹄银两锭。

夏琼寺献曼札、白银50两、缎子。

郭隆寺松巴堪布献上等哈达、曼札、白银100两、绸缎。

赞普噶丹曲林寺僧人献上等哈达、白银420两、缎子33匹、氆氇两匹、棉布213匹。

塔尔寺卸任堪布却藏诺门罕及僧众献上等哈达、曼札、白银110两、缎子13匹、棉布200匹、哈达200条。

青海强多尔贝子母子献哈达、曼札、白银50两、缎子3匹、绸子5匹、棉布20匹、哈达20条、氆氇两匹。

青海普迈贝勒之母琼增献哈达、珍珠、库缎。

察甘诺门罕先后献哈达、曼札两具、缎幡7面、金色纸、白银100两、上等缎衣5件、缎子4匹、骆驼5峰、马170匹、驮牛鞍子280副、羊550只。

额尔德尼索本堪布献驮牛鞍24副。

德庆曲林寺等寺院献哈达、白银40两、八瑞相图、哈达、俗装52件、缎子15匹、绢30匹、马一匹。

土观呼图克图献上等哈达、曼札、白银107两。

隆务寺嘉瓦喇嘛献哈达、曼札、佛像、缎子。

闰五月首日我（作者）献上等哈达、曼札、白银500两、缎子10匹、薄绫28匹、八瑞相、哈达、僧衣120件、花布20匹、绸子20匹、绢200匹、公犏牛100头、白棉布20匹。

曲沟寺献哈达、白银50两、缎子3匹。

丹噶尔寺、扎西曲科林寺僧人合献哈达、白银100两、缎子4匹、薄绫5

匹、绢3匹。

青海贡桑札萨克献哈达、马5匹、骆驼5峰。

贝勒曲迥嘉布献上等哈达、马5匹、牦牛20头。

噶钦益西旺秀献白银50两。

塔波夏仲之亲属、饶杰寺、嘉绒寺、索洛玛堪布热振曲杰、卓尼阿旺嘉措、仁西班觉噶丹林寺、札萨克扎西旺嘉、札萨克噶丹旦窘、女王扎西吉、雪巴夏仲雅吉巴献哈达10条、白银26两、缎子5匹、棉布40匹、茶10包、马两匹、犏牛3头。

北方佛学大师哲布尊丹巴活佛亲自献哈达、银制曼札、白银150两、缎子17匹。其父索朗扎西、乾隆皇帝特使散贝勒图大臣献礼。

墨尔根诺门罕献哈达、白银200两、上等缎子18匹、红狐皮一捆。

喀尔喀额尔德尼札桑哈王献50两银制曼札、白银750两、缎子57匹、绫子3匹、薄绫14匹、大小哈达820条、骆驼、马匹。

尤本札萨克献上等哈达、马蹄银一锭、绫子3匹、马鞍一套、绢37匹。

莫居贝子献哈达、马蹄银一锭、缎子。

阿日格西坚赞俄色献哈达、钹一对、黄金5两、白银50两、缎子3匹、马40匹。

噶丹扎西迥乃寺献哈达、骡子一头、马一匹、犏牛鞍子3套。

晋美贝勒献哈达、马蹄银一锭、骆驼13峰。

郡王索朗多杰献哈达、曼札、白银50两、缎子4匹。

贡却札萨克献白银10两、马3匹、犏牛鞍10套。

噶钦益西楚臣献哈达、白银55两。

诺布巴桑献哈达、白银50两。

尼玛等人献哈达、灵塔、缎子5匹、茶40甑、9块装砖茶8包。

巴彦都拉法王及僧人献哈达、白银50两、缎子3匹、8块装砖茶8包、驮牛40头。

札萨克卓玛嘉布献哈达、缎匹、骆驼、马。

札萨克扎西茨佩献哈达、白银50两、骆驼、马。

巴燕昂钦千户献哈达、佛像、白银25两、马3匹、豹皮6张、绢3匹。

娘措曲林寺、曲嘉饶旦王献哈达、白银90两。

拉娘活佛献马蹄银、缎子、棉布、狐皮等礼品 11 种。

察雅两位活佛合献敬神哈达、白银 50 两、水银 200 两、铜 35 驮 5 秤。活佛之胞弟红帽活佛先后向灵塔献祭品、上等哈达、曼札、白银 350 两、缎子 7 匹、其它物品 9 件、长条茶 70 包、马 40 匹、骡子 10 头、犏牛 60 头。

管家推三木献白银 50 两、长条茶两包。

百户拉卡丹嘉布献马 4 匹、牛 5 头。

德庆头人献骡子一头、牛 10 头。

芒康夏仲、拉德寺、丹玛活佛、玉树曲林寺喇嘛阿旺却丹、南卡格西、巴桑格西、那曲囊索、霍察瓦察千户长、塘萨噶丹曲科寺、孜本百名、南杰寺、卸任噶伦之侄子曲泽、拉萨三大寺院、散木华活佛、哲蚌寺洛萨林札仓、茨普嘉察、宇饶杰林寺僧人、热木当寺、洛桑旺窘上师、翁则阿旺平措、阿旺桑珠、格贵阿旺楚臣、当玛寺卸任师、沃耶头人杰仲洛桑格敦、庶民、什长第穆却巴、什长多杰、什长达当、什长盖波、什长扎西索、达饶卡、然贤巴、桑拉、耶巴、江斯、茨巴、班觉、阿塘医师、周达尔赤巴、格茨巴、拉嘉、诺尔宗、珠巴曲佩、扎西林寺尼姑、当玛多杰、西部庄园管家、扎噶尔喇嘛、庄园管家益西群培、总管洛桑诺布、瓦索宇、朱仓巴、绒噶丹强巴林寺、宰桑庄园管家塘让、扎西宗管家洛桑顿珠、娘杰寺管家、僧众、群科卫当寺、管家般托、扎拉寺僧人、代本平措南杰、集市管家、贝宇觉杰巴、白朗地方降神师、噶丹达杰林寺等献五色哈达 4 条、哈达 38 条、曼札 9 具、黄金 6 钱、白银 100 两 10 钱零 5 分、缎子一匹、长条茶 6 包、酥油 50 斤 53 驮 15 秤、白青稞一包、茜草一包、氆氇一匹、马两匹、牦牛 40 头。

达尔定结雄喇嘛献马 3 匹。

丹杰林寺献上等哈达、银制曼札、白银 50 两。

嘉科巴献上等哈达、白银 50 两。

扎噶尔寺僧人献哈达、白银 22 两。

噶丹饶杰寺管家益西嘉措献哈达、10 两重银制曼札、白银 50 两、缎子、长条茶。

帕索噶丹饶杰寺献哈达、曼札、缎子、鼻烟一包、长条茶 3 包。

班禅额尔德尼赴京途中，到处受到汉蒙藏各民族信徒的隆重迎送，并奉献了许多礼品，折合白银 38646 两 9 钱。

在驻锡黄寺期间，遍知大活佛献垂穗曼札、彩色哈达、五色上等哈达、白银40大升又1000章喀、长条茶53包、马6匹、上等缎子、汉绸、蒙古绸、氆氇、白棉布等共100多种，红白璁玉一颗、黄铜瓶一个、普通玉一颗、银托盘两个、金圈银穗耳环4对、嵌金头饰璁玉4个、嵌银头饰璁玉6个、大琥珀3颗、百颗琥珀念珠一串、72颗琥珀小念珠一串、黄铜442驮、蓝色颜料15包。班禅额尔德尼向著名寺院及广大僧人赏赐礼物。

摄政巴丹额尔德尼诺门罕献白银两大升250余两、缎子10匹、棉布8种10件、马4匹。

驻藏大臣献马蹄银两锭、长条茶10包。

杭大臣布施茶20包。

尹大人献小黄米7袋、长条茶两包。

加尔果琪蒲老爷与巴老爷合献白银50两、长条茶。

轿夫总管李老爷与蒋老爷、两位道士按汉族风俗献供品及绸缎若干匹。

噶伦噶细公班智达施斋僧茶，献上等哈达、白银200两、四相缎子、五色金丝绸、长条茶10包、额饰璁玉、上等琥珀、朱砂50斤、黄丹一箱。

噶伦札萨克多喀瓦献白银150两、缎子等礼物9件。

噶伦札萨克吞巴献白银50秤、黄金8钱、上等大珍珠一颗、大珊瑚3粒、大玉石一块、胡麻布、缎子、长条茶6包。

噶伦札萨克喇嘛格桑南杰献白银150两、上等缎子两匹。

八世达赖喇嘛的叔父阿齐图堪布洛桑平措、部落第巴巴丹顿珠施斋僧茶，向灵塔献五色彩缎所缠垂穗银制曼札一具、白银100两、四相缎、砖茶、圆形琥珀等祭品。

普布觉活佛洛桑强巴布施每名僧人白银8分，献供哈达、缎子、玉耳环、工布耳坠一对、大琥珀一颗、黄金15两、马蹄银7锭、白银600余两、缎制哈达6条、长条茶6包、大小供器26件。

红帽活佛除于路途所献的礼品外，再献上等哈达、白银50两。

雪域大成就者萨迦法王献哈达、黄金3两、白银650两、长条茶12包、糖果3包、青稞一袋、大缎、氆氇共26件礼物，还有铁一驮、铜142驮，5次礼供，施放斋僧茶，布施每名僧人白银5分，供养7日，施银50两、上等缎子3匹。

多康教法明灯嘉旺帕巴拉活佛献白银50两、祭祀哈达、白银200两、缎子4匹。

温嘉色活佛献白银200两、马两匹。

桑顶活佛献百供,布施僧茶、藏银3朵彩,祭祀礼品有白银150两、缎子、白氆氇60匹、长条茶一包、马两匹。

八世达赖喇嘛的母亲洛桑卓玛布施僧茶8次,每人白银8分,祭礼白银100两、缎子两匹。

噶细南杰卓玛献红璁玉。

扎西孜庄园献五种百供,布施僧茶,施予每名僧人白银一两,祭礼垂穗银制曼札、上等哈达、黄金6秤、马蹄银一锭、白银107两5钱、缎子、精制珥珰、大小珊瑚念珠3串、大琥珀一颗、玉银饰大小供神灯3盏、莲瓣、铜21驮15秤。

卸任噶伦达尔罕堪布格桑南杰献哈达、黄金50两。

江洛健公献哈达、黑狐皮帽、蓝色四相缎、绫腰带、缎子3匹、茶一桶、皮革3张。

桑珠颇章宫献白银81两5钱。

八世达赖喇嘛的索本堪布益西饶旦施放斋僧茶,布施每名僧人白银5分,献祭品哈达、白银100两。

森本参卓堪布洛桑格敦献上等哈达、白银50两、上等缎子。

孜仲比丘洛桑南杰及其家眷献哈达、五色缎、曼札、银制文殊怙主像、至尊罗桑确吉坚赞全集5卷、合金旃檀文殊像6尊、菩提塔一尊、银碗一个、白银150两、金丝缎7匹、茶9包、玻璃、糖果两包、水果6包、红糖7包、皮革6张、大铜锅3口、棕色铜锅5口、铁锅一口、银盘4个、铜5驮、白棉布26匹。

达尔罕额尔德尼法王献3庹长哈达一条、五色哈达一条、白银100两、缎子12匹、薄绫一匹、薄缎一匹、长条茶7包。

丹杰林寺活佛献白银60两。

热振诺门罕献哈达、白银50两、缎子。

班智达达尔罕堪钦洛桑群培献上等哈达、大哈达600条、玉幔一个、玉石34块、马蹄银一锭、白银350两、衣料两件、上等缎子22匹、茶一箱、曼札、神馐。

译师仁钦桑波之转世者洛桑丹增坚赞先后献千供两次、银制曼陀罗、上等哈达、黄金21钱、汉银250两、缎子两匹、璁玉133块、尼泊尔玉及汉玉100块、大珥珰两个、小珥珰6个、核桃形珊瑚3颗、核桃形琥珀一颗、铜10秤、红枣、石榴、尼泊尔大米一包、小米两包、皮革两张。

索本墨尔根堪布札萨克喇嘛洛桑克却先后献千供、曼陀罗、上等哈达、黄金100钱、白银550两、缎子13匹、大珊瑚25颗、玛瑙及玉石鼻烟壶7个、八棱形水晶石一块、雕刻大琥珀两颗、上等珍珠一粒、红璁两颗、核桃般大小红宝石一颗、核桃般大小蓝宝石一粒、猫眼宝石一颗、蚕形珍珠一颗、僧装两套、狐皮长袍一件、大铜锅两口、铜锅一口、珠红两包、长条茶两包、红枣两包、葡萄两包、皮革5张、骆驼4峰、马50匹。

欧钦洛桑班觉献五种百供、上等哈达、上等黄金500钱、白金1550两、玉石、珊瑚、缎子4匹、大小铜锅4口、各种铜器42驮11秤、长条茶6包、皮革20张、缎子、氆氇、僧衣310件、水果10包、白氆氇10匹、曼陀罗、白银250两。

密宗札仓献白银50两、哈达。

云丹坚赞献哈达、白银100两、铜锅一口、莲瓣一对、白玉一块、长条茶两包、大枣及糖果各一包、皮革、马3匹。寺僧献哈达、白银100两、缎子两匹。

洛桑南卡献哈达、白银100两、藏红花100两、长条茶两包、糖果、葡萄、大枣各一包、马4匹。寺僧献白银50两、缎子及百供。

兑桑林札仓洛桑旺波献白银50两、哈达、缎子两匹、糖果一包、红枣一包、皮革一张。

森本格隆洛桑饶旦献哈达、马蹄银一锭、僧衣一套、黄缎面羔皮里衣一件、熏香30包、大米两升。

管家杰仲巴丹桑波献哈达、马蹄银一锭、僧衣一套、黄绿色缎袍、哔叽20匹、大小红玉。

德琼巴格勒迥乃献百供两份、哈达、白银100两、右旋海螺一个、红宝石6颗、猫眼水晶石两块、大小铜锅5口、铜盘两个、长条茶20包、水果两包、皮革8张。

管家夏仲洛桑次仁献白银125两、缎子、僧服一套、藏式氆氇被6床、氆氇衣。

管家杰仲洛桑格敦献哈达、黄金8秤3钱、马蹄银、僧服、四相缎袍。

管家夏鲁卸任堪布格桑次旺献黄金8秤、马蹄银、缎子两匹、上衣、工布衣、披单、优质氆氇披单。

索本洛桑坚赞献黄金8秤、白银100两、僧衣一套、印度枣一包。

岱钦巴杰仲洛桑格勒献哈达、白银100两、缎子、工布缎上衣一件、金花缎披单、上衣、黄缎上衣。

岱钦巴洛桑坚赞献哈达、黄金8秤3钱、白银100两、缎子5匹、僧服一套、金色缎披单、黄缎上衣一件。

司库贤巴格勒献哈达、黄金50钱、白银180两、缎子两匹、僧服一套、黄缎上衣一件、工布花上衣一件、缎披单一条。

索本措索巴洛桑顿珠献黄金32钱、白银130两、缎子两匹、僧衣一套、缎披单一条、四相缎长袍一件、黄缎上衣一件。

司马夫杰仲益西尊泽献哈达、白银100两、郁金31两。

管家洛桑格敦献哈达、白银10两、氆氇披单一条、僧服坎肩一件、僧裙一件、缎子。

译师洛桑扎西献哈达、白银30两、八瑞相一幅、僧服一套。

侍卫洛桑格勒献哈达、白银100两、缎子、郁金11两、僧服一套、铜锅4口。

侍卫塘贝杰仲献哈达、马蹄银一锭、僧服、郁金21两。

鲁当头领隆夏杰仲洛桑格民洛桑扎西献黄金8两13秤1钱、马蹄银一锭、藏银50两、缎子3匹、薄绫一匹、僧服两套、白玉一块、铜锅一口、铁板40块、芸香一包、狐皮帽一顶、缎袍一件、茶一箱、檀香一包、皮革4张。

大香灯师献香100束、僧服一套。

运茶官噶钦南杰扎西献哈达、黄金8钱、白银50两、藏银15两、僧服、钹一对、四相缎子、长条茶、大铜锅一口。

印经师噶钦洛桑热周献哈达、白银150两、彩缎20匹、僧服一套、大玉石一块、大琥珀一颗、蒙古式灯两盏、腰带一条、工布耳坠一对、大铜锅一口、长条茶、皮革一张、马两匹。

梅管家比丘格桑曲旺献哈达、僧服、黄金168钱、25两金制供神灯一盏、镀金灯台一个、白银200两、琥珀一颗、金莲花、姆指大红璁玉两颗、上品松耳石一颗、尼泊尔玉一大块、大珊瑚两颗、铜 17 驮 10 秤、铜座、酥油 25 驮、红糖两包、糖果 3 包、长短铁钉 1915 颗、铁板 25 块，特献大小犏牛、牦牛 108 头作为供品。

甘丹寺总管益西嘉措献黄金 8 秤、白银 8 两、僧服、缎长袍一件。

拉布寺管家益西楚臣献哈达、230 两银制供神灯一盏、茶 9 包、水果 20 包、大琥珀一颗、铜 2 驮 8 秤、尼泊尔铁板 41 块。

索朗卓玛献黄金、珍珠、白玉等饰品及僧衣，共折合白银 601 两 1 钱。

另外，尚有许多信徒根据自己的财力奉献了礼品，为了避免文字冗长，只将他们的姓名开列如下：

护法神殿翁则洛桑班觉、密乘师噶钦洛桑西尼、却本仲然巴益西扎西、强夏措索巴洛桑克却、色拉康寺校勘者噶钦曲佐、噶钦洛桑丹增、堪布噶钦洛桑丹巴、卸任堪布益西塔耶、噶钦洛桑班觉、群则益西噶丹、贝康杰仲益西群培、嘉扎杰仲洛桑德勒、贝江杰仲洛桑格桑、巴丹扎西、益西群觉、曼康杰仲益西迥乃、拉曲杰仲洛桑扎西、洛桑索朗、孜嘉瓦洛桑饶杰、洛桑塔巴、洛桑扎西、西宁商人洛桑金巴、洛桑旦达尔、洛桑托迈、杰仲洛桑丹增、多包杰仲洛桑顿珠、德饶杰仲洛桑丹增、曲达结仲洛桑顿珠、贝利宇杰仲洛桑扎西、蒙古族仲然巴洛桑扎西、恰贝洛桑扎西、绒香益西噶桑、康钦洛桑达结、拉昂杰仲洛桑丹增、夏仲洛桑扎西、阿旺曲桑、萨昂楚臣坚赞、益西楚臣、洛桑曲丹、杰仲洛桑扎西、阿旺坚赞、洛桑扎西、益西达结、大厨师洛桑顿丹、洛桑扎西、索本洛桑格敦、牛官洛桑平措、诺布次仁、夏仲扎西丹增、阿旺丹巴、嘉木央诺布、丹巴嘉措、文书扎西、益西坚赞、阿札雅达纳苏布日、布纳噶日、拉孜噶丹欧门林寺堪布、总管赤列群培、祈愿师益西平措、东嘎管家比丘洛桑扎西、那塘管家洛桑坚赞、鲁当顿珠曼卡尔管家洛桑群培、杨管家洛桑达结、托嘉管家益西群培、帕竹管家嘉勒扎西贡、嘉琼管家阿旺洛桑、扎西科拉管家益西次仁、扎西宗管家洛桑顿珠、集市管家南杰洛哲、塔巴管家噶钦洛桑三木旦、扎科代理管家杰仲洛桑丹增、绒措代理管家益西丹增、嘉钦孜管家仲然巴益西克却、管家洛桑丹增、扎西饶旦寺管家洛桑班觉、拉纳管家洛桑诺布、察尔管家扎西伦珠、杰仲阿旺涅札、达结管家次旺达结、伦珠孜管家洛桑云丹、俄宇头领洛桑格敦、仁钦孜代理管家巴桑、干巴管家茨达、洛桑饶杰、拉孜宗管家丹增桑布、洛桑群培、昂仁宗本洛桑丹达、洛桑楚臣、昂仁总管家洛桑丹增、平措林寺管家洛桑次旺、代理管家洛桑丹增、德林寺管家洛桑饶杰、扎普管家索朗达结、巴当管家噶钦杰仲、麦廓管家洛桑赤列、索尔措管家群孜洛桑饶杰、索尔管家才旦、聂木香灯师益西扎巴、两大殿堂、唐瓦顿丹、管家代表、几位施主、厨师饶布群孜、牛官洛桑金巴、牛官洛桑丹增、扎穆牛官洛桑饶杰、多杰才旦、缝纫师普巴扎西、洛桑丹增、索本诺桑、散木旦、曲达尔、厨工、侍从、比丘洛桑、益西次仁、鲁当娘巴、张察扎西德勒、巴饶、管家、行茶僧、洛桑雅培等人按照各自财力献礼品，共价值白银23791两6钱5分。

雪香当钦巴献礼折银234两。

扎西塘巴献礼折银176两。

代本姜洛建献千供、白银250两、长条茶4包。

代本班蔡瓦献黑珍珠一颗、酥油两包。

德庆寺格贵噶钦洛桑丹佩、翁则益西南杰、其兄噶钦洛桑扎西、托林寺活佛、丁科却寺僧人、5位格贵、密宗札仓财务管家噶钦洛桑达瓦、经堂香灯师噶钦洛桑索朗、行茶、洛桑群培、兑桑林五大僧院等献白银45两，14所中等僧院献白银84两，6所小寺献白银18两。

扎若勒贤林寺仲然巴洛桑桑布、洛桑金巴、洛桑涅札、洛桑金巴、杰仲南卡、洛桑丹增、洛桑赤列、仲然巴益西丹增、噶钦嘉木央、仲然巴洛桑达结、洛桑托却、益西丹达、洛桑图特、噶钦洛桑格桑、厨师群培、益西南杰、益西坚赞、洛桑楚臣、仲然巴益西丹达、诺布噶丹巴洛桑尊追、洛桑坚赞、洛桑坚白、洛桑金巴、洛桑米林、夏仲益西扎西、杰仲南杰嘉木央、噶钦洛桑金巴、仲然达木曲、洛桑班觉、洛桑格勒、仲然巴洛桑勒旦、益西洛哲、仲然白朗杰喜饶、洛桑曲嘉、益西群觉、益西金巴、夏仲益西丹达、仲然巴洛桑尊追、嘉木央嘉措、吉隆巴噶钦洛桑楚臣、噶钦益西楚臣、洛桑旺丹、洛桑班觉、夏仲益西丹达、洛桑丹达、洛桑贝丹、丁科寺却本噶洛桑丹增、绒巴益西格勒、洛桑坚赞、咒师噶钦格勒坚赞、仲然巴洛桑桑珠、益西坚赞、噶钦洛桑坚赞、仲然巴洛桑金巴、噶钦洛桑旺杰、仲然巴洛桑多杰、洛桑楚臣、仲然巴克珠、洛桑饶杰、洛桑雅培、洛桑图丹、嘉木央曲扎、洛桑班觉、杰仲益西格勒、当结时轮翁则仲然巴洛桑迥乃、洛桑坚赞、仲然巴索朗云丹、益西坚赞、洛桑雅培、达纳仲然巴洛桑丹巴、仲然巴益西丹巴、噶多位益西坚白、仲然巴洛桑仁钦、央巴医师洛桑丹增、益西平措、洛桑班觉、乃宁经师洛桑达结、仲然巴洛桑勒巴、洛桑格桑、洛桑雅培、洛桑西尼、仲然巴俄色、嘉康益西迥乃、洛桑楚臣、密乘格西索朗曲佩、洛桑勒措、洛桑丹增、仲然巴坚赞、密乘格西益西贡噶、协巴噶钦俄色、三木旦坚赞、洛桑克却、阿旺群培、洛桑金巴、噶钦益西雅培、洛桑德勒、巴丹扎西、巴松夏仲洛桑班觉、洛桑次仁、仲然巴云旦勒贤、洛桑塔耶、群培、洛桑旺秀、顿珠、哈尔当格桑曲嘉、洛桑群培、洛桑多杰、扎巴洛丹、楚臣塔耶、洛桑贡布、仁钦曲达、仁钦却珠、噶钦洛桑雅培、洛桑丹增、洛桑丹巴、洛桑丹增、协秀洛桑达曲、益西索朗、章摩且洛桑坚赞、益西索朗、益西班觉、杰仲洛桑格勒、蒙古杰仲、重孜噶钦洛桑南杰、洛桑群培、洛桑楚臣、仲然巴洛桑格桑、洛桑多杰、噶钦洛桑扎西、洛桑达木曲、宗卡益西群培、洛桑丹增、伦布孜巴噶钦班觉嘉措、诺布群科格贵洛桑扎西、益西坚赞、噶钦索朗、仲然巴才旦坚赞、洛桑扎西、洛桑班觉、益西坚赞、南曲格桑、哉务强巴曲扎寺、洛桑索朗、仲然巴金巴、密乘格西洛桑格敦、洛桑顿珠、仲然巴益西尊追、强巴林寺益西平措、甘丹寺夏孜札仓及米村、仲然白朗杰施茶，供献祭品礼品。

益西贡却、仲然巴洛桑丹增、噶钦强巴曲丹寺僧人、洛桑南杰、益西贡却、益西坚赞、次旺、却本洛桑次仁、巴丹群培、曲珠、德央达木曲群培、洛桑群培、洛桑次仁、洛桑扎西、洛桑赤列、洛桑雅培、尼玛次仁、洛桑雅培、夏仲、格贵嘉木央嘉措、洛巴群培、乃宁色拉益西格勒、瓦协洛桑丹巴、洛桑丹增、洛桑达结、噶钦洛桑赤列、噶钦益西群培、洛桑班觉、益西顿珠、协乃洛桑仁青、尼玛、扎西群培、洛桑喜饶、益西扎西、洛桑协瓦、坚白多杰、洛桑索朗、卓玛、托巴洛桑达结、洛桑次旺、包尔多洛桑仁丹增、噶钦洛桑群培、格桑、洛桑金巴、益西格敦、洛桑格勒、洛桑群培、洛桑次仁、洛桑格勒、益西旺秀、仲然巴洛桑平措、香巴桑珠、噶丹洛桑平措、仲然巴拉旺群培、益西顿珠、益西多杰、益西克珠、诺当巴洛桑喜饶、洛桑喜饶、益西扎巴、益西格敦、洛桑格勒、洛桑南杰、噶钦洛桑丹达、洛桑班觉、益西次仁、拉多巴洛桑多杰、洛桑图多、老管家西尼、杰康巴古格等各献白银50两，五大僧院献白银75两，8所中等寺院献白银46两8钱，4所小寺献白银13两。

达摩巴洛桑扎西、两名翁则、僧众、噶钦洛桑赤列、洛桑贝丹、洛桑金巴、洛桑班觉、多宗洛桑格桑、洛桑群培、洛桑扎巴、洛桑旺秀、平措、洛桑南杰、拉卡瓦噶钦洛桑群培、噶钦洛桑次仁、益西索巴、洛桑阿旺、噶钦洛桑才旦、达尔巴呷钦嘉木央、格桑扎西、邬建宗巴巴丹、洛桑群培、仲然巴洛桑群培、洛桑坚赞、噶钦班觉坚赞、洛桑盘德、洛桑贡布、洛桑格勒、洛桑多杰、益西丹增、强巴丹增、洛桑贡布、洛桑顿珠、益西迥乃、绒措巴益西塔耶、洛桑赤列、洛桑丹佩、南杰、隆珠孜巴噶钦洛桑班觉、坚赞、古格巴洛桑丹增、洛桑多杰、洛桑群培、洛桑金巴、怀图巴洛桑饶旦、洛桑诺布、洛桑丹增、洛桑扎西、益西次仁、巴桑、噶钦洛桑南杰、洛桑顿珠、益西扎西、当钦巴丹洛哲、洛桑多杰、益西多杰、洛桑克增、洛桑达木曲、噶钦益西米林、巴丹顿珠、三木旦洛桑、洛桑扎西、噶钦洛桑桑珠、洛桑群培、洛桑却朗、洛桑贝丹、益西坚赞、洛桑桑布、洛桑格勒、益西丹增、噶钦洛桑达瓦、洛桑多杰、洛桑尊追、益西迥乃、洛桑楚臣、噶钦贡波洛哲、噶钦洛桑扎西、洛桑扎西、喀尔喀比丘顿珠、萨德钦巴洛桑饶杰、日喀则益西雅培、顿珠嘉措、贡查巴洛桑多核等人很虔诚地献礼,其他大小寺院僧人共献白银 6604 两 9 钱。

仓库徒工、内库管家江拉、桑珠、仲扎西强、仲扎都、札都贤巴、丹增及其子次仁、扎西平措、多仓老人、斯塔尔、达结、顿珠、顿珠贤巴、丹旺、才旦旺秀、索朗达结、多茨、恰热巴、摩丹、蔡居、讲经师、清洁工、供柴者、清洁工噶顿、马夫、4 位饲养员、4 位司牛官、茨达、厨师、火工、画匠及其助手、裁缝、舞蹈者、达结、南杰、多顿、泽顿、旺堆、多饶、尼斯、达多、拉布、哲雄、达仓、旺秀、格涅、缮写者班多、裁缝绕旦、司粮官次仁桑珠、达尔全体人员、扎西孜巴达结、南杰、拉日孜巴才旦、茹托巴平措、差役土尔扈特及札都、索朗丹增、班巴、庄园头人 3 位差使、阿孜巴桑、阿孜斯塔才旦、巴达尔、南杰、次仁扎西、仓巴、赞廓、色诺、协瓦、翟尚、诺布斯塔、巴桑多杰、巴杰、拉嘉、骡夫、诺布次仁、才旦、格涅、诺佩、19 所鲁当毛织场、两位铜匠、两位木匠、文书多杰、酒保、铁匠、16 位学徒、4 位临时杂工、印刷秘书扎西次仁、11 位印书者、常住鲁当 20 位毛织工、侍从次仁、班巴、囊索、拉布曲嘉、洛桑扎西、丹增南杰、金巴楚臣、翁则多勒、居迈、顿珠扎西、斯塔布赤、丹格、达琼、次仁居迈师徒、益西格桑、仲然巴格敦达结、洛桑格桑、次仁斯塔、普巴、益西格勒、普巴次仁、扎西顿珠、斯塔尔、松达尔、塘拉、仓巴、达结、扎西次仁、萨拉瓦之友、朗同杰仲之友、洛桑坚赞、夏仲、嘉巴、阿香、索朗丹增、益西扎西、萨多巴拔秀、阿勒、扎西饶旦、群则贡桑、阿勒村、洛桑格勒、格桑、比丘格桑、宇佩、巴桑、班巴、班巴次仁、扎西多勒、洛桑群培、益西米林、洛桑群培、洛桑桑珠、洛桑勒珠、洛桑扎西、巴周、次仁居士、诺布松达、次仁噶布、勒旦、多杰、仓噶、诺布、益西索朗、仓达尔、散木智、塘拉、阿隆、普巴、南杰、格拉次仁、贡却三木旦、多杰、宇佩、尼玛、旺嘉、益西、才旦、洛桑雅培、旺嘉、桑珠、达瓦扎西、达贵、杂玛拉、诺布达结、囊索、曲嘉、诺布、邬建、多勒嘉布、拉嘉、平措、诺杰次仁、格勒坚赞、饶旦、益西平措、夏多尔、索朗多杰、诺布次仁、洛桑塔耶、松勒、尼玛达结、丹增达结、丹增、次仁班觉、益西楚臣、洛桑丹增、洛桑楚臣之63位朋友、扎克杰仲、诺布、诺仓、洛桑丹增、洛桑金巴、班觉达结一行8人、扎拉6人、斯塔尔、顿珠、噶尔仓、贡布、尼多师徒、次仁、居迈6人、尼玛、斯塔等人献礼多件。附近各寺、僧人献礼。

噶丹德钦饶杰林寺位让献供品代金及诵经费白银81两5钱、哈达、黄金两钱、以缎子为主的礼品9种、长条茶、酥油、铜86驮，诗寺僧人献白银50两、内库薄绫。

洛桑僧格献黄金两钱及哈达。

却本增琼及索庆、静溢神殿、噶丹勒贤曲林寺、比丘洛桑勒旦、仲然巴索朗桑布、那塘寺、噶丹饶杰寺、岗建群培寺、东北寺、夏鲁寺、噶丹群科林寺、噶丹平措林寺、拉孜噶丹欧门林寺全体僧人、朗巴赛林寺僧人、央曲寺僧人、央曲寺翁则、图丹央金寺僧人、昂仁寺、江钦智德寺、郭仓智德寺、达结智德寺僧人、察恩珠曲林寺、翁则、噶丹曲林寺、噶丹多杰寺、德钦寺、三木旦林寺、东噶尔卡觉寺、夏色塔巴钦波颇章、该寺翁则、尤噶寺、该寺比丘洛桑平措、拉阿扎寺、宗噶三木旦曲当寺、兰普扎西曲林寺、嘉噶丹达杰林寺、噶丹卡觉饶贝林寺、曼隆智德寺、达纳三木旦林寺、央叶夏扎德丹寺、觉杂扎西林寺、扎西曲当寺、康布贡寺、噶巴三木旦群科林寺、茶仓玛尼珠德寺僧人、扎嘉寺、大寺院、吾孜寺、瓦日寺僧人、新寺僧人、那让曲宗寺僧人、洛巴扎西达结、德纳寺、曲当寺、扎西甘丹寺、扎西大乘寺、噶钦三木旦、厨师、达隆完噶寺、香卡觉寺、拉当寺、嘉萨摩扎寺、该寺诵经师洛桑丹巴、俄曲噶丹孜寺、协贡拔寺、觉囊寺、觉摩隆寺、香多巴寺、香桑阿卡寺、杰仲扎西三木旦林寺、益西坚赞、普波钦寺、扎卡塔庆林寺、扎卡塔庆林寺、曲当程旦林寺、三木旦寺（བསམ་གཏན་དགོན།）、噶丹扎西东萨喇嘛钦之再身、蔡娘仁钦岗寺、札欧寺、都尤噶寺、达措珠贝乃寺、三木林寺、布日寺、噶丹禅院、该寺比丘益西多杰、嘉措德庆寺僧人、嘉措阿隆寺、善显曲当寺、阿旺平措比丘、洛桑曲达、卸任翁则桑珠曲宗、桑珠新寺、央扎寺、温仓寺、多赛阿卡尔寺僧人、多本巴寺僧人、多曲隆寺、察隆寺僧人、娘如噶丹群培寺、嘉群孜曲科德庆寺、赛诺布曲科寺、巴洛寺、拉布包多寺僧人、康布达隆寺、绰浦寺、金朗噶丹曲波寺、重孜寺僧人、西尼寺僧人、赛康岗寺僧人、香日吾格培寺、该寺格贵、拉康寺、达隆纳噶寺、噶丹曲林禅院、该院比丘达曲、色派密乘大师、涅曲寺、帮宇寺僧人、东噶尔当钦寺、诺布甘丹寺僧人、色多寺僧人、江拉经师、克珠法王寺、桑珠甘丹寺僧人、泽当寺、占索色卡寺僧人、谢扎西格培寺僧人、恩珠泽曲寺、乃宁寺、达纳图丹南杰寺僧人、当摩寺僧人、吉朗卡觉寺僧人、巴曲赛康寺僧人、尼日寺、参卓噶丹达杰林寺僧人、帕索噶丹饶杰寺僧人、伦布孜曲寺、达塔杰林寺僧人、雅鲁蒙古寺、协嘎曲德寺僧人、吉隆协巴寺僧人、日卡寺全体僧人、曲布寺喇嘛、旺旦曲科德庆寺、扎囊噶丹群培寺、居莫赛当寺、扎西群培寺、强巴卓盘林寺、当吉噶丹布多寺、贝扎寺、周诺布岗佩寺、香噶丹群科林寺堪布与管家、拉布噶夏寺、噶夏寺僧院、绒措桑珠德庆寺僧人、俄寺堪布及僧众、俄康新寺、觉宗扎西曲当寺、洛布寺僧人、僧格孜寺僧人、香巴拉寺、央曲寺等献礼。

绒噶丹强巴林寺、萨隆甘丹寺、央宇德巴寺、香哲蚌寺僧人、赛温寺僧人、隆甘丹寺僧人、娘堆吉浦寺、拉普甘丹寺、夏琼寺、欧建宗寺、曼日寺僧人、贝康协巴寺、密乘寺僧人、白居寺、泽宇林园、娘摩赛当寺、扎噶寺、达纳日科寺、香雄寺、协噶丹当卡寺、札卡寺、德布寺、孜钦寺、班玛章摩切寺僧人、涅群科林寺、达纳赛林寺、格结三木旦岗寺、萨多寺、萨德庆寺、贡查寺、扎西群科寺僧人、旺丹扎西群科林寺、噶丹扎西佩结林寺、雄·扎西群培寺、德觉扎西格丹寺僧人、18名僧官、涅摩协卡寺(ཉེ་ལཁར་ཆོས་སྡེ།)、涅摩茹寺、隆群密乘金刚寺、宗属寺院、平措林寺僧人、拉卡寺僧人、欧宗多旦寺、阿克拉德寺、日吾扎桑寺、欧东艾曲寺、新寺僧人、萨隆寺卸任喇嘛、夏廓雄寺、扎拉活佛、察隆寺僧人、绒措恰噶当周寺、噶丹密乘塔却寺僧人、那塘多杰上师、群培、夏仲洛桑丹增、洛桑金巴、乃曲寺金刚上师益西次仁、翁则勒珠、益西索朗、强巴饶旦、雪域噶钦格勒群培、彭措林寺卸任上师格桑丹巴、群培、格贵噶究德丹、卸任师噶究洛桑丹达、尼摩嘉协察比丘尊追、益西曲旺、益西达结、香庆噶钦洛桑曲札、益西三木旦、洛桑多杰、洛桑旺扎、三木旦、赤列、莲花寺才旦多杰、聂塘益西、次仁、华丹扎巴、比丘益西嘉措、比丘强巴格勒、洛桑曲嘉窘、洛桑雅培、洛桑顿珠、索朗丹增、洛桑雅培、当吉扎西群培寺格贵南杰顿珠、扎西、喜饶曲宗、赤列嘉措、郭仓顿珠、洛桑金巴、洛桑格勒、洛桑丹增、桑杰班觉、重孜寺喇嘛仓央、协噶寺洛桑达瓦格西、巴丹楚臣格西、洛桑群培、益西巴丹、洛桑迥乃、僧噶丹达格西、益西楚臣、隆日格西、阿旺顿珠格西、格桑群培、阿旺格勒、噶究洛桑南杰、比丘克珠、拉当修行者洛桑次仁、玛番赤郭拉、益西群培、莞寺比丘群觉坚赞、东方医师朗巴、益西索朗、比丘益西索朗、益西才旦、洛桑坚赞、格桑坚赞、洛桑克却、洛桑多杰、楚臣坚赞、喜饶群培洛桑格勒、洛桑扎西、洛桑群培、洛桑平措、洛桑贝丹、克珠群培、洛桑平措、益饶西尼、扎西南杰、桑杰雅培、益西喜饶、格贵贡却坚赞、洛桑丹达、益西扎西、楚臣嘉措、益西坚白、洛桑顿珠、益西坚赞、格勒桑布、尼玛坚赞、益西巴丹、洛桑扎西、益西格敦、益西群培、喜饶扎西、洛桑多杰、益西群培、洛桑旺堆、益西旺秀、格桑雅培、洛桑旺堆、益西旺秀、格勒雅培、洛桑顿珠、洛桑顿珠、格勒桑布、洛桑班觉、益西迥乃、丹增嘉措、洛桑巴杰、巴丹曲札、益西迥乃、洛桑达结、洛桑喜饶、香灯师洛桑扎西、洛桑南杰、尊追塔耶、达瓦坚赞、洛桑达结、格桑德勒、益西次仁、楚臣巴丹、洛桑格桑、丹曲坚赞、洛桑扎西、益西雅培、洛桑格敦、桑杰嘉措、洛桑拉旺、洛桑格敦、巴坚赞、香灯师三木旦、丹增嘉措、巴丹云旦、洛桑坚赞、管家顿珠坚赞、益西平措、洛桑丹增、比丘洛桑丹增、洛桑扎西、扎巴坚赞、平措扎西、金巴嘉措、洛桑格桑、洛桑扎西、洛桑旺秀、管家洛桑群觉、益西尊追、洛桑丹增、洛桑格桑、巴丹晋美、益西克却、格敦雅培、格桑雅培、洛桑丹增、洛桑丹巴、达结坚赞、阿旺赤列、益西却丹、益西平措、洛桑诺布、贡却群培、达瓦坚赞、比丘曲巴、丹增桑布、群科耳当寺翁则洛桑喜饶、桑杰曲增、巴丹曲杰、格勒曲珠、香灯师贡却措毛、群培桑毛、益西卓玛、索朗卓玛、益西曲智、益西卓玛、尼玛曲珠、曲旺卓玛、益西曲珠、尊追卓玛、益西卓玛、曲勒卓玛、洛桑曲智、平措卓玛、益西卓玛、巴丹曲智、桑央卓玛、洛桑曲尊、洛桑曲珠、益西卓玛、索朗卓玛、索朗桑毛、巴丹曲珠、洛桑卓玛、巴丹曲珠、益西卓玛、喜饶卓玛、洛桑坚赞、索朗曲智、贡却曲珠、楚臣桑毛、洛桑曲智、洛桑顿珠、巴丹曲珠、仁青曲珠、巴丹曲智、益西卓玛、喜饶卓玛、曲勒卓玛、益西曲智、多杰卓玛、洛桑措毛、喜饶拉珠、洛桑格瓦、洛桑措毛、桑杰曲珠、巴丹卓玛、尊追卓玛、洛桑措摩、翁则洛桑喜饶一行10名僧尼、文书巴丹楚臣、塔波顿珠强巴、阿旺曲桑格西、香噶丹群科寺老管家洛哲巴丹、比丘次仁、洛桑班觉、噶究丹增群培、洛桑云丹、贡噶曲央、嘉措德庆比丘丹增雅培、丹增曲旺、丹增贡桑、益西扎西、益西丹增、克却扎西、旺秀格西、格敦达结、喜饶多杰、洛桑南卡、洛桑丹增、洛桑群培、洛桑格敦、洛桑坚赞、洛桑丹达、洛桑诺布、密乘师益西伦珠、益西群培、洛桑阿勒、赛诺布群科寺格贵洛桑迥乃、财务管家洛桑索朗、总管洛桑三木旦、洛桑贡却格西、洛桑班觉、洛桑扎西格西、东噶尔益西比丘、益西楚臣、洛桑勒旦、洛桑多杰、涅群科瓦比丘强巴平措、赤列贡桑、塔塘活佛、图丹雅培、洛桑次仁、洛桑达结、饶旦、泽当云丹楚臣、噶究楚臣曲达、洛桑托迈、洛桑卓玛、洛桑勒巴、普江、图丹群觉、桑珠、拉阿札寺、莫贡切隆寺、扎西曲宗寺、嘉毛曲林寺、莲花寺、噶丹涅日寺、饶杰林寺、扎布寺、噶丹塘拉寺、噶丹扎噶寺、邬建格日寺、萨噶顿寺、当吉噶丹塘拉寺、协噶曲隆寺、散佩林寺、噶丹扎寺、扎西佩杰林寺、噶丹曲当寺、桑珠德庆寺、桑珠寺、扎西康萨寺、恰都强巴林寺、乃隆寺、扎西曲当寺、顿珠曲宗寺、仁钦岗寺、宇摩寺、卡当寺、嘉寺、曲穆拉当寺、居古寺、达瓦布寺、拉香曲布寺僧人、扎西曲林寺、那仁木寺、赛多寺、江热巴当寺、益西曲仲、噶究曲仲旺摩、噶丹宁月曲噶旺摩、卸任翁则益西群措、益西卓玛、阿旺卓玛、桑杰曲珠、益西曲智、曲增、尊追桑毛、索朗曲珠、萨丹巴摩、洛桑曲金、丹增曲杰、强巴卓玛、桑珠曲桑、洛桑曲智、喜饶巴摩、洛桑琼宗、丹增洛桑、洛桑琼智、赤列旺摩、木贡桑珠德钦涅古寺 3 位翁则、丹增卓玛、克珠巴摩、曲宗巴摩、益西卓玛、桑杰卓玛、次旺卓玛、桑珠新寺翁则洛桑噶丹、丹增巴摩、洛桑丹宗、曲宗巴摩、洛桑达曲、洛桑楚臣、丹增曲杰、益西卓玛、三木旦桑毛、洛桑曲宗、阿杂拉茹格日、觉卧德拉、噶拉达斯等献白银 626 两 5 钱 3 分半。

拉达克海莫帕寺、阿里普兰强佩林寺僧人、怀图寺僧人、强林寺、楚泽寺僧人、普塔寺、瓦却平措饶旦林寺僧人、托林寺僧人、巴丹贡塔寺、日摩寺僧人、香泽饶旦强巴林寺活佛、达瓦扎什伦布寺僧人、兰桑噶寺、诺布格培寺、海莫塔却寺各属寺、周巴寺僧人、卡宗寺僧人、怀图寺卸任师洛桑噶丹、拉达克王商人、洛布王旺嘉多杰及其夫人、古桑布日等人及前藏噶丹南巴嘉瓦林寺僧人、香刚寺僧人、夏尔孜寺僧人、色拉大乘寺、杰札仓活佛执事、色拉寺俄尔格札仓、色拉寺哈尔东札仓、哲蚌寺藏巴康村、塘萨噶丹群科林寺、穷结建耶寺僧人、贡堆寺僧人、普布觉寺僧人、嘉绒曲赞林、热振比丘、密乘文殊寺、聂塘活佛阿旺洛桑、拉毛茨赛寺、贤曲觉寺、尊毛林寺、宇德寺、贡噶金刚寺、热扎寺、木茹寺、哲蚌格培寺、该寺比丘格桑达结、堆隆觉毛隆寺僧人、娘布寺、帕木寺、聂塘饶都寺、噶当寺及该寺香灯师及僧众、觉布贡村、阿里寺、扎西迥寺僧人、泽当噶丹群科寺堪布、下色拉寺洛桑多丹格西、该寺僧人、各位管家、该寺翁则、洛桑平措、多敦布群科寺、止普巴、穷结日吾德庆寺、群科杰寺、雅巴寺僧人、色拉杰札仓卸任总管家噶究格桑平措、下色拉藏巴康村比丘洛桑云丹、洛桑贤巴、达结、色拉宇托比丘曲札诺布、比丘平措、夏札龙智、三木旦嘉措、曲札嘉措、洛桑嘉木央、洛桑阿旺、下密院穷结云丹曲达格西、呼和浩特协热洛桑坚赞、哲蚌寺格佩比丘格桑达结、色拉俄尔盖密乘格西格桑曲旺、洛桑仁珠、盘德喜饶、阿旺格勒及卫藏阿里各地寺院、僧人代表所献礼品折银11942两3钱。

第巴重孜瓦、杰尊玛、巴当勒智饶旦巴、香塘巴、新村、恰贝、窘德庄园管家、仲堆康萨瓦、色仁钦孜庄园宗本三萨瓦及其夫人次仁布智、巴孜庄园管家丹增扎巴、帮饶法王、都窘杰布瓦、次仁盘托、哲窘管家、达纳隆夏、五神母布增布智、那琼代理头领、娘囊雪巴顿纳台吉、绒乃杰香巴等献供品。

次仁央杰夫人、仲嘉仓巴、桑珠康萨瓦、巴曲赛觉总管家洛桑云丹格西、隆夏管家强佐贡波、瓦措瓦夫人班玛巴智、洛寺僧人、白朗宗本朗托巴、台吉泽克、噶宇之女仆达瓦布智、拉萨措嘉、则塘西门当巴阿旺格勒、香阿摩头领扎西则巴、回人尕热居、海莫居、拉台居、耶布巴曼、夏吾管家莫居饶旦、曲木管家、格阿寺管家饶旦、泽窘头领、骡夫布赞、夏日头领、道乃布巴江、伦孜雪布瓦、扎西塘女仆索巴及协却、巴桑布珠、贡却、仁增桑布莫、桑阿巴桑、占勒贡桑、白朗岗居巴、仲然巴洛桑金巴、图丹雅培、洛桑达结、饶旦、赤列贡桑、帕巴拉管家、僧徒拉多、图丹群觉、桑珠、红帽派管家益西、那朗素觉巴、达廊协秀巴、日喀则乃宗本那噶瓦、饲草管家娘日萨拉瓦、仁邦贝贡、宇拉瓦、仁帮巴、多巴嘉措、阿贵巴桑、麦莫却、饶杰康萨瓦、雪茨瓦、夏多旺堆、嘉康布拉瓦、平措、仁钦嘉措、尼玛布智、日卡瓦、洛多巴、顿珠康萨瓦、扎西杰康巴、翁则阿勒、德杰饶旦巴、欧木巴、嘉赤、饶萨布拉瓦、协科地区群众、卓热百姓、达定结雄巴、贝噶瓦、霍尔诺布、图丹杰布巴、新格旧村、12位长者、邬宇当玛寺所属庄园、采盐者、达热卡贡噶、绒措地区百姓、娘日瓦、江拉商人扎西、莫莫巴却、布赤、平朗地区群众、秘书毛杰巴及萨巴、房屋管理员、4位朗生、巴当艾智布巴、贝多巴、萨隆庄园管理人、伺草管家、查达庄头、扎堆庄头、甘波群众、杂郭噶格玛、哲蚌寺大文书、卡达地区5位富翁、德庆富商、吉勒、拉孜地区群众、文书乃布康萨瓦、洛布巴、县衙管家、伺草管家、包卡瓦、格三智巴、拉日孜巴、达廓囊巴、东吉庄头、萨堆庄园头领、乃管家、达摩庄头、曲玛庄头、珠扎西朗瓦、杰布巴、噶夏尔、噶努、卡吾贡、达纳瓦、拉昂、拉西则巴、噶周巴、江曲莫巴、曲夏庄头、昂仁地区群众、县衙管家、文书赤杰、巴琼巴、欧秀、包卡瓦、岗卡管家、达则庄头、曲隆茹托巴、盖艾巴、瓦布庄头、唐门囊巴、仁钦则地区游牧部落、甘达次仁顿珠、伦珠朗巴、萨库囊巴、扎木普地区群众、兰伦珠饶旦地区群众、托贝地区群众、扎西宗卡地区群众、德庆饶庆林寺僧人及寺属庄园庶民、央多觉地区群众、两个游牧部落、噶饶地区群众、噶丹勒贤曲林寺僧人、丹宇隆普巴、昌都地区群众、卡多尔努巴、森本喜饶、达结地区群众、乃东地区百姓、嘉钦孜地区百姓、德杰巴、吉隆地区群众、嘉鲁扎西管家母亲、科兰地区群众、察地群众、兰普地区群众、涅仓地区群众、哈尔东地区群众、丹扎西格茹地区群众、东噶尔地区群众、帕日瓦、扎西巴摩夫人、阿普瓦、嘉钦陶器匠塘拉、甘地区群众、朗多百户长、伦珠孜地区群众、寺院僧人、洛东地区群众、协普洛巴、嘉措德钦寺僧人、杰巴格日卓玛、丹增、松木却、拉宗、次仁、杰宗、喜饶平措、扎西、宗琼杰、扎西达结、牧民、扎克地区群众、阿仲巴丹次仁、莞寺僧人、那塘地区群众、洛桑格勒、芒赤、止仓地区群众、日东地区群众、兑桑林寺主格涅布赤、香协秀巴、拉普百、达措老妪、索朗布赤、彭措林寺卸任堪布之友杰仲洛桑格勒、晋美次仁、宗巴、却札、班玛、次旺宗杰、嘉木央萨仲、孺子杰仲、札萨却吉、多杰林管家、宗卡瓦格桑卓玛、巴桑次仁、益西华巴、仲然巴三木旦坚赞、那塘寺比丘洛桑金巴等献祭品,折合白银9049两5分。

青海达赖呼图克图献白银63两。

若尔盖活佛洛桑贝丹献礼折合白银3030两。管家噶嘉献白银250两、缎子3匹、薄绫31匹。

喀尔喀哲布尊丹巴的代表克热措巴献白银1000两。

拉洛活佛献白银94两1钱5分。

赛多诺门罕献白银50两。

厄鲁特彭措贝子喇嘛噶钦益西南杰之友洛桑次仁所献礼物折银1642两

8钱。

哉务长官丹增才旦南杰主仆共献白银1214两9钱。

阿巴噶达木曲、墨尔根札萨克诺门罕、管家达瓦、孜巴丹达尔、管家金巴当恰、欧鲁居图、比丘次仁、洛桑丹巴、格巴丹增阿齐图扎西顿珠、次仁贡恰、仁卓、比丘曲坚赞、饶旦毕力克图杂桑达、洛桑扎西、商人丹增克达尔、克珠、格丹米林、格贵洛桑扎西、管家仁钦曲哈、医师坚赞、厄鲁居图、卡瓦玛塔克、卡喇嘛贡却、尊追、达纳桑布、鄂尔多斯仲然巴洛桑金巴、青海比丘巴丹赤列等人献曼札一具、白银202钱8分半、缎子一匹。

青海郡王阿旺达结献曼札、黄金一两、白银1000两、缎子49匹、薄绫30匹、绸子50匹、哈达125条、红狐皮5张、毛线10捆、茶45包、棉布165匹、马30匹。

以上所献礼品种类和数量极多,按献礼者来自的地方和所献礼品一一列举,难以尽说,更有身语意所依止的佛像、佛经、佛塔以及乾隆皇帝赏赐之宝物和珍贵用品,其价值无可计量。其中如大海中岛屿那样的遥远之处得来的以及出自大地、深山之动物、木材,还有大海中出产的物品,一般人不要说见到,甚至听也没听说过。仅所献的金、银、牛、马、羊、缎子等物品,其折算价值就达白银405265钱5分。所献物品中凡可作供祭物品者,均于灵塔前供百供、千供所需。可作灵塔建塔材料、装脏物品、以及镶嵌装饰品者,都毫无浪费地用在班禅额尔德尼圆寂和事业延续不断的善业之中。

赞曰:众生努力得到的,如无数铁屑,你的伟业如磁铁,将其吸引来;信众虔诚所奉献,诸物如云集,其数如大地土粒,我仅记大概。愿本书如雷声响,僧俗信士如孔雀,欢欣起舞迎雨来,心中获得大满足!

以上为《尊胜上师、有寂世界顶饰班禅遍知一切罗桑班丹益西贝桑布传——太阳之光水晶明镜》,是上师脚下受业的微末弟子、讲经僧嘉木央协巴贡却晋美旺布编写。

祈愿吉祥!为利乐之源佛法大树常青、众生获得殊胜的解脱正果,祈愿在扎什伦布大寺院,教法和布施的河流延续不绝!吉祥!

六世班禅额尔德尼·罗桑班丹益西年谱

1738 年 藏历第十二饶迥土马年 清高宗乾隆三年 1 岁

藏历十一月十一日黎明时分，六世班禅额尔德尼在后藏襄地区的扎西孜地方（今为西藏自治区日喀则市南木林县多角乡扎西孜村）出生。

关于六世班禅的家庭，《六世班禅额尔德尼传》只记载他的父亲名塘拉，母亲是某个王族的后裔。不过该传记在讲述六世班禅额尔德尼的认定过程中起了重要作用的拉木护法的降神授记中说："在山谷山区平安奔走，苯教家族的吉祥金顶，吉祥的家名叫扎西孜，山谷中有活水长流淌。苯波父系需仔细考究，了解此点别人难胜任，我曾是该庙的主护法，因此是颁降授记之神。以前依次出现的神谕，你等大德人主的梦兆，以及此次大执事本人，前往考察的清楚认识，说明扎什伦布寺之主，已降生在扎西孜地方，快去迎请到扎什伦布，会使各方都充满吉祥！"这实际上是说六世班禅额尔德尼的父亲出身于一个苯教家族，这也与其父亲的名字塘拉即苯教信奉的唐古拉山神相符合。

班禅额尔德尼满月时，按照地方风俗举办了非常隆重的诞生喜宴，据称班禅两个月时会合掌沉思，七个月时能诵六字真言，八个月时能诵《长寿经》等灵异表现。

不久班禅的亲戚兄长拉达克王的儿子曷米活佛要前去拉萨，父母带班禅随同前往，在拉萨短暂停留后，父母和班禅返回了扎西孜。

1740 年 铁猴年 乾隆五年 3 岁

五世班禅额尔德尼圆寂后，七世达赖喇嘛派卓尼尔萨克巴罗桑尊追前往扎什伦布寺等卫藏各大寺院，发放布施，向各佛殿广行供养，往各地查访探寻，听说在扎西孜降生了一名灵异儿童后，禀告掌管西藏地方政务的多罗贝勒颇罗鼐。颇罗鼐指示他带一个管用的人员，携带前辈班禅的随身用品前去考察。当年七月一日萨克巴罗桑尊追以到温泉沐浴的名义从扎什伦布寺启程，八月十二日抵达扎西孜。上午在孩童家会见时，孩童一再地呼唤宗喀巴大师的名字，卓尼尔拿出前辈班禅额尔德尼的白度母像、铃杵、念珠、餐具等类似的物品请其辨认，孩童都毫不迟疑地拿起真实的那一个，并清楚地呼唤卓尼尔法名。于是卓尼尔深信不疑，返回后把事情经过详细告知扎什伦布寺众显贵官员。

扎什伦布寺派兰伦珠饶旦庄园（ལྷུན་གཞིས་ཀ་ལྷུན་གྲུབ་རབ་བརྟན།）的管家班觉坚赞于八月十九日到达拉萨，将考察情形禀告七世达赖喇嘛和多罗贝勒颇罗鼐，并请拉木大护法清楚授记。

闰八月二日吉日，在拉木护法选定的降神场所即颇罗鼐的府邸噶丹康萨的屋顶排列50多名手持武器的青壮武士，煨桑祭神。在七世达赖喇嘛的代表卓尼尔阿旺洛桑（ངག་དབང་བློ་བཟང་།）、贝勒颇罗鼐、扎什伦布寺僧人代表参加的法会上迎来拉木大护法，献上达赖喇嘛所赠哈达，扎什伦布寺代表敬献了班禅拉章的礼物多件，贝勒颇罗鼐献上五种绸装饰的明镜后，请护法予以明示。拉木护法降神后班禅化身出生地明确指示班禅化身的出生地在扎西孜。将上述情况禀告七世达赖喇嘛后，七世达赖喇嘛又派卓尼尔前去与颇罗鼐、噶伦、代本集会，迎请护法神巴丹仓巴钦波降神，再次指示班禅化身降生在扎西孜。此事报知两位驻藏大臣后，驻藏大臣不久就以上等哈达连同奏折上奏乾隆皇帝。

管家班觉坚赞于八月七日返回扎什伦布寺。第二天，扎什伦布寺四大札仓的经师、大经堂的格贵、主要的仲科尔们仔细商议了护法的真实授记，于八月十日在众僧的盛大集会上宣布了护法预言："在扎西孜所生孩童实为前世班禅的再世化身"。与会僧众听后非常高兴，表示要致力于祈祷灵童长寿健康的法事。这天，为表示庆贺，以坚赞团布寝宫为主的扎什伦布寺各殿堂以及附近的各个地方，各种旗幡蔽空，天空彩云飘飘。

九月六日，七世达赖喇嘛为班禅灵童赐名罗桑班丹益西。拉章派仲科尔等人前往扎西孜布盛宴，厚献礼物。贝勒颇罗鼐也秘密地派一名艾勒琪前去敬献祝贺信、无量寿佛像、僧衣、金轮、海螺、金刚杵等。扎什伦布寺及其属寺、其他各寺院、地方官员沉浸在热烈的喜庆气氛之中。七日，灵童被迎至香地方的娄东谿卡顿珠墨卡。这时喀尔喀额尔克大喇嘛（ཨེར་ཁེ་ཏུ་བླ་མ།）派到西藏了解班禅转世情形的艾勒琪洛桑扎西等来到娄东谿卡顿珠墨卡拜见了灵童。

七世达赖喇嘛和仓巴当托建(ཚངས་པ་དུང་ཐོད་ཅན།)护法神作了祈祷班禅灵童长寿的祈愿文,并为此向以扎什伦布寺为首的各个寺院发放布施。

1741 年 铁鸡年 乾隆六年 4 岁

因前大总管家伦林鼐洛桑格敦(ལྷུན་གླིང་ནས་བློ་བཟང་དགེ་འདུན།)病逝,五月九日任命拉日岗巴杰仲洛桑次旺央金智贝多杰赤列(ལྷ་རི་སྒང་པ་རྗེ་དྲུང་བློ་བཟང་ཚེ་དབང་དབྱངས་ཅན་གྲུབ་པའི་རྡོ་རྗེ་འཕྲིན་ལས།)为班禅拉章总管家。以大管家为首的索本堪布、侍卫官、两名卓尼尔、小管钥匙官、香灯师等侍从,以及贝勒颇罗鼐的代表、札雅班智达活佛等 100 余人身着礼服,乘马抵达顿珠墨卡。

六月一日,灵童头留小黑发,穿上僧衣,由大管家等人将灵童扶上顿珠墨卡豁卡的先世班禅额尔德尼曾经坐过的宝座上,由拉章设宴庆祝和献礼。灵童首次给仲科尔们摩顶赐福。午膳时,其父母设宴款待众侍从。之后,灵童为颇罗鼐的代表、札雅班智达等迎驾者摩顶。二日黎明灵童一行从顿珠墨卡启程前往扎什伦布寺,日吾格培寺、达杰修行院(དར་རྒྱས་སྒྲུབ་སྡེ།)等近 20 所寺院的僧人排列僧队送行。当晚灵童一行住宿通门雄时,乾隆皇帝派来祝贺灵童登座的使者喀卓尼尔托章京(ཁྲི་མགྲོན་གཉེར་ཐུ་ཅང་གི།)、大喇嘛、加尔果琪、笔帖式,贝勒颇罗鼐本人,达赖喇嘛的代表德柱堪布洛桑诺布进帐中向灵童献礼。灵童问乾隆皇帝安好,然后登座,汉藏高僧、各位官员献了哈达,请求灵童摩顶。灵童为颇罗鼐摩顶时,颇罗鼐问:“认识我否?”回答:“认识”,并拿起颇罗鼐项上念珠。颇罗鼐说:“若喜欢,愿意奉献”。灵童回答说:“不是,这原是我的念珠”。第二天,在通门雄,灵童站在铺石板地上为扎什伦布寺四札仓的轨范师、格贵等迎接者摩顶赐福。

六月四日,灵童一行抵达扎什伦布寺,有蒙古、藏、汉族骑士共千余名前来迎接,以扎什伦布寺僧人为首的近万人手执白伞、胜幢、飞幡、彩旗及各种鲜花,敲锣击鼓,吹奏海螺短笛,组成仪仗迎请班禅额尔德尼到扎什伦布寺登上宝座,举行坐床典礼。乾隆皇帝为祝贺班禅灵童坐床赏赐了上等哈达、银制器皿、上等绸缎 24 匹等厚礼,为法会赐熬茶费白银 3000 两。达赖喇嘛赠送了银制曼陀罗、佛像、佛经、佛塔、僧衣、银制器皿、白银 1050 两。拉木护法师献无垢上等哈达和祈愿灵童长寿的祈愿诗。颇罗鼐献了银制曼扎、佛像、佛经、佛塔、僧衣、金轮、白海螺、银器皿、白银1550两，共计51件。颇罗鼐的长子土谢图公益西才旦（ཐུ་ཤེའི་ཐུ་གུང་ཡེ་ཤེས་ཚེ་བརྟན།）、次子达赖巴图尔、达赖喇嘛的父亲等也敬献了厚礼。朝廷的使者喀卓尼尔托章京、大喇嘛、加尔果琪、笔帖式等献了哈达、绸缎、银器皿等礼物。两位驻藏大臣、甘丹赤巴、色拉寺、哲蚌寺、甘丹寺、上下密院及前后藏各大寺院所献的礼物堆积如山。

六月五日，贝勒颇罗鼐举行赛马、射箭等，并将赛跑第一的噶丹康萨的浅灰色白马献给班禅额尔德尼。六日，各札仓的4位喇嘛、各米村、各地方代表、诸位随从、游牧群众等各自敬献厚礼，欢聚庆祝。七日，班禅额尔德尼为法会施放斋僧茶15次，赐予每名僧人白银5钱。为后藏各派379所寺院施放斋僧茶各5次，布施每名僧人白银5分。萨迦等地的各派寺院、贝勒颇罗鼐等高级官员、后藏代本班蔡巴、赛·仁钦孜（སྲད་རིན་ཆེན་རྩེ།）的首领母子、重孜瓦、扎西孜、江洛建、竹仓、日东等寺僧人、俗人向班禅额尔德尼敬献礼物。此时，宣布乾隆皇帝敕封颇罗鼐郡王爵位（ཅུན་ཝང་གི་ཚོ་ལོ།），赐印章、哈达、官服、黄金3两、白银750两、绸缎等九种35件，以及马一匹，还赐给随从布匹。扎西孜庄园向郡王献哈达、白银1050两，感谢郡王关心灵童的选认和亲临坐床法会祝贺，献厚礼回谢乾隆皇帝大恩。同时，按职位高低分别厚赠诸使者。向七世达赖喇嘛献上等哈达、银曼扎、黄金5两、白银7加朵（一加朵合藏银50两）。郡王临别时，班禅额尔德尼给他赠送了佛像、护身结、黄金50钱、白银1950两、马鞍一副。赐予郡王随从人员白银计854两及各类绸缎9种45件。班禅额尔德尼设宴为七世达赖喇嘛的父亲、摄政长子土谢图公、次子达赖巴图尔饯行，还特派总管家贡桑热绛巴进京向乾隆皇帝献礼并祈寿。

班禅额尔德尼为父母分别赠送礼物，有衣服全套、白银200两、缎子一匹等9种15件，以及马两匹、各种茶叶36条。为父母随员赐茶12包、马两匹及上等绸缎。从六月十五日开始，班禅额尔德尼在密宗札仓作了5天仪酬轨，赐酬补供物，施予每名僧人白银3钱5分，向温萨寺供献布面酬补供物，向诸护法神像敬哈达。

七月一日，扎什伦布寺特派本仓格敦顿珠赍持厚礼前往拉萨慰劳众上师和施主，向拉木护法献有关日常用具等厚礼，班禅额尔德尼高兴地为其送行。五日，班禅额尔德尼为参加法会的僧人布施白银各3钱，向五世班禅罗桑益西的灵塔献千供；为后藏各寺院布施僧茶各5次，赐予每名僧人白银一钱。还为32所修行地施放斋僧茶一个月，布施沙弥、比丘僧白银各8钱。札雅班智达向班禅额尔德尼献万件礼品。卓尼尔萨克巴、扎康巴等侍从也分别敬献礼物。哈尔东和帕索两个米村也献了礼品。十二日，班禅额尔德尼在宴会上接受扎什伦布寺吉萨钦摩所献银曼扎、白银50两、绸缎等礼物后，为四大札仓喇嘛、两名格贵、翁则、积善者、行茶官、中老年传戒者、经堂香灯师、吹号师、各大小米村的僧人、兑桑林札仓僧人、吉康札仓僧人、夏孜札仓僧人摩顶赐福。

八月二日，不丹第悉阿旺坚赞（འབྲུག་སྡེ་སྲིད་ངག་དབང་རྒྱལ་མཚན།）派岗日喇嘛来扎什伦布寺向班禅额尔德尼献礼祝贺坐床，班禅额尔德尼予以回赠。托林寺的堪布也向班禅额尔德尼献上厚礼。

十一月八日，班禅额尔德尼为郡王颇罗鼐的长子阿里公益西才旦主仆300余人摩顶赐茶。十日，益西才旦公向班禅额尔德尼献黄金10两、白银1500两、缎子20匹等厚礼，班禅额尔德尼举行宴会为其饯行，并予以回赠。

同年十二月，班禅额尔德尼开始认字，能毫无困难地读诵《皈依颂》《智慧虚空母颂》等。二十一日，班禅额尔德尼赐予密宗札仓僧人白银各3钱及供物。二十二日，在密宗札仓举行的年底伏魔铁堡施食法会上，班禅额尔德尼如前作仪酬轨，并资助在卫藏各寺院诵《甘珠尔》《丹珠尔》《救度母心经》《白伞盖陀罗尼经》以及举行护法仪酬轨的僧人粮食75000驮。

1742年　水狗年　乾隆七年　5岁

一月一日上午，班禅额尔德尼于卧室为吉祥天女举行元旦食子供养法会，为前来贺岁的大施主、地方政府及萨迦寺代表、父母、竹仓日东巴、当庆巴、扎西通门巴等来客，以及那塘寺僧人、噶丹饶杰寺僧人、平措林僧人、协噶寺僧人、赛卡尔寺僧人、各地信徒、各位随从、各大活佛、杰仲、群则、汉、蒙古、藏地的拉德、米德的民众摩顶祝福，庆贺新年。二日，大经堂格贵和扎西孜分别为班禅额尔德尼设宴庆贺新年。从即日起，班禅额尔德尼为3个显宗学院的18位考取噶钦学位的学者摩顶，每6人为一组，每天上午只能为一组摩顶，次日，照例进行。之后，各位噶钦学者于石板殿打坐辩论《中论》《律经》《释量论》《般若经》等教义。五日，扎什伦布寺举行神变大祈愿法会，此日又是前世班禅额尔德尼的期供日，班禅额尔德尼为此供献嵌有珍珠的佛像幔、丝制“供养天女”画像、镶嵌宝物的曼扎等。七日，天高气爽，班禅额尔德尼削发，始诵《经部心要》。兑桑林札仓堪布和吉萨、大德等宴请班禅额尔德尼，并献大量礼品，在僧会上熬茶斋僧。班禅额尔德尼派人前往拉萨慰问官员，向拉萨祈愿大法会、两尊释迦佛像献千供，敬献哈达。为参加祈愿大法会的17715名僧人施放斋僧茶，布施尼泊尔银币各一枚。扎什伦布寺按照常规为在班禅额尔德尼坐床时前来晋谒祝贺的僧人施放斋僧茶，赐每人哈达一条和回向礼物；还派人向甘丹寺宗喀巴灵塔和热振寺文殊菩萨像献供，布施拉萨三大寺院及前藏北部寺院42所；为吉祥天女及拉木护法敬献哈达、供品等。

十五日，班禅额尔德尼向扎什伦布寺诸佛殿献五种千供。在四时大祈愿法会时向诸佛殿献五种千供、七支供养，献浴、回向。按照四时法会惯例向参加法会僧人分别布施尼泊尔银币半枚、一枚、两枚半、一枚半。蒙古杜尔伯特饶旦多杰王的喇嘛主仆、巴塘宗宗本扎西平措管家仓巴及其随从人员晋谒奉献礼物。班禅额尔德尼予以回赠。

二月十三日，是四世班禅罗桑确吉坚赞的期供日。班禅额尔德尼为几处法会施放斋僧茶，布施参加法会的僧人酥油各5块、粮食各一驮及食品，为藏绒地区各教派166所寺院施放斋僧茶各5次，赐予每名僧人白银3分半；为32所小寺院施放一日僧茶，每日3次，赐予每名僧人白银3钱半。

三月八日，班禅额尔德尼为用金粉绘写的新版《甘珠尔》举行开光仪典，赐予法会白银及礼物。为颇罗鼐次子达赖巴图尔主仆一行600人、驻藏大臣纪山的管家、执事等摩顶赐茶。十三日，达赖巴图尔向班禅额尔德尼敬献礼物，祈祷祝寿。班禅额尔德尼为达赖巴图尔设宴赠送礼物饯行，并分赐随从人员。

在第二个春季法会上，班禅额尔德尼布施每名僧人白银3钱、粮食5驮；为51755名僧人发放僧衣等礼物。青海王妃南杰卓玛(མཚོ་སྔོན་དཔོན་མོ་རྣམ་རྒྱལ་སྒྲོལ་མ།)派人敬献礼物，班禅额尔德尼予以回赠。

四月七日，班禅额尔德尼拜谒佛塔，献五种百供及哈达；为加持佛塔敬献宝石念珠、僧装；为绰浦寺的祈愿法会施放斋僧茶3次，为该寺大弥勒佛像献哈达，为密宗札仓赐粮3000驮、敬神哈达及礼物；为阿里地区144所寺院施放斋僧茶各5次，赠哈达礼物；为近处32所修行院每日施放斋僧茶每日3

次，赐予每名僧人白银3钱。十五日，班禅额尔德尼为那塘寺施放斋僧茶5次，给每名僧人发放白银8分半。

六月四日，在佛陀大转法轮的纪念法会上，班禅额尔德尼满足1000余名贫穷乞讨者的愿望分别予以赏赐。十五日，班禅向各佛殿献五种百供，准备坐夏。次日，开始坐夏。同时，为32所修行院施放一个半月的斋僧茶，每日3次，为每位沙弥、比丘僧施银3钱；为温萨等10多所寺院施放一个月的食物和礼物，为持密法会酬补者赐食物。

七月五日，在为五世班禅罗桑益西举行的期供法会上，班禅额尔德尼施放斋僧茶、米饭，施予每名僧人糌粑一驮、3类油炸面食20袋、供神酥油5块、白银各3钱，以及回向礼物。这天，班禅额尔德尼还向罗桑益西灵塔献丰厚的五种千供，并进行献浴，敬献供品；为藏绒地区167所寺院施放斋僧茶各5次，施予每名僧人白银一钱；为32所修行院施放一个月的僧茶，每日3次，施予每名僧人白银5钱。十五日，为参加法会的2311名僧人布施粮食各一驮。

八月二日，班禅额尔德尼为青海公巴图尔岱钦的使者们摩顶，并赐物饯行。康区木里堪布的使者卓尼尔和群科寺的堪布等晋谒并献黄金，班禅额尔德尼予以摩顶加持，赐茶饯行。十三日乾隆皇帝的生日，为了感谢乾隆皇帝对佛法众生所赐予的深厚恩惠，密宗札仓僧人聚集在日光寝殿诵《白伞盖大佛顶陀罗尼经》《圣多罗菩萨经》《圣无量寿决定光明王如来陀罗尼经》，祝乾隆皇帝莲足长驻，政治昌盛。班禅额尔德尼给僧众赏赐。十五日，在法会上，班禅额尔德尼为四札仓的喇嘛、格贵、执事、新旧两名教规师摩顶，为两名卸任戒律师赠送礼物。

九月一日，班禅额尔德尼为前来拜谒的诺门罕和尼姑洛桑曲措（དགེ་ཚུལ་མ་བློ་བཟང་ཆོས་འཚོ།）的代表，以及其他客人摩顶赐茶。洛桑曲措的代表献上主人的马蹄银17锭等厚礼。代表们告辞时，班禅予以回赠。十五日，普布觉丹巴杰增阿旺强巴（དམ་པ་རྗེ་བཙུན་ངག་དབང་བྱམས་པ།）大师从前藏抵达扎什伦布寺拜见班禅额尔德尼。十八日，阿旺强巴莅临班禅额尔德尼卧室敬献上等哈达、供物等厚礼，将释迦佛祖、宗喀巴师徒、前两世班禅传记呈献班禅。班禅额尔德尼从阿旺强巴闻习《菩提道炬论》《摧破金刚陀罗尼洗礼》《长寿灌顶》《马头明王秘密念诵仪轨》《大佛顶尊胜陀罗尼经》《白度母陀罗尼经》《白伞盖大佛顶陀罗尼》《阎曼德迦忿怒真言仪轨》《室利内修念诵仪轨》《大威怒鸟枢瑟摩明王经》《六臂护法仪轨》等。聆听教法时，阿旺强巴高居宝座，班禅额尔德尼坐在阿旺强巴座前的坐垫上。班禅额尔德尼还为青海额尔德尼岱钦王(མཚོ་སྔོན་ཨེར་ཏེ་ནི་དའི་ཆིང་ཝང་།)的代表摩顶。

十月三日，大管家贡桑热绛巴从京城返回，班禅额尔德尼命僧人组成仪仗队，高擎旗幡，极其恭敬地迎接乾隆皇帝的圣旨。圣旨要求班禅额尔德尼须博闻佛理。班禅额尔德尼高兴地接受了圣旨和因班禅额尔德尼为乾隆皇帝祝寿献礼而回赐的112匹函大幅佛经，并为贡桑主仆和其他来宾摩顶。七日，班禅额尔德尼会见了次仁饶旦王的使者，为巴丹札萨代表饯行。大管家贡桑热绛巴和即将去柴达木作上师的噶究巴洛桑协涅(དཀའ་བཅུ་པ་བློ་བཟང་བཤེས་གཉེན།)各自向班禅额尔德尼献礼物。十一日，青海贡却王的代表和丹增呼图克图(བསྟན་འཛིན་ཧུ་ཐོག་ཐུ།)的代表向班禅额尔德尼面呈信函和各自主人的献礼，贡却王的献礼有马蹄银6锭等，次仁饶旦王兄弟敬献白银1000两。前往内地担任喇嘛的扎什伦布寺高僧萨隆巴噶究格敦次仁特派管家前来献礼物。十四日，札萨克喇嘛密宗院翁则洛桑格勒的管家从中原内地前来献礼物。班禅额尔德尼受礼后为上述代表赐物饯行。担任中原内地喇嘛的觉宗巴之伴友向班禅额尔德尼献见面礼白银、绸缎等中原内地特产。班禅额尔德尼为安多、上下康区及达颜都拉人员、噶伦重孜巴父子主仆摩顶加持，按照职位高低分别回赐了噶伦父子主仆等人。

十一月一日，鄂尔多斯贝勒扎西次仁的代表和乃宁寺法王分别向班禅额尔德尼敬献礼物。六日，温萨寺、群科日卫当寺、曲玛宇孜寺僧人在卧室为班禅举行有缘上师仪轨的长寿法会。十日，班禅额尔德尼从阿旺强巴受居士戒。下午，准备闻听大威德金刚灌顶。次日，正式闻听灌顶法。为酬谢阿旺强巴上师，班禅额尔德尼奉献了曼扎、哈达、白银50两。十五日，阿旺强巴准备返回前藏，班禅额尔德尼馈赠丰厚礼物送行。当天，即将前往鄂尔多斯的洛桑群培和达曲金巴敬献礼物告别，向寺院做了布施供养。班禅额尔德尼还为数名达颜都拉来客和柴达木喇嘛饯行，为塔尔寺商人等几名安多人摩顶加持。二十五日，班禅额尔德尼为呼和浩特等蒙古地区的活佛官贵共80余人摩顶赐茶。郡王颇罗鼐的次子达赖巴图尔按拉木大护法“班禅灵童在次年身有灾殃”的预言，至扎什伦布寺祈祷长寿。同时，拉木大护法也莅临扎什伦布寺,班禅额尔德尼为他们赐茶接风,摩顶加持。杜尔伯特王的代表主仆及土尔扈特贝勒的代表拜谒班禅额尔德尼,敬献杜尔伯特王的礼物。班禅额尔德尼为诸代表赠物饯行。

十一月二日上午,班禅额尔德尼于日光寝殿请求拉木大护法降神。大护法依舞步向班禅额尔德尼顶礼3次,敬献哈达,诵长寿祝词。呼和浩特掌印喇嘛托因呼图克图的代表大喇嘛向班禅额尔德尼献祈福禳灾供品。六日,班禅额尔德尼莅临日光寝殿,请来拉木大护法,呈献酬谢礼物和供品无数,大护法告辞时,班禅又以厚礼馈赠。即将前往呼和浩特的强巴格隆献礼告别,并诵经为班禅额尔德尼祝寿。班禅额尔德尼为将要离别的托因呼图克图的代表一行饯行。十六日,郡王颇罗鼐特派莫居多杰等执事、首领、协傲和硕齐等40多人前来敬献在协噶尔米居多吉宗(ཤེལ་དཀར་མི་འགྱུར་རྡོ་རྗེའི་རྫོང་)新印的《甘珠尔》226部,班禅额尔德尼为他们赐茶接风,摩顶加持。此后,班禅额尔德尼按拉木大护法旨意闭门修行。

十二月二十七日,班禅额尔德尼结束闭门静修,为前来慰劳的地方政府的官员赐茶摩顶。温萨寺等附近30余所寺院每月举行3至6次法会,32所修行院每月举行一次法会,24所修行院举行隔月法会,后藏其他寺院也定期举行法会,班禅额尔德尼赐给每所寺院法会所需费用,为长寿而积福积德,还对拉萨三大寺、上下密院、南杰札仓、鄂尔盖札仓等发放布施。

1743年 水猪年 乾隆八年 6岁

一月十一日,班禅额尔德尼拜密乘师洛桑索巴为师,学习四世班禅罗桑确吉坚赞所著《宗喀巴大师之上师瑜伽》《妙音天女赞》《白文殊修行法智慧施愿印》《文殊阿拉巴杂那修行法宝镜》等。十五日,在日光寝殿,那塘寺总管向班禅额尔德尼献礼祈寿。班禅额尔德尼为前来祝贺新年和祝扎什伦布寺讲经昌隆的顿杰喇嘛和扎什伦布寺大护法拉木神师赠送世间的福祉五色哈达、八瑞相银曼扎、供神醴酒5两、茶叶、赤金5两、白银15两、银碗、鞋、帽、旗幡、胜幢、明镜、红铁矛、铁钩等五色供物及5种敬神哈达,此后每年都这样向拉木护法献供。

二月十六日,哲布尊丹巴活佛所辖喀尔喀七部的代表索本堪布额尔喀托因、赴蒙古任喇嘛的扎什伦布寺僧人数名,以及喀尔喀地区的喇嘛官员代表共200余人前来拜谒,班禅额尔德尼为他们摩顶加持,并以茶款待。班禅额尔德尼为诺颜法王、额尔喀托因主仆、将军王的翁则主仆、札雅班智达主仆赐物饯行。喀尔喀巴珠王前来献礼。三十日,班禅额尔德尼为前来告辞的即将赴任康区的嘉顿宗本(ཁམས་རྒྱལ་སྟོན་རྫོང་དཔོན།)的扎西孜第巴贡波(བཀྲ་ཤིས་རྩེ་སྡེ་པ་མགོན་པོ།)摩顶赐茶,并为新任宗本饯行。

三月四日,旺钦诺门罕的代表库伦翁则当钦巴噶钦洛桑扎西(ཁུ་རེལ་དབུ་མཛད་མདངས་ཅན་པ་དཀའ་ཅན་བློ་བཟང་བཀྲ་ཤིས།)、图萨拉克齐的代表益西默兰等向班禅额尔德尼敬献礼物。次日,喀尔喀七部共同向班禅额尔德尼献银制曼扎一具、佛像、佛经、佛塔、僧衣、日用器具、黄金150两、白银7428两、绸缎36匹等,共折银10000多两,并诵经祈寿。班禅额尔德尼为诺颜法王、哲布尊丹巴的索本堪布摩顶赐茶。八日,喀尔喀亲王德庆嘉布的上师贡查巴噶究茨达、嘉钦孜巴诺门罕的侄子雅培、仲然巴阿宗等分别向班禅额尔德尼献礼物。十一日,那塘寺密宗札仓31名僧人为新版《丹珠尔》开光,班禅额尔德尼赐给费用。二十一日,班禅额尔德尼为青海达赖呼图克图之弟额尔德尼台吉及福晋等40人摩顶赐茶,会见了上下密院60名僧人和额尔德尼台吉主仆。

五月二日,班禅额尔德尼为即将赴任喀尔喀亲王德庆嘉布的上师洛桑塔却饯行,赠送佛像、加持塔等。

六月一日,拉达克王遣使前来敬献礼物。三日,不丹第悉额尔德尼派使团前来慰问献礼,班禅额尔德尼分别为二位献礼者摩顶赐茶,为喀尔喀所献30两银制竭地洛迦林度母像举行开光典礼。五日,古格王遣使前来为病故的王子洛桑班玛扎西(ཀུ་གེ་ས་སྐྱོང་གི་སྲས་བློ་བཟང་པད་མ་བཀྲ་ཤིས།)报丧,向僧会施放斋僧茶。班禅额尔德尼诵经回向,并为报丧者摩顶。

七月八日,青海却藏活佛前来晋谒,献礼物为班禅额尔德尼祈寿,班禅为其摩顶赐茶。十一日,班禅为却藏活佛赠送佛像、佛塔、香包等。

八月二十二日,班禅额尔德尼为青海塔尔寺嘉雅活佛主仆25人摩顶。二十五日,班禅额尔德尼为嘉雅活佛赐物饯行。噶细公班智达、其妻夏仲德丹卓玛(郡王颇罗鼐的女儿)、儿子等主仆一行60多人前来晋谒并献礼物,班禅额尔德尼为他们摩顶赐茶。

九月十五日,噶细公班智达向班禅额尔德尼献曼扎、佛像、佛经、佛塔、僧衣、日用器具、马蹄银10锭、绸缎21匹,诵词祝寿,班禅额尔德尼回赠厚礼。萨迦寺达钦(萨迦法王)前来拜谒献礼,班禅额尔德尼予以尊敬供养,并为其强佐及随从摩顶赐茶,临行时赐厚礼。十九日,班禅为前来献礼的阿里公主仆摩顶祝福。二十日,阿里公献曼扎、佛像、佛经、佛塔、日用器具、黄金100钱、白银1550两以及水果等。班禅额尔德尼设宴招待,临别时为他们赠送厚礼。

十月六日,班禅额尔德尼会见青海王次仁饶旦的医师洛桑群培、西宁商贾主仆、锡金旦正旺波主仆,以及来自里塘、色拉、哲蚌、洛巴等寺院僧人。十三日,班禅额尔德尼任命欧珠曲宗巴噶钦洛桑克增(དངོས་གྲུབ་ཆོས་རྫོང་པ་དཀའ་ཆེན་བློ་བཟང་མཁས་བཙུན།)为兑桑林札仓的经师。

十一月二日,班禅额尔德尼为里塘丹窘活佛主仆8人摩顶赐茶。皇帝使者赍持诏书礼物,经乾隆皇帝准许进藏熬茶的准噶尔部的客人一同前来扎什伦布寺,班禅派卓尼尔前往浪卡子迎接,仲科、各札仓僧人、各米村僧人在寺门前迎接。乾隆皇帝使者进入寺院后,班禅向阿萨肯大臣、将军鄂卡达、加尔果琪、笔帖式等问乾隆皇帝安康,然后高兴地接受了金书和礼物。准噶尔王噶丹次仁旺波的代表喇嘛强佐巴、管家宰桑曲纳木卡、瓦耶萨格朗、多杰宰桑、克雅泽饶杰、普布、迈格恰、丹巴等向班禅额尔德尼呈献信件、佛塔、黄金、白银、绸缎、皮张、日用器具。班禅额尔德尼向他们询问了准噶尔各地格鲁派的情况,并设盛宴招待以乾隆皇帝使者和准噶尔喇嘛、宰桑为首的蒙古人等100多人,以及图协耶图公益西才旦(ཐུ་ཤེལ་ཡེ་ཐུ་གུང་ཡེ་ཤེས་ཚེ་བརྟན།)、噶伦多喀瓦次仁旺嘉等。准噶尔宰桑等人为已去世的额尔德尼觉热图浑台吉及其妃子贡桑饶旦诵经回向,向班禅额尔德尼献厚礼,请求诵经超度亡灵。同时,敬献了准噶尔王噶丹次仁旺波的书信、佛塔、哈达、《宗喀巴上师传记》《因明五部论》《集密传承》《佛说救拔焰口饿鬼陀罗尼经》、金嵌书夹、僧衣一套、锡杖、钵盂、靠背褥垫、坐垫、白银、绸缎等,并为前世班禅银制灵塔捐助红宝石2粒、黄金200两、白银2000两。准噶尔王噶丹次仁旺波还向扎什伦布寺的法会施放3300次僧茶费黄金110两、白银19165两、白色缎、氆氇、旱獭皮、猞猁皮、各色布匹等,施放斋僧茶25次,施予每名僧人白银5两,向前两世班禅灵塔献供品及供养费,表示为自己父母修福积德。噶丹次仁旺波之子亦献厚礼。

十三日,班禅额尔德尼为乾隆皇帝使者和准噶尔代表摩顶,茶宴招待。益西才旦公和噶伦多喀瓦各献礼物,营官饶旦嘉波和代本姜洛建请求单独会见。十六日，班禅额尔德尼设宴为乾隆皇帝使者赠物饯行，回献厚礼谢乾隆皇帝赐金书礼物之恩。然后，分别为益西才旦公、噶伦多喀瓦、营官、代本饯行。厚赐准噶尔的代表，回赠噶丹次仁旺波和其他官员礼品。

十二月十三日，玉树瓦丹巴达杰（ཡུལ་ཤུལ་བ་བསྟན་པ་དར་རྒྱས།）向班禅额尔德尼敬献礼物。

1744 年　木鼠年　乾隆九年　7 岁

二月三日，大强佐按拉木护法的授记向班禅额尔德尼敬献哈达、曼扎。班禅额尔德尼为乌珠穆沁车臣王饶旦南杰、福晋卓玛吉、子平措饶旦祈寿禳灾，诵《救度佛母经》《般若波罗蜜多心经》。为准噶尔噶丹次仁王及其子次旺多杰南杰祝愿福寿长存，万事如意，为消除一切灾难，诵《救度佛母经》《佛顶大白伞盖陀罗尼经》《般若波罗蜜多心经》。八日，班禅额尔德尼从洛桑索巴闻听《吉祥金刚大威德上师瑜伽》《白护法如意宝颂》《贝孜姊妹护法》等教诫。七世达赖喇嘛的父亲索朗达杰病逝，报丧者前来请求班禅诵经超度，班禅额尔德尼作了清净回向。

四月一日，班禅额尔德尼同僧众一起为准噶尔部所献的度母像开光。八日，班禅额尔德尼从经师洛桑索巴闻习《忿怒金刚手菩萨经》《毗沙门仪酬轨》等教诫，委任诺布群科瓦噶究洛桑赤列为托林寺堪布。其后几天之内，班禅额尔德尼为兑桑林札仓经师、西宁商贾主仆、母亲尼达旺摩及其子摩顶加持。

六月十五日，班禅额尔德尼从经师闻听吉祥天母与四面护法祭供仪轨，在僧会听讲传授教诫。二十九日，班禅额尔德尼会见了七世达赖喇嘛的副索本堪布杰仲香巴主仆，并摩顶赐茶。

七月七日，班禅额尔德尼与僧众为扎什伦布寺大厅新绘壁画、大回廊壁画举行开光典礼，并与依怙殿僧人一起献供，发愿广弘佛法，饶益众生。之后，班禅额尔德尼朝拜大经堂，供献祭品，广发弘法益民之宏愿。十五日，班禅额尔德尼从经师闻听《吉祥金刚大威德师承启白》《阎摩护法供养仪轨》等教诫。之后，为尼达旺摩赠礼饯行，为前来晋谒的萨迦寺强佐主仆和青海岱钦巴图公的信使摩顶赐茶。

从八月八日开始，班禅额尔德尼从师闻听法行、开光及《药师佛念诵仪轨集要》《文殊菩萨颂》《上师供仪轨》等。为前来拜谒的青海将军王、丹巴贝勒、赛多活佛的代表摩顶加持。班禅额尔德尼派人进京上书乾隆皇帝,感谢创建雍和宫僧寺之恩德。十三日,班禅额尔德尼设宴庆祝乾隆皇帝寿辰。

九月三日,在依噶群增寝殿,由洛桑索巴经师作堪布、吉康巴洛桑顿珠作轨范师、兑桑林札仓洛桑克增作屏教师,班禅额尔德尼于众比丘中受沙弥戒。

八日,郡王颇罗鼐率领500余人前往扎什伦布寺向班禅额尔德尼敬献礼物。十日,郡王索朗多杰、噶细公班智达等人焚香施茶,将班禅额尔德尼迎请到扎什伦布寺佛殿,在众僧排列中升上无畏狮子宝座,开始了他弘佛利民的大事。乾隆皇帝派来的使者献厚礼,祝贺班禅额尔德尼升上法座。七世达赖喇嘛与郡王颇罗鼐供施双方为班禅额尔德尼赠送曼扎、佛像、佛经、佛塔、僧衣、日用器具、马蹄银30锭、上等缎子多匹、长条茶65包、各种绸子,为僧会发放丰厚布施。班禅额尔德尼虽然还不及7岁,却于僧众之中高声讲经,使闻者皆折服。班禅额尔德尼命人新换了僧众的坐垫,施予每名僧人吉祥哈达一条、白银一两、绫绸一方。

十二日,班禅额尔德尼于日光寝殿设宴款待郡王颇罗鼐主仆一行,郡王叙说了前几世班禅额尔德尼的伟大业绩。临行之时,班禅额尔德尼给郡王赠送无量寿佛像、衣服、金银、哈达、绸缎、棉布共计9种51件以及马鞍一套。同时,厚赐了噶细公班智达、夏仲德丹卓玛母子。十四日,各位近前侍从将班禅额尔德尼迎请到法会上,敬献礼物。班禅在向法会施放斋僧茶的同时,施予每名僧人尼泊尔银币一枚。扎西孜庄园、绛巴桑珠甘丹寺(བྱང་པ་བསམ་གྲུབ་དགའ་ལྡན་དགོན།)、昂仁寺堪布、旦达尔杰及其属寺、赛多建堪布、俄尔寺堪布、涅摩嘉协寺、香布多寺、瓦夏寺、达尔杰寺、郭仓寺、定结扎西群培寺、日喀则地区贵族、芒卡桑珠巴、道拉日孜巴、达纳伦珠寺、迈康萨地区僧俗等多人前来敬献礼物。十五日,经师洛桑索巴和管家洛桑达尔杰献礼,班禅额尔德尼莅临法会进晚餐,在无畏狮子宝座上接受献礼并祈寿,并为僧众摩顶加持。十六日,班禅为父母双亲饯行。二十日,班禅额尔德尼会见措果岗钦巴、日喀则、尼泊尔人等60名,另有卓尼尔数人、印度瑜伽僧人、安多人等200余名。

十月九日,班禅额尔德尼为托卜加拉日岗巴活佛剃度授戒,赠名洛桑平措。十三日,在素食宴会上,索本堪布、森本师、卓尼尔、司钥师合献新年礼物。译师噶钦格敦仁青、重孜寺上下札仓、纽曲廓寺、伦波孜招，东噶当钦寺各自献礼物，班禅额尔德尼分别予以赏赐，为青海贡却王使者、青海亲王使者、卡觉喇嘛、夏琼寺堪布的侄子、扎西孜娘巴杰仲等人摩顶赐茶。之后，班禅额尔德尼为将要告辞的青海各代表饯行，并予以回赠。

十一月五日开始，班禅额尔德尼先后为喀尔喀达赖贝子的使者等人摩顶。二十五日开始班禅额尔德尼进行为期一个月的闭关静修。

1745 年 木牛年 乾隆十年 8 岁

一月五日开始，先后有本仓格敦顿珠、噶细公母亲索朗拉仲（དཀའ་བཞིའི་ཡུམ་བསོད་ནམས་ལྷ་སྒྲོན།）、吉康巴洛桑顿珠、那塘寺管家来向班禅额尔德尼献礼。十五日上午，班禅额尔德尼从经师洛桑索巴闻习《佛陀颂》。下午，会见前来拜谒者，为噶细公母亲赐物饯行。十九日，按照拉木护法授记，密宗札仓 8 名僧人作火供及度母退敌修法，密宗札仓举行白伞盖大遮法会，班禅额尔德尼赐给所需费用物品。

二月十一日，经师请求辞去密宗札仓喇嘛职位，班禅额尔德尼同意他的请求，委任重孜巴桑钦格勒饶杰的转世噶钦洛桑班觉任密宗札仓喇嘛职位。

三月一日，班禅额尔德尼开始从经师学习四世班禅罗桑确吉坚赞全集，每日学习 1 节。从十四日开始，班禅额尔德尼先后为青海沙弥尼洛桑曲措的代表、孜嘉协泽巴主仆、郭仓修行院的主持喇嘛、喀尔喀曼殊室利诺门罕主仆 200 多人、营官代表、杂尚宗本、噶窘诺诺、森本师等摩顶。十九日，班禅额尔德尼被曼殊室利诺门罕迎到僧众法会献礼并祈寿。二十七日，班禅额尔德尼设宴为曼殊室利等代表饯行，回赠礼物。其后，为新落成的银制本尊吉祥金刚大威德像举行开光仪典，供养于卧室。

四月二十三日，班禅额尔德尼听完《四世班禅全集》，从二十四日开始学习《五世班禅罗桑益西全集》。

五月五日，始学论理百门钥匙《集量论》。在这期间，天气干旱，雨水稀少，十七日，班禅额尔德尼于卧室诵经迎请度母，并亲自献浴洗礼，带来当时小雨绵绵，众人感到欢喜无比。班禅额尔德尼听完《罗桑益西全集》后，继续闻习《宗喀巴全集》。

六月十四日，班禅额尔德尼为新任夏鲁寺堪布郭莽札仓洛桑克却主仆、青海亲王代表主仆、拉木大护法的信使摩顶。

七月，班禅额尔德尼身体不适，经医师请求，从八月三日开始于日光寝殿饮仙人净水调养，五日，身体有所好转，结束了调养。十三日按例为乾隆皇帝举行生日大庆，诵经为乾隆皇帝祝寿。十四日，班禅额尔德尼为青海额尔喀岱钦和塔尔寺拉科喜饶琼觉(ར་ཁོ་བླམ་ཤེས་རབ་ཆོས་འབྱོར།)的信使摩顶。

九月六日，青海察甘诺门罕、塔尔寺赛多活佛、巴丹札萨等官员的代表从青海前来拜谒，班禅额尔德尼为他们和安多100多名其他僧人摩顶。下午，为拉达克王子主仆70多人摩顶赐茶，拉达克王子敬献礼物。班禅额尔德尼的兄长于温萨寺出家，班禅赠名洛桑金巴(此即后来的仲巴呼图克图)。然后，设宴为拉达克王子饯行。

十月四日，彭措林寺僧人来扎什伦布寺向班禅额尔德尼祝寿。朝廷钦差卓尼尔益西赤列比丘抵达扎什伦布寺，班禅额尔德尼询问乾隆皇帝健康情况。钦差传达乾隆皇帝谕曰:“班禅额尔德尼为众生上师，须勤奋上进，不可懈怠”等语，另有珍贵赏赠。班禅举行宴会招待使者主仆，并为他们摩顶。十日，班禅额尔德尼任命噶究洛桑雅培为兑桑林札仓喇嘛。

十一月一日，班禅额尔德尼被迎请到密宗札仓，设宴款待，会后礼佛拜塔，供奉哈达。在密宗札仓法会上，诸僧献上礼物，诵经祈寿，班禅分别予以赏赠，并为桑噶王子、青海索洛玛堪布、雪多宗本、觉贝巴、不丹、尼泊尔人等各地客人摩顶。

当年，居住在江孜的洛巴人与乃宁寺管家因学期法事安排发生冲突，洛巴人联合起来杀害了乃宁寺管家。为此郡王认为，洛巴人曾无视法律，这次又违法杀人，便派人逮捕了首犯，准备治罪处决，并监禁别的参与者。班禅额尔德尼闻知此事，甚感怜悯，遂发慈悲，派洛桑扎西带信给郡王，郡王将班禅额尔德尼的信顶到头顶，给代本宗本发盖印文书，说以前已经治罪的监禁、处决者无法挽回，现在洛巴人得到班禅额尔德尼赦免的请求，因此不仅不能再处死，而且要停止拷打，释放已经监禁的犯人，让逃至扎什伦布等寺院的犯人返回家园，安居乐业。

1746年 火虎年 乾隆十一年 9岁

一月，赛菊巴寺僧人来向班禅额尔德尼献礼物。

二月五日，萨隆甘丹寺在寺和外出学法的僧人共同向班禅额尔德尼献礼。九日，内蒙古阿巴嘎旗的居热图王坚白嘉布的代表前来晋谒，邀请班禅额尔德尼到法会诵经祈寿，班禅设素宴为代表饯行。

在此期间，嘉绒地区金川的莎罗奔做了很多违法之事，因此乾隆皇帝派兵进剿。为了对此事解决有助益，在七世达赖喇嘛派代表的同时，班禅额尔德尼也上书乾隆皇帝，同时派却本格隆强巴（མཆོད་དཔོན་དགེ་སློང་བྱམས་པ།）前往金川向领兵军官和金川首领送书信。

四月五日，班禅额尔德尼为代本然巴瓦主仆、仁钦孜寺施茶者、达纳图旦南杰（ཐུབ་བསྟན་རྣམ་རྒྱལ།）寺堪布主仆等摩顶，任命诵经师噶究格敦却丹为噶丹彭措林寺堪布，并为其和达摩医师赐物饯行。

五月一日，班禅额尔德尼为拉孜的噶丹欧门寺喇嘛、赛多建寺亲教师、岗建夏孜寺卸任喇嘛师徒、赴拉堆绛昂仁寺辩经者等人摩顶。五日，从经师洛桑索巴闻听《最胜妙吉祥根本智最上秘密一切名义》《现观庄严论》、格敦嘉措著《长寿五仙女供养法》《十二永宁地母供施法》等，并诵读宗喀巴《妙音天女修行法》《妙音天女颂》《白金刚亥母颂》《劝诫亲友书》以及四世班禅罗桑确吉坚赞全集中的《上师供养仪轨》《依宗喀巴瑜伽上师》《妙音天女颂》等，经师闻之大喜，大加赞扬，并献哈达鼓励其多诵经典。十三日，班禅额尔德尼为800两银制释迦佛祖像和宝座帏幔举行装脏开光仪典，供献供品。在温萨寺的兄长吉仲洛桑金巴（སུ་པོ་རྗེ་དྲུང་བློ་བཟང་སྦྱིན་པ།）前来献礼品，弟兄俩热情叙旧，畅谈经论。

八月六日，班禅额尔德尼为前来晋谒的喀尔喀右翼额尔德尼布希热图札萨克图汗次仁巴达（ཧལ་ཧ་གཡས་ཏུ་ཨེར་ཏེ་ནི་པི་ཤི་རེལ་ཐུ་ཛ་སག་ཐུ་ཧན་ཚེ་རིང་དཔལ་དར།）及其家眷，上师诺布噶丹巴噶钦洛桑格桑、大喇嘛主仆、将军贝勒使者摩顶赐茶。次日，喀尔喀代表迎请班禅到僧会献礼，为已故札萨克格勒雅培诵经超度。八日，班禅额尔德尼会见鄂尔多斯大贝子次旺班觉的代表、贝子的上师噶钦洛桑赤列主仆等多人，摩顶加持。十四日，札萨克图汗部的喇嘛噶钦洛桑格桑、若尔盖喇嘛哈尔东巴噶钦洛桑班觉向班禅额尔德尼献礼并祈寿。十七日，鄂尔多斯贝子的喇嘛嘉钦则巴噶钦洛桑赤列（རྒྱལ་ཆེན་རྗེ་པ་དཀའ་ཆེན་བློ་བཟང་འཕྲིན་ལས།）等前来献礼。

九月十四日，地方政府特派卓尼尔云丹伦珠送来了乾隆皇帝赏赐的水晶石、碗和七世达赖喇嘛的书信礼物，以及驻藏大臣的慰问品。卓尼尔云丹伦珠自己献上礼物。班禅额尔德尼上书乾隆皇帝谢恩。卓尼尔临行时，班禅额尔德尼予以回赠。

十月四日，赴中原内地担任经师的萨隆巴噶究格敦次仁及其伴友、重孜巴益西多杰(འབྲོང་རྩེ་པ་ཡེ་ཤེས་རྡོ་རྗེ།)及其施主科尔沁切丘格札萨克(དར་ཆེན་ཚེ་ཆེ་ཀ་ཛ་སག།)等人分别献礼告别。七日，班禅额尔德尼从经师闻习《入菩提行论》。八日，班禅额尔德尼向经师诵《入菩提行论》，经师听后很高兴地说：“吐字清楚”，并献赠哈达一条。十五日，班禅额尔德尼开始从经师闻习《克珠杰全集》。

十一月三日，班禅额尔德尼会见内蒙古的托因曲杰主仆。临别时，班禅予以回赠。其后，为科尔沁、土谢图汗和杜尔伯特饶旦多杰王的代表摩顶。十二日，杜尔伯特王的代表迎请班禅到僧会诵经祈寿，其他几名客人也于此时敬献礼物。十四日，班禅额尔德尼为青海和硕亲王噶丹济农的夫人额尔喀夏拉主仆摩顶赐茶。十九日，额尔喀夏拉献厚礼为班禅额尔德尼祈寿，请求班禅额尔德尼为其子女、姊妹4人取名。班禅答应了她的请求，为其子赐名噶丹南杰，长女为桑珠卓玛，次女为索朗央金，三女为次仁索朗，并赐物饯行，使其满意而归。

1747年 火兔年 乾隆十二年 10岁

二月六日，郡王颇罗鼐病故，班禅额尔德尼向报丧者赠回向礼白银100两等，向法会施放斋僧茶。赛·仁钦孜寺也前来献回向礼。班禅额尔德尼诵经超度亡灵。扎什伦布寺拉章向法会施放斋僧茶、粮食，要求僧众为去世的郡王诵经回向，同时派人向七世达赖喇嘛告丧，请求诵经回向，向噶丹康萨献追荐法事礼物。

三月六日，班禅额尔德尼任命原伦珠孜寺喇嘛萨德钦巴噶钦洛桑群培为扎什伦布寺杰康札仓堪布，任命原达杰寺喇嘛哈尔东巴噶钦洛桑扎西为扎什伦布寺兑桑林札仓喇嘛。

四月三日，班禅额尔德尼为前来敬献宗喀巴传记八十画像印本和圣者洛格夏拉像的僧人摩顶。其后，会见了托因格勒、三木洛热绛巴、智旺活佛、却藏活佛、塔达杰寺新任喇嘛定结巴噶钦洛桑班觉、拉木护法的使者、萨迦达钦仁布切主仆百余人，以及其他寺庙管家和协地区僧俗民众，并为他们摩顶。二十五日，班禅额尔德尼为阿拉善托因伦珠达杰（ཨ་ལ་ཤ་ཐོ་ཡོན་ལྷུན་གྲུབ་དར་རྒྱས།）主仆30多人摩顶赐茶。

五月三日，班禅额尔德尼为遍聚殿新建的佛像、佛塔举行开光仪式，并向佛像、塔供献祭品，广发誓愿。四日，扎噶寺僧人敬献礼物，班禅额尔德尼给予回赠。然后，举行宴会为托因伦珠达杰、孜巴引茶官、佐都巴主仆饯行，为其他僧俗多人摩顶。

六月四日，班禅额尔德尼先后朝拜了扎什伦布寺东西供养殿、大经堂、遍聚殿等32所佛殿，以及3所密乘佛殿、寺院聚会殿、护法神殿、大小经堂、内殿佛像、黄卧室，等等，向各佛塔献11次五种供；向护法神殿献供品，祝愿乾隆皇帝安乐长寿，事业宏伟。这时，按照乾隆皇帝降旨任命达赖岱钦巴图尔继位为郡王的安排。班禅额尔德尼派人去拉萨向达赖岱钦巴图尔（即汉文史料所记的珠尔默特那木扎勒）祝贺，并赠送黑狐皮帽、皮袄、金银等。同时，还向七世达赖喇嘛、土谢图公等献礼。

七月八日，班禅额尔德尼为来自扎西孜的红帽活佛（此即六世班禅同母异父或者同父异母兄长、噶玛噶举派红帽系十世活佛确珠嘉措）、父亲塘拉、叔父主仆、格贵等人摩顶。十四日，班禅额尔德尼向红帽活佛赠送赆礼多件，送给父亲衣服等礼物，按地位高低对父亲的随从分别予以赏赐，并为他们饯行。十八日，达擦活佛（即达擦济咙活佛，后来亦称功德林活佛）前来拜见，班禅额尔德尼为他及各地方僧俗多人摩顶，赐茶达擦活佛。二十一日，达擦活佛等献礼物。与此同时，司徒活佛、巴俄活佛（དཔའ་བོ་སྤྲུལ་སྐུ།）前来献礼。班禅赐茶于司徒活佛、巴俄活佛、黑帽活佛的索本堪布、哉务活佛代表，摩顶回赠礼物。

从八月二日开始，班禅额尔德尼驾往萨玛德勒园林沐浴，途中观赏了扎西噶蔡和尼泊尔人表演的舞蹈，会见了许多晋谒者，为四大札仓喇嘛等僧俗多人摩顶。日喀则舞蹈队表演了精彩节目，班禅额尔德尼予以奖赏。十三日，按例举行盛会庆祝乾隆皇帝生日。从十六日开始，班禅额尔德尼先后为合作地区僧人、安多僧人、康布寺修行者摩顶，为达曲班觉活佛之再世化身剃度授戒。尔后，会见了前来奉献《佛陀本生如意宝树》和《宗喀巴传记八十画像》、十六尊者画卷印版的达赖巴图尔王的使者，回赠礼物书信，表示感谢。十九日，班禅额尔德尼会见前往阿里的土谢图公益西才旦。

九月一日，班禅额尔德尼由土谢图公迎请到僧会献礼并祈寿。二日，班禅额尔德尼观赏土谢图公举行的赛马、射箭比赛，奖励第一、二、三名。为土谢图公传授《菩提道炬论》，这是班禅额尔德尼首次讲经。五日，班禅额尔德尼为土谢图公赐厚礼送行。十三日，班禅额尔德尼为合作寺的僧人和赴任康区的数名俄尔寺喇嘛、征收黄金者、寺院管家之友、数名僧茶摩顶。十五日，由合作寺喇嘛顿珠嘉措迎请班禅额尔德尼到僧会敬献礼物，施放斋僧茶。二十一日，班禅额尔德尼高兴地接受乾隆皇帝使者噶究益西协涅所呈金字诏书和靠背褥垫、坐垫、玻璃器具等多件，为噶究主仆和合作官员摩顶。后来，会见了昌都帕巴拉活佛的叔父贡却多杰，接受贡却多杰所献喇嘛强巴仁布切的礼物。为却藏活佛、木茹寺堪布代表、郛建宗喇嘛、安多僧人摩顶。

十月三日，班禅额尔德尼为来自扎西孜的母亲及其随从摩顶赐茶，进行了详细的谈心。六日，使者噶究益西协涅献礼物。这时，是拉木护法神师额尔德尼达尔罕法王创建静猛吉祥梵天定期供养法会的第一年，班禅额尔德尼向拉木护法赠送五色上等敬神哈达、服饰一套、黄金5两、上等茶叶，宴席代金白银50两等，以及多件祝贺礼物，为法会施放斋僧茶。从此年开始，定时祈禀拉木护法一事从未中断。

十一月五日，班禅额尔德尼为前来晋谒的俄尔寺堪布、阿里公的僧茶官、新任密乘师等各地方信徒摩顶。为仲则修法女剃度授戒，赐名益西曲仲。十七日，班禅额尔德尼为日喀则新任宗本香曼杰巴、那日首领、噶厦僧茶官主仆、鲁当工匠及尼泊尔人摩顶。二十八日，班禅额尔德尼给父亲及其随员摩顶赐茶，与父亲进行了热情的交谈。

十二月二十二日，为筹资修缮密乘札仓大经堂殿檐图案，班禅额尔德尼布施每名僧人吉祥哈达一条。

1748年 土龙年 乾隆十三年 11岁

一月七日，班禅额尔德尼为厄鲁特准噶尔代表及负责护送的乾隆皇帝钦差宇阿萨肯大臣等一行的先遣人员把总、千总主仆摩顶赐茶，不久把总等人返回。十四日上午，班禅额尔德尼为噶玛噶举派司徒活佛主仆摩顶，赐茶司徒活佛。下午，应请会见所有转玛呢轮的僧俗民众。十六日，母亲尼达旺姆于上年年底染病于身，由拉章供养佛事，病渐痊愈。现在准备返回扎西孜，班禅额尔德尼设宴赠送厚礼为父母及随从饯行。

二月四日，五世班禅出身的竹仓家族的竹仓夏仲次仁班觉前来晋谒班禅额尔德尼。次日，次仁班觉献礼物辞行。班禅额尔德尼派噶钦益西协涅前去羊卓慰问乾隆皇帝使者与准噶尔代表。

十一日，乾隆皇帝使者抵达扎什伦布寺。此时，据说扎什伦布寺附近有痘瘟流行，他们禀问班禅额尔德尼能否接见全体人员，班禅额尔德尼说可以。十三日，班禅额尔德尼在日光寝殿会见钦差宇阿萨肯(侍郎玉保)、总兵、克雅(侍卫)、加尔果琪、笔帖式等人。班禅额尔德尼向乾隆皇帝问安，恭受乾隆皇帝金书与赐物。其后，班禅额尔德尼为厄鲁特准噶尔官员次旺多杰南嘉的代表索本堪布、翁则、各位随员、副索本堪布、宰桑普曼、巴耶萨格朗、迈格其、玛摩(士兵)、克雅饶杰、普布、布仁、克雅其，以及密宗札仓僧人、菩提道札仓僧人、堪布格敦扎巴、达瓦齐、萨布勒、雅玛科、扎西达瓦、乃迈克杰噶等人摩顶。准噶尔官员敬献了慰问信、曼扎、佛像、佛经、佛塔、黄金185两、白银500两、汉绸188匹、蒙古绸120匹、水獭皮、白布、猞猁皮、茶叶、氆氇等。为准噶尔王父母祈愿回向献黄金10两、白银100两、氆氇。向法会施放斋僧茶，赠送每名僧人汉银5两，以及堪布格敦扎巴的慰问品寿礼。另外献上各位喇嘛、官吏的礼物，祈求保佑，慰问礼有金银、宝器、绸缎、皮张多件。班禅额尔德尼设宴为准噶尔代表饯行，赐给护身结、佛像、衣服、氆氇等，对其他献礼者也予以回赠，为乾隆皇帝使者赠送贶礼多件。

五月一日，达赖巴图尔郡王派拉木降神师前来扎什伦布寺，向班禅献上白海螺等礼物。拉木护法自己献上绸缎胜幢一面后说："此为竖立佛法胜幢之缘起，须于3日内竖立于宝座右侧"等。众侍从依护法授记而行。这时郡王达赖巴图尔为拜见班禅额尔德尼已经到了江孜，因此班禅额尔德尼派卓尼尔洛桑雅培去江孜向郡王献能所依塔及供品，迎接郡王到日喀则。十五日，由一名卓尼尔、8名仲科尔、各札仓喇嘛、总管家、各米村、各大活佛迎请班禅额尔德尼到善乐园休息。在卧室里，班禅额尔德尼会见了郡王父子、阿里公之子、公(班智达)之妻德丹卓玛及其公子、郡王的3位姐妹(夫人)、3名噶伦、卫藏代本、拉木护法神师索朗旺堆.热振寺堪布达尔罕医师、森本、卓仲、蒙古族台吉、宰桑共100余人，并为他们摩顶问候。二十七日，郡王将乾隆皇帝因为他袭郡王爵位而奖赐的价值万两白银的一串珍宝念珠、各种水晶器皿,以及郡王掌政以来第一次见面的礼物白银7加朵、哈达献给班禅额尔德尼。班禅额尔德尼设宴招待了达赖巴图尔父子。三十日,诸官员代表前来拜会班禅额尔德尼。达赖巴图尔王献了玉石茶碗,德丹卓玛献念珠,诸位夫人献上水晶石碟子共7盘。噶伦多喀巴、噶伦重孜巴、后藏代本两名、前藏代本、热振寺堪布达木曲医师(ར་སྒྲེང་མཁན་པོ་ཨེམ་ཆི་དམ་ཆོས།)、贡布欧绒、萨噶的首领、结布巴、卓尼尔3名、森本师次旺、文书两名按照各自财力献礼物。此前,班禅额尔德尼在3天内分别布施每名僧人白银1钱5分、1钱、5分。五月三十日,又布施每名僧人茶一条、尖顶僧帽一顶、白银一两。

六月二日,郡王迎请班禅额尔德尼到法会,敬献曼扎、佛像、佛经、佛塔、僧衣、日常用品、马蹄银101锭、缎子120匹、长条茶69包(每包六条)、绫缎、绫绸、水獭皮衣、尖顶僧帽等,诵祝寿词。为了郡王的健康长寿,噶伦噶细公、福晋德丹卓玛一起献了曼扎、佛像、佛塔、佛经、白银550两、大缎、氆氇等礼物,请求班禅额尔德尼诵经为郡王祈寿。郡王代献了七世达赖喇嘛的书信及慰问品。班禅额尔德尼高兴地接受,并为郡王及诸随员设宴款待。

六月三日,班禅额尔德尼与郡王观赏140匹良马赛跑,奖赏获胜者。在寝殿卧室里,郡王父子在班禅额尔德尼面前献"会供曼扎",祈请拉木大护法显灵附身,拉木护法降神献哈达、金刚、银曼扎,祈求班禅额尔德尼长寿。班禅额尔德尼向拉木护法供献了丰厚供物。然后,由大强佐禀请拉木护法解释水狗年出现的奇迹。次日,班禅额尔德尼设宴为郡王主仆饯行,按照地位高低给予郡王、噶伦、代本、降神师、随从、驮夫等适当赏赐。同时,给拉木降神师索朗旺堆加尊号为"达尔罕额尔德尼法王",并赐厚礼。四大札仓、各米村给拉木降神师献礼祝贺。

七月二十五日,班禅额尔德尼为前来献礼的大经堂新旧两任教规师和密宗札仓新旧两任教规师摩顶。

八月十二日,班禅额尔德尼会见了青海察甘诺门罕的代表。十三日,班禅额尔德尼与僧众设宴庆祝乾隆皇帝寿辰。八月底,班禅额尔德尼为新制21尊度母像洗礼,举行先引开光典礼。当时,乾隆皇帝敕封班禅额尔德尼的大强佐为"达尔罕"的诏书送达。班禅额尔德尼给为已故次仁饶丹王和丹增公前来祈请超度人员摩顶赐茶,为前来敕封大强佐的乾隆皇帝使者赠送礼物，上书谢乾隆皇帝赐封之恩。

九月十六日，乾隆皇帝对父亲塘拉派去的专人给予嘉奖，封给执事名号，并将扎西孜地方划给班禅拉章管辖。

十月一日，班禅额尔德尼开始为窘仁布切寺僧人、娘·群科寺僧人、日东活佛、拉日岗巴、图旦央金寺堪布等献礼者摩顶，赏赐礼品。

此年乾隆皇帝的孝贤纯皇后病逝，特派噶究益西赤列、二级大喇嘛一名、一品卡（侍卫）一名、二品卡一名、嘉尔布4名、常驻拉萨大臣等赍敕书即颁赐给班禅额尔德尼的银瓶、银灯、缎子12匹、大小哈达20条、坐垫、玻璃器具、绸子9匹抵达扎什伦布寺，请求班禅为皇后诵经回向。班禅额尔德尼接旨，祝乾隆皇帝安康，并赐茶款待使者。另外，乾隆皇帝所赐诵经费有黄金29两2钱、白银1000两、大小哈达200条、茶叶100包。十一日，班禅额尔德尼为乾隆皇帝的使者、噶伦吞巴等人饯行，并上书献礼感谢乾隆皇帝恩赐。

十九日，吉康札仓宴请班禅额尔德尼，会上班禅额尔德尼与札仓喇嘛进行了单独交谈。而后向贝孜护法神敬献哈达及供品火枪、剑筒一副，托付事业。在接受诸喇嘛献礼后，分别予以回赠。二十八日，绒·噶丹强巴寺僧人、玛尼岗巴、红帽活佛、司徒活佛、萨德庆喇嘛等僧俗多人前来献礼。

十二月八日，班禅额尔德尼为僧会格贵摩顶。当天晚上，班禅礼佛拜塔，诵经祈福。当时尼泊尔阳布与廓尔喀间发生战乱，为了调和纠纷，安乐众生，班禅遣译师噶钦益西群培前往调解。

是年，班禅额尔德尼从经师闻习了《喻法聚宝论》《无著菩萨教诫》《三十四本生论》《米拉日巴传及其道歌》《阿底峡百法》《嘛呢教诫集》（上、下集）、贡却伦珠《瓦日百种随许法》、四世班禅的亲炙弟子格勒嘉措著《大手印瑜伽疏》、印度高僧著《修行仪轨海论》等，班禅额尔德尼献30两银制曼扎一具、马蹄银2锭、缎子数匹，感谢经师教授之恩。

1749年　土蛇年　乾隆十四年　12岁

一月七日，噶细公班智达母亲索朗拉仲将班禅额尔德尼迎请到僧会献礼并祈寿。十四日，索朗拉仲告辞。

二月五日，医师班觉雅培迎请班禅额尔德尼到僧会献礼物，聆听班禅额尔德尼传授《智慧六臂护法》《阎摩罗内外密三法》《白护法如意宝论》《吉祥天母颂》《四臂护法》《青衣金刚手》《天王毗沙天》《姊妹护法》等诸护法随许法，再次献曼扎和白银50两感谢授教之恩。九日，班禅额尔德尼为日喀则宗本恰鲁、夏鲁寺堪布、白居寺巡回辩经者、阿里公施茶官及安多、康区僧人摩顶加持。密乘师洛桑班觉、翁则、格贵、供祭师、强佐于此前再三请求会见，此次献银制曼扎、法轮、海螺，以及5首《祈求请求大师长寿》诗和一首《祷告师徒传承》，并请求班禅著诗，班禅应请新作《如意智慧母》和《宗喀巴大师教理》，词藻华丽，语句流畅，扣人心弦。二十五日至三月一日之间，班禅额尔德尼从经师洛桑索巴学习《六十二种胜乐灌顶仪轨》《五种铃胜乐》《三十二种集密不动佛灌顶》《佛陀三愿》等灌顶法。

三月二日至四日，班禅额尔德尼闻听珠嘉传规《无量寿灌顶法》《马头金刚随许法》《忿怒金刚手》《大黑鹏法》《白文殊菩萨》《妙音天女随许法》《财续佛母》、阿底峡传承《二十一度母随许法》《竭地洛迦林母随许法》《白度母如意轮》等修念随许法。以前，郡王达赖巴图尔曾邀请班禅额尔德尼去拉萨，班禅额尔德尼也想去拜会七世达赖喇嘛，为了极早实现这一愿望，要求郡王早定时间。摄政致书班禅说："若于三月底来藏甚善"。这样，班禅额尔德尼决定于二十五日从扎什伦布寺启程。

二十七日，班禅额尔德尼为前来迎接的地方政府的特使卓尼尔云丹勒智、前藏代本艾智南杰、拉木护法神师额尔德尼达尔罕法王、哲蚌寺嘉巴喇嘛、色拉寺协喇嘛、日吾格丹寺香孜喇嘛等人摩顶问安。禀请拉木护法，护法预言："在赴拉萨途中绝无不妥之处"。

二十九日，班禅额尔德尼及其随员从扎什伦布寺启程前往拉萨，岗建群培寺、夏鲁寺、俄尔寺、密乘院僧人手捧供物组成仪仗队，和班禅父亲塘拉主仆、日喀则宗本、司料员、措本、盖尔当人、茶商、地方仪仗队等护送者和歌舞队先导，送到桥东。行至温萨寺时，由温萨寺僧人、赛多建寺喇嘛、执事、管家，以及央寺、洛顿寺、仲堆寺僧人迎请到扎西雄设宴款待，之后，由温萨寺、群科卫当寺、宇孜寺僧人仪仗队迎到温萨寺佛殿夜宿。于此班禅额尔德尼向拉章孜雪佛殿和大经堂献五种百供6次；向三世班禅罗桑顿珠像敬献班智达帽、法衣、银曼扎、敬神哈达。

四月一日，班禅额尔德尼从温萨寺启程，途中有日吾切寺和扎拉寺仪仗队，以及嘉玛卡巴的歌舞队迎接，班禅额尔德尼予以赏赐。从此至拉萨途中受到各大寺院仪仗、各地区群众、歌舞队的不断迎接和盛情招待。三日，到达止庄园，设宴招待。仁布宗本主仆、格尔当等前来送行，班禅额尔德尼为他们摩顶赐福。四日，班禅额尔德尼被迎接到强钦寺，百供弥勒佛像，奉供曼扎、敬神哈达。是夜由雅德索贡寺仪仗队迎驾，下榻于河水岸边，达赖巴图尔所派迎接者抵达此地。七日，贡嘎宗本、嘉萨寺、贡嘎金刚座寺、协珠林寺僧队迎驾，于曲水用午膳，由贡嘎宗本宴请。当天班禅额尔德尼平安渡过雅鲁藏布江，赏赐了船夫。八日，由绛曲林、格热桑阿颇章（གེ་རི་གསང་སྔགས་ཚོ་ཟང།）、萨协林僧队迎驾，行到扎西孜用午膳，而后由附近僧人迎到那木达下帐。此时，郡王达赖巴图尔带领100名骑队前来迎接，班禅额尔德尼为其摩顶，赐茶寒暄。

九日，由聂塘德瓦建寺（སྙེ་ཐང་བདེ་བ་ཅན།）、曲宗、莫觉、扎西德庆、帕德、扎西岗、拉巴堆等寺僧队迎到聂塘寺用膳，班禅额尔德尼为诸僧摩顶。然后，由觉摩隆和噶巴东西二寺僧人迎到堆垅岗夜宿。卓尼尔格桑顿珠比丘、驻藏大臣、嘉尔布等中原内地官员及拉萨三大寺高僧、各大活佛、总管家、执事、觉摩隆寺堪布、拉瓦堆寺全体喇嘛、僧人、噶瓦东护法神师等奉七世达赖喇嘛之命先后抵达此地迎驾，班禅额尔德尼分别给他们摩顶，派人呈书七世达赖喇嘛。郡王闻知天箭（天空中出现奇异的响声）出现，即派人送来豹皮帐篷供班禅额尔德尼住宿，班禅额尔德尼回赠了礼品。

十日，郡王与哲蚌寺僧人在辛东噶尔迎驾，哲蚌寺排列僧队设灶郊迎。乃穹护法降神向班禅额尔德尼进献清净哈达，传言赞扬班禅额尔德尼为弘法宣教，普渡众生，不辞辛劳，长途跋涉，会安然无恙，班禅额尔德尼回赠哈达。在欢迎会上，哲蚌寺的扎西郭莽、洛萨林、德央、密乘札仓等献礼，班禅为诸位喇嘛、执事等摩顶。在地方政府所设午宴上，班禅为迎驾者诸噶伦、布达拉宫卓尼尔4名、仲科而、南杰札仓执事、雪仲等130人，以及克什米尔、尼泊尔骑士200名、印度瑜伽师50名、拉萨四茹骑士150名及其他地方骑士百余名摩顶赐茶。班禅额尔德尼驾临大昭寺时，木茹寺僧人仪仗及各种舞者载歌载舞迎接。当班禅额尔德尼莅临布达拉宫大门时，森本、却本、显宗侍从、赤钦诺门罕阿旺却丹等人献见面哈达。之后，与七世达赖喇嘛会晤于大经堂，班禅额尔德尼向七世达赖喇嘛献见面礼哈达、马蹄银10锭、各种绸缎，大强佐也献了礼物。三位教主同登宝座，班禅额尔德尼赠给郡王马蹄银

7锭。同时,赏赐郡王之子。七世达赖喇嘛对班禅额尔德尼说:“今抵此地,万幸,应多住几日。吾将从高僧大德及圣者经师所获一切教理奉献于汝,吾深知教诲,如此圣胜灵童,远胜教诲千万一般人众,实乃吾之福德。请多住几日”。班禅额尔德尼的大强佐禀告说,“如此旨意,恩泽深重,但拉木大护法预言:‘尔今年少,只可受少许灌顶、随许及诵传经论,不可久留,须返本寺。日后年岁稍大,将所有灌顶、随许及诵传授之为善’”。

十三日,班禅拉章于布达拉官旧大经堂布施设宴,招待七世达赖喇嘛、班禅额尔德尼及郡王主仆。班禅额尔德尼为七世达赖喇嘛祈寿,奉献69两银制曼扎一具、五色上等哈达、佛像、佛经、佛塔、僧衣、用具、岁制器皿、黄金10两、马蹄银35锭、各种绸缎等。回赠郡王及福晋、儿子。礼供五世达赖喇嘛灵塔与15所佛殿佛塔。之后,将洛格夏拉尊者像迎请到卧室以银曼扎、五色上等哈达进行供祭,坚定弘法宣教,饶益众生之信念。其后,班禅额尔德尼于七世达赖喇嘛膝前闻听《文殊阿拉巴杂随许法》《菩提道次第略论》《兜率上师瑜伽论》等诵传,献礼谢恩。七世达赖喇嘛再授《白度母如意法轮随许法》,预祝班禅额尔德尼健康长寿,事业昌盛。

十四日,七世达赖喇嘛邀请班禅额尔德尼到卧室设宴款待,诸侍从诵《长寿仪轨》祝寿。七世达赖喇嘛赠送51两银制曼扎,以五色上等哈达系边,以及佛像、佛经、佛塔、日用器具、银器、马蹄银25锭、长条茶37包,诸侍从亦献礼并祈寿。其后,由仪仗队、各地群众、班禅额尔德尼敲锣击鼓,吹奏海螺,载歌载舞迎请班禅额尔德尼到噶丹康萨大经堂并设宴款待。班禅额尔德尼赏赐驻藏大臣及大小官员,以及歌舞仪仗队。

四月十五日,七世达赖喇嘛和班禅额尔德尼于大昭寺会面,互赠礼品,一同礼拜佛像,千供释迦佛祖像,献供曼扎、波达、祖衣。以五种百供献祭5尊观音像,奉供哈达。向小昭寺释迦不动金刚佛像献五种千供、曼扎、敬神哈达、祖衣。十六日,七世达赖喇嘛和班禅额尔德尼再一次会晤于大拉章,班禅额尔德尼向七世达赖喇嘛赠送曼扎、佛像、佛经、佛塔及贵重礼物。

十七日,班禅额尔德尼为以拉萨三大寺为首的前藏南北各寺院施放斋僧茶各10次;为三大寺、南杰札仓、上下密院僧人12170名赐白银各一两;为热振寺、扎西迥、木茹寺、色拉俄尔盖札仓僧人赐白银各两钱,为其他僧人赐银一钱;向甘丹寺宗喀巴灵塔献五种千供及115两金制曼扎、哈达。向护法像献五色哈达及带鞘大刀一把、火枪等供品。为三大寺经堂各赐幡幢两面、粉包一包;为热振寺及扎西迥寺赐幡各一面;为哲蚌寺密乘院大威德金刚与色拉寺密宗札仓马头明王像分别敬献敬神哈达及供品;为热振寺妙金刚像、群科杰寺与沃喀协寺弥勒佛像分别奉献一次五种百供、哈达,为拉木绛曲觉寺为期1月的静猛吉祥大梵天酬补法会提供所需费用,施放斋僧茶。十八日,在噶丹康萨由噶伦、代本、孜本及孜雪官员设宴献礼,班禅额尔德尼为10000多名僧俗摩顶。

十九日,几名卓尼尔护送班禅额尔德尼到七世达赖喇嘛官殿。甘丹赤巴、甘丹寺夏孜、绛孜二札仓、拉萨三大寺、哈尔东康村、上下密院等分别敬献礼物。之后,班禅额尔德尼莅临下密院开讲《大慈悲经》,为宇妥活佛与甘丹夏孜札仓喇嘛诵传《佛陀赞》。贡噶丹增公、噶细公、噶伦多喀瓦、重孜巴等四噶伦、强巴林堪布分别献厚礼为班禅祈寿。卫藏各大部落献曼扎、白银千两、佛像、佛经、佛塔。第穆呼图克图、嘉赛活佛、三木巴活佛、济咙活佛、昌都大小二活佛、哉务活佛、热振寺堪布、拉瓦堆喇嘛及管家、达旺喇嘛、桑浦寺几名喇嘛、达波活佛、乃琼护法神师、哲蚌寺郭莽札仓两名管家、巴日喇嘛、卓德康萨巴(སྒྲོ་བདེ་ཁང་གསར་བ།)等献礼,班禅额尔德尼分别给予赏赐。

二十三日,噶玛红帽活佛、司徒活佛、噶玛黑帽活佛、巴沃活佛、热布活佛、嘉曹活佛等分别给班禅额尔德尼献马匹等礼物。郡王于噶丹康萨设宴款待班禅额尔德尼,献银曼扎一具、佛像、佛经、佛塔、日用器具、白银2550两、长条茶100包、白氆氇500匹。台吉与福晋、拉木护法亦于同时献礼,班禅额尔德尼分别予以回赠,并赏赐了歌舞者。二十四日,班禅额尔德尼回赠郡王与其他官员,感谢盛情款待。

二十七日,郡王于噶丹康萨鲁当殿向班禅额尔德尼献银曼扎、红松耳石无量寿佛像、白银2750两、缎子55匹、长条茶200包、骑乘一匹。

二十九日,班禅额尔德尼自噶丹康萨起驾,踏上回后藏之路程。七世达赖喇嘛之使者、拉萨诸位官贵、喇嘛、僧徒护送到索措拉瓦,班禅给众人回赠了礼品。郡王于普波钦设宴送行,班禅额尔德尼赠物致谢。

五月二日,班禅额尔德尼驾临善巴萨尔巴(ཟམ་པ་གསར་པ།)进午膳,供祭念青唐古拉山神。后由羊八井寺僧人迎到巴玛尔居住3日,沐浴温泉。羊八井喇嘛宴请献礼。十日,班禅额尔德尼抵达家乡扎西孜,居住3天。十三日上午，南木林宗两名宗本设宴款待班禅额尔德尼并献礼，扎西孜庄园亦献礼并祈寿。于此班禅额尔德尼为父亲塘拉及其随从赠物，先后会见晋谒者千余人。十四日，由温萨寺、群科卫当寺、扎拉寺、俄夏寺、赛多建寺僧众迎到通门雄，班禅额尔德尼为全体迎接者摩顶。扎什伦布寺四札仓上师、格贵抵此迎驾。

十五日，班禅额尔德尼从通门雄启程，由四札仓上师、格贵、仲科、四札仓老僧、各米村、各寺院寺僧4200多人之仪仗队伍，以及当地政府及拉章的僧人1930多人的歌舞队迎请到扎什伦布寺。班禅额尔德尼先施放斋僧茶，布施每名僧人白银一两；为密宗札仓僧人赐服侍费白银各一两，布施上述诸寺、歌舞队及萨木夏乞讨者，赏赐日喀则宗本、路途服侍者、驿吏等。十八日，各位侍从、各地代表、各米村、萨迦寺向班禅额尔德尼献礼并祈寿。班禅额尔德尼为各仪仗队员、歌舞者、迎驾者共4000人摩顶。十九日，班禅额尔德尼赏赐云丹勒智、三大寺3名喇嘛及其随员僧衣、白银、绸缎等。会见萨迦寺新任强佐主仆、岗建寺堪布等。当天还禀告拉木护法，班禅额尔德尼献金银等礼33件致谢。众侍从及其他客人亦向拉木护法献礼。之后，班禅额尔德尼又向拉木护法神师赠缎面皮衣、狐狸皮帽、白银、绸缎等，致书地方政府与达赖喇嘛，感谢盛情招待。

六月七日起，班禅额尔德尼先后会见代本班蔡巴与然巴瓦主仆、噶丹饶杰寺卸任住持、章摩且巴噶钦洛桑南杰、俄尔堪布主仆、重孜巴代表、新任日土宗本那木如本、日喀则驿站官员贝贡等。此时，尼泊尔与西藏地方边境发生战乱，班禅额尔德尼一边致书信给郡王要求和解，一边遣译师噶钦益西群培往尼泊尔。尼泊尔官员表示愿意遵命和解。

八月三日，青海丹增旺秀王病故，报丧者40人抵扎什伦布寺请求诵经超度，班禅额尔德尼发愿回向。然后会见了青海札萨克多杰次仁、其母哈吞的使者、额尔德尼王、嘉孜王、贡却嘉布公、车臣吉农、岱钦公的代表等。

从九月五日开始，班禅额尔德尼先后为达纳图旦堪布、格贵、总管家、央寺喇嘛、伦珠孜寺喇嘛、青海额尔德尼王所派献回向礼者与巴丹札萨及其母之代表、阿里王之僧茶官等人摩顶。察哈尔公索朗坚赞代表、呼和浩特托云主仆、青海贡却王代表、额尔德尼岱钦喇嘛、鄂尔多斯甘珠尔贝勒之上师代表、巴周寺喇嘛（སྦྲ་གྲོ་དགོན་གྱི་བླ་མ།）、迥仁布切、图丹南杰寺卸任堪布等前来拜谒献礼,班禅额尔德尼分别予以摩顶回赐。十五日,柴达木额尔德尼岱钦的上师之友、岱钦之子于僧会上向班禅献礼,班禅为他们传法饯行。

十一月三日,温萨寺僧人为班禅额尔德尼祈祷祝寿,班禅额尔德尼授教赐物。是时,郡王与益西才旦(阿里公)弟兄不和,导致战斗,班禅额尔德尼闻知,即写书信给两人,劝说不可以武力相争,要讲和平。清廷在当时也得到珠尔默特那木扎勒兄弟不和发生交战的消息,因为报告的战事在阿里地方,情况不明,清廷一开始也是希望劝他们兄弟和好,平息战端。乾隆十四年(1749年)十二月十一日,乾隆皇帝在同一天分别给他们兄弟俩发出两道敕谕。

鄂尔多斯大贝子次旺班觉、察哈尔喇嘛、南杰多杰贝子、嘉木央王、贝勒顿珠嘉措的代表共100余人先后抵扎什伦布寺请求班禅摩顶。贝勒呈献曼扎、白银450两、绸子6匹,察哈尔上师洛桑丹达尔、大贝子、南杰多杰贝子亦于同时献厚礼,班禅为诸代表主仆摩顶赐物。十五日,北京钦差噶钦洛桑协涅向班禅额尔德尼呈献乾隆皇帝所赐书信礼物,班禅向洛桑协涅问乾隆皇帝安康。二十六日,洛桑协涅、青海准噶尔王索朗多吉之代表、达颜都拉曲杰噶钦洛桑次仁之代表、杜尔伯特王饶旦多杰的代表各自向班禅额尔德尼献礼并祈寿,班禅额尔德尼予以回赐。

1750年 铁马年 乾隆十五年 13岁

新年,按照惯例举行了新年喜宴。因为此年是班禅额尔德尼的本命年,为祈福禳灾,在大经堂僧会上给每名僧人布施白银一两,为班禅额尔德尼诵经祈寿。郡王派来通报益西才旦公去世消息的报丧者到达,班禅额尔德尼诵经为益西才旦超度。

四月十六日,班禅额尔德尼会见青海亲王、土尔扈特萨拉札萨克之代表、格孜寺管家等30多人。

五月,班禅额尔德尼派卓尼尔洛桑雅培往江孜迎接郡王达赖巴图尔及其子。郡王经颇拉、仁钦孜两地,于二十三日抵扎什伦布寺,班禅额尔德尼设宴招待。二十五日,郡王莅临班禅额尔德尼卧室献初建缘起礼物,班禅额尔德尼奉拉木护法的授言,诵经禳解避灾,并酬谢拉木护法。二十八日,班禅额尔德尼应郡王之请莅临法会与僧众诵经祈祷,郡王献银曼扎、白银5050

两、缎子122匹、上等哈达1997条、薄绫多匹、蒙古绸多匹、尖顶僧帽150顶、茶叶146包、绫子54匹、噶协棉布多匹，祈祷祝寿；为僧会施放斋僧茶100次，布施每名僧人白银一两二钱、僧帽一顶、醋栗木碗一个、茶一块、圆满善根，发愿回向。

噶伦多喀巴、札萨克台吉、代本然巴、卫地代本达结扎西（དབུས་མདའ་དཔོན་དར་རྒྱས་བཀྲ་ཤིས）、协东活佛、甘丹寺绛、孜札仓堪布等到寝殿向班禅额尔德尼献礼，班禅先后宴请他们并赐给回礼，也赐给其他人合适的食品。萨迦寺达钦贡噶洛哲等前来晋谒献礼，班禅额尔德尼按照职位高低予以赏赐，与萨迦寺达钦贡噶洛哲进行了佛事论谈。

七月一日，乃巴米村诵经为班禅额尔德尼祈寿。阿里地方的8位领主及其随员共50人前来拜谒。

八月三日，班禅额尔德尼莅临德勒园林沐浴。十三日，班禅额尔德尼设宴祝贺乾隆皇帝寿辰。红帽活佛之使者卓尼尔前来献祈寿文、书信及礼物。

九月八日，班禅额尔德尼遣人去迎接珠巴活佛主仆60多人，他们抵扎什伦布寺后，珠巴活佛献礼并祈寿，班禅额尔德尼为其摩顶，设宴款待，与其热情谈论佛事。

十月十三日，拉萨发生珠尔默特那木扎勒事变，傅清、拉布敦到拉萨任职后，郡王珠尔默特那木扎勒行为粗暴如故，与驻藏大臣、七世达赖喇嘛和颇罗鼐一些旧部的矛盾日益尖锐，傅清、拉布敦密奏，要清除郡王，乾隆皇帝已准，但是因为当时已因郡王的奏请撤退了驻藏的大部分清军，乾隆帝要傅清、拉布敦谨慎从事。傅清、拉布敦认为事态严重，决心采取特别措施对付郡王。他们通知在达孜领兵的郡王云，有圣旨到来，须其回拉萨听宣读。郡王于十月十二日至拉萨，十三日黎明，即赴驻藏大臣衙门。入门，见官兵还未起床，没有异状，遂率数名侍从登楼，见二位大臣等候，就捧递哈达施礼，傅清令他跪下听旨，刹那间拔出内衣里的刀，扼住郡王的手臂要刺，郡王挣脱，而拉布敦在旁迅速拔刀砍伤其左臂，随之大臣的侍者急举木凳击其头部，郡王遂死。大臣就宣称珠尔默特那木扎勒谋反伏诛，差把总一人持令箭去噶伦班第达处，命令他暂时主持藏事，还许诺他为藏王。随郡王来的侍从惊逸，其中有原任郡王的卓尼尔名罗布藏扎什，倡导聚合藏兵几千人，为郡王复仇，围攻大臣所住的通司岗，纵火放枪，官兵人少，抵抗不住，大臣傅清、拉布敦、主事策塔尔(策坦)、参将黄元龙遇难,笔帖式齐成自刎,粮务主管常明受伤。事后清查,还有千总两名、兵49名、家人、商民77人被杀,共计死约140多人,市上大乱,粮务衙门官库的帑银85000余两被抢走。七世达赖喇嘛闻讯派近侍僧人和色拉寺、哲蚌寺上师到现场劝阻,乱众不听。噶伦公班智达本是郡王的妹夫,但是也遭郡王迫害,家产被抄,其妻被逼迫分居后藏,其子被羁留,随侍郡王左右,且软禁于达孜,其母逃入深山。此时班第达开初逃避于达赖喇嘛所,傅清等诛郡王后即召他主持藏事,当时有民众千余人投布达拉,乞求班第达为主,班第达领之攻逆党,罗布藏扎什等溃散,七世达赖喇嘛遂令班第达主藏事,在灰烬里捡出傅清、拉布敦等人遗骨,盛敛如礼。事变后约10天内即擒获逆首罗布藏扎什及逆党过半,追回大半部分饷银。劫后余存驻军80余名,百姓120余人住入布达拉宫,七世达赖喇嘛给银养赡。班第达即撤掉原珠尔默特那木扎勒亲信的官职,重组地方政府,传令恢复驿递,于是,兵民始告安堵。事件发生后,班禅额尔德尼立即按照官职大小地位高低分别给在事件中幸存的两位笔帖式、粮台官、两位钦差之伴友、士兵、商贾共247人赠给香料、白银、粮食、面粉等作为慰问,并且先后上书乾隆皇帝,请求乾隆皇帝继续管照护理我西方圣地。乾隆皇帝高兴接纳,并颁给敕书,赐物嘉奖。

十一月二日,班禅额尔德尼会见札雅班智达、旺钦诺门罕等20名高僧之代表100余人,诸位代表呈书献礼。十四日,班禅额尔德尼会见红帽活佛与司徒活佛代表。当上述代表辞行时,班禅对他们予以厚赏。二十七日,察甘诺门罕一行抵达扎什伦布寺,次日向班禅敬献礼物,闻听班禅传授《上师瑜伽论》,接受赏赐。乾隆皇帝所遣使者抵拉萨,当时相传噶伦噶细公班智达被封为摄政。班禅额尔德尼派卓尼尔洛桑坚赞往拉萨慰问使者,祝贺噶伦噶细公班智达代理摄政。

十二月二十四日,青海亲王之女桑珠卓玛前来拜谒献礼。班禅额尔德尼收到乾隆皇帝回书,称赞他在拉萨反乱时所采取的有益行动。

当年是班禅额尔德尼之本命年,为禳灾求安,酬供诸护法神,并于那塘寺、日吾格培寺、嘉钦孜寺、德庆寺、温萨寺、噶丹饶杰寺、谢扎西格培寺行祈祷救度母和白伞盖佛母禳灾仪轨法事。于扎什伦布寺举行仪酬轨与诵《甘珠尔》法会,费用合计折银110995两。

1751 年 铁羊年 乾隆十六年 14 岁

一月，班禅额尔德尼派卓尼尔洛桑坚赞与译师噶钦益西群培前往拉萨，慰问乾隆皇帝派来的钦差兆惠（གོང་མ་ཆེན་པོའི་བཀས་མངགས་པའི་ཛོའུ་ཧོས་ཨན་བན།）、南杰、加尔果琪、笔帖式、总兵及500名士兵。班禅额尔德尼为青海王的女儿桑珠卓玛主仆授教饯行。会见日东巴夏仲多杰班觉（རི་གདོང་པའི་ཞབས་དྲུང་རྡོ་རྗེ་དཔལ་འབྱོར།）、瓦协索朗诺布上师、乾隆皇帝的使者、笔帖式等，并写书信请使者代呈乾隆皇帝，尔后分别给他们予以赏赐。

二月二日起，班禅额尔德尼先后会见青海平措王子噶丹饶丹主仆、喀尔喀达赖贝子之上师代表、青海达结札萨主仆等，摩顶赐茶款待，授教厚赏送行。二十二日起，班禅额尔德尼闭关专修本尊神。

四月四日，即将赴任喀尔喀喇嘛的当钦巴噶钦洛桑勒智迎请班禅额尔德尼到僧会，献礼并祈寿。二十一日，班禅额尔德尼派扎西宗卡寺管家往扎西孜迎请桑顶活佛的转世（据记载这一世桑顶女活佛是六世班禅的一位亲戚）与其母亲。当灵童抵扎什伦布寺后，班禅为他们摩顶赐茶，厚赠礼物。

八月一日，应报丧者之请，班禅额尔德尼为赤钦诺门罕阿旺却丹诵经超度。十一日，给乾隆皇帝请安的使者噶究益西协涅自北京返回，向班禅额尔德尼呈献乾隆皇帝的敕书及所赐礼品：水晶日用器具、坐垫、靠垫等。二十三日，班禅额尔德尼会见普布觉大师师徒，与其谈论佛事。班禅额尔德尼派卓尼尔洛桑坚赞去拉萨为七世达赖喇嘛献曼扎、黄金3两、马蹄银16锭等厚礼，以及宴会费白银300两；为南杰札仓僧人与重孜寺共298人赐尼泊尔银币各3枚。同时，并给驻藏的官员大臣请安送礼。三十日，班禅额尔德尼于卧室设宴款待普布觉强巴仁布切。

十月三日，班禅额尔德尼从强巴仁布切闻习《金刚摧破修念随许法》《金刚摧破修念洗礼法》。五、六日，闻听《文殊菩萨修念随许法》《四臂观音念修法》《文殊金刚随许法》《胜乐随许法》《大威德金刚随许法》等，向经师献礼感谢授教之恩。七日，强巴仁布切告辞。萨迦寺达钦主仆前来拜见献礼，班禅额尔德尼给他们赐茶款待。

十一月八日，白江杰仲洛桑南杰（སྤེལ་རྒྱང་རྗེ་དྲུང་བློ་བཟང་རྣམ་རྒྱལ།）向班禅额尔德尼敬献《甘珠尔》一套、画像19幅。其后，班禅额尔德尼会见托林寺堪布、青海贡却王的代表，赐物授教。三十日，父亲塘拉主仆自扎西孜抵扎什伦布寺，班禅额尔德尼给他们摩顶赐茶款待。

1752年 水猴年 乾隆十七年 15岁

一月八日，托林寺堪布赛巴噶钦洛桑楚臣迎请班禅额尔德尼到僧会上献礼并祈寿。因班禅额尔德尼的请求，七世达赖喇嘛同意班禅额尔德尼五月到拉萨会见。

三月二十三日，班禅额尔德尼的经师洛桑索巴病故。班禅额尔德尼遣使往拉萨向七世达赖喇嘛呈书，献回向礼白银100两、绸缎8匹等6件礼物。同时，就选定新的经师一事修书报告驻藏大臣，并请将经师去世的情形奏报乾隆皇帝。向法会施放斋僧茶6次，布施给每名僧人尼泊尔银币一枚，供祭前后藏各大佛殿；为密宗札仓举行的《集密念修仪轨》法会提供费用，施予每名僧人尼泊尔银币一枚；为各大修行院施放斋僧茶10次，施予每名僧人白银5分。经七世达赖喇嘛与两位驻藏大臣指示尽快任命新的经师，因此提名杰康洛桑群培为新任大经师，班禅额尔德尼写书信，请钦差驻藏大臣呈报乾隆皇帝。

四月四日，班禅额尔德尼会见后藏代本班蔡巴，并予以厚赏。

五月，班禅额尔德尼为进京朝贡之曲杰噶究洛桑勒智主仆饯行。为迎接班禅额尔德尼到拉萨，拉萨派卓尼尔云丹顿珠、雪第巴拉隆则巴、三大寺的共同代表哲蚌寺的管事于二十一日到达。他们说，七世达赖喇嘛指示他们，本来迎请班禅的接待规格不低于郡王时期，因为扎什伦布寺方面的坚持请求，尽量做了减少。你们前去迎请和安排班禅额尔德尼在途中时的食宿和渡河等，不许惊扰百姓，途中由附近各寺院、地方政府庄园供给一切费用。我在此地，除了会见班禅额尔德尼仁布切以外，没有其他企求的大事，如不作准备，事情怕办不好，因此要按此指示做好各方面的服侍，如乘马骡子等不足，我会派遣需要的马、乌拉等，需要设灶的仆役也可以派给，各方面的服侍工作都要正确做好，这样下了严格的命令。因此尽管班禅方面对联络官等严令除了设灶的仆役外，途中的用品和渡口所需都不要，但是这样就违背了七世达赖喇嘛的指示，而且先前已经给各个宗下达了文书，因而已无法变更。因此班禅额尔德尼决定对上述提供马骡者与迎送者回赠丰厚礼品和奖赏。

二十五日,班禅额尔德尼从扎什伦布寺起驾经北路前往拉萨,日喀则宗、夏鲁寺、俄尔巴等附近寺院的僧队于大桥东欢送,班禅赏赐僧俗民众、歌舞者。

六月五日,色拉、哲蚌寺的上师活佛、执事、觉摩隆寺堪布、噶瓦东护法降神师等骑马来迎,巴布寺、扎莫孜巴、塘格巴等寺排列僧队迎驾。在朗孜用午饭时,班禅额尔德尼会见了驻藏大臣班第、南杰大臣(纳穆扎勒)、多杰大臣(多尔济)等官员。六日,班禅额尔德尼由色拉、哲蚌两寺的上师、活佛、执事等100多人乘马迎到哲蚌寺,乃琼护法降神并献哈达。诸上师活佛、执事设宴献礼。班禅额尔德尼分别为乃琼护法赠送五色敬神哈达及多种供品;为诸喇嘛、执事授讲修戒律教诫,并赐护身结。午膳时,班禅额尔德尼会见3名驻藏大臣、大喇嘛、侍卫、加尔果琪、笔帖式、噶伦等汉藏官员及僧俗1000余人。当班禅额尔德尼行至布达拉宫附近时,南杰札仓、木茹寺、喜德寺、药王山热切林寺的仪仗队与身着礼服之群众列队于路旁,载歌载舞。布达拉宫屋顶彩旗飘扬,海螺鸣奏。班禅额尔德尼莅临日光寝殿时,向七世达赖喇嘛恭敬行礼,献上等内库哈达一对,然后师徒升座,热情叙旧,共进素宴。

当达赖喇嘛和班禅额尔德尼莅临大经堂时,汉藏官员、色拉、哲蚌寺上师、执事、仲科尔等僧俗多人拜谒。尔后按序就座。噶厦设宴招待,两名格西离席诵词祝贺。另有辩经、舞蹈等为宴会添彩。宴会结束后,班禅额尔德尼莅临德瓦坚寝殿,赏赐仪仗队与歌舞队。

七日,噶厦宴请班禅额尔德尼、大强佐,新任经师及众随从。大臣班第向班禅额尔德尼献马蹄银4锭、缎子8匹。其他两名大臣及官员亦献礼并祈寿,班禅额尔德尼赐予哈达、油炸面点、护绳、香料等。先后为昂嘎夏仲、色拉寺7名上师、卡尔多活佛、嘉拉活佛、达波活佛、列日活佛、曼康喇嘛、色拉寺领经师、执事、那兰扎寺堪布、色拉寺僧、哲蚌寺僧、德丹卓玛、文书、全集刻写者、学徒数名、汉人数名,以及扎那雪地方僧俗民众摩顶,赐茶款待相谈。班禅额尔德尼会见了噶伦、甘丹赤巴等人。

十一日,班禅拉章出资于大经堂宴请七世达赖喇嘛、班禅额尔德尼。南杰札仓僧人做长寿仪轨,诵经祈寿,献银曼扎、佛像、佛经、佛塔、僧衣、日用器具、黄金53两、马蹄银101锭、银制器皿、绸缎等149件。班禅额尔德尼手捧曼扎,高诵祝寿词,发愿弘法利民,祈祷莲足坚固。十二日,在禀告拉木护法后,班禅额尔德尼由随从陪伴朝拜各佛殿圣塔,供献祭品、敬神哈达等;为拉萨三大寺、上下密院、南杰札仓施放斋僧茶,发给每名僧人白银一两;为色拉俄尔盖札仓、木茹寺每名僧人施予白银各两钱;为热振、央贡、群科杰、达波、泽当扎西噶丹群科、阿里札仓、沃喀藏结等寺每名僧人施予白银各一钱,其余者白银5分;向甘丹寺宗喀巴大师灵塔、热振寺文殊金刚像、达隆寺仲敦巴像、群科杰寺弥勒佛像、强巴林寺弥勒佛像、精其寺三尊天成弥勒佛像(རྫིང་ཕྱིའི་བྱམས་པ་རང་འབྱོན་གསུམ་ལྡན།)献五种百供与敬神哈达;为巴拉觉与日吾格丹(甘丹寺)两寺的阎摩罗护法像(དཔལ་ལྷ་ལྕོག་དང་རི་བོ་དགའ་ལྡན་གྱི་དམ་ཅན་ཆོས་ཀྱི་རྒྱལ་པོ།)、群科杰寺的吉祥天女像、小昭寺的护法像行仪酬轨法事一个月,敬献供品、哈达,祝愿乾隆皇帝万寿,国政兴隆,利益佛法众生。其后,班禅额尔德尼会见上师阿旺强巴,噶丹娘绒卸任经师、珠康活佛,一起研讨佛法教理。按照等级高低分别赏赠第穆活佛、四噶伦、二位公爵、内侍囊玛、各级仲科尔等人。给3位大臣等官员们赠送熏香、氆氇,为扎其塘驻防的500名士兵各赐白银一两。次日,诸官员向班禅额尔德尼献礼致谢。

六月的最后12天,是良辰吉日,在尊胜三界寝殿,七世达赖喇嘛为班禅额尔德尼、赤巴智美、第穆活佛、大强佐洛桑次旺等七世达赖喇嘛和班禅额尔德尼的贴身侍从三十余人传授《金刚鬘灌顶预备仪轨》。十五日,授完《文殊金刚坛城十七神灌顶》后,作为接受灌顶的供养,班禅额尔德尼向七世达赖喇嘛呈献10两金制曼扎一具、15金制法轮一轮、白海螺、黄金5两、马蹄银7锭、哈达、缎子等27匹,以及铙钹一对,供品折银150两、香21捆。七世达赖喇嘛为班禅额尔德尼赠送五佛冠一顶、飘带、僧衣、僧裙、金刚铃杵等。在当天传授了十七尊文殊金刚圆满灌顶。至七月十八日,班禅额尔德尼从七世达赖喇嘛处闻听了《金刚鬘四十二坛城及外事善行三坛城》等共四十五坛城灌顶法。此时乾隆皇帝降敕书,赐给上等哈达100条、小哈达100条、茶100包,表示对已故班禅额尔德尼的经师的悼念,书礼经驿站由驻藏大臣转呈班禅额尔德尼。班禅额尔德尼受礼后,设宴款待驻藏大臣,并赠礼酬谢。当时七世达赖喇嘛的侍从也向班禅额尔德尼献礼。

七月一日,班禅额尔德尼为拉瓦堆与叶尔巴寺的僧人摩顶。二日,班禅额尔德尼会见上下密院僧人,之后为青海亲王之女桑珠卓玛诵经超度。五日，甘丹寺于大经堂宴请七世达赖喇嘛、班禅额尔德尼，两位为该寺喇嘛、执事、僧众及色拉寺俄尔盖札仓僧人摩顶赐福。以前，班禅额尔德尼曾为任命洛桑群培为经师一事上奏乾隆皇帝。六日，圣旨经驿站送达，由驻藏大臣呈献给班禅额尔德尼。圣旨中说："允许新任经师教授班禅额尔德尼。"班禅额尔德尼立即上书谢恩。

十二日，噶厦在大经堂设盛宴招待班禅额尔德尼，会上南杰札仓僧人行无量寿佛坛城供修仪轨，七世达赖喇嘛向班禅赠送曼扎一具、佛像、佛经、佛塔、衣服、日用器具、黄金 25 两、马蹄银 70 锭、尼泊尔银币 10001 枚、银器数件、绸缎、绫布等 163 件。七世达赖喇嘛手捧曼扎赞颂前几世班禅额尔德尼的业绩，鼓励此世班禅要依先辈之遗言，广闻博学，弘扬释教，利益众生，事业圆满。班禅额尔德尼亦予以回答，按照职位大小分别赏赐七世达赖喇嘛的大强佐、经师及随从。

十三日，七世达赖喇嘛在布达拉宫新建的胜乐、集密、大威德三本尊立体坛场（གསང་བདེ་འཇིགས་གསུམ་གྱི་བློས་བསླང་།）落成，以七世达赖喇嘛、班禅额尔德尼为首，在仪轨师的协助下举行开光仪典，为 3 座坛城供献了丰厚供品。二十二日，七世达赖喇嘛给班禅额尔德尼传授《事部》前行灌顶。二十三日，进行正式灌顶。上午，传授《妙音天女灌顶》，下午，传授《藏财神赞跋拉灌顶》。二十四日，授完事部灌顶，为传授瑜伽部与无上瑜伽部灌顶作准备。在授《无上瑜伽部九尊大慈悲观音菩萨灌顶》时，七世达赖喇嘛授予班禅额尔德尼法轮、珍宝、金刚、妙莲、各种金刚、木杵、眼药、钥匙、明镜、弓箭、颅鼓、褥垫等。

八月一日，在噶当切巴殿，七世达赖喇嘛与班禅额尔德尼为色拉、哲蚌两寺上师、执事、哲蚌哈尔东康村与三木洛康村的僧人、札萨克台吉，以及住在拉萨的尼泊尔人摩顶加持。其后，师徒二人洗浴休息 7 日，每日上午授一种灌顶。噶厦向班禅额尔德尼献礼并祈寿，供给食品。

九月三日，七世达赖喇嘛授完密多罗卓格传规的所有灌顶法，始授《大威德金刚十三尊坛城灌顶法》，并授命班禅额尔德尼以此神为修行本尊，便可获一切成就。六日，钦差抵达拉萨，转告乾隆皇帝对班禅额尔德尼的问候。十五日起，七世达赖喇嘛给班禅额尔德尼传授随顺克珠杰修行坛城趋入七灌顶之初次灌顶、大灌顶、金刚大主灌顶，在两天中，传授完一切实践方法。是时，驻藏大臣班第辞行，班禅额尔德尼赠给他佛像、香包等。二十二日，七世达赖喇嘛给班禅额尔德尼讲授由琛·南卡搜集整理的《那塘百种随许法》，每日授5种，二十六日授毕。《六世班禅额尔德尼传》的作者二世嘉木央活佛贡却晋美旺布这时到达拉萨，经七世达赖喇嘛同意，也参加听讲。二十七日，开始授巴日百神法(བ་རི་བརྒྱ་རྩ།)，每日授9种，至十月四日授毕。

十月五日，七世达赖喇嘛给班禅额尔德尼传授修行仪轨法海，至十八日授毕。十九日至二十二日，班禅额尔德尼从七世达赖喇嘛处听完《护法十三尊随许法》后，与普布觉阿旺强巴进行长时间教理论谈。二十五日，七世达赖喇嘛和班禅额尔德尼师徒二人同去拜谒布达拉宫的观世音洛嘎夏拉像与甘丹寺宗喀巴大师灵塔。二十六日，班禅额尔德尼开始从七世达赖喇嘛处听受《达赖喇嘛文集》，至十一月三日听受完。

十一月四日，七世达赖喇嘛为班禅额尔德尼、弥纳堪布、德觉喇嘛、下密院堪布、俄尔盖札仓喇嘛传授《菩提道三士要道》《金刚萨埵念修法》《七药师佛重叠跏趺观想法》《萨迦十三金法》中的《黑色文殊修行法》等。五日，授《狮面母》《妙翅鸟》《布禄金刚》等随许法。六日，班禅额尔德尼提取白银650两，设盛宴招待，为感谢七世达赖喇嘛传授教法的大恩，敬献银曼扎一具、黄金1000钱、马蹄银121锭、缎子一匹等155件礼物。下午，七世达赖喇嘛为班禅额尔德尼传授《金刚护法入心随许法》，班禅额尔德尼献金蔓装饰的曼扎一具。噶厦设宴为班禅赠赆礼银曼扎、衣服、马蹄银85锭、缎子105匹、茶叶10001条。大强佐、经师、众侍从亦受到赏赐。七日，班禅额尔德尼为色拉、哲蚌两寺喇嘛传授《菩提道三士要道》。

十四日，班禅额尔德尼为嘉木央活佛与其他几名僧人诵传了《上师瑜伽论》，为夏仲夫人德丹卓玛及其随从摩顶、传授教法。午后，班禅额尔德尼从七世达赖喇嘛开始听受《菩提道次第广论》《四家合注》等。

十一月十七日，班禅额尔德尼从布达拉宫启程返回扎什伦布寺，100多人骑马送到索措拉瓦，班禅额尔德尼予以赏赐。从此处上路，途中受到各大寺院仪仗队、部落群众、歌舞队、各宗宗本的迎接供养。

十二月四日，班禅额尔德尼由扎什伦布寺、拉章的上千人的马队、歌舞队排列路旁迎驾，以及手持各种供物的千名僧人簇拥着到达扎什伦布寺。父亲塘拉、代本然巴瓦、联络官卓尼尔云丹勒智、雪德巴等向班禅额尔德尼献礼祝贺。五日，班禅额尔德尼莅临大经堂为诸献礼者、迎驾者、仪仗队、歌舞者摩顶加持,并分别予以赏赐。同时派人呈书七世达赖喇嘛,感谢在拉萨的接待,说明托怙主大恩,平安抵达扎什伦布寺。六日,班禅额尔德尼为不丹政府代表、旺钦活佛、僧茶等人摩顶。

1753 年 水鸡年 乾隆十八年 16 岁

一月十二日,班禅额尔德尼下令于扎什伦布寺与其他小寺为七世达赖喇嘛建立祈寿颂文念诵法会。法会期间,班禅额尔德尼布施每名僧人吉祥哈达一条。向密宗札仓施放斋僧茶,向大经堂屋檐增置半满呢绒遮盖宝幔,敬献佛经、佛塔、供品等。十六日,班禅额尔德尼为近万名僧俗民众摩顶。

二月二十一日,班禅额尔德尼将卓尼尔洛桑坚赞派往拉萨为七世达赖喇嘛献礼并祈寿。

三月三日,拉木护法降神师抵达扎什伦布寺,班禅额尔德尼祈请护法降神,并作迎遮空行母禳灾祈福仪式,酬谢护法。十二日,拉木护法神师、喀尔喀贝子班觉多杰、青海东科尔寺代表拜谒献礼,班禅受礼为东科尔活佛阿旺索朗嘉措诵经超度,赏赐二位使者。

四月十四日,噶厦特使卓尼尔格桑顿珠、昂仁寺堪布前来拜谒献礼,班禅额尔德尼予以热情招待。十九日,奉七世达赖喇嘛之命,噶厦特使迎请班禅到僧会上献银曼扎、佛像、佛经、佛塔、衣服、日用器皿、黄金 5 两、马蹄银 51 锭、茶叶 500 包、绸缎,诵词祝寿。诸噶伦也献了礼品。班禅额尔德尼为大僧会施放斋僧茶 50 次,布施每名僧人哈达一条,白银一两;每 8 名僧人赐皮衣一件。铁羊年始建的银制宗喀巴像、宝座、帏幔落成,班禅与诸僧举行开光仪典,供养于扎西平措殿主塔之中。班禅额尔德尼遣使给七世达赖喇嘛呈献信函,献曼扎、黄金 300 两、马蹄银 45 锭、绸缎 51 匹,以及蒙古绸,以酬谢恩典。

五月十二日,七世达赖喇嘛奉乾隆皇帝“达赖喇嘛派数名翁则与舞蹈师来京”之圣旨,书信一封给班禅额尔德尼,要求扎什伦布寺派出两名舞师。班禅额尔德尼接书后即派嘉钦孜巴仲然巴洛桑格敦与绒措瓦噶钦洛桑赤列赴京。临行时,班禅对他们予以厚赐。

六月四日,下午班禅额尔德尼莅临法会传授《辨理论》,司库献礼祝贺。从即日起,数日内班禅额尔德尼于法会与兑桑林巴上师辩经,以其身态、语调、智慧诸方面，使上师折服。辩经结束后，大管家敬献哈达祝贺。

八月二日，经师洛桑群培献辛迪巴所著的《释量论辨解》第四章一书与黄红熏香数捆，班禅额尔德尼回赠护身结、衣服等。二十日，班禅额尔德尼会见郡王索朗丹增与巴图尔公、木雅夏仲之代表，并予以摩顶回赠。

九月十五日，北京钦差噶究洛桑勒智主仆抵达扎什伦布寺，向班禅额尔德尼呈献诏书和礼物，班禅为他们摩顶，并问乾隆皇帝安泰。二十三日，洛桑勒智向班禅额尔德尼献礼并祈寿。二十五日起，班禅额尔德尼先后为察哈尔喇嘛达结、苏尼特达玛公、柴达木额尔德尼岱钦的代表主仆、勒孜巴及修行僧数人摩顶。

闰九月七日，柴达木喇嘛噶钦益西协涅与其同伴丹巴雅培、洛桑丹巴兄弟等人抵达扎什伦布寺，迎请班禅额尔德尼到僧会上献礼并祈寿。十三日，班禅额尔德尼任命嘉钦孜巴仲然巴达木曲云丹接任柴达木额尔德尼岱钦之上师。二十一日，班禅额尔德尼为昌都察雅地方的小札雅活佛及其父母随从摩顶赐茶。小札雅活佛代献去世的大札雅活佛的回向礼，向僧会施放斋僧茶，班禅额尔德尼受礼诵经为大札雅活佛超度。从二十六日开始，班禅额尔德尼先后为喀尔喀巴智王之上师当钦巴噶钦洛桑扎西、亲王德庆嘉布之喇嘛达纳巴噶钦洛桑塔却主仆、亲王的代表、贝子茨贡嘉布使者、贝子洛桑次仁之代表、札萨克次仁培之代表、旺钦诺门罕两名代表、喇嘛主仆、毕力克图诺门罕管家、格贵主仆等多人摩顶，赐茶款待交谈。

十月三日开始，札雅活佛洛桑丹巴贝旦、贝子洛桑次仁、贝子喇嘛洛桑丹增、巴智王上师洛桑扎西、亲王德庆嘉布等先后献厚礼祝寿。亲王德庆嘉布与夫人仁钦嘉毛祈求保佑来世平安。从十一日开始，班禅额尔德尼先后应札雅活佛及其父亲、3名管家请求，诵传《胜乐鲁易巴修证法》《菩提道次第引导方便道论》《克珠桑杰益西全集》《天神鼓音》等论著，为亲王代表授《长寿甘露流》。

班禅额尔德尼自六月始修学因明，成绩显著。七世达赖喇嘛一边赠送礼物祝贺，一边致书班禅额尔德尼指示说："要邀请数名格西于卧室昼夜陪伴修习"。因此在十一月五日，班禅额尔德尼从兑桑林札仓邀请勒雪林巴噶钦益西迥乃、噶丹饶杰巴噶钦洛桑坚赞、从夏孜札仓邀请洛巴噶钦夏仲云丹坚赞、从吉康札仓邀请邬建宗巴噶钦洛桑金巴等因明大师，每日于班禅额尔德尼的日光寝殿辩论经典。

从十二月七日开始，班禅额尔德尼先后为红帽活佛、司徒活佛的使者、白朗贝宇巴、仲噶在家居士尼、琼孜热巴瓦、康布寺喇嘛，以及康巴、安多、纳木错等地区的僧人摩顶。

1754 年　木狗年　乾隆十九年　17 岁

一月八日，班禅额尔德尼开始诵读辛迪巴洛哲坚赞传承丹巴达桑巴记录的《释量论辨析》。

二月七日，萨隆噶丹群科寺向班禅额尔德尼献礼并祈寿，班禅额尔德尼予以布施。班禅额尔德尼为班蔡群则及其随员授宗喀巴大师的《律心海摄颂》《菩提道次第略论》《祈寿如意慧母》《长寿仪轨甘露流》等。

三月八日，经师洛桑群培献礼并祈寿。其后，班禅额尔德尼会见拉达克扎西南杰的代表 30 人、白居寺辩经僧 20 人、噶丹饶杰寺与扎西格培寺的教规师等，给他们摩顶。从十三日起，班禅额尔德尼与上述辩经助理同习《释量论》，进行辩论。各位常住侍从向班禅额尔德尼献礼祝贺。当时传来七世达赖喇嘛贵体欠安的消息，班禅额尔德尼派卓尼尔洛桑雅培前往拉萨向七世达赖喇嘛献礼物问安。

五月五日，为钦差噶钦洛桑勒智主仆饯行。之后，班禅额尔德尼单独会见七世达赖喇嘛派来的卓尼尔格桑顿珠。十五日，班禅额尔德尼始修因明论著。达赖喇嘛派卓尼尔前来献曼扎、佛像、佛经、佛塔、衣服、黄金 5 两、白银 1000 两、绸缎、长条茶，称赞班禅额尔德尼习经刻苦，精进努力。班禅之各位经师与 4 位因明大师亦得到奖赏。班禅额尔德尼给七世达赖喇嘛回信，献银曼扎、黄金 30 两、马蹄银 15 锭、绸缎等，祝贺贵体康复。十七日，班禅额尔德尼为七世达赖喇嘛的卓尼尔饯行。

六月十九日，班禅额尔德尼开始坐夏，共沐浴 5 日。二十五日，应格贵之请求，班禅额尔德尼莅临石板殿为僧众及所有求见者摩顶加持。三十日，开始后季坐夏。其间，班禅额尔德尼每日莅临法会与 4 位辩经助理师论辩《释量论》文义，智理成熟，善于雄辩。后几日班禅额尔德尼因繁忙未能参加法会，而与几位因明大师于卧室辩论。

八月七日，青海察甘诺门罕、额尔德尼达赖呼图克图、贝勒扎西次仁、台吉曲迥嘉布、哉务活佛、贡噶札萨等官贵高僧之代表,以及西宁商贾、洛桑喜饶抵扎什伦布寺向班禅额尔德尼呈献各自主人的书信礼物。

九月十二日,达赖喇嘛经色拉、甘丹两寺到群科杰寺巡礼后返回布达拉宫,班禅额尔德尼派卓尼尔洛桑雅培前去献礼祝贺。二十九日,卓尼尔洛桑雅培返回,向班禅额尔德尼呈献七世达赖喇嘛的书信礼物。

十月八日,帕却杰仲洛桑南杰、拉孜寺堪布等一起向班禅额尔德尼献银曼扎、金像40尊、《丹珠尔》一套,以及白银、缎子等礼物,班禅额尔德尼予以回赐。二十六日班禅额尔德尼会见杜尔伯特王与喀尔喀贝勒的喇嘛代表、格西益西顿珠、沙弥尼琼措的代表。二十七日,格西益西顿珠、达尔罕贝勒的格隆、沙弥尼代表、杜尔伯特王的喇嘛、喀尔喀贝勒的喇嘛等各自献礼,班禅额尔德尼分别予以赏赐。

十一月,康区哉务康萨赤巴洛桑南杰、其母沙弥尼及随员160多人、善知识益西坚赞前来晋谒献礼,班禅额尔德尼给他们授教,予以回赐,还为嘉钦孜巴札萨克喇嘛噶究益西赤列诵经超度,赏赐报丧者。二十四日,德格寺堪布巴丹曲迥来献礼祈寿,班禅额尔德尼为其主仆150多人赐茶,予以回赐。

十二月二日,由噶丹饶杰林出资,扎西孜庄园与寺院联合在寝宫宴请班禅额尔德尼,作《无量寿九尊仪轨》法事,祈愿班禅额尔德尼长寿。班禅额尔德尼广行布施,赐予寺院公积基金,并为全体僧人传授《十三尊大威德修证仪轨》。

1755年　木猪年　乾隆二十年　18岁

一月七日起,班禅额尔德尼每日于日光殿同辩经师一起辩论,致力于因明正理之研讨。十八日,黑帽活佛的卓尼尔前来拜谒。班禅额尔德尼为贡噶宗本噶吾昂巴主仆、乃宁寺新任上师与僧茶等多人摩顶。

二月二日起,班禅额尔德尼先后会见拉达克桑地公、卡拉多杰喇嘛、却藏强佐主仆、南木林宗本勒巴林巴主仆、几名斋僧茶,并分别予以回赐。

三月三日,噶伦多喀瓦次仁旺嘉进谒献礼并祈寿。后传来达赖喇嘛旧病复发、气促咳嗽的消息,扎什伦布寺拉章派卓尼尔洛桑雅培前往拉萨慰问达赖喇嘛,献曼扎、佛像、佛经、佛塔、衣服、日用器具、黄金15两、马蹄银37锭;扎什伦布寺的寺属庄园献白银1000两。为使七世达赖喇嘛康复,布达拉官大拉章为南杰札仓、拉萨三大寺、上下密院及各修行院广行布施。

四月二十日，七世达赖喇嘛恢复健康，派卓尼尔等人来扎什伦布寺送信告诉班禅额尔德尼，班禅非常高兴。

从五月三日开始，班禅额尔德尼先后为德格寺堪布、托林寺堪布、僧茶官、税收官、昂仁寺辩经者摩顶加持，并赐茶款待两位名堪布，并与之谈论佛事。

六月三日，班禅额尔德尼习完辛迪巴洛哲坚赞所著《释量论辨解》第四章，众侍从祝贺。噶厦的特使云丹勒智、襄钦群则、管家等拜谒献礼，班禅为他们摩顶、赐茶款待。四日，地方政府两位使者迎请班禅额尔德尼到僧会献曼扎、佛像、佛经、佛塔、衣服、日用器具、黄金 5 两、马蹄银 35 锭、茶叶 600 条、绸缎等。同时，为大会施放斋僧茶 50 次，布施给每名僧人哈达一条、白银 3 钱，每 8 名僧人给茶叶一小包。八日，班禅额尔德尼单独与两位使者交谈。十二日，云丹勒智等告辞，班禅额尔德尼回书七世达赖喇嘛，献曼扎、黄金 15 两、马蹄银 25 锭。由驻藏大臣转来圣旨，说明平定准噶尔部之情况。班禅额尔德尼派人向乾隆皇帝呈献上等哈达、金铜佛像 3 尊、红白念珠等，表示祝贺。

八月二日开始，班禅额尔德尼于寝殿沐浴调养 5 日。十二日，班禅额尔德尼命人更换大经堂坐垫，收 80 个铜壶为公积基金，施放早茶。傍晚，班禅莅临大经堂诵经开光。

因七世达赖喇嘛病势再次加重，医治服药无效，周围官员亦染病。于是，噶厦派人请问班禅额尔德尼医治良法，服用何药奏效。班禅额尔德尼获悉后心神不安，不知所措，急忙回信说，愿教理与坛城海之主持金刚师、佛法与众生之怙主莲足久驻于劫海之中。同时，献上银曼扎、五色上等哈达、施寿如意轮佛像、经卷、佛塔、纯金 50 钱、马蹄银 4 锭等 11 件礼物，并慰问驻藏大臣。

九月六日，噶丹彭措林寺僧人来拜谒，班禅额尔德尼给他们传授《菩提道炬论》《菩提道次第要道》《经忏颂文》等，并赐物布施。次日，彭措林寺堪布迎请班禅额尔德尼到僧会献礼并祈寿。十二日，钦差噶究洛桑勒智主仆抵达扎什伦布寺，向班禅额尔德尼呈献皇帝诏书和赐物，班禅赠礼与使者交谈。二十一日，钦差洛桑勒智于僧会中向班禅献礼。之后，班禅单独会见赴任鄂尔多斯喇嘛的两位同伴与达颜都拉法王之友。以二位驻藏大臣为首的在藏大小中央官员为七世达赖喇嘛早日康复，于大昭寺回廊布施供养色拉寺和哲蚌寺的300名僧人，并进行7天的祈祷法事。

十月一日，达擦活佛（即济咙活佛）洛桑贝丹坚赞的代表抵达扎什伦布寺，晚饭时，迎请班禅额尔德尼到僧会献礼并祈寿，班禅额尔德尼为他摩顶。次日，萨迦寺达钦之弟率领130多人来拜谒班禅额尔德尼，献佛像、经卷、黄金3两、白银500两等礼物，依先例供养，班禅额尔德尼予以厚赐。五日，班禅额尔德尼为达擦活佛的代表回赠上等礼物。十二日，班禅额尔德尼为祝愿七世达赖喇嘛健康长寿，向法会施放斋僧茶，发给每名僧人尼泊尔银币一枚。十三日起，班禅额尔德尼先后会见鄂尔多斯杭盖贝子、达杰诺门罕、时轮班智达（པཎྜི་ཏ།）的代表主仆、贝子上师之同伴、温萨寺执法师、安多僧人。杭盖贝子的代表、贝子上师之友、达杰诺门罕代表、达波活佛代表于僧会上献礼。密乘师洛桑班觉为僧会发放布施，设宴供养。晚饭时，洛桑班觉迎请班禅额尔德尼到僧会上献曼扎、佛像、佛经、佛塔、衣服、日用器具、白银2500两、缎匹等，班禅为之讲授所求经典并赠送礼品。

十一月五日，班禅额尔德尼始修《释量论广疏》，经师献上等内库哈达与《释量论疏》一书表示祝贺。六日，应昌都为帕巴拉活佛报丧的使者请求，班禅额尔德尼为帕巴拉活佛诵经回向，超度亡灵往升乐土。尔后，班禅额尔德尼会见昌都的信使、红帽活佛的信使、孜仲桑波、征茶官、廓尔喀的信使等，给他们摩顶加持。班禅额尔德尼回赐昌都的报丧使者。十八日，医师格敦顿珠返回，向班禅额尔德尼献上七世达赖喇嘛之书信，礼物有佛像、哈达、马蹄银7锭等13件，转告七世达赖喇嘛病情好转，班禅非常高兴。二十一日，康区嘉绒赞拉（小金川）的头人及其随从60多人拜谒献礼，班禅额尔德尼为他们及鄂尔多斯甘珠尔贝勒的代表摩顶，传授《兜率上师瑜伽论》。此月中乾隆皇帝特派两名御医赴藏来给七世达赖喇嘛治病。但年事高的一名医师死于进藏途中，年轻的另一名医师和专使克雅于翌年（1756）正月才抵达拉萨。

1756年 火鼠年 乾隆二十一年 19岁

一月十三日，因当年为七世达赖喇嘛的本命年，班禅额尔德尼为消灾诵经祈寿，供养大寺院，并派卓尼尔益西群培到拉萨向七世达赖喇嘛献曼扎、佛像、佛经、佛塔、黄金5两、马蹄银45锭；为拉萨三大寺、上下密院、南杰札仓等寺发放布施。

二月十五日，建塘松赞林寺的僧人前来拜谒献礼，班禅额尔德尼予以回赐。

三月三日，噶钦卓尼尔益西群培从拉萨返回，送来七世达赖喇嘛所赐书信及黄金5两、马蹄银24锭等共25件礼物。十一日，班禅额尔德尼开始学习《释量论广疏》，大强佐献礼祝贺。从此，班禅额尔德尼每日莅临法会研讨量论，并与4位上师一起讨论经典教理，掌握了一切佛法密义。十六日，班禅额尔德尼为即将赴任鄂尔多斯贝勒次旺班觉喇嘛的噶钦洛桑扎西授教饯行，嘱咐其到任后为了佛法众生之大事勤奋精进。

五月十七日，班禅额尔德尼为协噶尔寺献浴法会及礼供尊者法会诵经献供，布施祈寿。十八日，任命勒雪林巴噶钦益西巴丹、吉隆巴噶钦洛桑班觉、嘉赛巴噶钦益西塔耶分别为厄鲁特平措贝子、丹贝尼玛公、达颜都拉之喇嘛。3位喇嘛临行时，班禅赠送厚礼。

七月里，班禅额尔德尼会见噶厦的两名特使卓尼尔格隆格桑顿珠与孜仲土尔扈特格隆强白朗杰，拉达克平措南杰的使者。从六日起，班禅额尔德尼用8个晚上讲习《释量论广疏》第三章。两名特使奉达赖喇嘛之命迎请班禅额尔德尼到僧会上，献曼扎、佛像、佛经、佛塔、衣服、日用器具、黄金5两、马蹄银25锭、长条茶150包；向僧会施放斋僧茶50次，施予每名僧人尼泊尔银币两枚，每5人茶叶一包。诸噶伦与两名使者还自己向班禅额尔德尼献礼。班禅额尔德尼给七世达赖喇嘛回信表示感谢，并献曼扎、上等哈达、黄金301钱、马蹄银35锭。同时，班禅额尔德尼回赠了两位使者。十三日，两位使者格桑顿珠与强白朗杰向班禅额尔德尼告辞。

八月三日，班禅额尔德尼为金铜制作的与人等高的吉祥金刚大威德像献珊瑚珍珠衣，迎请到扎西平措殿开光供养。九日，班禅额尔德尼于密宗札仓开始讲解《吉祥时轮续释》，为每名僧人赐吉祥哈达一条。十八日，噶伦札萨尼玛坚赞特派的使者抵达扎什伦布寺，迎请班禅到僧会献礼并祈寿，班禅予以回赠。十九日始，班禅额尔德尼于七日内讲解《释量论广疏》第四章。任命贡查巴噶钦洛桑格桑、绒措巴噶钦达杰群培、章摩且巴噶钦益西格桑、瓦索巴噶钦益西扎巴分别为拉孜噶丹欧门林、萨德庆寺、萨康寺、拉康寺的喇嘛。二十六日，班禅额尔德尼为以上4位喇嘛饯行。

九月上旬，班禅额尔德尼为琼结然巴瓦台吉主仆诵传《发愿经》《誓愿极乐世界母》。十四日，班禅额尔德尼会见其兄杰仲洛桑金巴。十七日，七世达赖喇嘛任命洛桑金巴为襄·拉普布寺堪布。他去上任时，班禅额尔德尼赠送堪布用器等，后又派管家送去所需物品。

十月五日，班禅额尔德尼会见青海札萨克达结次仁的上师噶钦益西达结主仆、昂仁寺巡回辩经者、德觉寺新任喇嘛、噶厦征收黄金的官员。

十一月一日，班禅额尔德尼命人更换密宗札仓的坐垫，举行为期一日之大威德金刚修供法会，为密宗札仓赐羯摩铃杵4副、新制铃杵210个，以及铃垫、铃套，施予每名僧人上等大哈达一条、白银6钱、八瑞相哈达等。

十二月十六日开始，以班禅额尔德尼为首的27位喇嘛、僧徒举行为期4日的大威德金刚静息火祭法会，酬供阎摩罗护法，为大威德金刚像供献项饰、衣服、佛龛，赐予密宗札仓两口盛水器。

1757年　火牛年　乾隆二十二年　20岁

一月，那塘寺管家仲然巴格敦顿珠献礼并祈寿。班禅额尔德尼于法会讲授《阿罗汉会供》与《阿罗汉如意慧修念法》，予以丰厚赏赐。

二月五日黎明时，驿站送来七世达赖喇嘛书信，信中说："吾曾参加大祈愿法会时，因伤风感冒而返回布达拉宫，稍有好转。但因误服药，病势再次加重，为尽快消除病根得以康复，需虔诚供养本尊护法，祈求保佑"。班禅额尔德尼接信后立即向各护法神供献敬神哈达、手杖、刀、刀套，向托管天女、弥勒殿天女、兑桑林札仓、吉殿、夏孜、密宗殿、寝殿中的各护法神献敬神哈达、长刀、枪等武器，祈愿七世达赖喇嘛早日康复。向大法会施放斋僧茶数次，布施每名僧人尼泊尔银币一枚，向噶丹达结林、夏鲁寺、赛菊巴寺、赛诺布群科寺、重孜寺施放斋僧茶各100次，岗建群培寺施放斋僧茶50次。在大经堂举行尊者礼供法会，举行"白伞盖佛母""般若波罗蜜多心经""救度母"三三禳解法仪式等，严令各管理人员必须虔诚祈祷，延续到六日清晨。班禅额尔德尼派人经驿站向七世达赖喇嘛呈书献礼。六日中午，众噶伦、侍从写的信经驿站送达扎什伦布寺，信中说："达赖喇嘛病势日重，久医无效，众护法神加持亦无济于事，喇嘛如日落西山，于二月三日晚圆寂。三界之法主心脏停跳，今为寂静道途一切障害，速找灵童，成为佛法众生之主，特禀请班禅额尔德尼速书‘祈祷速转生祈祷文’”。班禅额尔德尼观信后极度悲伤，即书“祈祷速转生祈祷文”，刻版印刷，并回信说：“水鸡年达赖喇嘛欠安，吾日夜祈祷，布施僧众。一月份收悉书信后，吾加倍勤奋，广做佛事，为其祈祷。而今他身往他界，安乐之太阳已落，吾心难忍。他业已圆满。今为其灵童再世，虔诚祈祷。于此处法会，札仓僧众尽力供养佛像、佛经、佛塔，布施僧众。为使灵童速转生，吾等酬供白伞盖佛母等护法”。七日，班禅额尔德尼传谕从早茶开始，在法会上僧人不许戴帽，不许高声喧叫。于42天内给密宗札仓每日供茶饭7次、供祭5次。向各佛殿佛像供献祭品、哈达，祈愿七世达赖喇嘛灵童尽早降世。十日，班禅额尔德尼派人向七世达赖喇嘛遗体献千供、哈达、马蹄银60锭、马40匹、绸缎等，为24名守灵者赐哈达各一条、白银一两。为第穆呼图克图赐哈达、缎匹，为其他23人赐白银各一两。向释迦佛像和宗喀巴灵塔献千供，向热振寺觉卧文殊金刚像及群科杰寺、沃喀精其寺的弥勒佛像献百供。向南杰札仓、拉萨三大寺、上下密院、热振寺各施放斋僧茶9次；向12755名僧人发放白银各一两；向卫地及藏南藏北118所寺院各施放斋僧茶5次；向14037名僧人施发尼泊尔银币各一枚，并献回向礼品。之后，班禅额尔德尼派卓尼尔噶钦益西群培给噶伦送信，告知为七世达赖喇嘛荐福与祈祷灵童转世的情况。十二日，追荐法会结束，诸僧可戴帽，恢复正常。班禅额尔德尼为法会上祈祷灵童尽早来世的僧人每人发放哈达一条。十三日，丧事结束后，噶厦派卓尼尔曼然巴向班禅额尔德尼献曼扎、僧衣、银器、鞍马各3匹(副)、马蹄银、缎子等14件，在僧会施放斋僧茶5次，发给每名僧人银币一枚，每5名僧人茶一包，请求诵经祈祷。班禅额尔德尼与诸僧人一起为报答七世达赖喇嘛之大恩，而诵经为达赖无漏灵魂祝安，祈求转世灵童尽早降世。十四日，卓尼尔曼然巴向班禅额尔德尼辞行，班禅回赐礼品。十五日，众噶伦询问怎样为灵童转世做修福法事，灵童降生于何地，如何寻找，班禅额尔德尼一一作了回复。二十日，噶伦派人请求班禅额尔德尼派几名尼泊尔工匠修建七世达赖喇嘛灵塔，班禅额尔德尼赐碎金7000两作为建达赖喇嘛灵塔的费用，派益西扎巴率8名尼泊尔工匠前往拉萨。二十八日，理塘阿什本派来献黄金3两的使者到达。

三月十三日，班禅额尔德尼派人往萨马尔设灶迎接乾隆皇帝使者普侍卫、嘉比主仆及土尔扈特汗顿珠扎西的代表曲嘉布台吉等人。使者抵寺后，呈献了乾隆皇帝赐物锦缎6匹、水晶器具、景泰兰器皿、缎袋等，班禅额尔德尼受礼后赐茶款待使者。十四日，普侍卫、嘉比等中原内地官员和土尔扈特的献礼使者请求班禅额尔德尼单独会见，为一切在世和去世的众生积福而奉献大量物品，班禅额尔德尼满足了他们的愿望。

十七日，是达赖喇嘛逝世49天的追荐佛事结束之日，为完成自己的心愿，班禅额尔德尼陈列心爱的黄响铜白文殊菩萨像、红铜妙音天女像、黄铜度母像、佛经《集密本文》、银制尊胜塔、手铃、五股金刚杵、手鼓、鼓刺树果念珠、灌顶用器、喜剧服饰、内供器、金器、过滤器、金座瓷腕、痰盂、头冠、法衣、大氅、衣服、白银30升、四色上等缎、妆缎、金线缎40匹、长条茶50包等，表示供敬七世达赖喇嘛。向法会施放斋僧茶50次，布施给每名僧人北方绸一匹、白银一钱半、哈达、每两人果子茶一包。给两尊银塔献千供，置放华盖；为银塔及弥勒佛像置华盖，给其他佛殿献千供，给主要的佛像献敬神哈达。卓尼尔曲扎主仆到达，班禅额尔德尼给他们摩顶，赐茶问候，接受他们带来的做追荐法事的礼品，并发愿祈祷，卓尼尔曲扎随即辞行。二十一日，土尔扈特汗顿珠扎西的代表献中原内地黄缎与尼泊尔银币为班禅额尔德尼祈寿。次日，班禅额尔德尼为他们传授《上师供仪轨》《现观庄严论》《无量寿陀罗尼经》。班禅额尔德尼给朝廷的使者、土尔扈特的使者和各地前来的人员回赐礼品，接受他们的辞行。

四月五日，班禅额尔德尼为彭措林寺新任堪布噶丹饶杰巴噶钦夏仲洛桑克却、青海札萨克的达结次仁经师噶钦益西达结、郡王索朗多杰的上师托巴主仆践行。本月中，朝廷决定派阿旺班珠儿呼图克图进藏，祭奠七世达赖喇嘛，所赏达赖喇嘛荐福银10000两，即于西藏现存钱粮内动给。应赏缎匹等物，交内务府妥办。

五月八日，班禅额尔德尼为青海王索朗丹增的王妃扎西饶旦主仆30余人摩顶。临别时，班禅额尔德尼给他们传授了《长寿灌顶》，赐佛像、香包等。二十五日，班禅额尔德尼派遣杰仲洛桑格敦与杰仲益西群培前去慰问建造七世达赖喇嘛灵塔的工匠、总管及支乌拉差的百姓，赐给很多物品。萨迦巴、兄长波尔多堪布、达尔罕堪布、俄尔寺卸任堪布、巴旦曲迥、重孜夫人拉钦卓玛、经师洛桑群培等20名大德官贵及兑桑林札仓经师、索本堪布益西格敦、本仓格敦顿珠、索本杰仲洛桑平措、卓尼尔洛桑雅培、益西丹增、管家格勒迥乃、两名森嘎等人为供祭七世达赖喇嘛而敬献礼物，班禅额尔德尼诵经发愿。

原定于今年六月班禅额尔德尼20岁之时，邀请七世达赖喇嘛担任堪布授比丘戒，但七世达赖喇嘛现今已身往他界，未能如愿。七世达赖喇嘛在世时曾说："你至20岁须圆满心愿（指受比丘戒），若过时会破喇嘛之例，且不会成就佛法众生之大事"。因此，班禅额尔德尼于六月四日，即佛陀初转法轮之日，在扎什伦布寺的坚赞团布殿由具有无限教证功德与智者两种才能的持律大师洛桑群培为堪布、兑桑林札仓的喇嘛洛桑扎西为业轨规范师、夏孜巴洛桑克却为屏教师、吉康巴洛桑尊追为报时师、持密教诫海法的密乘大师洛桑班觉为给钵师、在持三学宝库的却本噶究益西群增、益西南杰比丘、翁则噶究洛桑协涅、诵密师噶究益西丹增、噶钦益西默兰等10位持戒长老面前，在严守戒律的众比丘之中接受了别解脱近圆比丘戒。班禅额尔德尼受比丘戒后，四大札仓的上师和执事、各个米村、各位侍从、属下的拉德米德百姓的献礼祝贺，拉章的仲科尔设宴宴请各位。在僧会上恰巴噶钦益西默兰高诵为《律经》而作的格言，噶究洛桑迥乃及噶究云丹坚赞就《释量论》进行辩论。之后，班禅额尔德尼礼佛拜塔，奉供祭品，敬献哈达，布施僧众，给每名僧人白银一两、哈达一条；还为后藏357所寺院和34座修行地发放布施。

二十九日，班禅额尔德尼举行大威德金刚忿怒火坛祭祀，驱除消灭危害宗喀巴大师所创教法的邪魔障碍。三十日，班禅额尔德尼莅临法会授《别解脱经》。之后，瞻礼佛像、佛塔，向佛殿、护法殿献供品，献敬神哈达，祈愿保佑。

七月一日，班禅额尔德尼为二世嘉木央活佛诵传《菩提道炬论》《祈请灵童速降世法》《文殊菩萨赞》等。噶厦委派卓尼尔云丹勒智来扎什伦布寺献礼祝贺，两位驻藏大臣、贡噶丹增公、4位噶伦、卫藏各部首领、噶细公、达尔罕堪布及其侍从也各献礼品，班禅额尔德尼给卓尼尔等回赠了物品祝福。八日，扎西孜设宴款待并献礼物。兄长波尔多堪布洛桑金巴也献厚礼，班禅额尔德尼给他传授了《长寿灌顶》。因噶厦的请求，班禅额尔德尼为七世达赖喇嘛的灵塔奉献了具有加持力的装脏物。

八月十五日，班禅额尔德尼于僧会上读诵《别解脱经》。从十六日起，班禅额尔德尼与四大札仓的上师等在长阳台上讨论《释量论》第三章。二十九日，班禅额尔德尼派人前往拉萨向新建七世达赖喇嘛灵塔献五种千供、银曼扎、哈达，并赐物予开光的上师与诵经者。

九月五日，乾隆皇帝派来供祭七世达赖喇嘛使者中的御前侍卫与班觉呼图克图七日到达扎什伦布寺，呈递乾隆皇帝的诏书和赏赐物。班禅额尔德尼问乾隆皇帝安好，上书谢恩，为诸来宾摩顶赐茶。八日，班禅额尔德尼接受两位使者之献礼，并赠送礼品送行。尔后，会见北京钦差洛桑格勒主仆，接受诏书赐物。二十一日，洛桑格勒向班禅额尔德尼奉献礼物。

十月二日，班禅额尔德尼率随从往东桥迎接普布觉阿旺强巴大师，抵达扎什伦布寺后于卧室畅谈佛理。次日，班禅额尔德尼献礼物跟从阿旺强巴闻法，每日给予薪饷供养。自六日开始，班禅额尔德尼于如意寝殿聆听阿旺强巴讲授《菩提道次第引导方便道论》。十六日，班禅额尔德尼修完《菩提道次第引导方便道论》，按前世班禅规范仪则举行发菩提心仪式，并献礼谢恩。十七日，班禅额尔德尼始修宗喀巴之《菩提道次第广论》。二十八日，班禅额尔德尼会见为献阿旺强巴全集而来的噶伦噶细公班智达所遣的使者、竹仓噶钦夏仲与噶玛噶举派黑帽活佛的代表等。十一月二日，班禅额尔德尼从阿旺强巴修完《菩提道次第广论》。在讲授毗婆舍那品时，针对前人，尤其对觉囊派之“他空见”予以批驳，对此班禅额尔德尼能逐句背诵，且对《菩提道次第广论》细研深讨，见解很深。三、四两日，班禅额尔德尼依布画曼扎跟从阿旺强巴闻听《三十二尊集密不动金刚灌顶》；五日，班禅额尔德尼聆听《集密根本续》及注释明灯、略义、脚注、遍证等四家合注，每日修念金刚菩萨陀罗尼咒。

为了认定七世达赖喇嘛的转世灵童，乾隆皇帝特派大国师章嘉若必多吉益西丹贝准美和钦差从北京到拉萨。班禅额尔德尼闻知国师将于十二月抵达拉萨，遂派遣卓尼尔噶钦益西群培前往迎接。

十二月四日，班禅额尔德尼应洛桑班觉与密宗札仓僧人请求，分别于密乘卧室金刚无量殿与大经堂，依画布修习《吉祥金刚大威德十三神灌顶仪轨》的准备和前行次第，接着为阿巴札仓的僧人和别处来求法的400多名僧人传授《吉祥金刚大威德十三神灌顶仪轨》的前行次第。翌日上午，班禅额尔德尼完成传授由自生到自入，至用餐前继续传授完灌顶的正行部分。此乃班禅额尔德尼首次传授灌顶。班禅额尔德尼按前辈之规范仪则在阿巴札仓礼佛拜塔，供献曼扎，传授居钦金巴贝瓦所著的《怛特罗广释》、罗桑确吉坚赞所著《大威德二次第论》。十七日，班禅额尔德尼始从阿旺强巴聆闻《胜乐外坛城与身坛城灌顶》，十九日结束。二十一日，班禅额尔德尼始习《吉祥金刚大威德生圆二次第论》。习完《生起次第论》后，于二十四日始闻幻身供养法等《圆满次第论》，受到经师阿旺强巴的鼓励。

1758年 土虎年 乾隆二十三年 21岁

一月五日，班禅额尔德尼从阿旺强巴聆听习鲁易巴传承的《胜乐生起圆满二次第论》，共5天。襄·博多克堪布兄长洛桑金巴及僧众奉献厚礼，班禅额尔德尼为他们诵传《集密根本续第一章》。十日，班禅额尔德尼从经师闻习铃尊者传承《身入坛城二次第》。二十三日，班禅额尔德尼闻习《上师供仪轨》详解及《大悲观音菩萨经》导训、《十三要义》《修心七事》详解等，至二十六日结束。经师阿旺强巴迎请班禅额尔德尼到僧会上献礼祝寿，传授《菩提道次等方便道论》首篇一法座，其余拟在夏季法会讲授，班禅高兴点头答应。

二月五日，阿旺强巴迎请班禅额尔德尼到僧会上布施僧众，阿旺强巴诵殊胜祝词并献礼为班禅额尔德尼祈寿。由班禅额尔德尼为阿旺强巴及僧众讲授《菩提道次第引导方便道论》一法座。六日，应班禅额尔德尼请求，阿旺强巴在大经堂为扎什伦布寺本寺及其他寺院的千名僧人讲授《菩提道次第引导方便道论》，行发菩提心仪轨等，共讲了10天。十七日，阿旺强巴传授《大威德金刚念修仪轨》中之自生、《念诵》《朵玛供》《阎摩罗朵玛供》《会供曼扎》等，班禅额尔德尼为感谢其自去年九月始授《菩提道次第引导方便论道》至今传授教义之恩，敬献曼扎、哈达、白银等。十九日，班禅额尔德尼于拉章设宴款待阿旺强巴大师，献50两银制曼扎、全套衣服、黄金150钱、马蹄银21锭、绸缎多匹，进行广泛交谈。二十一日，经师阿旺强巴启程返回拉萨，扎什伦布寺僧众按例欢送。

四月一日，章嘉大国师若必多吉、札萨克喇嘛、韩大臣、加尔果琪、笔帖式、达普，以及噶伦公班智达、孜仲堪布格桑云丹、却本堪布（却本）洛桑南杰、卓尼尔云丹勒智等汉藏官员到达日喀则，由卓尼尔等五十余骑、四大札仓的僧人、僧官长老、杰仲温群则等160人乘马高擎旗幡，吹奏白螺，与密宗札仓仪仗队前往萨马尔设灶迎接。迎至班禅额尔德尼的日光寝殿，班禅额尔德尼向章嘉国师询问乾隆皇帝身体安康，在茶会上进行了交谈。六日，章嘉国师迎请班禅额尔德尼到午前的僧会上，献系有五色哈达之银制曼扎、金刚无量寿佛像、金字《贤劫经》两迭、佛塔、黄长寿神像、衣服用具、珊瑚水晶石念珠6串、马蹄银20锭、四相哈达、绸缎48匹、上等哈达、蒙古丝绸等中原内地物品。章嘉大国师手捧曼扎，先赞颂三宝，后赞颂班禅额尔德尼。章嘉国师的随从及札萨克喇嘛等献礼物，班禅额尔德尼讲授《大威德金刚十三神灌顶》《大威德金刚二次第论》《铁堡》，诵传《神通论明解胜三届》《佛陀赞一百五十颂》，以及宗喀巴所著《大曼扎生圆二次第论》等。七日上午，达尔罕堪布、却本堪布到班禅额尔德尼的卧室向班禅额尔德尼讲说达赖喇嘛圆寂时的情形。达尔罕堪布、却本堪布、卓尼尔云丹勒智各自向班禅额尔德尼献礼。九日，班禅额尔德尼会见德丹卓玛、台吉巴桑次仁、噶伦噶细公之母、尼德活佛，并单独与尼德活佛研讨佛理。

十一日，班禅额尔德尼莅临僧会，噶伦噶细公班智达奉献礼物祝寿，布施僧众。与会的汉藏官员亦献礼品。摄政第穆呼图克图、噶伦、侍从等献礼物请班禅额尔德尼写作七达赖喇嘛灵塔目录，班禅额尔德尼答应写作。十六日，章嘉国师献哈达、黄金50两，请班禅额尔德尼在扎什伦布寺密宗札仓增设胜乐法会，班禅额尔德尼欣然同意。章嘉国师在扎什伦布寺的20天里，每日与班禅额尔德尼研讨政教大事。二十日，班禅额尔德尼与章嘉国师同去那塘寺，返回后，班禅额尔德尼于卧室宴请。章嘉国师献无量寿佛像说："达赖喇嘛灵童之事需请您费心，广做有益佛法众生之大事"。班禅额尔德尼回答："奉旨选认灵童，乃吾之责任，愿灵童早日降世与吾相会"。尔后，班禅额尔德尼为噶伦公班智达、达尔罕堪布格桑云丹、却本德周堪布洛桑南杰、卓尼尔云丹勒智等依次诵经禳灾。如来时设灶郊迎一样，设灶欢送章嘉国师一行。

五月十三日，班禅额尔德尼著成《妙音天女颂》。从二十七日起，在第一期夏季法会的一个月中，班禅每日莅临法会与诸师进行释量论辩论，为实现经师阿旺强巴的愿望，应四大学院僧人请求，从即日起至七月四日，班禅于大经堂向6000名僧人讲授《八万四千法门心要》、宗喀巴大师之《菩提道次第论》精髓、班禅罗桑确吉坚赞所著《菩提道次第引导方便道论》,共18天。会毕,拉章布施僧众,施发每名僧人白银一两、哈达一条,使众人心满意足。其后,班禅应生钦活佛和安钦上师请求著《上师传承供养仪轨》。班禅额尔德尼应安钦上师邀请,在午餐时莅临法会受礼,向密院赠赐吉祥哈达,施予每名僧人白银一两。十三日,班禅额尔德尼莅临灌顶殿向四大札仓的喇嘛、60位格西传授《十三尊金刚大威德生圆二次地论》,聆听者献礼致谢。尔后,班禅再授《四家合注》与《四续部灌顶》,回赠献礼者僧帽、氆氇、绸缎等。十五日,班禅额尔德尼升座为僧众讲经,会见喀尔喀来报哲布尊丹巴之丧者,诵经祈求亡者灵魂安息,灵童尽早降世。十六日,班禅额尔德尼于卧室向四大学院喇嘛与密宗札仓60名僧人授《金刚大威德生圆二次第论》及《忿怒大威德与金刚护法念修法》,三日内诵经祈求保佑。二十日,讲授甚深《大威德金刚迁徙指导》。翌日,班禅额尔德尼继续讲授宗喀巴师徒传承《幻身论》《显果法》,举行大威德金刚供养仪轨。尔后,应经师之请求于僧会上授《律经根本论》《入中论》《俱舍论》《现观庄严论饰》《释量论》诵传,以及《白伞盖佛母三面六臂随许法》、珠嘉传规《长寿灌顶》。十三日,代本班蔡瓦奉献佛像、黄金、白银、绸缎、茶,聆听班禅讲授珠嘉传规《长寿灌顶》。

九月三日,班禅额尔德尼应邀为1000多名僧人讲授《菩提道次第引导方便道论》。十一日,授完《菩提道次第引导方便道论》,举行大供发菩提心仪轨。十二日讲授《上师供仪轨》《手印法》《三面六臂白伞盖母修行随许法》《大黑鹏念诵仪轨》,以及新作经文诵传,共200余页。二十五日,因为班禅额尔德尼要在本年传授生起和圆满次第的很多教法,为了净除各色听法人众中有可能违背法誓的人,班禅额尔德尼与密宗札仓僧人二十五日举行大威德息静金刚火祭仪轨,给协助做仪轨的众僧赏赐。二十八日,亲王巴丹达结的代表、额尔德尼诺云法王、确智、止贡塘加活佛的代表、巴饶活佛、卸任赤巴坚赞桑格的温波等各自向班禅额尔德尼奉献礼品。萨嘎地方的首领与康巴木里活佛的两位侄子及其随从拜谒班禅额尔德尼。

十月六日,班禅额尔德尼任命嘉康巴噶钦洛桑嘉木央为郭仓修行地住持,三木旦群培为诺布甘丹寺住持。十一日,班禅额尔德尼闭关一个月静修《妙音天女》《时轮心曼扎》。任命密乘师却本巴噶钦益西琼增为兑桑林札仓喇嘛。

十一月十日，闭关解制，结束静修。十三日，班禅额尔德尼会见青海丹巴贝勒、巴丹札萨等5位官员及其仆从与噶玛巴的上师巴沃活佛及侍从共60多人，并进行交谈。先前派去北京教法舞的两名僧人返回，班禅额尔德尼为他们和从安多、黑河来的僧俗民众摩顶。十五日，卓尼尔云丹勒智、哲蚌寺夏果喇嘛、孜本平措等30人到达，带来章嘉国师、诺门罕第穆呼图克图的信件和礼物、众噶伦的信件和礼物，商讨前去考察出生于托卜加拉日岗地方的疑是七世达赖喇嘛灵童之事，班禅额尔德尼为他们摩顶。

1759年 土兔年 乾隆二十四年 22岁

一月一日下午，班禅额尔德尼为索本堪布扎巴塔耶、卓尼尔、孜本等人饯行。十四日，班禅额尔德尼为父母及侍从40多人授《长寿灌顶》，赠物饯行。月底至二月三日，班禅额尔德尼莅临玄色度母噶丹殿进行供祭祈祷，奉献自带珍宝珊瑚、琥珀、琥珀念珠、戒指，并供养于佛殿。自此开始春季法会，班禅额尔德尼每日莅临法会与诸大德、助理辩经师一起研论、辩论《释量论》。章嘉呼图克图与第穆呼图克图寄来书信邀请班禅额尔德尼去拉萨为达赖灵塔开光，认定七世达赖喇嘛的转世灵童。班禅遣使回书，同意此行。二月六日，班禅额尔德尼为珠巴活佛等70多人摩顶。珠巴活佛献礼，班禅额尔德尼给予回赠。二十二日，班禅额尔德尼为诺门罕与北方各族的使者等150余人摩顶加持。二十八日，敏珠尔诺门罕与香班洛寺吉索于僧会上向班禅额尔德尼献礼物，三十日，班禅额尔德尼为他们传授《长寿启白》，赠物饯行。

三月五日，班禅额尔德尼会见地方政府所派迎驾者卓尼尔格桑顿珠、其本郎布琼、哲蚌寺总管家拉章第巴、驮队头领等，班禅额尔德尼为他们摩顶赐茶。九日，班禅额尔德尼一行起程前往拉萨。途中在温萨寺居留二日，供祭佛像塔，献敬神哈达，祈祷和托付事业。二十二日，班禅额尔德尼由高僧、执事迎接，在僧队的伴同下到达哲蚌寺参尼林卡，哲蚌寺在此设灶郊迎，大护法于驾前献吉祥哈达，班禅额尔德尼回赠敬神哈达和礼品。哲蚌寺吉索设宴招待请求摩顶，班禅赠予回礼。尔后，地方政府在索周热瓦设灶郊迎，受到章嘉国师、摄政第穆呼图克图、驻藏大臣等人迎接。此后班禅额尔德尼被迎请到布达拉宫大厅，章嘉国师、摄政第穆活佛、二位驻藏大臣、乾隆皇帝的使者、噶伦、代本、孜本及布达拉官孜、雪的仲科尔等向班禅额尔德尼献哈达,举行盛宴款待。班禅额尔德尼在此居住期间,依水猴年之例,由孜、雪的索本与侍从提供食宿用品。二十三日,二位驻藏大臣、加尔果琪、笔帖式等各献礼物,班禅额尔德尼布施香料等。之后,班禅额尔德尼会见上师阿旺强巴,畅谈佛事。二十四日,班禅额尔德尼向七世达赖喇嘛灵塔吉祥光照塔敬献五种千供、银制曼扎、五色哈达、上等五色8庹长的哈达等,又到各个护法殿,献浴供祭,猛烈祈愿认定灵童,之后到布达拉官的各个佛殿向主要的佛像献供品和敬神哈达。然后去会见章嘉国师,在用餐时长谈政教大事,还为章嘉国师之强佐嘉萨喇嘛洛桑群培讲《洗礼护佑经》。二十五日,在会供发愿时,班禅额尔德尼向大小昭寺的两尊释迦佛像献千供,向11面观音菩萨像献百供,并分别敬献哈达、布施僧众,施放斋僧茶,为14517名僧人各施尼伯尔银币2枚。然后,会见三大寺喇嘛、管家、格贵。二十六日,班禅额尔德尼先后会见两位卸任甘丹赤巴、札雅活佛、土观呼图克图、上下密院堪布、南杰札仓上师、翁则、噶尔塔堪布、夏仲德丹卓玛,并给他们摩顶加持。他们向班禅献礼并祈寿。二十七日,班禅额尔德尼为南杰札仓众僧、三大寺部分僧人共1000多人摩顶。班禅额尔德尼住在布达拉官时,经常与章嘉国师一同进餐,谈论佛事。在南杰札仓举行护法仪酬轨时,班禅为200名僧人施发白银各一两;于三界殊胜殿与第穆呼图克图一起礼拜,会供大缎面佛像,献五种百供及哈达。噶厦设宴招待班禅额尔德尼。章嘉国师、诸大臣、加尔果琪、笔帖式、诸噶伦礼拜了缎面佛像。当时传来乾隆皇帝正兵伐叶尔羌,收复失地的诏书,为此班禅额尔德尼献了哈达、佛像、香料等,向乾隆皇帝祝贺。章嘉国师、第穆呼图克图、诸噶伦派近侍堪布、拉萨涅仓吉康巴、色拉协札仓喇嘛阿旺扎西分别去康区、后藏、沃喀等地寻访考察七世达赖喇嘛灵童。临行前班禅额尔德尼嘱咐各人:"此乃佛法众生之大事,应细心行事"。

二月一日,班禅额尔德尼为上、下密院、普布觉寺施放斋僧茶各5次,每名僧人发放白银一两;为俄尔盖札仓、木茹寺、拉卡扎寺、帕蚌喀寺、格培寺施放斋僧茶各5次,给每名僧人发放尼泊尔银币一枚;为拉萨中南北各地共115所寺院施放斋僧茶各5次,给每名僧人白银一钱;为群科杰寺、琼结日吾德庆寺、阿里札仓、沃喀精其寺、达波寺、泽当噶丹扎西寺、温噶丹群当寺、15所修行地施放哈达各一条及礼物;为拉木绛曲觉寺施放斋僧茶饭两个月,每日6次，为23名僧人举行的梵天护法仪酬轨提供费用，给每名僧人发放哈达一条、白银1两5钱；为群科杰寺的吉祥天女像供祭一个月，为8名僧人举行的仪酬轨每人施哈达各一条、白银各一两，为色拉俄尔盖札仓施放斋僧茶饭15天，每日6次，资助赠送哈达。为群科杰寺、沃喀精其寺、强巴林寺之弥勒佛像献百供，各敬献哈达一条。其后，班禅额尔德尼分别于上、下密院传授《胜乐根本续》与《吉祥金刚大威德修证法》诵传。为祈求准确认定七世达赖喇嘛转世灵童，噶厦资助举行大威德静猛护摩仪轨与阎摩罗护法仪酬轨。四日，班禅额尔德尼拜访阿旺强巴，并进行佛事谈论。午后，班禅额尔德尼与章嘉国师、第穆呼图克图谈论政教事务。七日，在章嘉国师与南杰札仓举行的宴会上，班禅额尔德尼接受僧众献礼。章嘉国师奉献银曼扎、佛像、佛经、佛塔、僧衣、白银1650两、绸缎、茶叶，祝班禅额尔德尼长寿如愿，利益佛法众生。九日，依照章嘉金刚持先前的请求，班禅额尔德尼为他传授《时轮大灌顶》，与章嘉国师于三界殊胜殿举行建立灌顶的师徒关系的仪式。十一日，班禅额尔德尼为章嘉国师主仆、摄政第穆呼图克图、阿旺强巴、噶伦噶细公、噶伦多喀瓦、尼玛坚赞、札雅活佛、嘉赛活佛、善巴活佛、济咙活佛、敏珠尔诺门罕、土观呼图克图、二世嘉木央活佛、毕力克图诺门罕、拉萨三大寺在任和卸任的经师、南杰札仓僧人、上下密院的格西等2000余人传授《时轮大灌顶》的预备阶段，十五日，班禅额尔德尼按克珠杰所著的《坛城仪轨》，依彩粉坛城传授七种身入坛城灌顶。十六日，班禅额尔德尼传授“上灌顶”与“大上灌顶”。十七日，班禅额尔德尼传授《金刚阿阇黎大主宰灌顶》及宗喀巴师徒所著《时轮教法》。灌顶结束后，章嘉国师献上等哈达、银曼扎、黄金10两、白银200两、大缎10匹作为酬谢，噶伦与其他高僧亦献厚礼。为选认七世达赖喇嘛的灵童，请乃琼、拉木、昌珠、噶尔东等护法降神师指示取舍，为了在护法神像前念诵，班禅额尔德尼应请写作了《激励护法金刚颂》。二十六日，举行护法降神授记，以班禅额尔德尼为首，章嘉呼图克图、第穆呼图克图、两位驻藏大臣等汉藏官员在布达拉宫上的天窗前排列就坐。噶厦提供所需资具，于新大厅中禀请护法降神前，念诵《激励护法金刚颂》，然后请护法降神授记。

四月二日，班禅额尔德尼为第穆呼图克图主仆50余人传授大成就密多罗传承的《白无量寿佛随许法》。七日，班禅额尔德尼给刻印金字《甘珠尔》

的管理员、缮写员，校对者等人赏赐物品。十一日，班禅额尔德尼授完《大威德金刚生圆二次第论》，二世嘉木央活佛献曼扎、上等哈达、佛像、佛经、佛塔、衣服用具、白银350两，感谢传授教法之恩。十三日，应地方政府之请，班禅额尔德尼、章嘉国师、第穆呼图克图、经师、内侍5人、仪轨助理师为七世达赖喇嘛灵塔举行金刚大威德开光仪式，为大威德静猛火祭坛献曼扎、黄金20两、马蹄银30锭、长条茶600条。十六日，第穆呼图克图与南杰札仓向班禅额尔德尼献礼并祈寿。班禅额尔德尼作《达赖喇嘛身语意三功德启白》。

十九日，班禅额尔德尼驾临哲蚌寺，受到盛情迎接。二十日，哲蚌寺僧人于大经堂献礼物，班禅额尔德尼除接受佛像、佛经、佛塔外，其余皆予以回赐，并为该寺赠送旗幡、绸缎、马蹄银2锭、银币50两、茶7条；为5744名僧人施放白银各一两，传授《菩提道炬论》。扎西郭莽札仓、洛萨林札仓、德央札仓、阿巴札仓等分别向班禅额尔德尼献礼，班禅会见了各札仓的上师、执事等，并摩顶加持，分别于郭莽、洛萨林、德央、阿巴等札仓讲授《菩提道次第广论》一法座、《缘起颂》《菩提道三士要论》《侍师五十颂》等。二十四日，班禅额尔德尼驾临甘丹颇章的护法殿，献敬神哈达，向更噶热瓦的主供神像泉眼度母、孜钦度母献敬神哈达和念珠各一，向乃琼大护法献银制曼扎一具、白银50两、黄金一两、长条茶、绸缎、法器，献供长腰刀、长枪等供品。

二十五日，班禅额尔德尼从哲蚌寺出发，在色拉寺僧队的迎接下到达色拉寺。在大经堂接受献礼，为献礼者摩顶，传授《菩提道三士要道论》。班禅额尔德尼巡视色拉寺各个札仓的经堂，接受献礼并给众僧摩顶，分别于协巴札仓、麦巴札仓、俄尔盖札仓传授《上师瑜伽论》《护持导训集启白》《集密根本续》《上师供仪轨》等，向马头金刚像供献银曼扎、珊瑚念珠、祭品等。三十日，班禅额尔德尼从色拉寺驾临小昭寺，向不动金刚佛像献千供、五色上等哈达、僧伽服、银曼扎等，之后班禅额尔德尼返回布达拉宫。

五月一日，四噶伦向班禅额尔德尼献礼并祈寿。二日，班禅额尔德尼奖赏四噶伦与第穆呼图克图。五日，班禅额尔德尼和章嘉国师在德瓦建寝殿讲论教法，由章嘉国师和二世嘉木央活佛在班禅额尔德尼面前进行法相学学识问答，因为章嘉国师没怎么在大寺院里遍习佛典，但其在法相学方面的学识论辩无与伦比，使班禅额尔德尼十分惊奇，一再加以赞扬。两位驻藏大臣向班禅额尔德尼献礼，班禅向他们问候并回赠香料、佛像。十日，地方政府在大经堂宴请班禅额尔德尼，献银曼扎、全套衣服、汉银1050两、章喀银数秤、茶叶400条。下午，章嘉国师于三界殊胜殿宴请班禅额尔德尼，献胜乐会供曼扎及礼物。章嘉国师手捧曼扎，对班禅额尔德尼高诵《祈寿祷词》。十一日，班禅额尔德尼驾离布达拉宫，来到扎西迥寺讲授《上师瑜伽论》。然后前往甘丹寺，在甘丹寺设灶迎接处，班禅额尔德尼与前来迎接的赤仁布切（甘丹赤巴）会见并简短交谈，而后在僧队的引导下被迎请到甘丹寺，当晚在俄萨普寝殿住宿，感受宗喀巴大师的慈悲，并向宗喀巴大师礼拜、献供和祈祷。十三日，甘丹寺吉索迎请班禅额尔德尼到甘丹寺大经堂，登上宝座，向全体僧人传授《菩提道次第广论》篇首章节。十四日，班禅额尔德尼礼供甘丹寺佛像、佛塔，尤其为宗喀巴灵塔献千供，敬献五色上等哈达、银曼扎、白海螺；向宗喀巴师徒三人像、清净七妙音灵塔像各献哈达。班禅额尔德尼为僧众讲授《七支赞》《胜乐供鬘》《八足赞》《发愿祝词》，又由甘丹赤巴迎请到羊八井佛殿献礼。十五日，班禅额尔德尼于大经堂授"布萨仪轨"。尔后莅临哈尔东康村受众僧献礼，在夏日札仓讲授《菩提道次第略论》《救怙度母经》等。十九日，班禅额尔德尼从甘丹寺启程返回后藏，途中被拉木护法迎到绛曲觉寺，驻锡3日，讲经布施僧众，禀请拉木大护法授记。二十二日，班禅额尔德尼从拉木寺赴澎域嘉仲寺，诵传《兜率上师瑜伽仪轨》；次日朝拜了达隆寺佛像塔，在佛殿与诸位活佛讨论教理。二十五日，班禅额尔德尼驾临热振寺，在热振寺大经堂接受众僧献礼，为千余名僧人授《菩提道次第引导方便道论》《菩提道炬论》诵传，并为热振寺发放布施，施予400名僧人每人白银各二两、哈达各一条。

六月三日，班禅额尔德尼驾离热振寺北行，途中接受了1000多人的献礼，以马、牛、羊及酥油等物祭祀唐古拉山神与觉摩雪山的山神，祈求保佑。十四日，班禅额尔德尼抵达扎西孜，受到班禅父亲主仆的欢迎。十五日，班禅额尔德尼莅临噶丹饶杰寺为父亲主仆摩顶，遣人前往拉日岗迎请土虎年降世的七世达赖喇嘛的灵童及其父母。因雅鲁藏布江水势暴涨，班禅在此居住15日，为僧徒诵传《供佛法事明示》《佛陀赞粉碎魔军》《上师供仪轨》《长寿成就甘露流》等。二十四日，班禅额尔德尼为七世达赖喇嘛灵童的母亲传授《白文殊慧施随许法》《长寿金刚灌顶》等。

八月三日，班禅额尔德尼返回扎什伦布寺后，授教摩顶，满足众僧愿望，给全寺3600名僧人每人施放哈达一条，白银一两；为阿巴札仓僧人额外布施白银各一两。此月中廓尔喀首领和拉达克王各派人前来向班禅额尔德尼献礼。班禅任命拉堆巴却本噶究洛桑绛巴为夏孜札仓喇嘛。十六日，班禅额尔德尼莅临法会同四大札仓喇嘛及其他4名格西辩论，研讨教理，会见前往夏鲁寺担任堪布的土观呼图克图，赐厚礼送行。

十一月一日，鄂尔多斯贝勒的上师额尔德尼墨尔根曲杰、青海王妃次仁索朗等各自向班禅额尔德尼献礼。班禅额尔德尼为哉务拉贡活佛诵传《兜率上师瑜伽仪轨》《檀木林度母加持》等。

十二月十六日，班禅额尔德尼会见协噶尔寺堪布及乃让喇嘛、拉达克王的代表，并摩顶加持。

1760年 铁龙年 乾隆二十五年 23岁

一月五日，宰桑哈夏噶迎请班禅额尔德尼到法会上，向班禅额尔德尼献礼并祈寿，班禅为赴任鄂尔多斯大贝子喇嘛的一行人饯行，应大贝子洛桑雅培的管家之请，讲授《独雄大威德金刚修行仪轨》《吉祥天女供祭法》。

二月三日，班禅额尔德尼为父母传授《马面金刚秘密修行随许法》，赠礼饯行。二十二日，班禅额尔德尼从经师闻习《集密》中之《三面六臂瞻巴拉修念随许法》。二十五日至三月七日班禅额尔德尼闭关静修。

三月十一日，班禅额尔德尼派卓尼尔噶钦益西群培进京朝贡，祝贺乾隆皇帝五十大寿。二十三日，班禅额尔德尼会晤札雅活佛格桑图旦旺秀。二十五日，班禅额尔德尼被札雅活佛迎请到大经堂，讲授《密乘三部总修上师瑜伽仪轨》。

四月六日，班禅额尔德尼为四大札仓的喇嘛、阿巴札仓格西及札雅活佛等共100多人传授《无量寿佛九尊灌顶》《文殊室利随许法》《金刚瑜伽母灌顶法》等，还专为札雅活佛及其随从讲授《阎摩罗内外密三种修行随许法》，札雅活佛献礼谢恩。二十一日，班禅额尔德尼为札雅活佛赠物饯行。

五月，喀尔喀哲布尊丹巴洛桑丹贝准美入寂，其侍从300人前来报丧。班禅额尔德尼诵经祷祝亡灵安息，灵童尽早降世，报丧使者向班禅献厚礼谢恩。札萨克图克汗的喇嘛吉隆巴噶钦洛桑饶旦、次仁顿月公各献礼物祈寿，班禅额尔德尼依彼等之愿望，为他们诵传《清净雪山》等颂词。三十日，班禅额尔德尼为给乾隆皇帝呈送奏书的使者洛桑格勒堪布饯行。

六月一日，喀尔喀七旗的代表拜谒班禅额尔德尼并献礼。二日，班禅额尔德尼先后为桑达诺云法王主仆和喀尔喀讲修殿活佛讲授《无量光佛往生法》《大黑鹏修念随许法》《文殊室利祝寿词》《班智达旺钦夏仲本生》等，另按每个人要求分别传授上师、本尊瑜伽修念法及祈祷发愿词(班禅自作)等。班禅额尔德尼从十九日开始讲《菩提道次第引导方便道论》，讲授完毕举行发菩提心仪式，此乃班禅首次于法会所传的发菩提心仪式。班禅还为赴任喀尔喀喇嘛之洛桑饶丹、达纳巴噶钦益西多杰等25人传授《无量寿佛九尊灌顶》、珠嘉传规的《长寿灌顶》。

七月三日，应生钦活佛洛桑班觉的请求，班禅额尔德尼莅临石板殿向僧众传授《十七尊白伞盖佛母灌顶》予备及前行灌顶。四日，班禅额尔德尼于彩坛场传授正行灌顶，后授结行灌顶。八日，应洛桑班觉请求，班禅额尔德尼于密宗札仓向500名僧人传授《无量寿佛九尊灌顶》《黑白怙主修念法》《摧破金刚修念法》；为洛桑班觉一人单独传授《厦日玛尼神母随许法》。

八月八日，班禅额尔德尼从经师处听讲《黑胜乐灌顶》《黑胜乐六论》等。

九月十二日，班禅额尔德尼闭关静修本尊神，为期14天，二十四日解除闭关。

十月一日，应阿旺强巴请求，班禅额尔德尼先传授《无量寿佛九尊灌顶》。五日，班禅额尔德尼从阿旺强巴闻习《集密圆满五次第明灯》，至十九日授毕，清除了班禅额尔德尼心中之疑难。十日，红帽活佛抵达扎什伦布寺。十一日，班禅会见红帽活佛及其随从100余人，与之进行了佛事谈论。因红帽活佛是班禅额尔德尼之兄弟，因此，班禅以对待萨迦达钦的礼仪接待，另外还请红帽活佛到卧室谈论在康区的安康与弘传教法的话题。

十一月三日，阿旺强巴于法会上向班禅额尔德尼献礼，诵词祈寿。十一日，阿旺强巴为班禅额尔德尼与少数僧人传授《大日如来经》《欢喜金刚九尊灌顶》。十五日晚餐时，红帽活佛向班禅额尔德尼献礼并祈寿，10天后辞别。十七日班禅额尔德尼派人将生于托卜加拉日岗的达赖喇嘛转世灵童迎请到扎什伦布寺会面，虽然灵童年幼，但班禅额尔德尼对之仍然像对其前辈那样毕恭毕敬。

1761 年 铁蛇年 乾隆二十六年 24 岁

一月五日,扎什伦布寺密宗院宴请班禅额尔德尼、七世达赖喇嘛灵童、阿旺强巴等,兑桑林、吉康、夏尔孜等札仓及哈尔东、喀尔喀、三木洛等米村献礼。八日,噶厦请求班禅额尔德尼为八世达赖喇嘛剃度授戒、赐名,6 位堪布代表地方政府向班禅额尔德尼献礼物。摄政第穆呼图克图与诸噶伦所派使者拜谒慰劳班禅额尔德尼。十一日,噶厦的代表于如意持法殿为一世达赖根敦珠巴的灵塔献百供,向班禅额尔德尼、七世达赖喇嘛灵童献礼。班禅额尔德尼为七世达赖喇嘛的转世灵童剃度授戒,取名杰尊罗桑丹贝旺秀强白嘉措,班禅亲作《祈寿词》念诵。之后,噶厦设盛宴招待班禅额尔德尼和达赖喇嘛灵童。十二日,班禅额尔德尼于大经堂宴请达赖喇嘛灵童,赠送银曼扎、佛像、佛经、佛塔、金银、绸缎,达赖喇嘛灵童亦向班禅额尔德尼送礼谢恩。

二月,班禅额尔德尼从阿旺强巴听讲《不动金刚灌项》《往生经》后,向其他诸僧传授《大威德二次第引导文三身阶》《达赖喇嘛长寿祝愿词》。十二日,班禅额尔德尼设午宴招待阿旺强巴,双方叙谈许久,研讨教理,排难解惑。十三日,班禅额尔德尼为阿旺强巴饯行,遣人护送回拉萨,并为普布觉寺赐百次僧茶费用。

从三月三日开始,班禅额尔德尼于卧室为达赖喇嘛灵童讲授《竭地洛迦林度母》《拘鲁拘拉》《一面两臂大威德金刚随许法》《吉祥退敌神母》《四面怙主随许法》等,并将这两尊有加持力的唐卡画像献给达赖喇嘛灵童作为本尊。四日,班禅设午宴招待八世达赖喇嘛父母及姑母曲仲玛,并赠送礼物。五日,为迎接第穆呼图克图、驻藏大臣积福、噶细公班智达、噶伦、札萨克、大喇嘛、官员及随从等 800 余人到达扎什伦布寺,由卓尼尔、仲科尔等人在藏玛尔地方设灶郊迎。第穆呼图克图等人抵扎什伦布寺后,首先会见了达赖喇嘛灵童,然后会见班禅额尔德尼,班禅额尔德尼为他们摩顶加持,设宴款待,并相互问询和交谈。

七日,噶厦迎请班禅额尔德尼到僧会上献厚礼并祈寿,诸噶伦也献礼后,班禅额尔德尼专门会见了布达拉宫孜、雪的许多仲科尔。九日,第穆呼图克图向班禅额尔德尼献礼物祈寿,噶伦噶细公献白银 1000 两,噶伦尼玛坚赞献白银 11 锭,代本奔木塘巴献白银 9 锭,班禅额尔德尼回赐了不少礼品。

驻藏大臣积福也向班禅额尔德尼献礼祈寿,按照他的请求,班禅额尔德尼为其传授了《愤怒金刚手五大鹏随许法》。十三日,班禅额尔德尼设宴欢送达赖喇嘛灵童,赠送银曼扎、佛像、衣服、缎匹、马蹄银等。同时,按地位高低赐给前藏来的第穆呼图克图、噶伦、驻藏大臣等所有官员合适礼品。十四日,班禅额尔德尼在寝殿宴请达赖喇嘛灵童等,在赠送吉祥礼物时作为缘起,传授了《成就度母随许法》,预祝路途平安,并叮嘱八世达赖喇嘛承继前辈之尊善贤业迹,使佛法的精髓、宗喀巴大师的教法广为弘扬,利益众生,事业圆满。因为灵童尚年幼,班禅额尔德尼派卓尼尔洛桑雅培、益西贡却、管家洛桑格敦、翁则四人护送,照顾达赖喇嘛的饮食起居,班禅额尔德尼为他们4人作了详细指示。十五日,扎什伦布寺四大札仓的喇嘛、格贵、各米村、群则,以及附近僧俗欢送达赖喇嘛灵童到大桥东,设灶送行。班禅额尔德尼派大强佐等20多人护送达赖喇嘛灵童,于通门雄地方休息一日,还由班禅的叔父洛桑平措、卓尼尔洛桑饶旦从此地护送到聂塘。

四月一日,班禅额尔德尼为赴任鄂尔多斯达赖大贝子上师的达摩曲巴饯行。按照七世达赖喇嘛以前所说的在扎什伦布寺也应建立时轮金刚灌顶的仪轨修供的指示,班禅额尔德尼与阿巴札仓的翁则和却本堪布等几名格西一起练习坛城的画线等,最后由他们几人画线,由画师工匠新绘一幅巨大的时轮金刚坛城唐卡,完成后举行开光,班禅额尔德尼撒花祝赞。

五月七日,达赖喇嘛灵童的父亲索朗达杰去世,送来请求护佑的礼品,班禅额尔德尼为此做了超度祈祷和护持的仪轨。二十七日,班禅额尔德尼开始修习甚深中观空性论著《中观论》之应成释著、月称之《入中论》及宗喀巴之《入中论释》。

六月一日,班禅额尔德尼接到达赖喇嘛灵童从聂塘派人送来的书信、礼物。十日,班禅额尔德尼应格贵益西次丹请求,开始为僧众讲授《菩提道次第广论》,至七月七日授毕。因为气候干旱,班禅额尔德尼于卧室内供祭度母神像,多行献浴仪轨及布萨仪轨求雨。十六日晚,班禅额尔德尼的父亲塘拉病故,班禅额尔德尼闻悉即派大强佐负责处理后事,同时派经师与阿巴札仓的8名僧人前往扎西孜办理丧事,负责火葬,派仲科洛桑克却等人送去许多火葬遗体的物品。班禅额尔德尼自己应密咒师洛桑班觉与格贵的请求分别于全寺僧人法会及阿巴札仓讲授《无量寿佛九尊灌顶》《阎摩罗外修法》

《吉祥天女随许法》《毗沙门随许法》，举行法王、神母、四面怙主、兄妹护法等诸神朵玛供仪轨。二十四日，被派去护送达赖喇嘛灵童的叔叔洛桑平措等返回，迎请班禅额尔德尼到僧会上，向班禅献礼并祈寿，并为僧众施放斋僧茶。

八月三日，为达擦活佛报丧做法事的人到达，班禅额尔德尼为其诵经超度。十三日，班禅额尔德尼举行宴会庆祝乾隆皇帝诞辰。

九月十八日，去朝廷送奏书的使者洛桑格勒及其随从返回，向班禅额尔德尼呈献诏书、礼物。班禅额尔德尼接受诏书，问候乾隆皇帝安康，并为使者摩顶。二十日班禅额尔德尼开始闭关静修，至闰九月十八日解除闭关。

闰九月二十二日，班禅额尔德尼会见杜尔伯特王妃卓噶嘉布及其随从、鄂尔多斯官员、青海贡却王主仆共100余人，赐茶款待赏赐。

十月一日，班禅额尔德尼为卓噶嘉布及安多僧人传授《长寿灌顶》《文殊菩萨往生法》《兜率上师瑜伽略论》等。三日，班禅额尔德尼会见廓尔喀王的代表团。

十一月七日，班禅额尔德尼为托云饶丹主仆、杜尔伯特王妃、日喀则两名宗本等400余人授《十一面观音菩萨灌顶》。九日，杜尔伯特王妃告辞。十五日，班禅额尔德尼为赴任鄂尔多斯的喇嘛白图益西次仁传授《修心七事引导》并饯行。十六日，郡王贡却扎西迎请班禅额尔德尼到僧会上献汉银100秤，札萨达结次仁的上师噶钦益西达结亦献礼物祈寿，班禅额尔德尼受礼为贡却扎西王传授《药师佛念诵仪轨》。二十一日，因为快到班禅额尔德尼的本命年，为消除增岁逆缘，以大密咒师为首的4名密院僧人举行“白度母与无量寿佛长寿修行仪轨”，8名僧人举行为期21天的吉祥金刚大威德闭关修行之六十食子投施仪式，班禅额尔德尼莅临法会传授教法。尔时，恰多尔托云主仆向班禅额尔德尼献礼，禀告喀尔喀哲布尊丹巴活佛转世之事。二十二日，班禅额尔德尼应贡却扎西王的请求，为蒙藏200多人讲授《无量寿佛九尊灌顶》《十一面观音灌顶》；为贡却扎西王等少数人传授《二十一尊度母》中之《六种度母修行随许法》《依无量寿佛往生法》；为鄂尔多斯僧人传授《大威德金刚修证法》《吉祥天女供养法》等。二十七日，班禅额尔德尼为贡却扎西王父子授《威猛金刚手菩萨修行随许法》及《吉祥天女修行随许法》。次日，班禅额尔德尼为恰多尔托云堪布授记哲布尊丹巴转世一事，并设宴饯行。

十一月七日,班禅额尔德尼诵经为德格土司索朗贡布灵魂超度。十四日,班禅额尔德尼为康区戠务都然诺颜之母、群则、头人平措饶丹主仆等共130余人摩顶。戠务头人于法会上献礼并祈寿。十五日,班禅额尔德尼为彼等授《无量寿佛九尊灌顶》,厚赐饯行。

十二月十九日,班禅额尔德尼为贡却扎西王传授《十三尊大威德金刚灌顶》。二十日,班禅额尔德尼为贡却扎西王主仆与土尔扈特达结贝勒的代表等僧俗300余人授《长寿灌顶》《无量光佛往生法》。

因为次年是班禅额尔德尼的本命年,为了班禅额尔德尼在本命年里身体健康,大强佐等仪轨师以500两黄金建造无量寿佛像,以447两白银制作白胜乐与白度母佛像。由班禅额尔德尼主持,为新制佛像开光。

1762年 水马年 乾隆二十七年 25岁

新年,班禅额尔德尼举行新年喜宴,宴请贡却扎西王等客人。不久,贡却扎西王辞行,班禅额尔德尼为其传授《时轮身语意修念法成就甘露》《焚香祭祀吉祥雨露》《阎摩罗灌顶甘露长流》等,并赠送厚礼饯行。六日,札萨克图汗的上师诺门罕迎请班禅额尔德尼到法会代表主人献礼。八世达赖喇嘛所遣使者到达,亦献书信、礼物,布施僧人。十二日起,班禅额尔德尼闭关静修"六十二尊胜乐金刚",历时三个月。

四月十二日,班禅额尔德尼解除闭关修行。次日,班禅额尔德尼与经师、兄长洛桑金巴等18名仪轨师共同举行補足护摩仪式及会供。十五日,阿旺强巴因为班禅额尔德尼已到25岁的年灾,派专人前来献礼祈寿。二十三日达木喇嘛益西丹增晋谒班禅额尔德尼,并献礼物。二十八日,札萨克图克汗的喇嘛诺门罕迎请班禅到僧会献礼。

五月一日,班禅额尔德尼接受拉孜寺僧众祝福,诵传《白伞盖佛母经》《救怙度母颂》《般若波罗蜜多心经》等。五日,班禅额尔德尼为札萨克图汗的上师诺门罕赠物饯行,叮嘱广利佛法众生。六日,噶钦杰仲益西迥乃代表那塘寺来为班禅额尔德尼做长寿仪轨,献祈寿礼。八日,班禅额尔德尼接受白居寺代理堪布与各札仓的17名喇嘛的献礼后,讲授《上师供祭法》。十一日,班禅额尔德尼为白居寺执事等150名僧人传授珠嘉传规的《长寿灌顶》。

十八日，班禅额尔德尼为新建的超度父亲的佛塔开光。因为本年达赖喇嘛灵童要在布达拉宫坐床，并受居士戒，驻藏大臣、第穆摄政、诸噶伦派遣卓尼尔格桑顿珠、其本夏香、色拉寺吉索的管家等前来扎什伦布寺迎请班禅额尔德尼去拉萨，班禅为诸位代表摩顶。

六月七日，班禅额尔德尼一行从扎什伦布寺启程，快到日喀则之雪村时乘马突然受惊，诸随从都十分惊恐，但班禅额尔德尼安然无恙。行至扎西孜时，班禅为母亲剃度授戒。后莅临南木林的嘉卡时，以噶丹群科寺的堪布兄长洛桑金巴为首的寺院喇吉来迎接，献礼祈寿，按照他们的意愿，班禅传授了《兜率上师瑜伽论》。行至羊八井时，班禅额尔德尼会见其弟噶玛红帽活佛，二人进行交谈，供祭佛像、佛塔，发愿广弘佛法，饶益众生。红帽活佛于拉章设宴招待班禅。二十三日，由喇嘛、宗本头人、僧人仪仗队等迎请班禅额尔德尼到聂塘拉瓦堆寺与达赖喇嘛灵童会晤，师徒热情畅谈。班禅额尔德尼每天在达赖喇嘛灵童身边做洗礼仪式。拉瓦堆寺的530名僧人为了达赖喇嘛灵童的健康长寿举行《白伞盖佛母禳解仪轨》等重要的法事，班禅额尔德尼提供了11次的斋僧茶饭费用，并发给每名僧人白银一两。二十九日，班禅额尔德尼供祭聂塘阿底峡尊者像和度母像，向诸佛像敬献哈达。三十日，班禅额尔德尼为达赖喇嘛灵童、下密院堪布、将军巴图鲁喀尔喀亲王才旦嘉布传授《十三尊吉祥金刚大威德法》、独雄大威德灌顶，为拉瓦堆寺的600名僧人讲授《兜率上师瑜伽论》，诵传《菩提道次第要义》及《度母经》。

七月一日，八世达赖喇嘛向班禅额尔德尼献酬谢灌顶礼品。二日，班禅应八世达赖喇嘛母亲主仆请求，传授《大黑鹏修念仪轨》。三日，班禅额尔德尼为八世达赖喇嘛、下密院堪布、巴图鲁亲王才旦嘉布、噶伦吞巴、却本、索本、森本堪布与随从传授珠嘉传规的《长寿灌顶》。五日，班禅额尔德尼为巴图鲁亲王授《三尊忿怒金刚手合一修念随许法》。六日，第穆呼图克图与仲科尔、普延喇嘛阿嘉呼图克图及汉族官贵、噶伦、代本、文书、各宗豁的执事、三大寺喇嘛、执事，以及其他寺院上师、执事共1000多人迎请班禅额尔德尼、八世达赖喇嘛前往布达拉宫。七日，班禅额尔德尼在哲蚌寺排列僧队和大护法一起在途中迎接，莅临该寺的参尼林卡住宿二日，哲蚌寺吉索举行宴会款待，班禅额尔德尼为诸僧摩顶。九日，班禅额尔德尼从哲蚌寺去布达拉宫，沿途有汉、藏、蒙古及克什米尔、尼泊尔人按各自风俗迎接。

十日，在布达拉宫大经堂内举行八世达赖喇嘛坐床典礼，噶厦向班禅额尔德尼、达赖喇嘛献礼，师徒二人为僧众摩顶加持。十二日，班禅额尔德尼的大拉章出白银650两，于大经堂设宴向八世达赖喇嘛献曼扎、哈达、佛经、佛像、佛塔、衣服用品、白银105大升，班禅额尔德尼作曼扎祝词。巴图鲁亲王与两名噶伦也分别献礼。十四日上午，班禅额尔德尼在日光寝殿为八世达赖喇嘛剃度授居士戒，并献礼品。还按地位高低赠给第穆呼图克图、经师、噶伦、公爵及内外侍从等礼品祝贺。第穆呼图克图迎请八世达赖喇嘛、班禅额尔德尼到大经堂宴请，献礼祝愿八世达赖喇嘛健康长寿，给班禅额尔德尼也献了厚礼。在这期间，班禅额尔德尼为了祝愿达赖喇嘛健康长寿，还为三大寺、上下密院、热振寺、南杰札仓施放斋僧茶各5次，给予每名僧人白银一两，为前藏南北117所寺院施放斋僧茶各5次，给每名僧人银币一枚，共计白银15179两。为甘丹寺的宗喀巴大灵塔、热振寺的阿底峡尊者像、沃喀精其寺的弥勒佛像、强巴林寺和群科杰寺的弥勒佛像献百种百供，敬神哈达；为群科杰寺的8名僧人做"吉祥天女仪酬轨"赐给一个月的费用。从十五日起，班禅额尔德尼为八世达赖喇嘛举行摧破金刚洗礼，教授《苟日固列怀柔佛母》《秘密主金刚手》《吉祥四面怙主》《白度母》《吉祥天女》《白孜护法》等之修念随许法。班禅额尔德尼闻知大成就者阿旺强巴病重，与部分随员莅临普布觉寺慰问，在普布觉大经堂为山间修行者和色拉、哲蚌寺的1000多名僧人讲授《菩提道次第要义》。班禅额尔德尼返回布达拉宫后，应钦差阿嘉呼图克图的请求，为其讲授《喜金刚二品续》、克珠杰所著《除邪见暗论》《吉祥金刚大威德圆满次第论》《依大力明王降雨法》《文殊长寿灌顶》《金刚萨埵修念随许法》等，为驻藏大臣积福与四噶伦传授《白伞盖大佛顶陀罗尼经》《度母经》《长寿陀罗尼经》《百字经》《兜率上师瑜伽论》，还单独为驻藏大臣授《白伞盖佛母修念随许法》。三十日，班禅额尔德尼供祭前世达赖喇嘛的灵塔和布达拉宫的各个佛像。

八月三日，上师阿旺强巴去世，班禅额尔德尼获悉后，百般伤感，著文发愿，祈求他的转世灵童尽早降世。十三日，是乾隆皇帝寿辰，噶厦与大拉章分别宴请班禅额尔德尼、八世达赖喇嘛、三大寺的高僧共320名诵经祝乾隆皇帝万寿无疆，国政兴旺。十四日，噶厦宴请班禅额尔德尼主仆，敬献曼扎、上等哈达、佛像、佛塔、佛经、衣服用品、黄金5包、马蹄银75锭，诸随从亦得到不同的礼品。十六日，哲蚌寺的4个札仓向班禅额尔德尼献礼并祈寿。八世达赖喇嘛的两名经师、八世达赖喇嘛的哥哥阿瓦噶丹、南杰札仓的金刚上师、翁则，以及大拉章护法神殿的仪酬轨师会聚到大经堂，举行为期3天的依止金刚大威德的息、增、怀三业护摩仪式，为八世达赖喇嘛祈寿。当时，奉乾隆皇帝圣旨，从西藏地方遣派上密院堪布（绛孜曲杰）阿旺楚臣（即一世策墨林活佛阿旺楚臣）、扎什伦布寺夏孜札仓上师洛桑坚白去北京雍和宫传法任职。他们临行时，班禅额尔德尼给他们授《六臂护法随许法》《马面金刚修念随许法》，并教诲夏孜喇嘛洛桑坚白要善于取舍，如何弘法修道，利益众生等。二十五日，昌都的活佛帕巴拉与喜瓦桑波、嘉拉活佛向班禅额尔德尼献礼，请求班禅为僧俗300多人传授《无量寿佛与马面金刚双运加持法》。其后班禅额尔德尼应南杰札仓的僧人请求，班禅为该札仓僧人、昌都帕巴拉活佛、札雅活佛、谢瓦桑波、嘉赛活佛、阿里活佛、诺门罕、噶伦夏仲、代本宇妥巴等僧俗300多人建彩粉坛城，传授《吉祥金刚大威德十三神灌顶》，为噶伦吞巴讲授《白度母修念随许法》。三十日，出现日蚀，班禅额尔德尼向大小昭寺两尊释迦佛像献大供养，与南杰札仓的40名僧人共同举行时轮坛城仪轨。

九月一日上午，在七世达赖喇嘛的灵塔前，由班禅额尔德尼作堪布、阿旺曲札作羯摩师、洛桑群培为报时师，谢瓦桑波等10名僧人为见证比丘，为昌都帕巴拉活佛的转世灵童授居士、出家、沙弥三戒。二日，班禅额尔德尼到大昭寺，供养两尊释迦佛像；为青海索朗王及噶伦等人摩顶加持。晚上移居布达拉宫。三日，班禅额尔德尼为八世达赖喇嘛的侍从授《无量寿佛随许法》及《马面金刚双运修念随许法》，嘱咐达赖灵童勤修佛法，广做法事，利益众生。

五日，班禅额尔德尼一行从布达拉宫起程返回扎什伦布寺，驾临堆龙岗之时，受到代本宇妥巴设宴款待。在曲卧日渡口，班禅额尔德尼会见了甲桑活佛，还会见了贡噶宗的宗本宰桑哈夏当、代本然巴瓦等人。九日，行至羊卓雍湖，以无畏施为许多鱼类赎命，并给众渔夫布施。莅临白地时，代本然巴瓦迎驾献礼，班禅为其新造的《甘珠尔》典祝赞。其后在森拉住宿时，桑顶活佛献礼迎驾。十二日，班禅额尔德尼驾临嘉拉塘，噶细公父子、代本班蔡巴、姜洛建巴、江孜宗本、重孜瓦、白居寺的代理堪布，以及当地喇嘛等僧众迎驾。十三日，班禅额尔德尼到白居寺，由代理堪布噶究洛哲及诸札仓献礼，班禅额尔德尼为众僧摩顶，夜宿于该寺的拉章噶波。十四日，班禅额尔德尼于白居寺大经堂为1000多名僧人诵传《药师修供仪轨》，施放斋僧茶14次；为1294名僧人每人布施银币各两枚、粮食两驮，作为回向礼品。洛巴首领吉德浦巴献《甘珠尔》一套；代本姜洛建巴、江孜宗本宴请班禅并献礼。班禅额尔德尼向大菩提塔献各种供品和敬神哈达，给其他的佛像也献敬神哈达，并向宝帐怙主献礼。班禅额尔德尼还仔细观看白居寺佛殿和10万佛塔的佛像，向佛像供礼和祈愿。十五日上午，班禅额尔德尼于白居寺大经堂僧会上作布萨仪轨，在庭院中为缎绣大佛像祝赞，然后由噶伦噶细公班智达及僧队、歌舞队高擎幡幢，吹奏白螺，迎请到寝宫，盛宴招待。十七日，班禅额尔德尼莅临第巴重孜巴家中住宿，重孜巴宴请并献礼。重孜寺及吉浦寺、塔却林寺向班禅献礼。班禅额尔德尼给重孜巴和重孜寺的僧人诵传了《上师供养法》及《白伞盖大佛顶陀罗尼经》。班禅额尔德尼抵达与克珠杰大师有特别缘分的古寺日吾当建寺，为朝礼胜迹在此住宿二日，供祭克珠杰大师像、护法殿本尊护法神像。为常住僧人及他寺来的僧人共3000余人传授《长寿灌顶》。二十一日，班蔡代本于其庄园设午宴款待班禅额尔德尼，下午班禅额尔德尼回到扎什伦布寺，受到隆重迎接。班禅额尔德尼给从拉萨一路陪送的卓尼尔格隆、其本夏强巴传授《金刚亥母修念随许法》，赠送大量礼品饯行，并给八世达赖喇嘛带去信函。

十月九日至十一月五日，班禅额尔德尼闭关静修《吉祥金刚手法》。为圆满章嘉大国师之心愿，班禅额尔德尼于扎什伦布寺密宗札仓建“胜乐仪轨”，聚集上师、执事、格西诵《胜乐修念仪轨》。

十二月十一日，青海郡王索朗丹增于法会上向班禅额尔德尼奉献白银1000两，诵经祈寿，听闻班禅所授《长寿马头金刚双运灌顶》《尊胜佛母颂》《怙主除碍随许法》。

1763年 水羊年 乾隆二十八年 26岁

一月，由噶厦资助，在扎什伦布寺密宗札仓举行鲁易巴传承胜乐修供仪轨，迎请班禅额尔德尼赴会，行大会供。后藏28所密院于同时举行胜乐修供仪轨。八世达赖喇嘛送礼祝贺。五日，大强佐奉班禅之命，为大经堂边门装饰玉珠、珊瑚、琥珀、青金石、红白瑭玉、金制璎珞、紫黄包绸缎、金丝黄缎等。

上午班禅额尔德尼在法会上接受献礼并祈寿，会见噶伦拉杰与噶伦夏仲。八日，班禅额尔德尼莅临法会，与众僧为大经堂璎珞装饰举行开光仪典，施放斋僧茶；为3842名僧人施发银币各两枚。十二日，班禅额尔德尼作堪布，洛桑群培作业轨范师、洛桑班觉作屏教师，兑桑林益西群培作知时师及格敦顿珠比丘为施钵者于僧会分别为翁则益西格桑、噶钦格桑群培群则、噶钦杰仲洛桑扎西等91人授比丘戒。次日，班禅额尔德尼作堪布为各地来的71名僧人授居士、出家、沙弥三戒。从十六日起，班禅额尔德尼闭关静修大红司命主护法，历时五十天。

三月六日，班禅额尔德尼解除闭关，八日会见察喀尔与科尔沁共40名蒙古族僧人，受他们献礼。

四月四日，班禅额尔德尼被仪仗队迎至温萨寺，为僧众摩顶，瞻仰佛像、佛塔，为护法殿本尊神像敬献哈达。六日，班禅额尔德尼供祭三世班禅罗桑顿珠身像，奉献哈达、祖衣、金银曼扎、头盖骨摇鼗鼓、金刚杵、琉璃念珠、各种器皿、绸缎伞盖；为克珠杰像献五色哈达、祖衣、金刚杵等。同时，供祭了护法殿秘笈本尊护法及护法神像，敬献哈达等。十三日，班禅额尔德尼莅临法会，布施每名僧人粮食两升；为群科卫当寺和曲巴宇孜寺尼姑施发粮食各3升。十四日，班禅额尔德尼为群科卫当与曲巴宇孜寺尼姑140人授大乘布萨戒，赐禁食斋所需费用。先后有温萨寺法王噶钦洛桑次仁和玛岗噶钦杰仲、文书洛桑扎西、噶细公之子噶贡巴台吉巴桑次仁、班蔡代本、重孜夫人等向班禅额尔德尼奉献礼物。

五月一日，班禅额尔德尼登上拉章孜大经堂三世班禅罗桑顿珠之法座，瞻仰三世班禅罗桑顿珠的修行静室。班禅额尔德尼居温萨寺一月二十零二十九天期间，为200余名僧人讲授《菩提道前行》《发菩提心供》《胜乐鲁易巴灌顶法》《十三尊大威德灌顶》等。

七月十日，班禅额尔德尼分别为9人授沙弥戒，为3人授居士戒，为达赖喇嘛的母亲尼达旺摩与察罕塔颜齐的代表等授珠嘉传规的《长寿灌顶》。二十五日，班禅额尔德尼为母亲及其侍从授出家戒。

八月十三日，班禅额尔德尼照例举行宴会庆祝乾隆皇帝寿辰。二十四日与二十五日，举行息增护摩仪轨及仪酬轨。班禅额尔德尼为前来哲蚌、色拉两寺的57名僧人授比丘戒；派卓尼尔洛桑格勒去拉萨向八世达赖喇嘛献礼,祝贺其首次瞻仰大昭寺。

九月十二日起,班禅额尔德尼于日光寝宫仿印度塑像法雕塑吉祥金刚大威德像、六臂护法像、阎摩罗护法神像、退敌天女像、四面护法像、大红司命主像等。十九日,班禅额尔德尼为其他寺来的72名僧人授比丘戒,为36人授沙弥戒。二十三日,接受使者拉孜堪布所呈献的乾隆皇帝赐书、礼物,设宴招待。

十月一日开始,班禅额尔德尼前后会见青海巴丹札萨克代表、北京拉孜堪布、重孜阿然巴益西多杰等,为他寺61名僧人授比丘戒,为40人授沙弥戒,为阿里51人授居士、出家、沙弥三戒。十六日,班禅额尔德尼用16古尔肖金粉涂饰主尊佛像、天成佛像及能语佛像等,向拉章护法殿献供品、刀、矛、哈达。

十一月二日,班禅额尔德尼被鄂尔多斯大贝勒次旺班觉的代表喜饶囊索迎请到法会,受其献礼,传授《兜率上师瑜伽论》。尔后,为以各种土石珍宝药物混制的马头明王像装脏开光,供养于寝宫。三日,青海多杰王之母、图旦杰布巴于大经堂向班禅献礼。四日,班禅额尔德尼为36人授比丘戒,为3人授沙弥戒。应青海多杰王母亲请求,为60名蒙古族客人授《十一面观音大灌顶》、珠嘉传规《长寿灌顶》,单独为多杰王的母亲授《怙主除碍随许法》,赠物饯行。

1764年 木猴年 乾隆二十九年 27岁

一月五日,班禅额尔德尼为协寺管家格敦顿珠、司草官洛桑南杰等45人授比丘戒。八日上午,班禅额尔德尼莅临僧会讲授《圣者十六尊者随许法》《佛陀赞》,为噶伦次旺嘉布诵经超度,为扎什伦布寺80名僧人授居士、出家、沙弥等初三戒,为赴任扎西格寺堪布的噶钦洛桑热周赐书勉励。

二月十一日、十二日,班禅额尔德尼应鄂尔多斯贝子南杰多杰、青海强多嘉布之请,莅临法会受其两人献礼,为33名蒙古族僧人授沙弥戒,为66人授比丘戒,为9人授居士戒,为已故贝子南杰多杰之上师洛桑群培诵经超度。十六日,班禅额尔德尼为300名蒙古族僧人讲授《九尊无量寿佛灌顶》。次日,继续讲授《上师瑜伽论》《山神供祭法》《吉祥时轮仪轨》《十力忏悔法》等。二十日,班禅额尔德尼为本寺45名僧人授比丘戒,会见来自哲蚌寺的敏珠尔诺门罕,并与其进行佛事谈论。

三月四日,班禅额尔德尼由敏珠尔呼图克图请到法会上,传授宗喀巴传承《上师瑜伽论》。十三日,班禅额尔德尼为哲蚌寺总管家洛桑格勒主仆3人授比丘戒。十四日,班禅额尔德尼应敏珠尔呼图克图请求,为他以及以夏仲阿旺嘉措为首的15名格西授《吉祥金刚十三尊大威德生起次第论》、珠嘉传规《长寿灌顶》,单独为敏珠尔呼图克图传授《神通论规范仪轨》。二十三日,班禅额尔德尼会见来自布达拉宫的八世达赖喇嘛的叔父,为香噶丹群科等寺的15名僧人授沙弥戒,为拉萨三大寺、上下密院30名僧人授比丘戒。

四月九日,班禅额尔德尼为托云洛桑金巴等30人授珠嘉传规《长寿灌顶》。洛桑平措代表噶厦于僧众大会上诵《长寿甘露流》,为班禅额尔德尼祈寿,并献礼品。诸噶伦也派人来献祈寿礼。十日,班禅额尔德尼为卫藏48名僧人授比丘戒,为经师诵传《洛桑顿珠全集》,主持为由大密咒师捐资250两白银制作的班禅像与银制五世班禅像开光。二十八日,班禅额尔德尼为哲蚌寺24名僧人授比丘戒。

五月十七日,班禅额尔德尼为洛桑平措一行授珠嘉传规《长寿灌顶》,为色拉、哲蚌等寺18名僧人授比丘戒,派拉孜堪布噶究洛桑格桑进京向乾隆皇帝请安。

六月一日,班禅额尔德尼为兑桑林哈尔东活佛、南杰次仁、老少比丘尼20人传授《十一面观音修念随许法》《长寿灌顶》,为扎什伦布寺与色拉、哲蚌寺30人授比丘戒,为3人授沙弥戒,为达纳图旦南杰堪布与锡金客人摩顶加持。

七月二日,班禅额尔德尼为色拉、哲蚌二寺8名僧人授比丘戒。十九日,班禅额尔德尼开始为阿旺嘉措主仆3人、四札仓喇嘛、格贵、经论助理师等共23人诵传自己的新著作;会见拉达克王子海莫寺赤巴主仆。

八月九日,拉达克王子、管家、森本师等向班禅额尔德尼献礼并祈寿,班禅额尔德尼设宴招待他们。十三日,班禅额尔德尼设宴庆贺乾隆皇帝寿辰。十五日,班禅额尔德尼与四札仓喇嘛研讨佛教教理,为噶丹、哲蚌、上下密院等寺的65名僧人授比丘戒,为13人授沙弥戒。札萨贡噶才旦母子于僧会向班禅献礼并祈寿。翌日,阿鲁科尔沁夏仲益西赤列饶杰的代表、夏仲格勒顿珠献祈寿礼。受礼之后,班禅为札萨克母子等授《十一面观音大灌顶预备》

《文殊语狮子随许法》《依无量光佛往生法》《长寿灌顶》以及近住戒。为阿旺嘉措传授《金刚大威德圆满次第秘诀引导》《陀罗尼咒》《六臂护法圆满次第论》等，嘱咐阿旺嘉措于蒙古地方广弘佛法。阿旺嘉措发愿祈求班禅额尔德尼每生每世予以保佑加持。

九月五日，班禅额尔德尼分别为500两黄金所铸尊胜佛母像及尊胜塔、神降塔、以及500两银制的舍利四尊举行开光仪式，作为对经师洛桑索巴和阿旺强巴的供祭。七日，将大威德金刚像供养在密宗札仓大经堂柱前台上，密宗札仓、却本供献供品，请求班禅撰写《吉祥金刚大威德颂》，并于法会诵传。班禅为理塘寺堪布洛桑次旺圆寂诵经超度。

十月一日，班禅额尔德尼为海莫寺赤巴、拉达克王的长子赠送白银、茶、绸缎，为王之幼子剃度授戒，赐名洛桑扎西；为扎什伦布寺及卫藏57名僧人授比丘戒。当月上旬，班禅额尔德尼为赛菊巴寺堪布、日喀则司粮官、驮夫、努朗巴、拉达克商贾、安多人、锡金人、嘉拉活佛主仆等30余人摩项加持，为9人授沙弥戒，为32人授比丘戒。二十三日，嘉拉活佛阿旺赤列与噶究塔克等于僧会向班禅额尔德尼献礼贺寿。

十一月三日，班禅额尔德尼为新落成的金铜胜幢及蒙古式屋顶装脏开光，置于遍聚佛殿之上，为吉祥圆满殿增制宗喀巴像与金铜汉式屋檐。

十二月，班禅额尔德尼会见各方札萨克、喀尔喀哲布尊丹巴的代表格贵等40多人。格贵等于十六日代表主人哲布尊丹巴向班禅额尔德尼献礼。班禅为图撒拉克齐贡噶扎西等10人授沙弥戒，为21人授比丘戒，为40多名蒙古僧人传授《长寿灌顶》《归依颂》《度母经》《大慈悲经》等。班禅回信给哲布尊丹巴，为其使者馈赠礼物饯行。

1765年 木鸡年 乾隆三十年 28岁

一月十二日，八世达赖喇嘛遣使前来祝贺班禅额尔德尼新建时轮修法仪轨。十六日，班禅额尔德尼为娘堆杰布活佛等16人授沙弥戒；为扎什伦布、色拉、哲蚌等寺45人授比丘戒。二十五日，班禅额尔德尼莅临时轮学院视察时轮仪轨僧是否精通时轮仪轨，为仪轨僧传授时轮坛场绘画法、神舞跳法、调音及护摩仪轨。

二月二日，驻京呼图克图噶勒丹席力图洛桑丹贝尼玛圆寂，其强佐札萨克喇嘛贡却伦珠等人前来报丧。三日，班禅额尔德尼为翁则噶钦洛桑坚赞等3人授比丘戒，为已故苏尼特王诵经超度。九日，班禅额尔德尼莅临僧会受札萨克贡却伦珠所献白银100升，诵经为去世的噶勒丹席力图洛桑丹贝尼玛发愿回向。十一日，班禅额尔德尼为札萨克喇嘛贡却伦珠等102人授比丘戒，为44人授沙弥戒，为3人授居士戒，并设宴款待札萨克喇嘛贡却伦珠，谈论罗桑丹贝尼玛之殊胜业绩，并授《白伞盖佛母经》。为200名蒙古族僧人授珠嘉传规《长寿灌顶》《依无量寿佛往生法》，赠予札萨克喇嘛贡却伦珠佛像、灵物、香料等。二十日，班禅额尔德尼接受鄂尔多斯贝勒顿珠嘉措之妹托云阿旺琼宗沙弥尼之献礼，传授《一面二臂白伞盖佛母修念随许法》《无量寿佛修行仪轨》等。

三月三日，班禅额尔德尼会见新任托林寺堪布，并为僧俗民众摩顶加持。十日，班禅额尔德尼于卧室同仪轨僧建立时轮身、语、意三业圆满彩粉坛城，举行仪式，进行供养。三月十五日，举行时轮修供正行，七日后行护摩仪式。其后行会供坛城与集聚仪式，次两日举行谢恩酬补仪式，班禅额尔德尼每日莅临法会，亲自指导仪轨次第，施予每名僧人哈达一条。四大札仓经师、内外侍从、班蔡比丘赤列南杰等献礼祝贺。为熟练掌握仪轨次第，班禅规定于每年每月初五、初八、二十五日各行一次时轮修供仪式。为纪念佛祖大转时轮法轮，每年三月建时轮彩粉坛城，举行时轮修供仪式。为此，八世达赖喇嘛遣使呈书祝贺，其兄杰仲洛桑平措、内侍昂仁堪布洛桑雅佩亦献礼祝贺。当月，班禅额尔德尼为色拉、哲蚌等寺78名僧人授比丘戒，为4人授沙弥戒。

噶厦决定于六月四日为八世达赖喇嘛授沙弥戒，邀请班禅额尔德尼去拉萨担任授戒堪布。为了饶益众生，消除与八世达赖喇嘛会面授戒及大转法轮之违障，班禅额尔德尼决定在四月里布施后藏诸寺，施放斋僧茶。四月法会期间，设千供礼供扎什伦布寺佛殿，施放斋僧茶，施予3000名僧人每人白银一两，为两人授沙弥戒，为48人授比丘戒。

五月一日，萨迦住持的使者呈献书信及礼物，班禅额尔德尼予以摩顶问候。四日，班禅额尔德尼莅临密宗札仓举行“大佛顶陀罗尼禳解”法会，然后于遍聚殿为大强佐新建的班禅额尔德尼金像开光。九日，班禅额尔德尼开始瞻仰东西佛殿、大经堂上下佛堂、大护法殿，并向佛像、佛塔献哈达、祭品，发愿此次赴卫地说法讲道，弘扬释教，平安顺利，历时三天。十二日，班禅额尔德尼会见噶厦所派卓尼尔格桑顿珠等，为八世达赖喇嘛母亲授珠嘉传规《长寿灌顶》。十六日，班禅额尔德尼一行离扎什伦布寺前往拉萨。途中住温萨寺3日，供祭佛像圣塔，广发誓愿，饶益众生。二十六日，居于雅尔色，参加桑顶活佛所设大宴，双方谈论佛事。

六月一日，班禅额尔德尼行抵拉萨西郊索措拉瓦时，受到第穆呼图克图及驻藏大臣的盛情迎接。然后班禅额尔德尼一行随欢迎队伍右绕布达拉宫一周，莅临大昭寺噶丹央孜殿与八世达赖喇嘛会面。当时噶厦于大昭寺大庭院举行宴会献礼，诸位僧人辩经、跳法舞为宴会助兴。宴会后班禅瞻仰大昭寺释迦佛像及圣塔，敬献哈达，夜宿大拉章觉琼殿。二日，班禅额尔德尼应邀与第穆呼图克图、经师赤巴阿旺曲札、经师洛桑群培、甘丹赤巴、南杰札仓堪布、护法殿师等为新建大昭寺佛像、佛塔举行开光仪式。当天，在大昭寺释迦佛像前，由班禅额尔德尼任业轨规范师，经师阿旺曲札为报时师，诺门罕第穆呼图克图、经师洛桑群培、甘丹赤巴洛桑金巴，森本堪布洛桑次仁、却本德周堪布洛桑南杰、哲蚌果芒札仓上师阿旺格勒、洛萨寺上师洛桑格勒、色拉下密院喇嘛等10人见证，为八世达赖喇嘛授沙弥戒。授戒后噶厦献礼祝贺，班禅额尔德尼为八世达赖喇嘛诵传《佛陀赞·噶松巴》。午膳后，班禅额尔德尼莅临巴拉觉进行会供曼扎酬补仪式，向吉祥天女像献哈达、珊瑚项饰、战刀等物。五日，噶厦于大庭院宴请班禅额尔德尼，献白银140升。八世达赖喇嘛的经师、两位驻藏大臣等、西藏地方官贵及随从亦各献礼物，八世达赖喇嘛亦献礼谢恩。六日，班禅额尔德尼为拉萨三大寺79名僧人授比丘戒。七日，班禅额尔德尼上书乾隆皇帝奏明八世达赖喇嘛受戒之事，由驻藏大臣转呈乾隆皇帝，班禅额尔德尼为大祈愿法会提供黄金5两、白银50两。八日上午，班禅额尔德尼和八世达赖喇嘛驾临小昭寺，向不动释迦金刚像献绫制袈裟、25两银制曼扎及哈达，与南杰札仓僧人一起为佛像举行洗礼仪式。十日，班禅额尔德尼开始为八世达赖喇嘛、阿旺曲札、洛桑平措及侍从共15人传授《菩提道次第广论》，举行发菩提心仪式，然后返回布达拉宫。十五日，班禅额尔德尼、八世达赖喇嘛师徒二人同临佛殿礼佛，与南杰札仓僧人为前世达赖喇嘛灵塔洗礼、供祭，供献20两银制曼扎。为洛格夏拉观音像献供30两银制曼扎，为立体坛场殿、三界殊胜殿、时轮殿献曼扎各一具，为其他11座佛殿中之诸佛像献哈达。二十三日，噶厦向三大寺、上下密院、热振寺、南杰札仓等施放斋僧茶各7次，给12862名僧人施予白银各一两；为卫地南北70所寺院施放斋僧茶各5次，为13985名僧人布施银币各一枚；为宗喀巴大师灵塔、热振寺文殊金刚像、沃喀弥勒像、群科杰寺弥勒像各献五种百供、哈达；为日吾甘丹寺阎摩护法神与群科杰寺吉祥天女像供献哈达、战刀，并由8名僧人进行为期两个月酬补供养，分别向巴拉觉寺、小昭寺、拉毛绛曲觉寺、蔡赛寺等提供为期两个月之酬补吉祥天女、赛东护法、吉祥梵天费用，供献哈达、战器等供品。当月，班禅为以阿里活佛为首的1011名僧人授比丘戒。

七月一日，前藏代本台吉巴桑次仁、宇妥巴艾智南杰、后藏代本然巴瓦、班蔡巴、姜洛建、哲蚌寺藏巴康村、三木洛康村、强巴林、普布觉寺、拉卡扎、珠康活佛等各向班禅额尔德尼献礼物。二十四日，班禅额尔德尼向八世达赖喇嘛讲授《宗喀巴大师传》，翌日讲授《洗礼经》《白文殊修念随许法》。二十八日、二十九日，班禅额尔德尼给八世达赖喇嘛传授《阎摩罗法王内修随许法》《宗喀巴大师全集》。然后，礼拜历辈达赖喇嘛灵塔，献哈达，为色拉寺及其他寺僧共112人授比丘戒。

八月二日，八世达赖喇嘛于布达拉宫大经堂宴请班禅额尔德尼，赠送白银105升。南杰札仓举行长寿仪轨，祝班禅额尔德尼如金刚永世不毁，长寿万年。五日，班禅额尔德尼应第穆呼图克图邀请，由班藏巴、木茹寺僧人、宇德寺等寺院的仪仗队迎驾到大经堂，参加宴会，第穆呼图克图献白银750两。班藏寺、格敦德钦上师、众侍从向班禅额尔德尼献礼并祈寿。班禅额尔德尼主持为佛殿、灵塔开光，传授《十三尊大威德金刚修法》，布施僧众，赠送白银、哈达。供祭大经堂、内殿、护法殿佛像塔，并与诺门罕第穆活佛、协瓦桑波一起研讨佛理，后返回布达拉宫。七日，拉木护法师向班禅额尔德尼、八世达赖喇嘛献礼祈寿。班禅额尔德尼为八世达赖喇嘛、经师阿旺曲札、八世达赖喇嘛之叔父等15人传授《吉祥金刚大威德灌顶》《白伞幢三十七神灌顶》《三自在护法随许法》，为甘丹寺161人授比丘戒。十三日，正值乾隆皇帝诞生日，噶厦举行宴会庆贺，并资助三大寺300名僧人为乾隆皇帝诵经祈寿。二十三日，班禅额尔德尼驾离布达拉宫，到哲蚌寺贡噶拉瓦设宴款待诸位献礼者；供祭噶丹颇章护法殿，敬献哈达，举行酬补仪式。二十四日上午，班禅额尔德尼会见哲蚌寺吉索、第巴,接受献礼。午饭时,洛萨林、果芒、德央等札仓向班禅额尔德尼献礼并祈寿。应上师、执事请求,班禅莅临大经堂,登上宝座向全寺僧人讲授《菩提道次第三士道论》,朝拜上下佛殿,供祭密乘殿吉祥金刚大威德像。哲蚌寺密宗札仓、果芒札仓、哈尔东康村等各自宴请班禅额尔德尼,献曼扎、佛像、佛经、佛塔等。班禅额尔德尼施放斋僧茶5次,为6575名僧人发放哈达各一条、银币一枚。二十五日,班禅额尔德尼驾离哲蚌寺,代本宇妥巴、觉摩隆寺堪布、执事等乘马送行,班禅额尔德尼分别予以赏赐。二十六日,班禅额尔德尼收到乾隆皇帝所赐书信礼物,赞扬他为八世达赖喇嘛授戒有功,班禅额尔德尼上书谢恩。

九月五日,班禅额尔德尼驾临白居寺,休息两日。其间按例礼佛拜塔,供献祭品,为1000多名僧人、俗人讲授《长寿灌顶》,施放斋僧茶15次,施予每名僧人白银3分。九日,班禅额尔德尼驾临重孜寺,接受了礼物,后于康玛尔用午膳。十日,班禅额尔德尼接受班蔡代本献礼并祈寿,夜宿夏鲁寺,受堪布洛桑次旺等宴请。次日,班禅额尔德尼瞻仰夏鲁寺护法殿,向阎摩罗法王像献哈达、供品。十二日,班禅额尔德尼莅临夏鲁日布,畅饮大成就者噶雅达拉宝瓶之甘露,向布敦大师像献哈达、曼扎,行至夏鲁寺,于石板殿为僧俗民众摩顶加持,发放布施。途中向坚贡神母像献供品、哈达,祈求保佑。十四日,班禅额尔德尼由仪仗队迎接,回到扎什伦布寺。次日,会见北京钦差使者拉孜堪布,问乾隆皇帝贵体安康,并接受乾隆皇帝的赐书礼物。十六日,扎什伦布寺拉章举行宴会为班禅额尔德尼洗尘。十七日,扎什伦布寺四大学院上师,各米村、仲科尔、庄园主、各宗管家、日喀则管家出资设盛宴向班禅额尔德尼献礼。十九日上午,班禅额尔德尼为噶厦卓尼尔格桑顿珠、侍乘官帕萨瓦、甘丹寺主仆传授珠嘉传规《长寿灌顶》,赠送衣物饯行,为本寺与他寺73名僧人授比丘戒。

十月七日,班禅额尔德尼接受却藏活佛的使者温琼主仆献礼,为他们传授《大威德金刚修念随许法》《长寿灌顶》《白文殊修行仪轨》。之后,为蒙古、西藏、安多等地65名僧人授比丘戒。九日,萨迦寺达钦派人前来向班禅额尔德尼献曼扎、佛像、佛塔、佛经、黄金8两、白银250两等11件礼物。十三日,八世达赖喇嘛特派内侍堪布洛桑雅培及娘囊群培林寺僧人、涅摩嘉协蔡寺僧人向班禅献书信礼物,班禅为他们摩顶。十七日,拉贡活佛迎请班禅额尔德尼到大经堂献礼祝寿。当时,察科土司班玛诺布去世,请班禅诵经超度。

十一月三日,班禅额尔德尼会见阿里古格王的译师仁钦桑波之转世洛桑丹增坚赞,传授《三事仪轨》《释量论》《般若经》等。九日,班禅额尔德尼应拉贡活佛与内侍堪布洛桑雅培请求,传授《吉祥金刚十三尊大威德生圆次第论》《金刚萨埵修念随许法》,为洛桑丹增坚赞授沙弥戒。十六日开始,班禅额尔德尼闭关静修本尊神,历时一个月。

1766年 火狗年 乾隆三十一年 29岁

一月八日,班禅额尔德尼在扎什伦布寺大经堂接受座前堪布洛桑雅培之献礼后,为本寺及他寺僧人32人授比丘戒。阿嘉呼图克图献百供器皿、供神水杯216盏、供神灯108盏。班禅额尔德尼为拉达克王次子与日东夏仲、热周活佛等57人授沙弥戒,赏赐拉达克王子。

二月,内蒙古多伦措敦寺的上师协热图金巴俄色病逝,十一日,其大强佐格敦仁钦于大经堂献礼报丧,请求班禅额尔德尼诵经超度。十二日,班禅为蒙古僧人传授《二臂一面大威德金刚修念随许法》《六臂三面白伞盖佛母修念随许法》,苏尼特图萨拉琪使者囊索洛桑伦珠献礼并祈寿。十四日,班禅为12人授居士、沙弥戒,为色拉、哲蚌两寺24名僧人授比丘戒,为赴任喀尔喀上师之噶钦益西坚白赐物饯行。

三月七日,班禅额尔德尼为定日的协噶寺的翁则洛桑诺尔授比丘戒。八日,班禅额尔德尼认大密法师、密宗札仓全体僧人、大强佐、经师堪仁布切、四大学院上师、格贵等为徒弟,正式确立了师徒关系,满足了密乘经师之愿。十一日,班禅额尔德尼准备授《薄伽梵时轮灌顶》。十二日,设计建造坛城。十五日,班禅额尔德尼传授《时轮童入七灌顶》。十六日,班禅额尔德尼传授时轮初灌顶与大灌顶。十七日,密乘经师出资举行时轮会供坛城法会,向班禅献礼致谢,班禅额尔德尼传授《时轮摄略经第一品》。十九日,班禅额尔德尼亲临由大密法师资助举行的依彩坛时轮修供法会并讲经。

四月七日,班禅额尔德尼先后从经师听讲《观世音灌顶》,会见协噶寺堪布、嘉热活佛、噶厦征集黄金官及众多僧俗。然后,为下密院、色拉寺61人授比丘戒。十五日,班禅额尔德尼为本寺及他寺僧人55名授比丘戒,为12人授沙弥戒。二十五日，班禅额尔德尼从经师听讲萨迦金刚法《红智慧母格日格赖与吉祥佛母修念随许法》，为亡故的驻藏大臣阿敏尔图与札萨克台吉诵经超度，并派益西塔耶赴拉萨为阿敏尔图大臣吊唁。

五月，班禅额尔德尼又派卓尼尔洛桑格勒去拉萨慰问八世达赖喇嘛，祝贺其初次为拉贡活佛授教，赐予密宗札仓初食法会的绸制旗幡、护法像装饰品数件、供祭布画像之良缎制胜幢、幡、粉包。八日，班禅额尔德尼为绒强钦巴 24 人授比丘戒，会见格西益西坚赞、赴任托林寺堪布的色拉曼格西，与他们共谈佛事。然后，为来自杰杰纳噶的达赖喇嘛的母亲尼达旺摩授《长寿灌顶》，赠送白银、茶、绸缎、食品等。二十六日，班禅额尔德尼应格西益西坚赞请求，为四大学院上师、格贵、密咒师、扎西三木旦寺修行僧共 100 余人传授宗喀巴所著《密宗道次第广论》，授完续部下三部之后，始讲无上续部时，格西益西坚赞提供资金举行会供曼扎仪式。次月十八日授毕。

六月十九日，班禅额尔德尼举行吉祥胜乐会供曼扎法会，格西益西坚赞为酬谢授教之恩，出资举行上师会供法会，并献礼祈寿。其后，班禅为色拉、哲蚌两寺 6 名僧人授比丘戒，为 18 人授沙弥戒。

七月，班禅额尔德尼为本寺与他寺 26 人授比丘戒。十五日，不丹第悉派人前来呈书献礼，班禅额尔德尼予以赏赐，班禅应主巴上师噶玛班巴尔之请，讲授《菩提道三士道次第》。午后派卓尼尔前往驿站迎接噶玛红帽活佛及其随从。当时，乾隆皇帝派使者前来册封班禅额尔德尼，噶厦获悉使者已抵打箭炉，遂派人来禀明班禅额尔德尼，班禅派印经师益西塔耶、卓尼尔格桑格勒、译师洛桑克却前去迎接。二十七日，班禅额尔德尼亲临强佐卧榻旁，慰问病重的大强佐洛桑次旺，授洗礼及《长寿灌顶》。时过半夜，大强佐洛桑次旺去世。班禅悲恸诵经，摄受回向发愿。班禅额尔德尼与大密师、兑桑林札仓经师、密宗札仓 8 名格西共行仪式七日，然后火化遗体。同时，遣派卓尼尔洛桑饶丹前往布达拉宫向八世达赖喇嘛、第穆呼图克图、甘丹赤巴献回向礼物、金银等，祈请加持摄受。供祭所有佛殿中之佛像塔，布施僧众，施予每名僧人白银一两及回向礼物，请求诵经超度。向拉萨三大寺、上下密院、热振寺、南杰札仓、普布觉寺等施放斋僧茶各 4 次，施予每名僧人尼泊尔银币一枚；向拉萨南北各寺院施放斋僧茶各 4 次，给每名僧人白银一钱。

八月一日，班禅额尔德尼为 12 名僧人授比丘戒；为色拉、哲蚌、木茹等寺院30名僧人授比丘戒；为木茹寺50人授《长寿灌顶》《兜率上师瑜伽论》，赠礼饯行。二日，叔父杰仲洛桑平措、昂仁寺堪布洛桑雅培、索本堪布益西饶丹、杰仲益西贡却、洛桑格敦献金银绸缎，感谢班禅为大强佐诵经超度。十三日，班禅额尔德尼设宴庆贺乾隆皇帝寿辰。

九月十七日，乾隆皇帝特使阿萨肯甘大臣、札萨克喇嘛阿旺班觉呼图克图、三等克雅台吉、嘉尔布等抵达扎什伦布寺，扎什伦布寺四大札仓的上师、格贵、卓尼尔洛桑格勒、译师洛桑克却、日喀则宗庄园执事、各札仓僧人、各米村长者、哈尔东札仓上师、管家、杰仲、拉增、日喀则执事、各地商主等僧俗百骑前往日喀则桥东迎接。班禅额尔德尼出寝宫迎接，首先问乾隆皇帝安康。之后，莅临座前听噶伦噶细公班智达宣读诏书：“奉天承运皇帝诏曰，朕以法度统治世间众生，使万民安乐，殊胜法度遍及四海。以慈悲之心，护佑众生。对精进正行，恪守律仪之圣僧大德，无疑以慈悲心封之为黄帽教主。汝了悟佛法，为达赖喇嘛之师，前世功成名就，今生正心守戒。从灵童降世逐日成长，朕赐此诏书如同前辈，封尔为班禅额尔德尼，主持扎什伦布政教二事。尔当倡戒律予众僧，盛圣行于卫藏，弘扬圣教，诚心吾土，善从恭敬，精进不懈。乾隆三十年一月四日。”颁赐给班禅额尔德尼以藏蒙满三种文字刻成的由230两黄金所制的金册13页，并赐以208两黄金制成的金印，印面用满蒙藏三种文字刻有“敕封班禅额尔德尼之印”(བཀའ་ཡིས་བཀུར་བའི་པཎ་ཆེན་ཨེར་ཏེ་ནིའི་ཐམ་ཀ)字样。同时，乾隆皇帝还赐给上等哈达、绸缎多匹、白银、水晶石器皿多件。阿萨肯甘大臣呈献敕书，班禅额尔德尼恭敬接受，随即上书致谢乾隆皇帝册封赐物之恩。之后，班禅额尔德尼设宴款待乾隆皇帝金书使者、四川总督的慰问使者、噶伦噶细公、内侍岗建寺堪布、后藏三大代本、密宗札仓德琼巴多杰等，诸人向班禅献礼祝贺，德琼巴多杰代表诺门罕第穆活佛向班禅献金、银等礼物。噶伦噶细公班智达献白银1000两。噶玛红帽活佛向班禅额尔德尼献金银、绸缎、茶600条，表示祝贺。其后，阿萨肯大臣准备先去拉萨办事，尔后返京。二十五日，班禅额尔德尼设宴为其饯行，赠送佛像、香包。二十九日，班禅额尔德尼向扎什伦布寺两大佛堂、大经堂各献五种千供，向诸神殿献一次五种千供，向诸佛像塔供献哈达，向般若殿佛像供蓝宝石与珊瑚项饰、水晶石念珠、乾隆皇帝的赏赐物、珍宝念珠，向两尊观音立像各献水晶念珠一串，向《般若经》献哈达，向其他佛殿献银制曼扎、皇上所赐之白玉、水晶石、塘瓷碗盏及五色上等哈达等，供祭各护法神，祝愿乾隆皇帝万寿无疆，事业圆满，病消魔除。依此功德，于广大国度，消病除灾，烟尘顿息，国泰民安。

十月，德琼巴洛桑曼朗代表扎什伦布寺所属部落于大经堂向班禅额尔德尼献银制曼扎、佛像、佛塔、佛经、日用器皿、马蹄银101锭，献诵词祈寿，施予每名僧人白银一两。班禅额尔德尼为阿里14人授沙弥戒，为色拉、哲蚌、噶瓦东巴等寺14名僧人授比丘戒，为卓尼尔然绛巴授《长寿灌顶》。

十一月一日，班禅额尔德尼派卓尼尔洛桑格勒进京，感谢圣上册封之恩。尔后，为拉达克30名僧人授沙弥戒，为本寺与甘丹寺5名僧人授比丘戒。

二十一日，冬至之日，班禅额尔德尼开始闭关静修《生圆二次第瑜伽论》。二十七日，班禅额尔德尼赐茶款待桑顶活佛。

1767年 火猪年 乾隆三十二年 30岁

一月六日，桑顶活佛多杰帕姆向班禅额尔德尼献厚礼祈寿。十日，班禅额尔德尼接受伍由札噶寺僧人之献礼后，传授珠嘉传规《长寿灌顶》《长寿仪轨修行甘露流》，为代本班蔡巴新建的弥勒佛像开光。从十五日开始，扎什伦布寺为班禅额尔德尼举行长寿仪式，拉章施放白银50两、茶、酥油、大米等物。班禅额尔德尼为本寺与蒙古族45名僧人授比丘戒，为74人授沙弥戒。

二月一日，班禅额尔德尼为祝贺兄长洛桑金巴任大强佐而赐藏跋拉像一尊，诵经传授灌顶。二日，新任大强佐洛桑金巴向班禅额尔德尼献银曼扎、佛像、佛塔、佛经、衣服用具、金银、绸缎，祝愿班禅健康长寿。八世达赖喇嘛派内侍向班禅额尔德尼、洛桑金巴献礼祝贺。摄政第穆呼图克图、四噶伦、红帽活佛、桑顶多杰帕姆、扎西孜庄园、扎什伦布寺属寺、各米村、萨迦寺、宗本、藏绒地区僧俗部落、哲蚌寺、色拉寺等也派代表前来献礼祝贺。五日，班禅额尔德尼会见鄂尔多斯贝勒扎西次仁与贝子南杰多杰代表鄂尔娘等北方蒙古客人，讲授《十一面观音修念随许法》《竭地洛迦林度母随许法》等，接受贝子南杰多杰与贝勒扎西次仁代表的献礼，予以回赐。二十一日，班禅额尔德尼莅临杰杰纳噶为八世达赖喇嘛的母亲授《白度母修念随许法》。

三月一日，班禅额尔德尼派译师洛桑克却向绰浦寺弥勒佛像供献22匹黄缎哈达、金铜制5尺大净瓶、丝绸胜幢等。班禅额尔德尼为138人授比丘戒，为15人授沙弥戒，为托卜加竹仓家之子授居士戒，赐名洛桑顿珠。三月九日，班禅额尔德尼会见八世达赖喇嘛的叔父杰仲巴丹顿珠及噶厦的两名孜雪仲科尔，以及从前藏返回的杰仲喇嘛益西坚赞，一起谈论佛事，传授《长寿灌顶》。十日，班禅额尔德尼开始举行时轮修供法会，红帽活佛、桑顶多杰帕姆、扎西孜母子、杰仲巴丹顿珠、森本师等献礼并祈寿。

四月五日，班禅额尔德尼为前往拉萨慰劳八世达赖喇嘛的大强佐洛桑金巴及其随从饯行，为时轮学院僧人讲授七世达赖喇嘛所著的《时轮心曼扎仪轨》以及自己新作《时轮修念文》。十五日，班禅额尔德尼讲授《阎摩罗法王酬补法》，诵经为已故噶伦札萨克尼玛坚赞超度，为三大寺102人授比丘戒。然后用自己、八世达赖喇嘛和前世班禅之头发、衣服等灵物，以及药物、宝物所配制的泥胶，混有诸佛菩萨身像之灰尘，制成小泥佛像擦擦。二十五日，按照各札仓薪饷条文，赐给每名僧人小泥佛像15尊。

五月三日，班禅额尔德尼为色拉、哲蚌、拉协曲巴等寺27名僧人授比丘戒。十三日，大强佐从拉萨返回，班禅额尔德尼为他摩顶加持。

六月三日，班禅额尔德尼亲临僧会与4位经师及显宗大德研讨律部经论，塔巴寺管家绒措瓦噶钦曲杰献金刚石制作的宗喀巴大师像。十七日，为重孜巴之妻等各地来客摩顶。应格贵日卡瓦请求，每日莅临夏季法会传授马鸣所著《三十四本生传》《修心七事》。讲“文巴建本生”时，详细解释饮酒之罪业，要求严守佛教戒律，为本寺及涅摩寺27人授比丘戒。

七月五日，班禅额尔德尼莅临杰杰纳噶，为八世达赖喇嘛之母传授珠嘉传规《长寿灌顶》，赠送金鬘银曼扎，诵经祈寿，为第巴重孜瓦授近圆戒，会见来自哲蚌寺的嘉赛活佛。十五日，八世达赖喇嘛母亲贵体欠安，班禅额尔德尼前往慰问。供养神佛，布施僧众，祈求病早愈。十七日，八世达赖喇嘛母亲病逝，班禅额尔德尼闻悉后做回向祈愿，于7日内专修吉祥胜乐坛场修供，超度亡灵，派人去拉萨祈请八世达赖喇嘛发愿回向。二十三日，班禅额尔德尼为嘉赛活佛及侍从40人传授珠嘉传规《长寿灌顶》。二十七日，班禅额尔德尼为康区18人授比丘戒，为两人授沙弥戒。

八月二日，班禅额尔德尼开始单独为嘉赛活佛传授《菩提道次第引导方便道论》。八世达赖喇嘛特派孜仲列隆群则前来献白银、茶、绸缎等治丧费用。十三日，班禅额尔德尼设盛大宴会庆祝乾隆皇帝寿辰。二十七日，班禅额尔德尼为色拉、哲蚌两寺30名僧人授比丘戒。

九月十二日，班禅额尔德尼会见钦差使者，问乾隆皇帝好，使者向班禅呈书献礼。班禅额尔德尼应桑顶多杰帕姆请求，为僧俗40人授阿底峡大师传承的《二十一尊度母修念随许法》及《白度母修念随许法》。二十日，为25人授比丘戒。二十一日，班禅额尔德尼为红帽活佛传授《白伞盖佛母修念随许法》及《长寿灌顶》，赠送衣服、白银、绸缎等。二十四日，班禅额尔德尼赐予夏仲多杰帕姆主仆衣服、白银、绸缎，举行宴会饯行。钦差拉孜堪布、嘉康巴拉瓦商贾于僧会向班禅献礼并祈寿。

十月五日，班禅额尔德尼接受蒙古次仁索朗王妃、达颜都拉法王噶钦益西塔耶、迭布活佛益西格桑曲札、群培贝勒代表益西多杰等人的献礼后，传授《兜率上师瑜伽简论》《佛陀赞》等，为德格土司所派慰问使者摩顶赐茶款待。十日，班禅额尔德尼为科尔沁洛桑仁青、迭布活佛、达颜都拉等蒙古100余人授《长寿灌顶》《白度母修念随许法》等。其后几日，班禅额尔德尼分别为康区、蒙古等地的65人授比丘戒，为28人授沙弥戒，诵经赎命解救牦牛10头、黄牛一头、羊200只，提供铁、木材建造那波木船。

十一月五日，拉达克亥莫寺赤巴莫帕主仆前来向班禅额尔德尼献礼并祈寿。八日，班禅额尔德尼为札雅活佛主仆100余人摩顶，设宴款待。十日，班禅额尔德尼自任堪布及业轨规范师，为札雅巴丹旦巴达结授居士、出家、沙弥前三戒，赠送金制释迦佛像、陶瓷晶碗等用具，教诲要勤修教理，弘扬佛法。次日，札雅活佛迎请班禅额尔德尼到僧会献礼致谢。从十五日开始，鄂尔多斯大贝勒次旺班觉的代表、科尔沁大喇嘛、乃济陀音的报丧使者、厄鲁特洛桑尼玛、赛康曲杰益西克却等先后于僧会向班禅献礼。二十三日，班禅额尔德尼为蒙古、康区等地77人授沙弥戒，为124人授比丘戒，为5人授居士戒。之前班禅额尔德尼派卓尼尔洛桑格勒进京朝贡，返回途中身染重病，由与其同行者及联络官、把总等赍送圣旨与赐物，于二十五日抵达扎什伦布寺向班禅额尔德尼呈书献礼，班禅高兴受之，赐茶款待使者。夏鲁寺活佛向班禅献礼并祈寿。

十一月三日，卓尼尔洛桑格勒之友伴罗桑坚赞迎请班禅额尔德尼到僧会献礼并祈寿。四日,柴达木班觉札萨克之上师嘉钦孜巴曲杰达曲云丹于僧会向班禅献礼。班禅额尔德尼根据施主之愿,与僧众诵《忿怒金刚手修行法》。八日,班禅额尔德尼会见阿里宗卡寺堪布、古格代本绰嘉措巴等人。大强佐洛桑金巴在香噶尔布新建噶丹德钦饶杰寺,班禅额尔德尼施予每名僧人大哈达一条、白银一两,资助供物金铜佛像14尊、画像19幅、佛塔18尊、金刚杵25件、戏服15件、幡、华盖、胜幢、粉包等。班禅额尔德尼为科尔沁大喇嘛、夏鲁活佛、鄂尔多斯大贝勒的代表等人授《青衣金刚手随许法》《多闻子修念随许法》《白文殊修念随许法》《长寿灌顶》等,并赠礼饯行。二十一日,班禅额尔德尼闭关静修甚深本尊法。

十二月六日,达擦活佛洛桑丹贝贡波之大强佐巴丹嘉措晋谒,因班禅额尔德尼闭关静修期间不便会见,但考虑洛桑贝贡波乃佛法之根本上师不可久等,遂于十六日会见巴丹嘉措。二十日,班禅额尔德尼解除闭关,为母亲建造的尊胜灵塔开光,供祭发愿。

1768年 土鼠年 乾隆三十三年 31岁

一月二日,班禅额尔德尼莅临大经堂向一世达赖喇嘛·根敦珠巴所建佛塔献上等哈达和金丝上等绸衣,举行洗礼供养仪式。因为八世达赖喇嘛按照乾隆皇帝的旨意,在本年参加拉萨正月祈愿大法会并在法会上首次讲经。十三日,班禅额尔德尼派遣卓尼尔洛桑饶旦去拉萨向八世达赖喇嘛呈送诗体书信、礼物,恭贺八世达赖喇嘛初临拉萨祈愿大法会,班禅额尔德尼向法会施放斋僧茶,施予每名僧人吉祥哈达一条。十五日,开始举行为期7天的长寿仪轨修供法会,班禅额尔德尼以昂贵服饰供养密宗札仓大经堂无量寿佛像、白度母如意轮等。

二月十二日,班禅额尔德尼为15人授比丘戒,为拉达克亥莫寺35人授沙弥戒。十五日,为色拉、哲蚌、绒强钦寺共45名僧人授比丘戒。二十五日,班禅额尔德尼莅临圣地铜像殿向救度母像供献31两黄金精制头冠、华盖、绸衣、水晶灯幢,由四比丘举行度母四曼扎仪轨,向黄色度母像供锦缎衣物、水晶石镜等。乾隆皇帝所派办理藏事的大臣抵达拉萨,派一名卓尼尔前来扎什伦布寺向班禅额尔德尼呈献乾隆皇帝赐物哈达、多种缎匹、水晶石、碗、器皿等厚礼。班禅额尔德尼上书乾隆皇帝谢恩,与卓尼尔进行了详细交谈。

三月一日上午，班禅额尔德尼向拉木护法神师达尔罕额尔德尼献祭品，祈请降神。二日，拉木大护法降神，班禅额尔德尼与10名僧人诵《长寿修行仪轨》，班禅额尔德尼为护法神师之子剃度授戒。八日，应拉木护法之情，班禅额尔德尼莅临僧会讲经。护法降神，以供舞叩首3次，向班禅敬献哈达、曼扎、佛像、佛塔、佛经、衣服用具、黄金白银，祝班禅长久住世。数日后，班禅额尔德尼莅临大经堂向护法神师献礼物，观看舞蹈，再次祈请护法降神。班禅额尔德尼为拉木降神师父子三人讲授《无量寿佛及马头明王双运灌顶》，为侍从授珠嘉传规《长寿灌顶》，为拉木护法神师之子及侍从二人授居士戒，赐物饯行。

四月八日，普布觉大师的转世灵童阿旺强巴来扎什伦布寺，班禅额尔德尼派人迎接到殿堂内并设宴款待细谈。阿旺强巴打算于扎什伦布寺居住一个月，班禅先给他传授《依金刚摧破洗礼法》。十二日，班禅额尔德尼为阿旺强巴剃度授居士戒，取名洛桑强巴。十五日，洛桑强巴迎请班禅额尔德尼到僧会上并献白银10升为班禅祈寿，班禅派益西平措护送灵童至普布觉寺。新任不丹第悉的代表为已故第悉献回向礼白银1000两，班禅额尔德尼受礼诵经，为第悉丹增南杰超度。

五月十二日，班禅额尔德尼为将要赴京朝贡的拉孜堪布洛桑格桑饯行。

六月三日，班禅额尔德尼与50名高僧为新落成的耗资4226两白银制作的无量寿佛像与耗资1076两7钱白银制作的观音菩萨、秘密主金刚手佛像开光，供养于罗桑益西大师灵塔右侧。班禅额尔德尼诵经为22只绵羊赎命解脱。以560匹彩缎与近600匹绫绸为1000尊佛陀、菩萨像裁制衣服，新作发愿词，使诸僧诵经回向。

七月六日，班禅额尔德尼举行胜乐修供法会。即日起班禅于卧室为密宗札仓僧人授《胜乐根本续》，共5日。十一日，班禅额尔德尼莅临密宗札仓视察“生圆二次第”辩经法会，讲授《胜乐根本续释论》，为众僧摩顶加持。班禅会见拉达克王使者诺布旺嘉兄妹、班蔡代本平措南杰，彼等向班禅献礼，聆听讲经。

八月，班禅额尔德尼为其他寺院的990名僧人授比丘戒，为已故理塘第巴阿奔扎西诵经超度，为报丧使者授《白文殊修念随许法》《菩提道次第三士要道》等。二十五日，为以120两银制作的宗喀巴像、大强佐负责建造的班禅额尔德尼像开光，诵吉祥词，供养于班禅罗桑益西像左侧。

九月七日，曲瓦修行僧丹巴桑杰献礼，并将自己刻的《米拉日巴传及道歌》印板送给扎什伦布寺，班禅额尔德尼高兴接受，并予以厚赏。班禅为哲蚌、色拉二寺36人授比丘戒。二十二日，班禅额尔德尼与密宗札仓僧人一起为新涂金粉的千尊佛像开光，以五种千供供养佛像，发放布施，施放斋僧茶，施予每名僧人白银一两。二十五日，僧众聚集在石板殿辩经，班禅额尔德尼与兑桑林札仓上师克旺益西群增就《释量论》进行对辩，班禅言词敏锐，声音洪亮，众僧敬服。班禅从经师堪仁布切听讲尼玛白巴传承《二十一度母修念随许法》。三十日，班禅额尔德尼为其他寺院来的39名僧人授比丘戒。

十月十一日开始，班禅额尔德尼在3日内为安多地区93人授比丘戒，会见青海丹巴贝勒扎西次丹及夫人、儿子等主仆300余人。数日后，贝勒扎西次丹迎请班禅额尔德尼到僧会献礼并祈寿。十六日开始，班禅额尔德尼先后为蒙古族50名僧人授沙弥戒，为117人授比丘戒。普颜图喇嘛阿嘉呼图克图去世，报丧使者前来向班禅敬献礼物，布施僧会，请求诵经超度，班禅为其诵经超度。喀尔喀德却宇当王的代表、拉卜楞寺德瓦仓喇嘛、都贝台吉于僧会向班禅额尔德尼献礼并祈寿。

十二月五日，班禅额尔德尼闭关静修甚深本尊法。为了发扬《守三誓言》仪轨，在托卜加德庆地方新建修行院，规定四比丘于每月阴历初八、十五、三十举行3日守三誓言修供法会，班禅额尔德尼资助一切费用、供品，为修行院赐名为“达木察朱巴”。十七日，班禅解除闭关，为前来谒见的僧俗摩顶加持。

1769年 土牛年 乾隆三十四年 32岁

一月十七日，班禅额尔德尼为益西楚臣授沙弥戒，诵经为已故德格王妃超度。

二月一日，按照班禅额尔德尼敬重的一位瑜伽行者、古格象雄益西塔耶比丘的遗嘱，班禅额尔德尼为其诵经超度亡灵。七日，班禅额尔德尼为前来献礼的班蔡代本平措南杰传授《妙音天母修行法》。喀尔喀札雅班智达的报丧使者、阿拉善达波夏仲、平措贝子之上师等向班禅献礼。十八日，达波活佛向班禅额尔德尼献礼物祝寿。班禅诵经祈祷拉贡活佛之化身尽早降世，为吉康札仓新立金铜胜幢,捐助金砖10条。

三月三日,班禅额尔德尼与大强佐洛桑金巴同临噶丹饶杰寺的大曼扎自生、对生、瓶生与灌顶仪轨法会,称赞仪轨熟练,圆满成功。班禅额尔德尼为上、下密院的17人授比丘戒,为蒙古族24名僧人授沙弥戒,为阿拉善达波活佛等人讲授《大威德金刚陀罗尼修念随许法》《噶丹十六心要修行法》《白度母修念随许法》等。

四月七日,班禅额尔德尼为洛桑热周活佛、格贵当建巴、贝康杰仲及哲蚌、色拉、密宗札仓共170人授比丘戒,为扎西孜尼欧夫人授《皈依经》。

五月十六日,班禅额尔德尼与8名僧人为新建的高五十指的金铜集密不动金刚像、高四十四指的大成就者鲁欧派胜乐像,以及遍明大日如来像、摧破金刚像装脏,举行开光仪典。二十七日,将上述诸尊像供养于密乘殿,供献祭品,密宗札仓僧人诵吉祥祝词。

六月二十一日,为了消除旱灾,班禅额尔德尼亲绘龙王像500幅,涂上金面,使其穿着宝衣。

七月三日,将500幅像迎到井旁,班禅额尔德尼搭座诵经,为龙王施食求雨。

八月十六日,班禅额尔德尼会见新任红帽活佛之强佐和达擦活佛之强佐巴丹嘉措的代表以及前来献曼扎、印度、不丹两地特产的不丹第悉的特使丹正次仁医师。二十日,班禅额尔德尼为其他寺院来的27名僧人授比丘戒,命瑜伽咒师玛尼热木诵咒使16位盲人乞丐复明,并赐予每个盲人衣服一件、白银一两;赏赐玛尼热木哈达一条、白银17两。

九月八日,钦差拉孜堪布向班禅额尔德尼呈献乾隆皇帝的诏书赐物,班禅接受诏书后问乾隆皇帝安好,并与拉孜堪布详谈。尔时,班禅额尔德尼身体欠佳,便闭关静修,大强佐负责向大经堂僧会、密宗札仓和其他各派寺院施放斋僧茶,广作佛事,以求班禅健康长寿。不久,班禅额尔德尼贵体康复,但为了继续调养,按拉木护法"养身以温泉洗浴为善"之言,于九月十二日前往香嘉措温泉沐浴。十七日上午,班禅额尔德尼抵达嘉措温泉,调养11日。其间,会见噶厦的特使卓尼尔主仆。扎西孜、雅巴头人、嘉措德庆修行院、日娘扎西岗等嘉措地区寺院部落举行宴会招待班禅。

十月一日,班禅额尔德尼驾临噶丹德庆饶杰寺,休息5日,受到热情招待。三日,德庆饶杰寺管家出资,举行鲁易巴传承《胜乐修念仪轨》法会,为班禅额尔德尼祝寿。班禅应大强佐请求新作《祝寿词不动金刚妙音》,为僧众摩顶。六日,班禅额尔德尼一行离开噶丹德庆饶杰寺,莅临扎西孜休息3日。十一日,班禅额尔德尼莅临东大桥用午膳时,会见了日喀则宗本等迎驾者,然后由仪仗队迎到扎什布伦寺。十二日,扎什伦布寺拉章举行宴会为班禅额尔德尼洗尘。十九日,拉达克亥寺赤巴莫帕献厚礼为班禅额尔德尼祈寿。班禅额尔德尼为康区及木茹寺喇嘛等91人授比丘戒,为65人授抄弥戒。二十三日,班禅额尔德尼会见八世达赖喇嘛的叔父洛桑平措与侄子第巴巴丹顿珠主仆。

十一月六日,班禅额尔德尼应洛桑平措请求,为其授珠嘉传规《长寿灌顶》。七日,班禅额尔德尼厚赐洛桑平措,并派人护送到拉萨。二十日,开始闭关静修甚深本尊瑜伽法。

十二月二十九日,班禅额尔德尼解除闭关,举行酬补护摩仪式。

1770年 铁虎年 乾隆三十五年 33岁

一月八日和九日,班禅额尔德尼为63人授比丘戒。十四日,班禅额尔德尼为拉达克王子莫帕等30人授比丘戒。十六日,班禅额尔德尼回书致谢噶厦对创建噶丹德庆饶杰寺的大强佐洛桑金巴的赏赐之恩。廓尔喀王使告辞,班禅致书廓尔喀王说:“依佛法,为赐安乐予世间众生之王。尤其为今日之尼泊尔地方,从如来拘留孙始一直为薄伽梵胜乐之圣地,于如此圣地佛法衰败,就会危害大王之福寿,对众生亦大不利。望大王谨慎从事,供祭彼地二尊佛塔、夏达布佛殿等,支持僧众,扩大供养;和睦邻国,平息争纷”等。班禅额尔德尼又让侍从以上等食宿喂养从印度、中原内地、藏族聚居区等地所送之鸟,为死者举行依不动佛诵经仪式,进行祷祝。二十五日,钦差杭大臣向班禅额尔德尼呈献乾隆皇帝赐物,班禅恭敬受之,并派孜仲进京上书乾隆皇帝,献礼谢恩。

二月二日,由扎什伦布寺兑桑林札仓出资,在札仓大经堂顶建立金铜胜幢,于度母殿顶立宝瓶,班禅额尔德尼莅临主持,举行开光仪典。在前世达赖喇嘛的纪念法会上,班禅额尔德尼将大菩提画卷迎请到经堂展献,行洗礼仪式。拉达克王子莫帕准备返回,班禅额尔德尼教诲他说:“回故土后要弘法利民,若内部不和,或君王逝故,有人将你推上王位,听信此言实为不妙,要三思而行”。十二日,班禅额尔德尼会见喀尔喀右翼札萨克图汗的上师诺布噶丹巴噶钦洛桑格桑之授戒师格隆洛丹、岱钦台吉曼格等,为拉萨三大寺的45名僧人授比丘戒,派堪布益西格敦携厚礼及祝寿词进京祝贺乾隆皇帝六十大寿。十七日,喀尔喀右翼札萨克图汗的代表次仁巴达、呼察布拉特、管家益西南卓于僧会向班禅额尔德尼献礼并祈寿。班禅诵经为已故的固始诺云曲杰洛桑阿旺恰多尔诵经超度。二十日,班禅额尔德尼为赛菊巴寺卸任赤巴格西桑杰欧赛赐物,传授《集密根本续第十三品》。二十一日,班禅额尔德尼为拉萨三大寺及蒙古的30人授比丘戒,为17人授沙弥戒,为两人授居士戒。

三月四日,班禅额尔德尼为拉孜寺僧人、3名后藏代本等人传授珠嘉传规《长寿灌顶》,为拉孜寺12名僧人授比丘戒。

四月一日,班禅额尔德尼开始为拉萨下密院的90名僧人授比丘戒,历时三天。十三日,班禅额尔德尼为27人授比丘戒。当时,瘟疫流传,十八日,班禅额尔德尼与50名僧人于日光殿广行护法仪酬轨与白伞盖佛母禳解仪式。二十五日,为其他寺院27名僧人授比丘戒。前藏代本艾智南杰病逝,其管家达结来献回向礼物,祈求班禅诵经超度。

五月十四日,举行大祈愿法会。二十日,班禅额尔德尼为39人授比丘戒。本年初青海巴图尔贝子南杰次仁携夫人前来卫藏,不幸在途中病故。巴图尔贝子的夫人诺增旺摩所献回向礼经驿站于此时转献给班禅,班禅追念与贝子之旧情,诵经行净罪仪式。

六月三日,班禅额尔德尼招集僧众,要求以收集动物标本供祭阎摩法王,弘扬释教,尽除此地一切灾难。法会上向法王献300驮面粉作成的大朵玛食子,及其他食品、法器、狗、羊等动物标本。然后,班禅与40名仪轨师为阎摩护法行为期7天的献食仪式,九日举行六十朵玛施食抛祭仪式。班禅额尔德尼会见青海巴图尔贝子夫人诺增旺摩,安慰贝子夫人说:“贝子病故,实乃不幸。但贝子这宗喀巴之教的施主,莅临西藏护教供奉,善业不衰,后世必得殊胜身躯”。诺增旺摩再献回向礼物。班禅为其幼子赐名穆居饶旦多杰,满足其愿。十一日,为了在扎什伦布寺弘扬《五部大论》讲习学风,班禅额尔德尼于文殊阇那萨埵像之外,又建金铜制黑文殊像、妙音菩萨巨轮、妙音菩萨慧轮、妙吉祥戏王、具祥红黄语王、文殊独雄成就、文殊阿拉巴杂纳、语自在王等像，以诸种宝物镶嵌白文殊菩萨、文殊语狮子等像，并亲自举行开光仪典，准备供养于3所法相学院。首先，兑桑林札仓迎请班禅与雕像，众僧身着新装，对辩经论，高竖胜幢于德央建及兑桑林之间路两侧，上师执事、僧人焚香迎接，将文殊阇那萨埵供放于高台，奉献祭品。班禅额尔德尼概要讲解五部大论教义，札仓献礼庆贺。会毕，由50名僧人组成仪仗队将文殊菩萨像供养于大经堂柱前，再次举行法会，班禅额尔德尼亲临观看两名格西对辩，发愿回向。次日班禅额尔德尼莅临吉康札仓供祭白文殊菩萨像。十八日，班禅额尔德尼莅临夏孜札仓供祭文殊语狮子像。如是，班禅额尔德尼为贤良聚集的三所性相学院雕制密主文殊菩萨像，使讲习三藏之学风永世常存。在密宗札仓胜乐修供法会期间，僧人每日于寝殿辩论生圆二次第论，向班禅额尔德尼敬献曼扎，班禅教授为期7日的《胜乐根本续释》。

噶厦派人请班禅额尔德尼去拉萨为八世达赖喇嘛讲经授教，班禅先复信回告。尔后，为了确保路途平安与讲经成功，举行时轮、胜乐、集密、大威德仪式与护法酬补仪式，班禅再三告诫僧众注意防身灾。当时，兑桑林上师偶感不适，诸僧认为此为僧众身灾之先兆。班禅吩咐："要请除身灾，吾等迅速绕转寺院，行洗礼仪轨"。二十七日上午，班禅与大强佐、经师堪仁布切、四大学院上师、格贵等绕转扎什伦布寺。

八月，诺增旺摩为已故的巴图尔贝子南杰次仁建造银制菩提塔与新印金字《般若八千颂》，班禅额尔德尼应请主持开光仪典，并且为诺增旺摩主仆与蒙古族僧人传授珠嘉传规《长寿灌顶》《依无量光佛往生法》，授诺增旺摩居士戒，为蒙古族39名僧人授比丘戒。噶厦再次派遣格桑顿珠、骑乘官、南赛朗巴、哲蚌寺僧等前来迎接班禅额尔德尼，呈献八世达赖喇嘛的书信及礼物。

九月十日，班禅额尔德尼从扎什伦布寺启程，途中于温萨寺休息3日。抵达拉萨时，噶厦的迎驾队伍于索措拉瓦地方设宴迎接。然后班禅随着迎驾队伍莅临布达拉宫日光殿会见八世达赖喇嘛。

十月二日，班禅额尔德尼开始为八世达赖喇嘛、经师甘丹赤巴、赤钦诺门罕阿旺强巴的灵童及内外侍从讲授《文殊修念随许法》，五日授完。噶厦宴请班禅额尔德尼主仆及汉藏官员。南杰札仓僧人举行长寿仪式为班禅额尔德尼祈寿，献曼扎、佛像、佛经、佛塔、衣服用具、马蹄银105锭。十五日，拉章于大经堂举行宴会招待班禅额尔德尼和八世达赖喇嘛。十九日，班禅额尔德尼莅临旺康寝殿准备向八世达赖喇嘛传授《集密不动金刚灌顶》，但因伤风感冒，咳喘不止，未能传授，由大强佐洛桑金巴代替班禅额尔德尼广行长寿供养。次日班禅康复，给八世达赖喇嘛授完《集密不动金刚灌顶》，然后传授《吉祥胜乐灌顶》。二十一日开始，班禅额尔德尼给八世达赖喇嘛传授《大威德灌顶》《红阎摩灌顶》《黑敌灌顶》《十三尊大威德大灌顶》。达赖喇嘛出资举行胜乐会供曼扎仪式。班禅额尔德尼上书乾隆皇帝奏明为达赖喇嘛授教之事，同时资助泽当阿却寺与阿里札仓，向拉萨三大寺、上下密院、南杰札仓、密宗院施放斋僧茶各7次，给每名僧人银币一枚；向振寺施放斋僧茶7次，给每名僧人白银一两；向前藏南北地区寺院14388名僧人发放尼泊尔银币各一枚，向甘丹寺宗喀巴大师灵塔、精其寺弥勒佛像、群科杰寺弥勒像、强巴林寺弥勒佛像各献五百种供和哈达；向吉祥佛母像、黄面护法、群科杰寺天女、噶丹寺阎摩法王像献供。二十五日，于宗喀巴大师期供之际，班禅额尔德尼和八世达赖喇嘛同临布达拉宫礼拜洗礼佛像灵塔，分别千供、百供两尊释迦佛像及布达拉宫佛像灵塔，敬献哈达。在日光殿，班禅额尔德尼、八世达赖喇嘛赐茶款待四噶伦、代本、札萨及侍从。

十一月一日，班禅额尔德尼于旺康宫为八世达赖喇嘛、两位经师、达赖喇嘛的母亲平措旺摩、昌都帕巴拉活佛、热振寺钦活佛、阿旺强巴活佛、札雅大活佛、嘉赛活佛、善巴活佛、欧赛活佛、师徒二人的侍从、各札仓上师等讲授阿底峡传承的《二十一尊度母》与印度尼玛白巴传承的《二十一尊度母修念随许法》，每日授5种。拉萨收到康区拉日地方流行痘症之告急信后，立即派汉藏调查团前往调查，赐药予布达拉宫山下及附近居民，并告知各宗防止瘟病流传。

十一月十六日至十二月三日，班禅额尔德尼为八世达赖喇嘛讲授《释量论》《律经》《现观庄严论》《中论》《俱舍论》等5部大论，以及《金刚大威德生起次第论》《黑白勇保护法修念随许法》《阎摩护法外修念随许法》《吉祥圣母修念及会供曼扎》等。在举行摧破金刚洗礼之后，继续传授《四面吉祥怙主修念随许法》《忿怒大红司命主护修念随许法》《毗沙门随许法》《吉祥神母随许法》《四臂勇保护法修念随许法》。

十二月五日，班禅额尔德尼派索本堪布夏仲洛桑次仁往普布觉寺供祭阿旺强巴像，献供哈达，布施普布觉寺僧众，赠礼阿旺强巴的转世灵童。九日，班禅额尔德尼被第穆活佛主仆50人请到第穆活佛驻锡的密乘院，实现了第穆活佛之愿望。在密乘院的大经堂，僧众向班禅献礼，诵经祈寿。午餐时，第穆活佛于寝宫设宴。晚饭时，班禅为诺门罕第穆活佛、喜瓦桑波上师、格敦德庆、诸位侍从及院僧传授《退敌圣母修念随许法》。次日，班禅莅临僧会，瞻仰噶丹密乘院大殿之诸尊佛像圣塔及经函，举行吉祥金刚大威德开光仪式，供献祭品，厚赠第穆呼图克图，班禅返回布达拉宫。

青海亲王的使者和雄赞格贡波多杰、尼塔笔帖式、赤·巴丹扎巴之强佐、柴达木札萨克扎西茨佩的代表阿然巴、喀尔喀卡觉热图桑波、卓尼尔达结、卡·群觉、扎西嘉布、格隆曼然巴、大贝子代表觉热图丹增、伊拉古克三呼图克图的使者夏仲艾智、霍图科札萨克桑珠的使者阿旺喜饶固始、柴达木班觉札萨克的代表达堪囊索、坚赞欧赛热绛巴、宰桑才旦等向班禅献礼，班禅为他们摩顶赐茶款待，回赐饯行。当时，在拉萨密宗院外与布达拉宫后面发现有染痘症的康区病人，甘丹寺也有20多位痘症患者。班禅闻知请求八世达赖喇嘛闭关静修，自己也准备返回后藏。为了八世达赖喇嘛的安康，为消除雪域之病魔，班禅要求三大寺、上下密院、南杰札仓、噶丹密乘院举行白伞盖佛母与般若心经禳解仪式，为上述寺院施放斋僧茶各7次，发给每名僧人白银一两。

十五日，班禅额尔德尼供祭大昭寺与布达拉宫佛像、圣塔，敬献哈达，求神保佑。之后，于日光殿向八世达赖喇嘛赠送礼物，自任堪布与业轨范师为普布觉阿旺强巴的灵童授出家、沙弥二戒，赠送释迦佛像、白银、绸缎等。十七日，班禅额尔德尼于旺康殿为八世达赖喇嘛、噶伦公班智达、代本等传授《白度母如意轮修念随许法》，八世达赖喇嘛向班禅额尔德尼献曼扎、佛像、佛经、佛塔、衣服用具、黄金5两、马蹄银57锭，表示感谢。十九日，班禅额尔德尼驾离布达拉宫，赏赐欢送者。噶伦公班智达在塘嘉仲宴请班禅额尔德尼，献黄绸制帐幕、金铜制宝瓶、胜幢及其他礼物，以及帐篷、骆驼、骡马，班禅以厚礼相送。二十四日，到达曲孜卡温泉，八世达赖喇嘛的母亲平措旺摩所属庄园雅德康萨宴请班禅额尔德尼，八世达赖喇嘛的3个兄弟向班禅献礼。

1771 年 铁兔年 乾隆三十六年 34 岁

正月一日,班禅额尔德尼一行于兰庄园举行新年宴会。三日,班禅额尔德尼莅临温萨寺向僧众讲授《胜乐上师瑜伽论》。参卓寺、代本班蔡瓦平措南嘉向班禅额尔德尼献礼祈寿,班禅给予摩顶回赐。之后观赏温萨寺僧人表演的祭神舞蹈,举行抛散六十大朵玛施食法会。九日,班禅额尔德尼驾离温萨寺,由仪仗队、歌舞者迎到扎什伦布寺。十三日,青海群培贝勒的上师托巴噶钦洛桑旺秀在大经堂向班禅额尔德尼献礼并祈寿,班禅传授《禁食斋戒仪轨》《弥勒发愿陀罗尼经》。十五日,大强佐洛桑金巴奉班禅额尔德尼之命于大经堂的凉台、窗沿设置以上等绸缎、名色珍宝制成的瓔珞。二十五日,班禅额尔德尼从经师听讲《四大天王修念随许法》。之后,为平措林管家仲然巴洛桑次仁等 30 人授比丘戒。

三月十五日,前时赴京朝贡的使者返回扎什伦布寺,向班禅额尔德尼呈献了乾隆皇帝的诏书和赐物。

从四月一日开始,班禅额尔德尼举行忿怒大红司命主护法修供食子法会,行酬补仪式,历时七日。二十五日,为了消除疾病,班禅酬补吉祥天女,祈求保佑。

五月十五日,班禅额尔德尼为八世达赖喇嘛之弟杰仲洛哲嘉波、洛桑格敦授沙弥戒。二十日,班禅额尔德尼主持举行大威德遍业护摩仪式,命人以绸缎薄绫、蒙古丝绸更换破旧的大愿弥勒布面像。

六月一日,班禅额尔德尼命人以 70 驮糌粑所作大朵玛食子供养日光殿阎摩法王,班禅额尔德尼亲自与 70 位仪轨师行酬补授位仪式。

七月四日,班禅额尔德尼莅临法会传授《菩提道次第集要》。五日,班禅额尔德尼举行发菩提心供法会。十四日,班禅额尔德尼继续行发菩提心供法会,第穆活佛为修缮桑耶寺捐助金银与供祭佛殿神龛经费,折白银 700 两,向大菩提塔敬献哈达。十六日,班禅额尔德尼莅临密宗札仓的法会,为消除各地流行的疾病及扎什伦布寺僧人的病灾,行吉祥天女酬补仪式及大佛顶禳解仪式。十七日,班禅额尔德尼为密宗札仓 17 人授比丘戒,拜谒佛像、佛塔,敬献哈达,向各护法殿献哈达、祭品,祈求保佑。二十五日,在密宗札仓经堂,班禅额尔德尼命人以 70 驮糌粑、72 驮青稞面粉所作大朵玛食子及吉祥金刚大威德身相、大威德 49 尊密修法中所说之金刚水牛、金刚黄牛、金刚猪、金刚狗、金刚羊、金刚狐狸、金刚大鹏、金刚鸱鸟、金刚乌鸦、金刚鹦鹉、金刚鹞鹰、金刚大鸟、金刚鸡、金刚鹤等分别供祭吉祥金刚大威德、阎摩法王、各护法等像，发愿使宗喀巴之教遍及寰宇。

八月二日，八世达赖喇嘛之兄索朗扎西、舅父格夏第巴次旺主仆准备去雅德，班禅额尔德尼为他们赐物饯行。六日，噶伦噶细公班智达主仆向班禅额尔德尼献洁白吉祥哈达、良马4匹、骡子100匹、坐垫、鞍子一套，班禅赐茶款待交谈。十二日，噶伦噶细公班智达再次于僧会向班禅献曼扎、佛像、佛经、佛塔、衣服用具、琥珀念珠、珊瑚念珠、金银、绸缎、青茶、水果等礼物祈寿，请求讲解《白伞盖佛母灌顶》《长寿灌顶》《北方俱卢长寿密修法》《白伞盖大佛顶陀罗尼经》等。班禅额尔德尼问噶伦："称汝为班智达，能否以梵语回答?"言毕，问噶伦几句，噶伦照答不误。班禅额尔德尼大喜，为噶伦公、台吉巴桑次仁、台吉幼子、夏仲德丹卓玛赠送无量寿佛像、加持塔、黑狐皮帽、皮衣、白银千余两、全副马鞍等。十九日，不丹第悉派慰问团前来慰问班禅额尔德尼，献新印《甘珠尔》一套。班禅为诸位僧俗摩顶，赐茶款待两名特使，赐物饯行。二十六日、二十七日，班禅额尔德尼分别为东康活佛、三大寺僧人、聂塘拉瓦堆巴等地共60人授比丘戒。

十月五日，班禅额尔德尼与50名仪轨师在大经堂举行吉祥天女酬补仪式及度母禳解仪式。当时，印度瑜伽师苏噶德吾敬日向班禅呈献金翅右旋白海螺一个、披愣地方所产眼镜两副，班禅给予厚赐，并用梵语和他谈论印度之事。七日，钦差益西塔耶热绛巴向班禅额尔德尼呈献乾隆皇帝的诏书和赐物，班禅受礼问乾隆皇帝好。圣旨说："汉文《甘珠尔》中之《佛说首楞严经》无藏译本，此次译成藏文特赐班禅额尔德尼。班禅额尔德尼乃黄帽派之教主，愿将此经宗旨广传予众僧，如此朕愿足矣"。班禅接过之后立刻读诵，并于扎什伦布寺供养传播，众僧听后更加崇信。九日至十三日，班禅额尔德尼为东康活佛、日喀则宗本、巴曲寺代任堪布等各地僧俗摩顶，为上、下密院36名僧人授比丘戒。十四日，以70驮糌粑所制大朵玛食子酬供大红司命主护法。各地代表前来拜谒班禅额尔德尼，献礼并祈寿。

十月三日，八世达赖喇嘛母亲平措旺摩及其子、第巴次旺主仆从雅德回来，班禅额尔德尼摩顶赐茶款待。五日，班禅额尔德尼开始为扎什伦布寺与他寺共213名僧人授比丘戒。九日，平措旺摩于僧会向班禅额尔德尼献厚礼。十六日,夏鲁金殿之水牛语护法神师抵达扎什伦布寺,在德央札仓与寝宫门前边舞蹈边向前祷告神灵,祈求吩咐。班禅授依大威德之教,要求"善修瑜伽大手印法",予以赏赐。十七日,以60驮糌粑制大朵玛食子供祭日光殿中之本尊、护法、天母、四夜叉、阎摩法王像,并陈供黑马、水牛、熊等制相。班禅与50名仪轨师共行酬补仪式,祈祷消除佛法障碍,一切顺缘如愿。二十三日,60岁以上老僧在日光殿集会,班禅额尔德尼对众老僧说:"尔等要常诵《长寿修行甘露长流》《无量寿佛百种陀罗尼经》,如此能消除此处瘟病,阻止瘟病于寺院流传"。

二十五日,五供节之时,班禅额尔德尼施予每名僧人白银一两,赏赐各大上师、翁则及群则,为德庆饶杰寺27名僧人授比丘戒。二十九日,班禅额尔德尼为八世达赖喇嘛之母平措旺摩主仆赠送白银、绸缎、全副鞍马饯行。当时疾病从赛卡流传到拉仁、达纳等地区,班禅命大强佐洛桑金巴诵经阻止疾病流传。当时达尔罕仲然巴丹增旺波从科夏返回途中遇见一病者,驮至寺中,3日后病故,与丹增旺波混住者遂移居漏孜布。大强佐与侍从将此情况禀告班禅,班禅说:"疹神未喜,现今应于各护法殿举行酬补洗礼仪式,勤加供养,行大佛顶禳解与度母投灵器供。如众僧避瘟,寺院空寂,此乃不祥之举,故应坚持讲习佛经,定期供养,乃为重要。有人认为我暂避温萨寺,有利于现时、来时。"为了不使瘟疫于本寺扩散,四大上师与格贵请求班禅额尔德尼早作决定,避居温萨寺。班禅说:"尔等是年于卫地祈求返藏避病,依此于2年内大行供养,为护法供献祭品,极力求佑。倚仗护法喜悦之威力,瘟病能否愈演愈烈,今日难言。为消除冒渎晦气,上师僧徒应向诸护法行酬补仪式,祈求保佑"。三十日,班禅额尔德尼为扎西孜客人赠礼饯行。

十一月四日,班禅额尔德尼驾临温萨寺,赏赐日喀则宗本、仪仗队、歌舞者等迎驾者。五日,温萨寺向班禅献礼并祈寿。班禅额尔德尼写书信由驿站转呈八世达赖喇嘛,祈求诵经解除瘟疫,并告知莅临温萨寺之事。六日,狂风趋骤,班禅额尔德尼施食地神,酒供五部吉祥护法、3位神母、秘密阎摩王。不丹第悉宇达尔缝制缎面大弥勒佛像,派人呈献班禅。班禅派仲科尔携赍厚礼书信回赠第悉,劝导释放噶智格拉杂。第悉奉班禅之命释放囚者,并派人向班禅献金铜制千尊佛像等礼物,致书班禅,班禅甚喜。十三日,班禅额尔德尼在拉章孜供祭大成就洛桑顿珠像,为大佛顶禳解法会与抛散六十食子法会提供费用。十四日,灯供克珠桑杰益西,令护法殿僧人于良辰诵经。十五日,班禅额尔德尼与大强佐洛桑金巴、仪轨师共行胜乐上师瑜伽酬补仪式。十六日,为清除温萨寺瘟疫,班禅额尔德尼主持举行度母禳解投灵器供、六十食子、焰口母、大佛顶禳解仪式,为法会提供费用。为大成就者洛桑顿珠像洗礼,行大红司命主护法酬补仪式与阎摩法王外修息寂护摩仪式。当时,温萨寺南面一村庄出现瘟病患者,班禅额尔德尼闻知,与少数侍从于拉章孜闭关静修,认为能居于此地实为良缘。二十七日,班禅额尔德尼莅居秘密殿供祭、修行。晚上,在克珠桑杰益西像前祷告说:"我后世降生何地,请于梦中指点。"二十八日上午,索本堪布洛桑克却问班禅额尔德尼梦境如何?班禅回答说:"我后世仿佛降生人间"。

十二月二十三日,寺院管家宴请班禅额尔德尼主仆。晚上,在温萨活佛的期供法会上,班禅额尔德尼献供灯,食供森康孜护法。二十六日,班禅额尔德尼以5种食品供祭印度金刚座大菩提、中原内地旃檀佛像、雪海如来像,发誓弘法益民。二十八日,向护法殿献供品。翌日,班禅额尔德尼观赏温萨寺舞蹈,诵朵玛咒,投掷六十大食子。

1772年 水龙年 乾隆三十七年 35岁

一月一日,班禅额尔德尼在温萨寺为不丹第悉的代表摩顶,受温萨寺管家宴请。神变大祈愿法会期间,班禅额尔德尼在拉章孜供祭大成就者洛桑顿珠,开祭极秘依怙殿,供献盛满水果的水晶器皿、置满药物及珍宝的颅器、弓箭、哈达,致力于上师本尊无别瑜伽的修炼。十二日,班禅额尔德尼于极秘依怙殿行阎摩法王酬补仪式。次日,莅临护法殿新建施食堂中向诸护法供献长期施食,祈求保佑温萨耳传教诫,使之弘扬于四方。十五日傍晚,以40驮糌粑制成的神馐(供神食品)及上千份5种供品,供祭护法,供品上密密排列着酥油供灯,灯光闪灼。班禅以诵咒、手印、三摩地加持。十六日,班禅额尔德尼与仪轨师共行酬补仪式,以5驮糌粑制食子供祭吉祥金刚大威德护法,向其他诸护法供祭一驮糌粑食子;向忿怒大红司命主护法供奉马、犬、五色绸旗等祭品,并行酬补仪式。二十三日,是三世班禅罗桑顿珠的期供日,班禅额尔德尼以厚物供祭诸佛像塔。会见青海、鄂尔多斯等北方首领的代表,为德庆翁则等50人授沙弥戒。

二月二日，班禅额尔德尼会见准噶尔将军次仁俄巴协、奥托王的经师乃隆夏仲，赐茶款待畅谈。三日，次仁俄巴协与尊追喜饶比丘、宰桑旺秀等于僧会向班禅献礼并祈寿。北京雍和宫赤巴额尔德尼诺门罕、乃隆夏仲、额尔德尼岱钦和硕齐次旺班觉等人的代表晋谒班禅额尔德尼，并献礼物。班禅为北方来的30人授沙弥戒，为90人授比丘戒。班禅新作《具祥忿怒主威严妙音》，在温萨寺法会诵传。由于扎什伦布寺瘟病流行，数名僧人染病身亡。为了医治此病，噶厦派下密院扎拉勒布喇嘛等4人来温萨寺求见班禅，商讨医治疾病的办法。班禅要求他们加紧医治，尽快消灭瘟疫。班禅回信八世达赖喇嘛，感谢寄来书信祝贺。十九日，温萨寺总管家于大经堂设宴向班禅额尔德尼献礼并祈寿，班禅予以回赠，布施僧众，讲授《阎摩法王施食仪轨》等。二十六日，班禅额尔德尼在拉章孜谒拜佛像塔，供献哈达、祭品。4名僧人于护法殿行酬补仪式。班禅作《四面护法颂》，于僧会诵传，布施僧众。当时瘟病已遍及整个日喀则地区，温萨寺也有僧人身染瘟疫。为此，班禅准备避居香噶丹德庆饶杰寺。二十八日，班禅额尔德尼驾离温萨寺，前往香噶丹德庆饶杰寺。次日班禅额尔德尼到达郭仓修行院，向拉孜吉祥时轮胜乐与忿怒大红司命主护法供献祭品与会供曼扎，行酬礼仪式，向护法像献哈达、祭品。为了清除扎什伦布寺瘟病，经师等奉班禅之命作禳解死亡法事。班禅额尔德尼应八世达赖喇嘛请求，传授《上师、忿怒大红司命主护法无异上师瑜伽论》，赏赐郭仓修行院、五神岩寺等公私献礼者。

三月一日，班禅额尔德尼在途中受到扎西孜地区僧俗民众、仪仗队、歌舞队的热烈欢迎。当天莅临藏藏纳噶，扎西孜设午宴招待。其后，班禅额尔德尼在众人的簇拥下来到噶丹德庆饶杰寺日光殿，向阎摩法王、吉祥天女像献供马、骡等祭品，行酬礼仪式。

四月，班禅额尔德尼在噶丹德庆饶杰寺会见侄子南杰次仁与平措南杰、平措旺摩的代表朗噶宗宗本一行，派人回赠八世达赖喇嘛与普布觉阿旺强巴。

五月十九日，当时在噶丹德庆饶杰寺日光殿举行的食子会供法会上，班禅额尔德尼与仪轨师共同食供忿怒大红司命主护法，祈求降神驱魔除灾。当时，天气干旱，班禅额尔德尼莅临日光殿浴拭佛塔，发愿诵经求雨。为了消除瘟病，班禅出资下令各寺院举行供祭护法法会，自己亲自修甚深禅定，念诵咒语,禳灾求福。

六月,八世达赖喇嘛开始学习“性相学”,准备派人邀请班禅额尔德尼。但是考虑到瘟病流行,改为由驿站向班禅呈献书信请教,献礼物曼扎等。九日,班禅额尔德尼亲自会供度母,禳解除病。十八日,班禅额尔德尼为大强佐洛桑金巴与德庆饶杰寺强佐巴丹达结讲授新作《胜乐鲁易巴修行法》。十八日,在噶丹德庆饶杰寺始讲显密经论,莅临噶蔡鲁当新寺,接受大强佐献礼,传授《菩提道次第引导方便道论》《大威德生圆二次第论》。二十五日,班禅额尔德尼在噶丹德庆饶杰寺为僧俗多人传授珠嘉传规《长寿灌顶》。

七月三日,班禅额尔德尼于僧会传授《忿怒大红司命主护法业论》,并指导跳神。从十九日开始,班禅额尔德尼与仪轨师举行为期几日的吉祥金刚大威德息、增、怀三业护摩仪式。

八月一日,班禅额尔德尼下令新建的胜乐母塔落成,班禅亲自酬供,举行开光大典,并作《拉木护法仪酬轨程序》。月底,应八世达赖喇嘛的请求,班禅额尔德尼于7日内勤修依文殊菩萨丸法,遣内侍强巴格勒往呈八世达赖喇嘛。

九月七日,拉章奉班禅额尔德尼之命出资举行施食,供祭忿怒大红司命主护法法会,祈求清除佛法众生之障害。班禅额尔德尼亲临法会供献祭品,诵经祈求保佑。九日,班禅额尔德尼动身去嘉措温泉沐浴,十一日抵达温泉。十二日,班禅额尔德尼入温泉沐浴,德庆修行院举行宴会献礼。八世达赖喇嘛的代表卓尼尔格桑曲旺前来呈献书信、礼物,班禅额尔德尼分别给予回赠。十四日,嘉措宗本、扎西孜第巴次旺达结宴请班禅额尔德尼,纳仓两位首领、蔡曲隆寺、嘉措寺等献礼并祈寿。二十一日,为消除瘟疫,40名僧人奉班禅额尔德尼之命,举行六十食子及白伞盖佛母禳灾食供法会,德庆修行院僧人齐奏酬补护法所用音乐,班禅额尔德尼予以赏赐。二十六日,班禅额尔德尼驾离温泉。二十九日,班禅额尔德尼回到噶丹德庆寺。强巴格勒自拉萨至此呈献年前皇太后八十大寿时赐给班禅额尔德尼的礼物坐垫、靠垫、水晶器皿、绸缎等,班禅高兴受之。

十月六日,班禅额尔德尼去年派遣前去印度、尼泊尔供祭金刚座菩提塔与在尼泊尔各大圣地的重孜仲然巴洛桑次仁比丘返回西藏,到噶丹德庆寺呈献给班禅额尔德尼印度婆罗尼斯王及廓尔喀王之书信、礼物,以及从圣地带回的各种土石、恒河净水,班禅高兴受之,询问印度中心玛噶达等地情况。十二日,班禅额尔德尼莅临噶丹德庆寺日光殿,分别以5驮与一驮糌粑制食子供祭本尊、护法神。以五色旗帜装饰的马、狗、羊动物标本,全面进行护法仪酬轨。班禅派人向温萨寺各佛塔献5种供品、玻璃器皿、景泰蓝器皿,向极秘护法殿供献祭品、哈达,为16名僧人举行的为期16日的酬供法会提供费用。同时,向扎什伦布寺诸护法神供献祭品、哈达。印度瑜伽师德雅格日向班禅额尔德尼献琥珀念珠8副、珊瑚念珠14副、水晶珠一个。二十四日,印度瑜伽僧雅素地格日拜见班禅,献右旋白海螺一只、珍珠念珠一串、珊瑚念珠一串、氆氇、眼镜、金钢钻石、斯里兰卡红白鹦鹉各一只,班禅为之摩顶,进行交谈。二十六日,班禅额尔德尼为扎什伦布寺密宗札仓、色拉寺、哲蚌寺三寺130人授比丘戒,会见鄂尔多斯鄂托克王顿珠嘉措代表大喇嘛与达尔罕堪布托云洛桑克却、青海亲王之修善者等100余名北方客人,赐茶款待交谈。

十一月一日起,班禅额尔德尼先后为蒙古族70名僧人授沙弥戒,为北方僧人与噶丹群科寺共99名僧人授比丘戒,会见桑顶活佛的卓尼尔,并摩顶畅谈。八日,班禅额尔德尼会见班蔡代本平措南杰主仆。九日,班蔡代本敬献厚礼。十二日,班禅额尔德尼为代本主仆赠送礼物、衣服等。十八日,举行吉祥天女酬补仪式,施食供祭焰口母。当时,诺门罕第穆活佛派人前来向班禅额尔德尼献礼慰问,噶玛黑帽活佛嘉瓦旺波的代表献茶叶72条、马9匹、骡子7匹、绫绸、哈达等。班禅额尔德尼为二位使者及其随员赏厚礼。班禅为祝贺扎西孜第巴次旺达结的生日赠送吉祥天女像一尊。二十三日,班禅额尔德尼将拉木护法所献3股金刚杵供养于护法殿,按新春施食大供仪式,酬供拉木护法神。从二十五日开始,班禅额尔德尼闭关静修"欲界自在母",共21天。

十二月,乾隆皇帝之圣旨由驻藏大臣莽古赉与索琳经驿站转呈班禅额尔德尼,诏书说:"朕为建佛殿,拟从你处建造长寿神像,赐金刚大哈达一条、上等各色缎18匹、黄金18两、白银450两,交予使者。班禅额尔德尼设计雕制56尊吉祥铜无量寿佛像,先呈8尊,余者后献,佛像可委托专人破格献上"。班禅额尔德尼同时接到章嘉呼图克图关于此事的书信说明。班禅奉旨立刻筹划雕制佛像。八日下午,解除闭关静修。班禅额尔德尼为红帽活佛使者与八世达赖喇嘛母亲平措旺摩的代表授教饯行。

1773 年 水蛇年 乾隆三十八年 36 岁

一月，噶丹德庆饶杰寺于僧会上建彩粉坛城，举行胜乐修供法会。班禅额尔德尼莅临法会作讲说仪轨，诵《布萨经》，发愿回向，使僧众诵胜乐吉祥词。二十四日，班禅额尔德尼指示诸护法殿僧人与噶丹德庆饶杰寺法会一定要建立金刚黑鹏羯摩集与十二臂红毗那夜迦修念仪轨，食供扎西孜吉祥天女，敬献哈达、供品。

二月一日，班禅额尔德尼应格蔡喇嘛请求，讲授《忿怒母教诫》，予以赏赐。三日，驿站向班禅额尔德尼转呈摄政第穆呼图克图书信。信说："大祈愿法会结束后，发现东江赛地区有獾狂跑，天寒地冻之时，河水暴涨，奇相万显，恐危及达赖喇嘛健康及西藏政教，如何祈福禳灾，请明示"。班禅即刻回书。二十三日，班禅额尔德尼为噶伦公贡噶丹增诵经超度，行净荐仪式，祝愿往生西方乐土。

三月八日，以五种千供奉四世班禅罗桑确吉坚赞灵塔，敬献哈达，广发誓愿。十一日，班禅额尔德尼会见科尔沁呼塔让贝子的上师巴丹嘉措等北方僧人 1000 多名，摩顶赐茶款待。十三日，曲杰巴丹嘉措布施僧众，供养寺院，迎请班禅到僧会献礼物祈寿，班禅为下密院与蒙古族共 195 名僧人授比丘戒，为 34 人授沙弥戒。

四月三日，噶伦公班智达主仆拜谒，呈献八世达赖喇嘛所赐慰问品衣服、粮食，班禅额尔德尼受礼赐茶款待。五日，噶伦公班智达邀请班禅额尔德尼到僧会献礼并祈寿，布施僧众。班禅为噶伦父子等人讲授《白度母修念随许法》、珠嘉传规《长寿灌顶》《无量寿佛修念随许法》。十一日，由噶伦公班智达作施主修建的噶丹德庆饶杰寺全部落成，班禅亲临法会向参加落成典礼的僧俗讲授《菩提道次第略论》《长寿修行甘露》等。噶伦公班智达奉班禅之命准备前往温乃郭仓修行院闭关静修长寿仪轨 7 日，临行前与班禅谈论佛事。二十日，噶伦公从郭仓修行院返回，与班禅额尔德尼谈论佛事。二十一日，班禅额尔德尼为噶伦公班智达及其侍从授大乘布萨戒，厚赐噶伦父子，诵经祈求勇保护法禳解病魔，按照品级赏赐噶伦随员，举行宴会饯行。同时，给八世达赖喇嘛写信，表示慰问。二十五日，制成乾隆皇帝下令建造的 56 尊吉祥铜造无量寿佛像，供养于噶丹德庆饶杰寺日光殿，班禅额尔德尼广行供祭,举行开光仪典。

五月二日,班禅额尔德尼为进京向乾隆皇帝敬献长寿佛像的噶究洛桑顿珠主仆传授珠嘉传规《长寿灌顶》,诵经禳解病魔。二十八日,班禅额尔德尼为大强佐洛桑金巴与德庆饶杰寺强巴巴丹达结诵大威德禳解咒。

六月三日,班禅额尔德尼会见红帽活佛与司徒活佛之信使及白朗宗新任宗本、赛·仁钦孜宗本等。二十四日,班禅额尔德尼应噶丹德庆饶杰寺僧众请求,班禅为他们及嘉措德庆修行院僧人准备传授鲁易巴传承《胜乐灌顶》,次日正式传授,并授新作《威猛三部酬补法》。二十七日,班禅额尔德尼为扎西孜第巴次旺主仆及代本姜洛建主仆,以及他地的僧谷摩顶,代本献礼并祈寿。班禅为澎域色康寺9名僧人授比丘戒。

七月一日,廓尔喀王的使者巴玛杂日、巴格拉太、札雅萨日玛太巴等30人来藏交涉贸易,当天从拉萨抵达德庆饶杰寺,向班禅额尔德尼奉献旃檀洛格夏拉观音像、金铜混制金刚萨埵像、尼泊尔金币15两、药物、果实及书信。巴玛杂日用梵语诵吉祥祝词,班禅摩顶赐茶款待,询问印度及尼泊尔国情。廓尔喀王请求班禅调解不丹与披楞之间的冲突。班禅额尔德尼复信廓尔喀王说:"大王所书,内情皆悉,要作有利于贸易与不丹方面之事。尼泊尔是铠甲光王后裔之国土,内外道皆存,希能供养宗教,维修寺庙,佐助前来朝拜人众。"二十一日,班禅额尔德尼为1771年从伏尔加河流域回归的土尔扈特居热图汗渥巴锡的代表格隆金巴、洛哲喜饶,其他王、贝勒、贝子等官员的代表共30多人,以及皇帝使者等摩顶。从二十三日开始,班禅额尔德尼先后为土尔扈特僧人56人授比丘戒,为25人授沙弥戒。二十四日,土尔扈特使者于僧会向班禅额尔德尼献银制曼扎、衣服、日用器皿、中原内地及乃麦希地方的绸缎、金银、珍珠、皮张等礼物,祈祷班禅长寿,同时布施僧众,班禅为他们诵传《兜率上师瑜伽论》,行回向无上菩提仪式。二十六日,班禅额尔德尼为土尔扈特代表、加尔果琪、笔帖式赠送佛像、佛塔等厚礼,举行宴会饯行。土尔扈特的代表说:"吾等父母自古以来居住于土尔扈特地区,弘扬宗喀巴大师之圣教,但四周被异教包围,唯恐后世子孙入外道之门而昼夜思虑,居热图汗渥巴锡率领5万户民众穿越沙漠,战强盗而来,途中遇哈萨克,因哈萨克与布红绒(哥萨克)兵追赶,经奋战失去两万人马。尔后,病魔又夺取多人生命,幸存者归附乾隆皇帝,如今依皇恩安居。尤其依无上佛法及西藏贤哲、寺院三宝,吾等才有拜谒之机会,此乃佛之慈悲。而今官贵、百姓在清乾隆皇帝管辖之下,安居乐业,效忠宗喀巴大师圣教。班禅额尔德尼为吾等之福禄长寿予以护佑加持,并先后多次设宴款待赐物,吾等实心满意足”。

八月四日,班禅额尔德尼莅临僧会举行六十食子与救度母禳仪式。五日,应东科尔活佛格敦嘉木央坚赞请求,班禅为其传授《菩提道次第要论》《吉祥天女修念随许法》。大强佐洛桑金巴于噶丹德庆饶杰寺附近新建噶丹金刚座修行院。十五日,班禅额尔德尼亲临修行院主持举行开光典礼。二十七日,班禅额尔德尼会见合作寺喇嘛香厨师瓦协巴洛桑贝丹主仆及合作地方的香客施主,洛桑贝丹与施主献良马200匹。重孜巴的母亲拉辛卓玛、桑顶活佛的信使、白朗宗本亦前来拜谒,敬献礼物,班禅分别予以赏赐。班禅额尔德尼应土尔扈特代表请求,为八世达赖喇嘛作《长寿祈祷文》,派内侍洛桑诺布前往呈献。班禅额尔德尼为上密院126名僧人授比丘戒,为20人授沙弥戒。

九月五日,钦差堪布益西塔耶主仆向班禅额尔德尼呈献乾隆皇帝诏书和赐物,班禅问乾隆皇帝安康,并摩顶赐茶,款待益西塔耶。二十日,喀尔喀额尔德尼公莫居多杰、清素居图诺门罕的代表额尔德尼曲杰洛桑格敦、索本堪布车臣托云等在经堂向班禅献礼,班禅为他们传授《兜率上师瑜伽论引导成就之源》。笃布的4名头人代表其寺院部落共献良马40匹。其后几日,班禅额尔德尼为喀尔喀、合作等地僧人207名授居士、中间出家、沙弥三戒;为色拉、哲蚌、康区僧人共250名授比丘戒,为合作喇嘛传授《阎摩法王内外秘三种修念随许法》。二十五日,班禅额尔德尼赐给喀尔喀莫居多杰等蒙古族代表佛像、佛塔、香料,赐给莫居多杰公“墨尔根毕力克图达尔罕”名号。

十月一日,乾隆皇帝降旨说明远虑普天下佛法众生之安乐,讨伐几处叛教恶魔原因的诏书敕谕,经驻藏大臣转呈班禅。班禅为恭敬服事社稷国政,依阎魔本尊陀罗尼咒解束所缚之众城,对兇顽之敌做种种诛业法事。同时命扎什伦布寺及其属寺,以及各宗派寺院僧人按其规则,举行阎魔护法六十食子及白伞盖佛母禳解、度母退战禳灾、天母大施食、降伏敌军护摩、白伞盖佛母、般若心经及空行狮面母禳解等法会,供养《甘珠尔》《丹珠尔》《金光明经》《宝积经》《十万般若颂》等经典。班禅派人将此情形书奏乾隆皇帝。十五日,为了削除德庆饶杰寺与扎什伦布寺灾殃,班禅额尔德尼举行大威德护摩与酬补仪式。十八日，班禅额尔德尼会见出任噶伦的近侍达尔罕堪布群则洛桑丹增派来献礼问安的特使囊索卓结主仆，赐茶款待赏赐。公班智达的夫人德丹卓玛病故，报丧者向班禅额尔德尼献礼，请求诵经回向。班禅作净荐仪轨，为她诵经发愿回向，使亡灵超度恶趣。二十五日，在雄雄神殿献五种百供之时，班禅额尔德尼向克珠琼布瑜伽行者像敬献珍宝饰黄色法衣及哈达；向观世音菩萨及乃格玛空行母、苏噶桑地、摩觉喇嘛像、六臂如意怙主像等敬献哈达、供品，为金刚座修行院发放布施。为安多察科地方的63人授比丘戒，为20人授沙弥戒。

十一月二日，班禅额尔德尼与日东夏仲会晤谈论佛事，为拜谒的安多地区100多名僧人授《六字真言》，教诲各位每日念诵六字大明咒300遍。十八日，班禅额尔德尼分别以7驮糌粑、30驮酥油糌粑所制大朵玛食子及兵器、骡子、公(母)牦牛等供品供养本尊神与吉祥欲界自在母、退敌神母。十九日，班禅额尔德尼向神母供奉神朵玛，祈求保佑。之后，班禅会见嘉拉土司的代表、止玛活佛、达尔当的代表、杰雄夏仲、色拉寺、哲蚌寺、安多地区僧俗多人，为止玛活佛等59人授比丘戒，为10人授沙弥戒。

十二月四日，班禅额尔德尼派人前往嘉卡尔迎接红帽派活佛，派5名卓尼尔内侍于寺门迎接。他抵寺后，班禅与红帽活佛会晤谈论佛事。七日，班禅额尔德尼会见八世达赖喇嘛特使摩仲卓玛杰主仆，传授《长寿灌顶》。摩仲卓玛杰献礼并祈寿。从二十三日开始，噶丹德庆饶杰寺举行年终朵玛施食供养忿怒大红司命主护法及救度母供养仪轨法会，班禅施放斋僧茶饭，发放布施。二月二十八日、二十九日两日，班禅额尔德尼莅临救度母仪轨法会，于定期朵玛供养法会上，观赏德庆饶杰寺僧人跳神。

1774年 木马年 乾隆三十九年 37岁

一月三日，班禅额尔德尼莅临噶丹德庆饶杰寺长寿成就殿陈献丰盛供品，同仪轨僧共行修供本尊仪式，酬供阎摩法王、四面护法、大红司命主护法。红帽活佛出资，在寝殿同护法殿僧人向班禅献曼扎祈寿，班禅受礼后诵“胜乐吉祥祝愿词”，并赏赐诸僧。十五日，班禅额尔德尼在噶丹德庆饶杰寺供养布施僧众，传授《胜乐仪轨自入法》，亲自拂试释迦佛祖像，供献五种百供、八瑞相、七宝政。鄂尔多斯大贝子扎西次仁、其子台吉贡波多杰、杜尔伯特王的代表医师阿旺楚臣等100多人晋谒班禅。十日,贡波多杰、杜尔伯特阿旺楚臣向班禅额尔德尼献礼。班禅受礼后为蒙古僧人、三大寺僧人、噶丹群科寺僧人共44名授沙弥戒,为180人授比丘戒。诸位侍从、僧俗部落民众宴请班禅额尔德尼,献银曼扎、佛像、佛经、佛塔、衣服用具、金银、绸缎、茶包等,庆贺班禅37岁身未遇灾,祝愿班禅莲足如金刚永世长存。十六日,班禅额尔德尼派人迎接昌都活佛帕巴拉晋美益西巴丹丹贝贡波。十九日,班禅额尔德尼自任堪布,与业轨规范师、屏教师、记时师等于僧众中为帕巴拉活佛授比丘戒,赠送哈达、佛像、僧伽服等。帕巴拉活佛献厚礼谢恩。班禅额尔德尼会见了八世达赖喇嘛管家赞廓主仆与帕巴拉活佛的经师帕巴三木旦,就佛事进行了论谈。二十四日,帕巴拉迎请班禅额尔德尼到僧会献厚礼祝寿,班禅布施僧众。班禅为其主仆传授《大威德金刚二次第论引导》,单独为帕巴拉传授《生圆二次第秘诀》。班禅在大经堂先后为帕巴拉主仆、噶丹德庆饶杰寺僧众、侍从共300人讲授《白伞盖佛母三十七神灌顶》《无量寿灌顶长寿鼓声》《十一面观音灌顶》,为帕巴拉主仆传授《菩提道炬论》《菩提道次第引导方便道论》《毗奈耶羯摩仪轨》等。应帕巴拉请求,为其数名侍从授沙弥戒。次日,班禅为喀尔喀曼殊室利活佛主仆与色拉寺、哲蚌寺共39名僧人授比丘戒。普布觉活佛于僧会发放布施,迎请班禅,献曼扎、佛像、佛经、佛塔、衣服用具、马蹄银、银币、水晶石器皿、彩绸等礼物,他手捧曼扎高诵歌颂班禅身功德之词祝寿。班禅额尔德尼为迭部活佛、拉萨三大寺、康区及蒙古来的僧人、近郊寺僧共336人授比丘戒,为39人授沙丘戒。八世达赖喇嘛的兄长索朗扎西与内侍洛桑格敦前来,祝贺班禅额尔德尼37岁无灾无害。

三月十三日,噶厦出资设宴,达赖特使索朗扎西与洛桑格敦迎请班禅额尔德尼到会诵经酬补天母,敬献曼扎一具、佛像、佛经、佛塔、衣服用具、黄金5两、白银25升、长条茶多包,索朗扎西诵祝寿词。摄政诺门罕第穆活佛、诸噶伦的代表及洛桑格敦分别献礼,祝班禅健康长寿。十七日,达赖喇嘛的母亲平措旺摩、兄长索朗扎西在大经堂宴请班禅额尔德尼,献礼并祈寿。是时,内侍洛桑格敦告辞,班禅上书达赖喇嘛,献礼致谢,并祝达赖喇嘛身体安康,勤修经典。索本堪布主仆8人与执事一人前来向班禅报喀尔喀哲布尊丹巴之丧,献书信礼物,禀问灵童再世事宜,班禅受礼,摩顶赐茶款待。从小服侍大强佐洛桑金巴的管家巴丹达结病故,大强佐极度悲伤,班禅加以劝慰。

四月底,班禅额尔德尼应红帽派第十世活佛罗桑格勒塔耶晋美曲杰旺秀之请,为其主仆100人及钦差堪布洛桑贡噶热绛巴、喀尔喀德却叶当王的上师嘉钦孜巴噶钦洛桑群培、珠巴法王的慰问使者噶巴共僧俗200人授珠嘉传规《长寿灌顶》。

五月二十二日,班禅额尔德尼为由大强佐负责修建的吉祥金刚大威德佛殿举行开光仪典,众僧献礼谢恩,祝愿班禅额尔德尼长寿。

六月,作木朗王的使者晋谒班禅额尔德尼,呈献书信,并献名为“德波嘉”的宝驹一匹。此前几年不丹第悉宇达尔曾将噶积噶罗阇(王)捉拿入狱,噶积噶拉杂属下求助印度孟加拉之主(东印度公司),孟加拉之主与不丹第悉不和而发生战乱,致使不丹几处地方失陷,此地民众遭受灾殃。班禅耳闻惨情,于心不忍,便遣使说和,并寄书解劝说:“要考虑当前长久的利害关系,应和平相处”等。孟加拉之主奉班禅之命归还不丹地方,双方和解。十六日,班禅开始坐夏。

此前班禅额尔德尼派重孜仲然巴顷则洛桑次仁和其他3人前往印度供祭金刚座释迦牟尼的大菩提树、调伏优楼频螺迦叶的迦叶阁坞山、现在被称为毗舍厘城的广严城、波罗痆斯、帕格河(尼连禅河)等圣地,后者三人因酷热死于洛门地方。印度路远,气候炎热,道途常有毒蛇、野兽出没,强人盗贼,使人心惊胆战,而且各小国的国界有军士把守,困难重重。但此次重孜顷则洛桑次仁前往,依赖班禅额尔德尼之加持威力,每到一处,只要说明是吉祥大师所派供祭者,便会受到迎接欢送并作为挚友。行到波罗痆斯城,拜见孜德桑巴都尔王,呈献书信礼物,王于木座之上欣然接受,并大加奖赐。尔后,孜德桑巴都尔王遣使送行。半月后,到达金刚座,于贤劫千佛获菩提正果圣地金刚座大菩提像前献五种千供,按班禅额尔德尼教诲,发愿无上佛法弘扬千古,传遍大地,愿当今圣上万寿无疆,国政昌盛;愿贤良大德长生于世,事业宏伟;愿寺院伴侣同心同德,虔诚守戒,今世安乐,后世成佛,并厚供当地执事协吾热地等。当时“吉祥上师玛哈格茹(大喇嘛)之供祭者到达印度”之事,当地人人皆知,信仰观看者聚集,众人鼓掌以表恭敬,有献鲜花者,有献水牛酥油灯者,有献饭团者,皆按当地习俗奉献厚礼供物。尔后重孜顷则洛桑次仁返回波罗痆斯城,国王高兴地说:“尔等奉玛哈格茹之命作如此供祭,现欲返回甚善”。在波罗痆斯城供祭了名胜古迹,波罗痆斯王与军队首领拉拉噶希迷日玛拉派遣格桑欣布日与索巴热木随重孜顷则洛桑次仁进藏,向班禅呈献慰问信及礼物。书信译成藏文如下:“尊者仁布切,大遍知,若天地间众生之父母,拜读赐书仿佛面见,所赐绵缎黄金如护髻威德之承受,以上师旨意,为使使者比丘倾群则朝拜供养金刚座圣地,吾派人带路,比丘乘轿,发文书护照,通官联系,依其意趣,结朋交友,大行方便。今日返回,吾与噶希迷日玛拉同心同德,祈求班禅额尔德尼慈悲护佑,奖励吾之使者洛桑格欣布日与索巴热木,等于奖赏吾二人,再求上师赐予惠书,吾自敬献书信。此地情况比丘与二使者奏悉。另有礼物黄金制印度锦缎、噶希噶棉布,以及军队统制噶希迷日玛拉椤札字(龙文)之书信,礼物有金刚座大菩提神殿中的珍珠所饰时钟一盘、水晶石、象牙、白玉等器皿”。班禅额尔德尼为印度使者赐茶问候,派人向扎什伦布寺大佛像敬献印度噶希噶布制作的僧衣、哈达、千种供品,酬供诸护法神。以金粉镶镀重孜群则从印度金刚座带回墨石制作的释迦佛像与弥勒佛像,献五种百供。

七月三十日,班禅额尔德尼坐夏解制,为3000名僧俗民众摩顶加持,布施乞讨者。

八月十日,班禅额尔德尼为扎西孜夏仲夫人与色拉寺、哲蚌寺共60名僧人授珠嘉传规《长寿灌顶》,为42人授比丘戒,陈设食子供养护法。会见拉木护法神师达尔罕父子等60人。十八日,班禅额尔德尼献礼请求拉木护法降神,按照拉木护法授记于寝殿屋顶献馈劳食品,诵《战神颂词》。十九日,拉木护法神师向班禅额尔德尼献礼并祈寿。二十日,班禅额尔德尼为色拉、哲蚌、拉木等寺30人授比丘戒。

九月一日,班禅额尔德尼来到德央寺,施食供祭大梵天,祈求降神,并与大梵天护法神师为孜玛护法、噶嘉木护法面具诵经开光,为尽快灭除瘟病,祷嘱各护法禳解病魔,护佑寺院。德庆饶杰寺僧人表演舞蹈,千余名僧俗晋谒班禅。四日,祈请大护法降神,赐予扎什伦布寺熏烟香料、白芥子、神麦等。大护法、上师共诵吉祥金刚大威德与忿怒马头金刚陀罗尼咒。五日,班禅额尔德尼为色拉寺、哲蚌寺、安多地区僧人共39名授近圆戒,为前往桑耶寺会见摄政第穆活佛的卸任不丹第悉宇达尔赠送礼品。噶伦噶细公班智达的代表、作木朗王的信使、达颜都拉等北方蒙古客人谒见班禅。班禅从噶丹德庆饶杰寺派遣重孜巴群则洛桑次仁比丘去扎什伦布寺,向释迦佛像供献水晶石钵盂、珊瑚树、上等敬神哈达；向密宗札仓大威德金刚像供献兵器、哈达，诵传班禅新作吉祥词。十日，茨拉堪布噶钦洛桑顿珠从北京返回，向班禅额尔德尼呈献乾隆皇帝的诏金书赐物、御衣。诏书中说："朕曾降旨班禅额尔德尼，今精制无量寿佛像呈献。如是，班禅额尔德尼忠心于朕，吉祥如意，朕甚喜"。班禅额尔德尼赐茶款待洛桑顿珠，为30名蒙古僧授沙弥戒，为36人授比丘戒。十三日，拉木降神师从扎什伦布寺返回，禀奏班禅额尔德尼灵器灵物等一切供养治疗都很奏效，班禅额尔德尼闻言后大喜。十五日，会见拉木护法神师之强佐与印度数名瑜伽师，瑜伽师敬献披愣地区特产及宝剑一对。

十月一日，不丹第悉的联络员从桑耶寺来向班禅额尔德尼禀问不丹第悉准备去江孜之事，班禅会见并授教。班禅与从扎什伦布寺返回的大强佐、索本堪布、四经师等谈论佛事。二日，扎什伦布寺四大学院喇嘛献曼扎等礼物，祝班禅额尔德尼弘法利民，久住人世，祈请驾往扎什伦布寺，广转法轮。班禅受礼为四大学院喇嘛、侄子南杰次仁、哉务格隆洛桑扎西，以及蒙古、安多地区僧人授珠嘉传规《长寿灌顶》。印度瑜伽师布果(应是英国人波格尔)一行拜谒班禅，敬献水晶宝瓶等，班禅以印度楞札语与他们对话。二十五日，班禅额尔德尼与21名僧人共行胜乐、自生会供曼扎、贤劫法事、结行灌顶。为其他寺院214名僧人授比丘戒，为58人授沙弥戒。班禅额尔德尼还会见噶玛巴司徒活佛的报丧使者、南木林宗本主仆、官贵等人。

十一月七日，噶丹德庆饶杰寺宴请班禅额尔德尼及侍从。班禅受礼，回赐曼扎、绸缎、长条茶，向僧会施放斋僧茶、僧饭12次，发给每名僧人白银3钱、哈达一条。十二日，班禅额尔德尼从噶丹德庆饶杰寺起驾，准备前往扎什伦布寺，德庆饶杰寺于隆桑多地方举行宴会送行，班禅额尔德尼为各位欢送者、迎接的仪仗队和歌舞者及其他僧俗官员摩顶，当晚住宿扎西孜，在此休息3日。十七日，当班禅额尔德尼驾临日喀则大桥东岸时，1000多支马队迎接，班禅为100名僧人摩顶加持。扎什伦布寺、那塘、岗建群培、夏鲁、嘉钦孜等寺共几千名僧人手持胜幢供品，部落男女几百人载歌载舞迎接班禅额尔德尼到扎什伦布寺噶丹寝宫。十八日，班禅额尔德尼升上扎什伦布寺大经堂金刚宝座，经师堪布仁布切、四大学院喇嘛、兑桑林札仓活佛、拉达克王子、森本强巴林堪布、摄政诺门罕第穆活佛信使、萨迦寺卓尼尔、印度孟加拉地方的布果萨海巴主仆、波罗痆斯王孜德桑巴都与噶希协日玛的代表格桑主仆、喀尔喀代表、青海王室代表、日喀则宗本等列座，受拉章设宴款待。其后，班禅额尔德尼莅临供养新建的9种无量寿佛像的长寿仪轨神殿，向诸佛像塔献供品哈达，向殿中的主像献银曼扎，发愿弘法利民，诵经开光。次日，四大札仓喇嘛、各札仓、各米村、诸侍从宴请班禅，上述诸位客人、协巴桑波活佛、班蔡代本、各札仓、米村执事等列座。二十五日，鄂尔多斯贝勒的喇嘛阿旺赤列请班禅到法会献礼并祈寿。二十六日，班禅额尔德尼莅临密宗札仓，向护法殿佛塔与黄吉祥天女像供献祭品。各位喇嘛于午宴时，向班禅敬献厚礼，感谢为佛殿顶建制金铜经幢。大密乘师献七政宝、八瑞相。二十九日，班禅额尔德尼设宴款待印度布果萨海一行。

十二月十三日，吉康札仓宴请班禅额尔德尼，会上班禅为忿怒大红司命主护法献供战刀及祭品，行酬补仪式。班禅额尔德尼会见前往锡金、廓尔喀调解纠纷的噶厦卓尼尔夏鲁堪布。萨迦寺达钦、帕巴拉活佛、噶伦噶细公班智达、桑珠寺派人前来向班禅献书信礼物。二十二日，班禅额尔德尼设午宴招待桑顶活佛，一起谈论佛事。其后，班禅先后6次莅临法会作佛事，会见廓尔喀王使，用楞札语与使者交谈。

1775年　木羊年　乾隆四十年　38岁

一月，商贾宇拉巴、僧官旺堆、伍由札噶寺僧人在法会上向班禅额尔德尼献礼并祈寿，班禅分别予以回赐，先后会见结布活佛、噶伦札萨克喇嘛的代表昂索卓结主仆、文书平措扎西等僧俗多人。十一日，班禅额尔德尼会见代本姜洛建巴、锡金的领主等。十九日，班禅额尔德尼莅临日光殿向印度金刚座佛殿模型及乾隆皇帝所赐七佛献五种百供，同护法殿僧人共行洗礼、供祭仪式，向忿怒大红司命主护法神献供神饮。二十日，应桑顶活佛请求，班禅额尔德尼传授温萨耳传《百种长寿灌顶》。二十七日，协噶寺献礼并祈寿，班禅额尔德尼给予回赐。回书八世达赖喇嘛，由森本师强巴林堪布转交。班禅为扎什伦布寺、色拉寺、哲蚌寺共105名僧人授比丘戒。

二月二日，班禅额尔德尼会见桑顶活佛，就佛事进行详细交谈。九日，班禅额尔德尼会见红帽活佛的强佐、赛·仁钦孜宗本主仆。十四日，班禅额尔德尼厚赐桑顶活佛，为鄂尔多斯大贝子的上师白图巴旺赤列主仆饯行。

十七日，班禅额尔德尼先后为土尔扈特旺嘉贝勒的代表饶贤巴主仆30人、札雅小活佛的报丧使者佐巴主仆、噶厦熬茶官摩顶赐茶款待。土尔扈特贝勒的代表、札雅活佛之管家、拉洛活佛管家等向班禅献礼并祈寿。班禅为康区、蒙古、色拉、哲蚌等地方和寺院的249人授比丘戒。

三月三日，乾隆皇帝降旨说："班禅额尔德尼所献无量寿佛像精制壮观，现已供养于室，今需建造5方佛像、8菩萨像及观世音、集密、胜乐、大威德、阎摩法王、吉祥天女、欢喜金刚等像进献。身量图样寄尔，费用已付予带送赏赐物的堪布。望速行建造，工巧务必完美，于猴年(1776年)进京呈献"。另有章嘉仁布切的说明书等，由噶厦孜仲察德群则主仆转呈班禅额尔德尼，班禅为其摩顶赐茶款待，并回书乾隆皇帝。七日，班禅额尔德尼会见大札雅活佛巴丹丹贝坚赞。午后宴请布果(波格尔)萨海与巴达主仆，介绍卫地情况，回赠衣服等礼物，回书饯行。十二日，班禅额尔德尼为札雅活佛、代本班蔡巴、噶丹群科寺堪布摩顶加持，会见征集黄金官及其他客人。二十二日，班禅额尔德尼与红帽活佛主仆会晤畅谈。当时，金铜制千首千臂白伞盖佛母像落成，高一尺半，以各种珍宝镶饰，内置四舍利，班禅主持举行开光仪典，布施僧众。为修缮绒强钦寺的屋檐，班禅捐助黄金100古尔肖，长条茶3包；为维修拉木绛曲觉寺佛殿壁画，捐助金箔40000张、朱砂55两、黄金3两。二十七日，嘉绒绰斯甲土司前来拜谒班禅额尔德尼并献礼。

四月二日，班禅额尔德尼为大札雅活佛主仆、色拉寺、哲蚌寺共100多名僧人始讲《菩提道次第引导方便道论》。五日，大札雅活佛迎请班禅额尔德尼到法会献礼祈寿。十五日，班禅额尔德尼为大札雅活佛、大译师洛桑丹增坚赞等45人授比丘戒。

五月十八日，不丹第悉使者向班禅额尔德尼奉献慰问礼物。翌日，班禅额尔德尼厚赐印度噶希王使者格桑布日主仆。同时为噶希迷日玛拉、噶希拉杂回书送礼。二十二日，蒙古甘珠尔喇嘛墨尔根法王于寝宫拜谒班禅额尔德尼，并献礼祈寿。第穆活佛负责修缮耶寺，噶厦捐助白银500两、黄金45古尔肖，班禅资助白银350两，供祭神殿与大菩提塔。

六月二日，班禅额尔德尼应大札雅活佛与诸位侍从请求，作《时轮祈愿释》与《长寿祈祷》，供诸侍从诵读，并传授《菩提道次第引导方便道论》《集密根本续》《香巴拉路引》等。五日，大札雅活佛出资与日光殿与密院20名僧人进行胜乐仪轨法事，班禅额尔德尼亲临法会，接受曼陀罗、佛像、佛塔、佛经、白银、茶叶、绸缎等礼品。六日，班禅额尔德尼为札雅活佛主仆授珠嘉传规《长寿灌顶》，赐予佛像、金银、绸缎，同时分别赏赐诸随从。为他寺僧15人授比丘戒，为18人授沙弥戒。

七月一日，应格贵萨隆巴噶钦洛桑琼增请求，班禅额尔德尼在莅临僧会始讲《菩提道次第引导方便道论》。十九日，举行百次会供，会上班禅额尔德尼为扎什伦布寺僧人与他寺来僧共5000人举行依寂天班禅传承"大乘发菩提心"仪式，奖励密宗札仓参加诵经音调考试的僧人。三十日，日蚀。班禅额尔德尼派人向日光殿及印度青铜佛像神殿等献五种百供，为供养四面大梵天护法法会提供费用。

八月七日，乾隆皇帝降旨驻藏大臣，请班禅额尔德尼协助噶厦解决嘉绒饶丹等地方民众移住协地一事，班禅派卓尼尔饶旦前去协助办理。十七日，卓尼尔群则与噶厦所派调解锡金与廓尔喀纠纷的班蔡代本、夏鲁堪布等返回，班禅额尔德尼会见他们，并赠礼物。二十五日，会见即将往赴拉萨的杰仲喇嘛益西坚赞，畅谈佛事，赠送礼物。同时致书八世达赖喇嘛、第穆呼图克图、普布觉活佛，表示慰问，向两尊释迦佛像献供哈达。

九月十日，钦差噶钦丹增桑波主仆向班禅额尔德尼呈献乾隆皇帝诏书及玉兔神母像、珍珠念珠等礼物，班禅受礼后，问乾隆皇帝安康，设宴款待钦差。同时，收到六皇子、宫内上师、诸位大臣、外蒙古喇嘛等人的礼物。

十月二日，班禅额尔德尼为若尔盖土司索朗扎巴与贡波饶旦、卓尼地区僧俗客人摩顶，赐茶款待索朗扎巴等。三日，班禅接受热振寺阿然巴之侄子所献四世班禅赐予乃居饶降巴的翁则曲央嘉措的"十二本生"手写本及乃赛护法画像，是夜梦见牧民多人前来拆除寓房。翌日，班禅额尔德尼酬补乃赛护法，将画像供养于护法殿。九日，驻藏大臣恒秀与噶伦前来晋谒会见，班禅设宴招待。十日，驻藏大臣恒秀献曼扎、绸缎数匹、器具、玻璃器皿，虔诚请求加持护佑。班禅额尔德尼为若尔盖等地324名僧人授比丘戒。十八日，班禅额尔德尼分别为驻藏大臣恒秀、噶伦赠送佛像、香料、衣服、白银等，设宴饯行。二十日，班禅额尔德尼派遣强夏巴洛桑克却去拉萨慰问八世达赖喇嘛，祝贺其开始修习《般若经》。

1776 年 火猴年 乾隆四十一年 39 岁

一月四日，班禅额尔德尼为顿纳夏仲与喀尔喀坚白多杰诺门罕的代表等 200 人饯行。噶玛噶举派黑帽活佛、嘉察活佛主仆 150 人从曲普前来拜谒，班禅设宴交谈。从六日起，札萨克噶丹额尔德尼岱钦、拉卡喇嘛、达赖呼图克图的代表、图旦吉浦寺僧人先后献礼并祈寿，吉浦巴请求班禅授教。九日，班禅额尔德尼为札萨克噶丹喀尔德尼岱钦、察甘诺门罕代表、青海恰多尔贝子的代表、蒙古夏仲、达赖呼图克图的代表赠送器物、香料等礼物饯行。赐给札萨克噶丹喀尔德尼岱钦供祭玛沁大护法之供品，有披愣箭、印度刀、迦尸迦金线布、题字哈达等。十日，班禅额尔德尼为 500 名蒙古僧人及祈愿者共 1000 人授《长寿灌顶》。十五日，班禅额尔德尼分别于日光殿与佛殿会见噶玛黑帽派活佛、红帽活佛及嘉察活佛、赛·仁钦孜宗本等僧俗多人。二十日，班禅额尔德尼为噶玛黑帽派活佛、红帽活佛、嘉察活佛主仆赠送佛像、衣服、金银、缎匹，赏赐诸位侍从，授珠嘉传规《长寿灌顶》。为前后藏、康区、蒙古等地 408 名僧人授比丘戒。

二月五日和六日，班禅额尔德尼与噶玛黑、红帽二位活佛商讨佛法、众生之大事。十八日，代本班蔡巴调解锡金与廓尔喀纠纷后返回，班禅额尔德尼摩顶赐茶款待。

三月二日，班禅额尔德尼会见负责新写金字《甘珠尔》与《丹珠尔》的文书艾、涅二人及其随从共 100 人。九日，八世达赖喇嘛准备去哲蚌寺相学院学习，派人前来求卜是否顺遂，班禅额尔德尼即刻回书。十六日，班禅额尔德尼会见廓尔喀的代表。十八日，乾隆皇帝的诏书、哈达由驿站转呈班禅额尔德尼，说明驻藏大臣留保柱替换伍弥泰之事。

四月一日，班禅额尔德尼派卓尼尔巴丹桑波向八世达赖喇嘛敬献曼扎、佛像、佛经、佛塔、衣服用具、白银 50 两，祝贺他于哲蚌寺修习《般若经》，向哲蚌寺施放斋僧茶 21 次，施予每名僧人哈达一条、尼泊尔银币一枚。三日，班禅额尔德尼为喀尔喀赛因诺颜的信使 40 人、驻藏大臣留保柱的特使、法官摩顶，回书驻藏大臣。十四日，驻藏大臣书告班禅额尔德尼，说明乾隆皇帝派大军收服嘉绒金川，逮捕罪犯，解往京城，使多康地区安乐太平之事。班禅额尔德尼获悉此情，立即修书上奏乾隆皇帝，并献青铜佛像 4 尊，由驿站呈送。十八日，班禅额尔德尼会见锡金佐钦活佛，授《长寿灌顶》。于此前后，班禅为喀尔喀、色拉寺、哲蚌寺、平措林、尼木等地共2097名僧人授比丘戒，为21人授沙弥戒。

五月一日，喀尔喀额尔德尼王的代表托云桑杰坚赞与喀尔喀札雅班智达的经师拉然巴格西先后在寝室、僧会向班禅额尔德尼献礼并祈寿。六日，班禅额尔德尼为喀尔喀哲布尊丹巴的报丧使者坚白多杰诺门罕及代表诸官员来问安的库伦格贵、喀尔喀齐等人摩顶赐茶款待。十一日，班禅额尔德尼会见料理北方教主哲布尊丹巴丧事的坚白多杰诺门罕、贝子顿珠多杰、穆潘多杰公、札萨克却松嘉布、巴图尔王子、札萨克桑佩多杰、库伦格贵、喀尔喀齐、联络员加尔果琪、笔帖式、包雪卡等300余人。拉木护法降神作空行迎接禳解法会赎身，班禅献礼谢恩。十二日，喀尔喀代表迎请班禅额尔德尼到法会献回向礼白银45大升，请求诵经。十三日，坚白多杰诺门罕于僧会献厚礼，价值白银10000两，并诵经祈寿。十五日，班禅额尔德尼莅临杰杰纳噶斋禁法会，礼拜缎面弥勒大佛像，设宴款待坚白多杰诺门罕等汉族、蒙古族喇嘛官贵、拉木护法神师、印度瑜伽师、克什米尔、尼泊尔客人共1000多人。十六、十七日，穆潘多杰公、喀尔喀德却伊勒顶王、达尔结大贝子等人之代表在寝殿向班禅额尔德尼献礼并祈寿。十八日，札萨克桑佩多杰、曼珠室利活佛、贝子顿珠多杰、札萨克却松嘉布、浑台吉等于僧会向班禅额尔德尼献礼并祈寿，班禅分别摩顶问候。二十日，拉木护法神师额尔德尼法王迎请班禅额尔德尼到僧会献礼并祈寿。二十二日，班禅额尔德尼开始为拉木护法师传授阿底峡传承《二十一度母修念随许法》，共三日。二十三日，拉木护法师莅临日光殿降神，喀尔喀代表禀问哲布尊丹巴灵童转世一事。护法授记："达赖喇嘛兄索朗扎西之子生于羊年，定是哲布尊丹巴之灵童"。此事经驿站报知拉萨的两位驻藏大臣。之后，班禅为蒙古僧411人授比丘戒，为80人授沙弥戒，为14人授居士戒。

六月三日，班禅额尔德尼为萨迦寺、平措林寺僧人摩顶加持。十六日，班禅额尔德尼在大经堂设宴款待喀尔喀坚白多杰诺门罕、贝子、都热公、宰桑、嘉尔布、包雪卡等，赠给诺门罕佛像、香料等礼物，以及书信、坐垫、马匹；向诸官员赏赐佛像、香料等。在诺门罕的请求下，传授《度母修行法》《一百零八度母相释》《吉祥大威德自入法》等。喀尔喀克贝公之子浑台吉请求传授比丘戒，但因皇帝降旨要他子承父业，未能使彼如愿。尔后，浑台吉又请求传授沙弥戒。台吉看清未出家的罪业极想削发为僧,但皇帝与父母不许,未落发须、未着僧衣者,受沙弥戒乃佛法不容。但视其虔诚佛法,班禅遂给他授居士戒,谕其"笃信佛法,除不邪淫外严守五戒"。台吉因父克贝公罪业甚深,请求班禅作诗除恶赎罪。二十六日,应库伦格贵的请求,班禅额尔德尼莅临法会开始讲授诵传自己的文集。先后为下密院僧30人授比丘戒;为5人授沙弥戒。

七月,《首楞严经》与《米拉日巴传及道歌》刊印完毕,班禅作抛洒神麦祝赞仪式。十八日,应格贵噶钦洛桑丹增请求,班禅额尔德尼将《毗奈耶经》与《菩提道次第论》结合讲授四日,会后举行发菩提心仪式。

八月二日至十日,应时轮学院请求,班禅额尔德尼于寝宫讲授《外时轮日月星辰世间转轮法》《内时轮人体脉、气、精转轮道理》《别时轮依曼扎修行远离五蕴障而获无始第一佛果位之道》。

九月一日,班禅额尔德尼为上下密院与其他寺院僧105人授比丘戒。十五日,班禅额尔德尼身体欠安,医师调解护理,食子供养密室四面怙主,祈祷禳灾,不久康复。十六日,授毕《集密四家合注》。之后,班禅为众金刚弟子行内外密三供,按仪轨讲授《续释灌顶》。大师格西益西坚赞主仆赐物饯行,新作班禅额尔德尼本生启白,为105人授比丘戒。十九日,噶厦派人来献乾隆皇帝所赐三世佛像、四大天王像、靠背垫、坐垫、锦缎数匹、玻璃器皿等,班禅额尔德尼高兴受之,遂行供祭,发愿乾隆皇帝幸福长寿,国泰民安。

十月二日,印度瑜伽师巴热布日等外道行者10人晋谒班禅额尔德尼,献鹦鹉6只、印度带鞘宝剑两柄、猴子、小狗7只、印度羊等,班禅和他们亲切交谈。二十日,班禅额尔德尼为他寺来的僧人93名授比丘戒,为9人授沙弥戒。

十一月三日,班禅额尔德尼收到八世达赖喇嘛、摄政者第穆诺门罕、噶厦联合呈献的于明年四月佛祖降生日向八世达赖喇嘛传授灌顶、随许法的邀请信,回信决定于明年二月赴拉萨。十三日,班禅额尔德尼派人前往印度慰问孟加拉之主巴拉萨海,供祭印度各大圣地。三十日,青海察罕诺门罕主仆200人前来晋谒,班禅额尔德尼于修行禁区会见了察罕诺门罕一人。

十二月一日,班禅额尔德尼结束静修。为察罕诺门罕、青海贡却王代表、晋美贝勒、柴达木班觉札萨克、穆居贝子等3名官贵代表及北方客人、康区500人摩顶。五日，应曲迥嘉布贝勒、晋美贝勒、图萨拉琪、察罕诺门罕请求，班禅额尔德尼莅临大经堂准备传授《十一面观音灌顶》，次日正式授灌顶。从十日开始，班禅额尔德尼先后为安多201名僧人授比丘戒，为108人授沙弥戒。十三日，班禅额尔德尼为察罕诺门罕传授《百次长寿灌顶》，为全体蒙古僧人传授《长寿灌顶》《密宗事部三怙主陀罗尼经》《大慈悲十一羯磨集》等，赐佛像、圣物、香料、书信。

1777年 火鸡年 乾隆四十二年 40岁

一月七日，班禅额尔德尼与经师、密乘经师、密院佛殿师及60名僧人共同于日光殿举行护法酬补仪式。二十八日，章嘉国师派人向班禅额尔德尼敬献上等缎面9尊无量光佛画像一幅。当月，班禅额尔德尼先后为45名修行僧授近圆戒，为101人授沙弥戒。

二月一日，应大译师仁钦桑波转世灵童洛桑丹增坚赞与吉康札仓上师益西才旦二人的请求，班禅额尔德尼详细讲授《噶丹精要十六灌顶》。班禅额尔德尼接到驿差送来的八世达赖喇嘛、两位驻藏大臣、诸位噶伦关于摄政第穆呼图克图于一月二十二日病逝的信函及回向礼品后，心情极度悲伤，立即诵经超度，委派卓尼尔洛桑格敦携带金银绸缎等物，前往拉萨吊唁。五日起，班禅额尔德尼在5天内向诸佛殿献供五种百供、敬神哈达，拜谒佛像塔。向大护法殿及兄妹护法殿献哈达、供品，行酬补仪式，发誓利益佛法众生，不生内外之害，托付事业。六日，夏鲁寺堪布、孜本等上百人、及哲蚌寺僧人等迎驾者乘马先后抵达，向班禅额尔德尼呈献了八世达赖喇嘛、驻藏大臣、诸位噶伦的慰问信，班禅赐茶问安。十日，班禅额尔德尼为扎什伦布寺4位经师、格贵、勒参巴等人摩顶。经师请求说："向达赖喇嘛献心满意足之教法后，为了消除一切灾害，必须速回扎什伦布寺"。班禅欣然应允。

共通历的二月六日，班禅额尔德尼一行离开扎什伦布寺，起程前往拉萨，附近僧俗众人、仪仗队、歌舞队于桥东设灶送行，班禅为他们摩顶赐物。次日，驾临温萨寺休息3日，在僧众大会上讲授《白伞盖佛母修念法》。十日，班禅额尔德尼离开温萨寺，温萨寺设灶送行。十八日，班禅额尔德尼驾临扎西孜，会见了普布觉活佛。之后，会见前来迎接的八世达赖喇嘛的叔父主仆、经师赤仁布切索本等人，摩顶赐茶款待，进行详细交谈。十八日，班禅额尔德尼驾临扎西孜,会见了普布觉活佛。在驻锡南木地方时,为前来迎接的四噶伦、公爵、札萨克、代本、仲科尔等主仆百余人摩顶赐茶。噶伦噶细公代表八世达赖喇嘛献上等哈达,班禅予以回赠。十九日,班禅额尔德尼等人于聂塘卓玛佛殿用午膳时,供献百供、上等哈达等,发愿弘法。为察罕诺门罕的信使额艾强佐与驻藏大臣恒秀的信使等摩顶。在堆龙会见留保柱大臣的信使乃辛孜仲与加尔果琪、笔帖式管家。二十日,班禅额尔德尼驾临索措拉瓦的噶厦设灶迎接地方时,驻藏大臣恒秀、留保柱、加尔果琪、笔帖式四噶伦、两位杰仲、公爵、札萨克、代本、孜雪卓尼尔、仲科尔、察罕诺门罕、拉萨四茹头领、游牧人、克什米尔人、尼泊尔人共700多人乘马迎接,班禅额尔德尼为他们摩顶,赐茶款待各位官贵。从此前往布达拉宫,在日光殿与八世达赖喇嘛会晤,热情叙旧。随后,噶厦于大经堂举行盛大宴会,宴请八世达赖喇嘛与班禅额尔德尼。班禅为前来拜见的恒大臣、留大臣、加尔果琪、笔帖式、宇贝、总爷、四噶伦等人摩顶,会见下密院堪布、喇嘛翁则、哲蚌寺数名喇嘛、嘉赛活佛、阿里活佛、察罕诺门罕、卡尔多活佛、达普活佛、散木巴活佛、八世达赖喇嘛的母亲平措旺摩、霍尔康萨札萨克、孜本嘉廓瓦、周康强佐、却本德周堪布、迭部活佛等人,摩顶赐茶款待。二十九日,班禅额尔德尼接受恒大臣所献玻璃器具与缎子等礼物后,设宴招待。

三月一日,班禅额尔德尼自任施主于大经堂宴请八世达赖喇嘛,献曼扎、佛像、佛经、佛塔,衣服用具、黄金3包、马蹄银111锭等厚礼,诵经祝愿达赖喇嘛莲足坚固,永驻人世。班禅为两位驻藏大臣、加尔果琪、笔帖式、总爷、粮官、四噶伦赠送上等哈达、佛像、香料、白银、绸缎等礼品。二日,班禅额尔德尼向拉钦仓巴钦巴护法献礼,托付事业,为达赖喇嘛传授《马头明王密修法》《忿怒梵天舍命法》《白度母如意轮随许法》。三日,班禅额尔德尼赐给恒大臣佛像、香料、氆氇等,作为其离任的告别礼物。四日,班禅额尔德尼在三界尊胜殿开始为八世达赖喇嘛、经师噶丹赤仁布切、经师法王洛桑群培、普布觉活佛、热振活佛、嘉赛活佛、察罕诺门罕、阿里活佛、参夏堪布、身前内侍以及色拉、哲蚌、甘丹三大寺在任和卸任赤巴、格西、修行僧数名等共百余人传授《菩提道次第引导方便道论》,八世达赖喇嘛赠送银曼扎等礼品,表示感谢。五日,米达赖喇嘛、班禅额尔德尼于日光殿会晤驻藏大臣等汉藏官员,并礼拜乾隆皇帝画像。班禅于会供祈愿法会用午茶,给19172人每人布施尼泊尔银币一枚，以及其他礼物。第三轮晚茶时，班禅再为 19172 名僧人施予银币各一枚及礼物，诸僧献礼谢恩。六日，甘丹寺邀请班禅额尔德尼、八世达赖喇嘛到大经堂祝寿，班禅为诸僧摩顶。为了使给达赖喇嘛授戒、传授教法没有任何障害，班禅派人为色拉寺、哲蚌寺、甘丹寺、格夏札仓、上下密院、热振寺、密乘林施放斋僧茶各 5 次，发给 14924 名僧尼尼泊尔银币各一枚；为前藏南北 170 所寺院施放斋僧茶各 5 次，布施 14388 名僧人哈达各一条、尼泊尔银币半枚及其他礼品。为群科杰寺、沃喀精其寺等寺院为期两个月的酬补护法法会提供全部费用，合银 16136 两。

十日，获悉乾隆皇帝的母亲崇庆皇太后在本年正月二十三日去世的消息，乾隆皇帝给班禅额尔德尼的敕谕说："奉天承运皇帝敕谕班禅额尔德尼，前世达赖喇嘛、班禅额尔德尼，自太宗皇帝始即遣使请安，虔诚纳贡，忠心耿耿。太宗皇帝崇尚黄教，福佑全藏之民，百载有余矣。自圣祖皇帝以来，每遇大事，概行熬茶、馈赠、诵经。今大行皇太后圣母玉体染疾，倏然升遐……朕顿失倚靠，欲忍不能，五脏忧焚。西藏乃弘扬黄教、振兴释教之地，朕特为大行皇太后修善祈福，遣使熬茶、馈赠、诵经。班禅额尔德尼尔等众寺庙大小喇嘛，衷心祝祷三宝，求佛超度，敬诚诵经。特敕尔班禅额尔德尼，并赐尔 30 两重银茶筒一个、银瓶一个、银盅一个、大小哈达各 10 方、绸缎 12 匹。为大行皇太后诵经之扎什伦布、甘丹、色拉、哲蚌四寺，各赐银 1000 两、大哈达各 100 方、小哈达各 1000 方、茶各 100 块。赐各寺布施银 4000 两、小哈达 4000 方、茶 1000 块。一并交付使者乾清门二等侍卫佛尔清额、乾清门头等侍卫值班章京多隆杲、札萨克喇嘛罗桑多吉、副大喇嘛乌布德、查干喇嘛寺庙大喇嘛拉克巴朋楚克、员外郎舒伦岱、主事都依齐等赍往，到时祇领。"接此敕谕后，班禅供祭布达拉宫佛塔，诵经超度亡灵，献给八世达赖喇嘛的回向礼有：黄金一两、马蹄银 4 锭等。八世达赖喇嘛向班禅额尔德尼回敬白银 5 大升等。随后，师徒二人同百名僧人诵经超度皇太后亡灵，祈祷于净土安乐。当时，班禅额尔德尼在扎什伦布寺及其各个子寺施放斋僧茶，要求僧众诵经为皇太后超度亡灵。经驻藏大臣同意，派堪布饶贤巴摄带书札礼品进京慰问乾隆皇帝。十九日，班禅额尔德尼授完《菩提道次第引导方便道论》，于三界尊胜殿举行盛大会供及发菩提心法会，由八世达赖喇嘛提供经费。班禅额尔德尼开始为八世达赖喇嘛传授《长寿马头明王双运灌顶法》《白布禄金刚随许法》等。二十五日,班禅额尔德尼派人前去德庆地方迎接替换恒秀大臣的新任驻藏大臣恒瑞。班禅额尔德尼在会见新任驻藏大臣时,问乾隆皇帝安康,并恭受乾隆皇帝赐物。索·噶丹佩杰林、巴塘德庆康萨女土司格桑曲仲、马尔康台吉、噶厦卓尼尔、运粮官等各献礼物,班禅为他们摩顶,予以回赐,赐茶款待八世达赖喇嘛的姑母杰增玛与色拉协札仓卸任喇嘛。

四月一日,班禅额尔德尼与恒大臣亲切交谈。二日,为察罕诺门罕主仆百余人传授《皈依颂》《兜率上师瑜伽论》等。五日,班禅额尔德尼为八世达赖喇嘛姑母杰增玛主仆20多人授持斋戒。摄政第穆呼图克图去世后,八世达赖喇嘛闻其功德,上奏书请求委任额尔德尼诺门罕阿旺楚臣接替摄政职务,班禅获悉后联名上奏。随后,班禅为留大臣摩顶,举行宴会交谈,互送礼品。班禅为卡尔多活佛、色拉密乘喇嘛的转世灵童、本琼大喇嘛的转世灵童等51人授沙弥戒。在扎西沃拔灵塔之前,班禅额尔德尼亲自作堪布,经师洛桑群培作羯摩师,格西洛桑班觉作教授师,10名僧人作见证,为赤钦诺门罕罗桑益西丹巴饶杰授沙弥戒和比丘戒,赤钦诺门罕献礼谢恩。班禅回赠释迦佛像、上等哈达。

为了在觉卧释迦牟尼像前给八世达赖喇嘛授近圆戒,十一日班禅额尔德尼陪同八世达赖喇嘛从布达拉宫起身,色拉、哲蚌两寺喇嘛、活佛、执事、两位驻藏大臣、嘉尔布、四噶伦、仲科尔等随着色拉、哲蚌、木茹、宇德等寺僧人组成的仪仗队次第来到大昭寺噶丹央孜寝宫。从即日起,在大昭寺居住期间,师徒每日会晤,其中两日班禅为八世达赖喇嘛献浴。十五日,班禅额尔德尼作堪布,经师阿旺曲札做羯摩师,经师洛桑群培作教授师,赤钦洛桑丹巴作知时师,察罕诺门罕洛桑图旦格勒坚赞作大仙胜器布施师,下密院绛孜洛桑曼朗、夏孜法王洛桑丹佩、上密院堪布洛桑金巴、哲蚌寺嘉瓦喇嘛丹增琼桑、密乘喇嘛洛桑喜饶、持律师洛桑曲达、郭莽罗曼格桑艾智、洛萨林喇嘛洛桑金巴、德央喇嘛迥乃扎巴、夏廓喇嘛伦珠嘉措、色拉协喇嘛强巴云丹、色拉堆喇嘛仁钦勒巴、曼喇嘛格桑南杰、密乘师洛桑衮钦、噶丹绛孜喇嘛洛桑赤列、夏尔孜喇嘛曲旺嘉措、喇嘛年扎、却本德周堪布、喇曼恰噶瓦、诵咒者噶钦洛桑协涅、教显侍从噶钦洛桑索巴、噶钦洛桑顿珠等25人作见证,给八世达赖喇嘛罗桑丹贝旺秀强白嘉措传授白四业仪轨之近圆戒(比丘戒)。八世达赖喇嘛向班禅额尔德尼赠送曼扎等厚礼,分赐其他各位师长。班禅额尔德尼回赠上等哈达、曼扎、释迦如来佛像等缘起礼物。两位驻藏大臣、察罕诺门罕、色拉寺、哲蚌寺、各扎寺、四噶伦、孜雪仲杰、各大部落等向师徒二人献礼供养。下午,班禅额尔德尼、八世达赖喇嘛、南杰札仓30名僧人共同酬供吉祥天女。在噶厦向吉祥天女像献供哈达、供品的同时,班禅额尔德尼献敬神哈达、珊瑚念珠、火枪等,赏赐诸诵经僧。十六日,噶厦于大昭寺庭院举行盛大宴会,邀请班禅额尔德尼、八世达赖喇嘛,敬献曼扎,佛像、佛经、佛塔、衣服用具、黄金3包、白银150升。八世达赖喇嘛从宝座上站起来,手捧曼扎,歌颂班禅额尔德尼的三密功德,诵词感谢班禅授戒之恩。班禅额尔德尼上书乾隆皇帝,说明为八世达赖喇嘛授戒情况。二十三日,班禅拉章出资设宴,向八世达赖喇嘛敬献曼扎、佛像、佛经、佛塔、衣服、日用器皿、黄金3包、马蹄银121锭等厚礼表示祝贺。扎什伦寺布四大学院上师、各方寺院上师、各庄园、部落民众等共献礼,折银3050两。班禅手捧曼扎,高声颂扬八世达赖喇嘛功德及祝寿词。班禅赠送给四噶伦上等哈达、白银大升、绸缎等11件,奖赐了诸位经师,向驻藏大臣赠送哈达、佛像、香料、氆氇等,按照职位高低大小分赠各位官员。班禅额尔德尼还会见了桑顶活佛,进行了详细的交谈。二十三日,察罕诺门罕于大庭院宴请班禅额尔德尼和八世达赖喇嘛,向班禅额尔德尼敬献曼扎、身、语、意“三所依”、衣服、用具、白银、绸缎、茶叶、棉布等厚礼。这一日班禅额尔德尼为扎西迥活佛等501人授比丘戒。二十四日,班禅额尔德尼达赖喇嘛师徒二人离开大昭寺返回布达拉宫。二十六日开始,应留保柱大臣之请,班禅额尔德尼连续两日讲授《独雄大威德大灌顶》,坐听者还有普布觉活佛、嘉绒群则等,留大臣以虔诚之心提供费用。二十七日,扎什伦布寺吉康札仓经师逝世,报丧使者向班禅额尔德尼献回向礼,班禅诵经超度亡灵。班禅为下密院等336名修行僧授比丘戒,为色拉、哲蚌、噶丹、上下密院、南杰札仓、密乘噶蔡、热振等寺施放斋僧茶各两次,施予12617名僧人哈达各一条及其他礼物。

五月一日,班禅额尔德尼于三界尊胜殿给八世达赖喇嘛授完《菩提道次第释论》。二日,班禅额尔德尼为桑顶活佛主仆饯行。三日,班禅额尔德尼为拉木降神师与堪布赠送礼物饯行。五日,为了圆满八世达赖喇嘛的心愿,清除一切障害,乃琼、拉木、桑耶寺护法神师等降神,八世达赖喇嘛向各护法献武器、供品。与此同时,班禅额尔德尼亦供献哈达、金碗等供品。六日,察罕诺门罕告辞，班禅额尔德尼赐物饯行。班禅额尔德尼为八世达赖喇嘛浴身，讲授《大黑鹏随许法》。从八日开始，诸位噶伦、拉嘉里巴、各僧俗部落、前藏大部落、后藏大部落、前后藏5名代本等先后于大经堂举行宴会，招待班禅额尔德尼、八世达赖喇嘛师徒二人。南杰札仓僧人诵《尊胜佛母长寿经》为两位救主祈寿。班禅讲《菩提道次第释论》至二十七日全部授完。八世达赖喇嘛与诸位听讲者为了感谢班禅额尔德尼，献曼陀罗、马蹄银6锭、黄金178古尔肖。班禅额尔德尼把这些全部回送给噶厦，用于建造七世达赖喇嘛格桑嘉措像。

六月四日，班禅额尔德尼为两尊释迦佛像献千供，向七世达赖喇嘛扎西沃拔灵塔献五种百供，向诸塔供献哈达。班禅额尔德尼为八世达赖喇嘛、两位经师、热振诺门罕、普布觉活佛、嘉赛活佛、八世达赖喇嘛的叔父、两位兄弟、内侍、嘉绒群则、8名显教师等人讲授印度班智达阿巴雅噶拉的《金刚鬘灌顶》中的《随持弟子仪轨》，次日讲授其中的《弟子预备法》。六日，班禅额尔德尼给八世达赖喇嘛传授《吉祥集密文殊金刚大灌顶》。七日，班禅额尔德尼开始传授《胜乐轮转六灌顶》，师徒二人身着黑茹迦（胜乐本尊）服装，围绕着置有伞盖、胜幢、各种乐器之坛城，口诵咒语。至七月七日，授完《金刚鬘》所说《四十二灌顶》及《止雅萨穆杂》所说能作善业之三轮即《四十五坛城灌顶》。九日，班禅额尔德尼会见两位驻藏大臣，为前藏两名代本摩顶。十一日，班禅额尔德尼应邀莅临密乘噶蔡，为新落成的第穆呼图克图灵塔举行开光仪典。十三日，噶厦遣使进京朝贡，班禅额尔德尼的特使格西洛桑顿珠随同进京叩拜乾隆皇帝，吊唁皇太后。

七月三日，乾隆皇帝为维护西藏地方政教，所派雍和宫希热图额尔德尼诺门罕与为皇太后诵经超度的乾清门二等侍卫卡巴清艾、乾清门一等侍卫卡多绒欧、右班堪布大喇嘛扎巴平措、加尔果琪苏兰达、图萨旗加尔果琪等抵达西藏，班禅派卓尼尔洛桑饶丹前往工布江达迎接。十五日，班禅额尔德尼派卓尼尔巴丹桑波、译师洛桑扎西等前往拉洞渡口迎接乾隆皇帝的使者。抵达拉萨后，使者于布达拉宫旧经堂向八世达赖喇嘛、班禅额尔德尼宣读圣旨，呈献厚礼。师徒问乾隆皇帝安康，分别为使者摩顶祝福。噶厦设宴招待使者。由朝廷出资，集中上下密院僧人在旧经堂为皇太后诵经超度，八世达赖喇嘛、班禅额尔德尼亲临法会。法会结束后，班禅额尔德尼，八世达赖喇嘛偕同乾隆皇帝使者参观布达拉宫大经堂、两座灵塔、圣者洛格夏饶等佛像供献了银制曼扎、哈达,同南杰札仓70位僧人虔诚地为皇太后诵经祈祷。十五日,雍和宫赤巴额尔德尼诺门罕与大喇嘛扎巴平措为八世达赖喇嘛、班禅献礼并祈寿。十八日,额尔德尼诺门罕等中原内地官员赴扎什伦布寺为皇太后做法事,临行时,班禅赠送书信礼物。

八月初,八世达赖喇嘛作沐浴节沐浴,请班禅额尔德尼一同调养。其前,上密院僧人屡请班禅传授《集密大灌顶》。这次班禅额尔德尼想乘上密院僧人于叶尔巴密乘寺夏安居,去叶尔巴朝礼,同时借供祭普布觉寺阿旺强巴灵塔之便,莅临色拉寺祝贺下色拉大经堂落成,派人将此禀告八世达赖喇嘛。班禅在色拉寺大经堂授教时,诸大喇嘛献礼祝贺,班禅回赠给寺院佛像、佛经、佛塔及各种礼物;为1175名僧人发放半月僧茶、供品,讲经后班禅登上大经堂殿顶环视周围,口诵祝愿词,手撒吉祥花。二日,班禅额尔德尼应色拉法会、俄尔盖札仓,哈尔东康村之请,分别于各札仓授《度母经》。四日,留保柱大臣前来晋见,献中原内地所产食品,班禅额尔德尼予以回赠。五日,班禅额尔德尼莅临叶尔巴密殿。六日,班禅额尔德尼开始向叶尔巴密院僧人、色拉寺和哲蚌寺共千余名僧人讲授《集密圆满四灌顶》。九日,班禅额尔德尼巡礼叶尔巴的诸佛殿。在大经堂,叶尔巴诸位僧人向班禅献礼并祈寿,班禅为他们摩顶祝福。在卓卡寺僧众负鼓跳舞,表演拉隆贝吉多杰刹杀朗达玛的情形,班禅观后予以赏赐。在噶伦噶细公与诸位高僧的再三请求下,班禅登上密宗札仓辩经台——阿底峡讲授《祖师问道语录》的宝座,向全体僧人、各地信徒共1000余人讲授《宝鬘论》及阿底峡于印藏等地所传教史及其著作。十日,班禅额尔德尼莅临上密院为"大白伞驱鬼咒敌"法会施放斋僧茶,为叶尔巴寺提供酬供护法所需费用。十一日,班禅额尔德尼驾离叶尔巴寺返回布达拉宫,临行前班禅登上密殿顶远眺,合掌躬身,几度致礼玛哈噶拉。十三日,噶厦与寺院献礼,庆祝乾隆皇帝寿辰,班禅额尔德尼与僧众诵经3日祝寿。十五日,额尔德尼诺门罕奉圣旨留藏管理西藏地方政务(担任摄政),在旧经堂向八世达赖喇嘛和班禅额尔德尼献佛像、佛经、佛塔、净土海(坛城海庄严)等礼物。八世达赖喇嘛、班禅额尔德尼回赠护身结、佛像、衣服、金银、绸缎等厚礼。十八日,哲蚌寺僧人于大经堂诵经为师徒二人祈寿,班禅额尔德尼为他们摩顶加持,向乃琼护法赠送哈达等礼物。十九日，八世达赖喇嘛、班禅额尔德尼莅临色拉寺法会接受诸僧所献礼物。二十六日上午，举行修供仪式。午后，班禅开始讲授《十三尊白妙音佛母大灌顶》《九尊玛哈噶拉大灌顶》《密宗道次第广论》。

九月二日，大强佐洛桑金巴从扎什伦布寺来到拉萨，班禅额尔德尼于三界寝宫与其交谈。五日起，班禅额尔德尼为拉木护法神师与达旺活佛传授《长寿马头金刚双运灌顶》《白度母如意轮修念随许法》。七日，进京朝贡的堪布及其随员返回拉萨，班禅额尔德尼询问乾隆皇帝健康，恭受皇帝敕书，以及附函礼物：蓝宝石释迦佛雕像、5种彩带、佛冠、6种饰器具、黑色水獭皮大衣、珊瑚、玉鬘、水晶器皿、大缎数匹。额尔德诺门罕、中原内地大小官员、噶伦及其随员献礼祝贺。十九日，班禅额尔德尼会见止贡活佛，一起谈论佛事，为东噶活佛等僧俗多人摩顶，为60人授沙弥戒，为色拉、哲蚌等寺101名僧人授比丘戒。

十月十八日，噶厦决定刻印《章嘉阿旺洛桑曲丹文集》，班禅额尔德尼应额尔德尼诺门罕之请，为之作序。十九日，在拉木寺时供法会期间，班禅额尔德尼派卓尼尔洛桑饶丹前去向大小护法神献供哈达，供神净水等，向绛曲觉、蔡赛，尊摩蔡等寺施放两个月饮食。班禅额尔德尼捐助噶厦建造的七世达赖喇嘛·格桑嘉措15岁等身像落成，像内装脏佛舍利10粒、七世达赖喇嘛发辫一束、袈裟一套、念珠、加持塔等，供养于扎西沃拔灵塔前。班禅捐薪饷满足了诸开光者、诵咒者、工艺匠之心愿。

十一月六日，班禅额尔德尼会见两位驻藏大臣，为戠务土司主仆摩顶，为179名蒙古僧人授比丘戒。十五日，在日光寝殿，八世达赖喇嘛、班禅额尔德尼分别向桑耶寺大护法赠送哈达、日用品、五色哈达等。二十九日，由噶厦出资，在三界宫由班禅额尔德尼作金刚师，与额尔德尼诺门罕、大强佐洛桑金巴、经师、12名护法殿僧举行依吉祥金刚大威德忿怒护摩法会，清除佛法之一切有形无形之敌，祈求长寿。三十日（为农历新年伊始），两位驻藏大臣及其他官贵来献礼，祝贺新年，班禅给他们赠送新年礼物。

十二月一日，班禅额尔德尼师徒会见色拉、哲蚌两寺喇嘛、执事，以及其他前来献礼的僧俗客人。班禅感冒咳嗽，身体欠安，服药静养，谢绝会客，勤诵本尊补咒。五日晚，八世达赖喇嘛身患疾病，班禅额尔德尼衷心祈祷，并以替身物送祟。次日，班禅额尔德尼为八世达赖喇嘛作摧秽洗礼，施三分朵玛,佛事做完后,与八世达赖喇嘛畅谈。七日,班禅额尔德尼沐浴、服药,病症由上降至体下,因呼吸喘急,坐立困难,决定尽快去大昭寺祈祷。大强佐洛桑金巴诵经祈求班禅早日康复。十七日,班禅额尔德尼于旺康宫殿为遍知八世达赖喇嘛、摄政额尔德尼诺门罕、普布觉寺活佛、却本德周堪布、索本堪布洛桑克却等人讲授《怙主十三教戒》,为时3天。

1778年 土狗年 乾隆四十三年 41岁

正月一日清晨,班禅额尔德尼于布达拉宫极乐宫殿向吉祥天女献供元旦食子,设宴招待八世达赖喇嘛等,向摄政诺门罕、诸噶伦赐新年礼物。之后,班禅额尔德尼师徒莅临大经堂升座,摄政额尔德尼诺门罕、两位驻藏大臣前来献礼。五日,班禅额尔德尼、八世达赖喇嘛离开布达拉宫,前往大昭寺。七日,噶伦噶细公班智达迎请班禅额尔德尼师徒到僧会献供物、曼扎、金银、绸缎等厚礼。八日,班禅额尔德尼升上讲经院宝座向2万余名僧人讲授《三十四本生传》。七世达赖喇嘛的侄子噶伦札萨克喇嘛格桑丹增南杰邀请班禅额尔德尼、八世达赖喇嘛到法会献礼并祈寿。师徒二人于寝宫举行宴会招待格桑丹增南杰,并予以回赠。午后,班禅额尔德尼莅临祈愿大法会与众僧共做佛事,亲诵回向文。十一日,班禅额尔德尼在讲经院传授《佛本生经》,班蔡代本平措南杰献哈达、白海螺、白银。下午,班禅额尔德尼莅临祈愿法会诵回向文,观看佛塔,向释迦佛像、五位天成像、宗喀巴像、弥勒法轮、兄妹四护法神像、吉祥天女像及塔献供哈达。十三日,拉章邀请八世达赖喇嘛到大祈愿法会,敬献上等哈达、银曼扎、佛像、佛经、佛塔、衣服用具、黄金15两、马蹄银121锭等厚礼。班禅额尔德尼讲述自从观世音菩萨至今历辈达赖喇嘛的伟大功德,虔诚祝愿此辈达赖喇嘛承继先辈之业绩。班禅额尔德尼为八世达赖喇嘛的母亲平措旺摩授居士戒、沙弥尼戒,赐名洛桑卓玛。八世达赖喇嘛高兴地赠送释迦牟尼佛像,以表感谢。当时,班禅额尔德尼屡次犯病,加之事务繁忙,操劳过度,身体违和。曾有几日神志稍有不清,但经诵经修法事佛,病情略有好转。于是,再次莅临讲经院讲授《三十四本生传》。十五日,诸僧聚会于释迦佛像前,聆听八世达赖喇嘛讲解《别解脱戒经》,班禅额尔德尼赠礼祝贺。十五元宵供之夜,拉章用数百驮糌粑制成神馐及主仆21人、多闻子主仆8人等多种敬神馐,多种敬神供品应有皆有,另献以五供为主的各种供品。众僧诵咒祭祀，作禅定加持。噶伦吞巴宴请班禅，向班禅献礼并祈寿。当时献礼的还有拉萨米本、拉萨各部落、克什米尔及尼泊尔等地客人。十八日，班禅额尔德尼师徒二人将弥勒佛像迎请到作加持的车上围寺环绕，观看马术比赛，并且向弥勒佛奉献哈达。二十四日，班禅额尔德尼师徒向小昭寺佛像献百供、曼扎、哈达、珊瑚念珠，一起返回布达拉宫。

二月六日，班禅额尔德尼和八世达赖喇嘛师徒一起研讨佛法教理。七日，班禅额尔德尼为札达活佛、达旺活佛等人授出家戒，为参卓堪布管家等72人授比丘戒。十六日，班禅额尔德尼莅临鲁噶园林接受八世达赖喇嘛母亲洛桑卓玛设宴款待和献礼。班禅于新别墅为以洛桑卓玛为首的多名僧俗传授《兜率上师瑜伽论》。次日，班禅额尔德尼返回布达拉宫。在布达拉宫再次为洛桑卓玛等人授《大乘布萨戒》《无量寿佛大灌顶》，为霍尔康札萨克及其爱女索朗嘉姆授金刚手教诫，进行禳灾。尔后，噶厦于旧经堂设宴招待班禅额尔德尼和八世达赖喇嘛。八世达赖喇嘛给班禅额尔德尼赠送银曼扎、佛经、佛像、佛塔、供品、黄金15两、马蹄银70锭、尼泊尔银30加朵等。二十四日，班禅额尔德尼从布达拉宫起程返回后藏。摄政额尔德尼诺门罕、留保柱大臣、恒大臣、四噶伦等汉藏官员及僧俗群众100余人送行。

三月十二日，班禅额尔德尼返抵扎什伦布寺，登上胜幢宝座。十四日，班禅额尔德尼会见迎驾者、仪仗队、歌舞队等僧俗群众，写书信慰问八世达赖喇嘛，为护送者卓尼尔夏堪布饯行。班禅额尔德尼向扎什伦布寺法会施放斋僧茶，施予3717名僧人每人白银一两。班禅应岗建群培寺僧人、摄政额尔德尼诺门罕、呼和浩特额尔德尼察罕德颜齐比丘尊追坚赞的请求，分别撰写《长寿祝愿词》《祈求吉祥天女护佑词》等，为扎什伦布寺、密宗札仓、达结林僧人共108人授近圆戒。

五月一日，班禅额尔德尼为北京堪布及牧牛官主仆授《长寿灌顶》。班禅命人从火猴年开始用纯金粉在优质纸张上书写佛经，以及宗喀巴大师、贾曹杰达玛仁钦、克珠杰格勒巴桑、班禅罗桑确吉坚赞、洛桑益西、格桑嘉措等人的文集，共用黄金2673钱，新制包经布、函头标签、经书夹板等，共写造经卷392函。十三日，向书写经函的缮写员、校对者、主管者等发给薪饷，折黄金225钱、白银5322钱，以及衣服、钱、布匹等，折合粮食45778克。班禅为即将去拉萨的几名印度婆罗门种姓之人诵经加持，为格贵达摩巴、日东夏仲及扎什伦布寺、岗建群培寺、巴曲寺、协噶寺等寺52名僧人授近圆戒。二十九日，在班禅罗桑确吉坚赞灵塔前行会供曼扎法会，班禅额尔德尼亲临献浴，行七支仪式。印度瑜伽僧人与门巴人谒见班禅额尔德尼，歌颂班禅额尔德尼对于圣地印度东西部一切地方有情，不分亲疏所给予的父母般的爱。班禅赏赐给两位金银、绸缎、路引，满足各自愿望。

六月三日，班禅额尔德尼于噶丹颇章食供十三尊大威德神与护方护法神，并且将群则格桑丹增南杰所献七世达赖喇嘛的等身像供养于护法像前。当时天气干旱，雨水稀少，班禅额尔德尼命侍从将其洗发之水送往年楚河，侍从照办不违。从即日傍晚开始，大雨连绵，数日不息。

七月七日，班禅额尔德尼嘱咐格贵达摩巴依照一世达赖喇嘛·根敦珠巴所定规则，制定扎什伦布寺闭关静修方面的章程。三十日，大强佐洛桑金巴往墨卡温泉调养，班禅额尔德尼单独为其摩顶，谈论政教之大事。

八月十三日，去年进京为皇太后拜祭的噶钦洛桑顿珠因水土不适，提前返回扎什伦布寺，向班禅额尔德尼呈献乾隆皇帝之敕书礼物，班禅躬身受之，并问乾隆皇帝好，表示感谢。班禅额尔德尼与额尔德尼诺门罕商定，任命卸任甘丹赤巴阿旺曲札为八世达赖喇嘛的经师。班禅的书信经驻藏大臣转奏乾隆皇帝，请求准许额尔德尼诺门罕在藏期间为经师教授经典。尔时，乾隆皇帝应班禅额尔德尼与额尔德尼诺门罕之奏请降旨，批准任命卸任甘丹赤巴阿旺曲札为八世达赖喇嘛经师，允许额尔德尼诺门罕在任甘丹赤巴期间亦可为八世达赖喇嘛经师。

九月十五日，若尔盖寺赤巴及其他数名僧人、喀尔喀德却王的经师护送者、各地的代表晋谒班禅额尔德尼，但班禅因心情不佳，闭关静修7日，未能使其如愿。二十一日，班禅额尔德尼解除闭关静修后会见了上述客人及达纳巴曲杰噶钦益西坚白等人。十七日，班禅额尔德尼莅临法会为常住僧人与各地来僧233人授近圆戒。

十月十七日，班禅额尔德尼以43驮糌粑所制食子与21驮糌粑所制食子分别供祭日光殿中之大威德金刚与阎摩护法。十八日起，班禅额尔德尼连续3日闭关念经。二十五日，八世达赖喇嘛的索本堪布益西饶旦前往强巴林担任赤巴，路经扎什伦布寺时，拜谒班禅额尔德尼，献佛像、护法画像等，班禅赐茶款待,询问八世达赖喇嘛近况。二十六日。班禅额尔德尼会见喀尔喀札萨克图克汗次旺贝结的叔父墨尔根曲杰主仆,措科贝勒的喇嘛等北方客人及哉务札果地方头领兄弟主仆200多人,赐茶款待授教。十一月四日,喀尔喀札萨克图汗部的图萨拉琪贡却的喇嘛嘉钦孜巴于僧会向班禅额尔德尼献礼并祈寿,听讲《上师供论》。六日,班禅额尔德尼会见土观呼图克图之强佐、科尔沁王拉达桑达之子托云主仆、班蔡代本平措南杰等。十五日,班禅额尔德尼为札萨图克汗的叔父墨尔根曲杰授比丘戒,为50名蒙藏僧人授沙弥戒。十七日,不丹第悉派遣其秘书前来为班禅额尔德尼祈寿。三十日,班禅额尔德尼为38人授居士与沙弥戒,为64人授沙弥戒,为一人授沙弥尼戒,为9人授居士戒,为康区、蒙古等地60人授近圆戒。

十二月七日,班禅额尔德尼为7名修行僧授近圆戒,为科尔沁王写作《土观呼克图克图洛桑却吉尼玛本生传》。九日,班禅额尔德尼为北方来的66人授近圆戒。二十一日,八世达赖喇嘛叔父洛桑平措之侄巴丹顿珠携夫人抵达日喀则,前来拜谒班禅额尔德尼,班禅为其主仆摩顶加持,赐茶款待授教。二十六日起,因托云堪布的请求,班禅额尔德尼在3天中为其主仆传授觉囊派传承的《二十一尊度母修念随许法》,至二十八日授完。是日,班禅额尔德尼赏赐喀尔喀右旗额尔德尼次旺巴杰经师的叔父大诺云堪布洛桑贝丹丹增主仆,赠其名号为"班智达墨尔根呼图克图",并赐给印章及堪布用器。班禅为即将赴任喀尔喀德却王与达赖措科贝勒经师的喇嘛饯行。

1779年　土猪年　乾隆四十四年　42岁

一月五日,第巴巴丹顿珠携夫人曲迈嘉姆晋谒献礼并祈寿,班禅额尔德尼赐茶款待交谈。班禅为扎什伦布寺及岗建群培寺117人授沙弥戒,接受喀尔喀哲布尊丹巴的索本堪布都热囊索主仆与数名上师官贵、寺院代表30余人所献礼物,为喀尔喀5名僧人授沙弥戒,为12人授近圆戒。此时有乾隆皇帝的圣旨送到拉萨,后经驿站呈送给班禅额尔德尼。天子不仅有恩于佛法及一切众生,尤其与班禅前世结下亲密关系,为此班禅额尔德尼欲进京朝觐。

二月九日,摄政赤钦额尔德尼诺门罕阿旺楚臣、驻藏大臣留保柱、噶伦公班智达欧珠南杰来见班禅额尔德尼,称班禅向几位官贵提出自己进京朝觐之意愿，乾隆皇帝闻奏甚喜，颁下圣旨，赏赐特别殊胜珍珠念珠。班禅额尔德尼恭领圣旨和念珠。圣旨还令堪布诺门罕与驻藏大臣留保柱负责筹措班禅额尔德尼进京路途所需费用。当时，大多数人皆感疑惑，而班禅却高兴地在茶宴上对诸上层人士申明自己奉旨入觐之心愿，作了深入的指示。十一日，堪布诺门罕、噶伦公班智达等向班禅额尔德尼献礼祝贺。十二日，留保柱大臣献厚礼，向班禅额尔德尼表示祝贺。

十三日，大强佐、经师、四大学院喇嘛、格贵拜谒班禅额尔德尼，意见一致地请求班禅："本不必进京朝觐，不过如果尊师与有为佛法众生之利益而会晤的强烈心愿，那就不可违抗，也无法阻挡，则应入京朝觐。愿班禅沿途绝无障碍，满足乾隆皇帝的心愿，在所到之处引领民众走上解脱。望不久就返回扎什伦布寺，登上狮子宝座，与我等众僧常转法轮。"班禅为满足众人之希求，喜授教诲，众人皆悦，并依职位高低分别赏赐摄政额尔德尼诺门罕、诸大官员、卓尼尔、管家、执事等。摄政和留大臣返回。

为了消除进京途中之灾害，班禅额尔德尼于十七日开始连续7日施食供祭各护法神，并行酬补仪式。于此前后，班禅为792人授近圆戒，恒大臣派人来慰问班禅，班禅厚赐使者。

四月十日，班禅额尔德尼准备往达那布鲁温泉献浴调养，决定大强佐留寺理事。班禅临行前向东佛堂献供敬神哈达，发愿弘法益民。十三日开始，班禅额尔德尼于温泉沐浴调养7日，八世达赖喇嘛派卓尼尔夏鲁堪布及额尔德尼诺门罕、诸位噶伦的代表前来慰问。班禅曾于二月派使者进京书奏乾隆皇帝，乾隆皇帝心中大喜，即降旨于尔时由驻藏大臣派法官呈献班禅，礼物有珍珠饰缎袋、搪瓷用具。二十六日，班禅额尔德尼受书礼物后非常高兴，招待法官主仆，并赠送礼物饯行。二十八日，班禅额尔德尼一行乘坐扎西孜的船横渡雅鲁藏布江，在船上赏赐船工。尔时，大强佐、四大学院喇嘛、格贵、八世达赖喇嘛的代表第巴巴丹顿珠等人于河南岸候迎，班禅摩顶问安。随后班禅返抵扎什伦布寺。

五月二日，班禅额尔德尼为前后藏104人授近圆戒。八日，替换驻藏大臣留保柱的索琳大臣抵达日喀则，班禅额尔德尼派以5位卓尼尔为首的欢迎仪仗队高举旗幡迎接。联络员霍尔康札萨克索朗扎西、索琳大臣一行抵达扎什伦布寺后，转达了乾隆皇帝的问候，呈献赐礼上等哈达、大缎袋、精制水晶与景泰蓝器皿数件、绸缎、金制鼻烟壶等上等礼品。班禅设宴招待索琳大臣一行,传授《无量光佛往生法》。二十八日,经师堪仁布切、嘉措德庆修行院、白居寺、噶丹彭措林寺喇嘛、僧徒、拉康寺属庄园、温萨寺佛殿师、哲蚌寺藏巴康村卸任堪布等各自献礼并祈寿,诵经祈祷班禅额尔德尼进京平安,早日返回扎什伦布寺。

六月五日,大密咒师洛桑班觉诵经祈祷班禅额尔德尼在前往都城途中平安无灾,尽快返回扎什伦布寺。四大学院喇嘛、各札仓、扎西孜庄园、密宗札仓拉章等联合于4天中举行法会,迎请班禅献厚礼祈寿,密宗经师亦献礼并祈寿。班禅额尔德尼对僧众说:"我将于牛年经白朗返回"。同时,告诉夏鲁噶钦洛桑贝丹说:"届时吾将以比现在年轻的形象从东方回来"。十日,大强佐与索本堪布、岗建堪布晋谒,禀明随从人员的职别次第,与八思巴和五世达赖喇嘛进京时略有不同,设索本堪布、森本堪布、卓尼尔、司钥师、管家、密乘金刚阇黎、供养师、侍从、医师、马夫、门卫、厨师、司库长等13种官职。排列住帐时,班禅额尔德尼左侧为大强佐帐,右侧为索本堪布帐,周围安置诸格西帐,其次为诸侍从帐。噶厦派遣前世达赖喇嘛之侄子达尔罕堪布洛桑丹增南杰前来慰问,呈现达赖喇嘛所赐诵经费用及其他官员之书信礼物。班禅额尔德尼特派代表向拉木护法献僧装,请求授记。拉木护法授记说:"此次朝京,实为重要,应广行消灾祝寿仪轨"。

六月十七日,班禅额尔德尼会见达赖喇嘛特使第巴巴丹顿珠及其夫人曲迈嘉姆,尔后在四世班禅罗桑确吉坚赞的灵塔前供祭发愿,将事业托付给姊妹护法。随即从扎什伦布寺出发进京朝觐。队伍前导有持碰铃、锣鼓、洞箫、唢呐者、良马11匹、卧具10套、备用马两匹、捧诰命圣旨箱、金印箱者。班禅额尔德尼配伞盖,大强佐呼图克图洛桑金巴、索本堪布杰仲罗桑坚赞、司钥洛桑坚赞、司钥杰仲洛桑格勒、马夫杰仲益西尊追、杰仲益西群培等40名出身名门贵族、知识渊博者按年岁大小列队尾随其后,左右两边是1000多人组成的送行马队。司钥师格勒迥乃等留住扎什伦布寺的侍从送行到夏察岗。岗建群培寺、夏鲁寺、俄尔寺共600名僧人组成的仪仗队、歌舞队迎接班禅额尔德尼到日喀则大桥东休息。噶厦联络员达尔罕堪布、札萨克台吉、八世达赖喇嘛的代表巴丹顿珠、拉木护法神师达尔罕额尔德尼、班觉南杰、后藏代本班蔡巴与姜洛建、然巴瓦、日喀则宗本康札、囊噶尔巴等人先后拜见。

班禅还会见了日喀则地方各寺院喇嘛、执事、庄园管家、商贾、克什米尔人、尼泊尔人等。当天班禅居于扎西雄，为温萨寺执事与聚于此地之僧俗摩顶，向温萨寺三世班禅罗桑顿珠像与护法殿贡献祭品。次日，班禅额尔德尼在止康玛乘船渡过雅鲁藏布江。途中夜宿雪古拉时，噶伦噶细公班智达、代本台吉巴桑次仁、噶伦之子索朗丹增多杰前来拜谒，献马辔20副、氆氇300匹、骡子50匹等。公班智达虔诚地禀告班禅："尊师此次往驾东方大地，表现了无亲疏区别之宽大胸怀。但是，为了教化雪域众生，请尊师朝觐后速返扎什伦布寺"。二十六日，班禅额尔德尼驾临雪布巴勒用午膳，噶玛红帽活佛、原驻藏大臣留保柱、笔帖式浦老爷、联络员孜仲等谒见。夜宿羊八井之纳噶尔玛，会见了噶玛黑帽活佛嘉贝旺波与红帽活佛，两位献礼祝一路平安。二十七日，班禅额尔德尼与八世达赖喇嘛相会于羊八井之扎西通门。噶厦布设盛宴招待，以摄政额尔德尼诺门罕与两位驻藏大臣为首之诸噶伦、汉藏官贵列班就坐。即日起，班禅额尔德尼与八世达赖喇嘛从羊八井到当雄扎西滩的8天时间里，为万余名僧俗民众摩顶。二十九日，八世达赖喇嘛与班禅额尔德尼从羊八井扎西通门启程，并辔同行，合并双方之卫队骑士、歌舞队、队伍长约300弓步。在夏布地方，班禅额尔德尼师徒二人莅临由两方80名僧人举行的酬补护法法会，诵经酬劳。班禅额尔德尼特派4名僧人于草滩祭祀念青唐古拉山神，施予4名僧人黄金各一两、白银50两及供品、哈达作为酬补费用。在此地接到乾隆皇帝圣旨，说明青海贝子及其随从、马队将于通天河渡口迎接的情况。

七月三日，班禅额尔德尼莅临达木多扎西滩休息二日。噶厦、摄政、诸噶伦、各寺院向班禅献礼。班禅为东科尔活佛等10人授近圆戒，为僧俗多人摩顶。班禅师徒二人于寝帐交谈，八世达赖喇嘛送给班禅额尔德尼银制胜乐、集密、大威德护法像各一尊，七世达赖喇嘛所用过的衣服、坎肩等。六日，班禅额尔德尼师徒在那曲于大帐就座谈心，互相顶礼，赠送哈达，班禅额尔德尼启程东去，师徒深情告别。十三日，班禅额尔德尼夜宿那曲的巴尔布，在此停留5日。当时，负责护送班禅额尔德尼到金沙江的噶伦札萨克多喀巴拜谒献礼。十四日，班禅额尔德尼举行会供曼扎法会，禀请拉木护法授记。拉木护法说："要毫无懈怠地成就事业，两三年内必须返回"。十八日，班禅额尔德尼驾临扎西松多地方休息二日，会见管理昌都地方琼波的尔、纳、色三部落群众与野牛山开山劈道回来的常住拉萨的加尔果琪,表示感谢,加尔果琪献礼祝愿平安。从此地开始,班禅乘坐骡载八抬轿,左右有数名赤足汉族人护驾。二十日,班禅额尔德尼莅临查苍山脚下,联络员噶伦吞巴父子、护送者色拉寺协札仓喇嘛、哲蚌寺郭莽札仓喇嘛从此处返回拉萨。班禅额尔德尼写信请噶伦吞巴转呈八世达赖喇嘛、赤钦诺门罕、两位驻藏大臣、诸位噶伦。二十四日,班禅额尔德尼夜宿扎噶尔莫。进京朝贡的洛桑丹巴格西返回到此,宣旨并颁赐乾隆皇帝御像。圣旨中说:"班禅额尔德尼与朕会晤之地,现以御像呈献,等同于朕在此迎接"。大队人马已临近唐古拉山顶,诸随员皆感高兴。二十八日,班禅额尔德尼来到唐古拉山西麓的伦珠布地方,休息3日。北京堪布随后抵达此地,向班禅呈献乾隆皇帝御像及圣旨。谕曰:"班禅额尔德尼贵体安康否?达赖喇嘛身体可好?达赖喇嘛习经进程如何?明岁班禅额尔德尼即来京入觐,朕以五世达赖喇嘛入觐之例接待。现已谕令在热河度地建庙,明岁即建成,其庙无异于扎什伦布寺。班禅额尔德尼因明岁始抵京,故朕心实为焦灼。朕在加紧学练藏语,届时朕将派遣王公大臣往迎。既至与朕会晤,畅谈政教大事。朕因一睹班禅额尔德尼之慈容而获万千之福也"。宣旨完毕,班禅额尔德尼于乾隆皇帝肖像前供奉多种供品,虔诚祝愿乾隆皇帝吉祥万岁。班禅派人经驿站进京向乾隆皇帝上书献礼。

八月一日,班禅额尔德尼起驾翻越唐古拉山,夜宿唐古拉山东麓温泉边。西宁大臣派人运送来了所需物品及慰问信。十三日,适逢乾隆皇帝寿辰,班禅额尔德尼一行于东周札停留一日,在乾隆皇帝画像前奉献供品,广行会供曼扎法会。在密宗札仓法会上,班禅亲自诵经祝乾隆皇帝万万岁。在通天河岸,班禅会见几名青海官贵代表。当时,西宁办事大臣在直果拉山南麓准备了住帐。在这里为了消除路途障害,班禅召集诸随行人员诵经禳灾。十八日,班禅额尔德尼莅居直果拉山北麓。帕巴拉活佛益西晋美巴丹丹贝贡波以及康区、安多许多政教首领的代表在此迎接。班禅赐茶款待帕巴拉活佛等,谈论佛事。十九日,班禅额尔德尼莅居通天河南岸大草原,休息4日。西安将军博清额、驻西宁大臣的两位笔帖式,奉旨前来迎接,呈献乾隆皇帝赐物御用玉器、玛瑙鼻烟壶一对、绸带一条,班禅额尔德尼问乾隆皇帝好。乾隆皇帝敕谕曰:"遣大臣博清额、西宁法大臣、青海王索朗多杰、强多尔贝子、札萨克格敦嘉布往迎,安排路途事宜。从通天河到措索罗玛备有良马百匹、驮牛千头、骆驼400头、蒙古帐40顶、布帐百顶”。乾隆皇帝看到班禅额尔德尼在当雄时上的奏书非常高兴,传谕慰劳,赐御用珊瑚念珠、金器等。二十二日,班禅额尔德尼等诸大官乘坐皮筏横渡通天河七支流,其余人员皆泅水而过,平安无事。班禅在曲麻莱河畔休息二日。护送的噶伦多喀巴由此返回拉萨。二十七日,班禅额尔德尼横渡曲麻莱河。

九月一日,班禅额尔德尼登上巴颜喀拉山顶。八日,班禅额尔德尼抵达扎陵湖附近的那摩切草原下帐,休息二日。青海郡王阿旺达结主仆40人、贝勒晋美等在此迎接,献骏马若干匹。九日,班禅额尔德尼途中举行祭海仪式,向扎陵湖投放金、银、绸缎、珍宝、药粉等各种祭海供品。然后渡过黄河,夜宿2座大山之间。接到圣旨:“朕闻班禅额尔德尼诺门罕到达贡郭勒希达巴,朕心甚悦。于途免遭雪灾,虽降微雪而顿溶,幸甚!目下朕欲往边关巡游,朕免章嘉呼图克图跪拜之礼,尔班禅额尔德尼乃为西方大喇嘛,凡朕赐书函及画,望勿跪接。今赐此稀世之闹钟,供观赏”。另赐上等哈达、精制钟表等,由一路陪护的留保柱、博清额两位大臣亲自转呈班禅额尔德尼。十一日,班禅额尔德尼夜宿索洛玛湖畔,休息二日。根据圣旨,从索洛玛湖至磨沙甘地方由青海诸札萨克准备住帐、费用等。兰州总督派巴忠送来分别设有6个玻璃窗与4玻璃窗的轿子各一顶,轿夫28人,膘肥骡子11头,班禅额尔德尼厚赠诸大臣,酬谢皇恩。按照圣旨,青海各部为班禅额尔德尼设宴4次。二十三日,班禅额尔德尼穿越章噶尔草原,在能望及玛沁雪山的拉则却尔博平坝陈设供品,供祭玛沁雪山。班禅特派青海几位官员代表其向玛沁雪山供献五色八瑞相哈达、乐器、供品、五色绸冠。二十五日,驿差赍旨前来,谕曰:“班禅额尔德尼亲遣使者至京,朕心甚悦,祝尔旅途平安,绥行而来,待抵热河,朕与尔至诚会晤”。并饬谕留大臣:“(班禅)抵达塔尔寺,即速奏朕,著西宁大臣替代留(保柱)大臣”。二十八日,章嘉国师的侄子却藏呼图克图迎请班禅额尔德尼到大帐休息,这是塔尔寺所设的第一次迎驾站。却藏呼图克图献礼供养,听班禅讲授《兜率上师瑜伽论》《密宗事部三怙主陀罗尼经》《度母经》等。

十月一日,班禅额尔德尼一行遇见前来迎接的察罕诺门罕主仆百人、噶勒丹席力图札萨克喇嘛主仆15人、松巴堪布主仆11人、索洛玛堪布与执事共35人等。在仪仗队的簇拥下来到夏拉图地方察罕诺门罕与札萨克饶旦所准备的大帐中,休息3日。四日,松巴堪布额尔德尼班智达设宴款待献礼,请求班禅额尔德尼为众僧讲授《圣道三要论》,班禅满足了其请求,为1000多人摩顶。九日,特使赍旨前来。谕曰:"朕闻奏班禅额尔德尼从措索洛玛来,意甚心悦。何日抵达塔尔寺,朕甚盼念"。塔尔寺第二次设帐宴请,献缘起礼物。十日,班禅额尔德尼莅居库库托罗亥地方,松山达隆寺夏仲额尔德尼呼图克图图旦嘉措主仆、阿拉善达波活佛贡周诺门罕、阿拉善亲王洛桑多杰的代表图萨拉琪次旺、西宁总兵、兰州道爷等在此迎接。总兵请求为其子赐名,班禅额尔德尼赐名才旦多杰。班禅在青海湖边举行了祭湖仪式。十二日,班禅额尔德尼一行翻过日月山,兰州总督大臣及其随员、西宁镇台、道爷等在此迎接。班禅被东科尔寺僧人迎请到大经堂设宴招待,总督等大小官员献哈达、曼扎等礼物。当时,因诸随从人员不适应气候,多出痘诊,班禅传授《山居叶衣佛母修念随许法》,进行诵经禳灾。十三日,当班禅额尔德尼一行翻越哈金达坂山时,西宁的藏族商人身着盛装、手持香料与排列于丹噶尔城道路两旁的汉族人手持供物、鸣奏乐器热烈欢迎。班禅等通过彩门,在城中心新建的公馆下榻,兰州总督与道爷献上等美味可口的果品。十四日,班禅额尔德尼一行入边墙城门,夜宿郭家城。十五日,班禅额尔德尼临近塔尔寺时,1500名僧人高擎伞盖、胜幢、旗幡,鸣奏号角,迎请班禅额尔德尼到宗喀巴大师的降生地塔尔寺。为了迎接班禅额尔德尼,乾隆皇帝赐给塔尔寺白银万两,修缮历辈达赖喇嘛宝座及塔尔寺旧拉章,新建寝宫,赐名"传教善相"。塔尔寺迎请班禅额尔德尼到大经堂。乾隆皇帝的特使普大臣、理藩院阿萨肯大臣布太呈献敕书、赐礼品。敕谕曰:"朕以法治理一切众生,居住边陲之百姓乐享幸福,无论小邦,均望繁荣发达。尔喇嘛为佛教及众生之幸福,专心弘扬黄教,勤奋修习,甚善。今班禅额尔德尼为参列朕万寿庆典来京,甚合朕意,愿尔速来。尔班禅额尔德尼沿途弘扬佛教,为蒙藏众生之利益操劳,望一路平安。朕在加紧练习藏语,待会晤之日至诚相待。奏闻尔已抵塔尔寺,特派素拉大臣王普、理藩院阿萨肯大臣、布太、恰荣安、理藩院图萨拉琪大臣协兰德、铁木斗拉琪大臣阿勒等来迎接。随后寄去珍珠念珠一串、精制骑鞍一套、良马一匹、白银30两、鹅颈壶一个、糖一包、各种绸子20匹、大小哈达各10匹,特赐。乾隆四十四年夏月一月二十八日。"十七日,各位使者奉旨于大经堂宴请班禅额尔德尼，表演了各种舞蹈，宴会非常圆满。班禅莅临供有宗喀巴大师灵塔的塔尔寺大金瓦殿，供奉5种供品，敬献大银曼扎、各种供品。十九日，班禅额尔德尼遣使进京上书乾隆皇帝。奏书说："我等从扎什伦布寺启程，抵达塔尔寺期间，圣上多次派使者赍敕谕礼物前来，我等感激万分。途中昼行夜宿，渐次而来。所需食物、饮料、水果充足，骆驼、车辆、马匹、骡子、驮牛等成百上千，平安抵达塔尔寺。现住胜似佛堂的宫殿里，每受敕书、稀世珍宝、无限感激圣上。"留保柱大臣告别班禅，先进京陛见。驿差送来圣旨、赐礼，由博清额、西宁办事大臣呈送班禅。班禅额尔德尼在塔尔寺大金瓦殿中，向包有宗喀巴大师诞生地长出的白檀香树的大灵塔供奉355次五种百供。二十五日，班禅额尔德尼派遣卓尼尔夏鲁寺卸任堪布格桑次旺进京向乾隆皇帝献新年礼物及书信。收到乾隆皇帝派使者送来的哈密瓜，班禅高兴受之，且派人上书谢恩。

十一月十日，班禅额尔德尼为阿嘉活佛授沙弥戒，然后开始闭关静修吉祥金刚大威德法，历时一个月。冬至之时，班禅为青海各寺院施放斋僧茶各30次，赐予9259条哈达，为各寺院28312名僧人发放白银2306两，所赐各种礼品折合白银4492两。岗建夏尔孜喇嘛从京城返回，带来圣旨。圣旨说："尔班禅额尔德尼所派弥纳堪布抵京，朕询知尔沿途平安，未遇大雪。青海蒙古王公、台吉、寺院妥善办理迎送事宜，朕意甚悦。此祥兆乃属尔喇嘛祈祷祝愿之应验也。朕曾赐尔喇嘛蓝宝石念珠，现朕极盼望能与尔尽快会晤。天渐寒冷，虞尔受凉，特赐水貂皮大衣、水獭尾皮帽，由弥纳堪布转交。见物如晤面，望冬季穿用，速来会晤。"另赐礼物多件。据堪布说，他在京城时，乾隆皇帝亲自用藏语向他询问："班禅额尔德尼在沿途是否遇着雨、雪、水等之害，身体可好？朕极盼念与班禅额尔德尼会晤。"

十二月十三日，班禅额尔德尼为二世嘉木央活佛与卓尼堪布、拉卜楞寺赤巴索朗扎巴、执事等百余人讲授《兜率上师瑜伽论》《功德论》。两位大臣根据乾隆皇帝意见禀告，班禅额尔德尼如每日会见信众，恐体力不支，可每7日为信众摩顶一次，若住所周围喧闹使班禅心烦，可选择僻静处静心调养。留保柱大臣从京返回后，向班禅呈送敕书。敕书中说："年岁入冬，气候严寒，因弥纳堪布洛桑顿珠所奏寒风之威力甚大，故特赐御用黑水獭皮袍与水獭皮帽，料已收迄。留保柱返回时，朕复赐黑豹皮袍及珍珠饰火镰。皮袍极为暖和，赐尔挡风御寒，护身保体。火镰乃朕之随身携带物，尔喇嘛每日拂拭，如同见朕，乃朕与尔能迅即会晤之祥兆也。新年临近，朕盼早与尔会晤，慰朕向往西方之热望。特此降旨，并赐贶仪。”乾隆皇帝还通过留保柱赐给服侍班禅额尔德尼之随员短上衣、水獭皮帽等。班禅额尔德尼根据扎什伦布寺每年新年庆祝之先例，于二十日举行盛大新年欢庆会，宴请在宗喀地区的各位大臣和青海各主要活佛等。

新年临近时，乾隆皇帝又派使者送来敕书礼物。敕书中说：“新年来临，特派乾门侍卫博清额为班禅额尔德尼特设盛宴，赐吉祥之谕旨、谕包、珍宝饰火镰、玉带、如意金吊钩、金制珍宝8个、金、银、糖果等，若班禅笑纳，则吉祥如意，诸事圆满成功。”

1780年　铁鼠年　乾隆四十五年·43岁

一月一日，班禅额尔德尼莅临塔尔寺密宗札仓法会，诵经祈祷乾隆皇帝长寿，国政昌盛，派人进京谢恩。各位钦差设宴招待班禅，塔尔寺亦举行宴会招待班禅一行。在塔尔寺僧人的请求下，三日开始，班禅额尔德尼为该寺常住僧及来自各地的1000多名僧人讲授《宗喀巴全集》中的有关著作。八日，在大经堂，班禅额尔德尼向宗喀巴画像、哲蚌佛像、乾隆皇帝肖像献礼，陈列大量供品于乾隆皇帝像前。班禅所派进京的弥纳堪布返回后向班禅呈送圣旨以及额尔德尼诺门罕阿旺楚臣与拉萨大臣给乾隆皇帝的奏折副本，班禅非常高兴，为了报达乾隆皇帝之恩，具书上奏，敬献礼物。十八日，噶厦特派孜仲丹增嘉措前来献慰问品，以及八世达赖喇嘛、摄政额尔德尼诺门罕、两位驻藏大臣、诸位噶伦、各大官贵的书信、礼物。扎什伦布寺派恰白杰仲洛桑扎西前来慰问，献新年贺礼。班禅对大强佐与索本岗建堪布说：“就如你二人，同行的人中都没有出过天花，以前还不要紧，现在即将到京城，如何办才好?”班禅又和二世嘉木央活佛商量，嘉木央活佛说：“中原内地多有痘病流行，若对身边各位不予以加持，则非常危险。”班禅额尔德尼说：“这样的话，要去种痘时，你也要陪同去。”这样二世嘉木央参加了迎接和陪送的队伍，他为了保护班禅额尔德尼的身体，将此事对大强佐、索本堪布二人公开，取得了一致的意见。此月里，班禅额尔德尼为达隆巴洛桑图丹嘉措等1111人授近圆戒，为18人授沙弥戒。

二月三日，松巴堪布益西班觉向班禅额尔德尼献礼并祈寿，双方热情谈论阿兰若赞及医学理论，以及有关天文、内外道等。兰州总督特派代表呈送玉制8尊长寿像、青稞、上等香料、绸布、药等。4位噶伦的书信经驿站差送到塔尔寺。信中说："如今卫藏一切皆好，但是运茶官在达孜多地方遇到土匪袭击，吾等将情况具奏圣上。索大臣、噶伦公班智达、代本姜洛建等人领兵深入彼地平息了骚乱，请保重。"二十四日，卓尼尔夏鲁堪布从北京回来，向班禅额尔德尼转呈乾隆皇帝所赐哈达及书信。敕书中说："弥纳堪布卓尼尔格桑次旺来京禀奏，尔喇嘛留住塔尔寺，朕心甚悦。奏称：尔喇嘛为朕今年七十大寿闭户修行，已显祥兆。尔喇嘛大慈大悲，勤修佛事，塞内塞外应验预兆，甚是稀奇。因班禅额尔德尼来京，故于北京新建宫殿，均按弥纳堪布所奏而建。今朕起驾南巡，为证明朕沿途平安，特与弥纳卓尼尔夏鲁卸任堪布格桑次旺同往。"

三月三日，乾隆皇帝从江南返回途径徐州时，颁赐敕书给班禅额尔德尼，"兹因尔班禅额尔德尼为朕诵经虔祝，朕在乘舟横渡黄河与江浪河(淮河)时，微风未起，平安渡过。今赐上等哈达、珍珠饰黄缎帽、缎袋6条、精制鼻烟壶两个。"班禅接到礼物后，首先高兴地戴上帽子。乾隆皇帝返驾北京后，派遣钦孜巴噶钦益西巴珠给班禅呈送供放三世达赖索南嘉措舍利的右旋海螺、画像、红白水晶石、印度氆氇等。察甘诺门罕向班禅献白骆驼3头，班禅详细观看了四世班禅罗桑确吉坚赞赠送给先世察罕诺门罕洛哲嘉措的天女画像及题字，散花祝赞。五日，班禅额尔德尼为105人授近圆戒。

临近班禅额尔德尼离开塔尔寺时，兰州总督刘大臣、甘肃提督等大小官员100余人前来塔尔寺迎接，总督献了哈萨克马一匹，以及其他马两匹、西洋蓬顶的帐房两顶。三月十日，班禅额尔德尼在驻锡塔尔寺的4个月又20日后，启程踏上了前往京城的途程。班禅一行走进西宁城西门口，由总督等各大官员护轿，莅临道爷衙门休息。十二日，班禅额尔德尼行抵高店子用午膳。然后过湟水大桥，由东峡的扎西曲林寺和瞿昙寺共700多名僧人组成的仪仗队迎请到碾伯镇以前准备好的房子里休息。次日，由塘让寺及马营寺僧人仪仗队迎接到老鸦城。察罕诺门罕护送至此告别。十七日，班禅额尔德尼到达到庄浪城鲁土司衙门，总督在此设宴为班禅洗尘。兰州官员张巡抚、镇台、兵备道、杜大人等人献礼。兰州总督大臣在此告别，班禅与他热情交谈，赠送佛像、珊瑚念珠、香料、氆氇、水果、马等礼物。在此地嘉木央活佛和大强佐等商定后，选择地势较低、气候温和的阿拉善寺作为种痘的地方，并把决定禀告班禅，得到了同意。嘉木央活佛和大强佐请求班禅额尔德尼也去阿拉善种痘，但是班禅考虑种痘之事以前未向乾隆皇帝奏报过，不在班禅的行程安排中，故未同意。十八日，到平城堡附近的宿营地。接到乾隆皇帝从江南所降旨谕："班禅额尔德尼从塔尔寺启程前来北京，身体健康。春末月十日离开塔尔寺，沿途平安，朕甚喜悦。尔班禅额尔德尼对朕之关心，使朕今从浙江省抵江苏省，虽与尔班禅额尔德尼会晤之日更为接近，然朕更念早与班禅额尔德尼于热河会晤。现随旨赐慰问品大哈达一条、上等缎4匹，特遣鄂莫塔江送来，望班禅额尔德尼笑纳"。于九日到达松山，班禅额尔德尼为松山达隆寺活佛罗桑丹贝尼玛授居士戒，松山达隆寺的执事等向班禅额尔德尼讲述了扎什伦布寺格西贡噶南赛受班禅额尔德尼罗桑确吉坚赞之命创建松山达隆寺的原因和事迹。

二十二日，到敦子地方休息。班禅额尔德尼召见博清额、留保柱等大臣说："为了解除大强佐、索本堪布等300多名痘病未愈者之痛苦，吾已派人前去阿拉善寺，3位大臣不必担心。他们不会迟误亦不会出差错，不必奏知圣上。为大强佐、索本堪布等人准备好马驮、锅灶、帐房等。"大臣请求道："班禅额尔德尼不必烦忧，我等随行者皆为圣上所派，大小事情，应均须奏知圣上。今日你所言甚为重要，我等于心不安。内地亦常种牛痘，但除10岁上下孩童外，老人从不种痘，种痘苗一般在树吐绿叶时出现。今为种痘先行，其中仲巴呼图克图年近50岁，其他随处皆在20岁以上，多数已达30岁，按内地习惯至此年岁，则根本不种牛痘。班禅认为不必奏知圣上，我等却不安。若以仲巴呼图克图为首的众随员出差错，圣上会降罪于我等，责问因何不把内地习俗告知班禅额尔德尼，故不能如此处置。"班禅又说："内地风俗中，种痘时间及年岁问题，如二位大臣所说，我亦晓知，于心不忍此事，我虔诚祈祷三宝，病情有所好转，尤其因乾隆皇帝关怀，料想不会出大差错。根据两位大臣所说，对以兄长大强佐为首的天花病人不给种痘，将此搁置起来。那么，若这些人身带病根，返回藏地定会传染，使我藏地群众得此天花病而不得安宁。到那时，我等悔之不及矣！故此，我可担保，圣上不会降罪于二位大臣"。阿拉善亲王洛桑多杰、其子台吉、二位公等人拜谒献礼，与班禅会晤。尔时，班禅对亲王说：“兄长、索本堪布等随员未出天花者甚多，今为种痘提前出发，请一定准备房屋及其他事宜。”亲王等人听后说：“班禅额尔德尼所言，众随从定会高兴。但种痘比较危险，况圣上不知真情，应与诸位大臣认真商议，作出决定。班禅额尔德尼意见，于他们有何错可言？关于住房等事宜，我等乃为班禅旧施主，会尽力作好准备，请班禅放心。”于是，达波活佛等先行准备一切事宜。二十四日，大强佐洛桑金巴、索本堪布岗建堪布洛桑克却以及其他侍从300人先行前去阿拉善丹结林寺种痘，与班禅额尔德尼分开而行，班禅给他们赐护身结送行。二十五日，班禅额尔德尼一行走出一片大沙滩，行抵艾克多伦膳宿。由于当地黄沙较多，亲王负责命人掘井取水。这天，暴风狂作，几顶帐房被吹倒，班禅诵经压风。二十八日，班禅额尔德尼抵达贺兰山。尔时，暴风四起，亲王请求班禅诵经压风，稍时天气变晴，大风平息。嘉木央活佛从此地先行去阿拉善丹杰林寺为大强佐等种痘，班禅说：“应将实情告诉大强佐、索本堪布等人，”并答应他以后也去种痘。

四月一日，由丹结林寺、格结寺、平措拉央寺600名僧人组成的仪仗队迎接班禅额尔德尼到鄂伦浩特休息3日。班禅讲授《皈依颂》《兜率上师瑜伽论》，为10000多人摩顶。亲王与达波活佛举行宴会招待班禅。班禅给达波活佛母亲诺云阿巴噶及其弟土谢图公才旦等人回赠礼品，为180人授居士戒，为阿拉善亲王之子等150人授沙弥戒，为196人授近圆戒。五日，班禅额尔德尼在平羌堡新建的房屋中，会见了从内地返回的宁夏将军莫大臣、甘州提督等。六日，抵达宁夏城，将军莫大臣奉命安排表演内地风俗的戏剧，表示祝贺。十一日，班禅额尔德尼乘两层大船渡过黄河，在大船旁边的两艘小船内乐器齐奏，另有千百只小船护航。过河后班禅上书奏明渡河情况。信的大意说，托乾隆皇帝之福，横渡黄河时未遇风浪，平安渡过。二十二日，由僧人组成的仪仗队迎请班禅额尔德尼等人到鄂托克贝勒的俄居图苏木寺休息4日，次日，鄂托克贝勒于大经堂设宴款待班禅一行，敬献厚礼。班禅额尔德尼为贝勒顿珠次仁赠送佛帽、舍利、赏赐随行人员，为包括贝勒的夫人、女儿、妹妹在内的21人授居士尼戒，为18人授出家戒，为洛桑群措等9人授沙弥尼戒，为78人授沙弥戒，为485人授近圆戒。二十七日，班禅额尔德尼抵达察汗旗涅图地方休息二日，杭盖贝子扎西达结设宴款待。

五月一日，班禅额尔德尼抵达汗索博噶的大白塔附近。八日，班禅额尔德尼一行抵结格苏图苏木，呼和浩特喇嘛郭莽呼图克图、普颜喇嘛等主仆220多人拜谒献礼。九日，僧人仪仗队迎请班禅额尔德尼到准噶尔贝子所属扎西莫居林寺休息。班禅讲授《无量寿佛修念法》《要道释论》《兜率上师瑜伽论》，入坐听讲者达2000余人，班禅为20000人摩顶。乾隆皇帝特使托热云丹赍书禀告班禅额尔德尼："六皇子与僧徒之吉祥怙主章嘉若必多吉将来代噶（汉）迎接。"班禅派译师洛桑扎西进京致谢乾隆皇帝。十一日，班禅额尔德尼一行乘大船渡过黄河，会见前来迎接的呼和浩特乃济陀音呼图克图。十五日，班禅额尔德尼行至塔嘎莫地方，乾隆皇帝特派乾清门侍卫俄尔托索、达普、阿科呼图克图、央嘉呼图克图等送来大轿、黄氆氇外衣、缎坐垫、靠垫、圆坐垫、黄色马车、黄伞、红伞一把、雕龙红色与黄色扇各一把等。一同来的还有身着黄色缎衣、头戴夏季凉帽的40名轿夫，以及拉车的骡子。十七日，班禅额尔德尼到呼和浩特大昭寺。呼和浩特地区9所寺院的僧人、掌印喇嘛、将军等迎接班禅到大经堂门前，以乾隆皇帝名誉举行宴会招待，并表演了舞蹈、戏剧节目。班禅在此休息5天。第二天，班禅额尔德尼坐在轿子上为近60000名信徒摩顶。十九日，班禅额尔德尼为喀尔喀达尔罕贝勒等190人授居士戒，为785人授近圆戒。当时，班禅派人书奏乾隆皇帝，说明敕谕礼收到及大强佐等300多人种痘之事。二十六日，班禅额尔德尼由扎西措佩林寺僧人仪仗队接到代噶（岱海）休息。六皇子及内务大臣百余人，章嘉呼图克图及随行人员迎接。班禅跪地问乾隆皇帝好。六皇子赶紧握住班禅手说："圣上已有旨，你不必跪拜"，并宣读圣旨。在岱海寺大经堂聚会，班禅额尔德尼与六皇子、章嘉呼图克图等人畅谈。会后，班禅额尔德尼向五世达赖喇嘛的画像敬献哈达。二十七日，班禅额尔德尼书奏乾隆皇帝，感谢乾隆皇帝在其居住塔尔寺期间与沿途给予的关怀，以及派六皇子、章嘉呼图克图等大臣迎接，赏赐无价珍珠饰凉帽，安排演出，布设盛宴之恩德，随书献佛像多尊、珊瑚念珠等。章嘉呼图克图告辞，先往多伦诺尔。

六月一日，班禅额尔德尼向六皇子讲授《金刚大威德修念法》，六皇子赠送衣服、画像、袈裟、腰带、僧帽，表示感谢。关于班禅随从病愈之事奏知乾隆皇帝后，乾隆皇帝非常高兴，立即降旨赐礼，表示祝贺。三日，班禅额尔德尼驾离代噶，途中为2000多名僧众摩顶。二十一日，班禅额尔德尼在章嘉活佛、各位喇嘛以及上千马队、僧人仪仗队迎接下到达多伦诺尔。乾隆皇帝派协达尔卡公与札萨克喇嘛阿旺班觉赍旨前来,谕曰:"现天气炎热,祝尔安抵,特送珍珠僧帽一顶、金丝缎僧衣一套、水晶石念珠一串、糌粑盒,特遣朕侄协达尔卡公与札萨克喇嘛阿旺班觉送去,望尔笑纳。朕于五月七日抵避暑山庄,扎什伦布寺庙竣工,朕常去视察,命妥为准备,至诚与尔会晤。"次日,班禅额尔德尼朝拜多伦诺尔地区诸佛寺,供奉祭品,诵经虔诚祝赞。当时,从察哈尔、阿巴海、克什克腾、乌珠穆沁、浩尼特、阿鲁科尔沁、嫩江科尔沁、乃曼、苏尼特、喀尔喀等蒙古地区来拜谒班禅尊容,聆听教诫,请求摩顶的僧俗民众不可计数,班禅乘轿为排成几里长队的信徒摩顶,历时三天,使大家满意而归。其间,班禅额尔德尼为108人授居士戒,为70人授居士尼戒,为45人授出家戒,为15人授出家尼戒,为910人授沙弥戒,为30人授沙弥尼戒。二十九日,班禅额尔德尼驾离多伦诺尔。

七月二日,班禅额尔德尼行抵诺勒钦地方。六皇子同杨阿勒哈达奉命送来味美可口的西瓜与香瓜两大筐,班禅上书谢恩。其后所过之路险似鸟道,常有虎豹出没。每遇夜晚,多人于班禅住帐周围燃篝火守卫,高声呼叫,以驱虎豹。九日,班禅额尔德尼来到盖尔旗伦阿玛地方休息。科尔沁和硕十部联合设宴迎接,献礼并祈寿。十一日,乾隆皇帝派隆清艾卡送来美味水果,六皇子与杨阿勒哈达呈送班禅额尔德尼,班禅恭受。班禅书奏乾隆皇帝:"圣上前赐稀有水果,吾上书谢恩。今又特派大臣送来营养丰富、味道香甜之李子、哈达等,并关切地询问'日下天气酷热,身体是否适宜',同时介绍那边准备情况。兹因皇恩浩荡,沿途驿站准备齐全,未遇任何困难。"十三日,六皇子告辞先行,班禅请他向皇上转呈哈达、佛像等礼物。十四日,乾隆皇帝派宫中管理水果的大臣送来李子、西瓜、桃子等,班禅很高兴,当即写书信上奏乾隆皇帝。十五日,班禅额尔德尼莅临勒巴苏木地方,休息二日。博清额大臣、留保柱大臣、拉科呼图克图等告辞先行。十八日,六皇子同杨阿勒哈达等再来向班禅额尔德尼呈送乾隆皇帝所赐折扇,扇面有乾隆皇帝亲题诗:"本来身离尘,隐修更圣洁;菩萨离红尘,至诚积善业;清风送慧气,露珠呈光彩;此言赠何人,天著与天亲。"当天来到果果格太尔地方时,天突降大雨,洪水冲散原来所架桥梁,无奈只好原地下帐。帐篷刚架好,使者又决定起驾,通过河岸山腰一羊肠小道。这时,乾隆皇帝所派的索本公爵(福昌安)主仆、博清额大臣、留保柱大臣,以及汉、藏、满、蒙百余名骑士前来迎接,向班禅转交圣旨。虽然人多道路狭窄，雾气弥漫，班禅一行人畜安然无恙。最后来到乾隆皇帝住过的双黄寺行宫休息。二十二日，班禅额尔德尼从行宫起程，莅临达江尼日山顶时，8位轿夫肩扛八抬大轿，为首者头戴飞翎帽，请班禅上轿。班禅乘轿来到一小山顶时，热河大地即呈现在眼前。额尔艾普公、何大臣、皇侄彭协杰伦公等大小官员，章嘉呼图克图、敏珠尔诺门罕、达罕济咙活佛、布达拉堪布、须弥福寿庙堪布、大佛寺堪布等僧俗千余人于山下迎接。班禅由皇子、内务大臣引路，莅临大佛寺，大佛寺门前广场架起了御帐，备有御轿与食品。乾隆皇帝降旨说："从此至热河大殿须乘朕之大轿，若尔，朕亦有福德"。班禅书奏："我乃一小喇嘛，托圣上之福而来，万万不可乘御轿"。经大臣们解释后，班禅乘御轿莅临章嘉呼图克图住处小憩后，准备觐见乾隆皇帝。

皇子与各位大臣前来禀告班禅额尔德尼，乾隆皇帝等候与班禅额尔德尼会晤，速去觐见。班禅听后非常高兴，遂从扎什伦布寺随来的人中选了50人陪同前去大殿。班禅额尔德尼看到已经来到乾隆皇帝寝宫门边，便下轿步行。寝宫内诸位大臣列立两旁，乾隆皇帝和班禅额尔德尼双方首次会晤，都分外高兴。班禅额尔德尼向乾隆皇帝献上等哈达、铜像、珍珠装饰品等。当班禅额尔德尼准备屈膝跪拜时，乾隆皇帝急忙握住班禅的手，用藏语说："喇嘛不必跪拜"。乾隆皇帝很高兴地将一条无垢长哈达送给班禅后问道："喇嘛贵体可好？长途跋涉是否心烦？"班禅额尔德尼答道："圣上不必担心，路长道远，天气虽热，然清风凉爽，未感任何疲劳"。随后，乾隆皇帝陪同班禅额尔德尼来到内宫，登上一宽大宝座，面对面相互交谈。章嘉呼图克图向乾隆皇帝、班禅献上哈达，大强佐洛桑金巴、索本堪布洛桑克却等班禅随从先后敬献哈达。乾隆皇帝高兴接受，并一一予以回赐哈达。之后乾隆皇帝与班禅额尔德尼、少数随员莅临寝宫及几所佛殿向佛像、佛经、佛塔等撒花祝赞。乾隆皇帝将御用无价之上等项饰、精美无比镶嵌大珍珠之黄缎僧帽、羊脂玉如意钩赐给班禅额尔德尼，乾隆皇帝和班禅额尔德尼莅临寝宫北门，恭礼相送，嘱咐班禅"今日好好休息，明日会晤"。在门外的章嘉呼图克图、诺门罕、强佐仲巴呼图克图等陪同班禅乘船到避暑山庄湖中心的殿堂用膳。之后，班禅额尔德尼乘坐乾隆皇帝的小御轿，随员骑乘乾隆皇帝所赐良马前往扎什伦布寺（须弥福寿庙）。诸僧手持供物组成仪仗队前迎，将班禅接到扎什伦布寺金色寝帐,按照汉族风俗设素食大宴,会上宣读了奉旨而作的歌颂班禅额尔德尼伟大功德的几首诗,并表演了戏剧舞蹈。

二十二日,乾隆皇帝乘坐八抬大轿,由无数大臣簇拥,驾临须弥福寿之庙。班禅额尔德尼同六皇子、章嘉呼图克图、黄大人、博大臣、留大臣、诸侍从等排列于大门外面的石梯上迎驾。乾隆皇帝一见到班禅额尔德尼便下轿,非常高兴地伸手送过一条上等哈达,并用藏语说:"喇嘛身体好"。班禅额尔德尼回敬上等哈达问安。在"净土遍聚"佛殿中间的经堂,双方向珍宝如来佛像恭礼,广发弘法利民之宏愿。班禅额尔德尼向乾隆皇帝敬献大银曼扎、5种上等哈达、上等香料、铜佛像9尊、各种颜色的氆氇50匹等,乾隆皇帝向班禅额尔德尼赠送身所依佛像,语所依金字贤劫经、意所依一人高金制尊胜塔,用珍珠镶嵌,并发愿祈寿。另赐各种缎子60匹、红氆氇10匹、黄氆氇10匹、上等黄香100束。乾隆皇帝说:"朕以前不会藏语,但闻知你要来,即从章嘉呼图克图努力学习藏语日常用语,但学得不全,经文妙语由章嘉呼图克图翻译。"二十三日,乾隆皇帝和六皇子、八皇子等5个儿子及7岁的公主来到班禅身前各献哈达,合献10两金曼扎一具等。班禅额尔德尼说:"这圣上之美丽女儿,非一般人,而是文殊菩萨之空行母化身,实为稀奇"。公主请求班禅额尔德尼为自己取法名。班禅额尔德尼尊奉乾隆皇帝之旨,根据无量寿与白绿度母心咒之授教,为她取名"索朗班吉卓玛"。二十四日,乾隆皇帝在避暑山庄宴请班禅额尔德尼。乾隆皇帝握住班禅额尔德尼的手慢慢登上三级台阶,班禅立于宝座旁等候乾隆皇帝上座,乾隆皇帝说:"请坐",尔后双方同时落座。宴会用百盘金制碟子及50盘银碟,还有满族、准噶尔小孩的力气比赛节目、嘉摩绒小孩的舞蹈节目,太监们表演了反映帝王故事的戏剧等。宴会结束后,乾隆皇帝回宫,班禅额尔德尼由六皇子、内务大臣等陪送回到扎什伦布寺。当时,乾隆皇帝派人送来野兽肉与蒙古羊肉。二十五日开始,表演者奉旨为班禅额尔德尼等人表演戏剧,唱戏达10天,还请班禅额尔德尼到皇太后住过的寝宫加持。演出结束后,班禅额尔德尼回到扎什伦布寺。二十六日,班禅额尔德尼参观承德普陀宗乘之庙(布达拉),六皇子与章嘉呼图克图同往。班禅参观了大经堂、佛殿、乾隆皇帝寝宫等,向各佛像塔敬献哈达、供品,用吉祥语进行赞颂,祝圣上莲足坚固,万寿无疆。二十九日,大佛寺开始一年一度的演出。班禅额尔德尼应邀来到大佛寺,由僧人组成的仪仗队迎请到大经堂。

八月二日,康亲王向班禅额尔德尼敬献嵌边衬的曼扎一具、各种玻璃用具、各种彩缎多匹等。康区嘉摩绒将军献曼扎、缎子数匹。三日,按照乾隆皇帝旨意,福隆安、和珅捧玉册、玉印到须弥福寿之庙,颁赐给班禅额尔德尼,班禅额尔德尼非常高兴地接受。五日,承德各大寺院喇嘛、执事、各侍从向班禅额尔德尼献哈达,祝贺乾隆皇帝赐给班禅玉册、玉印。乾隆皇帝特派巴忠大臣前来献上等礼物、内有小鸟形象的钟表等,一到时辰小鸟就鸣叫,声音悦耳动听,另赐新念珠一串,请班禅额尔德尼昼夜诵经加持。六日,乾隆皇帝出资于须弥福寿之庙设宴招待热河各大寺喇嘛,乾隆皇帝与班禅额尔德尼出席宴会,章嘉呼图克图、敏珠尔诺门罕等大喇嘛,以及各大寺喇嘛按照祈愿大法会之仪式诵经。班禅额尔德尼高声诵读总回向文,祝圣上莲足坚固,万寿无疆,国政昌盛。章嘉国师传达乾隆皇帝旨意:"热河扎什伦布寺特为班禅额尔德尼居住而建,朕考虑以扎什伦布寺密乘仪轨作法,从班禅额尔德尼寺院选派精通密法胜任堪布的喇嘛担任热河扎什伦布寺堪布、领头、格贵,招僧入寺"。班禅额尔德尼请求章嘉国师向乾隆皇帝转奏其任命岗建夏尔孜喇嘛协乃噶钦洛桑顿为堪布、杰康札仓当钦巴噶钦洛桑多杰为翁则、兑桑林札仓艾智群宗热绛巴洛桑扎西为格贵、20名僧人为法相师。

八月七日,是班禅额尔德尼祝乾隆皇帝万寿的大庆日。班禅额尔德尼、六皇子、章嘉呼图克图等大喇嘛及博大臣、留大臣、索本堪布洛桑克却、森本师洛桑饶丹、卓尼尔等班禅的15名执事、诵经喇嘛等从须弥福寿之庙启程去热河行宫。行抵寝宫门内,班禅额尔德尼与章嘉国师下轿,乾隆皇帝拉着班禅额尔德尼的手坐在宝座上,章嘉国师等大喇嘛坐在右排座上,六皇子、御前大臣、各札仓诵经格西等依次坐在左排座上。札萨克喇嘛格勒南卡与索本堪布向班禅额尔德尼献佛像、佛经、佛塔、曼扎、法轮、七政宝、吉祥物、八瑞相等,班禅额尔德尼手捧佛像,札仓翁则献密宗札仓作长寿仪轨时所用的吉祥物,班禅高声诵读为乾隆皇帝所作祈寿文,以偈颂扬圣上掌政之伟大业绩,由章嘉呼图克图翻译成蒙古语。八日,乾隆皇帝和班禅额尔德尼驾临热河布达拉宫的千名僧人中间,按照祈愿大法会的规则诵经回向,乾隆皇帝赐给班禅额尔德尼由十六罗汉围绕如来的上等缎制画1幅。十一日,属国东方高丽国派3名官贵及其他几人前来参加乾隆皇帝万寿大庆。乾隆皇帝招见博大臣与留保柱大臣等人，谕曰："高丽使者要拜谒班禅额尔德尼"，两位大臣恭领圣旨，带领使者拜谒班禅额尔德尼。班禅为其摩顶加持，与使者边用茶边交谈，一名大臣作翻译。尔后，传授经典，厚赐使者。

十三日，良辰吉日，是乾隆皇帝生辰的大庆日。班禅额尔德尼与六皇子、章嘉呼图克图、敏珠尔诺门罕等宫中喇嘛，以及博大臣、留大臣等人身着华丽服饰莅临行宫。班禅额尔德尼说："今日是圣上吉祥万寿庆祝之日，为祝莲足万劫永驻，特作吉祥祝寿词，献吉祥哈达、无量寿佛像、羊脂玉柄、珍珠1大包"。班禅额尔德尼坐在藏式宝座上，章嘉呼图克图等大喇嘛及班禅额尔德尼侍从奉旨排列成3队坐在班禅座前，高诵四世班禅罗桑确吉坚赞所著《怙主无量寿慧念诵仪轨》《白度母颂》等，祝愿圣上万万岁。班禅参加宴会后返回到须弥福寿之庙时，乾隆皇帝特派额驸公之弟送来瓷碗5个、精制盒子、哈达等。乾隆皇帝敕谕说："母亲皇太后在世时，每适生日大庆之日，将此等献给皇太后，今母后不在世，朕赠碗等与班禅额尔德尼。为圆满我母皇太后之心愿，请诵经祈祷，善作禅定之缘境"。在向皇帝回敬哈达后说："养育圣上之皇太后实为全国之母，是尊胜母、圣母、度母。喇嘛我随顺圣旨之意，为了皇太后精进祈祷三宝，诵经祝灵魂安息，善作三摩地缘境"。

十四日，应乾隆皇帝邀请，班禅额尔德尼、六皇子、博大臣、留大臣等15人来到避暑山庄园林中参加宴会。宴会开始后，力士们表演了力气比赛，嘉摩绒小孩表演了舞蹈，汉族小孩表演了魔术，和田的几人表演了摔跤比赛等。临近日落时，宫中戏班于花园南边的戏台表演了戏剧。黄昏后，施放烟花。乾隆皇帝和班禅额尔德尼谈到达赖喇嘛·降白嘉措的情况，经与班禅商议，乾隆皇帝决定册封达赖喇嘛·降白嘉措。十五日，班禅额尔德尼为476人授近圆戒。次日，班禅奉命拜谒乾隆皇帝寝宫及其他几所佛殿，供献敬神哈达，班禅额尔德尼向乾隆皇帝的每台宝座献哈达一条，散花祝赞吉祥。十九日，班禅额尔德尼为新任命的热河须弥福寿之庙堪布、格贵、大喇嘛、素拉喇嘛、德木齐、翁则、4名管家、200名僧人摩顶加持，奉旨拟定了扎什伦布寺的清净法规戒律。二十三日，是雍正皇帝的祭日，乾隆皇帝特派六皇子与数名大臣至须弥福寿之庙迎请班禅莅临法会诵经。乾隆皇帝特派大臣送来俄罗斯制造的时钟，班禅受礼，厚赐使者，献礼回赠乾隆皇帝。二十四日，因班禅额尔德尼次日要离开承德赴北京，乾隆皇帝率领众臣驾临须弥福寿之庙。乾隆皇帝说他在班禅额尔德尼离承德3天后要启程到东陵祭祖，然后到北京和班禅会见。二十五日，班禅额尔德尼、诸位随从、六皇子、博大臣、留大臣等从须弥福寿之庙启程。二十八日，班禅额尔德尼一行抵达长城古北口时，大小官员、士兵上千人屈膝跪地迎接。

九月一日，班禅额尔德尼一行抵达北京。班禅住进五世达赖喇嘛曾居住过的西黄寺，在二层寝宫，同章嘉呼图克图谈论政教之大业。三日，班禅额尔德尼与六皇子、章嘉呼图克图、诸位大臣等离开黄寺参观坐落于北京西北面的圆明园，途中拜谒了圆明园附近的皇家宫殿，向诸佛塔供献7支及哈达等供品，散吉祥花。六皇子向班禅呈献了乾隆皇帝派人从热河送来的给八世达赖喇嘛的封文草稿，章嘉呼图克图翻译成藏文，班禅非常高兴，即派人去向乾隆皇帝致谢。班禅参观了圆明园中“海晏堂”庭院中由青铜制成的十二生肖兽头，从每个动物嘴中喷洒出水。乘船绕湖两周，观赏周围的景色。班禅额尔德尼在新建的“清夏斋”(藏语丹杂康孜林——楼阁殿)驻锡二日。应以管事太监喇嘛为首的各位太监的请求，摩顶传授《白伞盖佛母陀罗尼》。在回黄寺途中在大钟寺驻锡一日，与寺院汉族僧人交谈。八日，班禅额尔德尼在六皇子、章嘉呼图克图、博大臣、留大臣、索本堪布等陪同下，到北京南苑行宫，等待和乾隆皇帝见面。乾隆皇帝特派巴忠大臣乘快马送来慰问品及两位驻藏大臣上奏乾隆皇帝的关于扎什伦布寺的奏书。九日，乾隆皇帝东陵祭祖后又去西陵，路经南苑，和班禅额尔德尼在行宫会见，互送礼物，热情交谈。十日，班禅额尔德尼在返回黄寺途中，拜谒了乾隆皇帝的每所宫殿，献供哈达，诵经祈愿，散花祝赞。在西山拜谒了皇太后舍利塔。十二日，班禅额尔德尼由六皇子、章嘉呼图克图、敏珠尔诺门罕、内务大臣等陪同，从西华门进入紫禁城。从宫门开始六皇子与章嘉国师步行，班禅乘坐轿子由太监抬着前行，拜谒了乾隆皇帝寝宫养心殿及其他佛殿，向金光闪耀的3所依塔叩拜献供哈达、供品、向乾隆皇帝的各宝座献哈达各一条，诵吉祥词，祝乾隆皇帝莲足永驻，万寿无疆。十三日，班禅额尔德尼与六皇子等其他随员经安定门到雍和宫，向大经堂上下的身、语、意“三所依”经像塔及乾隆皇帝寝宫献供。为诸位僧人摩顶，传授《兜率上师瑜伽论》《大慈悲经》《三时怙主陀罗尼经》，还参观了雍和宫左面的柏林寺，供祭佛像塔，为各位僧人摩顶，提供供祭费，诸僧人设素宴招待。又经神武门莅临北海，向白塔寺大佛塔、大威德殿、寝宫中的佛塔献供,向乾隆皇帝宝座献哈达一条,绕大白塔转了3圈。班禅立足白塔向四周观望,北京城景色尽收眼底。下山后在行宫用膳,住宿在大慧镜宝殿(益西麦隆钦波仁钦林)。十四日,乘船渡湖到北海北岸的僧人庙万佛寺,供祭各佛像塔。12名僧人用桑止达语(梵语)诵《白伞盖佛母陀罗尼经》,班禅为每人赏赐哈达一条,摩顶加持。到白伞盖佛殿、极乐殿,向佛塔献敬神哈达,诵吉祥词祝赞;又莅临旃檀佛殿,拜谒殊胜"旃檀觉卧"像,各用五种千供一次,祝愿圣上万寿无疆,国运昌盛,利益佛法,众生安乐。上书乾隆皇帝感谢通过六皇子、章嘉呼图克图所赐慰问品及予以后藏扎什伦布寺、热河扎什伦布寺匾额之恩,后从北海回到黄寺。

十五日,班禅额尔德尼由六皇子、章嘉呼图克图、诸位大臣陪同前往京城西面的园林万寿山与香山,为如同拉萨大昭寺香山昭庙的佛殿塔像举行大威德开光典礼。途中瞻礼了五塔寺,后乘船到清漪园(今颐和园),万寿山园林前面有一很大的湖(昆明湖),湖中停放着乾隆皇帝专为班禅额尔德尼用库银数万两所造的船,船上共有3层,室内有身、语、意"三所依"及供品,中间设有乾隆皇帝和班禅额尔德尼双方的宝座,班禅来到船上,左右坐着六皇子、章嘉呼图克图、敏珠尔诺门罕,乘船游览。十六日,班禅额尔德尼瞻礼万寿山后山仿照桑耶寺兴建的寺院须弥灵境,然后到香山昭庙。十七日,班禅额尔德尼与章嘉国师、敏珠尔诺门罕等大喇嘛及23名仲科尔、各寺200余名僧人一起为香山昭庙开光作准备。

十八日,班禅额尔德尼等人以吉祥金刚大威德方式为香山昭庙佛殿塔像举行开光仪典,诵吉祥词散花祝赞。此时乾隆皇帝西陵祭祖后到达这里,在旃檀雕成的释迦牟尼佛像前赠给班禅金手杖、珍宝饰品、玉石香炉等。当时天降小雪,被视为吉兆,乾隆皇帝为此赋诗刻碑。巴忠大臣奉旨向班禅呈献驻藏大臣、赤钦诺门罕、丹结林寺札萨克喇嘛嘉木央丹巴关于原摄政第穆诺门罕的灵童选认问题之书信。班禅撰写了关于选认灵童之作法一文,并盖上"班禅额尔德尼"印,同意送往西藏。二十一日,班禅额尔德尼应邀莅临汤山的章嘉呼图克图的住所,为章嘉活佛主仆摩顶,教授《决断上师传承》等。二十三日,班禅额尔德尼莅临皇宫,向佛塔敬献哈达,供放祭品,诵经祝福。二十四日,乾隆皇帝从圆明园驾临故宫,班禅额尔德尼亲自带领随从前往中和殿迎驾,敬献佛像、衣服等礼品,并进行了亲切交谈。乾隆皇帝贺上等哈达、雕饰别致的金手杖。应乾隆皇帝邀请,班禅额尔德尼莅临中和殿与寝宫向诸佛塔献供哈达、祭品,向乾隆皇帝宝座献哈达,诵经祝福,愿圣上健康长寿。之后,班禅与随从返回黄寺。二十五日,乾隆皇帝驾临黄寺,班禅额尔德尼出寺迎驾。进入佛殿后,供施双方边谈边观赏舞蹈,乾隆皇帝赐给班禅以珍宝相饰的金手柄一把。班禅回敬上等哈达、佛像、佛经、佛塔、珊瑚香炉等。

十月一日,乾隆皇帝派六皇子、内务大臣及大小主管多人送来翻译成满文的佛经14包,配有经板、经绳,黄寺僧人手执仪仗与歌舞者手捧香炉、排成几队于寺门迎接。班禅高兴地接受了经典,并赐茶款待使者,予以摩顶。同时,班禅派人向乾隆皇帝献上等哈达谢恩。三日黎明时,班禅额尔德尼、六皇子、章嘉国师、敏珠尔诺门罕,以及内务大臣、二位大臣、15名随从离开黄寺,莅临内宫中和殿用茶。中午时分,班禅与诸臣莅临太和殿皇上金宝座前恭候圣上,乾隆皇帝到来后,握住班禅额尔德尼手用藏语说:“你来了”,然后登上宝座接受大臣叩拜。宴会开始时,首先布茶和果品,其次是丰盛菜肴。乾隆皇帝与班禅额尔德尼边观赏舞蹈边交谈。宴会后乾隆皇帝邀请班禅额尔德尼观看内宫养心殿,介绍了诸尊佛塔建造情况,班禅诵经祝愿圣上长寿久驻,政权如上弦月般圆满。乾隆皇帝再赐班禅25两金制茶桶一对、15两金制碟子一对、银桶8对(每对含银50两)、银碟8盘(每盘含银30两)、1000两银制器具(配有盖子)、各种绸缎1000匹等。班禅额尔德尼返回黄寺后,随即上书乾隆皇帝,感谢厚赐。八日,班禅额尔德尼应邀参加在皇宫于旃檀释迦佛像前举行的法会。乾隆皇帝与班禅额尔德尼同临众人之中诵经祈愿。章嘉呼图克图等宫中大喇嘛立于乾隆皇帝、班禅面前祝福。十日,班禅额尔德尼为雍和宫及其他寺院共60名僧人授近圆戒,为前去汤山的大强佐饯行。十一日,班禅额尔德尼为雍和宫及其他地方共69名僧人授近圆戒。十四日,雍和宫、旃檀寺、嵩祝寺等在京28所寺院联合举行法会供祭释迦牟尼、白伞盖法王等。班禅额尔德尼为法会提供白银150两、僧茶费白银1000两,以及妙香1000束等。十五日,因天气寒冷,乾隆皇帝命人在黄寺走廊砌砖围墙,上面覆盖有黄帏幔,里面支起大帐,供班禅使用。二十二日,举行由章嘉呼图克图、敏珠尔诺门罕主持,宫内喇嘛及其他寺院共2000多名僧人参加的大法会,班禅应邀莅临法会,在大经堂门后谒见乾隆皇帝,受赏金手柄一把。双方同临大经堂,章嘉呼图克图等宫中喇嘛列立两旁,诸位僧人诵法会祝词，班禅诵经回向。班禅向雍和宫大威德殿、护法殿、三时怙主殿佛塔献供哈达、祭品、诵经发愿。乾隆皇帝派巴忠大臣送来御用玄狐皮衣，表示慰问，并准备在班禅生日大庆之时赐封大强佐洛桑金巴呼图克图为“额尔德尼玛图诺门罕”，赐封号与服装，为此征求班禅意见。二十四日，班禅额尔德尼与从汤山返回的大强佐进行交谈。班禅觉得身体不适，但感觉是小病，未找医师诊断。二十五日，黎明，索本堪布问班禅额尔德尼病情，班禅回答说：“今天开始好转，心跳平稳”。索本堪布要求请医师号脉，医师号脉后说：“脉搏跳动正常，不存在病势加重的明显症状，不需要服药。”。二十六日，班禅额尔德尼应邀经过安定门莅临皇城嵩祝寺，在嵩祝寺僧人仪仗队与手捧香炉的章嘉呼图克图等大喇嘛的簇拥下参观了嵩祝寺右面与前面佛殿，向佛塔献供哈达、祭品。同时，向乾隆皇帝宝座献哈达，诵经祝福。嵩祝寺设庆祝班禅生日的午宴，大强佐谢过皇恩后也参加了宴会。为了不使宴会时间延长，索本堪布请求班禅早回。班禅说：“今日反胃，我不想多吃。章嘉仁布切与兄长等身体很好，应该多吃，身体不会不安。我经常反胃不想多吃，其它一切很好”。索本堪布请章嘉呼图克图为班禅诊脉，章嘉国师号脉后说，班禅面色微红，再无任何病重现象，脉搏正常。班禅等朝拜了嵩祝寺东寺弥勒大佛殿、护法殿及其他佛殿，献供祭品、哈达，诵经祝福。临行前向章嘉呼图克图赠送哈达、文殊菩萨像、释迦佛像等。临行之时，章嘉呼图克图与索本堪布等问班禅身体状况。班禅回答说：“无任何不安现象，没有关系”。章嘉呼图克图又诊脉，除脉搏跳动加快、血色微红之外，没有别的症状。索本堪布等班禅随从想，既然班禅病势没有加重，为何不思饭食？他们请求班禅应奏知乾隆皇帝。班禅回答说：“我无病，不必上奏圣上”。

二十七日凌晨，索本堪布问班禅额尔德尼身体如何？班禅回答：“我除不思饮食外，无任何不安”。之后，班禅莅临养心殿附近卧室同六皇子、章嘉仁布切等坐在坐垫上共进乾隆皇帝所赐早餐，班禅只吃了几口就不想吃了。六皇子与章嘉呼图克图等人看到班禅饭量减少，考虑班禅身体不舒服，忙问班禅身体状况。章嘉呼图克图说：“班禅仁布切的脉搏根本没有变化，在这里藏族人适应水土非常重要，您应该让六皇子向圣上转奏班禅身体状况。若近日内病自消，就和健康人一样”。班禅回答说：“我根本无病，若奏知圣上，很不好。皇子您等不必担心”。在六皇子举行的宴会上，乾隆皇帝与班禅额尔德尼互赠礼品。班禅恭受乾隆皇帝的金曼扎后,讲授《六臂智慧怙主修念随许法》,章嘉国师翻译成蒙语。尔后,乾隆皇帝又送曼扎、上等缎70匹、氆氇披衣9件,表示酬谢。班禅回敬哈达、六臂怙主像、阎魔法王像、战神母像、印度产优质火枪两只、带鞘长剑等。宴会结束后,乾隆皇帝起驾回宫、六皇子与章嘉呼图克图陪同班禅来到养心殿小卧室,章嘉呼图克图与索本堪布说:“现在是授教的好时候,要紧的是不要出现身态不安现象,若出现舌苔发红怎么办”?班禅笑着回答:“身体绝对没有病,虽然反胃,但这已经成了旧病,没有多大关系。现在所作的一切事情都得到了圆满,我非常高兴。放松地坐几天,不会有危险。”索本堪布奉旨服侍班禅返回黄寺。因为当时天气寒冷,暴风狂吹,地势干燥,不能举旗幡、吹奏喇叭,众人认为是不祥之兆。大强佐等人再三请求班禅保重身体,班禅答道:“此病无多大危险,不需要特殊保护”。大强佐指示施食供祭智慧伞盖天母,酬供度母与诸护法神等,索本堪布奉命立即行事,布施嵩祝寺等诸大寺院、密宗院、僧人院等10所寺院,供祭关帝庙等,花费白银3024两1钱、铜子285两,以及折银236两的各种物品。乾隆皇帝特派巴忠大臣送来慰问品,班禅让他转奏乾隆皇帝说:“此病不太要紧,圣上不必为我担心”。黄昏时分,索本堪布服侍班禅服药。近几日,班禅经常身体松散,晚上很少入睡。这天晚上班禅睡得特别好。

二十八日凌晨,索本堪布问班禅额尔德尼身体,班禅回答说:“病没有加重,但连续呕吐,无食欲”。索本堪布考虑,以前每个人都种了痘,病发时无食欲,且反胃呕吐,班禅的病是否是痘病?随后他看到班禅手掌等处出现非肿胀的红块,心里很是不安。于是很怀疑地问班禅:“是否是痘病”?班禅回答:“不要多疑,根本没关系”。索本堪布把章嘉呼图克图请来诊脉。章嘉活佛号脉后说:“脉搏跳动和以前一样,除此之外,再无别的症状”。大强佐与索本堪布认为,这个病不可能是痘病,若是痘病,一定要找医术高明的医生治疗,派人请来医师诊脉,医师号脉后说,应该上奏乾隆皇帝,请宫中优秀医师诊治。

二十九日,日出之时,乾隆皇帝驾临黄寺,坐在班禅额尔德尼身前的小椅上详细询问班禅身体发病的情况。班禅也向乾隆皇帝问安,献礼谢恩。乾隆皇帝派来两名御医为班禅诊脉。御医说:“从身上的红块看像是痘病,但是从脉搏跳动来看,病势没有加重。每个人的脉搏不同,班禅的脉搏与他人不一样”。献了两剂药,要求早晚各服一剂。服药后,班禅对章嘉呼图克图说:“御医的药效果很好”。

十一月一日上午,班禅额尔德尼于释迦佛像前修习加持,两名御医、章嘉呼图克图、六皇子等晋谒。御医号脉后说:“脉搏正常,还要按时服用前面的药”。午夜,乾隆皇帝特派巴忠大臣询问班禅睡眠情况与病情。班禅回答:“因托圣上之关怀,我睡觉、身体很好,请圣上不必担忧”。次日(汉历十一月一日),班禅额尔德尼对章嘉呼图克图说:“章嘉仁布切您为我做经忏法事,酬补法王,投食祈祷迅速增业”。章嘉呼图克图即去做经忏法事,诵经祈求班禅长寿,六皇子与两名御医去向乾隆皇帝禀奏班禅的病因。此时班禅看着天空,面带微笑作出尊敬的样子。班禅还铺着旱獭皮坐垫,他说感到潮热,要求侍从收起皮坐垫,减少衣服。索本堪布奉命铺了薄垫,给班禅换了薄一些的衣服。班禅又要没添盐的硷、净水和好炒米,再要求找两名印度游方僧来。索本堪布派人找来了一位名叫浦南吉尔的印度游方僧。班禅高兴地用印度语问:“浦南吉尔来了”,并用梵语和他交谈。随后,班禅额尔德尼即圆寂了。大强佐、索本堪布及诸随员悲痛不已,泪流交横,忍痛地诵经祈祷,使班禅遗体成为受用身形,努力会供。

三日凌晨,鹅毛大雪纷纷飘扬,索本堪布等人于班禅额尔德尼灵前陈供祭品。乾隆皇帝率领众臣前来黄寺吊唁,非常悲伤地说:“我的喇嘛!”言毕昏倒过去,过了一会儿才清醒过来,向遗体敬献哈达、金碗、金匣、玉器等供品。公主索朗班吉卓玛也献了祭品。大强佐和索本堪布等派人进藏向八世达赖喇嘛、拉木护法师、摄政赤钦诺门罕、扎什伦布寺两位经师洛桑群培等人报丧,请求达赖诵经祈祷灵童早日来世。六日,乾隆皇帝特派两位首席大臣送来灵棺,黄寺大经堂内供放班禅遗体,奉旨开始每日会供活动。乾隆皇帝特派身前大臣送来如意宝龛,外部按汉制造成,犹如一所建造精致的房子。灵柩前聚集了许多汉、藏、蒙古族信徒,献五种千供、百供、大坛城,举行投食与四曼扎先行受用大祭法会。

十二月一日,乾隆皇帝敕封大强佐为“额尔德尼玛图诺门罕”,封索本堪布为“墨尔根堪布札萨克喇嘛”。二十日,乾隆皇帝为了悼念班禅额尔德尼,特用7000两黄金雕制灵塔一尊,塔内供放缘起宣努顿珠王子(即释迦牟尼)初生时的雕像一尊。二十一日,将灵塔迎请到黄寺,供养班禅额尔德尼遗体。乾隆皇帝亲自驾临黄寺献供敬神哈达,长时间发愿,决定供祭期满后,将遗体和金雕制灵塔运往后藏扎什伦布寺供奉。一月二十日,乾隆皇帝亲临黄寺为舍利金龛拈香送行,敬献哈达、银曼扎、金银、缎绸、茶等。二月十二日,班禅额尔德尼灵柩从黄寺起程,乾隆皇帝亲自扶灵柩将其迎请到大灵塔之中,六皇子、章嘉呼图克图、敏珠尔诺门罕等宫中大臣、各寺喇嘛、执事等1000多人送行。五月六日,班禅额尔德尼灵柩抵达西宁城。为了筹措西宁至西藏之间的所需品,在西宁休息20天。八月二十一日,班禅额尔德尼灵柩平安抵达扎什伦布寺,供奉到为班禅新建的灵塔殿中。

另外,乾隆皇帝还在北京西黄寺建六世班禅额尔德尼的衣冠塔——清净化城塔,纪念六世班禅额尔德尼。

人名、地名汉藏词汇对照

A

阿底峡尊者	ཇོ་བོ་ཆེན་པོ་ཨ་ཏི་ཤ།
《阿毗达摩俱舍论》	ཆོས་མངོན་པ་མཛོད།
阿旺益西嘉措	ངག་དབང་ཡེ་ཤེས་རྒྱ་མཚོ།
阿罗汉果	དགྲ་བཅོམ་པའི་གོ་འཕང་།
阿里公益西才旦	མངའ་རིས་གུང་ཡེ་ཤེས་ཚེ་བརྟན།
阿巴噶究热图王	ཨ་བ་ག་ཧུ་རིགས་ཐུ་ཤང་།
阿拉善托因伦珠达杰	ཨ་ལ་ཤ་ཐོ་ཡོན་ལྷུན་གྲུབ་དར་རྒྱས།
昂仁寺	ངམ་རིང་དགོན།
昂噶活佛	ཨང་ཀར་ཞབས་དྲུང་།
艾勒琪	ཨེལ་ཆི།

B

白莲花王	པད་མ་དཀར་པོ།
白居寺	དཔལ་འཁོར་ཆོས་སྡེ།
白江杰仲洛桑南杰	སྤྱིལ་རྐྱང་རྗེ་དྲུང་བློ་བཟང་རྣམ་རྒྱལ།
班智达	པཎྜི་ཏ།
班觉坚赞	དཔལ་འབྱོར་རྒྱལ་མཚན།
班玛寺	པད་མོ་ཆོས་སྡེ།
班钦达曲雅培	པན་ཆེན་དམ་ཆོས་ཡར་འཕེལ།
巴玛尔	པ་དམར།
巴钦寺	དཔལ་ཆེན་དགོན།
帕索曲杰	བ་སོ་ཆོས་རྗེ།
巴宗宗本扎西平措	འབའ་རྫོང་དཔོན་བཀྲ་ཤིས་ཕུན་ཚོགས།
巴俄活佛	དཔའ་བོ་སྤྲུལ་སྐུ།
巴周寺喇嘛	སྤ་གྲོ་དགོན་གྱི་བླ་མ།

巴日百神法	བ་རི་བརྒྱ་རྩ།
贝宗吉	དཔལ་འཛོམ་སྐྱིད།
巴益西旺布	ཐ་ཡེ་ཤེས་དབང་པོ།
巴拉觉与日吾格丹(甘丹寺)两寺的阎摩罗护法像	དཔལ་ལྷ་སྟོག་དང་རི་བོ་དགའ་ལྡན་གྱི་དམ་ཅན་ཆོས་ཀྱི་རྒྱལ་པོ།
豹皮帐篷	གཟིག་ལྤགས་ཀྱི་བཞུགས་གུར།
布达拉	པོ་ཏ་ལ།
布泽嘉姆	བུ་འདྲེན་རྒྱལ་མོ།
布敦仁钦珠	བུ་སྟོན་རིན་ཆེན་གྲུབ།
布苏桑珠曲宗寺	དབུ་ཟུར་བསམ་གྲུབ་ཆོས་རྫོང་།
《本生祈愿文》	འཁྲུངས་རབས་གསོལ་འདེབས།
贝钦俄波	དཔལ་ཆེན་འོད་པོ།
贝丹顿珠	དཔལ་ལྡན་དོན་གྲུབ།
贝子巴图尔岱钦	པའི་སེ་བཱ་དུར་དའི་ཆིང་།
贝勒顿珠嘉措	པའི་ལི་དོན་གྲུབ་རྒྱ་མཚོ།
《般若经》	ཤེར་ཕྱིན་གྱི་མདོ།
遍知罗桑班丹益西	ཐམས་ཅད་མཁྱེན་པ་བློ་བཟང་དཔལ་ལྡན་ཡེ་ཤེས།
博东班钦	པོ་དོང་པཎ་ཆེན།
布拉扎西曲林寺	པོ་ར་བཀྲ་ཤིས་ཆོས་ལུང་དགོན།
比丘才旦南杰	དགེ་སློང་ཚེ་བརྟན་རྣམ་རྒྱལ།
笔帖式	པི་ཀྲ་ཤི།
本仓格敦顿珠	དཔོན་ཚང་དགེ་འདུན་དོན་གྲུབ།
本仓次仁班觉	དཔོན་ཚང་ཚེ་རིང་དཔལ་འབྱོར།
不丹第悉阿旺坚赞	འབྲུག་སྡེ་སྲིད་ངག་དབང་རྒྱལ་མཚན།
不丹第悉额尔德尼	སྔ་འབྲུག་སྡེ་སྲིད་ཨེར་ཏེ་ནི།

C

昌都帕巴拉活佛	ཆབ་མདོ་འཕགས་པ་ལྷ།
昌都喜瓦桑波活佛	ཆབ་མདོ་ཞི་བ་བཟང་པོའི་སྤྲུལ་སྐུ།

常驻西藏的纪大人	རྒྱུན་བཞུགས་ཇི་དྷ་ཞིན།
察哈尔公索朗坚赞	ཚ་ཧར་གུང་བསོད་ནམས་རྒྱལ་མཚན།
察哈尔上师洛桑丹达尔	ཚ་ཀར་བླ་མ་བློ་བཟང་བསྟན་དར།
持明	རིག་འཛིན།
柴达木额尔德尼岱钦	ཚལ་འདམ་ཨེར་ཏེ་ནི་དའི་ཆིང་།
搓切噶吾	འཁྲོག་བྱེད་དགའ་བོ།
冲赛康	ཁྲོམ་གཟིགས་ཁང་།
措麦拉康	མཚོ་སྨད་ལྷ་ཁང་།
春堆古尔莫	ཚོང་འདུས་མགུར་མོ།
“敕封班禅额尔德尼之印”	བཀའ་ཡིས་བཀུར་བའི་པཎ་ཆེན་ཨེར་ཏེ་ནིའི་ཐམ་ག
重孜巴洛桑楚臣	འབྲོང་རྩེ་པ་བློ་བཟང་ཚུལ་ཁྲིམས།
赤钦诺门罕	ཁྲི་ཆེན་ནོ་མོན་ཧན།

D

丹巴杰增阿旺强巴	དམ་པ་རྗེ་བཙུན་ངག་དབང་བྱམས་པ།
丹增呼图克图	བསྟན་འཛིན་ཧུ་ཐོག་ཐུ།
当卡寺	སྡིངས་ཁ་ཆོས་སྡེ།
达波拉杰	དྭགས་པོ་ལྷ་རྗེ།
达孜巴贝桑	སྟག་རྩེ་པ་དཔལ་བཟང་།
达纳普	རྟ་ནག་ཕུ།
达纳地方的贤者索嘉	རྟ་ནག་གི་མཁས་པ་བསོད་རྒྱལ།
达赖呼图克图之弟额尔德尼台吉	ད་ལས་ཧུ་ཐོག་ཐུའི་གཅུང་ཨེར་ཏེ་ནི་ཐའི་ཇི།
达敦释迦培	མདའ་སྟོན་ཤཱཀྱ་འཕེལ།
达隆巴噶究索朗扎巴	སྟག་ལུང་པ་དཀའ་བཅུ་བསོད་ནམས་གྲགས་པ།
达杰修行院	དར་རྒྱས་གྲུབ་སྡེ།
达赖巴图尔	ད་ལས་པཱ་ཏུར།
达赖喇嘛・云丹嘉措	ཐམས་ཅད་མཁྱེན་པ་ཡོན་ཏན་རྒྱ་མཚོ།
父亲索朗达结	རྒྱལ་དབང་མཆོག་གི་ཡབ་རྗེ་བསོད་ནམས་དར་རྒྱས།
达赖喇嘛母亲尼达旺摩	རྒྱལ་ཡུམ་ཉི་ཟླ་དབང་མོ།

达摩巴洛桑索巴	སྟག་མོ་བ་བློ་བཟང་བཟོད་པ།
达颜都拉曲杰	རྟ་ཡན་ཏུ་རའི་ཆོས་རྗེ།
达纳伦珠孜寺	ཏ་ནག་ལྷུན་གྲུབ་རྩེ་དགོན།
达普寺	ཏ་ཕུག་དགོན།
达擦活佛	ཏ་ཚག་སྤྲུལ་པའི་སྐུ།
达旺喇嘛	ཏ་དབང་བླ་མ།
达波活佛	དྭགས་པོ་སྤྲུལ་སྐུ།
达尔罕额尔德尼法王	དར་ཧན་ཨེར་ཏེ་ནི་ཆོས་རྗེ།
达纳寺	ཏ་ནག་དགོན།
达纳布鲁温泉	ཏ་ནག་འབུ་རུའི་ཚ་ཆུ།
达隆寺仲敦巴像	སྟག་ལུང་ཆོས་སྡེའི་རྒྱལ་བ་འབྲོམ་གྱི་སྣང་བརྙན།
大管家贡桑热绛巴	དགོན་གཉེར་ཆེན་མོ་རབ་འབྱམས་པ་ཀུན་བཟང་།
代本然巴瓦	མདའ་དཔོན་རམ་པ་བ།
代本娘协巴	མདའ་དཔོན་ཞ་བཤུར་བ།
第悉藏巴	སྡེ་སྲིད་གཙང་པ།
第悉吉雪巴	སྡེ་པ་སྐྱིད་ཤོད་པ།
第穆呼图克图	དེ་མོ་སྤྲུལ་པའི་སྐུ།
东印度	རྒྱ་གར་ཤར་ཕྱོགས།
德丹城	གྲོང་ཁྱེར་བདེ་ལྡན།
德丹卓玛小姐	བདེ་ལྡན་སྒྲོལ་མ།
德格王主仆	སྡེ་དགེ་རྒྱལ་པོ་དཔོན་གཡོག
德杰协玛林寺	བདེ་རྒྱས་བྱེ་མ་གླིང་གི་གཙུག་ལག་ཁང་།
杜尔伯特饶旦多杰王	ཏུར་བེད་རབ་བརྟན་རྡོ་རྗེ་ཁང་།
多吉贝	རྡོ་རྗེ་དཔལ།
多旦贡波益西	རྟོགས་ལྡན་མགོན་པོ་ཡེ་ཤེས།
朵雄	ལྡོག་གཞུང་།
都鲁迦	ཏུ་རུ་ཀ།
都尤嘎尔	ཏུལ་ཡོལ་དཀར།
都松饶林寺	རྡོལ་གསུང་རབ་གླིང་།
定结洛桑曲扎	གཉིང་སྐྱེས་ཚོགས་གསོག་པ་བློ་བཟང་ཆོས་གྲགས།

兑桑林嘉木央群培 ཐོས་བསམ་གླིང་དཔོན་སློབ་འཇམ་དབྱངས་ཆོས་འཕེལ།
兑桑林札仓喇嘛玛钦格隆 ཐོས་བསམ་གླིང་བླ་མའི་དགེ་སྐྱུབ་པ་མ་ཆེན་དགེ་སློང་།
兑桑林札仓 ཐོས་བསམ་གླིང་།

E

额尔德尼觉热图浑台吉 ཨེར་ཏེ་ནི་ཇོ་རིགས་ཐུ་ཧོང་ཐའི་ཇི།
鄂尔多斯贝勒扎西次仁 ཨོར་ཏུ་སུ་པའི་ལེ་བཀྲ་ཤིས་ཚེ་རིང་།
鄂尔多斯大贝子次旺班觉 ཨོར་ཏུ་སུ་ཏཱ་པའི་སེ་ཚེ་དབང་དཔལ་འབྱོར།
鄂尔多斯甘珠尔贝勒 ཨོར་ཏུ་སུ་བཀའ་འགྱུར་པའི་ལེ།
厄鲁特准噶尔王噶丹次仁旺波 ཨོ་རོད་ཇུན་གར་གྱི་དཔོན་དགའ་ལྡན་ཚེ་རིང་དབང་པོ།

F

法胤 རིགས་ལྡན།
梵语 སཾ་སྐྲི་ཏའི་སྐད།
《佛顶经无畏疏及注释》 སངས་རྒྱས་ཐོད་པའི་རྣམ་བཤད་མི་འཇིགས་གཞུང་འགྲེལ།
佛护论师 སློབ་དཔོན་སངས་རྒྱས་བསྐྱངས།
福晋卓玛吉 དཔོན་མོ་སྒྲོལ་མ་སྐྱིད།

G

冈底斯山 གངས་ཏི་སེ།
岗巴拉山 གམ་པ་ལ།
岗日喇嘛 གངས་རི་བླ་མ།
岗坚群培巴噶钦格勒坚赞 གངས་ཅན་ཆོས་འཕེལ་པ་དཀའ་ཆེན་དགེ་ལེགས་རྒྱལ་མཚན།
甘丹寺赤巴 དགའ་ལྡན་ཁྲི་པ།
甘丹寺宗喀巴大师灵塔 དགའ་ལྡན་གསེར་གདུང་རིན་པོ་ཆེ།
噶丹康萨 དགའ་ལྡན་ཁང་གསར།
噶究洛桑丹巴 དཀའ་བཅུ་བློ་བཟང་བསྟན་པ།
噶西巴扎西宣努 དགའ་བཞི་པ་བཀྲ་ཤིས་གཞོན་ནུ།

噶丹饶杰寺	དགའ་ལྡན་རབ་རྒྱས།
噶究巴洛桑协涅	དཀའ་བཅུ་པ་བློ་བཟང་བཤེས་གཉེན།
噶伦重孜巴	བཀའ་བློན་འབྲོང་རྩེ་བ།
噶伦多喀瓦次仁旺嘉	བཀའ་བློན་མདོ་མཁར་བ་ཚེ་རིང་དབང་རྒྱལ།
噶细公母亲索朗拉仲	དགའ་བཞིའི་ཡུམ་བསོད་ནམས་ལྷ་སྒྲོན།
噶丹彭措林寺堪布	དགའ་ལྡན་ཕུན་ཚོགས་གླིང་མཁན་པོ།
噶钦洛桑赤列	དཀའ་ཆེན་བློ་བཟང་འཕྲིན་ལས།
噶丹希热图	དགའ་ལྡན་ཤེ་རེལ་ཐུ།
《根本般若论注疏——般若明灯》	རྩ་བ་ཤེས་རབ་ཀྱི་འགྲེལ་པ་ཤེས་རབ་སྒྲོན་མེ།
格列贝桑	དགེ་ལེགས་དཔལ་བཟང་།
格勒平措	དགེ་ལེགས་ཕུན་ཚོགས།
格贵噶究益西格桑	དགེ་སྐོས་དཀའ་བཅུ་ཡེ་ཤེས་སྐལ་བཟང་།
格培寺	དགེ་འཕེལ།
贡却坚赞	དཀོན་མཆོག་རྒྱལ་མཚན།
贡噶扎西	ཀུན་དགའ་བཀྲ་ཤིས།
贡查巴噶究茨达	དགོན་ཁྲ་པ་དཀའ་བཅུ་ཚེ་བདག
贡嘎宗本	གོང་དཀར་རྫོང་དཔོན།
贡嘎金刚座寺	གོང་དཀར་རྡོ་རྗེ་གདན།
贡波嘉	མགོན་པོ་སྐྱབས།
贡德南喀坚赞	སྒོམ་བདེ་ནམ་མཁའ་རྒྱལ་མཚན།
固始丹增法王	གུ་ཤྲཱི་བསྟན་འཛིན་ཆོས་ཀྱི་རྒྱལ་པོ།
桂译师枯巴拉哉	འགོས་ལོ་ཙཱ་བ་ཁུག་པ་ལྷ་བཙས།
郭莽札仓堪布喇嘛洛桑平措	མཁན་པོ་ཁྲི་པ་སྒོ་མང་བླ་མ་བློ་བཟང་ཕུན་ཚོགས།
郭仓修行院	ཀོད་ཚང་སྒྲུབ་སྡེའི་གནས།
郭仓寺	ཀོད་ཚང་དགོན།
古格巴洛桑旺秀	གུ་གེ་པ་བློ་བཟང་དབང་ཕྱུག
古格王子洛桑班玛扎西	གུ་གེ་ས་སྐྱོང་གི་སྲས་བློ་བཟང་པད་མ་བཀྲ་ཤིས།
古格巴曲赞益西格勒	གུ་གེ་པ་ཆོས་མཛད་ཡེ་ཤེས་དགེ་ལེགས།
格热桑阿颇章	གེ་རེ་གསང་ཕྱུགས་པོ་བྲང་།

H

哈尔东巴噶钦益西丹增	ཧར་གདོང་པ་དཀའ་ཆེན་ཡེ་ཤེས་བསྟན་འཛིན།
哈尔东巴噶钦洛桑扎西	ཧར་གདོང་པ་དཀའ་ཆེན་བློ་བཟང་བཀྲ་ཤིས།
《合疏秘诀穗》	ཁ་སྦྱོར་གྱི་འགྲེལ་པ་མན་ངག་སྙེ་མ།
呼和浩特掌印喇嘛托因呼图克图	མཁར་སྟོན་ཐམ་ག་བླ་མ་ཐོ་ཡོན་ཧུ་ཐོག་ཐུ།
呼和浩特乃济托因	མཁར་སྟོན་ནས་ཆི་ཐོ་ཡོན།
仓巴当托建	ཚངས་པ་དུང་ཐོད་ཅན།
红帽活佛	ཞྭ་དམར་སྤྲུལ་པའི་སྐུ།
皇帝的钦差兆惠	གོང་མ་ཆེན་པོའི་བཀས་མངགས་པའི་ཇོའུ་ཧོས་ཨན་བན།
后藏代本班蔡巴	གཙང་མདའ་དཔོན་པད་ཚལ་པ།

J

金星	པ་སངས།
金刚座	རྡོ་རྗེ་གདན།
吉祥萨迦地方	དཔལ་ལྡན་ས་སྐྱ།
吉隆	སྐྱིད་གྲོང་།
吉萨钦摩	སྐྱི་ས་ཆེན་མོ།
吉康札仓	དཀྱིལ་ཁང་།
晋美迥乃贝巴	འཇིགས་མེད་འབྱུང་གནས་སྦས་པ།
杰尊扎巴坚赞	རྗེ་བཙུན་གྲགས་པ་རྒྱལ་མཚན།
杰仲洛桑诺布	རྗེ་དྲུང་བློ་བཟང་ནོར་བུ།
旃陀罗种姓	མདོལ་པ།
《集密》	གསང་བ་འདུས་པ།
《集密千座法》	གསང་འདུས་ཀྱི་སྟོང་ཐུན་ཆེན་མོ།
羯摩集	ལས་ཚོགས།
觉巴	འབྱོར་པ།
觉宗巴	ཇོ་རྫོང་བ།
觉摩隆	སྐྱུར་མོ་ལུང་།

旧密法	གསང་སྔགས་རྙིང་མ།
嘉木央坚赞	འཇམ་དབྱངས་རྒྱལ་མཚན།
嘉钦则巴噶钦洛桑赤列	རྒྱལ་ཆེན་རྩེ་པ་དཀའ་ཆེན་བློ་བཟང་འཕྲིན་ལས།
嘉拉桑珠德庆寺	སྐྱུ་ར་བསམ་གྲུབ་བདེ་ཆེན་དགོན།
嘉雅活佛	རྒྱ་ཡགས་ཞབས་དྲུང་།
嘉赛活佛	རྒྱལ་སྲས་སྤྲུལ་སྐུ།
嘉塔顿	རྒྱལ་ཐབ་མདུན།
嘉卡夏	ལྕགས་ཁ་ཤར།
嘉雅夏仲	རྒྱ་ཡགས་ཞབས་དྲུང་།
嘉瓦罗桑顿珠	རྒྱལ་བ་བློ་བཟང་དོན་གྲུབ།
嘉却贝桑布	སྐྱབས་མཆོག་དཔལ་བཟང་།
加尔果琪	ཇར་གོ་ཆི།
迦莫曲宗	འགར་མོ་ཆོས་རྫོང་།
郡王爵位	ཇུན་ཝང་གི་ཆོ་ལོ།
绛巴桑珠甘丹寺	བྱང་པ་བསམ་གྲུབ་དགའ་ལྡན་དགོན།
济咙活佛	རྗེ་དྲུང་སྤྲུལ་སྐུ།
吉隆巴洛桑南杰	སྐྱིད་གྲོང་པ་བློ་བཟང་རྣམ་རྒྱལ།
精其寺三尊天成弥勒佛像	རྫིང་ཕྱིའི་བྱམས་པ་རང་འབྱོན་གསུམ་ལྡན།

K

康区的嘉顿宗本	ཁམས་རྒྱལ་སྟོན་རྫོང་དཔོན།
康区察瓦岗的人	ཁམས་ཚ་བ་སྒང་པ།
康布达隆喇嘛	ཁམ་བུ་ལྷག་ལུང་བླ་མ།
卡尔龙静修院	མཁར་ལུང་རི་ཁྲོད།
卡觉寺	མཁའ་སྤྱོད་དགོན།
克什米尔班智达释迦室利	པཎ་ཆེན་ཤཱཀྱ་ཤྲཱི།
克珠拉旺罗	མཁས་གྲུབ་ལྷ་དབང་བློ།
克珠杰	མཁས་གྲུབ་རྗེ།
克珠僧格坚赞	མཁས་གྲུབ་སེང་གེ་རྒྱལ་མཚན།

克珠桑杰益西	མཁས་གྲུབ་སངས་རྒྱས་ཡེ་ཤེས།
喀尔喀额尔克大喇嘛	ཨེར་ཁ་ཏཱ་བླ་མ།
喀卓尼尔托章京	ཁླ་མགྲོན་གཉེར་ཐོ་ཙང་གི།
喀尔喀诺颜曲杰	ཧལ་ཧ་ནོ་ཡོན་ཆོས་རྗེ།
喀尔喀亲王德庆嘉布	ཆིང་ཝང་བདེ་ཆེན་སྐྱབས།
喀尔喀达赖贝子	ཧལ་ཧ་ད་ལས་པའི་སེ།
喀尔喀曼殊室利	ཧལ་ཧ་མཉྫུ་ཤྲཱི།
喀尔喀右翼额尔德尼布希热图札	ཧལ་ཧ་གཡས་ཧུ་ཨེར་ཏེ་ནི་པི་ཤི་རེལ་ཐུ་ཛ་སག་ཐུ་ཧན་ཚེ་རིང་
萨克图汗次仁巴达	དཔལ་དར།
科尔沁切丘格札萨克	ཧར་ཆེན་ཆེ་ཆི་ག་ཛ་སག
库伦翁则当钦巴噶钦洛桑扎西	ཁུ་རེལ་དབུ་མཛད་མདངས་ཆེན་པ་དཀའ་ཆེན་བློ་བཟང་བཀྲ་ཤིས།

L

拉尊王	རྒྱལ་པོ་ལྷ་བཙུན།
拉易旺旦	ལྷའི་དབང་ལྡན།
拉藏汗	རྒྱལ་པོ་ལྷ་བཟང་།
拉日孜巴扎巴顿珠	ལྷ་རི་རྩེ་པ་གྲགས་པ་དོན་གྲུབ།
拉日岗巴杰仲洛桑次旺央金智贝	ལྷ་རི་སྒང་པ་རྗེ་དྲུང་བློ་བཟང་ཚེ་དབང་དབྱངས་ཅན་གྲུབ་པའི་
多杰赤列	རྡོ་རྗེ་འཕྲིན་ལས།
拉木护法	ལ་མོ་ཆོས་སྐྱོང་།
拉达克王	ལ་དྭགས་ས་སྐྱོང་།
拉科喜饶琼觉	ར་ཁོ་བླ་མ་ཤེས་རབ་ཆོས་འབྱོར།
拉孜噶丹欧门寺	ལྷ་རྩེ་དགའ་ལྡན་འོག་མིན་གླིང་།
拉那扎寺	ལྷ་ལྡེ་བྲག་དགོན།
拉木降神师索朗旺堆	ལ་མོ་སྐུ་རྟེན་པ་བསོད་ནམས་དབང་འདུས།
拉普宗本	ལྷ་ཕུ་རྫོང་དཔོན།
拉阿扎寺	ལྷ་ལྡེ་བྲག་དགོན།
拉日岗巴	ལྷ་རི་སྒང་པ།
兰周甲地方	ལྷན་དྲུག་བརྒྱ།

兰木那寺　ལམ་ནག་དགོན།
兰·伦珠饶旦庄园　ལྷན་གཞིས་ཀ་ལྷུན་གྲུབ་རབ་བརྟན།
林噶宗本　གླིང་དཀར་རྫོང་དཔོན།
理塘丹窘活佛　ལི་ཐང་བསྟན་སྐྱོང་སྤྲུལ་སྐུ།
莲花生大师　སློབ་དཔོན་པད་མ།
《莲花生遗教》　སློབ་དཔོན་པད་མའི་བཀའི་ཐང་ཡིག
罗桑格桑嘉措　བློ་བཟང་བསྐལ་བཟང་རྒྱ་མཚོ།
罗桑敦萨却吉颇章　བློ་བཟང་མདུན་ས་ཆོས་ཀྱི་ཕོ་བྲང་།
罗桑确吉坚赞　བློ་བཟང་ཆོས་ཀྱི་རྒྱལ་མཚན།
《洛扎遗教授记》　ལྷོ་བྲག་གཏམ་ཤུལ།
洛桑群培　བློ་བཟང་ཆོས་འཕེལ།
洛桑扎西　བློ་བཟང་བཀྲ་ཤིས།
洛桑仁钦仓央嘉措　བློ་བཟང་རིན་ཆེན་ཚངས་དབྱངས་རྒྱ་མཚོ།
洛布巴洛桑南杰　ཀློ་སྤུག་པ་བློ་བཟང་རྣམ་རྒྱལ།
洛巴夏仲云丹坚赞　ལྷོ་པ་ཞབས་དྲུང་ཡོན་ཏན་རྒྱལ་མཚན།
洛桑嘉措　བློ་བཟང་རྒྱ་མཚོ།
洛桑顿珠　བློ་བཟང་དོན་གྲུབ།
洛哲坚赞　བློ་གྲོས་རྒྱལ་མཚན།
洛桑西尼　བློ་བཟང་བཤེས་གཉེན།
灵鹫山　བྱ་རྒོད་ཕུང་པོའི་རི།
鲁当工匠　ཀླུ་སྡིངས་བཟོ་རིགས་པ།
伦林鼐洛桑格敦　ལྷུན་གླིང་ནས་བློ་བཟང་དགེ་འདུན།
洛东管家　ལུག་གདོང་གཉེར་པ།
勒钦贡坚巴　ལས་ཆེན་ཀུན་རྒྱལ་བ།

M

麻江首领　མར་རྐྱང་མགོ་པ།
梅勒章京格敦群培　སྨེ་རིན་ཙང་གི་དགེ་འདུན་ཆོས་འཕེལ།
摩羯陀　མ་ག་དྷ།

蒙古阔端王	ཧོར་རྒྱལ་པོ་གོ་དན།
密乘喇嘛莫巴杰仲	སྔགས་པ་བླ་མ་དམིགས་པ་རྗེ་དྲུང་།
妙吉祥称法王	འཇམ་དཔལ་གྲགས་པ།

N

那塘寺	སྣར་ཐང་དགོན།
南杰札仓	རྣམ་རྒྱལ་གྲྭ་ཚང་།
南木林宗两名宗本	རྣམ་གླིང་རྫོང་དཔོན་གཉིས།
朗饶达波札仓巴索朗嘉措	རྣམ་རབ་དྭགས་པོ་གྲྭ་ཚང་པ་བསོད་ནམས་རྒྱ་མཚོ།
那塘巴益西三旦	སྣར་ཐང་པ་ཡེ་ཤེས་བསམ་གཏན།
那兰扎寺	ནཱ་ལེན་དྲ་ཆོས་སྡེ།
乃囊巴	གནས་ནང་པ།
乃色护法	ནེ་སེར་བ།
乃穷护法神	གནས་ཆུང་ཆོས་སྐྱོང་ཆེན་པོ།
乃宁却康巴洛桑扎西	གནས་རྙིང་མཆོད་ཁང་པ་བློ་བཟང་བཀྲ་ཤིས།
尼姑益西曲宗	རབ་བྱུང་མ་ཡེ་ཤེས་ཆོས་འཛོམས།
尼姑洛桑曲措	དགེ་ཚུལ་མ་བློ་བཟང་ཆོས་འཚོ།
尼木嘉协察寺	སྙེ་མོ་རྒྱལ་བྱེད་ཚལ།
尼玛塘夏仲	ཉི་མ་ཐང་གི་ཞབས་དྲུང་།
《宁玛大续深意总汇》	རྙིང་མ་རྒྱུད་ཆེན་ཟབ་མོ་ཀུན་འདུས།
涅地的雄顿多杰坚赞	གཉལ་གྱི་སྲོང་རྟོན་རྡོ་རྗེ་རྒྱལ་མཚན།
涅赤嘉	ཉི་ཁྲི་ལྷམ།
聂塘德瓦建寺	སྙེ་ཐང་བདེ་བ་ཅན།
念青唐古拉山神	གཉན་ཆེན་ཐང་ལྷ།
纽曲廓寺	ཉུག་ཆོས་འཁོར་དགོན།
年顿释迦僧格	གཉན་སྟོན་ཤཱཀྱ་སེང་གེ།
诺布群科瓦噶究洛桑赤列	ནོར་བུ་ཆོས་འཁོར་བ་དཀའ་བཅུ་བློ་བཟང་འཕྲིན་ལས།
若尔盖喇嘛	མཛོད་དགེ་བླ་མ།

O

欧珠曲宗巴噶钦洛桑克增	དངོས་གྲུབ་ཆོས་རྫོང་པ་དཀའ་ཆེན་བློ་བཟང་མཁས་བཙུན།

P

帕尔布寺	པར་བུ་དགོན།
帕索噶丹饶杰巴	བ་སོ་དགའ་ལྡན་རབ་རྒྱས་པ།
盘德班觉活佛	སྐྲུ་སྐྲེ་ཕན་བདེའི་དཔལ་འབྱོར།
婆罗门	བྲམ་ཟེ།
婆罗门六事	བྲམ་ཟེའི་ལས་དྲུག
颇罗鼐索朗多杰	ཕོ་ལྷ་ནས་བསོད་ནམས་སྟོབས་རྒྱལ།
《菩萨本生经》	བྱང་ཆུབ་སེམས་དཔའི་སྐྱེས་པའི་རབས།
普波钦	ཕུག་པོ་ཆེ།
菩提道喇嘛洛色林巴廓吾格敦扎巴	ལམ་རིམ་བླ་མ་བློ་གསལ་གླིང་པ་གོ་བོ་དགེ་འདུན་གྲགས་པ།
遍知者班禅罗桑确吉坚赞	པཎ་ཆེན་ཐམས་ཅད་མཁྱེན་པ་བློ་བཟང་ཆོས་ཀྱི་རྒྱལ་མཚན།
平措林	ཕུན་ཚོགས་གླིང་།

Q

钦差宇阿萨肯	གོང་ནས་བཀས་མངགས་པའི་ཡུ་ཨ་ས་གན་ཨམ་བན།
钦木达	ཆུམས་མདའ།
清辨论师	སློབ་དཔོན་ལེགས་ལྡན་འབྱེད།
青海将军王	མཚོ་སྔོན་ཛང་ཅི་ཝང་།
青海王妃南杰卓玛	མཚོ་སྔོན་དཔོན་མོ་རྣམ་རྒྱལ་སྒྲོལ་མ།
青海公巴图尔岱钦	མཚོ་སྔོན་གུང་པཱ་ཏུར་དའི་ཆེན།
青海额尔德尼岱钦王	མཚོ་སྔོན་ཨེར་ཏེ་ནི་དའི་ཆིང་ཝང་།
青海科西亲王噶丹居囊	མཚོ་སྔོན་ཁོ་ཤོག་ཆིང་ཝང་དགའ་ལྡན་ཇུ་ནང་།
青海准噶尔王索朗多吉	མཚོ་སྔོན་ཇུན་གར་ཝང་བསོད་ནམས་རྡོ་རྗེ།
青海亲王之女桑珠卓玛	མཚོ་སྔོན་ཆིང་ཝང་གི་སྲས་མོ་བསམ་གྲུབ་སྒྲོལ་མ།
恰译师	ཆག་ལོ་ཙཱ་བ།

恰拉康的松敦耶巴尔	ཆབས་ལྷ་ཁང་གི་སྲུམ་སྟོན་ཡེ་འབར།
强巴林寺弥勒佛像	བྱམས་གླིང་གི་བྱམས་དགོན།
曲迥本	ཆོས་སྐྱོང་འབུམ།
曲杰饶窘多杰	ཆོས་རྗེ་རང་བྱུང་རྡོ་རྗེ།
曲顶	ཆོས་སྡིངས།
曲隆寺	ཆུ་ལུང་དགོན།
曲桑寺	ཆུ་བཟང་ཆོས་སྡེ།
曲水塔巴寺	ཆུ་ཤུལ་ཐར་པ་དགོན།
曲水宗本	ཆུ་ཤུལ་རྫོང་དཔོན།
曲桑尼姑寺	ཆུ་བཟང་མོ་དགོན།
曲巴宇孜寺	ཆུ་དབར་གཡུ་རྩེ་དགོན།
群科卫当寺	ཆོས་འཁོར་དབུས་སྡིངས་ཀྱི་དགོན་པ།
群科央孜寺	ཆོས་འཁོར་ཡང་རྩེ་དགོན།
群科伦布瓦曲坚赞	ཆོས་འཁོར་ལྷུན་པོ་བ་ཆོས་རྒྱལ་མཚན།
群科杰寺弥勒佛像	ཆོས་འཁོར་རྒྱལ་གྱི་བྱམས་མགོན།
群科杰寺的吉祥天女像	ཆོས་འཁོར་རྒྱལ་གྱི་དཔལ་ལྡན་ལྷ་མོ།
却藏活佛	ཆུ་བཟང་སྤྲུལ་པའི་སྐུ།
却本格隆强巴	མཆོད་དཔོན་དགེ་སློང་བྱམས་པ།
琼结日吾德庆寺	འཕྱོང་རྒྱས་རི་བོ་བདེ་ཆེན་དགོན།

R

仁达瓦尊者	རྗེ་བཙུན་རེད་མདའ་བ།
日车	ཉི་མའི་ཤིང་རྟ།
日喀则宗本巴图尔囊巴	གཞིས་ཀ་རྩེ་རྫོང་དཔོན་པ་ཏུར་ནང་པ།
日东巴夏仲多杰班觉	རི་གདོང་པའི་ཞབས་དྲུང་རྡོ་རྗེ་དཔལ་འབྱོར།
日吾格培寺	རི་བོ་དགེ་འཕེལ།
日喀则驿站官员贝贡	གཞིས་རྩེ་རྟ་ཟམ་པ་སྤེལ་གོང་།
热振寺堪布达木曲医师	ར་སྒྲེང་མཁན་པོ་ཨེམ་ཆི་དམ་ཆོས།
日顿夏仲	རི་གདོང་ཞབས་དྲུང་།

热振寺文殊金刚像	ར་སྒྲེང་ཇོ་བོ་འཇམ་དཔལ་རྡོ་རྗེ།
绒地的章德加赖	རོང་གི་བྲང་ཏི་རྒྱལ་ལེ།
绒钦巴	རོང་ཆེན་པ།
绒强钦巴阿旺顿珠	རོང་བྱམས་ཆེན་པ་ངག་དབང་དོན་གྲུབ།
茹贡寺	རུ་དགོན་པ།

S

萨迦班智达贡噶坚赞	ས་སྐྱ་པཎྜི་ཏ་ཀུན་དགའ་རྒྱལ་མཚན།
萨迦寺	ས་སྐྱ་དགོན།
萨德钦巴噶钦洛桑群培	ས་བདེ་ཆེན་པ་བློ་བཟང་ཆོས་འཕེལ།
萨玛德勒园林	ས་དམར་བདེ་ལེགས་དགའ་ཚལ།
萨隆米村	ས་ལུང་མི་ཚན།
萨隆巴噶究格敦次仁	ས་ལུང་པ་དཀའ་བཅུ་དགེ་འདུན་ཚེ་རིང་།
萨隆甘丹寺	ས་ལུང་དགའ་ལྡན་ཆོས་སྡེ།
萨迦寺达钦贡噶洛哲	ས་སྐྱ་བདག་ཆེན་ཀུན་དགའ་བློ་གྲོས།
善巴萨尔巴	ཟམ་པ་གསར་པ།
桑耶寺载玛尔护法	བསམ་ཡས་ཙིའུ་དམར་པོ།
桑杰嘉措	སངས་རྒྱས་རྒྱ་མཚོ།
桑杰坚赞	སངས་རྒྱས་རྒྱལ་མཚན།
桑日杰增玛	ཟངས་རིའི་རྗེ་བཙུན་མ།
赛菊巴寺	སྲད་རྒྱུད་པ།
赛·仁钦孜	སྲད་རིན་ཆེན་རྩེ།
赛卡尔寺	ཟེ་མཁར་ཆོས་སྡེ།
赛多活佛	གསེར་ཐོག་སྤྲུལ་སྐུ།
赛多坚巴喜饶贝桑热绛巴	གསེར་མདོག་ཅན་པ་འབུམ་རབ་འབྱམས་པ་ཤེས་རབ་དཔལ་བཟང་།
赛菊巴寺僧人	སྲད་རྒྱུད་པ་བླ་སྤྱི།
赛多夏仲	གསེར་ཐོག་ཞབས་དྲུང་།
《三念珠》	ཕྲེང་བ་གསུམ།
三木巴活佛	སེམས་དཔའ་སྤྲུལ་སྐུ།

三木旦寺	བསམ་གཏན་དགོན།
司徒活佛	སི་ཏུ་སྤྲུལ་སྐུ།
索朗扎巴	བསོད་ནམས་གྲགས་པ།
索洛玛堪布	སོ་ལོ་མའི་མཁན་པོ།
索南确吉朗布	བསོད་ནམས་ཕྱོགས་ཀྱི་གླང་པོ།
索本堪布饶旦巴	གསོལ་དཔོན་རབ་བརྟན་པ།
索朗多杰	བསོད་ནམས་རྡོ་རྗེ།
色钦法主	སེ་ཆེན་ཆོས་རྗེ།
色拉俄尔盖札仓	སེ་ར་ཨུར་གེ་གྲྭ་ཚང་།
四川理塘曲宗	ཁམས་ལི་ཐང་ཆོས་རྫོང་།
尚译师	ཞང་ལོ་ཙཱ་བ།
舍卫城	མཉན་ཡོད།
甚深妙道金刚六支瑜伽	ཟབ་ལམ་རྡོ་རྗེའི་རྣལ་འབྱོར་ཡན་ལག་དྲུག
声闻大弟子的形象	ཉན་ཐོས་ཀྱི་ཚུལ་འཛིན་པ།
圣者龙树大师	སློབ་དཔོན་འཕགས་པ་ཀླུ་སྒྲུབ།
胜乐、集密、大威德三本尊立体坛场	གསང་བདེ་འཇིགས་གསུམ་གྱི་བློས་བསླང་།
释迦比丘象雄瓦洛桑丹增坚赞	ཤཱཀྱའི་དགེ་སློང་ཞང་ཞུང་པ་བློ་བཟང་བསྟན་འཛིན་རྒྱལ་མཚན།
《时轮本续》	དུས་ཀྱི་འཁོར་ལོའི་རྩ་བའི་རྒྱུད་རྒྱས་པ།
《时轮摄略经无垢光大疏》	དུས་འཁོར་བསྡུས་རྒྱུད་ཀྱི་འགྲེལ་ཆེན་དྲི་མེད་འོད།
世亲论师	སློབ་དཔོན་དབྱིག་གཉེན།
达尔顿斯吉	ཏ་སྟོན་གཟི་བརྗིད།
顺治	ཤུན་ཏ།
受用园林	ལོངས་སྤྱོད་སྐྱེད་ཚལ།

T

塔却雅培	ཐེག་མཆོག་ཡར་འཕེལ།
塘拉	ཐང་ལྷ།
塘萨噶丹群科寺	ཐང་སག་དགའ་ལྡན་ཆོས་འཁོར།
塘格瓦	ཐང་སྐུ་བ།

塔却寺赤列南杰	ཐེག་མཆོག་གླིང་པ་འཕྲིན་ལས་རྣམ་རྒྱལ།
天成五位一体十一面观音像	རང་བྱུང་ལྔ་ལྡན།
同一心续	ཐུགས་རྒྱུད་གཅིག་པ།
通门雄	མཐོང་སྨོན་གཞུང་།
托林寺堪布噶钦顿珠坚赞	མཐོ་ལྡིང་མཁན་པོ་དཀའ་ཆེན་དོན་གྲུབ་རྒྱལ་མཚན།
托林寺堪布赛巴噶钦洛桑楚臣	མཐོ་ལྡིང་མཁན་པོ་དཀའ་ཆེན་བློ་བཟང་ཚུལ་ཁྲིམས།
托布加	ཐོབ་རྒྱལ།
土谢图公益西才旦	ཐུ་ཤེའི་ཐུ་གུང་ཡེ་ཤེས་ཚེ་བརྟན།
土尔扈特贝勒	ཐོར་གོད་པའི་ལེ།
土尔扈特萨拉札萨克	ཐོར་གོད་ས་ར་ཛ་སག
图萨拉克齐	ཐུ་ས་ལག་ཆི།
图协耶图公益西才旦	ཐུ་ཤལ་ཡེ་ཐུ་གུང་ཡེ་ཤེས་ཚེ་བརྟན།
图旦南杰	ཐུབ་བསྟན་རྣམ་རྒྱལ།

W

旺钦诺门罕	དབང་ཆེན་ནོ་མོན་ཧན།
温寺巴杰仲益西嘉措	དབེན་དགོན་པ་རྗེ་དྲུང་ཡེ་ཤེས་རྒྱ་མཚོ།
温寺巴洛桑嘉木央	དབེན་དགོན་པ་བློ་བཟང་འཇམ་དབྱངས།
文殊乾隆皇帝	འཇམ་དབྱངས་གོང་མ་ཆེན་པོ།
乌珠穆沁的车臣饶旦南杰王	ཨུ་ཇུ་མུ་ཆིན་ཆེ་རིན་རབ་བརྟན་རྣམ་རྒྱལ།
无量光佛	རྒྱལ་བ་འོད་མཐའ་ཡས་པ།
俄尤扎噶寺	འོད་ཡུག་བྲག་དཀར་ལྷ་སྒྲི།
俄尤宗塘	འོད་ཡུག་འཛོམ་ཐང་།
卫地代本达结扎西	དབུས་མདའ་དཔོན་དར་རྒྱས་བཀྲ་ཤིས།

X

西方极乐国	ནུབ་ཕྱོགས་བདེ་བ་ཅན།
《喜金刚二品续》	བརྟག་གཉིས།
息诤塔	དགེ་འདུན་དབྱེ་བཟླུམས་ཀྱི་མཆོད་རྟེན།

喜饶本	ཤེས་རབ་འབུམ།
夏孜札仓	ཤར་རྩེ།
夏鲁堪布阿旺云丹迥乃	ཞ་ལུ་མཁན་པོ་ངག་དབང་ཡོན་ཏན་འབྱུང་གནས།
夏琼寺堪布	བྱ་ཁྱུང་མཁན་པོ།
夏鲁巴洛桑旺嘉	ཞ་ལུ་བ་བློ་བཟང་དབང་རྒྱལ།
下康区金川人	ཁམས་ཀྱི་སྨད་ལྕགས་མདུད་པ་རྣམས།
辛东噶尔	ཤུན་གདོང་དཀར།
须菩提化身	རབ་འབྱོར་སྤྲུལ་པ།
须菩提尊者	འཕགས་པ་གནས་བརྟན་རབ་འབྱོར།
虚空藏菩萨	བྱང་ཆུབ་སེམས་དཔའ་ནམ་སྙིང་།
香巴拉国	ཤམ་བྷ་ལ།
香地的松顿绛曲坚赞	ཤངས་ཀྱི་སུམ་སྟོན་བྱང་ཆུབ་རྒྱལ་མཚན།
香鲁东地方的顿珠墨卡	ཤངས་ལུག་གི་གདོང་གཞིས་ཁ་དོན་གྲུབ་སློན་མཁར།
襄丹金	མ་ག་དྷའི་རྒྱལ་པོ་ཤིང་སྟན་ཅན།
协巴阿旺群培	བཞད་པ་ངག་དབང་ཆོས་འཕེལ།
协噶寺	ཤེལ་དཀར་ཆོས་སྡེ།
特派黄西琪	ཞལ་ངོ་རྡོ་ཤུས་ཆེ།
协噶尔米居多吉宗	ཤེལ་དཀར་མི་འགྱུར་རྡོ་རྗེའི་རྫོང་།
协卡寺	བྱེ་མཁར་ཆོས་སྡེ།
协饶杰林	གཞུ་རབ་རྒྱས་གླིང་།
小昭寺的护法像	ར་མོ་ཆེའི་མགོན་པོ།
兄长吉仲洛桑金巴	ཕུ་བོ་རྗེ་དྲུང་བློ་བཟང་སྦྱིན་པ།

Y

雅德班钦	གཡག་སྡེ་པན་ཆེན།
央寺	གཡང་ཆོས་སྡེ།
羊八井寺	ཡངས་པ་ཅན་དགོན།
羊八井首领哈夏卡	ཡངས་པ་ཅན་མགོ་པ་ཧ་ཤ་ཁ།
药王山	ལྕགས་པོ་རི།

一金刚法种	རྡོ་རྗེའི་རིགས་གཅིག
医师格敦顿珠	འཚོ་བྱེད་དགེ་འདུན་དོན་གྲུབ།
益西孜摩	ཡེ་ཤེས་རྩེ་མོ།
益西曲宗	ཡེ་ཤེས་ཆོས་འཛོམས།
雍顿多杰贝	གཡུང་སྟོན་པ་རྡོ་རྗེ་དཔལ།
玉树瓦丹巴达杰	ཡུལ་ཤུལ་བ་བསྟན་པ་དར་རྒྱས།
宇妥活佛	གཡུ་ཐོག་སྤྲུལ་སྐུ།
印度瑜伽僧人	ཨ་ཙ་ར།
由旬	དཔག་ཚད།

Z

杂尔森哈城	ཙར་སེང་ཧའི་གྲོང་ཁྱེར།
杂事	ལས་ཕྲན།
赞普诺门罕	བཙན་པོ་ནོ་མོན་ཧན།
藏绒	གཙང་རོང་།
藏地洛门	བོད་ཁམས་ལྷོ་མོན།
总管家贡桑热绛巴	དགོན་གཉེར་ཆེན་མོ་རབ་འབྱམས་པ་ཀུན་བཟང་།
真吉雪剑	སྤྲིན་གྱི་ཤུགས་ཅན།
止噶玛拉	བྲི་ཀ་མ་ལ།
中观自续派	དབུ་མ་རང་རྒྱུད་པ།
仲多	གྲོམ་སྟོད།
仲巴尊追坚赞	དྲུང་པ་བརྩོན་འགྲུས་རྒྱལ་མཚན།
重孜巴桑钦格勒饶杰化身噶钦洛	འབྲོང་རྩེ་བ་ཕང་ཆེན་དགེ་ལེགས་རབ་རྒྱས་ཀྱི་སྤྲུལ་སྐུ་དཀའ་ཆེན་
桑班觉	བློ་བཟང་དཔལ་འབྱོར།
重孜巴益西多杰	འབྲོང་རྩེ་བ་ཡེ་ཤེས་རྡོ་རྗེ།
卓弥译师	འབྲོག་མི་ལོ་ཙཱ་བ།
管家萨克巴洛桑尊追	མགྲོན་གཉེར་ས་ཁུད་པ་བློ་བཟང་བརྩོན་འགྲུས།
卓尼尔阿旺洛桑	ངག་དབང་བློ་བཟང་།
扎西贝	བཀྲ་ཤིས་དཔལ།

扎西宗卡	བཀྲ་ཤིས་རྫོང་ཁ།
扎嘉多杰颇章	བྲག་རྒྱ་རྡོ་རྗེའི་ཕོ་བྲང་།
扎西孜	བཀྲ་ཤིས་རྩེ།
扎西孜纳拉岗	བཀྲ་ཤིས་རྩེའི་ན་ར་སྒང་།
扎西通门巴	བཀྲ་ཤིས་མཐོང་སྨོན་པ།
扎西通门寺	བཀྲ་ཤིས་མཐོང་སྨོན་དགོན།
扎西孜娘巴杰仲	བཀྲ་ཤིས་རྩེ་རྙིང་པའི་རྗེ་དྲུང་།
扎西孜第巴贡波	བཀྲ་ཤིས་རྩེ་སྡེ་པ་མགོན་པོ།
扎西曲宗	བཀྲ་ཤིས་ཆོས་རྫོང་།
札萨克喇嘛格勒群培	ཛ་སག་བླ་མ་དགེ་ལེགས་ཆོས་འཕེལ།
札雅班智达	ཛ་ཡ་པཎྜི་ཏ།
章嘉益西丹贝仲美	ཡེ་ཤེས་བསྟན་པའི་སྒྲོལ་མེ།
众敬王后裔	མང་པོས་བཀུར་བའི་གདུང་བརྒྱུད།
竹仓	གྲུལ་ཚང་།
准噶尔次仁顿珠	ཇུན་གར་ཚེ་རིང་དོན་གྲུབ།
哉务玛素	ཊེ་ཕོ་མ་ཟུར།
空行母	མཁའ་འགྲོ་མ།
款氏家族	འཁོན་གྱི་རིགས།
宗卡巴益西索朗	རྫོང་ཁ་པ་ཡེ་ཤེས་བསོད་ནམས།
竹仓日东巴	གྲུལ་ཚང་རི་གདོང་པ།
绰浦寺	ཁྲོ་ཕུ་དགོན།
佐毛拉日山（母犏牛神山）的莲花修行地	མཛོ་མོ་ལྷ་རིའི་སྒྲུབ་གནས་པད་མ་ཅན།
章摩且巴洛桑坚赞	གྲངས་མོ་ཆེ་པ་བློ་བཟང་རྒྱལ་མཚན།
仲然巴洛桑秀朗	དྲུང་རམ་པ་བློ་བཟང་ཕྱོགས་སྣང་།
卓德康萨巴	སྒྲོ་བདེ་ཁང་གསར་བ།
扎摩孜	ད་མིག་རྩེ།
扎西曲当寺	བཀྲ་ཤིས་ཆོས་སྡིངས།
孜东寺	རྩེ་གདོང་ཆོས་སྡེ།
仲堆康萨巴	གྲོང་སྟོད་ཁང་གསར་པ།

宗卡佩结寺堪布	རྫོང་ཁ་འཕེལ་རྒྱས་གླིང་མཁན་པོ།
巴那雪巴次旦扎西	སྦྲ་ནག་ཞོལ་པ་ཚེ་བརྟན་བཀྲ་ཤིས།
章摩且巴洛桑班觉	གྲངས་མོ་ཆེ་པ་བློ་བཟང་དཔལ་འབྱོར།
驻藏大臣班第	བོད་བཞུགས་བན་དི་ཨམ་བན།
珠康活佛	སྒྲུབ་ཁང་སྤྲུ་སྐུ།

后 记

在藏学研究和清代西藏地方历史研究等相关研究迅猛发展的今天，西藏自治区社会科学院西藏藏文古籍出版社出版了藏文的《历辈班禅额尔德尼传》并组织力量将其翻译为汉文，这是一项为研究班禅额尔德尼活佛转世系统的历史、清代西藏地方和中央政府关系史提供重要资料的重大工程，这些藏文史料的出版和翻译将对有关的学术研究起到推进作用。在历辈班禅额尔德尼的传记中，第六世班禅额尔德尼·罗桑班丹益西的传记是篇幅最长、非常重要的一部。3 年前西藏自治区社会科学院仲布·次仁多杰副院长邀我们参加这一科研项目并承担《六世班禅额尔德尼传》的翻译任务时，仲布·次仁多杰副院长和我们都知道西藏人民出版社在 1990 年出版过许德存、卓永强翻译，祁顺来、李钟霖校订的《六世班禅罗桑班丹益西传》，不过由于是在 20 世纪 80 年代翻译的，囿于当时的条件，那个译本存在一些不足。仲布·次仁多杰副院长希望我们重新翻译，我们考虑到《六世班禅额尔德尼传》的重要性，加之前面的译本已经打下了一个较好的基础，因此将这个任务接了下来。在 3 年的工作中，我们发现可能是因为所据的底本不同，前面的译本有不少缺译的地方，还有一些误译的地方，再加上当时能够看到的有关档案资料极其缺乏，所做的注释和历史研究的关系不大。因此我们依据西藏藏文古籍出版社的版本全部重译，并将前面译本缺译的部分全部补足，并依据 20 世纪 90 年代以来出版的有关档案资料着重从历史研究的需要进行译注，对书中牵涉的人名、地名、部落名、寺院名、职官名等进行了考订。经过 3 年多的努力，终于完成了新的译本。2017 年 8 月，西藏自治区社会科学院和西藏藏文古籍出版社在拉萨召开了《历辈班禅额尔德尼传记》藏译汉项目交流审稿会，会上西藏自治区社会科学院白玛朗杰院长、车明怀书记、保罗副院长等领导对译稿提出了很好的指导意见，西藏古籍出版社索朗次旦社长和普琼旺堆副社长给予了具体指导和帮助。会后，我们对译稿又进行了一次修订,经过本书责任编辑项智多杰和普布多吉先生艰苦细致的校订修正,译本才成为现在这个样子呈献给读者。因此我们向白玛朗杰院长、车明怀书记、保罗副院长、索朗次旦社长、普琼旺堆副社长以及责任编辑项智多杰和普布多吉先生表示衷心的感谢。同时也对前面译本的翻译者许德存、卓永强和校订者祁顺来、李钟霖先生表示衷心的感谢。

尽管如此,由于翻译篇幅巨大的《六世班禅额尔德尼传》所具有的难度,也由于译者的水平所限,本译本中还会存留一些错漏和不足的地方,我们诚恳地希望广大读者在阅读中批评指正,以便今后有机会时改正。

陈庆英　王晓晶

2018 年 4 月 15 日